宮内庁書陵部蔵漢籍研究会

図書寮漢籍叢考

汲古書院

図書寮漢籍叢考　目次

＊斜体の頁は横組（左開）

論説編

§　講演録　「漢籍研究とデジタルアーカイブ」

図録編

論説編

図書寮文庫の沿革と漢籍

小森正明

はじめに

宮内庁書陵部は、昭和二十四年（一九四九）六月、戦後の官制改革の一環として、かつての宮内省図書寮と諸陵寮との機能が合体し、発足した部署である。宮内省は、昭和二十年以降の戦後改革により昭和二十二年五月に宮内府となり、同二十四年六月宮内庁として新たに発足をみたのである。[1]

戦前（昭和二十年以前）、宮内省図書寮に所蔵されていた古典籍には、「図書寮本」と冠されることが多かったが、書陵部発足後は「書陵部本」とも称されるところとなった。

平成二十三年（二〇一一）四月一日には、公文書等の管理に関する法律（公文書管理法）の施行に伴い、宮内庁が所管していた明治期以降作成の現用公文書以外のものは、特定歴史公文書と称され、これらを保管・公開する部署として新たに宮内公文書館が設置されるに伴い[2]、書陵部が所蔵する古典籍などの保管・公開の役割を担うべく図書寮文庫という部署もまた新たに発足をみたのである。この名称は、歴史的経緯を勘案し命名されたものである。

さて、本稿の課題は、図書寮文庫に至るまでの大まかな沿革や古典籍収蔵の歩みを概観し、特に宋版や旧鈔本等、貴重な漢籍収蔵に至った経緯についてトレースすることである。

一、図書寮の設置とその職務

図書寮は、律令時代に存在していた官署ではあったが、書陵部が直接的に起源とするのは、明治十七年（一八八四）八月、宮内省に設置された図書寮である。

その職務は、「御系譜並ニ帝室一切ノ記録ヲ編輯シ内外ノ書籍古器物書画ノ保存及ヒ美術ニ関スル事等ヲ掌ル所」[3]とされた。また一時は正倉院や帝室博物館をも所管したこともあり、日本文化に大きな影響を与えてきた皇室文化の調査・研究にも関与するところとなった(4)。

明治二十二年、皇室典範が制定されると、皇室の戸籍にあたる皇統譜及び皇族の誕生等に関する記録の保管が図書寮の職務として加えられたが、その後、皇室が明治二年に京都御所より東京に移管した約一万点の古典籍をもとに、後述するように断絶した宮家や旧公家・大名家、内閣文庫などからの移管及び購入された古典籍等の集積をみて、膨大な古典籍保存機関としての役割も併せもつところとなったのである。

設置当初の図書寮は、赤坂離宮内に置かれたが、明治三十二年に、東京市麹町区三年町（現、千代田区霞ヶ関三丁目、永田町一丁目周辺）に移転するところとなった。森林太郎（鷗外）は、大正六年（一九一七）十二月より帝室博物館総長兼図書頭の任にあったが、森が図書頭を勤めたのは、この麹町区三年町に所在した図書寮である。この地は、現在の文部科学省の裏手あたりに位置し、明治初期には工部大学校が置かれていた場所でもある（下段の図は明治四十二年当時の周辺地図）。

大正十二年の関東大震災当時の図書寮も、この三年町に所在していたが、職員の献身的な働きによって震災の被害はほとんど無かった。しかし、この震災を教訓とし、より安全な場所への移転が計画され、昭和二年に宮城内（現在の皇居、旧江戸城本丸跡）に近代的な鉄筋コンクリート造の図書寮（含書庫）が竣工した。翌三年図書寮の組織はこの地に移転し、建物は更新されながらも約九十年の長きにわたり貴重な古典籍等の文化遺産を未来に伝えるべく、職員は日々職務に精勤している。

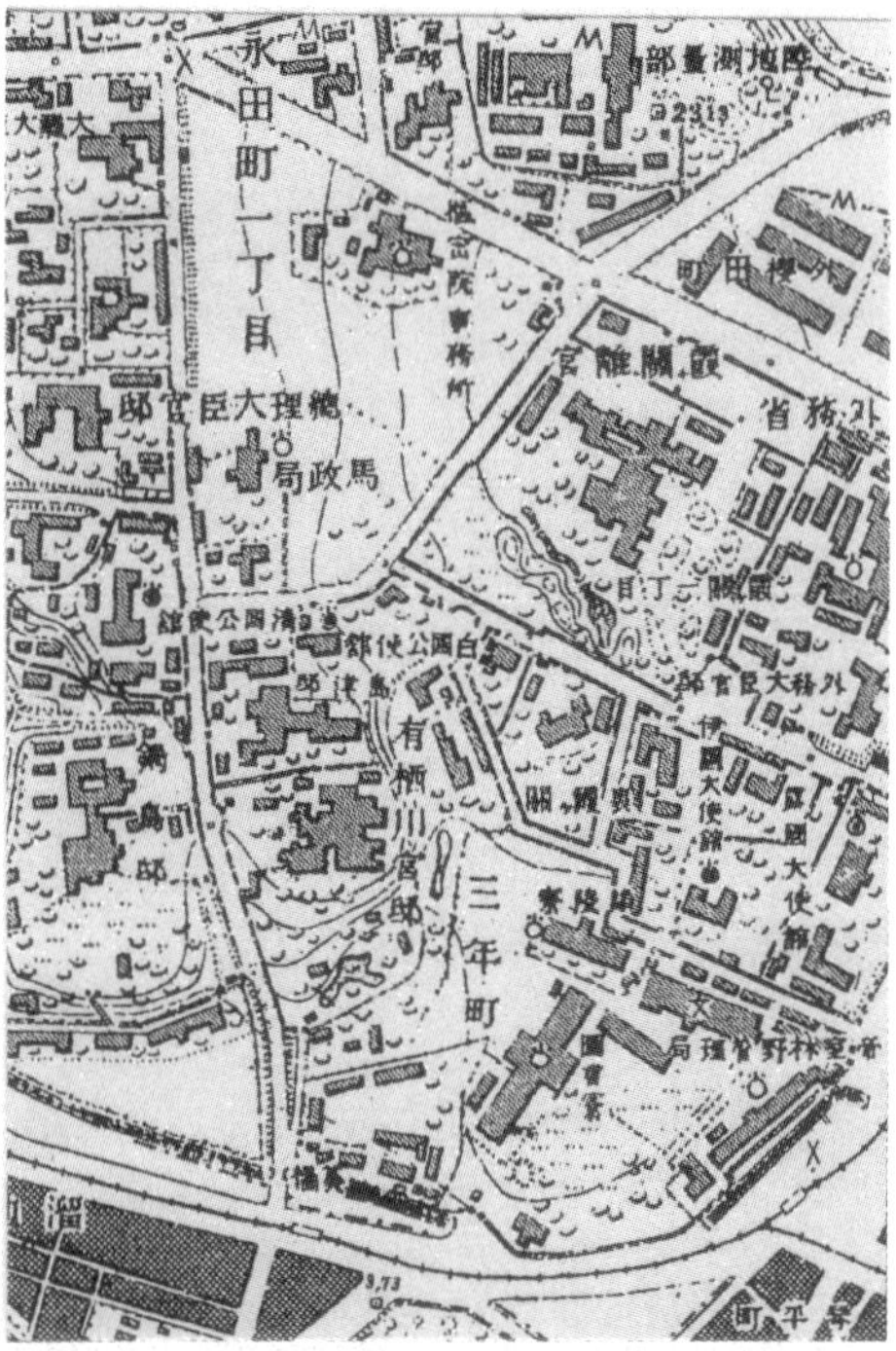

「明治42年測図　四谷」による

二、収書のあゆみ

既述のように明治期以降、図書寮所蔵の古典籍は、順次拡充をみるところとなったが、戦前までに図書寮に集積されていった主要な古典籍群は以下の通りである(5)。

明治　六年（一八七三）　山内家（約三七六〇点）
同　　七年　仙石家（約二二〇点）
　　　　　　御池庭内廷文庫他（約一九五〇〇点）
同　十三年　新井家（約三四〇点）
同　十五年　吉田家（約九〇点）
同　十九年　鷹司家（約七〇〇〇点）
同二十一年　壬生家（約一一〇〇〇点）
同二十二年　古賀家（約一五〇〇〇点）
同二十四年　内閣文庫（約三〇〇〇〇点）
同二十五年　松岡家（約一二〇〇〇点）
同二十九年　徳山毛利家（約二一〇〇〇点）
同二十九年・三十四年　平田家（約八〇〇点）
同四十二年　御所御文庫（二箱）
同四十三年　曽根家（約七六〇点）
同四十四年　旧桂宮（約九七〇〇点）
大正　五年（一九一六）　土御門家（約五〇〇点）
同　　六年　内匠寮（約一〇五〇〇点）
同　　八年　葉室家（約四〇〇〇点）
同　　八年　野宮家（約一五〇点）
同　　十年　白川家（約一一〇〇点）
同　十三年　久我家（約四〇〇点）
同　十四年　有栖川宮（約二六〇点）
　　　　　　飛鳥井家（約一七〇点）
昭和　二年（一九二七）　柳原家（約三七〇〇点）
同　　三年　日野西家（約六〇〇点）
　　　　　　松平家（約九三〇点）
同　　七年　日野家（約八八〇点）
　　　　　　谷森家（約四二五〇点）
同　　十年　野宮家（約七八〇点）
同　十二年　橋本家（約一五八〇点）
同　十四年　庭田家（約一八二〇点）
同　十九年　佐々木家（九点）
　　　　　　国分家（約九七〇〇点）

戦後は、旧伏見宮・旧有栖川宮、九条家などの旧蔵図書の移管をみるところとなり、その他の移管や収書によってその数約三九万点に及んでいる。

ところで、このうち漢籍を主要図書とするものは、明治六年移管の山内本、同二十二年移管の古賀本、同二十四年移管の内閣文庫本、同二十九年移管の毛利徳山本、同四十三年移管の曽根家本（当該図書は朝鮮本）等が中心で、ほかは国書である。

特に、漢籍の中でも宋版や鎌倉期書写の旧鈔本の類は、明治二十四年移管の内閣文庫本が多くを占めており、図書寮文庫所蔵の主要な漢籍の来歴については、この内閣文庫本移管の経緯について言及することが肝要かと思われる。

三、内閣文庫本の移管

まずは、国立公文書館所蔵の『公文類聚　第四十四編巻之十七』[6]に所収されている次の文書を、長文ではあるが掲げてみたい。

古書処分の件

大凡物ハ聚メ難ク散シ易シ、就中書籍最モ甚シトス、彼ノ支那歴代ノ如キ概ネ図書ノ閣ヲ開キ、蒐集保存ノ道ヲ講セサルハナシ、然レトモ革命ノ頻繁ナル世ノ興廃ニ従ヒ、其書一聚一散終ニ変乱ノ禍ヲ免カル能ハス、故ニ中世以降叢書制彙刻ノ挙盛ニシテ、覆刻摹版スルモノ多シト雖モ、荀最〔勗〕ノ四部以下、歴代ノ経籍志ニ徴スルニ、其今ニ存スルモノ幾何モナシ、我邦ハ則チ然ラス、帝室万古不易ナルカ為メ、古書旧記ノ今ニ伝ハルモノ亦尠ナカラス、其舶載ニ係ルモノ、如キハ彼ニ逸シ我ニ存スルモノ多シ、然レトモ入鹿ノ乱ヲ始メ書籍ノ兵燹ニ罹リシト乱離ノ為メ、其保存ニ注意スル者ナカリシヲ以テ、通憲永正ノ諸目録ニ拠テ之ヲ徴スルニ、燔蕩散逸スルモノ蓋シ半ニ過キタリ、豈洵ニ惜カラスヤ、徳川氏ノ初メ、遍ク古書ヲ海内ニ索メ旁ラ新籍ヲ舶載ニ購シ、二本アルモノハ一ヲ楓山文庫ニ蔵シ、一ヲ昌平文庫ニ蔵メ、特ニ官吏ヲ置テ之ヲ保管セシメタリ、余風延テ士大夫ノ間ニ及ヒ、一戸万巻ノ書ヲ蔵スル者アルニ至レリ、盛ナリト謂フヘシ、維新騒擾ノ際、民間ノ蔵書再ヒ散佚シ、今日纔カニ二三ノ書目ヲ遺スニ過キス、幸ニ楓山・昌平ノ二庫ノミ其禍ヲ免カレ、楓山庫ノ書ハ一旦秘閣ニ収メ後修史局ニ於テ之ヲ管セリ、昌平庫ノ書ハ初メ文部省ニ属シ、以テ内務省ニ属シ後農商務省ニ遷レリ、明治十七年一月太政官第十一号達ニ基キ、右二庫ノ書合テ文書局ノ所管トナリ、続テ本局之ヲ保管スルニ至レリ、他日官制ノ変更アリテ此書復タ何レニ移転スルモ図リ難シ、如此ナルトキハ之ヲ保存スルノ道前後一ナラス、若シ少シク注意ヲ欠クコトアルトキハ、為メニ蠹魚湿気等ノ為メ、忽チ毀損ノ患ヲ生センコトヲ恐ル、就中近藤守重ノ古文古事（マヽ）、狩谷棭斎ノ経籍訪古志等ニ記載シタル宋槧ノ尚書正義・杜氏通典・六臣文選・太平寰宇記及本局新ニ購求スル所ノ宋槧一切経其他本邦ノ古刻並ニ慶長以上ニ係ル古写ノ家記又ハ後崇光天皇御親筆ニ成レル看聞日記ノ如キハ、実ニ天下無二ノ珍書ナリ、若シ誤テ一度ノ毀損スルトキハ、千悔スルモ及ハサラントス、就テハ此際前記珍書ハ勿論、其他貴重ノ古書ヲ類別シ、之ヲ万古不易ノ帝室御府ニ蔵メ、其保存方法ヲ確定シ、掛官ヲシテ之ヲ遵守セシムルコト、彼幕府ノ楓山文庫ニ於ルカ如クシ、且其書目ヲ刊シテ之ヲ公示シ必要欠クヘカラサル場合ニ於テハ人民ト雖モ特ニ其閲覧ヲ許サルヘシ、又尤モ珍奇ナル書籍ハ追々謄写シテ複本ヲ製シ置キ参考ノ用ニ供シ、兼テ万一天災等ノ為メ一本ヲ損失スルコトアルモ、一本存センコトヲ図ルヘシ、琢本局管理ノ任ニ在ヲ以テ、古書保存ノ道ヲ得ンコトヲ思フ最モ切ナリ、因テ聊カ鄙見ヲ略陳シ高裁ヲ仰ク、

明治廿二年七月　　内閣記録局長　股野　琢（印）

内閣総理大臣伯爵黒田清隆殿

この文書は、明治二十二年（一八八九）当時、内閣記録局長であった股野琢[7]が、内閣総理大臣黒田清隆宛に提出した趣意書である。

その移管の趣旨を端的にいえば、「内閣文庫本は、保管部署が頻繁に変わるところとなり、そのため散逸や毀損などの危惧もあるところから、貴重書・善本のうちから、永久保存を目的として貴重図書を選別し、宮内省図書寮へ移管したい。」ということであった。明治新政府の図書館として内閣文庫に至るまでの経緯について、ここでは詳述しないが[8]、明治期の官制改革の途上、所管部署の頻繁な変更は、已を得なかったのかもしれない。こうした状況を、股野は危惧したのであろう。

翌明治二十三年十月、股野による内閣文庫本移管の建言が、当時の山県有朋内閣総理大臣の認可するところとなると、股野の後任内閣記録局長牧野伸顕の了承も得、宮内大臣に対しての照会が行われた。この照会に対して宮内大臣土方久元は移管を承諾し、同二十四年三月移管の完了をみたのである[9]。股野の趣意書に附属されていた書名・員数を記載した引継目録によれば、その内訳は左記のようであった。

〔国書〕

七七六冊　一三三巻　五五帖　一七枚　三幅

計　九八四点（三・三％）

〔漢籍〕

一八三四五冊　一一五巻　一〇四七五帖　三二軸　五幅

計　二八九七二点（九六・七％）

これらの内訳をみれば、漢籍が約九七％を占めるところとなり、内閣文庫からの移管本の大部分が、漢籍であったことがわかる。内閣文庫本の源流については詳述しないが、おおよそ江戸幕府（紅葉山文庫本[10]）並びに幕府関係機関伝来本（昌平坂学問所・医学館・和学講談所本等）と、明治維新以降に田中光顕等の建言によって購入されたものとに分けることができる。先の股野の趣意書に附属している引継目録には、「購買之分」と「在来之分」との区分がされており、前者が購入によって収集されたもの、後者が江戸幕府関係のものとみてよい。

特にその中でも善本を多く含んでいたのが、江戸幕府の図書館であった紅葉山文庫の旧蔵本であった。紅葉山文庫は、幕府初代将軍徳川家康によって創設された施設で、文治政治を目指した家康収集による善本が多くあったことで知られている。八代将軍徳川吉宗の時代に最も拡充され、幕末蔵書数は、約一一四〇〇〇点に及んでいた[11]。

家康は、特に治政に資する書としての漢籍収集に熱心で、その収書の殆どが当時国内に将来されていた善本といえる宋・元版や、鎌倉期書写の旧鈔本の類であった。中でも、鎌倉幕府ゆかりの金沢文庫伝来のいわゆる金沢文庫本[12]の収集に心がけている。明治二十四年移管の内閣文庫本に含まれる漢籍の善本の殆どは、この紅葉山文庫本であり、その中でも特に善本といえるものは金沢文庫本が多くを占めていたといえるのである。

次に、この紅葉山文庫本の漢籍について言及したい。

四、宋版と旧鈔本

次頁の表は、現在図書寮文庫が所蔵する金沢文庫本の一覧である。11の模写本を除く二一件四二七冊が、宋版や鎌倉期書写の旧鈔本である。11は模写本ではあるが、同じく明治二十四年に内閣文庫より移管されたもののひとつである。この中でも、9・10を除く、一九件が内閣文庫移管本で、これらはすべて紅葉山文庫本と考えられる。現在、図書寮文庫に所蔵される紅葉山文庫本は、国書・漢籍合わせて、四八九部一〇五二二点で、漢籍は四八九部一〇五一六点あり、紅葉山文庫本の大部分が漢籍であったといえよう。

内閣文庫から移管された図書は、約三万点であったが、このうち約一万点が購買によるもので、残りの約二万点が紅葉山文庫本と考えられている[13]。現在図書寮文庫所蔵には、紅葉山文庫本が約一万点しか伝わらないが、明治三十四年、紅葉山文庫本『古今図書集成』九九九六点（約一万点）が、明治天皇の特旨をもって文部省に下附され、東京帝国大学へと交付されたためである[14]。因みに、同書は大正十二年の関東大震災で焼失している。

さて、次に紅葉山文庫旧蔵の宋版や旧鈔本のうちから、代表するもの二件について言及したい。

まず一点目は、金沢文庫旧蔵と伝える『太平寰宇記』二十四冊[15]（函号、五一〇―三）である。『太平寰宇記』は、南宋版の精刻本。同書は、宋の太宗が閩越を平定してのち、北漢を併合するに際して楽史に命じて編纂させた地誌で、広く史料を渉猟し、後世の地誌の模範ともいわれている。

金沢文庫旧蔵を示す文庫印を有するが、正印でないとの説もある。しかし、宋版の善本であることには間違いなく、また装丁が

表　金沢文庫本一覧

通番	書　　名	刊　　写	員数	函号	備	考
1	尚書正義	宋版	17冊	506－1	紅葉山文庫本	明治24内閣文庫引継
2	春秋経伝集解	宋　嘉定9版	15冊	550－3	紅葉山文庫本	明治24内閣文庫引継
3	〈杜氏〉春秋経伝集解	鎌倉期写	30巻	550－1	紅葉山文庫本	明治24内閣文庫引継
4	論語注疏	宋版（補写）	10冊	506－2	紅葉山文庫本	明治24内閣文庫引継
5	集韻	宋　淳熙版	9冊	510－2	紅葉山文庫本	明治24内閣文庫引継
6	太平寰宇記	宋版	25冊	510－3	紅葉山文庫本	明治24内閣文庫引継
7	諸病源侯論	宋版（補写）	14冊	506－43		明治24内閣文庫引継
8	外台秘要方	宋版	11冊	403－42	紅葉山文庫本	明治24内閣文庫引継
9	〈新編類要〉図註本草	元版	22冊	559－30		昭和6帝室博物館引継
10	太平聖恵方	宋　紹興17版	2冊	558－6		昭和6帝室博物館引継
11	続易簡方論	江戸期模写	3冊	403－41	紅葉山文庫本	明治24内閣文庫引継
12	楊氏家蔵方	宋　淳熙12版	21冊	403－37	紅葉山文庫本	明治24内閣文庫引継
13	群書治要	鎌倉期写	47巻1冊	550－2	紅葉山文庫本	明治24内閣文庫引継
14	初学記	宋　紹興17版（補写）	10冊	403－51	紅葉山文庫本	明治24内閣文庫引継
15	太平御覧	宋　慶元版（補写）	114冊	550－5	紅葉山文庫本	明治24内閣文庫引継
16	〈類編秘府図書〉画一元亀	宋版	18冊	403－60	昌平坂学問所本	明治24内閣文庫引継
17	世説新語	宋版	3冊	500－5	紅葉山文庫本	明治24内閣文庫引継
18	宋景文集	宋版	6冊	500－7	紅葉山文庫本	明治24内閣文庫引継
19	王文公文集	宋版	14冊	404－41	紅葉山文庫本	明治24内閣文庫引継
20	東坡集	宋版	17冊	404－59	昌平坂学問所本	明治24内閣文庫引継
21	〈王状元集百家注分類〉東坡先生詩	覆元五山版	14冊	512－10	紅葉山文庫本	明治24内閣文庫引継
22	〈崔舎人〉玉堂類藁	宋版	7冊	500－6	紅葉山文庫本	明治24内閣文庫引継

21部427点（模写本含まず）

※いずれも「金沢文庫」印あり。書誌は『和漢図書分類目録』（宮内庁書陵部編・刊）による。

胡蝶装であるところから、宋の時代の原装を留めている可能性があり、その点も貴重であろう。また、本書によって中国本土で既に失われていた巻を補い、正誤を正せる箇所も多いという。

次は、金沢文庫旧蔵の『群書治要』四十七巻[16]（函号、五五〇―二）である。『群書治要』は、唐の太宗（李世民）が即位後まもなく、臣下の魏徴に命じて編纂させた政治の要諦の書である。当時流布していたおよそ六十八種類の典籍から抜き書きし、編纂されたもの。日本には既に九世紀には伝来し、殿上での講読が行われていたことが『続日本後紀』にみえる。紅葉山文庫の『群書治要』は、鎌倉幕府執権に連なる金沢北条氏が博士家の清原氏をもって十三世紀前後に書写、訓点を施させたものと考えられる。

家康は、本書を底本とし駿河版『群書治要』の刊行を企てたが、元和二年（一六一六）の家康没約一ヶ月後、完成をみたという。『群書治要』は、既に中国本土でも亡失し、日本のみに伝わったものとして著名。但し、もと五十巻であったが、家康入手の時点で、既に三巻ほどの欠巻があり、現在四十七巻である。鎌倉時代の旧鈔本の代表ともいってよい善本であろう。

以上の二件をとってみても、紅葉山文庫旧蔵本は、我が国に伝来していた版本並びに旧鈔本漢籍を代表するものばかりである。これらは、中国本土をはじめアジアの漢字文化圏における様々な研究に大きく寄与するものといえよう。

五、複製事業と漢籍

大正十二年の関東大震災以降の図書寮においては、古典籍の永久保存並びに普及・活用を促進する目的としてコロタイプ印刷による複製事業が開始された[17]。その最初の対象に選ばれたのが、伏見宮第三代、貞成親王の御記『看聞御記』四十四巻であった。これらは、昭和六年から同十年まで、五ヵ年の歳月をかけて複製を完了し、普及・活用を目的として関係諸機関に寄贈された。

その折の事業の関係書類に附属していた今後の複製候補は、左記の通りであった。

『看聞御記』	御筆（後崇光院）	四四軸	二三〇九枚
『古今和歌集』	御筆（後柏原院）	一冊	一五九枚
『古今和歌集　上』	古写（寂恵筆）	一冊	一一七枚
◎『通典』	宋版	四四冊	二二〇三枚
◎『太平御覧』	同	一一四冊	八三九三枚
◎『文選』	同	六一冊	三〇〇一枚
『論衡』	同	一二冊	四八九枚
『誠斎集』	同	四三冊	二九五六枚
◎『群書治要』	古写	四七軸	一七七四枚
『文館詞林』（裏面法華要録）	唐抄本	一軸	一三枚
◎『春秋経伝集解　付経伝識異』	宋版	一五冊	一〇五一枚
◎『春秋経伝集解　上』	古写・古点	三〇軸	一七一一枚
◎『尚書正義』	宋版	一七冊	五一一枚
◎『論語注疏』	同	一〇冊	二七〇枚
◎『集韻』	同	九冊	四一六枚
◎『太平寰宇記』	同	二五冊	七九七枚
◎『世説新語』	同	三冊	二九四枚
◎『宋景文集』	同	六冊	一八二枚
『寒山詩集』	同	一帖	九一枚
◎『崔舎人玉堂藁西垣類藁』	同	七冊一帖	三〇二枚

以上貴重図書　三六八冊　一二二軸　二帖　二七〇三九枚

（枚数は丁数等と思われる。）

これらの古典籍は、大正期に図書寮内部の基準で貴重図書との品位が与えられたもので、図書寮所蔵の古典籍の中で最も貴重であると位置付けられた。これらを一覧すれば、殆どが宋版や旧鈔本の類で、漢籍であることが特徴的である。これらの漢籍のうち、◎印は、明治二十四年に図書寮に移管された内閣文庫本中の紅葉山文庫本であった。

以上のように、図書寮としてはこれらの宋版などの漢籍の価値を高く評価し、将来の複製事業の対象とすることを検討していたとみられよう。また、当時図書寮が管理していた御物甲種図書の中にも多くの宋版が含まれており、これらも同じく内閣文庫移管本であった（同じく◎は紅葉山文庫本）。その一覧は左記の通りである。

『左承抄』　古写　八冊　三五四枚
『儀礼疏』　古写　平安　一帖　七九枚
『本朝文粋』　古写　平安　一軸　三九枚
『春記』　古写（藤原資房筆）　平安　八軸　三五一枚
『史記范睢蔡沢列伝』　古写　平安　一軸　四一枚
◎『七経孟子孝文』並『補遺』写　享保十一　六四冊　三〇二一枚
　物茂卿序（山井重鼎題識）
『古文孝経』　古写（清原良賢筆）　鎌倉　一軸　四五枚
『孝経』　宋版　一冊　八枚
『文中子中説』　宋版　二冊　五六枚
『元亨釈書』　正平版（初度）　三一帖　八五二枚
『呂氏家塾読詩記』　宋版　九冊　六〇七枚
◎『満文輯韻　付散語解』　高橋景保　二一冊　一一一九枚
◎『増訂満文輯韻』写　高橋景保　一一冊　五三四枚
◎『前漢書』　宋版　四三冊　二四六二枚
◎『後漢書』　宋版（元敷）　三五冊　二四一一枚
◎『初学記』　宋版　一〇冊　四八五枚
『画一元亀』　宋版　一八冊　七二五枚
『医説』　宋版　二冊　七五枚
『雲林神彀』　慶長　活字板　一冊　一四三枚
『魏氏家蔵方』　宋版　一一冊　四〇三枚
◎『王文公文集』　宋版　一四冊　八七八枚
◎『東坡集』　宋版　一七冊　九六八枚
『文鏡秘府論』　古写　平安　六冊　二四七枚
『四分律音義』　古写　平安　一軸　一七枚
◎『三国志』　宋版　二五冊　一三七二枚
『下学集』　古写　足利　二冊　八八枚
『禅林寺古文書』　古写　平安　一軸　二〇枚
『勝鬘宝屈』　古写　唐抄本　一冊　二九枚
『拾遺和歌集』　古写　足利（東常縁筆）　一冊　一七三枚
『後撰和歌集』　古写　足利（東常縁筆）　一冊　二二五枚
以上御物甲種図書　三〇三冊　三三帖　一三軸　一七八二七枚
　合計　六七一冊　一三五軸　三四帖　四四八六六枚
外ニ『水左記（裏面共）』古写　平安（源俊房筆）　二軸　一〇八枚
　（合計は、前頁の貴重図書との数。）
戦前の複製事業は、『看聞御記』のほか『群書治要』四十七巻の複製を完成（昭和十一年～同十六年）させたのみではあったが、既述のように『群書治要』はまさに紅葉山文庫本かつ金沢文庫旧蔵本で、家康遺愛という特筆すべき古典籍でもあった。

戦後、コロタイプ印刷による複製事業は、諸般の事情もあり戦前のように大規模なものは対象とされなくなったが、その精神は継承され貴重な古典籍の複製作成による普及・活用、あるいは万が一の災害による危険分散の目的で、事業は継続されている。

そして、こうしたアナログの事業を補完するものとして、デジタル画像による複製・公開事業が近年急速に進み、また画像の精度も高くなり、研究の進展に大きく寄与するところとなっている。アナログ・デジタルそれぞれの長所を生かし、文化遺産としての古典籍の永久保存と普及・活用が促進されることは我々の大きな願いでもある。

おわりに

以上、明治二十四年に宮内省図書寮に移管された内閣文庫本、特にその中の紅葉山文庫本の漢籍について概観した。

ところで、宮内庁書陵部では、平成二十五年十一月より宮内庁のホームページ上で、図書寮文庫・宮内公文書館所蔵資料（図書）の検索システムが稼働するところとなった。それに伴って、国文学研究資料館の協力を得て、まとまった画像の公開も始めることができた。

折しも、住吉朋彦氏を中心とする書陵部所蔵（図書寮文庫）漢籍の書誌調査と画像収集の成果がデータベースとして、平成二十八年六月よりインターネット上で閲覧できる体制が整い、画像の増加も図られている。ここに登載されている漢籍の多くが拙稿で論じてきた明治二十四年に移管された内閣文庫旧蔵本である。

明治二十四年に図書寮に移管されなかった内閣文庫所蔵本中の紅葉山文庫本は、国立公文書館内に、かつては内閣文庫というセクションのもとに管理・公開されてきた。現在は、その内閣文庫の名称は廃止されてはいるが、従前通りの閲覧は可能である。つまり、紅葉山文庫本は、図書寮文庫と国立公文書館とに分蔵されている状況にあるといえるのである。

今後は、双方の機関によるデジタル画像の公開等によって、インターネット上では本来の一具の姿で研究できるようになる日を念願してやまない。デジタル画像公開については、様々な意見もあるが、その長所を生かし、それぞれの分野の研究の進展に寄与することを期待したい。

〔注〕

（1）官制の変遷については、小川省三「書陵部官制の変遷」（宮内庁書陵部編「書陵部紀要」第一号、一九五一）による。

（2）宮内公文書館と図書寮文庫設置の経緯については、石原秀樹「宮内公文書館について」（「書陵部紀要」第六三号、二〇一一）による。

（3）宮間純一「宮内省・宮内府・宮内庁の組織に関する基礎的研究　一　図書寮・書陵部における官制・事務分掌の歴史的変遷」（『書陵部紀要』第六四号、二〇一二）。その設置と職務の根拠は、明治十七年（一八八四）太政官布達第七二号による。

（4）注（1）前掲、小川論文による。

（5）伊地知鐵男「蔵書史と新収書解説」（『書陵部紀要』第一号、一九五一）。移管された図書の点数は、いずれも概数で示している。

（6）平井芳男・長澤孝三「明治二十四年宮内省に移管した内閣文庫本について」（国立公文書館編「北の丸」第一三号、一九八〇）による。図書寮に移管した図書についての特定は、長澤孝三「明治二十四年宮内省に移管した内閣文庫本について（続の上）」（「北の丸」第二五号、一九九三）、長澤孝三「明治二十四年宮内省に移管した内閣文庫本について（続の下）」（「北の丸」第二六号、一九九四）で試みられている。

（7）股野の略伝については、注（6）前掲、平井・長澤論文による。それによれば、

　股野は天保九年（一八三八）龍野藩儒股野景質の子として誕生し、明治初期に新政府に出仕。左院・太政官・参事院等を経て、明治二十二年五月に内閣記録局長就任。同七月に宮内書記官に転任し、以降宮中の要職を歴任、宮中顧問官となった人物。文事にも明るく、藍田と号した。大正十年、八四歳で没。

　この経歴によれば、内閣文庫本移管に際しては、内閣文庫側と宮内省側との双方の役割を一身に担ったことになろうか。

（8）内閣文庫に至る沿革については、国立公文書館編『内閣文庫百年史』（一九八五、国立公文書館）にその施設の沿革と図書集積のあゆみについての記述がある。また、長澤孝三『幕府のふみくら』（二〇一二、吉川弘文館）も有用である。

（9）注（6）前掲、平井・長澤論文による。

（10）紅葉山文庫全体については、福井保『江戸幕府の参考図書館紅葉山文庫』（一九八〇、郷学社）に簡にして要を得た記述がある。古くは、森潤三郎『紅葉山文庫と書物奉行』（一九七八、臨川書店復刻）も紅葉山文庫の概要を知る上で有用である。

　近年では、平成十八年に江戸東京博物館を会場として開催された「徳川将軍家の学問―紅葉山文庫と昌平坂学問所―」展に際して作成されたパンフレット（徳川記念財団刊行）が、紅葉山文庫やその蔵書を知る上で有用なものである。ほか、注（8）前掲の長澤著書も紅葉山文庫について言及がある。

（11）注（10）前掲、福井著書、三二頁。

（12）金沢文庫旧蔵本全般については、関靖・熊原政男『金沢文庫本之研究』（一九八一、青裳堂書店）がある。

（13）（14）これらについては、図書寮文庫第三図書調査室の臼井和樹氏の御教示による。また、拙稿全般についても、種々御指摘をいただいた。併せて謝意を表したい。

（15）（16）両書の解題的記述は、宮内庁書陵部編『図書寮典籍解題

漢籍篇』（一九六〇）による。

(17) 宮内省におけるコロタイプ印刷を利用した複製事業の沿革については、拙稿「宮内省・宮内庁における古典籍複製事業の沿革とその意義―コロタイプ印刷による複製を中心として―」（「書陵部紀要」第六五号、二〇一三）を参照されたい。

宮内庁書陵部所蔵の聖語蔵関係経巻

小倉慈司

はしがき

聖語蔵とは、もと東大寺の塔頭尊勝院の経蔵で、中国の隋経・唐経をはじめ、奈良・平安・鎌倉時代の古写経や版経など四九六〇点からなり、明治に東大寺より皇室に献納され、現在は宮内庁正倉院事務所が管理している。(1)これらは正倉院南倉に収められていたようだが、治承四年（一一八〇）の平重衡による東大寺焼き討ちの後、披閲講読に用いるために取り出され、やがて聖語蔵に納められるようになったと考えられている。もっともそれらの聖語蔵はすべてがそのまま現在にまで伝来したのではなく、ある段階で外部に流出したものもあった。そしてそのうちの幾つかが宮内庁書陵部図書寮文庫に収蔵されている。本報告は、それらを調査したものである。

一、今更一部一切経

聖語蔵の経巻の中で天平十二年（七四〇）五月一日の光明子の願文を持つ五月一日経七五〇巻（写経の部第二類）と共に大きなまとまりがあるものとして、写経の部第四類の「神護景雲二年御願経」がある。これは、称徳天皇の発願による一切経と考えられていたが、実際に神護景雲の願文を持つのは四巻に過ぎず、厚手の褐色料紙や肉太な筆跡から神護景雲経と推測されていたに過ぎなかった。これにつき、飯田剛彦氏が全面調査を実施され、経巻巻末紙背に残された書き入れや正倉院文書に残された経師の手実、さらに筆跡をもとに、これまで神護景雲経とされてきた第四類のうちの大部分が宝亀年間に東大寺写経所にて書写された今更一部一切経であったことを明らかにされた。(2)

これによって、写経事業文書と写された経巻の現物が共に残っ

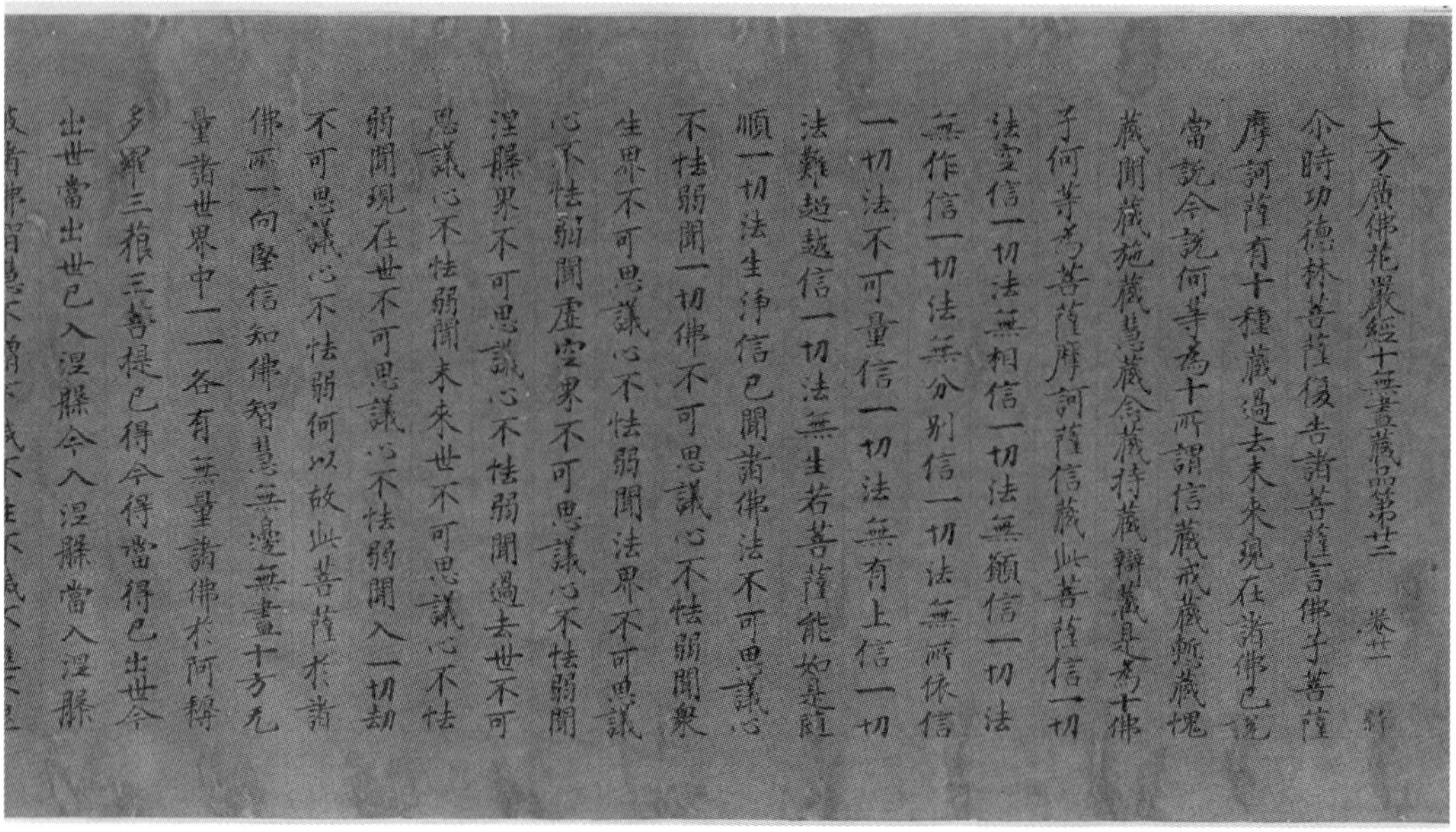
大方廣佛花嚴經十無盡藏品第廿二　卷廿一　新
尒時功德林菩薩復告諸菩薩言佛子菩薩
摩訶薩有十種藏過去未來現在諸佛已說
當說今說何等爲十所謂信藏戒藏慚藏愧
藏聞藏施藏慧藏念藏持藏辯藏是爲十佛
子何等爲菩薩摩訶薩信藏此菩薩信一切
法空信一切法無相信一切法無願信一切法
無作信一切法無分別信一切法無所依信
一切法不可量信一切法無有上信一切
法難超越信一切法無生若菩薩能如是隨
順一切法生淨信已聞諸佛法不可思議心
不怯弱聞一切佛不可思議心不怯弱聞衆
生界不可思議心不怯弱聞法界不可思議
心不怯弱聞虛空界不可思議心不怯弱聞
涅槃界不可思議心不怯弱聞過去世不可
思議心不怯弱聞未來世不可思議心不怯
弱聞現在世不可思議心不怯弱聞入一切劫
不可思議心不怯弱何以故此菩薩於諸
佛所一向堅信知佛智慧無邊無盡十方无
量諸世界中一一各有無量諸佛於阿耨
多羅三藐三菩提已得今得當得已出世今
出世當出世已入涅槃今入涅槃當入涅槃

図1　聖語蔵第3類10号　大方広仏華厳経巻21 a　巻首　（正倉院宝物）

ている事例が五月一日経の他にもう一つ見つかったことになり、その意義は大変大きいのであるが、それだけでなく、飯田氏が作成された聖語蔵写経の部第四類の詳細な一覧表は、宝庫外に流出した今更一部一切経を探す上でも大きな威力を発揮することになった。飯田氏の成果をもとに住吉朋彦氏が書陵部の奈良朝写経を調査したところ、四点五巻の今更一部一切経が存在していたことが判明したのである。以下、住吉氏の調査結果をもとに紹介する。

（1）大方広仏華厳経巻二十二〔I—九　二巻のうちの一巻〕

これは巻末紙背に「大坂」と書入れがあり（図録編解説参照）、経師大坂広川の筆であることがわかり、聖語蔵の大坂広川筆の巻二十一と比較しても同筆であることが確認できる（図1）。正倉院文書の手実帳の中にも、華厳経巻二十一から三十までを写した広川の宝亀六年（七七五）五月手実があり[3]（続々修二二帙三、『大日本古文書』（東京帝国大学文学部史料編纂所編、以下同）二三—四〇四頁、図2）、使われた料紙の枚数も二〇紙で手実と一致する。

（紙継目）
大坂廣川解　申奉寫經事
八十花嚴經第三帙十卷　◎先上勝最王經第十卷 用紙十七 未料 ＊「了」
一 十三 空　二 廿　三 十八　四 十八 空　五 十八　六 十八　七 廿　八 廿三　九 十四　十 十五 空
惣受紙二百一張 返上十六枚 八 破三枚 空三枚　正用百七十七張
寶龜六年五月五日「勘大伴淨人」
◎「＊五月八日了」
（紙継目）

図2　大坂広川手実

大坂広川は正倉院文書では宝亀二年より経師として名前が見える(4)。大坂の氏名は大和国葛上郡大坂郷（現在の奈良県御所市）に由来する可能性があり、他に大坂広成という人物が経師として同時期に確認できる（続々修二五帙五、『大日本古文書』一九—六七頁）。『新撰姓氏録』では、大和国神別に大坂直氏が挙げられている(5)。

（2）大方広仏華厳経巻十九〔I—九　二巻のうちの一巻〕、巻十六〔I—八〕

これは巻末に書き入れはないが、宝亀六年三月付五百木部真勝の手実があり（続々修二二帙三、『大日本古文書』二三—四一七頁、図3）、そこから巻十一など聖語蔵の五百木部真勝筆の巻と同筆であることが確認される（図4）。

五百木部真勝は宝亀三年より経師として名前が見え、宝亀七年まで確認できる(6)。五百木部は伊福部とも記すが、伊福部宿禰男依という人物が天平九年より天平勝宝二年（七五〇）頃まで写経所で校生や知事などとして名前が見え(7)、あるいは真勝と関係がある

（紙継目）

五百木部眞勝解　申上帙事

合請紙二百張　正用百七十六張

八十花嚴經第二帙十巻　一十二　二#十五　三#十七　四十八　五#十八　六#廿三　七廿三　八十四　九十八　十#十八

空五　破二　返上十八枚

寳龜六年三月十四日「勘上氏成」

「写　(畢)」

（紙継目）

図3　五百木部真勝手実

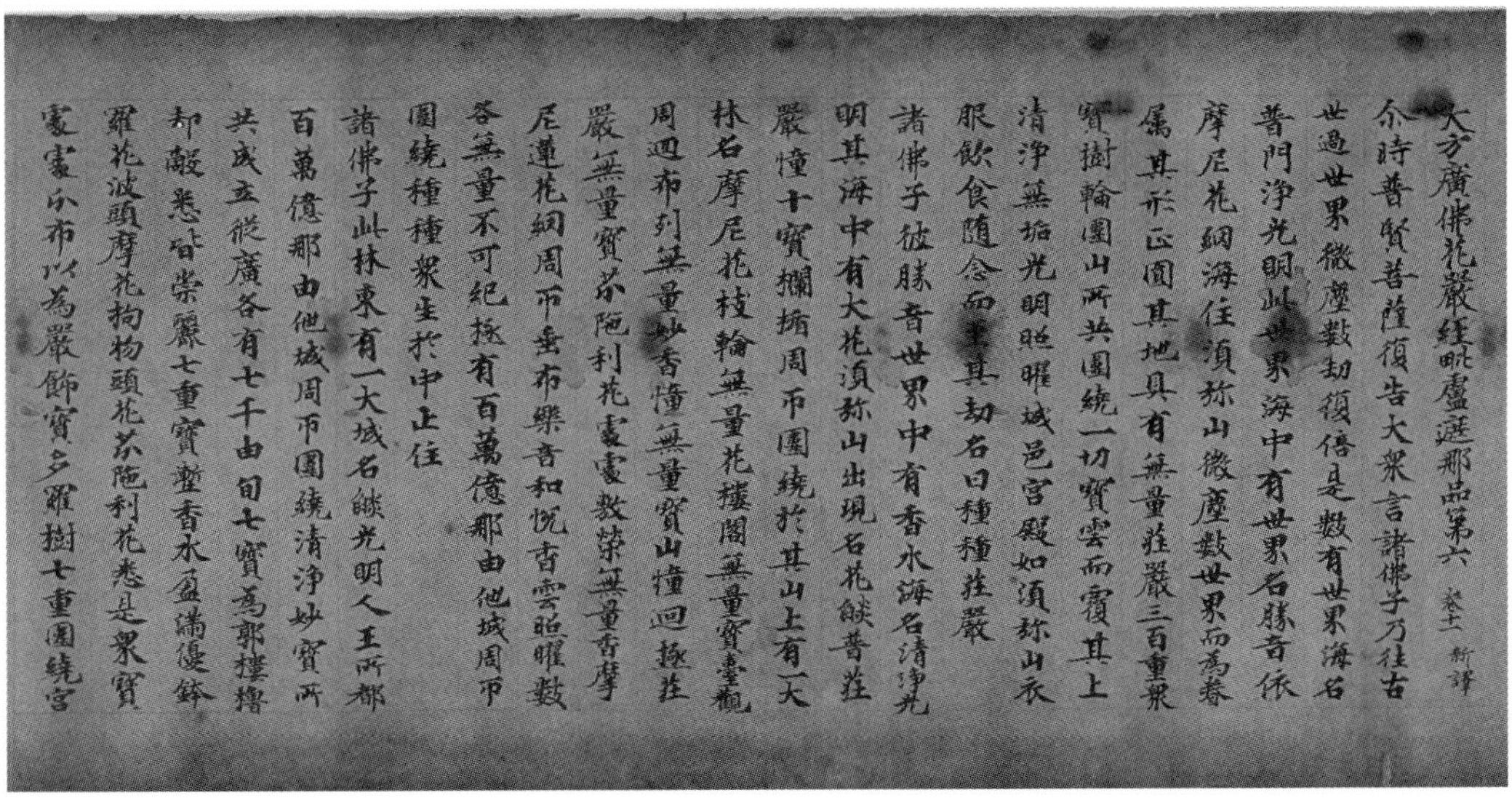
大方廣佛花嚴經毗盧遮那品第六　卷十一　新譯
尒時普賢菩薩復告大衆言諸佛子乃往古
世過世界微塵數劫復倍是數有世界海名
普門淨光明此世界海中有世界名勝音依
摩尼花網海住須弥山微塵數世界而爲眷
屬其形正圓其地具有無量莊嚴三百重衆
寶樹輪圍山所共圍繞一切寶雲而覆其上
清淨無垢光明照曜城邑宮殿如須弥山衣
服飲食隨念而至其劫名曰種種莊嚴
諸佛子彼勝音世界中有香水海名清淨光
明其海中有大花須弥山出現名花燄普莊
嚴幢十寶欄楯周帀圍繞於其山上有一大
林名摩尼花枝輪無量花樓閣無量寶臺觀
周迴布列無量妙香幢無量寶山幢迥極莊
嚴無量寶芬陁利花處處敷榮無量香摩
尼蓮花網周帀垂布樂音和悅香雲照曜數
各無量不可紀極有百萬億那由他城周帀
圍繞種種衆生於中止住
諸佛子此林東有一大城名燄光明人王所都
百萬億那由他城周帀圍繞清淨妙寶所
共成立縱廣各有七千由旬七寶爲郭樓櫓
却敵悉皆崇麗七重寶塹香水盈滿優鉢
羅花波頭摩花拘物頭花芬陁利花悉是衆寶
處處分布以爲嚴飾寶多羅樹七重圍繞宮

図4　聖語蔵第3類10号　大方広仏華厳経巻11甲　巻首（正倉院宝物）

のかも知れない。ちなみに慶應義塾図書館にもこれらとツレになる五百木部真勝書写の巻十四が蔵されている。[8]

（3）菩薩善戒経巻二〔I—二二〕

これは酒波家麻呂の宝亀五年十二月手実（続々修二二帙二、『大日本古文書』二三—八九頁、図5）により彼の書写であることが判明する。

家麻呂も宝亀二年より七年まで経師として確認できる。[9] 酒波という氏名を持つ人物としては、天平年間に相摸掾を務めた酒波人麻呂がおり（正集一九、『大日本古文書』一—六四〇頁）、天平宝字七年（七六三）に従八位下近江史生に任じられた酒波長歳がいる（『続日本紀』天平宝字七年十二月丁酉条）が、家麻呂との関係は不明である。他に平城京二条大路木簡に近江国坂田郡上坂郷の戸主として酒波今麻呂の名前が見えている（平城京木簡三—四八八九号）。

（4）本事経巻二〔I—一五〕

これは朝野魚養筆と伝えられていたものであるが、大宅首童子の宝亀六年八月の手実（続々修二二帙三、『大日本古文書』二三—三五六頁、図6）により、やはり彼の書写であることが確認された。

この人物は天平感宝元年（七四九）より経師を勤め、宝亀四年の時点で左京八条三坊の戸主、従八位上であり、男に大宅首小万呂がいたことも確認できる。[10] 大宅首氏については他に従七位下長門国鋳銭司主典を勤めた佐波という人がおり（正集三五、『大日本

（紙繼目）

酒波家廐呂解　申帙上事

合受紙二百廿張　正用二百十四張　破二　返上四張　（◎※「了」）

菩薩善戒經九卷第一卷廿、二廿、三十八、四廿、五廿、六十九（白畳数、下二行同ジ）

七廿三、八廿四、九廿二※「百八十六」十住斷結經第二卷廿八※「別」

「◎」

寶龜五年十二月廿四日「勘財礒足」

（紙繼目）

図5　酒波家麻呂手実

（紙繼目）

大宅童子解　申奉寫畢經帙上事

◎小乘經雜第九帙合十卷　本事經七卷　興起行經二卷　業報差別經一卷

受紙百八十張　正用紙百六十七枚　空五　返上四　破四枚

一卷十三、二卷十六、三卷十七、四卷十六、五卷十八、六卷十七 空一、七卷十七 空一（白畳数、下二行同ジ）

業報差別經十八 空一、興起（行脱カ）經上卷廿二 空一 下卷十三 空一

寶龜六年八月九日

「勘財礒足」

（紙繼目）

図6　大宅首童子手実

古文書』二—一五〇頁）、また応天門の変の際に伴善男が放火したことを告げたのが左京人備中権史生大宅首鷹取であった（『三代実録』貞観八年八月三日条）。

以上の経巻は界高や界幅、紙高などはほぼ一定し、聖語蔵の今更一部一切経とも一致することが確認されるが、紙長だけはばらつきがあり、長いものでは五七センチ、短いものは五〇センチ弱となっている。これは聖語蔵の今更一部一切経でも同様である。経師への布施（支払い）が書写した紙の枚数によって計算されるこ

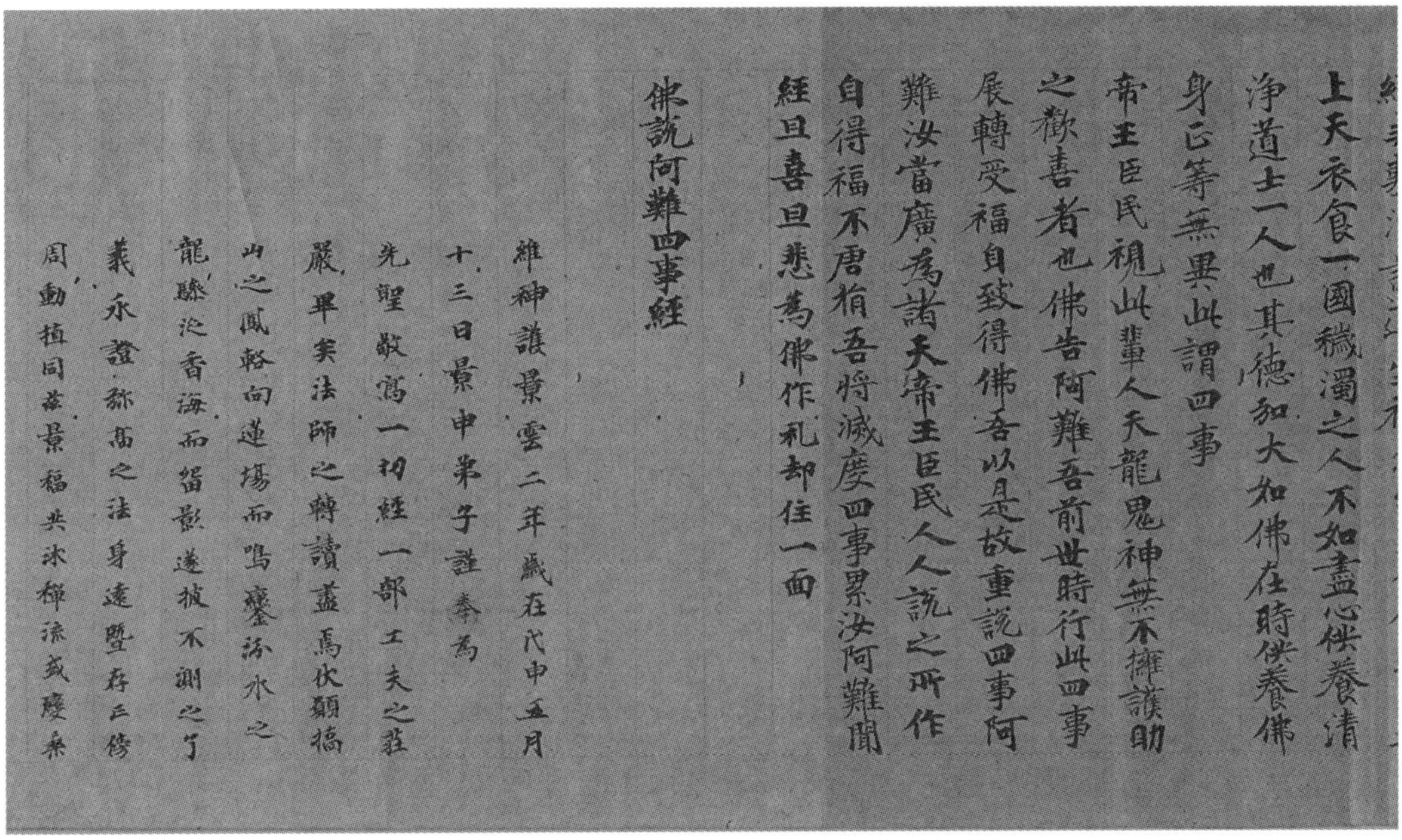

上天衣食一國穢濁之人不如盡心供養清
淨道士一人也其徳如大如佛在時供養佛
身已等無異此謂四事
帝王臣民覩此輩人天龍鬼神無不擁護助
之歡喜者也佛告阿難吾前世時行此四事
展轉受福自致得佛吾以是故重説四事阿
難汝當廣為諸天帝王臣民人人説之所作
自得福不唐損吾将滅度四事累汝阿難聞
經且喜且悲為佛作礼却住一面

佛説阿難四事經

維神護景雲二年歳在戊申五月
十三日景申弟子謹奉為
先聖敬寫一切經一部工夫之荘
嚴畢矣法師之轉讀盡焉伏願橋
山之鳳輅向蓮場而鳴鑾汾水之
龍驂泛香海而留影遂披不測之了
義永證弥高之法身遂暨存亡傍
周動植同蒙景福共沐禅流咸[illegible]

図７　仏説阿難四事経　本文末尾と願文　（宮内庁書陵部蔵）

とからすれば、一紙が二三行であるか二六行であるかは大きな違いとなるが、このことが持つ意味については、今後の課題としたい。

なお、書陵部には神護景雲の願文を持つ経巻も二巻蔵されている。そのうちの一巻である仏説阿難四事経（I―一三）は、末尾の願文部分が本文部分と別紙で紙が異なっている（図7）。これは神護景雲経の書写事業が願文の日付より前の天平宝字二年頃より始まっていることからわかるように、後から願文が付けられたことを意味する。興味深いのは、本文末尾一行も含めた願文のある一紙分の筆跡が異なる点である。元来の末尾は願文を付すときに外されて、新たに末尾一行から書き換えたものを付け直したということになろう[11]。ちなみにこの一行は界の幅が五ミリ程度他の行と比べて狭くなっており、一枚のままで先に書き、後から貼り継いだことが想定される。

この仏説阿難四事経については、摂津住吉田家作成の模写図録『聆濤閣集古帖』書部一（現国立歴史民俗博物館蔵、H―一六六〇―八）に「東大寺真言院蔵」と記されて収められており、幕末期の所蔵先が確認できる。

二、書陵部所蔵の五月一日経から

図書寮文庫に収蔵される五月一日経は全部で七部ほどある。そ

のなかから三部を紹介したい

本軸については松本包夫氏や皆川完一氏の研究があり、天平十五年四月ないし五月頃に古神徳が書写したことが明らかにされている。[12]

（1）出曜経巻八〔I―四〕

神徳は天平十一年より天平勝宝七年にかけて名前が見える経師で、式部書生小初位上であった。[13]『新撰姓氏録』には右京の未定雑姓に百済系とする古氏と和泉国未定雑姓に孝霊天皇皇子のわかれとする古氏が見える（三三六頁・一〇九四、三四八頁・一一七一）。

神徳の名は正平版『論語』初刻本の跋文に「学古神徳揩法、日下逸人貫書、」と見え、静嘉堂文庫所蔵日野西家旧蔵『古文尚書』元亨二年（一三二二）跋にも「学古神徳筆法、日下逸人貫書、」とほぼ同文が見える。[14]

この神徳の書を見た人物については、跋文に見える日下貫であるとする説や『古文尚書』を刊行した素慶であるとする説が出されているが、[15]いずれにせよ、五月一日経では巻末紙背の書入れ以外に筆写者の名前が記されることはないので、どのようにして古神徳の書を見つけることができたのかは検討を要する。[16]

ところで皆川完一氏によれば、古神徳が書写した五月一日経において、日付を誤って天平十四年と書いているものがあるという[17]が、それを踏まえて本軸の願文を見てみると、「天平十二」の四文字が後筆であるということに気づく。なぜこうしたことが起こるのか、手本とする願文に年月日が書かれていなかったということは考えづらいとすれば、あるいは古神徳が願文を暗記していて、手本を参照せずに書写したためにこのようなことが起きた可能性が考えられるかも知れない。

（2）楞伽阿跋多羅宝経註巻三・巻五〔I―一四〕

天平十二年三月二十八日古神徳手実（続々修一九帙三、『大日本古文書』七―四六〇頁）により、この二巻が現存する巻二・六・七とともに古神徳の書写であることが明らかとなり、（1）出曜経巻八とも筆跡が一致する。本経には天平勝宝七歳の重跋がある。[18]天平勝宝六年から八歳にかけて唐からの将来経である図書寮経による五月一日経の勘経が進められたが、本経も上毛野君立万呂らによって実施された。本経の勘経の場は元興寺であった（正倉院文書天平勝宝七歳八月十七日元興寺勘経所解〈続修三〇、『大日本古文書』四―七三頁〉参照）。

（3）根本説一切有部苾蒭尼毘奈耶巻十四〔I―一七〕

正倉院文書によれば、羽栗国足が天平十八年十二月に根本説一切有部苾蒭尼毘奈耶律第二帙の一〇巻を写している（続々修一九帙八、『大日本古文書』九―三一四頁。「十月」とするのは「十二月」の翻刻ミス）。これが本経のことであろう。この手実および聖語蔵の根本説一切有部苾蒭尼毘奈耶巻十六・十八とは同筆と判断され

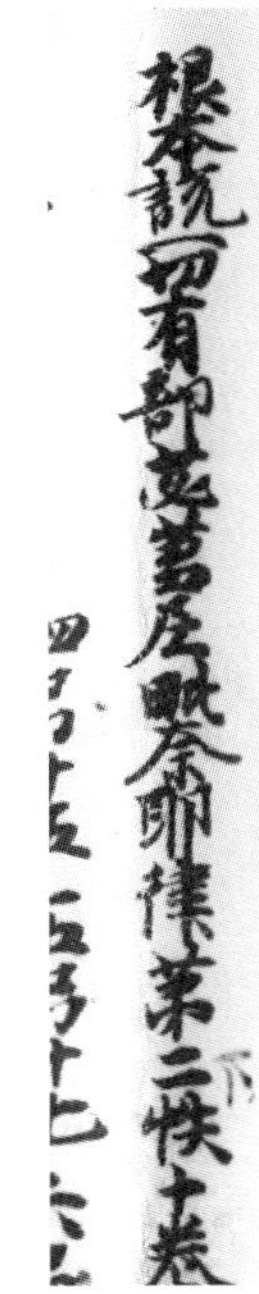

図8　羽栗国足天平十八年十二月十五日手実（部分）

る（図8　続々修一九帙八　第三三紙〈正倉院宝物〉より）ので、羽栗国足筆の可能性が高い。この国足は近江国犬上郡尼子郷の出身で、天平勝宝三年まで正倉院文書に見える。[19]

なお、書陵部所蔵経の中では不空羂索神呪心経（I―一六）も五月一日経の願文を持つが、これは『図書寮典籍解題』漢籍篇にて既に指摘されているように、[20]後世に別の経巻の願文を貼り継いだと考えられる。[21]訓点は宝幢院点。[22]附属の巻軸部紙片には「石清水八幡宮御殿司先執行法印権大僧都定豪相伝」とあり、石清水八幡宮の社家に伝来した。

三、仏本行集経巻五十九（I―三）

この経巻は巻末紙背に「十五　宮成　一校野長　二校久嶋」との書入れがあり（図録編解説参照）、紙背の継目印として「中臣之寺」印、その上に「法隆寺一切経」印が捺されている。

この「中臣之寺」印は、篆刻家長谷川延年が安政四年（一八五七）に刊行した『博愛堂集古印譜』に「寺在大和国宇治郡大原村」として掲載されている。[23]「宇治郡」は明治に大竹蠹翁によって作成された『令号璽史』において「宇智郡」と改められているのが正しいと考えられるが、[24]宇智郡に大原村は存在せず、延年が何に基づいて記したものか定かでない。

中臣寺は正倉院文書の中にも見出すことができ（『大日本古文書』八―一三四～一三六頁、九―三二五～三二六頁）、写経所から中臣寺に舎人が出向していたことを示すものもある。それらによれば、福山敏男氏が推測されたように添上郡にあったと考えるべきであろう。[25]

この「中臣之寺」印が捺された経巻は聖語蔵の中にもあり、そのうちの第四類神護景雲経の中に含まれている四分律巻二十四について、飯田剛彦氏は、東大寺の写経所が中臣寺から借用してそのまま返却しなかったものではないかと推測されている。[26]この印を持つ経巻は、聖語蔵の中ではその他に第五種甲種写経の中に二五点あり、[27]巷間にも数部存するという。[28]巻末紙背の書入れより二校まで行われていることが確認されるなどといった点より見れば、天皇や皇后など中央の写経所が関与して書写されたものと見てよいのではないかと思われる。書入れに記された経師・校生の内、経師「宮成」については、尾張宮成という経師を宝亀年間に見出

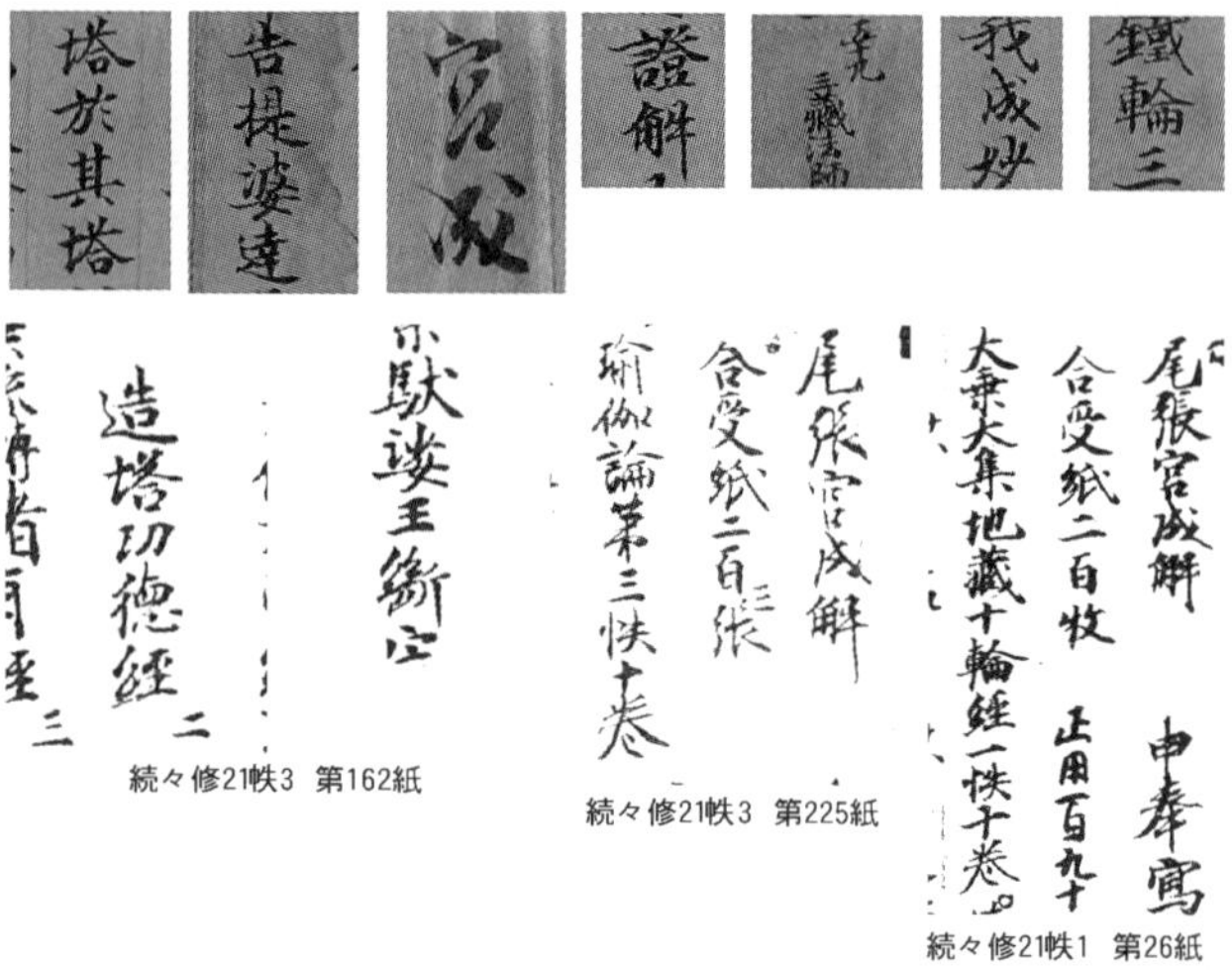

（正倉院宝物）

図９　仏本行集経巻59（上段）と尾張宮成の筆跡（下段）との比較

すことができる[29]（図9参照）。

四、書陵部への収蔵過程

以上、書陵部図書寮文庫所蔵の聖語蔵関係経巻から幾つかを紹介した。これらの経巻がどうして宮内省に蔵されることになったのかということについて、最後に簡単に触れておきたい。図書寮の蔵書のもとになったコレクションはいくつかあるが、経巻、なかでも奈良朝写経においては、内閣にて収集された貴重書を明治二十四年（一八九一）に永世保存を目的として宮内省に移管した、いわゆる秘閣本が中心となっている。今回、紹介した経巻の大部分は秘閣本である。これらの秘閣本は紅葉山文庫に由来するものもあるが、内閣記録局の資料によれば、経巻類は大部分、内閣記録局（明治十八年十二月創置）において購入されたものと見てよい[30]。購入経緯までは明らかでないが、社寺より直接購入したというよりは、収集家が所蔵していたものがかなりあるのではないかと推測される[31]。

他には画家であり古書画鑑定家でもあった雨森善四郎より明治十三年に購入している[32]。

このほかに図書寮創設以降、昭和戦前に購入した経巻や他部局から移管されてきたものがあるが、それはごくわずかと考えられる。

今回の報告はいまだ不充分な段階のものであるが、本科研作成による鮮明なカラーデジタル画像が公開されることにより、さらに研究が進展し、今回紹介した経巻以外にもこれまでに知られている写経事業と結びつけることができるものが出現することを期待したい[33]。

書陵部所蔵聖語蔵関係経巻一覧

画像		書名	員	函	号	番号	備考	紙高	紙長	界高	界幅	行数	紙数	旧蔵
○	今更一部一切経	大方広仏華厳経巻16　唐実叉難陀訳（八十華厳（新訳））	1巻	512	48	7548	五百木部真勝宝亀6写『古芸余香』『古経題跋随見録』	276	536	215	22	25	23	田中光顕 内閣
○	今更一部一切経	大方広仏華厳経巻19、22　唐実叉難陀訳（八十華厳（新訳））	2巻	512	69	7559	五百木部真勝・大坂広川宝亀6写『古経題跋随見録』	276 275	561 575	215	22	26	18 20	内閣
○	今更一部一切経	菩薩善戒経巻2　宋求那跋摩訳	1巻	512	65	7550	酒波家麻呂宝亀5写『古経題跋随見録』	273	562	214	22	26	20	内閣
○	今更一部一切経	本事経巻2　唐玄奘訳	1巻	512	89	7572	大宅童子宝亀6写（伝朝野魚養筆）	275	497	213	22	23	16	内閣
○	神護景雲経	仏説阿難四事経　呉支謙訳	1巻	512	42	7541	『古経題跋』（和州東大寺蔵）『聆濤閣集古帖』書部上	280	546	232	23	23	5	内閣
	神護景雲経	舎利弗阿毘曇論巻1	1帖	503	35	7710	箱蓋に山中献識語あり『古経題跋随見録』			230	24	24		雨森善四郎
	五月一日経	出曜経巻8（前欠）（20巻本系）	1巻	512	34	7535	古神徳天平15写（大正新脩（30巻本）の巻12相当、巻10・11部分は欠『古芸余香』『古経題跋随見録』	264	462	195	20	24	(23)	内閣
○	五月一日経	楞伽阿跋多羅宝経註巻3、5　釈智厳	2巻	512	114	7611	古神徳天平12写　天平勝宝7歳10月14日重跋『古芸余香』『古経題跋随見録』	260 263	450	196	22	21	42 40	巻3島本仲道、巻5堀皆春　内閣
○	五月一日経	根本説一切有部苾蒭尼毘奈耶巻14　唐釈義浄	1巻	512	49	7546	羽栗国足天平18写	262	462	196	18	25	19	内閣
○	五月一日経	須頼経　首欠　附後序　前涼釈支施崙	1帖	503	34	7715	天平8～9年頃写　紙背継目「宿」印　桐箱蓋外面に「明墨閣鑑定記」印『古芸余香』『古経題跋随見録』	251ｶ	455	194	19	25	(16)	雨森善四郎
	五月一日経	法集経巻2　元魏釈菩提流支訳	1巻	512	67	7558	『古経題跋随見録』	263ｶ	463	197	17	26	15	内閣
○	五月一日経	無言童子経　西晋竺法護訳	2巻	512	83	7585	願文同筆『続古経題跋』p.363『古芸余香』『古経題跋随見録』	264	463	194	17	25	22 25	向山栄・田中光顕 内閣
書	五月一日経	雑阿含経巻37　宋釈求那跋陀羅	1巻	512	68	7557	『古経題跋随見録』三の丸『書の美、文字の巧』03　書陵部画像公開システムにて画像公開	262	458	194	18	25	31+1?	内閣
○	?	不空羂索神呪心経	1巻	503	189	47913	1933年購入　願文は別巻を後世に継いだものか	263ｶ	456	195	20	24	14+1	—
○	—	仏本行集経巻59　隋闍那崛多訳	1巻	512	47	7539	尾張宮成写ヵ「法隆寺一切経」「中臣之寺」印あり	264	578	207	22	26	15	法隆寺 内閣

〔注〕

（1）聖語蔵についてわかりやすくまとめられたものに、「学燈」九六―一〇（一九九九）所収の諸論考や飯田剛彦「正倉院・聖語蔵経巻について」（『仏教学レビュー』九、二〇一一）がある。

（2）飯田剛彦「聖語蔵経巻「神護景雲二年御願経」について」（『正倉院紀要』三四、二〇一二）。

（3）なお、飯田剛彦氏は手実の記載と経巻の現物から判明する筆者状況が一致しない事例があることを指摘されている（同氏前掲『正倉院紀要』三四論文注（16）等）。

（4）竹内理三ほか編『日本古代人名辞典』二（一九五九、吉川弘文館）三三一頁参照。

（5）佐伯有清「校訂新撰姓氏録」（『新撰姓氏録の研究』、一九六二、吉川弘文館）二四九頁、田中卓「新校・新撰姓氏録」（『田中卓著作集』九、一九九六、国書刊行会）による通番号五六〇。以下、『新撰姓氏録』については佐伯翻刻の頁数と田中翻刻の番号を記す。

（6）竹内理三ほか編『日本古代人名辞典』一（一九五八、吉川弘文館）一二八頁。

（7）前掲『日本古代人名辞典』一、一四二～一四三頁。

（8）住吉朋彦「大方広仏華厳経巻一四の写し手」（『Media Net』二二、二〇一五）。

（9）竹内理三ほか編『日本古代人名辞典』三（一九六一、吉川弘文館）八五一～八五二頁。

(10) 前掲『日本古代人名辞典』二、四〇九～四一〇頁。

(11) ちなみに五月一日経瑜伽師地論巻一六（建部広足天平十一年十一月写、個人蔵）も、仏説阿難四事経と同様に本文末尾の一行より紙・筆跡が変化している（二〇一六年六月奈良国立博物館にて展示中の同巻を実見した）。

(12) 松本包夫「聖語蔵五月一日経の筆者と書写年代その他」（「書陵部紀要」一五、一九六三）、皆川完一「光明皇后願経五月一日経の書写について」（『正倉院文書と古代中世史料の研究』、二〇一二、吉川弘文館、坂本太郎博士還暦記念会編『日本古代史論集』上、一九六二初出）・「正倉院文書に見る人と書」（『正倉院文書と古代中世史料の研究』、二〇一二、吉川弘文館、『書の日本史』一、一九七五初出）。装潢本経充帳に「出曜経第八巻、充古神徳、用三十六張」と見える（『大日本古文書』八―一一五頁）。

(13) 竹内理三ほか編『日本古代人名辞典』六（一九七三、吉川弘文館）一五七六～一五七七頁。

(14) 川瀬一馬「正平本論語攷」（『日本書誌学之研究』、一九四三、大日本雄弁会講談社、「斯文」一三―九、一九三一初出）。

(15) 前掲川瀬論文及び同論文に引用される諸論文の他、山本道男「正平版論語の跋文」（「日本歴史」五六、一九五三）も参照。

(16) ちなみに明治にこの出曜経巻八を見た田中光顕は『古経題跋随見録』にて「書法絶倫」と書き残している。精査していないが、古神徳書写経の大部分が庫外に流出していると見られることは注意される。

(17) 前注皆川「光明皇后願経五月一日経の書写について」「正倉院文書に見る人と書」。皆川完一「光明皇后願経五月一日経について」（『正倉院文書と古代中世史料の研究』、二〇一二、吉川弘文館、一九七四講演）によれば、この他にも年を誤ったものが幾つかあるという。田中光顕編『古経題跋随見録』東京大学史料編纂所本（安田善次郎所蔵田中光顕自筆本の転写）には、野村素軒が出曜経を蔵しており、仏本行経巻七（の願文）が浅草蔵前の「冬木手鑑」にあると記される。この手鑑は中野忠太郎・松下幸之助等の所蔵を経て現在個人蔵となっている『隠心帖』上巻で、松下幸之助所蔵時に撮影された写真帳が東京大学史料編纂所に蔵されており、近年、同所による共同研究も実施された（「武蔵野文学」六四、二〇一六、参照）。

(18) 五月一日経の重跋に関しては、宮﨑健司「光明皇后発願五月一切経の勘経」（『日本古代の写経と社会』、二〇〇六、塙書房、「尋源」四一・四二、一九九二初出）、大平聡「五月一日経の勘経と内裏・法華寺」（「宮城学院女子大学キリスト教文化研究所研究年報」二六、一九九三）、同「天平勝宝六年の遣唐使と五月一日経」（笹山晴生先生還暦記念会編『日本律令制論集』上、一九九三、吉川弘文館）、山下有美「嶋院における勘経と写経」（「正倉院文書研究」七、二〇〇一）等を参照。

(19) 竹内理三ほか編『日本古代人名辞典』五（一九六六、吉川弘文館）一三一六～一三一七頁。

(20) 宮内庁書陵部編、一九六〇、大蔵省印刷局、二〇六頁。

(21) 願文の継ぎが明らかに奈良時代のものに比べて雑であり、しかも本紙と願文とで紙高が一致していない。

(22) 築島裕「宝幢院点」（『平安時代訓点本論考』研究篇、一九九六、汲古書院、「国語学」一七〇、一九九二初出）。

(23) 『博愛堂集古印譜』巻八寺院印之部（国立国会図書館デジタルコレクション　原本請求番号辰―四〇第四冊）一二丁オ。

(24) 『令号璽史』巻之下（国立国会図書館デジタルコレクション原本請求番号八四一―二〇〇）二六丁オ。

(25) 福山敏男「中臣寺」（『奈良朝寺院の研究』増訂版、一九七八、綜芸舎、一九四八初刊、高桐書院）。

(26) 飯田剛彦「聖語蔵経巻「神護景雲二年御願経」の検討」（奈良女子大学古代学学術研究センター月例研究会、二〇一二年八月一日）。

(27) 奈良帝室博物館正倉院掛編『正倉院聖語蔵経巻目録』一九三〇、鈴木一男「正倉院聖語蔵御本唐経四分律雑考」（「日本文化研究（帝塚山短期大学）」七、一九八四）、

(28) 根津美術館に鴦崛髻経と大同元年写順正理論巻六残巻（田中光顕旧蔵）、北村美術館に入阿毘達磨論巻下、大東急記念文庫に奈良末写弥沙塞部五分律巻十七（赤星家旧蔵）が蔵される。また『古経題跋』等によれば、鵜鸕徹定が優婆夷浄行法門経巻上を蔵していたという（現所在不明）。

(29) 前掲『日本古代人名辞典』一、三〇四頁。

(30) 国立公文書館蔵『記録材料』七所収『内閣記録局第一～三回報告』参照。

(31) 田中光顕編『古経題跋随見録』等によって旧蔵者が判明する場合がある。

(32) 宮内公文書館所蔵『御物目録』（識別番号七二五〇六）。同書は本文冒頭に「古器物保存掛」とあるので、明治十一年から十七年まで宮内省に置かれていた古器物保存掛で作成された目録と考えられる。なお同館所蔵『御物目録』（識別番号七二五〇五）も参照。

(33) なお聖語蔵経巻については、宮内庁正倉院事務所編『宮内庁正倉院事務所所蔵　聖語蔵経巻　カラーデジタル版』（二〇〇〇～丸善〈二〇一六年より丸善雄松堂〉）によって調査を行なった。

〔附記〕校正中に矢越葉子「東大寺所蔵経巻の検討」（『正倉院文書研究』一五、二〇一七）が刊行された。同論文は東大寺所蔵の宝亀年間写経について検討を加えたものである。あわせて参照されたい。

金澤文庫本『春秋経伝集解』、奥書の再検討

佐藤道生

はじめに

宮内庁書陵部の図書寮文庫蔵書については、すでに『図書寮典籍解題』という極めて優れた研究書が備わっている。ここに取り上げる金澤文庫本の『春秋経伝集解』も、『典籍解題』漢籍篇（以下、『解題』と略称する）に於いて、十三頁もの紙数を費やして、詳細に論じられている。書誌的事項から始めて、奥書から窺われる伝写の情況、そしてこの古写本の有する日本漢学史上の意義に至るまで、重要な事柄は全て述べ尽くされた観がある。ただ、今回この本を改めて調査したところ、『解題』の記述の中に幾つか修正すべき点が見出されたので、本稿ではそれらについて報告したいと思う。『解題』では、この本の書写・校合の経緯を次のように記している。

本書は金沢文庫の創始者、北条実時（一二二四―一二七六）が、清家八代の大儒清原教隆（一一九九―一二六五）から、清家累代相伝の春秋経伝集解の秘説を伝授される時に、清家相伝の集解本を書写校点したものを、後に実時の子篤時が、教隆の子の直隆（一二三四―一二九九）・俊隆（一二四一―一二九〇）から伝授される時に書写したものである。巻三十の識語に、文永四年十月十一日より翌年の七月十四日まで約九箇月を要して、右筆が書写したと記している。ところが、巻三十のすべてがこの種のものでなく、巻十四・十五・二十三・二十六の四巻は、篤時の弟顕時（一二四八―一三〇一）が俊隆から伝授される時に、俊隆本を書写したものである。（中略）実時が教隆より本書を伝授されたのは、建長五年（巻四）より文永二年（巻九）にわたる十三年間である。実時は本書を伝授されるに当つて、清家本を自ら丹念に書写校点したもので、その努力の尋常でなかつたことが窺われる。

実時の子篤時は教隆の子直隆・俊隆から伝授を受けた。その際篤時は、実時の書写本を写し、それを直隆が実時書写の原本たる教隆本（外記大夫本）と俊隆本（音博士本）とによつて校勘し、文永五年七月十七日から翌年十月廿一日まで約十五箇月間に、全三十巻を直隆・俊隆兄弟が折半して各巻交互に伝授している。（中略）俊隆は篤時の弟顕時にも全三十巻を伝授した。その消息を伝えるものは巻十四・十五・廿三・廿六の四巻で、本文の字体も金沢文庫の印章も、篤時本二十六巻とは異なつており、巻十四・十五には顕時自筆の書写校点の識語署名が、あざやかに残つている。

右の文中、再検討する余地のあると思われるのは、傍線部二箇所である。この金澤文庫本三十巻が本体の二十六巻と補配された四巻とに分けられることは『解題』の指摘するとおりである。検討すべき問題の第一は補配された四巻が全て北条顕時の書写したものであるかという点であり、第二は北条篤時が本体の二十六巻を書写した後、それを教隆本と俊隆本とによって校勘したのが果たして清原直隆その人であったかという点である。以下、これら二点に就き、検討を加えたい。

一、補配の四巻中、巻二十三・巻二十六は北条顕時の書写か

『解題』には「巻十四・十五・二十三・二十六の四巻は、篤時の弟顕時（一二四八―一三〇一）が俊隆から伝授される時に、俊隆本を書写したものである」（傍線部）とし、また「俊隆は篤時の弟顕時にも全三十巻を伝授した。その消息を伝えるものは巻十四・十五・二十三・二十六の四巻で、本文の字体も金沢文庫の印章も、篤時本二十六巻とは異なつており、巻十四・十五には顕時自筆の書写校点の識語署名が、あざやかに残つている」とも述べている。

これら四巻の内、たしかに巻十四・十五には北条顕時の署名・花押の付された書写奥書があるので、顕時自筆写本に相違ない。それでは残りの巻二十三・巻二十六も顕時の書写と見て良いのだろうか。『解題』でこれら二巻を巻十四・十五と同じく顕時の書写と判断した根拠は、恐らく俊隆が顕時に伝授した旨の俊隆自筆識語があるからであろう。巻二十三には、

弘安元年五月三日、以家説授申越後左近大夫将監尊閤了。音博士清原〔花押〕

（弘安元年〈一二七八〉五月三日、家説を以つて越後左近大夫将監尊閤に授け申し了んぬ。音博士清原〔花押〕）

とあり、巻二十六には、

弘安元年六月三日、以家説奉授越後左近大夫将監尊閤畢。音博士清原〔花押〕

（弘安元年六月三日、家説を以って越後左近大夫将監尊閤に授け奉り畢んぬ。音博士清原〔花押〕）

とある。「越後左近大夫将監尊閤」は顕時を指す。伝授は①弟子が師匠から借り受けた書を書写する、②師弟それぞれが写本を手元に置いて本文の読み合わせを行ない、師匠が訓説を弟子に伝授する、③師匠が弟子の所持本の末尾に伝授を終えた旨を書き加える、という手順で行なわれる。顕時に伝授した旨の識語があるのだから、その本の書写を顕時が行なったと見なすのが自然である。ところが、巻二十三の書写奥書には、

弘長元年六月十三日以参州本書写移点了。

文永二年六月二日挍合了。

（弘長元年〈一二六一〉六月十三日、参州の本を以って書写移点し了んぬ。文永二年六月二日、挍合し了んぬ。）

とあり、巻二十六の書写奥書には

文永二年正月十一日以清参州之本書写点挍了

（文永二年〈一二六五〉正月十一日、清参州の本を以って書写点挍し了んぬ。）

とあって、これを顕時に拠るものだとすると、巻二十三は顕時十四歳の時の書写、巻二十六は顕時十八歳の時の書写ということになる。顕時は十歳で元服しているので、この年齢の書写は可能なことは可能だが、やはり少し早過ぎるのではなかろうか。また、書写と伝授との間に十三年乃至十七年の隔たりのあることも不審である。

ここで問題となるのは、巻二十三・巻二十六の書写奥書の筆蹟である。書写奥書に見える「参州」「清参州」とは清原教隆を指す。教隆の所持本を借り受けて書写できる人物として第一に挙げるべきは北条実時であろう。とすれば、巻二十三・巻二十六の書写奥書の筆者は実時なのではなかろうか。また、もしそうであるならば、本文の書写も実時と見なしてよいのだろうか。これらの点について、検討を加える必要がある。

書写奥書の筆蹟は『群書治要』（書陵部蔵）、『本朝続文粋』（内閣文庫蔵）などに見られる実時の書写奥書（これには署名・花押が

図1

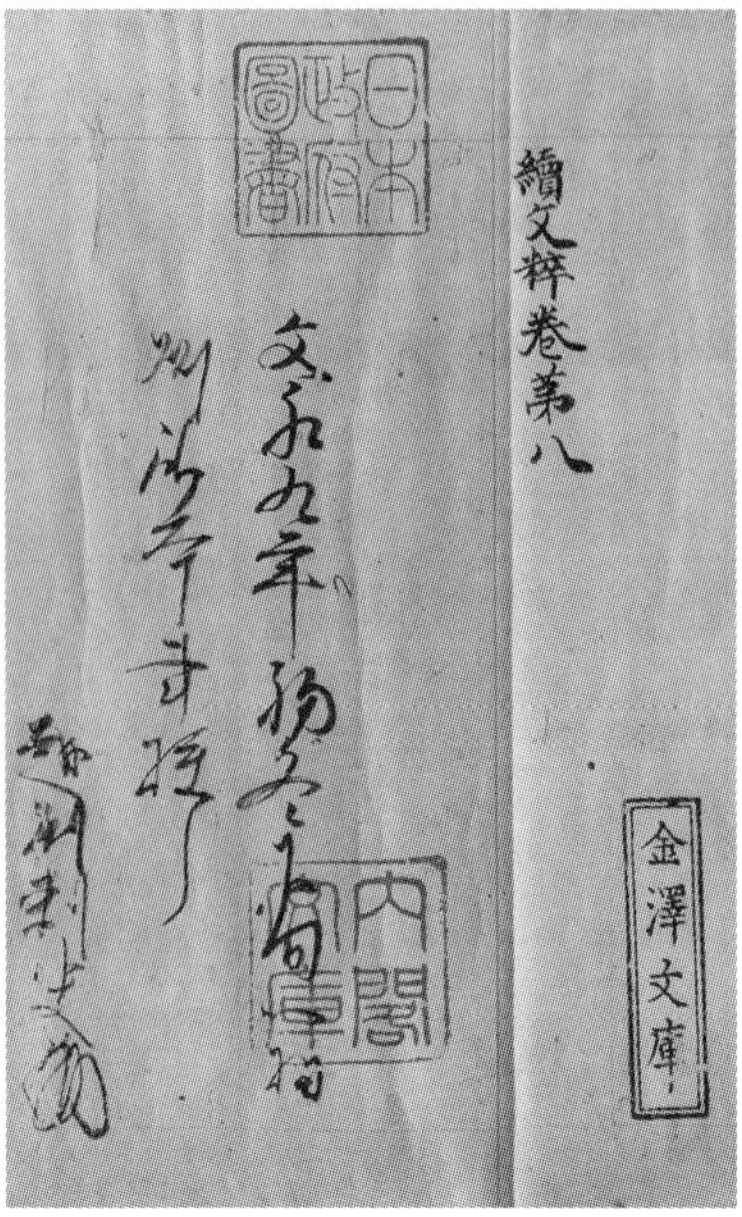
續文粹巻第八
金澤文庫

図2

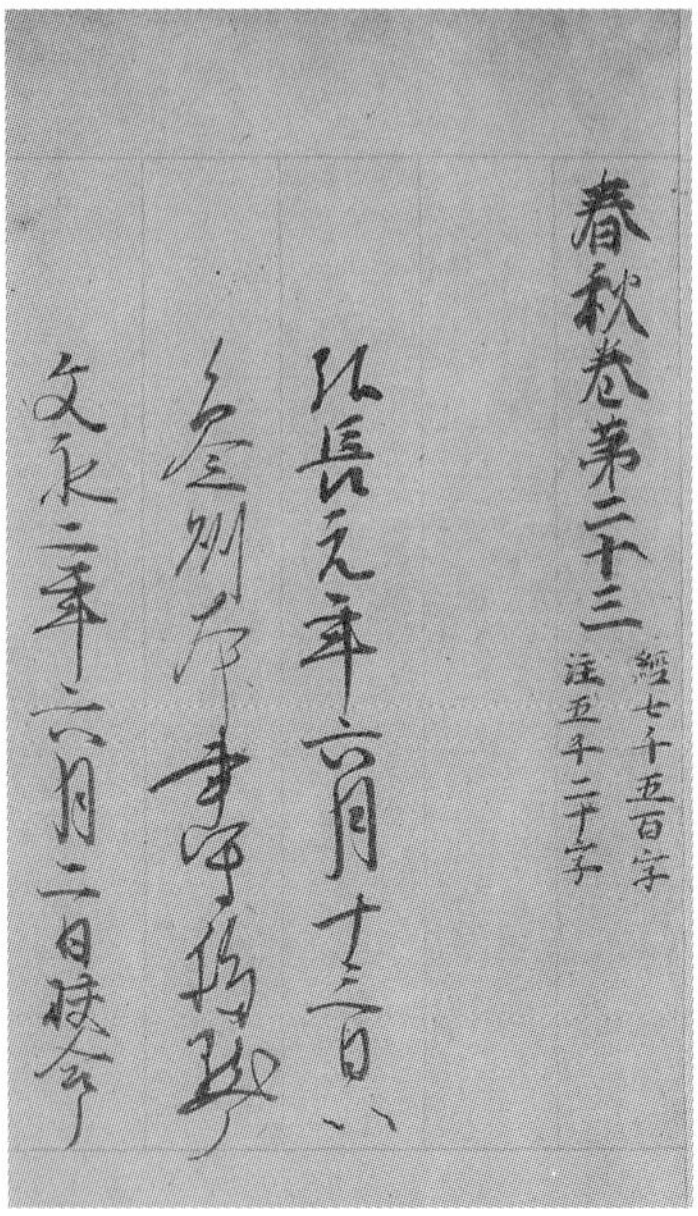
春秋巻第二十三
經七千五百字
注五千二十字

図3

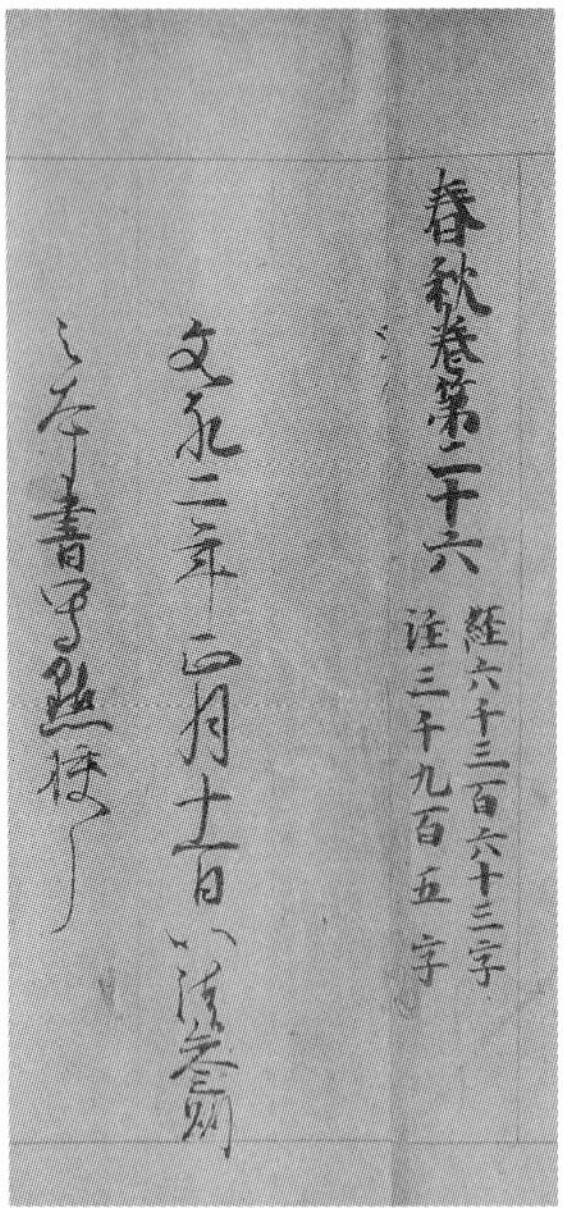
春秋巻第二十六
經六千三百六十三字
注三千九百五字

図4

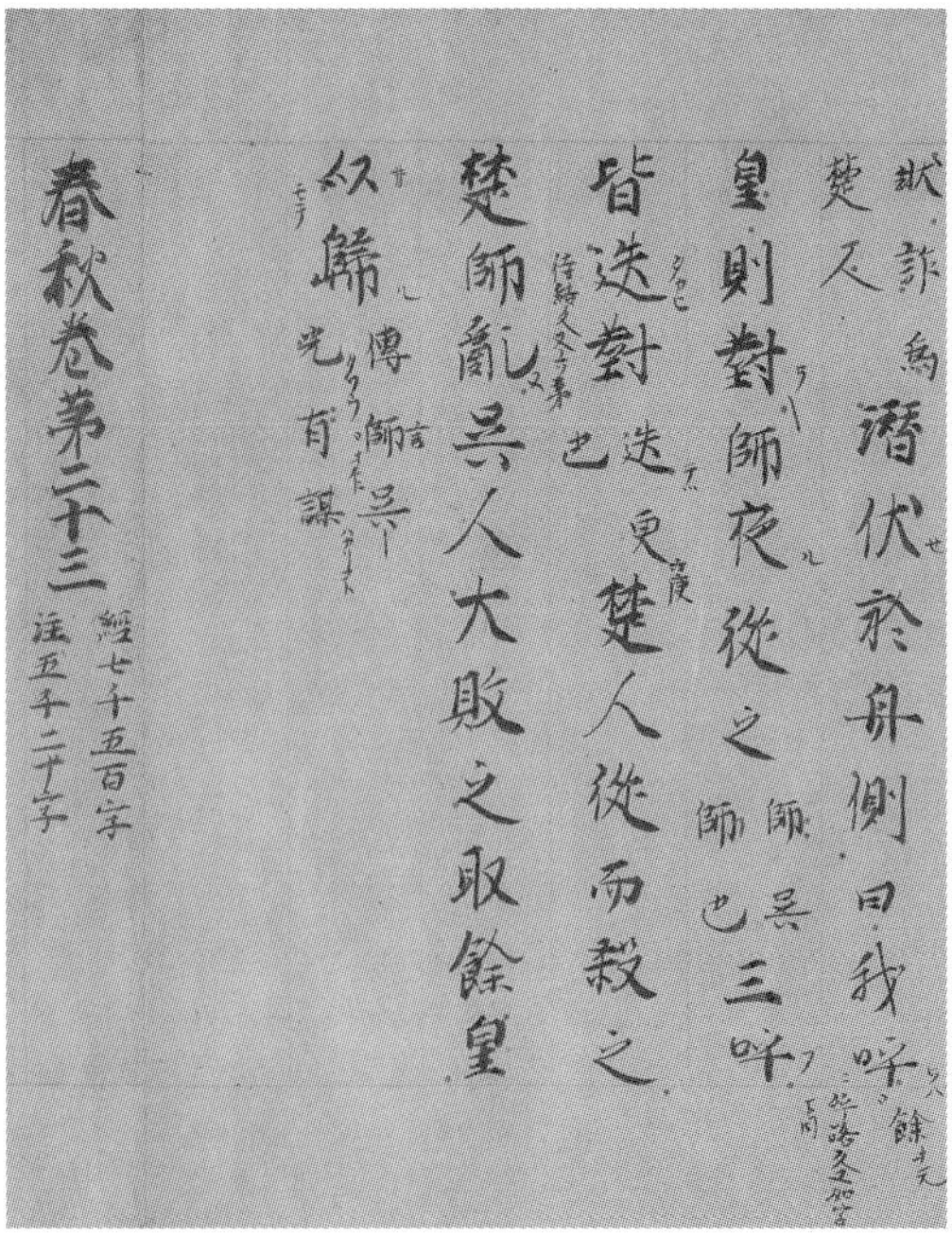
楚人詐爲潛伏於舟側曰我呼餘
皇則對師夜從之三呼
皆迭對楚人從而殺之
楚師亂吳人大敗之取餘皇
以歸
春秋巻第二十三
經七千五百字
注五千二十字

図5

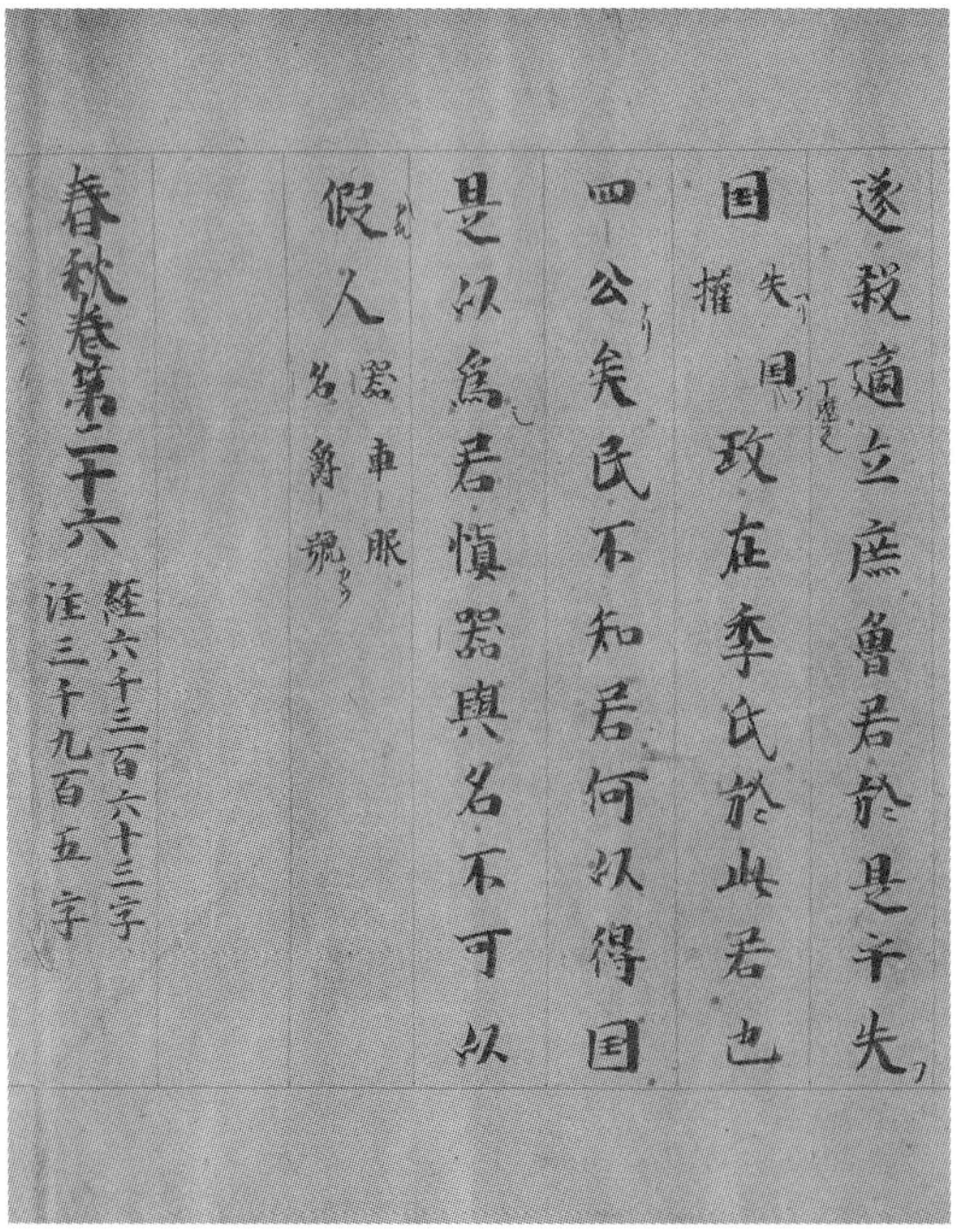
遂殺適立庶魯君於是乎失
国政在季氏於此君也
四公矣民不知君何以得国
是以爲君愼器與名不可以
假人
春秋巻第二十六
經六千三百六十三字
注三千九百五字

ある）の筆蹟に酷似している。図1に『本朝続文粋』巻八の書写奥書を、図2に『春秋経伝集解』巻二十三の書写奥書を、図3に同書巻二十六の書写奥書を掲げた。三者が同筆であることは一見して明らかである。ただ、何故か、『春秋経伝集解』の書写奥書には署名・花押が無い。これについては、関靖氏が『金澤文庫の研究』の中で、教隆卒去の文永二年以前、実時が教隆から伝授を受けた書に実時自身が署名したものは全くない。これは学問の師に対する敬意から出たものである（三四頁）、と述べた見解に従いたい。

また、弘長元年六月（巻二十三）・文永二年正月（巻二十六）という書写年時も、実時が教隆から『春秋経伝集解』を伝授された時期に符合している。本奥書から知られる訓説伝授の年時は次のとおりである。

巻二、弘長元年四月晦日。
巻十八、弘長二年四月十九日。
巻十九、弘長二年五月二十日。
巻二十二、弘長二年十二月二十六日。
巻二十五、弘長三年十二月十七日。
巻二十、文永二年正月十一日。
巻九、文永二年正月二十三日。

以上のことから、書写奥書の筆者は北条実時であろうと思われる。それでは、本文の筆蹟はどうか。奥書に言うように実時自らが書写校点したのであろうか。

巻二十三の本文と巻二十六の本文とは図4・5に示したように同筆である。両巻の書写には四年の時差があるので、一見別筆のような印象を持つかもしれないが、同一人物の別時筆と見るべきものである。しかし実時の筆蹟であるかは不明である。というのは、金澤文庫本で実時の書写奥書のある『群書治要』、『本朝続文粋』などでは、本文が複数手の寄合書きになっている。つまり実時の書写奥書が存していても、実際の書写者が実時であるとは限らないのである。因みに、『春秋経伝集解』巻二十三・二十六は『本朝続文粋』（内閣文庫蔵、文永九年写）巻二・四・八などと同筆である。

書陵部蔵の金澤文庫本『春秋経伝集解』はこれまで、北条篤時・顕時が清原直隆・俊隆から秘説の伝授を受けた本文を持つものであるとされてきたが、以上の検討から、三十巻の内、巻二十三・二十六の二巻は、その一世代前、清原教隆から北条実時に伝授された本文を伝えるものであることが判明した。

二、本体の二十六巻を教隆本・俊隆本と校合したのは清原直隆か

第二の問題の検討に移ろう。『解題』では本体の二十六巻につ

いて、北条実時が清原教隆から伝授を受けた時に用いた本（三十巻の内、巻二十三・巻二十六の二巻が現存することは前節に述べたとおりである）を底本として実時の息子の篤時が右筆に命じて書写させた本がこれであり、この二十六巻を用いて篤時は、教隆の息子である直隆・俊隆から伝授を受けたと述べている。問題となるのは、先に引用した『解題』の傍線部分「直隆が実時書写の原本たる教隆本（外記大夫本）と俊隆本（音博士本）とによつて校勘し」たとある所である。篤時が右筆に書写させた本を外記大夫本、或いは音博士本によって校勘したのは清原直隆なのか、という点に再検討の余地があるように思われる。

この二十六巻全体の書写奥書は巻三十末尾に次のようにある。

文永四年十月十一日右筆始之、同五年七月十四日之間、一部三十巻書写校点畢

（文永四年十月十一日、右筆、之れを始め、同五年七月十四日の間、一部三十巻、書写校点し畢んぬ。）

ただ、この記述からだけでは誰が右筆に命じて全巻書写させたのか分からない。その人物が北条篤時であることは、たとえば巻二に「文永五年八月二日、以九代之秘説授申越後二郎尊閣了。朝請大夫清原〔花押〕」、或いは巻七に「文永五年十月廿日、以家之秘説授申越州才郎尊閣了。朝請大夫清原〔花押〕」と清原直隆が伝授奥書を書き加えていることから判明する。「越後二郎尊閣」「越州才郎尊閣」とは、越後守であった北条実時の次男である篤時を指す。伝授を受けたのが篤時であれば、右筆に書写を命じたのも篤時と見るのが穏当である。但し、書写奥書の「右筆」を「右筆」（記録係）の意に取らず、「筆を右《たす》けて」と読めば、篤時が自ら書写したという意味になる。いずれにしろ、書写奥書の筆者は篤時であると考えられる。この篤時の筆蹟を仮にA筆として、これと、各巻にある外記大夫本、或いは音博士本と校勘した旨を記す奥書の筆蹟（『解題』はこれを清原直隆と見なしている）とを比較してみよう。図6は巻三十の奥書の一部である。最初の三行が書写奥書であり、その次の二行に文永五年十月十九日に外記大夫本と比校したことを記している。図7は巻七の奥書の一部で、文永五年九月二十五日に外記大夫本と比校したことを記している。これらの奥書の筆蹟は一目瞭然、同筆である。このA筆が直隆の筆蹟でないことは、直隆の伝授奥書の筆蹟と比べてみれば明らかである。図8は巻七の奥書の一部である。いちばん左の三行が直隆自筆の伝授奥書であり、その右がA筆である。一見して別筆なのである。

以上の検討から、北条篤時は清原直隆・俊隆から秘説の伝授を受ける直前に（一部、伝授の直後のこともあるが）、自ら外記大夫本、音博士本と校合したものと思われる。

図6

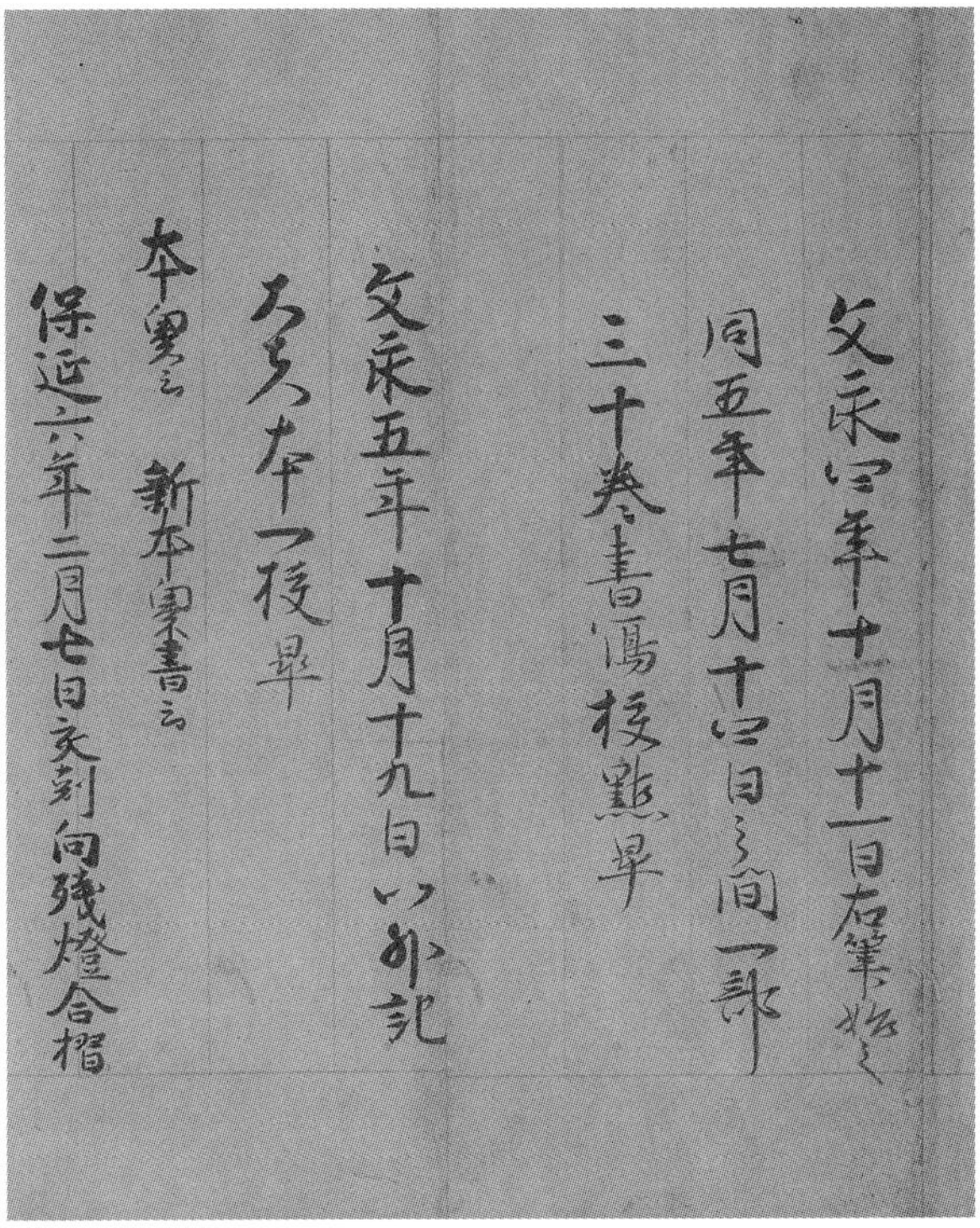

文永四年十一月十一日右筆終之
同五年七月十四日之間一部
三十巻書寫校點畢
文永五年十月十九日以外記
大夫本一校畢
本奥云　新本奥書云
保延六年二月七日亥剋向殘燈合楷

図7

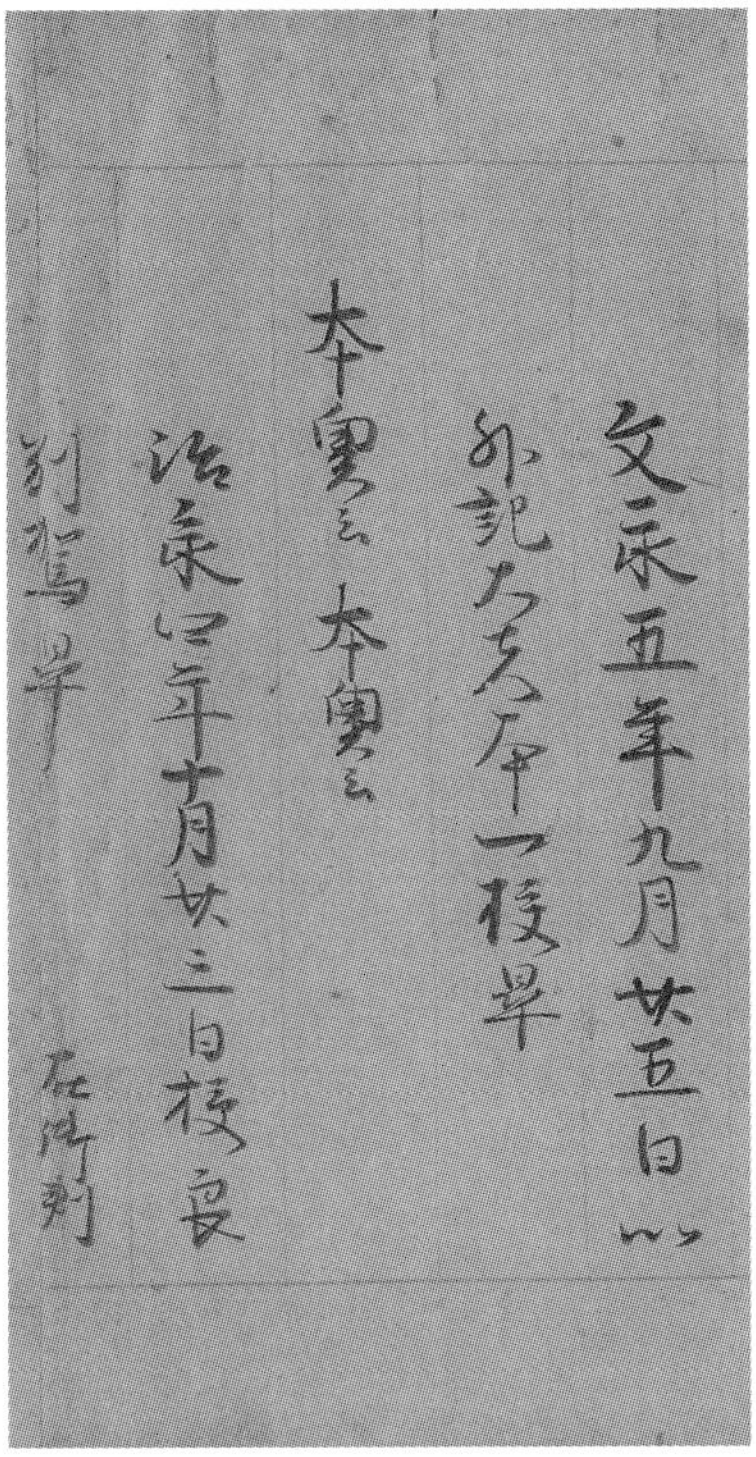

文永五年九月廿五日以
外記大夫本一校畢
本奥云　本奥云
治承四年十月廿三日校良
刊寫畢　在判

図8

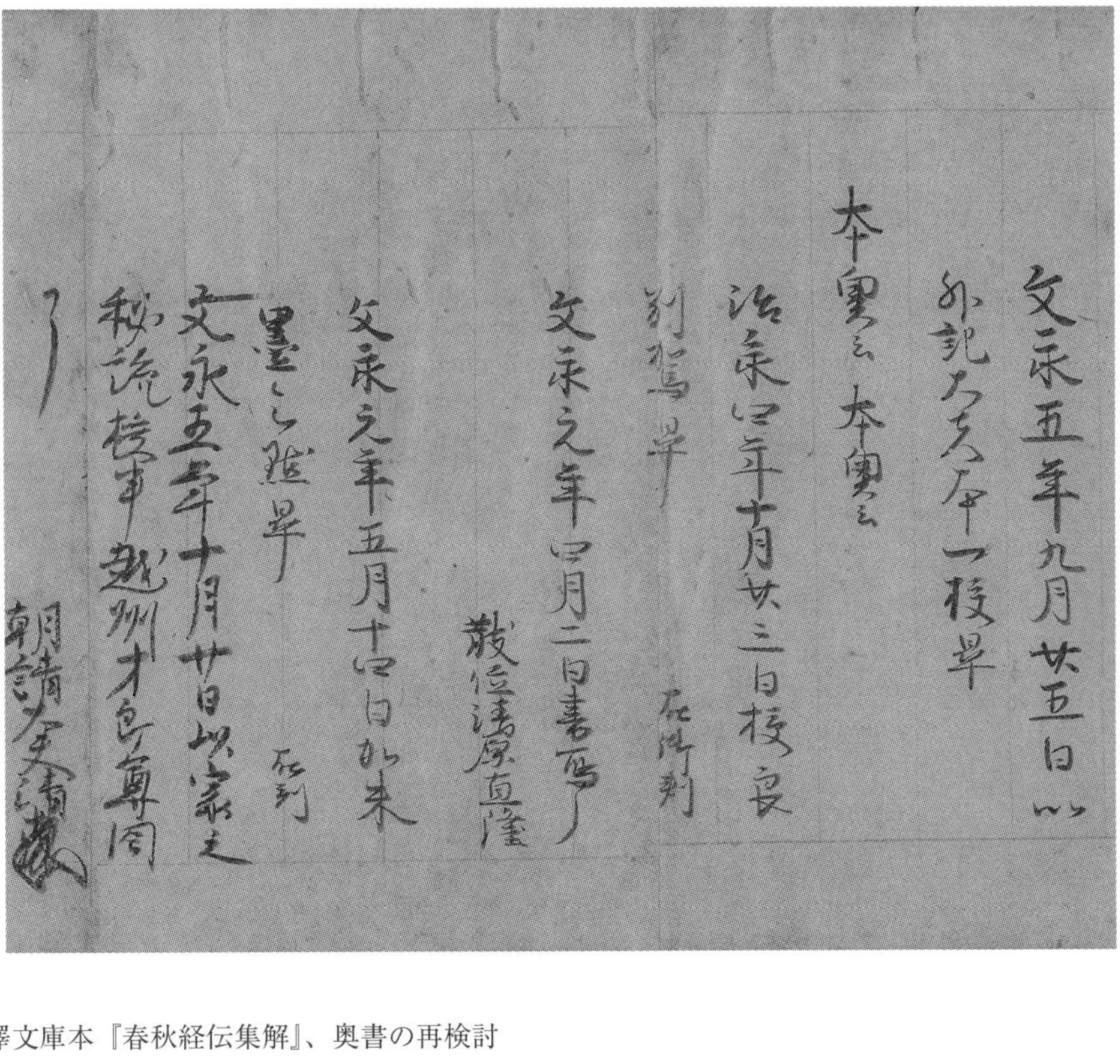

文永五年九月廿五日以
外記大夫本一校畢
本奥云　本奥云
治承四年十月廿三日校良
刊寫畢　在判
文永元年四月二日書寫了
散位清原直隆
文永元年五月十四日加朱
墨之點畢　在判
文永五年十月廿日以家之
秘説授申越州刺史尊閤
朝請大夫清

〔附記〕本稿は、二〇一三年十二月七日に東京大学東洋文化研究所で開催された書陵部漢籍研究成果報告会に於ける同題の口頭発表に基づくものである。口頭発表に当たっては、住吉朋彦氏から種々御教示を頂戴した。記して謝意を表する。

金澤文庫本『春秋経伝集解』の奥書と伝来

齋藤 慎一郎

はじめに

宮内庁書陵部蔵の金澤文庫本『春秋経伝集解』三十巻は、院政鎌倉期の清原家で行われた春秋学の様相を現在に伝えるものとして知られる。

この巻子本の大部分は、鎌倉幕府の中枢にあった北条実時（一二二四―一二七六）が、建長五年（一二五三）から文永二年（一二六五）の間に、清原頼業（一一二二―一一八九）の孫に当たる清原教隆（一一九九―一二六五）より、『春秋経伝集解』の訓説の伝授を受けるために書写して用いた本を、実時の子篤時が文永四年十月十一日から翌五年七月十四日にかけて、さらに写したものからなる。篤時はそれに次いで文永五・六年のうちに、教隆の子である直隆（一二三四―一二九九）・俊隆（一二四一―一二九〇）兄弟から伝授を受けた。ただし、巻十四・十五・二十三・二十六の四巻はこの限りではなく、巻十四・十五は後の弘安元年（一二七八）に、篤時の弟顕時（一二四八―一三〇一）が、俊隆本（「音博士俊隆真人之本」）を書写し新造したもの、巻二十三・二十六は実時が伝授を受けるに当たって書写したときに生じた原本である。これら四巻は、各巻の奥書に明示されるように、弘安元年には顕時が俊隆から伝授を受けるのに用いられ、その後の嘉元三・四年（一三〇五・〇六）、顕時の子貞顕（一二七八―一三三三）が、清原家嫡流の良枝・宗尚父子から伝授された際にも用いられたものである。

このような二十六巻と四巻（二巻＋二巻）との取り合わせによって構成される金澤文庫本『春秋経伝集解』は、鎌倉幕府という有力な為政者側の要請に応える形で、明経の博士家である清原家から、好学で知られた金沢北条氏に対して伝授されたものと言うことができ、斐紙を用いた料紙の使い方も豪勢である。そこでの伝授に際し、鎌倉へ下向していた清原教隆とその子たちの果たした役割は大きなものとなった。

一、「外記大夫本」とは何か

前述のうち、北条篤時が伝授を受ける経緯について、『図書寮典籍解題　漢籍篇』（二二頁）では、次のように説明を加えている。

実時の子篤時は教隆の子直隆・俊隆から伝授を受けた。その際篤時は、実時の書写本を写し、それを直隆が実時書写の原本たる教隆本（外記大夫本）と俊隆本（音博士本）とによつて校勘し、文永五年七月十七日から翌年十月廿一日まで約十五箇月間に、全三十巻を直隆・俊隆兄弟が折半して各巻交互に伝授している。

傍線を附したうち、校合した人物が実は清原直隆ではなくて北条篤時自身であることは、すでに佐藤道生氏の説かれるところである[1]。

これを踏まえ、本稿ではまず、『図書寮典籍解題』が「教隆本」だとする「外記大夫本」とは果たして何か、ということを考えてみたい。

そこで、その「外記大夫本」によって校勘を行ったとする記事を持つ一例として、巻十八の奥書を、ここでは参照しておこう（読点のほか丸数字と相当する西暦を補った。以下同）。

〈巻十八〉

本奥云

①弘長二年（一二六二）四月十九日、以家秘説奉授越州使
君尊閤了　前参河守清原〈在判〉

書本奥云

古本奥云

②治承四年（一一八〇）仲冬十日、於攝州、重見合家本畢、
于時關東兵起、稱義挙、台岳恃乱、勸還都、鶴髪前儒、
獨耆左史、類杜預之居襄陽也、酔後之狂筆而已　大外
史《在御判》

③文永五年（一二六八）九月廿二日、以外記大夫本一挍畢

本奥云　古本奥云

④〈上総殿御筆〉甲子之歳（一〇八四）霜月廿四日、讀合
畢

⑤保延六（一一四〇）正廿、重合ー〈此字不被見解〉朝之
摺本畢　頼ー

⑥仁平四年（一一五四）正月十日、申刻、以或本并正義讀
合畢　直講〈在御判〉

⑦久壽二年（一一五五）九月廿四日、辰刻、見合或本畢

⑧長寛二年（一一六四）四月十三日、以證本挍合畢　造酒正清原祐安

⑨治承四年（一一八〇）仲冬十日、於攝州、重見合家本畢、于時關東兵起、稱義舉、台岳恃乱、勸還都、鶴髪前儒、獨嗜左史、類杜預之居襄〈陽〉也、酔後之狂筆而已
大外史〈在御判〉

⑩治承五年（一一八一）三月八日、授良業畢　〈在御判〉

⑪壽永三年（一一八四）二月七日、重讀畢　良業

⑫建暦二年（一二一二）五月十七日、以家秘説授愚息仲宣畢　助教仲隆

⑬貞應元年（一二二二）五月十六日、授仲光畢　仲光者教隆之本名也　〈在御判〉

⑭天福元年（一二三三）八月廿二日、以家之證本加挍點畢
直講清原〈在判〉

⑮延應二年（一二四〇）三月廿五日、以家説授隆尚畢
助教〈在判〉

⑯正嘉元年（一二五七）八月十日、書寫畢　孔門貫首〈在判〉

⑰正嘉元年（一二五七）九月五日、以累代秘説手身挍點畢、雖一字一點、不借他人之手者也、于時在花洛　明經得業生清原直隆〈在判〉

⑱文永六年（一二六九）四月十三日、以累家秘説、捧越後次郎尊閤畢　音博士清原（花押）

この巻十八奥書を整理すれば、大まかに言って、実時本から転記した本奥書（①・②）、「外記大夫本」との校合奥書およびそこから転記した本奥書（③〜⑰）、俊隆から篤時への伝授奥書（⑱）、の三つの段階に分けることが出来るだろう。実際、書写時に記されるべき①・②と、文永五・六年の校合・伝授時に書き足される③以降とは、明らかに筆致が異なっている。

各記事の年代に鑑みれば、文永五年（一二六八）の校合時の「外記大夫本」の奥書には、「古本」より転写された分に始まって正嘉元年（一二五七）の直隆による書写・校点奥書まで（④〜⑰）が元来記されていたとみるのが自然であろう。

すると、このことは篤時が校合対象とした「外記大夫本」の所有者が、すでにその書写・校点を行った清原直隆であったことを意味するように考えられる。「外記大夫本」という呼称自体も、同時期、金澤文庫本『春秋経伝集解』の伝授奥書に「朝請大夫」と署名する直隆の位階には符合している。また、「音博士本」が弟の俊隆本であるのに、巻三十奥書で「此書一部卅巻、以或外記大夫本、或音博士本、重一挍畢」と言って、それに並び称される

「外記大夫本」が、文永二年にすでに歿している父教隆の本であるというのは、些か不自然であるようにも思われる。

なお、「外記大夫本」によって校勘を行ったとする記事は、巻七・十六・十七・十八・十九・二十・二十一・二十二・二十四・二十五・二十七・二十八・二十九・三十の各奥書に見られるもので、文永五年（一二六八）九月一日から十月十九日までの出来事としてまとまる。そして、このうち、巻十七・二十一・二十四を除いては、前掲の巻十八と同様の構造で、「外記大夫本」から転記した本奥書中の最末尾に、直隆の書写・加点奥書もしくは父教隆から伝授を受けた旨の奥書が写されている。

『図書寮典籍解題』の記述のうち、校合を行ったのはもはや清原直隆でなく北条篤時であったことが判明している以上、このような「外記大夫本」もまた「直隆本」というべきではないかと思われる。

二、北条実時が書写に用いた原本は教隆本といえるか

通常、伝授に於いて被伝授者は、伝授者となる儒者が所持する本の本文を書写することを前提とする。そのため、これを北条実時に対する伝授に当て嵌めた場合、伝授者は清原教隆であるから、実時が書写に用いた本は、教隆本であると考えられることになる。事実、実時が書写校点に用いた本は「参州之本」「清大外記教隆本」であるなどと奥書にも明記されており、実時方は全巻にわたって、その原本を教隆本と認識したように見受けられる。しかし、奥書の記載を検討すれば、厳密にはそうではないと思われる場合もあるから、以下そのことについて述べてみたい。

第一に、これも同じく佐藤氏の研究によって、巻二十三・二十六の二巻は、北条実時が清原教隆から伝授を受けたときの原本であることが判明している。[2] その本の奥書を、巻二十六を例に、取り上げてみよう。

〔巻二十六〕

①文永二年（一二六五）正月十一日、以清参州之本書写點
挍了

書本奥云　本奥云

②養和元年（一一八一）七月廿六日、授良別駕了〈在御判〉

③元暦元年（一一八四）五月廿九日、重受御説了　主水
正良業

④建保二年（一二一四）九月十六日、授家説於仲宣了
散班〈在御判〉

⑤正元〻年（一二五九）六月六日、書寫了　筑州別駕〈在
判〉

⑥同年同月十五日、以累代之秘説手身挍點了　　筑後介直
隆
⑦弘安元年（一二七八）六月三日、以家説奉授越後左近大
夫将監尊閤畢　　音博士清原（花押）
⑧嘉元四年（一三〇六）四月十一日、以家説奉授越後守殿
了　　直講清原（花押）

これも年代からみて、文永二年（一二六五）に「清参州之本」より転記した奥書のうちに、正元元年（一二五九）の清原直隆による書写・校点奥書まで（②〜⑥）が含まれていたと考えるのが適当であろう。巻二十三の奥書もほぼ同様で、正嘉二年（一二五八）、直隆の書写・校点奥書を持つ。しかし、これらは実時が書写し伝授を受けたときの原本なのであり、後の篤時による転写ならびに直隆・俊隆本との校合を経ていないはずの本である。すると、こうした北条実時が書写に用いた原本であっても、すでにその時点で教隆の子直隆の手を経ていたものと言うことができ、教隆が書写の用に提供した「清参州之本」の内実は、一世代下の「直隆本」の場合があったと言えると思われる。

そこで第二に、先ほど前節で除外した巻十七・二十一・二十四の三巻に関連して考えたい。例として巻二十一の奥書を、次に引用する。

〔巻二十一〕
本奥云
①文永二年（一二六五）十月十一日、以清大外記教隆本書
寫挍點了
本奥云　本奥云
②治承五年（一一八一）四月廿七日、授説於良別駕了
在御判
③元暦元年（一一八四）五月四日、雨中重受御説了　　主
水正良業
④建暦三年（一二一三）霜月第廿日、以家秘説授愚息仲宣
了　　國子助教《在御判》
⑤延應二年（一二四〇）四月九日、以家説授愚息隆尚了
助教在判
⑥正嘉二年（一二五八）七月八日、手身書寫了　　鸞臺録
事清原《在判》
⑦同年同月廿日、以累代之秘説挍點了、雖為一字一點、不
借他人之手而已、于時涼風拂軒陰雨霑砌者也　　權少外
記直隆
⑧文永五年（一二六八）十月一日、以外記大夫本一挍畢、
奥書同

⑨文永六年〔一二六九〕六月廿七日、以累家秘説奉授越後
　次郎尊閤畢　　音博士清原（花押）

　ここから取り上げたいのは、⑧に見える「奥書同」の謂である。これは「外記大夫本」（直隆本であろうことは前節で述べた）との校合の際、それに「清大外記教隆本」から移写したはずの奥書（②〜⑦）と同一の奥書が見出されたことを意味しよう。①〜⑦と⑧・⑨とでは筆致が大きく異なる。巻十七・二十四も揃ってこれと同様の様相を呈し、「教隆本」と称される本から転記した本奥書の末に、いずれも直隆による書写・校点奥書が載せられていて、のち「外記大夫本」と校合したときに「奥書同」であったとする。

　引き続き巻二十一を例に述べれば、文永二年（一二六五）の北条実時は、正嘉二年（一二五八）の直隆による奥書まで（②〜⑦）がある本を、そもそも書写に用いていたと考えるのが穏当であろう。つまり、この書写元の本は「清大外記教隆本」とは称しても、実体は「直隆本」と言ってよいものだったのではないか。そうであるなら、奥書が両者で同じであったのは必然にも思われる。教隆が持参し、実時による書写に供された原本は、当然清原家に返されて、その書写・校点者である子直隆の所有に戻り、「外記大夫本」になったと思われるからである。言い換えれば、これらの場合では、実時本の書写元とされた本が、のちに篤時が校合を行うときには直隆が所持していた「外記大夫本」と実は同一であったのだとも考えられるだろう。

　さらに、この事態は「音博士本」を例にとっても、言うことが出来るように思われる。次には巻十一の奥書についてみてみよう。

〔巻十一〕
本奥云
①文永二年〔一二六五〕十二月廿五日、以故大外史之本書
　寫移點校合了
本奥云
②文永元年〔一二六四〕三月廿二日、書寫了　　散位清原
　俊隆
③同廿八日、以摺本付釋文了
④文永元年〔一二六四〕四月十一日、加朱點墨點、其功既訖、
　此書受説之本（一字見消）本、傳而在長先（兄）大儒遺跡、
　爲子孫證本、加老年之功而已　　前参河守清原〈在判〉
⑤文永五年〔一二六八〕十月一日、以音博士本一挍畢、奥
　書上（一字見消）同
⑥文永五年〔一二六八〕十二月九日、以家秘説奉授越後次
　郎尊閤畢　　音博士清原（花押）

ここでも、そもそも実時本の書写元である「故大外史之本」が、元々俊隆が書写し、教隆が加点した子俊隆の為の本、すなわち後の「音博士本」と同一であったとみることが出来ると思われる。だからこそ、両者を校合した時に奥書が合致し、⑤に「奥書同」と記されているのだろう。

この他にも、たとえば前節に掲げた巻十八奥書中では、「外記大夫本」（直隆本）から移写した部分（④～⑰）によって、その本文の文字が、頼業の祖父に当たり「上総殿」と呼ばれる定康（一〇四二―一一一三）から、直隆に至るまでの六代にわたる相伝を経たことが保証されているわけだが、うち、⑨は、先に実時本が写していた②と全く同じ記事である。この記事は、治承四年（一一八〇）、内乱の最中、福原京にいた五十九歳の清原頼業が、自身を西晋の太康元年（二八〇）、同年齢で『春秋経伝集解』などを成した杜預（二二二―二八四）に准えた内容で、奥書中でも極めて往時への興趣に溢れたものといえる。

巻十八のような記事の重なりが見られる巻は他にもあるが（巻十九・二十・二十二など）、これらも場合によっては、実時が教隆から借りて書写した本と、篤時が校合に使った直隆・俊隆本とが、元来同じ本であった可能性を考え得る。実時による奥書の転記は、興や由緒のある箇所の抜書に過ぎなかったものが、篤時によって同じ本と校合された際には全ての奥書が移写されたとする解釈も成り立つのではないか。

北条実時が清原教隆から借り受けた本は、「教隆本」だとは称しても、それは教隆所用の本なのではなく実はその子の直隆や俊隆の所持した本であり、それと同一の本が篤時による校合には使用された場合があったように思われるのである。

三、清原家に於ける伝授の様態との関連

清原教隆（本名仲光）が年少のころ『春秋経伝集解』についての庭訓を受けた相手は、もちろん父の仲隆（一一五五―一二二五）であり、これは教隆十七歳の建保三年（一二一五）から二十四歳の貞応元年（一二二二）の間の出来事として金澤文庫本奥書のうちにも明記されている（巻一・六・十三・十五・十七・十八）。仲隆は、またその父である頼業からの庭訓を受けたに相違ないはずだが、そのことを、この金澤文庫本の奥書中には一切見出すことが出来ない。対して、頼業とその嫡男良業（一一六四―一二一〇）との父子間での会読を示す奥書を持つものは、全三十巻のうちで、十七巻に及ぶ（巻三・四・五・七・八・十・十三・十五・十七・十八・二十・二十一・二十二・二十三・二十四・二十五・二十六）。

このような複雑な事情の背景には、金澤文庫本の出自を考える上で、近親間で本文の譲渡を行い、伝授者となる父の所持本の本

文には直接依拠しないような清原家に於ける伝授のあり方をも想定できる可能性があると思われる。

これは、巻三十奥書のうちに、

本奥云　新本奥書云
保延六年〔一一四〇〕二月七日、亥剋、向殘燈合摺本了、于時三漏頻移、九枝纔挑了、但去年正月廿七日、以内匠允重憲本、受家君之玄訓了《于時年十八》　東市正清原頼ー《業》

との記事が見られ、清原頼業も庭訓を受ける際には父祐隆の所用本ではなく、同族の清原重憲の本を譲り受けて用いたと考えられることとも合致する傾向と言うことが出来る。

そうしたことを踏まえれば、伝授の再現性を高める上では、自身の所持本よりも子の所持本を被伝授者に写させた方が効果があるように思われる。金澤文庫本として、伝授する教隆の意図としても、ことさら子たちの所持本を実時に貸与することにしたものと仮定し得るかも知れない。

四、金澤文庫外への流出以降の伝来

本稿の最後に、この『春秋経伝集解』が金澤文庫から出て現在宮内庁書陵部に蔵されるまでの伝来を、川瀬一馬氏らの所説によりながら略述しておけば、次のようにまとめることが出来る[3]。

河内本系の最善本といわれる尾州家本『源氏物語』は、正嘉二年（一二五八）、北条実時の入手した金澤文庫旧蔵本とされ、これには応永年間（一三九四―一四二八）ころ、清水谷実秋筆の補写と称する帖が含まれるという。これをもって足利義満・義持の頃に金澤文庫本は散佚し始めたと推測されているが、この金澤文庫本『春秋経伝集解』にも、文庫外に本が流出したと思しき徴証として、巻十四・十五・十六・二十三・二十六を除く二十五巻の巻末に、応永十四年から十六年にかけて鎌倉の山内酔醒軒なる人物がこれを一覧したとする識語が附されている。なお、この識語が無い五巻中四巻が補配の四巻に当たることは、金澤文庫本として現在の取り合わせが確立された時期を考えるとき示唆的である。

室町期にこれらがどこに置かれたかは不明だが、おそらく鎌倉近辺にはあったものであろうから、天正十八年（一五九〇）の小田原征伐の時に豊臣秀次（一五六八―一五九五）が奪って行ったと推察される中に、この金澤文庫本『春秋経伝集解』三十巻もまた入っていただろう。

その後、これは徳川家康（一五四二―一六一六）の所蔵に帰す。家康の手に入った経緯は、『駿府記』慶長十七年（一六一二）四月二十六日条に「相国寺艮西堂、春秋左氏伝三十巻、斉民要術十巻献之、道春伝之云々」とあるうちの「春秋左氏伝三十巻」がこの金澤文庫本を指すと考えられるから、相国寺派の文嶺承艮から献上されたのである。川瀬氏はこれを秀次と西笑承兌（一五四八―一六〇八）との関係性から、『謡抄』編纂の必要に応じて相国寺に借り出されていたものと推量している。

好学の家康は生涯これを座右に置いたらしいが、その歿後いわゆる駿河御譲本[4]の一部として、これが江戸の将軍家へと分配されたことは、林羅山が元和二年（一六一六）十一月八日付で、駿河から江戸に引き渡した書物の目録を著した『御本日記』を考証したものという、幕府の書物奉行近藤正斎（一七七一―一八二九）の「御本日記附注」（『右文故事』所収）に「左伝　巻本金澤　三十巻」の著録があることによって傍証される。

以後、この金澤文庫本は紅葉山文庫から内閣文庫を経て、明治二十四年（一八九一）、宮内省図書寮の所蔵となった。

〔注〕

（1）佐藤道生「金澤文庫本『春秋経伝集解』、奥書の再検討」本書所収。

（2）注（1）前掲論文。

（3）川瀬一馬「駿河御譲本の研究」（『書誌学』三巻四号、一九三四）、『日本における書籍蒐蔵の歴史』（一九九九、ぺりかん社）など参照。

（4）なお、幕府ではこの金澤文庫本『春秋経伝集解』など元和二年に江戸に送られた分は「駿河御文庫本」と呼び、家康生前の慶長十九年（一六一四）に秀忠に贈られた集書を特に「駿府御譲本」と称して言い分けた。福井保『紅葉山文庫―江戸幕府の参考図書館―』（一九八〇、郷学舎）など参照。

『古文孝経』永仁五年写本の問題点

佐藤道生

はじめに

宮内庁書陵部に、永仁五年（一二九七）の書写奥書と永仁七年の加点奥書とを持つ『古文孝経』が所蔵されている。小槻家（壬生官務家）旧蔵で、明治期作成の『御物目録』によれば、明治十六年八月陸軍会計軍吏今村長賀の申立により購入したことが知られる。本稿では、この古写本の調査を通して浮かび上がった幾つかの問題点について検討を加えたいと思う。

一、書写者の問題

まず、この本の書誌的事項を次に掲げよう。

宮内庁書陵部蔵『古文孝経』（五〇三―一六八）

永仁五年（一二九七）宋人呉三郎入道書写、永仁七年清原教有加点。一冊（巻子装を袋綴じに改装）。朽葉色表紙、二十五・三糎×二十・五糎。料紙、楮紙。墨界。界高、二十一・五糎～二十一・七糎。界幅、二・七糎前後。毎半葉七行。一行十二字。墨付け四十七張。朱筆ヲコト点、墨筆傍訓などが施される。蔵書印「禰家蔵書」（朱）。尚、第二十五張オモテ七行目から第二十七張ウラ二行目までは江戸期の補写。毎半葉七行。一行十三字。巻子装の二紙分に当たる。

奥書は次のとおり。（ ）内には西暦を示した。

（a）永仁第七年（一二九九）暮春初二日、此書者、屋壁之底、石函之中、得古文之字、非今文之書。章篇之文雖不誤、今古之字悉以混。因茲古字付今文、今文付古字。于時謹蒙恩問之仰、早課頑嚚之拙。朱点雖為他功、墨点唯用自功。須以秘講奉授秘説而已。書博士清原教有。

（b）永仁五年（一二九七）〈太歳／丁酉〉二月廿九日、宋銭塘無学老叟呉三郎入道書畢。

この本の際立った特徴として第一に挙げるべき事は、書写奥書（b）に「永仁五年二月二十九日、宋の銭塘、無学老叟、呉三郎入道書き畢んぬ」とあることから、この本の書写者が「呉三郎入道」と名乗る中国からの渡来人であることである。当時、中国では南宋が滅びて、元が取って代わった時期であったことから、南宋の遺民が元の弾圧を避けて、日本に亡命することがあった。呉三郎入道もその一人と思しく、彼のような渡来人の存在を辻善之助は早く、その著書『日本仏教史　中世篇之二』の中で、「宋の滅んだ時に我邦に亡命して来たものも少からずあつたことゝ思はれるが、之を伝ふるものゝ少いのは遺憾である。左に記す所のものゝ如きは、その偶々存する所の僅かの例に過ぎぬ」として、七例を挙げ、「かくの如く彼我往来して、宋の文化は盛に我国に流入し、少からざる影響を及ぼした」と結んでいる。挙例の四、五、六は永仁年間の筆耕の例で、その六にこの『古文孝経』写本が挙げられている。[1]

呉三郎入道が書籍の書写に当たったのは、このとき一回限りのことではなく、書写を生業《なりわい》としていたことは、この『古文孝経』以外にも多くの書籍の書写に携わっていたことから明らかである。例えば、杏雨書屋蔵『老子道徳経』・東洋文庫蔵『帝王略論』・猿投神社蔵『史記集解』及び『春秋経伝集解』などの鎌倉後期写本は、その筆蹟から呉三郎入道の書写であると知られる。[2] 呉三郎入道の書写活動を明らかにすることは、同時代の金澤文庫本との関係も考慮しなければならないことから、非常に興味深い問題であるが、これについては、拙稿「伝授と筆耕―呉三郎入道の事績―」（「中世文学」第六十一号、二〇一六年六月、中世文学会）で述べたので、ここでは、その結論だけを次に記す。

（一）呉三郎入道の写字生（筆耕）としての活動時期は鎌倉後期、永仁年間前後であり、その活動地域は京都であったと考えられる。その書写活動は清原家と雇用関係を結び、清原家の訓説伝授に関わるものであった。

（二）呉三郎入道が書写に携わった書籍は、書陵部蔵『古文孝経』のほか、杏雨書屋蔵『老子道徳経』、東洋文庫蔵『帝王略論』、猿投神社蔵『春秋経伝集解』『史記集解』など、漢籍全般に亙っているが、仏教書籍の書写に関与した痕跡は見出されない。呉三郎入道は寺院所属の写字生ではなかったと思われる。

（三）呉三郎入道の書風には、南宋の張即之の影響が顕著に見られる。これは当時、禅僧の間で張即之体が流行していたことの一端を示すものである。

二、加点者の問題

この『古文孝経』写本を文化史的に位置づける上で、書写者と同じく、或いはそれ以上に重要であると思われるのは、加点者である清原教有の果たした役割を明らかにすることである。教有とはどのような人物であり、どのような事情からこの本に訓点書入れを加えることになったのであろうか。

次に掲げるのは、『系図纂要』所収の清原氏系図に基づいて清原頼業から数代の子孫を示したものである。

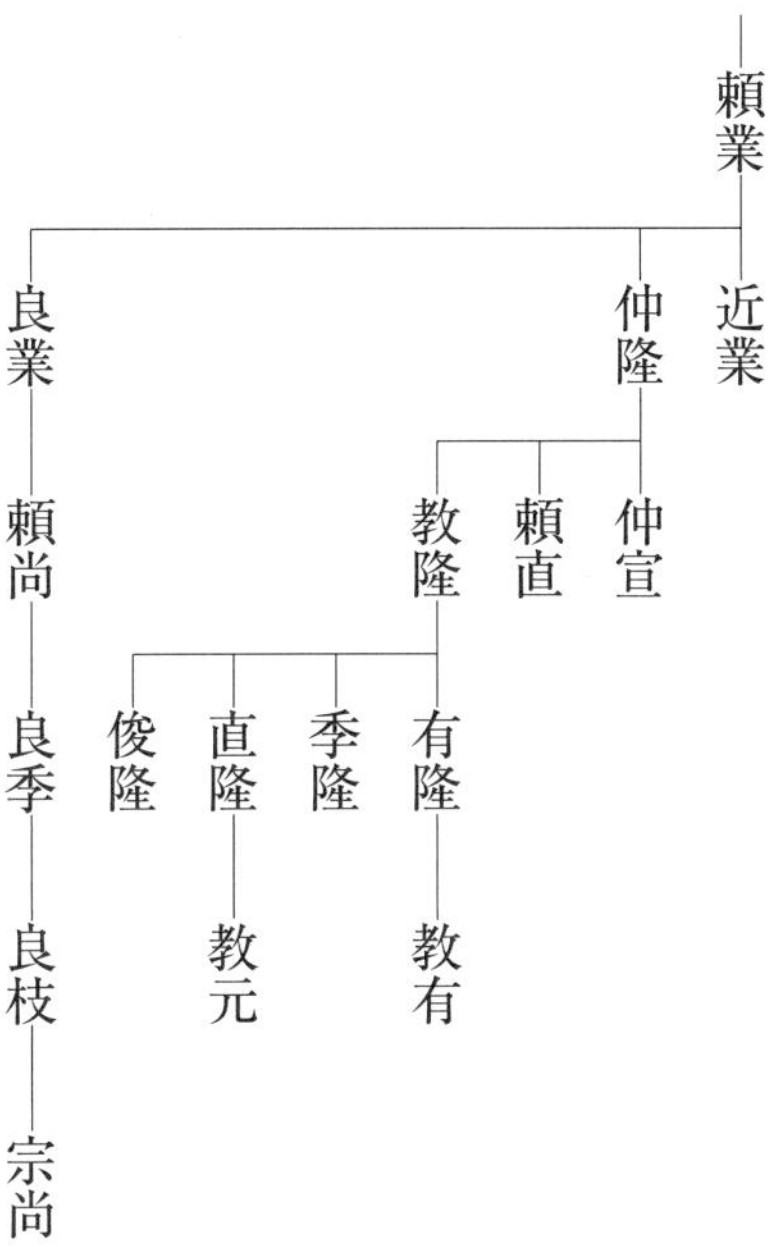

清原氏の中で明経道に学び大外記を出す家系は、平安中期の広澄（九三四—一〇〇九）に始まる。平安末期に出て清原家の学問を大成させた頼業（一一二二—一一八九）はその六代の孫に当たる。頼業男の中では良業の系統が嫡流である。教有は庶流に属し、鎌倉に下って名声を馳せた清原教隆の長男、有隆の男である。ただ、学問の伝授を受けたのは、父有隆からではなく、叔父の直隆からであったようである。それを示すのが東洋文庫所蔵の、いわゆる正和本『論語集解』の奥書である。次に巻一の奥書を掲げる。（　）内には西暦・人名を補った。

〔本奥書〕

（ア）此書受家説事二箇度。雖有先君奥書本、為幼学書之間、字様散々不足為証本。仍為伝子孫、重所書写也。加之朱点墨点手加自加了。即累葉秘説一事無脱、子々孫々伝得之者、深蔵匱中、勿出閫外矣。于時仁治三年（一二四二）八月六日　前参川守清原（教隆）在判

（イ）建長五年（一二五三）二月一日、以家之秘説、授愚息直隆了。前参河守（清原教隆）在判

（ウ）文永三年（一二六六）四月十四日、手身書点了。此書経営事既三部也。始受家君（教隆）之説本、料帋尫弱之間、相伝猶子教有了。次課能書令書写之本、為炎上紛失。仍為伝子孫、重所書写也。子々孫々深蔵匱中、勿出閫外矣。朝議大夫清原（直隆）在判

（エ）弘安六年（一二八三）三月廿四日、以九代之秘説、授愚息

教元了。散位（清原直隆）在判

〔書写奥書〕

（オ）正和四年（一三一五）六月七日、書写了。

（カ）正慶二年（一三三三）閏二月廿一日、朱墨校点了。

本奥書は、（イ）が教隆からその息子直隆に家説の伝授が行なわれたことを、奥書（エ）が直隆からその息子教元に伝授が行なわれたことを記している。そして両者に挟まるかたちで奥書（ウ）では、直隆が『論語集解』の書写に都合三度関わったことを述べており、その文中「始め家君の説を受くる本、料紙尫弱たるの間、猶子の教有に相伝し了んぬ」（傍線部）と、その最初の写本を猶子の教有に伝えたことを記している。この記事によって、教有が何等かの事情で叔父に当たる直隆の猶子になっていたことが知られる。その間の事情は明らかではないが、清原氏系図には教有の実父である有隆に「義絶の人」と注記があり、或いはこのことと関わるのかも知れない。

話を『古文孝経』に戻そう。（a）の加点奥書には教有がこの本に訓点を加えた経緯が記されている。

永仁第七の年、暮春初二日、此の書は、屋壁の底、石函の中より、古文の字を得たり、今文の書に非ず。章篇の文、誤らずと雖も、今古の字悉くに以つて混ず。茲れに因りて古字に今文を付け、今文に古字を付く。時に謹んで恩問の仰せを蒙り、早やかに頑嚚《ぐわんぎん》の拙に課す。朱点は他功たりと雖も、墨点は唯だ自功を用ふるのみ。須らく秘講を以つて秘説を授け奉るべきのみ。書博士清原教有。

とあり、呉三郎入道の書写から二年を経た永仁七年三月二日に、教有が訓点の書入れを行なったことが知られる。その目的は、傍線部に「時に謹んで恩問の仰せを蒙り」とあり、また「須らく秘講を以つて秘説を授け奉るべきのみ」とあるから、教有がかなり身分の高い人物に対して本文解釈の伝授を行なおうとしていたことが窺われる。その人物が誰なのかは不明とせざるを得ないが、伝授に用いた写本には、教有がそれ相応の用意をして事に当たったことを窺わせる痕跡が見出される。

書誌的事項に記したように、この本は元々巻子装であったのを江戸時代に袋綴じに装訂を改めている。その改装時に、天地を裁断したらしく、本来存在した欄上の書入れがそのために見えないところがある。欄上の書入れは残画の筆蹟から判断して教有による書入れであったと推測されるが、それが殆ど失われているのである。ところが、近年（二〇一三年十一月）この永仁五年写本を江戸時代後期、この本がまだ壬生官務家にあった時に、原本を影鈔した本が見出されたのである。これは冊子に改装される前の書写であり、巻子装であった時の姿を止めており、それ故、欄上の書入れを完全な形で見ることができるのである。その中に、次のような書入れを見ることができる（書影参照）。

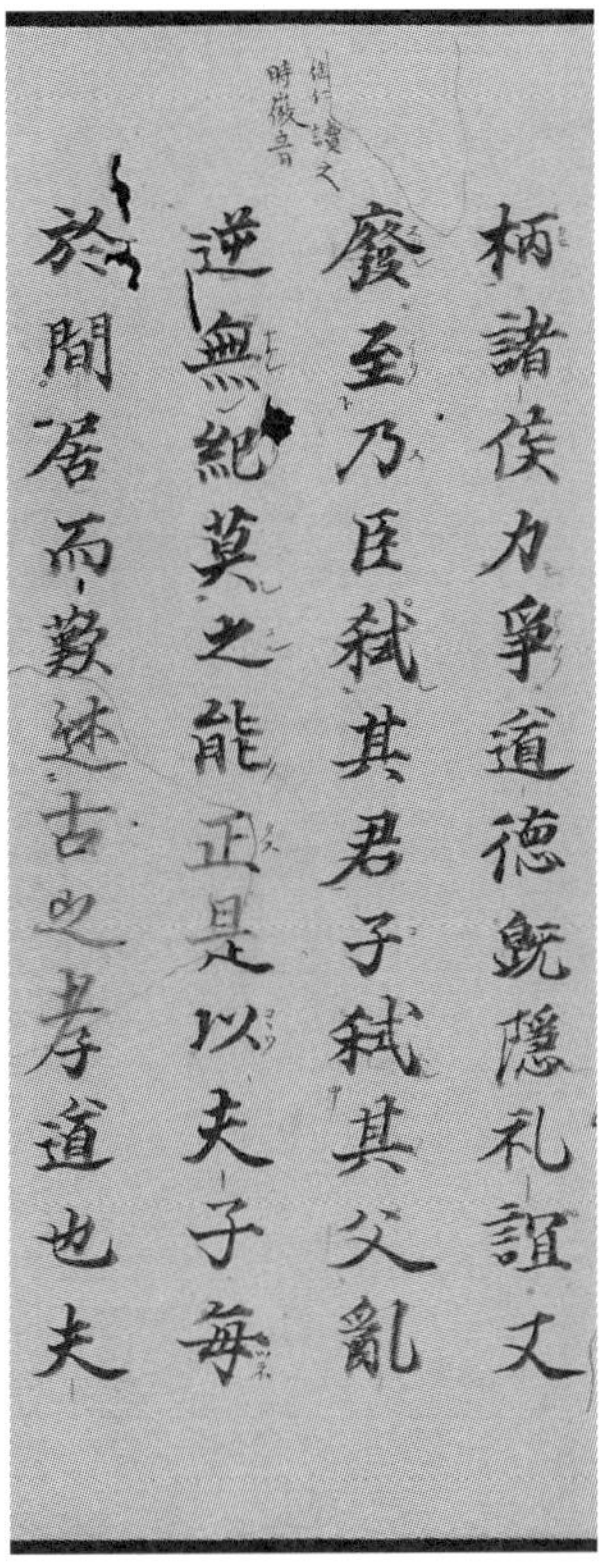

『古文孝経』影鈔本書入れ（a）

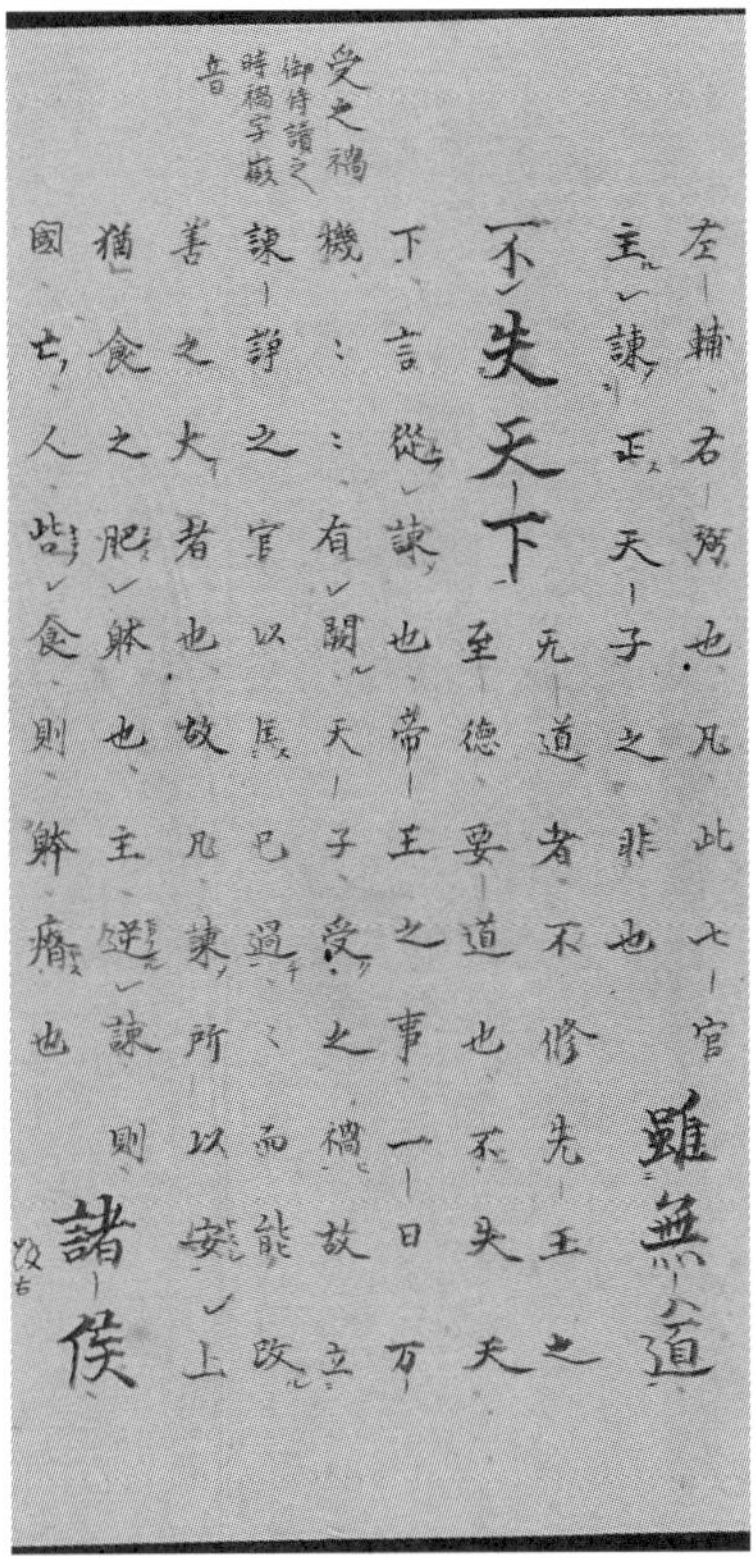

『古文孝経』影鈔本書入れ（b）

（a）［　　］御侍読之／時微音（原本第一張ウラ二行目）

（b）受之禍／御侍読之／時禍字微／音（原本第四十張ウラ四行目）

（a）は、その直下の孔安国序文に「至乃臣弑其君、子弑其父（乃ち臣 其の君を弑し、子 其の父を弑するに至り）」とある中の「弑」字を御侍読の時には「微音」で読め、という指示であり、また（b）は、その直下の孔安国伝に「天子受之禍（天子、之れ禍を受く）」とある「禍」字を御侍読の時には「微音」で読め、という指示である。[3]

これらは、天皇の侍読となって『古文孝経』の伝授を行なう時の留意事項とでも言うべきものであり、本来呉三郎入道が本文を書写し教有が訓点を移写するのに用いた底本に存した書入れであろう。教有周辺で天皇の侍読に抜擢された明経道の儒者は、養父の直隆である。京都大学附属図書館清家文庫蔵『御侍読次第』（永正四年清原宣賢写。函架番号1―69／コ／1貴）の「代々帝皇師範／明経侍読」の項には「後宇多院」の侍読として清原氏嫡流の良季、良枝の二人とともに庶流の直隆の名を挙げ、「後宇多侍読云々／見系図」と注記を付している（たしかに『系図纂要』所収の清原氏系図には直隆に「後宇多侍読」と記されている）。とすれば、教有が書写加点の底本に用いたのは、奥書に何等の記載も無いけれども、養父直隆が後宇多天皇の侍読に用いた写本であったと見なして良いのではなかろうか。

永仁五年写本の底本をそのように考えると、当の永仁写本も天皇の読書のために用いられたものであり、教有に「恩問の仰せ」を下した人物を天皇に比定することができるのではなかろうか。『御侍読次第』の「明経侍読」に教有の名は見られないので、その蓋然性は低いとせざるを得ないが、皆無ではない。

教有がこの本に訓点を加えた永仁七年前後の天皇は、後伏見天皇である。後伏見天皇は伏見天皇第一皇子で、弘安十一年（一二八八）の生まれ、翌年四月立太子。その後、父の伏見天皇が永仁六年七月二十二日退位すると、その後を承けて受禅、十月十三日即位している。このとき十一歳。後伏見天皇の御書始《みふみはじめ》は同年七月二十五日のことで、紀伝道の儒者、菅原在兼と菅原資宗とを侍読として『文選』を読んでいる。この儀式としての御書始は、本文の冒頭をほんの少し読むだけの形式的な行事であり、本格的な読書はその後に行なわれることになっている。その時に用いる書籍は御書始に用いられたものであるとは限らない。例えば、後伏見の四代前の後深草天皇は、『百練抄』に拠れば、御年九歳の建長三年（一二五一）十二月九日に、菅原長成を侍読として御書始を行ない、『孝経』を読んでいるが、その直後の十二月十一日から翌年四月十一日まで、菅原長成に藤原光兼、藤原資定の二人を加えて、三人の侍読に従って『和漢朗詠集』を読んでいる。

これと同様、後伏見天皇が『文選』を用いて御書始を済ませた後、翌年の永仁七年に清原教有を侍読として『古文孝経』を読むことはあり得ないことではない。実現したかどうかは別として、この『古文孝経』写本が後伏見天皇の読書のために用いられた可能性があることを指摘しておきたい。因みに、『御侍読次第』は後伏見天皇の「明経侍読」に良枝、宗尚の二人を挙げている。

三、尾題の筆蹟の問題

第二節ではこの本の学問上の問題を検討したが、これとは別に、形態上の問題で明らかにすべきことがある。それは、この本の尾題の書写に関わる問題である。

この本の書写には呉三郎入道が当たったことは先に述べたとおりである。ところが、この本の末尾にある「古文孝経」という尾題は、その下の字数の注記も含めて、呉三郎入道の筆蹟ではなく、明らかに清原教有の筆蹟に一致するのである。どうして尾題が本文の筆蹟とは異なり、教有の筆蹟なのか、この点を考えてみる必要があるように思われる。

この本が元来巻子装であったことは先に述べた。末尾に巻子装の紙数と袋綴じに改装後の張数との対応関係を示した表を掲げる。

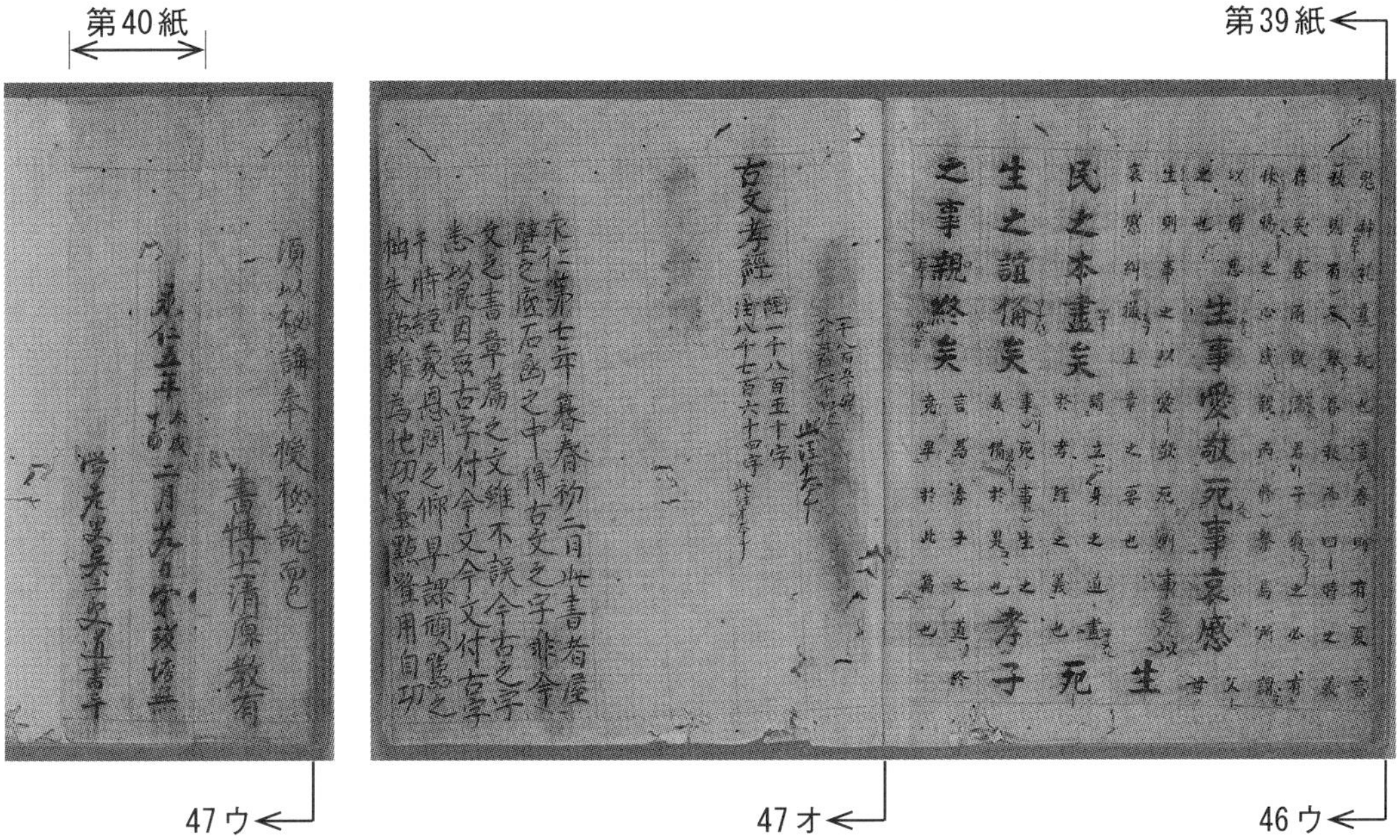

ここで特に問題となるのは、最末尾の第三十九紙と第四十紙である（書影参照）。書影の上側に巻子装であった時の紙数を、書影の下側に、改装後の袋綴じの張数を記した。第三十九紙・第四十紙は、袋綴じの第四十六張ウラ、第四十七張オモテ、第四十七張ウラに相当する。第三十九紙は袋綴じでは第四十六張ウラ一行目から第四十七張ウラ二行目まで、十六行分である。この本は全部で四十紙から成っており、一紙の行数はおおよそ十六行乃至十八行である。

第四十六張ウラ一行目から末尾の七行目までは、『古文孝経』の本文が書写されている。これは呉三郎入道の筆蹟である。張が変わって（張の替わり目は料紙が切断されている）第四十七張の二行目に尾題が有り、その後二行空けて、教有の加点奥書が来る。加点奥書の直後の第四十七張ウラ三行目から料紙が変わり、巻子装の第四十紙に入る。第四十紙は僅か二行だが、ここに呉三郎入道の書写奥書が置かれている（書写奥書の筆蹟は右側の第四十六張ウラの筆蹟と同じである）。

書写奥書が加点奥書の後に来ているというのはやや不審である。この本の場合、書写が永仁五年、加点が永仁七年であるから、書写奥書が加点奥書よりも前に来るのが自然である。そこで仮に書写奥書が加点奥書の前にあったとすると、その位置は第四十六張ウラで本文が終わった後、張の替わり目にしか入る場所は無い。

本来そこにあった書写奥書を後に何等かの事情で切り離して、後ろに移動したと推測するわけだが、実のところ、そのように考えることは難しい。というのは、この本は、首尾一貫して天地に界線が引かれて本文が書写されている。第四十六張ウラ末尾七行目の天地の界線の高さは二十一・六糎、張が変わって第四十七張一行目の界線の高さも二十一・六糎である。一方、書写奥書二行の界線の高さは二十一・五糎で、高さが一ミリ食い違うのである。したがって第四十六張ウラ七行目の後に書写奥書が来るとは考えにくいのである。つまり、第四十六張ウラと第四十七張オモテとは本来連続していたものであり、且つ書写奥書は本文とは料紙を変えて、付け足すように書かれていたと見なすのが妥当なのである。

それでは、尾題の筆蹟が呉三郎入道ではなく、教有であるのはどのような事情によるのだろうか。第四十七張オモテをよく観察すると、尾題の次の行には文字を擦り消した痕跡が見出される。その擦り消された文字は残画から「古文孝経」と読むことができる。そして、それが本文の文字に似て骨太の筆蹟であることから、呉三郎入道の書いた文字であると推測できる。

『古文孝経』の古写本では、普通、本文の末尾から一行を空けて尾題を書写するのが慣例である。ところが、呉三郎入道は二行を空けて尾題を記してしまった。その誤りに気づいた教有が尾題の位置を修正したのではないかと考えられるのである。さらに教有は、宋刊本の尾題と見比べた結果をその下に書き、「此注摺本有」と注記したと思われる。この本の尾題の筆蹟が本文の筆蹟と異なる理由は、以上のように推測できるように思われる。

〔注〕

（1）他の二例は次のとおり。

四、久原文庫藏　大方廣佛華嚴經隨疏演義鈔巻十六奥書
永仁三年〈乙未〉十二月十日於泉州久米多寺書寫畢、執筆唐人智惠。

五、保阪潤治氏藏　古鈔本貞観政要巻九奥書
本云、永仁四年〈丙申〉十月三日書寫之訖、執筆宋人明道。
永祿二年五月終書功了、李部大卿菅長雅。

（2）このほか、彰考館蔵『周易正義』〔鎌倉後期〕写本、東洋文庫蔵『論語集解』正和四年写本、竹本氏蔵『五行大義』〔鎌倉末期〕写本などにも、書影を見る限り、呉三郎入道書写の痕跡を認めることができる。呉三郎入道の筆蹟が現存する多くの漢籍写本に残されていることは、二〇一四年六月十三日、書陵部漢籍研究会平成二十六年度第二回検討会で「銭塘呉三郎入道の事績」と題して口頭発表した。

（3）天皇の侍読に際して、不吉な語を「不読」或いは「微音」とする慣習があった。「微音」の例は、他に神宮徴古館蔵〔鎌倉後期〕写『古文尚書』に見られる。巻六泰誓上「大勲未集」の孔伝「功

業未成而崩」の「崩」字の左傍に「御侍読之時崩字微音」と注記がある。小林芳規『平安鎌倉時代に於ける漢籍訓読の国語学史的研究』（一九六七、東京大学出版会）八〇頁注（10）に指摘される。

〔附記〕本稿は、二〇一六年六月四日に慶應義塾大学三田キャンパス北館ホールで開催された宮内庁書陵部収蔵漢籍画像公開記念国際研究集会「日本における漢籍の伝流―デジタルアーカイブ「宮内庁書陵部収蔵漢籍集覧」の視角―」に於ける同題の口頭発表に基づくものである。

巻子装紙数と袋綴じ張数との対応関係

巻子　第幾紙	行数	袋綴　起至	備考
1	18	1オ1行～2オ4行	
2	18	2オ5行～3ウ1行	
3	18	3ウ2行～4ウ5行	
4	17	4ウ6行～6オ1行	
5	17	6オ2行～7オ4行	
6	17	7オ5行～8オ7行	
7	17	8ウ1行～9ウ3行	
8	14	9ウ4行～10ウ3行	
9	18	10ウ4行～11ウ7行	
10	18	12オ1行～13オ4行	
11	18	13オ5行～14ウ1行	
12	17	14ウ2行～15ウ4行	
13	17	15ウ5行～16ウ7行	
14	17	17オ1行～18オ3行	
15	17	18オ4行～19オ6行	
16	17	19オ7行～20ウ2行	
17	17	20ウ3行～21ウ5行	
18	17	21ウ6行～23オ1行	
19	16	23オ2行～24オ3行	
20	17	24オ4行～25オ6行	
21	×		補写
22	×		補写
23	16	27ウ4行～28ウ5行	
24	16	28ウ6行～29オ7行	
25	15	29ウ1行～31オ1行	
26	16	31オ2行～32オ3行	
27	17	32オ4行～33オ6行	
28	16	33オ7行～34ウ1行	
29	16	34ウ2行～35ウ3行	
30	17	35ウ4行～36ウ6行	
31	17	36ウ7行～38オ2行	
32	17	38オ3行～39オ5行	
33	17	39オ6行～40ウ1行	
34	17	40ウ2行～41ウ4行	
35	17	41ウ5行～42ウ7行	
36	17	43オ1行～44オ3行	
37	17	44オ4行～45オ6行	
38	15	45オ7行～46オ7行	
39	16	46ウ1行～47ウ2行	
40	2	47ウ3行・4行	

漢籍の「巻」と「冊」再考　北宋版『通典』をめぐって

大木　康

一、漢籍における「巻」と「冊」

漢籍目録では一般に、一つの本を記録するにあたり、書名、巻数、撰者、鈔刻の四つの項目のデーターを核心とする。例えば、東京大学東洋文化研究所の漢籍分類目録で、唐の詩人・李白の詩文集について見てみると、その一つは次のように記述される。

李太白文集三十六巻
唐李白撰　清王琦輯注
乾隆二十四年序刊本

「李太白文集」が書名、「三十六巻」が巻数、「唐李白撰　清王琦輯注」が撰者、「乾隆二十四年序刊本」が鈔刻である。本小論では、このうち巻数に着目してみたい。

漢籍目録の項目の中で、巻数は重要な項目である。目録は、そこに記録されている本の、他の本との異同を示すことが、一つの重要な目的である。目録に、

李太白文集　三十巻
李太白文集　三十六巻

という二種類があった場合、書名はどちらも「李太白文集」ながら、片方は三十巻、もう片方は三十六巻であって、巻数が違うから、この二者は別物であろうということがわかる。

では漢籍目録における「巻」とは何か。これは例えば「日本文学全集全五十巻」といった、現在普通に使われる用法としての「巻」とは異なっている。日本文学全集五十巻とは、つまりは五十冊の意味である。それに対して、漢籍における巻数とは、冊数ではなく、一つの書物が、いくつの部分（チャプター）に分かれているか、

の意味なのである。したがって、ともに李白の詩文を集めた「李太白文集」という書物、しかもそこに収められている李白の詩文、その内容は基本的には同じだと思われるのであるが、片方は、それが三十の章に分けられており、もう片方は三十六の章に分けられているということであって、仮に両者の冊数が同じであったとしても、三十巻本と三十六巻本ではまったく別の本になるのである。

書物の章分けを、「巻」というのは、中国の書物の最初期の形態である竹木簡の形と関わりがある。竹木簡は、読まない時に巻いてしまってあり、読む時に拡げる。後の巻子本も同様であるが、巻とはすなわち巻いてある状態である。竹や木の札に文字を書き、それらをひもで連ねた竹木簡は、紙に比べてかさばるものである。竹木簡の時代には、おそらく内容の一区切りが、物理的な一巻でもあった。つまり内容的な章の区切れとしての一巻と、物理的な竹木簡一巻きとしての一巻とが一致していた。だから、『史記』百三十巻といった時、当時においては、竹木簡の巻物が百三十あったのであろう。だが、紙が発明され、巻子本の時代になると、紙には竹木簡よりも多くの文字が書けるので、巻物一巻に何章分も入れることができ、章の区切れの巻と、物理的な一巻とが対応しなくなってきたのである。これが、後に印刷本の普及とともに、書物の形態が冊子本に変化してからも、引き継がれたわけである。

中国の線装本、すなわち糸綴じの本は、きわめてやわなできになっている。朝鮮本、あるいは日本の書物の場合には、厚紙の表紙をつけてあるために、おそらく本が最初に作られた時から、何冊であるかが、固定されるであろう。和刻本には、しばしば第一冊目には「春秋左氏伝　一」、第二冊目には「春秋左氏伝　二」、あるいは「文文山詩選　上」「文文山詩選　下」などと記した題簽が貼付されており、「一、二」や「上、下」などの形で冊数が記されている。こうなると、改装は容易でないように思われるし、架蔵の和刻本『真山民詩集』（村瀬栲亭校　文暁堂・向松堂梓）の巻末に附された「向松堂蔵版書目」には、「陶淵明詩集　四冊」「林和靖詩集　二冊」などのように、書名と冊数が記されている場合もある。ところが、中国の本の場合、表紙の紙が薄いこともあり、例えば本文が二十巻に分かれた書物であっても、五巻ずつ綴じれば四冊になるし、四巻ずつ綴じれば五冊になる。四冊であろうが、五冊であろうが、内容はまったく同じである。また、あるいは所蔵者の好みによって合幀が行われ、もともと二十冊だった本が、冊数が多くてばらばらになるのがいやだとの思いから、二冊ずつ綴じ直してしまえば、十冊本になってしまうのである。

中国の線装本は、このようにあくまでもフレキシブルな性格なものであったためか、中国の歴代の書目において、冊ということをほとんど問題にしてこなかった。古く『漢書』藝文志に、例え

ば、

尚書古文経四十六巻

とあれば、『尚書古文経』は、四十六の竹木簡から成っていたのであろう。竹木簡であれ、帛書であれ、ここに見える数字は、書物の物理的な巻数をあらわしていたのではないかと思われる[1]。しかしながら、紙の発明以後、巻子本になってからの書目、例えば『隋書』経籍志になると、経部の易について、

右六十九部　五百五十一巻

と記しはするが、これは六十九種の『易』に関する書物があり、それらの巻数（章の数）を単純に足し算して五百五十一巻の数にしているだけで、図書館に五百五十一巻の書物があったわけではないのである。例えば、後の明の『永楽大典』が、二万二千八百七十七巻というが、それはやはり章の数を数えただけであって、冊数としては一万一千九十五冊である。もちろん章に分かれていることで、先に述べたように、版本の異同を示すことができ、当該の記事が第何章目にあるかがすぐにわかるという意味で、巻数は重要であるが、巻子本以後、巻数の総計は単に書物の規模を示す数字となったとおぼしい。

歴代の書目において、巻数は必ず記録されるが、冊数を記す書目は、きわめて少ない。管見に及んだ限りでは、『天禄琳琅書目』『天禄琳琅書目後編』において、著録されたすべての本について、

六臣注文選　二函　二十冊

のように「〇函〇冊」と記述し、また潘祖蔭の『滂喜斎蔵書記』において、やはり、

元刻風俗通義十巻　一函四冊

のように、潘宗周の『宝礼堂宋本書録』において、

新編方輿勝覧七十巻　十六冊

などのように書目全体を通じて記しているのが、数少ない例である。『天禄琳琅書目』は清廷の蔵書であるゆえに、その管理のために、後二者については、宋元版を数多く収蔵するゆえであろうか。

現在用いられる漢籍の目録には、経・史・子・集・叢書の順に、

図書館の配架順に並べた「漢籍目録」と、叢書に収められた四部それぞれの本を本来の経・史・子・集の場所に並べ直した「漢籍分類目録」の二種がある。「漢籍目録」は配架順であるから、例えば『京都大学人文科学研究所漢籍目録』（昭和五十四年）では、それぞれの本の下に冊数を記載する。図書館における出納用、蔵書調査用に便利なのである。だが、「漢籍分類目録」においては、冊数は記録されない。それは、そもそも書物が、書庫の中で、実際にこの目録の順番に並んでいるわけではないからである。

以上が、漢籍において一般的にいう「巻」と「冊」である。

二、北宋版『通典』

ところが、今回書陵部図書寮漢籍調査にあたり、拝見した北宋版の『通典』[2]。この版心には、「第幾冊　巻数　丁数」のように書かれていて、冊ごとに丁数が通っていたのである。例えば、巻三冒頭部分の版心には、「第一冊、三、二十二」とある。普通の本では、各巻ごとに丁数を通すので、巻三のはじめの丁は、第一丁になるはずである。この『通典』では、各冊におおむね五巻ずつが収められている。第一冊はその冊の中に、まずは「進通典表」があり、これには丁数は入っていない。つづいて「通典序」が第一葉表裏、巻首の「通典巻第一」が第二葉表、巻第一の巻尾が第十葉裏、巻第二が第十一葉表からはじまり、第二十一葉表まで（第二十一葉裏は界線のみ）、そうした結果、巻第三が第二十二葉表からはじまるわけである。

目録をとる時には、単に「通典二百巻」になってしまうのであるが、ここでは先ず何より、「冊」が、版心にはじめから印刷されていること、つまりは、この本を作ろうと思ったはじめから、何冊に装幀するかが意識されていた、という点がたいへん興味深い。版面そのものに、第何冊と記されてしまうと、勝手に巻数を調節して装幀しなおすことができなくなるはずである。先に述べたように、二冊のものを一冊にしてしまうといったことができないわけである。

巻のほかに冊が記載され、実際そのように製本される。ではなぜこういうことが起こったのであろうか。それはあるいは、宋代における書物の装幀方法と関わりがあるのかもしれない。宋代の書物の装幀は、いま見られる漢籍の大部分がそうであるような線装ではなく、いわゆる胡蝶装であった。これは、印刷した紙を印刷面が内側になるように折り（線装本と逆）、一枚一枚をのりづけし、それに表紙をつける装幀である。となると、一枚一枚のりづけするので、線装本のようには、簡単に装幀を変更することができない。つまりフレキシブルではない。このようなところから、胡蝶装時代に、この『通典』のように、はじめから冊を固定するような例が出てきたのではないかと思われるのである。

この『通典』については、尾崎康先生が各所の版本を徹底的に調べておられ、それによれば、天理図書館、北京図書館の宋版も、このようになっており、静嘉堂の元版もこのようになっているようである。[3]

固定した「冊」については、葉徳輝の『書林清話』巻一にも「書之称冊」の項があり、そこに、

> 北宋刻史記分三十冊　版心注数目

とある。おそらく北京の国家図書館にある、鉄琴銅剣楼旧蔵の『史記集解』単注本のことであろうと思われる。『鉄琴銅剣楼宋金元本書影』の書影を見ると、たしかに版心に「第一冊　本紀三」とあり、さらに丁数の二が入っている。『通典』や『史記』において、特に冊を記しているのは、あるいはどちらも大部の本だったからということがあるかもしれない。

以上、宋版にたまたま見られた「冊」の記載は、あまり簡単に改装できない胡蝶装だったからではないかと考えた。しかしながら、胡蝶装から線装にうつったはずの明代においても、「冊」の記載が見いだされる例があることを上原究一氏より教えていただいた。

まずは、『漢前将軍関公祠志』（『関帝文献匯編』第八冊に影印）巻七に収録される、解州官刻本の呂文南「隆慶丁卯刻義勇武安王集序」に

> 不数日、捜採其近、編類成帙、又絵図四十一葉、以続於後、共為上中下三冊、即捐俸金充工費、以寿諸木。

とあるもの。ここでは、たしかに「上中下三冊」とある。また、この序を収める万暦三十一年序刊趙欽湯家刻本『漢前将軍関公祠志』（『関帝文献匯編』第八冊に影印）の目録において、まず「第一冊」から「第四冊」までに分け、その下に各巻がきている。そして、その台湾国家図書館蔵本と米国国会図書館蔵本は現状でも四冊であり、分冊位置は目録と同じ、さらに第一冊、第三冊には、それぞれ第幾冊と明記した刷題簽も残っているとのことである。

さらに、万暦十六年序刊唐廷仁・周曰校刊本『史漢合編題評』八十八巻の尊経閣文庫蔵本と上海図書館蔵本とがいずれも五十冊として残り、各冊末尾に「第一本」から「第五十本」と刻している。[4]

このような例もあり、明代に至るまで、「冊」がなかったわけではないことがわかる。いわば名残のようなものであったろうか。こうした例はほかにもあると思われる。博雅の指教を切に願う次

第である。

三、胡蝶装

最後に付け足しとして、宋代に胡蝶装であったものが、その後どうして線装本に変わったのかについて触れておきたい。胡蝶装から線装本に変化した時期については、いくつかの説があるが、明代の中期ごろという説が有力である。

筆者は、明代後期の出版文化に関心を持っているが、たしかに中国の印刷は、唐代、あるいは宋代にすでにあったものの、明代にそれが量的に拡大したことを強調してきた。[5] 胡蝶装から線装本への変化も、おそらくこの量的変化が背景にあったのではないかと思われる。

胡蝶装は完成するまでに時間がかかることを、宮内庁書陵部補修課の篠原宏氏からお教えいただいた。胡蝶装の場合、一枚一枚のりで貼っていく工程がある。したがって、のりで貼って、のりが完全に乾くまで、十日以上、押しをして置いておかなければならないとのことであり、それがロスタイムになる。

線装本の場合、紙を綴じ、それをこよりで留め、そして表紙を糸で綴じればできあがり。つまり、のりを乾燥させるロスタイムがゼロであって、印刷がおわって製本したら、すぐに出荷できるわけである。[6]

この変化は、おそらく書物の需要の拡大とつながっているのだろうと思われる。胡蝶装で必要だった、のりをかわかす時間を短縮するために発展したのが線装本なのではないだろうか。「冊」がほとんど問題にされなくなる一つの背景がこのようなことだったのではと思うのである。

〔注〕

（1） 澤谷昭次「「裴駰の『史記集解』は八十巻本であった」ということについて」（同氏『中国史書論攷』、一九九八、汲古書院）。

（2） 書陵部図書寮漢籍調査のプロジェクトでは、それぞれ担当を決めて調査を行ったが、『通典』は筆者の担当ではなく、上原究一氏の担当であった。たまたま同じ日に本を見せていただいていたところから、「冊」の文字に関心を持ち、ノートを取らせてもらった次第である。後のご教示とともに、記して感謝したい。

（3） 尾崎康「通典の諸版本について」（『斯道文庫論集』第十四輯、一九七七）。

（4） ここに見える『漢前将軍関公祠志』等については、上原究一「唐貞予刊本『漢壽亭侯誌』及びその巻頭挿画について」（瀧本弘之編『中国古典文学挿画集成（十）・小説集〔四〕』、二〇一六、遊子館）に詳しい。

（5） 大木康『明末江南の出版文化』（二〇〇四、研文出版）、大木康

『中国明末のメディア革命』（二〇〇九、刀水書房）ほか。

（6）この点について、詳しくは、오키 야스시（大木康）「중국의 선장본 보급과 그 배경（中国の線装本の普及とその背景）」（「한국문화（韓国文化）」七二、二〇一六、ソウル大学校奎章閣）で論じた。

宋刊本『東都事略』現存諸本の関係について

上原究一

はじめに

『東都事略』は、南宋の王称[1]（字季平、眉州の人、生没年不詳）の撰になる、北宋代を記述の対象とした紀伝体の史書である。この書物は南宋刊本とされるものが三部知られており、現在それぞれ台湾・国家図書館（旧称・国立中央図書館）、静嘉堂文庫、宮内庁書陵部に所蔵されている。この三者はいずれも本文の行款を同じくし、全てが目録末に「眉山程舎人宅刊行、已に上司に申し、覆板を許さず」という刊記を持っているのだが、その刊記のある葉は、三者の版が全て互いに異なっている（図1・2・3）。

　してみれば、これが部分的な補刻による相違である――つまり、三者は同じ版木の組に修版や補版を繰り返しながら印刷された後修・逓修の関係にある――のか、それとも他の葉も全て異版である――つまり、三者は互いに覆刻の関係にある――のか、というのが問題となる。この点に関して、阿部隆一『増訂中国訪書志』（一九八三、汲古書院）は、台湾・国家図書館蔵本（以下、台湾蔵本と称す）の解題で以下のように記している（四七〇～四七一頁）。

> 本書の宋槧本は他に宮内庁書陵部（有欠、鈔配、狩谷棭斎旧蔵、森志著録）・静嘉堂文庫（黄丕烈手跋、配清覆宋刊本、汪目・陸志陸続跋著録）蔵本がある。この三本は皆眉山程舎人宅の刊記を有するが、同版ではなく、相互に覆刻の関係にある別版である。書陵部・静嘉堂文庫の両本は各同一版から成っているのでなく、三種版の湊配で、同一巻内でも混配され、従って三本とも同版の葉を共通にする箇所もある。この本は後に行くにつれて字様往々にして粗劣なる所があるが、印面は一様に美しい。他の二本は往々漫漶の印面を混え、多くが元に降った後印である。このように三本から三様の版種が発見されるが、この本が最も精刻で且つ宋印にして、他の二種は往々正字が略字になっているから、この本が眉山程舎人宅の原刻

図1　台湾蔵本刊記

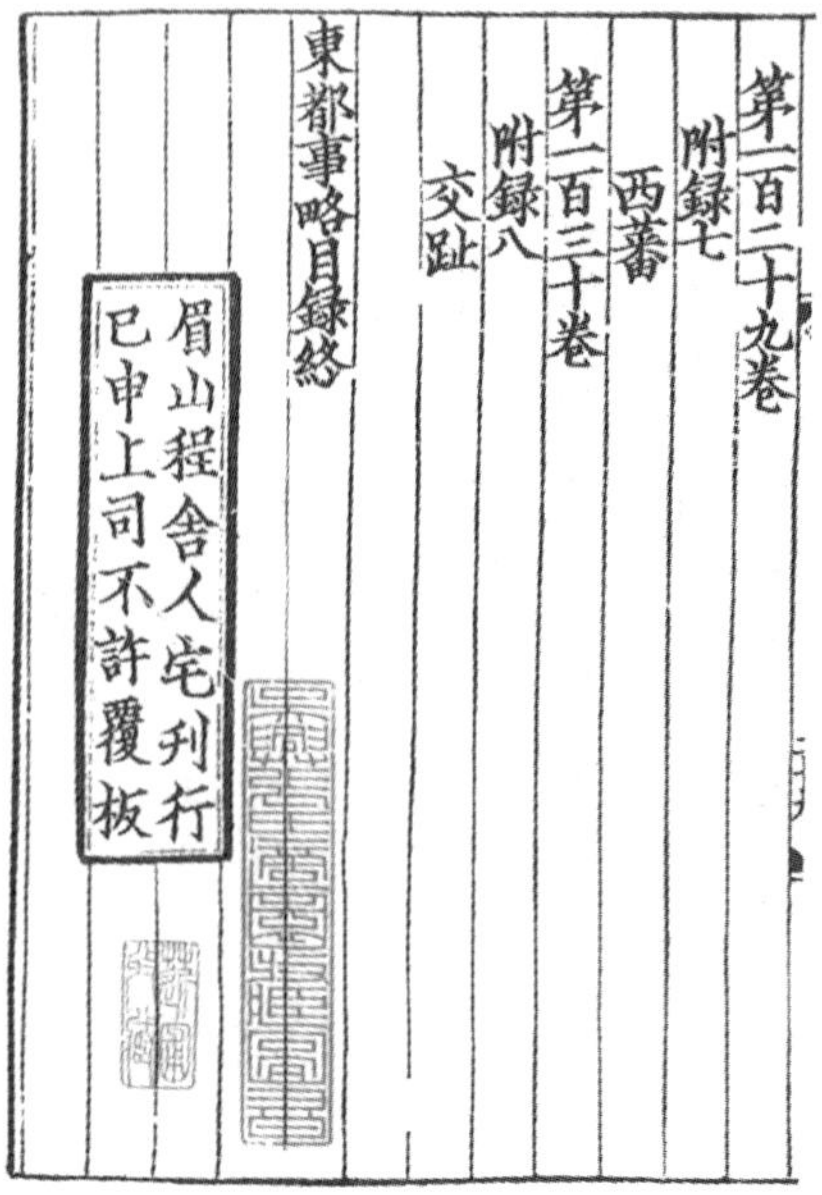
第一百二十九巻
附録七
西蕃
第一百三十巻
附録八
交趾
東都事略目録終
眉山程舎人宅刊行
已申上司不許覆板

図2　静嘉堂蔵本刊記

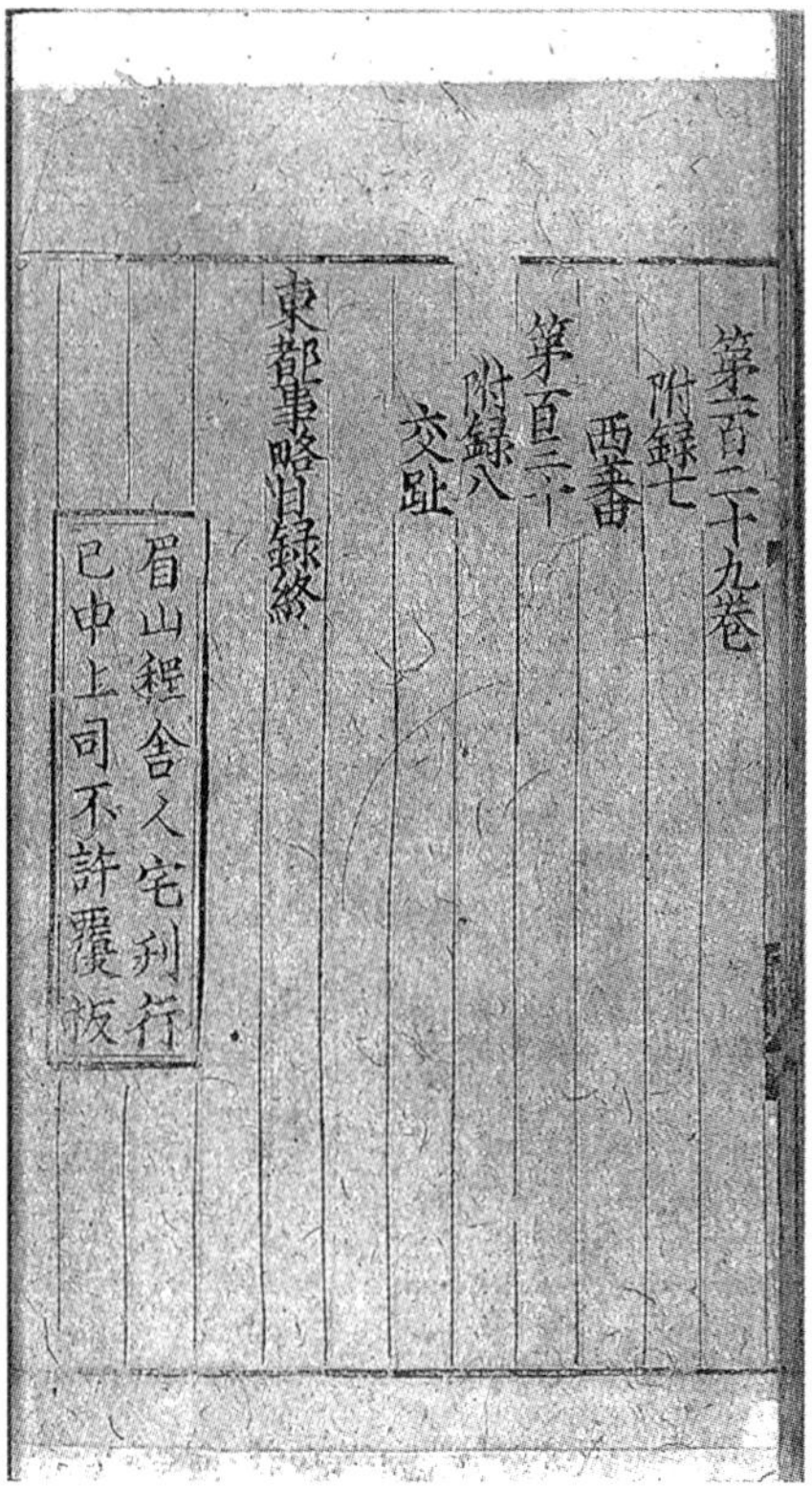
第一百二十九巻
附録七
西蕃
第百三十
附録八
交趾
東都事略目録終
眉山程舎人宅刊行
已申上司不許覆板

図3　書陵部蔵本刊記

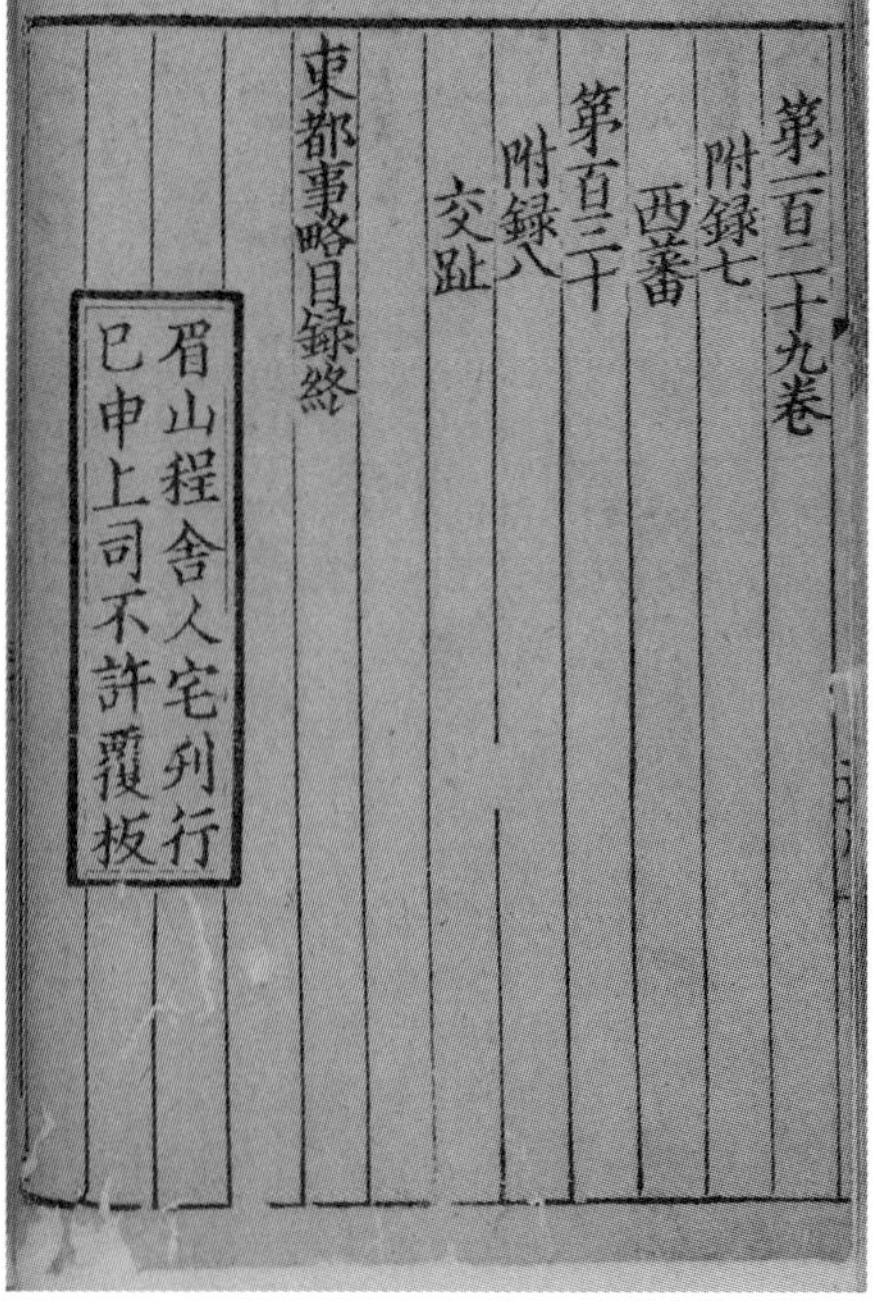
第一百二十九巻
附録七
西蕃
第百三十
附録八
交趾
東都事略目録終
眉山程舎人宅刊行
已申上司不許覆板

と思われる。欠画から考えても、光宗或は寧宗朝の南宋中期の刊であろう。従来三種とも宋刻とされているが、他の二本は元或は明初の覆刻と見られる所がかなり多い。問題はこの三種が別々に刊刻された別版なのか、或は舎人宅刊の板木が後まで伝わり、逓修されたのかである。後攷を期したい。清の覆宋版は首葉に高大全の刻工名があり、字様端正にして本版を底本としたようである。

右の通り、一見すると阿部氏は最初に三者の関係を「この三本は皆眉山程舎人宅の刊記を有するが、同版ではなく、相互に覆刻の関係にある別版である」と断定しているようだが、これはどうやら刊記のある葉に限っての言であるらしく、最終的には「問題はこの三種が別々に刊刻された別版なのか、或は舎人宅刊の板木が後まで伝わり、逓修されたのかである。後攷を期したい」と結論を保留されている。宮内庁書陵部蔵本（以下、書陵部蔵本と称す）と静嘉堂文庫蔵本（以下、静嘉堂蔵本と称す）とがいずれも三種の版を取り合わせたものであるとの見解も示されており、それが問題を複雑にしているようだ。

一方、尾崎康「日本現在宋元版解題　史部（上）」（「斯道文庫論集」第二十七輯、一九九三）は、書陵部蔵本の解題で以下のように述べている（二七四〜二七五頁）。

東都事略の宋刊本は大陸にはなく、台北の中央図書館、書陵部、静嘉堂各蔵の三部が現存し、いずれも眉山程舎人宅刊行の同型の木記をもち、行格その他もまったく共通する。しかしすでに中国訪書志等に指摘されたように、その字様は三本ともに微妙に違ってそれぞれ別版であり、たがいに覆刻あるいは補刻の関係にあるらしいのである。

結論から言って、この三版は相互に覆刻であって補刻ではあるまい。中央本がもっとも早く、書陵部本はかなりこれに近く、静嘉堂本はどちらからの覆刻かはわからないが、後刻であろう。

この書陵部本の字様は中央本とかなり似ているが、あらゆるところでわずかに異り、略字を用いている場合が少なからずあり、巻七七の尾題が中央本で「七十七」とあったものを「七七」と、あるいは七八では「巻」の字を略記したりしている。これらの相違は特定の葉でなくてほぼ全巻に及んでおり、かなり漫漶の葉もあるが、補刻と認められるところはない。

ただしこの本には特に巻六一・七一の一部に蜀風の字様があるものの、全体としては建安の風に近いのであって、私は木記の蜀刊には疑問を抱く。中央本自体も多分に建風を帯びているがこれはおくとして、この本は眉山程舎人宅刊本を福州《マ》建安《マ》で覆刻し、木記は旧書のものをそのまま残したのではないかと推測できないこともない。少くとも次掲の静嘉堂本はおそらくそうであろうと思うのである。

尾崎氏は三者が互いに覆刻の関係にある別版だとの判断を示された上で、台湾蔵本と書陵部蔵本は「あらゆるところでわずかに異」なると断じている。しかし、この見解は、阿部氏の「三本とも同版の葉を共通にする箇所もある」という見解と正面から対立している。してみれば、この点について第三者による検証が必要であろう。

このたび筆者は「宮内庁書陵部収蔵漢籍集覧」の公開に向けた研究班での調査において書陵部蔵本を担当し、その原本を精査する機会に恵まれた。また、静嘉堂文庫蔵本についても、書陵部蔵本との比較対照のために原本の閲覧を申し出て、許可を頂くことが出来た。台湾・国家図書館蔵本については原本の閲覧は叶っていないが、同館内の端末で公開されているデジタルカラー画像(2)と、影印本『国立中央図書館善本叢刊第四種・東都事略』全四冊(一九九一、国立中央図書館)とによって、他二者との比較を行った(3)。本稿はその調査結果によって、三者の関係について見直しを図るものである。

一、刻工名と欠筆

まず、宋版の年代鑑定の判断基準となり得る刻工名と欠筆について、それぞれの状況を確認しておきたい。

刻工名については、台湾蔵本の巻一第一葉の版心下部に「高大全」、静嘉堂蔵本の巻五十九第一葉の版心下部に「范刊」とそれぞれ一箇所ずつ見えるのみで(4)、書陵部蔵本には全く見えない。これでは刊年や三者の先後の手掛かりとするには不足である。

続いて欠筆だが、台湾蔵本については阿部氏前掲書が「宋諱を避けること惇・敦の光宗の諱に至るが、郭等の寧宗以下の廟諱には及ばない」(四七〇頁)、書陵部蔵本については尾崎氏前掲論文が「欠画は　玄鉉朗　敬驚　弘　貞徴　勗　煦　完　惇敦字に行われている」(二七四頁)、静嘉堂蔵本については尾崎氏前掲論文

図4　台湾蔵本巻百七第七葉表

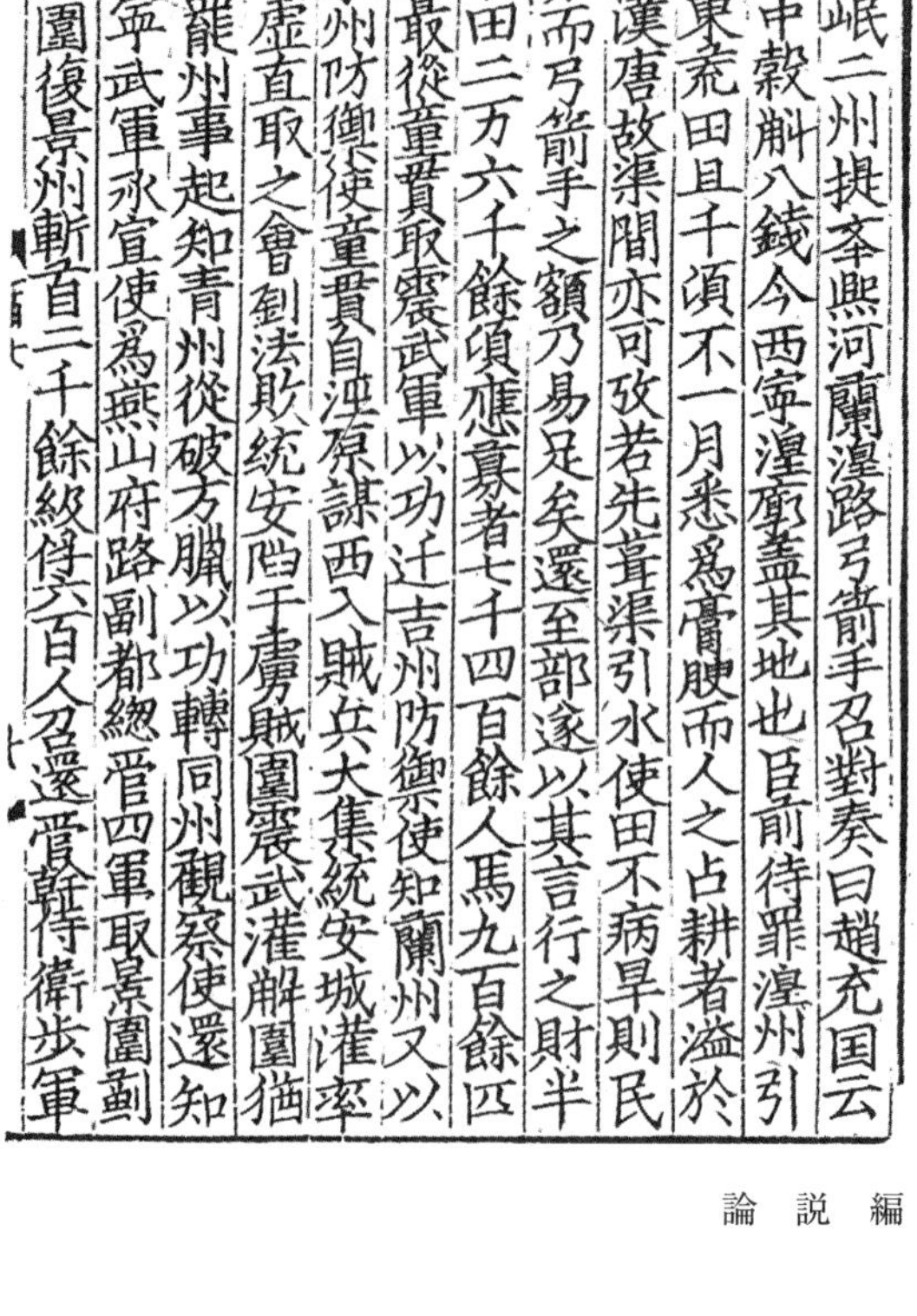
渠從河岷二州提挙熙河蘭湟路弓箭手召對奏曰趙充国云
金城湟中穀斛八錢今西寧湟廓蓋其地也臣前待罪湟州引
水溉城東荒田且千頃不一月悉為膏腴而人之占耕者溢於
地數況漢唐故渠閒亦可攷若先葺渠引水使田不病旱則民
樂就募而弓箭手之額乃易足矣還至部遂以其言行之財半
年得善田二万六千餘頃應募者七千四百餘人馬九百餘匹
為他路最從童貫取震武軍以功遷吉州防禦使知蘭州又以
功拜廓州防禦使童貫自涇原謀西入賊兵大集統安城灌率
諸將擣虛直取之會劉法敗統安陷于虜賊圍震武灌解圍猶
坐逗留罷州事起知青州從破方臘以功轉同州觀察使還知
易州轉寧武軍承宣使為燕山府路副都總管四軍取景薊
灌解薊圍復景州斬首二千餘級俘六百人召還[illegible]侍衛歩軍

が「欠画も惇　敦字まで、補配本が廓字を欠いている」(二七六頁)としている。尾崎氏の言う静嘉堂蔵本の「補配本」とは阿部氏が「配清覆宋刊本」とした箇所であるから(5)、宋版の可能性がある部分の欠筆は三者とも光宗の惇・敦で止まっており、寧宗の廟諱には及んでいないというのが先行研究における共通理解であった(6)。しかし、今回の調査で、三者とも「廓」を欠筆する箇所があることが判明した(7)。例えば、台湾蔵本の巻百七第七葉表は、二行目と八行目で「廓」を欠筆している(図4)。三者とも次の理宗の廟諱を避ける例は見つからなかったので、欠筆はいずれも寧宗までのよ

うである。従って、欠筆から三者の先後を判断することも出来ない。

二、三者が同版の箇所

結局、三者の関係は全葉を比較対照した上で判断するほかなさそうである。その作業を行ったところ、阿部氏の指摘通り三者が全て同版である葉が確かに存在し、計四十六葉あった。三者同版の葉は二箇所に固まっており、巻三十六首葉～巻三十九末葉（計二十五葉）と、巻四十六第二葉～巻四十八末葉（計二十一葉）とである。一例として、巻三十六第六葉を見てみよう（図5・6・7）。第

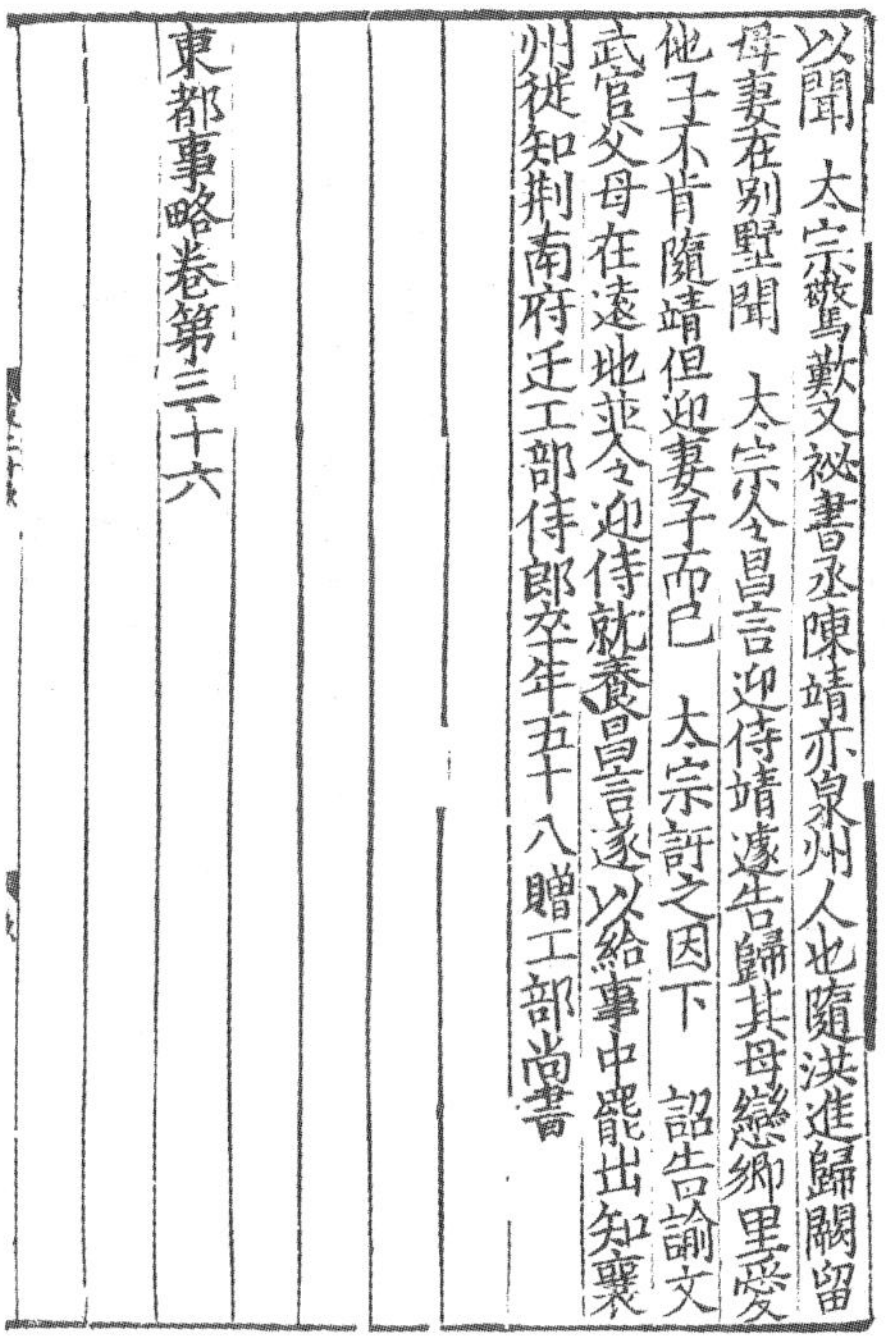
以聞　太宗驚歎又祕書丞陳靖亦泉州人也隨洪進歸闕留
母妻在別墅聞　太宗令昌言迎侍靖遂告歸其母戀鄉里愛
他子不肯隨靖但迎妻子而已　太宗許之因下　詔告諭文
武官父母在遠地並令迎侍就養昌言遂以給事中罷出知襄
州徙知荊南府遷工部侍郎卒年五十八贈工部尚書

東都事略卷第三十六

図5　台湾蔵本巻三十六第六葉表

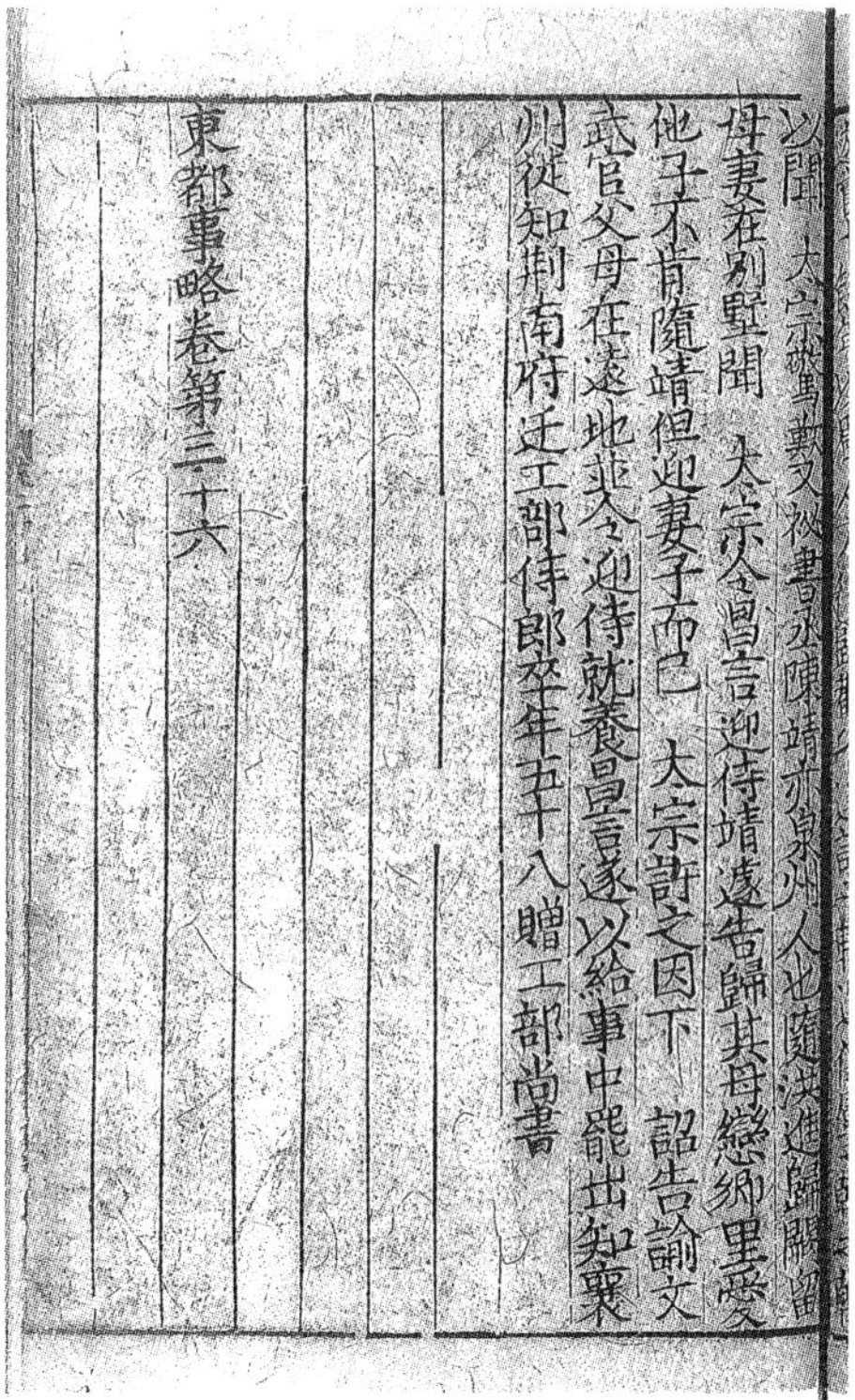
以聞　太宗驚歎又祕書丞陳靖亦泉州人也隨洪進歸闕留
母妻在別墅聞　太宗令昌言迎侍靖遂告歸其母戀鄉里愛
他子不肯隨靖但迎妻子而已　太宗許之因下　詔告諭文
武官父母在遠地並令迎侍就養昌言遂以給事中罷出知襄
州徙知荊南府遷工部侍郎卒年五十八贈工部尚書

東都事略卷第三十六

図6　静嘉堂蔵本巻三十六第六葉表

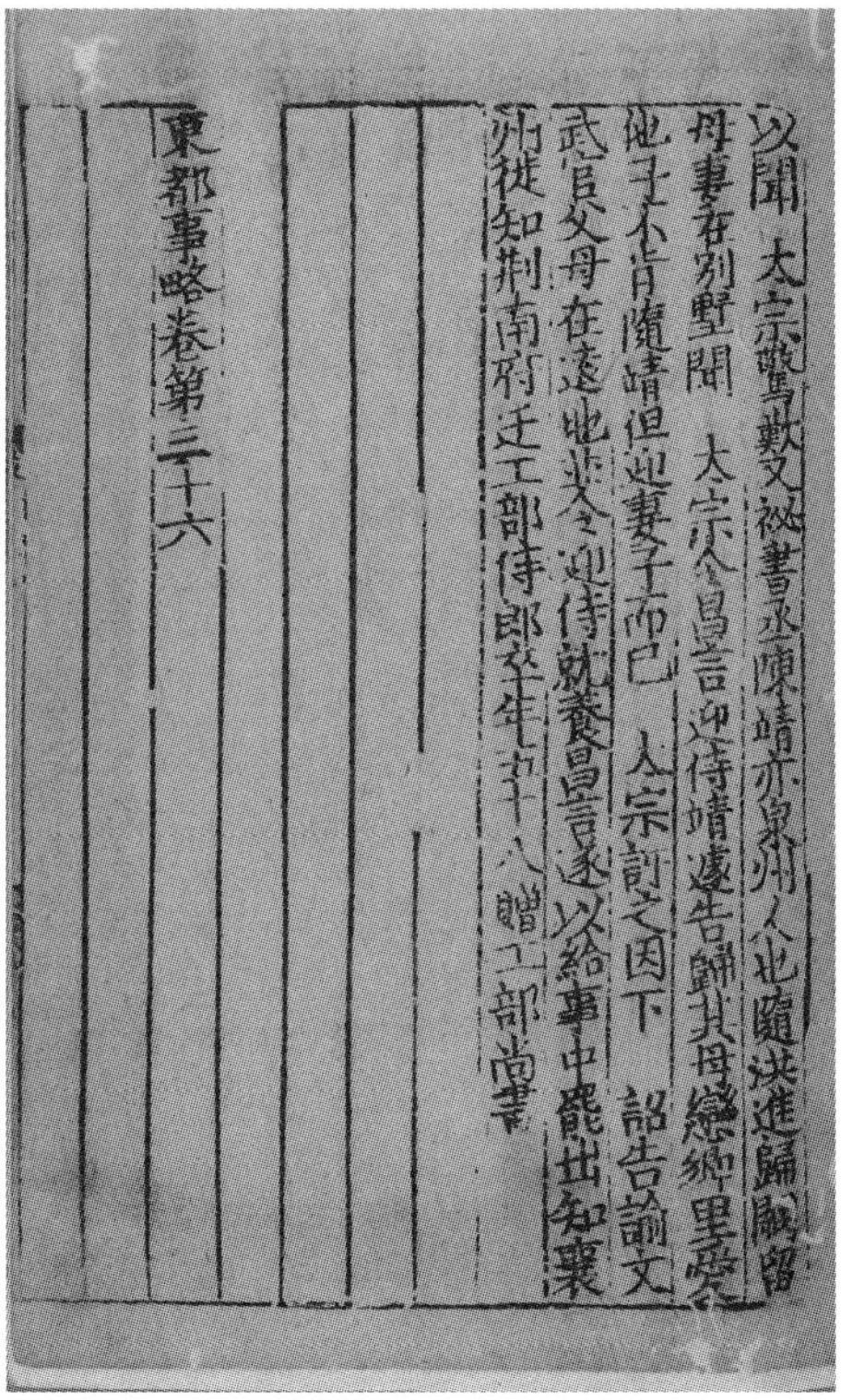
以聞　太宗驚歎又祕書丞陳靖亦泉州人也隨洪進歸闕留
母妻在別墅聞　太宗令昌言迎侍靖遂告歸其母戀鄉里愛
他子不肯隨靖但迎妻子而已　太宗許之因下　詔告諭文
武官父母在遠地並令迎侍就養昌言遂以給事中罷出知襄
州徙知荊南府遷工部侍郎卒年五十八贈工部尚書

東都事略卷第三十六

図7　書陵部蔵本巻三十六第六葉表

六行と第七行の間の界線が中段で大きく欠けている点や、尾題の「十」字に版木の割れ目が入っている点が共通しており、三者は同版と認められる。また、①匡郭の右上隅の欠けの有無、②尾題の「東」字の末画のハネを存するか欠くか、③第十行と第十一行の間の界線の欠けの有無、という三点に着目すると、台湾蔵本は①②③のいずれも欠いておらず、静嘉堂蔵本は①のみを欠く一方で②③は存し、書陵部蔵本は①②③とも揃って欠いている。従って、この葉の印刷順序は、台湾蔵本が三者の中で最も早く、静嘉堂蔵本がそれに次ぎ、書陵部蔵本は最も遅いということになる。同様の印刷順序だと看做せる例が他にも複数ある一方、これと異なる印刷順序を示す例は見出せなかったので、三者が全て同版の葉については、この順番に刷られたと考えて良いだろう。

三、伝来過程での取り合わせの有無

一般論として、版式を同じくする異なる伝本の間に同版の葉が部分的に見出されるならば、両者は覆刻の関係ではなく、同じ版木の組による後修ないし逓修の関係ということになる。但し、それは両者とも伝来過程での別本同士の取り合わせは行われていないという前提の上での話であり、取り合わせがあるならばその限りではない。この南宋刊本『東都事略』三者の場合は、前述の通り阿部氏が「書陵部・静嘉堂文庫の両本は各同一版から成っているのではなく、三種版の湊配」だと判断している。これが確かであった場合、もし両者とも印刷の時点で原刻の版木・補版の版木・第二次補版の版木という三種類が混じっていたということであれば、南宋版の版木の組は一つだけで、台湾蔵本がそれによる早期の印本、静嘉堂蔵本と書陵部蔵本はいずれも台湾蔵本の印刷以降に少なくとも二回の補版を経た逓修本ということになる。しかし、もし書陵部蔵本・静嘉堂蔵本のどちらか一方でも、異なる版木の組で刷られた別の本同士が伝来過程で取り合わせられているのであれば、台湾蔵本とは覆刻の関係にある別版が存在することになる。そこで、三者それぞれの現況を確認して、伝来過程での取り合わせがあるか否かを押さえておこう。

まず、三者の共通事項として、いずれも百三十巻本で、そのうち巻五十九・八十七・九十三の三巻はそれぞれ上下に分かれている。また、三者とも本文の他に、前付として洪邁箚子（二葉）・王稱表（二葉）・目録（二十九葉）を持つ。

台湾蔵本は現状二十四冊で、洪邁箚子・王稱表・目録・本文を全て刊本で欠葉なく存しており、墨付きは全部で九九一葉ある。そのうち一葉は別紙挿入による旧蔵者識語なので、印刷の部分は全九九〇葉となる。原本を見ていないので確かな判断ではないが、デジタルカラー画像で見る限りは料紙の大きさや色合いは全体に均質のようで、ほぼ全ての葉が同時に刷られたものと考えて良さそうに思われた[8]。

静嘉堂蔵本は現状金鑲玉装の二十冊で、洪邁劄子・王稱表の全葉と目録第一・二葉の冒頭計六葉が鈔補だが、それ以降は巻百三十まで欠葉なく刊本で揃う（但し表が刊本で裏が鈔補の葉が二葉ある。詳細後述）。料紙は鈔補の部分を除いても明らかに均質ではなく、複数の本の取り合わせであることは間違いない。尾崎氏前掲論文では、同版のA・B二本の寄せ本に対して後世の覆刻本による補配がある――つまり二版三本の取り合わせ――と見ているが（二七五頁）、その詳細や判断の是非については後述する。墨付きは全部で九九二葉だが、そのうち三葉が別紙挿入による旧蔵者識語、冒頭の六葉が鈔補なので、印刷されたものが残るのは計九八三葉である。つまり、鈔補を含めた前付と本文の合計が九八九葉しかなく、台湾蔵本より一葉少なくなっているのだが、欠葉がある訳ではない。この原因についても後述する。

書陵部蔵本は現状十四冊で、鈔補が多く、全体で二七七葉にも及ぶ。但し、鈔補のうち一葉は他の冊に錯綴された葉を欠葉と誤認して補ったもので、同じ葉が刊本でも残っている。更に、刊本部分と鈔補部分を併せても、なお他の二部に比して本文を計九十一葉欠いている。その一方、前付は目録・王稱劄子（二葉）・洪邁劄子・王稱表となっていて、他の二部と順序が異なるほか、それらには無い王稱劄子を有する。墨付きは計九〇二葉で、それとは別に第一冊の前見返しに狩谷棭斎の識語が書き入れられている。印刷部分の料紙は全体に均質なので、鈔補が行われた以外には伝来過程での取り合わせはされておらず、同時に印刷された一揃いが、欠巻・欠葉を生じたり、それらの箇所への鈔補を施されたりしつつ伝わって来たものと思われる。

要するに、静嘉堂蔵本には伝来過程での取り合わせがあるが、書陵部蔵本にはその痕跡は全く認められず、台湾蔵本も葉単位での補配がごく一部にあるかどうかという程度のようだ。そこで、まずは台湾蔵本と書陵部蔵本の全葉を比較して両者の関係を解明し、その上で静嘉堂蔵本の性格を考察することにしよう。

四、台湾蔵本と書陵部蔵本の関係

台湾蔵本と書陵部蔵本が共通して有するのは洪邁劄子・王稱表・目録・本文だが、前述の通り書陵部蔵本はその範囲に鈔補と欠葉があるので、台湾蔵本が旧蔵者識語の挿入を除いて全九九〇葉あるうち、書陵部蔵本と版の異同を比較可能なのは六二三葉である。筆者が判定したその同版・異版の内訳を以下に示す（同版・異版のどちらにも挙がっていない葉は、書陵部蔵本の鈔補または欠葉）。

一、同版　計五一七葉（八二．九九%）

目録第二～六・九～十六・十九～二十八葉（二十三葉）、巻三（存四葉）、巻十一（九葉）、巻二十九第八葉～巻三十四第二葉（三十葉）、巻三十四第五葉～巻四十五第二葉（六十六葉）、巻四十五第五葉～巻五十九上（九十八葉）、巻六十～六十一（十七葉）、巻六十七～七十（三十三葉）、巻七十三～巻七十七第四葉（三十四葉）、巻八十（八葉）、巻八十三～八十五（十八葉）、巻百～百十（存八十四葉）、巻百十一第三～八葉（六葉）、巻百十二～百十五（三十六葉）、巻百十六（存一葉）、巻百十七～百十八（十四葉）、巻百二十（存二葉）、巻百二十一（存六葉）、巻百二十四～百二十八（存二十八葉）

二、異版　計一〇六葉（一七．〇一%）

洪邁箚子（二葉）、王稱表（二葉）、目録第一・七・八・十七・十八・二十九葉（六葉）、巻十三（存六葉）、巻二十一～巻二十九第七葉（六十葉）、巻三十四第三・四葉（二葉）、巻四十五第三・四葉（二葉）、巻七十七第五葉～巻七十九（二十葉）、巻百十一第一・二・九・十葉（四葉）、巻百三十（存二葉）

上の通り、尾崎氏の例示された巻七十七末や巻七十八末は確かに両者が異版であるが、全体的には同版の箇所の方が圧倒的に多い。同版の葉はいずれも先の図5・7と同じように、台湾蔵本の方が書陵部蔵本よりも印刷が早いと認められ、例外は無い。してみれば、書陵部蔵本は台湾蔵本と同じ版木の組を使いながら、二割弱が補版に置き換えられている後修本だと見るべきであろう。阿部氏は静嘉堂蔵本と書陵部蔵本について「元或は明初の覆刻と見られる所がかなり多い」と言っているので、この補版は宋代の処理ではないと感じられたようである。筆者の眼には、書陵部蔵本の補版部分は、宋代か元代かは判断が付かないものの、明代まで下ることは無いように思われる。おそらく、阿部氏が明初を含めたのは、後述の静嘉堂蔵本を念頭に置いてのことだったのではあるまいか。なお、両者が同版の葉でも、巻四十第三葉のように（図8・9）、版心の丁付を陽刻から陰刻に改める修補が施されている例がごく稀に見られる。

書陵部蔵本の補版と思われる部分でも台湾蔵本と同様に宋諱の欠筆は行われており、その下限が「廓」であることも変わっていない。より細かく言えば、台湾蔵本が「廓」を欠筆している四葉[9]は、書陵部蔵本では全て同版または鈔補でやはり欠筆しているし、台湾蔵本が「廓」を欠筆していない十葉は、書陵部蔵本が同版・異版・鈔補のいずれであっても、同様に欠筆していない[10]。元代や

雍王元份留守　京師得暴疾命旦馳自行在代元份留守三
年拜工部尚書同中書門下平章事集賢殿大學士監脩國史
天書降爲天書儀仗使　東封泰山　西祀汾陰俱爲大禮使
累遷右僕射昭文館大學士　聖祖降爲玉清奉聖像大禮使
真宗以兗州壽丘爲　聖祖降生之地建景靈宮以旦爲朝脩
使宮成冊拜司空進司徒遷太保方是時契丹既已請盟趙德
明亦納誓約願守河西故地二邊兵罷不用天下無事旦以謂
宋興三世　祖宗之法具在其爲相務行故事進退能否
真宗久而益信之所言無不聽雖他宰相大臣有所請必曰王
旦以謂如何事無大小非旦所言不決旦在相位久外無夷狄
之虞兵革不用海內富實羣臣百司各得其職故天下稱爲賢
相旦於用人不以名譽必求其實苟賢且才矣必久其官衆以
爲宜其職然後遷其所薦引人未嘗知寇準爲樞密使當罷使
人告旦求爲使相旦大驚曰將相之任豈可求邪且吾不受私
請準深恨之已而制出除準武勝軍節度使同平章事準入見
泣涕曰非　陛下知臣何以至此　真宗具道旦所薦準始媿
歎以爲不可及趙德明言民飢求糧百萬大臣皆曰德明新納
誓而敢違請以詔書責之　真宗以問旦旦請敕有司具粟百
萬於京師　詔德明來取　真宗大喜德明得　詔書慙且拜
曰　朝廷有人大中祥符中天下大蝗　真宗使人於野得死
蝗以示大臣明日執政有袖死蝗以進者云蝗實死矣請示於
朝率百官賀旦獨以爲不可後數日方奏事飛蝗蔽天　真宗
曰使百官方賀而蝗如此豈不爲天下笑邪宦者劉承規病且
死求爲節度使　真宗以語旦曰承規待此以瞑目旦執以爲

図8　台湾蔵本巻四十第三葉（合成）

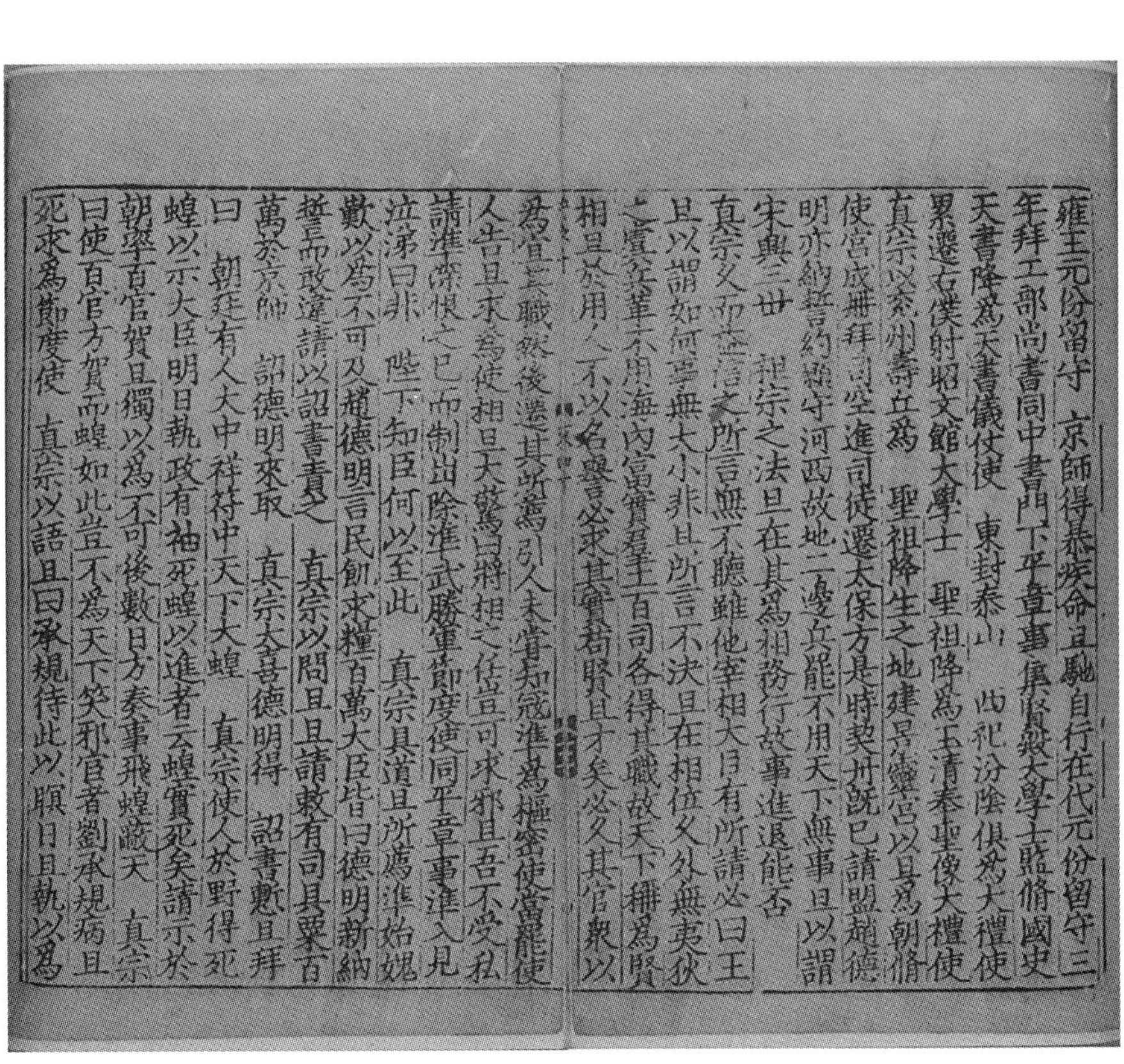
雍王元份留守　京師得暴疾命旦馳自行在代元份留守三
年拜工部尚書同中書門下平章事集賢殿大學士監脩國史
天書降爲天書儀仗使　東封泰山　西祀汾陰俱爲大禮使
累遷右僕射昭文館大學士　聖祖降爲玉清奉聖像大禮使
真宗以兗州壽丘爲　聖祖降生之地建景靈宮以旦爲朝脩
使宮成冊拜司空進司徒遷太保方是時契丹既已請盟趙德
明亦納誓約願守河西故地二邊兵罷不用天下無事旦以謂
宋興三世　祖宗之法具在其爲相務行故事進退能否
真宗久而益信之所言無不聽雖他宰相大臣有所請必曰王
旦以謂如何事無大小非旦所言不決旦在相位久外無夷狄
之虞兵革不用海內富實羣臣百司各得其職故天下稱爲賢
相旦於用人不以名譽必求其實苟賢且才矣必久其官衆以
爲宜其職然後遷其所薦引人未嘗知寇準爲樞密使當罷使
人告旦求爲使相旦大驚曰將相之任豈可求邪且吾不受私
請準深恨之已而制出除準武勝軍節度使同平章事準入見
泣涕曰非　陛下知臣何以至此　真宗具道旦所薦準始媿
歎以爲不可及趙德明言民飢求糧百萬大臣皆曰德明新納
誓而敢違請以詔書責之　真宗以問旦旦請敕有司具粟百
萬於京師　詔德明來取　真宗大喜德明得　詔書慙且拜
曰　朝廷有人大中祥符中天下大蝗　真宗使人於野得死
蝗以示大臣明日執政有袖死蝗以進者云蝗實死矣請示於
朝率百官賀旦獨以爲不可後數日方奏事飛蝗蔽天　真宗
曰使百官方賀而蝗如此豈不爲天下笑邪宦者劉承規病且
死求爲節度使　真宗以語旦曰承規待此以瞑目旦執以爲

図9　書陵部蔵本巻四十第三葉（合成）

明代に欠筆まで忠実に宋版本来の形を再現した補版を作成するということはあり得るし、宋代の補版であっても原刻の通りに刻して新たな避諱を行わないということは考えられるので、この欠筆状況からでは補版の時期は窺い知れない。

一方、阿部氏が台湾蔵本で正字の箇所が静嘉堂蔵本や書陵部蔵本では往々にして略字になっていると言い、尾崎氏も書陵部蔵本は台湾蔵本よりも略字を多く用いると指摘していた。一例として両者が異版の巻百三十第三葉表を見ると（図10・11）、確かに台湾蔵本の「萬」「無」「與」「國」が、書陵部蔵本では「万」「无」「与」「国」と軒並み略字に置き換えられているし、甚だしくは第七行の台湾蔵本「事爭」を、書陵部蔵本は「事事」だと誤認した上で「事又」と繰り返し符合を用いて略記している。書陵部蔵本の補版の部分には、このように多くの文字を略字や繰り返し符合に置き換えている事例がしばしば見られる。

しかし、このような略字や繰り返し符合を多用する葉自体は、台湾蔵本にも既に見られる。例えば、台湾蔵本の巻七十八第一葉では（図12）、「献」「夆」「夅」「迁」「国」「門〱」「与」といった略字が多用されている。因みに、この葉は書陵部蔵本では補版に変わっているのだが（図13）、上記の略字はどれもそのまま踏襲されている。[11] 更に、例えば「國」はそのままだが「与」は略字を使うとか、或いは同じ葉の中に「國」と「国」とが混在しているとかいったような、部分的に略字を用いている葉は、台湾蔵本・静嘉堂蔵本・書陵部蔵本のどの伝本においても、全体を通して非常に多く見られる。

それから、これまでに掲げた図だけでも明らかなように、台湾蔵本・静嘉堂蔵本・書陵部蔵本のいずれも、全体を通して字様が非常に不安定である。[12] 台湾蔵本と書陵部蔵本に関しては、字様の優れる図8に略字が全く見られず、略字の多い図12の字様がそれより劣るというように、略字の使用頻度の高低と字様の優劣とが正比例する傾向がごく大まかには認められる。しかし、略字は少なめだが字様は図12よりも見劣りする箇所も少なくないし、大半を占める略字を部分的に使用する葉の字様は全く一定しないから、略字の使用頻度と字様の優劣の間に単純な相関関係を認める訳にはいかない。

また、図4を含め、台湾蔵本が「廓」を欠筆する四葉は、字様は安定しないものの、いずれも略字の使用頻度が比較的高い。しかし、「廓」を欠筆しない十葉も大半がそのような葉であるし、書陵部蔵本のみが存する王稱箚子の第一葉でも「廓」を欠筆していて、この葉は図8と良く似た字様で略字も皆無である。よって、字様の優劣や略字の使用頻度は、欠筆の下限と相関がある訳でもなさそうだ。

書陵部蔵本における補版よりも前から略字の使用頻度や字様が

図10　台湾蔵本巻百三十第三葉表

日夜勞苦士卒禦敵前後射殺萬五千餘人城中人心益固而
救不至被圍四十二日而城陷緘死之三州死者無慮十餘萬
人　神宗以趙卨為招討使總九將軍進討既又以郭逵為宣
撫使而卨副之逵至長沙督諸道進兵復邕州逵遣將拔米安
州於是溪峒悉降逵次思明州遣燕達討廣源州降其觀察使
劉紀師次富良江交阯承船迎戰逵破之獲賊將洪真太子賊
勢蹙乾德乃奉表乞降是時王安石與吳充以交阯事　上
前安石以為可取充曰得之無益至是乾德歸順　神宗許之
哲宗即位加同平章事元祐中進南平王乾德歷　哲宗　徽
宗兩朝未嘗犯順宣和元年加守司空至靖康初乾德尚無恙
後二年乃死子楊煥立
臣稱曰自公蘊以來中國所以懷柔者恩意備至故得蛙藏井

図11　書陵部蔵本巻百三十第三葉表

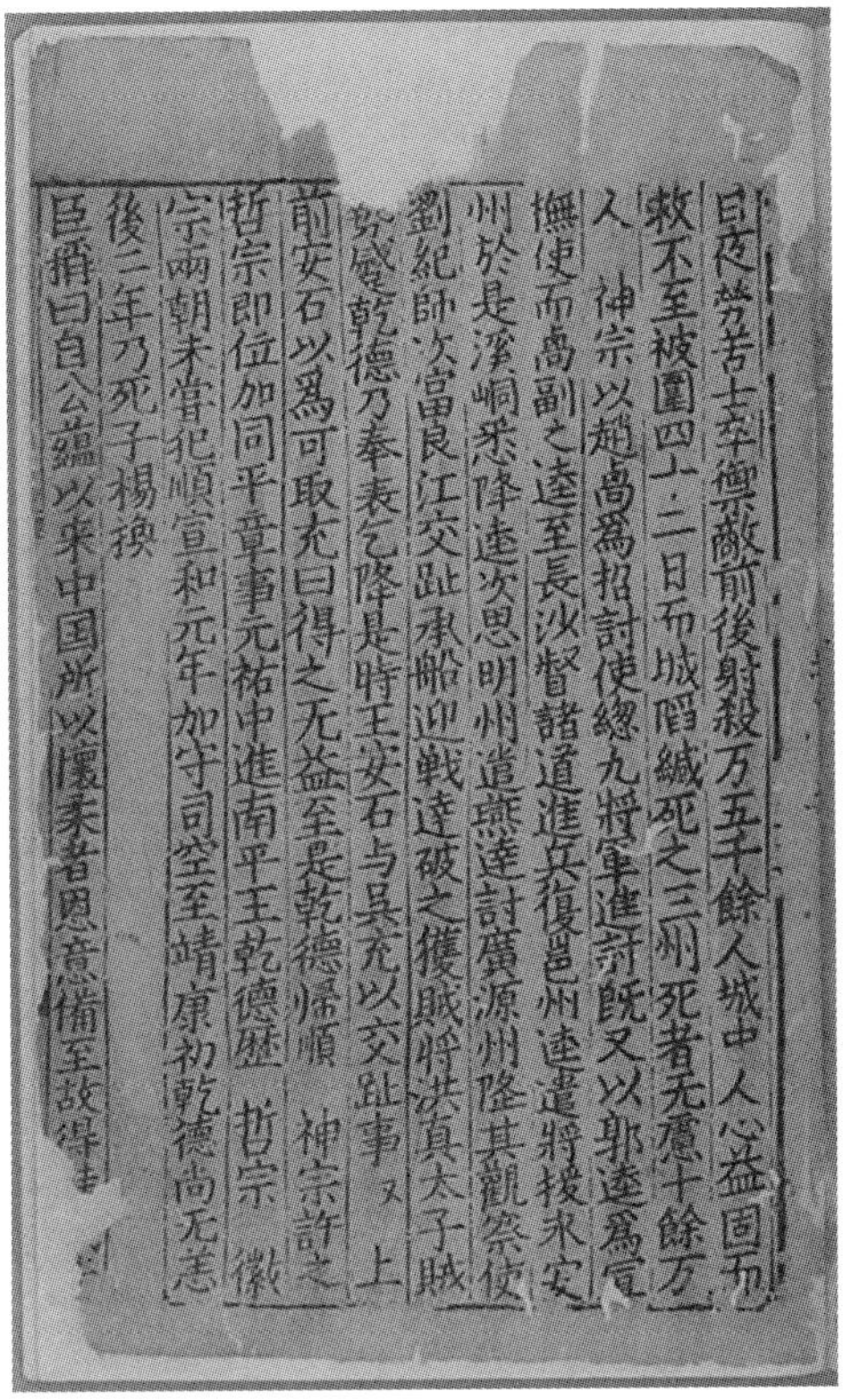

日夜勞苦士卒禦敵前後射殺万五千餘人城中人心益固而
救不至被圍四十二日而城陷緘死之三州死者无慮十餘万
人　神宗以趙卨為招討使總九將軍進討既又以郭逵為宣
撫使而卨副之逵至長沙督諸道進兵復邕州逵遣將拔米安
州於是溪峒悉降逵次思明州遣燕達討廣源州降其觀察使
劉紀師次富良江交阯承船迎戰逵破之獲賊將洪真太子賊
勢蹙乾德乃奉表乞降是時王安石与吳充以交阯事　上
前安石以為可取充曰得之无益至是乾德歸順　神宗許之
哲宗即位加同平章事元祐中進南平王乾德歷　哲宗　徽
宗兩朝未嘗犯順宣和元年加守司空至靖康初乾德尚无恙
後二年乃死子楊煥
臣稱曰自公蘊以來中国所以懷柔者恩意備至故得

図12　台湾蔵本巻七十八第一葉表

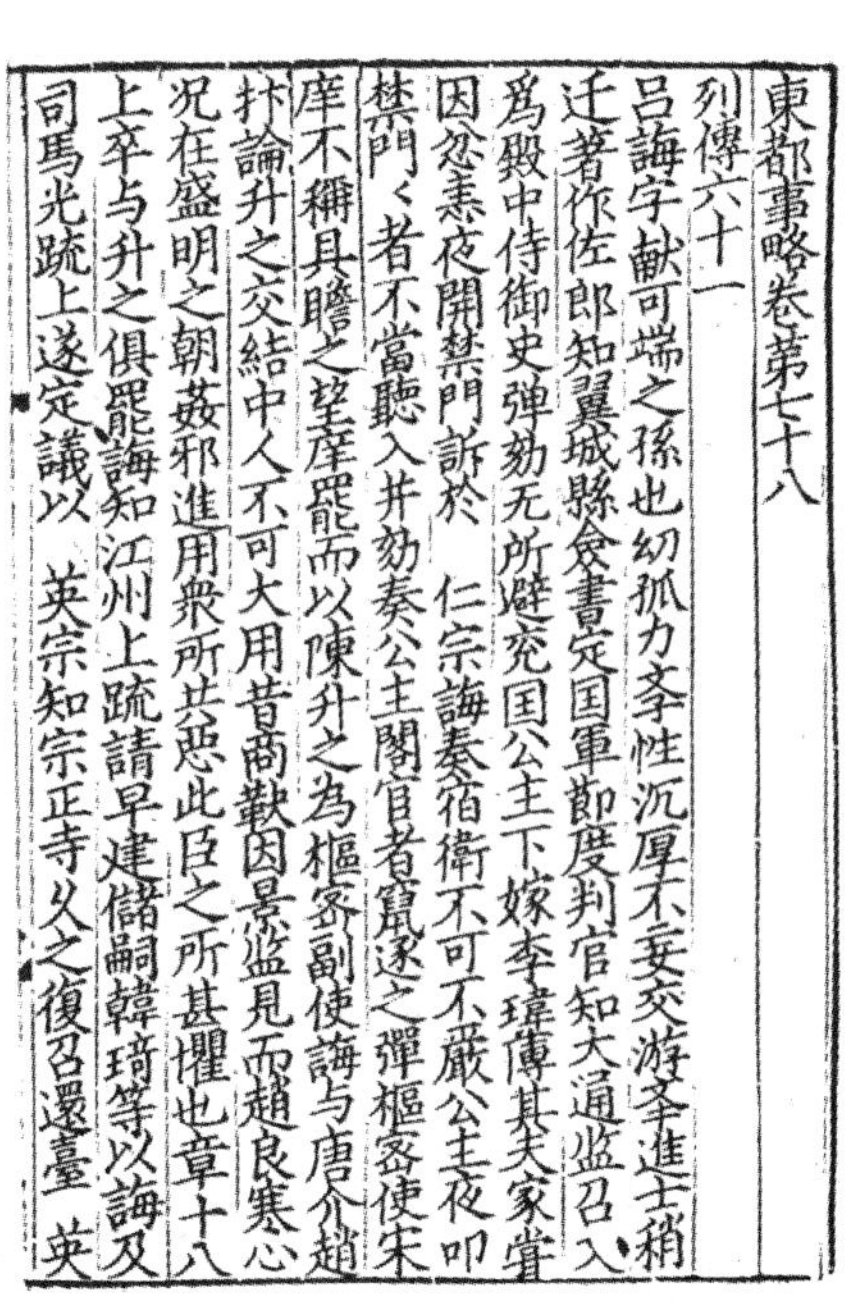

東都事略卷第七十八
列傳六十一
呂誨字獻可端之孫也幼孤力學性沉厚不妄交游登進士第
遷著作佐郎知翼城縣僉書定国軍節度判官知大通監召入
為殿中侍御史彈劾无所避兗国公主下嫁李瑋傳其夫家嘗
因忿恚夜開禁門訴於　仁宗誨奏宿衛不可不嚴公主夜叩
禁門〻者不當聽入并劾奏公主閤宦者竄逐之彈樞密使宋
庠不稱具瞻之望庠罷而以陳升之為樞密副使誨与唐介趙
抃論升之交結中人不可大用昔商鞅因景監見而趙良寒心
況在盛明之朝姦邪進用衆所共惡此臣之所甚懼也章十八
上卒与升之俱罷誨知江州上疏請早建儲嗣韓琦等以誨及
司馬光疏上遂定議以　英宗知宗正寺久之復召還臺　英

図13　書陵部蔵本巻七十八第一葉

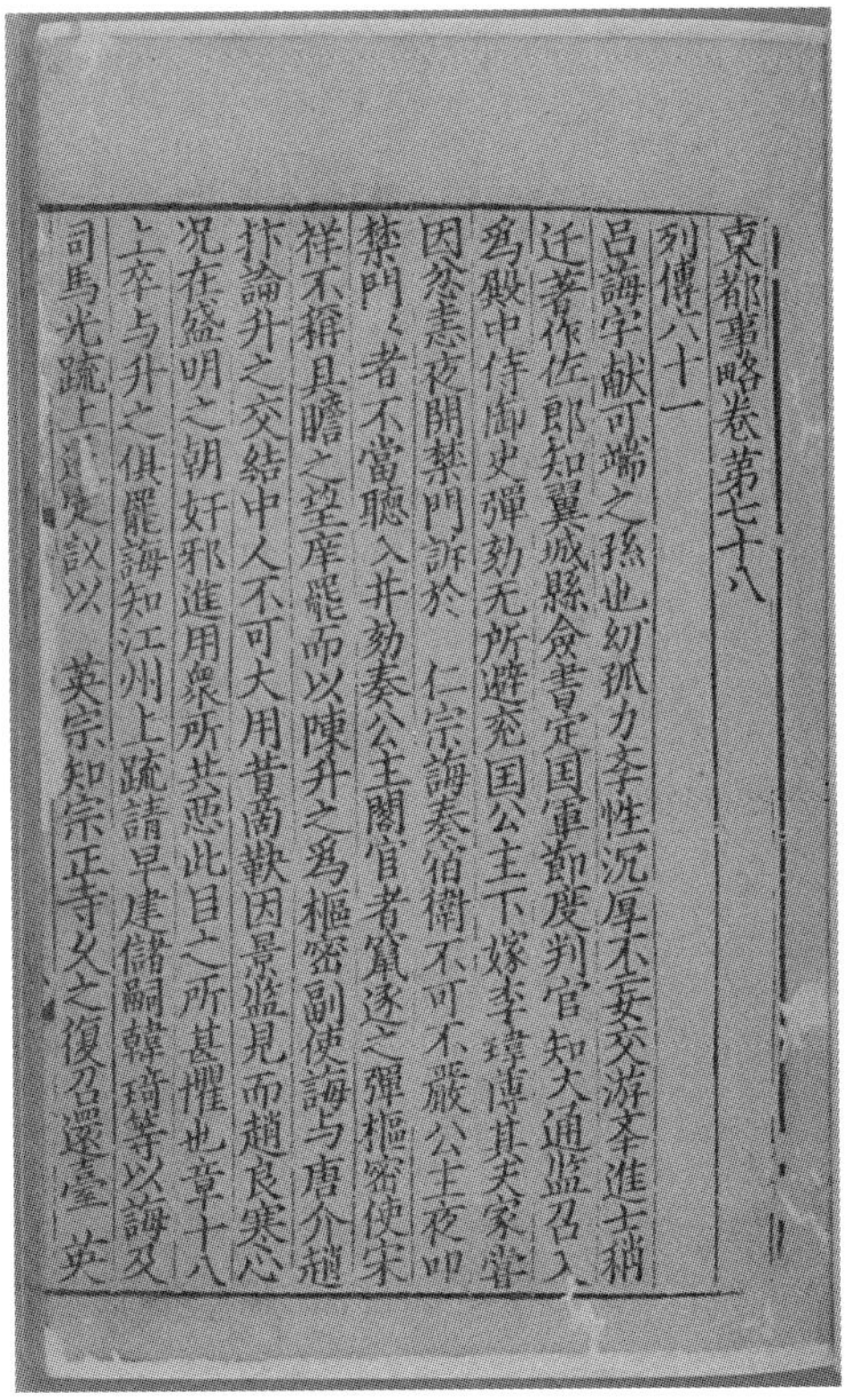

東都事略卷第七十八
列傳六十一
呂誨字獻可端之孫也幼孤力學性沉厚不妄交游登進士第
遷著作佐郎知翼城縣僉書定国軍節度判官知大通監召入
為殿中侍御史彈劾无所避兗国公主下嫁李瑋傳其夫家嘗
因忿恚夜開禁門訴於　仁宗誨奏宿衛不可不嚴公主夜叩
禁門〻者不當聽入并劾奏公主閤宦者竄逐之彈樞密使宋
庠不稱具瞻之望庠罷而以陳升之為樞密副使誨与唐介趙
抃論升之交結中人不可大用昔商鞅因景監見而趙良寒心
況在盛明之朝姦邪進用衆所共惡此臣之所甚懼也章十八
上卒与升之俱罷誨知江州上疏請早建儲嗣韓琦等以誨及
司馬光疏上遂定議以　英宗知宗正寺久之復召還臺　英

不均一だったとなると、この版木は最初に作られた時からそのような状況だったのか、それとも台湾蔵本が補版を含んでいたり、或いは別々に作られた複数の版木を取り合わせて印刷されたものだったりするのか、というのが次なる問題となろう。

このうち、台湾蔵本が補版を含んだ後修本だと看做す場合には、書陵部蔵本は初刻時の版木をそのまま使っている葉が少なからずある反面、台湾蔵本で既に補版になっていた葉を更なる補版に置き換えた葉もあるということになる。これは直感的には蓋然性が低そうな状況に感じられるが、書陵部蔵本の台湾蔵本とは異版の部分には、漫漶が著しく進んだ葉が含まれている（例えば巻二十八第一～四葉）。台湾蔵本の印刷よりも後に補われたはずの版木でさえそれだけ傷みが激しい場合があるということは、台湾蔵本の時点での補版の中に、書陵部蔵本の印刷時には使用に堪えなくなっていたものがあったとしても不思議ではないだろう。

とはいえ、阿部氏の指摘通り台湾蔵本の刷りは全体的に良好で、字様の優劣や略字の使用頻度にかかわらず、版木の傷みはあまり見られない。台湾蔵本に補版が含まれるとか、或いは複数の版木の組からの印刷段階での取り合わせだとか考える場合には、この点が些か不可解である。

よって、結局のところ右に挙げたどの可能性も、現状では積極的に肯定も否定も出来ない。ここでは書陵部蔵本が台湾蔵本に対して後修本であることを指摘するに止め、台湾蔵本がいかなる性格の本であるかについては、具眼の士の更なる考察を俟ちたい[13]。

五、静嘉堂蔵本の覆刻本補配

続いては、残る静嘉堂蔵本の位置付けについて考えたい。そのためには、まずこの伝本の取り合わせの状況を解明する必要がある。この点について、初めに先行研究を詳しく確認しておこう。まず、陸心源『儀顧堂続跋』巻七「宋槧東都事略跋」に次のようにある。

是本爲蘇州汪士鐘零星湊配而成、有初印者、有後印者、有以明覆本配者。内有十巻爲黄蕘圃舊藏、蕘圃有二跋、叙得書之由甚詳。八十七巻末有「□□圖書」官印、又有「瑞卿」二字朱文方印、亦似元人印記。明覆本亦刊甚精、幾與宋刻莫辨、惟版心則一律皆作「東幾」、與宋本之參差者較異耳。

また、静嘉堂文庫編『静嘉堂文庫宋元版図録解題篇』（一九九二、汲古書院）には以下のようにある（二六～二七頁）。

本書は原刻、後印、補刻と思われる数種から成る。それらの版種、字様から考えられることは、一つは南宋刊本に逓修を加え、更に別版を混配したもの、第二は、元或は明初の覆刻本である。刊記の刻された目録紙葉は明代の字様である。

更に、尾崎氏前掲論文では、まず巻八～二十九、七十六～八十三、百六～百十五の計三十八巻分を「翻刻本補配」とした上で、次のように述べている（二七五～二七六頁）。

　補配の二八《ママ》巻（上原注：「三八巻」とすべきだが、以下同様に誤る）を除く巻には、料紙がA白く薄手のものと、B黄色味がかり、やや漫漶の進んだ葉を含むものとの二種があり、寄せ本のようであるが、別版ではない。Aには「趙宋本」「汪士鐘印」「藝芸主人」の汪氏の三印が、Bには蔡氏の多種の印と「汪士鐘蔵」印が捺されている。汪氏が蔵印を使い分けたのは、Aの方が紙も良質で早印であるからであろうが、蔡氏の諸印がAにないから、取合されたのは更に後のことか。

　別版補配は標記の二八《ママ》巻の他に、巻三〇第七葉、三二第一・二葉、一三〇第三葉にもあり、巻三二首葉の眉上に「二頁／欠此」と朱書されている。字様は浙風で、紙もやや後代のもので、明らかな別版である。ただし行格はまったく同じく、宋諱欠筆煦も《ママ》勗惇敦廓《ママ》等の字（上原注：「宋諱欠筆も勗煦惇敦廓等の字」の誤植であろう）に行われており、広義には覆刻と言えなくもない。版心は線黒口であるが、上象鼻の字数のところは白口。陸氏の印しか捺されていない。字様は一見したところでは版心の字数も含めて南宋中期の浙刊本を思わせるが、紙質からみるとそれを模した後代（元か明か）の刻であろう。

（中略）

　巻三九と巻八七下の後の副紙に、黄丕烈の手跋二則があり、後者に丁卯（嘉慶一二年、一八〇七）の日付が入っている。当時すでに二本を合せたらしい経緯などが識され、おそらく同版の早印本と後印本とであろうが、その二本の取合せが具体的によくわからない。全文が静嘉堂宋元版図録の解題篇に収録されている。

　複雑な状況であるが、まずは尾崎氏が「翻刻本補配」として区別した計三十八巻分について解決しておきたい。これは、陸心源が「以明覆本配者」とする部分、[14]阿部氏が「配清覆宋刊本」とする部分、静嘉堂文庫解題が「元或は明初の覆刻本」とする部分とそれぞれ同じと見て良いであろう。後世の覆刻本による補配だという点では見解が一致しているが、それが元ないし明のものか、それとも清代のものかは見解が割れている。

　実は、この補配部分と同版の伝本はかなり多く残っており、日本国内で管見に及んだだけでも、国立公文書館内閣文庫、静嘉堂文庫（二本）、東京大学東洋文化研究所、京都大学人文科学研究所などに所蔵がある。[15]管見の同版本の中で最も刷りが早いのは京大人文研蔵本で、「宋王季平先生著／東都事略／振鷺堂蔵板」とする白紙墨印の封面を持つ。振鷺堂という書坊は、康熙年間に会稽商氏半埜堂の万暦刊本『稗海』（東大東文研蔵、ほか伝本多数）を補刊印行したことが知られている。また、それよりやや刷りが遅い内閣文庫蔵本、静嘉堂文庫所蔵のうち一本、及び東文研蔵本の三者には、いずれも「宋人原本／東都事畧／五峯閣蔵板」とする同版の封面がある。前二者の封面は、明代までの印本にはまず見られず康熙以降に現れる紅紙墨印なので[16]、これは清代に広く流通していた覆刻本のようだ。してみれば刊刻は清代前期である可能性が高いが、振鷺堂が万暦刊本を清代に補刊印行している書坊だということは、この覆刻本も明刊清印である可能性が無いとは言い切れない。

静嘉堂蔵宋版に補配されているものは、五峯閣の封面を持つ各伝本に比べても版木の割れが大きく進んだ刷りの遅い本なので（図14・15）、清印であることは間違いなく、それも中期以降の印である可能性が高い。尾崎氏は料紙から元か明の刻かと判断されていたが、筆者にはむしろ典型的な清代の紙と感じられた。従って、この補配部分は、清前期刊本の後印または明刊清印本で、いずれにしても印刷は清代中期以降である、と結論付けられる。

なお、この覆刻本は、巻一第一葉下象鼻に高大全の名が見え、かつ刻工名はこれだけなので、一見すると台湾蔵本の同版本からの覆刻に見える。しかし、上象鼻に字数を刻す葉が台湾蔵本よりも遥かに多い上に、台湾蔵本や書陵部蔵本と違って字様が全体を

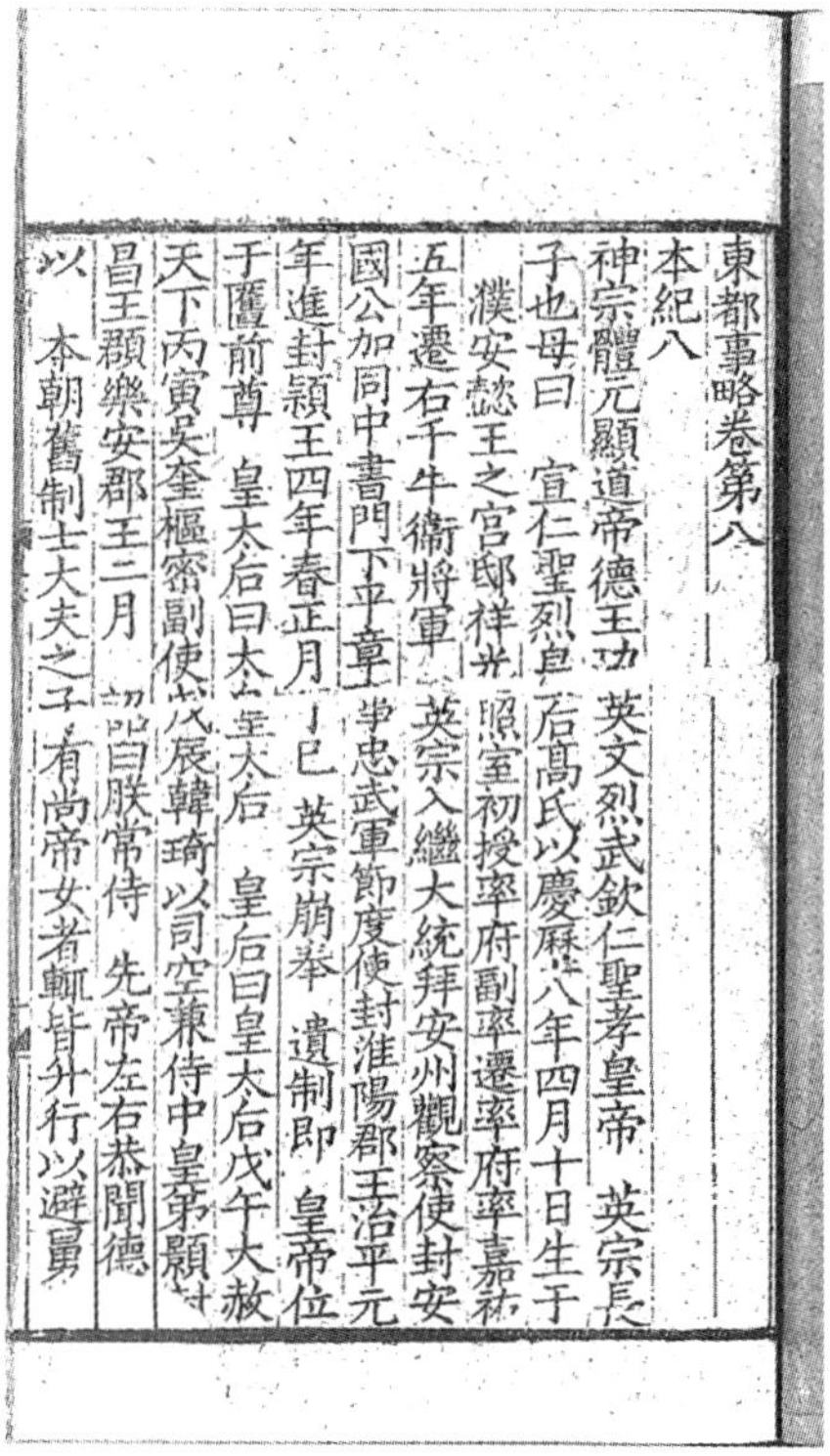
東都事略巻第八
本紀八
神宗體元顯道帝德王功英文烈武欽仁聖孝皇帝　英宗長
子也母曰　宣仁聖烈皇后高氏以慶歷八年四月十日生于
濮安懿王之宮邸祥光照室初授率府副率遷率府率嘉祐
五年遷右千牛衛將軍　英宗入繼大統拜安州觀察使封安
國公加同中書門下平章事忠武軍節度使封淮陽郡王治平元
年進封潁王四年春正月丁巳　英宗崩奉　遺制即　皇帝位
于柩前尊　皇太后曰太皇太后　皇后曰皇太后戊午大赦
天下丙寅吳奎樞密副使戊辰韓琦以司空兼侍中皇弟顥封
昌王頵樂安郡王二月　詔曰朕常侍　先帝左右恭聞德音
以　本朝舊制士大夫之子有尚帝女者輒皆升行以避舅姑

図14　静嘉堂蔵本巻八第一葉表

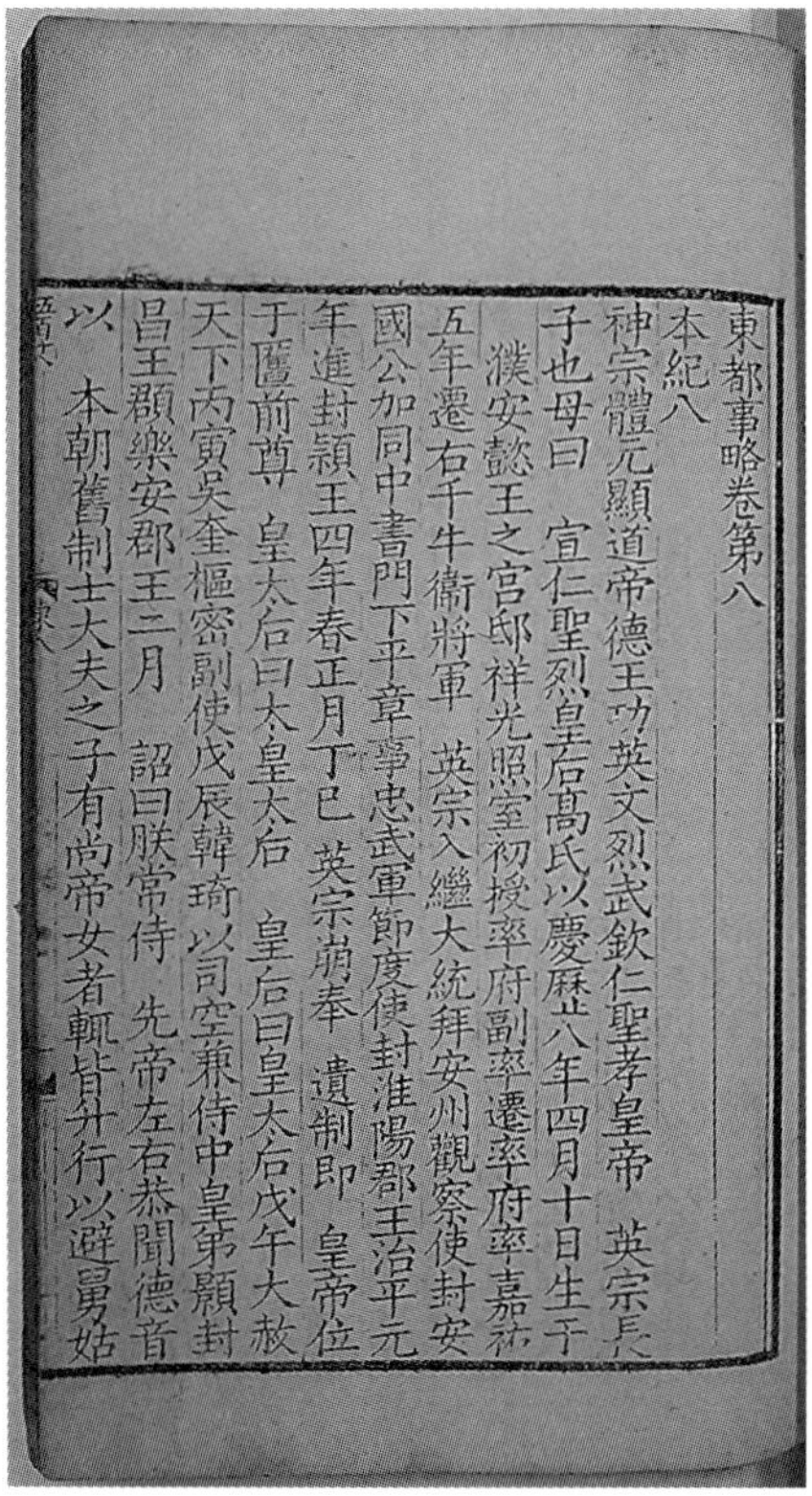
東都事略巻第八
本紀八
神宗體元顯道帝德王功英文烈武欽仁聖孝皇帝　英宗長
子也母曰　宣仁聖烈皇后高氏以慶歷八年四月十日生于
濮安懿王之宮邸祥光照室初授率府副率遷率府率嘉祐
五年遷右千牛衛將軍　英宗入繼大統拜安州觀察使封安
國公加同中書門下平章事忠武軍節度使封淮陽郡王治平元
年進封潁王四年春正月丁巳　英宗崩奉　遺制即　皇帝位
于柩前尊　皇太后曰太皇太后　皇后曰皇太后戊午大赦
天下丙寅吳奎樞密副使戊辰韓琦以司空兼侍中皇弟顥封
昌王頵樂安郡王二月　詔曰朕常侍　先帝左右恭聞德音
以　本朝舊制士大夫之子有尚帝女者輒皆升行以避舅姑

図15　内閣文庫蔵覆刻本巻八第一葉表

通して均質であり、どの葉も基本的に略字は使用しておらず、台湾蔵本や書陵部蔵本が宋諱を欠筆していない箇所が欠筆になっていることがある。[17] 例えば、台湾蔵本でも書陵部蔵本での補版でも略字が多用されていた巻七十八第一葉も、覆刻本では略字が見られない（図16）。してみると、もしこれが宋版の忠実な覆刻なのであれば、その宋版は台湾蔵本よりも初刻本に近い本（台湾蔵本と同版・異版どちらの可能性もある）であった可能性があろう。もっとも、台湾蔵本の同版本を底本としつつも、それを忠実に覆刻するのではなく、版下作成時に字様や字体の均質化や宋諱欠筆の徹底を図ったということかもしれない。後考に俟ちたい。

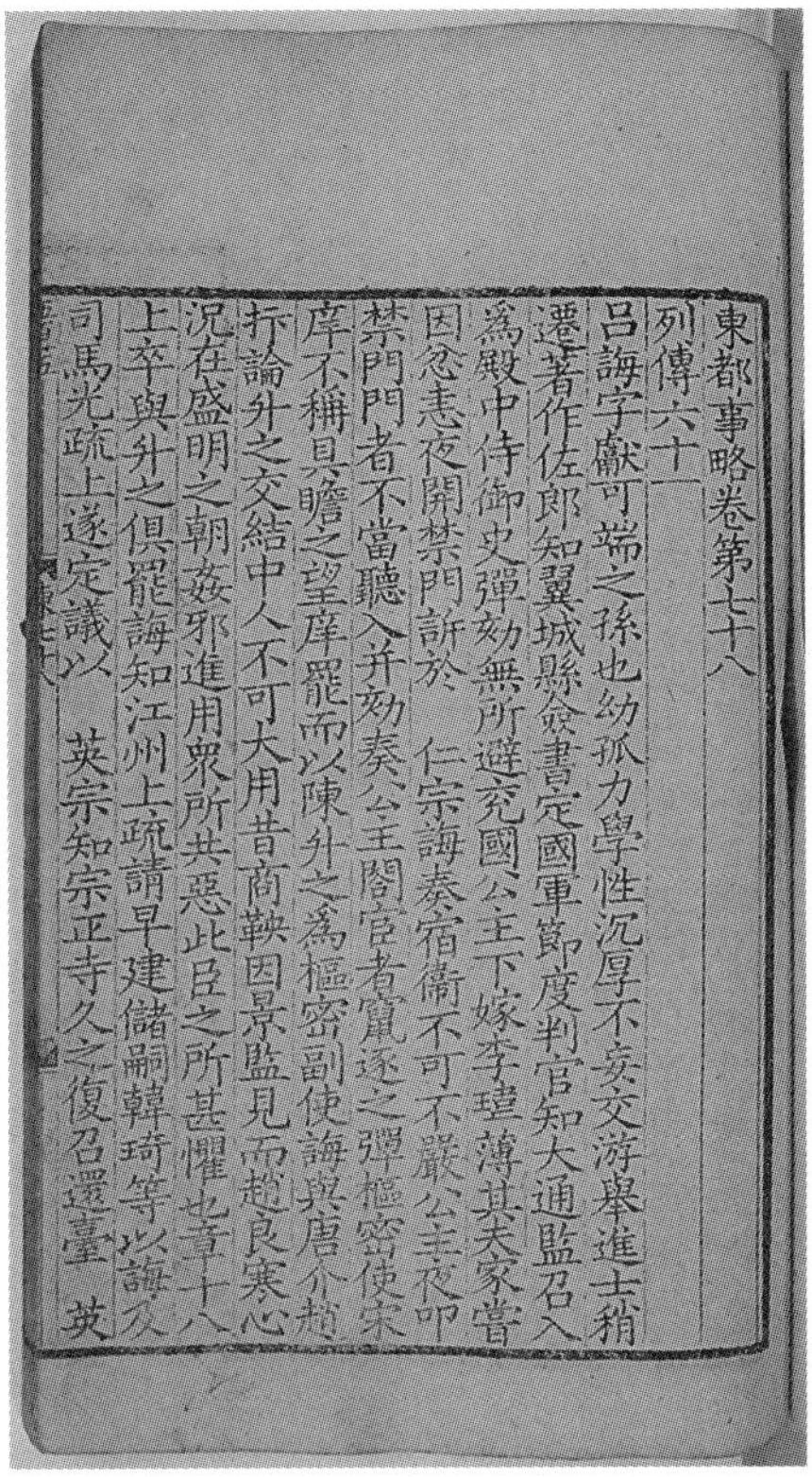
東都事略巻第七十八
列傳六十
呂誨字獻可端之孫也幼孤力學性沉厚不妄交游舉進士稍
遷著作佐郎知翼城縣僉書定國軍節度判官知大通監召入
爲殿中侍御史彈劾無所避兗國公主下嫁李瑋薄其夫家嘗
因忿恚夜開禁門訴於　仁宗誨奏宿衛不可不嚴公主夜叩
禁門門者不當聽入幷劾奏公主閤官者竄逐之彈樞密使宋
庠不稱具瞻之望庠罷而以陳升之爲樞密副使誨與唐介趙
抃論升之交結中人不可大用昔商鞅因景監見而趙良寒心
況在盛明之朝姦邪進用衆所共惡此臣之所甚懼也章十八
上卒與升之俱罷誨知江州上疏請早建儲嗣韓琦等以誨及
司馬光疏上遂定議以　英宗知宗正寺久之復召還臺　英

図16　内閣文庫蔵覆刻本巻七十八第一葉表

六、静嘉堂蔵本の取り合わせ状況

では、肝心の静嘉堂蔵本の宋版だと見られる部分はどうであろうか。尾崎氏の説くＡの料紙とＢの料紙は、原本を閲覧すると確かに色合いが違い、目が慣れて来れば比較的容易に見分けられた。しかし、更に仔細に見て行くと、他にもう一種類、粗い繊維が他よりもはっきり浮き出ている料紙があるように思われた。しかも、粗い繊維が浮き出ている料紙の部分は全て台湾蔵本と同版で、そうではない料紙の部分は全て台湾蔵本とは異版であった。

そこで、以下では台湾蔵本と同版の部分はＣとして、宋版と見られる部分をＡＢＣの三つに区別することにしよう。また、前節で確認した覆刻本による補配部分はＤとする。

更に、Ａの範囲内にある巻四十五第三・四葉の二葉は、いずれも表面のみを刊本で存して裏面が鈔補なのだが、表面はＡＢＣＤのいずれとも別の料紙であり、しかも書陵部蔵本における補版と同版であった。この二葉は、現在のように取り合わせられる前にＡに対して別の本から補配されたものと思われるので、Ａ′と呼んでおく。

ＡＢＣＤが異なる伝来過程を経ていることは、蔵書印の状況からも裏付けられる。以下にＡＢＣＤの分布状況と、それぞれに捺された蔵書印、及びそこから分かる各部分の旧蔵者を示そう。なお、Cは蔵書印の状況及び黄丕烈の識語から二手に分かれて伝来して来たことが分かるので（詳細後述）、それぞれをC1、C2と区分して示す。

A.「筠生」→汪士鐘→陸樹声旧蔵（計二五二葉、鈔補六葉及びA′二葉を含む）

・前付～巻七（計八十一葉、うち目録第二葉までの計六葉は鈔補）
汪士鐘①印群[18]（洪邁箚子首／第一冊首）、陸樹声印[19]（王稱表首／第一冊三葉目）

・巻三十第一～六・八葉（計七葉、間の抜けはD）
「筠生」印[20]（巻三十首／第五冊途中）、汪士鐘①印群（同前）、陸樹声印（巻三十末／第五冊末）

・巻四十第四葉～巻四十六第一葉（計三十三葉、うち巻四十五第三・四葉の二葉はA′）
「筠生」印（巻四十四末／第七冊途中）、汪士鐘①印群（巻四十五首／第七冊途中）

・巻四十九～五十（計十二葉）
蔵書印なし

・巻六十一～七十五（計一一九葉）
汪士鐘①印群（巻六十六首／第十冊途中）、陸樹声印（巻七十五末／第十一冊末）

B.「瑞卿」→汪士鐘→蔡廷楨・蔡廷相→陸樹声旧蔵（計三五二葉）

・巻三十一、巻三十二第三葉～巻三十五（計二十九葉、間の抜けはD）
「瑞卿」印[21]（巻三十一首／第六冊首）、汪士鐘②印群[22]（同前）、蔡廷相印群[23]（同前）、蔡氏印[24]（同前）

・巻四十第一～三葉（計三葉）
蔵書印なし

・巻五十一～六十（計八十葉、巻五十九上第一葉下象鼻に刻工名「范刊」あり）
「瑞卿」印（巻五十一首／第八冊途中、巻六十末／第十冊途中）、汪士鐘②印群（巻五十一首／第八冊途中、巻五十六首／第九冊途中）、蔡廷相印群（同前）、蔡廷楨①印群[25]（巻五十五末／第九冊途中、巻六十末／第十冊途中）

・巻八十四～八十五（計十二葉）
汪士鐘②印群（巻八十四首／第十三冊途中）、蔡廷相印群（同前）

・巻八十八～百五（計一三五葉）
「瑞卿」印（巻九十末／第十四冊途中、巻九十一首／第十四冊途中、巻百末／第十六冊途中、巻百一首／第十六冊途中）、汪士鐘②印群（巻八十八首／第十四冊途中、巻九十二首／第十四冊途中、巻九十六首／第十五冊途中、巻百一首／第十六冊途中）、蔡廷相印群（同前）、蔡廷楨②印群[26]（巻九十一末／第十四冊途中）、蔡廷楨①印群（巻百末／第十六冊途中）、蔡廷楨①＋α印群[27]（巻九十五末／第十五冊途中、巻百五末／第十六冊途中）、陸樹声印（巻九十二末／第十四冊末）

・巻百十六～百三十第二葉（計九十三葉[28]、巻百三十第三葉はD）

「瑞卿」印（巻百二十末／第十九冊途中、巻百二十一首／第十九冊途中）、汪士鐘②印群（巻百十六首／第十九冊首、巻百二十首／第十九冊途中、巻百二十五首／第二十冊途中）、蔡廷相印群（同前）、蔡廷楨①＋α印群（巻百十九末／第十九冊途中）、蔡廷楨①印群（巻百二十四末／第二十冊途中）、「佞宋」印[29]（同前）、金匱蔡廷楨印[30]（巻百三十首／第二十冊途中）

C．二手に分かれて伝来（計六十九葉、ほか旧蔵者識語三葉）

C1．（周錫瓚）→黄丕烈→汪士鐘→蔡廷楨・蔡廷相→（陸樹声）旧蔵、計二十五葉

・巻三十六～三十九（計二十五葉、ほか巻三十九の後に黄丕烈識語一葉）

黄丕烈①印[31]（黄丕烈識語末／第七冊途中）、汪士鐘②印群（巻三十八首／第六冊途中）、蔡廷相印群（同前）、蔡廷楨③印群[32]（巻三十七末／第六冊途中）

C2．「□□圖書」→（郁某）→黄丕烈→蔡廷楨→陸樹声旧蔵、計四十四葉

・巻四十六第二葉～巻四十八（計二十一葉）

官印「□□／圖書」[33]（巻四十八末／第八冊途中）、蔡廷楨①印群（同前）

・巻八十六～八十七下（計二十三葉、ほか巻八十七下の後に黄丕烈識語二葉）

官印「□□／圖書」（巻八十七下末／第十四冊途中）、黄丕烈②印[34]（黄丕烈識語末／第十四冊途中）、蔡氏印群[35]（同前）、蔡廷楨④印群[36]（巻八十七下末／第十四冊途中）、陸樹声印（巻八十七上末／第十三冊末）

D．陸樹声旧蔵（計三一六葉）

・巻八～二十九（計一六二葉）

陸樹声印（巻十七末／第三冊末、巻十八首／第四冊首）

・巻七十六～八十三（計六十二葉）

陸樹声印（巻八十末／第十二冊末）

・巻百六～百十五（計八十八葉）

蔵書印なし

・巻三十第七葉（計一葉、Ａへの補配）

蔵書印なし

・巻三十二第一・二葉（計二葉、Ｂへの補配）

蔵書印なし

・巻百三十第三葉＝大尾（計一葉、Ｂへの補配）

蔵書印なし

七、静嘉堂蔵本ＡＢＣＤの各伝来過程

右で示した区分のうち、Ｃ1とＣ2はいずれも末尾に黄丕烈（字または号蕘圃）の識語が挿入されており、巻八十七の上下を別々に数えれば合わせてちょうど十巻であるから、陸心源が「内有十巻為黄蕘圃旧蔵」と言っているのはＣで間違いあるまい。

Ｃ2の後に附された黄丕烈の丁卯（一八〇七）夏五月廿六日付の識語には、黄丕烈が「王府基[37]の郁姓の書友」から二冊六巻を入手したことや、香厳（周錫瓚の号）から別に一冊を譲られて併せて十巻となったことなどが記されており、Ｃ1の後の識語も同様の経緯をより簡略に伝えている。現在では取り合わせ後の改装によって分冊が大きく変わってしまっていることも影響してか、尾崎氏はこれがどこを指すのか「具体的によくわからない」とされていた。しかし、右のように整理してみれば、周錫瓚旧蔵の一冊がＣ1、郁氏から譲られた二冊六巻がＣ2と見て間違いあるまい。つまり、黄丕烈が入手した時点では、Ｃ2は巻四十六〜四十八と巻八十六〜八十七下とが各一冊の状態であったと思われる。それぞれの末尾に「□□／圖書」官印が捺してあるのはその分冊の名残であろう。一方、Ｃ1にはその官印が見えないので、郁氏と周錫瓚とがそれぞれを入手する前から、Ｃ1とＣ2は別々に伝わっていたことが窺える。要するに、Ｃ1とＣ2は、従来別々に伝わって来たものが黄丕烈の所蔵時点で取り合わせられたものであったと結論付けられよう。

Ｃはその後、Ａ・Ｂも持っていた汪士鐘の所蔵となっている。汪士鐘はＡには「趙／宋本」印を、Ｂ・Ｃ1・Ｃ2には「宋本」印を捺しているので、全て宋版と認めていたようだ。このうちＢ・Ｃ1・Ｃ2には次の所蔵者たる蔡廷楨・蔡廷相の蔵書印が大量に見えるのに対して、Ａにはそれが一切見えない。となれば、尾崎氏が指摘している通り、汪士鐘や蔡氏兄弟が所蔵していた時点では、Ａ・Ｂ・Ｃは互いに別本として扱われ、取り合わされてはいなかったのであろう。そもそも、Ａは蔡氏兄弟の手には渡っていない可能性もある。なお、汪士鐘以前の所蔵者に関しては、Ａに「筠生」、Ｂに「瑞卿」の蔵書印が見え、陸心源が後者を元人の印記のように見えると言及しているが、どちらも詳細は未詳である。

また、殆どの蔵書印が現行の分冊では冊の途中に見られるのに対して、陸樹声の印だけはどれも冊首か冊尾に捺されている。してみれば、陸樹声の印は、ＡＢＣＤを取り合わせ、分冊位置を大幅に改める改装が行われた後に捺されたものであろう。ＡとＢの部分的な欠葉にもＤが補綴されているところを見ると、取り合わせと改装は同時だったのではなかろうか。Ｄには陸樹声以外の蔵書印が一切見えないから、ＡＢＣＤを取り合わせる処理は、ＢＣが蔡氏兄弟の手を離れた後になされたものと思われる。陸心源がＤが補配されていることに触れているので、この取り合わせと改装は、蔡氏兄弟と陸心源の間の所蔵者か、さもなくば陸心源自らが行った処理ということになるだろう。

八、静嘉堂蔵本ＣとＡ′について

Ｃ１とＣ２は、どちらも全葉が例外無く台湾蔵本と同版であるから、互いに同版であることは間違いない。それだけでなく、料紙の質も良く似ているので、両者はもともと同時に刷られた一揃いから分かれたものであったという可能性すらありそうだ。前述の通り、印刷時期は台湾蔵本より遅く、書陵部蔵本より早い[38]。してみれば、Ｃは確かに宋版に違いあるまい。

また、Ａへの補配のＡ′は、台湾蔵本とは異版で書陵部蔵本と同版であるから、宋版の後修本による補配ということになる。この処理がいつ誰の手で行われたのかは分からないが、巻三十第七葉にはＤが補配されているところを見ると、Ｄの補配よりは前の処理であろう。Ａの欠葉をＡ′で埋めたと見るのが素直ではあろうが、Ａで欠葉だった二葉がたまたまどちらもＡ′では表だけを存して裏は鈔補であったというのは、理屈としてはあり得なくはないものの、かなり不自然な事態である。もしかすると、補配が行われた時点では宋版の残葉として入手した僅か二半葉のＡ′こそが主であり、それよりは価値が劣ると判断されたＡがその欠を埋める形で補配された、という可能性もあるかもしれない。

九、静嘉堂蔵本ＡとＢについて

一方、ＡとＢは、どちらも台湾蔵本とも書陵部蔵本とも完全な異版である。ＡとＢでは重複する葉が無く、双方とも他に同版の伝本は目下のところ見つかっていないので、両者が同版か否かを直接確かめることは叶わない。それもあってか、この点に関しては先行研究での見解が割れているようだ。

まず、陸心源は版心の巻数表記が「東幾」に統一されているという「以明覆本配者[39]」以外の部分を「有初印者、有後印者」と表現しているから、ＡとＢを同版の宋版と見て、Ａを初印、Ｂを後印と判断していたのだろう。尾崎氏もAとBを同版であろうと看做しており、その上でAの方が刷りが良く料紙の質も勝ると指摘している。

対して、『静嘉堂文庫宋元版図録解題篇』は、Dを除いた部分を「南宋刊本に逓修を加え、更に別版を混配したもの」としていた。混配という表現からは「別版」の部分はあまり多くはないと推察され、なおかつ二葉しかないA′は混配というには少なすぎようから、「別版」とはCを指すのではないだろうか。そうであるとすれば、AとBの中に数次の補版が含まれていると判断していたことになろう。そして、Aに含まれる程舎人宅の刊記が見える葉が明代の字様だと指摘しているから、AとBの部分は宋版の元明逓修本と看做していたようである。

また、阿部氏も書陵部蔵本と静嘉堂蔵本には「元或は明初の覆刻と見られる所がかなり多い」と述べ、どちらも「三種版の湊配」だとしていた。三種というのはDを除いた上での話のようだが、A・B・Cで三種ということであれば、AとBを同版とは見ていなかったことになる。また、そこまではっきり区別が付けられていなかったとしても、全体でも百葉に満たないCの中で特に字様が劣る部分だけでは「かなり多い」とは到底言えないだろうから、AやBの中にも「元或は明初の覆刻と見られる所」を少なからず認めていたはずだ。

AもBも、台湾蔵本や書陵部蔵本と同様に、各自の中で字様・略字の使用頻度・版面の損傷程度などに幅がある。従って、それらによって両者の関係を判断することも難しい。例えば、Bの巻百二十四末と巻百二十五首では字様が全く異なっていて、前者は略字を使わず、後者には略字が多い（図17）。これを台湾蔵本の同じ箇所（図18）と比べてみると、巻百二十四末は字様がかなり異なるが、巻百二十五首は字様が似通っている。台湾蔵本の巻百二十四末はBより明らかに略字が多いが、巻百二十五首ではBの略字が台湾蔵本で正字の例がある（第六行「属／屬」、第七行「麗／麗」、第十行「献／獻」）一方で、Bの正字が台湾蔵本では略字という例もあり（第四行「舞／舜」、第七・十二行「爲／為」）、両者とも略字になっている箇所はそれら以上に多い。

こうして見ると、AとBが同版か否かだけではなく、AやBと台湾蔵本の関係も一筋縄ではいかないようだ。いずれも今後の課題として諸賢のご教示に俟ちたいが、最後に静嘉堂蔵本のAとBの特徴を、気付いた範囲で述べておく。

まずBから見よう。Bにはごく稀に列伝の書き出しの姓名を陰刻にして見出しのように扱っている葉があり（図19左面）、そうした葉の字様は一定しているのだが、陰刻をこのように用いる葉は、台湾蔵本・書陵部蔵本・静嘉堂蔵本A・C・Dのいずれにも全く見られない。この特徴を持つ葉は図17右面や図19右面のようなB

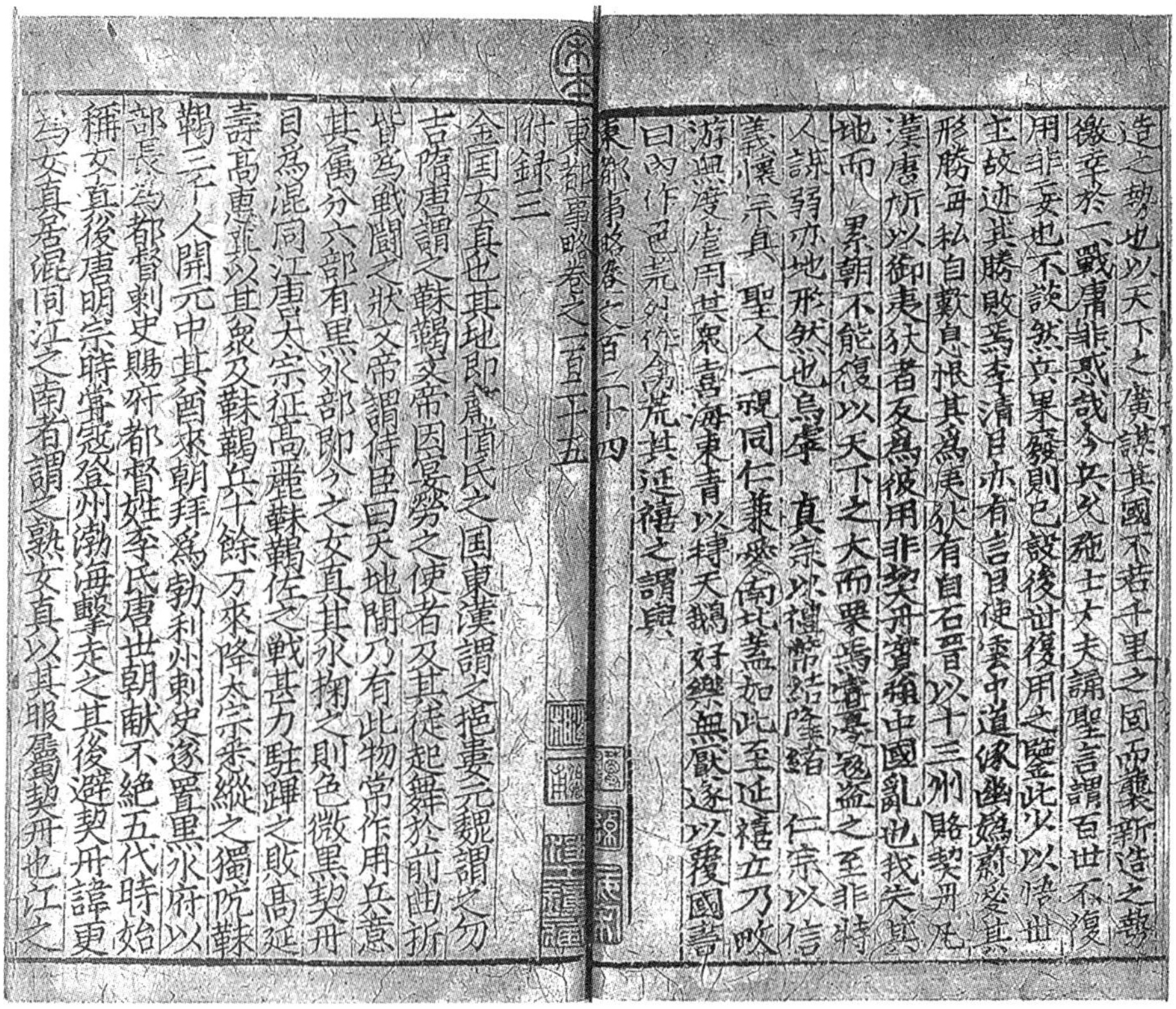
東都事略卷之一百二十五
附録三
金国女真也其地即粛慎氏之国東漢謂之挹婁元魏謂之勿
吉隋唐謂之靺鞨文帝因宴勞之使者及其徒起舞於前曲折
皆為戰闘之狀文帝謂侍臣曰天地間乃有此物常作用兵意
其屬分六部有黒水部即今之女真其水掬之則色微黒契丹
目為混同江唐太宗征高麗靺鞨佐之戰甚力駐蹕之敗高延
壽高恵真以其衆及靺鞨兵十餘万來降太宗悉縱之獨阬靺
鞨三千人開元中其酋來朝拜為勃利州刺史遂置黒水府以
部長為都督刺史賜府都督姓李氏唐世朝献不絶五代時始
稱女真後唐明宗時嘗寇登州渤海擊走之其後避契丹諱更
為女真居混同江之南者謂之熟女真以其服屬契丹也江之

造之勢也以天下之廣謀其國不若千里之国而襲新造之勢
徼幸於一戰庸非惑哉今兵久施士大夫誦聖言謂百世不復
用非妄也不談然兵果廢則已設後世復用之鑒此少以悟世
主故迹其勝敗焉李清臣亦有言臣使雲中道涿幽燕蔚愛其
形勝每私自歎息恨其為夷狄有自石晉以十三州賂契丹凡
漢唐所以御夷狄者反為彼用非契丹實強中國亂也我失其
地而　累朝不能復以天下之大而槩焉嘗憂寇盗之至非特
人謀弱亦地形然也烏虖　真宗以禮幣結隆緒　仁宗以信
義懷宗真　聖人一視同仁兼愛南北蓋如此至延禧立乃畋
游無度虐用其衆喜海東青以搏天鵝好樂無厭遂以覆國書
曰内作色荒外作禽荒其延禧之謂與
東都事略卷之百二十四

図17　静嘉堂蔵本巻百二十四第六葉裏巻百二十五第一葉表

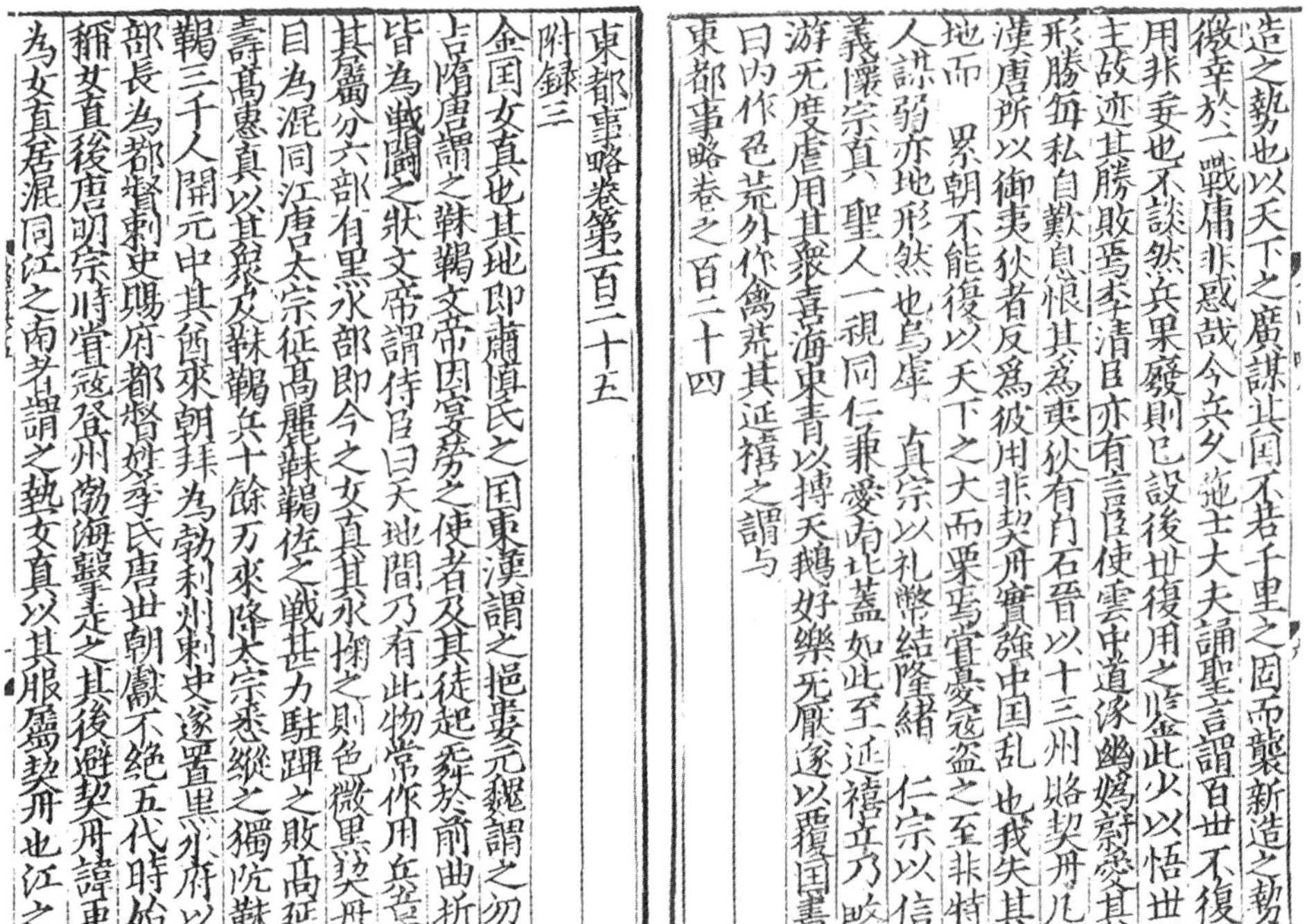
東都事略卷第百二十五
附録三
金国女真也其地即粛慎氏之国東漢謂之挹婁元魏謂之勿
吉隋唐謂之靺鞨文帝因宴勞之使者及其徒起舞於前曲折
皆為戰闘之狀文帝謂侍臣曰天地間乃有此物常作用兵意
其屬分六部有黒水部即今之女真其水掬之則色微黒契丹
目為混同江唐太宗征高麗靺鞨佐之戰甚力駐蹕之敗高延
壽高恵真以其衆及靺鞨兵十餘万來降太宗悉縱之獨阬靺
鞨三千人開元中其酋來朝拜為勃利州刺史遂置黒水府以
部長為都督刺史賜府都督姓李氏唐世朝獻不絶五代時始
稱女真後唐明宗時嘗寇登州渤海擊走之其後避契丹諱更
為女真居混同江之南者謂之熟女真以其服屬契丹也江之

造之勢也以天下之廣謀其国不若千里之国而襲新造之勢
徼幸於一戰庸非惑哉今兵久施士大夫誦聖言謂百世不復
用非妄也不談然兵果廢則已設後世復用之豈此少以悟世
主故迹其勝敗焉李清臣亦有言臣使雲中道涿幽燕蔚愛其
形勝每私自歎息恨其為夷狄有自石晉以十三州賂契丹凡
漢唐所以御夷狄者反為彼用非契丹實強中国乱也我失其
地而　累朝不能復以天下之大而栗焉嘗憂寇盗之至非特
人謀弱亦地形然也烏虖　真宗以礼幣結隆緒　仁宗以信
義懷宗真　聖人一視同仁兼愛南北蓋如此至延禧立乃畋
游无度虐用其衆喜海東青以搏天鵝好樂无厭遂以覆国書
曰内作色荒外作禽荒其延禧之謂与
東都事略卷之百二十四

図18　台湾蔵本巻百二十四第六葉裏巻百二十五第一葉表

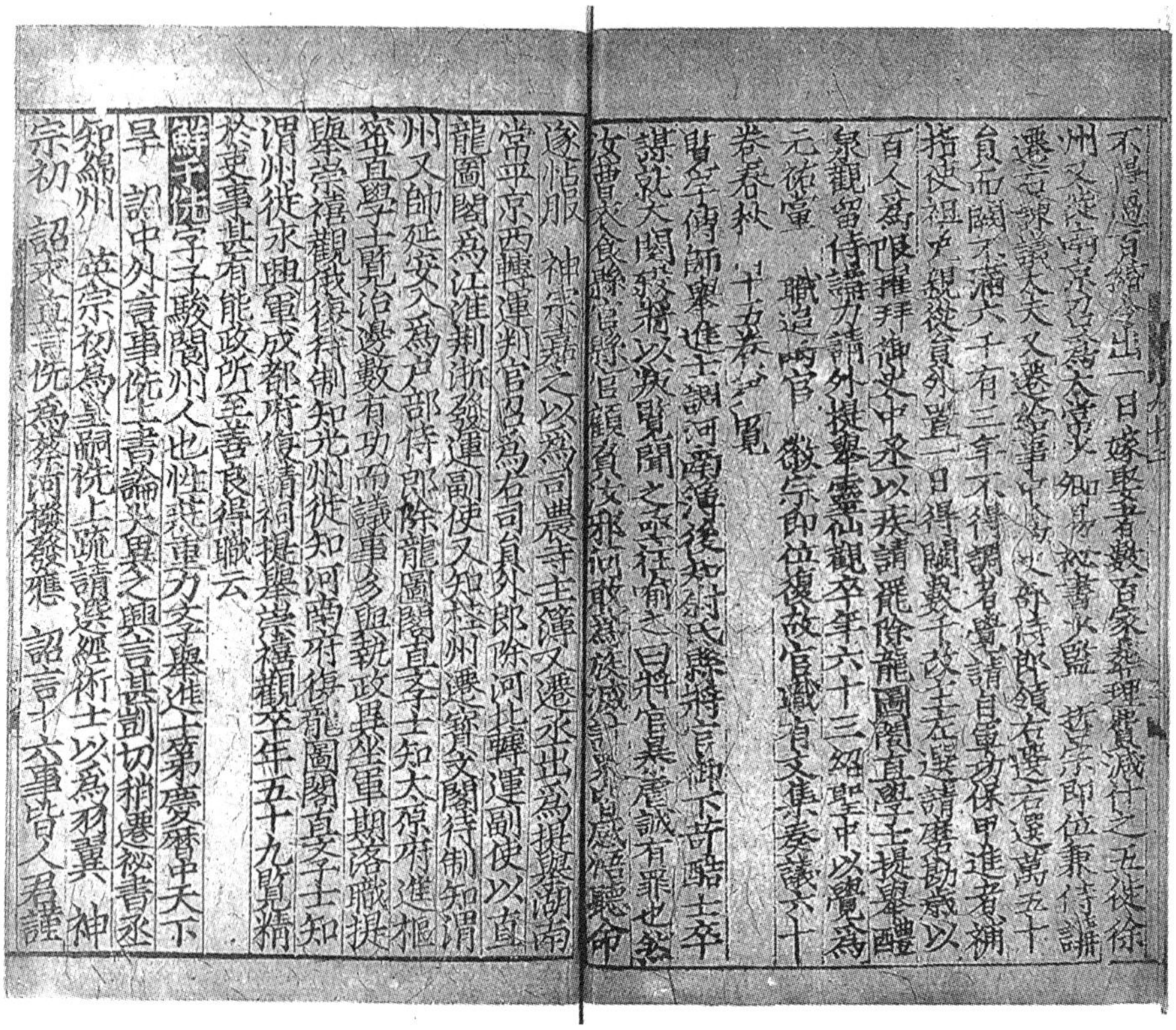

図19　静嘉堂蔵本巻九十二第三葉裏第四葉表

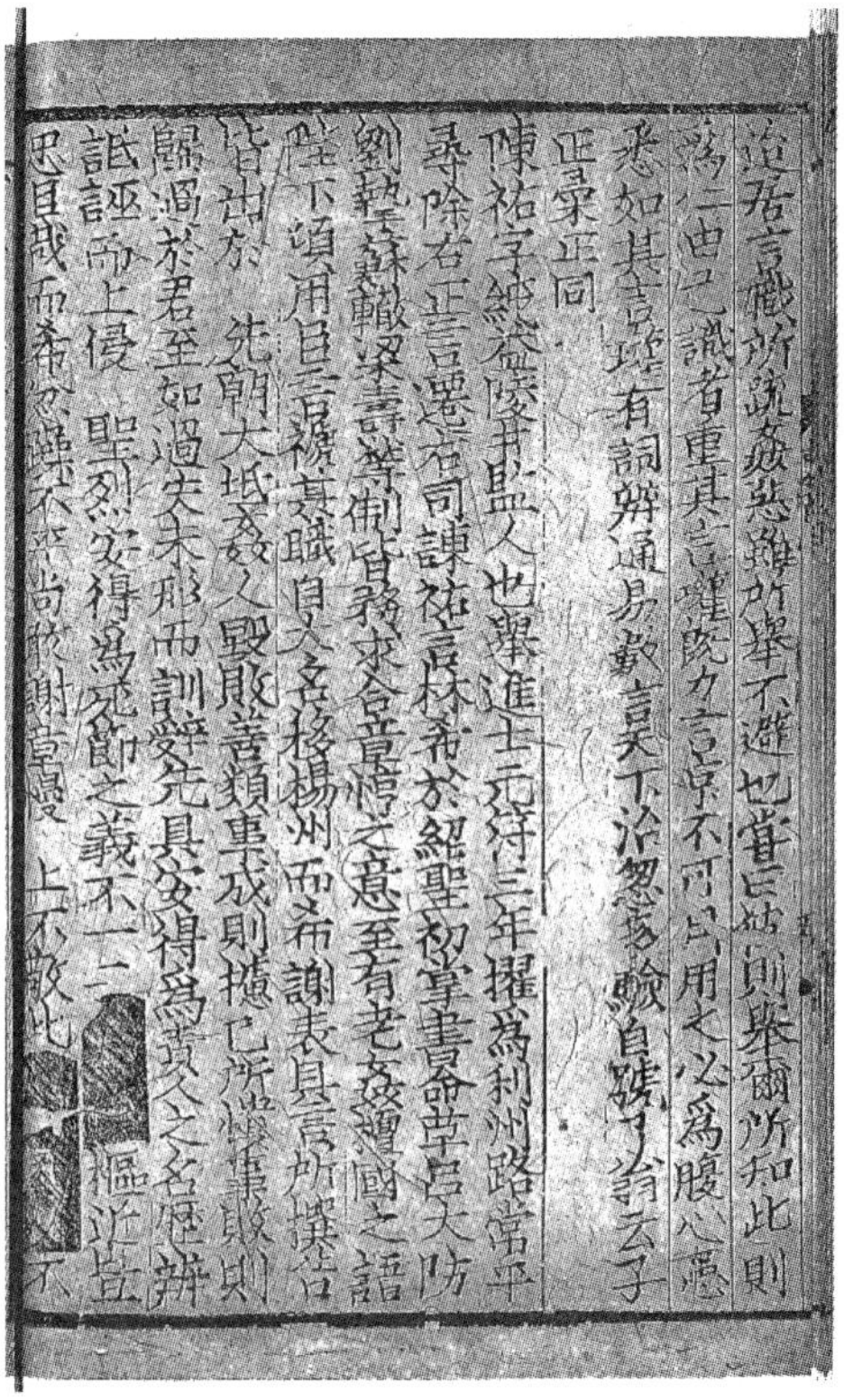

図20　静嘉堂蔵本巻百第五葉裏

の刷りの良くない葉[40]に比べて明らかに版木の傷み具合が少ないので、Bに特有の補版と看做せよう。また、Bの巻百第五葉裏（図20）はそれとは異なる字様だが、版面はあまり傷んでおらず、墨格を多く含むので、また異なる種類の補版と思われる。料紙を分類の基準とした以上、当然Bに分類した葉は全て同時の印と考えられるから、Bが数次の補版を経た逓修本であることは間違いなさそうだ。もしもAと同版だとしたら、Aよりも逓修が進んで補版の種類が増えているということになる。

　また、前述の通り静嘉堂蔵本の刊本部分は台湾蔵本よりも一葉少ないのだが、それは静嘉堂蔵本Bでは巻百二十五を一葉減らす

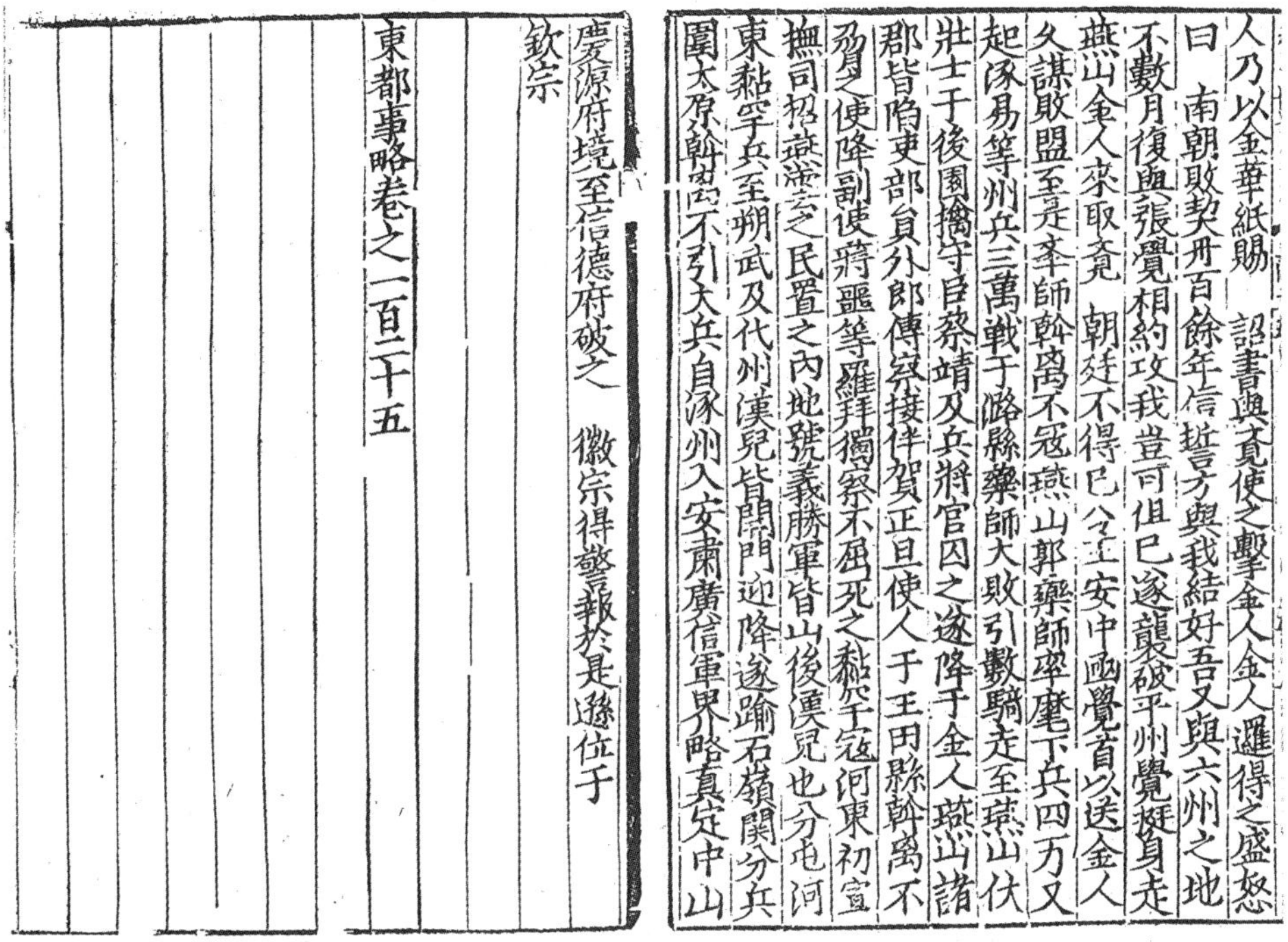
人乃以金華紙賜　詔書與袞使之擊金人金人邏得之盛怒
曰　南朝敗契丹百餘年信誓方與我結好吾又與六州之地
不數月復與張覺相約攻我豈可但已遂襲破平州覺挺身走
燕山金人來取覺　朝廷不得已令王安中函覺首以送金人
久謀敗盟至是率師斡离不寇燕山郭藥師率麾下兵四万又
起涿易等州兵三萬戰于潞縣藥師大敗引數騎走至燕山伏
壯士于後園擒守臣蔡靖及兵將官因之遂降于金人燕山諸
郡皆陷吏部員外郎傅察接伴賀正旦使人于玉田縣斡离不
脅之使降副使蔣噩等羅拜獨察不屈死之粘罕寇河東初宣
撫司招燕雲之民置之內地號義勝軍皆山後漢兒也分屯河
東粘罕兵至朔武及代州漢兒皆開門迎降遂踰石嶺關分兵
圍太原斡离不引大兵自涿州入安肅廣信軍界略真定中山
慶源府境至信德府破之　徽宗得警報於是遜位于
欽宗
東都事略卷之一百二十五

図21　台湾蔵本巻百二十五第五葉裏第六葉表

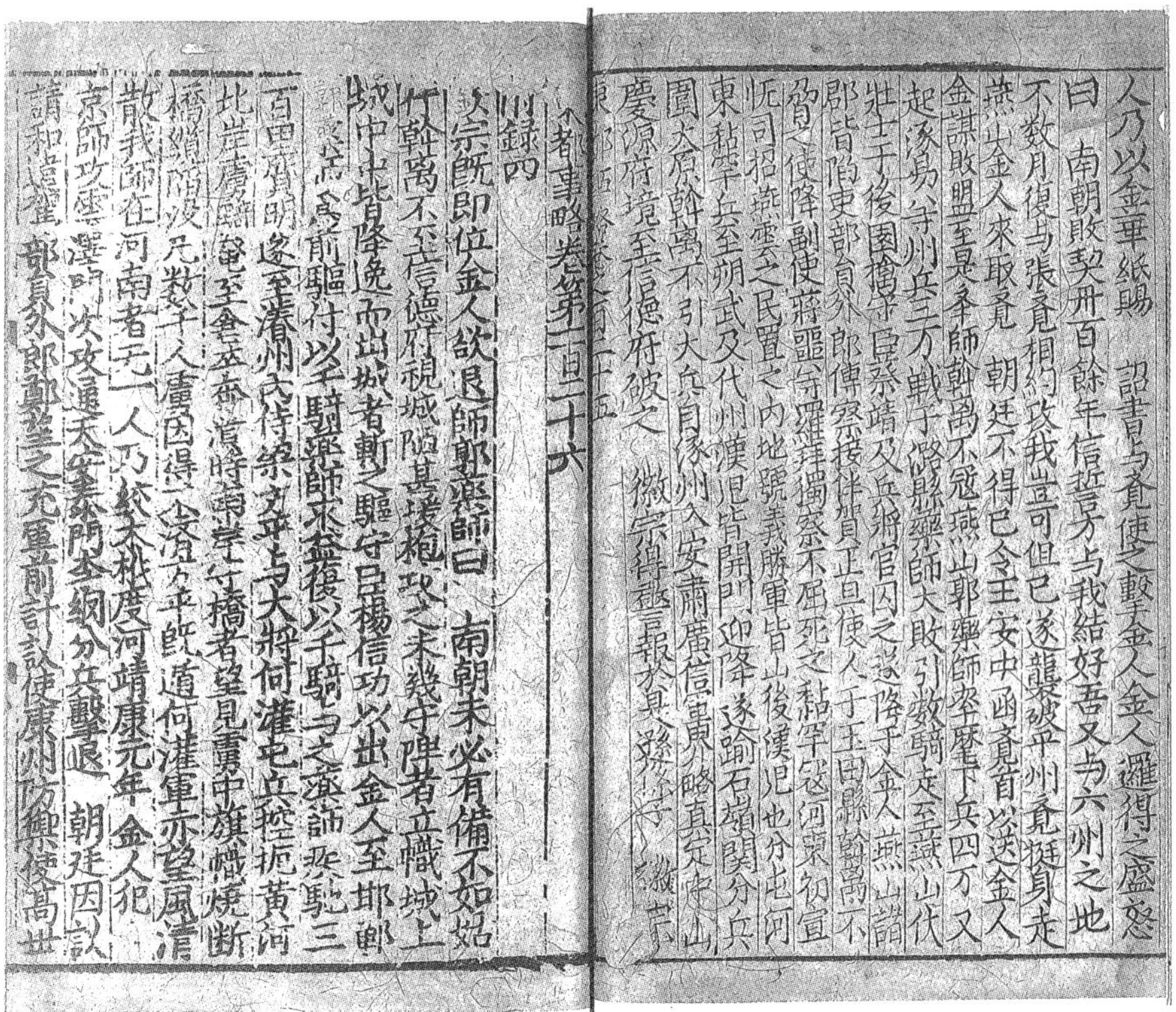
人乃以金華紙賜　詔書与袞使之擊金人金人邏得之盛怒
曰　南朝敗契丹百餘年信誓方与我結好吾又与六州之地
不數月復与張覺相約攻我豈可但已遂襲破平州覺挺身走
燕山金人來取覺　朝廷不得已令王安中函覺首以送金人
金謀敗盟至是率師斡离不寇燕山郭藥師率麾下兵四万又
起涿易等州兵三万戰于潞縣藥師大敗引數騎走至燕山伏
壯士于後園擒守臣蔡靖及兵將官因之遂降于金人燕山諸
郡皆陷吏部員外郎傅察接伴賀正旦使人于玉田縣斡离不
脅之使降副使蔣噩等羅拜獨察不屈死之粘罕寇河東初宣
撫司招燕雲之民置之內地號義勝軍皆山後漢兒也分屯河
東粘罕兵至朔武及代州漢兒皆開門迎降遂踰石嶺關分兵
圍太原斡离不引大兵自涿州入安肅廣信軍界略真定中山
慶源府境至信德府破之
徽宗得警報於是遜位于
欽宗
東都事略卷之一百二十五
東都事略卷第一百二十六
附錄四
欽宗既即位金人欲退師郭藥師曰　南朝未必有備不如姑
行斡离不至信德府視城陷甚堅攻之未幾守陴者立幟城上
城中皆降逸而出城者斬之驅守臣楊信功以出金人至邯鄲
前驅付以千騎藥師求益復以千騎与之藥師取驅三
百里質明遂至濬州時梁方平以大將何灌屯兵控扼黃河
北岸虜騎奄至金兵大潰時南岸守橋者望見虜中旗幟燒斷
橋纜陷沒凡數千人虜因得小舟以濟凡五日既渡而何灌軍亦望風潰
散我師在河南者无一人乃從大枇度河靖康元年　金人犯
京師攻酸棗門次攻通天景陽門本觀分兵擊退　朝廷因議
請和遣駕部員外郎鄭望之充軍前計議使康州防禦使高世

図22　静嘉堂蔵本巻百二十五第五葉裏巻百二十六第一葉表

処理が行われていることによる。台湾蔵本のこの巻は第六葉まであるのだが、第六葉で文字がある行は、表面の最初の三行分しかない（図21）。そこで、Bでは第五葉の裏面だけを通常より二行多い十四行として、台湾蔵本の第六葉にあった文字も第五葉に詰め込んでしまい、第六葉を省略しているのだ（図22）。補版の際に版木の枚数を一枚少なく済ませようとしたのであろうし、その際に本文末の「欽宗」を「徽宗」に誤刻してもいるから、逓修を重ねた中には、質の低い補版もあることが窺える。字様から見ても、こうした部分は明代に下る補版なのではあるまいか。

そうは言っても、Bには図17右や図19右のような略字を殆ど使わない古びた版木で刷られた葉も少なくない。そうした部分が汪士鐘ら歴代の所蔵者たちに宋本と評価されたのであろうし、実際に台湾蔵本とは異なる宋版である可能性が十分にあろう。

Bの特徴としてはもう一つ、台湾蔵本や書陵部蔵本が「廓」を欠筆していない葉において、それを欠筆する場合があることが挙げられる。具体的には、巻九十六第五葉と巻百四第六葉がそれに当たる。(41) Bの範囲には「廓」は七例見つけているが、他の五例はいずれも台湾蔵本と同じ処理で、欠筆するもの三例、しないもの二例となっている。(42) 因みに、Aの範囲には「廓」は一例しかなく、そこでは台湾蔵本と同じく欠筆していない。

静嘉堂蔵本Aにも、版木がややくたびれていて略字を殆ど用い

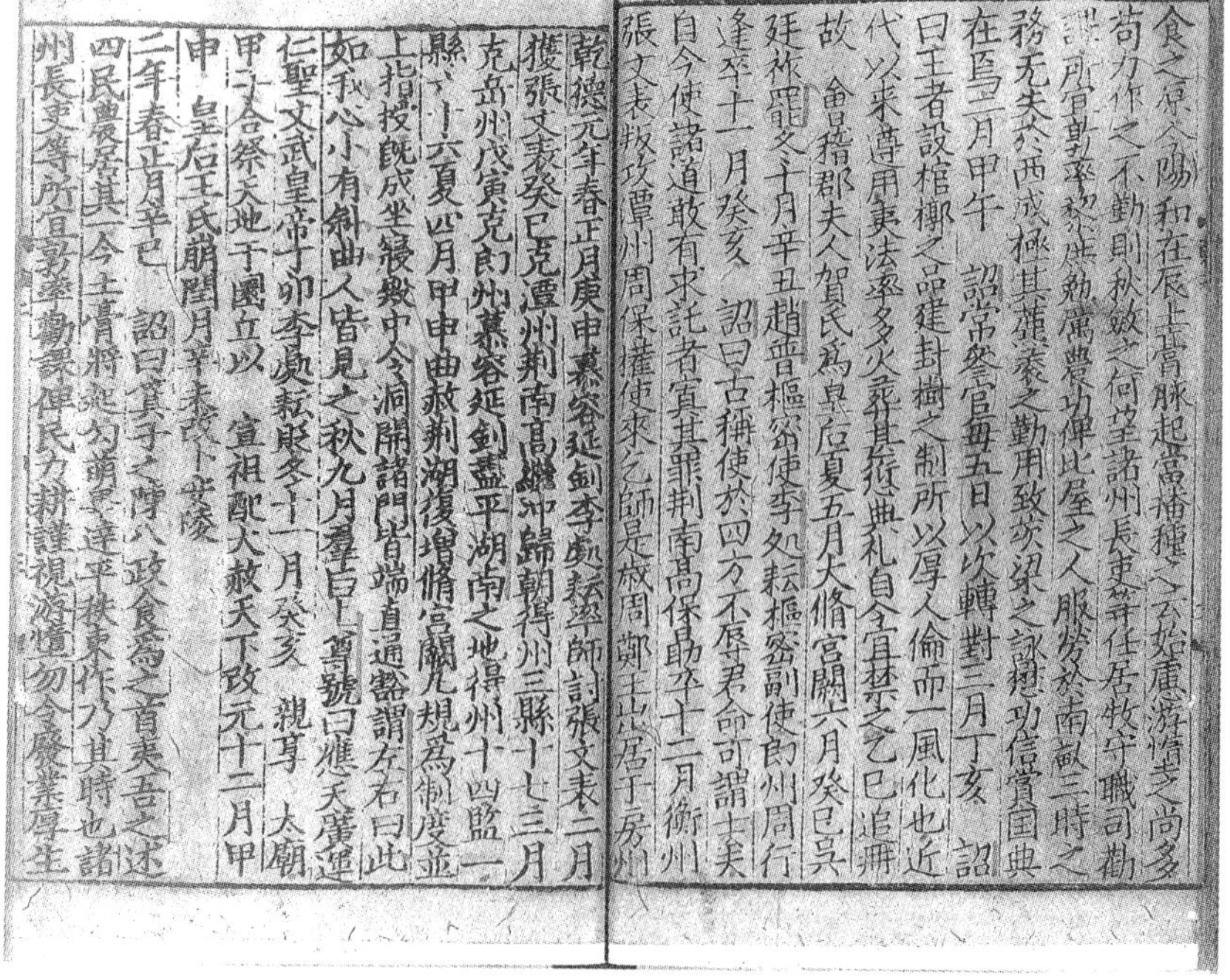
食之原今陽和在辰土膏脈起當播種之時慮游惰之尚多
苟力作之不勤則秋斂之何望諸州長吏等任居牧守職司勸
課所宜躬率勸課勉勸農功俾比屋之人服勞於南畝三時之
務无失於西成極其蠶桑之勤用致京坻之詠懋功信賞国典
在焉二月甲午　詔常參官每五日以次轉對三月丁亥　詔
曰王者設棺槨之品建封樹之制所以厚人倫而一風化也近
代以來遵用其法率多僭越甚違典礼自今宜禁之乙巳追冊
故　會稽郡夫人賀氏為皇后夏五月大修宮闕六月癸巳吳
廷祚罷文十月辛丑趙普樞密使李処耘樞密副使郎州周行
逢卒十一月癸亥　詔曰古稱使於四方不辱君命可謂士矣
自今使諸道敢有求託者寘其罪荊南高保勗卒十二月衡州
張文表叛攻潭州周保權使來乞師是歲周鄭王出居于房州

乾德元年春正月庚申慕容延釗李処耘率師討張文表二月
獲張文表癸巳克潭州荊南高継沖歸朝得州三縣十七三月
克岳州戊寅克郎州慕容延釗盡平湖南之地得州十四監一
縣六十六夏四月甲申赦荊湖復增修宮闕凡規為制度並
上指授既成坐寢殿中令洞開諸門皆端直通豁謂左右曰此
如我心小有斜曲人皆見之秋九月羣臣上尊號曰應天廣運
仁聖文武皇帝丁卯李処耘貶冬十一月癸亥　親享　太廟
甲子合祭天地于圜丘以　宣祖配大赦天下改元十二月甲
申　皇后王氏崩閏月辛未葬于安陵
二年春正月辛巳　詔曰箕子之陳八政食為之首夫子之述
四民農居其一今土膏將起句萌已達平秩東作乃其時也諸
州長吏等所宜躬率勸課俾民力耕謹視游惰勿令廢業厚生

図23　静嘉堂蔵本巻二第二葉裏第三葉表

ない葉（図23左）と、それとは字様が異なり略字が多い葉（図23右）とが混在している。いずれもそれぞれの中で字様や略字の使用頻度は均一ではないが、Ｂの場合と同じく、汪士鐘以下歴代の所蔵者は前者を宋本と看做して珍重したのであろう。それが確かな判断であれば、Ｂと同版か否かは不明ながら、やはり台湾蔵本とは異版の宋版ということになる。『静嘉堂文庫宋元版図録解題篇』は刊記のある葉の字様を明代のものと見ているが、それが正しいかどうかは今後の検討課題としておきたい。但し、後代の補版をある程度含んでいるのは確かなようで、墨格の見える葉も確認出来る。その中には図24のような略字を使わない葉もあるので、補版ならば略字が多いと決まっている訳でもない。

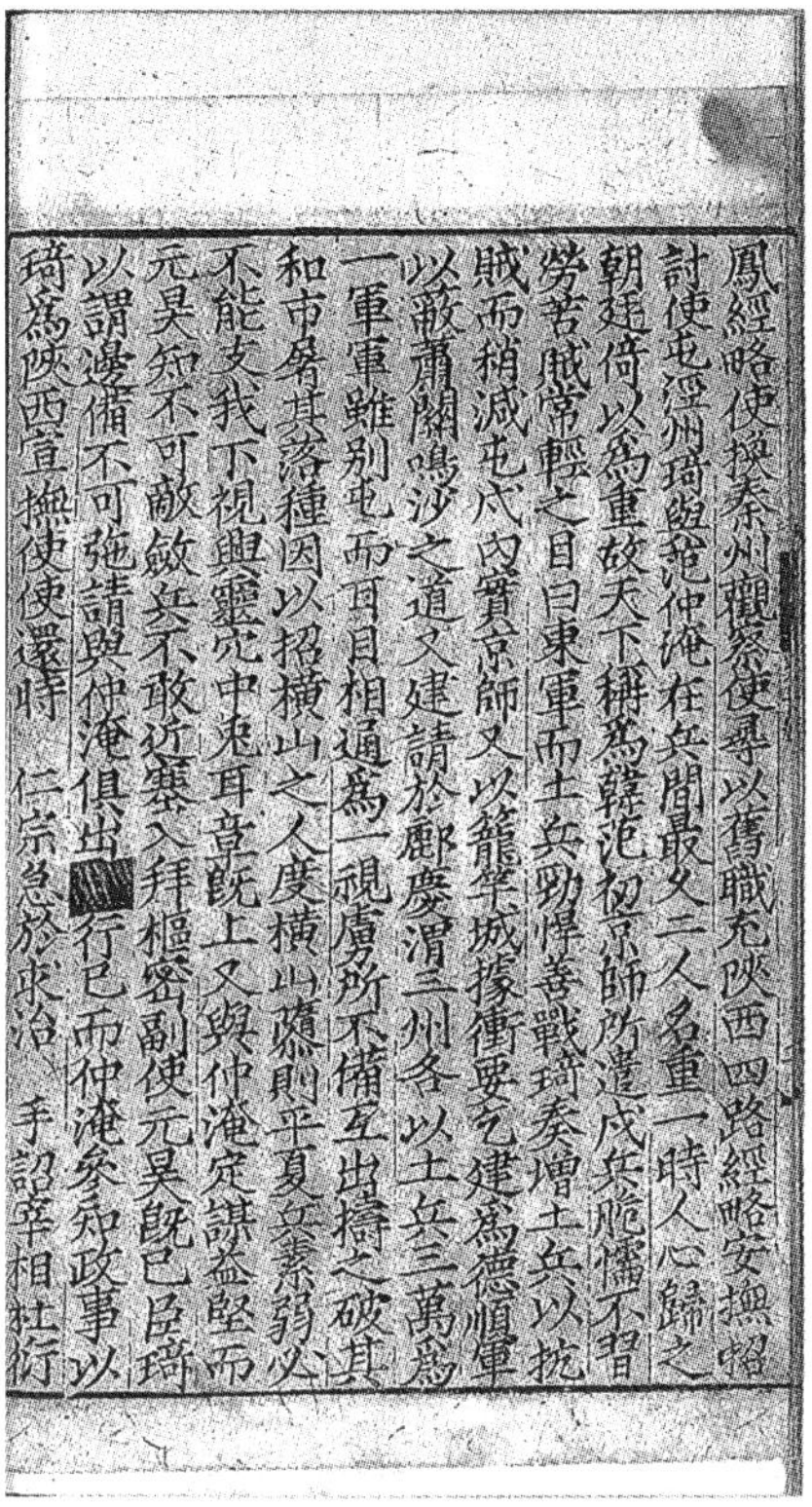
鳳經略使換秦州觀察使尋以舊職充陝西四路經略安撫招
討使屯涇州琦與范仲淹在兵間最久二人名重一時人心歸之
朝廷倚以爲重故天下稱爲韓范初京師所遣戍兵脆懦不習
勞苦賊常輕之目曰東軍而土兵勁悍善戰琦奏增土兵以扞
賊而稍減屯戍内實京師又以籠竿城據衝要乞建爲德順軍
以蔽蕭關鳴沙之道又建請於鄜慶渭三州各以土兵三萬爲
一軍軍雖別屯而耳目相通爲一視虜所不備互出擣之破其
和市略其落種因以招横山之人度横山蕃則平夏之素弱必
不能支我下視興靈究中鬼耳章既上又與仲淹定謀益堅而
元昊知不可敵斂兵不敢近塞入拜樞密副使元昊既已臣琦
以謂邊備不可弛請與仲淹俱出■行已而仲淹參知政事以
琦爲陝西宣撫使使還時　仁宗急於求治手詔宰相杜衍

図24　静嘉堂蔵本巻六十九第二葉裏

小　結

以上の考察によって分かったことと、今後の検討課題とをまとめて結びとしたい。

『東都事略』の南宋刊本とされる台湾蔵本・静嘉堂蔵本・書陵部蔵本のうち、静嘉堂蔵本はＡ・Ａ′・Ｂ・Ｃ１・Ｃ２・Ｄの六本からの取り合わせである。但し、Ｃ１とＣ２は同版（もともと一本だったものが別れた可能性もある）なので、版種を論じる上では静嘉堂蔵本Ｃとしてひとまとめにしておく方が便利であろう。

台湾蔵本・静嘉堂蔵本Ｃ・書陵部蔵本は、この順番で印刷された同版である。台湾蔵本を基準に見た場合、書陵部蔵本は補版が二割弱入っている後修本に当たる。静嘉堂蔵本Ｃにはそれらの補版は入っていない。また、二半葉しかない静嘉堂蔵本Ａ′は、書陵部蔵本の補版と同版である。この版は、現存する中で最も刷りが早い台湾蔵本の時点で字様や略字の使用頻度が全く不均一であり、台湾蔵本が既に後修本であるのか、それとも最初からこのような状態で刻されたものであったかが未解決の課題である。

静嘉堂蔵本ＡとＢは、どちらも右で述べた台湾蔵本が属する版とは異版である。それぞれ数次に亘る補版が入った逓修本で、いずれも新しい部類の補版は明まで下るかもしれないが、初刻の部分やそれに近い時期の補版は、南宋の刻である可能性が十分にある。AとBを同版と見るべきか異版と見るべきか、それぞれの古層に属する部分が南宋のものなのか後代の覆刻なのか、それらは台湾蔵本の属する版とどのような関係にあるのか、といった諸問題が今後の課題として残っている。

静嘉堂蔵本Dは、同版の完本が多く残る清前期刊本または明刊清印本で、いずれにしても印刷は清代中期以降である。刻工名は台湾蔵本と同じだが、字様や略字の使用頻度や欠筆箇所が台湾蔵本・静嘉堂蔵本A・同Bのどれとも完全には一致しないため、台湾蔵本を底本にしつつ独自にそれらの統一を図った翻刻本か、或いは現存諸本よりもそれらの統一が徹底されていた未知の宋版を底本とする覆刻本かであろうが、そのどちらと見るべきなのかは今後の検討課題である。

要するに、補版を除いて考えると、現存する宋版の版種は、静嘉堂蔵本のAとBが同版なら最大二種、異版なら最大三種ということになる。台湾蔵本・静嘉堂蔵本A・同Bの三者とも明らかな補版を除いても字様が安定しておらず、しかも尾崎氏が指摘している通り、眉山程舎人宅の刊記に相違して、どれも蜀版に典型的な字様があまり見出せない。阿部氏は台湾蔵本を眉山程舎人宅の原刻本と看做していたが、台湾蔵本の略字を多用する葉の比率は決して低くはないので、字様の問題も併せて考えれば、それには少なからず疑義を存する。更なる検証を要するであろう。

〔注〕

（1）『四庫全書総目提要』など名を「偁」に作る資料もあるが、①字の「平」に対応する意味を持つのは「称（稱）」の方であること、②「偁」が孝宗の父の諱で避諱の対象であったこと、③宋代の資料が軒並み「称（稱）」に作ることなどから、「称（稱）」が正しいと見られている。趙鉄寒「東都事略題端」（影印本『宋史資料萃編第一輯・東都事略』〈一九七九、文海出版社〉所収）四～五頁参照。

（2）なお、この画像は第一冊（前付から巻六まで）の分のみ、ウェブサイト「世界数字図書館」（URL：https://www.wdl.org/zh/、二〇一六年九月二十日閲覧）で外部にも公開されている。

（3）原本を閲覧しての調査のほか、静嘉堂蔵本はマイクロフィルムからの紙焼きによって、書陵部蔵本は「宮内庁書陵部収蔵漢籍集覧」のために撮影された高精細のデジタルカラー画像によって、他本との比較を行った。なお、本稿所掲の台湾蔵本の書影は全て影印本によった。

（4）尾崎前掲論文は静嘉堂蔵本の版心下部には「乙」もあるとするが（二七六頁）、筆者には見つけられなかった。また、夏其峰『宋版古籍佚存書録』（二〇一〇、三晋出版社）は、「国立中央図書館蔵」本の版心下部に高大全を含む七十人以上の刻工名が見えるとしている（五六七頁）。しかし、本稿で台湾蔵本と称している台湾・国家図書館の請求記号〇一五九六『東都事略』百三十巻に見える刻工名は、本文に記した通り一箇所の高大全のみである。一方、夏氏の著録している刻工名が「高大全」を除いて全て見える版本として、封面裏に「光緒九年五月／淮南書局重刊」の刊記を持つ、京都大学人文科学研究所の請求記号史―V―一八がある。そして、台湾・国家図書館は、「覆刊宋眉山程舎人宅本」とする同名同巻数の請求記号〇一五九七も所蔵している（筆者未見）。恐らく、〇一五九七は淮南書局重刊本と同版で、夏氏はそちらの方を宋版だと誤認して調査した上で、〇一五九六についての先行の解題等によって、自身の見た本には無かった「高大全」を補って著録してしまったのであろう。なお、淮南書局重刊本は後述の振鷺堂蔵板本と同じ位置に誤字や墨格が認められるため、振鷺堂蔵板本（ないしはその後印本である五峯閣蔵板本）を底本とした重刊本と思しい。

（5）　但し、尾崎氏はこの部分を「後代（元か明か）の刻であろう」とする。詳細後述。

（6）　なお、両氏に先立ち、静嘉堂蔵本の旧蔵者である陸心源も『儀顧堂続跋』巻七「宋槧東都事略跋」において「宋諱避至惇字止、蓋光宗時刊本也」と述べている。

（7）　「廓」の欠筆は、電子テキスト（文淵閣四庫全書電子版を用いた）の検索で得られた十七例を全て確認することによって発見した。伝本によってはこの字を欠筆しない箇所の方が多いが、それは欠筆の対象となる他の字にも多く当て嵌まることである。また、書陵部蔵本で尾崎氏が欠筆しているとする「敬」は、同様の方法で調べた二十四例では欠筆が発見出来なかった。もちろん、調査対象の宋版と電子テキストの底本とでは本文に異同がある可能性が大いにあるから、この方法で宋版における全用例を確認出来る訳ではない。しかし、筆者が全体を一通りめくっての目視調査でも「敬」を欠筆する箇所は確認出来なかったので、「宮内庁書陵部収蔵漢籍集覧」の書誌データでは「敬」は欠筆に含めなかった。

（8）　但し、巻六十三第五葉は、画像で見る限り前後の葉と明確に料紙の色合いが異なる。前後の葉とは字様も異なり、更に匡郭縦が一文字分以上小さいので、この葉は異版の別本による補配かもしれない。仮にこの葉が補配だとすると、他にも葉単位でのごく部分的な補配は行われているかもしれない。但し、字様も匡郭縦も全体を通して全く不揃いなので（匡郭縦は最も大きい葉と最も小さい葉では二文字分以上の差がある。字様については後述）、たまたま料紙の変色具合に差が出ただけという可能性も考えられる。

（9）　巻八十九第八葉・巻百一第二葉・巻百七第七葉（二例あり）・巻百二十一第一葉。

（10）　「廓」の用例があって両者が異版である葉は、二例が見える巻二十六第七葉のみ。

（11）　なお、書陵部蔵本では台湾蔵本にはあった第八行「稱」の末画が無くなっているが、これは略字に置き換えたとも取れる一方、「偁」と同音の字を欠筆したとも考えられ、どちらと見るべきかは決め手に欠ける。

(12) 阿部氏は台湾蔵本について「後に行くにつれて字様往々にして粗劣なる所がある」としているが、前半にも図5のように字様が明らかに見劣りする葉は間々ある。

(13) なお、阿部氏は書陵部蔵本を「三種版の湊配」と判断されていたが、どのような三種と見ていたのかは分からない。可能性としては、①台湾蔵本と同版の部分を字様の良し悪しによって二種に区分し、台湾蔵本と異版の部分と併せて三種版とした、②台湾蔵本と同版の部分は一種版と看做し、異版の部分を何らかの基準によって二種版と看做した、③台湾蔵本との版の異同は考慮せず、専ら字様によって三種版と看做した、のいずれかであろう。

(14) 陸心源の記す版心の特徴はこの部分にのみ当て嵌まるものなので（詳しくは注（39）参照）、この点は確実である。

(15) なお、注（1）前掲影印本の底本（所蔵元不明）もこれらと同版である

(16) 東文研蔵本の封面は本文とほぼ同色のやや厚い紙への墨印で、それを白紙でくるんで保護してある。

(17) 例えば、静嘉堂蔵宋版に補配されている範囲に八例を見つけている「廓」のうち、欠筆が四例を占めており、そのうち二例は台湾蔵本では欠筆していない（その二例は書陵部蔵本ではともに鈔補だが、やはり欠筆しない）。また、筆者が書陵部蔵本では欠筆する例を発見出来なかった「敬」は、多くの箇所で欠筆している。

(18) 陽刻円形「趙／宋本」朱印、陽刻正方「藝芸／主人」朱印、陰刻正方「汪印／士鐘」回文朱印の三点。以下同じ。

(19) 陰刻正方「歸安陸／樹聲叔／桐父印」朱印。以下同じ。

(20) 陽刻正方「筠／生」朱印。以下同じ。使用者不明。

(21) 陽刻正方「瑞／卿」朱印。以下同じ。使用者不明。

(22) 陽刻楕円形「宋本」朱印、陰刻長方「汪士鐘藏」朱印。以下同じ。この印群は全て次の蔡廷相印群と同じ葉に捺されているので、「宋本」は蔡廷相の印である可能性もあり、どうも尾崎氏はそのように看做されたようだ。しかし、林申清『明清蔵書家印鑑』（一九八九、上海書店）一四五頁にこれよりやや字が細いものの同意匠の印が汪士鐘の蔵書印の一つとして掲載されているので、汪士鐘が同意匠の印を二つ使っていたと判断した。

(23) 陰刻正方「廷／相」朱印、陽刻正方「伯卿／甫」朱印の三点。以下同じ。

(24) 陽刻長方「金匱蔡氏醉／經軒攷藏章」朱印。この印はここにしか捺さない。蔡廷楨・蔡廷相のどちらによるものかは不明。

(25) 陽刻正方「蔡印／廷楨」回文朱印、陰刻正方「卓／如」朱印。以下同じ。

(26) 陽刻正方「濟陽／蔡氏／圖書」朱印、陽刻長方「金匱蔡廷／楨卓如章」朱印の二点。いずれもここにしか捺さない。前者は蔡廷相の印である可能性もある。

(27) 注（25）の二印に加えて、陰刻正方「翰墨／緣」朱印も捺す。以下同じ。

(28) 巻百二十五は台湾蔵本・書陵部蔵本より一葉少なくなっている。詳細後述。

(29) 陰刻長方「侫宋」朱印。ここにしか捺さない。匡郭左下隅に捺されており、その上に蔡廷楨①印群が捺されているので、もし蔡氏の印でなければ、より早い所蔵者の印であろう。

(30) 陽刻正方「金匱／蔡廷／楨藏」朱印。ここにしか捺さない。

(31) 陰刻正方「丕烈／之印」朱印。

(32) 陰刻正方「蔡印／廷楨」回文朱印、陽刻正方「卓／如」朱印、注(27)前掲「翰墨／縁」朱印の三点。

(33) 陽刻正方特大「□□／圖書」朱印。以下同じ。これを官印と看做すのは、先に引いた陸心源『儀顧堂続跋』のほか、尾崎前掲論文二七五頁や、前掲『静嘉堂文庫宋元版図録解題篇』二七頁でも同様である。

(34) 陰刻正方「復／翁」朱印。

(35) 陰刻正方「醉經／主人」朱印と、陽刻正方「梁溪／蔡氏」朱印。いずれもここのみに捺し、蔡廷楨・蔡廷相のどちらによるかは不明。

(36) 注(32)の陰刻正方「蔡印／廷楨」回文朱印と、ここのみに捺す陽刻正方「卓如／眞賞」朱印。

(37) 蘇州と台州にこの地名があるので、そのどちらかと思われる。

(38) 図5・6・7に挙げた例はC1だが、C2も同様である。

(39) AとBはいずれも版心の巻数表記が不揃いなので、この「明覆本」には該当し得ない。Dの版心表記はこの通りに統一されているので、「明覆本」がDを指すのは明らかである。

(40) なお、図17右面や図19右面は、Bの刷りの良くない葉の中ではまだ状態が良い方で、版木が大きく割れていたり、一部の文字の摩耗が激しく判読困難になっていたりする葉も珍しくない。

(41) 因みに、静嘉堂蔵本Dと同版の諸本もこの二例をいずれも欠筆している。

(42) 静嘉堂蔵本Dの同版の諸本では、静嘉堂蔵本Bが欠筆しない二例のうち、巻六十第六葉では同じく欠筆しないが、巻百二十四第五葉では欠筆している。

書陵部本宋版『論衡』について——上海図書館本との比較検討

矢島　明希子

はじめに

『論衡』は、後漢・王充の撰。現在は三十巻八十五篇から成る。このうち、第四十四招致篇は篇名のみで本文は伝わっていない。合理的反俗的精神に徹し、当時隆盛していた讖緯説や符瑞説などの俗信だけでなく、儒家や墨家などの諸子を批判した特異な書である。そのため、本書に対する歴代の評価も毀誉褒貶が相半ばし、あまり顧みられないこともあったようだ。[1] しかし、俗信批判はかえって当時の思想・習俗を現在に伝える好材料であり、近年では思想・歴史研究において重要な資料の一つである。

拙論は、その宋元版のうち、宮内庁書陵部所蔵本について調査・検討したものである。『論衡』の宋元版について、黄暉撰『論衡校釈』（一九九〇、中華書局。初版は一九三八、商務印書館。以下、『校釈』）自序では次のように系統立てている。

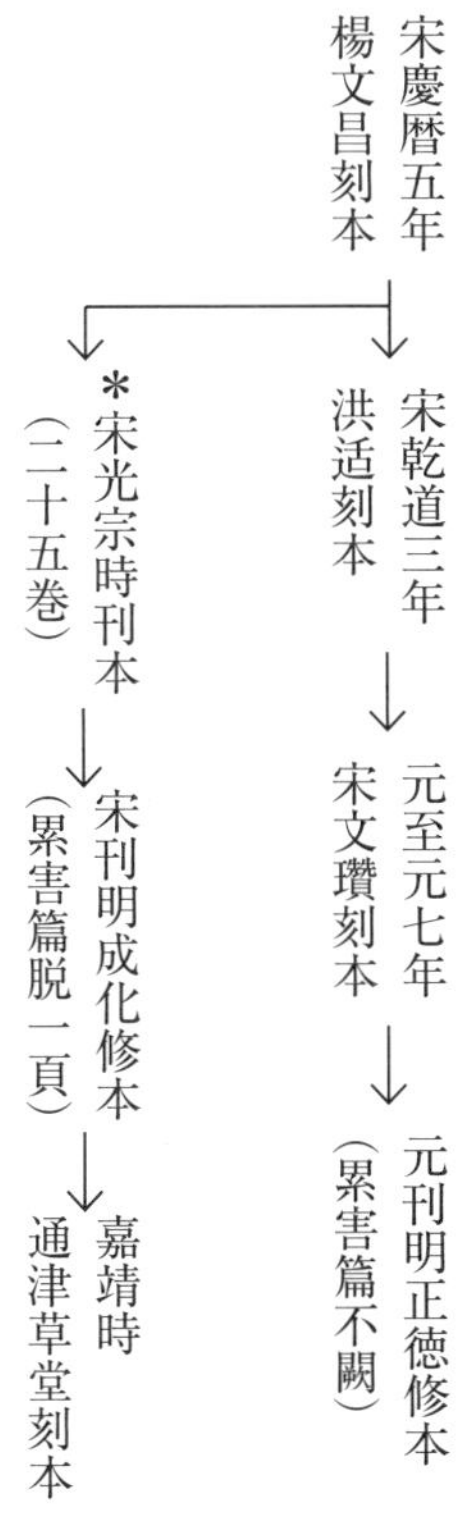

＊宋光宗時刻本二十五巻、見存日本、疑是根源慶暦本。

このうち、＊宋光宗時刊本（二十五巻）とは、以下に述べる書陵部蔵『論衡』三十巻（欠巻二十六至巻三十）のことを指すと考えられる。しかし、実際に書陵部本および上海図書館所蔵本の宋版を調査してみると、この系統図には修正の必要があることがわかった。上海図書館本との比較を通して、書陵部本の特徴について改めて整理していきたい。

一、書陵部本の概容

まず、書陵部本の書誌について概容を示す。詳細は「宮内庁書陵部収蔵漢籍集覧」（以下、集覧）をご覧いただきたい。

『論衡』三十巻（欠巻二十六至巻三十）十二冊
【体式】左右双辺（二十一・四×十四・六cm）、有界、十行二十至
二十二字
【版心】白口、単黒魚尾、魚尾下題「論衡幾」、張数、下辺工名
【工名】陳□、王政、趙通、楊昌、李憲、童志、高秀、宋端、張謹、
周彦、王存中、王永、徐顔、毛奇、陳明、王珍、梁済、
卓佑（宥）、潘享、李文、陳俊、徐亮、洪新、高俊、李昌、
洪悦、楊昌、劉文、方□祐、許中
【闕筆】玄弦絃鮌敬驚竟弘殷慇匡筐胤恒貞徴懲樹竪譲[2]煦桓完購
慎（孝宗）
【印記】首尾に単辺楕円形陽刻小「木村（楷書）」朱印記（木村
正辞《まさこと》 一八二七―一九一三）
各冊首右下に単辺方形陽刻「宮内省／圖書印」朱印記
【識語】明治二十六年（一八九三）細川十洲識語（付帯別紙、書
影は集覧未収）

「宋版論衡十二巻は、本狩谷棭齋の求古楼藏書の一にして、其の後、木村正辭所有せるを宮内省が購入せる者なり。此書の事委しく棭齋の著はせる經籍訪古志に見えたり。本書は二十五巻に止まりて、二十六巻以下は、全く闕けたり。第一巻の累害篇に一枚の錯簡ありて、誤て命禄篇に入る。此の錯簡の文字は重刻の本に見えず。蓋し重刻の原本には一枚の缺紙ありしを一の毫の字を加へて完篇の如くなせる者ならん。」

【旧蔵者】狩谷棭斎、木村正辞

『論衡』全三十巻中、巻一から巻二十五巻までを存し、巻二十六以下を欠く。

まず、刻工は南宋前期の浙江の刻工の名が多く[3]、闕筆は南宋の孝宗の「慎」で終わっていることから、南宋の孝宗朝（一一六二―一一八九）に浙江で刊行されたものと考えられる。料紙の欠損部分を書写にて補った箇所があるものの、全体にわたって非常に美しい印面を存している。集覧で書影をご覧いただければ一目瞭然であろう。

書陵部本からわかる旧蔵者は狩谷棭斎までしか遡ることができないが、静嘉堂文庫所蔵の狩谷棭斎手校、和刻本『論衡』（寛延三年刊、一〇一函一架）巻二十五の末尾に記された棭斎の識語に伝

来の手掛かりがある。

以上以駿府稲川氏所蔵一本校讐、其本宋諸帝諱字皆従缺筆、盖重彫宋槧者、今校曰宋本惜巻廿五至巻卅缺失、今校以通津草堂刻本。云湯島狩谷望之記。

ここでいう宋本の欠巻からして、駿府稲川氏所蔵本が現書陵部本だろう。駿府稲川氏とは、漢詩人の山梨稲川と推測される。(4) 山梨稲川は、文字学などを通じて狩谷棭斎と交流があった。

『校釈』が光宗時刊本とした書陵部本であるが、上述のように、実際はその前代の孝宗時刊本と考えられる。では、なぜこのようなズレが生じたのだろうか。そこで、島田翰『古文旧書考』（一九〇五、民友社）を参照したい。

論衡二十五巻　殘宋光宗時刻本坿明修本通津草堂本程榮本

……版心記刻工姓名、王永・王林・王政……巻中凡遇宋驚樹竪等字皆闕末筆、蓋光宗時刻本也。後人遇宋諱闕畫、乃加朱圜、盖五山僧之所爲也。……是書紙刻鮮朗、字々員秀、脱胎於魯公、更覺有逸致。宋本之存于今日者、當奉是本爲泰華矣。狩谷掖《ママ》齋求古樓所収、後歸於況齋岡本縫殿之助。聞諸木村正辭氏、況齋之病將歿、屬之於門人木村正辭氏、且捺一小印以爲左券、巻首所捺小圓印即是也。後十洲細川潤次郎先生、介書肆琳瑯閣而獲之、是書遂升爲秘府之藏。……

これによれば、島田は、闕筆から光宗時刻本と判断している（傍線部）。光宗の名は惇である。しかし、書陵部本には、惇やそれに準ずる字の闕筆は確認できない。闕筆については、在位中の皇帝の諱まで欠くのか、前朝の皇帝の諱までとするのか、日本の研究史上、認識の違いがあった。(5) 現在は、在位の皇帝の諱までを欠くとするのが定説であるが、島田は前朝の皇帝の諱までを闕筆したものとみなし、書陵部本の刊行を孝宗の次代である光宗時刻と判断したものと考えられる。

さらに、『校釈』は光宗時刊本の次に明成化修本を据えている。後述するように、管見の限り、この成化修本も島田の記述の中にのみ現れるものであり、慶暦五年本から分派する『校釈』の系統は島田の記述によった可能性が高い。

二、上海図書館本の概容

書陵部本は刊記や序文を伴わないため、上海図書館本(6)と比較してこの本の位置づけを考えていきたい。

『論衡』三十巻（存巻二十六至巻三十）二冊

【体式】書陵部本と同じ

【修補】墨釘、補刻、補張（白紙）あり

【刻工】毛可、昌、王政、粱齊、許中、良、趙通、周彥、徐顔、

楊、任、楊春、李文

【闕筆】玄殷竟桓

【印記】巻二十八首：単辺方形陰刻「陳氏／家藏」朱印記、単辺長方形陽刻「鳳陽」朱印記、単辺長方形陽刻「箋經室／所藏宋槧」朱印記（曹元忠）、単辺方形陽刻「君直／手痕」朱印記（曹元忠）、単辺方形陰刻「曹印／元忠」朱印記（曹元忠）、陰刻方形「張印／蘭思」朱印記（張繼良）
巻三十尾：陰刻方形「自呉曹／氏収藏／金石書／畫之印」朱印記（曹元忠）、陰刻方形「蘭思和印」朱印記、陰刻方形「曹／富貴」朱印記、陰刻方形「過翁／過眼」朱印記

上海図書館本は巻二十六から巻三十までしか伝存しておらず、書陵部本と重なる箇所がないが、体式が書陵部本と一致し、刻工も重複する名が複数ある。また、闕筆にも矛盾がなく、字様が酷似するため、筆者は両者が同版本であると判断した。しかし、上海図書館本には補刻や墨釘があり、白紙に界線を書入れて欠張を補うなどの修補がある。

なお、三十巻揃った本は、北京国家図書館の元明逓修本があるが、中華再造善本所収の影印によって確認すると、補刻張がほとんどを占め、原刻と思しき張も字様が確認できないほど摩耗しているため、参考に留める。

上海図書館本の首には、清末の蔵書家、曹元忠の手序が付されている。ここで曹元忠は該版出版の経緯と上海図書館本の特徴について述べており、これに沿って上海図書館本について検討していきたい。

宣統二年十月、偶游廠市、見論衡残本、自第二十六至第三十、都五巻……印以延祐五六年牘背紙、雖遇闕版所以此紙畫版匡式様釘入、成書兩冊、首尾有鳳陽朱文・陳氏家藏白文印。予知爲宋洪适會稽蓬萊閣本、元宋文瓚所補刻也。以重値購歸、檢愛日精廬藏書志於論衡有元至元刊本〈小字十五巻本〉。①載乾道丁亥五月十八日、會稽太守洪适景伯跋、云「右王充論衡三十巻、轉寫既久、舛錯滋甚、殆有不可讀者、以數本俾寮屬參校、猶未能盡善也。刻之木、藏諸蓬萊閣、庸見避堂舍盖之〔意〕。」又有元刊明脩本、〈當即此本、而有宏治正德脩版〉②載至元七年仲春、安陽韓性序云、「番陽洪公重刊於會稽蓬萊閣下、歳月既久、文字漫漶、不可復讀、江南諸道行御史臺經歴克莊公以所藏善本、重加校正。紹興路總管宋公文瓚爲之補刻、而其本復完。」按性字可善、鄞人、見貝瓊清江集故韓處士碣銘。據韓序知元時洪刻論衡、仍在會稽蓬萊閣、故由紹興路補刻、而性序其事、所署至元爲順帝後至元、其實六年之

後已改至正、性猶云七年仲春、詎紹興僻處海隅、未及知耶。③從至元辛巳、上推延祐五年戊午、六年己未、相去二十餘年、以當時牘背紙印書、由其紙即紹興路總管府物、背有縣尹何玉給由、縣尹趙好禮給由、並是延祐六年上半可證、然則此殘宋刋本、尚是元脩元印、嚮来藏書家、毎以此書爲元時重刻慶歴五年楊文昌本、豈知元時補刻乾道丁亥洪适本、而非重刻慶歴乙酉楊文昌本、可以据此正之、④又近時日本島田翰著古文舊書考称其國秘府有宋本論衡二十五卷、其行款格式、並刻工姓名、與此悉合、而闕卷二十六卷以下、是彼之所闕、即此五卷、倘解牌合、豈非快事、因乞陳侍郎寳琛署檢、而有書後、以諗將來、辛亥三月元忠。

まず、曹元忠は、この版について宋・洪适の会稽蓬萊閣本を元・宋文瓚が補刻したものとする（傍線部）。そして、宋版『論衡』の刊行に関する二つの跋文を引用する。①は宋乾道三年（一一六七）洪适（一一一七—一一八四　鄱陽人）の跋文である。改めて引用すると、次のようにある。[7]

王君是邦人也。[8]……以數本俾寮属參校、猶未能盡善也。刻之木、藏諸蓬萊閣、庸見避堂舍盖之意。[9]乾道丁亥五月十八日、會稽太守洪适景伯跋。

これによれば、洪适は数本を校勘して版刻し、当時役所が置かれた会稽蓬萊閣[10]に蔵したとする。

次に、②元至元七年（一三四一）元・韓性の跋文を引く。曹元忠は、字可善、鄞人とするが、これは字明善、会稽人（一二六六—一三四一）の誤りである。[11]この跋文は北京国家図書館蔵元明遞修本では補刻されて末尾に付されている。

……宋慶曆中、進士楊文昌所定者、號稱完全。番陽洪公重刋於會稽蓬萊閣下、歳月既久、文字漫滅、不可復讀、江南諸道行御史臺經歷克莊公以所藏善本、重加校正。紹興路總管宋公文瓚爲之補刻、而其本復完。……今世刻本會稽者最善。……至元七年仲春、安陽韓性書。

この跋によれば、洪适刻本は宋慶曆五年（一〇四五）に楊文昌が諸本を校勘・刊行した本を重刊したものであるとし、[12]それをさらに、元の克荘公（斡玉倫徒[13]）が校訂を加え、紹興路總官の宋文瓚[14]が補刻したという。宋文瓚の紹興路總管着任と斡玉倫徒の南台経歴着任が元至元六年（一三四〇）であることから、この年から両者が校正・補刻事業を開始し、韓性の序を付して刊行したと推測される。

そして、上海図書館本の大きな特徴は、③料紙にある。この本は、公文書の裏面に印刷した、いわゆる公文紙印本であり、曹元忠はこれを紹興路總官府の文書とする。背文の内容は、文書の目録を記した巻宗事目[15]と財政に関する文書が入り混じっている（末尾一覧表参照)。その中には、「一宗禁治集場」(巻二十七・一張目表)や「一宗縣尹趙好禮給由/延祐六年上半年」(巻二十九・四張目表)など、当時の司法・行政・経済に関する有用な資料となりうる文言がみられ、興味深いが、論点がずれるため、内容の詳細な検討は避ける。

文書の年記は元延祐五年(一三一八)と六年(一三一九)が中心である。巻宗事目には、朱点や朱批とみられる書き付けがあることから、照刷(文書検閲)を経て架閣庫に保管された公文紙であろう。婚姻や裁判に関する文書は十年間保管すべしという規定に従えば、[16]延祐六年から十年後の一三二九年以降に廃棄された公文紙を用いたものと考えられる。宋文瓚が紹興路總官に着任したのが元至元六年(一三四〇)であるから、宋文瓚が補刻・印行したものとしても時間的な矛盾はない。

最後に、④以下では書陵部本との関係について言及している。曹元忠は、前掲島田翰『古文旧書考』によって書陵部本が二十六巻以降を欠いていることを知り、自らが蔵する現上海図書館本の存巻とぴったり合うことを指摘している。もともと同じ本であったものが日中に別れたことが判明したとすれば、まさに「豈非快事」というところであるが、上述したように、上海図書館本は書陵部本と比べて補刻が顕著であり、欠張を補った白紙にも背文があることから、印行した時点ですでに板木が失われていたといえる。また、何より料紙が異なる。従って、上海図書館本は書陵部本より後印の別伝本である。[17]

三、巻一累害篇の欠落について

最後に、宋版と明刊本との異同について触れたい。『校釈』や書陵部本の細川十洲識語が指摘するように、明刊本では巻一の累害篇が一張欠けている。

書陵部本および北京国家図書館蔵元明逓修本の巻一は、第七上張/第七下張/第八張と張付けが刻まれている。書陵部本は第七下張と第八張を前後錯綴しているが、[18]張付け通りに組み直せば、文章は次のようにつながっている。

(七上張)……垤成丘山汙爲江河/(七下張)矣夫如是市虎之訛……君子不得名毛/(八張)髪之善小人不得有也……

しかし、明刊本のうちでも早期の版と見られる通津草堂本[19]では、次のように連結している。

……垤成丘山汙爲江〈河/毫〉髪之善小人不得有也……

ここでは、宋版の第七下張の内容がそっくり欠落し、第八張首の「髪」の前に「毫」を補う。

通津草堂本は、書陵部本第七上張末の「河」と、補った「毫」の二字を小字双行に組んでおり（【図】六行目）、混乱の痕跡がうかがえるが、この他、漢魏叢書所収本などの明刊本ではこの二字を大字に開き、「埵成丘山汙爲江河毫髪之善小人不得有也」に作る。また、明刊本を底本とする和刻本も同様である。

この欠落について、島田翰『古文旧書考』は以下のように述べる。

> 今所通行明萬曆程榮刻三十八種漢魏叢書本、以嘉靖通津草堂本爲藍本、通津本根源於宋槧明成化修本、明修本、則又基於是書。自宋槧明成化修本極多譌誤、後來諸本皆沿其謬、又加之以明人妄改增删、故有脫一張而强接上下者、有不可句者、諸子頗多粗本、論衡則其一也。……論衡一書、以是書爲最善、乃如累害篇、汙爲江河下、宋本有矣。（欠張四〇〇字を引用）〈此一張今跳在命祿篇中、宜改装也〉宋槧明成化修本、嘉靖通津草堂本、及程榮何允中諸本、俱闕。盖明修本偶脫此一葉、通津本之所據即佚茲一張、首尾文句不屬、淺人乃不得其意、妄改毛字爲毫字、以曲成其義耳。

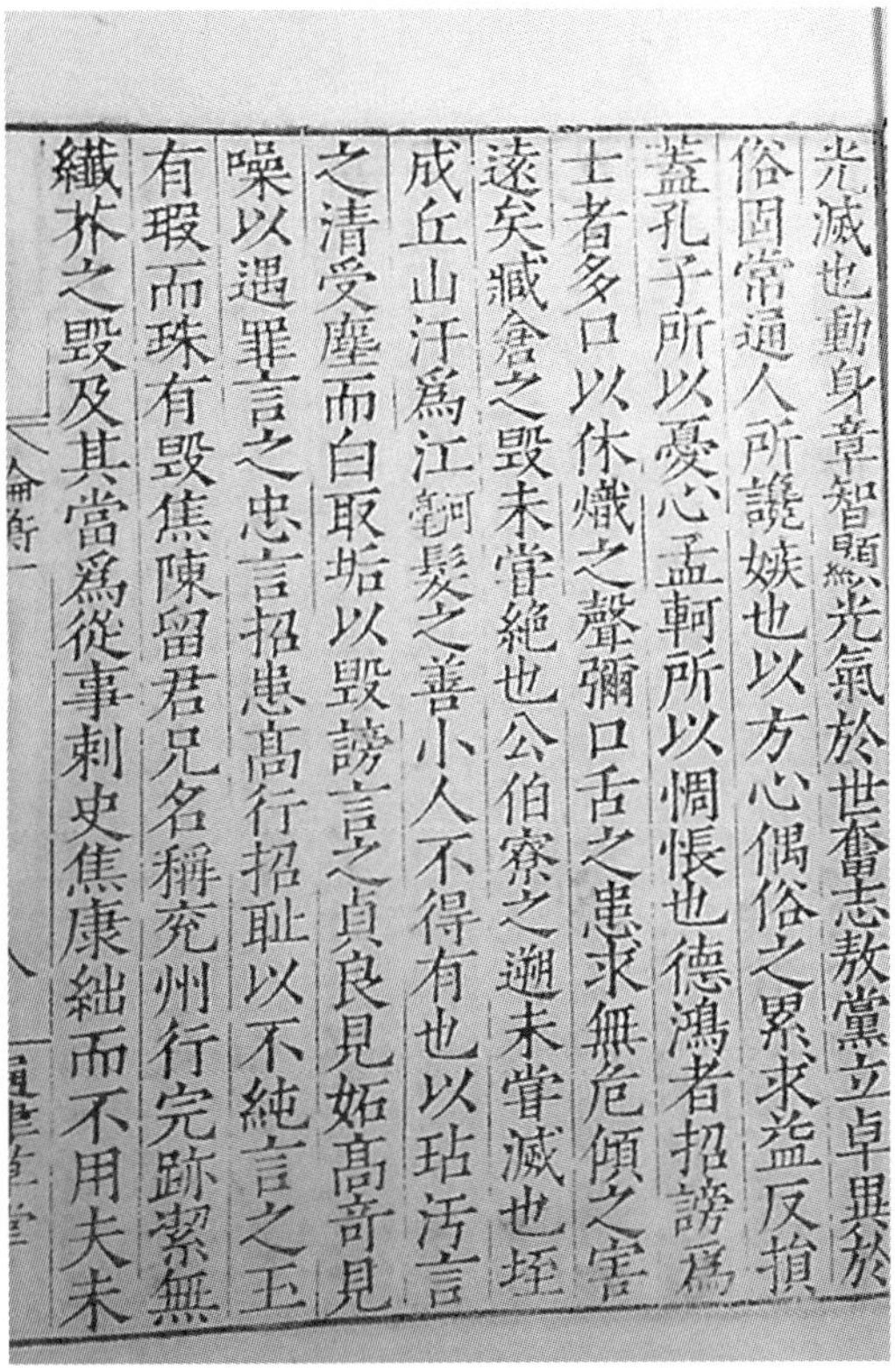

光滅也動身章智顯光氣於世奮志敖黨立卓異於
俗固常通人所讒嫉也以方心偶俗之累求益反損
蓋孔子所以憂心孟軻所以惆悵也德鴻者招謗爲
士者多口以休熾之聲彌口舌之患求無危傾之害
遠矣臧倉之毀未嘗絶也公伯寮之遡未嘗滅也埵
成丘山汙爲江河毫髪之善小人不得有也以玷汙言
之清受塵而白取垢以毀謗言之貞良見妬高奇見
噪以遇罪言之忠言招患高行招耻以不純言之玉
有瑕而珠有毀焦陳留君兄名稱兖州行完跡絜無
纖芥之毀及其當爲從事刺史焦康絀而不用夫未
論衡一

【図】内閣文庫蔵通津草堂本『論衡』（子七二―八）巻一・八張目表

島田は明刊本の底本を宋版の明成化修本とするが（傍線部）、この本が現存するのかどうか、現時点で筆者には把握できていない。ただ、書陵部本の第七張が上下に別れていることからも、板木作成の時点ですでにこの部分には何らかの混乱があったのではないかと推測される。

民国以降に出版された影印本や排印本では、欠落していた内容が補われていく。例えば、四部叢刊所収本は通津草堂本を底本に影印しており、本文中は欠落したままであるが、巻一の末尾に元正徳十六年（一五二一）補刻版の第七下張を影補する。[20] 排印本では、『校釈』が「島田翰所見宋光宗時刻二十五巻本」すなわち書陵部本のほか、正徳補刻本などによって、本文中に欠張分を補入しており[21]、劉盼遂『論衡集解』（一九五七、北京：古籍出版）

も、「今據元刻本補入」と注して本文中に補入している。ただし、これらは元明修本に拠っており、書陵部本とは字の異同があることに注意しなければならない(22)。

　このような大きな内容の違いだけでなく、『論衡』全体として、元明遞修本と書陵部本の間には細かい字の異同がある。しかし、中国における校勘の多くは元明遞修本によって行われているため、『論衡』のテキストにはまだ校勘の問題が残されているといえよう。

おわりに

　以上、書陵部蔵『論衡』について上海図書館蔵本と比較検討した。体式・字様・刻工の一致によって、筆者は書陵部本と上海図書館本は同版と判断した。上海図書館本の曹元忠手序によれば、原刻は宋乾道三年に洪适が刻した版であり、その後、元紹興路總官・宋文瓚が補刻したものとされる。確かに、上海図書館本は、墨釘や補刻の痕跡が顕著であり、元延祐年間の年記のある公文紙を用いていることから、元修元印と認められる。曹元忠のいうように、この公文紙が紹興路總官府から出たものであるとすれば、上海図書館本は元紹興路總官・宋文瓚の補刻を受けた本である可能性が高い。ただし、白紙の張を含むなど印行した時点で板木が失われていたことがうかがえ、補刻本の中でも後印の伝本であろう。宋文瓚の補刻の程度が定かではないが、書陵部本は補刻や板木の割れが見えず、明らかにこれより早印である。洪适が刊行したという乾道年間は孝宗の時代であり、闕筆の年代と一致することからも、書陵部本は宋文瓚補刻以前の乾道三年洪适刻本である可能性が高いのではないかと考えている。

　これらのことから、仮に『校釈』の版本系統を修正するとすれば、次のようになるであろう。

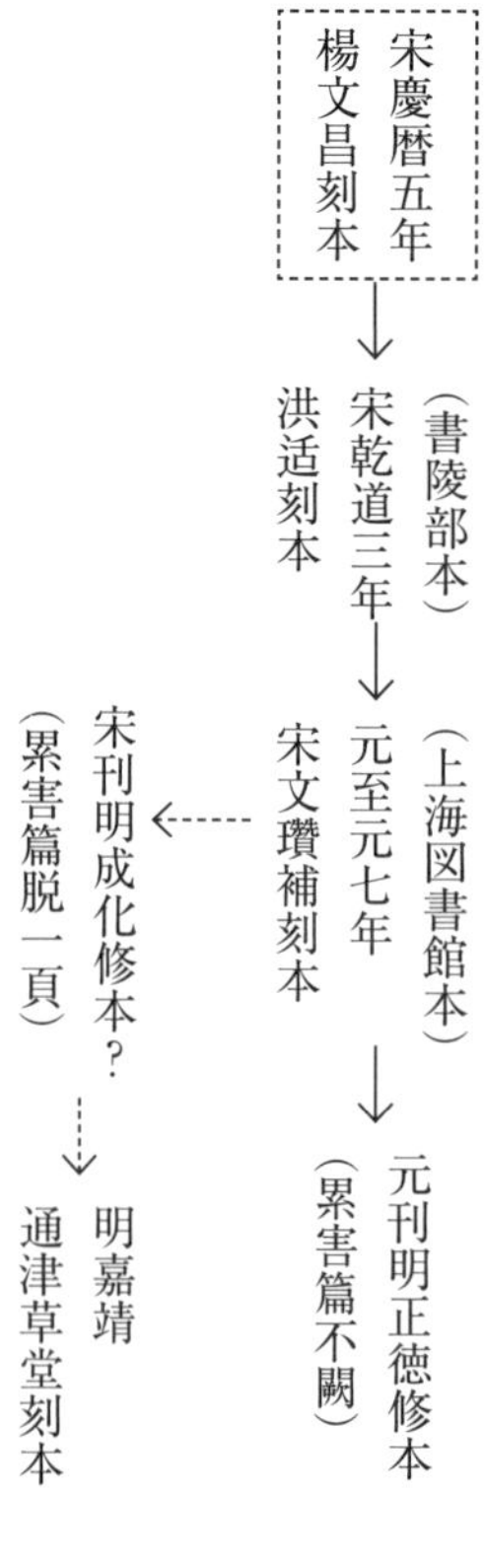

ただし、『論衡』三十巻中、書陵部本は末尾五巻を欠き、上海図書館本は末尾五巻のみを存するため、同じ箇所を比較することがかなわないことは非常に残念である。また、書陵部本の他に、乾道三年洪适刻本の原刻とされる本を確認できていない。従って、拙論でこれを洪适刻本とするのはあくまで仮定である。

　このたび、宮内庁書陵部収蔵漢籍集覧が公開されたことによって、海外からも書陵部本を閲覧することが可能になった。今後、宋版『論衡』を蔵する諸機関によって、宋版『論衡』の研究がさらに進められることを期待したい。

〔注〕

（1） 神田信夫・山根幸夫編『中国史籍解題辞典』（一九八九、燎原書店）及び、山田勝美『論衡』（一九七六、明治書院）を参照。

（2） 巻十八以降、「譲」は闕筆しない。

（3） 阿部隆一「宋元版刻工名表」（慶應義塾大学附属研究所斯道文庫編纂『阿部隆一遺稿集 第一巻』一九九三、汲古書院）を参照すると、足利学校蔵『尚書正義』や『周易注疏』（ともに両浙東路茶塩司刊）などと重なる刻工名が多い。また、尾崎康「南宋両淮江東転運司刊三史」（『史学』第四十六巻第三号、一九七五）に列挙された南宋刊『漢書』の原刻刻工とも重なる。

（4） 山梨稲川は、名は治憲、字は玄度。号の稲川は、駿河の稲川村・浅間神社の奉幣使の家系を息子に買い上げ、自らも稲川村へ転居したことから、その村名を号としたもの（繁原央『山梨稲川』二〇一二、静岡新聞社、三七六頁）。稲川は村名であり、家名は稲河と表記するが、山梨稲川が書簡中に家名を「稲川氏」と表記しており（今関天彭『山梨稲川と先輩交游』一九三四、志豆波多会、一三―一四頁）、さほど厳密に書き分けられていなかったのかもしれない。

（5） この問題は、仁井田陞「慶元条法事類と宋代の出版法」（『書誌学』第四巻第五号、一九三五）、長澤規矩也「宋刊本の闕筆について仁井田博士の教を乞ふ」（『書誌学』第十巻第二号、一九三八）、仁井田陞「宋会要と宋代の出版法―特に版本の避諱闕筆法に就て」（『書誌学』第十巻第五号、一九三八）で議論されている。

（6） 上海図書館の郭立暄氏によれば、清末から民国期の外交官である龔心釗より提供された本だという。該本を閲覧するにあたり、郭氏には格別のご高配を賜った。ここに記して謝意を表する。

（7） 『盤洲文集』巻六十三所収。洪适は、宋乾道元年（一一六五）に孝宗朝の丞相となるも、翌年に罷免された。その後、知紹興府、浙東安撫使となる（『宋史』巻二一三・表四・宰輔および巻三七三・洪皓・子适列伝参照）。

（8） 王充は会稽上虞の人。その土地出身の人物の著作を出版することはしばしば行われた。

（9） 「庸見避堂舎盖之意」とは、『史記』巻五十四・曹相国世家に「參於是避正堂、舎蓋公焉」とあり、斉国の丞相・曹参が黄老の術説に詳しい蓋公を尊び、自らの政堂を空けて蓋公を住まわせた故事にちなむ。邦人である王充を尊んで、版木を蓬萊閣に納めたことをいう。

（10） 嘉泰『会稽志』巻一・府廨に「設廳之後曰蓬萊閣」とある。

（11） 王徳毅ほか『元人伝記資料索引』（一九七九―一九八二、台北：新文豊出版公司）によると、この時期に韓性という人物は二人おり、一人は曹元忠があげる鄞（寧波）の韓性、字可善（一三一九―一三七五）、もう一人は紹興の韓性、字明善（一二六六―一三四一）である。この跋文の「安陽韓性」は後者で、『元史』巻一九〇・

儒学列伝に「字明善、紹興人。其先家安陽」とある。また、元順帝の至元は六年（一三四〇）までであるにもかかわらず、韓性跋の年記が「至元七年」であることについて、曹元忠は、紹興は僻地であるため改元を知らなかったのではないかと推測する。至正は正月朔日に改元が発布されたが、至元七年の年号を留めるものが他書にも散見される。例えば、朱徳潤『存復齋文集』巻六譜伝「虞伯生學士跋」に「至元六年後庚辰歳、西夏斡玉倫徒拜觀／至元七年後辛巳歳春二月八日、白野泰不華觀于呉郡朱徳潤之集古齋」とある。至元と至正の改元時には政変が起きており、韓性が跋を書いた「至元七年仲春」の時点では改元が行き渡っていなかったのかもしれない。なお、黄溍「安陽韓先生墓誌銘」（『金華黄先生文集』巻三十二、四部叢刊所収）によると、韓性はその数ヶ月後の至正元年五月七日に七十六歳で死去している。

(12)　楊文昌後序は北京国家図書館蔵元明遞修本に付されている。その要点は以下のとおり。「……余幼好聚書、於論衡尤多購獲。自一紀中得俗本七、率二十七卷、其一程氏西齋所貯、蓋今起居舍人彭公乘曾所對正者也。又得史館本二、各三十卷、乃庫部郎中李公秉前所校者也。余嘗廢寢食、討尋衆本、雖畧經脩改、尚互有闕遺。意其謄録者誤有推移、校勘者妄加删削、致條綱紊亂、旨趣乖違、儻遂傳行、必差理實。今研覈數本之内、率以少錯者爲主、然後互質疑謬、沿造本源、譌者譯之、散者聚之、亡者追之、俾斷者仍續、闕者復補、惟古今字有通用、稍存之。又爲改正塗注、凡一萬一千二百五十九字。……即募工刊印、庶傳不泯、有益學者、非矜已功、不敢同王蔡之徒、待捜之然後得、而共問之、然後言其益也。時聖宋慶曆五年二月二十六日前進士楊文昌題序。」

(13)　克莊公とは斡玉倫徒（O'ulentu）のことで、字克莊、寧州の色目人。進士に登第し、奎章閣典籖などを歴任。元至元六年（一三四〇）に南台経歴に任ぜられる（前掲『元人伝記資料索引』参照）。

(14)　宋文瓚は字子章、裕州人。浙西憲司経歴などを歴任し、至元六年に紹興路總管となる（前掲『元人伝記資料索引』参照）。

(15)　漢籍の紙背文書については、竺沙雅章「漢籍紙背文書の研究」（『京都大学文学部研究紀要』第十四号、一九七三）に詳しい。ここで竺沙氏は静嘉堂文庫蔵宋刊『欧公本末』の紙背文書を復元しており、上海図書館本『論衡』の紙背文のうち「（朱鉤）一宗……」とあるものは、竺沙氏が挙げる資料二の形式とほぼ一致する。

(16)　『慶元条法事類』巻十七「諸制書及重害文書、若祥瑞・解官・婚・田・市估・獄案之類長留」、同「諸架閣公案、非應長留者、留拾年。毎參年壹檢簡、申監司、差官覆訖、除之。」ただし、竺沙氏は、必ずしも規定の年限が守られず、早く廃棄・売却される場合もあった可能性を示唆している（前掲論文）。

(17)　武内義雄氏が「論語の研究」の中で「いわゆる宋刊本はかつて山梨稲川の所蔵で、のち狩谷棭斎の有に帰し、次いで岡本况斎、木村正辞氏に転々してついに秘府に納まった本で二十六巻以後を闕いている。吾師狩野先生の御話によると近ごろ支那で宋刻本二十六巻以後が出てこれをもって秘府本の欠略を補われるということであるが、私はまだ秘府本も近出本も見ていない」と述べており（武内義雄『武内義雄全集 第一巻』一九七八、角川書店）、ここでいう近出本とはおそらく上海図書館本を指していると推測される。

(18) 書陵部本は版心が摩耗しているが、かろうじて「七上」「八」「下」が読み取れる。

(19) 静嘉堂蔵本（十二函一架）では目録尾と巻三十尾に「嘉靖乙未（十五年 一五三五）春後學呉郡蘇獻可校刋」と刻されているが、内閣文庫蔵本（子七二―八）にはこの刊記がない。通津草堂本の刊行経緯については今後の課題としたい。

(20) 匡郭外に「従宋本補累害篇脱文」と刻す。

(21) 『校釈』が「光宗時刻」本によって校勘を行っているのはこの欠張部分のみであり、島田が『古文旧書考』に引用した本文に拠ったものと推測される。

(22) 書陵部本は「鄒衍之罪不除」に作るところを、四部叢刊所収本の補張（正徳の補刻）、劉盼遂『集解』はともに「鄒行之罪不除」に作る。劉盼遂は「行爲衍之壞字」と指摘する。北京国家図書館本（補刻年記なし）では「衍」に作る。『校釈』は「正徳本衍譌爲行」として、「衍」に作る。

〔附記〕上海図書館蔵宋版『論衡』の閲覧にあたり、同館の郭立暄氏には多大なご助力をいただいた。また、静嘉堂文庫蔵和刻本『論衡』狩谷棭斎識語中の「駿府稲川氏」が山梨稲川を指すこと（注4）について、二〇一七年六月四日に開催された国際研究集会「日本における漢籍の伝流―デジタルアーカイブ「宮内庁書陵部収蔵漢籍集覧」の視角」において報告した際に、国文学研究資料館の神作研一氏にご教示いただいた。両氏をはじめ、ご協力・ご指導くださった皆様に深く謝意を表する。

上海図書館本背文一覧表(1)

【巻二十六】

張	表	裏
1	「……職名」	不明
2	「……司吏名　澤……」	不明
3	「……好五兩／……太竹伍兩」など	「拾参兩／太壁竹貳兩伍錢」など
4	不明	不明
5	「……粮」	なし
6	「……下半年」	「……下半年」
7	「……延祐五年下半年」	「……下半年」
8	不明	「(朱鉤) 一宗急遞鋪兵／延祐五年下半年」
9	なし	「(朱鉤) 一宗趙新□九告取妻」
10	「(朱鉤) 一宗秋祖鈘（？）／延祐六年上半年」	「(朱鉤) 一延祐六年夏税／延祐六年上半年」
11	「(朱鉤) 一宗秋粮認状／延祐五年下半年」	「(朱鉤) 一宗延祐五年　尾粮冊／延祐五年下半年」
12	「延祐六年上半年」	「(朱鉤) 一宗秋祖鈘（？）／延祐五年下半年」
13	「(朱鉤) 一宗軍（？）人口粮／延祐五年下半年」	「(朱鉤) 一宗巡検馬貴賤田米／延祐五年下半年」
14	「延祐六年下半年」	「(朱鉤) 一宗章得二告取喪（？）」
15	「(朱鉤) 一宗交際留粮／延祐五年下半年」	「(朱鉤) 一宗闘官職田／延祐五年下半年」
16	「(朱鉤) 一宗月申交際留粮／延祐五年下半年」	不明
17	「(朱鉤) 一宗卓世等告打傷等事」	「(朱鉤) 一宗錢聚（？）被盜／延祐五年下半年」
18	「(朱鉤) 一宗李奎等獲倭（？）金／延祐五年下半年」	「(朱鉤) 一宗哈剌丂被盜／延祐五年下半年」
19	「(朱鉤) 一宗杜祐之被盜」	「(朱鉤) 一宗許萬四被刼／延祐五年下半年」

【巻二十七】

1	「(朱鉤) 一宗禁治集場」(2)	「(朱鉤) 一宗王秀被盜／延祐五年下半年」
2	「延祐六年上半年」	「訟（？）説（朱大）　一宗李福葆□□」
3	「未絶二十五宗／(朱鉤) 一宗虞亜佛身死／延祐五年下半年」	「(朱鉤) 一宗審囚／延祐五年下半年」
4	「(朱鉤) 一宗朱珍卿告把持」	「(朱鉤) 一宗王三官身死／延祐五年下半年」
5	「例□（朱大）　一宗史大卿被掘墳／延祐五年下半年」	「延祐六年上半年」
6	「延祐六年上半年」	「(朱鉤) 一宗孫亜佛打傷」
7	「(朱鉤) 一宗孫唐卿告工脚」	「延祐六年上半年」
8	「……／春季散過三十六兩八錢七分五厘／夏季散過鈔一定三十三兩七錢五分／秋季散過鈔一定九兩三錢七分五厘」	「春季散過鈔二十三兩二錢五分／夏季散過鈔一定一兩八錢七分五厘／秋季散過鈔三十九兩二錢五分／正塩散過鈔二十二兩六錢二分五厘」
9	「……夏季散過鈔二定三十二兩二錢五分／秋季散過鈔二定三十兩六錢二分五厘／陸文通／延祐三年散過鈔二定六兩二錢五分／春季散過鈔二十兩六錢二分五厘／夏季散過鈔四十八兩七錢五分」	「呉文堡／延祐三年散過鈔六定二十七兩五錢……」
10	「春季散過鈔（略）／葉埜／延祐三年散過鈔（略）」	「夏季（略）／秋季（略）／唐瑞仁／延祐三年散過鈔（略）」
11	「秋季（略）／正塩（略）／挿办塩（略）／延祐六年（略）」など	「挿办（略）／延祐六年（略）」
12	「……／延祐六年（略）」	「延祐六年給散過鈔（略）」など
13	「(朱鉤) 一宗王立□告斫木／延祐五年下半年」	「備細子（朱大）　一宗周大發告取□／延祐五年下半年」
14	「(朱鉤) 施明四身死／延祐五年下半年」	「宗許暹告抑娼／延祐五年下半年」

【巻二十八】

1	「秋季散過鈔（略）／正塩（略）／挿塩（略）／延祐六年給散過鈔（略）」	「正塩（略）」など
2	「……／延祐六年給散過鈔（略）」	「……／延祐六年給散過鈔（略）」
3	「一宗柯明四曲断／延祐五年下半年」	「延祐六年上半年」

4	「……／延祐六年給散過鈔（略）」	「……／延祐六年給散過鈔（略）」
5	「……／延祐六年給散過鈔（略）」	「……／延祐六年給散過鈔（略）」
6	「……／延祐六年給散過鈔（略）」	「……／延祐六年給散過鈔（略）」
7	「……／延祐六年給散過鈔（略）」	「……／延祐六年給散過鈔（略）」
8	「……／延祐六年給散過鈔（略）」	「……／延祐六年給散過鈔（略）」
9	「(朱鉤) 一宗戴道告行打」	「(朱鉤) 一宗李太二等告奪物打傷」
10	「(朱鉤) 一宗沈轉一告行打」	「(朱鉤) 一宗璩宗落水身死」
11	(財務)	(財務)
12	(延祐六年財務)	(延祐六年財務)
13	(延祐三年財務)	(延祐三年財務)
14	(延祐四年財務)	(延祐四年財務)
15	「延祐三年穀伍拾壱石捌斗」	(延祐三年～五年財務、元年「該穀」)

【巻二十九】

1	なし	なし
2	「月申税課」	「□鮮□□」
3	「(朱鉤)一宗計衆（？）二告行□／延祐五年下半年」	「(朱鉤) 一宗人□□／延祐五年下半年」
4	「(朱鉤) 一宗縣尹趙好禮給由／延祐六年上半年」[3]	「(朱鉤) 一宗縣尹何玉給由／延祐六年上半年」[4]
5	なし	「漏（？）海遠□□所物向陳閏……／先乃六事」(朱大)
6	なし	なし
7	なし	なし
8	なし	なし
9	なし	なし
10	なし	なし
11	なし	「延祐六年上半年」

【巻三十】

1	「延祐六年上半年」	なし
2	なし	「延祐六年上半年」
3	なし	なし
4	なし	なし
5	「延祐六年上半年」	なし
6	「延祐六年上半年」	「延祐六年上半年」
7	なし	なし
8	なし	なし
9	なし	なし
10	なし	なし
11	なし	なし
12	なし	なし

(1)　文字が不明瞭なものやノドに隠れてしまう部分は読み取ることができなかった。また、金額など似た内容が続く場合は省略した。

(2)　『元典章』新集至治條例の「禁治集場祈賽等罪」に「延祐六年閏八月日、江西行省準中書省咨、御史臺呈監察御史呈、禁罷集場」とある。

(3)　趙好礼は『広東通志』巻二十六・職官志に元代の南雄路同知として名が見える。

(4)　何玉は『浙江通志』巻二十九・学校に「(永嘉縣) 嘉靖浙江通志、延祐元年、尹何玉在縣治、東趙搭納重建」とあり、延祐間に温州路永嘉県の知県である。「縣尹趙好禮給由」「縣尹何玉給由」とは、それぞれの県から紹興に転任した者の給由であろう。

宮内庁書陵部蔵南宋刊『嚴氏濟生方』から見た士人と医士の交流

——兼ねて『全宋文』の誤りを正す

金　文京

一、はじめに

『嚴氏濟生方』は宋代に多く編纂、出版された「諸家方論[1]」の一種である。「諸家方論」とは、さまざまな病状の概論である「論」と、それを治療するための薬品名とその処方である「方」から成る書物で、専門の医家だけでなく士大夫の家に伝わった長い経験により蓄積された処方をまとめたものである。宋以前には、これら処方は秘方として各家、または師弟関係によって伝承されていたであろうが、宋代になると出版公開されたことにより、医学の普及と向上に大きく貢献した。本書には「論」七十篇、それに対する「方」四百篇が収められている。本書の書陵部所蔵本の書誌事項については図録編を参照されたい。

二、本書のその他のテキスト

本書の諸テキストについては、すでに真柳誠氏による詳しい研究がある[2]。次に真柳氏の記述によって、書陵部蔵本以外のテキストについて概略を述べる。

（1）台湾故宮博物院蔵南宋末刊本

阿部隆一『増補中国訪書志』（一九八三、汲古書院）「楊氏観海堂善本解題（続）」に著録。同書の記述の必要部分を抜粋すると以下の如くである。

厳氏済生方　一〇巻　〔南宋末・建〕刊　巻二以下配影鈔本
五冊

首に宝祐癸丑（元年）の自序及び目録があるが、影鈔で、宋版の部分は巻一の本文首十七葉を存するのみで、他は全て影写を以て配されている。本文巻首「厳氏済生方巻之一」、次行低二格「〇中風論治」と題す。四周双辺（十八・五×十二・三糎）有界十行、行廿字。注小字双行。版心線黒口単黒魚尾、「方幾（丁付）」。曲直瀬家等旧蔵。森志（『経籍訪古志』）八・楊譜（『留真譜初編』）八8・呉志（呉哲夫「故宮善本書志」）著録。本書は明後の翻刊なく、禹域に伝本絶えたる如く、四庫全書本は永楽大典よりの輯出八巻本にして、この本とは異同が大きい。宮内庁書陵部にこの本と同版本（森志著録）を蔵する。

以上を書陵部蔵本と比べると、まず書陵部蔵本にある自序以外の一序が故宮蔵本にはなく、故宮蔵本にある目録が書陵部蔵本にはない。版式はほぼ同じと認めうるが、故宮蔵本巻一首題次行の「〇中風論治」が書陵部蔵本では「〇中風」となっている。ただし書陵部蔵本のこの個所は鈔補で、他の版本部分ではみな「論治」の二字があるので、これは書陵部蔵本鈔補の遺漏であろう。また故宮蔵本の版心「線黒口単黒魚尾」は書陵部蔵本の「線黒口双黒魚尾」と合わず、疑問である。二〇一六年十二月に筆者が故宮博物院図書館で同書のマイクロフィルムを閲覧したところによれば、版心はおおむね阿部氏の述べるとおり単魚尾であるが、ただ巻一第四張は魚尾なく、第十張は双魚尾であった。書陵部本の巻一は鈔補のため、同一個所を比較できないが、異本である可能性も排除できないであろう。

真柳氏は、小曽戸洋氏「『名方類証医書大全』解題」（『和刻漢籍医書集成』第七輯、一九八九）により、「台湾国立中央図書館所蔵の宋版『新大成医方』（張適園旧蔵）は、宋刻『済生方』本文と宋刻『続方』序文の版木を用い、書名・著者名のみを埋め木で改刻・捏造した元代の印本であり」、「当書（『新大成医方』）本文の大部分は、上述の宮内庁本・台北故宮本とは別版なので、宋版は最低二種あったことになる」と述べる。書陵部蔵本の鈔補にかかる巻一、六、十の尾題は、「増修嚴氏濟生論方巻之一（六、十終）」となっており、本書には増修版があったことがわかる。「宋版は最低二種あった」のは、あるいは増修版に関係するかもしれない。

（2）元刊本

真柳氏解題に、「清の邵懿辰『四庫書目邵注』に著録される。現在その所蔵を記す目録は日・中ともになく、おそらく散佚したと思われる。あるいは元代に、前述の『新大成医方』が捏造印刷される前に印行された書だったかも知れない」とある。

（3）四庫全書本

『景印文淵閣四庫全書』第七四三冊、子部第四九に『濟生方』八巻として収める。上述の如く『永楽大典』からの輯本である。首に原序を載せるが、これを『嚴氏濟生續方』（丹波元胤校、文政五年跋）の自序と比べると、中間の「然間有前書所未備而不可盡索者。因著續方，為方又九十，為評四十四，用鋟諸梓」（然れども間々前書のいまだ備わらず尽くは索むるべからざる所の者あり。因りて続方を著し、方を為すこと又九十、評を為すこと四十四、用てこれを梓に鋟す）および末尾の「時咸淳丁卯良月」が省略されており、『續方』の序を『濟生方』の序に見せかけた跡が歴然としている。これが四庫館臣の仕業か、それとも『永楽大典』ですでにそうなっていたのかは、今となっては確かめるすべがない。また内容は、『濟生方』と『續方』の双方に一致する部分がある一方、多くは両書とは異なっており、はたして厳氏の著であるのか疑問がもたれる。

（4）室町写本

二本ある。ひとつは国立公文書館内閣文庫所蔵（江戸医学館旧蔵）。自序、江萬序、目録および本文巻一・二のみの一冊。首に『續方』自序一葉が綴じ込まれている。自序首葉に「金澤文庫」の印記がある。室町初期写。もう一本は台北故宮博物院蔵、室町後期写本。存六巻（欠巻七―十）、二冊。「博愛堂記」「小島氏／圖書記」と不詳印記三種、楊守敬蔵印記四種あり。

（5）和刻本

享保十九年（一七三四）植村藤治郎刊。安部陸僊校定、甲賀通元訓點。首に陸僊安部隆菴昭（享保十九）序、甲賀通元輔之序（享保十九）序および鹿門望三英識語あり。原著の二序はないが、識語に原著の自序により厳用和の経歴を述べる。

（6）標点本

『重訂嚴氏濟生方』、浙江省中医研究所文献組・湖州中医院整理、一九八〇年、人民衛生出版社刊。『濟生方』と『續方』を合わせ、整理しなおしたものである。原序一（自序）、原序二（続方自序、内閣文庫蔵室町写本に拠る）を収録。

三、著者の厳用和について

厳用和の経歴については、本書の自序が参考になる。以下に必要部分を引用する。

古之人不在朝廷之上，必居醫卜之中。雖然醫之為藝誠難矣。亦貴乎精者也。所謂精者當先造乎四者之妙而已。古人之脈病證治是也乎。（中略）用和幼自八歳喜讀醫書，年十二受學于復真劉先生之門。先生名開，立之其字也。獨荷予進，面命心傳。既十七，四方士夫曾不以少年淺學，而邀問者踵至。今留心三十餘載矣。偶因暇間，概念世變有古今之殊，風土有躁濕之異。（中略）採古人可用之方，裒所學已試之效，疏其論治，犁為條類，名曰濟生方集。既成不敢私秘，竟鋟諸木，用廣其傳。不惟可以備衛生家緩急之需，抑示平日師傳濟生之實意云。歲寶祐癸丑上巳廬山嚴用和序。

古の人朝廷の上に在らざれば、必ず医卜の中に居る。然りと雖ども医の芸たるや誠に難し。亦た精なる者を貴ぶなり。所謂ゆる精者は当に先ず四者の妙に造《いた》るべきのみ。古人の脈病証治是なるか。（中略）用和は幼くして八歳より医書を読むを喜び、年十二にして学を復真劉先生の門に受く。先生の名は開、立之其の字なり。独り進むを予《ゆる》すを荷《こうむ》り、面命心伝す。既に十七にして、四方の士夫曽て少年浅学を以てせず、邀《むか》え問う者踵至す。今心に留むること三十余載なり。偶たま暇間に因り、世変に古今の殊有り、風土に躁湿の異有るを概念す。（中略）古人用うべきの方を採り、学ぶ所已に試せし効を裒《あつ》め、其の論治を疏し、犁して条類を為し、名づけて済生方集と曰う。既に成りて敢えて私秘せず、竟《つい》にこれを木に鋟し、用て其の伝を広む。惟に以て衛生の家緩急の需に備えるのみならず、抑も平日師伝済生の実意を示すと云う。歳宝祐癸丑（元年、一二五三）上巳、廬山厳用和序。

これによると厳用和は江西廬山（江州、今の江西省九江市）の人で、字が子礼であったことは、後に述べる二番目の序によって知れる。幼きより医書を好み、同郷の名医、劉開（号は復真、字は立之）について学び、技大いに進み、士大夫の間に名声を博したとある。序が成った宝祐元年から逆算すると、その生年はほぼ嘉泰年間（一二〇一—一二〇四）であろう。また師の劉開については、元の陶宗儀『輟耕録』巻十九「脈」に「劉復真先生」の名が見え、明の黄虞稷『千頃堂書目』巻十四「医家類」に「劉開復真、劉三點脈訣一巻、脈訣理玄秘要一巻、醫林闡微一巻、傷寒直格五巻」が著録されている。

なお「四庫提要」は、元の呉澄「易簡歸一序」（『呉文正集』巻十六、『四庫全書』本）の「近代醫方惟陳無擇議論最有根底，而其藥多不驗。嚴子禮剽取其論，而附以平日所用經驗之藥，則既兼美矣」（近代の医方は惟だ陳無択のみ議論最も根底有り、而して其の薬は多く験せず。厳子礼其の論を剽取し、附するに平日用いる所の経験の薬を以てすれば、則ち既に美を兼ねたり）、同じく「古今通變仁壽方序」（同上巻二十三）の「世之醫方不一，唯有所傳授，得之嘗試者多驗。予最喜嚴氏濟生方之藥，不泛不繁，用之輙有功。蓋嚴師於劉，其方乃平日所嘗試而驗者也」（世の醫方は一ならず、唯だ伝授する所有り、之を嘗試せるに得る者のみ多く験す。予は最も厳氏済生方の薬を喜ぶ。泛ならず繁ならず、之を用いて輙ち功有り。蓋し厳は劉を師とし、其の方は乃ち平日嘗試せし所にして験する者なり）を引用する。呉澄は江西撫州の人で、厳用和と同じ江西人であるから、少なくとも江西では、元代になっても厳用和の名声はなお保たれていたらしい。

また右の「古今通變仁壽方序」には、「淮南張道中學脈法於朱錬師永明。朱之師劉君名開，劉之師崔君名嘉彦」（淮南張道中、脈法を朱錬師永明に学ぶ。朱の師は劉君名開、劉の師は崔君名嘉彦）とあり、厳用和の師の劉開の師は崔嘉彦であったことが知れる。崔嘉彦は南康（江西省星子県）出身の道士で紫虚と号し、医術に詳しく[3]、朱子と交流があった。朱子は知南康軍兼管内勧農事として南康に在った淳熙六年（一一七九）に崔嘉彦と知り合い、崔のためにその隠遁所の記録である「西原庵記」を書き、また崔に依頼し、自らの俸禄で諸葛亮を祀る臥龍庵を建てさせている[4]。さらに崔嘉彦に宛てた書簡（『朱文公別集』巻五「西原崔嘉彦[5]」）に、「魏甥恪即向來病甥之兄，到此病作。自有手簡求藥。幸審其證報之，當為修製服餌也」（魏甥恪は即ち向来《さき》の病甥の兄にて、此に到りて病作る。自ら手簡有りて薬を求む。幸くば其の証を審らかにして之に報じ、当にために修製服餌すべきなり）とあり、朱子に同行して南康に来た甥の魏愉[6]とその兄の魏恪の病気治療を崔嘉彦に依頼している。南康軍時代の朱子は、過労のため病気がちであったから、あるいは朱子自身も崔嘉彦の治療を受けたかもしれない。朱子にはこのほか、崔嘉彦から蘭を送られたのに謝した詩（「西源居士斸寄秋蘭，小詩為謝」『朱文公別集』巻七[7]）があり、のち崔嘉彦の死去に際しては弔詩「挽崔嘉彦[8]」も書いている。

南宋時代には、いわゆる儒医の出現によって、官吏、士大夫と医士との対等の交流が珍しくなくなるが、朱子と崔嘉彦との交際もその一例と見ることができよう。それは単に医者と患者という関係を越えて、朱子が崔嘉彦に臥龍庵の建立を依頼したように、文事にまで及んでいたのである。そして崔嘉彦の再伝の弟子である厳用和についても、同じような士大夫、高官との交流が認められる。

四、厳用和と江萬里――『全宋文』「江萬」条の訂正

書陵部蔵『嚴氏濟生方』の自序につぐ二番目の序文は、行書による写刻であるが、八張を存するのみで後半を欠くため筆者不明となっている。しかし内閣文庫蔵室町写本にはその全文が見えており、そこでは序文の筆者を江萬としている。『全宋文』巻八〇九〇「江萬」の条は[9]、これに拠ってまず「江萬、理宗時の江州（治は今の江西九江）の人、『儀顧堂続跋』巻九に見ゆ」とあり、文は僅かに次の「濟生方序」一篇を録す。

吾邦廬阜之產，不特多大儒名士，以醫知名，正自傾動。每數千里赴人急，諸公貴人盡禮請延以上客，四方曾莫敢雁行，望塵靡馳，蓋劉、嚴是也。劉開字立之，嚴用和字子禮。嚴由劉教，名譽正等，而心思挺出，頓悟捷得，衆謂嚴殆過其師也。劉死已數年，問藥四來，而今相屬於嚴之戶。於是以生平所處療，而沈

思得要者，論著為方，欲傳之世，曰濟生方。云云。『中國醫籍考』巻四九。又見『宋以前醫籍考』第一一四〇頁。

吾が邦、廬阜の産は、特《ただ》に大儒名士多きのみならず、医を以て名を知られ、正に自ら傾動す。毎《つね》に数千里人の急に赴き、諸公貴人礼を尽くして請延するに上客を以てし、四方曽て敢えて雁行する莫く、塵を望みて馳る靡《な》きは、蓋し劉、厳是れなり。劉開字は立之、厳用和字は子礼。厳は劉に由りて教えられるも、名誉は正に等し、而して心思挺出し、頓悟捷得、衆謂く厳は殆んど其の師に過ぎるなりと。劉死して已に数年、薬を問いて四来すれば、今は厳の戸に相属す。是に於いて生平処療する所にて、沈思し要を得たる者を以て、論著して方と為し、之を世に伝えんと欲し、済生方と曰う。云云。

この文は、むろん書陵部本の序も同じであり、廬阜（廬山）一帯、すなわち江萬の故郷である江西江州には名医多く、特に厳用和はその師の劉開より技に優れることを言う。ただし江萬の出拠とされる陸心源『儀顧堂続跋』巻九「濟生方跋[10]」には、

『濟生方』八巻，宋嚴用和撰。原本久佚。此則館臣従『永樂大典』輯出者。日本尚有原書，為楓山秘府所藏。前有寶祐癸丑用和自序。又有『濟生續方』一巻，為日本醫官湯河氏藏，有咸淳丁卯自序。此本雖有用和自序而缺寶祐紀年，亦無『續集』，故莫辦為何時人。以日本宋本證之，用和蓋宋季醫家也。

『済生方』八巻、宋厳用和撰。原本久しく佚す。此れは則ち館臣『永楽大典』従り輯出せし者、日本に尚お原書有り、楓山秘府の所蔵たり。前に宝祐癸丑の用和自序有り。又た『済生続方』一巻有り、日本の医官湯河氏の蔵たり、咸淳丁卯の自序有り。此の本は用和の自序有りと雖も、宝祐紀年を欠き、亦た『続集』無く、故に何時の人たるやを弁ずる莫し。日本の宋本を以て之を証するに、用和は蓋し宋季の医家なり。

とあるのみで、江萬のことは見えない。「濟生方序」の出典として挙げる『中国醫籍考』とは、日本の丹波元胤編『醫籍考』のことで、その巻四十九「方論二十七」に『嚴氏用和濟生方』十巻を著録し[11]、「嚴用和自序」についで「江萬序略曰」として右の『全宋文』と同じ文章を引く。また岡西為人編『宋以前醫籍考』の第二十一類「經方・南宋」第七十六『嚴氏濟生方』之㈡序跋二「江萬序（節録）」も『醫籍考』を引いて同文である[12]。『醫籍考』に「略して曰く」とあるように、その所引の江萬序は全文ではない。

江萬序の全文は、すでに述べたように国立公文書館内閣文庫所蔵の室町初期写本『嚴氏濟生方』（金沢文庫旧蔵）に見える。その文は右の末尾「曰濟生方」に続いて、さらに左記のように見える。

（ ）内は筆者の校訂。

而請於予為之辭。予正哀痛沈劇，尚忍言之。蓋乙巳、丙午，予奉母行在所。嚴時客政府，須善藥以壽吾母為多。予弟之先奉安車，還就家庭也，忽以信抵，需市烏附川藥。謂母苦痰滯舊證，方從郡將邀嚴視病，冀速已。予謀亟歸，候母動息，親與嚴議病本焉。隨奏急難，不俟報下，夜出臺守，北關啓鑰。載路晝夜兼馳，輿馬互進。數程歷徽州祈門縣，昧爽抵魚亭，猝遇馳訃之僕。驚惶隕仆，舁就荒邸。踰刻稍甦，慟踊就塗，然猶且信且疑。嚴豈以應者廣，怠不果來？來豈有不盡其伎也？歸而吾父若弟，曲相寬譬謂：「母疾狀只似常時。嚴一切脈曰：不可為，嗚呼痛哉。」予以其深慘懲痛者，益重視嚴。幸偏親在，尚其綏此眉壽。辛亥之夏，親彼（「被」に作るべし）危疾不起床。水浮膚革間，四肢百體失度。衆醫却立，不知所為，皆引去。遠地浮訛，至有予（「弔」に作るべし）使誤及門者。頗似丙丁之間，横遭不根，以人子而預死其母，寸心百憂，洶々風濤。嚴獨曰：「是無庸憂。過此兩年，宜謹視護耳。」一藥纔下，宿腫漸消。且疏方留藥數種而去。次第以進，久之病如失，更覺峻爽康健，巾屐自在，山水花竹，樂在其中。予適得八年閑廢，專子職膝下。菽水朝莫，團欒擁坐。誰非嚴之為德者？正相語家人以無忘。亥至丑恰兩年，而疾復至。慄然於無言不讎也。儻使留家，救且不暇喘，其不為亥歳之有瘳乎？而方候望行李於湖外，遠莫之致。終天抱痛，百身莫贖。恨不早發憤於庸醫，自取難經素問讀之，而以證劉、嚴密授焉耳。故拉淚書之，以識予哀慟，使凡為人子者警焉正所求。事親之日長也，安得以醫家者流非吾儒事，而漫不省方論？劉、嚴可常遇且容多屈指乎？寶祐癸丑五月一日古心江萬書。

而して予に之が為に辞せんことを請う。予正に哀痛沈劇するも、なお忍んで之を言わん。蓋し乙巳、丙午に、予は母を行在所に奉ず。厳は時に政府に客たり、善薬を須い以て吾が母を寿せしむこと多しと為す。予の弟の先に安車を奉じ、還りて家庭に就くや、忽ち以て信抵《いた》り、烏附川薬を市《あがな》うを需む、謂らく母は痰滞の旧証《ふるやまい》に苦しみ、方に郡より将に厳を邀えて病を視んとす、冀わくば速かにせよと。予は亟かに帰り、母の動息を候い、親しく厳と病本を議せんと謀れり。随いて急難を奏し、報の下るを俟たずして、夜に台守を出で、北関は鑰《かぎ》を啓けり。路に載せて昼夜兼馳し、輿《こし》と馬にて互いに進む。数程にて徽州の祈門県を歴て、昧爽《あけがた》に魚亭に抵るに、猝《にわ》かに訃を馳せるの僕に遇う。驚惶隕仆し、舁《かつ》がれて荒邸に就く。刻を踰《こえ》て稍や甦《よみがえ》り、慟踊して塗に就く、然れども猶お且つ信じ且つ疑えり。厳は豈《そ》れ応ずる者の広《おお》きを以て、怠りて果して来たらざるや？　来りて豈れ其の伎を尽くさざる有りや？　帰るに吾が父と弟は、曲《つぶ》さに相寛《なだ》め譬《さと》して謂わく、「母の疾状は只だ常時に似たるに、厳一たび脈を切《とり》て曰く、為すべからず、嗚呼痛しきかな」と。予は其の深く惨《かな》しみ懲《くる》しみ痛む者を以て、益すます厳を重視す。幸いに偏親在り、尚お其れ此の眉寿を綏《やす》んず。辛亥の夏、親は危疾を被りて床より起きず。水は膺革の間に浮かび、四肢百体度を失う。衆医却《しりぞ》き立ち、為す所を知らず、皆引きて去れり。遠地には浮訛《うわさ》して、弔使の誤りて門に及ぶ者有るに至る。頗る丙丁の間、横《にわか》に根なき（処分）に遭い、人の子を以て預じめ其の母を死なしむるに似て、寸心百憂、洶々たる風濤あり。厳独り曰く、「是れ憂うるを庸《もち》る無し。此の両年を過ぐれば、宜しく謹んで視護すべきのみ」と。一薬纔《わずか》に下すに、宿腫漸く消う。且つ方を疏し薬数種を留めて去れり。次第に以て進むるに、之を久うして病は失せるが如く、更に峻爽康健を覚ゆ。巾屐自在にして、山水花竹、楽しみは其の中に在り。予適またま八年の閑廃を得て、専ら子として膝下に職《つか》う。朝莫《あさゆう》に菽水し、団欒擁坐せり。誰《いず》れか厳の徳を為す者に非ずや？　正に家人に相語りて以て忘るること無からしむ。亥より丑に至る恰かも両年、而して疾復た至る。言として讎《むく》いざる無きに慄然たり。儻使《もし》（厳の）家に留らば、救うに且つは喘ぐも暇あらず、其れ亥歳の瘳《いえ》る有るを為さざるか。而して方に行李を湖外に望み候つに、遠く之を致す莫し。天を終えるまで痛を抱き、百身も贖う莫し。恨むらくは早くに庸医に発憤し、自ら『難経』、『素問』を取りて之を読み、而して以て劉、厳の密授を証せざりしのみ。故に涙を抆《ぬぐ》いて之を書し、以て予の哀慟を識《しる》し、凡そ人の子為る者をして正に求むる所を警《いまし》めせしめんとす。親に事うる日の長きや、いずくんぞ医家者流の吾が儒事に非ざるを以て、漫りに方論を省みざるを得んや。劉、厳は常に遇い、且つは多く指を屈するを容るるべきや。宝祐癸丑の五月一日、古心江萬書す。

書陵部本の序は、「寸心百憂，洶々風濤。嚴獨曰，是無庸」までで、「憂」以下を欠く（図一）。右の大意を述べれば、序の作者（江萬）が母と行在所（杭州）にいた時、厳用和も政府（宰相）の客となっていたため、母の薬を処方してもらっていたが、その後、弟が母を奉じて故郷に帰り、間もなく母の病状を伝えてきた。そこで江萬は朝廷の許可を得ることなく故郷に帰ろうとして、徽州祈門県まで来たところで、母の訃報に接した。帰って父と弟に聞くと、母の病状は尋常であったが、厳用和は脈を取るなり、もうだめだと言ったという。その後、今度は父が病気になり、衆医はみな踵を返し、遠方からは訛伝で弔問客まで来る騒ぎであったが、厳用和だけが心配に及ばない、ただ二年後にはまたぶり返すだろうと言って、薬を投じると、すぐに快治した。しかし二年後に果たして父の病は再発し、たまたま厳用和は遠地にいて留守であったため、父は歿した。そこで日頃、医学を自習し、劉、厳の秘伝を学ばなかったことを後悔し、哀痛の中でこの序文を書いたというのである。「親に事うる日の長きや、いずくんぞ医家者流の吾が儒事に非ざるを以て、漫りに方論を省みざるを得んや。劉、厳は常に遇い、且つは多く指を屈するを容るるべきや」という最後の文句に、作者の痛恨の思いと厳用和の医術への高い評価がうかがえよう。

宝祐癸丑は元年（一二五三）で、そこから逆算すると、当初、杭州にいた乙巳、丙午は淳祐五（一二四五）、六年、父が病気になった辛亥は淳祐十一年（一二五一）、再発して死亡した丑年は癸丑、すなわち序文が書かれた宝祐元年である。

この室町写本の首葉には「多紀氏／蔵書印」の朱方陽刻印があり、幕府医官多紀氏の旧蔵である。丹波元胤は、すなわち多紀元胤であり、弟の多紀元堅は、幕末の奥医師兼医学館教授で、考証学の学者として広く知られる。丹波元胤『醫籍考』の江萬序は、多紀氏所蔵のこの室町写本序文を節略したものであろう。

ただしこの室町写本の江萬序には誤りがある。最後に江萬の号として見える古心は、実は南宋末の名士、宰相として知られる江萬里の号である。[13] 江萬里（一一九八—一二七五）は、南康軍都昌（今の江西都昌）の人で、字は子遠、古心と号し、南宋末に官は左丞相兼枢密使に至り、最後は南宋滅亡直前、モンゴル軍に屈せず入水自殺した。文天祥と交流があったことで有名である。[14] 伝は『宋史』巻四一八にあるが、そこに次の一節が見える。[15]

萬里器望清峻，議論風采，傾動一時，帝眷注尤厚。嘗匄祠，省母疾，不許。屬弟萬頃奉母歸南康，旋以母病聞。萬里不俟報馳歸，至祁門得訃。而議者謂：「萬里母死，秘不奔喪。反挾妾媵自隨。」於是側目萬里者，相與騰謗。萬里無以自解，坐是間廢者十有二年。後陸德輿嘗辨其非辜於帝前。

萬里は器望清峻にして、論議風采、一時を傾動し、帝の眷注尤も厚し。嘗て祠を匄《こ》い、母の疾を省せんとするも、許されず。弟の萬頃に属し母を奉じて南康に帰らしむるに、旋《やが》て母の病を以て聞す。萬里報を俟たず馳帰し、祁門に至りて訃を得る。而して議者謂く、「萬里は母死するも、秘して奔喪せず、反って妾媵を挟みて自ら随わしむ」と。是に於いて萬里を側目する者、相与に騰謗す。萬里以て自ら解する無く、是れに坐して間廃する者十有二年、後に陸徳輿嘗て其の辜《つみ》に非ざるを帝前に弁ず。

この一節の云う所は、『嚴氏濟生方』江萬序に、母を弟に託して故郷に帰らせ、その後、母の病のため朝廷の許可なしに帰郷しようとして、道中、徽州祈門県で母の訃報に接し、母の死後、「八年閑廃」の間、父に仕えたと述べる内容と符節を合するが如くである。ただ『宋史』の伝には厳用和のことは見えず、序には誹謗を被ったことへの言及がない。「閑廃」の期間が八年、十二年と異なるのは、序が書かれた宝祐元年より、さらに四年間蟄居が続いたのであろう。つまりこの序の作者は江萬里であって、江萬ではない。『醫籍考』、『宋以前醫籍考』以来、『全宋文』だけでなく、『和刻漢籍医書集成』第四輯所収の『嚴氏濟生方・續方』解題[16]も江萬序とするが、訂正すべきであろう。

　なお書陵部宋刊本と室町写本を比べると、刊本「劉死也數年」の「也」字を写本は「已」に作り、刊本の「至有弔使誤及門者」の「弔」字を写本は「予」に誤る。室町写本は、おそらくこの宋刊本を書写して、序の末尾に本来「古心江萬里書」とあった「里」字を脱したものと思える。その誤りが『醫籍考』以後、継承されたのである。

　『宋史』の伝によると、母の喪に駆け付けた当時の江萬里の官は殿中侍御史であった。序に「夜台守を出ず」とあるのは、御史台を出たという意味であろう。またこの時、厳用和は「政府に客たり」とあるが、この「政府」は宰相を意味する。『宋史』巻二一四「表第五・宰輔五」[17]によると、淳祐五、六年当時の宰相は、左丞相が范鍾、右丞相は史嵩之、游似、杜範で、うち杜範は就任一カ月足らずで歿しており、可能性のあるのは残りの三人である。いずれにせよ厳用和は、宰相の私的な客として、その侍医を務めていたのであろう。また江萬里が誹謗を被ったについては、当時、モンゴルの南侵に対して、朝廷の中に主和派と抗戦派の対立があったことが背景にあると思える。主和派の代表は、この間長く宰相の地位にあって実権を握り、淳祐四年の父の死で一旦辞職しながら、すぐ起復してもとの地位にもどった史嵩之である。江萬里は、その後の言動から見ても抗戦派であったろうから、おそらくは史嵩之の一党によって蟄居を余儀なくされたのであろう。

　ところで江萬里には、このほかに李白の詩文集である『李翰林集』の序があり、清末の劉世珩が南宋咸淳刊本を覆刻した『李翰林集』に見える[18]。この序もまた行書体の写刻であるが（図二）、その筆跡は書陵部蔵南宋刊本『嚴氏濟生方』江序によく似ており、同筆と見なし得る。ともに江萬里の手跡であろう。『李翰林集』序は、咸淳五年（一二六九）、江萬里が知太平州兼提領江淮茶塩兼江東転運使の任内に書いたもので、『嚴氏濟生方』序の十六年後に当たる。これまた『嚴氏濟生方』序の作者が江萬里であることの傍証となろう。

　以上要するに、『全宋文』巻八〇九〇「江萬」は削除し、同巻七八七三「江萬里」の条に『嚴氏濟生方』序の全文を増補すべきである。

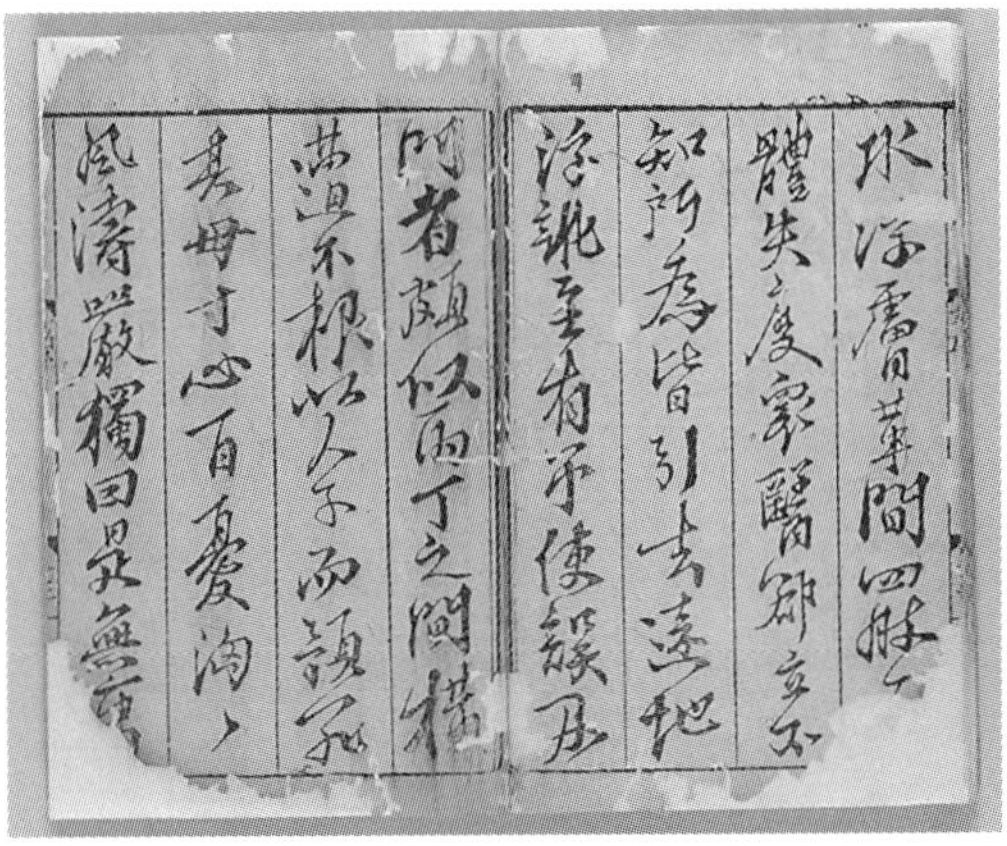

図一　『嚴氏済生方』江序
（宮内庁書陵部蔵）

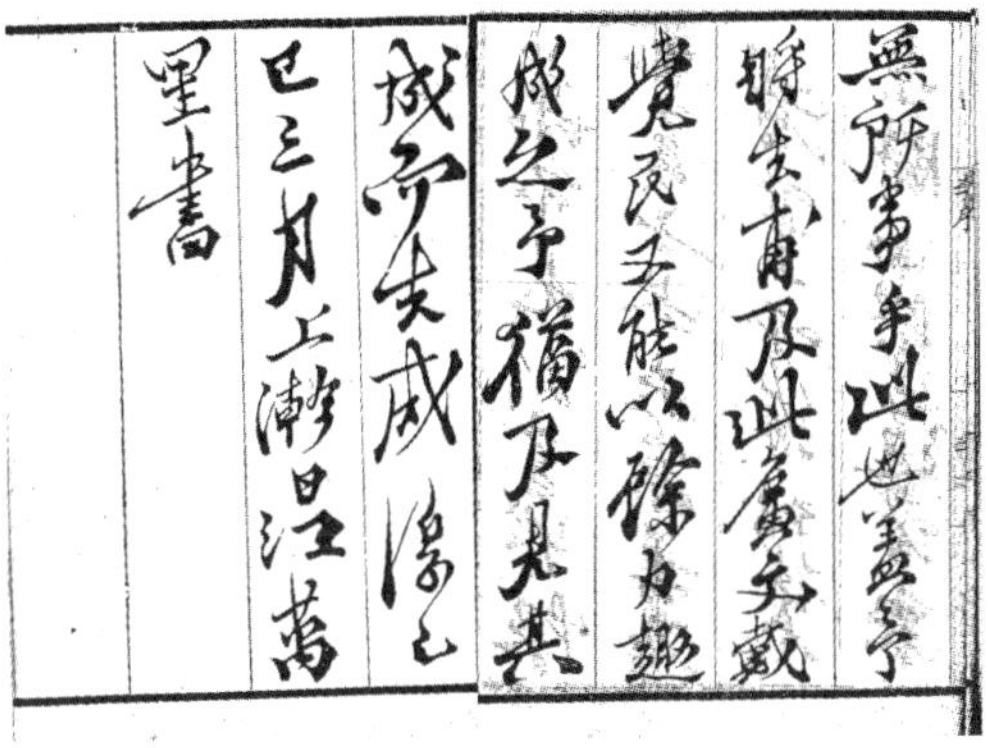

図二　『李翰林集』江序
（劉世珩玉海堂覆刻本）

五、結　び

「儒医」という言葉は宋代に生まれたものだが、それは北宋末の徽宗年間（一一〇一―一一二四）、教育機構としての医学が設立されたことと密接な関係にあると言う。[19] これによって医士の社会的地位が向上し、南宋時代には士大夫と医士の対等な交際が一般的となった。士大夫の方も医学を尊重したことは、北宋の名宰相、范成大が、若い頃に宰相もしくは良医になりたいと神に祈り、「夫れ能く救人利物の心を行う者は良医に如くは莫し」と語ったという話[20]にもよく表れていよう。

厳用和の自序、冒頭の文句「古の人朝廷の上に在らざれば、必ず医卜の中に居る」は、『史記』「日者列伝」（巻一二七）の「賈誼曰，吾聞古之聖人不居朝廷，必在卜醫之中」（賈誼曰く、吾聞く、古の聖人は朝廷に居らずんば、必ず卜医の中に在り）に基づくが、朝廷に仕える官人と医士や占術士の社会的地位が接近したのは、宋代なかんずく南宋以後のことであった。ところで厳用和はこの言葉を『史記』から直接引用したのではない。彼より少し前、淳熙十一年（一一八四）刊の朱端章『衛生家寶方』の徐安国序に、「傳曰，古之人不在朝廷之上，必居醫卜之中[21]」と、同じ文句が見えている。『史記』の「聖人」の「聖」を故意か偶然か脱し、「卜醫」

を「醫卜」と言い換えているところが興味深い。朱端章は淳熙年間に知南康軍であった人物である。[22] 厳用和の自序は、おそらくこれに拠ったと思える。

『嚴氏濟生方』およびその江萬里序は、士大夫、官人と医士との関係を反映した南宋期の医学史、社会史の貴重な資料たるを失わないであろう。

〔注〕

（1）これは岡西為人『宋以前醫籍考』（注（12））の分類による命名である。

（2）北里研究所付属東洋医学総合研究所医史文献研究室編『和刻漢籍医書集成』第四輯「厳氏済生方・続方」（一九八八、エンタプライズ）解説。

（3）『四庫全書総目提要』巻一〇五「子部十五・医家類存目」に『崔眞人脈訣』一巻を著録し、「紫虚眞人爲宋道士崔嘉彦。陶宗儀『輟耕錄』稱，宋淳熙中，南康崔紫虛隱君嘉彦，以難經，於六難專言浮沉，九難專言遲數，故用爲宗」とある。

（4）東景南『朱熹年譜長編』（二〇〇一、華東師範大学出版社）巻上、六二五、六三一、六三四頁。

（5）朱傑人等編『朱子全書』（二〇一〇、上海古籍出版社・安徽教育出版社）第二十五冊、四九三三頁。

（6）魏愉については『朱熹年譜長編』巻上、六一四頁参照。

（7）『朱子全書』第二十五冊、四九七六頁。「源」は「原」の誤りであろう。

（8）『朱熹年譜長編』巻下、九七三頁（淳熙十六年）。

（9）曾棗莊、劉琳主編『全宋文』（二〇〇六、上海辞書出版社）第三五〇冊、二一一頁。

（10）『儀顧堂書目題跋彙編』（二〇〇九、中華書局）三七七頁。

（11）『中國醫籍考』（一九五六、新華書店）八二〇頁。

（12）『宋以前醫籍考』（一九五八、人民衛生出版社）一一四〇頁。

（13）たとえば元代の『氏族大全』（『文淵閣四庫全書』本）巻二「四江・気節」に、「江萬里號古心。文章氣節當代推敬。宋咸淳中拜右相，閒居值大元革命之際，赴水死。弟萬頃号古崖」と見える。

（14）『全宋文』巻七八七三「江萬里」には、文天祥に宛てた書簡多数が見える。

（15）中華書局標點本『宋史』三十六冊、一二五二三—四頁。

（16）注（2）前掲書。

（17）『宋史』十六冊、五六二四頁。

（18）『李翰林集』（宣統元年劉世珩玉海堂覆刻本）。また『全宋文』巻七八七三「江萬里」にも収める。

（19）陳元朋『両宋的尚醫士人與儒醫』（一九九六、台湾大大学文史叢刊）一八二頁参照。

（20）宋・呉曽『能改齋漫録』巻十三「文正公願為良醫」。

（21）『宋以前醫籍考』八九〇頁。本書は日本抄本のみ存する。

（22）『江西通志』（『四庫全書』本）巻六十四「名宦八・南康府」。

図書寮漢籍叢考

平成三十年二月二十八日　発行

編著者　宮内庁書陵部蔵漢籍研究会
代表　住吉朋彦

発行者　三井久人

装丁　松田洋一

整版印刷　富士リプロ㈱

発行所　汲古書院

〒102-0072 東京都千代田区飯田橋二―五―四
電話　〇三（三二六五）九七六四
FAX　〇三（三二二二）一八四五

ISBN978 - 4 - 7629 - 1226 - 9　C3000

執筆者一覧（五十音順）

＊所属職位、専門分野。主要業績。

會谷　佳光　（あいたに　よしみつ）

公益財団法人東洋文庫研究部部長代理・主幹研究員、漢籍書誌学。著書『宋代書籍聚散考：新唐書藝文志釋氏類の研究』（2004、汲古書院）、『西蓮社（旧三縁山増上寺山内寺院報恩蔵）収蔵嘉興版大蔵経目録』（2012、西蓮社）、『旧三縁山増上寺山内寺院・報恩蔵西蓮社志稿』（2012、西蓮社）他。

上原　究一　（うえはら　きゅういち）

山梨大学大学院総合研究部教育学域准教授、中国文学・書誌学。論文「明末の商業出版における異姓書坊間の広域的連携の存在について」（「東方学」第131輯、2016）、「もう一つの『李卓吾先生批評西游記』―「傳奇四十種」所収『楊東來先生批評西游記』及び『一笠菴批評玉簪記』の書名改刻をめぐって―」（「日本中国学会報」第69集、2017）他。

大木　康　（おおき　やすし）

東京大学東洋文化研究所教授、中国明清時代文学。著書『冒襄と『影梅庵憶語』の研究』（2010、汲古書院）、『蘇州花街散歩　山塘街の物語』（2017、汲古書院）、『馮夢龍と明末俗文学』（2018、汲古書院）他、論文「明王朝忠烈遺孤侯涵生平考述」（「中国文学研究」第25号、2015）他。

大木　美乃　（おおき　よしの）

慶應義塾大学大学院後期博士課程、日本漢文学。論文「近衛家実詩壇の考察」（「中世文学」第58号、2013）、「無題詩の系譜―忠通から家実へ」（「和漢比較文学」第52号、2014）他。

小倉　慈司　（おぐら　しげじ）

国立歴史民俗博物館准教授、日本古代史。著書『天皇の歴史』09天皇と宗教（共著、2011、講談社）、編著『古代東アジアと文字文化』（共編、2016、同成社）、論文「「高松宮家伝来禁裏本」の形成過程」（「国立歴史民俗博物館研究報告」第178集、2013）他。

金　文京　（きん　ぶんきょう）

鶴見大学文学部日本文学科教授、中国古典戯曲小説。著書『李白―漂泊の詩人その夢と現実』（2012、岩波書店）、編著『花関索伝の研究』（共著、1989、汲古書院）、論文「声律から見た『萬葉集』および奈良時代の漢文」（「萬葉集研究」第37集、2017）他。

黄　昱　（こう　いく）

国文学研究資料館機関研究員、日中比較文学。論文「漢訳される『徒然草』の一方法―近世期兼好伝との関わり―」（「説話」第12号、2014）、「『徒然草』の中文訳と漢文訳」（「総研大文化科学研究」第12号、2016）他。

河野　貴美子　（こうの　きみこ）

早稲田大学文学学術院教授、和漢古文献研究。著書『日本霊異記と中国の伝承』（1996、勉誠社）、編著『日本「文」学史　第2冊　「文」と人びと―継承と断絶』（共著、2017、勉誠出版）、論文「北京大学図書館蔵余嘉錫校『弘決外典鈔』について」（「汲古」第58号、2010）他。

小森　正明　（こもり　まさあき）

宮内庁書陵部図書調査官、日本中世史。著書『室町期東国社会と寺社造営』（2008、思文閣出版）、校訂『史料纂集　教言卿記　第四』（2009、八木書店）、論文「宮内省・宮内庁における古典籍複製事業の沿革とその意義―コロタイプ印刷による複製を中心として―」（「書陵部紀要」第65号、2014）他。

齋藤　慎一郎　（さいとう　しんいちろう）

慶應義塾大学大学院後期博士課程、古代中世日本漢学。論文「三善清行「意見十二箇条」にみる平安期『孟子』受容の位相」（「藝文研究」第112号、2017）。

佐藤　道生　（さとう　みちお）

慶應義塾大学文学部教授、古代中世日本漢学。著書『平安後期日本漢文学の研究』（2003、笠間書院）、『三河鳳来寺旧蔵暦応二年書写 和漢朗詠集 影印と研究』（2014、勉誠出版）、『句題詩論考　王朝漢詩とは何ぞや』（2016、勉誠出版）。

清水　信子　（しみず　のぶこ）

二松學舎大学文学部非常勤講師・北里大学東洋医学総合研究所医史学研究部客員研究員、日本漢学・書誌学・医学史。著書『清原宣賢漢籍抄翻印叢刊１　大学聴塵』（共著、2011、汲古書院）、『備前岡山の在村医 中島家の歴史』（共著、2015、思文閣出版）他、論文「『胎産新書』諸本について―中島家所蔵本を中心として―」（『中島家の歴史』、2015、思文閣出版）他。

沈　慶昊　（シム　キョンホ）

高麗大学校漢文学科教授、韓国文学。著書『国文学研究と文献学』（韓文、2002、太学社）、『韓国漢文学基礎学史』（韓文、2012、太学社）他。

住吉　朋彦　（すみよし　ともひこ）

慶應義塾大学附属研究所斯道文庫教授、東洋書誌学。著書『中世日本漢学の基礎研究　韻類編』（2012、汲古書院）、編著『慶應義塾大学附属研究所斯道文庫蔵　大曾根文庫綫装本待修目録并善本解題』（共著、2016、慶應義塾大学附属研究所斯道文庫）、論文「『方輿勝覧』版本考」（「斯道文庫論集」第49輯、2015）他。

髙田　宗平　（たかだ　そうへい）

大阪府立大学人間社会システム科学研究科客員研究員・立命館大学衣笠総合研究機構白川静記念東洋文字文化研究所客員研究員、日本古代中世漢籍受容史・漢学史。著書『日本古代『論語義疏』受容史の研究』（2015、塙書房）、論文「浅論日本古籍中所引《論語義疏》―以《令集解》和《政事要略》為中心」（張伯偉編「域外漢籍研究集刊」第15輯、中文、2017、中華書局）、論文「『令集解』所引漢籍の性格に関する一断面―『論語義疏』を中心に―」（生活と文化の歴史学９　福島金治編『学芸と文芸』2016、竹林舎）他。

髙橋　智　（たかはし　さとし）

慶應義塾大学文学部教授、中国古典文献学。著書『室町時代古鈔本『論語集解』の研究』（2008、汲古書院）、論文「南北朝時代古鈔本『論語集解』の研究―猿投神社所蔵本の意義―」（「斯道文庫論集」第43輯、2009）、「南北朝時代古鈔本『論語集解』の研究―台北故宮博物院所蔵楊守敬観海堂本について―」（「藝文研究」第111号、2016）他。

陳　捷　（ちん　しょう）

東京大学大学院人文社会系研究科教授、漢籍書誌学・日中文化交流史。著書『明治前期日中学術交流の研究』（2003、汲古書院）、『人物往来与書籍流転』（中文、2012、中華書局）他、編著『琉球王国漢文文献集成』（中文、高津孝と共編、2013、復旦大学出版社）、『日韓の書誌学と古典籍』（大高洋司と共編、2015、勉誠出版）他。

陳　正宏　（ちん　せいこう）

復旦大学古籍整理研究所教授、版本目録学・中国文学。著書『琉球王国漢文文献集成』（中文、2012、復旦大学出版社）、『越南漢文燕行文献集成』（中文、2015、復旦大学出版社）他、編著『古籍印本鑑定概説』（中文、2005、上海辞書出版社）他。

Martin Heijdra　（マーティン　ヘイドラ）

プリンストン大学東アジア図書館長、中国史学。共著 “Cambridge History of China Volume 8: The Ming Dynasty, Part 2: 1368–1644” 1998, Cambridge University Press。

堀川　貴司　（ほりかわ　たかし）

慶應義塾大学附属研究所斯道文庫教授、日本漢文学。著書『書誌学入門 古典籍を見る・知る・読む』（2010、勉誠出版）、『五山文学研究 資料と論考』（正続、2011・2015、笠間書院）他。

矢島　明希子　（やじま　あきこ）

慶應義塾大学附属研究所斯道文庫助教、東洋史・書誌学。論文「中国古代における鳩の表象」（中国古代史研究会編『中国古代史研究』第 8 、2017、研文出版）、「陸氏毛詩草木鳥獣虫魚疏の基礎的研究—篇目から見る各本の相違」（「斯道文庫論集」第50輯、2015）他。

柳川　響　（やながわ　ひびき）

日本学術振興会特別研究員（ＰＤ）、日本中世文学。論文「藤原頼長の経学と「君子」観—『台記』を中心として—」（「国文学研究」第169集、2013）、「藤原忠通の文壇と表現」（小峯和明監修『シリーズ日本文学の展望を拓く　第 4 巻　文学史の時空』2017、笠間書院）他。

山崎　明　（やまざき　あきら）

小山工業高等専門学校一般科講師、日本漢文学。共著「百二十詠詩注校本—本邦伝存李嶠雑詠注—」（「斯道文庫論集」第50輯、2015）、論文「大江匡房の願文に見る『明皇雑録』の受容」（「中古文学」第88号、2011）他。

山田　尚子　（やまだ　なおこ）

成城大学文芸学部准教授、日本漢文学・和漢比較文学。著書『重層と連関—続中国故事受容論考—』（2016、勉誠出版）、論文「細川重賢の蔵書と学問—漢文史料をめぐって—」（『細川家の歴史資料と書籍』2013、吉川弘文館）他。

図　録　編

目　　録

Ⅰ　奈良朝写経

Ⅱ　漢籍旧鈔本

Ⅲ　宋　　版

凡　例

一、本書図録編は、デジタルアーカイブ「宮内庁書陵部収蔵漢籍集覧―書誌書影・全文影像データベース―」（http://db.sido.keio.ac.jp/kanseki/）に基づき、その収載書目から Ⅰ 奈良朝写経、Ⅱ 漢籍旧鈔本、Ⅲ 宋版 を選んで、新たに解題を加える内容とした。

一、本編各章内の排列は四部分類に拠り、仏典については『大正新修大蔵経』の収録順とした。

一、本編各項の記事は、目録、図版、書誌、解題の各段から構成した。

一、目録は、下記の条項について標記した。

　　各項の番号、題目・巻数・首目と附録及び存闕、複製地域・判型・員数、函架番号

　　王朝名（撰述時）・撰者姓名・撰述の趣

　　刊写年代・刊写の別・刊写地及び刊写者・依拠本文、補配・書入・識語・旧蔵等

一、目録の標記は、原則として原本の字体に依拠し、UNICODE（UTF8）収録の近似体を以って表示した。原本の字体がこれに合わない場合、標記の必要上、原本にない文字を加える場合には、正字体を採用した。また推定に基づく補記は〔　〕内に、それ以外の注記は（　）内に表示した。

一、図版は、原則として巻首と、著録や解説の要諦に当たる箇所を選んで表示し、頁内では右から左、上から下の順に排列した。

一、図版の下に、原本内の位置や記述の内容を示す簡単な注記を、常用字体によって加えた。

一、図版の収載は、原本の高さの範囲を原則とするが、解題の必要上、部分を拡大する場合には、その旨を注記した。また同じく、原本の実見によっては得られない視野の図版を掲載する場合には、合成による旨を注記した。

一、書誌は、下記の条項につき、原本の構成に沿って標記した。但し、図版として表示される巻首及び本文と巻尾の記述、常襲と認める記事は省略した。

　　装訂（表紙・外題・綴じ方・料紙）、表紙と首末の間（見返し・副葉・封面）

　　首巻（各種前付けの題目・撰文の年時と撰者名）

　　刊写の体式（匡郭または字面・款式・字様・柱・版本の補修・工名）

　　末巻（各種後付けの題目・撰文の年時と撰者名）

　　書写識語または刊記、後人の附加（補配・書入・識語・鈐印）

一、書誌の標記中、原本の引用は「　」内に記した。その標記は、原則として原本の字体に依拠し、UNICODE（UTF8）収録の近似体を以って表示した。また改行を ／、改ページ（半張）を ∥ と標記し、小字は〈　〉内に、等位の改行は ｛　｝ 内に記した。それ以外の編者による注記には、常用字体を採用した。

一、書誌及び、それに基づく目録の標記には、デジタルアーカイブ「宮内庁書陵部収蔵漢籍集覧―書誌書影・全文影像データベース―」を作成した、宮内庁書陵部蔵漢籍研究会の参加者による検討を踏まえている。

一、解題は、原則として同研究会における原本の調査及び書誌作成の担当者が、それぞれの創意に基づき記述した。

一、解題の標記は、原文の引用を除き、原則として常用字体を採用した。

一、解題中、記述に関連する本書収載の論文及び、本編別項の参照箇所を注記した。その際、編内各章の番号をローマ数字、各項の番号をアラビア数字により、Ⅰ－1のように示した。

一、解題の記述者名を、各項末尾の（　）内に示した。

一、本編記述の上で直接参考とした文献を、各章ごとにまとめ、本編の末尾に「参考文献一覧」として附記した。

I　奈良朝写経

1. 中阿鋡經(尾題)〔60〕巻　存巻56 首闕　　和　大　1 軸　512-43

〔晉釋瞿曇僧伽提婆〕譯

天平寶字 6 年(762)寫　光覺願經　法隆寺一切經本　内閣記錄局蒐集

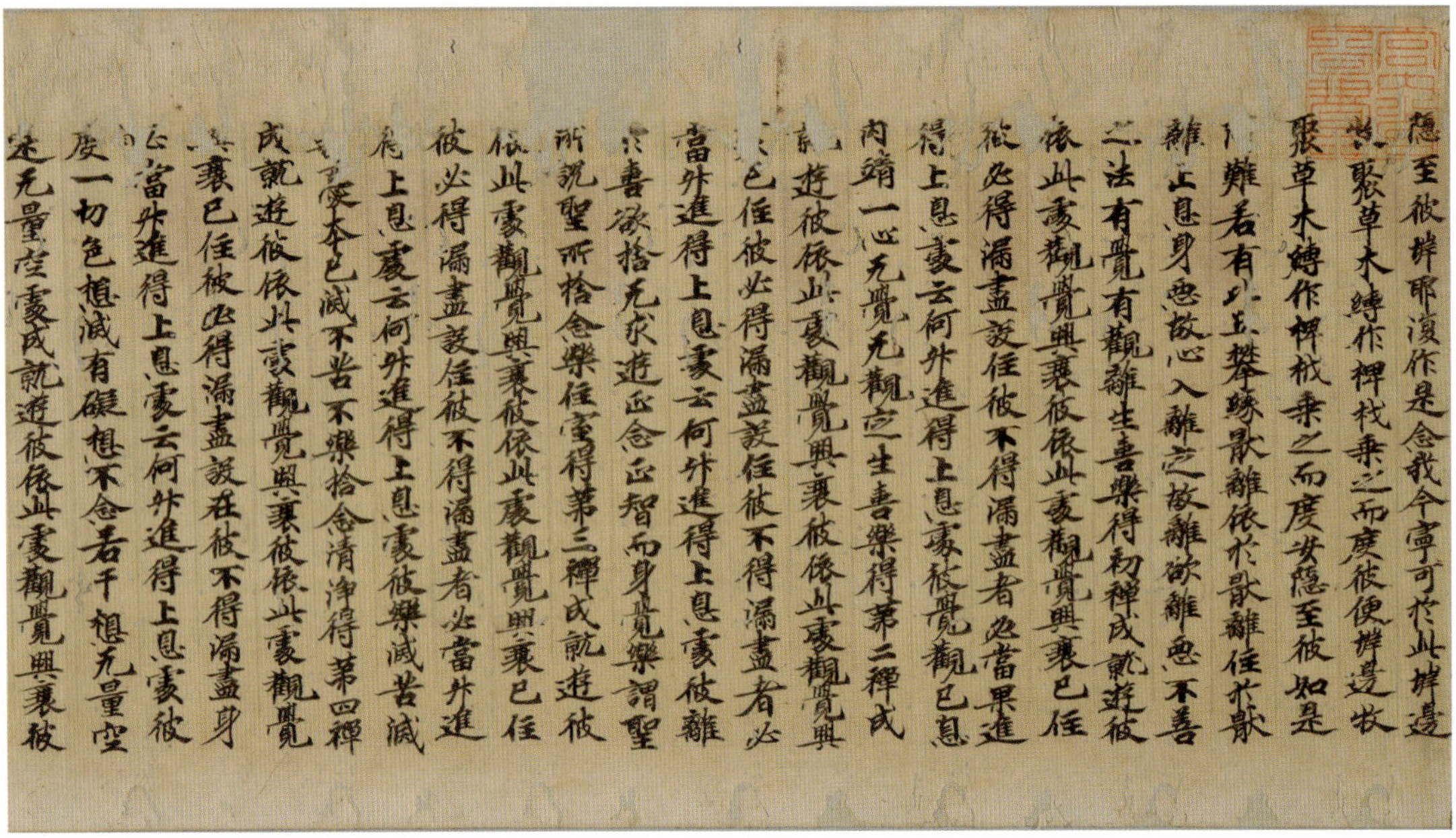

首

後補彩色亀甲繋花菱文絹表紙（27.5×25.0cm）。巻子装，毎紙幅約56.9cm（第 1 紙53.3cm），撥型木軸。本文黄麻紙，裏打修補，6 紙。
淡墨界（界高約21.0cm，幅約2.0cm），毎紙28行17字，1 筆。尾題「（低10格）心穢經茀五竟／中阿鋡經巻五十六［　］茀五後誦」。尾題後隔 1 行，本文別筆にて「〈奉為（隔 3 格）皇帝后／（低 7 格）維天平寶字六年歳次■寅五月二日願主僧光覺／（更低 3 格）頭僧願林／（以下更低 1 格）長屋連久米麻呂　　山階臣白刀自／錦部兄麻呂［　］佐味臣白刀自／矢集宿祢廣道［　］長屋連刀自古／錦部張人［　］長屋連大本女／錦部万岐麻呂［　］大和宿祢日女比止女／錦部田須麻呂［　］錦部寺女／長屋連古須美女〉」識語あり。軸付部紙背に又別筆にて「歴名付入　五十六巻」と書す。第 5，6 紙継ぎ目，紙背，大尾に単辺方形陽刻「法隆寺／一切經（楷書）」墨印記，首に同「宮内省／圖書印」朱印記を存す。

東晋の隆安元年（397）にカシュミールの僧、瞿曇僧伽提婆が、建康の東亭寺で訳出したと伝える阿含経典。

本軸は、僧光覚が発願し、天平宝字 6 年（762）頃に書写させた光覚願経の一。光覚の詳伝は不明。同経については本書『瑜伽師地論』巻53の解題（Ⅰ-21）参照。本軸の天平宝字 6 年の識語に「皇

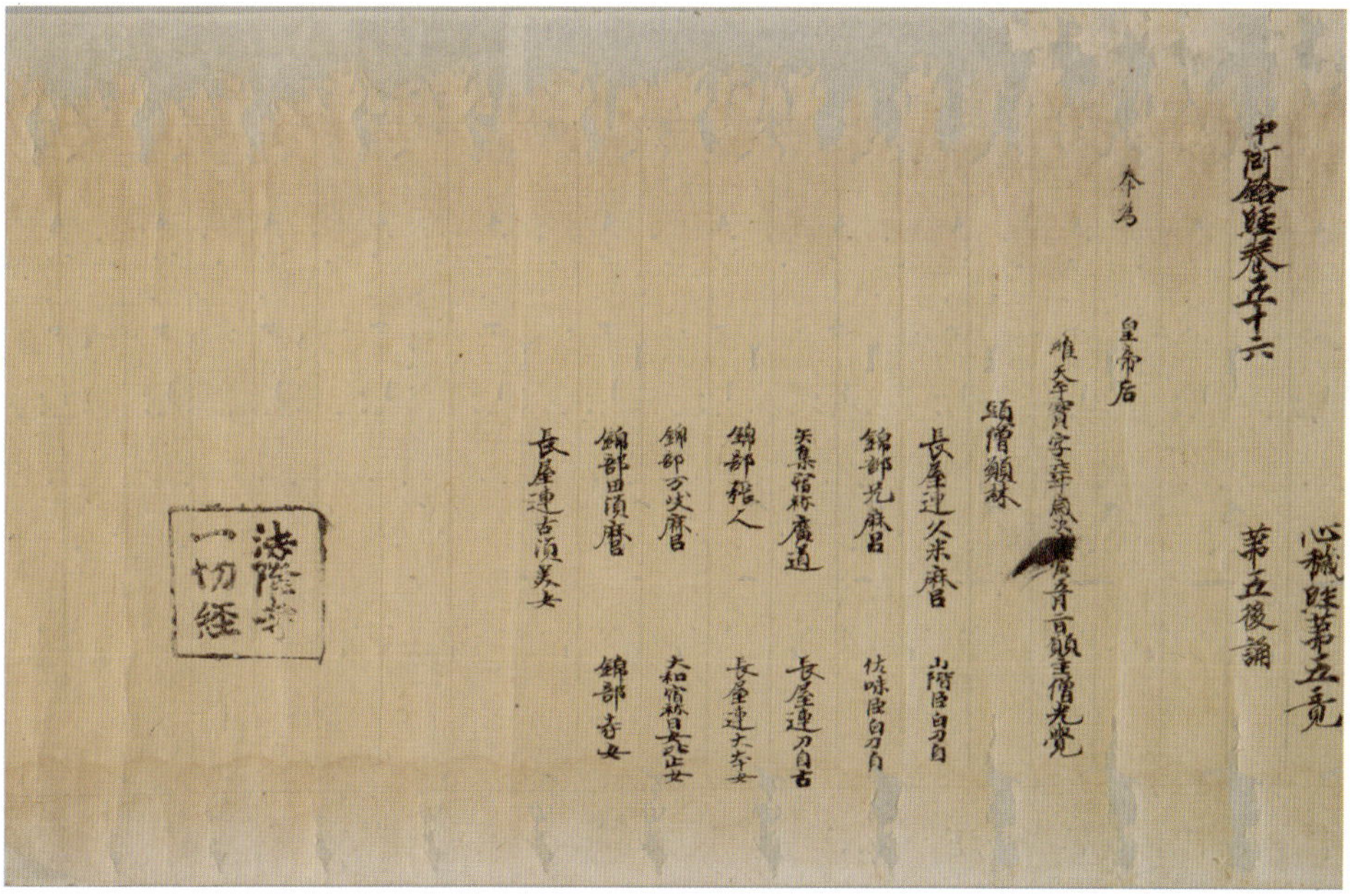

天平宝字6年識語

帝后の奉為（おんため）に」とあり、同年は淳仁天皇の治世に当たるが、天皇の夫人粟田諸姉と国母当麻山背に立后の記録がなく、直前に皇太后の地位にあった藤原光明子は同 4 年に崩じている。本経僚軸の巻59を、大東急記念文庫に蔵する。光覚願経は、結縁の僧俗の名を挙げる点に特色があり、光覚知識経とも呼ばれる。本軸には「頭僧願林」以下、長屋、錦部氏を中心に、男女13員の姓名を記す。

平安時代に整備された法隆寺一切経の一として伝来、明治期に内閣が蒐集し、のち図書寮に移された。

（住吉朋彦）

2．十支居士八城人經１巻

和　大　１軸　405-4

〔漢釋安世高〕譯

天平寶字４年(760)寫(城上連人足)　坤宮〔官一切經〕本　首鈔配

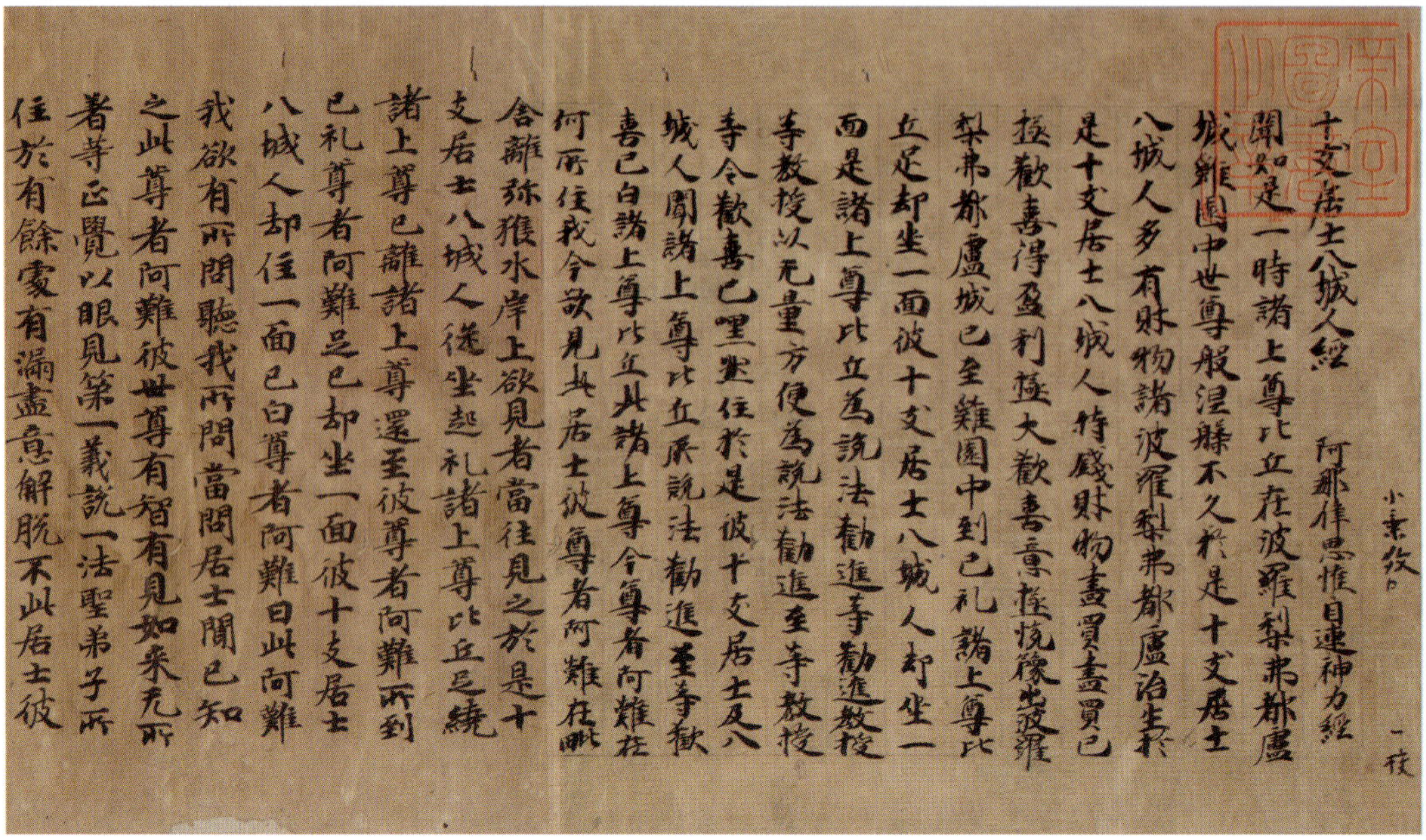
小乘經　一校
十支居士八城人經　阿那律思惟目連神力經
聞知是一時諸上尊比丘在波羅梨弗都盧
城雞園中世尊般涅槃不久於是十支居士
八城人多有財物諸波羅梨弗都盧治生於
是十支居士八城人持賤財物盡買盡買已
極歡喜得盈利極大歡喜意極悅豫出波羅
梨弗都盧城已至雞園中到已礼諸上尊比
丘足却坐一面彼十支居士八城人却坐一
面是諸上尊比丘為說法勸進等勸進教授
等教授以无量方便為說法勸進至等教授
等令歡喜已黙然住於是彼十支居士及八
城人聞諸上尊比丘所說法勸進至等歡
喜已白諸上尊比丘共諸上尊今尊者阿難在
何所住我今欲見共居士彼尊者阿難在鞞
舍離彌猴水岸上欲見者當往見之於是十
支居士八城人從坐起礼諸上尊比丘足繞
諸上尊已離諸上尊還至彼尊者阿難所到
已礼尊者阿難足已却坐一面彼十支居士
八城人却住一面已白尊者阿難曰此阿難
我欲有所問聽我所問當問居士聞已知
之此尊者阿難彼世尊有智有見如來无所
著等正覺以眼見第一義說一法聖弟子所
住於有餘處有漏盡意解脫不此居士彼

巻　首

茶色雲母刷表紙（25.6×16.2㎝）左肩打付に本文別筆にて「十支居士八城人經」と書す，巻子裝，茶色染楮紙（第１紙斐楮交漉紙），裏打修補，５紙。

淡墨界（界高約19.8㎝，界幅約1.9㎝），毎紙27行（第４紙26行格）17字，１筆，（第１紙）同（界高約20.0㎝，界幅約1.8㎝），存15行格，鈔補別筆。

尾題後隔２行，第４至５紙に低格して「〈天平寶字四年十月五日散位従八位上城上連人足寫／（更低４格）散位従八位上伊賀臣石足初挍／左大舍人従八位下物部首塩浪再校〃坤宮舍人大初位上難千依裝／用穀　紙　四　張〉」識語あり，首に単辺方形陽刻「帝室圖／書之章」朱印記を存す。

パルティア（安息国）の太子で仏教を修め、後漢の桓帝朝（146-67）に洛陽に来て、漢語を学び仏典を訳した最古の訳経僧、安世高の訳と伝える小経典。古経録類に３紙とある。

識語に「穀紙四張を用ふ」とあるが、現状は５紙。但し第１、２紙は紙幅が短く、第１紙は後世の筆跡で、首闕鈔補。また第５紙は識語の後半に当たり、経典自体は３紙であったと推される。

本軸は天平宝字４年（760）光明皇太后の崩御に伴い書写された一切経の一部である。当時皇太后の御所を唐風に坤宮と称し、同宮経営の事務を行う坤宮官が当初の制作を主導したことから、これを坤宮官一切経、或いは坤宮御願一切経と呼ぶ。

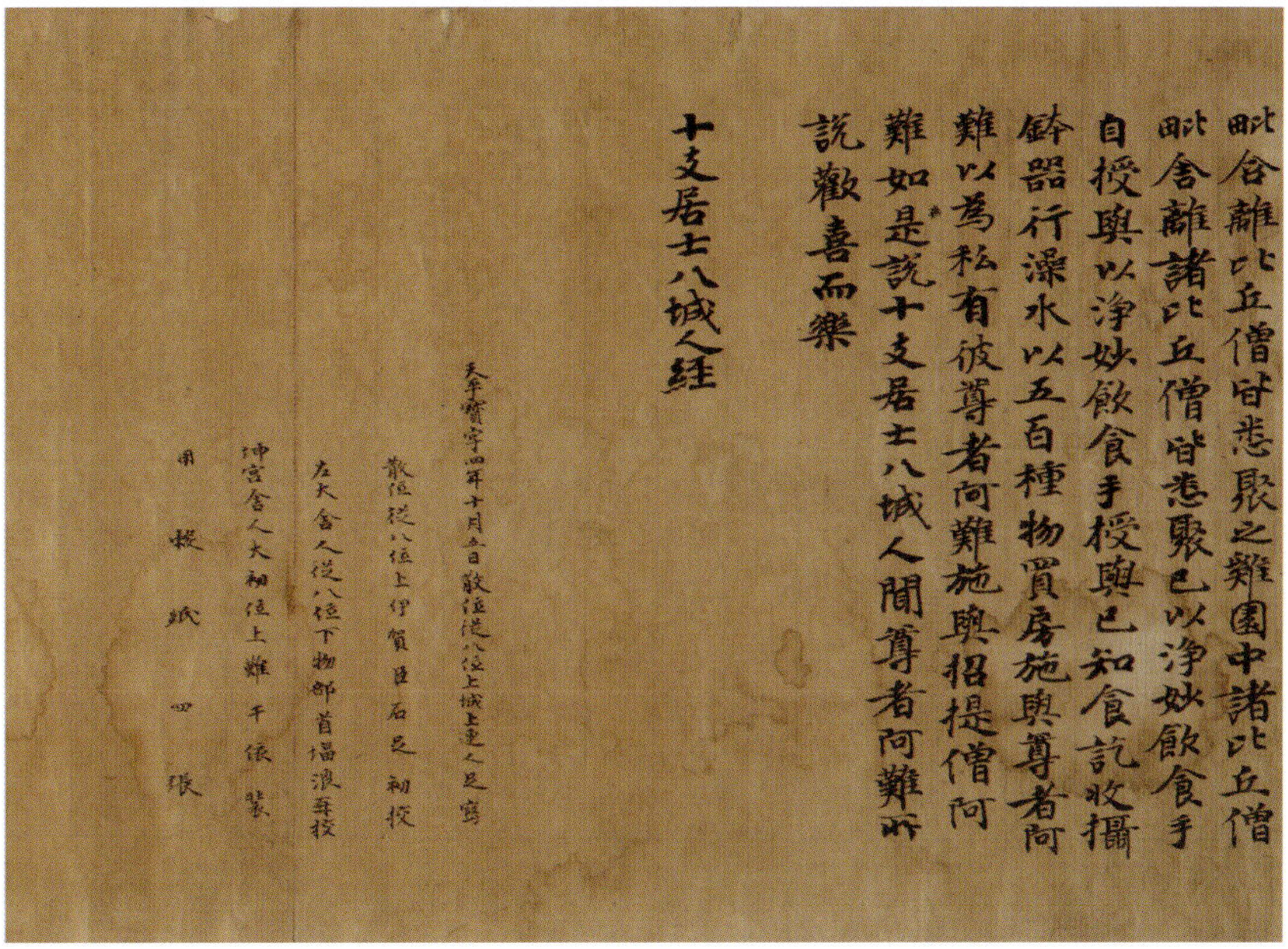

毗舍離比丘僧皆悉聚之雞園中諸比丘僧
毗舍離諸比丘僧皆悉聚已以浄妙飲食手
自授與以浄妙飲食手授與已知食訖收攝
鉢器行澡水以五百種物買房施與尊者阿
難以為私有彼尊者阿難施與招提僧阿
難如是説十支居士八城人聞尊者阿難所
説歡喜而樂

十支居士八城人経

天平寶字四年十月廿日散位従八位上城上連人足寫
散位従八位上伊賀臣石足初校
左大舎人従八位下物部首塩浪再校
坤宮舎人大初位上難千依装
用紙四張

天平宝字 4 年識語

これより先、皇太后は天平宝字 4 年 2 月に一切経の書写を写経所に指示していたが、開始後間もなく同年 6 月 7 日に没する。その後、一切経の書写は恵美押勝によって再興され、内廷や坤宮官に属する官人をも動員し、皇太后の周忌に合わせ、異例の速度で完成された。この一切経は計5,330巻と伝え、天平宝字 5 年（761）6 月 7 日の法華寺に於ける皇太后一周忌の斎会までに同寺に奉納された。

本軸の他、法隆寺、興福寺、石山寺等に伝来し、識語末に料紙張数を銘記する特色がある。書写を担当した城上人足は、写経所に出仕した経師、伊賀石足、物部塩波は同じく校生で、難千依は装潢兼校生である。

明治期に新宮藩主であった水野忠幹の有に帰したが、恐らくは田中青山の斡旋で、内閣文庫から図書寮に収蔵された。（住吉朋彦）

3．佛本行集經〔60〕卷 存卷59 婆提唎迦等因縁品之三至摩尼婁陁品第五十九

和　大　1軸　512-47

〔隋〕釋闍那崛多譯

〔奈良後期〕寫(〔尾張〕宮成)　中臣寺舊藏　法隆寺一切經本　文政 9 年(1826)小田切〔藤軒〕(敏)識語　内閣記錄局蒐集

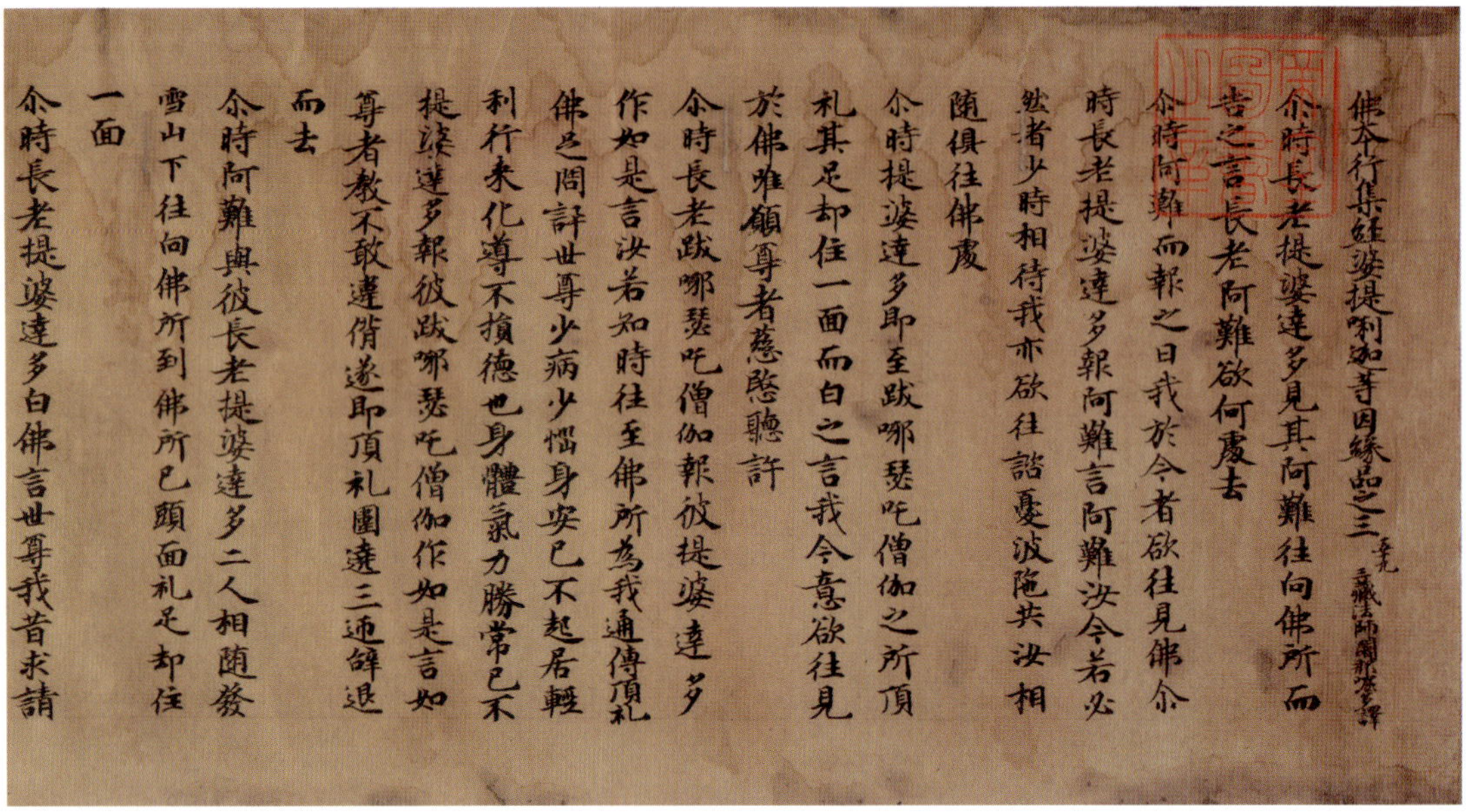

巻 59 首

新補淡墨刷目表紙（26.4×23.4㎝）左肩に旧表紙より刪去せる紙箋を貼布し〔平安〕筆にて「佛本行集経巻第五十九」と書す。巻子装，毎紙幅約57.8㎝（第 1 紙55.7㎝），本文黄麻紙。

淡墨界（界高約20.7㎝，幅約2.2㎝），毎紙26行17字，1 筆。軸付部背面に本文同筆にて「[　]十五宮成」識語あり，書写識語下に別筆にて「一挍野長」と，次行下に又別筆にて「二挍久嶋」識語あり。箱入り，蓋上面外側に「佛本行集経巻第五十九〈合縫有中／臣寺之印〉」と書す。同内側に「中臣寺属大和國宇智郡大原村舊称法光寺遺址未詳拾／芥抄云法光寺又曰中臣寺今之藤原寺是也乃鎌足公所創云／　文政丙戌九月　日［　］小田切敏識」語あり。紙背校記より隔 1 行低格「〈明治四十年六月修補圖書寮〉」識語あり。

第 1 至 2，2 至 3 紙の継目背面に単辺方形陽刻「中臣／之寺」朱印記，これに重ね，又第14至15紙の継目背面，大尾に同「法隆寺／一切經（楷書）」墨印記，首に同「帝室／圖書／之章」朱印記を存す。

本経は、北周、隋時代の長安に出入したガンダーラの僧、闍那崛多が、隋文帝の招請により大興善寺において訳出した、仏伝集成の書。

本巻軸付紙の背に「十五宮成」とあるのは、紙数と筆主の名であろう。別筆で 2 度の校正を経ているのは正式の写経事業に掛かることを推測させる。そして正倉院文書中の宝亀 3 年（772）頃の手実に経師尾張宮成の名が見え、本軸署名の筆跡と一致する。本軸は、奉写一切経所周辺の作成に掛かるのであろう。但し正倉院文書中に本経書写の証跡は得られない。また宮内庁正倉院事務所管理の聖語蔵経巻のうち、今更一部一切経本の本巻部分は佚しているが、本軸とは経巻の書式が一致しない。

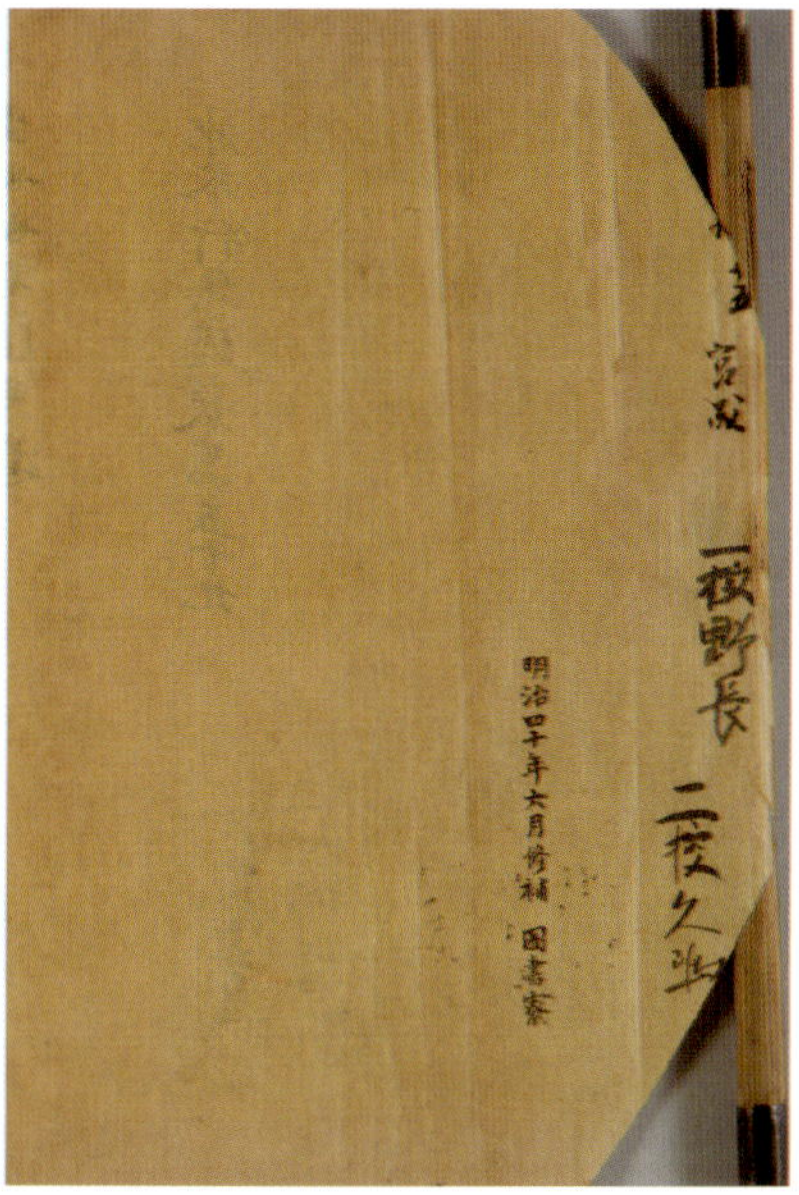

書写識語

中臣寺印記

縫合部の紙背に見える古印記「中臣之寺」は稀少で、聖語蔵中に数種が見られる他、わずかに散在する。中臣寺は『三宝絵』『拾芥抄』等の記事により、大和国法光寺の古称と考えられ、写経所と外部寺院との間に、経典交流のあったことを示す。本軸はその後、法隆寺一切経の一部として伝来した。但し、現在法隆寺に残存する平安書写の本経残巻とは、書型を異にする模様である。

水野忠邦の家臣で松崎慊堂の門人であった、小田切敏、号藤軒が考証を添えている。明治期の内閣文庫による買上げを経て、図書寮に移された。（住吉朋彦）

4．出曜經〔20〕巻 存巻8 首闕

和　大　1軸　512-34

〔姚秦釋竺佛念〕譯

天平12年（740）寫（藤原光明子令寫）　五月一日經本　〔東大寺尊勝院〕舊藏

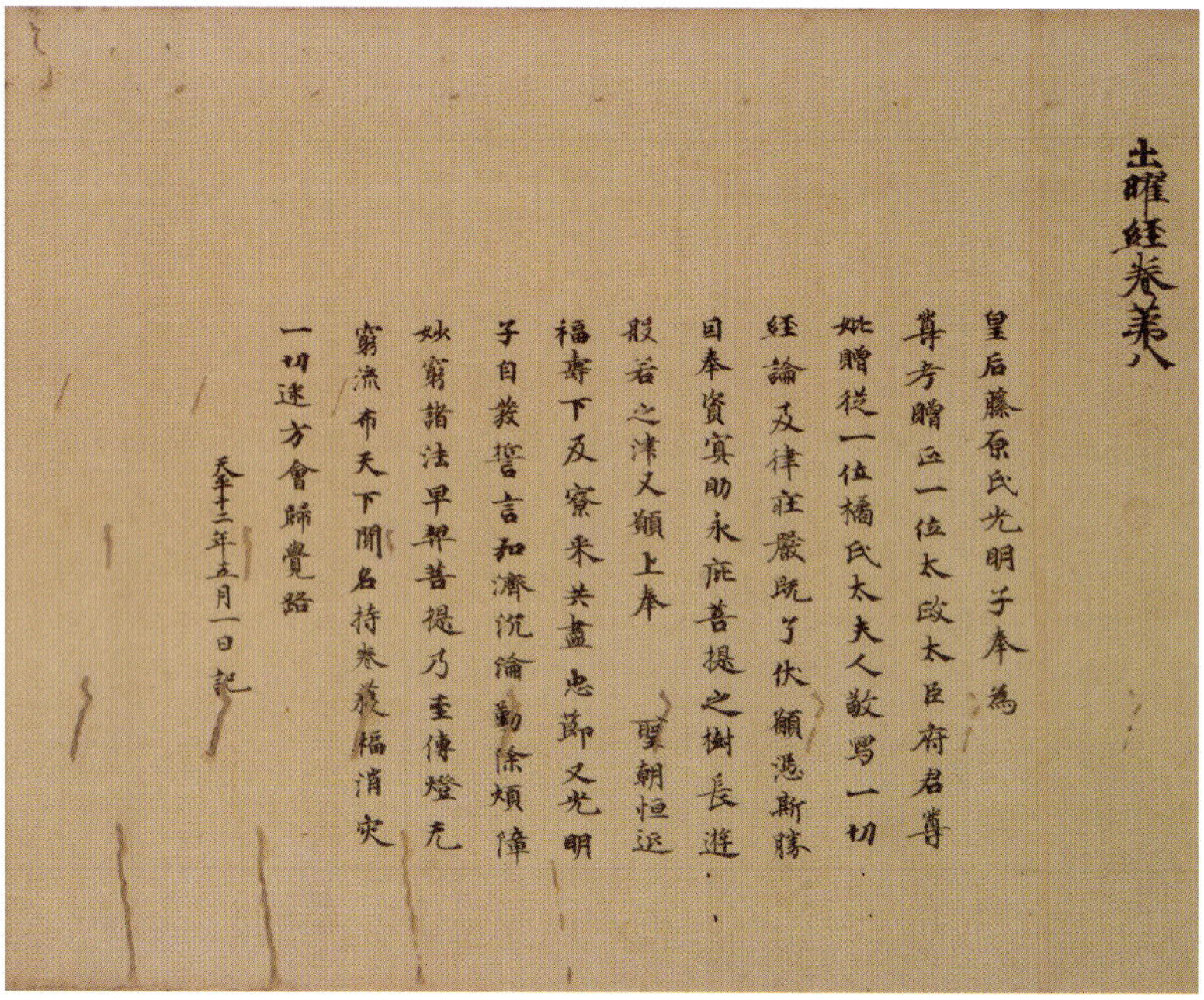

出曜經巻第八

皇后藤原氏光明子奉為

尊考贈正一位太政太臣府君尊

妣贈從一位橘氏太夫人敬冩一切

經論及律莊嚴既了伏願憑斯勝

因奉資冥助永庇菩提之樹長遊

般若之津又願上奉　聖朝恒延

福壽下及寮采共盡忠節又光明

子自發誓言弘濟沈淪勤除煩障

妙窮諸法早契菩提乃至傳燈无

窮流布天下聞名持巻獲福消災

一切迷方會歸覺路

天平十二年五月一日記

願　文

後補淡渋引刷目表紙（26.4×21.3cm）左肩打付に「出曜經巻第八〈光明皇后御筆〉」と書す。左肩打付に本文別筆にて「出曜經巻第拾」と書した旧素表紙（×21.0cm）を翻して継ぐ。巻子装，黄麻紙，毎紙幅約46.2cm（第1紙2.5cm，第23紙33.7cm），首闕，22紙。

淡墨界（界高約19.5cm，幅約2.0cm），毎紙24行17字，1筆。尾題後隔1行，低4格，本文同手細筆にて天平十二年五月一日願文あり。軸身下辺に紙箋を貼布し「明治四十年四月加裱装　圖書寮」墨識並に単辺楕円形陽刻小「忠淳」朱印記あり。首に単辺方形陽刻「帝室／圖書／之章」朱印記を存す。

出曜経は教訓的偈頌とその注釈的説話からなる経典で、同一内容ながら30巻本（大正蔵）と20巻本（金剛寺・石山寺・興聖寺所蔵経）・19巻本（名取新宮寺所蔵経）がある。本軸は20巻本で、30巻本では巻12に相当する。20巻本の巻8は30巻本の巻10～12であるが、本軸の巻10～11相当部分は前欠。

本軸は五月一日経（Ⅰ-10参照）で、正倉院文書によれば、天平15年4月ないし5月頃に底本が古神徳に充てられており、実際にはその頃に書写されたと考えられる。願文の日付のうち「天平十二」の4字後筆。この神徳は、正平版『論語』初刻本の跋文に「學古神徳楷法、日下逸人貫書」と、また静嘉堂文庫所蔵日野西家旧蔵『古文尚書』跋に「孛古神徳筆法、日下逸人貫書／右史記言之策者、（中略）／元亨壬戌南至日學三論業沙門素慶謹誌」と見える人物にあたると考えられている。（小倉慈司）

5．大般若波羅蜜多經〔600〕巻　存巻244 初分難信解品苐卅四之六十三

和　大　1帖　503-33

〔唐〕釋玄奘奉詔譯

和銅５年寫（長屋〔王〕令寫）　雨森〔白水〕（維寅）題識

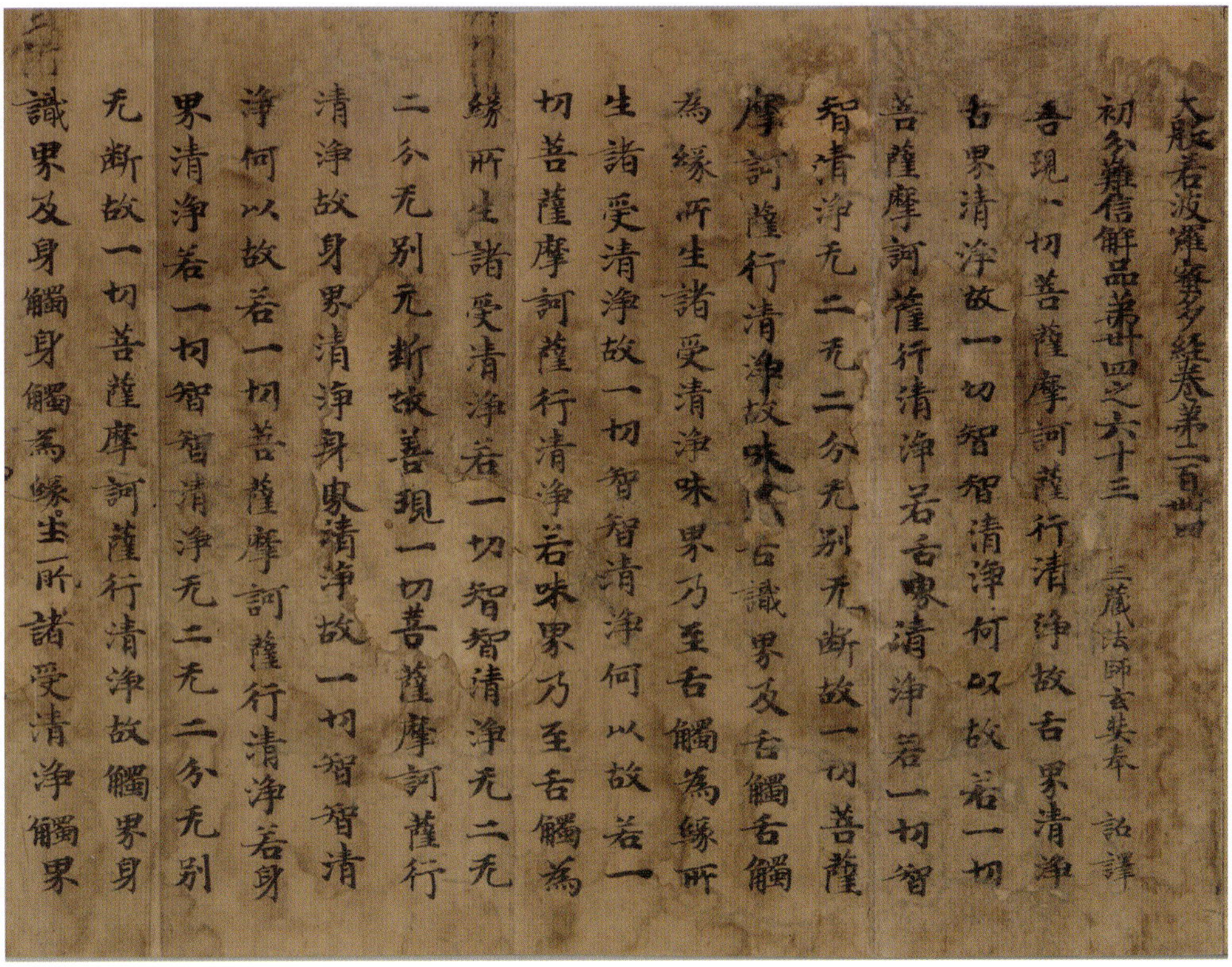

巻 244 首

鶯白藍茶色竪縞卍宝文絹貼り帙入り，上面左肩に素絹題簽を貼布し「大般若波羅蜜多經巻第二百卌四〈和銅年款〉」と書し，細字左傍に方形陰刻「維」「寅」聯珠朱印記（雨森白水）を存す。内側金砂子散し。後補茶色地枡形中花卉七宝文裂表紙（22.7×8.7㎝）左肩に素絹題簽を貼布し「和銅五年古書大般若経」と墨書，下方に方形陰刻「雨森／寅印」朱印記（雨森白水）を存す。折本，巻子装を改む。毎紙幅約48.0㎝（第１紙44.7㎝，第７紙49.0㎝，第16紙49.5㎝，第17紙49.1㎝，第19紙13.4㎝），毎５行折。19紙（断裂26片）。本文茶色染楮紙，裏打修補。

無界（字高約19.2㎝），毎紙約28行17字。尾題の後隔１行，第25至26紙低４格にて「藤原宮御寓　天皇以慶雲四年六月／十五日登遐三光慘然四海遏密長屋／殿下地極天倫情深福報乃為／天皇敬寫大般若經六百巻用盡酸割∥之誠焉∥〈和銅〉五年歳次壬子十一月十五日庚辰竟∥（更低４格）用紙一十九張（隔７格）北宮」墨識あり。上層墨書校注擦消しあり。桐箱蓋上面中央に「和銅五年古書大般若經」墨識，左下に方形陰刻不明，単辺方形陽刻「不□□／圖書印（隷書）」朱印記あり，同内側

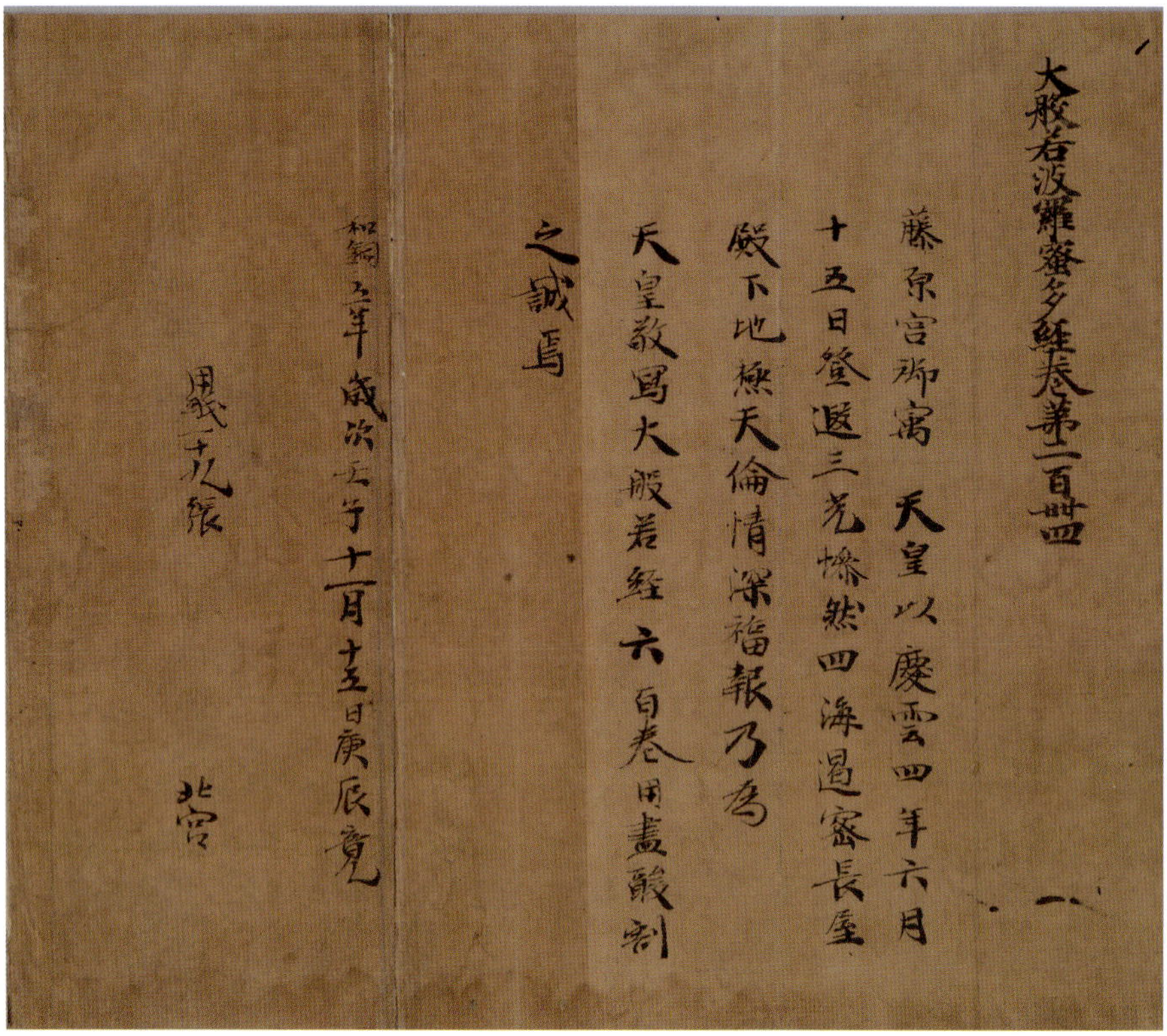

和銅５年識語

左下に「酔墨齋秘藏」墨識（雨森白水）を存す。首に方形単辺陽刻「御府／圖書」朱印記，同「宮［　］／圖［　］」，帙下面内側に同「宮内省／圖書印」朱印記あり。

『大般若経』は、種々の般若経典を集成した、大蔵経中随一の規模を誇る経典。玄奘三蔵が中国に将来し、唐顕慶４年（659）までに、長安の玉華宮で衆僧とともに訳出した。本経は法相宗所依の経典である他、日本でも広く崇仰を集め、古代中世を通じ絶対的な権威を保った。

本軸は、和銅５年（712）長屋王が、慶雲４年（707）藤原宮に崩じた文武天皇の追善のために書写させた『大般若経』である、長屋王願経のうちの１巻。奥書の年号に因り和銅経とも呼ばれ、他の多くの巻は太平寺（滋賀県甲賀市）と近隣の寺院に伝来する。本軸にはないが同経の他の巻では、慈恩大師基等を筆受とする訳場列位を伴い、書写よりわずか50数年前の、訳業の餘薀を伝える。

明治13年（1880）、本書解題Ⅰ－７、Ⅰ－16など複数の経典とともに、京都の画家雨森白水（名維寅）から皇室が買い上げ、図書寮に置かれた。（住吉朋彦）

6．大般若波羅蜜多經〔600〕巻　存巻355 初分多問不二品苐六十一之五

和　大　1帖　512-19

〔唐〕釋玄奘奉詔譯

天平勝寶 6 年(754)寫(錦織君麻呂)

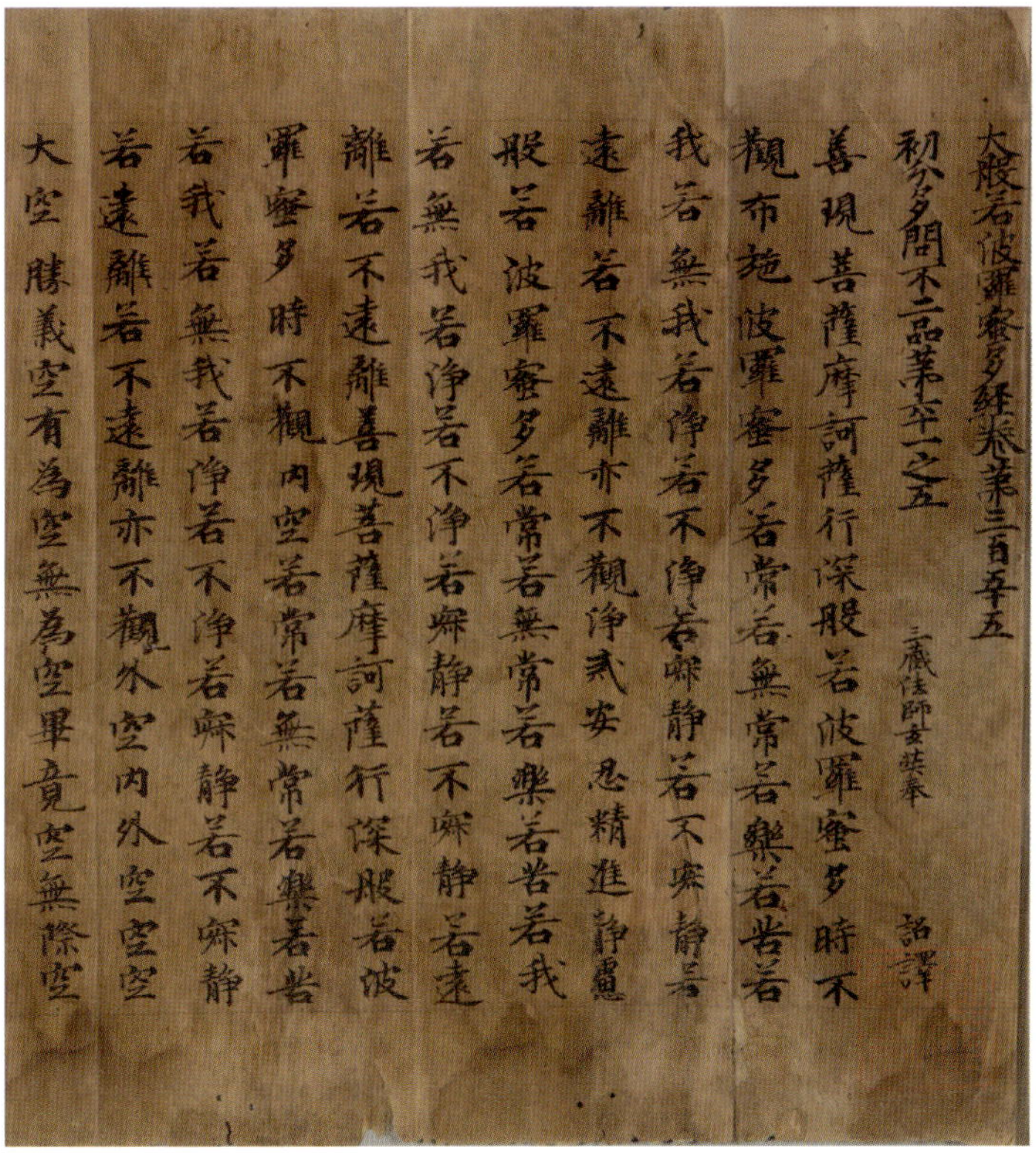

巻 355 首

後補黄色地金襴緑糸飛龍巻雲文緞子表紙（26.3×7.4㎝）。折本，巻子装を改む。原紙高約25.6㎝，毎紙幅約57.4㎝（第11至14紙約55.8㎝，第 1 紙53.2㎝，第15紙20.1㎝），毎 4 行折。本文茶色染楮紙。淡墨界（界高約19.9㎝，幅1.8㎝），毎紙32行（第11至14紙31行）17字，1 筆。尾題後隔 2 行低 9 格，本文同筆にて「〈天平勝寶六年《歳次／甲午》九月廿三日／錦織君麻呂為父母奉寫大般／若經一巻〉」識語あり。

間ゝ朱句点，稀に墨音仮名，声圏書入を存す。書写識語末行下，別筆にて「一挍了」，又別筆にて「重挍〈了〉」と書す。首に単辺方形陽刻「御府／圖書」朱印記を存す。

『大般若経』については本書解題Ⅰ－5参照。

本軸を書写した錦織君麻呂は、奈良時代中期の宮廷写経生の一人で、天平年間（729-49）の正倉院文書にその名が見える（塵芥19「経師手実帳」、続々修19-6「写経疏経師手実帳」等）。錦織氏は河

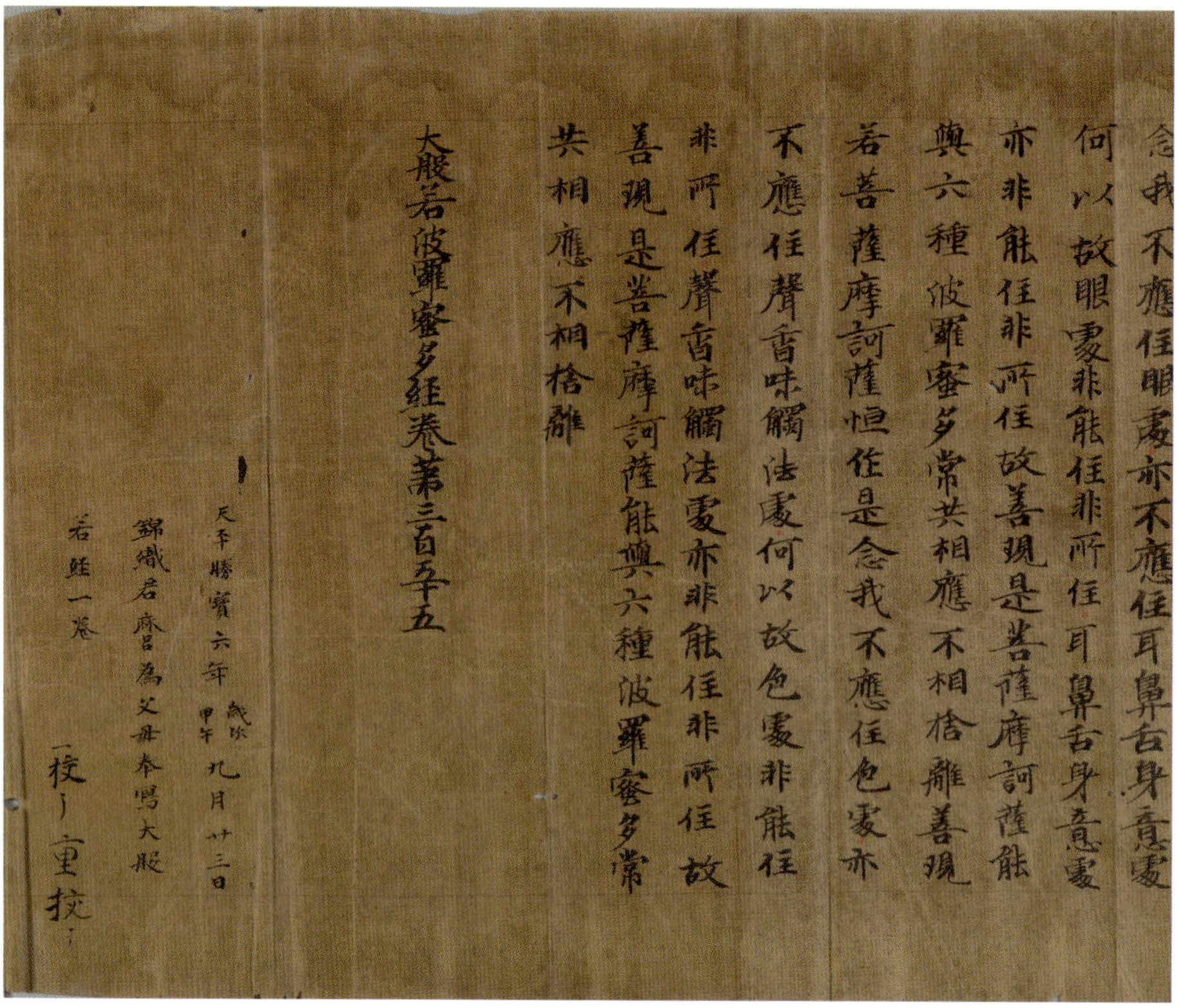

念我不應住眼處亦不應住耳鼻舌身意處
何以故眼處非能住非所住耳鼻舌身意處
亦非能住非所住故善現是菩薩摩訶薩能
與六種波羅蜜多常共相應不相捨離善現
若菩薩摩訶薩恒住是念我不應住色處亦
不應住聲香味觸法處何以故色處非能住
非所住聲香味觸法處亦非能住非所住故
善現是菩薩摩訶薩能與六種波羅蜜多常
共相應不相捨離

大般若波羅蜜多經巻第三百卆五

天平勝寶六年歳次甲午九月廿三日
錦織君麻呂為父母奉寫大般
若経一巻
一校了 重校了

天平勝宝 6 年識語

内を中心に集住した渡来人系統の氏族。かつて河内、和泉の郷村を転々とし、近世には紀州伊都郡花園村（かつらぎ町花園）観音堂に伝来した、一部に天平勝宝 6 年（754） 9 月29日前後の奥書をもつ『大般若経』に、河東化主万福法師と、後継者の花影禅師が、河川への架橋と『大般若経』の書写による父母への結縁供養を催す祈願文を存したことが伝えられ、そのうちの一巻に、同じく天平末年頃の写経生、秦乙麻呂の書写した、本軸と略ゝ同文の識語が記録されている（『寧楽遺文』宗教編下）。つまり本軸は、この万福、花影知識経の一巻を成した可能性があるが、同経は昭和28年（1953）夏の有田川大水害に遭ってほとんど亡失してしまい、今日その異同を確かめ得ないことは惜しまれる。

（住吉朋彦）

7．妙法蓮華經８巻

和　大　８軸　556-118

〔姚秦釋鳩摩羅什〕譯

〔奈良〕寫　朱白訓點 朱句點書入 永德２年(1382)修補識語

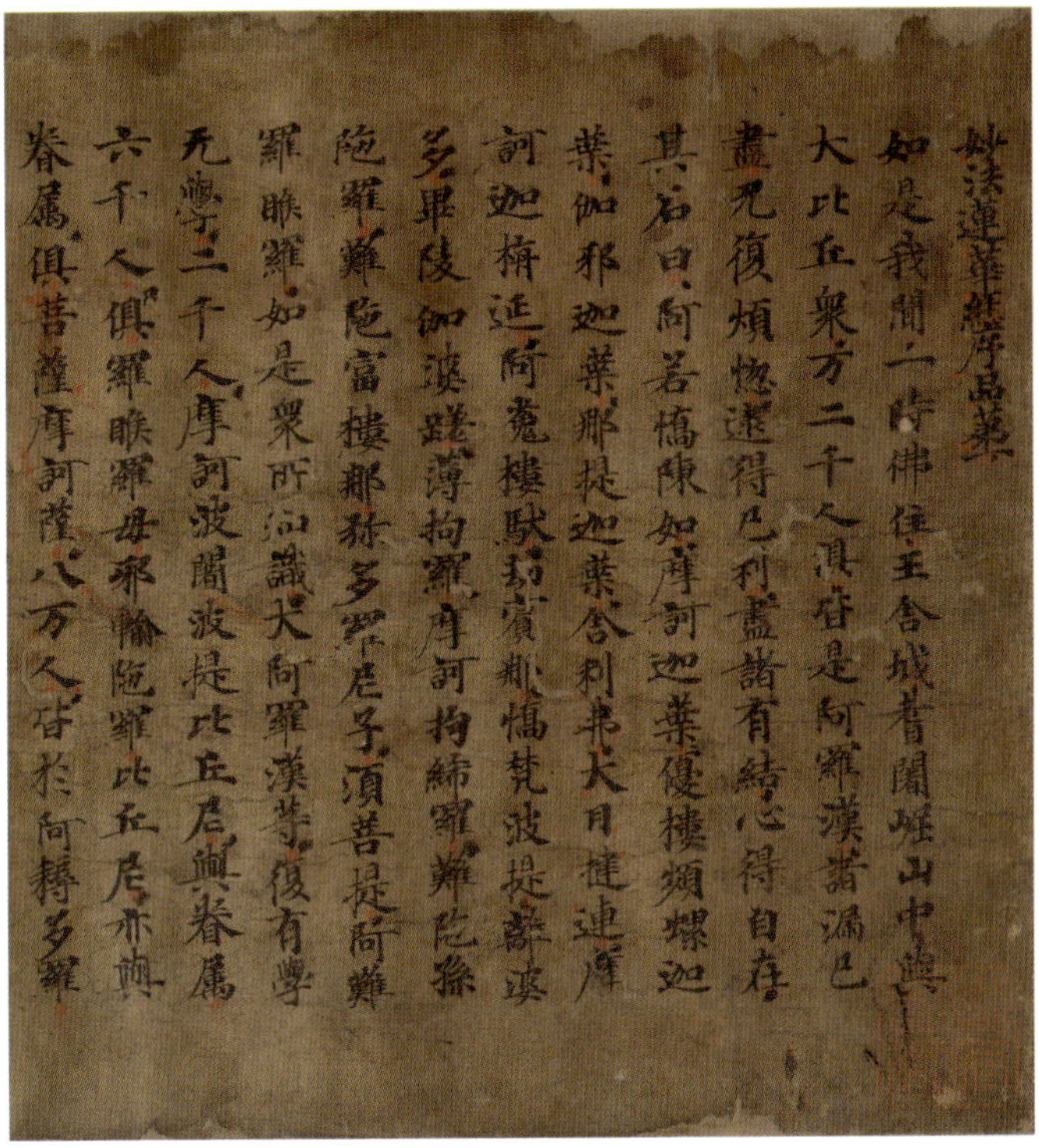
妙法蓮華經序品第一
如是我聞一時佛住王舍城耆闍崛山中與
大比丘衆万二千人倶皆是阿羅漢諸漏已
盡无復煩惱逮得己利盡諸有結心得自在
其名曰阿若憍陳如摩訶迦葉優樓頻螺迦
葉伽耶迦葉那提迦葉舍利弗大目揵連摩
訶迦旃延阿㝹樓馱劫賓那憍梵波提離婆
多畢陵伽婆蹉薄拘羅摩訶拘絺羅難陀孫
陀羅難陀富樓那彌多羅尼子須菩提阿難
羅睺羅如是衆所知識大阿羅漢等復有學
无學二千人摩訶波闍波提比丘尼與眷屬
六千人倶羅睺羅母耶輸陀羅比丘尼亦與
眷屬倶菩薩摩訶薩八万人皆於阿耨多羅

巻 1 首

後補濃縹色金銀切箔揉箔散し表紙（25.0×19.6cm），巻子装，第３軸尾に後補雲母刷り副葉（幅17.0cm），第８軸尾に副葉（幅10.7cm）あり。毎紙幅約50.8cm（第１軸第１紙47.0cm，第18紙47.5cm，第２軸第１紙47.5cm，第22紙32.3cm，第３軸第１紙47.0cm，第20紙49.2cm，第4軸第１紙47.2cm，第18紙22.2cm，第５軸第１紙47.5cm，第20紙12.1cm，第６軸第１紙46.8cm，第18紙28.3cm，第７軸第１紙47.0cm，第18紙14.5cm，第８軸第１紙46.8cm），後補頭朱黒漆塗り切合せ木軸，（第６軸）黒漆塗り切合せ木軸，麻紙，虫損修補あり。

淡墨界（界高約19.8cm,幅約1.8cm），毎紙29行17字，１筆（巻３尾題後鈔補）あり。

第１，２軸に間ゝ朱ヲコト点（円堂点），音訓仮名，返点書入，全編に間ゝ別手白筆ヲコト点（円堂点），音訓仮名，返点，欄上校改書入，又別朱にて声句点書入，稀に又別手墨筆にて音仮名，清濁声点，校改音注書入，眉上に墨筆にて20行毎に序数書入あり。第８軸後副葉に格を低し本文別筆にて「永德二年〈壬／戌〉四月廿五日修復畢」識語あり。

毎軸首に単辺方形陽刻「御府／圖書」朱印記を存す。

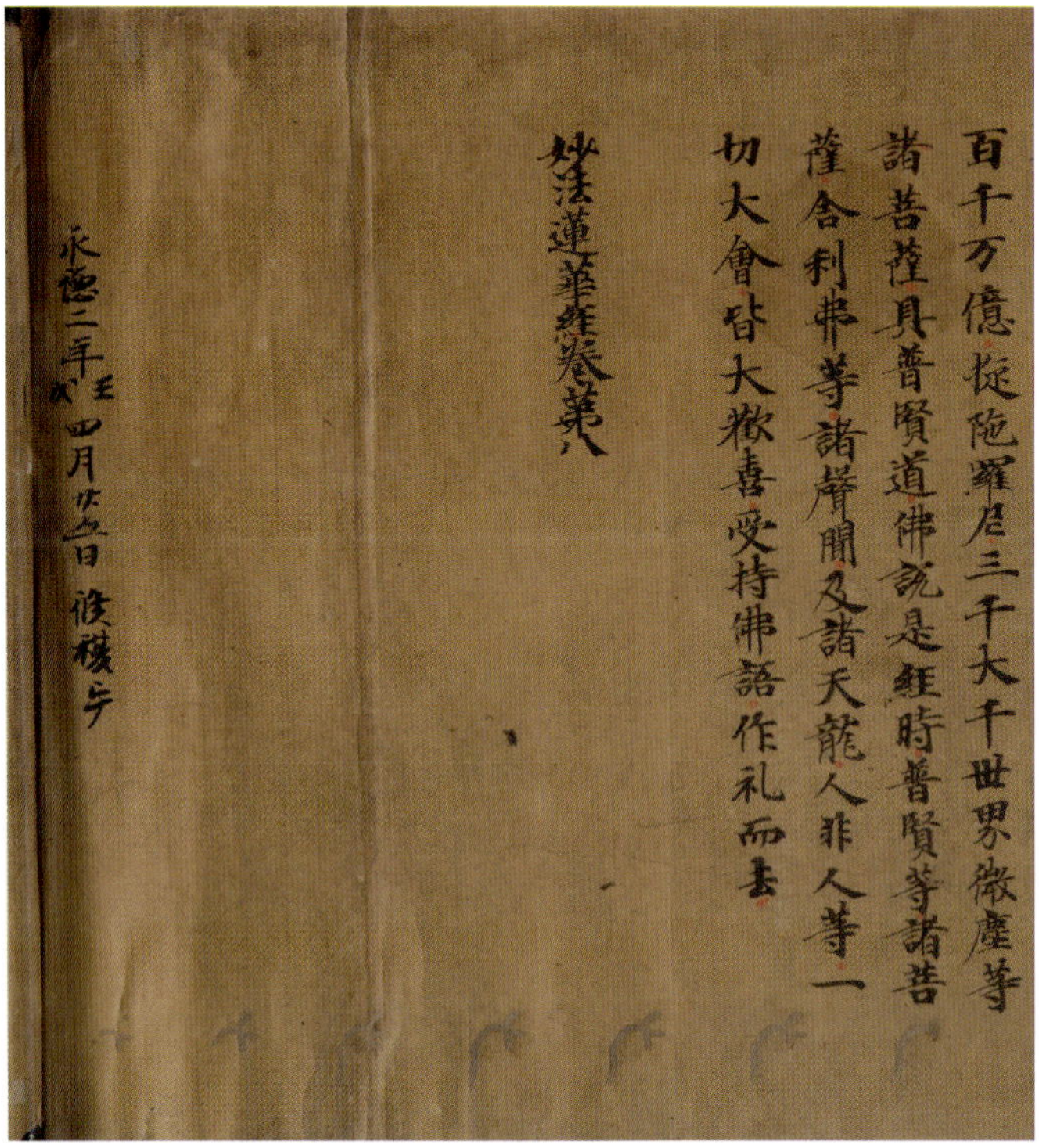

巻 8 識語

『妙法蓮華経』は、亀茲の僧鳩摩羅什による法華経の漢訳で、姚秦弘始 8 年（406）に完成した。当初は、同じ漢訳仏典である『正法華経』や『添品法華経』と同様に27品であった。後に提婆達多品や観世音菩薩普門品の偈の翻訳が追加され、28品となった。『貞元録』には「妙法蓮華経 8 巻或 7 巻」と記されており、本経典は巻立に異同がある。宋版一切経、宋版磧砂蔵、高麗蔵、大正蔵が 7 巻28品であるのに対し、本軸は 8 巻28品である。異なる巻立てだが、各品の順は一致する。天平16年（744）の書写奥書を有する興福寺蔵『細字妙法蓮華経』や、後の春日版『妙法蓮華経』が 8 巻で調巻されているように、本朝では『妙法蓮華経』は 8 巻で調巻されることが一般的である。本軸のように 8 巻全て揃った古写本の『妙法蓮華経』の現存数は少なく、ここに巻数と各品の構成を示す。（巻 1 ）序品第一、方便品第二、（巻 2 ）譬喩品第三、信解品第四、（巻 3 ）薬草喩品第五、授記品第六、化城喩品第七、（巻 4 ）五百弟子受記品第八、授学无学人記品第九、法師品第十、見宝塔品第十一、（巻 5 ）提婆達多品〔第十二〕、勧持品第十三、安楽行品第十四、従地踊出品第十五、（巻 6 ）如来寿量品第十六、分別功徳品第十七、随喜功徳品第十八、法師功徳品第十九、（巻 7 ）常不軽菩薩品第二十、如来神力品第二十一、嘱累品第二十二、薬王菩薩本事品第二十三、妙音菩薩品第二十四、（巻 8 ）観世音菩薩普門品第二十五、陀羅尼品第二十六、妙荘厳王本事品第二十七、普賢菩薩勧発品第二十八である。

書入れは、真言宗仁和寺の系統を中心に発達した円堂点である。円堂点は平安期に真言宗を中心に使用され、後には天台宗でも使用されるようになった。また、真言宗禅林寺を中心に用いられたヲコト点である禅林寺点の書入れも指摘される。こうした書入れは、本軸が真言宗の寺院において学ばれていたことを示唆すると考える。

（大木美乃）

8. 大方廣佛花嚴經〔80〕巻 存巻16　　和 大 1軸 512-48

〔唐釋実叉難陀〕譯

〔奈良後期〕寫(〔五百木部真勝〕) 〔一切經〕本 〔東大寺尊勝院〕田中青山舊藏

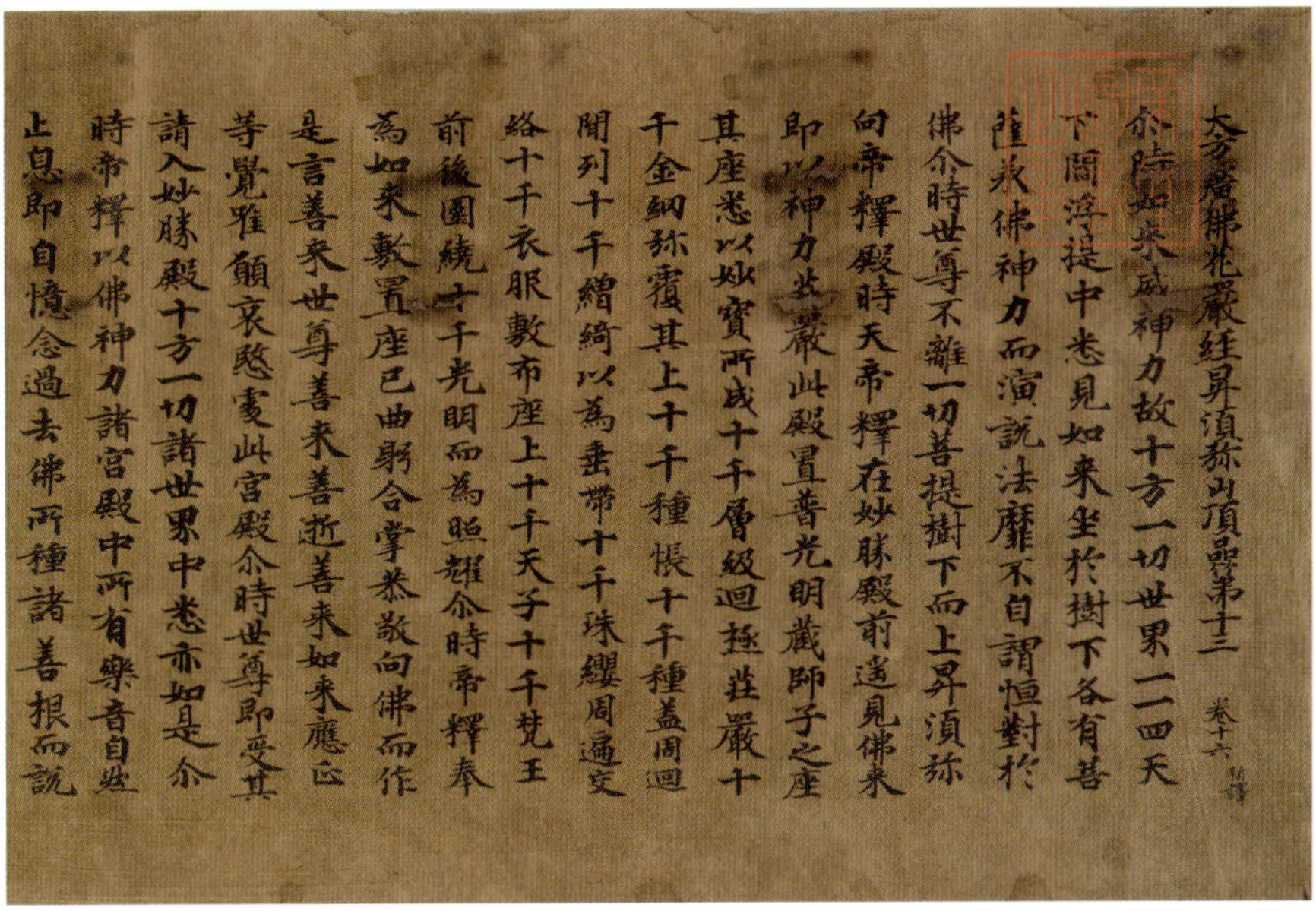

大方廣佛花嚴経昇須弥山頂品第十三　巻十六 新譯
尒時如来威神力故十方一切世界一一四天
下閻浮提中悉見如来坐於樹下各有菩
薩承佛神力而演説法靡不自謂恒對於
佛尒時世尊不離一切菩提樹下而上昇須弥
向帝釋殿時天帝釋在妙勝殿前遥見佛来
即以神力莊嚴此殿置普光明藏師子之座
其座悉以妙寶所成十千層級迴極莊嚴十
千金網弥覆其上十千種帳十千種蓋周迴
間列十千繒綺以為垂帯十千珠瓔周遍交
絡十千衣服敷布座上十千天子十千梵王
前後圍遶十千光明而為照耀尒時帝釋奉
為如来敷置座已曲躬合掌恭敬向佛而作
是言善来世尊善来善逝善来如来應正
等覺唯願哀愍處此宮殿尒時世尊即受其
請入妙勝殿十方一切諸世界中悉亦如是尒
時帝釋以佛神力諸宮殿中所有樂音自然
止息即自憶念過去佛所種諸善根而説

巻 16 首

淡茶色漉目艶出麻紙表紙（27.6×24.9㎝）左肩打付に「大方廣佛花嚴經巻第十六」と書す。巻子装，赤蜜陀撥形木軸（木軸，第23紙に剝離痕あり）。毎紙幅約53.6㎝（第 1 紙51.4㎝，第23紙21.7㎝）。厚手黄麻紙，虫損修補，23紙。

淡墨界（界高約21.5㎝，幅約2.2㎝），毎紙25行17字内外，1 筆。

白筆訓點書入，尾題より 5 行を隔て，下辺に新筆にて「〈明治四十年六月修補／（低格）圖書寮〉」と書し，直下に単辺楕円形陽刻「忠淳」朱印記を存す。首に単辺方形陽刻「帝室／圖書／之章」朱印記あり。

大乗経典を代表し、華厳宗の根本に置かれた『華厳経』の、新訳80巻本の残巻。訳者の実叉難陀はホータン（于闐）の僧。武后大周の聖暦 2 年（699）に、洛陽仏授記寺に於いて義浄等と共に訳経を完成した。

本軸は奈良時代後期の写経生の制作に依るもので、遒勁の字様を備える。正倉院事務所の管理する聖語蔵経巻中の、いわゆる「神護景雲二年御願経」に含まれる、今更一部一切経の闕佚巻に相当し、巻16を含む第 2 帙（巻11至20）は、正倉院文書中の宝亀 6 年（775） 3 月の五百木部真勝の手実に拠り、同人の書写と知られるが、実際、正倉院管理分の巻17に、真勝の署名がある。なお慶應義塾図書館に蔵する巻14や、図書寮文庫所蔵の巻19、22（512-69、Ⅰ－9 参照）も僚軸である。

内閣書記官長であった田中青山の旧蔵、後に内閣文庫を経て図書寮に入った。青山の『古芸餘香』第 5 「新収書、古写本」録。

（住吉朋彦）

9．大方廣佛花嚴經〔80〕巻 存巻19 22　　和 大 2軸 512-69

〔唐釋實叉難陀〕譯

〔奈良後期〕寫(大坂〔廣川〕等) 〔一切經〕本 (巻22)白點書入 (巻22)大伴〔鯉麻呂〕

〔高向〕淨成校合識語 〔東大寺尊勝院〕舊藏

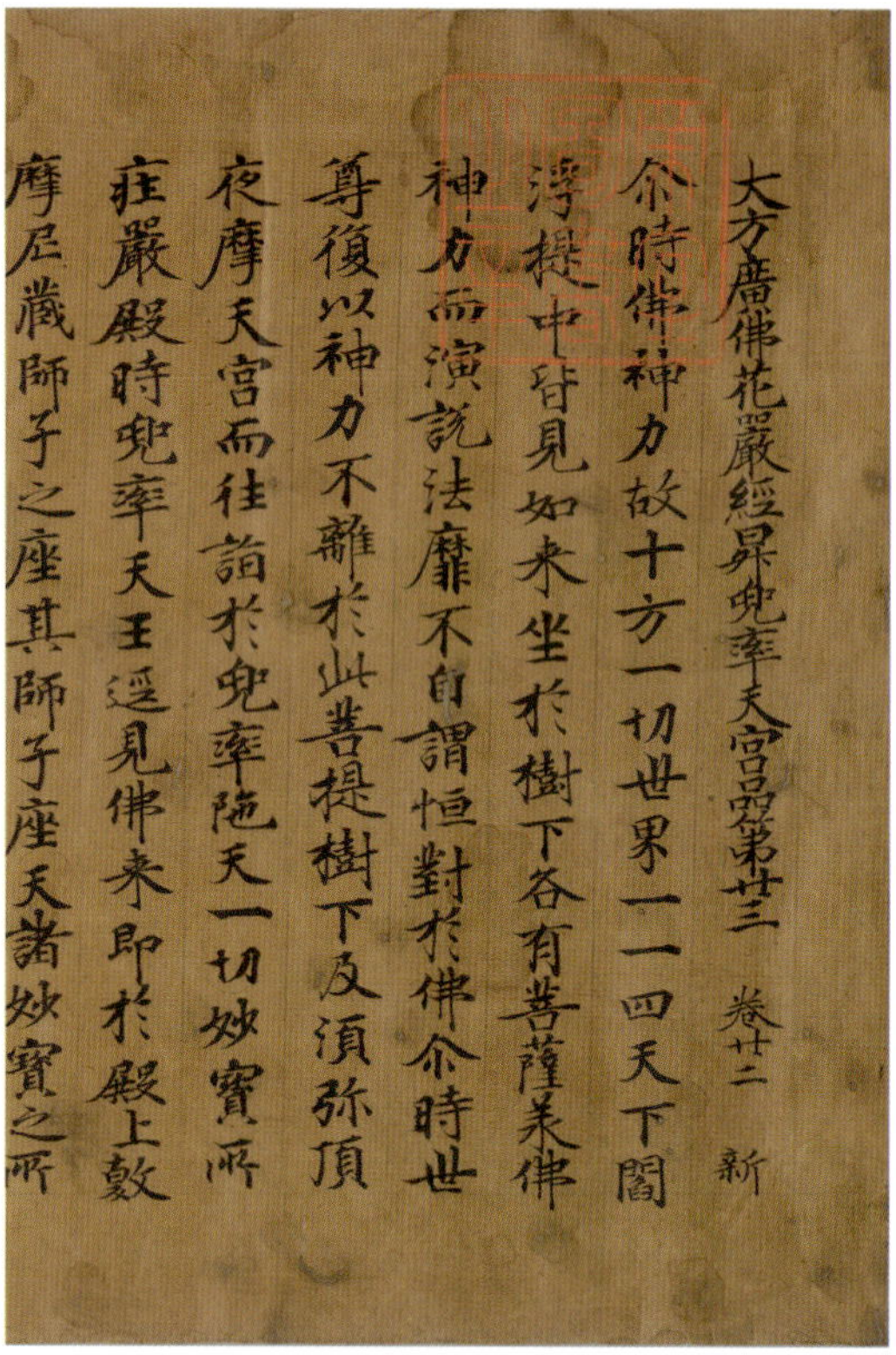
大方廣佛花嚴經昇兜率天宮品第廿三　巻廿二　新
尒時佛神力故十方一切世界一一四天下閻
浮提中皆見如來坐於樹下各有菩薩承佛
神力而演說法靡不自謂恒對於佛尒時世
尊復以神力不離於此菩提樹下及須弥頂
夜摩天宮而往詣於兜率陁天一切妙寶所
莊嚴殿時兜率天王遥見佛來即於殿上敷
摩尼藏師子之座其師子座天諸妙寶之所

巻 22 首

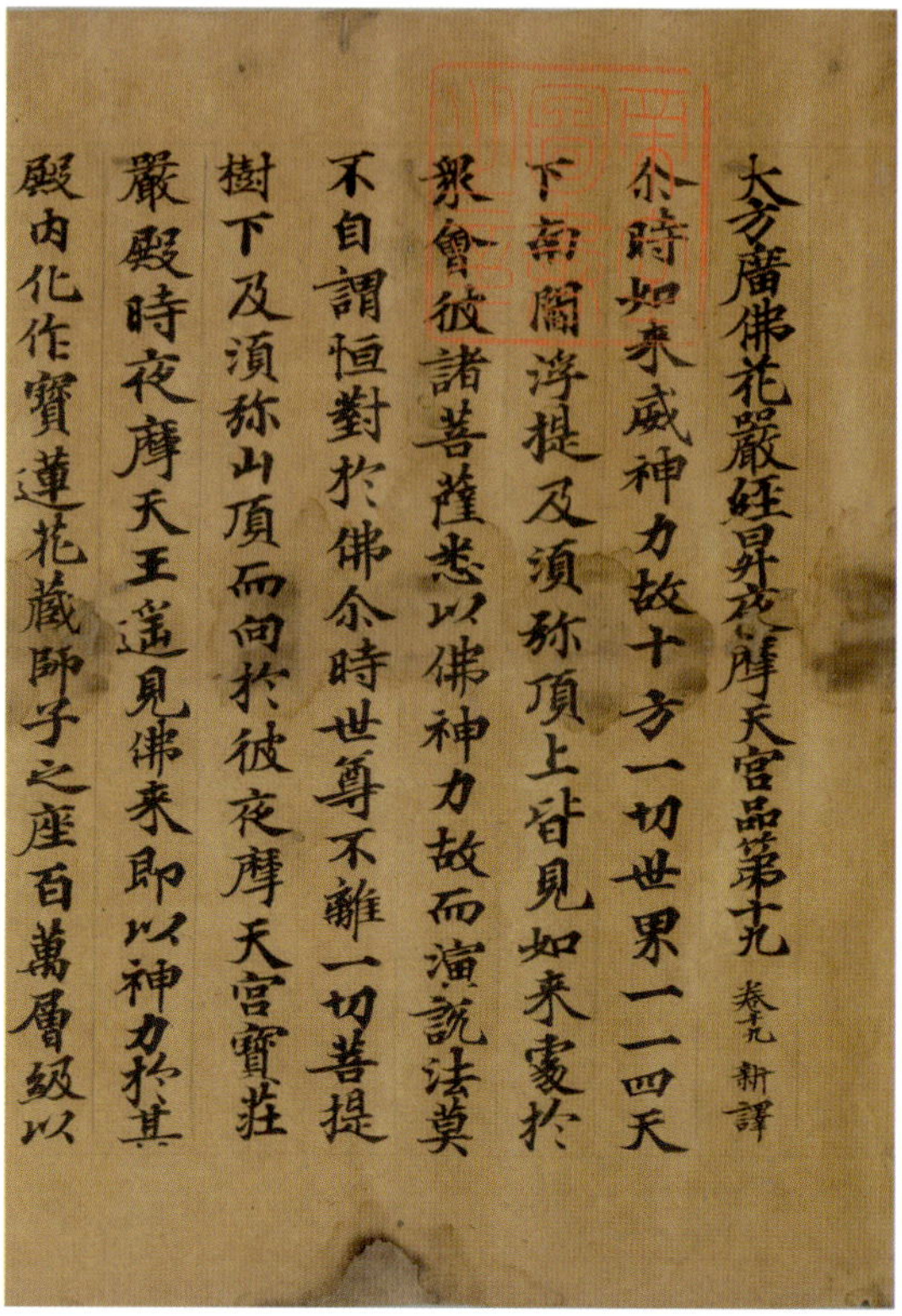
大方廣佛花嚴經昇夜摩天宮品第十九　巻十九　新譯
尒時如來威神力故十方一切世界一一四天
下閻浮提及須弥頂上皆見如來處於
衆會彼諸菩薩悉以佛神力故而演說法莫
不自謂恒對於佛尒時世尊不離一切菩提
樹下及須弥山頂而向於彼夜摩天宮寶莊
嚴殿時夜摩天王遥見佛來即以神力於其
殿內化作寶蓮花藏師子之座百萬層級以

巻 19 首

淡茶色漉目艶出麻紙表紙（第 1 軸27.6×24.7cm，第 2 軸27.5×24.3cm）左肩打付に「大方廣佛花嚴經巻第幾」と書す。巻子装（第 1 軸撥形木軸，第 2 軸赤蜜陀撥形木軸）。黄麻紙，裏打修補，虫損修補，（第 1 軸）毎紙約56.1cm（第 1 紙54.1cm），18紙，（第 2 軸）毎紙約57.5cm（第 1 紙54.6cm），20紙。

淡墨界（界高約21.5cm，幅約2.2cm），毎紙26行17字内外，毎巻別筆。

第 2 軸末張巻軸部背面に「〈[　] 日廾　大坂〉」と書す，同行下より各別手にて「一挍大伴 [　] ／二挍浄成 [　]」と書し下方墨滅。巻22第 6 紙第25至26行，本文同筆にて擦消し校改，巻22白筆ヲコト点，稀に訓仮名書入あり。巻19本文末より 4 行，巻22本文末より 6 行を隔て又別筆にて「〈明治四十年七月修補／（低格）圖書寮〉」と書し，直下に単辺楕円形陽刻「忠淳」朱印記あり。毎軸首に単辺方形陽刻「帝室／圖書／之章」朱印記を存す。

本経及び訳者については、同巻16（512-48、Ⅰ－8）の項参照。

前出の巻16と同様に、東大寺尊勝院に伝来した聖語蔵経巻の散佚巻に相当し、第２帙中の巻19は五百木部真勝の書写と推定される。一方、巻22を含む第３帙（巻21至30）は宝亀６年（775）５月の大坂広川の手実に拠り、同人の書写と推される上、実際に広川の署名と紙数、校者大伴鯉麻呂、高向浄成の名も見える。

第２軸尾背面，大坂〔広川〕識語校合識語

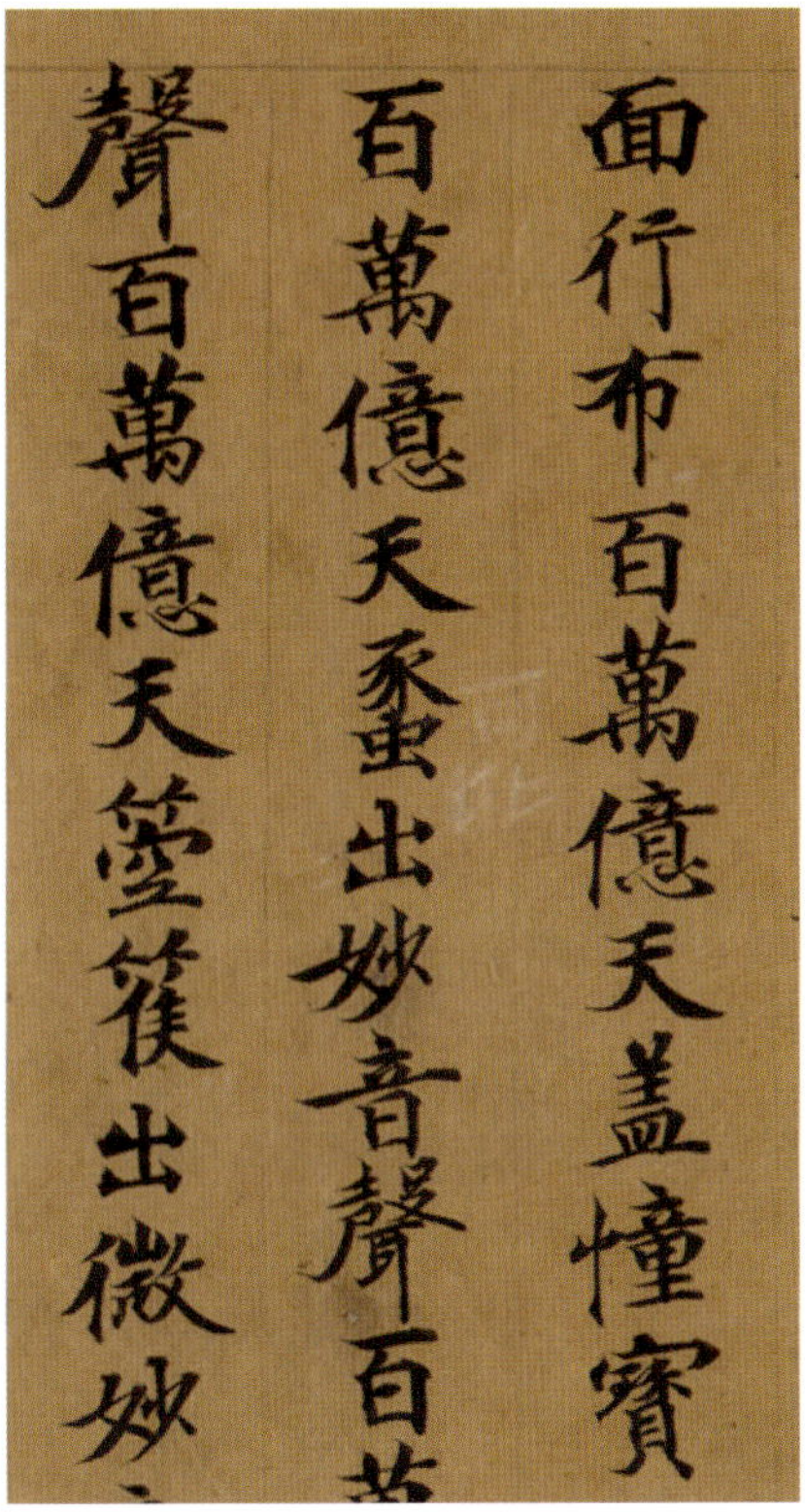

第２軸第４紙第25行，白点（部分）

巻22の第２軸には平安初期と見られる白点が加えられ、「可比」等の仮名も僅かに見える。明治期には堀皆春の所蔵であったが、田中青山の斡旋により、内閣文庫を経て図書寮に帰した。（住吉朋彦）

10. 須頼經(尾題)1巻　首闕

和　大　1帖　503-34

〔前涼釋支施崙〕譯

天平12年(740)寫(藤原光明子令寫)　五月一日經本　朱筆行間校注書入　〔東大寺尊勝院〕舊藏　附敬田沙門諦識語

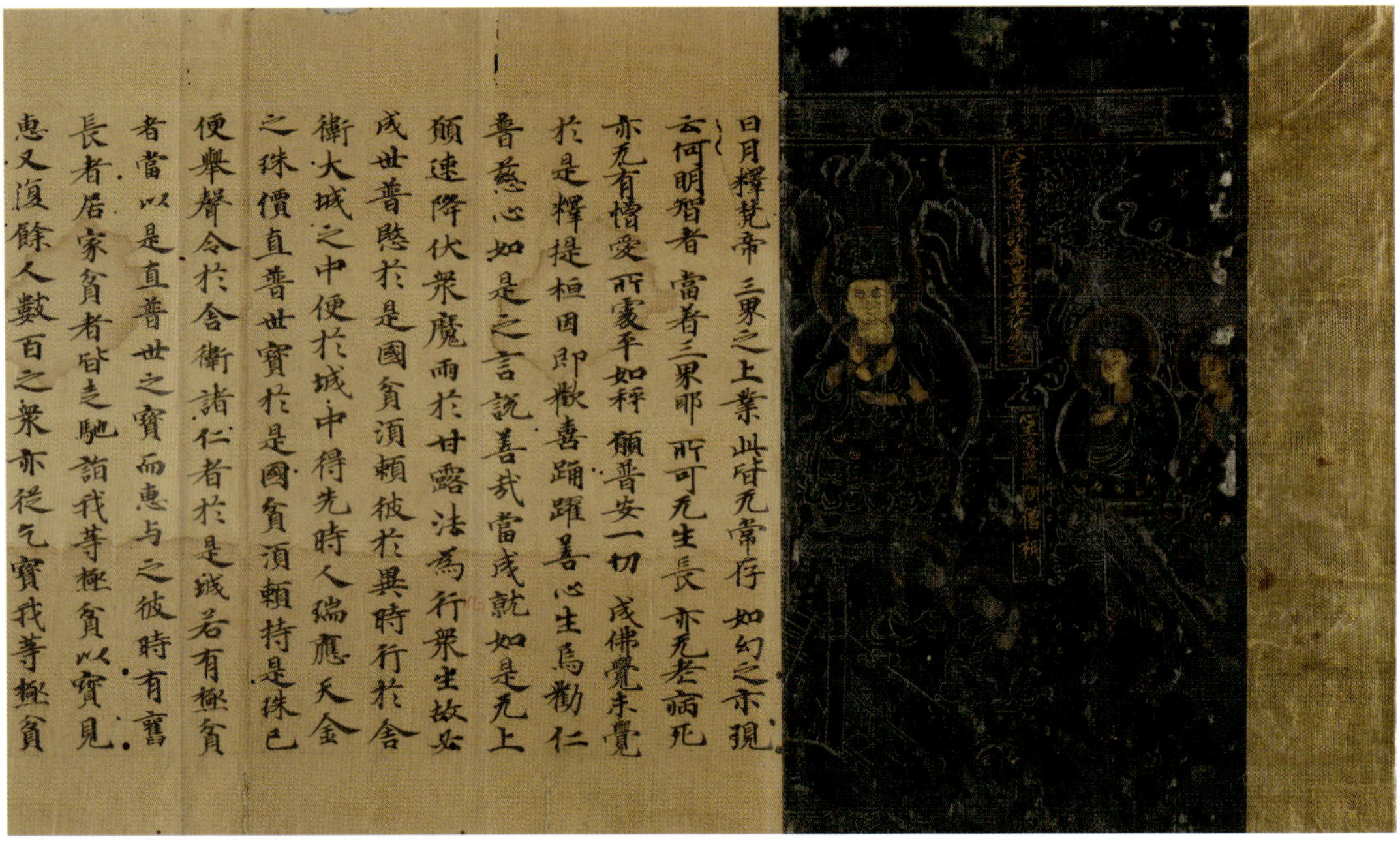
日月釋梵帝　三界之上業　此皆无常存　如幻之示現
云何明智者　當著三界耶　所可无生長　亦无老病死
亦无有憎愛　所處平如秤　願普安一切　成佛覺未覺
於是釋提桓因即歡喜踊躍善心生焉勸仁
普慈心如是之言說善哉當成就如是无上
願速降伏衆魔雨於甘露法爲行衆生故安
成世普慈於是國貧須賴彼於異時行於舍
衛大城之中便於城中得先時人瑞應天金
之珠價直普世寶於是國貧須賴持是珠已
便舉聲令於舍衛諸仁者於是城若有極貧
者當以是直普世之寶而惠与之彼時有舊
長者居家貧者皆走馳詣我等極貧以寶見
惠又復餘人數百之衆亦從乞寶我等極貧

巻　首

外面梨色地青緑黒糸花卉文絹貼り内面金砂子散し帙入り，後補茶色地卍繋辺欄中花卉文表紙(25.1×9.2㎝)。中央に題簽を貼布し「須頼王經〈光明皇后真筆跡／跋□一篇在巻尾〉」と書す。折本，巻子装を改む。黄麻紙。毎紙幅約45.5㎝（第１紙16.6㎝,第16紙19.4㎝），毎面５行折。虫損修補。前後見返し布目金箔押し,前見返し後半及び次面に紺地金銀泥「心王菩薩說壽量品三十一住處品三十二（金字)」等図。後副葉（幅30.5㎝)。首闕，16紙。

淡墨界（界高約19.4㎝，幅約1.8㎝)，毎紙25行17字，１筆。朱筆行間校注書入，尾題に朱筆にて「王」字補入。尾題後隔１行（第15至16紙）低３格別筆にて天平十二年五月一日願文を書す。上書「光明皇后寫經旧跋後序」包紙中の切紙に又別筆にて「皇后光明子寫經旧跋後序／右跋文余所藏注涅槃經第五巻／及須頼王經並有之然二跋書体／不同乃知一時臣僚奉命而染毫／尓而未詳其為誰人筆跡唯皇／后寫字小楷端正頗有右軍楽／毅遺意而經律論藏皆悉及／焉於乎盛哉經中不言乎當／佛滅千百歳之後東方有一善／女人弘通法寶者誠其在斯／后乎哉若夫武周牝婆傾廢／唐室誅戮無辜暴悪無比／何能當比顧佛教東漸既及／千百餘年而聖教綿延至今／不墜三藏亦無一失自須頼天／平聖后弘願之力何其臻此／吾以是知前説之不謬也／(低５格)敬田沙門〈諦〉謹識」あり。附属後補桐箱蓋外面中央に又別筆にて「須頼經〈天平十二年跋〉」と書し下方に方形陰刻「明墨閣／鑑定記」朱印記を存す。

『須頼経』は須頼という貧しいが徳行優れた菩薩を主人公とする経典で、五度漢訳されたとされ、うち魏釈白延・呉支謙訳・前涼釈支施崙の三種が現存する。本経はその内の支施崙訳である。

本帖のように天平12年５月１日の願文を持つ経巻を「五月一日経」と呼ぶ。天平５年頃、藤原光明子によって開始された一切経書写事業であり、天平８年９月以降、主として玄昉がもたらした『開元釈教録』に基づく一切経を目標とすることに変更され、本格的に開始した。その後、天平12年に願文が付されることとされ、写経対象を拡大しながら、天平勝宝８歳（756）まで継続する。総数は約6,500巻とも約7,000巻とも言われ、聖語蔵に750巻、巷間に250巻近くが現存する。

正倉院文書の「写経請本帳」によれば天平８年11月24日に高屋赤万呂が玄昉より借り出した100巻ほどの経典のうちの１巻に本経が見え、このときに本帖の底本が借り出されたのであろう。次に新たな底本が借り出されているのは９年２月20日のことであり、おそらく８年末から９年初頭にかけての時期に本帖の本文が書写されたと見られる。のち12年にいたって末尾に天平12年５月１日の願文が追加された。

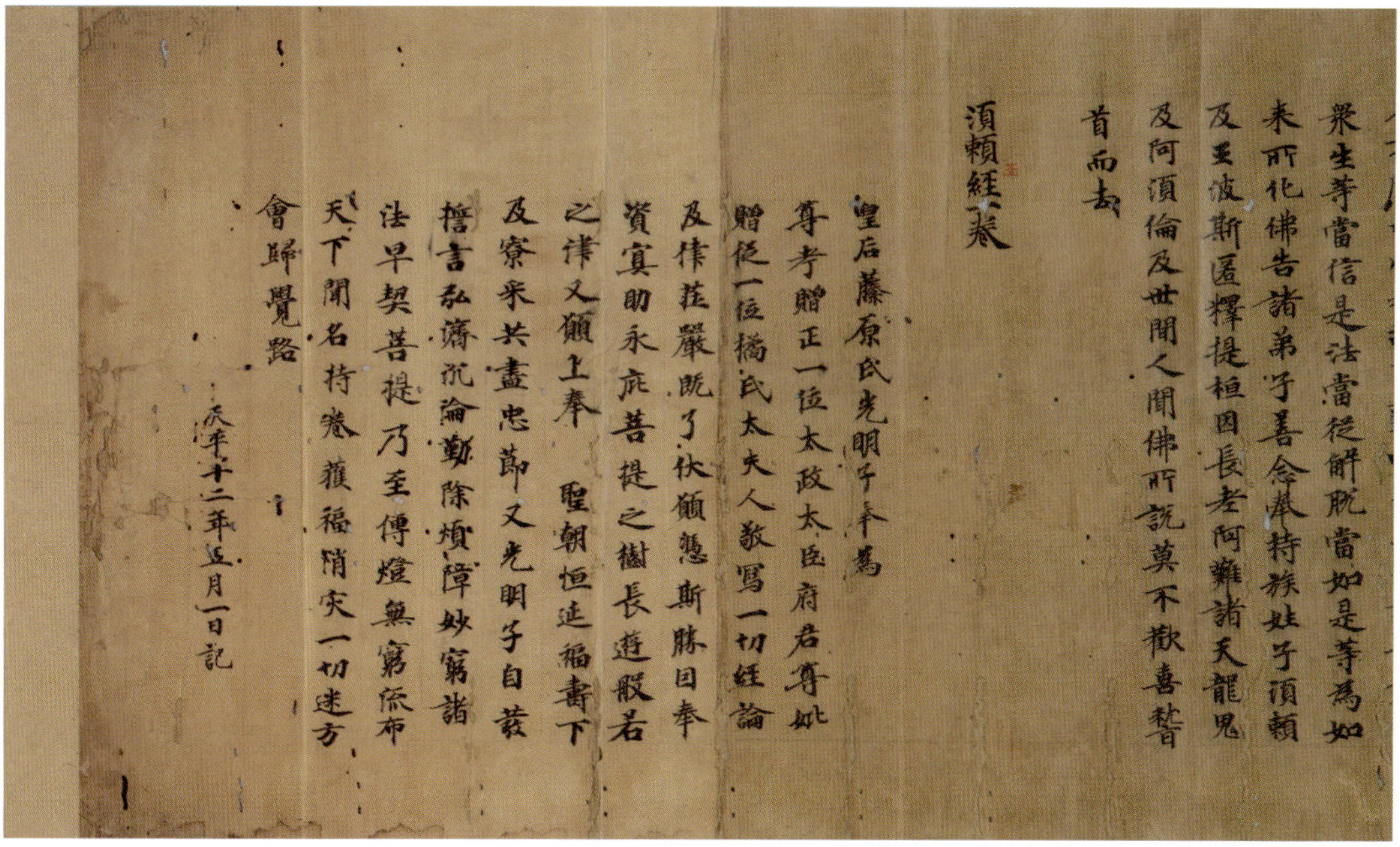
衆生等當信是法當從解脱當如是等為如
來所化佛告諸弟子善念奉持族姓子須頼
及王波斯匿釋提桓因長老阿難諸天龍鬼
及阿須倫及世間人聞佛所説莫不歡喜稽
首而去
須頼經一巻
皇后藤原氏光明子奉為
尊考贈正一位太政太臣府君尊妣
贈従一位橘氏太夫人敬寫一切經論
及律荘嚴既了伏願憑斯勝因奉
資冥助永庇菩提之樹長遊般若
之津又願上奉　聖朝恒延福壽下
及寮采共盡忠節又光明子自發
誓言弘濟沈淪勤除煩障妙窮諸
法早契菩提乃至傳燈無窮流布
天下聞名持巻獲福消災一切迷方
會歸覺路
天平十二年五月一日記

巻尾識語

現状は冒頭およそ５紙半分が闕逸している。本来巻子装であったが、後世に折帖に改装された。別添の識語では、近世に流布していた五月一日経を光明子自筆とする説が誤りであることを「諦」なる人物が記している。

明治13年（1880）に雨森白水より皇室御買上げとなり、後、図書寮所管となった。　（小倉慈司）

11. 無言童子經２巻　　和　大　２軸　512-83

〔晉釋竺〕法護譯

天平12年寫（藤原光明子令寫）　五月一日經本　東大寺〔尊勝院〕向山黄村舊藏

內閣記錄局蒐集

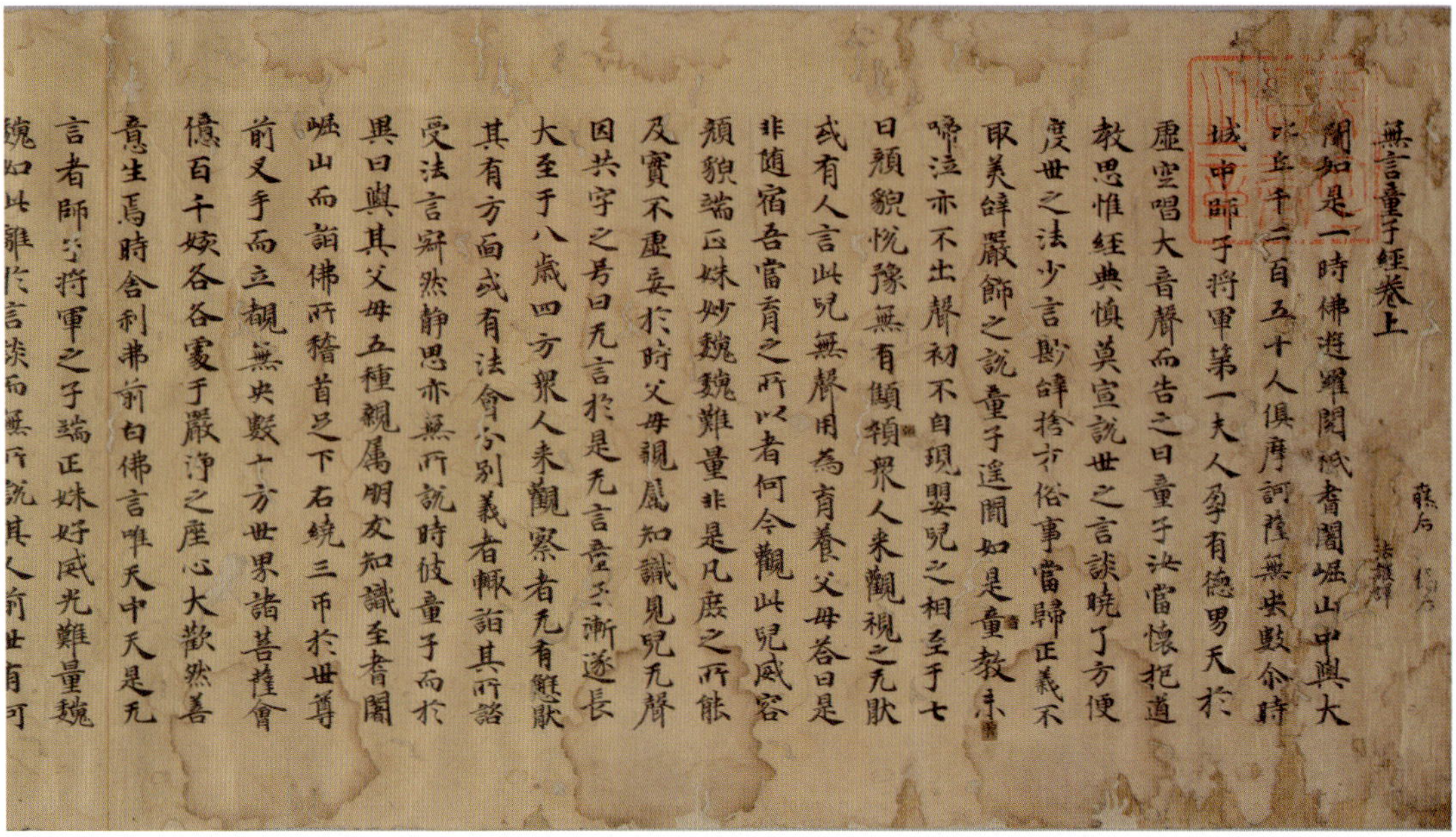

藤后　橘后

法護譯

無言童子經卷上

聞如是一時佛遊羅閱祇耆闍崛山中與大

比丘千二百五十人俱摩訶薩無央數爾時

城中師子將軍第一夫人孕育德男天於

虛空唱大音聲而告之曰童子汝當懷抱道

教思惟經典慎莫宣說世之言談曉了方便

度世之法少言鮮辭捨於俗事當歸正義不

取美辭嚴飾之說童子逮聞如是童教未

啼泣亦不出聲初不自現嬰兒之相至于七

日顏貌悅豫無有顚頓衆人來觀視之无猒

或有人言此兒無聲用為育養父母荅曰是

非隨宿吾當育之所以者何今觀此兒威容

顏貌端正姝妙巍巍難量非是凡庶之所能

及實不虛妄於時父母親屬知識見兒无聲

因共字之號曰无言於是无言童子漸遂長

大至于八歲四方衆人來觀察者无有懸猒

其有方面或有法會分別義者輒詣其所諮

受法言寂然靜思亦無所說時彼童子而於

異日與其父母五種親屬朋友知識至耆闍

崛山而詣佛所稽首足下右繞三帀於世尊

前叉手而立覩無央數十方世界諸菩薩會

億百千姟各各處于嚴淨之座心大歡然善

意生焉時舍利弗前白佛言唯天中天是无

言者師子將軍之子端正姝好威光難量巍

巍如此雖於言談而無所說其人前世有何

巻 上 首

後補渋茶色艶出表紙（26.3×15.3㎝）左肩打付に本文別筆にて「無言童子經巻上（下）」と書す。巻子装，毎紙幅約46.1㎝（上第１紙42.8㎝，第21紙33.2㎝，第22紙24.2㎝），黄麻紙，巻上下ともに第５紙まで裏打修補，25紙。

淡墨界（界高約19.4㎝，幅約1.7㎝），毎紙25行17字，１筆。毎巻尾題の後隔１行低２格，本文同筆にて（巻上）「皇后藤原氏光明子奉為／尊考贈正一位太政太臣府君尊妣／贈従一位橘氏太夫人敬寫一切經／論及律荘嚴既了伏願憑斯勝囙／奉資冥助永庇菩提之樹長遊般／若之津又願上奉　　聖朝恒延福／壽下及寮采共盡忠節又光明子／自發誓言弘濟沈淪勤除煩障妙／窮諸法早契菩提乃至傳燈無窮／流布天下聞名持巻獲福消灾一／切迷方會歸覺路／（更低５格）〈天平十二年五月一日記〉」（巻下同文，但し第３行「一切經論／」以下，第４至11行首字を前行に収む）識語あり。本文同手墨筆擦消重書校改書入，稀に別手朱筆行間校注書入，又別手墨筆行間貼紙校注書入あり。毎軸首の空行下に又別筆にて「藤后　橘后」と書す。明治40年修補識語あり。第２軸第１紙首背面に単辺方形陽刻「〔東〕大／〔寺印〕」朱縫印記，毎軸見返し左下に方形陰刻「向黄邨／珎臧印」朱印記（向山黄村），毎軸首に単辺方形陽刻「帝室／圖書／之章」朱印記を存す。

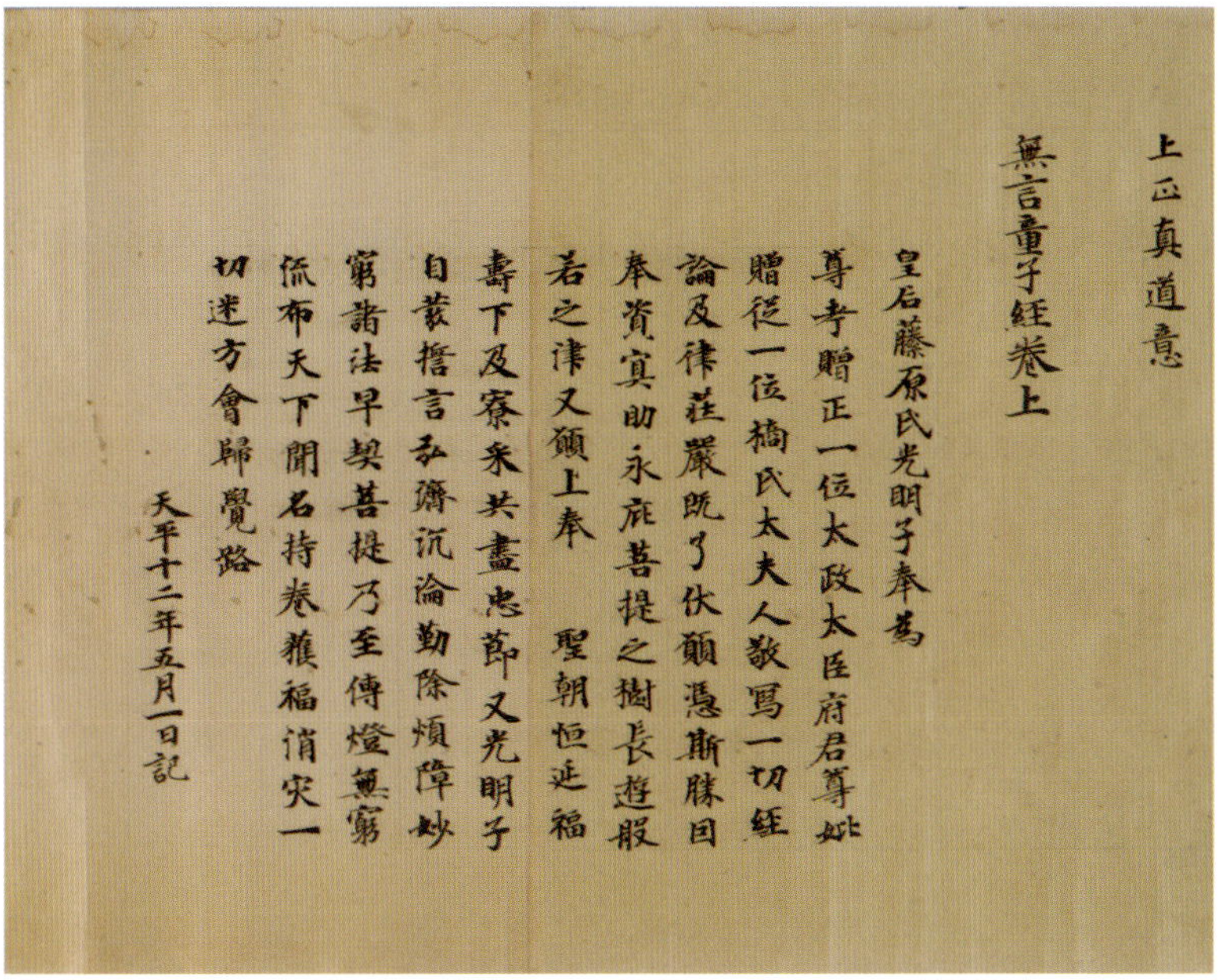

上正真道意

無言童子經巻上

皇后藤原氏光明子奉為
尊考贈正一位太政太臣府君尊妣
贈従一位橘氏太夫人敬寫一切經
論及律荘嚴既了伏願憑斯勝因
奉資冥助永庇菩提之樹長遊般
若之津又願上奉　聖朝恒延福
壽下及寮采共盡忠節又光明子
自發誓言弘濟沈淪勤除煩障妙
窮諸法早契菩提乃至傳燈無窮
流布天下聞名持巻獲福消災一
切迷方會歸覺路
天平十二年五月一日記

天平12年識語

東大寺印記（部分）

本経は「無言菩薩経」とも呼ばれる大集部の経典で、曇無讖『大方等大集経』無言菩薩品に先立つ異訳である。西晋時代、3-4 世紀の敦煌出身の訳経僧、竺法護の漢訳と伝える。

本軸は、天平 5 年（733）頃から天平勝宝 8 歳（756）の間、藤原光明子の発願により宮廷の写経所で書写された一切経である、「五月一日経」の一部に当たる。正倉院文書によると、本経の底本は、天平 9 年 3 月、高屋赤麻呂により玄昉から借り出され、書写に供されている。五月一日経については、本書『須頼経』の項（Ⅰ-10）参照。

五月一日経の多くは東大寺尊勝院の聖語蔵に伝来し、現在は宮内庁正倉院事務所の管理に帰している。本軸には第 2 軸の表紙直後に傾斜する「□大／［　］」の古朱印記を半存するが、これは他の聖語蔵経巻にも見える「東大／寺印」と認められる。『菩薩善戒経』の項（Ⅰ-22）参照。一度坊間に転出し、旧幕臣の漢学者向山黄村の手を経て官有に帰した。田中青山『古芸餘香』録、明治期の内閣の蒐集に係る。　（住吉朋彦）

12. 持人菩薩經〔4〕巻 存巻2 持施王品第四至十二縁品第八　和　大　1軸　503-10

〔晉釋竺法護〕譯

〔奈良〕寫　明治13年(1880)畑〔象卿〕(成文)識語　外題〔山中〕信天翁筆

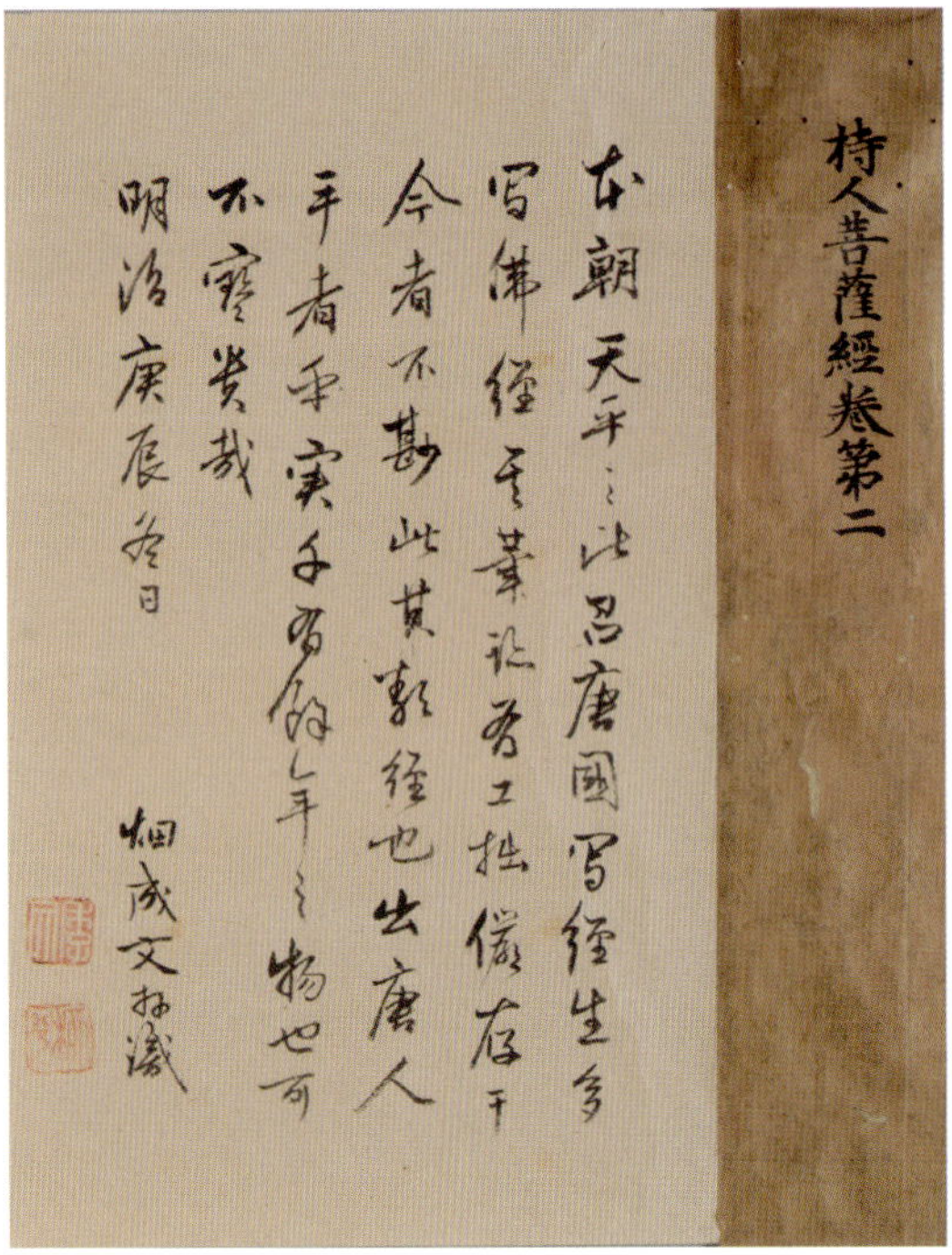
持人菩薩經巻第二

本朝天平之比召唐國写經生多
写佛經其筆跡有工拙儼存于
今者不尠此其類經也出唐人
手者乎実千有餘年之物也可
不寶貴哉
明治庚辰冬日
畑成文拜識

巻尾および畑成文識語

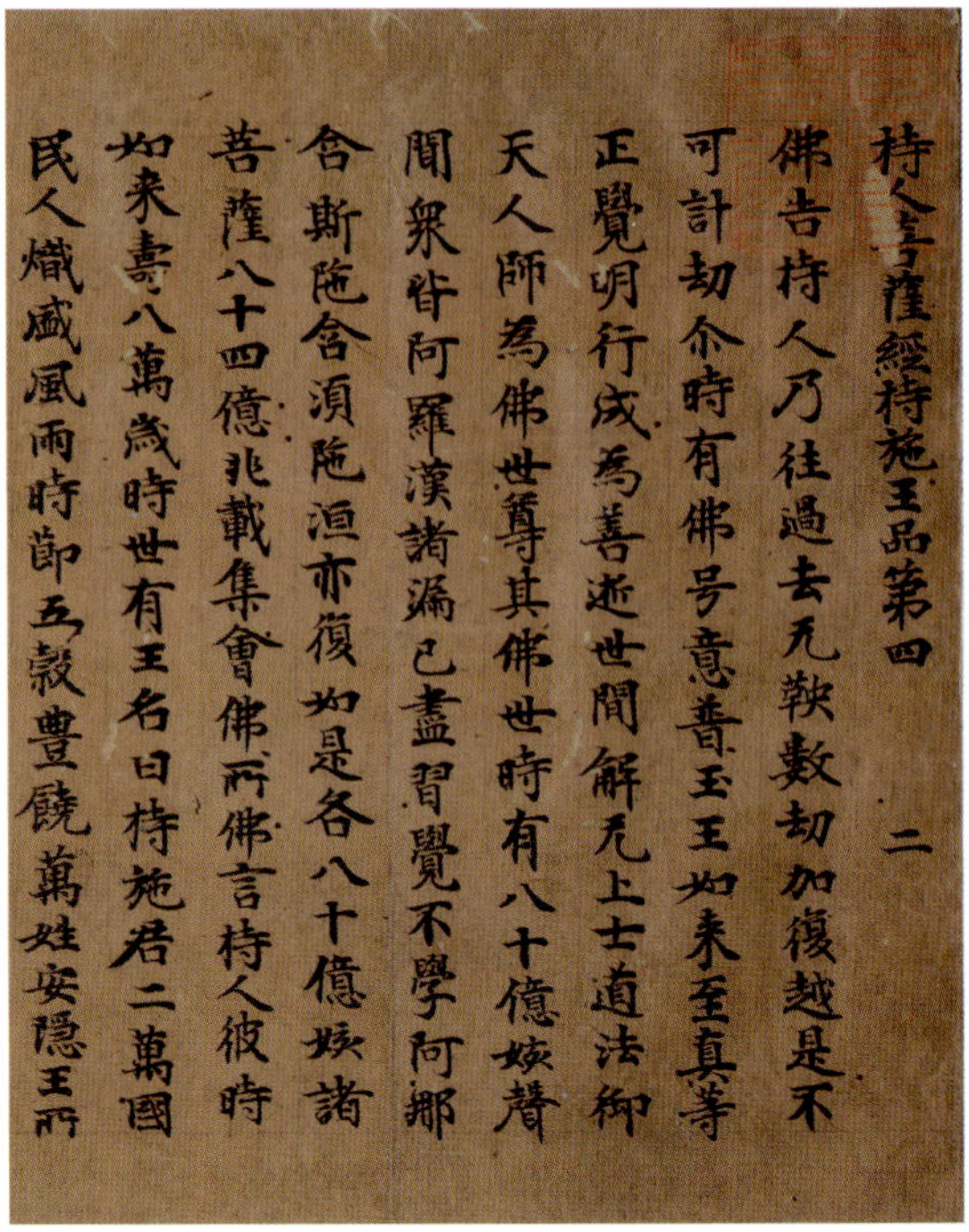
持人菩薩經持施王品第四　二
佛告持人乃往過去无鞅數劫加復越是不
可計劫尒時有佛号意善王如來至真等
正覺明行成為善逝世間解无上士道法御
天人師為佛世尊其佛世時有八十億姟聲
聞衆皆阿羅漢諸漏已盡習覺不學阿那
含斯陀含須陀洹亦復如是各八十億姟諸
菩薩八十四億兆載集會佛所佛言持人彼時
如來壽八萬歳時世有王名曰持施君二萬國
民人熾盛風雨時節五穀豊饒萬姓安隱王所

巻 2 首

新補金繍蓮華唐草宝文絹表紙（25.4×17.6㎝）左肩に金箔押題簽を貼布し「菩薩經持施王品第四〈信天翁題〉」と書す。巻子装，折本を改む（毎 6 行，幅11.6㎝折）。茶色染楮紙，虫損修補，毎紙幅約52.3㎝（第 1 紙約48.8㎝，第14紙48.3㎝），全14紙。淡墨界（界高約20.8㎝，幅約2.0㎝），毎紙27行17字，1 筆。極稀に朱点書入。後副葉に本文別筆にて「本朝天平之比召唐國写經生多／写佛經其筆跡有工拙儼存于／今者不尠此其類經也出唐人／手者乎実千有餘年之物也可／不寶貴哉／明治庚辰冬日（隔 3 格）畑成文拝識」墨識，次行下に方形陰刻「季／文」，単辺方形陽刻「柳／兮」朱印記（畑象卿）あり。首に単辺方形陽刻「宮内省／圖書印」朱印記を存す。

本経は、仏が王舎城迦隣竹園の説法に於いて持人菩薩のために説いた経典で、本軸は全 4 巻中の第 2 巻。折痕より、一時期、折帖に改められていた時期が存したことが知られる。料紙や書風等より国家的写経事業による書写の可能性が推測されるが、詳らかにし得ない。明治13年に雨森白水より購入し、皇室の所蔵となった。

（小倉慈司）

13. 佛說阿難四事經１巻

和　大　１軸　512-42

〔呉支謙〕譯

神護景雲２年(768)寫(〔稱徳天皇〕令寫)　〔東大寺〕舊藏

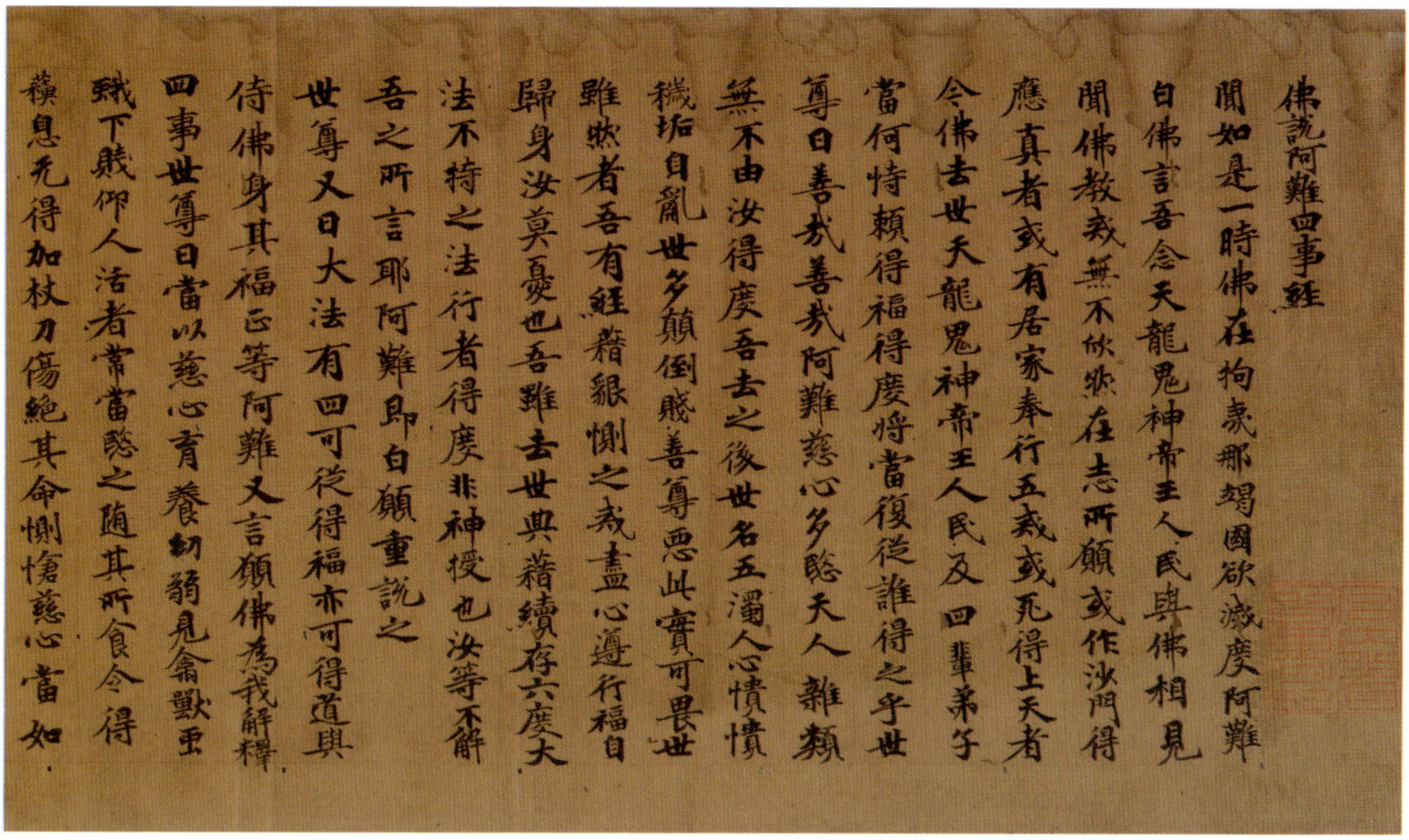
佛說阿難四事經
聞如是一時佛在拘夷那竭國欲滅度阿難
白佛言吾念天龍鬼神帝王人民與佛相見
聞佛教戒無不欣然在志所願或作沙門得
應真者或有居家奉行五戒或死得上天者
今佛去世天龍鬼神帝王人民及四輩弟子
當何恃賴得福得度將當復從誰得之乎世
尊曰善哉善哉阿難慈心多慇天人離類
無不由汝得度吾去之後世名五濁人心憒憒
穢垢自亂世多顛倒賊善尊惡此實可畏世
雖然者吾有經籍懇惻之哉盡心遵行福自
歸身汝莫憂也吾雖去世典籍續存六度大
法不恃之法行者得度非神授也汝等不解
吾之所言耶阿難即白願重說之
世尊又曰大法有四可從得福亦可得道與
侍佛身其福正等阿難又言願佛為我解釋
四事世尊曰當以慈心育養蚑蜎見禽獸蟲
蛾下賤仰人活者常當愍之隨其所食令得
蘇息無得加杖刀傷絕其命惻愴慈心當如

巻　首

後補金茶色牡丹唐草文絹表紙（28.1×24.1㎝），巻子装，毎紙幅約54.3㎝（第１紙50.4㎝），金銅製撥型頭木軸，黄麻紙（第５紙のみ別製），一部虫損修補あり。

淡墨界（界高約23.1㎝，幅約2.3㎝），毎紙23行17字，２筆（第５紙別手）。

尾題後隔１行低４格，本文末行，尾題同筆にて「維神護景雲二年歳在戊申五月／十三日景申弟子謹奉為／先聖敬寫一切經一部工夫之莊／嚴畢矣法師之轉讀盡焉伏願槁／山之鳳軨向蓮場而鳴鑾汾水之／龍驂泛香海而留影遂披不測之了／義永證弥高之法身遠曁存亡傍／周動植同茲景福共沐禪流或變桑／田敢作頌曰／非有能仁誰明正法惟朕仰止給修／慧業權門利廣兮拔苦知力用妙兮／登岸敢對不居之歳月式垂罔極／之頌翰」跋あり。

稀に本文同筆にて擦消校改書入あり。又，塗箱蓋上面に「阿難四事經〈孝謙天皇筆〉」と，同身下面に「建治二歳丙子年七月既望」と刻す。首に単辺方形陽刻「宮内省／圖書印」朱印記を存す。

『仏説阿難四事経』は、拘夷那竭国において仏が入滅する際、仏の十大弟子の一人である阿難による仏滅後に関する質問と、それに対する仏の答えを記した仏典である。仏は五濁悪世の到来や四事の法を阿難に説いている。この四事とは、慈を行うこと、悲心を起こすこと、四等心を実践し五戒を保つこと、清浄の道士への尽心供養だとされる。

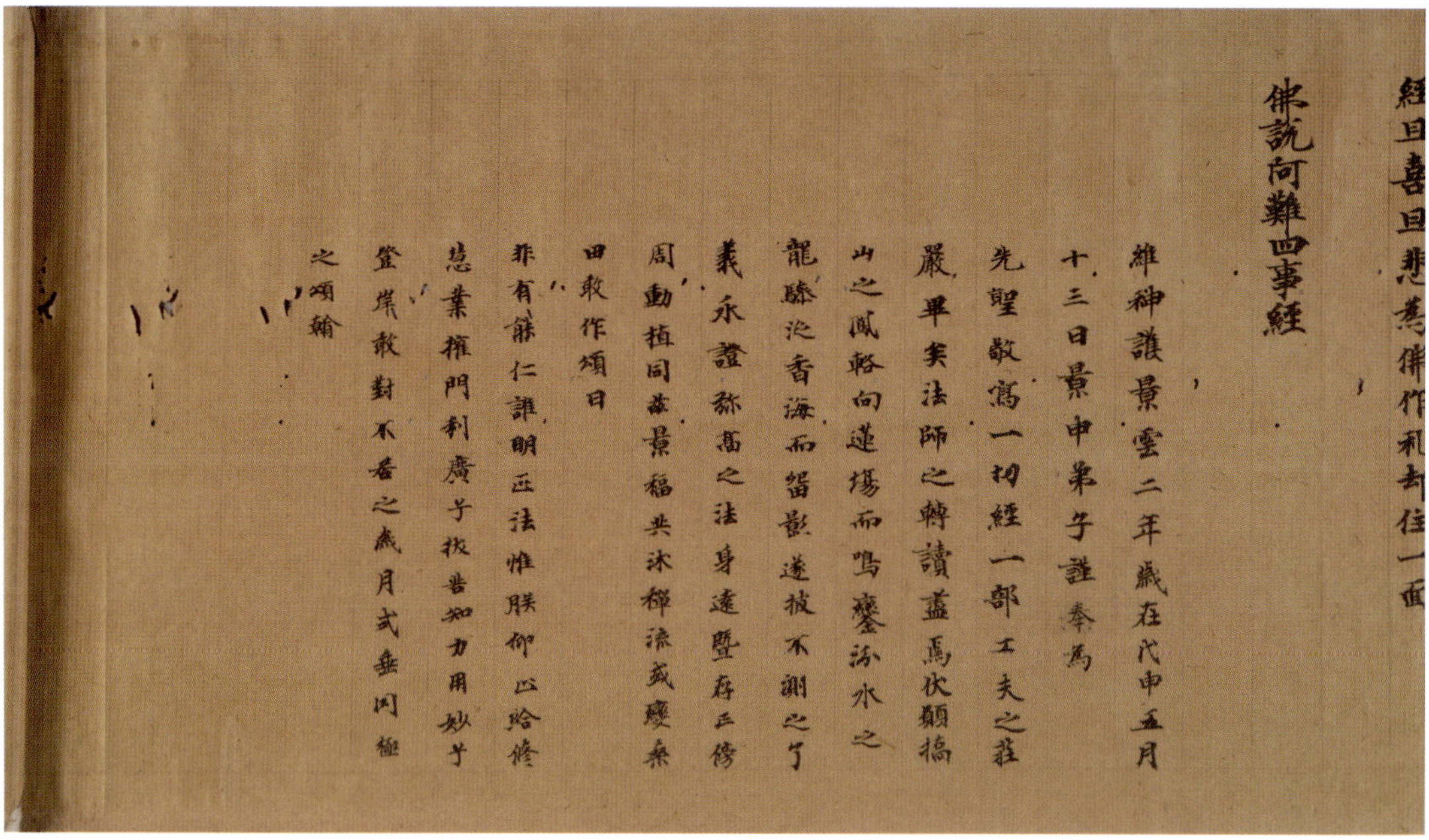

經曰善曰悲為佛作礼却住一面
佛説阿難四事經
維神護景雲二年歳在戊申五月
十三日景申弟子謹奉為
先聖敬寫一切經一部工夫之荘
嚴畢矣法師之轉讀盡焉伏願橋
山之鳳輅向蓮場而鳴鑾汾水之
龍驂泛香海而留影遂披不測之了
義永證弥高之法身遠曁存亡傍
周動植同蒙景福共沐禅流感變桑
田敢作頌曰
非有能仁誰明正法惟朕仰止給修
悲業權門利廣于拔苦知力用妙于
登岸敢對不晉之歳月式垂罔極
之頌輪

跋（本文別手）

本経典の訳者は、呉の支謙である。支謙は字を恭明といい、大月氏からの帰化人の子孫である。支婁迦讖の弟子、支亮に師事し仏教を学んだ。後に呉主孫権に重用され、この時期に多くの仏典の漢訳に携わり、生涯を在俗のまま活動した訳経家である。

本軸は、尾題後に神護景雲２年（768）５月13日付、称徳天皇の願文を有する。これは天平宝字６年（762）頃から神護景雲年間にかけて行われた称徳天皇発願の一切経の願文と同内容である。しかし、経典の本文最終行と奥書の記された第５紙は、第４紙以前とは料紙の色や字様を異にしている。本軸の場合、その本文が願文の書かれた時期よりも前に書写され、後に願文が附された。その際、尾題の後に願文の書かれた紙を附すのではなく、尾題から書写し直す形で最終紙がそのまま願文の書かれたものに差し替えられたようである。これにより、他の経巻とは異なり第５紙に字様や紙自体の色の違いが生じたと考える。なお、五月一日経にも同様の例が見られる（本書論説編、小倉論文参照）。明治24年（1891）に内閣文庫より、図書寮に移管された。（大木美乃）

14. 楞伽阿跋多羅寶經〔註〕(尾題註楞伽經)〔7〕卷 存卷3 5 一切佛語心品

和 大 2軸 512-114

〔劉宋釋求那跋陀羅〕譯 〔唐〕釋智嚴注

天平12年(740)寫(藤原光明子令寫) 天平勝寶7歲(755)上毛野立麻呂等勘經識語 五月一日經本 〔東大寺尊勝院〕舊藏 內閣記錄局蒐集

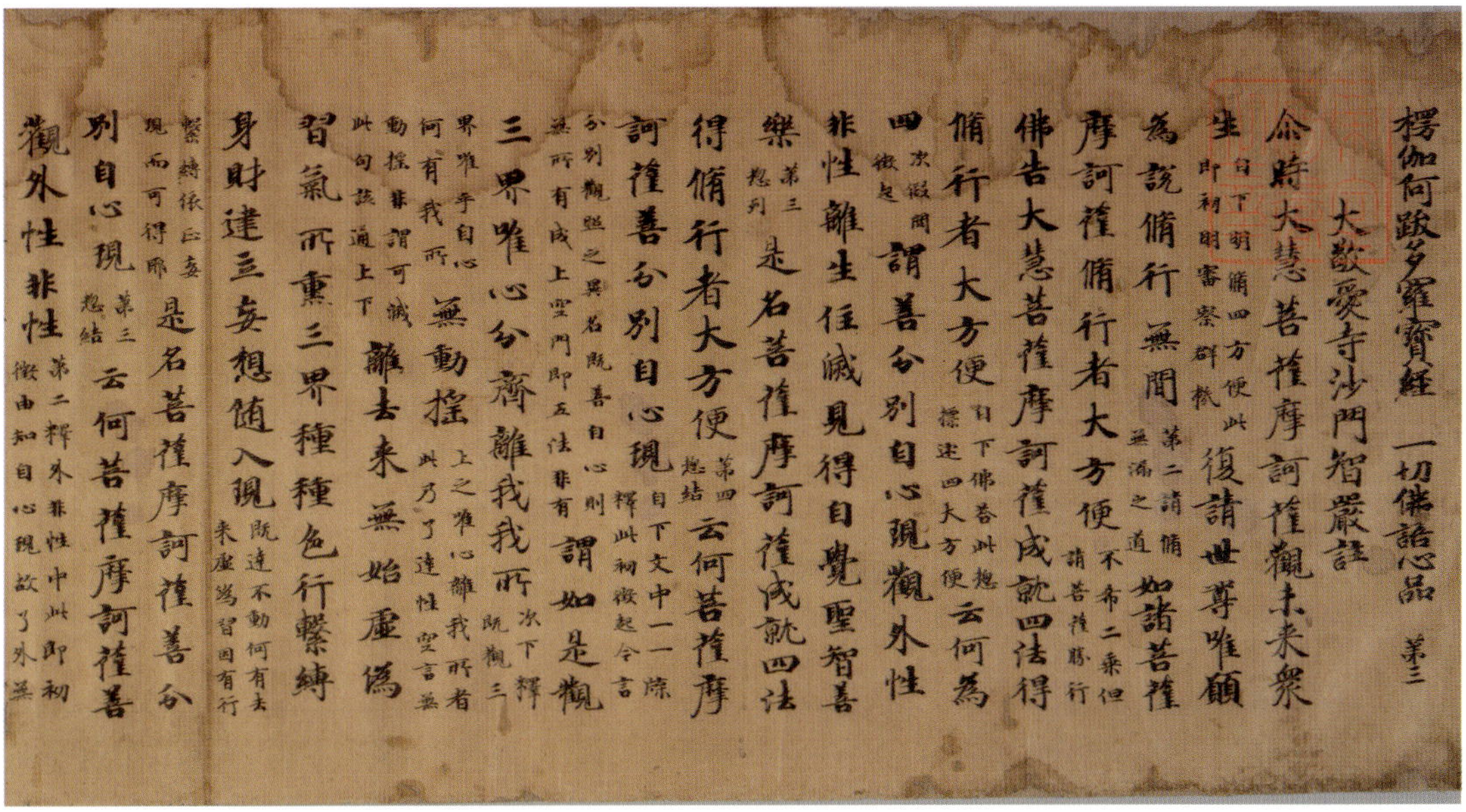
楞伽阿跋多羅寶經　一切佛語心品　第三
大敬愛寺沙門智嚴註
爾時大慧菩薩摩訶薩觀未來衆
生 自下明脩四方便此即初明審察群機 復請世尊唯願
為說脩行無間 第二請脩無漏之道 如諸菩薩
摩訶薩脩行者大方便 不希二乘但請菩薩勝行
佛告大慧菩薩摩訶薩成就四法得
脩行者大方便 自下佛答此總標述四大方便 云何為
四 次徵問徵起 謂善分別自心現觀外性
非性離生住滅見得自覺聖智善
樂 第三總列 是名菩薩摩訶薩成就四法
得脩行者大方便 第四總結 云何菩薩摩
訶薩善分別自心現 自下文中一一牒釋此初徵起令言
分別觀照之異名既善自心則無所有成上空門即五法非有 謂如是觀
三界唯心分齊離我我所 次下釋既觀三
界唯乎自心何有我所 無動搖 上之准心離我所者此乃了達性空言無
動搖非謂可滅此句該通上下 離去來無始虛偽
習氣所熏三界種種色行繫縛
身財建立妄想隨入現 既達不動何有去来虛為習因有行
繫縛依止妄現而可得耶 是名菩薩摩訶薩善分
別自心現 第三總結 云何菩薩摩訶薩善
觀外性非性 第二釋外非性中此即初徵由知自心現故了外無

第1軸卷首

(第1軸)後補黃檗染表紙(26.3×20.1cm),(第2軸)新補淡茶色花卉文絹表紙(26.5×24.5cm),八双あり。(第1軸)打付書の旧題「楞伽阿跋多羅寶經」を題簽とし左肩に貼布,左下方に小簽を貼布し「〈十六〉」と書す。紐に近代の付札あり。表に「楞伽阿跋多羅宝経〈一切佛語心／品第三／智厳註〉〈天平勝宝七年／上毛野君立广呂抜〉」と,裏に「第九十三号ノ十七(墨滅)」,右傍に「〈光明皇后□〉」と書す。(第2軸)左肩に素絹題簽を貼布し「楞伽阿跋多羅寶經〈一切佛語心品第五(1字洗消し「四」を改む)／天平十二年寫〉」と書す。巻子装,毎紙幅約45.2cm(〈第1軸〉第1紙42.2cm,第40紙42.4cm,第41紙13.5cm,第42紙29.5cm,〈第2軸〉第1紙42.3cm,第20紙42.8cm,第39紙32.6cm,第40紙29.5cm),黄麻紙,一部裏打修補,虫損修補,(第2軸)旧前副葉残片(幅2.6cm)を存し,旧副葉及び本紙の裏打紙に連属する新補副葉(幅20.8cm)あり。(第1軸)本文40紙,(第2軸)本文39紙。

淡墨界(界高約19.6cm,幅約2.2cm),毎紙21行,毎行経13字程度,注17字,1筆。間ゝ白筆訓點,欄上標注書入,貼紙墨筆校注書入,貼紙剝離痕,稀に朱筆校改書入あり。両軸ともに尾題後に天界を設け本文別筆低3格にて天平十二年五月一日願文あり。(第1軸)第41至42紙,跋後隔1行,低2格,天界を設け又別筆にて「〈天平勝寶七歲十月十四日従七位上守大學直講上毛野君立麻呂正〉／(以

下低 3 格）大徳元興寺沙門勝叡／大徳沙門了行／大徳沙門尊應／業了沙門法隆」と書す。（第 2 軸）第40紙，同じく低 3 格にて「〈天平勝寶七歳十月十四日従七位上守大學直講上毛野君立麻呂正〉／（以下低 2 格）大徳元興寺沙門勝叡／大徳沙門了行／大徳沙門尊應／業了沙門法隆」と書す。（第 2 軸）前方，残存せる旧副葉背面に又別筆にて「奥書有之」と書す。（第 1 軸）大尾背面に貼紙し又別筆にて「〈明治四十一年十二月修補／（低 9 格）圖書寮〉」と，（第 2 軸）新補副葉背面に「〈明治三十九年修補加裱装／（低 6 格）圖書寮〉」と書す。毎軸首に単辺方形陽刻「帝室／圖書／之章」朱印記を存す。

『楞伽阿跋多羅宝経』は『楞伽経』の釈求那跋陀羅訳で 4 巻よりなる。『楞伽経』の漢訳には、他に北魏釈菩提流支訳の『入楞伽経』10巻、唐釈実叉難陀訳の『大乗入楞伽経』 7 巻が現存し、また北涼曇無讖訳が存したという。その 4 巻本に唐釈智厳が注釈を加えたもの。

光明子発願五月一日経の一つで、正倉院文書に残る経師古神徳の天平12年 3 月28日付手実により、同月に古神徳が本軸を書写したことが判明する。その後、天平12年 5 月 1 日願文が付加された。

天平勝宝 6 年（754）から 8 歳にかけて唐からの将来経である図書寮経による五月一日経の勘経が進められ、本経も上毛野君立万呂らによって勘経された。勘経の場は正倉院文書天平勝宝 7 歳 8 月17日元興寺勘経所解によって元興寺であったことが判明する。本経は他に巻 2 ・ 6 ・ 7 が個人蔵もしくは大東急記念文庫蔵として現存している。

本軸はいわゆる秘閣本で、『古芸餘香』『古経題跋随見録』によれば、明治初年には巻 3 が島本仲道、巻 5 が堀皆春の所蔵であったことが知られる。（小倉慈司）

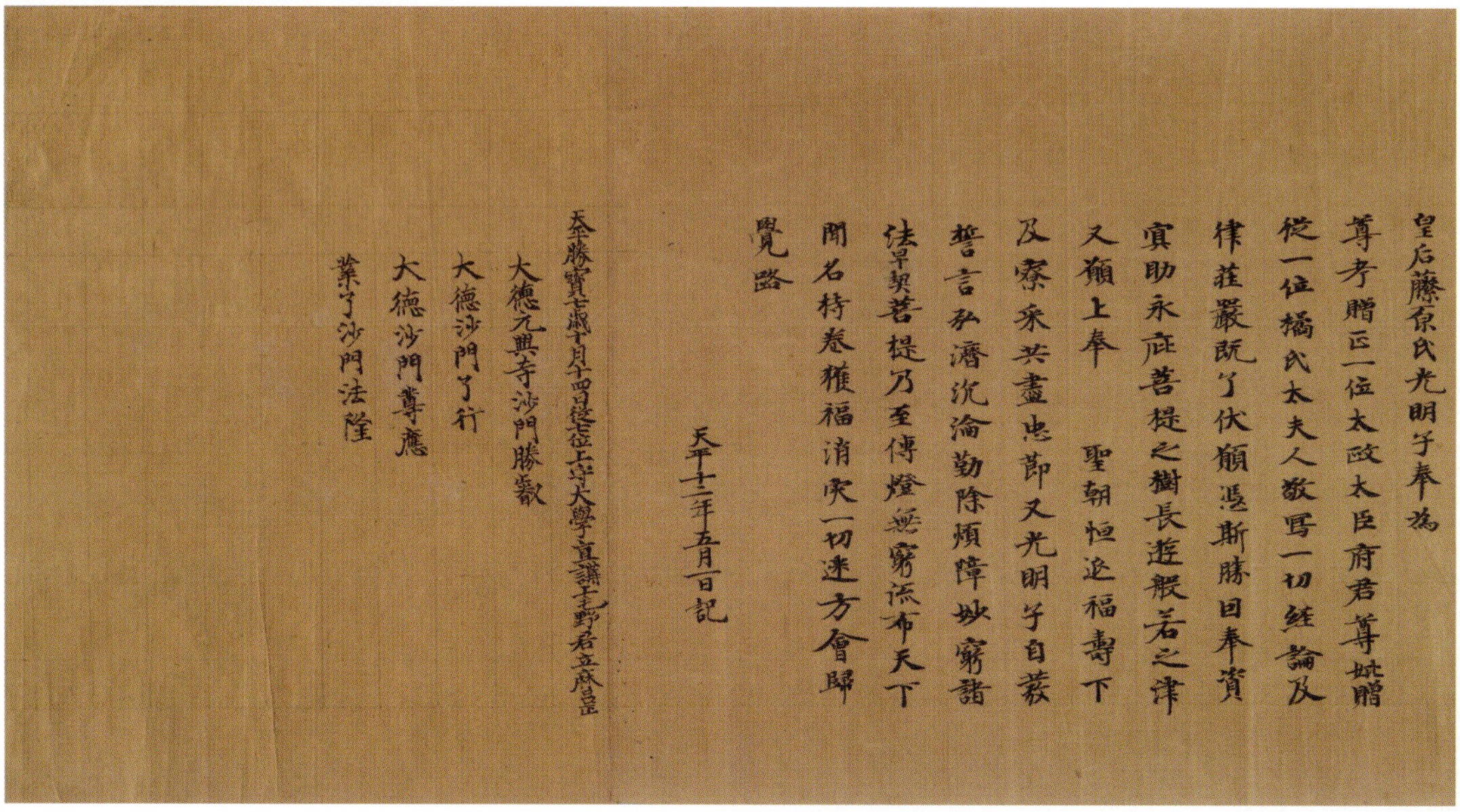
皇后藤原氏光明子奉為
尊考贈正一位太政太臣府君尊妣贈
従一位橘氏太夫人敬寫一切經論及
律荘嚴既了伏願憑斯勝因奉資
冥助永庇菩提之樹長遊般若之津
又願上奉　聖朝恒延福壽下
及寮采共盡忠節又光明子自發
誓言弘濟沈淪勤除煩障妙窮諸
法早契菩提乃至傳燈無窮流布天下
聞名持卷獲福消災一切迷方會歸
覺路
天平十二年五月一日記
天平勝寶七歳十月十四日從七位上守大學直講上毛野君立麻呂正
大徳元興寺沙門勝叡
大徳沙門了行
大徳沙門尊應
業了沙門法隆

第 2 軸，天平12年跋・天平勝宝 7 歳識語

15.　本事經〔7〕巻　存巻2　一法品第一之二　　　　和　大　1軸　512-89

〔唐〕釋玄奘奉制譯

〔奈良後期〕寫(〔大宅童子〕)　〔一切經〕本　〔東大寺尊勝院〕舊藏　内閣記錄局蒐集

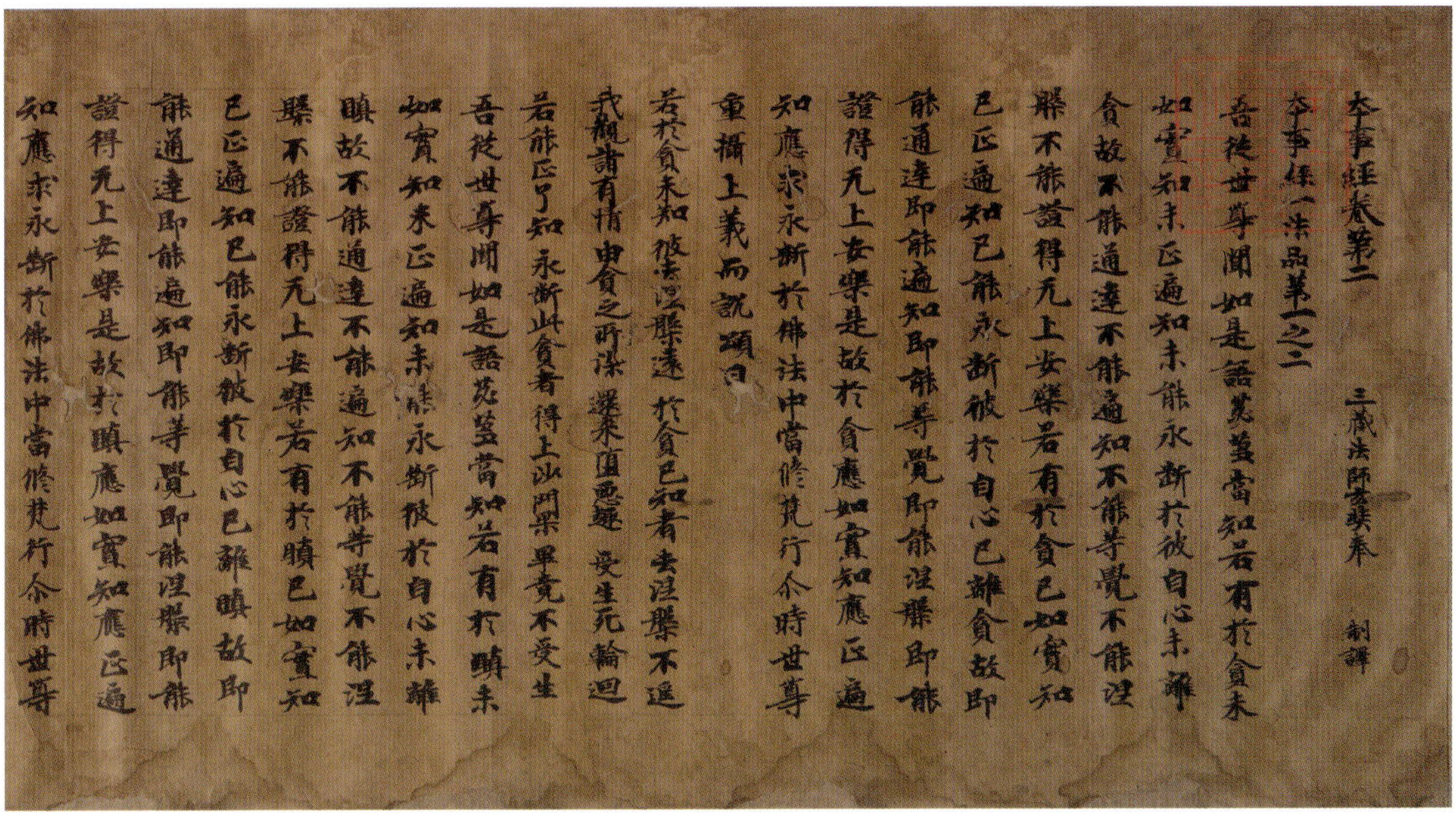
本事經卷第二
三藏法師玄奘奉　詔譯
本事經一法品第一之二
吾從世尊聞如是語苾芻當知若有於貪未
如實知未正遍知未能永斷於彼自心未離
貪故不能通達不能遍知不能等覺不能涅
槃不能證得无上安樂若有於貪已如實知
已正遍知已能永斷於彼自心已離貪故即
能通達即能遍知即能等覺即能涅槃即能
證得无上安樂是故於貪應如實知應正遍
知應求永斷於佛法中當修梵行尒時世尊
重攝上義而說頌曰
若於貪未知　彼去涅槃遠　於貪已知者　去涅槃不遠
我觀諸有情　由貪之所染　還來墮惡趣　受生死輪迴
若能正了知　永斷此貪者　得上沙門果　畢竟不受生
吾從世尊聞如是語苾芻當知若有於瞋未
如實知未正遍知未能永斷於彼自心未離
瞋故不能通達不能遍知不能等覺不能涅
槃不能證得无上安樂若有於瞋已如實知
已正遍知已能永斷於彼自心已離瞋故即
能通達即能遍知即能等覺即能涅槃即能
證得无上安樂是故於瞋應如實知應正遍
知應求永斷於佛法中當修梵行尒時世尊

巻 2 首

茶色漉目表紙（27.5×23.0㎝）左肩破損修補，打付に本文別手後筆にて「本事經巻第二」と書す。巻子装，毎紙幅約49.7㎝（第1紙47.6㎝，第16紙45.6㎝），新補木軸。本文淡茶色染麻紙，第10紙まで厚手，第11紙以降薄手，虫損修補，16紙。

淡墨界（界高約21.3㎝，幅約2.2㎝），毎紙23行17字，1筆。

大尾に8格を低し別手「〈明治四十年十二月加修理／（更低小5格）圖書寮〉」識語あり。首に単辺方形陽刻「帝室／圖書／之章」朱印記を存す。

本軸は聖語蔵経巻の、いわゆる「神護景雲二年御願経」中の『本事経』7巻の闕佚部に当たり、書式字様とも合致する。これらは聖語蔵中の今更一部一切経の一部と目され、宝亀6年（775）年8月の大宅童子の手実に、本経書写の記載がある上、聖語蔵分の巻3、6には「大宅童子」との署名があって、彼此符契を合する。

内閣文庫にて買上げの後、図書寮に帰した。　　　　（住吉朋彦）

16.　不空羂索神呪心經１巻　　和　大　１軸　503-189

唐釋玄奘奉詔譯

〔奈良〕寫　訓點音注書入　釋定豪相傳識語　附天平12年(740)５月１日光明皇后願文

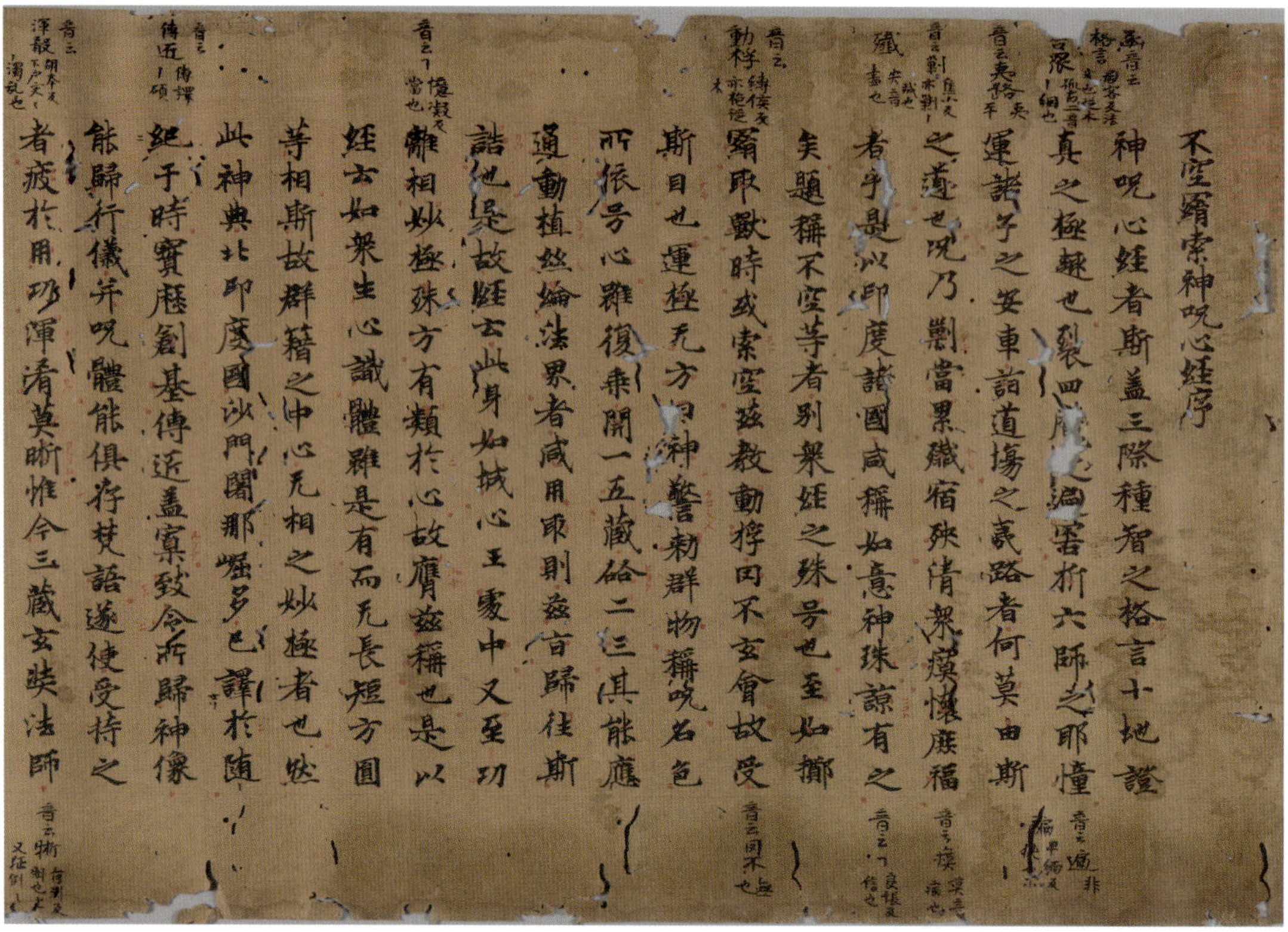

序　首

茶色艶出表紙（26.3×20.2㎝）左肩打付に「□空羂索經」，下方小字にて「靜□〔因ヵ〕」と書し，右傍に別筆にて「相傳定豪」と書す。巻子裝，毎紙約45.6㎝（第１紙43.6㎝，第14紙約22.4㎝），別に木軸を附す。本文麻紙。14紙。

淡墨界（界高約19.5㎝，幅約2.0㎝），毎紙24行17字，１筆。朱ヲコト点（宝幢院点），音訓仮名書入，白句点，声圏，音仮名書入，稀に墨返点，送仮名，行間校注，欄外音注（「(函) 音云何某反」等）書入。尾題後に別紙を接ぎ別筆にて淡墨界（界高約16.5㎝，幅約1.7㎝），毎行12字内外（低格），本文別筆にて五月一日経願文を付す。別添巻軸部紙片に又別筆にて上辺に「天平三年八月一日／光明子御筆／紙十□□　石山觀賢」，下辺に「石清水八幡宮御殿司先執行／法印權大僧都□定豪相傳／（花押）」と書す。首に単辺方形陽刻「宮内省／圖書印」朱印記を存す。

本経は観世音菩薩の不空羂索神呪とその功徳を説いた経典であって、玄奘訳の他に隋釈闍那崛多や元魏釈菩提流支による異訳がある。本軸の他に西大寺や東寺観智院金剛蔵に奈良写本が蔵される。

序を本文の前に付すものと後に付すものとがあるが、本軸では前に付している。天平12年5月1日光明子の願文を存するものの紙高が異なり、後世に別経の願文を貼り継いだと見られる。別添の紙片が本来の巻末か。「天平三年八月一日光明子御筆」がいかなる伝に基づくものなのかは不詳。ちなみに正倉院文書には、天平9年に光明子が阿倍内親王のために胡桃紙14紙からなる「不空羂索経一巻」を書写したことが記されている。

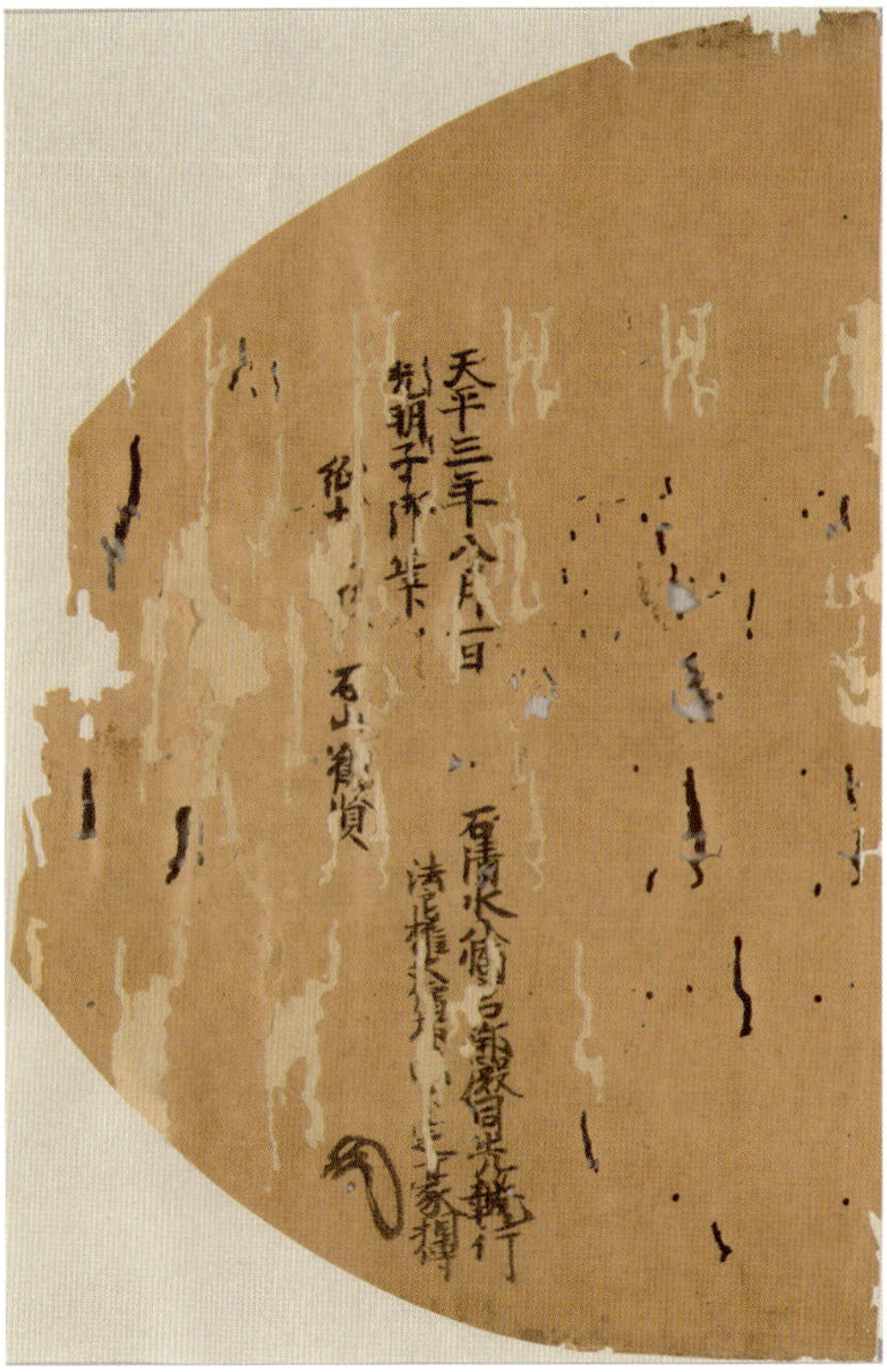

別添識語

石清水八幡宮御殿司の定豪については『当宮縁事抄』執行次第に「「了清」顯增　定豪退入寺、為唯御殿司職」と見え、了清は南北朝期の権別当であるので（『石清水祠官系図』等）、定豪もその頃の人物と考えられる。昭和8年（1933）購入。（小倉慈司）

17. 根本説一切有部苾蒭尼毗柰耶〔20〕巻　存巻14　　和　大　1軸　512-49

唐釋義浄奉〔制〕譯

天平12年(740)寫(藤原光明子令寫)　五月一日經本　〔東大寺尊勝院〕舊藏　內閣記錄局蒐集

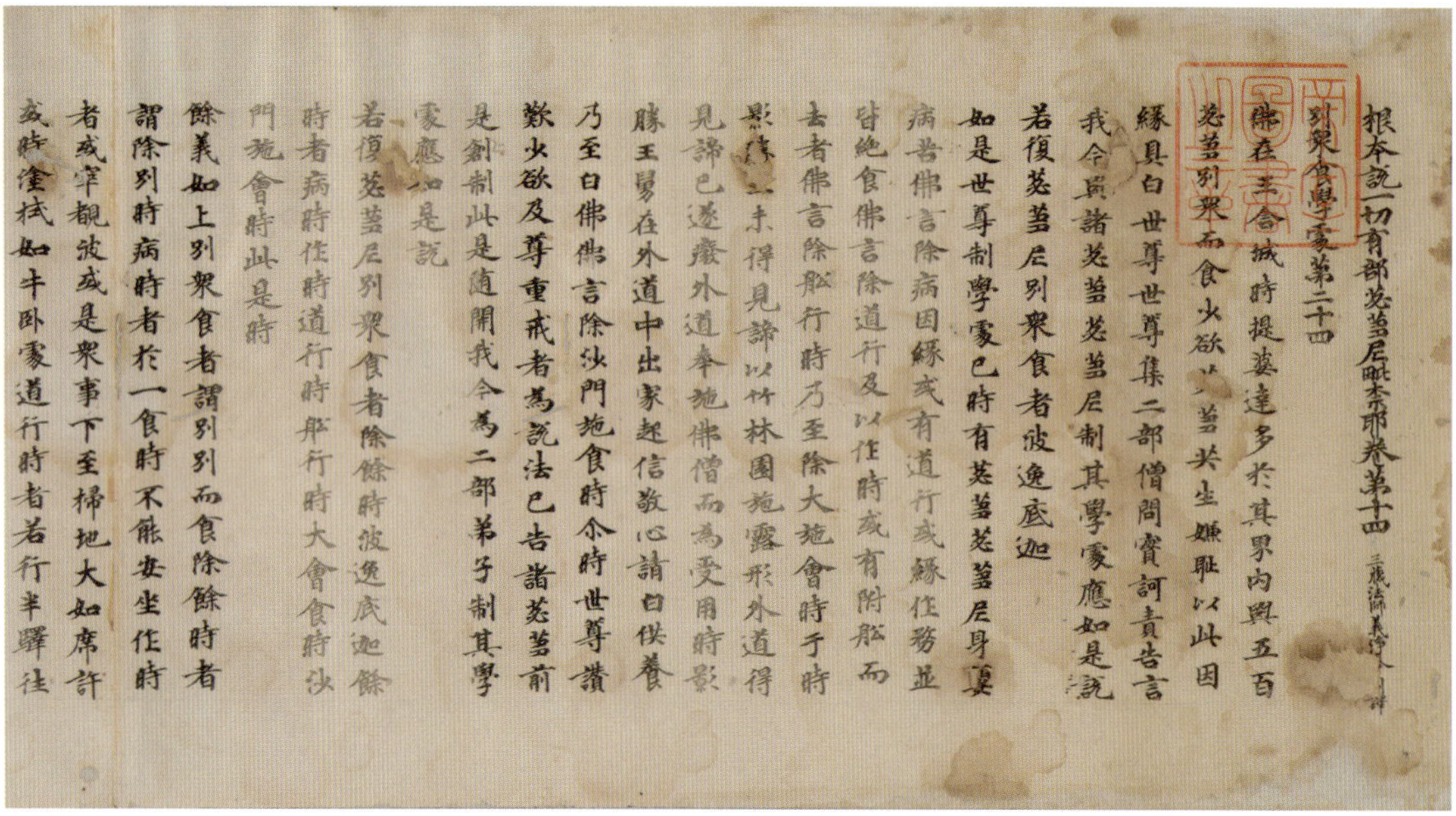
根本説一切有部苾芻尼毗奈耶巻第十四　三藏法師義浄奉　制譯
別衆食學處第二十四
佛在王舍城時提婆達多於其界内與五百
苾芻別衆而食少欲苾芻共生嫌恥以此因
縁具白世尊世尊集二部僧問實訶責告言
我今爲諸苾芻苾芻尼制其學處應如是説
若復苾芻尼別衆食者波逸底迦
如是世尊制學處已時有苾芻苾芻尼身嬰
病苦佛言除病因縁或有道行或縁作務並
皆絶食佛言除道行及以作時或有附船而
去者佛言除船行時乃至除大施會時于時
影勝王未得見諦以竹林園施露形外道得
見諦已遂癈外道奉施佛僧而爲受用時影
勝王曾在外道中出家起信敬心請曰供養
乃至白佛佛言除沙門施食時尒時世尊讃
歎少欲及尊重戒者爲説法已告諸苾芻前
是創制此是隨開我今爲二部弟子制其學
處應如是説
若復苾芻尼別衆食者除餘時波逸底迦餘
時者病時作時道行時船行時大會食時沙
門施會時此是時
餘義如上別衆食者謂別別而食除餘時者
謂除別時病時者於一食時不能安坐作時
者或窣覩波或是衆事下至掃地大如席許
或時塗拭如牛臥處道行時者若行半驛往

巻 14 首

後補淡渋引刷目表紙 (26.2 × 23.5㎝) 左肩打付に「根本説一切有部苾蒭毗柰耶巻第十四」と書す。巻子装，毎紙幅約46.2㎝（第 1 紙44.1㎝，第19紙31.9㎝），後補撥型木軸。黄麻紙，19紙。破損修補。淡墨界（界高約19.6㎝，幅約1.8㎝），毎紙25行17字，1 筆。尾題後隔 1 行（第19紙）低 3 格，本文同筆にて「皇后藤原氏光明子奉為／尊考贈正一位太政太臣府君尊妣／贈従一位橘氏太夫人敬寫一切／經論及律荘嚴既了伏願憑斯勝／回奉資冥助永庇菩提之樹長遊／般若之津又願上奉　聖朝恒延／福壽下及寮采共盡忠節又光明子／自發誓言弘濟沈淪勤除煩障妙窮／諸法早契菩提乃至傳燈無窮流布／天下聞名持巻獲福消災一切迷方／會歸覺路／（更低 5 格）〈天平十二年五月一日記〉」識語あり。朱筆にて行間校改書入あり。首に単辺方形陽刻「帝室／圖書／之章」朱印記を存す。

題目の説一切《せついっさい》有《う》部《ぶ》とは、インド仏教の上座部から分岐した宗派の名で、法の実在を主張した。同部がさらに分裂した後、7 世紀までにその正統を主張するグループが、根本の 2 字を冠称した。苾蒭尼は女性の修道者、毘奈耶は戒律を指すサンスクリットの音訳。この説一切有部所用の、尼僧のための律書は、唐の訳経僧、義浄によって中国にもたらされ、景龍 4 年（710）長安の大薦福寺翻経院において、他の同部経典とともに漢訳された。本軸は、そのわずか30数年後に、日本において転写された鈔本のうちの一巻。

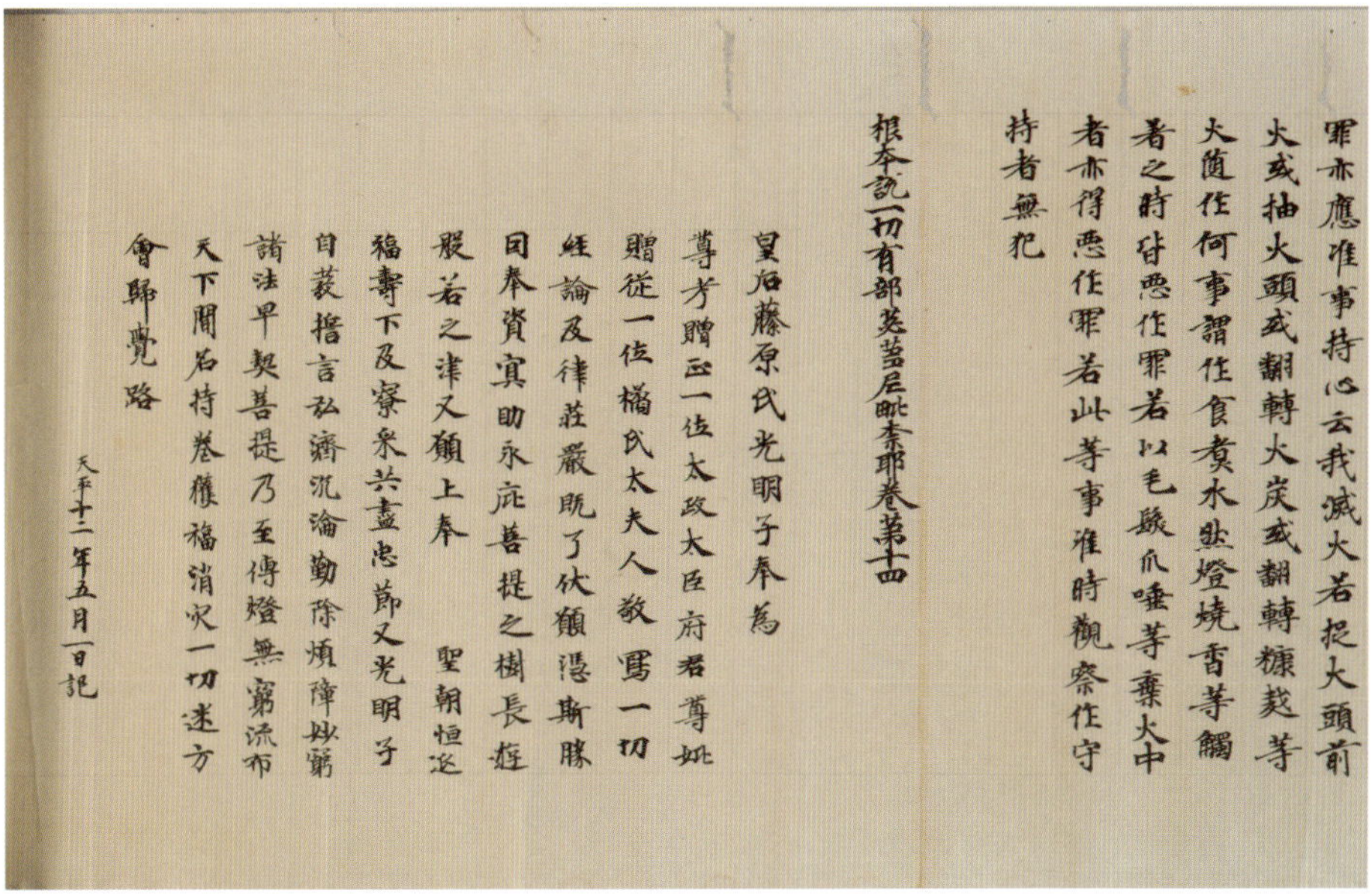
罪亦應准事持心云我滅火若捉火頭前
火或抽火頭或翻轉火炭或翻轉糠麩等
火隨作何事謂作食煮水然燈燒香等觸
著之時皆悪作罪若以毛髮爪唾等棄火中
者亦得悪作罪若此等事准時觀察作守
持者無犯

根本説一切有部苾芻尼毘奈耶巻第十四

皇后藤原氏光明子奉為
尊考贈正一位太政太臣府君尊妣
贈従一位橘氏太夫人敬寫一切
經論及律莊嚴既了伏願憑斯勝
因奉資冥助永庇菩提之樹長遊
般若之津又願上奉　聖朝恒延
福壽下及寮采共盡忠節又光明子
自發誓言弘濟沈淪勤除煩障妙窮
諸法早契菩提乃至傳燈無窮流布
天下聞名持卷獲福消災一切迷方
會歸覺路

天平十二年五月一日記

天平12年識語

本軸を含む「五月一日経」とは、光明皇后の発願に係る一切経のこと。本書『須頼経』の項（I-10）参照。天平12年（740）５月１日を期して願文が作成されたが、その完成はさらに遅れており、本軸は天平18年に、写経生の羽栗国足によって書写されたことが、小倉慈司氏の研究（本書論説編所収）により判明している。

東大寺尊勝院の聖語蔵から坊間に流出していたが、明治期に内閣が購入し、図書寮の管理に帰した。

（住吉朋彦）

18. 瑜伽師地論〔100〕巻 存巻1 本地分中五識身相應地苐一　和　大　1軸　512-58

〔唐〕釋玄奘奉制譯

〔奈良〕寫　藤原光明子舊藏

光明皇后印記

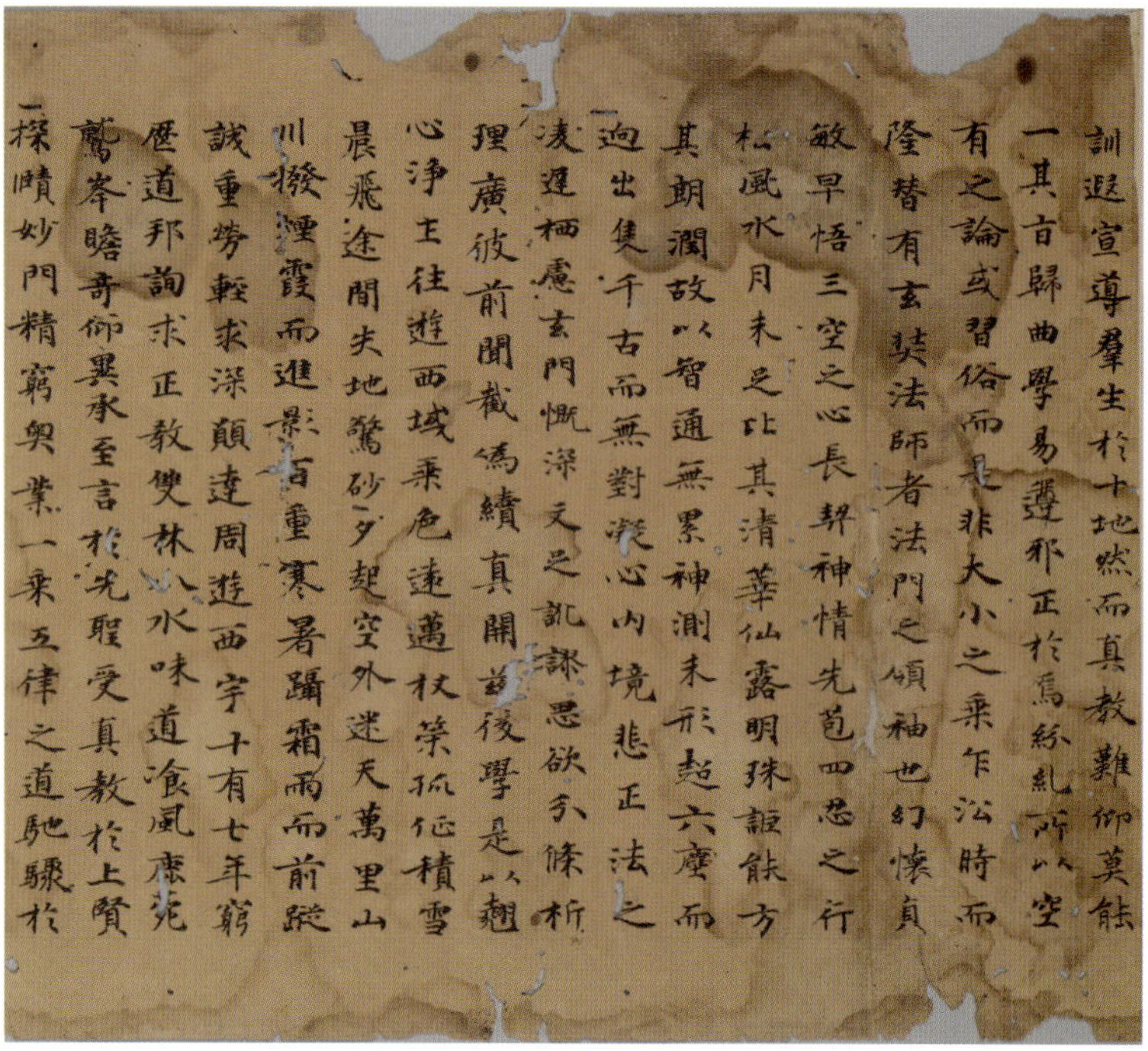

訓遐宣導羣生於十地然而真教難仰莫能
一其旨歸曲學易遵邪正於焉紛糺所以空
有之論或習俗而是非大小之乘乍沿時而
隆替有玄奘法師者法門之領袖也幼懷貞
敏早悟三空之心長契神情先苞四忍之行
松風水月未足比其清華仙露明珠詎能方
其朗潤故以智通無累神測未形超六塵而
迥出隻千古而無對凝心內境悲正法之
陵遲栖慮玄門慨深文之訛謬思欲分條析
理廣彼前聞截偽續真開茲後學是以翹
心淨土往遊西域乘危遠邁杖策孤征積雪
晨飛途間失地驚砂夕起空外迷天萬里山
川撥煙霞而進影百重寒暑躡霜雨而前蹤
誠重勞輕求深願達周遊西宇十有七年窮
歷道邦詢求正教雙林八水味道餐風鹿苑
鷲峯瞻奇仰異承至言於先聖受真教於上賢
探賾妙門精窮奧業一乘五律之道馳驟於

首

後補藍色金泥花卉文艶出表紙（25.4×23.2㎝）左肩打付に金銀揉箔散し題簽を貼布するも上半を闕く。

巻子装，黄檗染楮紙，毎紙幅約39.7㎝（第1紙7.5㎝，第9紙8.7㎝，第10紙31.1㎝，第18紙25.0㎝），一部破損修補，18紙。前後に新補副葉（前幅19.7㎝，後幅14.2㎝），第9，10紙間に副葉（幅3.9㎝），序あり首闕，本文尾闕。

淡墨界（界高約20.3㎝，幅約1.6㎝），毎紙24行17字，1筆。

後半に白筆訓点書入あり。第1，2紙継目に単辺楕円形陽刻「内家／私印」左傾縫朱印記（光明皇后），前副葉に同「宮内省／圖書印」朱印記を存す。


瑜伽行派の代表経典の一つで、中国では弥勒作、チベットでは無着作と伝えられる。漢訳は玄奘が唐貞観20年（646）から22年にかけて100巻として訳出した。

藤原光明子の印と考えられる「内家私印」印が捺される。同印は複数種存したことが指摘されているが、本軸所捺印は東京国立博物館蔵『瑜伽師地論』巻3や根津美術館蔵同経巻15、京都大学附属図書館谷村文庫蔵『妙法蓮華経』巻3等と同種であるという。「内家私印」印を持つ『瑜伽師地論』には巻首に「西大寺」印が捺されているものが多いので、あるいは本軸も西大寺旧蔵であったか。（小倉慈司）

19. 瑜伽師地論〔100〕巻 存巻5 本地分中有尋有伺等三地之二 和 大 1軸 405-5

唐釋玄奘奉詔譯

〔奈良〕寫 内閣記録局蒐集

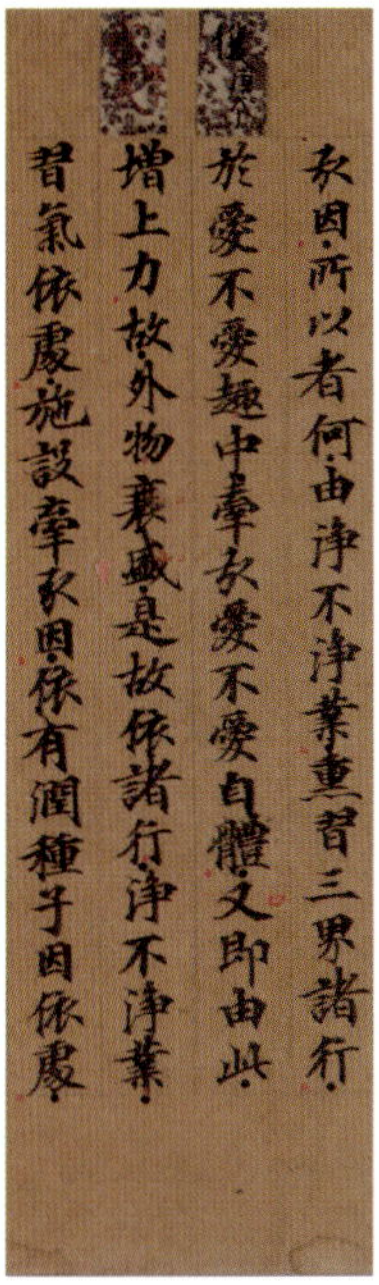

引因所以者何由淨不淨業熏習三界諸行
於愛不愛趣中牽引愛不愛自體又即由此
増上力故外物衰盛是故依諸行淨不淨業
習氣依處施設牽引因依有潤種子因依處

欄上紙箋

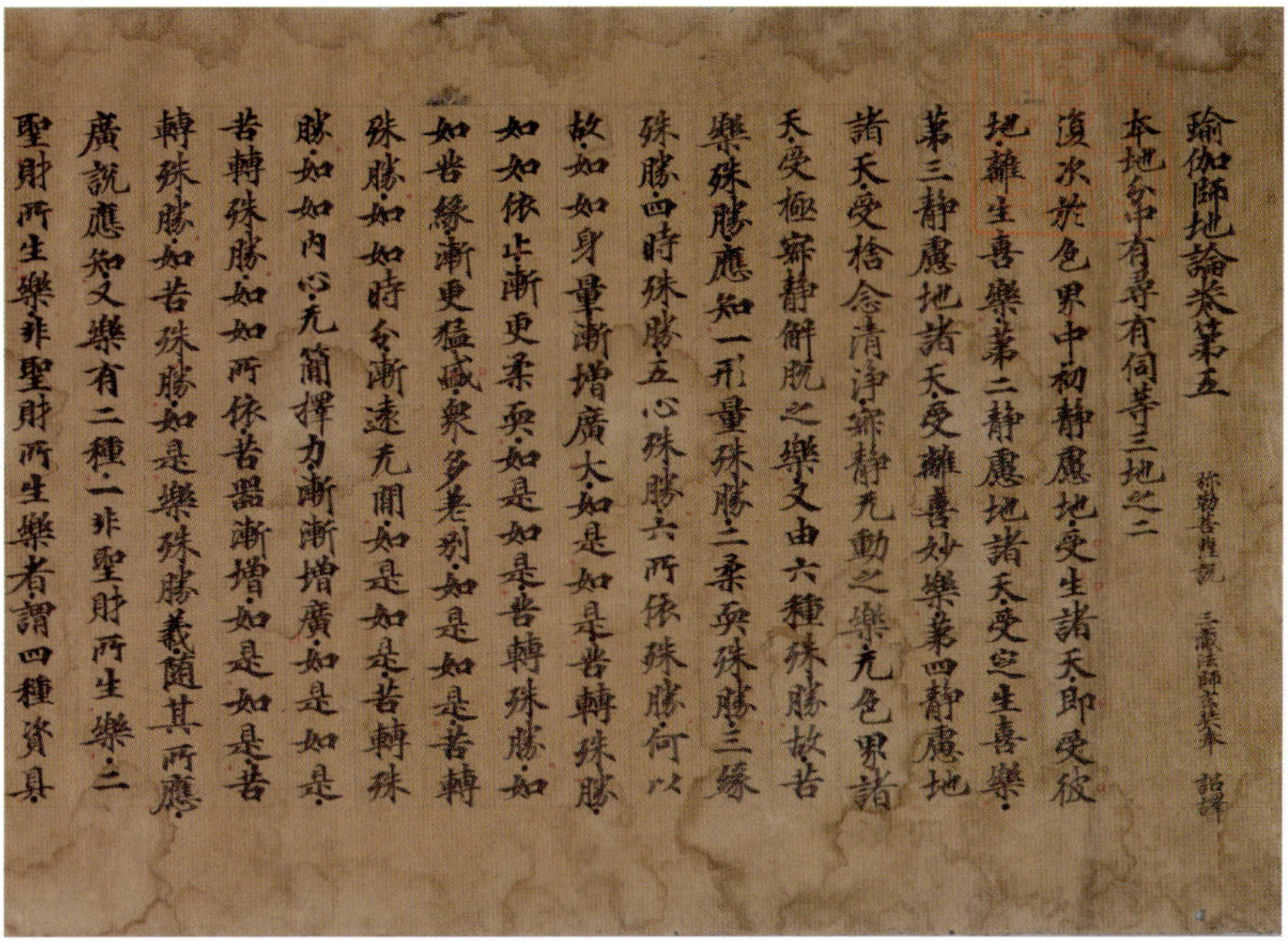

瑜伽師地論巻第五 彌勒菩薩說 三藏法師玄奘奉 詔譯
本地分中有尋有伺等三地之二
復次於色界中初靜慮地受生諸天即受彼
地離生喜樂第二靜慮地諸天受定生喜樂
第三靜慮地諸天受離喜妙樂第四靜慮地
諸天受捨念清淨寂靜无動之樂无色界諸
天受極寂靜解脫之樂又由六種殊勝故苦
樂殊勝應知一形量殊勝二柔爽殊勝三緣
殊勝四時殊勝五心殊勝六所依殊勝何以
故如如身量漸増廣大如是如是苦轉殊勝
如如依止漸更柔爽如是如是苦轉殊勝如
如苦緣漸更猛盛衆多差別如是如是苦轉
殊勝如如時分漸遠无間如是如是苦轉殊
勝如如内心无簡擇力漸漸増廣如是如是
苦轉殊勝如如所依苦器漸増如是如是苦
轉殊勝如苦殊勝如是樂殊勝義隨其所應
廣說應知又樂有二種一非聖財所生樂二
聖財所生樂非聖財所生樂者謂四種資具

巻 5 首

後補緑絹巻雲文金襴表紙（27.6×26.6㎝），巻子装，毎紙幅約55.5㎝（第1紙52.8㎝，第2紙43.2㎝，第3紙49.3㎝，第15紙41.8㎝），後補撥形漆塗木軸，黄檗染楮紙，後補布目金箔押しあり。
淡墨界（界高約20.8㎝，幅約2.1㎝），毎紙27行17字，1筆。
墨句点，本文別筆にて朱ヲコト点（喜多院点），極稀に仮名，欄上に金銀切箔，砂子散しの紙箋を貼り校注（用「點本」「或本」「唐本」）書入，桃色不審紙あり。又，桐箱蓋外側貼紙に「［第九十二号二］／瑜伽師地論巻第五」と書す。首に単辺方形陽刻「帝室／圖書／之印」朱印記存す。

『瑜伽師地論』は、瑜伽行者の境位・実践行・得果について詳説する論書で阿頼耶説・三性無性説・知識説等を論じ、唯識派の根本論書とされる。また唯識派の系統を引く法相宗の所依の論書である。

本軸は、唐の釈玄奘により貞観12年（646）から22年かけて漢訳された100巻の内の残巻である。

書入れの朱ヲコト点は喜多院点である。喜多院点は、9世紀初頭に法相宗の元興寺に住した明詮大僧都（789-868）の使用により始まる点である。その使用は途中断絶したものの、10世紀末以降には法相宗の興福寺を中心として盛んに用いられるようになり、以後は法相宗の寺院を中心に用いられた。本書は、校合も数多くなされており、法相宗の寺院で学ばれていた書と考える。

明治20年（1887）に内閣記録局が購入し、同24年に内閣文庫より、図書寮に移管された。（大木美乃）

20. 瑜伽師地論〔100〕巻 存巻8 本地分中有尋有伺等三地之五 和 大 1軸 512-37

〔唐〕釋玄奘奉詔譯

神護景雲元年(767)寫　行信願經　法隆寺一切經本　山中信天翁舊藏

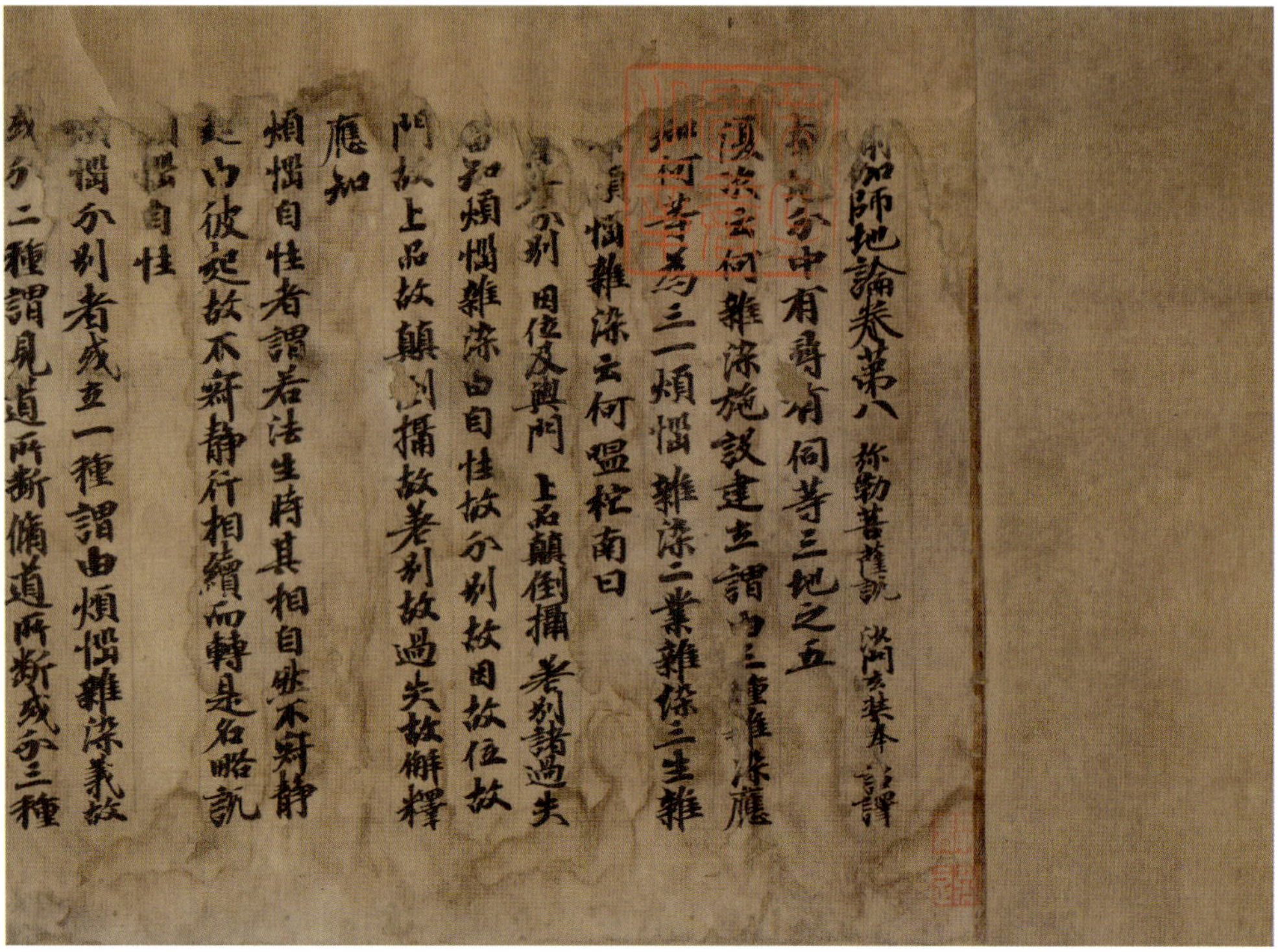

巻 8 首，印記

新補淡黄色小葵文絹表紙（26.8×25.5cm）。巻子装，毎紙幅約54.4cm（第 1 紙52.7cm，第15紙31.5cm），黄檗染楮紙，裏打修補，前見返しに白色紙を貼附。前後に裏打紙に接属する副葉（前幅19.6cm，後幅9.7cm）。

淡墨界（界高約20.1cm，幅約2.0cm），毎紙29行17字。

尾題後隔 1 行（第14至15紙），低 3 格毎行15字内外にて「若夫法海淵曠譬彼滄波慧日高明等／斯靈曜受持頂戴福利无邊讀誦／書寫勝業難測是以大法師諱行信平／生之日至心發願敬寫法花一乘之宗金／皷滅罪之文般若真空之教瑜伽五分之／法合貳仟柒伯卷經論奉翊　聖朝退〃報四恩兼救群品然假軆如浮雲草命／似電光未畢其事含玉従化弟子孝仁／等不勝風樹之傷敬弁先願仰願／掛畏　聖朝金輪之化与乾坤无動長／遠之壽争劫石弥遠　退願篤蒙四恩／枕涅槃之山坐菩提之樹位成灌頂力奮／降魔廣及法界六道有識離苦得樂齊／登覺道／（更低 2 格）［神護景雲　元］年九月五日敬奉寫竟」あり。

稀に行間に本文別手墨筆にて校注書入あり。後副葉背面に「〈明治四十年四月裱装／圖書寮〉」識語あり。

尾題下，紙背継目に単辺方形陽刻「法隆寺／一切經（楷書）」墨印記，首に方形陰刻「靜」「逸」聯珠朱印記（山中信天翁），単辺方形陽刻「帝室／圖書／之印」朱印記を存す。

本軸は、神護景雲元年（767）9 月 5 日付、奈良時代の僧行信を発願主と記す奥書を有す。行信（生没年未詳）は法相宗を修め、元興寺・法隆寺に住した。天平17年（738）に律師となり、後に大僧都に至る。法隆寺東院伽藍の復興に尽力し、夢殿にその坐像がある。

奥書には、行信が2,700巻に及ぶ一切経の書写を発願したが完成前に没した為、それを弟子の孝仁等が引き継いで完成させたとある。本軸と同じ奥書をもつ経典は、法隆寺に12軸現存し、京都国立博物館等にも所蔵される。奥書の日付は、擦消部分に「神護景雲」と重ね書きされている。この重ね書きは、天平神護 3 年（767）8 月の改元により生じたと指摘されており、同じ奥書をもつ他の軸にも確認出来る。この一致から本軸が他の軸同様、神護景雲元年に書写されたと考える。

本軸が有する「法隆寺／一切經」墨印記の押印時期は不明だが、法隆寺では平安時代後期の一切経勧進事業の際に、この墨印記を用いている。この印記を有する写経を法隆寺一切経と総称しており、本軸もその一つと考えられる。

本軸は山中信天翁が所蔵し、後に買い上げられ、明治24年（1891）に内閣文庫から図書寮に移管された。

（大木美乃）

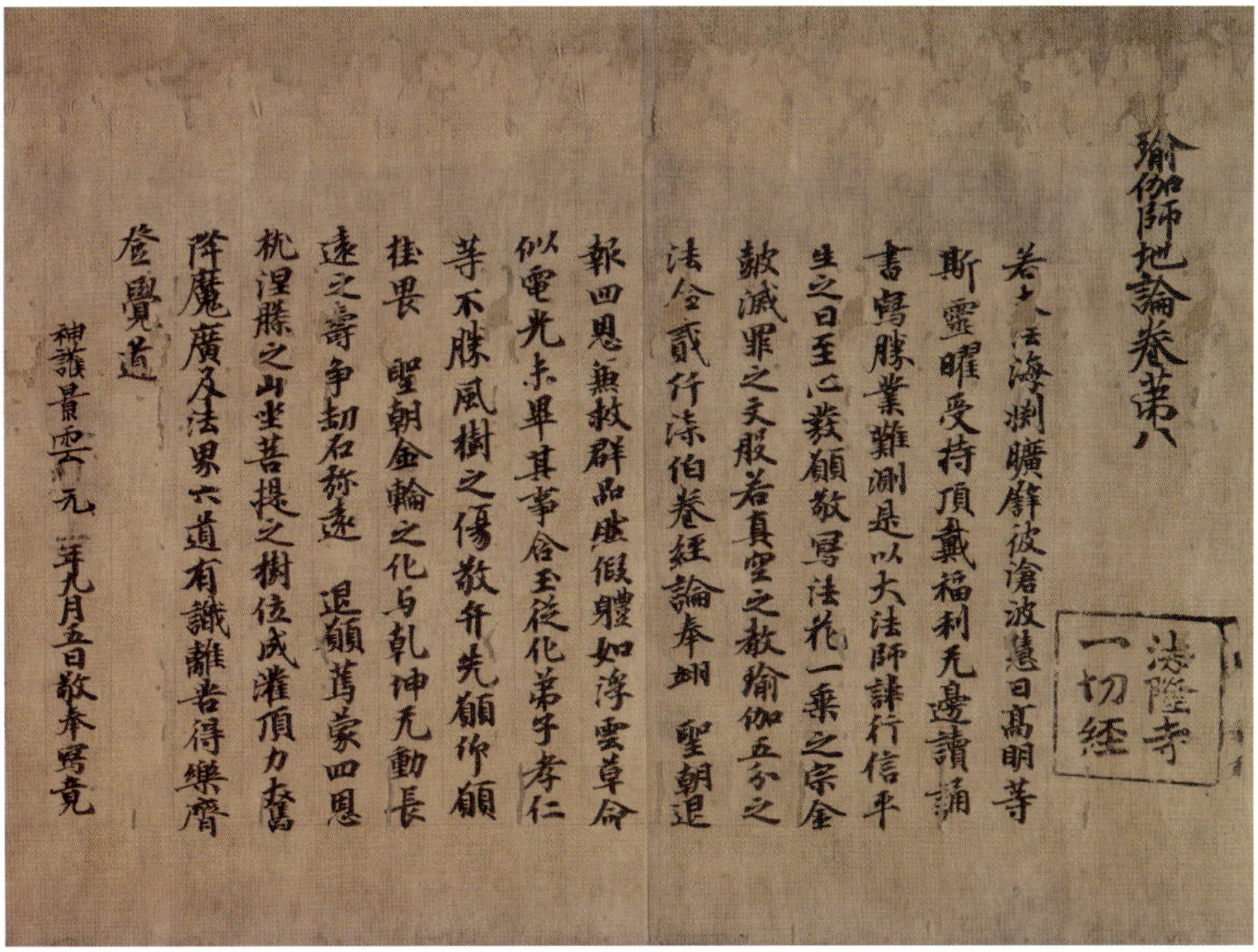

印記，奥書

21. 瑜伽師地論〔100〕巻 存巻53 攝決擇分中五識身相應地意地之三

和　大　1 軸　512-51

〔唐〕釋玄奘奉詔譯

天平寶字 6 年(762)寫　光覺願經　法隆寺一切經本　〔田中青山〕舊藏

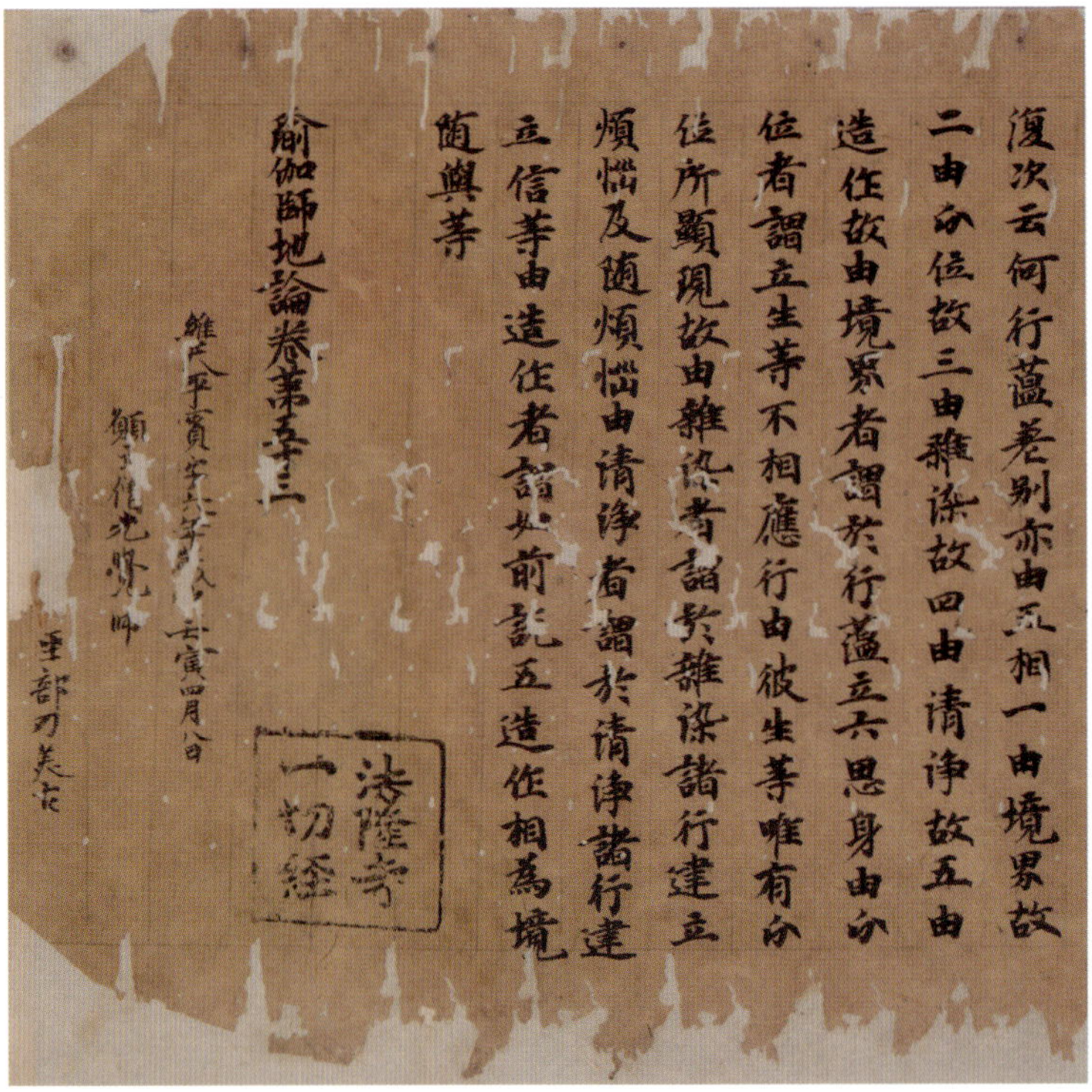

巻尾，天平宝字 6 年識語

淡茶色漉目艶出表紙（26.4 × 24.1㎝）左肩打付に本文別筆にて「[瑜伽]師地論巻五十三」（[　] 内後筆重書），その直下に別筆にて「〈法隆寺一切經之内／　天平寶字六年寫〉」と書す。巻子裝，淡茶色染楮紙，毎紙幅約55.6㎝（第 1 紙52.5㎝，第17紙53.1㎝），撥型漆塗木軸。見返し後補，新補後副葉（雲母刷，幅19.4㎝）。17紙。

淡墨界（界高約20.5㎝, 幅約2.1㎝），毎紙27行17字，1 筆。尾題後接行，低 5 格，本文別筆にて「〈維天平寶字六年歳□〔次〕壬寅四月八日／（更低小 3 格）願主光覺師／（更低 6 格）巫部刀美古〉」識語あり。毎紙継目下方に細朱「十七（至一）」序数書入あり。後副葉に「〈明治四十年六月修補圖書寮〉」墨識並に単辺楕円形陽刻小「忠淳」朱印記あり。後補見返し左下（表紙背面左下より刪除貼附），尾題下，紙背継目に単辺方形陽刻「法隆寺／一切經（楷書）」墨印記，首に同「帝室／圖書／之印」朱印記を存す。

本経は４世紀頃に成立した大乗論書で、瑜伽行の実践を説く。漢訳では弥勒、チベット訳では無着の著述とされる。漢訳は玄奘による全訳のほか、部分訳が存する（Ⅰ-19参照）。

本軸は巻53で、僧光覚によって勧進された光覚知識経の一である。光覚の伝は不明であるが、「願主僧光覚」の識語を持つ天平宝字５年３月から６年10月の間に書写された経巻が29巻現存している。識語のパターンには大きく分けて３種類あり、本軸のように知識が１名のみのものはすべて天平宝字６年４月８日の日付を持っている。本軸も含め、光覚知識経は法隆寺一切経として伝来したらしい。図書寮文庫には他に天平宝字６年５月２日の日付を持つ『中阿鋡経』巻56（512-43）が存する（Ⅰ-1参照）。『続古経題跋』等によれば、田中光顕に蔵されていた時期があり、内閣記録局による購入を経て、図書寮所蔵となった。

（小倉慈司）

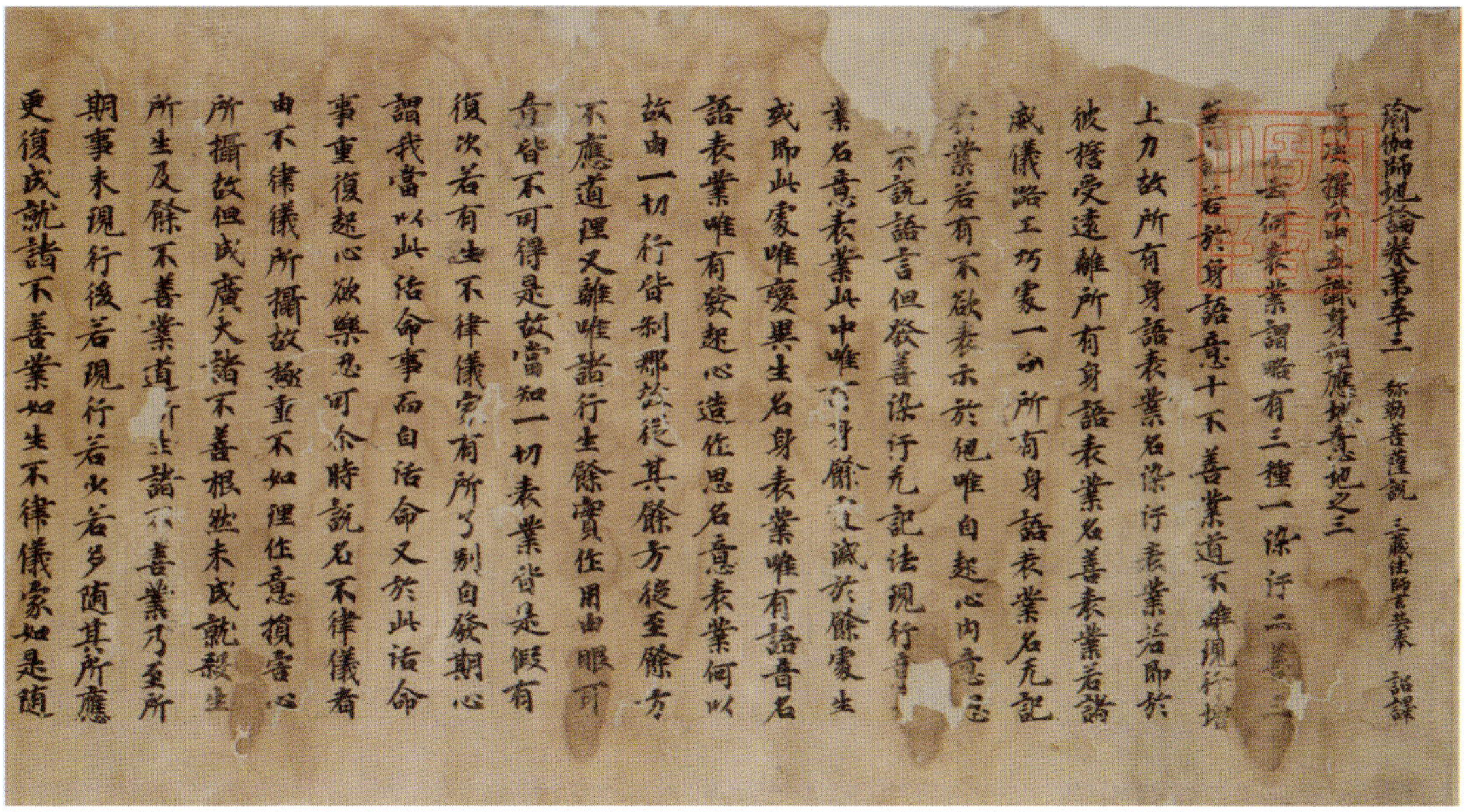
瑜伽師地論卷第五十三　彌勒菩薩說　三藏法師玄奘奉　詔譯
攝決擇分中五識身相應地意地之三
復次云何表業謂略有三種一染汚二善三
无記若於身語意十不善業道不律儀現行增
上力故所有身語表業名染汚表業若即於
彼棄捨遠離所有身語表業名善表業若諸
威儀路工巧處一分所有身語表業名无記
表業若有不欲表示於他唯自起心內意言
不說語言但發善染汚无記法現行意表
業名意表業此中唯[illegible]於餘處生
或即此處唯變異生名身表業唯有語音名
語表業唯有發起心遠作思名意表業何以
故由一切行皆剎那故從其餘方從至餘方
不應道理又離唯諸行生餘實作用由眼可
見皆不可得是故當知一切表業皆是假有
復次若有生不律儀家有所了別自發期心
謂我當以此活命事而自活命又於此活命
事重復起心欲樂忍可尒時說名不律儀者
由不律儀所攝故極重不如理作意損害心
所攝故但成廣大諸不善根然未成就殺生
所生及餘不善業道亦非諸不善業乃至所
期事未現行後若現行若少若多隨其所應
更復成就諸不善業如生不律儀家如是隨

巻 53 首

22. 菩薩善戒經〔9〕巻 存巻2 菩薩地利益内外品第四至菩薩地真實義品第五

和 大 1軸 512-65

〔劉宋釋求那跋摩〕譯

〔奈良後期〕寫 〔一切經〕本 白點書入 東大寺〔尊勝院〕舊藏 内閣記錄局蒐集

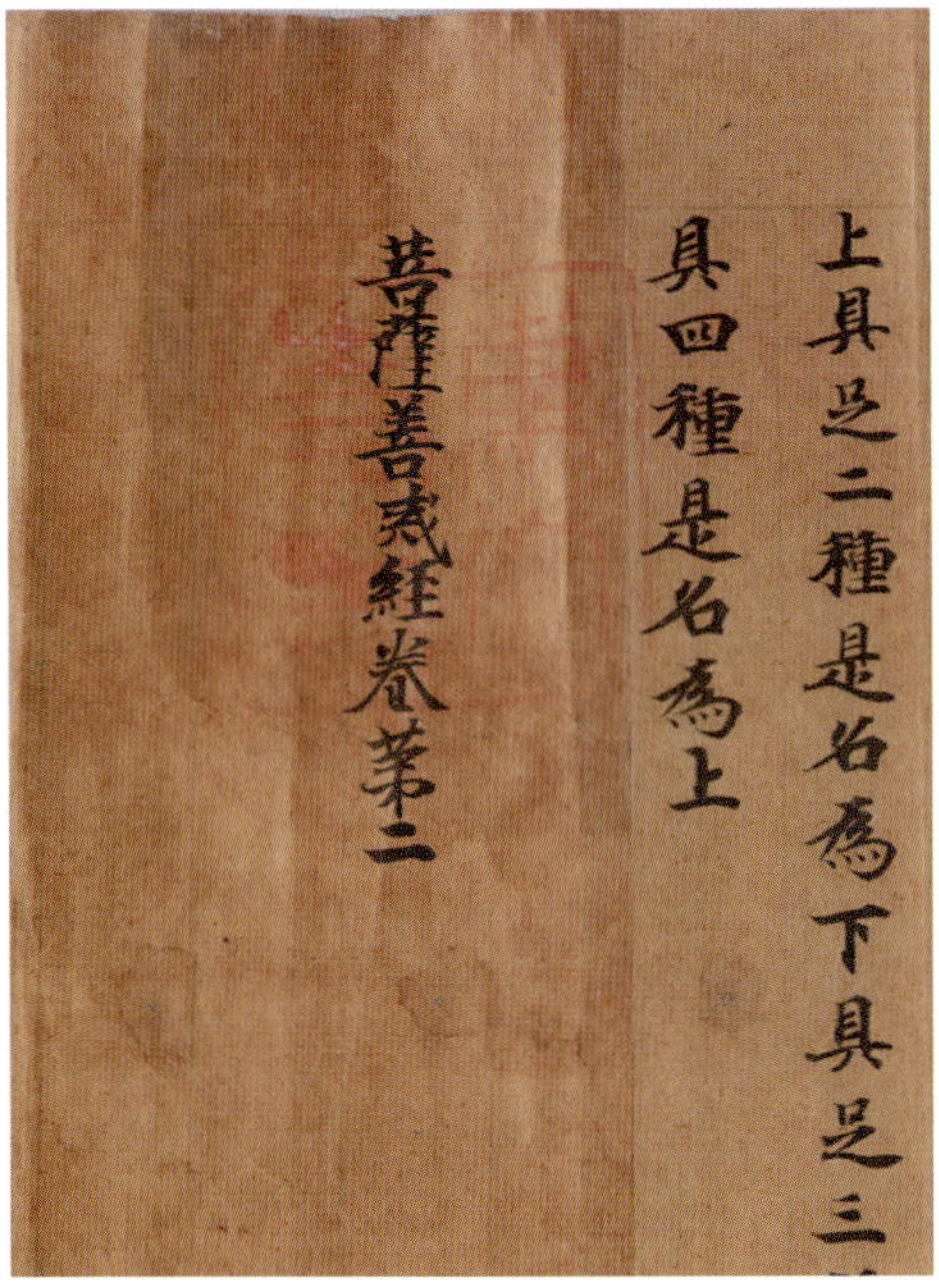

東大寺印記（部分）

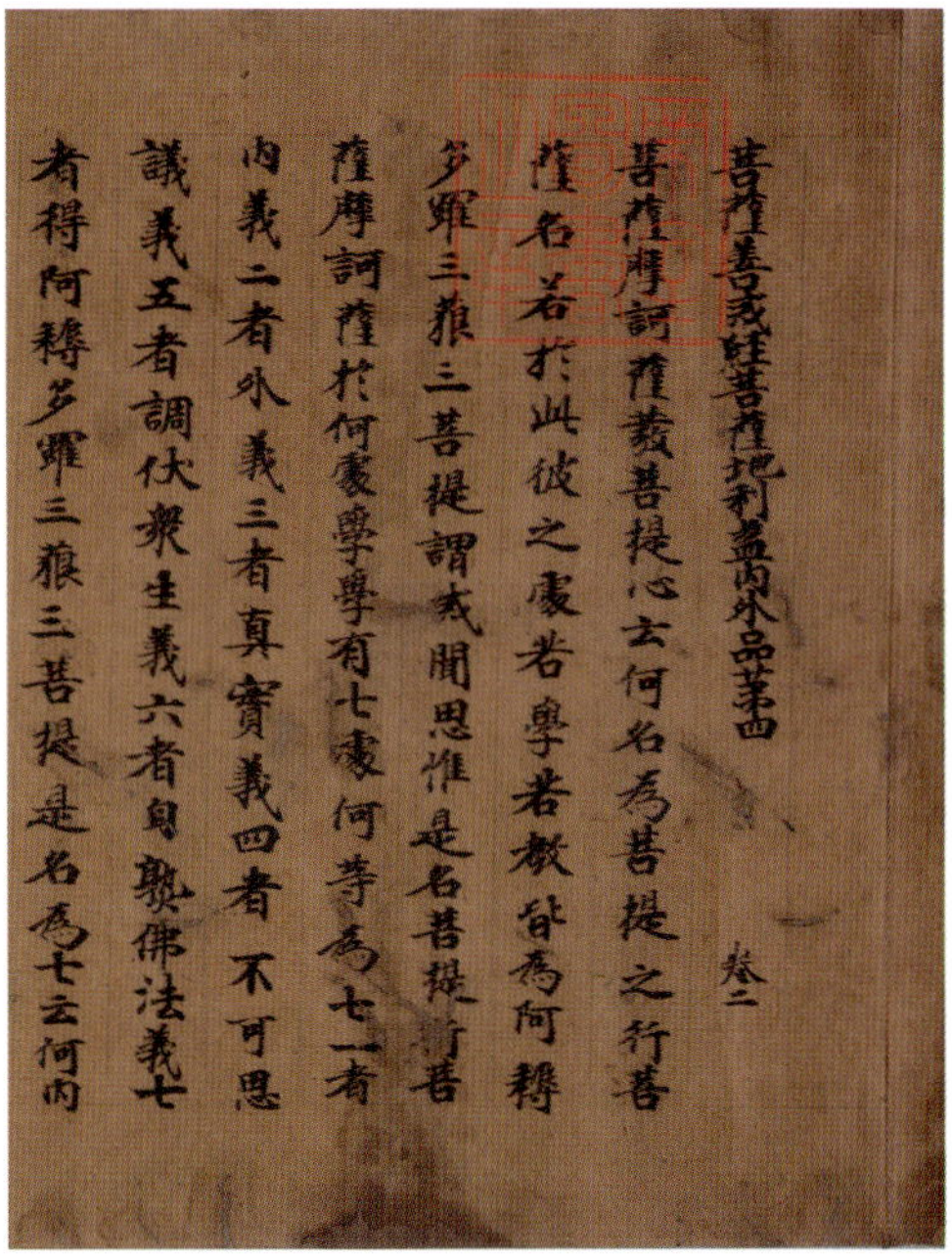

巻 2 首

茶色漉目表紙（27.3×22.8cm）左肩打付に本文別筆にて「菩薩善戒經巻第二」と書す。巻子装，毎紙幅約56.2cm（第1紙54.2cm，第19紙54.5cm，第20紙14.5cm），朱胡紛塗撥型木軸。本文淡茶色染麻紙，虫損修補。淡墨界（界高約21.4cm，幅約2.2cm，第20紙界高約20.9cm），毎紙26行17字，1筆。本文同手墨筆擦消校改書入，白筆訓點，音訓送仮名，欄上行間校改書入あり。表紙外題，本紙との継目，尾題に単辺方形陽刻「東大／寺印」朱印記，首に「帝室／圖書／之章」朱印記を存す。

菩薩戒の詳細を説く本経を訳したとされる求那跋摩は、インド北西部（罽賓）の出身で、南洋を経て宋元嘉8年（431）に建康の祇洹寺に入り、一年足らずの間に幾多の訳業を遺したという。

表紙等に見える「東大寺印」記は、聖語蔵中の一部の経巻に検出される印記と同種である。現在正倉院事務所の管理する聖語蔵経巻の、いわゆる「神護景雲二年御願経」中の本経は、今更一部一切経に比定されるが、その巻2、3は現在闕佚し、書式字様から見て、本品の僚軸に当たる。本軸は正倉院文書中の手実の記載から、宝亀5年（774）12月から同6年2月頃に経師の酒波家麻呂によって写されたものと推される。但し正倉院管理分も含め、本経中には家麻呂の署名が遺されていない。

明治期には堀皆春所蔵、内閣文庫による買上げを経て、図書寮に帰した。 （住吉朋彦）

II　漢籍旧鈔本

1．儀禮疏〔50〕巻　存巻15至16

和　大　1帖　512-14

唐賈公彦等撰

安元2年(1176)寫(中原師直等)　標注校改書入

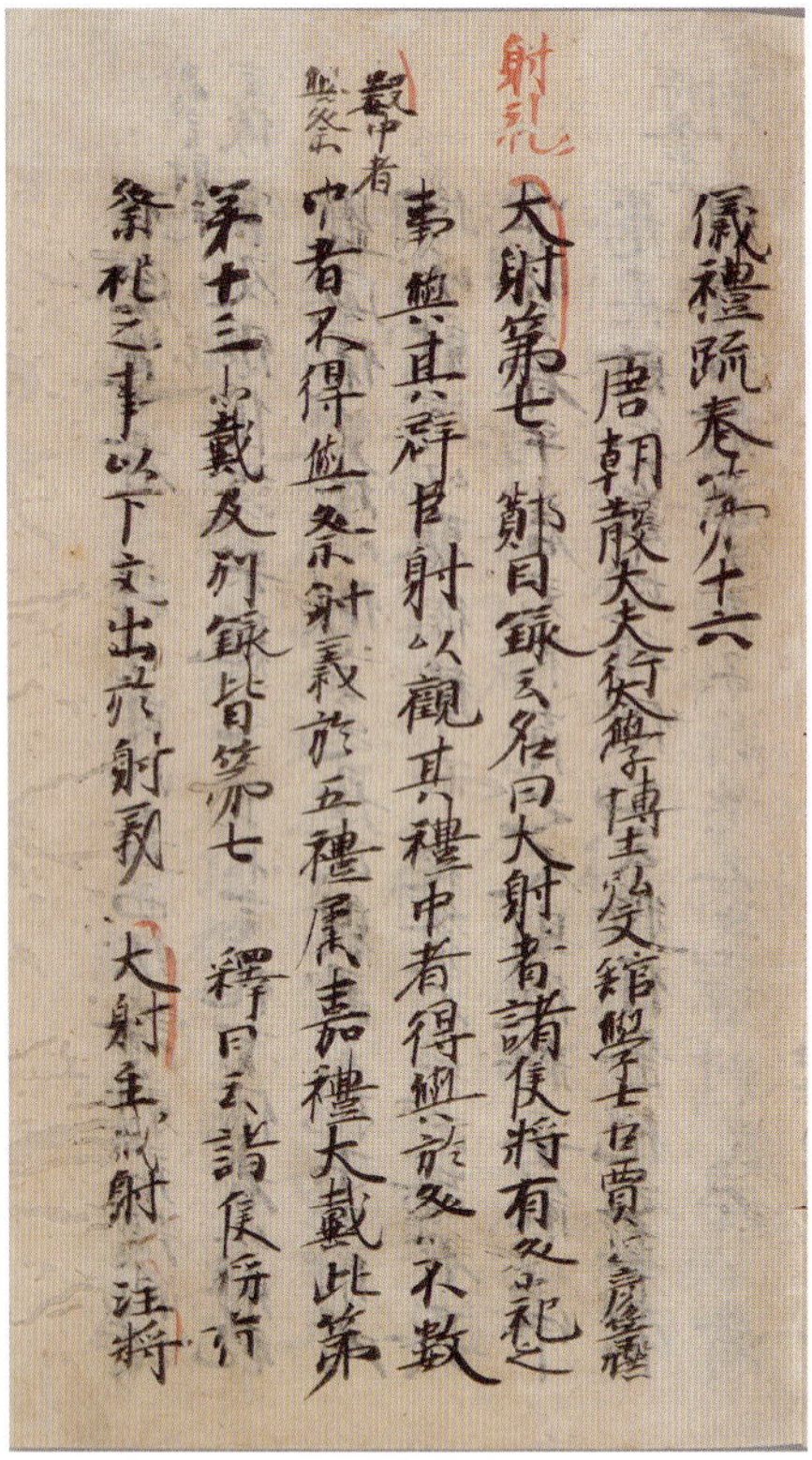

巻 16 首

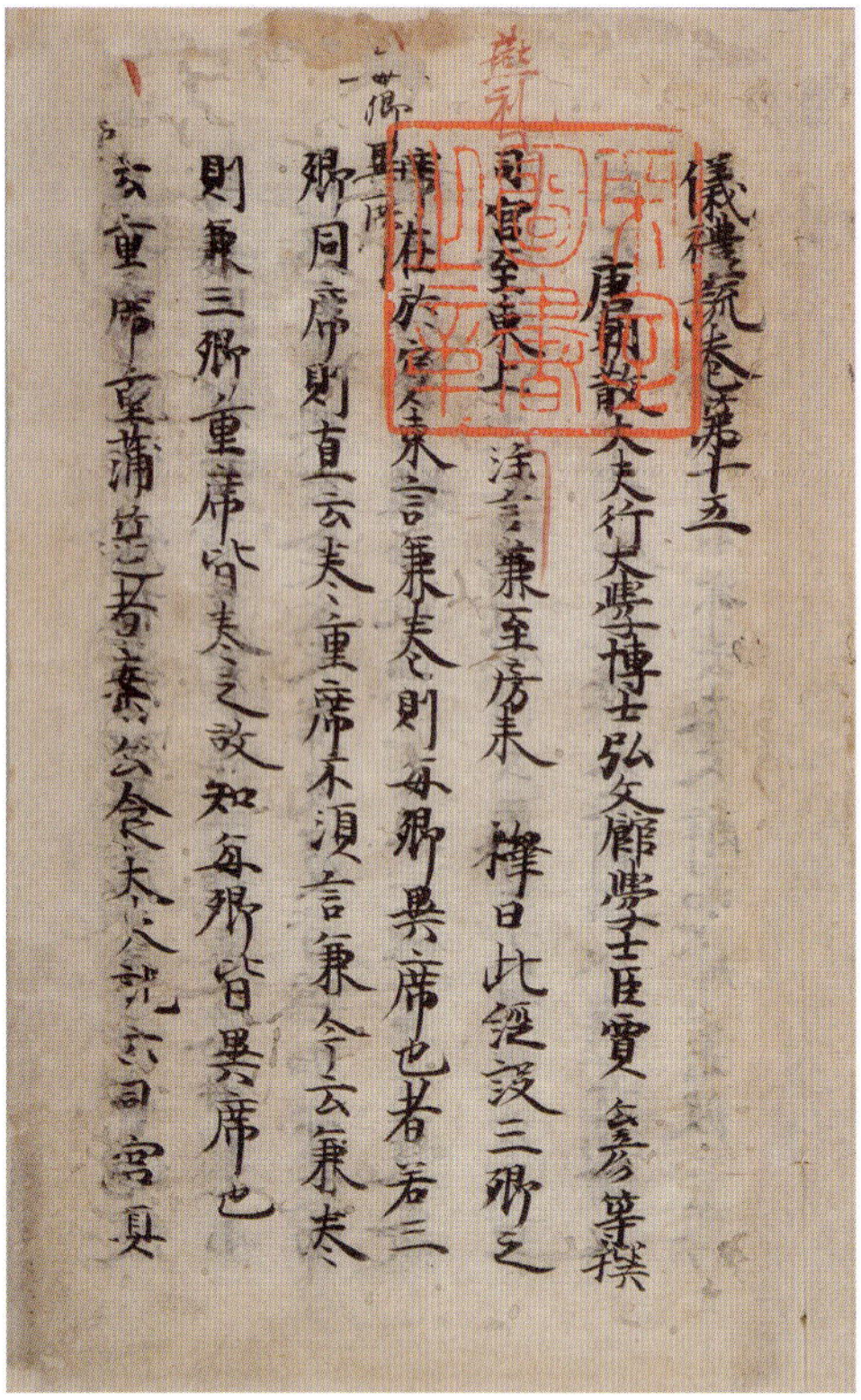

巻 15 首

新補縹色包背表紙（26.5×15.3㎝）中央に打付に「儀禮疏第十五之第十六／　〈安元二年中原師直朱挍〉」と書す。粘葉装を改め，毎折１枚の綴葉装。本文斐紙，両面虫損修補，四周のみ裏打修補。（扉の位置に元表紙）白色表紙，左肩打付に，巻16本文同手にて「儀禮疏巻第十五〈複第十六〉」と墨書，「燕禮」と朱書す。

押界（界高約22.0㎝，幅約2.0㎝），７行18至20字，３筆。（闕筆，巻15）敬殷（殷は殆ど闕かず）。毎巻尾題後巻16本文同筆にて（巻15）低7格「安元二年十一月廿一日戌時以摺本／比挍之次加首付了　助教中原師直」，（巻16）「比挍了　■（墨滅）」識語あり。

巻16本文識語同筆にて毎巻首欄上に「燕礼」「射礼」標注朱書，欄上墨書標注，本文朱鉤点，墨校改書入。巻16尾に別筆にて「臥病床粗馳一覧了／掃部頭■（墨滅）」識語，後表紙見返しに後筆にて「明治三十九年四月命工加裱褙（「忠淳」朱印記）」と書す。毎冊首に単辺方形陽刻「帝室／圖書／之章」朱印記あり。

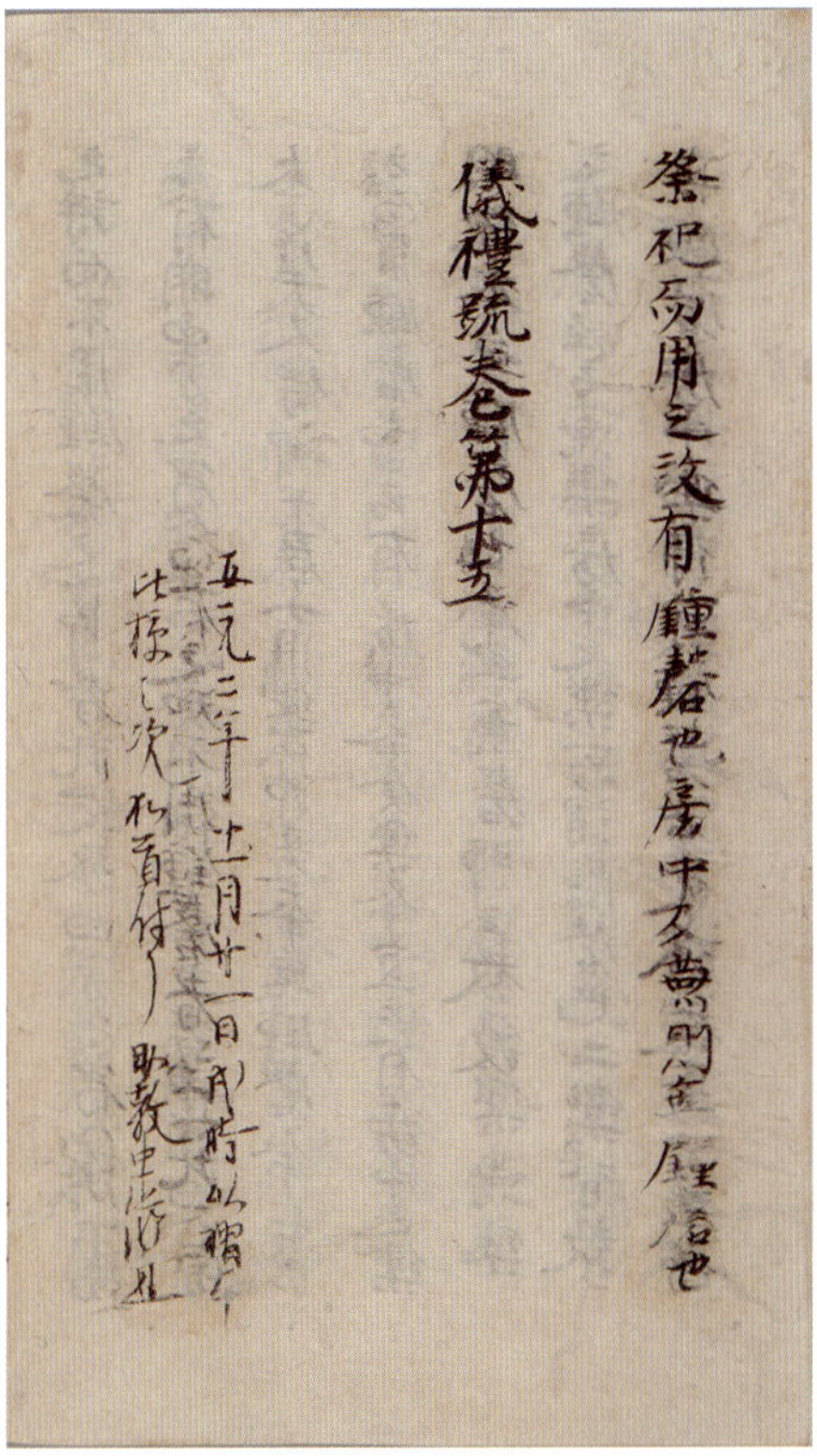

書写識語

『儀礼』（後漢鄭玄註）の単疏本。巻15末尾、中原師直の識語に「安元二年（中略）摺本を以つて比校するの次いでに、首付けを加へ了んぬ」とあるように、宋版と本文異同を注記し、また検索の便を図って所々に首書を加えている。師直は後に大外記となる明経道儒者（正五位上に至る）。また巻16末尾には師直とは別筆だが、ほぼ同時期と思われる筆蹟で「病床に臥して粗あら一覧を馳せ了んぬ」とあり、「掃部頭」の下の署名が墨滅されている。安元2年当時の掃部頭は安倍季弘（陰陽道官人で正五位下に至る）。

（佐藤道生）

2．春秋經傳集解30巻

和　大　30軸　550-1

晉杜預注

文永４至５年（1267-68）寫（〔北條篤時〕令寫）　巻14至15配弘安元年（1278）〔北條顯時〕寫本 巻23 26配弘長元年至文永２年（1261-65）〔北條實時〕令寫本　訓點校補注書入 文永５至６年清原俊隆 直隆傳授（〔北條篤時〕受） 弘安元年清原俊隆傳授（巻14至15 23 26〔北條顯時〕受） 嘉元３至４年清原宗尚〔良枝〕傳授（巻14至15 23 26〔北條貞顯〕受）識語 應永14至16年醉醒軒怡一覽識語　金澤文庫 紅葉山文庫舊藏

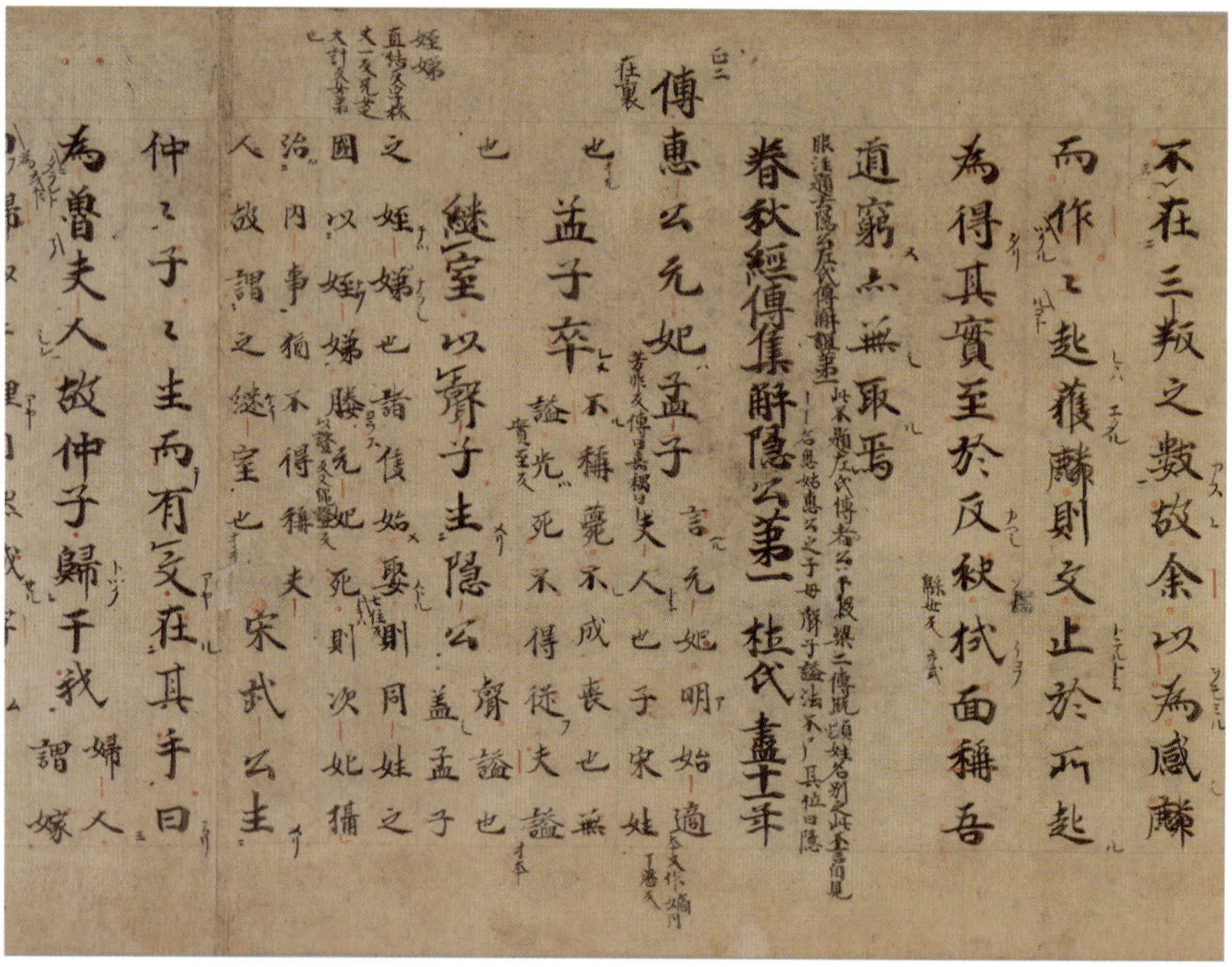
不在三叛之數故余以爲感麟
而作〻起獲麟則文止於所起
爲得其實至於反袂拭面稱吾
道窮亦無取焉
春秋經傳集解隱公第一　杜氏　盡十一年
傳惠公元妃孟子　言元妃明始適夫人也子宋姓
也　孟子卒　不稱薨不成喪也無諡先死不得從夫諡
也　繼室以聲子生隱公　聲諡也蓋孟子
之姪娣也諸侯始娶則同姓之
國以姪娣媵元妃死則次妃攝
治內事猶不得稱夫
人故謂之繼室也　宋武公生
仲〻子〻生而有文在其手曰
爲魯夫人故仲子歸于我　婦人謂嫁

巻 1 首

後補藍色艶出表紙（28.4×37.2㎝），八双あり。左肩に題簽を貼布し「左傳集解［　］幾」と書す，首のみ巻数の左傍に「〈共三十巻〉」と書す。巻子装。本文斐紙，裏打修補（裏書の箇所を避く），毎紙幅約49.1㎝（巻14至15約66.8㎝，巻23，26約48.6㎝）。前に杜預「春秋左氏傳序」を附す。

淡墨界（界高約21.7㎝，幅約3.0㎝），毎紙16行12字，（巻14至15）淡墨界（界高約21.4㎝，幅約2.9㎝），毎紙21行11字，（巻23，26）淡墨界（界高約21.3㎝，幅約2.9㎝），毎紙16行11字。後に「後序」を附す。

大尾に「（以下低２格）文永四年十月十一日右筆始之／同五年七月十四日之間一部／三十巻書寫挍點畢」識語，巻14至15尾に別筆「（以下低２格）弘安元年九月廿二日以音／博士俊隆眞人之本書寫點校了／（更低３格）従五位下行左近衛將監平朝臣（花押）」等，巻23，26尾に又別筆「（以下低２格）弘長元年

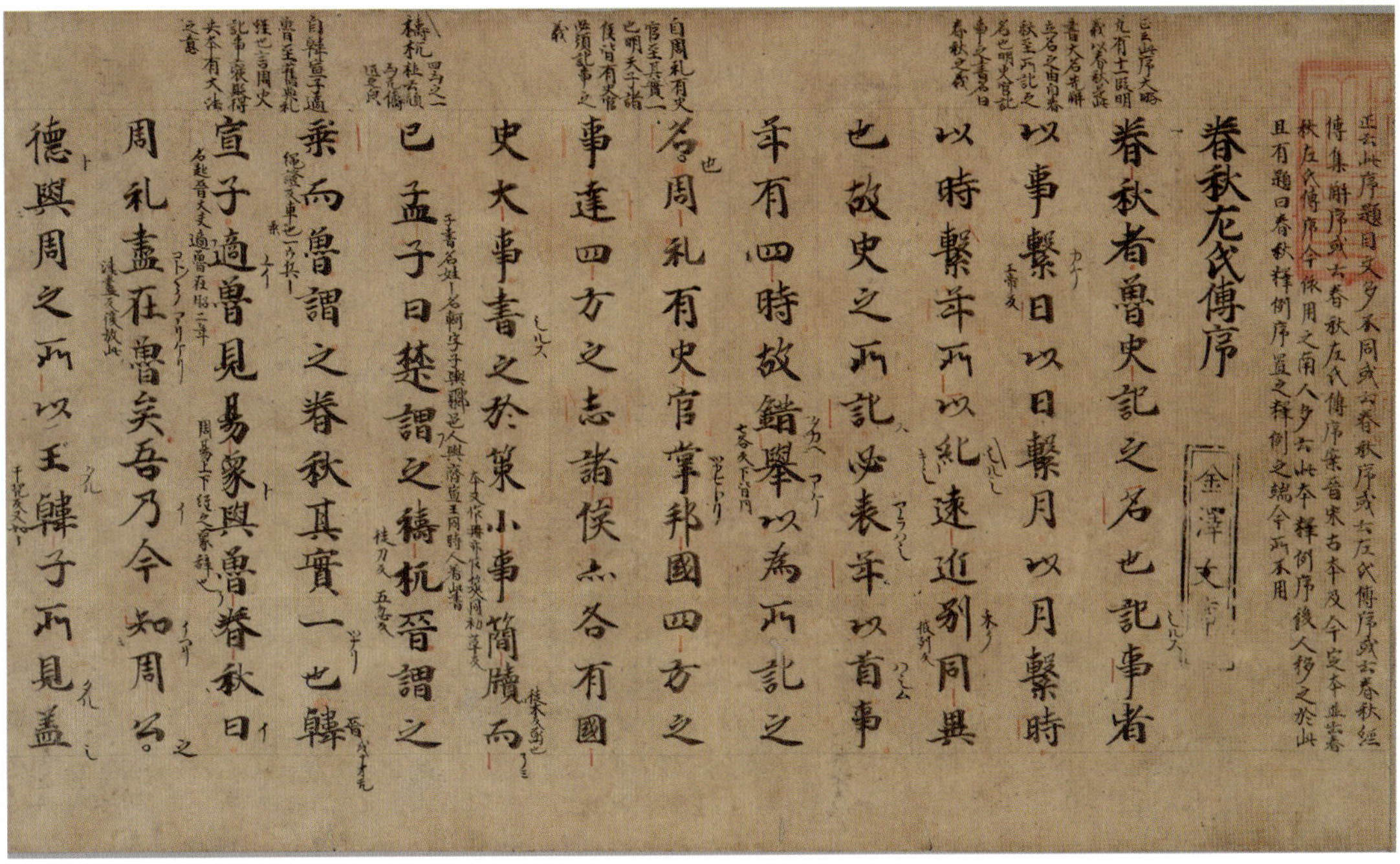
春秋左氏傳序
春秋者魯史記之名也記事者
以事繫日以日繫月以月繫時
以時繫年所以紀遠近別同異
也故史之所記必表年以首事
年有四時故錯擧以為所記之
名周礼有史官掌邦國四方之
事達四方之志諸侯亦各有國
史大事書之於策小事簡牘而
已孟子曰楚謂之檮杌晉謂之
乘而魯謂之春秋其實一也韓
宣子適魯見易象與魯春秋曰
周礼盡在魯矣吾乃今知周公之
德與周之所以王韓子所見蓋

序　首

六月十三日以／參州本書寫移點了」等加点識語あり。

全巻に亙りヲコト点（明経点），音訓送仮名，行間欄上音義，校注（用「本」「扌」「一本」「正（義）」「或」），間ゝ裏書（主として正義の引用）あり。（巻 1）「本奥云／（以下低 3 格）建長八年正月廿四日以家秘説／奉授越州大守尊閤了／（更低 6 格）前参河守清原〈在判〉／（低 1 格）本奥云／（以下低 3 格）建保三年四月廿二日授秘説／於末子仲光了／（更低 6 格）散班仲隆／以累代秘本寫點了此書勘知／舊史闕文讀改後者脱漏秘訓／多存故實非一以諸家講傳家／學此書過他書之故也子細在口／決而已（隔 6 格）清原仲光」，「（以下低 3 格）文永第五歳夷則十七日以家／秘説奉授越州次郎尊閤畢／（更低 6 格）音博士清原（花押）」，「一覧畢于時應永丁亥仲夏下旬候／相之鎌倉縣山内酔醒軒主怡」（朱筆），（巻30）「〈本奥云／（以下低 2 格）文永二年二月十一日以清参州之／本書寫點挍了／（低 1 格）本奥云／（以下低 2 格）文永元年三月七日書寫了／（更低 7 格）散位清原俊隆／同十一日以摺本付釋文了／文永元年九月十八日以家本挍／點了賜家君本之本傳在舍／兄大儒之家今為備子孫之證／本詰六十六廻之老眼所加功也／在天之文星先聖先師豈無哀／憐乎〉／（更低 4 格）前参河守清原〈在判〉」，「（以下低 2 格）文永五年十月十九日以外記／大夫本一挍畢／（低 1 格）〈本奥云　新本奥書云／（以下低 2 格）保延六年二月七日亥剋向殘燈合摺／本了于時三漏頻移九枝纔挑了但／去年正月廿七日以内匠允重憲本受／家君之玄訓了《于時年／十八》／（更低 6 格）東市正清原頼一《業》／仁平四年三月十九日酉剋重讀合了／自去年五月初讀之此經篇巻多正／義少經文義例雖擧大意於平常／之文者孔祭酒所釋纔十之二三而已／故先進古賢訓詁頗疎家ゝ秘本／非無疑殆鄙生年齡十四初志學／業二十年來浮沈此道諸經之中／殊嗜斯文早雖傳先考之説未能／散當時之疑但背之後無使撃蒙／然間去久安六年窮冬適拜儒耽／恩弘道仍或挍古本或據正義粗加／愚案頗改舊誤就中無正義釋／之所ゝ尋勘本末聊加粉黛

來／楷後昆莫加嘲矣／（更低 3 格）（右傍「《大故殿》」）朝散大夫國子學都講防州別駕清原《在御判》／保元ゝ年五月廿一日卯刻重以或古／本見合了凡一部卅軸同所比挍也／其中或有古説或有新箋従善棄／謬唯取合意耳〉／（以下低 3 格）（右傍「《家君自點奥書》」／文永元年九月十八日以家本挍／點了賜家君本之本傳在舍／兄大儒之家今爲備子孫之證／本詰六十六廻之老眼所加功／也在天之文星先聖先師豈／無哀憐乎／（更低 4 格）前参河守清原《在御判》／文永元年十二月一日以家秘／本手身書點之了即又以／家君自點之本一挍了彼／奥書皆録右而已／（更低 3 格）朝請大夫清原〈在判〉／文永二年閏四月廿五日授／直隆畢／（更低 4 格）大外記〈在判〉〃此書一部卅巻以或外記大夫／本或音博士本重一挍畢」,「（以下低 2 格）文永六年十月廿一日以家之／秘説奉授越後二郎貴閣了／今日即一部卅巻其功終矣／（更低 6 格）朝請大夫清原（花押）」,「一覧畢于時應永十六年八月廿九日（花押）」識語あり。

毎軸首尾に双辺方形陽刻「金澤文庫（楷書）」墨印記（三類一号，巻14至15，23，26二類），毎巻首に単辺同「祕閣圖／書之章」朱印記，同「宮内省／圖書印」朱印記あり。

金沢文庫旧蔵本。30巻を完備しているが、実は書写時期を異にする3種類の写本群から成り立っている。第一は巻14・15・23・26を除く26巻で、これらは北条篤時（実時次男）が文永 4 年（1267）10月11日から翌年 5 年 7 月14日まで 9 ヶ月を要して書写した（或いは右筆に命じて書写させた）もので、底本に用いたのは北条実時が建長 5 年（1252）から文永2年までの間に清原教隆所持本を書写した本である。篤時は書写の直後に教隆男の直隆・俊隆兄弟から訓説の伝授を受けている。第二は巻14・15で、北条顕時（実時四男で嫡男）が弘安元年（1278） 9 月22日、清原俊隆所持本を底本として書写した

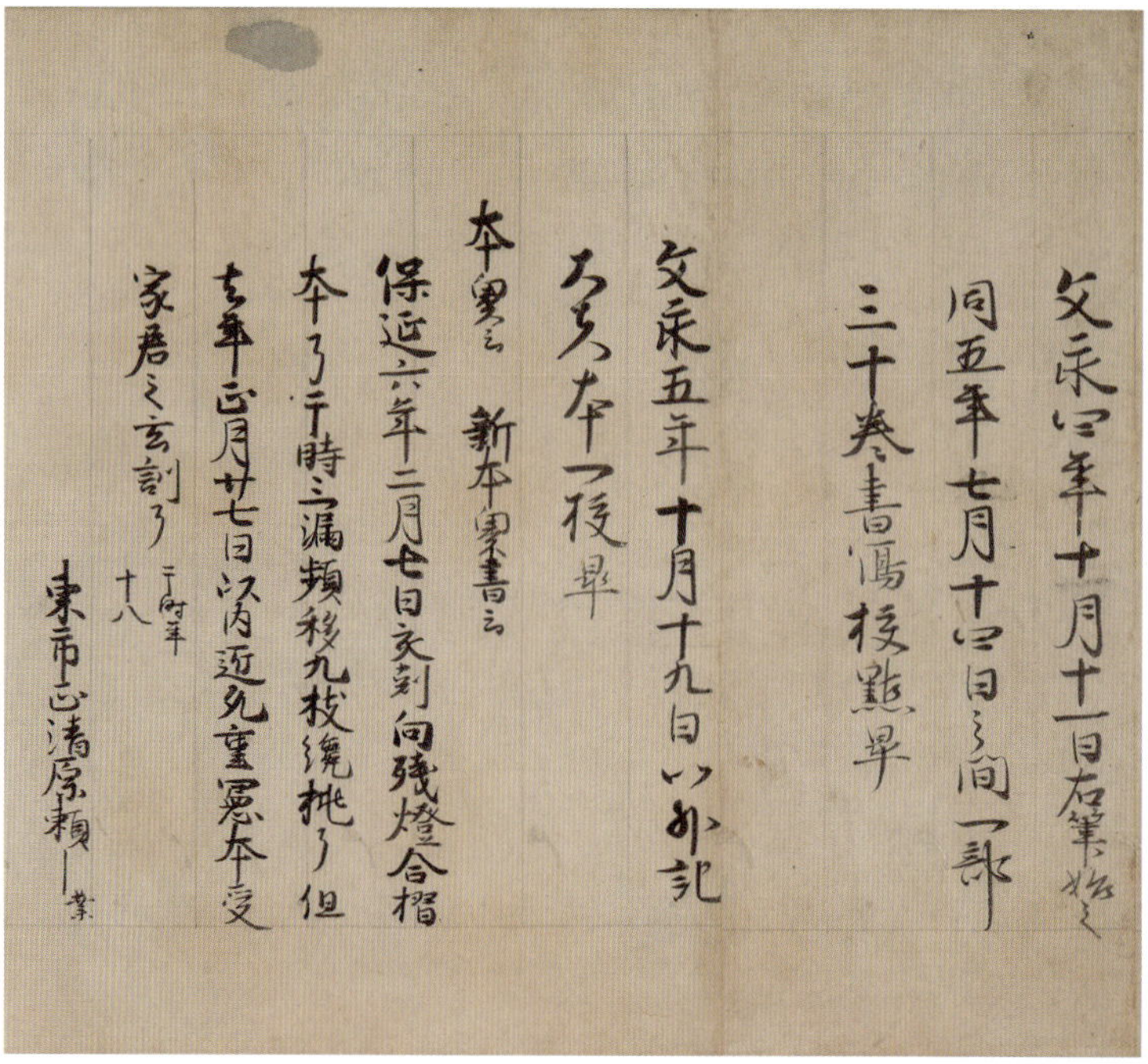
文永四年十月十一日右筆終之
同五年七月十四日之間一部
三十巻書寫校點畢
文永五年十月十九日以外記
大夫本一校畢
本奥云　新本奥書云
保延六年二月七日亥剋向殘燈合揩
本了于時三漏頻移九枝纔挑了但
去年正月廿七日以内匠允重憲本受
家君之説了　于時年十八
東市正清原頼業

巻30尾，文永 4 年書写識語

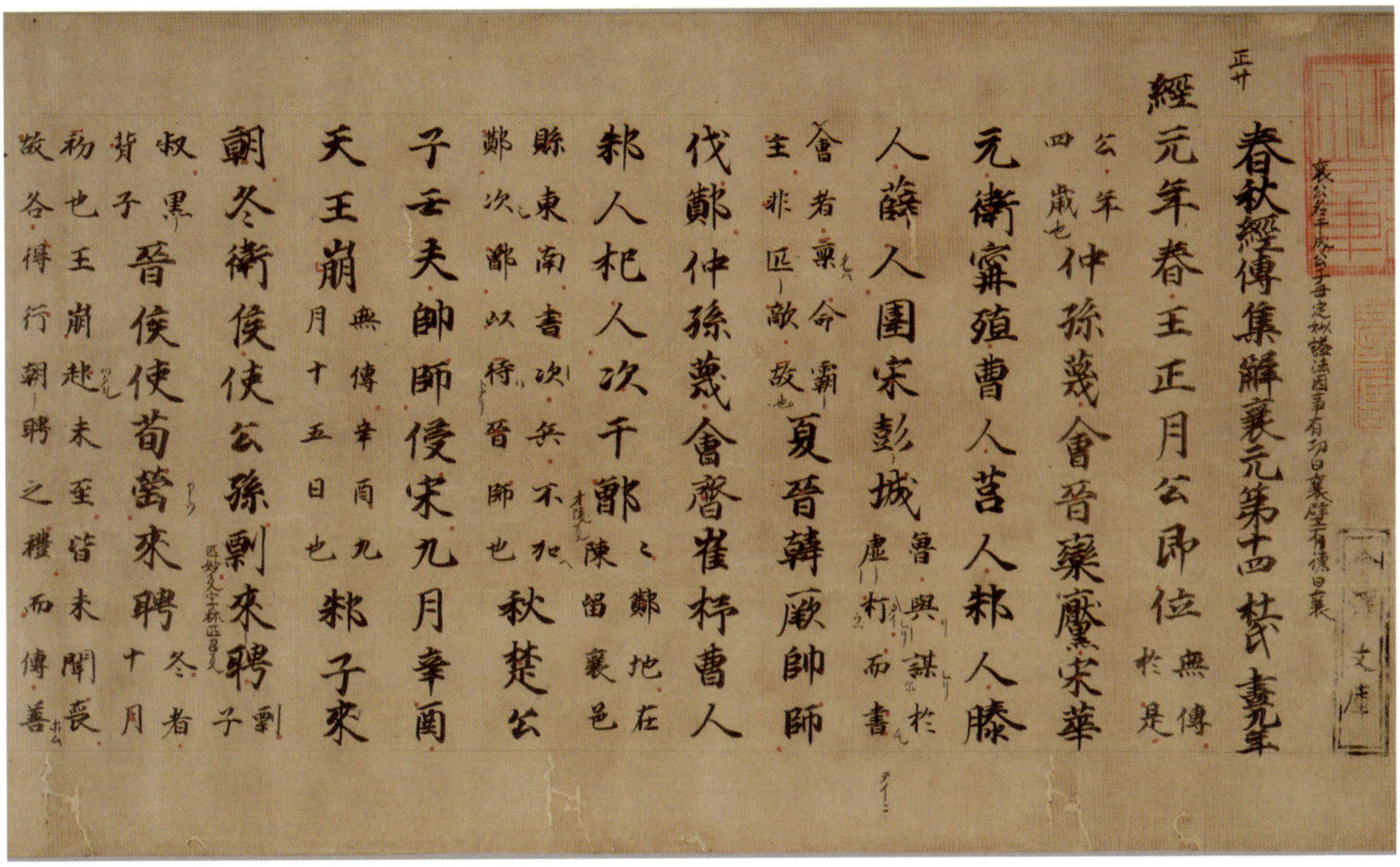
春秋經傳集解襄元第十四 杜氏 盡九年
經元年春王正月公即位 無傳 於是
公年四歲也 仲孫蔑會晉欒黶宋華
元衛甯殖曹人莒人邾人滕
人薛人圍宋彭城 魯與謀於虛打而書
會者秉命霸主非匹敵故也 夏晉韓厥帥師
伐鄭仲孫蔑會齊崔杼曹人
邾人杞人次于鄫 鄫鄭地在陳留襄邑
縣東南書次兵不加鄭次鄫以待晉師也 秋楚公
子壬夫帥師侵宋九月辛酉
天王崩 無傳辛酉九月十五日也 邾子來
朝冬衛侯使公孫剽來聘 剽子
叔黑 晉侯使荀罃來聘 冬者十月
初也王崩赴未至皆未聞喪
故各得行朝聘之禮而傳善

巻 14 首

ものである。顕時はその直後に俊隆から伝授を受けている。第三は巻23・26で、北条実時が清原教隆所持本を底本として巻23を弘長元年（1261）六月十三日に、巻26を文永 2 年正月十一日に書写したものである。実時は教隆から訓説の伝授を受けたと思われるが、そのことを示す奥書は見当たらない。伝授に関しては、弘安元年に清原俊隆が北条顕時に対して、嘉元 3 年・4 年に清原良枝が北条貞顕に対して行なった旨を記す奥書があるだけである。これら 3 群が何時取り合わされたのかは定かではないが、第一の26巻の各巻末尾には応永14年から16年にかけてこの本を一覧した旨を記す鎌倉在住の「酔醒軒主、桑門怡」と名乗る人物の識語が存するのに対して、他の 4 巻にはそれが見えないことから、応永以後のことと思われる。本書論説編、佐藤・齋藤論文参照。

本書には詳密な訓点（ヲコト点）が書き入れられている。東洋文庫蔵『春秋経伝集解』清原頼業書写本（存巻10）と比べると、この金沢文庫本の訓点が頼業のそれをかなり忠実に継承していることが分かる。頼業は父祖伝来の家本に対して、新渡の宋刊本や孔穎達の正義などを用いて修正を加え、清原家の証本を完成させたことで名高い。清原家の左伝学は頼業によって樹立されたと言っても言い過ぎではない。したがって、頼業点を伝えるこの本は、我が国に現存する『春秋経伝集解』の最古写本であると同時に、清原家の左伝学の全貌を今日に伝える極めて貴重な資料であると言えよう。

（佐藤道生）

3．古文孝經１巻　　和　大　１册　503-168

舊題漢孔安國傳

永仁５年(1297)寫(宋錢塘呉三郎入道)　訓點補注書入　永仁７年清原教有傳授識語　壬生家舊藏

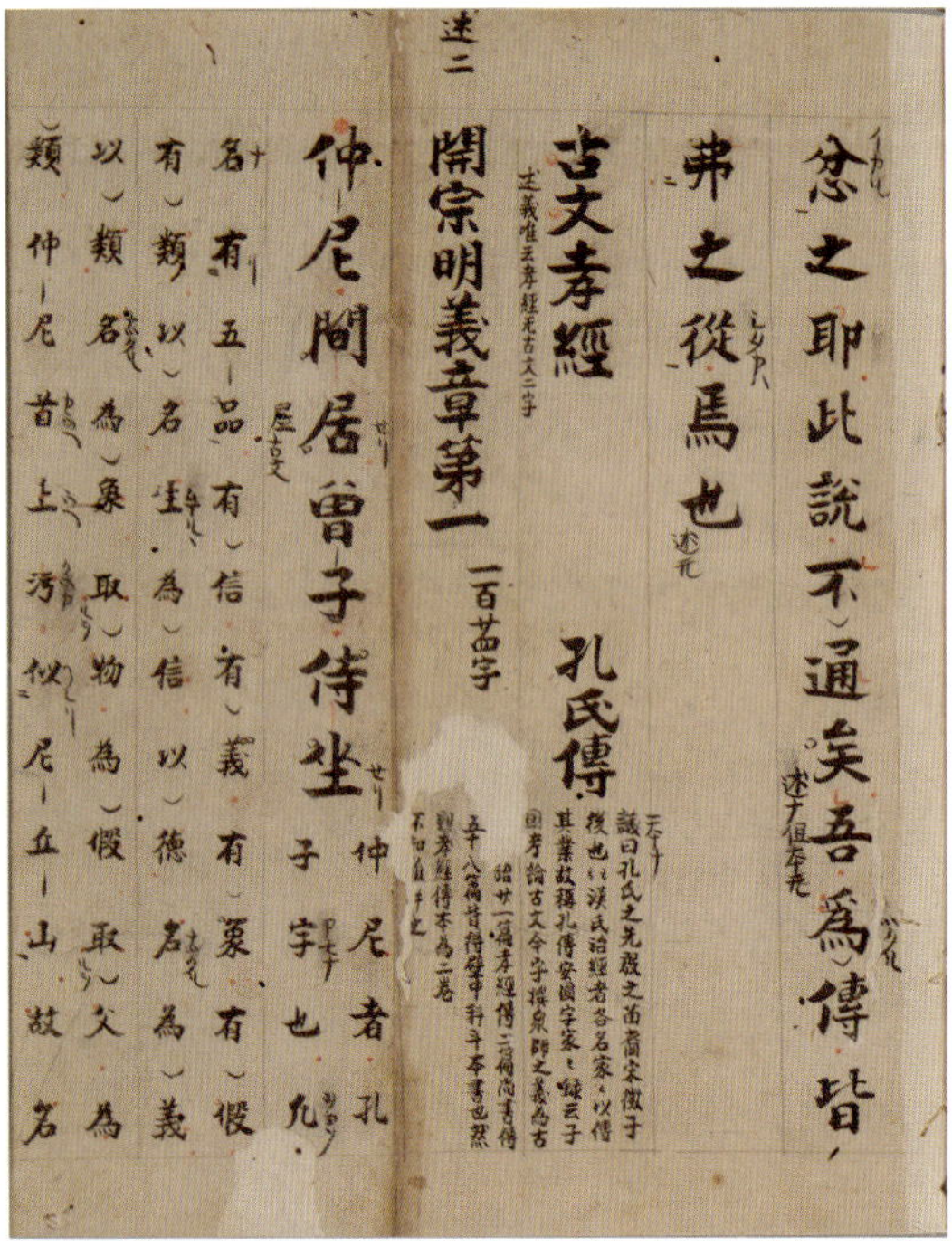

本 文 首

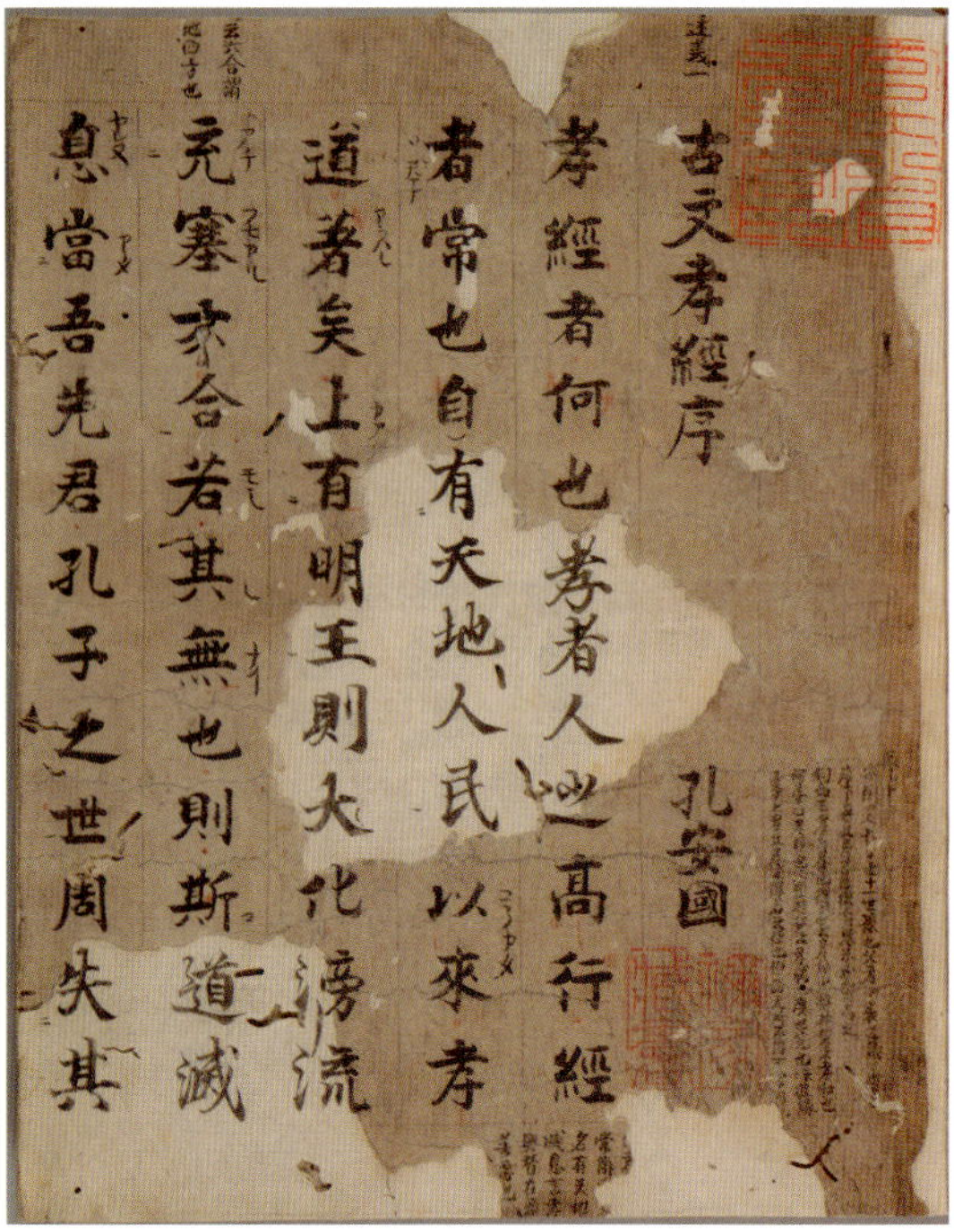

孔安国序首，壬生家印記

後補渋引表紙（25.3×20.5㎝），山吹色地萌葱色草花文裂旧表紙を附属，袋に「舊卷子表紙断片錦一枚」と書す。左肩題簽剝落痕，左下に別筆にて「任性」と，左肩打付に別筆にて「古文孝經」と書す。袋紙縒綴，巻子装（毎紙幅約46.6㎝，継目背面に花押あり）を改む（14行毎に截断，１張毎に原紙より大きい補紙を充て，書脳部補紙に紙縒を通す）。本文斐紙，裏打修補，天地截断。序第１至７張（旧第１至５紙）、本文第７至47張（第25至27張鈔補）（旧第５至39紙）。

淡墨界（界高約21.5㎝，幅約2.6㎝），毎半張７行（毎旧紙17或いは18行）12字（鈔補13字），１筆。尾題以下擦り消しの後，更に原紙２行を接ぎ，隔１行低３格「永仁五年〈太歳／丁酉〉二月廿九日宋錢塘無／（更低６格）学老叟呉〈三郎〉入道書畢」識語。

第25張前半第７行至第27張後半第３行（旧第21至22紙）鈔補。朱ヲコト点（経伝点），清濁声圏，墨返点，連合符，音訓送仮名，声圏，左傍古文，欄上標注（「述幾」），稀に欄外補注書入，毎紙欄外右上に別筆にて紙数書入あり。尾題後原紙上，隔２行低１格，尾題同筆にて「〈永仁第七年暮春初二日此書者屋／壁之底石函之中得古文之字非今／文（３字「今文之／書」４字を擦消して改む）之書章篇之文雖不誤今古之字／悉以混因茲古字付今文今文付古字／于時謹蒙恩問之仰早課頑嚚之／拙朱點

雖為他功墨點唯用自功⫽須以秘講奉授秘説而已／（更低 6 格）書博士清原教有〉」識語移録。首に単辺方形陽刻「禰家／臧書」朱印記，同「宮内省／圖書印」朱印記あり。

孔安国伝と称される『古文孝経』の注釈書。本冊は清原教有が永仁 5 年に銭塘の宋人呉三郎入道に書写せしめ、7 年に秘説をもって訓点を加えたものである。銭塘は杭州付近の地名で、呉三郎入道は元の支配より逃れて日本に渡ってきたものと見られ、他に彼の筆跡として「大燈国師筆」との伝承を持つ「道徳経切」のあることが知られている。教有の書入れた訓点は祖父教隆の点と一致し、実質的に教隆校点本であることが指摘されている。本書論説編、佐藤論文参照。

壬生家旧蔵で、慶應義塾大学附属研究所斯道文庫所蔵『好古日録』狩谷棭斎書入によれば、棭斎は寛政 2 年（1790）に書肆竹苞楼にて本冊を観覧している。明治16年（1883）今村長賀の申立により御買上となった。なお江戸時代に巻子本であった本書を透写した写本が個人蔵として伝存しており、それによって現状では切断により判読困難となっている書入れを補うことができる。（小倉慈司）

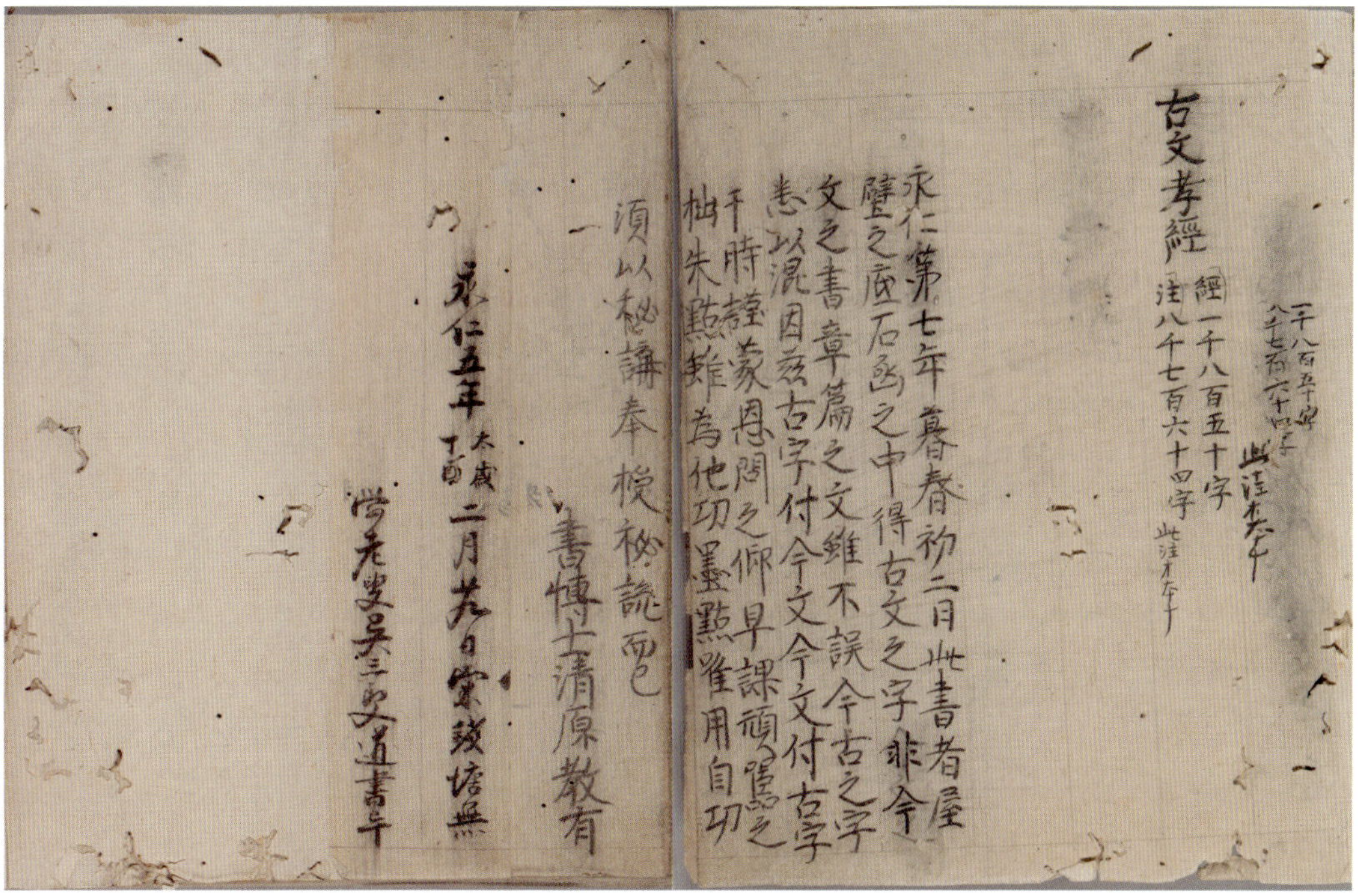

尾題・伝授識語・書写識語（図版は合成）

4．孝經(尾題古文孝経)1巻　　和　大　1軸　556-22

舊題漢孔安國傳

元徳2年(1330)寫(良賢)　弘安2年(1279)清家點移寫校合識語移錄　內閣記錄局蒐集

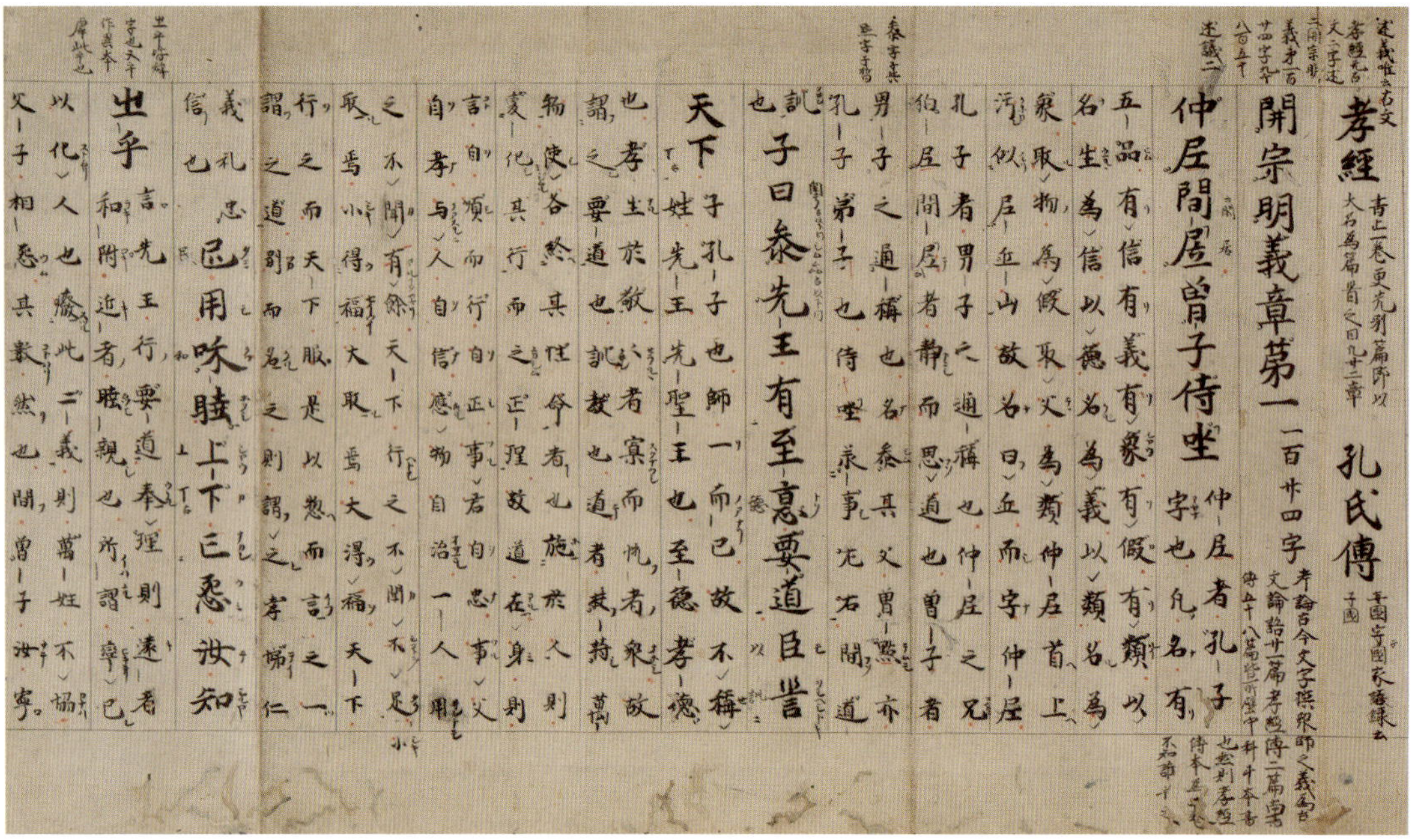

本文首

後補金襴雷文繋地輪繋緑色巻雲円郭中青鈍色蟠龍文絹表紙（28.6×28.4cm），巻子装（毎紙幅約45.7cm，第1紙44.2cm），一時折本（毎面約11.0cm），巻子装に復す。本文斐紙，裏打修補。奥書写等3通を附属。見返し金泥草花図，軸付後補副葉。序後接行本文，37紙。墨界（界高約22.4cm，幅約2.8cm），毎紙16行13字，尾題後隔9行（第38紙）低格にて「元徳二年五月二日書寫畢、于時五月雨閑降郭公雲外過矣／良賢（花押，右傍「廿一」)」墨識，「同十四酉下程朱點了」朱識あり。朱ヲコト点，連合符，墨返点，連合符，音訓送仮名，清濁声点，行間欄上校補注（「述義」）書入あり。書写加点識語より隔1行（第38至第39紙，第39紙は末尾半行欠），以下低格にて「永久四年二月六日夜於燈下移點付假名畢／去寛治三年九月十二日奉讀清直講〈定之〉／本傳授貢士以通之代新所書寫也／朝散大夫江通景之本」「保安四年六月一日授門平畢〈事君以上廿一章也〉」「仁平元年十月廿七日於白川押小路殿直廬以識染師／説授羅睺牛丸可書寫取之由示之」「弘安二年無射十日相傳之後人加濃墨加點皆以／右道之間摺新點存古點而已／散位藤原忠長」，隔1行「喪親章不受師説〈復了〉」，隔1行「弘安二年大呂三日以清直講隆宣累代之本挍合了／右朱點是也左朱者忠長家説也為備證本書點了／但今本者朱円點字移長點墨點了／散位藤〈在判〉」「(双擡) 彼本奥書云本奥書云／保延二年八月五日庚子以中家本移點了／同廿日乙卯見合家本了／東市正清原頼滋」「保延四年三月八日申刻見合或本了／頼業」「仁

平元年十（見セ消チ）五十六引合述議讀一畢但喪親／章不勘改而已」，隔 1 行「永仁二年七月六日授申池内藤才子了／散位長英」識語移録。首に単辺方形陽刻「帝室／圖書／之章」朱印記あり。

本軸は『古文孝経』鎌倉末期写本。書写者の良賢を清原良賢とする説もあるが、年代が合わず誤り。本奥書には文意を解しがたい点があるが、寛治 3 年（1089）に直講清原氏の本を奉読し、それを以通に伝授したので新たに書写し、永久 4 年（1116）に移点したこと、それを保安 4 年（1123）に門平に授けたこと、仁平元年（1151）に美福門院の白川押小路殿にて師説を加えて羅睺牛丸に写し取らせたこと、以上の奥書を持つ写本を弘安 2 年（1279）に藤原忠長が相伝したことが記される。この忠長は正和 3 年（1314）に従三位に叙され文保元年（1317）に出家した（『公卿補任』）人物であろうか。忠長はまた弘安 2 年に清原隆宣蔵の累代の本を以て校合を加えた。その本には保延 2 年（1136）に清原頼滋（頼業）が中原家本をもって移点し、その後、家本等と校合、また『孝経述議』と引き合わせた旨の奥書があった。以上の忠長の本を永仁 2 年（1294）に散位長英が池内藤才子に授けた。それをさらに良賢が書写したのであろう。なお、長英は正応 2 年（1289）に薨じた文章博士藤原基長の男と考えられ、九条本『文選』の奥書にも名前が見える。伝来に関しては、藤貞幹『好古小録』下に貞幹が「弘安二年所写ノ孝経」を蔵していることが記されており、本軸に当たる可能性が考えられる。

（小倉慈司）

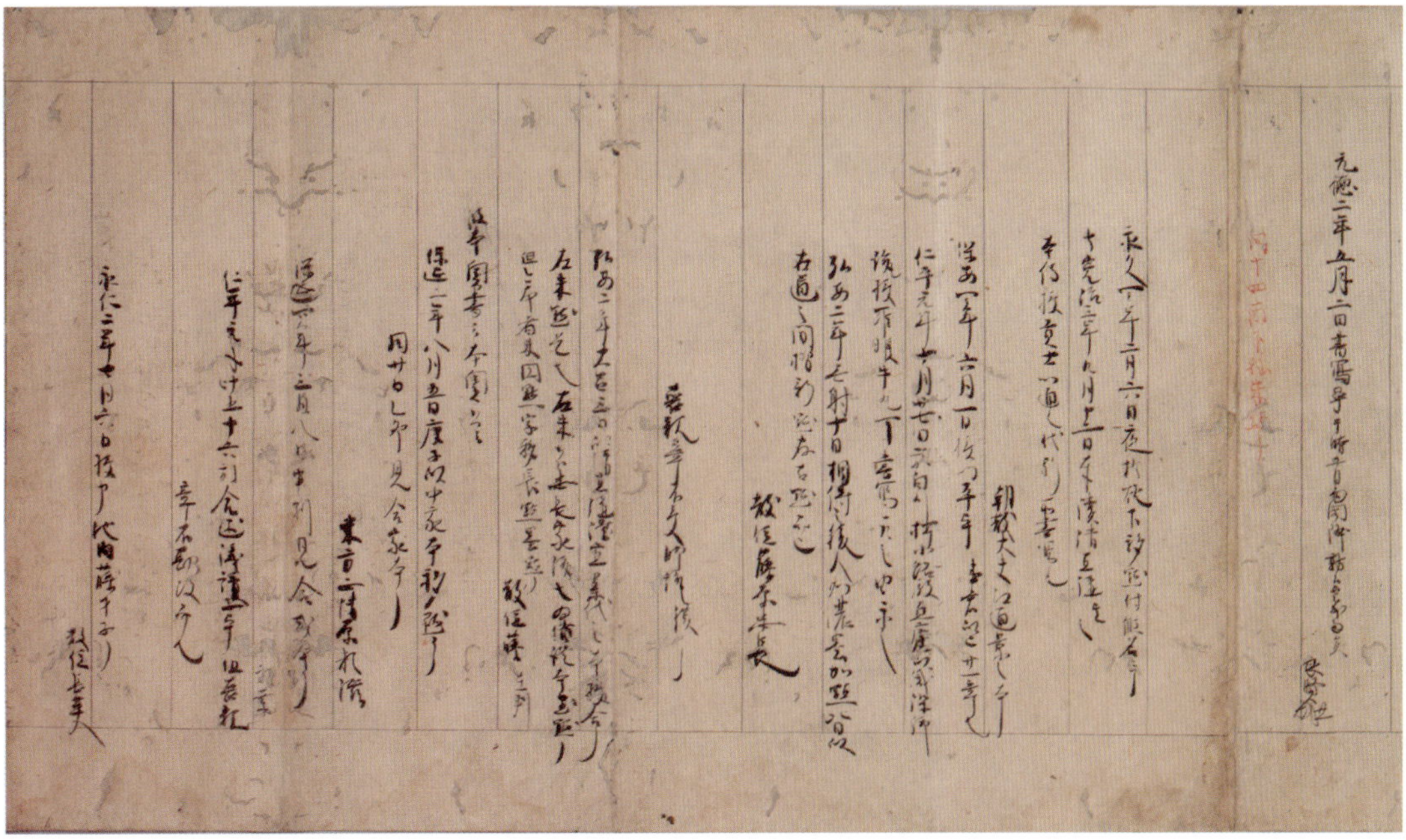

書写識語・移点校合識語移録

5．孝經(尾題古文孝經)１巻　　和　大　１軸　556-24

舊題漢孔安國傳

〔鎌倉末〕寫　訓點校補書入　元亨元年(1321)清原良枝自筆傳授識語　內閣記錄局蒐集

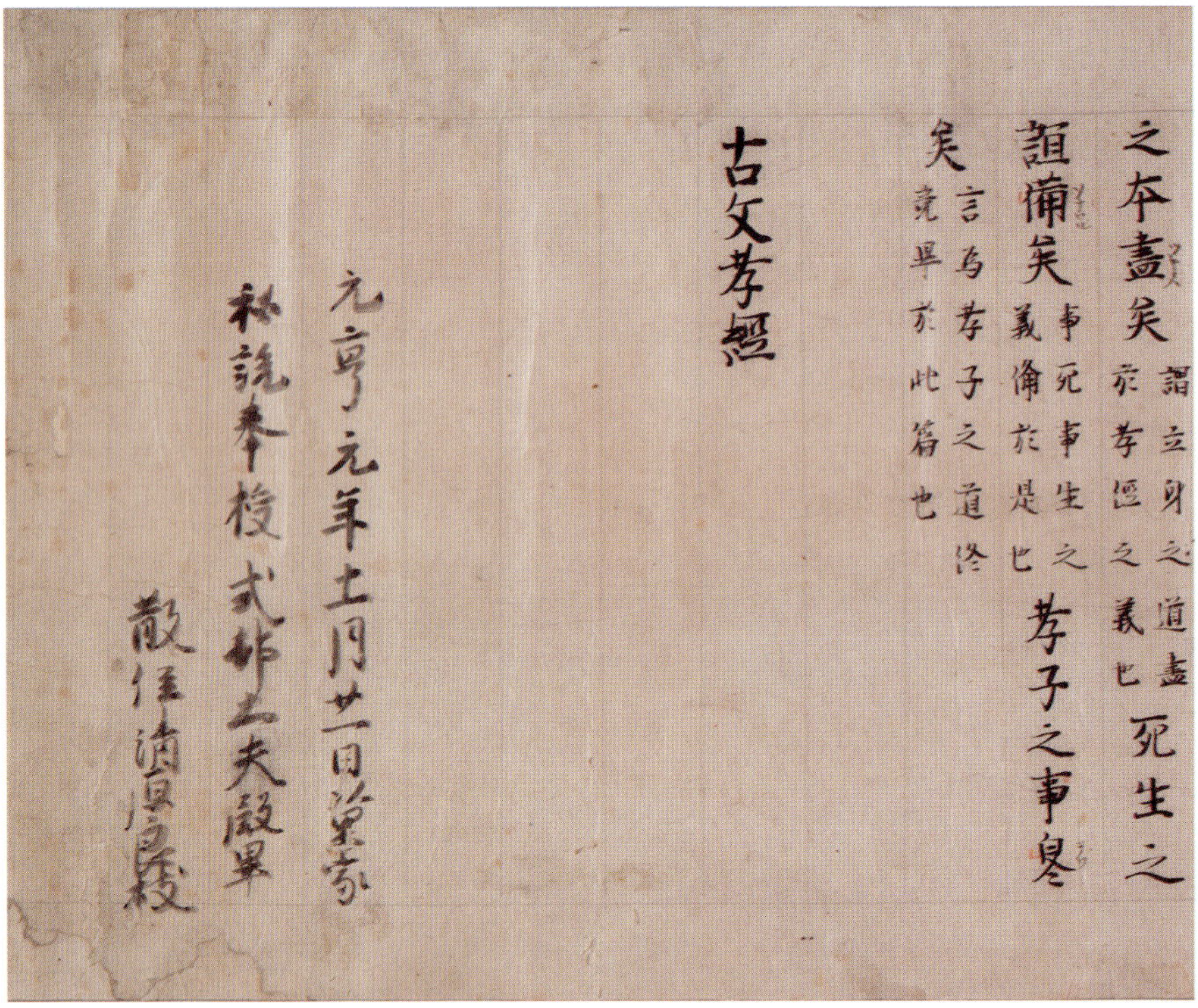

尾題・伝授識語

後補梨地淡萌葱色団扇文金襴緞子表紙（28.4×35.2㎝），巻子装。楮打紙（紙幅約52.1㎝），渋引金銀切れ箔散し紙にて裏打修補，虫損未修，一部皺より。前後見返し銀砂子雲霞文金箔紙。毎行13字。本文32張。墨界（界高約22.3㎝，幅約2.8㎝），毎紙18行14字。全編に〔本文同時〕朱欄上標注（「述幾」），本文ヲコト点（明経点），清濁声点，連合符，同墨校注（「述何」），音義，補注（今体等）書入。尾題後隔３行低２格，本文別筆「元亨元年十一月廿一日以累家／秘説奉授式部大夫（擦消し重書）殿畢／（更低４格）散位清原良枝」自筆識語。首に双辺長方形陽刻不明（２行３字，3.9×2.8㎝）朱印記（抹消），単辺方形陽刻「御府／圖書」朱印記（明治）あり。

古文孝経の鎌倉末期写本。世尊寺行房筆との伝があるが、詳らかにし得ない。行房の真跡には冷泉家時雨亭文庫蔵の「元徳二年七夕御会三首和歌懐紙」や下野切がある。元亨元年（1321）に累家の秘説をもって頼業４世孫の清原良枝が式部大夫に授けた。良枝はときに69歳であった。松岡忠良氏蔵本の本奥書によれば、良枝は祖父頼尚や父良季より伝受したことが知られる。　（小倉慈司）

6. 論語〔集解〕10巻

和　大　10帖　401-27

魏何晏注

嘉暦２至３年(1327-28)寫(加州白山八幡院禪澄)　巻４配正安４年(1302)覺源寫本　仁治３年(1242)清原教隆原書寫加點識語 訓點書入　紅葉山文庫 御府舊藏

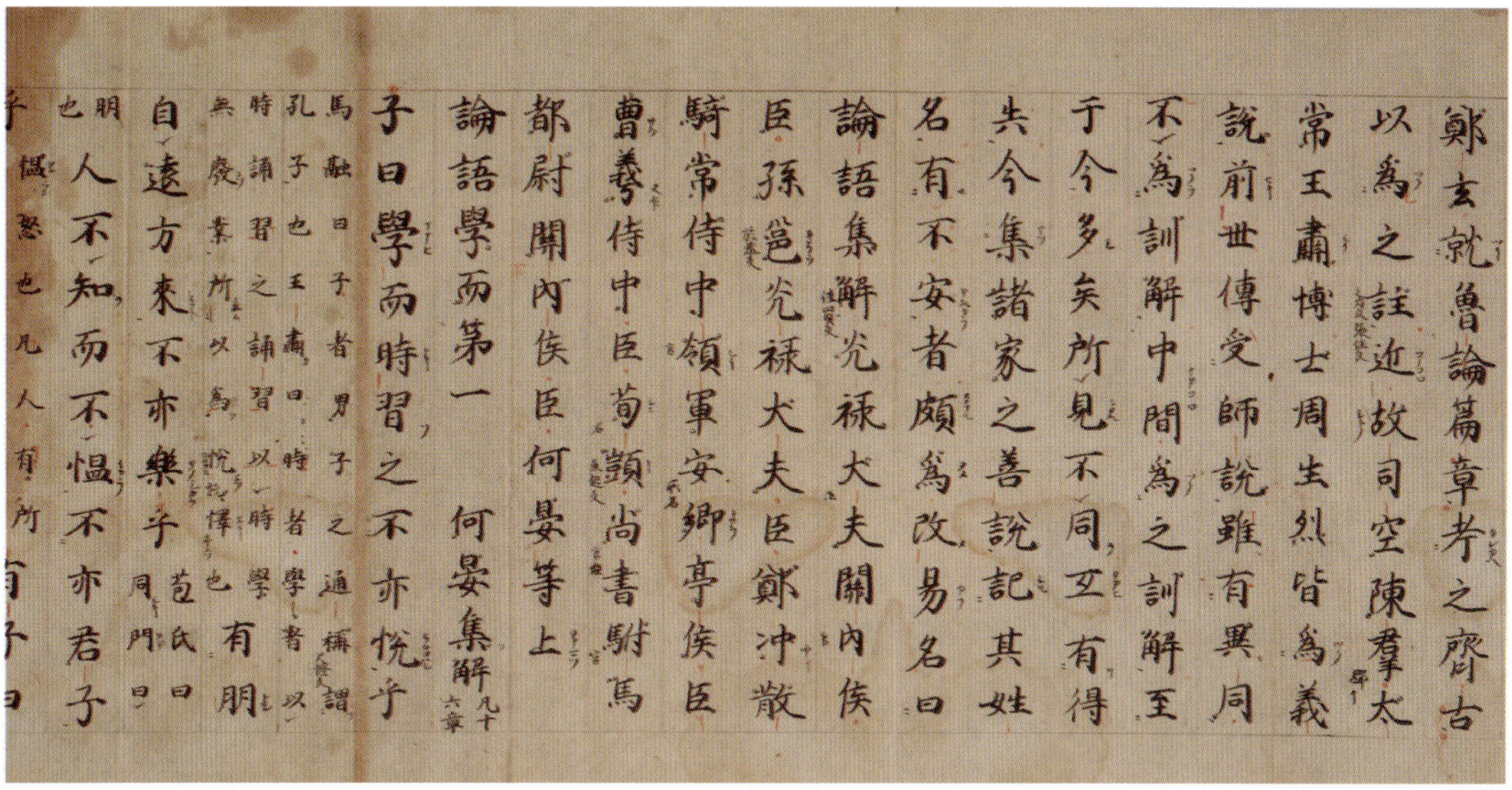
鄭玄就魯論篇章考之齊古
以爲之註近故司空陳羣太
常王肅博士周生烈皆爲義
說前世傳受師說雖有異同
不爲訓解中間爲之訓解至
于今多矣所見不同互有得
失今集諸家之善說記其姓
名有不安者頗爲改易名曰
論語集解光祿大夫關內侯
臣孫邕光祿大夫臣鄭沖散
騎常侍中領軍安鄉亭侯臣
曹羲侍中臣荀顗尚書駙馬
都尉關內侯臣何晏等上
論語學而第一　何晏集解
子曰學而時習之不亦悅乎
有朋
自遠方來不亦樂乎
人不知而不慍不亦君子

巻 1 首

後補香色亀甲繋艶出表紙（26.5×13.1㎝），押八双あり。左肩に題簽を貼布し本文別筆にて「魯論幾」と書す。折本，巻子装を改む。本文斐紙（紙幅，第１至４帖約50.0㎝，第５至10帖約47.2㎝），虫損修補。前に「／論語序〈世論語序有注〉／（中略）光禄大夫關内侯／臣孫邕（中略）尚書駙馬／都尉關内侯臣何晏等上」あり。

墨界（界高約21.7㎝，幅約2.6㎝），毎面５行，毎紙19行11字，１筆（巻４は別手鈔配）。巻１至４，巻８至９尾題後，低格し「于時嘉暦苐二閏九月　日於加州白山八幡院／（低２格）玉泉坊書之（隔７格）禅澄之」「于時嘉暦三年九月十八日於燈下亥剋〃書之畢［　］筆者禅澄（花押）／同夜与霄書加朱墨點了此偏為研幼童之愚眼先／挑五常之燈寄庄老之教誨令（右傍「滞」注記）釋門之規／矩矣」等識語あり。巻４正安４年覚源識語本鈔配。

巻２至９首題右傍に摺本の首題注記，「論語巻第二〈ｵ本有此別題無篇目上論語兩字〉」等，本文同墨音注，声圏，貼紙校改，同朱墨返点，連合符，音訓送り仮名，同朱ヲコト点（明経点）書入あり。

巻１至４，巻８至９尾題後，隔行，低格，書写識語同筆にて「〈本云〉／此書受家説事二箇度雖有先君奥書本為／幼學書之間字様散ゝ不足為證本仍為傳子孫〃重所書寫也加之朱點墨點手加身加畢即累葉／秘説一事無脱子ゝ孫ゝ傳得之者深蔵匱中勿／出閫外矣于時仁治三年八月六日／（低格）前参河守清原〈在判〉」等識語あり。

毎帖首に単辺方形陽刻「祕閣／圖書／之章」朱印記，同「御府／圖書」朱印記。

『論語集解』現存本の中では大谷大学図書館蔵徳治 3 年（1308）写本（存巻 3）、東洋文庫蔵正和 4 年（1315）写本とともに最古に属する写本である。底本としたのは仁治 3 年（1242）清原教隆写本で、教隆本がすでに散佚している現在、清原家証本の姿を伝えるものとして、この書陵部蔵本は極めて高い価値を有している。仁治 2 年鎌倉に下向した教隆が翌 3 年『論語集解』を書写した経緯は、巻 1・2・3・4・9 の本奥書（各巻ほぼ同内容）に見える。それによれば、教隆は父仲隆より家説を二度授けられたが、伝授に用いた本は、幼学書であるが故に文字の錯誤、料紙の破損があり、後世に伝えるには適さない。それゆえ改めて自ら書写し、朱墨の訓点を加えた。累葉の秘説を一事も落とさず書き入れたので、これを伝える子孫は他見を慎むようにと命じている。書写奥書によれば、巻 4 を除く 9 巻は嘉暦 2 年（1327）から 3 年にかけて釈禅澄が加賀の白山八幡院で書写したものだが、巻 4 は正安四年釈覚源写本（底本は同じく仁治 3 年教隆写本）によって補配されている。

何故鎌倉の教隆写本を遥かに隔たった加賀の地で書写できたのか、その理由を敢えて推測すれば、そこには教隆本を転写した、金沢文庫本の如き写本の介在が想定される。加賀の白山八幡院は鎌倉鶴岡八幡宮より八幡を勧請したと伝えられるから、鎌倉から八幡宮経由で文物が将来されることもあったに相違ない。ひとまず禅澄書写の経緯をこのように考えておきたい。（佐藤道生）

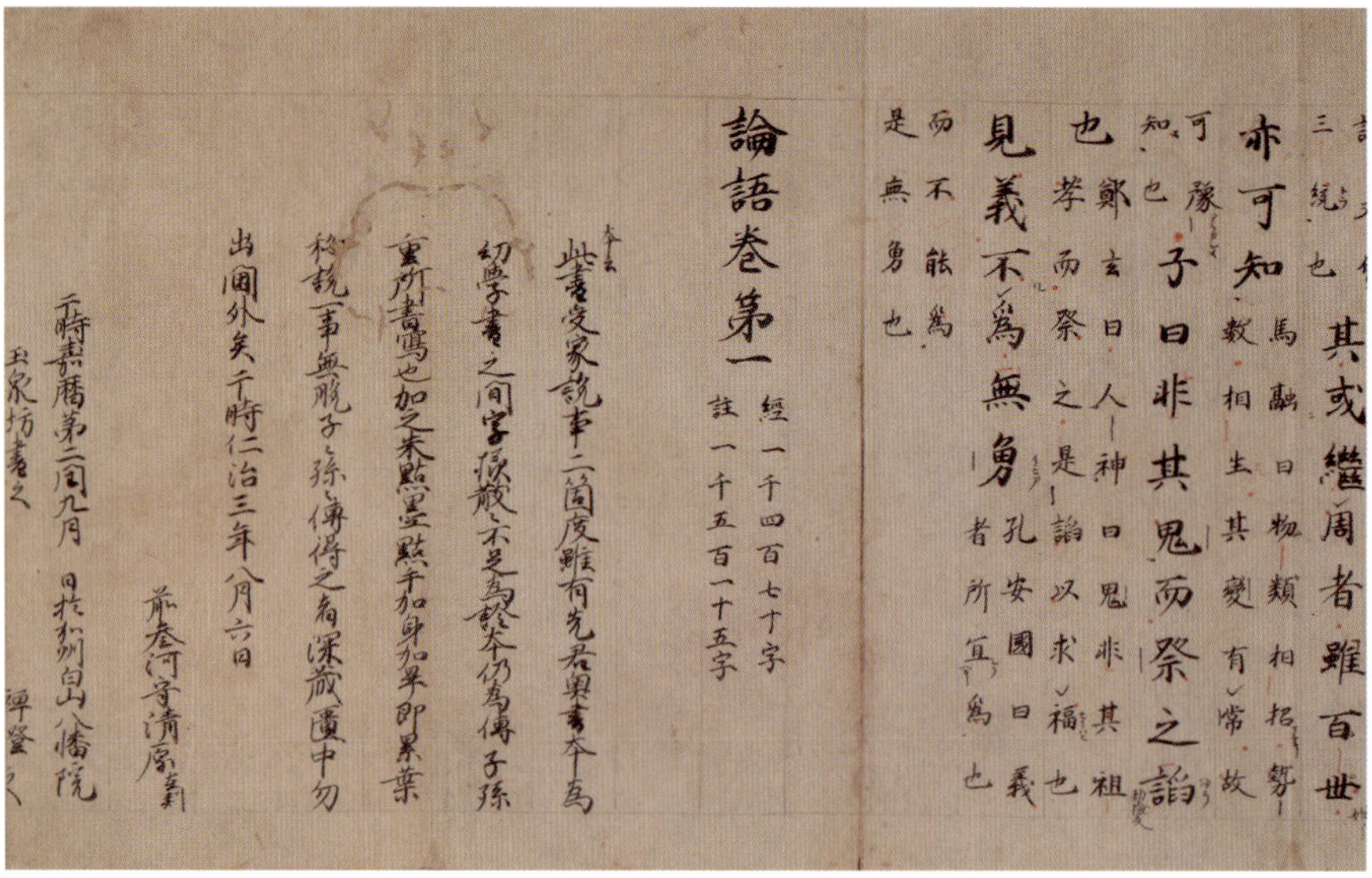

巻 1 書写識語・清原教隆識語移録

7. 孟子〔集註〕14巻 首1巻 附録1巻

和 大 7冊 555-144

宋朱〔熹〕注

天授5至6年(1379-80)寫(〔大和〕榮山〔寺〕) 弘和元年(1381)訓點(花山院〔長親〕)

移寫識語 訓點校補注等書入 内閣記録局蒐集

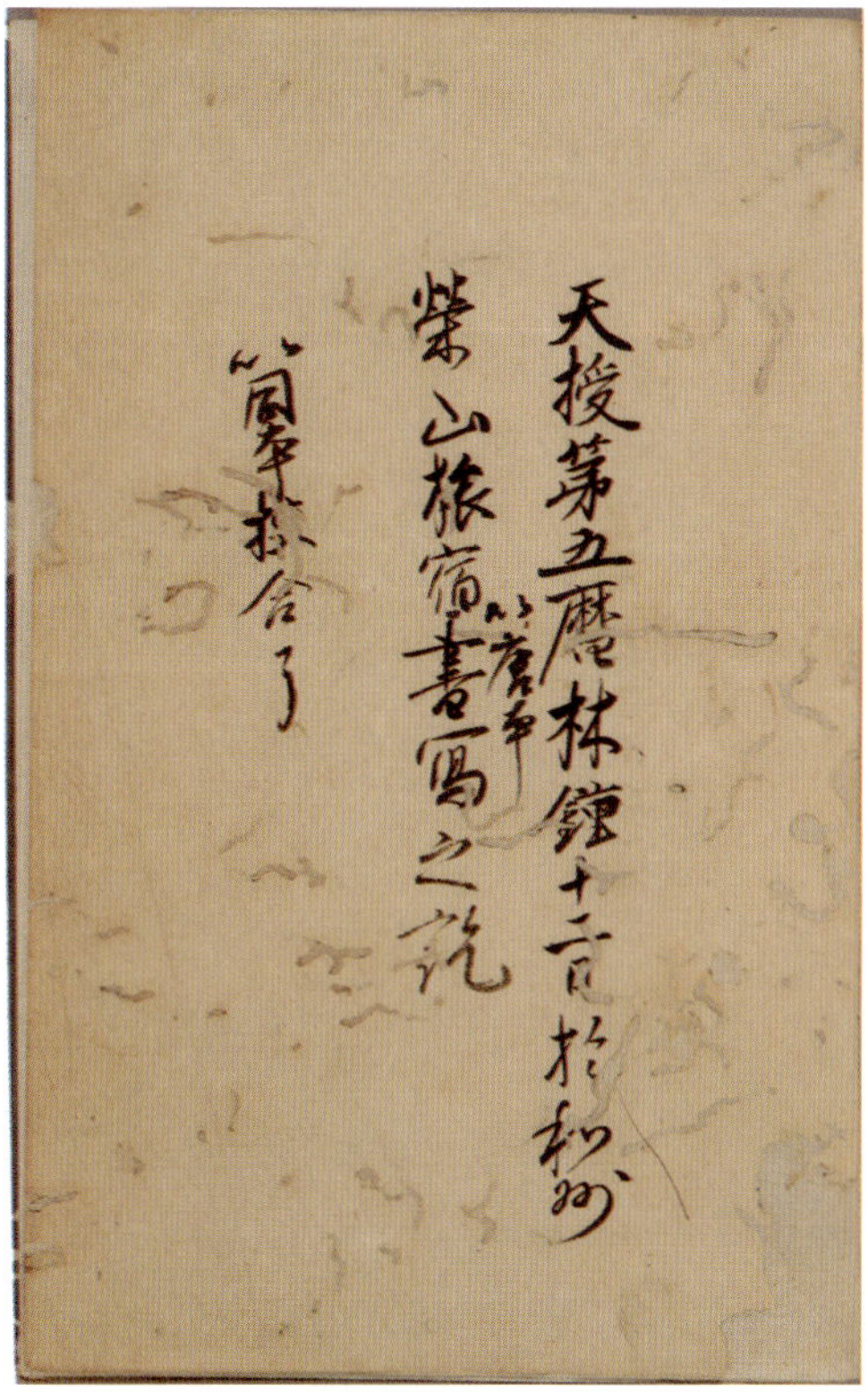
天授第五暦林鍾十二日於和州
榮山旅宿以唐本書寫之訖
以同本挍合了

第1冊尾

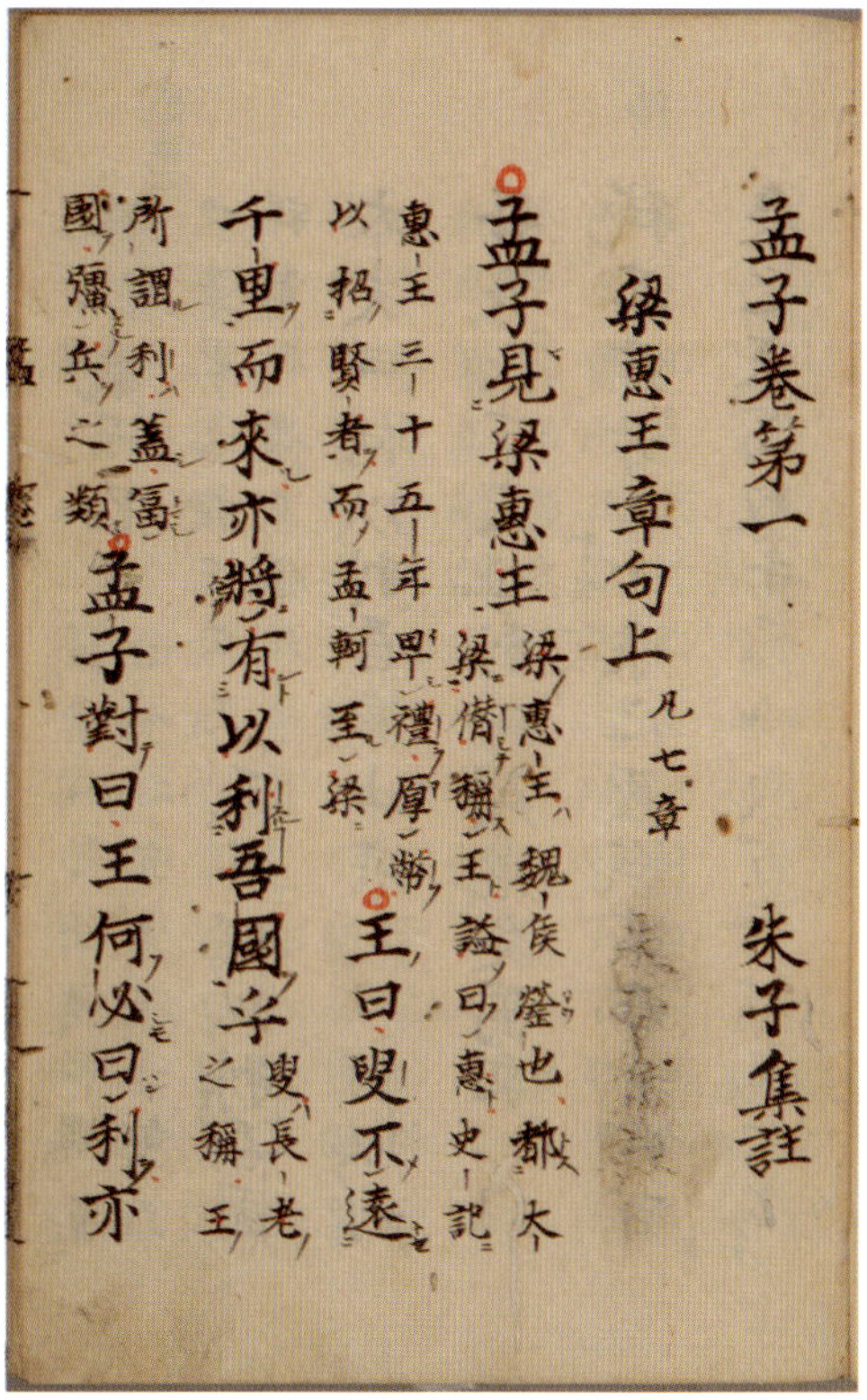
孟子巻第一
梁惠王章句上 凡七章 朱子集註
孟子見梁惠王 梁惠王魏侯罃也都大梁僭稱王謚曰惠史記惠王三十五年卑禮厚幣以招賢者而孟軻至梁 王曰叟不遠千里而來亦將有以利吾國乎 叟長老之稱王所謂利蓋富國彊兵之類 孟子對曰王何必曰利亦

巻 1 首

縹色艶出包背表紙（24.0×16.6㎝）左肩に朱色題簽を貼布し本文別筆にて「朱孟幾之幾」と，右下方打付けに「洞芳」と書す。袋綴，改装。本文楮打紙，一部裏打修補。首冊前副葉前半に又別筆にて「昌佐御房可被参／西藕御房被参／洞芳／（花押）」（花押は毎冊にあり）。前に「孟子（隔6格）朱子集註序説」を附す，原本有闕。

無辺無界，字面高さ約18.5㎝，6行15字，1筆。（闕筆）殷匡桓恒完（不厳）。上白口，下線黒口，中縫部「孟 幾巻（巻幾，巻之幾）（終）」と題し張数，1筆。巻2後に「戰國圖」等諸図，「孟子年譜」，「孟子世系」，「韓愈論孟子傳道正統」，「孟子弟子」，「孟子歴聘四國」，「孟子答門列國之臣」を附す。首冊後副葉に本文同筆にて「天授第五暦林鍾十二日於和州／榮山旅宿以唐本（3字補入）書寫之訖」「以同本挍合了」，第4冊後副葉前半に「以仲盛卿自筆本一校了／以唐本校了」，第7冊後副葉前半に「天授六年正月十日終一部書寫之／功畢」「（以下低2格）以同本一校了／不可有外見者也」等識語あり。全編に本文同墨，返り点，連合符，音訓送り仮名，校改，行間校注（「点本」）標補注，朱ヲコト

点（紀伝点），標圏，清濁声圏，後墨音訓仮名を加う。巻２と附録間の副葉前半に本文別筆にて「〈本云〉／依履之坦上人懇命分句讀誌音訓畢／時天授戊午孟穐晦也／芸巣賸人」「弘和元年孟夏上旬移花山院右大将／點了」等識語を存す。毎冊首に単辺方形陽刻「帝室／圖書／之章」朱印記あり。

宋代に経書としての地位を固めた『孟子』への評価は、朱熹『四書集註』への収録により確立された。わが国でも経書としての本書への関心は、平安時代末葉の藤原頼長の経学を嚆矢としつつ、鎌倉時代に五山禅僧の宋学受容の一環として興隆した。俗家に於いても博学の花園天皇の関心を惹き、南北朝期には、禅家の影響を享けた武家の子弟が『四書』による読書を初歩としたことから、その講学を、清原家等の博士家が担う所となった。

本冊は『四書集註』に基づく鈔本で、同書毎編の首に冠する朱熹「序説」を伴う他、本文の図釈と孟子の年譜を加えてあるが、原拠は未詳、元末明初以前の通俗的な『四書』末疏類に基づくのであろう。識語に「唐本」とあるのは、将来の版本を指すようである。なお巻８尾のみに「仲盛卿自筆本」との校合を識す。この人物も未詳ながら、宗良親王編『新葉和歌集』巻10に雑歌を止める「参議仲盛」と見られ、やはり南朝の廷臣である。

本冊は、その識語に拠ると、南北朝時代の南朝天授５年（北朝康暦元年、1379）６月12日から翌６年正月10日にかけ、大和栄山寺に於いて唐本より伝写された鈔本である。但し、全体を室町期の転写本と見る説もある。この天授本には、続けて弘和元年（北朝永徳元年、1380）４月上旬より、訓点の移写が加えられた。移点の原拠は「花山右大将」即ち花山院長親の加点本であった。先の唐本と同一か否か、不明。弘和移点識語の内容に対応するらしい、天授４年（1378）戊午の加点識語を記した「芸巣」とは、長親を指すことになる。

後醍醐天皇の忠臣であった花山院師賢の門流は、歴世南朝の廷臣となったが、師賢の孫の長親は、吉野から大和、河内、和泉の各地に遷幸を繰り返す間、長慶天皇の仕臣として随侍の間、『孟子』を得て訓点を施した。栄山寺は吉野川中流の、藤原武智麻呂の創建と伝える古刹で、中世には興福寺の支配下にありつつ、真言密教の影響を蒙っている。南朝時代の数年間、長慶天皇の行在所となり、諸典籍の書写や『新葉和歌集』の撰進、『源氏物語』注釈書である『仙源抄』編集の舞台となった。なお長親の訓法は博士家の古式に拠るが、釈読は朱熹新注にも及んでいる。

長親は、南北朝合一後に落飾し、臨済宗法灯派の僧となり、子晋明魏と称する。また耕雲と号して文名を上げたが、『満済准后日記』に拠ると、応永20年（1413）４月29日、等持寺に『孟子』を講じて、足利義持の聴聞を得ており、往時の学殖を伝え、新旧経学の架け橋となった。

田中青山『古芸餘香』巻５著録、同人が内閣書記官長に在職した明治18年（1885）の買上げ本。内閣文庫を経て図書寮に帰した。

（住吉朋彦）

8．史記〔集解130〕巻　存巻79　　和　特大　1軸　512-93

〔漢司馬遷〕(太子〈史〉公)撰　〔劉宋裴駰〕注
〔鎌倉〕寫　訓點校補書入

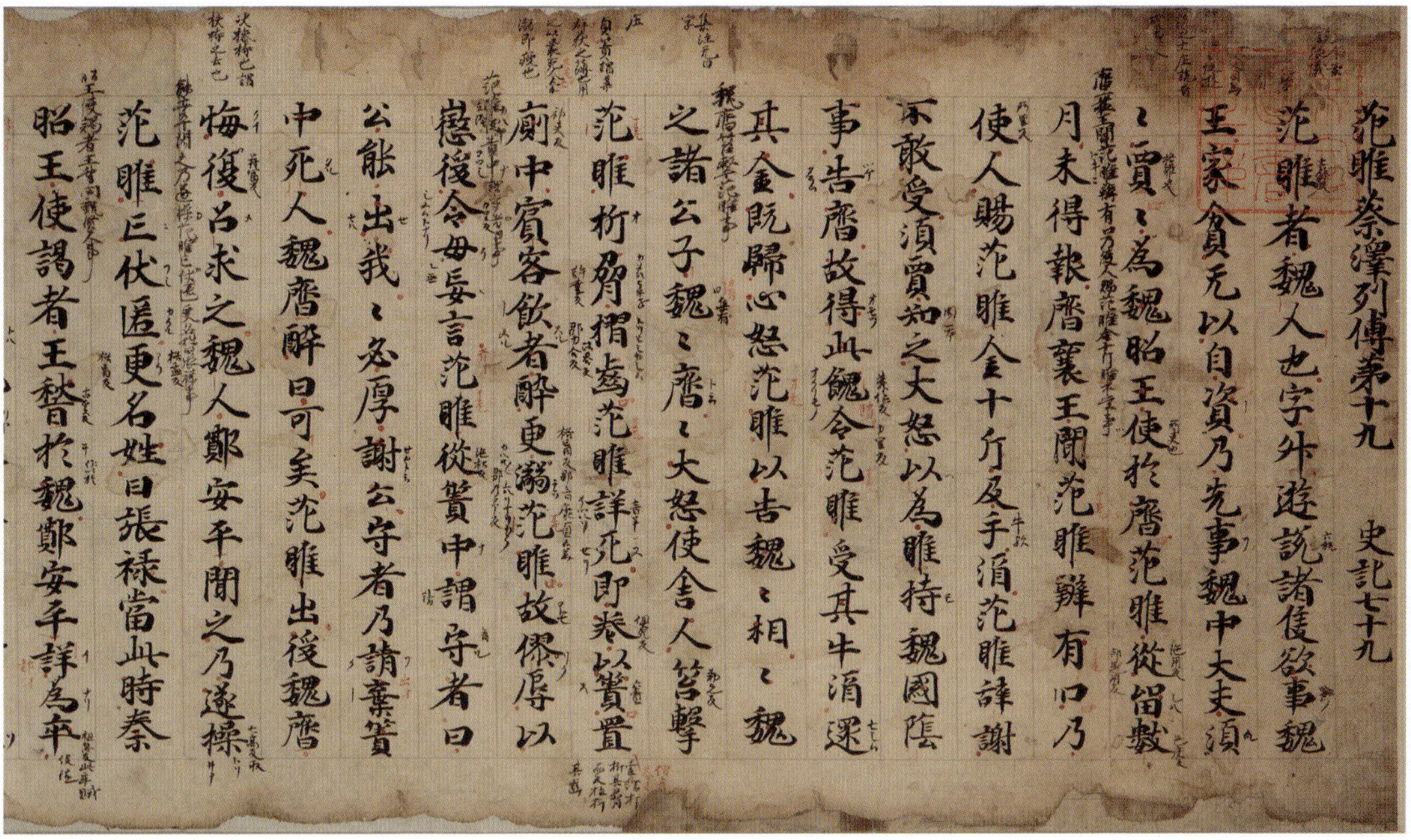
范雎蔡澤列傳第十九　史記七十九
范雎者魏人也字外遊説諸侯欲事魏
王家貧无以自資乃先事魏中大夫須
々賈々々為魏昭王使於齊范雎從留數
月未得報齊襄王聞范雎辯有口乃
使人賜范雎金十斤及牛酒范雎辭謝
不敢受須賈知之大怒以為雎持魏國陰
事告齊故得此饋令范雎受其牛酒還
其金既歸心怒范雎以告魏々相々魏
之諸公子魏々齊々大怒使舍人笞擊
范雎折脅摺齒范雎詳死即卷以簀置
廁中賓客飲者醉更溺范雎故僇辱以
懲後令毋妄言范雎從簀中謂守者曰
公能出我々必厚謝公守者乃請棄簀
中死人魏齊醉曰可矣范雎出後魏齊
悔復召求之魏人鄭安平聞之乃遂操
范雎亡伏匿更名姓曰張祿當此時秦
昭王使謁者王稽於魏鄭安平詐為卒

巻 79 首

新補黄色小葵文絹表紙（30.3×29.0㎝）左肩素絹題簽を貼布し「史記范睢蔡澤列傳　〈完〉」と書す。巻子装，朱塗り撥型木軸。本文斐紙，毎紙幅約51.5㎝，（第 1 紙44.3㎝，第31紙19.9㎝），虫損修補，天地補紙，31紙。淡墨界（界高約1.4＋22.7㎝，幅約2.8㎝），毎紙18行（第 1 紙16行）15字，1 筆。朱ヲコト点（古紀伝点），校注（用「扌（摺）」本）書入，本文別手墨筆行間音義，訓仮名，行間紙背校注（用「或本」「點本」），補注（用「索隠」「貞（按）」「正義」「集注」「後語」「劉（説）」「盧」「決」「庄」「今案」「陸（善経）」）書入，又別手墨筆行間標注書入あり。後副葉に「明治四十年九月修補／（低 4 格）圖書寮」墨識，直下に単辺楕円形陽刻「忠淳」朱印記を存す。第24，25紙，第29，30紙継ぎ目に単辺方形陽刻「水光／卯青（楷書）」墨縫印記，首に同「帝室／圖書／之章」朱印記あり。

『史記集解』の唐鈔本の姿を伝える〔鎌倉初期〕写本である。この本にはヲコト点（古紀伝点）が施されるばかりでなく、校合注・音義注を始めとする豊富な書入れの存する点に資料的価値がある。引かれた本文には佚書も多く含まれる。書入れの中で注目すべきは、平安初期の大学寮に於ける講義説を伝えるとされる「師説」が 3 箇条に亙って見出されることである（271行・301行・487行）。また校合に用いられた摺本（宋刊本）の本文は黄善夫刊本（国立歴史民俗博物館蔵）にほぼ一致する。

（佐藤道生）

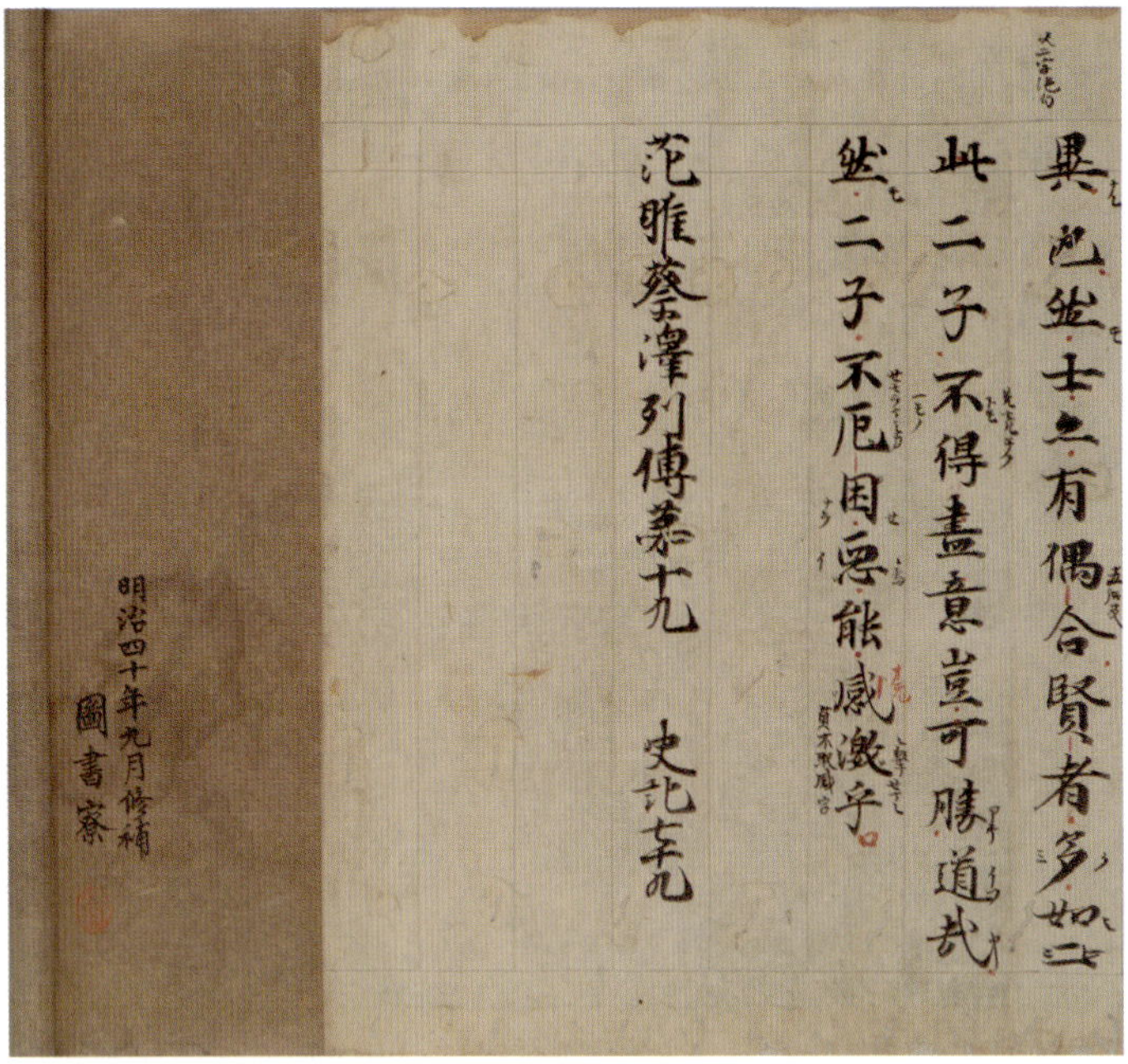

卷　尾

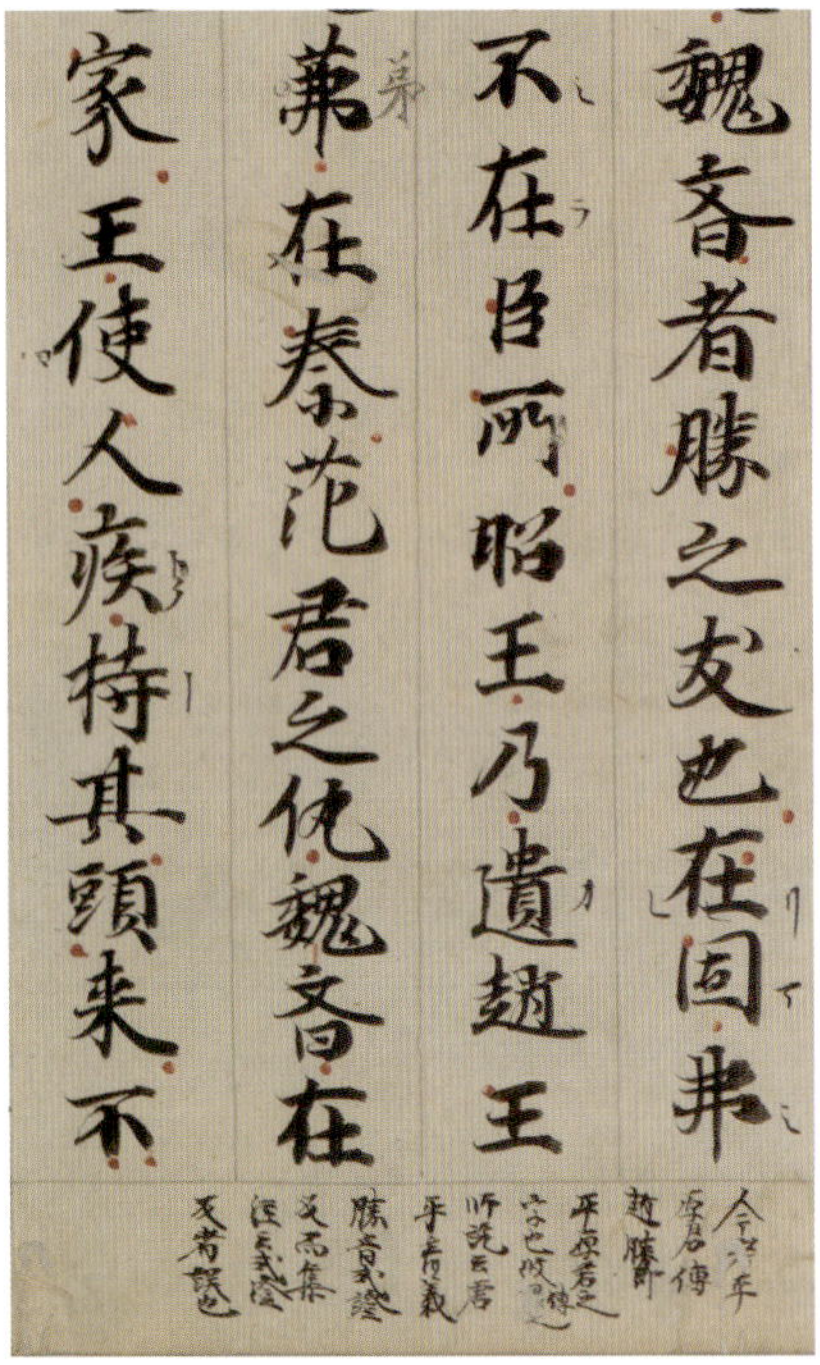

第17紙末下辺，師説（部分）

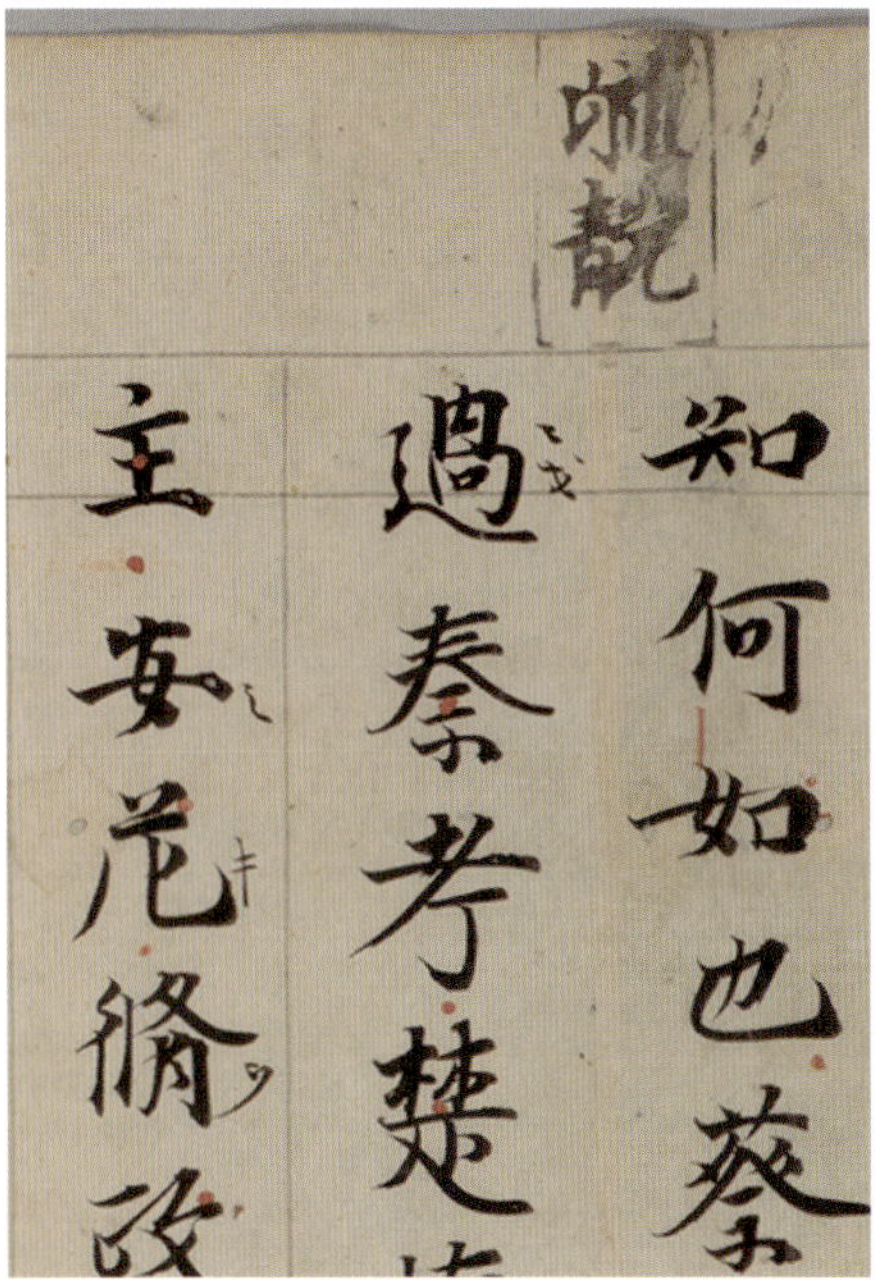

第24至25紙縫印（部分）

9．陳書〔36〕巻　存列傳巻14 30

和　大　2軸　503-169

唐〔姚思廉奉勅〕撰

〔平安〕寫　轉寫〔唐〕鈔本

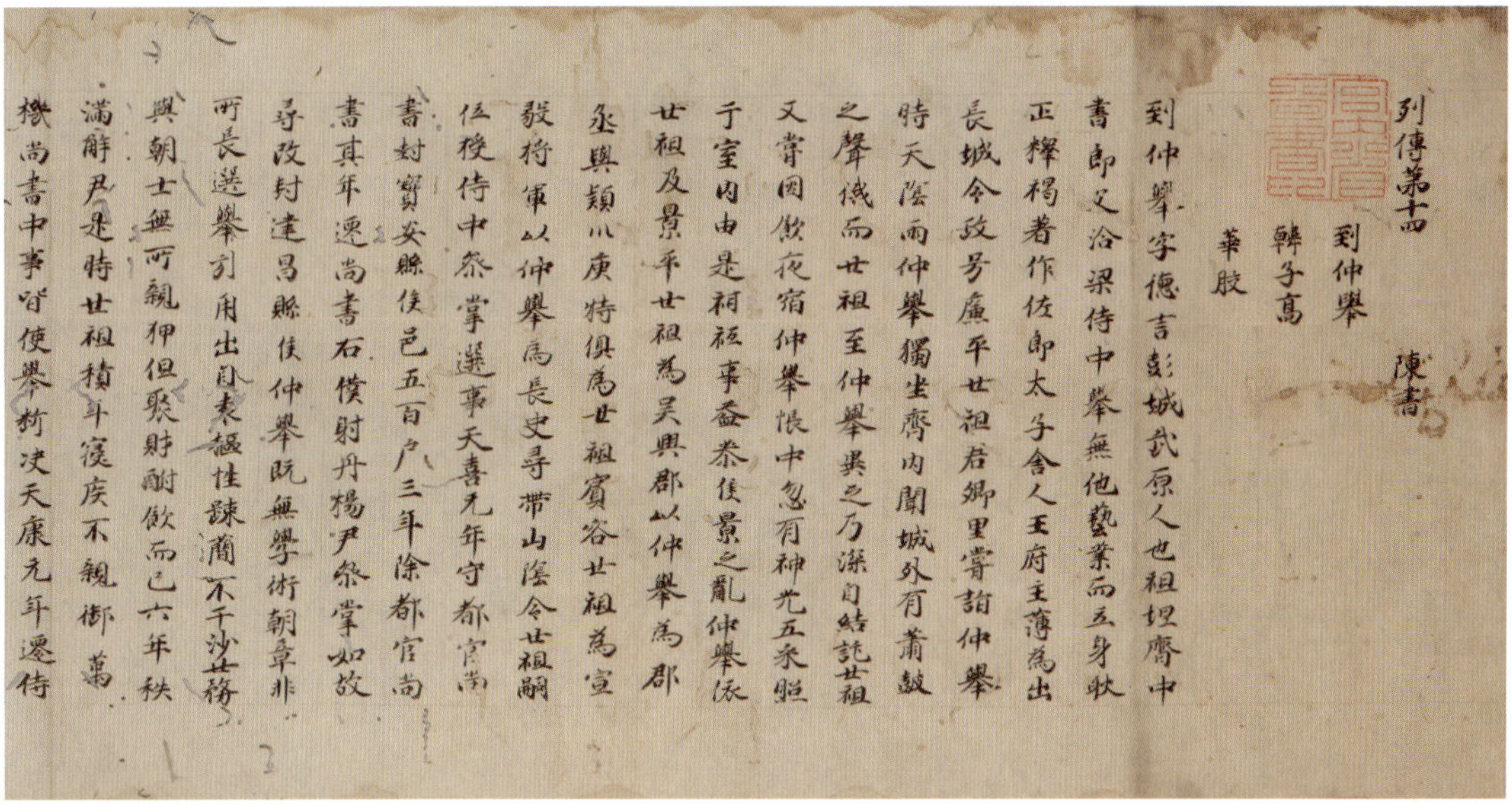
列傳第十四　陳書
到仲舉
韓子高
華皎
到仲舉字德言彭城武原人也祖坦齊中
書郎父洽梁侍中舉無他藝業而立身耿
正釋褐著作佐郎太子舍人王府主簿為出
長城令政号廉平世祖居鄉里嘗詣仲舉
時天陰雨仲舉獨坐齋内聞城外有簫鼓
之聲俄而世祖至仲舉異之乃深自結託世祖
又嘗因飲夜宿仲舉帳中忽有神光五采照
于室内由是祠祗事益恭侯景之亂仲舉依
世祖及景平世祖為呉興郡以仲舉為郡
丞與潁川庾持俱為世祖賓客世祖為宣
毅將軍以仲舉為長史尋帶山陰令世祖嗣
位授侍中參掌選事天嘉元年守都官尚
書封寶安縣侯邑五百戸三年除都官尚
書其年遷尚書右僕射丹楊尹參掌如故
尋改封建昌縣侯仲舉既無學術朝章非
所長選舉引用出自袁樞性疏簡不干涉世務
與朝士無所親狎但聚財酣飲而已六年秩
滿解尹是時世祖積年寝疾不親御萬
機尚書中事皆使仲舉斷決天康元年遷侍

巻 14 首

新補栗皮表紙（28.4×23.8㎝）左肩〔南北朝〕筆にて「陳書列傳巻第幾」と墨書せる旧題簽を貼附す。巻子裝（第 1 軸黒漆塗り，第 2 軸脱落痕あり），第 1 軸は折本を改む，斐紙，一部虫損修補，毎紙幅約57.8㎝（毎軸第1紙約55.3㎝，第 1 軸第 9 紙 6 行無文，幅13.0㎝以上），ただし第 1 軸は旧装毎面約19.0㎝。淡墨界，界高約21.6㎝，幅約2.2㎝，毎紙（巻14）26行16字内外，（巻30）26行15字内外，2 筆，「世（巻30不闕）」「民」「眠」を闕筆す。

毎巻首に単辺方形陽刻「宮内省／圖書印」朱印記，毎軸尾下辺に単辺楕円形陽刻二層「（毎字改行）（外上）用度費購入・（外下）昭和［７］年［１］月・（内）圖書寮（楷書）」朱印記（［　］内ペン書）を存す。

南朝陳王朝の記録、正史の一。唐の貞観年間、斉・周・梁・陳・隋の五朝史編纂事業において、梁陳二史を担当した姚思廉によって貞観10年（636）に成立した。北宋の校訂作業の際には王朝所蔵のものに誤脱があり、民間から諸本を捜集したという（百衲本『二十四史』、陳書目録）。

該本は百衲本（宋蜀大字本）などの版本との間に本文上の異同が多い。最も大きな異同は、巻14において、二代文帝（陳蒨）のことを版本では「文帝」と表記するのに対し、該本ではすべて「世祖」と表記する点である。また、該本では「世」「民」「眠」を闕筆しており、これは唐の太宗の諱（世民）をさけたものと推測される。すなわち該本は、成立間もない頃の唐鈔本の転写本であろう。

（山田尚子）

10. 貞観政要〔10巻〕存巻 1　　　　和　大　1 軸　503-21

〔唐〕呉兢撰

〔建治 3 至弘安元年（1277-78）〕寫　訓點校注書入 安元 3 至建長 6 年（1177-1254）藤原永範等南家點傳授原識語 永仁 2 年（1294）菅家點移寫原識語〔建治 3 年藤原淳範傳授識語〕

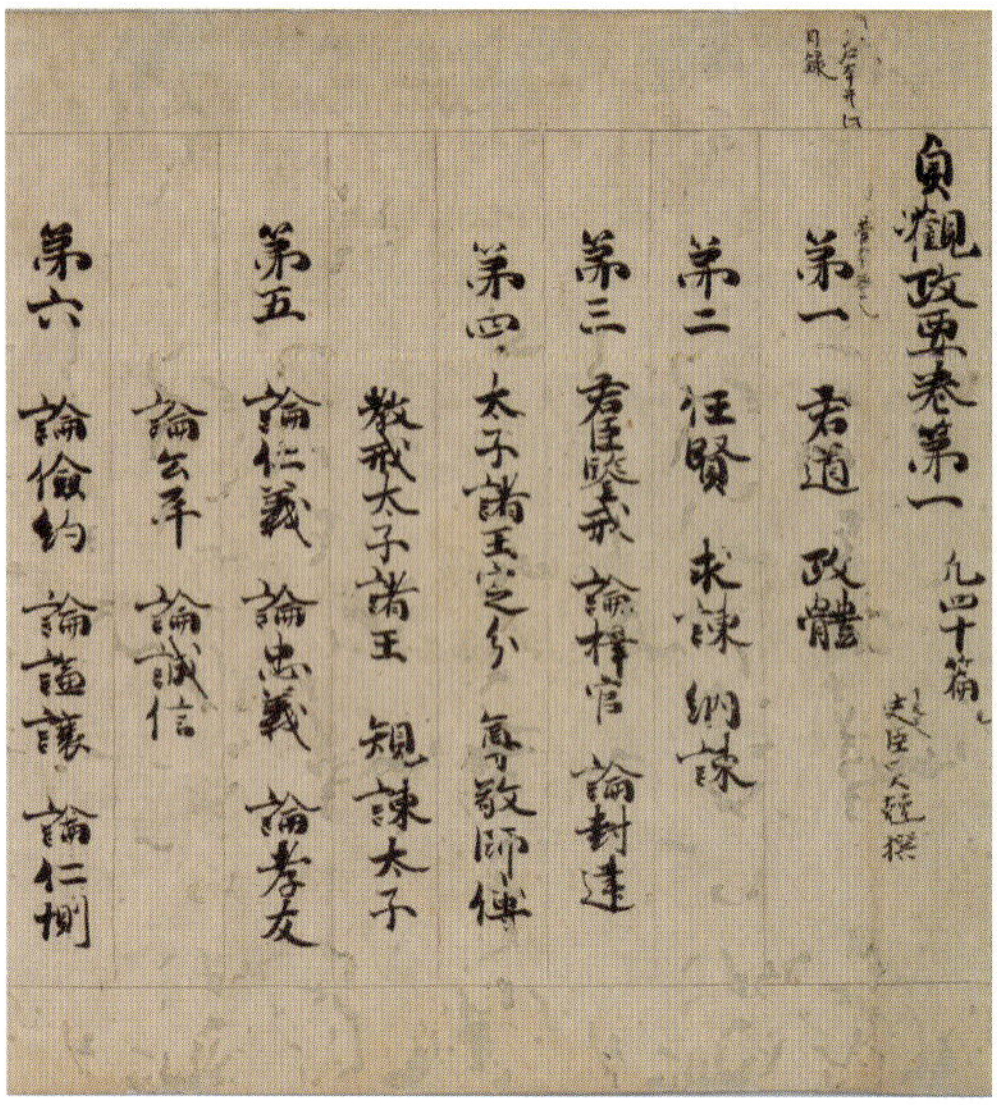
貞観政要巻第一
第一 君道 政體
第二 任賢 求諫 納諫
第三 君臣鑒戒 論擇官 論封建
第四 太子諸王定分 尊敬師傅
教戒太子諸王 規諫太子
第五 論仁義 論忠義 論孝友
論公平 論誠信
第六 論儉約 論謙讓 論仁惻

巻 1 首

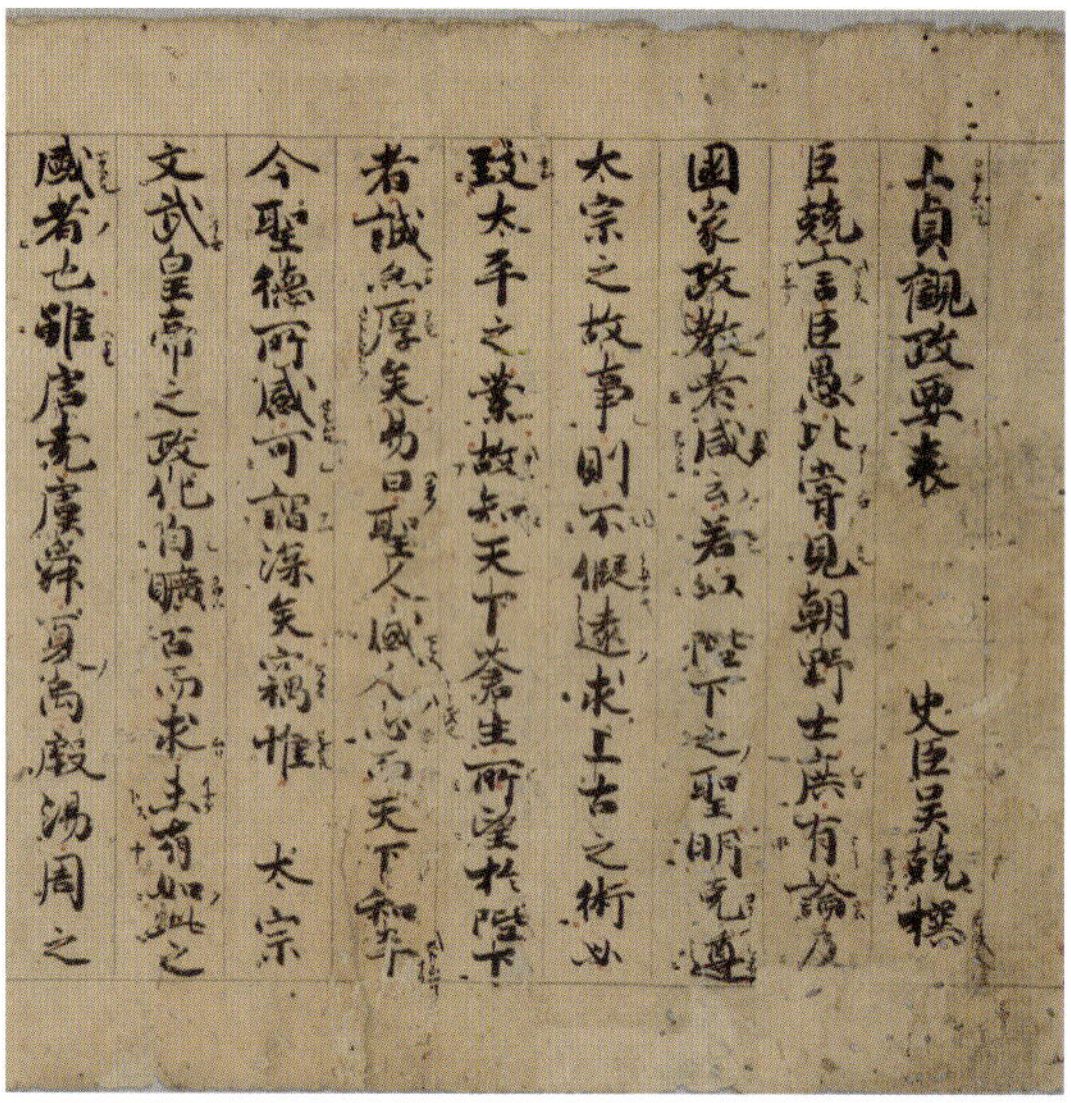
上貞観政要表　史臣呉兢撰
臣兢言臣愚比嘗見朝野士庶有論及
國家政教者咸云若以陛下之聖明克遵
太宗之故事則不假遠求上古之術必
致太平之業故知天下蒼生所望於陛下
者誠亦厚矣易曰聖人感人心而天下和平
今聖徳所感可謂深矣竊惟　太宗
文武皇帝之政化自曠古而來未有如此之
盛者也雖唐堯虞舜夏禹殷湯周之

表　首

後補淡縹色表紙（27.0×24.4㎝）。巻子装，薄手雲母引斐紙，裏打修補（但し裏書の箇所を避く），毎紙幅約42.0㎝（首41.0㎝，第 5 紙33.2㎝，第 6 紙36.2㎝，第 7 紙5.7㎝）。前に「／上貞觀政要表（隔 4 格）史臣呉兢撰」を附す。また表後接行「〈衛尉少卿兼修國史弘文舘學士臣呉兢撰《并序》〉」を附す。淡墨界（界高約21.5㎝，幅約2.8㎝），毎紙15行15字内外，1 筆。第 6 紙〔室町〕鈔配，全編に朱筆ヲコト点（博士家点），墨筆返点，連合符，音訓送仮名，清濁声圏点，合点，欄上行間校注（用「二条院本」「菅點本」「菅本」「摺本」），補注，標注，音義書入あり。尾題後 1 行を隔し低 2 格，本文別筆にて「〈本云／安元三年二月五日奉授／主上既訖／　《正三位行宮内卿兼式部大輔播摩權守藤原朝臣永範》／永久二年仲春廿五日點訖／（低10格）良兼／　合證本等又加自點畢／（低 3 格）秘本也（隔 3 格）永範／建久第五年九月廿一日詣三品李部／　大卿書閣讀合畢　有秘説等／（低 4 格）匠作員外少尹藤孝範／建保第四年夷則廿五日受嚴訓訖／（低 5 格）文章得業生經範／嘉禄三年四月廿四日合　二条院御本／并八條左相府證本畢／（低 7 格）刑部權少輔經範／建長三年二月十日以家説授茂才／明範既訖（隔 3 格）三品李部大卿經範／建長六年三月廿日以家説授小男／淳範既訖（隔 3 格）三品吏部大卿經範〉」原識語あり。末葉の紙背に本文又別筆にて「此本ハ南家之點本也奥書如表而永仁二年八月晦日／以菅家本朱點并墨點寫之於菅點者合短點／畢能ゝ可分別也又上注者是南家之注也／菅點本奥書ニ（隔 2 格）〈讀合了〉（隔 2 格）密證⫽建仁元年四月廿一日酉斜書寫了／（低 4 格）

同廿五日巳時移點挍合了知家／　同三年二月二日授侍中平二千石了／（低11格半）翰林主人菅〈在判〉〃菅師匠本奥書／奉　左丞相教命奉授秘説了／（低 8 格）大蔵卿兼式部大輔菅原為長／建長七年十月五日以家秘説奉授二品羽林中／（低11格）郎将了／（低11格）散位菅原在宗／右奥書菅師匠證本如此以彼秘本重移／點挍合了于時建治第一之暦初冬上旬之／候於燭下所終功也／（低 8 格）治部権少輔平朝臣兼俊」加点原識語あり。見返しに単辺方形陽刻「宮内省／圖書印」朱印記あり。

唐の貞観年間（627-49）の太宗（李世民）の言行録。太宗は、唐朝を創始した父李淵（高祖）を継いで即位し、「貞観の治」と呼ばれる泰平の世を現出させた。撰者の呉兢は、中宗・玄宗時代の史臣。本書は、少なくとも桓武天皇（在位781-806）の頃には渡来していたものと推測されている。帝王学の指南書として歴代の天皇や博士家の学者たちによって学ばれた。

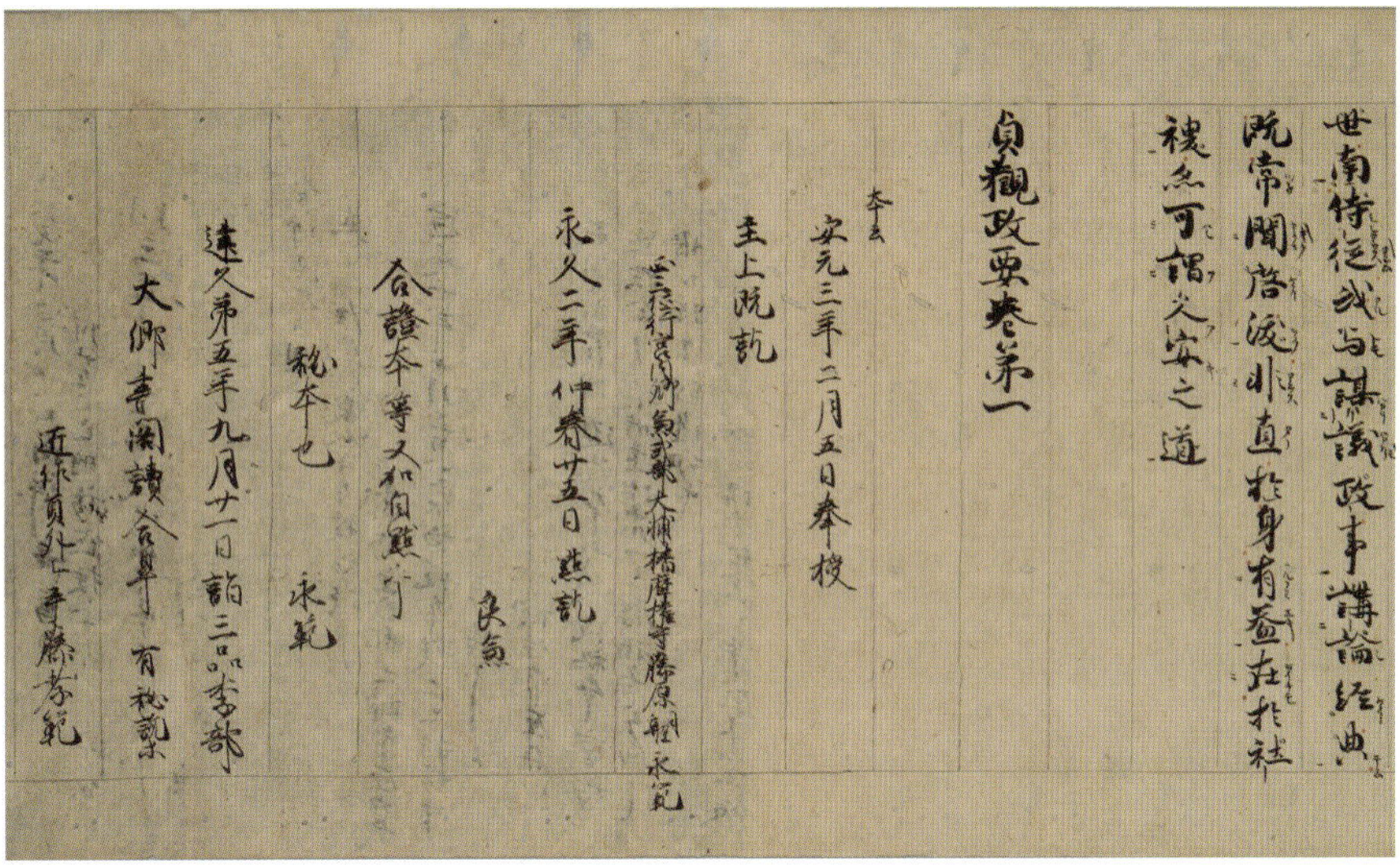
貞観政要巻第一
奉授
安元三年二月五日奉校
主上既訖
永久二年仲春廿五日点訖
良兼
合證本等又加自点了
秘本也
永範
建久第五年九月廿一日

安元 3 年藤原永範伝授原識語

版本としては、元代に戈直が諸本を整理した、所謂「戈直集解本（戈直集論本）」が広く行われたが、日本には菅家本や南家本に代表される旧鈔本が現存する。該本は、良兼（能兼）→永範→孝範→経範→明範及び淳範と相伝された、藤原南家相伝本を書写したもの（南家本）。該本と同様に安元 3 年（1177）の永範から建長 6 年（1254）の経範に至る原識語を持つ伝本として神習文庫蔵本などが知られるが、特に該本は現存旧鈔本中最古本とされる。また、安元 3 年の原識語に「奉授主上既訖」とあることから、祖本は永範が高倉天皇に進講した際に用いられた本であったことがわかる。

末葉紙背の識語（本文別筆）のうち「菅師匠本奥書」以下は密証（未詳）が移点に用いた菅家本の原識語だと考えられる。また、巻 2 以降の僚巻が穂久邇文庫に所蔵されており、建治3年（1277）から弘安元年（1278）の書写識語があるほか、建治3年に藤原淳範から安良禅門（未詳）に説授した旨の淳範自筆の識語があり、該本の書写はこの説授に際して成された可能性が高い。　　　（山田尚子）

11. 臣軌(尾題)〔2〕巻　存巻上　　　　和　大　1帖　503-55

唐〔武后〕撰　王德注

〔鎌倉〕寫　首鈔配　訓點校注書入　山中信天翁舊藏

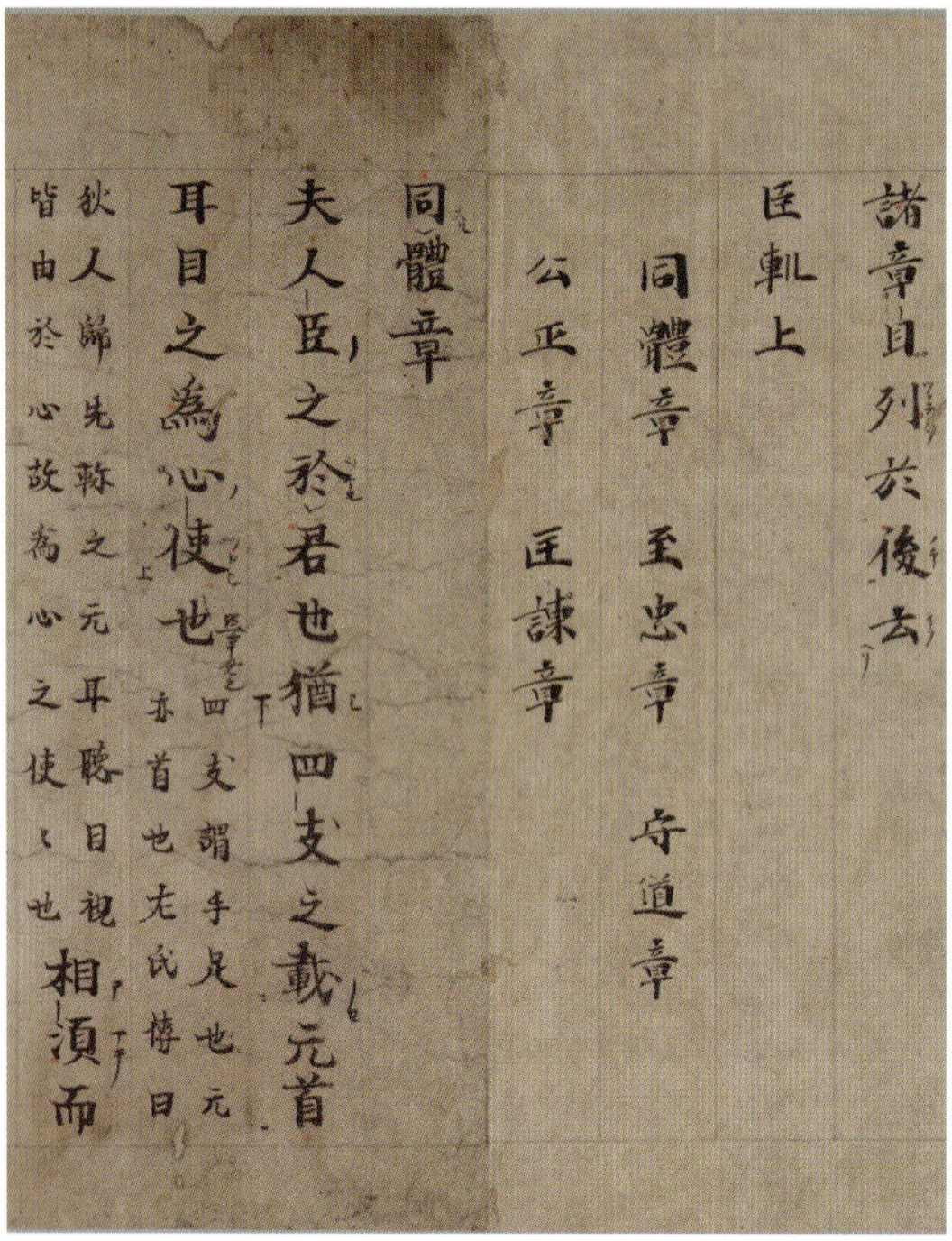
諸章目列於後云
臣軌上
同體章　至忠章　守道章
公正章　匡諫章
同體章
夫人臣之於君也猶四支之載元首
耳目之爲心使也
相須而

本文首

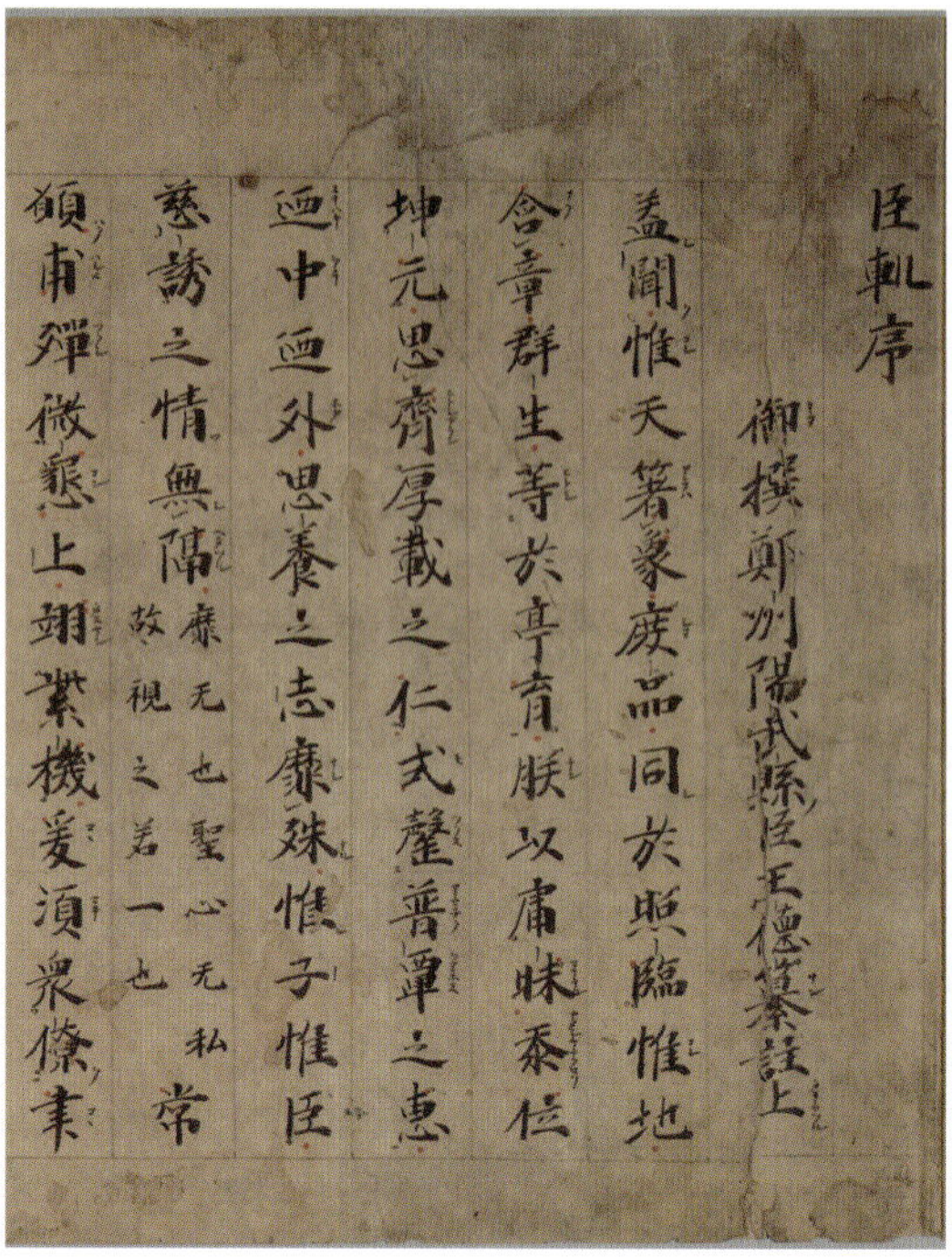
臣軌序
御撰鄭州陽武縣臣王德纂註上
蓋聞惟天著象庶品同於照臨惟地
含章群生等於亭育朕以庸昧忝位
坤元思齊厚載之仁式罄普覃之惠
迺中迺外思養之志靡殊惟子惟臣
慈誘之情無隔常
願甫殫微懇上翊紫機爰須衆僚聿

序首

新補紺地浅葱萌葱茶色鶴亀松竹梅文金襴緞子表紙（29.2×14.6㎝）。左肩に題簽を貼布し「臣軌（隔2格）〈信天翁題〉」と墨書（行書）。直下に方形陰刻「子」，同「文」聯珠朱印記。折本，巻子装を改む。楮打紙，裏打修補，継目が折目になる部分に更に白色の細紙を裏打す。第1張42.8㎝，第2至3張約45.6㎝（以上鈔補），第4張46.8㎝，第5張以下約49.5㎝，第28張38.0㎝。

唐〔武后〕撰「臣軌序／（低3格）御撰鄭州陽武縣臣王德纂註上」。巻首序後接行「臣軌上／（小目）（以下別紙）同體章／夫人臣之於君也猶四支之載元首／耳目之爲心使也」。

淡墨界，界高約23.4㎝，幅約2.9㎝，毎張17行，毎半折5行14字，1筆。巻尾「臣軌上」。

序目〔南北朝〕鈔補。本文同筆の朱ヲコト点（紀伝点），返点，連合符，送仮名，同墨返点，音訓送仮名，連合符，清濁声圏，一部注文にも訓点あり。本文別筆の朱墨にて行間校注（「點本」「江」「イ」「一本」等），訓注（「ーー江」），同體章「冕旒垂拱」欄上に片仮名交じり補注一条（「本裏書云」以下）。他に僅かに墨書眉標，淡墨補筆あり。前副葉に単辺方形陽刻「宮内省／圖書印」朱印記。

『臣軌』は唐（周）の則天武后（624-705 在位690-705）が、人臣たる者の軌範を教令せんがために元万頃、范履冰、苗神客、周思茂、胡楚賓らに命じて編纂させた書である。本帖は巻下を闕くが、我

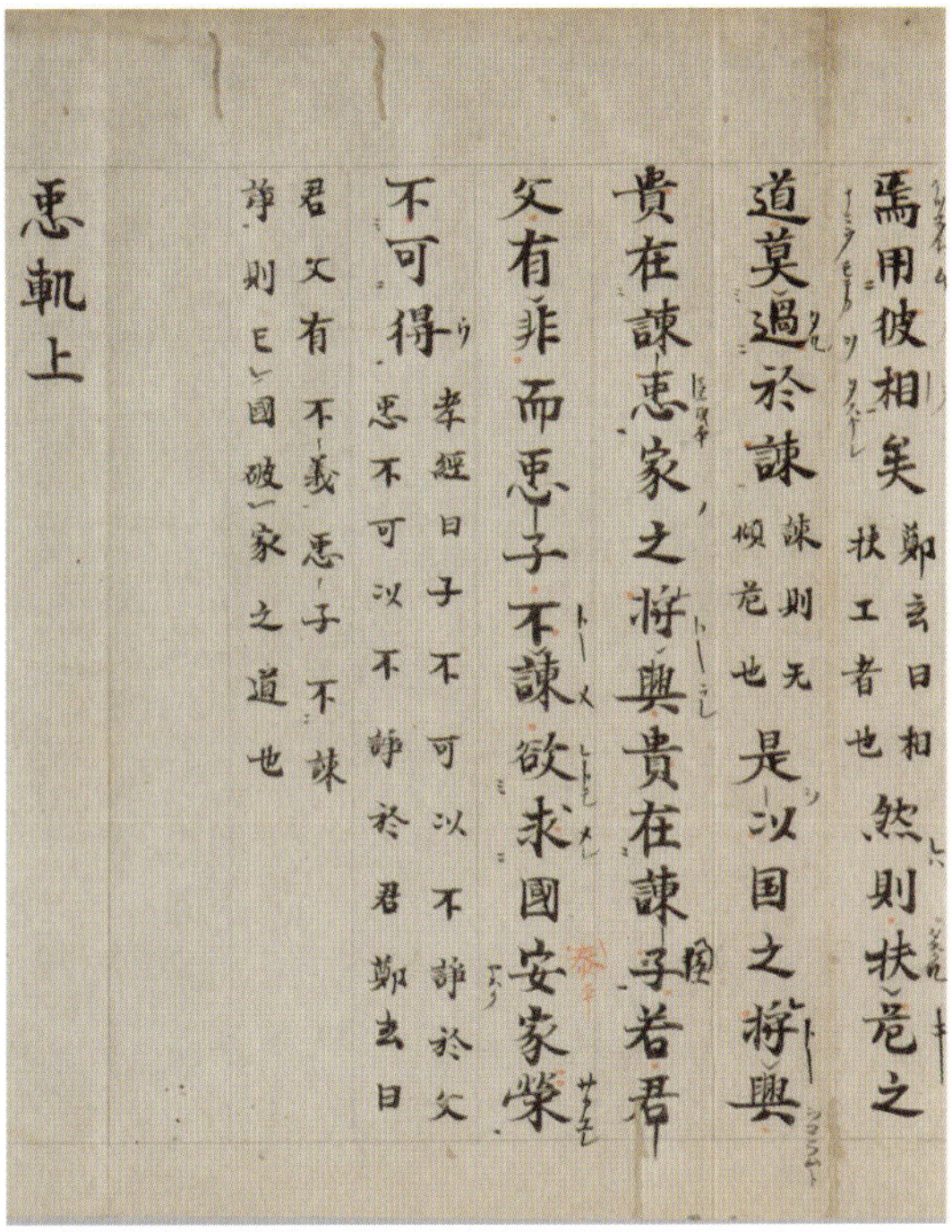

焉用彼相矣　鄭玄曰相扶工者也　然則扶危之
道莫過於諫　諫則无傾危也　是以国之將興
貴在諫臣家之將興貴在諫子若君
父有非而臣子不諫欲求國安家榮
不可得　孝經曰子不可以不諍於父臣不可以不諍於君鄭玄曰
君父有不義臣子不諫諍則亡國破家之道也

臣軌上

巻　尾

題簽 山中信天翁識語

が国に伝わった他伝本を見ると、その巻末に「垂拱元年撰」(685) とあって、同書の成立年が知られる。『旧唐書』と『唐会要』によれば、武后は長寿 2 年 (693) に、貢挙人に本書を習業させることを制定したが、神龍元年 (705) に中宗が復位するや、その習業は停止され旧に復したという。爾来、本書は殆ど顧みられず、陳振孫の『直斎書録解題』にも著録されないことから、南宋の頃には既に散佚していたものと察せられる。しかし本邦に於いては、帝王としての軌範を説く『帝範』とともに尊ばれ、王徳の纂注本の形式で伝存したのである。

該本は現存伝本中、最古の鈔本である。阿部隆一氏が既に指摘しているが、本帖には他本に見られない江家の訓説と校注が書入れられている。また、該本のヲコト点は紀伝点であり、その本文は慶應義塾図書館蔵菅原聰長書入寛文刊本に見られる菅本による校字と殆ど一致し、さらには穂久邇文庫蔵菅家本とも本文を一致させることから、菅家伝来本系と推定される。

山中信天翁 (1822–85) は、名は献、字は子文、別号は静逸。三河の人。幕末の尊攘運動に加わり、新政府成立後は石巻県知事などを勤めた。詩文、書画をよくした。　(山崎　明)

12. 群書治要50巻　闕巻4 13 20 附金澤本群書治要題跋1巻

和　大　47軸 附1冊　550-2

唐魏徴等奉勅編　(附)日本小嶋寶素編

〔鎌倉〕寫(〔北條實時〕〈越州刺史平〉令寫〈巻14 28至30〉〔北條〕〈平〉貞顯令寫〈巻27〉清原隆重)　(附)〔江戸後期〕寫　建長5至弘長元年(1253-61)清原教隆加點(巻14 28至30)嘉元4至延慶元年(1306-08)北條貞顯校點　金澤文庫〔紅葉山文庫〕舊蔵

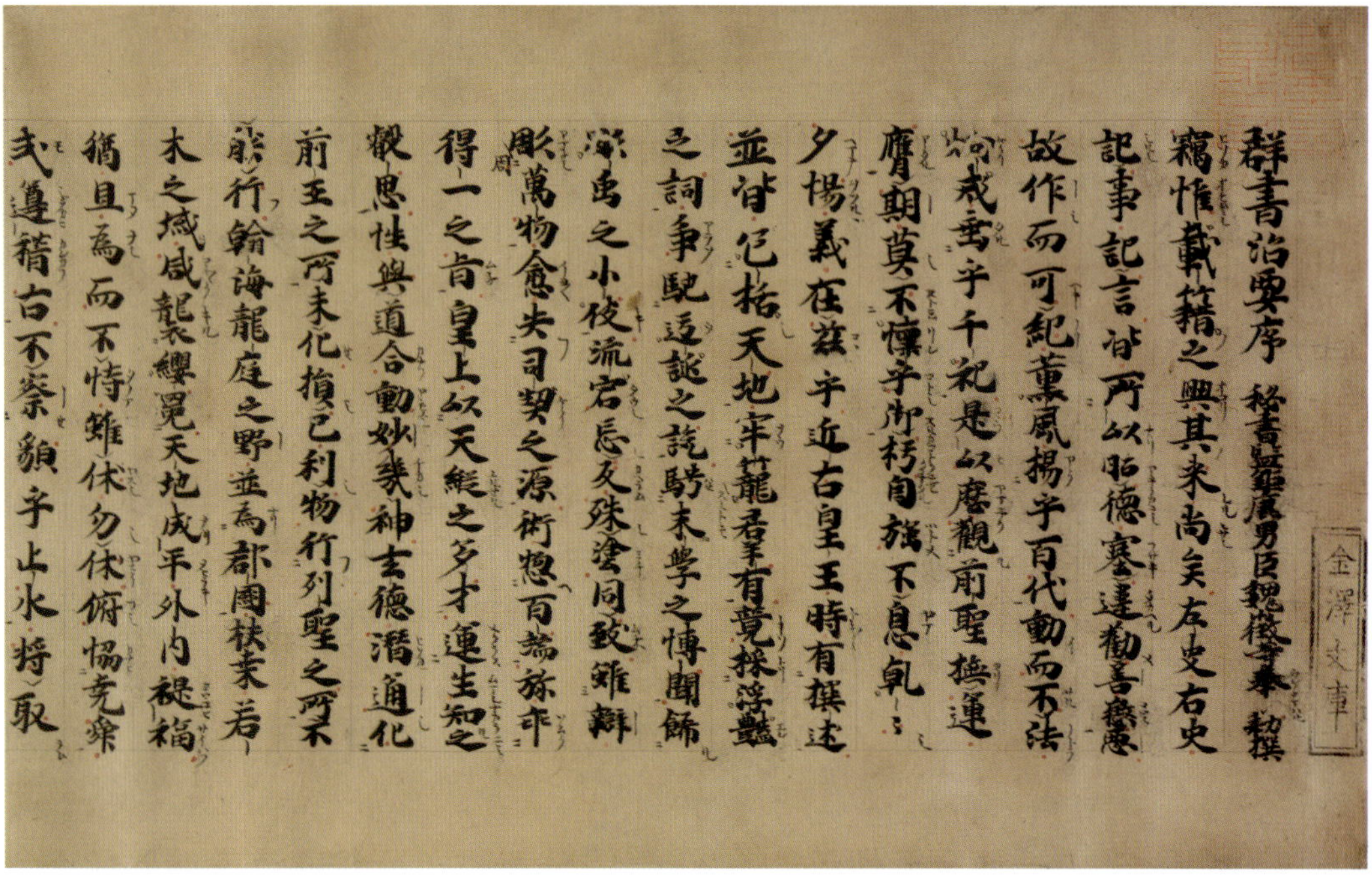
金澤文庫
群書治要序　秘書監鉅鹿男臣魏徵等奉　勅撰
竊惟載籍之興其來尚矣左史右史
記事記言皆所以昭德塞違勸善懲惡
故作而可紀薰風揚乎百代動而不法
炯戒垂乎千祀是以歷觀前聖撫運
膺期莫不懍乎御朽自強不息乾〻
夕惕義在玆乎近古皇王時有撰述
並皆包括天地牢籠群有競採浮豔
之詞爭馳迂誕之說騁末學之傳聞飾
雕蟲之小伎流宕忘反殊塗同致雖辯
周萬物愈失司契之源術總百端彌乖
得一之旨皇上以天縱之多才運生知之
叡思性與道合動妙幾神玄德潛通化
前王之所未化損己利物行列聖之所不
能行翰海龍庭之野並爲郡國扶桑若
木之域咸襲纓冕天地成平外內禔福
猶且爲而不恃雖休勿休俯協堯舜
式遵稽古不察貌乎止水將取

序　首

後補縹色艶出表紙（29.0×23.0㎝）。軸縦30.5直径0.7㎝。外題「群書治要」と墨書し，本文書写時代頃と推定されるが，巻26・30の外題は後筆。巻子装。料紙斐紙。裏打修補あり。毎張幅約49.5㎝が標準で，10㎝前後から50㎝前後まで不等のものも多い。

首に「群書治要序〈秘書監鉅鹿男臣魏徴等奉勅撰〉」(第1軸第1至3張)。序の後，接行「群書治要目録」（第3至7張）あり。

句下夾注（小字双行），段章改行。各軸30張内外。総計1,467張。墨界（界高21㎝，幅約2.5㎝），毎張20行内外不等，毎行15字内外不等，注小字双行20字内外不等。

唐の太宗李世民（在位626-49）の諱「民」字を欠筆する箇所あり（しない箇所もある）。

書写は複数の手になる寄り合い書きである。書き入れは，巻26・28を除く各巻の本文に朱のヲコト点，墨の本文同筆と薄墨の別筆（奥書清原教隆と同筆）2種による返点・送仮名・縦点・附訓・合点・校異・

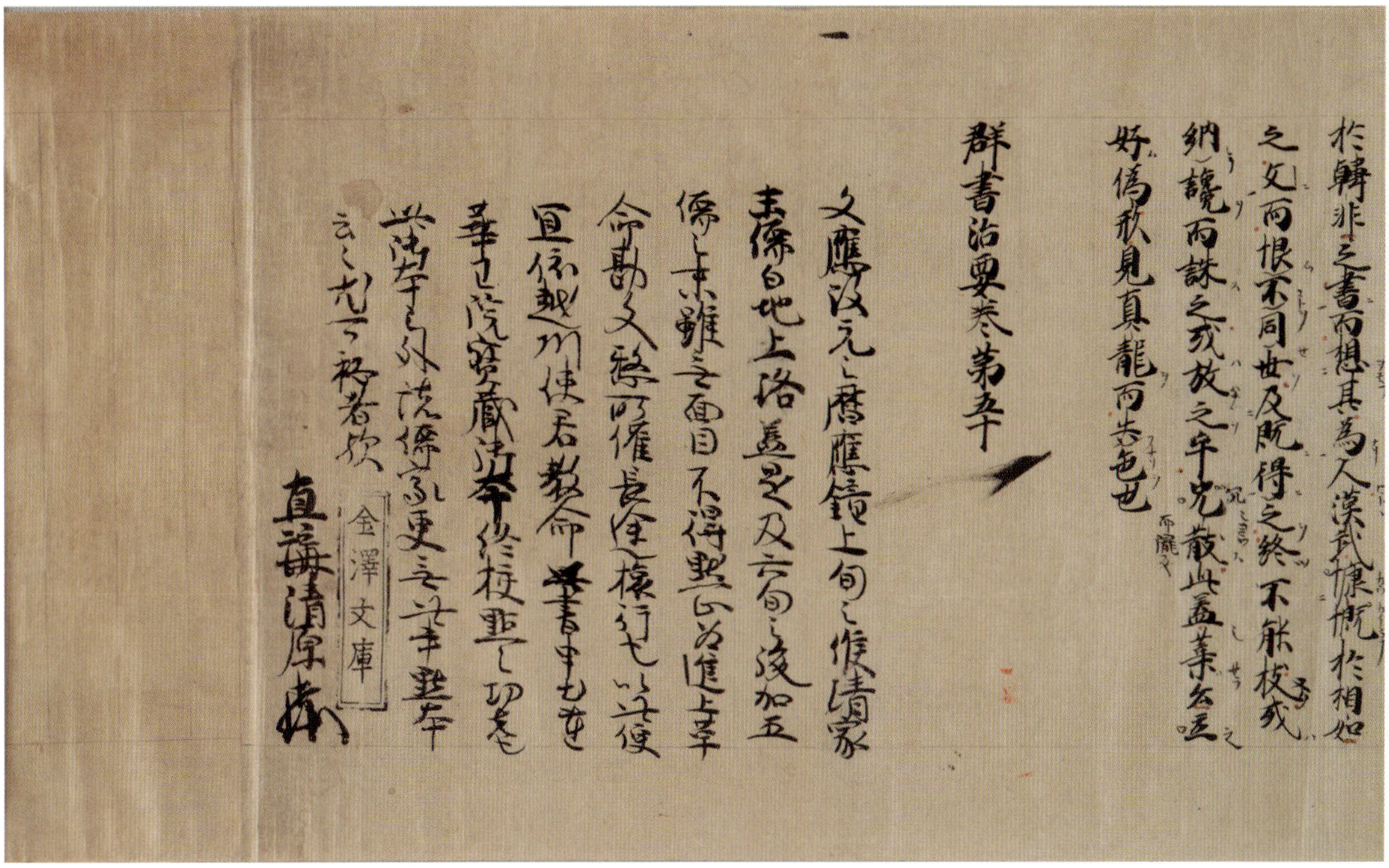

奥　書

音点を加え，墨の欄外附注はそれより後筆である。また，墨の本紙裏書き附注は本文と同筆のものであろう。

附録は〔江戸後期〕写 1 冊，栗皮表紙（26.2×18.5㎝），外題「金澤本群書治要題跋」（小嶋宝素写），37張，末に「天保 7 年 3 月望雲楼主鈔贈」と墨書，単辺方形陽刻「小嶋氏／圖書記」朱印記あり。この『群書治要』の序と巻頭，それに奥書を双鈎影写する。

『群書治要』は、唐の魏徵（580-643）等が貞観 5 年（631）に編纂し、68種類の書物から天子の治世に利する記述を抜抄したもので、宋代には亡び、ほぼ完全に伝わったのはこの金澤文庫本のみであり、後に本軸に基づいた徳川家康（1542-1616）の駿河版が世に出て知られるようになった。引用書に『桓譚新論』等の佚書が多いことも本軸の価値を高めている。北条実時（1224-76）が京都で書写したものが原型であるが、その後焼失・紛失を経て補写されてきた。また、清原教隆（1199-1265）やそれ以前の訓点が伝わることが、本軸の価値を更に高める。

奥書に拠って知られる加点は以下の通り。建長 5 年（1253）洒掃員外少尹（北条実時）の命により清原教隆『尚書』『毛詩』に加点（巻 2・3）、建長 6 年（1254）洒掃員外少尹の命により清原教隆『左伝』に加点（巻 5）、建長 7 年（1255）洒掃員外少尹の命により清原教隆『周易』『左伝』下『孔子家語』に加点（巻 1・6・10）、康元 2 年（1257）〈正嘉 1 年〉越州使君（北条実時）の命により清原教隆『礼記』に加点（巻 7）、正嘉 1 年（1257）　越州使君の命により清原教隆『孝経』『論語』に加点（巻 9）、正元 1 年（1259）直講清原教隆　勘文進上の折　蓮華王院宝蔵本により『呂氏春秋』（巻39）に校点〈蓮華王院御本奥書：長寛 2 年（1164）河内守従五位上臣藤原朝臣敦綱〉、文応 1 年

(1260)　直講清原教隆　越州使君の命で蓮華王院宝蔵本により以下に校点、『晏子』『司馬法』『孫子』（巻33)、『老子』『鶡冠子』『列子』『墨子』（巻34)、『文子』『曾子』（巻35)、『呉子』『商君書』『尸子』『申子』（巻36）〈点本奥書：長寛 2 年（1164）正五位下行大内記藤原朝臣敦周点〉、『孟子』『慎子』『尹文子』『荘子』『尉繚子』（巻37）〈点本奥書：長寛 2 年（1164）正五位下行大内記藤原朝臣敦周点〉、『孫卿子』（巻38)、『淮南子』（巻41)、『塩鉄論』『新序』（巻42)、『説苑』（巻43）〈点本奥書：長寛 2 年（1164）散位従五位下藤原朝臣敦経点〉、『桓子新論』『潜夫論』（巻44）〈点本奥書：長寛 2 年（1164）散位従五位下藤原朝臣敦経点〉、『崔寔政論』『仲長子昌言』（巻45)、『申鑒』『中論』『典論』（巻46）〈参州（清原教隆）に依頼して校訂　越後守平實時〉〈本奥書云：長寛 2 年（1164）　助教清原頼業（1122-89)〉、『劉廙別伝』『蔣子』『政要論』（巻47)、『體論』『時務論』『典語』（巻48)、『傅子』（巻49)、『袁氏正書』『抱朴子』（巻50)、弘長 1 年（1261）　勘文進上参洛の折　蓮華王院宝蔵本により『韓子』『三略』『新語』『賈子』（巻40）を校点〈御本奥書：長寛 2 年（1164）河内守従五位上臣藤原朝臣敦綱〉、文永 2 年（1265）　越州刺史平実時が『後漢書』一を書写せしめ、左京兆藤原俊国加点、また仙洞御書を校勘（巻21・22・24)、この頃清原隆重が『蜀志』『呉志』上を点校　仙洞御書をもって校勘（巻27)、〔文永 7 年（1270）火災少々焼失〕、文永11年（1274）　越州刺史實時　康有本をもって『漢書』四・六を補写せしむ（巻16・18)、文永12年（1275）　越州刺史實時　康有本をもって『漢書』七を補写せしむ（巻19）〈康有本の本奥書：藤原翰林加點　越後守平在之（貞顯)〉、建治 1 年（1275）越州刺史平実時が後藤壱州の京にあるとき『漢書』五を書写せしめ藤原三品茂範加点のものが焼失したので重録本をもって補写せしむ（巻17)、建治 2 年（1276）康有本をもって『史記』上・『漢書』三を実時補写せしむ（巻11・15）〈康有本の本奥書（巻11)：弘長 3 年（1263）右京兆藤原茂範加点　文永 5 年（1268）校合〉〈康有本の本奥書（巻15)：正元 1 年（1259）右京兆藤原茂範加点〉、徳治 2 年（1307）

従五位上行越後守平朝臣貞顕（1278-1333）が左衛門権佐光経本をもって『漢書』二を書写点校（巻14)、延慶 1 年（1308）　貞顕『呉志』下を重校（巻28)、嘉元 4 年（1306）　従五位上行越後守平朝臣貞顕が右大弁三位経雄本をもって『晋書』上（祖父実時の時紛失）『晋書』下を書写点校（巻29・30）〈本奥書：天書をもって校勘　藤原俊国点　文永 8 年（1271）藤原経雄点〉。

毎軸首尾に双辺方形陽刻「金澤文庫」墨印記あり。　（髙橋　智）

13. 文集　存巻3

和　特大　1軸　405-11

唐白居易撰

元亨4年(1324)寫(〔藤原〕時賢)　轉寫菅家證本　正中2年(1325)〔藤原〕濟氏校補注訓點(〔藤原〕正家流證本)移寫書入

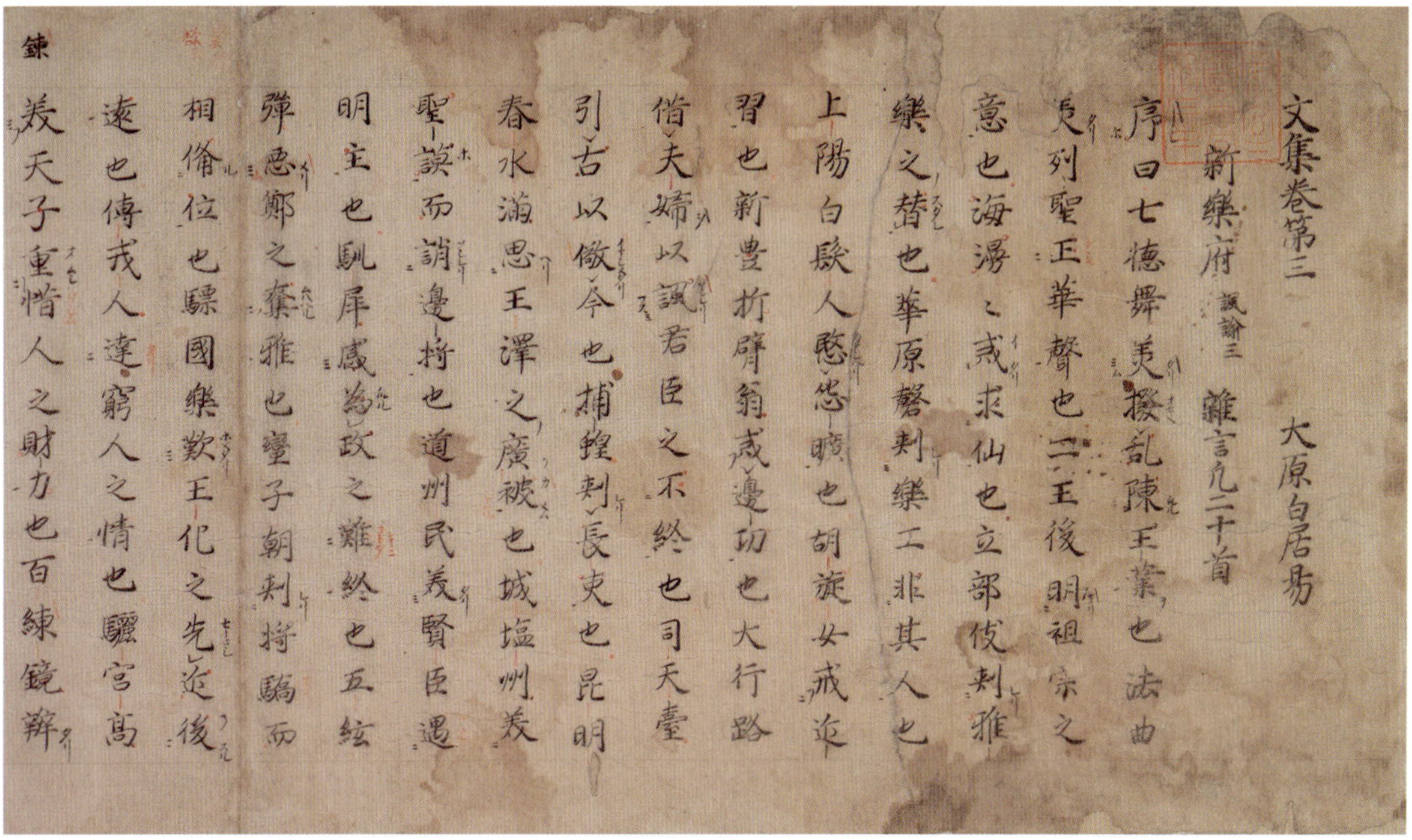
文集巻第三　大原白居易
新樂府　諷諭三　雜言凡二十首
序曰七徳舞美撥乱陳王業也法曲
美列聖正華聲也二王後明祖宗之
意也海漫〻戒求仙也立部伎刺雅
樂之替也華原磬刺樂工非其人也
上陽白髪人愍怨曠也胡旋女戒近
習也新豊折臂翁戒邊功也大行路
借夫婦以諷君臣之不終也司天臺
引古以儆今也捕蝗刺長吏也昆明
春水満思王澤之廣被也城塩州美
聖謨而誚邊將也道州民美賢臣遇
明主也馴犀感爲政之難終也五絃
弾悪鄭之奪雅也蛮子朝刺將驕而
相備位也驃國樂欲王化之先近後
遠也縛戎人達窮人之情也驪宮高
美天子重惜人之財力也百練鏡辨
錬

巻 3 首

新補浅葱色巻雲文絹表紙（41.5×27.5cm），巻子装，巻軸新補，斐紙，毎紙約63.5cm（第1紙57.7cm，第13，28紙各58.8cm），裏打修補。墨界（界高約33.2cm，幅約3.9cm），毎紙16行（第1，13，28紙15行）14字，1筆。

尾題後隔3行，本文同筆にて「　本云／（低3格）以此本侍　御讀／（以下低4格）黄門郎〈資實〉戸部尚書〈光範〉／李部大卿〈在高〉等同奉授之／但此三人不常參予殊狎天顔頻應更問耳／（更低4格）翰林學士菅〈在判／爲長〉」原識語あり。又2行を隔て，2格を低し「元亨四年十月一日以菅家證本／書寫訖／（更低8格）侍従時賢」書写奥書あり。本文同墨の返点，連符，音訓送り仮名（ひらがなあり），声圏，附訓合点，行間欄上音義，朱ヲコト点（博士家点），返点，連符，異訓仮名，声圏，附訓合点，欄上行間校注（用「或」「江」「唐本」），行間音義，補注，茶筆返点，異訓仮名，声圏，欄上校注（用「菅」）書入，別墨にて欄上校（用「正本」「菅本」「或」）補注書入，極稀に訓仮名を示す角筆あり，全体に摺消あり。奥書後隔1行，本文別手の墨筆にて2格を低し「正中二季三月十二日拭老眼移秘點畢／（更低9格）従二位濟氏」，隔1行「(低8格）挍了」，隔1行低2格「以式部大輔正家朝臣侍讀本見合了／彼點以朱寫之」，3格を隔し朱筆にて「校了」，以下接行，墨筆にて「本奥書云／（低2格）長久二年四月十三日未時點了／（低6格）覆勘了〈判／正家〉」，「(低4格）以

此書侍讀〈判／正家〉」,「(低 6 格) 讀了 俊信」,「(低 4 格) 授孫顯業了〈判／正家〉」, 以下低 2 格「以此本奉授 天子了李部大卿侍中／礼部等同以侍讀矣／ (更低 6 格) 左中弁〈判／俊経〉」, 同「以此本侍御讀李部大卿翰林／學士等朝臣同奉授之／ (更低 6 格) 左中辨親經」, 同「以此本奉〈授〉舊主了／ (更低 5 格) 藏人右衛門権佐信盛」,「(低 4 格) 授經業了／ (更低 3 格) 藏人頭内藏頭〈判／信盛〉」, 同「以此本奉授 天子了式部大輔菅三位／右大辨等同以侍讀矣／ (更低 6 格) 藏人皇后宮大進經業」の移点, 校合, 加点, 伝授識語あり。首に単辺方形陽刻「帝室／圖書／之章」朱印記存す。

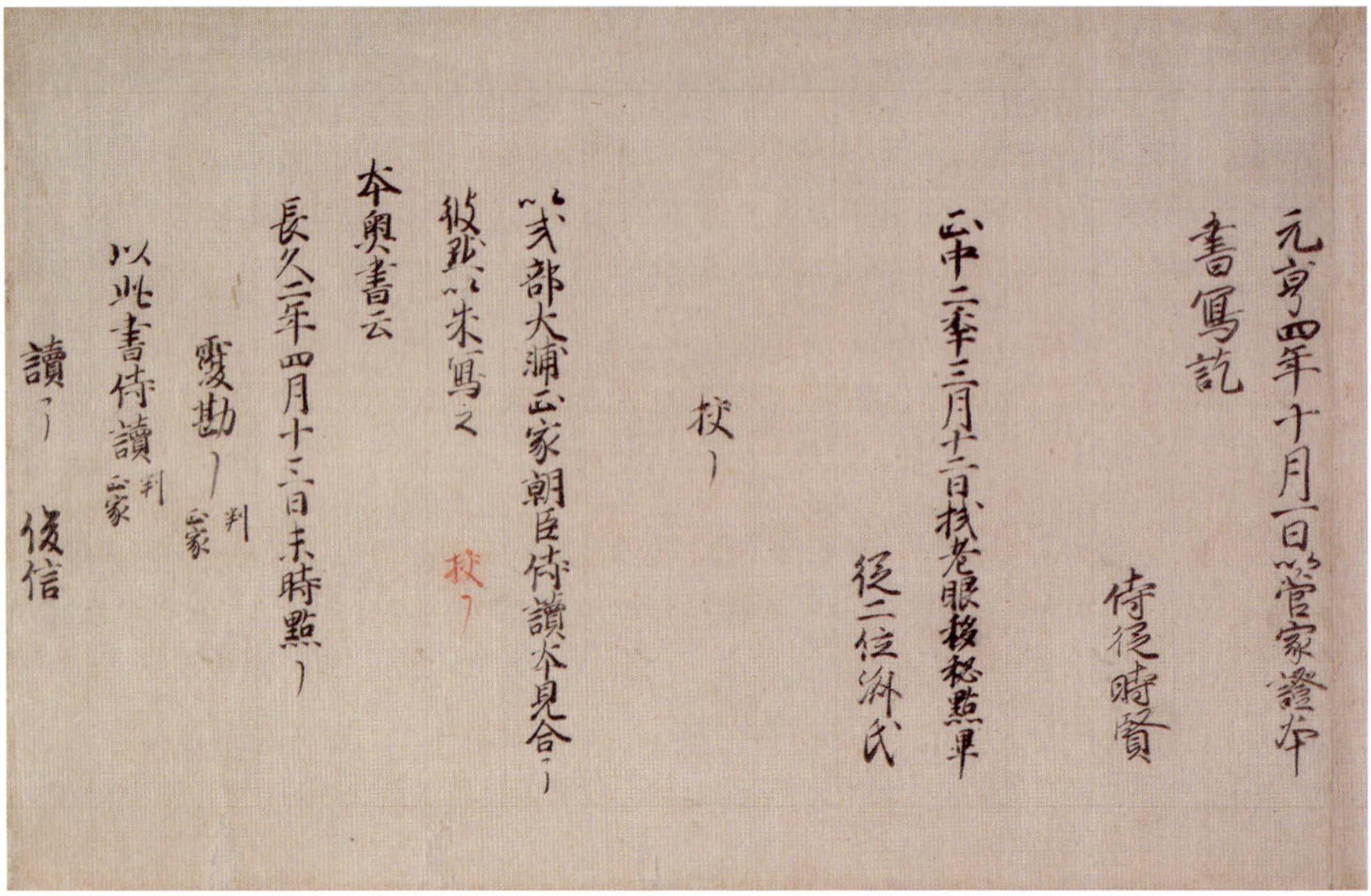
元亨四年十月一日以菅家證本書寫訖
侍従時賢
正中二年三月十二日校老眼移秘點畢
従二位濟氏
校了
以式部大輔正家朝臣侍讀本見合了
彼此以朱寫之
校了
本奥書云
長久二年四月十三日未時點了
覆勘了　判　正家
以此書侍讀　判　正家
讀了　俊信

奥　書

本軸は、唐の白居易の詩文集『白氏文集』巻 3 の写本である。本朝では、『白氏文集』の中でも巻 3、4 が特に親しまれ、『新楽府』としてそれのみ書写されることも多い。但し、本軸が 2 巻揃って書写されたかは不明である。「文集巻第三　大原白居易」と記された内題は、平安末鈔本として知られる神田本『白氏文集』と一致しており、こうした書き方が本朝の古鈔本に共通するものと指摘される。

奥書は二筆存し、本文と同筆の「侍従時賢」により書写の経緯、別手の「従二位濟氏」により校合や伝授等に関する識語が記されている。「侍従時賢」は藤原時賢（生没年未詳)、「従二位濟氏」はその父藤原済氏（1266-1327）である。済氏は藤原北家出身で従二位下刑部卿に至っている。時賢については『尊卑分脈』に「刑部卿」とあるのみで詳しい経歴は不明である。書写と校合の経緯は、元亨 4 年（1324）に時賢が菅原為長所蔵本を書写し、そこに正中 2 年（1325）に済氏が、菅原為長所蔵本と藤原正家所蔵本の双方を用いて校合、加点を行っている。奥書には、書写、校合に用いた 2 本が侍読に用いられた本であることや、それを用いた儒者の名前が順に記されている。菅原氏出身の儒者、菅原為長（1158-1246）は、土御門・順徳・後堀河・四条・後嵯峨天皇の侍読を務めた。藤原北

家日野流の儒者、藤原正家は、堀川天皇の侍読を務めた。以下、正家の子孫で同じく日野流の儒者、俊信、顕業、俊経、親経、信盛、経業の名前が挙げられている。顕業は近衛天皇、俊経は近衛・高倉天皇、親経は後鳥羽・土御門天皇、信盛は四条天皇、経業は亀山・後宇多天皇の侍読を務めた。正家の孫に当たる親経以下は日野流ではなく大福寺流となり、親経の弟盛経は大福寺流庶流となる。信盛、経業は盛経の子であり、侍読を務めた彼らに正家本が伝えられている。済氏がこれら 2 本を借用した相手については記録等には残されておらず、不明である。儒者が出身の家の訓点を重んじていた中で借用が可能となった背景には済氏自身が藤原北家出身であったことが関係すると考える。

本軸には、点が付された為長本を正家本と校合、加点したことで 2 種類の注が存する。注は墨筆で本文の全体に及ぶもの、欄上に朱筆にて注を書き末尾に「江」とその根拠を示すもの等、筆の色を使い分けて書き入れられている。「江」とは大江家の本からの注であることを示す。為永本には菅原家の点が付されていたと考えられ、他の複数の種類点は正家本に由来するものであろう。本軸の大きさが特大である理由としては、底本となった本の大きさが本書に反映されたこと、また、同時に複数の点を書き入れる必要があったことが考えられる。 (大木美乃)

14. 〔文選30〕巻　存巻〔19〕首 出師表　　和　大　1軸　512-44

〔梁蕭統〕編

〔康和元年(1099)〕寫　訓點校補注書入　明治12年(1879)畑〔象卿〕(成文)識語　東寺舊藏　内閣記錄局蒐集

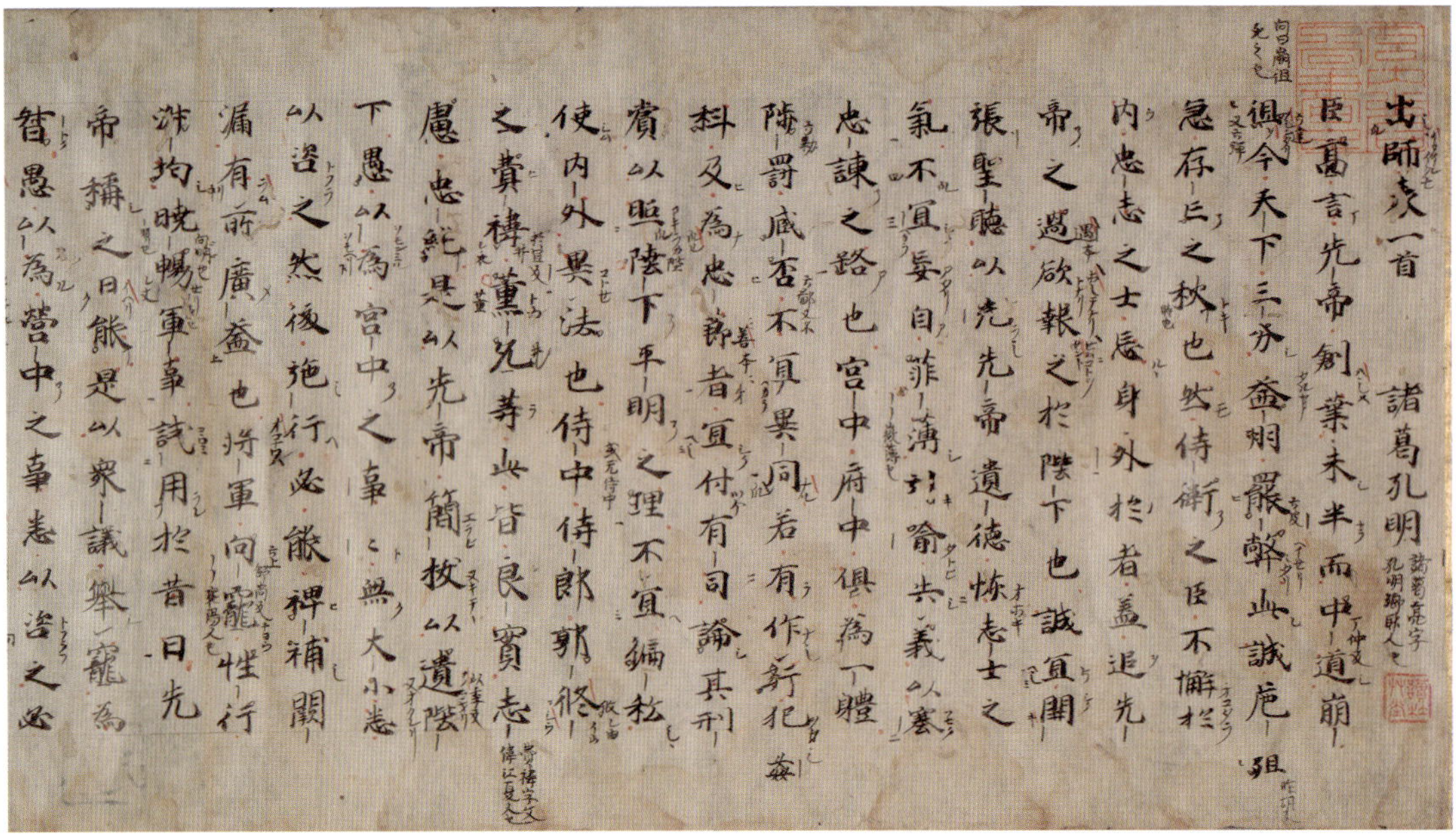
出師表一首　諸葛孔明

臣亮言先帝創業未半而中道崩
殂今天下三分益州罷弊此誠危
急存亡之秋也然侍衛之臣不懈於
内忠志之士忘身於外者蓋追先
帝之遇欲報之於陛下也誠宜開
張聖聽以光先帝遺德恢志士之
氣不宜妄自菲薄引喻失義以塞
忠諫之路也宮中府中俱為一體
陟罰臧否不宜異同若有作姦犯
科及為忠善者宜付有司論其刑
賞以昭陛下平明之理不宜偏私
使内外異法也侍中侍郎郭攸
之費禕董允等此皆良實志
慮忠純是以先帝簡拔以遺陛
下愚以為宮中之事事無大小悉
以咨之然後施行必能裨補闕
漏有所廣益也將軍向寵性行
淑均曉暢軍事試用於昔日先
帝稱之日能是以衆議舉寵為
督愚以為營中之事悉以咨之必

首

後補縹色地瑞鳥瑞雲文織出表紙（28.5×21.1㎝），巻子装，斐楮交漉紙（第1紙42.2㎝，第2紙55.9㎝，第3紙18.7㎝），虫損修補，3張。墨界（界高約21.4㎝，幅約2.3㎝），第1紙18行，第2紙24行，第3紙8行（計50行），毎行13字内外。

全編に〔平安〕の朱筆にてヲコト点（博士家点），傍訓合点，墨筆にて清濁声圏，連合符，音訓送仮名，行間欄上音義，校補注（用「本」「向」「翰」「鈔」等）書入，紙背間〻本文別筆〔平安末〕墨書補注書入。本文後補紙に「右出師表東寺古篋底所傳／大江匡房真蹟云必有来由／古色靄然最可寶重矣／明治己卯冬日（隔2格）畑成文觀」（明治12年畑象卿）一見識語あり。末尾に方形陰刻「季／文」朱印記，単辺方形陽刻「柳／兮」朱印記を存す。第2・3紙端裏下方に単辺方形陽刻「連（楷書）」墨印記，首に同「讀杜／艸堂」朱印記（寺田望南所用），単辺方形陽刻「宮内省／圖書印」朱印記あり。

『文選』は梁の蕭統によって編纂された詞華集。詩文の模範とされ、早くより唐李善などの附注本が流布したが、本断簡は原形を伝える無注本である。無注本の古写本としては、東山御文庫別置御物の九条家旧蔵本が知られるが、そのうち康和元年9月の書写奥書を持つ巻19が本断簡のツレであり、紙背に同じく「連」墨印が捺されている。九条家本巻19には「江本無之」との注記があり、大江家

本を比校したと見られることから、本文は大江家以外の訓説と考えるべきであるという。なお、九条家旧蔵本は東寺より九条道房（1609-47）に献上されたと伝えられており、本軸は献上以前に分離し、東寺に残存したと推測される。「出師表」は蜀の丞相諸葛孔明が建興 5 年（227）に魏国討伐に出陣する際、幼少の 2 代皇帝劉禅に奉呈した上表文。古来より名文として名高い。内閣記録局の購入後、宮内省に移管された秘閣本。

（小倉慈司）

紙背「連」印記

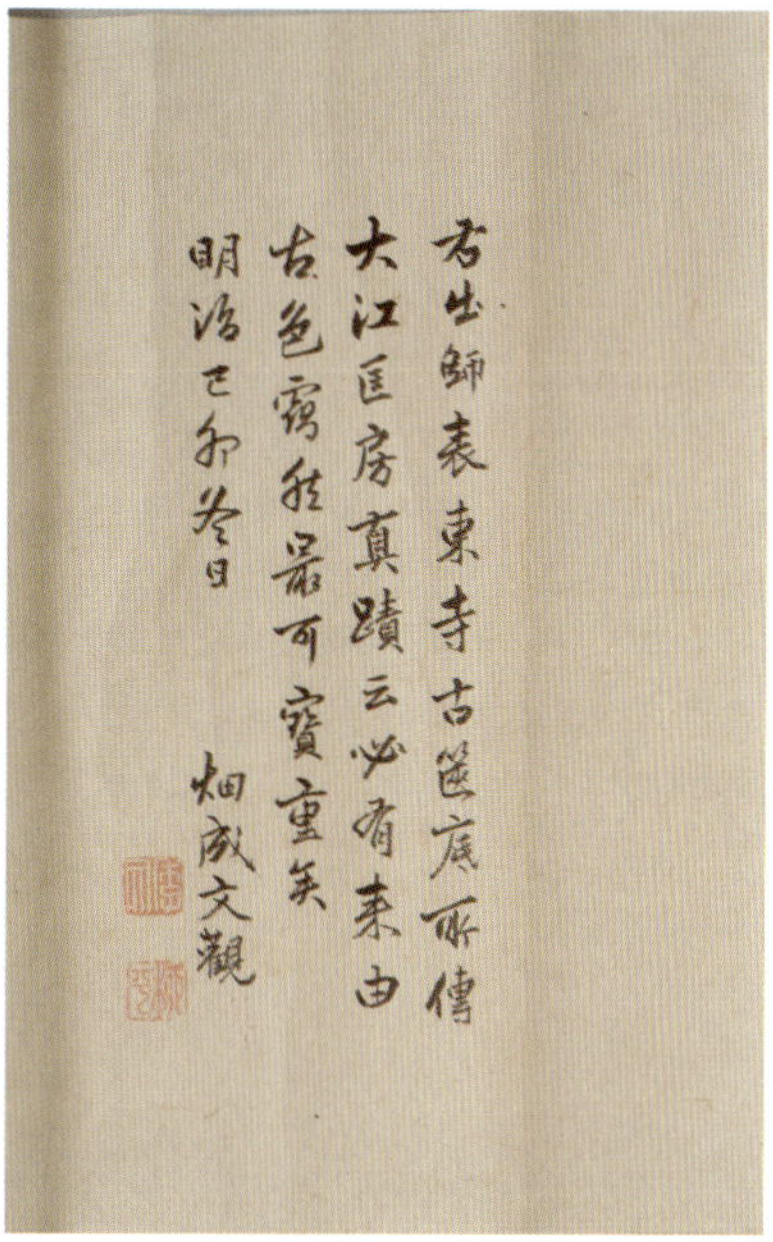

明治12年畑象卿識語

15. 文館詞林　存巻668(存首7篇)　　和　大　1軸　500-4

唐許敬宗等奉勅編

〔弘仁14年(823)〕寫　紙背〔平安後期〕寫本〔法華相対抄〕　寛政9年(1797)〔屋代〕(源)弘賢 吉〔田〕篁墩〔寛政10年〕(戊午)〔市〕河〔寛斎〕(世寧) 寛政9年〔松平〕(源)定信 文化11年(1814)〔市橋〕長昭識語　傳〔狩谷棭齋〕(髙橋真末) 屋代弘賢舊藏 内閣記録局蒐集

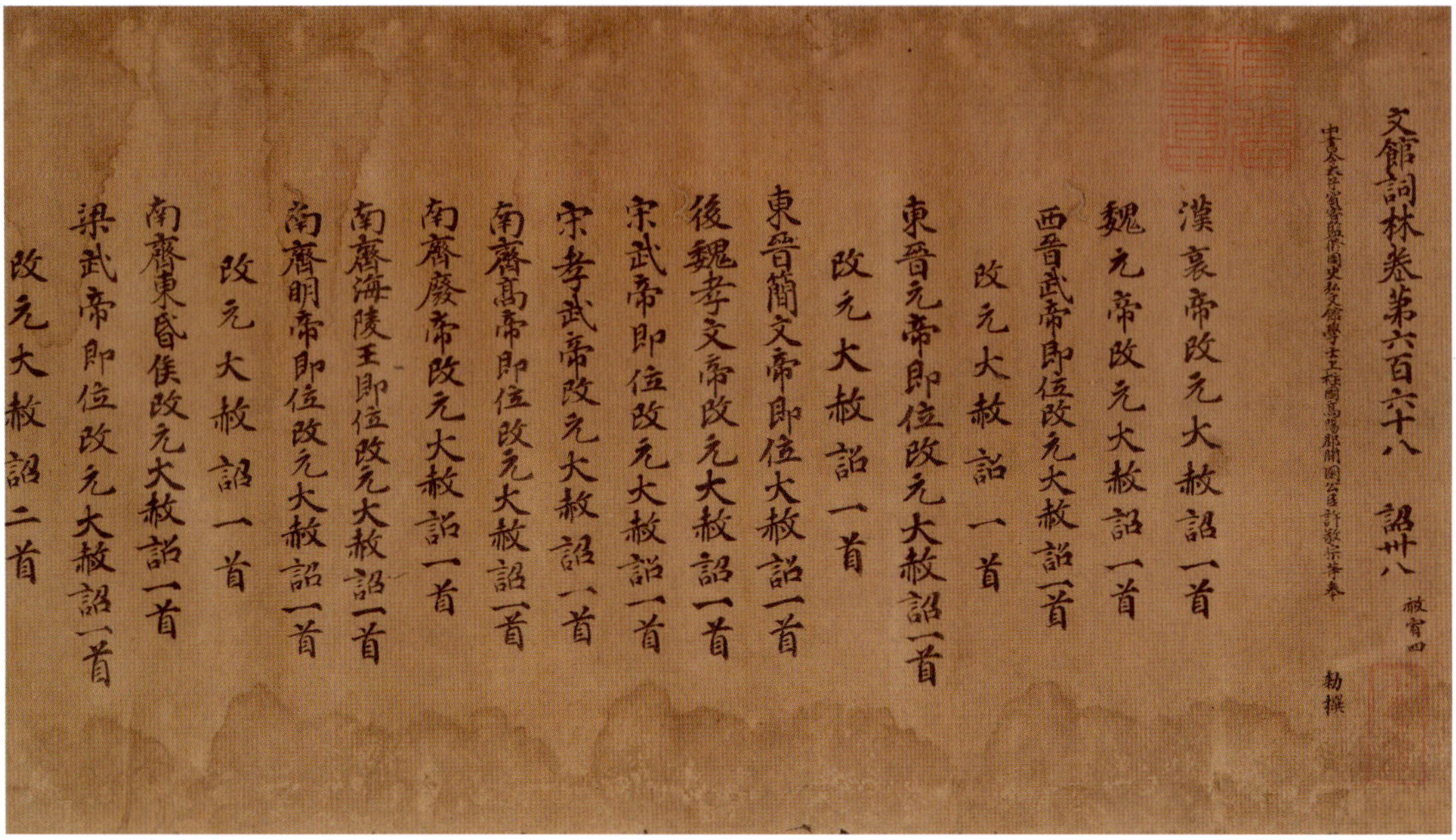

文館詞林巻第六百六十八　詔卅八

漢哀帝改元大赦詔一首
魏元帝改元大赦詔一首
西晉武帝即位改元大赦詔一首
改元大赦詔一首
東晉元帝即位改元大赦詔一首
改元大赦詔一首
東晉簡文帝即位大赦詔一首
後魏孝文帝改元大赦詔一首
宋武帝即位改元大赦詔一首
宋孝武帝改元大赦詔一首
南齊高帝即位改元大赦詔一首
南齊廢帝改元大赦詔一首
南齊海陵王即位改元大赦詔一首
南齊明帝即位改元大赦詔一首
改元大赦詔一首
南齊東昏侯改元大赦詔一首
梁武帝即位改元大赦詔一首
改元大赦詔二首

巻 668 首

後補茶色地緑白梨色菊花宝文錦繍表紙（27.8×25.9㎝）左肩に金箔題簽を貼布し「文館詞林巻第六百六十八」と書す。巻子装。本文黄麻紙，6紙。見返し，彩色水竹鴛鴦図扇面散し山家図。前副葉（表紙，本文第1紙間）。墨界（界高約20.2㎝，幅約2.3㎝），毎紙25行14字，1筆，（紙背）有界（界高約24.3㎝，界幅約1.9㎝），毎紙31行24字内外，1筆。紙背〔平安後期〕写本〔法華相対抄〕。第7紙（65.1㎝）に「右文館詞林巻弟六百六十八吾同好髙橋真末今春遊／京師廣購古書所得也歸後秘襲而不敢示人吾常／言李唐之世隣好寂親其事物至今多足徵也故／真末以之歸余吁嗟既亡彼見存此實曠代奇書／也矣然今所得僅六紙亦以見其體裁何不爲珎／翫哉寛政九年十月廿三日源弘賢識〈足〉／宋王應麟玉海引唐會要曰（中略）廿四日書／（中略）／嘗聞畿内古刹有文館詞林亡失焉僅存／弟三百卅八弟六百五十五巻其尾題校書／殿寫弘仁十四年歳次癸卯二月為冷泉／院書廿字印嵯峨院印四字云今此巻亦／其殘缺乎雖不知是書為誰手筆力／沈着字様端嚴波撇之末咸有法度／妙ゝ不可思議非學唐人者决所不／能也以詞林之奇與入木之妙永為／不忍文庫之榮焉廿八日題／〈後聞之稲山行教言曰攝津國矢田部郡桂尾山勝福寺藏文館詞林零本二巻其一乃弟三／百卌八首缺其二乃弟六百九十五首尾全存而題跋乃如向所識冷泉院印

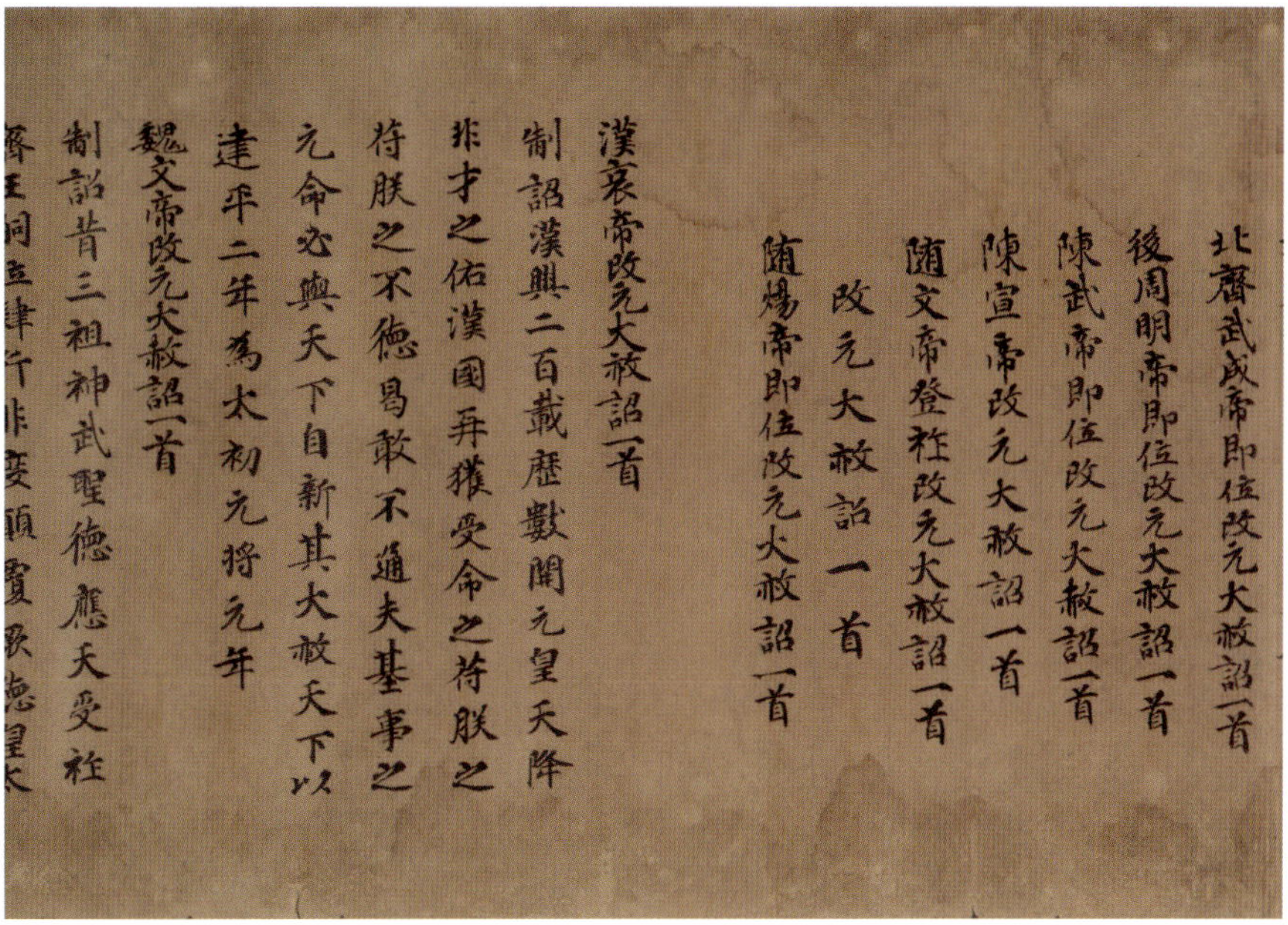
北齊武成帝即位改元大赦詔一首
後周明帝即位改元大赦詔一首
陳武帝即位改元大赦詔一首
陳宣帝改元大赦詔一首
隨文帝登祚改元大赦詔一首
改元大赦詔一首
隨煬帝即位改元大赦詔一首
漢哀帝改元大赦詔一首
制詔漢興二百載歷數開元皇天降
非才之佑漢國再獲受命之符朕之
不德曷敢不通夫基事之
元命必與天下自新其大赦天下以
建平二年為太初元將元年
魏文帝改元大赦詔一首
制詔昔三祖神武聖德應天受祚

本文首

（1字行間より補入）三顆在跋語之處跋語／二行ゝ十字其弟六百九十五於巻末題目之處亦印嵯峨院印一顆冷泉院印方一寸七分嵳峩／院印方一寸六分印皆覆字畫〉」識語（屋代弘賢），行を接し第7至8紙（44.7㎝）に別筆にて「新書藝文志許／敬宗文館辭林／一千巻嚮聞西京／殘册久索觀窺／頗疲企跂丁巳十／一月十日同立（「李」を改む）原君／伯旹又觀此一巻／于弘賢掌史家／洵為料外之希／覯豈匪幸哉／〈　篁墩吉漢宦／　　題／　文館詞林古巻／　　後〉（行書）」識語（吉田篁墩），第9紙（65.7㎝）に隔行低格，別筆にて「弘仁文物專法於李唐／此巻當時所書寫如與唐／人相接於一堂上眞希世／之寶也戊午八月晦上毛／河世寧拜觀（行書）」識語，末行下に方形陰刻「世／寧」「嘉／祥」朱印記（寛政10年市河寛斎），第9紙に貼紙し別筆にて「寛政九年冬月／觀於我薈堂（草書）」識語，次行下単辺方形陽刻「源／定信」，「源／貞卿」朱印記（松平定信），同じく別筆にて「文化甲戌四月下澣梅雨新晴／日觀此巻於亦無樓中神韵／与唐人頡頏／（低4格）擅春居士」，末行下単辺方形陽刻「長／昭」朱印記（第9紙に貼附）識語（文化11年市橋長昭）。

首および毎紙継目紙背に双辺方形陽刻「不忍文庫（楷書）」朱印記，首に「宮内省／圖書印」朱印記あり。


唐の高宗の勅命を受け、許敬宗が漢から唐初に至る詩文を網羅的に集めた総集で、顕慶3年（658）の成立。一千巻という大部の書であったことが却ってその流通を妨げ、中国では宋初に伝来を絶った。一方、日本では平安時代、本書は珍重され、入宋して真宗皇帝に謁見した釈寂照は日本に流布している漢籍を問われて本書を挙げたほどである。ただ鎌倉期以降はその所伝を聞かず、江戸後期、寛政年間に至って高野山伝来の『法華三宗相対抄』古写本の紙背から二十数巻が発見された。書陵部蔵本もその一つ。これらは奥書と蔵書印から弘仁14年（823）嵯峨天皇が書写を命じ、冷泉院に蔵したものと知られる。

（佐藤道生）

Ⅲ　宋　　版

1. 尚書正義20巻　　唐　大　17册　506-1

唐孔穎達等奉勅撰

〔宋孝宗朝〕刊(〔浙〕)　嘉元元至 2 年(1303-04)釋圓種訓點　〔室町末近世初〕校補書入　金澤文庫 圓覺寺歸源院 紅葉山文庫舊藏

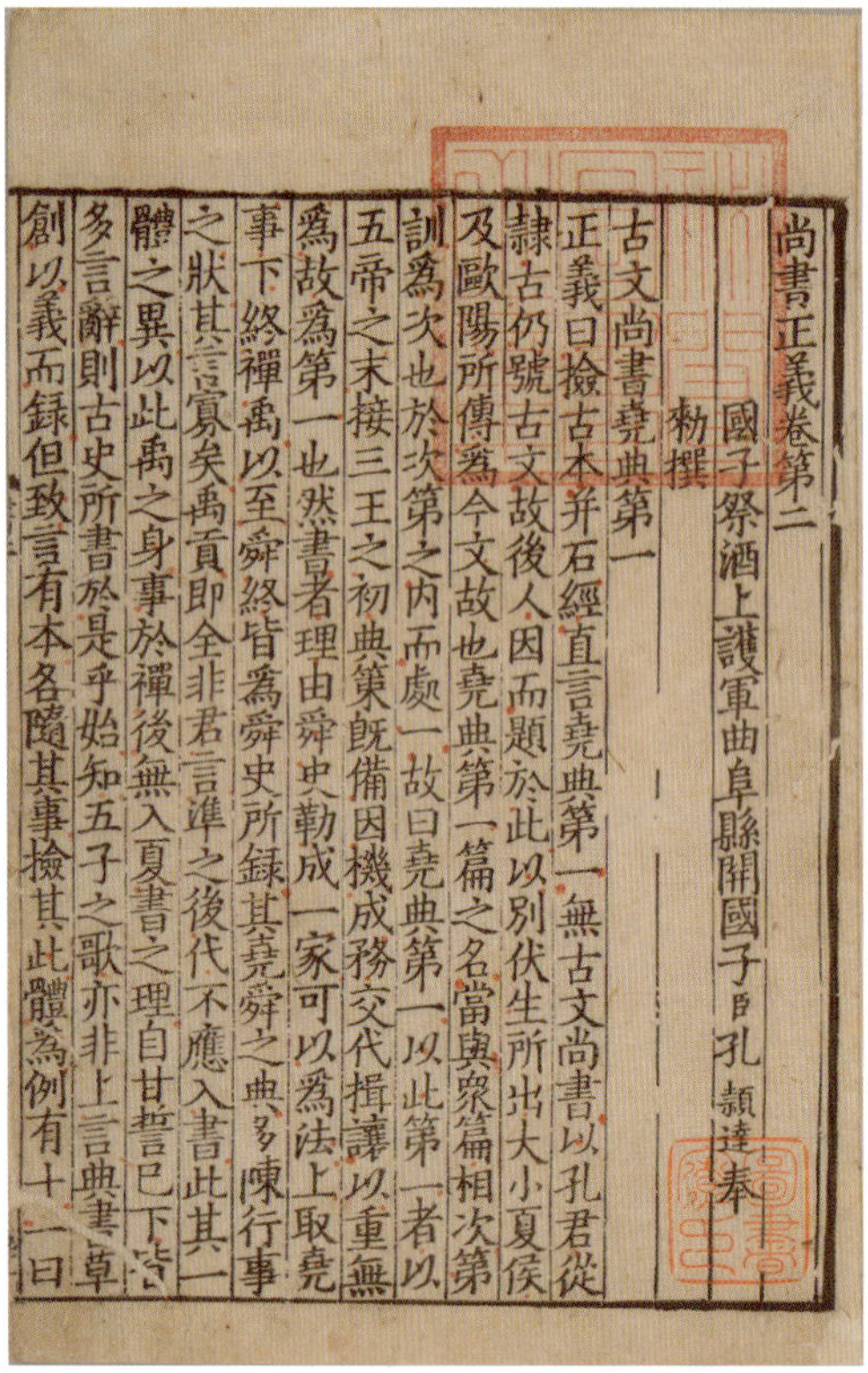
尚書正義卷第二
國子祭酒上護軍曲阜縣開國子臣孔穎達奉
勅撰
古文尚書堯典第一
正義曰檢古本并石經直言堯典第一無古文尚書以孔君從
隷古仍號古文故後人因而題於此以別伏生所出大小夏侯
及歐陽所傳爲今文故也堯典第一篇之名當與衆篇相次第
訓爲次也於次第之内而處一故曰堯典第一以此第一者以
五帝之末接三王之初典策既備因機成務交代揖讓以重無
爲故爲第一也然書者理由舜史勅成一家可以爲法上取堯
事下終禪禹以至舜終皆爲舜史所録其堯舜之典多陳行事
之狀其言寡矣禹貢即全非君言準之後代不應入書此其一
體之異以此禹之身事於禪後無入夏書之理自甘誓已下皆
多言辭則古史所書於是乎始知五子之歌亦非上言典書草
創以義而録但致言有本名隨其事檢其此體爲例有十一曰

巻 2 首

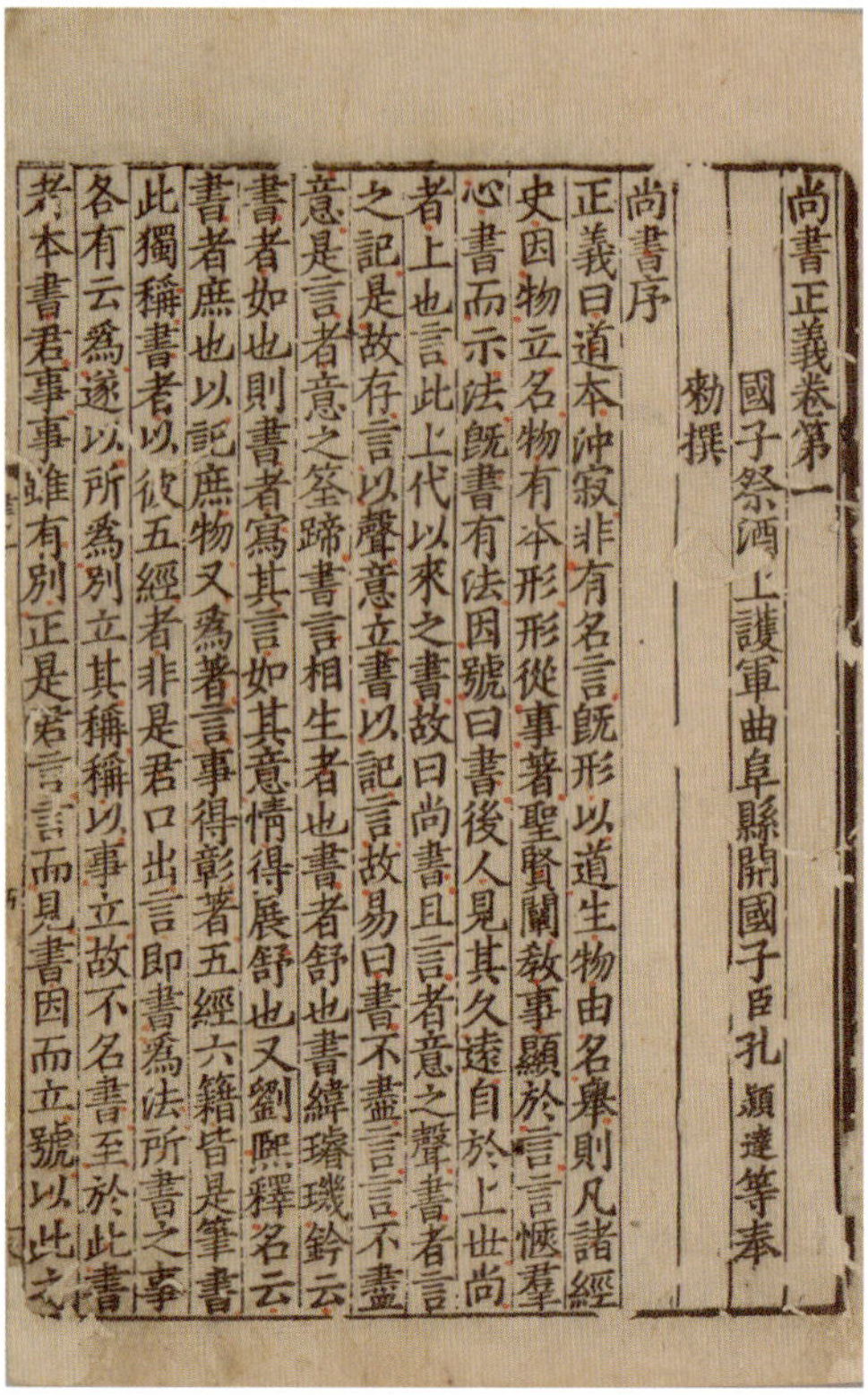
尚書正義卷第一
國子祭酒上護軍曲阜縣開國子臣孔穎達等奉
勅撰
尚書序
正義曰道本沖寂非有名言既形以道生物由名舉則凡諸經
史因物立名物有本形形從事著聖賢闡教事顯於言言愜羣
心書而示法既書有法因號曰書後人見其久遠自於上世尚
者上也言此上代以來之書故曰尚書且言者意之聲書者言
之記是故存言以聲意立書以記言故易曰書不盡言言不盡
意是言者意之筌蹄書言相生者也書者舒也書緯璿璣鈐云
書者如也則書者寫其言如其意情得展舒也又劉熙釋名云
書者庶也以記庶物又爲著言事得彰著五經六籍皆是筆書
此獨稱書者以彼五經者非是君口出言即書爲法所書之事
各有云爲遂以所爲別立其稱稱以事立故不名書至於此書
者本書君事事雖有別正是君言言而見書因而立號以此之

巻 1 首

後補香色卍繋菱形文空押艶出表紙（28.0×18.9cm）左肩に題簽を貼布し「宋板尚書正義　幾」と書す。綫装，胡蝶装を改む。本文竹紙，裏打修補。首に孔維等の上表文，「上五經正義表」，孔穎達「尚書正義序」（接行）あり。

左右双辺（23.2×16.5cm）有界，15行24字。（闕筆）玄弦炫眩絃玆敬儆警驚弘殷匡竟境鏡胤炯恒貞楨徴懲樹讓襄頊桓完瑗構購慎。版心白口，単黒魚尾下題「書幾［　］張数」，下象鼻に工名あり。（工名）王寔，王伸，王正，王政，汪盛，汪政，葛珍，呉珪，黄暉，洪茂，洪先，蔡至道，施章，朱因，張元，陳忠，方成。

巻 2 第26張，巻 6 第27張〔近世〕鈔補，巻20に破損箇所有り，欄上に闕損字を補写。

首，巻 1 至 6，11至13，15に釈円種朱筆にてヲコト点書入，副葉，首 4 張欄上行間に〔室町末近世初〕墨筆補注，巻首に同朱筆にて送り仮名書入，稀に墨筆にて音義，校注書入。巻 3 尾「嘉元二年暮春廿五朝鉤句讀了　円種」等識語あり。

奇数巻首，偶数巻尾に双辺方形陽刻「金澤文庫（楷書）」墨印記，第 1 冊前副葉，第15冊後副葉に単辺亀甲形陽刻「歸源」墨印記，毎冊首に同方形「祕閣／圖書／之章」朱印記を存す。

唐の孔穎達が太宗の命により撰した書で、本冊は註疏合刻本の流通する以前の形を伝える単疏本。南宋紹興年間に出された図書出版を奨励する詔に呼応して刊行された書であり、闕筆・刻工名から刊年は孝宗朝前期の隆興乾道年間、刊地は杭州と推定される。ヲコト点を施した円種（1245-1311生存）は称名寺僧。極楽寺蔵『弘明集』巻 9 の奥書に、永仁元年（1293）忍性の命により加点したと記し、自らを「入宋少僧円種」と称していることから、円種が永仁以前に入宋したことが知られる。それ故、嘉元 2 年（1304）加点の本書は円種が中国より将来した可能性がある。尚、本冊に見られるヲコト点は朱の星点（明経点、或いは紀伝点）のみに止まり、線点は見られない。（佐藤道生）

2．呂氏家塾讀詩記32巻　　　　唐　中　9冊　510-22

宋呂祖謙撰

〔南宋〕刊（〔浙〕）　翻江南西路轉運司丘宻刊本　傳桂宮舊藏

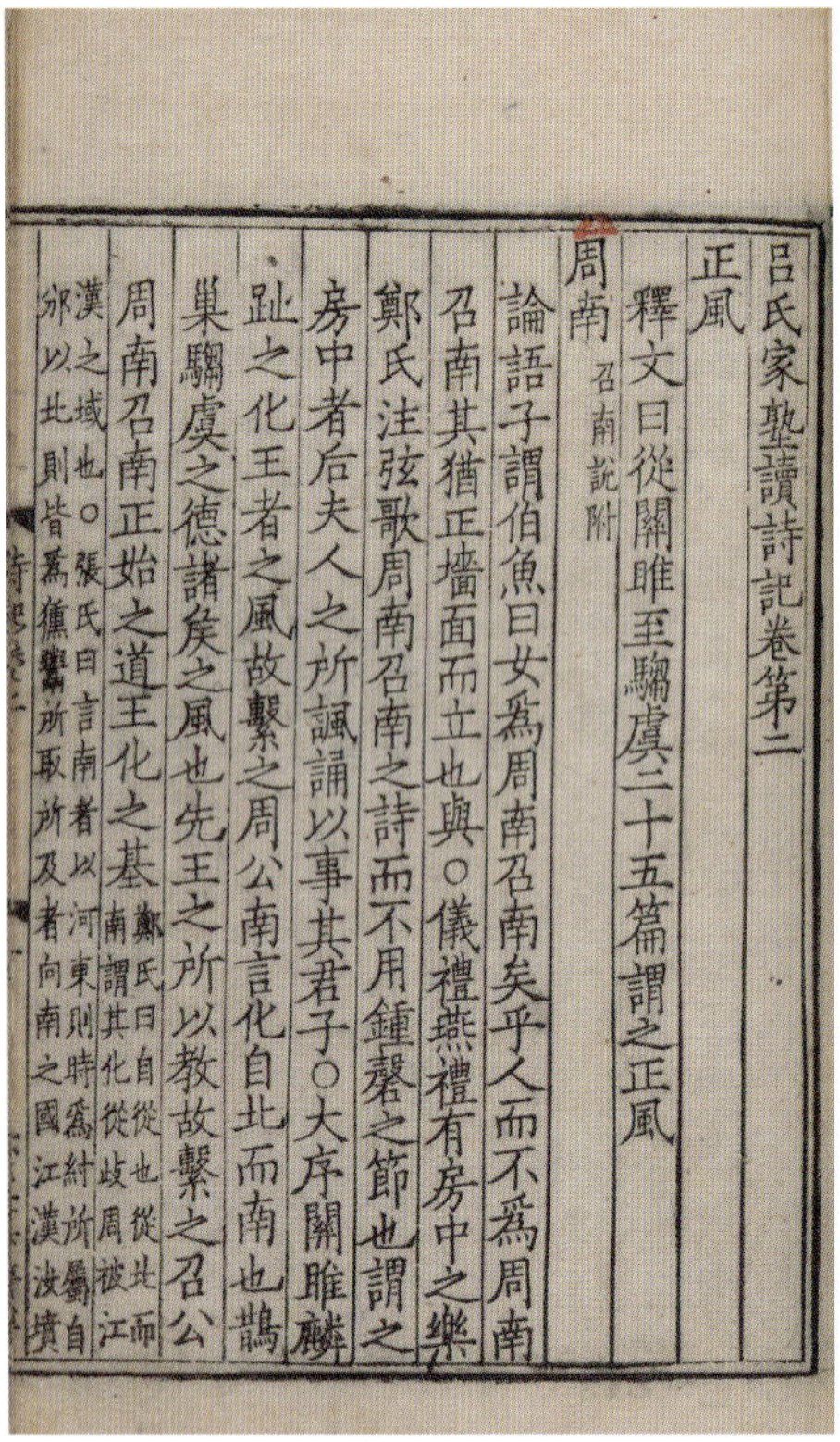
呂氏家塾讀詩記卷第二
正風
釋文曰從關雎至騶虞二十五篇謂之正風
周南　召南說附
論語子謂伯魚曰女爲周南召南矣乎人而不爲周南
召南其猶正墻面而立也與○儀禮燕禮有房中之樂
鄭氏注弦歌周南召南之詩而不用鍾磬之節也謂之
房中者后夫人之所諷誦以事其君子○大序關雎麟
趾之化王者之風故繫之周公南言化自北而南也鵲
巢騶虞之德諸侯之風也先王之所以教故繫之召公
周南召南正始之道王化之基鄭氏曰自從也從北而南謂其化從岐周被江
漢之域也○張氏曰言南者以河東則時爲紂所覊自邠以北則皆爲獯鬻所取所及者向南之國江漢汝墳

巻 2 首

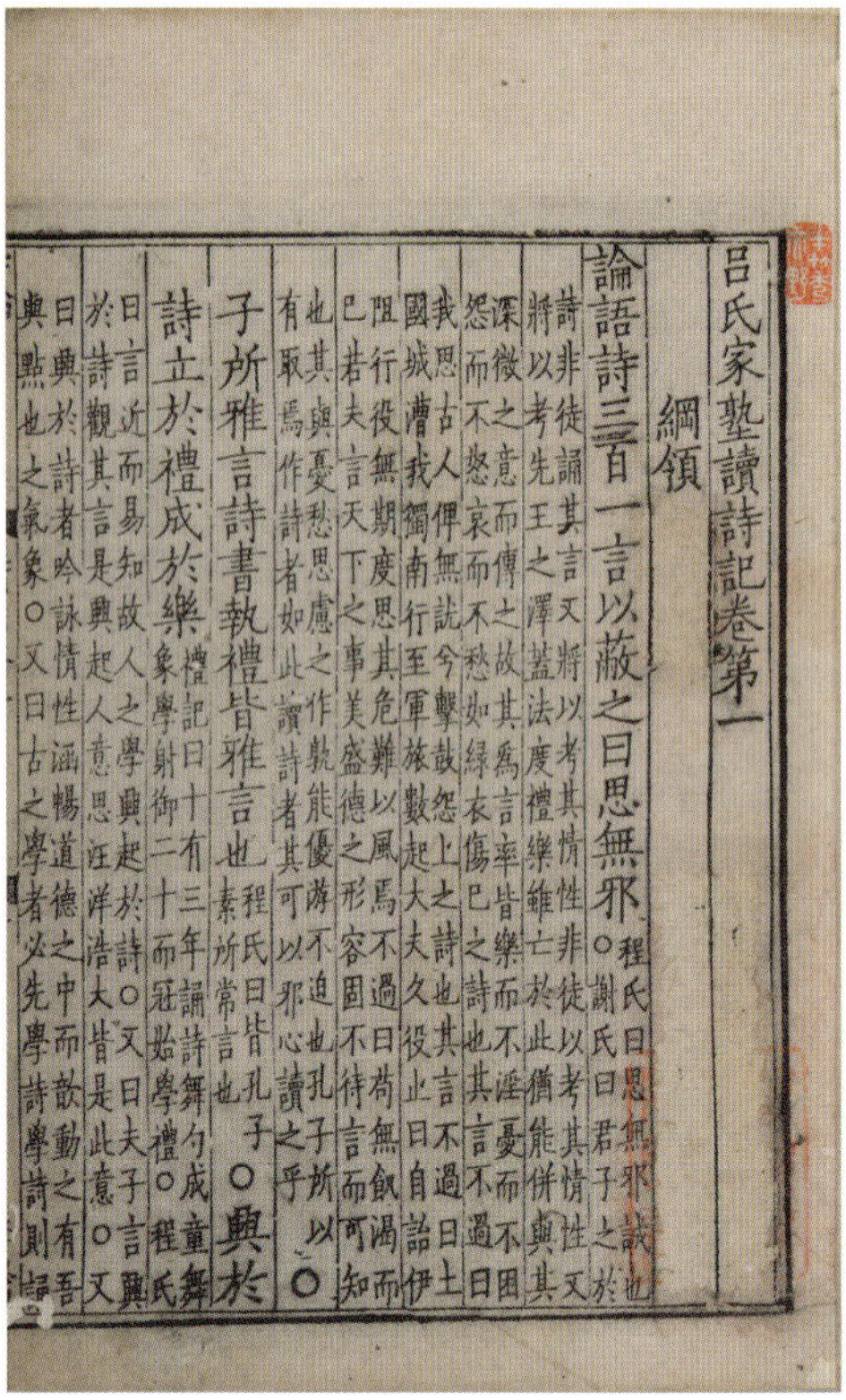
呂氏家塾讀詩記卷第一
綱領
論語詩三百一言以蔽之曰思無邪○程氏曰思無邪誠也謝氏曰君子之於
詩非徒誦其言又將以考其情性非徒以考其情性又將以考先王之澤蓋法度禮樂雖亡於此猶能併與其
深微之意而傳之故其爲言率皆樂而不淫憂而不困怨而不怒哀而不愁如緑衣傷已之詩也其言不過曰
我思古人俾無訧兮擊鼓怨上之詩也其言不過曰土國城漕我獨南行至軍旅數起大夫久役止曰自詒伊
阻行役無期度思其危難以風焉不過曰苟無飢渴而已若夫言天下之事美盛德之形容固不待言而可知
也其與憂愁思慮之作孰能優游不迫也孔子所以有取焉作詩者如此讀詩者其可以邪心讀之乎○
子所雅言詩書執禮皆雅言也程氏曰皆孔子素所常言也○興於
詩立於禮成於樂禮記曰十有三年誦詩舞勺成童舞象學射御二十而冠始學禮○程氏
曰言近而易知故人之學興起於詩○又曰夫子言興於詩觀其言是興起人意思汪洋浩大皆是此意○又
日興於詩者吟詠情性涵暢道德之中而歆動之有吾與點也之氣象○又曰古之學者必先學詩學詩則

巻 1 首

後補茶色卍繫桔梗蔓草文空押艶出表紙（20.8×13.8㎝），書口題「（毎字改行）呂氏詩記　羅（土，水，金，日，火，計，月，木）」。綫装。本文楮紙，裏打修補。前に「呂氏家塾讀詩記序／（中略）淳熙壬寅九月己卯新安朱熹序」を附す。

四周双辺（16.0×11.4㎝），有界，12行22字，欧陽詢体。（闕筆）玄弦絃鉉畜蓄朗驚弘匡筐殷慇恒禎貞楨赬徵懲樹讓勗桓完構冓媾溝覯慎。白口，双黒魚尾（不対向），上尾下題「詩記巻幾」或いは「詩巻幾」「記巻幾」「呂巻幾」，下尾下張数，下辺に間ゝ工名，上辺或いは張数下に大小字数あり。（工名）李忠，蔣輝，陳亢，蔣元。後に尤袤跋「（上略）淳熙／壬寅重陽後一日錫山尤　袤　書」を附す。

間ゝ淡朱竪句ヲコト点（博士家点），音訓送り仮名，声点書入，稀に濃朱傍句点，〔室町〕墨返点，音訓送り仮名書入，稀に〔室町末〕別朱返点，連合符，音訓送り仮名，傍句点，傍線書入，巻首，巻尾に不明朱印記 3 顆刪去痕あり。巻首に楕円形陰刻「華竹秀／而野（篆隷）」朱印記，首，巻12，巻21首と巻11，巻20，巻25尾および跋末に，方形陰刻「鈞」朱印記，毎冊首に単辺方形陽刻「宮内省／圖書印」朱印記あり。

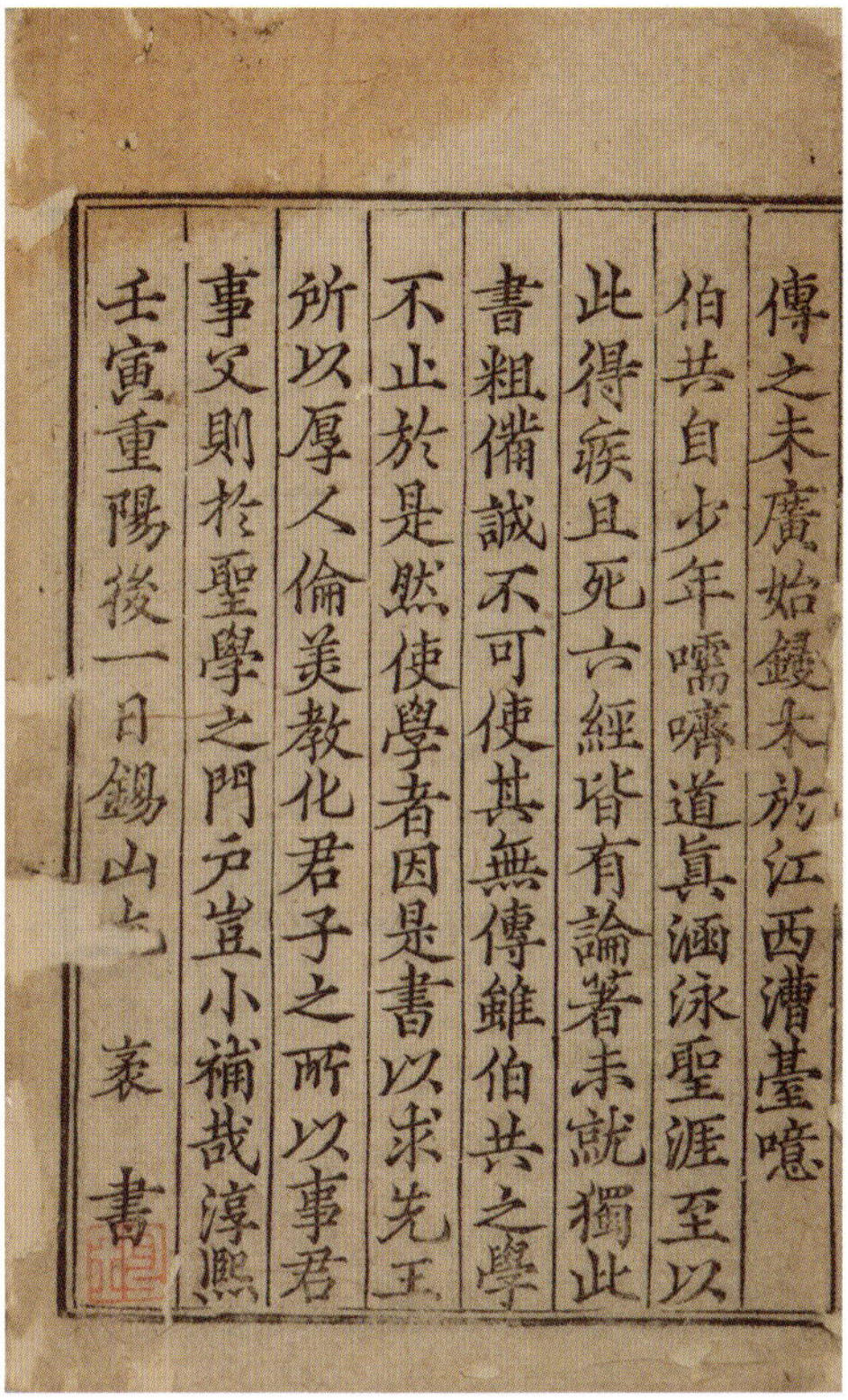
傳之未廣始鋟木於江西漕臺噫
伯共自少年嚅嚌道眞涵泳聖涯至以
此得疾且死六經皆有論著未就獨此
書粗備誠不可使其無傳雖伯共之學
不止於是然使學者因是書以求先王
所以厚人倫美教化君子之所以事君
事父則於聖學之門戶豈小補哉淳熙
壬寅重陽後一日錫山尤袤書

跋年紀

南宋の著名な学者で、朱熹の友人でもあった呂祖謙（1137-81）の編集した『詩経』の注釈書。『詩経』の各篇ごとに、主として宋代の学者の説を引用し、最後に自説を述べる。呂祖謙は淳熙元年（1174）に本書の編集を開始し、淳熙 6 年（1179）までに初稿を完成、次いで修訂にとりかかったが、淳熙 8 年（1181）に死去したため、修訂は「大雅」の「公劉」（巻26）までで中断した。その結果、「公劉」以後と以前では体裁が若干異なる。「公劉」以後は、呂祖謙死後、門人の編纂になるとの説もあるが（『四庫提要』など）、「公劉」以前は修訂を経たもの、以後は初稿のままであり、すべて呂祖謙の編集と考えられる（李偉『呂祖謙《呂氏家塾讀詩記》初探—從朱熹序談起』 四川師範大学碩士論文 2012)。当時の『詩経』解釈には、漢代の『毛伝』の「序」を重んじる立場と、これに批判的な立場があったが、呂氏は前者の立場に拠っている。朱熹は、当初、呂氏と同じ見解であったが、後に『毛伝』に批判的な立場に転じ、呂氏と意見を異にするに至った。本書に「朱氏曰く」として引くのは、朱熹の初期の説であり、朱熹の序文はこの点を弁明し、呂氏に訂正を求めようとしたが、呂氏が死去したため果たせなかったと述べる。しかしそのため、かえって朱熹の『詩集伝』初稿段階の説を本書によって知ることができ、その学説の変遷をたどるうえで貴重な資料となっている。

本書の刊行については、朱熹の序に、呂祖謙死後、その弟子が兄の友である丘崈（字は宗卿、『宋史』巻398に伝がある）に依頼して刊行したもので、朱熹の序は丘崈の委嘱によるという。丘崈は淳熙 9 年（1182）当時、江南西路転運司判官で、上官の転運使兼隆興知府で、南宋四大詩人の一人である尤袤が跋を書いた。尤袤の跋によれば、これ以前すでに建寧刊本があったが、誤脱の多いものであったという。

本冊は、阿部隆一「日本国見在宋元版本志・経部」（『阿部隆一遺稿集』巻 1）によれば、中国国家図書館所蔵の淳熙 9 年、江南西路転運司丘崈刊本（9 行19字、『四部叢刊』所収本）の浙江での翻刻本であるが、闕筆から見て翻刻時期は次の光宗期には下らない。丘崈刊本の尤袤跋は行書体写刻だが、本冊では楷書体に改めてある。

（金　文京）

3．呂氏家塾讀詩記32巻　　　　　　　　　　　　唐　半　6 冊　401-19

宋〔呂祖謙〕撰

〔宋孝宗朝〕刊(〔建〕)〔宋修〕 文化 5 年(1808)市橋長昭獻納識語　東福寺普門院 同艮岳院 仁正寺藩主市橋長昭 昌平坂學問所舊藏

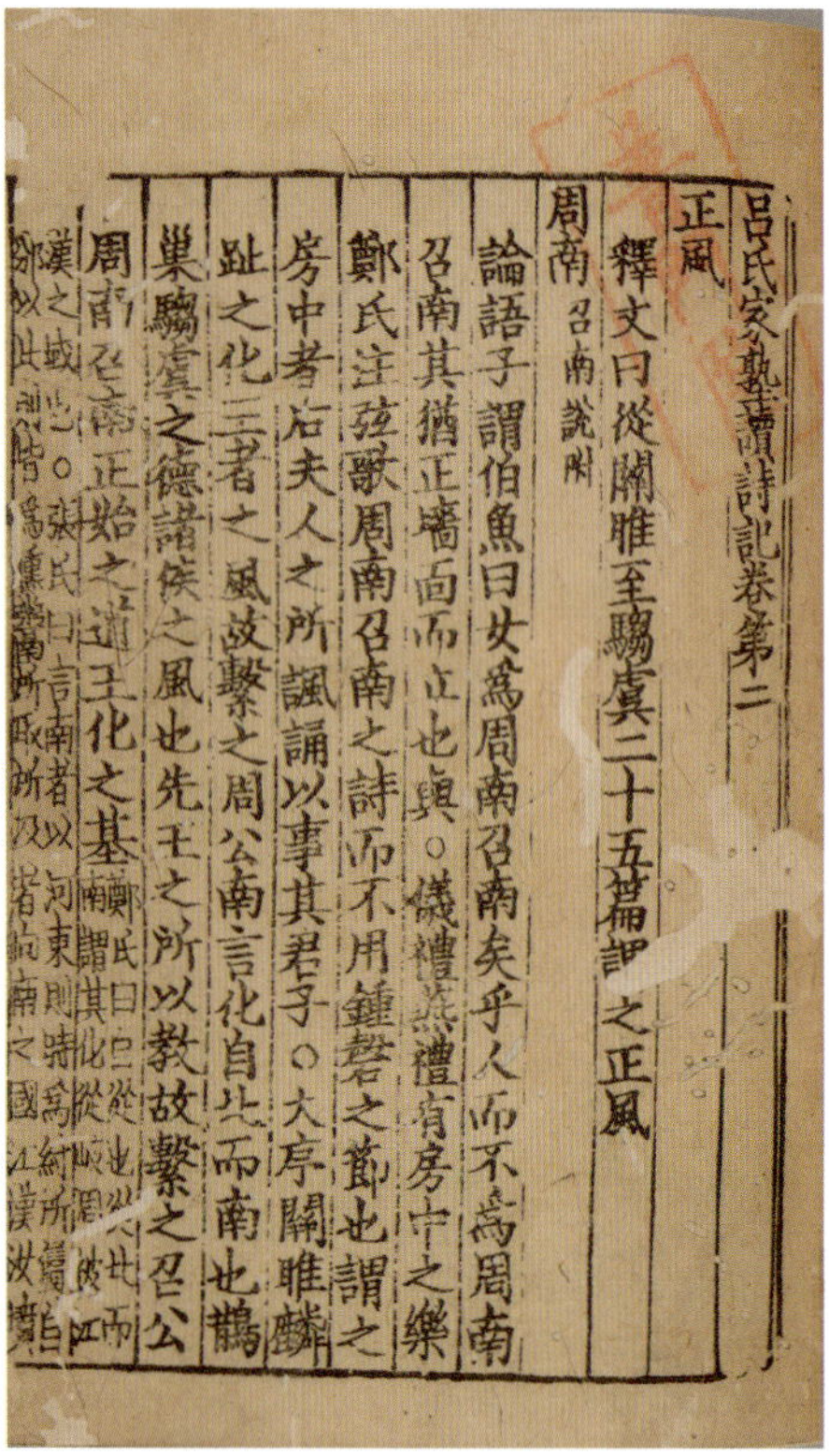
呂氏家塾讀詩記卷第二
正風 釋文曰從關雎至騶虞二十五篇謂之正風
周南 召南 説附
論語子謂伯魚曰女爲周南召南矣乎人而不爲周南
召南其猶正牆面而立也與。儀禮燕禮有房中之樂
鄭氏注弦歌周南召南之詩而不用鍾磬之節也謂之
房中者后夫人之所諷誦以事其君子。大序關雎麟
趾之化王者之風故繫之周公南言化自北而南也鵲
巢騶虞之德諸侯之風也先王之所以教故繫之召公
周南召南正始之道王化之基

卷 2 首

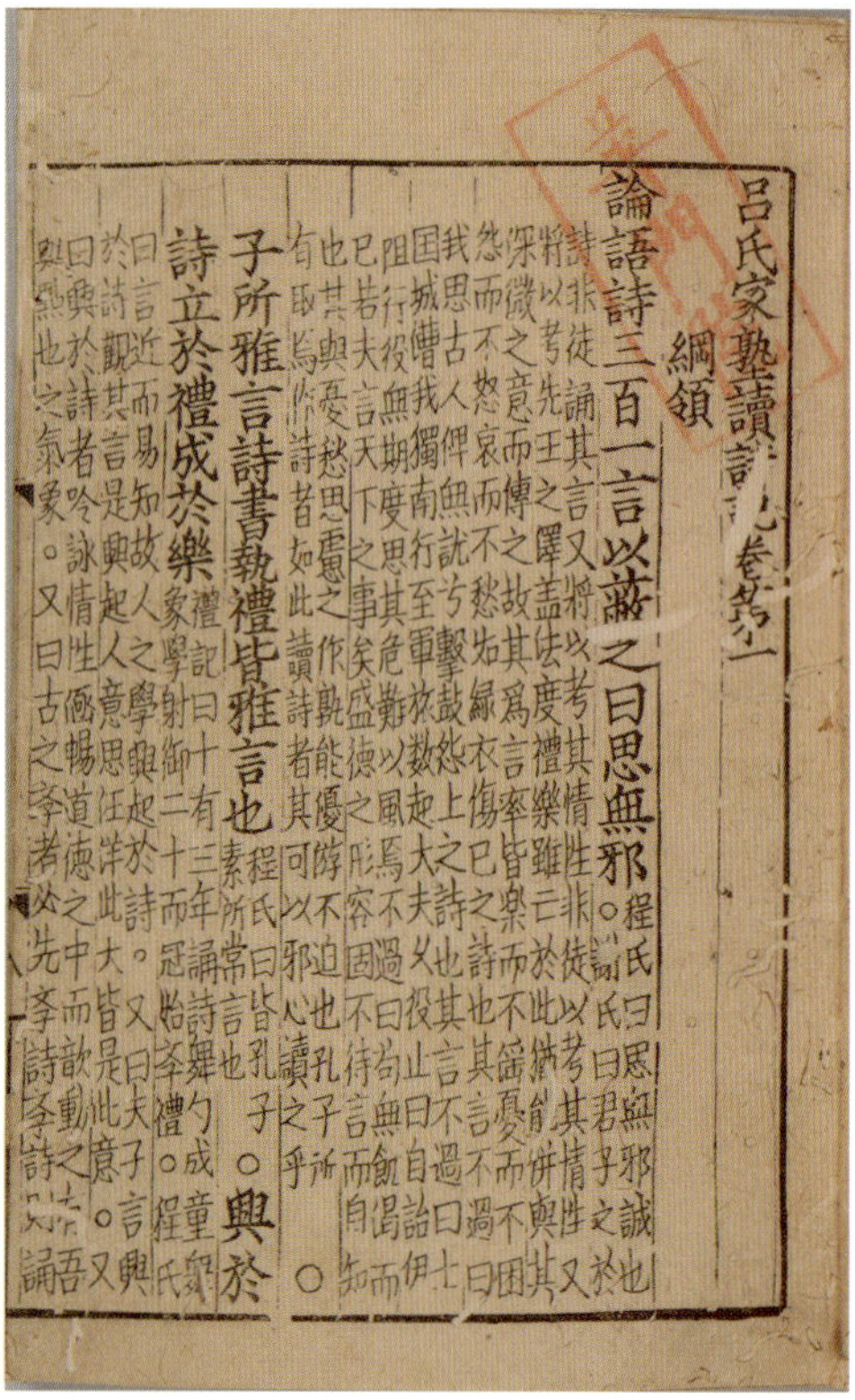
呂氏家塾讀詩記卷第一
綱領
論語詩三百一言以蔽之曰思無邪
子所雅言詩書執禮皆雅言也
詩立於禮成於樂

卷 1 首，東福寺普門院印記

後補香色漉目艶出表紙（22.2×15.2㎝）左肩打付に「呂氏家塾讀詩記」と書す。その右下に別筆にて「〈自幾至幾（終巻)〉」と，首冊題目の右傍に「宋本」と書し，右下に双辺刷枠小簽を貼布し「詩二」と朱書す。右下方綫外打付に冊数墨書，書口題「(毎字改行）呂氏家塾讀詩記一（二三五六，第4冊闕)」。綫装。本文竹紙，裏打修補（楮紙)。前に「呂氏家塾讀詩記目録」を附す。

左右双辺（18.3×12.2㎝）有界，12行22字。(補刻）巻 1 第 1 至 2 張，巻 2 第12張，巻 5 第 8 張前半下辺，巻19第 3 至 4 張下辺。(闕筆）玄弦絃鉉朗敬弘殷慇匡筐恒絚貞愼楨禎赬徵懲樹讓桓垣完莞構冓媾溝講覯愼稱。白口，双黒魚尾（不対向)，上尾下題「記幾」(間ゝ闕く)，下魚尾下張数，間ゝ上辺字数，末尾張数を陰刻とする巻あり。

巻 6 第 4 張，巻 8 第 6，8 張，巻17第 7 張，巻21第 1，17張，巻23第 5，7，10至11張，巻24第16張，巻25第29張，巻31第14張に〔江戸初〕筆にて鈔補，巻 6，23は 1 筆，それ以外は全て又 1 筆，但し同料紙。墨筆にて磨滅，闕筆鈔補，本文胡粉重書，欄上校改書入，朱筆にて標圈，標合

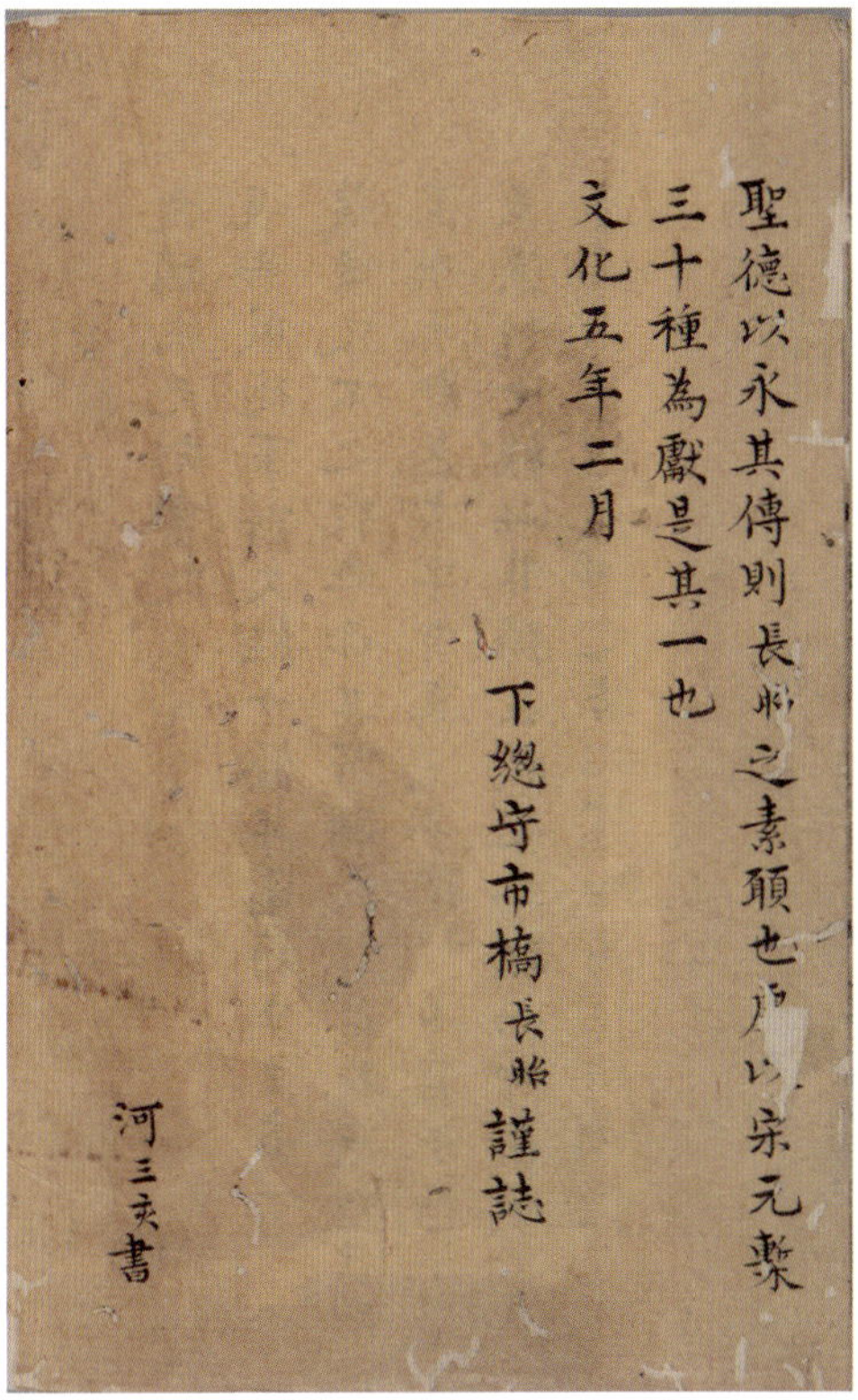
聖德以永其傳則長昭之素願也虔以宋元槧
三十種為獻是其一也
文化五年二月
下總守市橋長昭謹誌
河三亥書

文化 5 年市橋長昭献納識語

竪返句点，行間校改，訓義右傍「×」符書入あり。大尾に黄檗染楮紙を副え「　　寄藏／文廟宋元刻書跋／〈長昭〉夙従事斯文経十餘年圖藉漸多意方今／藏書家不乏於古而其所儲大抵屬輓近刻書／至宋元槧盖或罕有焉〈長昭〉獨積年募求乃今／至累數十種此非獨在我之為艱而即在西土／亦或不易則〈長昭〉之苦心可知矣然而物聚必／散是理數也其能保無散委於百季之後乎孰／若舉而獻之於（隔 3 格）廟學獲藉∥聖德以永其傳則〈長昭〉之素願也虔以宋元槧／三十種為獻是其一也／文化五年二月／（低 8 格）下總守市橋〈長昭〉謹誌／（隔 4 行）／（低15格）〈河三亥書〉」識語を存す。巻 1，2，8，18，23，27，30，32首，巻 7，17，22，26，31，32尾並に巻中不規則に単辺方形陽刻「普門院（楷書）」朱印記（東福寺普門院所用，屢ゝ左傾），毎冊首に同「德之／所膺」朱印記，同「艮岳院（楷書）」朱印記，首に同「仁正侯長昭／黄雪書屋鑒／藏圖書之印」朱印記（仁正寺藩主市橋長昭），毎冊前表紙右方並に首冊尾，第 2 以下毎冊首尾に同「昌平坂／學問所」朱印記，毎冊首に双辺同「淺草文庫（楷書）」朱印記，単辺同「御府／圖書」朱印記，毎冊首尾に同「日本／政府／圖書」朱印記を存す。

阿部隆一「日本国見在宋元版本志・経部」（『阿部隆一遺稿集』巻 1 ）に著録。ただし阿部氏が「巻二第七葉、巻六第六葉欠丁」とするのは実はともに乱丁、「巻二七の第二、三葉を欠き」とするのは、その実、巻17に誤綴されている。本書の建刊本については、尤袤の跋に「編帙既多、傳寫易誤、建寧所刻益又脱遺」（編帙既に多ければ、伝写誤り易く、建寧の刻する所は益々又た脱遺す）とあるが、本冊でもたとえば、巻 1 第 2 張表第 8 行「南容三復白妻」の「妻」は「圭」の誤り、同第 2 張裏第 1 行「不以文寶辭」の「寶」は「害」の誤り、また同第 8 張表第 3 行の「孟子王者之迹熄」の小字注「蘇氏曰」以下に「詩止於陳靈非天」の 7 字を脱するなど、誤脱が目立つ。その多くは墨書で訂正されているが、これは聖一国師円爾の将来後に、日本でなされたと考えられる（Ⅲ-24参照）。鈔補部分には訂正がないことから、訂正は鈔補以前または鈔補時に行われたであろう。また尤袤跋により、江南西路転運司刊本以前、すでに建刊本があったことが知れる。阿部氏は本テキストを尤袤跋に言う江南西路転運司刊本以前の建刊本とするが、Ⅲ-2 の翻刻本と同じ行款（12行22字）であることから考えれば、むしろⅢ-2 の翻刻本を同じ行款でさらに翻刻した建刊本である可能性もあろう。ただし闕筆から見て、刊行年代はやはり孝宗期である。呂祖謙没後わずか数年の間に各地で刊行が相次ぎ、当時における本書の流行を知ることができる。旧蔵について、Ⅲ-61参照。　　（金　文京）

4．春秋經傳集解30巻 首1巻 春秋名號歸一圖2巻　　唐　中　15冊　401-26

晉杜〔預〕注　唐陸德明釋文　（附）〔蜀馮繼先〕撰

宋淳熙3年(1176)刊(閩山阮仲猷種德堂)　紅葉山文庫 御府舊藏

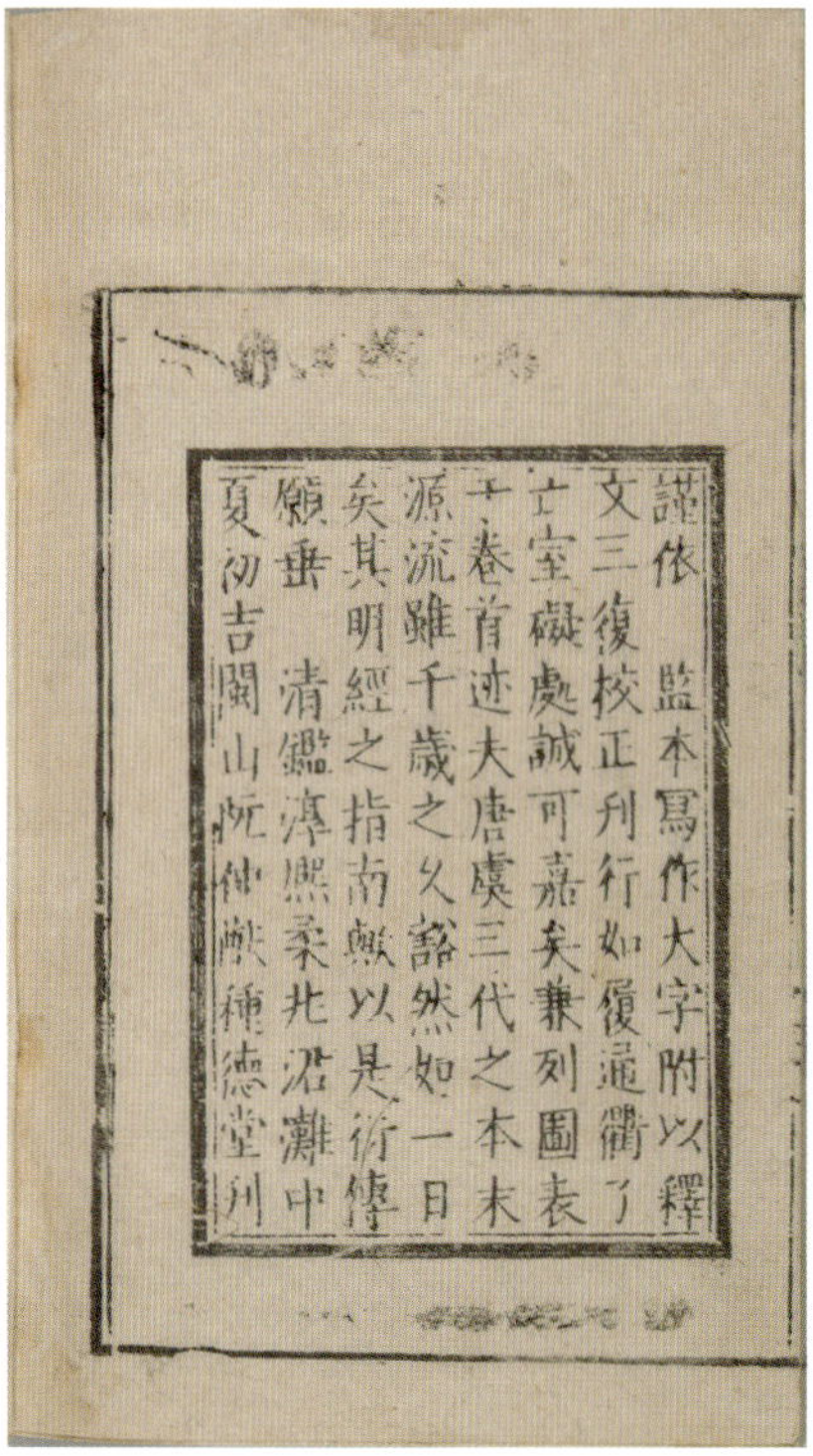
謹依　監本寫作大字附以釋
文三復校正刊行如履通衢了
亡室礙處誠可嘉矣兼列圖表
于卷首迹夫唐虞三代之本末
源流雖千歲之久豁然如一日
矣其明經之指南歟以是衍傳
願垂　清鑑淳熙柔兆涒灘中
夏初吉閩山阮仲猷種德堂刊

刊　記

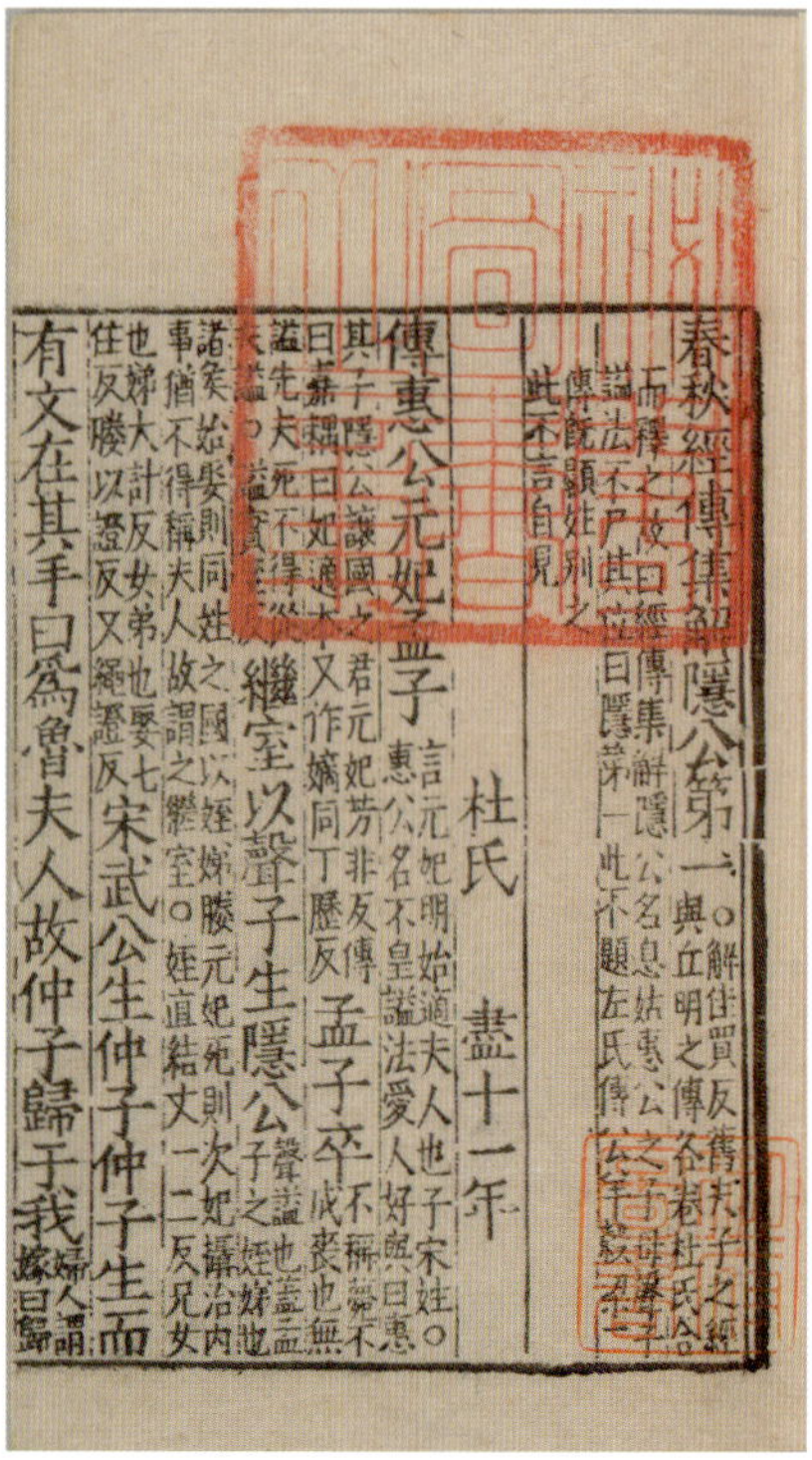
春秋經傳集解隱公第一
杜氏　盡十一年
傳惠公元妃孟子
繼室以聲子生隱公
宋武公生仲子仲子生而
有文在其手曰為魯夫人故仲子歸于我

巻 1 首

後補淡茶色艶出表紙（20.8×12.7㎝)。裏打修補。首巻は〔杜預〕「春秋序〈此元凱所作（中略)〉／（以下低3格）唐國子博士兼太子中允贈齊州刺史（1字鈔補）／呉縣開國男陸〈德明〉釋文附」，「後序」，「春秋諸國地理圖」，系図等，〔馮繼先〕「春秋名號歸一圖巻上（下)」，「春秋始終」等から成る。

左右双辺（或いは四周双辺）（15.0×10.4㎝)，有界，10行大18字，小22字，欧陽詢体。句下夾注（小字双行，被注陰刻の箇所あり，毎月圏隔，毎年経伝改行。白口，双黒魚尾（不対向)，上尾下題「左幾」，下尾下張数。闕筆，殷匡筐恒桓。大尾に双辺無界木記「謹依　監本寫作大字附以釋／文三復校正刊行如履通衢了／亡室礙處誠可嘉矣兼列圖表／于卷首迹夫唐虞三代之本末／源流雖千歲之久豁然如一日／矣其明經之指南歟以是衍傳／願垂　清鑑淳熙柔兆涒灘中／夏初吉閩山阮仲猷種德堂刊」。

第3巻第24張，第8巻第22張，第16巻第12張，第22巻第14張〔江戸〕鈔補（下象鼻「懸果彙録」とある墨刷罫紙を使用，第22巻のみ別筆)，第29巻第3張〔江戸〕別筆，別紙鈔補（匡郭界線墨書)。間ゝ朱合句点，標声圏，校改，墨傍点，句圏，校改書入。毎冊首に単辺方形陽刻「祕閣／圖書／之章」朱印記，同「御府／圖書」朱印記，第1巻第9張後半，第11張前半に方形陰刻「管印／□信」朱印記，第9巻首題下および欄上に単辺方形陽刻「純武堂」朱印記を存す。

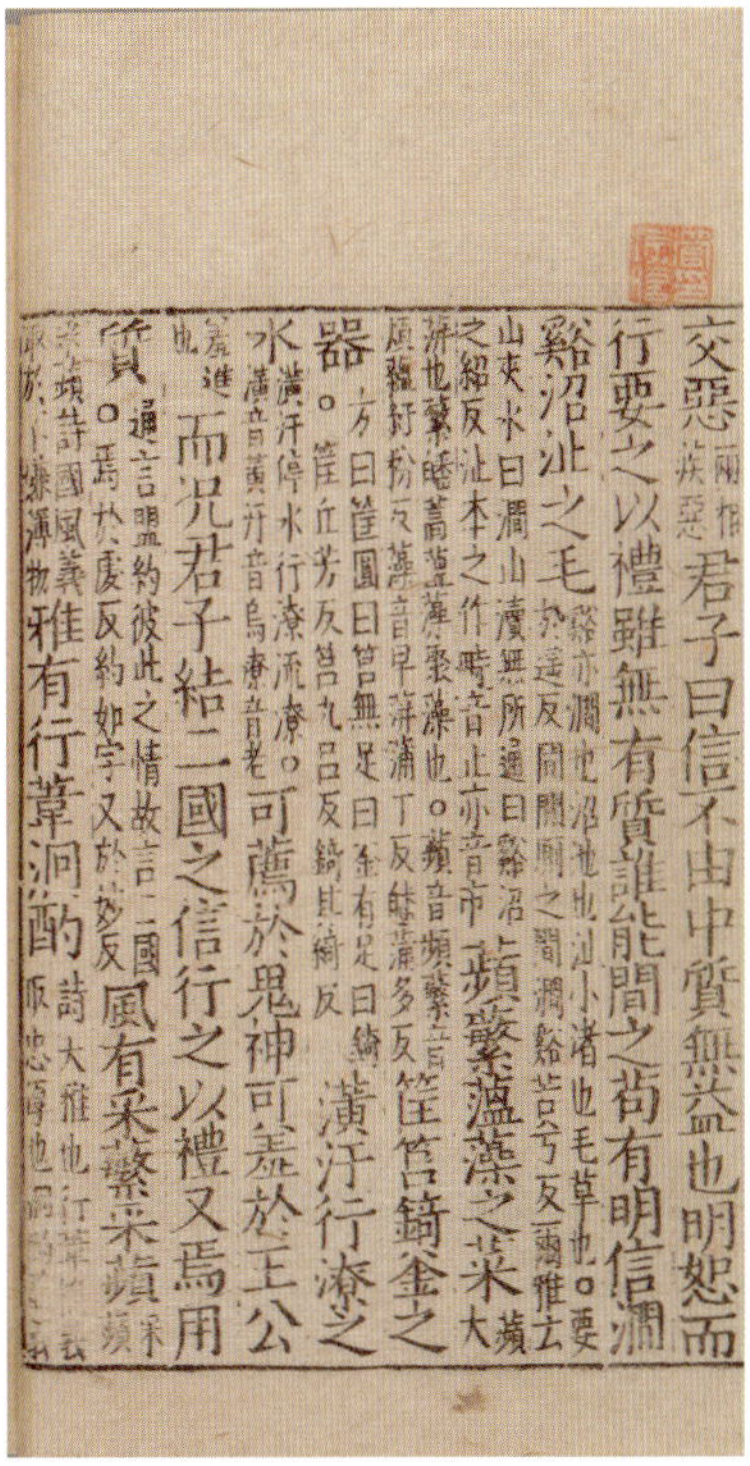
交惡君子曰信不由中質無益也明恕而
行要之以禮雖無有質誰能間之苟有明信澗
谿沼沚之毛蘋蘩薀藻之菜
筐筥錡釜之
器潢汙行潦之
水可薦於鬼神可羞於王公
而況君子結二國之信行之以禮又焉用
質風有采蘩采蘋
雅有行葦泂酌

印記「管印／□信」

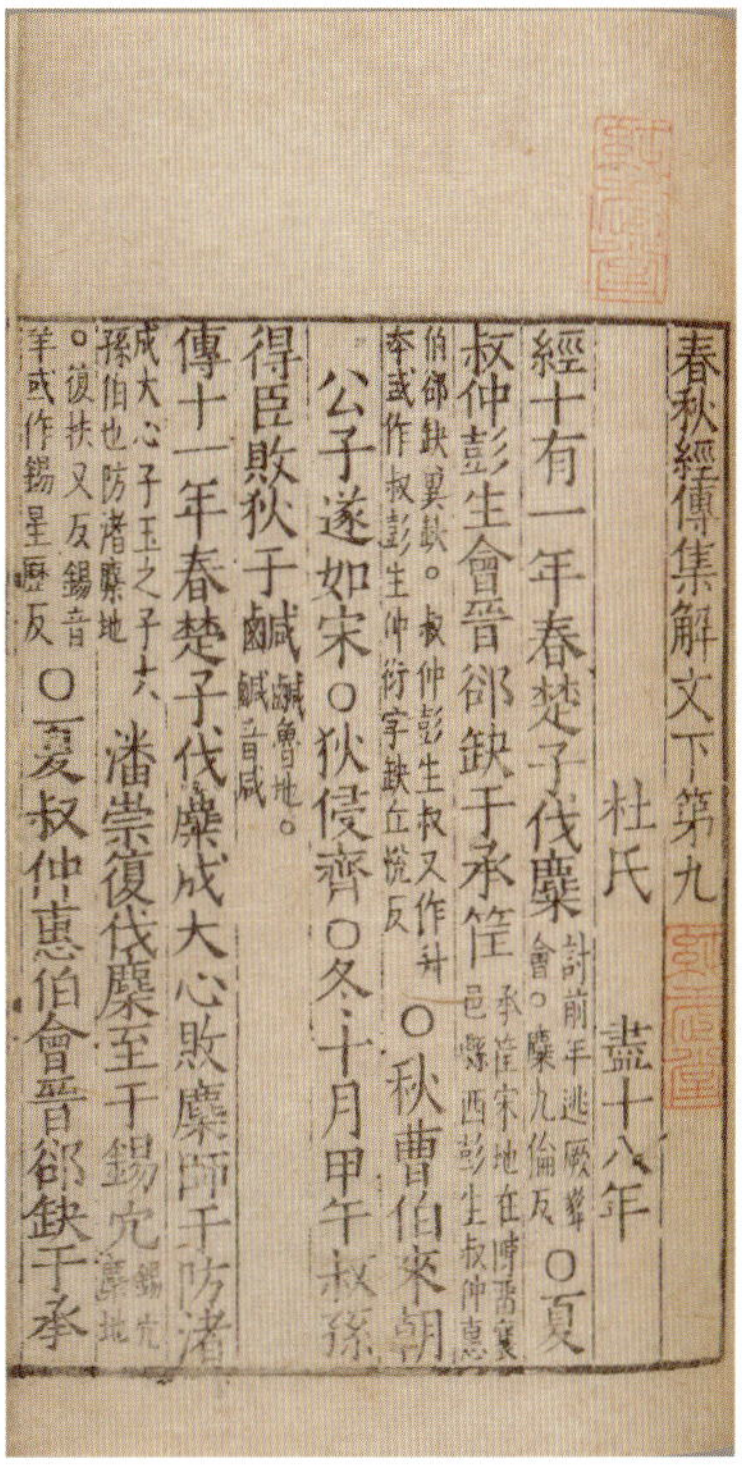
春秋經傳集解文下第九
杜氏　盡十八年
經十有一年春楚子伐麇○夏
叔仲彭生會晉郤缺于承筐○秋曹伯來朝
公子遂如宋○狄侵齊○冬十月甲午叔孫
得臣敗狄于鹹
傳十一年春楚子伐麇成大心敗麇師于防渚
潘崇復伐麇至于錫穴
○夏叔仲惠伯會晉郤缺于承

同「純武堂」

本冊は『古文旧書考』巻 2 に著録、ただし刊記「室巖」を「窒巖」に作る。また『留真譜』巻 1 に書影を収める。

同版他本について、『経籍訪古志』巻 2 には、賜蘆文庫所蔵本を著録（同じく「窒巖」に作る）した上で（Ⅲ-59参照）、青帰書屋（市野迷庵）所蔵覆宋明刊本は刊記末尾「淳熙」以下19字を「□□丙戌孟冬之吉書林宗文堂樂齋鄭希善刊」（初稿本「鄭」は簡体字、「希」は文＋巾の異体字で記す）と改めている旨記す。『鉄琴銅剣楼蔵書目録』巻 5 では、刊記「室〈疑窒／之誤〉巖」と記し、同本につき『蔵園訂補郘亭知見伝本書目』巻 2 は明嘉靖間翻宋本とする。

陳先行氏は上海図書館蔵本について詳しく検討し、同本刊記の「大」が「小」に、「室」が「窒」に書き改められていること（いずれも訂正後の字が正しい）、本文にも、本来なかった闕筆を作為的に作っている箇所があることを指摘し、これらの改竄は、明版を宋版に見せかけるためのものであると断じている。髙橋智氏は小川如舟旧蔵国立歴史民俗博物館蔵本（重要文化財）や、静嘉堂文庫蔵明覆刻本（無刊記）などをも紹介し、多数の同版本が日中両国に存在する事実から、宋刊本とすることに疑問を投げかけている。

『経籍訪古志』に言及される、刊記末尾が改められている本が同版であれば、宗文堂は嘉靖・万暦年間建陽で活躍した書肆であるから、種徳堂本も明刊本の可能性が高まるであろうが、宗文堂本の存佚が不明である現状では、両説あることを紹介するにとどめる。　（堀川貴司）

5. 春秋經傳集解30卷 附經傳識異1巻　　唐　大　15冊　550-3

晉杜〔預〕注

宋嘉定9年(1216)刊(興國軍軍學)〔宋修〕 第3至4 20至21 26至28巻鈔配　訓點校注書入　金澤文庫 井口蘭雪 佐伯藩主毛利高標 紅葉山文庫 御府舊藏

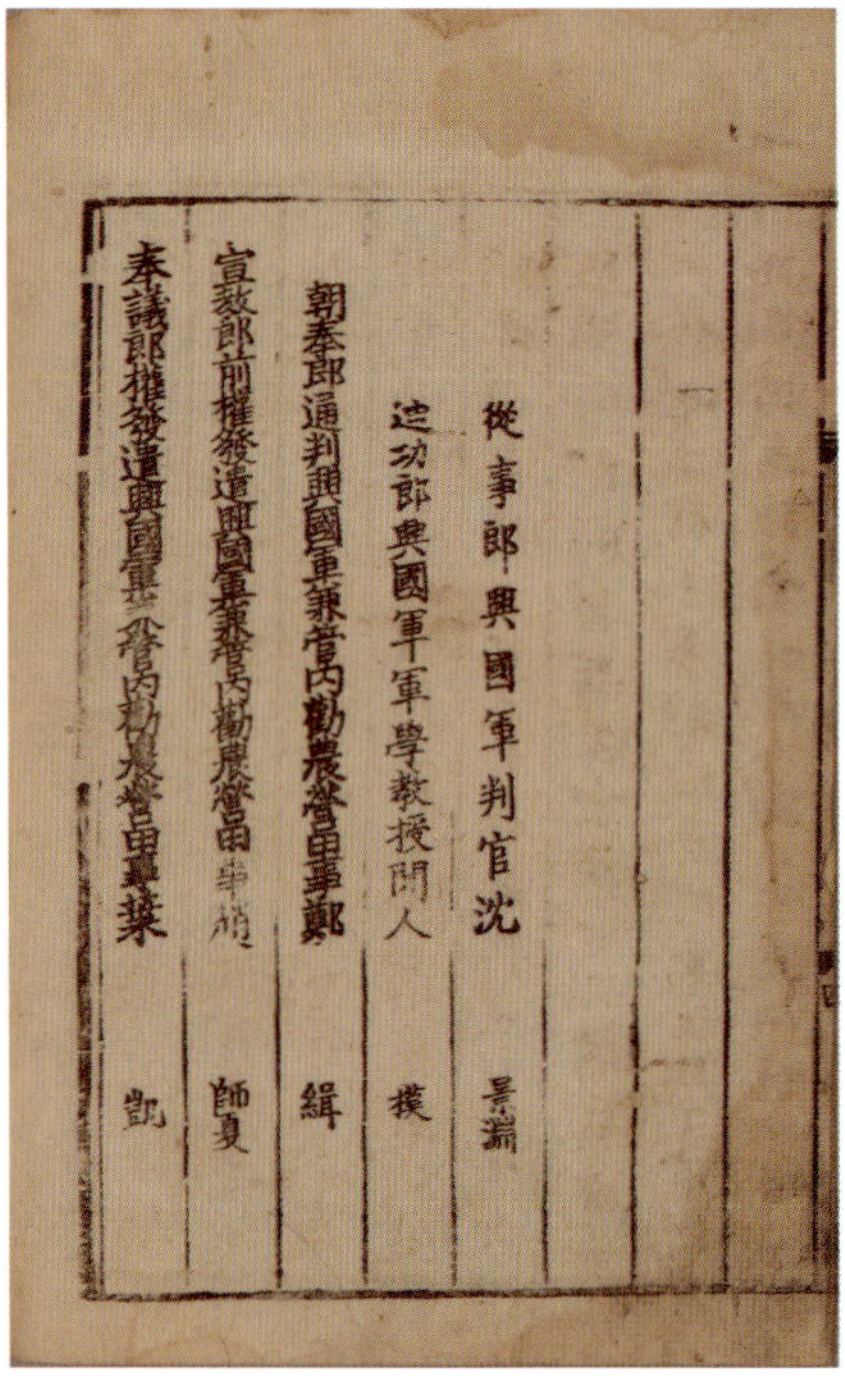
從事郎興國軍判官沈 景淵
迪功郎興國軍軍學教授聞人 模
朝奉郎通判興國軍兼管内勸農營田事鄭 緝
宣教郎前權發遣興國軍兼管内勸農營田事趙 師夏
奉議郎權發遣興國軍兼管内勸農營田事葉 凱

列　銜

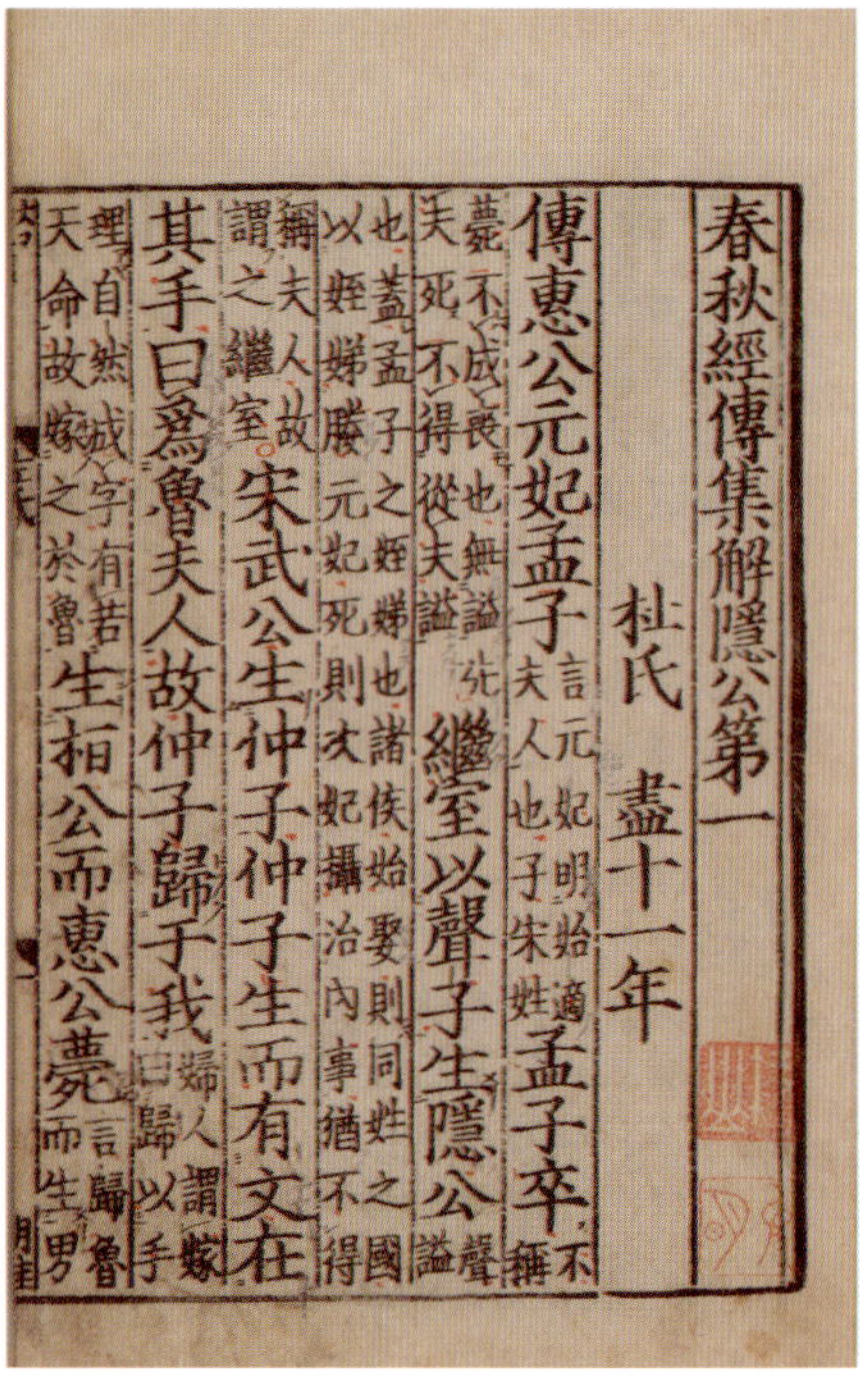
春秋經傳集解隱公第一
杜氏　盡十一年
傳惠公元妃孟子言元妃明始適夫人也子宋姓孟子卒不稱薨不成喪也無謚先夫死不得從夫謚繼室以聲子生隱公聲謚也蓋孟子之姪娣也諸侯始娶則同姓之國以姪娣媵元妃死則次妃攝治內事猶不得稱夫人故謂之繼室宋武公生仲子仲子生而有文在其手曰為魯夫人故仲子歸于我婦人謂嫁曰歸以手理自然成字有若天命故嫁之於魯生桓公而惠公薨言歸魯而生男

巻　1　首

後補香色表紙（27.5×18.8㎝）。皮紙，裏打修補。前に〔杜預〕「春秋左氏傳序」を附す。

左右双辺（21.9×14.9㎝），有界，8行17字，顔真卿体。句下夾注（小字双行），毎年経伝改行。補刻多し。闕筆，玄弦弘匡筐恒貞徴譲頊桓完構慎瑗（補刻部分，玄匡恒貞徴譲桓洹慎）。版心白口，双黒魚尾（不対向），上象鼻大小字数，上尾下題「左氏（幾）」，下尾下張数，下象鼻工名。後に〔杜預〕「春秋經傳集解後序」，その末尾に「（上略，低2格）經凡一十九萬八千三百四十八言／注凡一十四萬六千七百八十八言」とあり，その後に「經傳識異」および列銜「（低5格）從事郎興國軍判官沈（隔3格）〈景淵〉／（低5格）迪功郎興國軍軍學教授聞人（隔3格）〈模〉／　朝奉郎通判興國軍兼管内勸農營田事鄭（隔3格）〈緝〉／　宣教郎前權發遣興國軍兼管内勸農營田事趙　〈師夏〉／奉議郎權發遣興國軍兼管内勸農營田事葉（隔3格）〈凱〉」。大尾刊記（8行不等，版心墨釘，下象鼻に単黒魚尾，低1格，楷書）「本學五經舊板乃僉樞鄭公〈仲熊〉分教之日所／刊實紹興壬申歲也歷時浸久字畫漫滅／且缺春秋一經嘉定甲戌夏有孫〈緝〉來貳／郡嘗商略及此但爲費浩瀚未易遽就越／明年司直趙公〈師夏〉易符是邦〈模〉因有請慨／然領略即相與捐金出粟〈模〉亦撙節廩士／之餘督工鋟木書將成奏院葉公〈凱〉下車觀／此且惜五經舊板之不稱〈模〉於是併請于守貳〳復得工費更帥主學粮幕

掾沈〈景淵〉同計置／而更新之逎按監本及參諸路本而校勘／其一二舛誤併攷諸家字說而訂正其偏／旁點畫粗得大槩庶或有補於觀者云／嘉定丙子年正月望日聞人〈模〉敬書」。

第３至４巻〔江戸〕鈔補（単辺白口匡郭を書す），第20至21，26至28巻〔江戸初〕鈔補（左右双辺白口双黒魚尾稿紙，第26至28巻に訓点を附す）。間ゝ〔室町〕欄外行間校補注，音義，校改書入，巻１至９に朱合竪句点，ヲコト点（紀伝点），墨返点，連符，送仮名，校注書入（胡粉塗抹あり），別朱欄上片仮名交り補注，行間音義書入。第１，５至９，11至12，14至15冊首尾，第５，７，９巻首，第６，８，10巻尾に双辺方形陽刻「金澤文庫」墨印記，巻首，第１，４，14至15冊尾，第３冊首に方形陰刻「枝／山」，単辺方形陽刻「允／明」朱印記（前者は首，第５巻首，第14冊首にも，以上２顆，祝允明所用に擬す），首に単辺方形陽刻「井口氏／圖書」，大尾に同「文炳珍藏／子孫永保」朱印記（以上２顆，井口蘭雪所用），同「佐伯侯毛利／高標字培松／臧書画之印」朱印記（毛利高標所用），第２冊首に同「牀頭一壷／酒能更／幾回瞑」，方形陰刻「建芳／馨／兮廡門」朱印記，毎冊首に単辺方形陽刻「淡海／鵜鶘／氏之後」朱印記，同「祕閣／圖書／之章」朱印記，同「御府／圖書」朱印記，巻９首に方形印記刪去痕あり。

漢籍古版本の収集で知られた佐伯毛利家から幕府に献上された書物群のなかの尤品で（Ⅲ-10、11、28、34、46、63、65、67参照）、金沢文庫旧蔵であること、一部ではあるがヲコト点が加えられていることから、13世紀後半に将来されて以来、読み継がれてきた、漢籍受容の歴史を残すものである。『古文旧書考』巻２に著録、『留真譜』巻１に書影がある。 （堀川貴司）

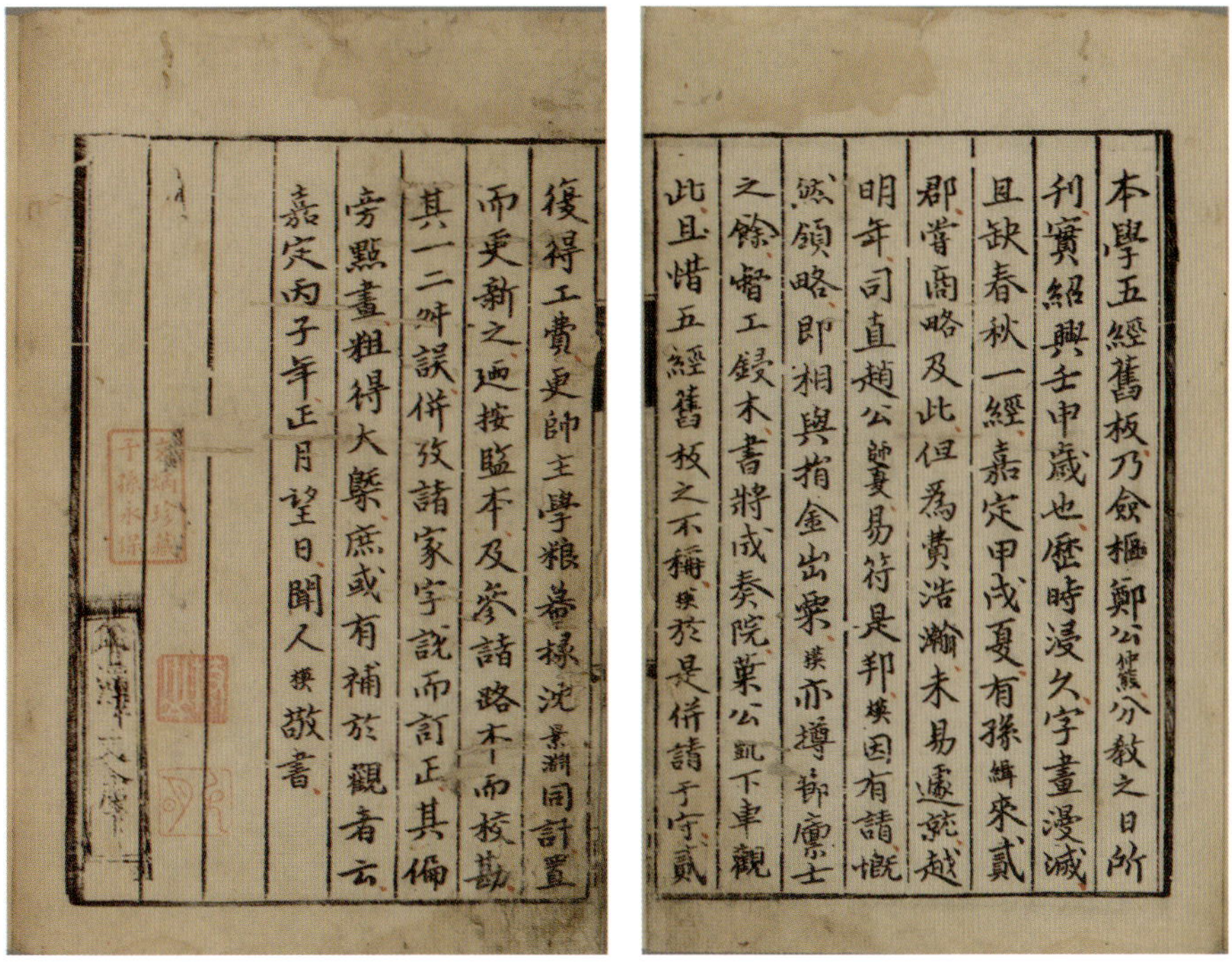
本學五經舊板乃僉樞鄭公〈仲熊〉分教之日所
刊實紹興壬申歲也歴時浸久字畫漫滅
且缺春秋一經嘉定甲戌夏有孫〈[illegible]〉來貳
郡嘗商略及此但爲費浩瀚未易遽就越
明年司直趙公〈[illegible]〉易符是邦〈模〉因有請慨
然領略即相與捐金出粟〈模〉亦撙節廩士
之餘鳩工鋟木書將成奏院葉公〈凱〉下車觀
此且惜五經舊板之不稱〈模〉於是併請于守貳
復得工費更帥主學粮審掾沈〈景淵〉同計置
而更新之逎按監本及參諸路本而校勘
其一二舛誤併攷諸家字說而訂正其偏
旁點畫粗得大槩庶或有補於觀者云
嘉定丙子年正月望日聞人〈模〉敬書

刊　記

6．御注孝經（尾題）1巻 附孝經音略　　唐　半　1冊　557-54

唐〔玄宗〕注

〔北宋〕刊　狩谷棭齋舊藏

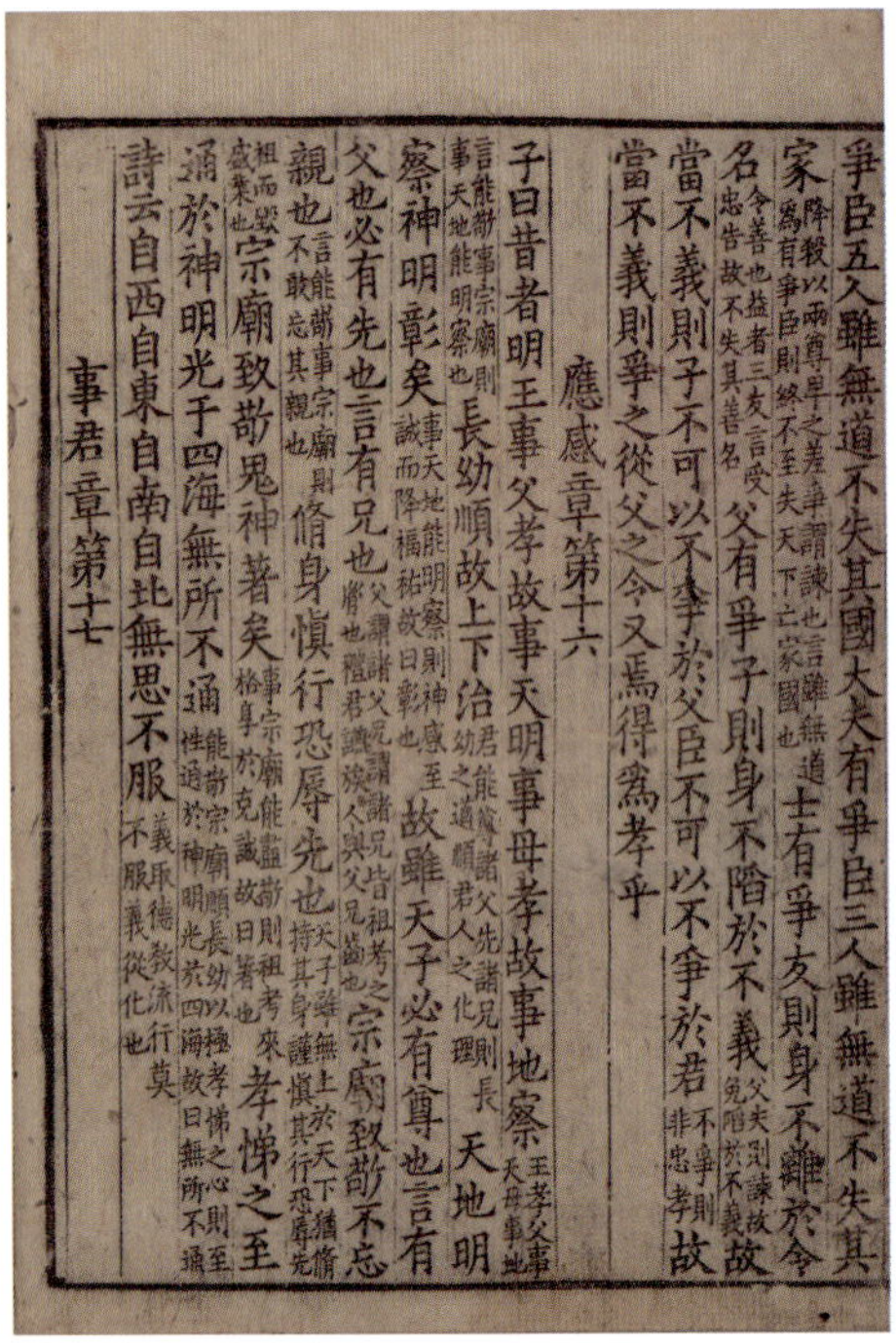

応感章第十六

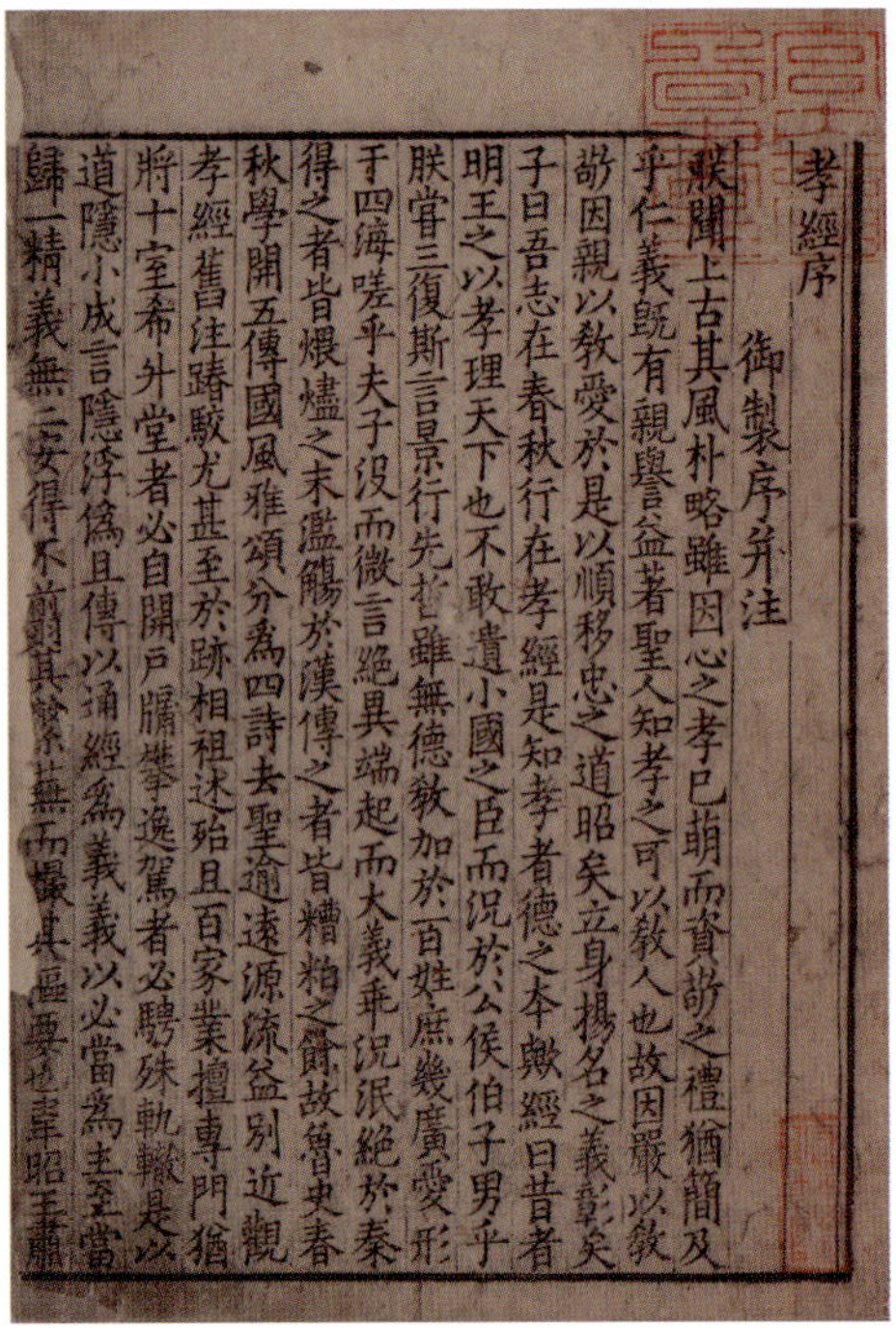

巻　首

後補栗皮表紙（24.1×17.3㎝）。裏打修補，表紙左肩打付に「御注孝經（行書）」と墨書，中央打付に「孝經　全」と朱書（別筆）。本文の前に「孝經序」あり，本文に連接する。

左右双辺（20.8×15.2㎝）有界，15行24字内外，小字33字内外。「炫敬匡竟胤恒通」を闕筆する（「通」字については図・應感章第十六の7行目参照）。版心白口，単黒魚尾下題「孝經」，下方張数あり。尾題「御注孝經一巻」の後に隔1行にて「孝經音略」を附す。訓点書き入れなし。首に単辺方形陽刻「脩竹蔭」朱印記，前見返しに単辺方形陽刻「棭斎」，方形陰刻「狩谷／望之」，後見返しに単辺方形陽刻「狩谷望之／審定宋本」，同「湯島狩／谷氏求古楼／図書記」朱印記（狩谷棭斎〈1775-1835〉）を存す。

『孝経』には唐以前のものに、『古文孝経』と『今文孝経』があり、前者は夙に大陸で亡んだ。後者のうち、鄭玄（127-200）注本と玄宗の開元10年（722）注本も亡び、天宝2年（743）の重修本が遺った。本冊はその最古の刊本である。

文政9年（1826）狩谷棭斎の仿刻本あり。棭斎は、石臺本との校異を誌し、また、「通」字闕筆は真宗（在位997-1022）の皇后劉氏が皇太后となって、その父の諱を避ける制を発した天聖・明道間（1023-33）の避諱によると論じた。この説を受け、本書は北宋刊本と称せられている。　（髙橋　智）

7．論語註疏(或題論語注疏)10巻　　唐　大　10冊　506-2

魏何晏注　宋邢昺疏　唐陸德明音義

〔南宋〕刊(〔蜀〕)　金澤文庫 紅葉山文庫舊藏

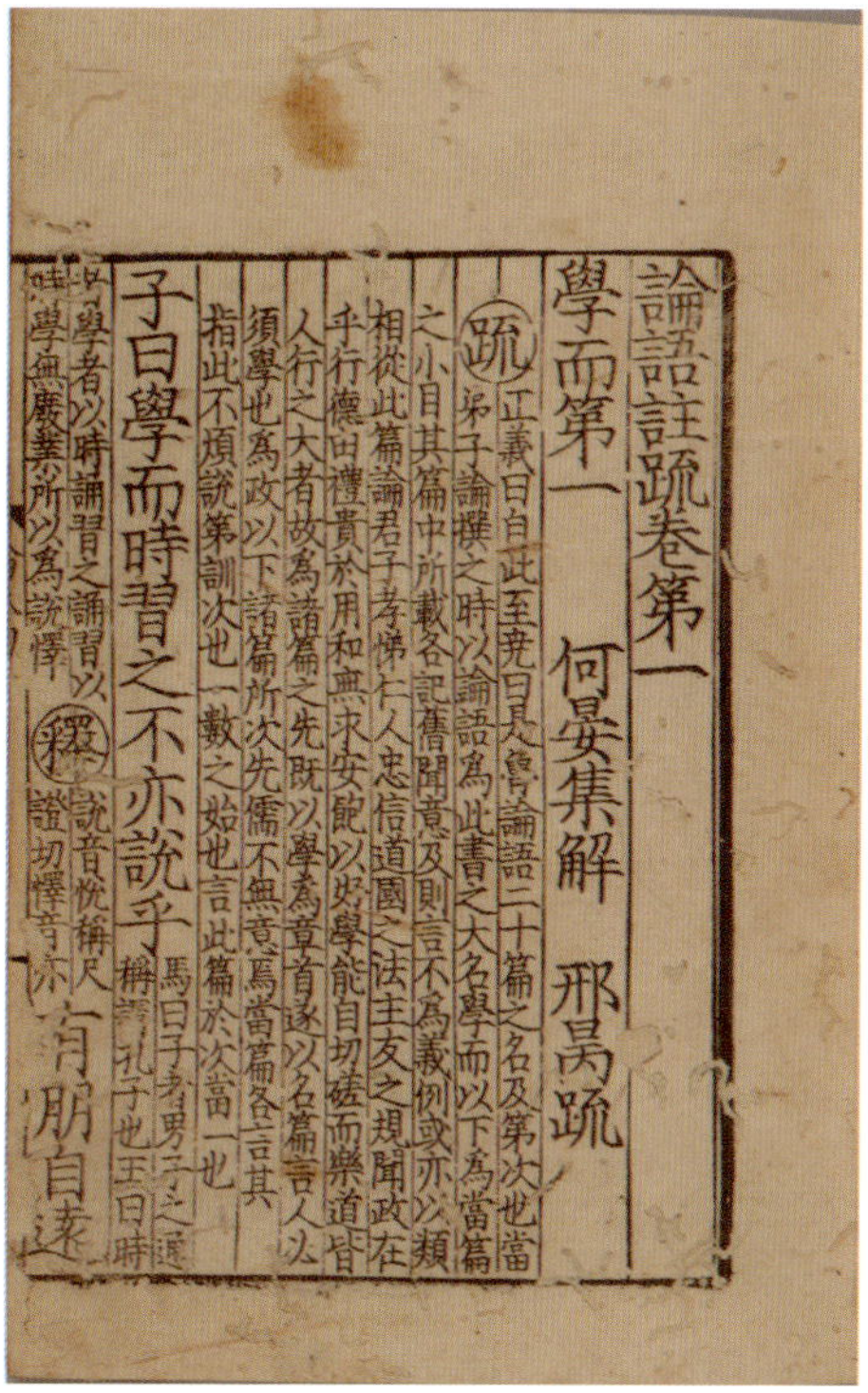
論語註疏卷第一
學而第一　何晏集解　邢昺疏
子曰學而時習之不亦說乎

卷 1 首

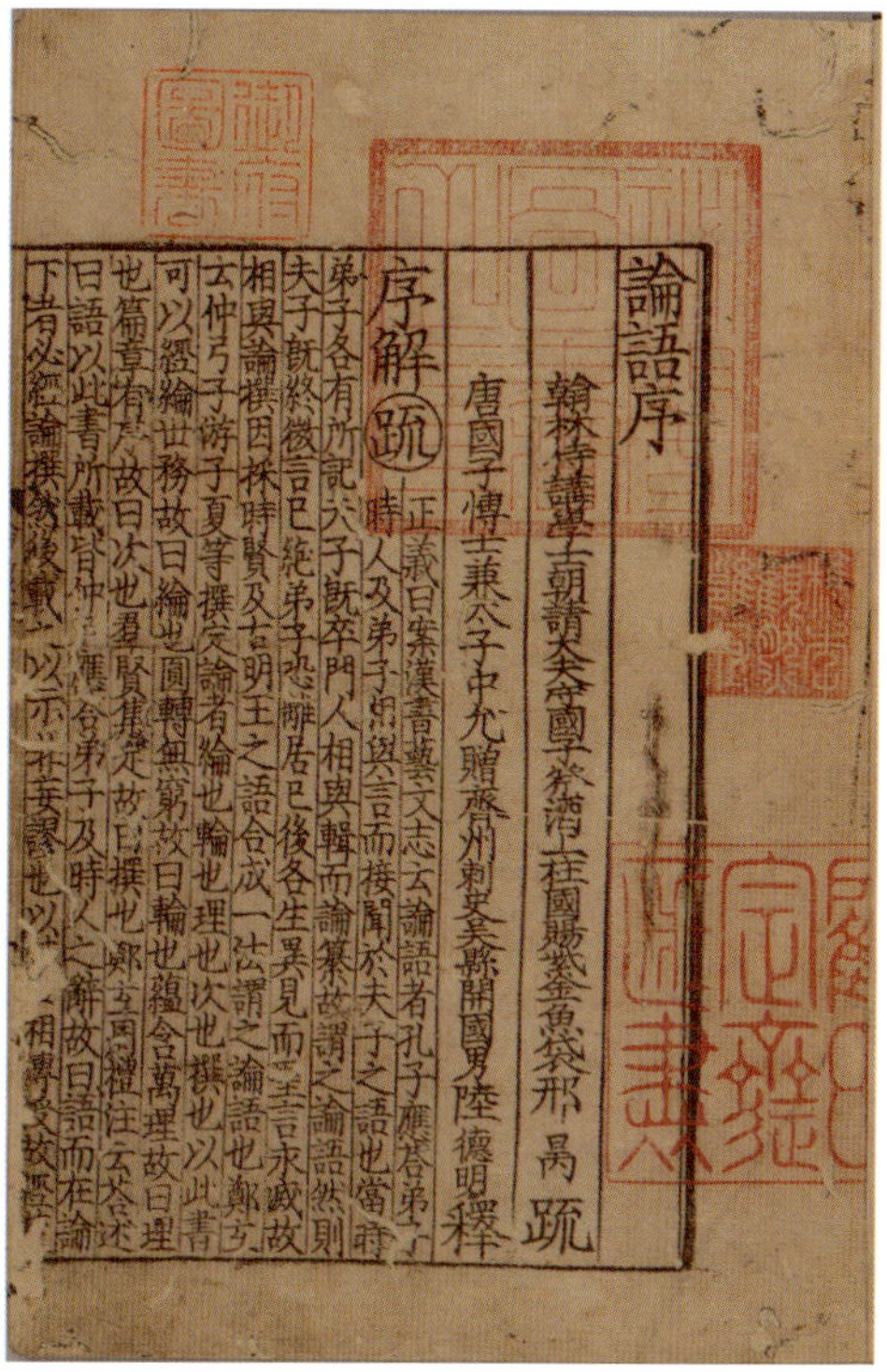
論語序
翰林侍講學士朝請大夫守國子祭酒上柱國賜紫金魚袋邢昺疏
唐國子博士兼太子中允贈齊州刺史吳縣開國男陸德明釋
序解

論 語 序

後補墨染雷文襷菊花文空押艶出表紙（25.2×17.8㎝）。表紙左肩に題簽を貼布し「論語注疏　幾」と書す。裏打修補。本文の前に「論語序」あり。

左右双辺（18.5×12.5㎝），有界（双行間も），8行16字，小25字内外，顔体。「玄弦弘敬恒貞桓慎敦燉」を闕筆する。版心白口，単黒魚尾下題「論疏フ」，張数，下象鼻に工名。毎節夾注（小字双行），疏釈（同）は首に「疏（圏中）」等標識，毎篇改行。巻6第24張〔近世〕鈔補。第4冊首，第6冊尾，第7冊首に双辺方形陽刻「金澤文庫（楷書）」墨印記，第1，4，7冊首に方形陰刻「檇李／顧然／雝叔」，単辺方形陽刻「顧氏／定齋／臧書」，第3，6，10冊尾に同「辛」「丑」聯珠，単辺亜形陽刻「定斎」，単辺方形陽刻「讀書／精舍」朱印記，毎冊首に単辺方形陽刻「祕閣／圖書／之章」朱印記，同「御府／圖書」朱印記あり。

魏の何晏の『論語集解』に、宋の邢昺が疏を加えた書物。何晏の『集解』の後に、梁の皇侃の『論語義疏』が作られたが、中国では佚し、この『論語註疏』が、中国における『論語』古注の主脈を形作り、後に「十三経注疏」の一つとされた。『論語註疏』最古最善の本とされる。　（大木　康）

8. 玉篇(序題大廣益會玉篇)30巻 附分毫字樣并四聲五音九弄反紐圖1巻

梁顧野王原撰　唐孫強増字　〔宋陳彭年等奉勅〕重修　(圖)釋神珙撰

〔南宋〕刊(〔浙〕)　〔宋元逓〕修　明治13年(1880)森枳園識語

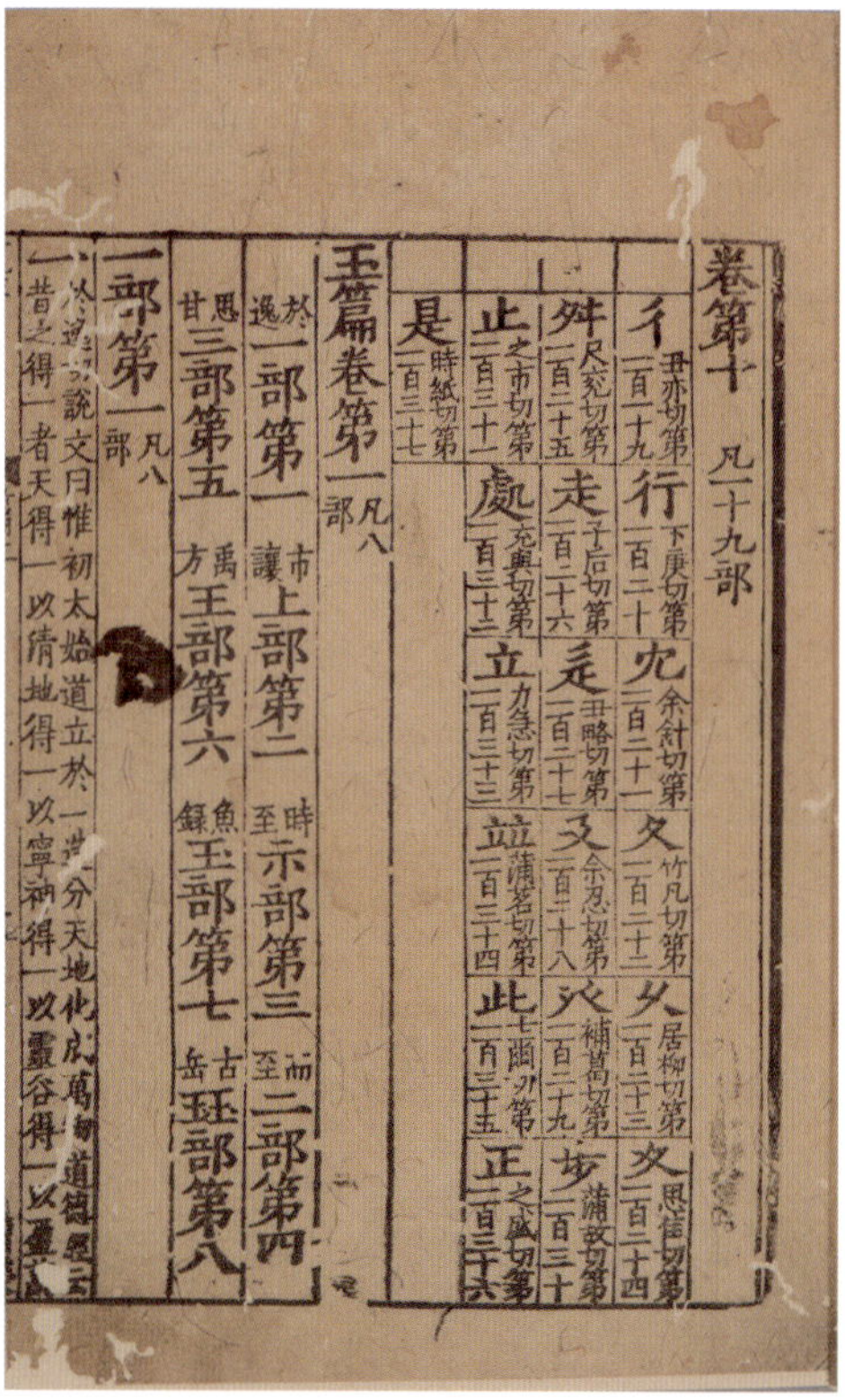

卷第十　凡一十九部
彳丑亦切第一百一十九　行下庚切第一百二十　冘余針切第一百二十一　夂竹几切第一百二十二　久居柳切第一百二十三　夊思佳切第一百二十四
舛尺兗切第一百二十五　走子后切第一百二十六　辵丑略切第一百二十七　廴余忍切第一百二十八　癶補葛切第一百二十九　步蒲故切第一百三十
止之市切第一百三十一　處充與切第一百三十二　立力急切第一百三十三　竝蒲茗切第一百三十四　此七紙切第一百三十五　正之盛切第一百三十六
是時紙切第一百三十七
玉篇卷第一　凡八部
於逸一部第一　市讓上部第二　時至示部第三　而至二部第四
思甘三部第五　禹方王部第六　魚録玉部第七　古岳玨部第八
一部第一　凡八部
於逸切說文曰惟初太始道立於一造分天地化成萬物道德經云
昔之得一者天得一以清地得一以寧神得一以靈谷得一以盈

巻 1 首

後補厚手藍色草花文絹表紙（27.3×18.3㎝）。裏打修補。左肩に淡茶色の臺紙及び素絹題簽を貼附し「宋版玉篇　上（中・下）巻」と墨書する。第1・2冊前に副葉子，竪横に押界を施し，〔室町〕期墨書にて部首を列記。右肩に巻数を朱書する。第1冊のみ後補の扉，淡茶色題簽を貼り「宋版玉篇」と墨書。首に「大廣益會玉篇一部　并序」と部目（上・中・下それぞれの首に）を附す。

左右双辺（20.9×14.5㎝）有界，10行20字，小28字内外，欧陽詢体。版心白口，単線黒魚尾下題「篇上（中下）」，下方張数，上辺字数，下辺工名あり。工名は，曹栄，李倍，宋琚，方至，秦暉，何昇，李倚，王宝，金慈（茲），方堅，呉椿，趙中，陸選，王恭，陳寿，張栄，呉益，呉志，沈思恭，高異，朱玩，陳晃，王玩，魏奇，何澄，秦顕，王汝明，徐佐，沈思忠，劉昭，張謙，余敏，厳智，また補刻張の刻工は，陳観仁，実甫，友山，勝之。補刻張は，上巻第1至2張，以下9至10，13至19，23至24，33至36，43至48，50至51，59，73至77，80至83，94，中巻第19至22，37，39至40，42，45，51，63至66，73至75，下巻第53（版心作54），65，73至74。闕筆は「玄敬弘殷匡恒徴」またはこれらに類する字。

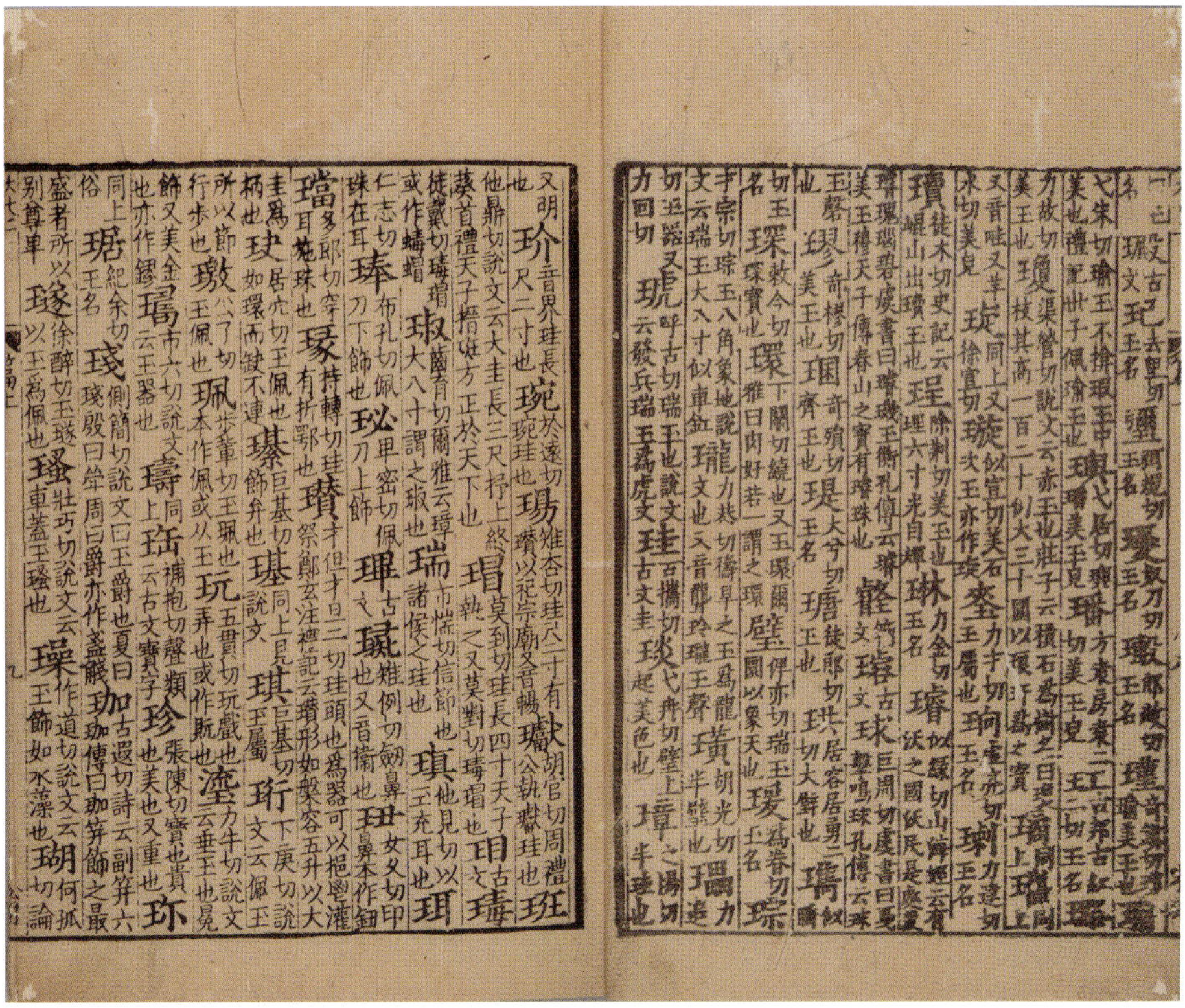

左第 9 張補刻・右第 8 張原刻

巻30の後に「新加偏傍正俗不同例」「類隔更音和切」「分毫字様」「四聲五音九弄反紐圖　并序」（釋神珙撰）（下巻第81・82張，第82張は下巻の首に誤綴）。

稀に朱標竪点，音訓送仮名，稀に〔室町〕墨筆欄上補注書入。毎冊の尾に「日翹（花押）」と朱書。下巻後副葉後半に「此本間有元時補刻字畫自／鮮明可一目而知矣今与廣韵／一對雙璧正成最可貴／重也／　庚辰（「辛」を改む）冬日　天真道人」の墨識語（森枳園）あり，連接して単辺方形陽刻「萩／亭」，方形陰刻「森／立之」朱印記あり。中巻下巻末尾に単辺方形陽刻「森／氏」，大尾に同「森氏開萬／冊府之記」朱印記あり（同）。毎巻尾に双辺方形陽刻「高木壽穎／藏書之記」朱印記あり。

梁の顧野王（519-81）が後漢許慎の『説文解字』に継いで編纂した字書で、その原本は中国で亡び、唐の上元元年（760）孫強が増訂、宋大中祥符 6 年（1013）陳彭年が増修進呈したテキストが遺り、本冊はその最古の版にして、同版のものに金沢文庫蔵（宋刊宋印　存 4 葉〈巻28末～巻29首〉）、真福寺蔵（宋刊〔元〕修　存巻16～20）を存するのみ。

字画端正、南宋前期浙刻の典型。刻工より考証すると、淳熙 9 年（1182）『呂氏家塾読詩記』（中国国家図書館）に呉志が見え、嘉泰 4 年（1204）『東萊呂太史文集』（静嘉堂文庫）に呉志・宋琚・趙中が見え、嘉定13年（1220）『歴代名医蒙求』（故宮博物院〈台湾〉）に余敏が見えることなどから、南宋の前期から中期頃の刊刻と見られる。補刻張はその字様から元に降るものもあると推測される。

（髙橋　智）

9．廣韻(序題大宋重修廣韻)5巻

唐　大　5冊　515-105

宋〔陳彭年等〕奉勑重修

〔南宋〕刊(〔浙〕)　覆〔南宋初〕刊本　〔室町末〕訓點補注書入　傳狩谷棭齋 澁江抽齋舊藏　明治12年(1879)森枳園 同15年高木壽穎識語

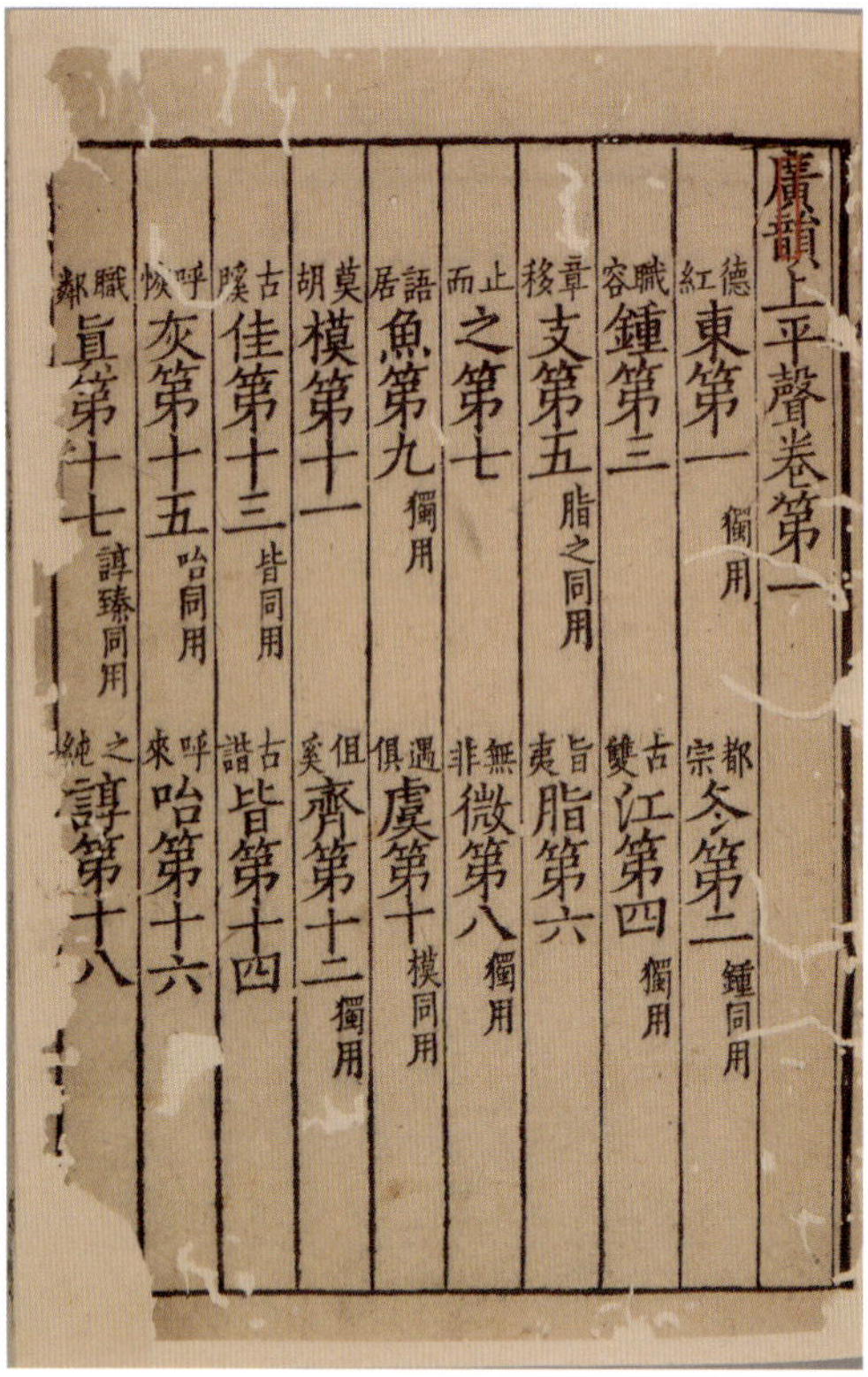
廣韻上平聲卷第一
德紅 東第一 獨用　都宗 冬第二 鍾同用
職容 鍾第三　古雙 江第四 獨用
章移 支第五 脂之同用　旨夷 脂第六
止而 之第七　無非 微第八 獨用
語居 魚第九 獨用　遇俱 虞第十 模同用
莫胡 模第十一　徂奚 齊第十二 獨用
古膎 佳第十三 皆同用　古諧 皆第十四
呼恢 灰第十五 咍同用　呼來 咍第十六
職鄰 眞第十七 諄臻同用　之純 諄第十八

巻 1 首

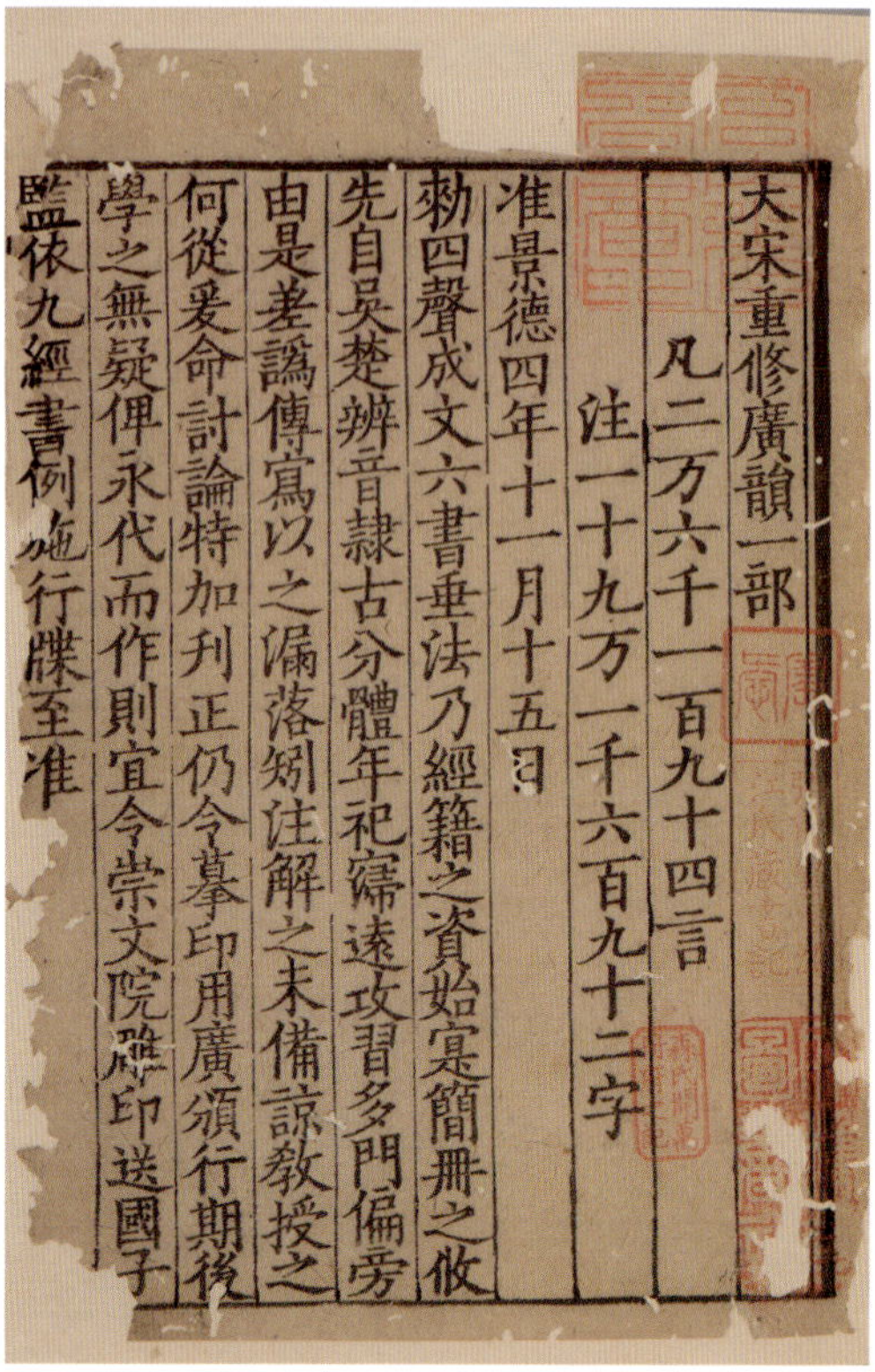
大宋重修廣韻一部
凡二万六千一百九十四言
注一十九万一千六百九十二字
准景德四年十一月十五日
勑四聲成文六書垂法乃經籍之資始寔簡冊之攸
先自吳楚辨音隸古分體年祀寖遠攻習多門偏旁
由是差譌傳寫以之漏落矧注解之未備諒教授之
何從爰命討論特加刊正仍令摹印用廣頒行期後
學之無疑俾永代而作則宜令崇文院雕印送國子
監依九經書例施行牒至准

巻首，渋江抽斎印記

新補濃鈍色卍繋花菱文絹表紙（25.4×17.8㎝）。裏打修補，原紙高24.2㎝（天地截断），版心破損，改裝。前に北宋景徳 4 年（1007）「大宋重修廣韻一部／（低 3 格）凡二万六千一百九十四言／（低 4 格）注一十九万一千六百九十二字／准景德四年十一月十五日／勑」，北宋大中祥符元年（1008）「准大中祥符元年六月五日／勑」，隋仁寿元年（601）陸法言「大隋仁壽元年」，唐儀鳳 2 年（677）郭知玄「大唐儀鳳二年／（中略）郭知玄（下略）」，唐天宝10年（751）孫愐「陳州司法孫愐唐韻序／（中略）歲次辛卯天寶十／載也」，附論を附す。左右双辺（21.4×14.7㎝），有界，10行小27字，欧陽詢体。版心白口，単黒魚尾，上尾下「韻上平　張数［　］刻工名」，上象鼻に大小字数あり。

尾題後接行或いは 1 行を隔し低 3 格にて「新添類隔今更音和切」と標し附録。稀に欄上，本文に〔室町末〕墨補注（「詩」「詩注」「詩（中略）箋」「玉篇」「勻鏡」「集韻」「［　］部韻」「韻會」），校改，返点，音訓送り仮名書入，稀に本文に朱竪句点書入あり。第 5 冊後副葉に墨筆による「右宋板廣韵五巻与清張士俊所重刋本全（「亦」を改む）同／而間字體有小異同士俊序所云精加校讎梓／之者也然宋

板之誤字改而不可者亦有之比校而／後可自知矣此本之出在狩谷〈望之〉棭齋歿後澁江／〈全善〉籀齋得而蔵之籀齋捐舍後遂入我架中／此書楓山庫中亦未収之真天下之珎寶也／（低３格）己卯春日［　］七十三翁枳園森立之」識語，次行下に方形陰刻「壬申／進士」，同「森印／立之」，単辺方形陽刻「字／立夫」朱印記，次で別筆にて「謹按玉篇廣韻是學者必用／之書猶車之両輪不可存一而缺／一也今二書倶得宋版真是一雙璧／玉可謂小人無罪懐璧是罪則非／我家所能蔵者因以獻焉／／（単擡）明治十五年一月（隔３格）高木壽穎」識語，直下に方形陰刻「髙／木」，単辺方形陽刻「壽／穎」聯珠朱印記あり。毎巻首に単辺方形陽刻「寚／愛」朱印記，方形陰刻「文種堂／圖書記」朱印記，単辺方形陽刻「弘前醫官澀／江氏蔵書記（楷書）」朱印記，同「森氏開萬／冊府之記（楷書）」朱印記，第1至4冊後副葉前半，第５冊前副葉後半に双辺方形陽刻「高木壽穎／藏書之記（楷書）」朱印記，単辺方形陽刻「宮内省／圖書印」朱印記あり。

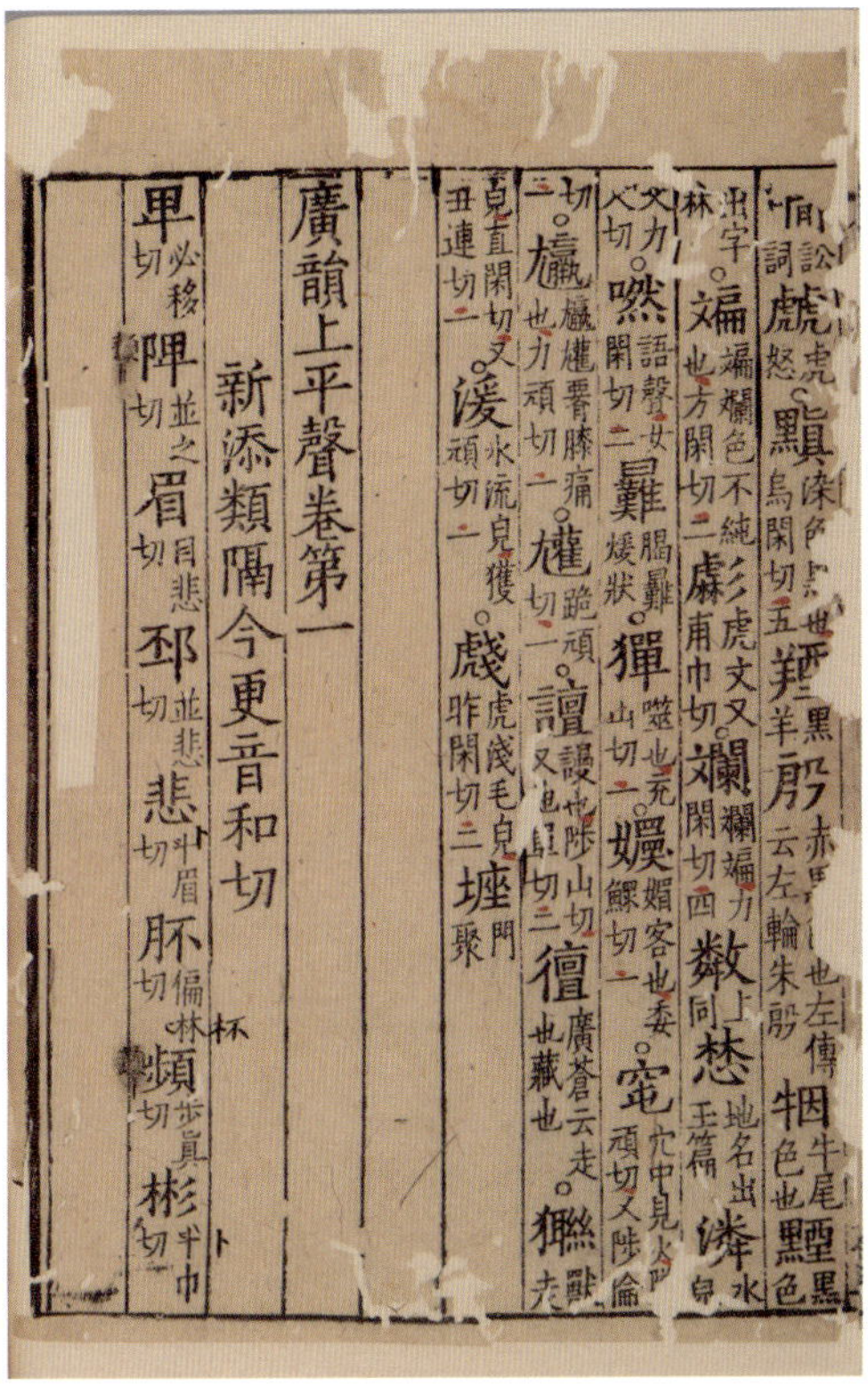
廣韻上平聲卷第一
新添類隔今更音和切
卑必移切 陴並之切 眉目悲切 邳並悲切 悲卜眉切 肧偏林切 頻步眞切 彬卜巾切

巻１附録

『広韻』は宋代の韻書で、『大宋重修広韻』が正式名称。陳彭年（961-1017）らの奉勅撰。陳彭年は字永年、撫州南城（山東省）の人。雍熙の進士で、官は兵部侍郎に至った。『広韻』は北宋景徳４年（1007）に真宗の勅命を奉じた陳彭年らによって編纂され、北宋大中祥符元年（1008）に成書。隋唐以来の韻書を増訂し、『切韻』を作った陸法言の旧によって206韻に分類した。

この本冊の第５冊尾には明治12年（1879）の森枳園の識語と明治15年（1882）の高木寿穎の識語がある。森枳園の識語によれば、狩谷棭斎と渋江抽斎の旧蔵を経て森枳園が手に入れたという。その後、高木寿穎の手に渡り、図書寮に入るに至ったようである。

『図書寮典籍解題』によると、本冊は内閣文庫・上野図書館（現国立国会図書館）・静嘉堂文庫所蔵の諸本と同版で、南宋の光宗・寧宗頃に静嘉堂文庫蔵の他の１本（脇坂安元旧蔵書）を杭州で復刊したものであるという。闕筆は南宋の高宗まで確認でき、版式字様と工名から南宋刊の浙江刻本で、南宋初の覆刊本の増補があると推定される。また、本文には室町末と思われる訓点補注の書き入れがある。

（柳川　響）

10. 集韻10卷　闕卷1

唐　特大　9 冊　510-2

宋丁度等奉勅撰

〔宋淳熙14年〕跋刊　金澤文庫 妙心寺蟠桃院 佐伯藩主毛利高標 紅葉山文庫舊藏

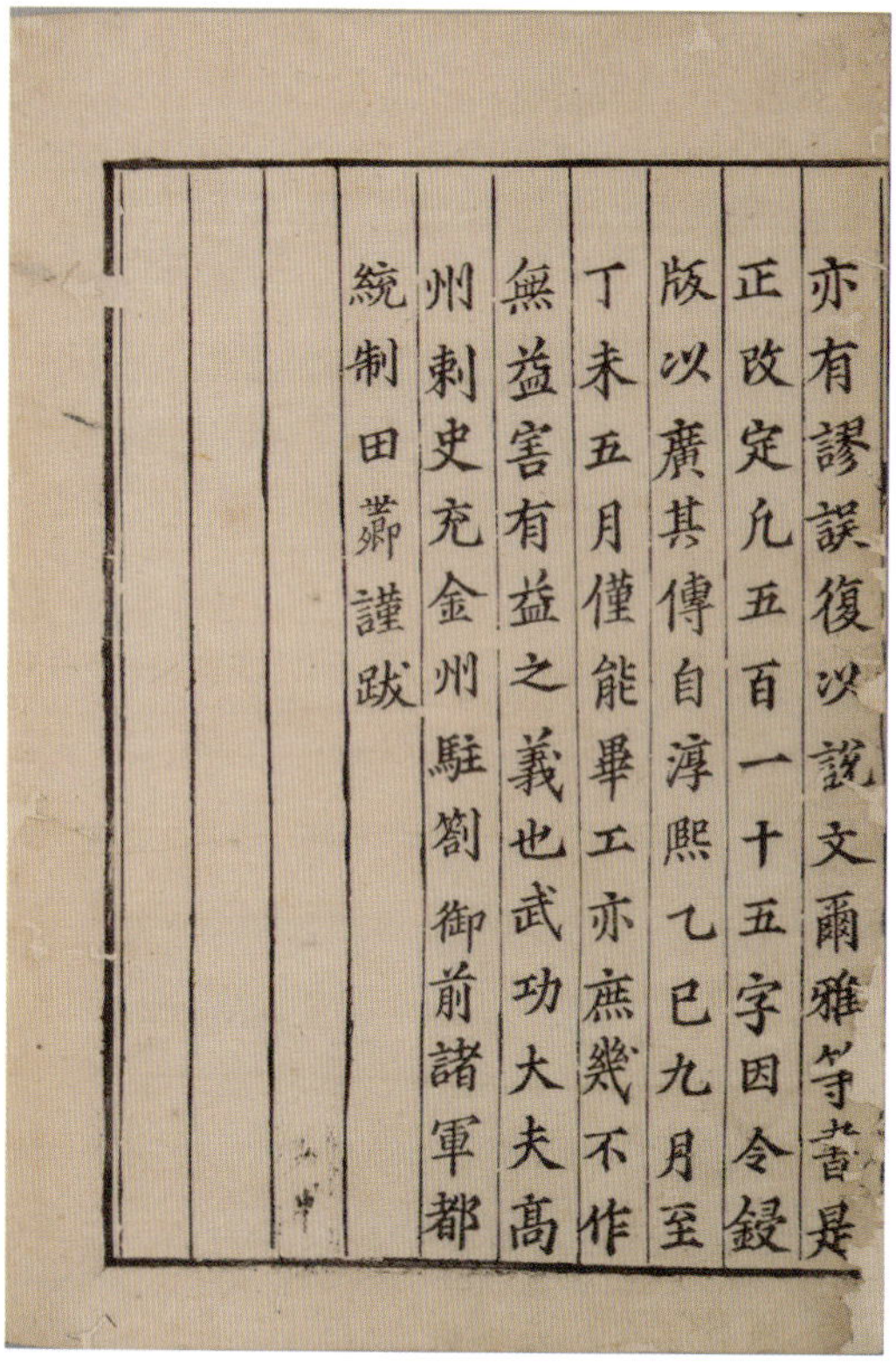
亦有謬誤復以説文爾雅等書是
正改定凡五百一十五字因令鋟
版以廣其傳自淳熙乙巳九月至
丁未五月僅能畢工亦庶幾不作
無益害有益之義也武功大夫高
州刺史充金州駐劄御前諸軍都
統制田𦾔謹跋

跋 年 紀

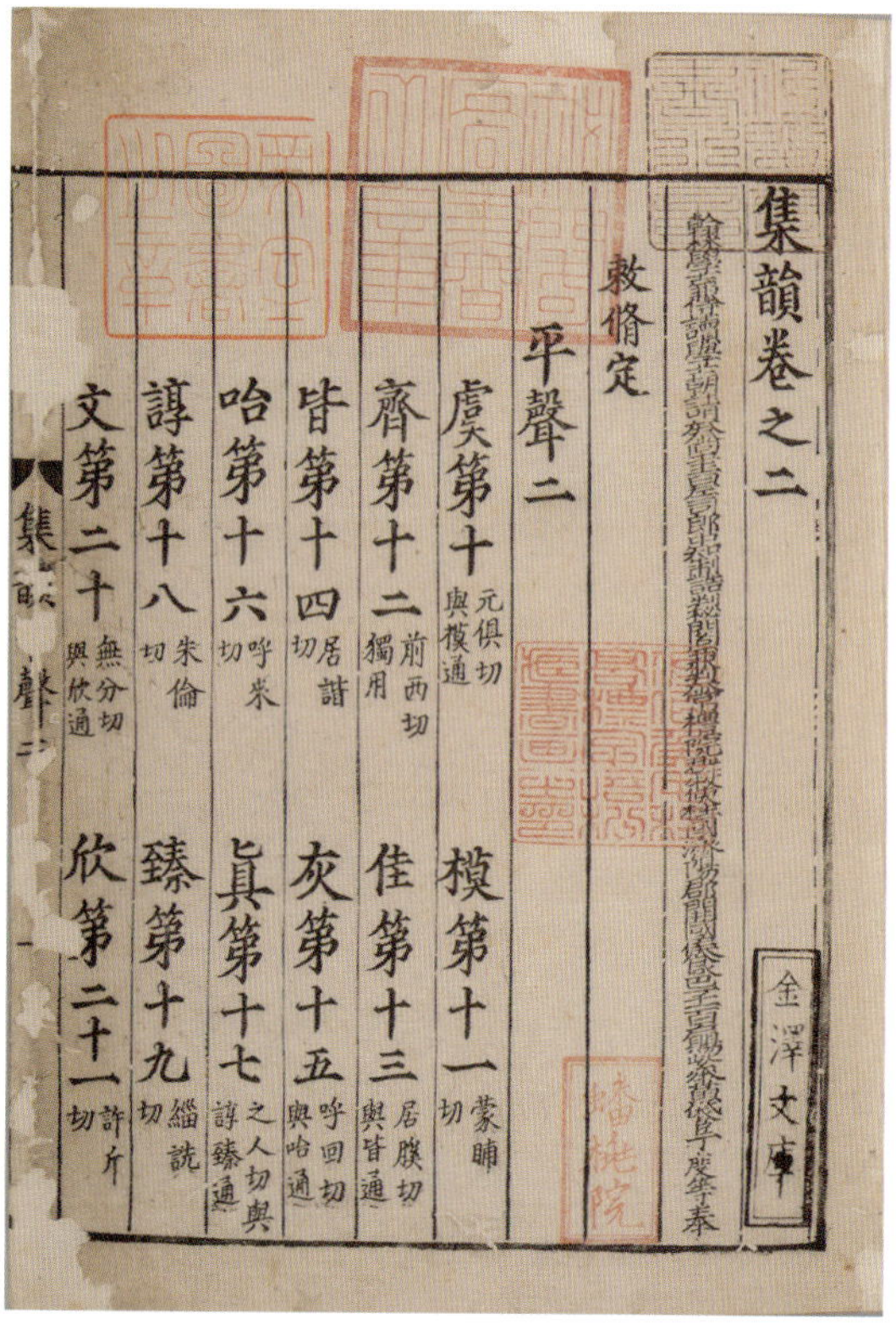
集韻卷之二
翰林學士兼侍讀學士朝請大夫尚書左司郎中知制誥判秘閣兼判太常禮院群牧使柱國濟陽郡開國侯食邑一千一百戸賜紫金魚袋臣丁度等奉
敕脩定
平聲二
虞第十 元俱切與模通　模第十一 蒙晡切
齊第十二 前西切獨用　佳第十三 居膎切與皆通
皆第十四 居諧切　灰第十五 呼回切與咍通
咍第十六 呼來切　眞第十七 之人切與諄臻通
諄第十八 朱倫切　臻第十九 緇詵切
文第二十 無分切與欣通　欣第二十一 許斤切

巻 2 首，金沢文庫・妙心寺蟠桃院印記

後補淡黄色表紙（34.7×25.2㎝）左肩に題簽を貼布し「集韻［　］幾」（首冊のみ題下に「初巻闕」）と書す。綫装，胡蝶装を改む，五針眼訂。版心を前半張左端に置く。本文白紙，裏打改装。

左右双辺（28.6×20.0㎝）有界，10行16字格，小32字。白口，単黒魚尾，魚尾下「集韻某聲幾」，張数。（闕筆）玄至慎。後に跋「（上略）至／寶元二年九月書成上之」あり。また列銜「寶元二年九月十一日／延和殿／進呈奉／聖旨鏤版施行／（以下低 2 格）（校勘，刋脩，詳定官銜，7 員略）／〈詳定翰林學士兼侍讀學士朝請大夫尚書左司郎中知制誥判祕閣兼判太常禮院群牧使柱／（低格）國濟陽郡開國侯食邑一千一百戸賜紫金魚袋臣丁　度〉」あり。また「慶暦三年八月十七日雕印成／延和殿／進呈奉／聖旨送／國子監施行／（以下低 3 格）（賈昌期，晏殊，章得象官銜）」。また低 1 格，田世卿跋「〈世卿〉舊聞集韻收字最爲該博捜訪／積年竟未能得皆云此版久已磨／滅不復有也〈世卿〉前年蒙／恩將屯安康偶得蜀本字多舛誤／間亦脱漏嘗從暇日委官校正凡／點畫錯謬者五百三十一字其間／湮晦漫不可省者二百一十五字／正文注解脱漏者三十三字繼得／中原平時舊本重校修改者一百／五十五字舊本雖善而書字點畫⫽亦有謬誤復以說文爾雅等書是／正改定凡五百一十五字因令鋟／版以廣其傳自淳熙乙巳九月至／

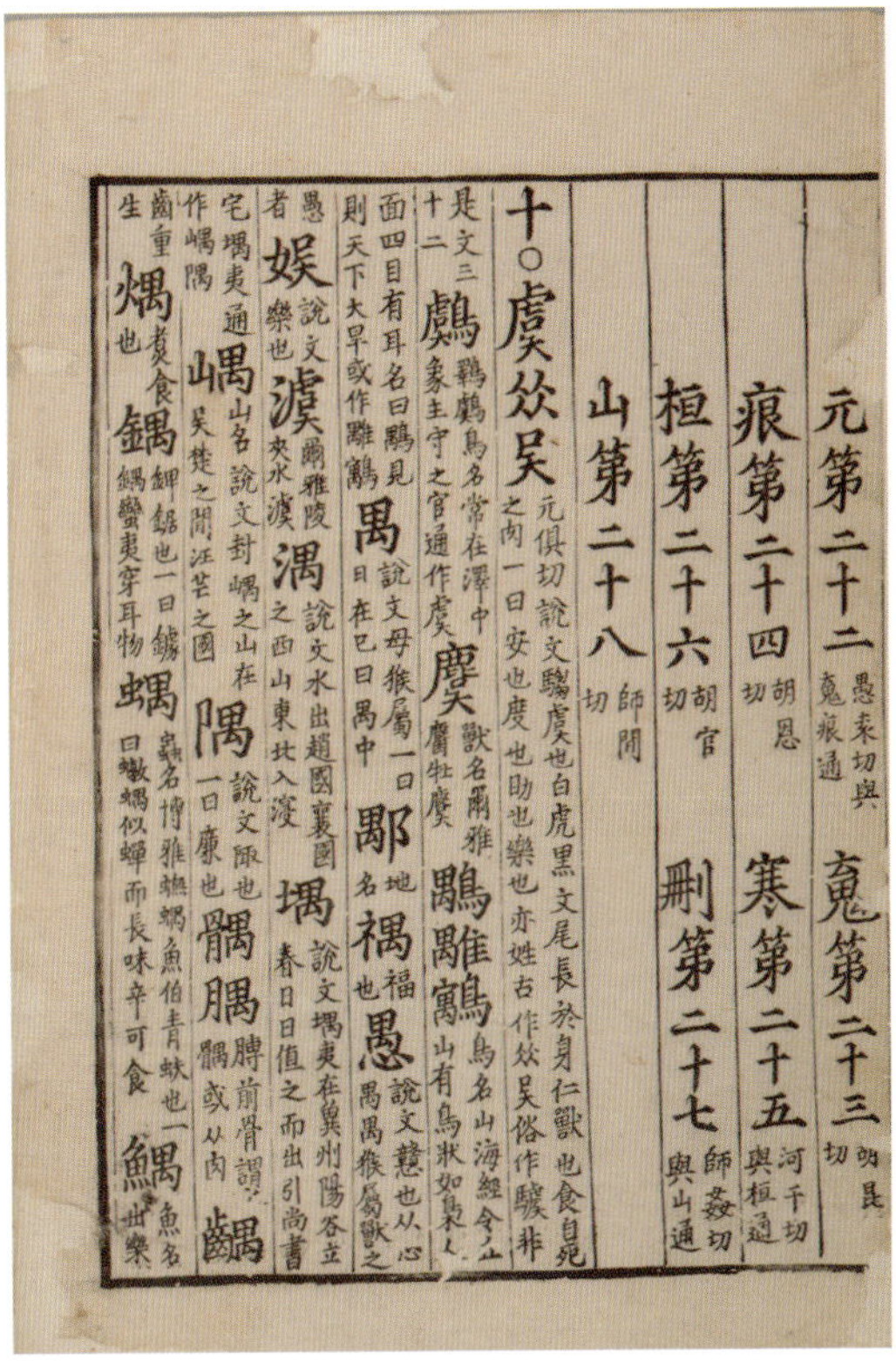
元第二十二 愚袁切與寃痕通 寃第二十三 [illegible]切
痕第二十四 胡恩切 寒第二十五 河干切與桓通
桓第二十六 胡官切 删第二十七 師姦切與山通
山第二十八 師閒切
十〇虞 [illegible] 吳 元俱切說文騶虞也白虎黑文尾長於身仁獸也食自死之肉一曰安也度也助也樂也亦姓古作[illegible]吳俗作騶非是文三十二 鸆 鸆鸆鳥名常在澤中象主守之官通作虞 麌 獸名爾雅麌牡麌 [illegible] 鳥名山海經令丘山有鳥狀如梟人面四目有耳名曰[illegible]見則天下大旱或作[illegible] 禺 說文母猴屬一曰日在巳曰禺中 鄅 地名 禑 福也 愚 說文戇也从心禺禺猴屬獸之愚者 娛 說文樂也 澞 爾雅陵夾水澞 湡 說文水出趙國襄國之西山東北入㴲 堣 說文堣夷在冀州陽谷立春日日值之而出引尚書宅堣夷通作嵎隅 嵎 山名說文封嵎之山在吳楚之間汪芒之國 隅 說文陬也一曰廉也 髃 腢 髆前骨謂之髃或从肉 齵 齒重生 [illegible] 炙食也 鍝 鉀鋙也一曰鏂鍝蠻夷穿耳物 蝺 蟲名博雅蜘蛛蝺魚伯青蚨也一曰蠍螐似蟬而長味辛可食 鰅 魚名出樂

本文首

丁未五月僅能畢工亦庶幾不作／無益害有益之義也武功大夫髙州刺史充金州駐劄御前諸軍都／統制田〈世卿〉謹跋」あり。

稀に朱圏点，欄上貼紙校注書入。毎冊首尾に双辺方形陽刻「金澤文庫（楷書）」印記あり，毎冊首に双辺方形陽刻「蟠桃院（楷書）」朱印記，単辺方形陽刻「佐伯侯毛利／髙標字培松／臧書画之印」朱印記，同「祕閣圖／書之章」朱墨印記，同「祕閣／圖書／之章」朱印記（以上 2 顆，紅葉山文庫），同「帝室／圖書／之章」朱印記あり。

宋の丁度等撰。巻末に存する宝元 2 年跋、宝元 2 年牒、慶暦 3 年牒によって、本書が北宋の景祐元年（1034）宋祁等の仁宗に対する上奏（『広韻』『韻略』が科挙取士の需めに適していないことを言う）を受けて編纂が開始され、宝元 2 年（1039）完成に至り、さらに慶暦 3 年（1043）初めて刊行されたことが知られる。この書陵部蔵本は南宋の淳熙14年金州軍州学刊本。田世卿の跋によれば、淳熙12年から14年にかけて「蜀本」を底本として「中原平時旧本」によって校訂し、『説文』『爾雅』を用いて誤謬を正して刊行したと言う。南宋刊本には他に上海図書館蔵本、中国国家図書館蔵本が現存するが、何れも別版である。旧蔵について、Ⅲ－5 参照。 （佐藤道生）

11. 漢書100卷(分120卷) 闕卷1至3　　　　唐　大　43冊　402-2

漢班固撰　唐顏師古注

〔南宋〕刊(〔福州〕)　元大德8至至大元年(1304-08) 延祐2年(1315)遞修 覆〔北宋末南宋初〕刊本　卷4至7 卷82至85 卷99中鈔配　天龍寺金剛院 佐伯藩主毛利高標 紅葉山文庫 御府舊藏

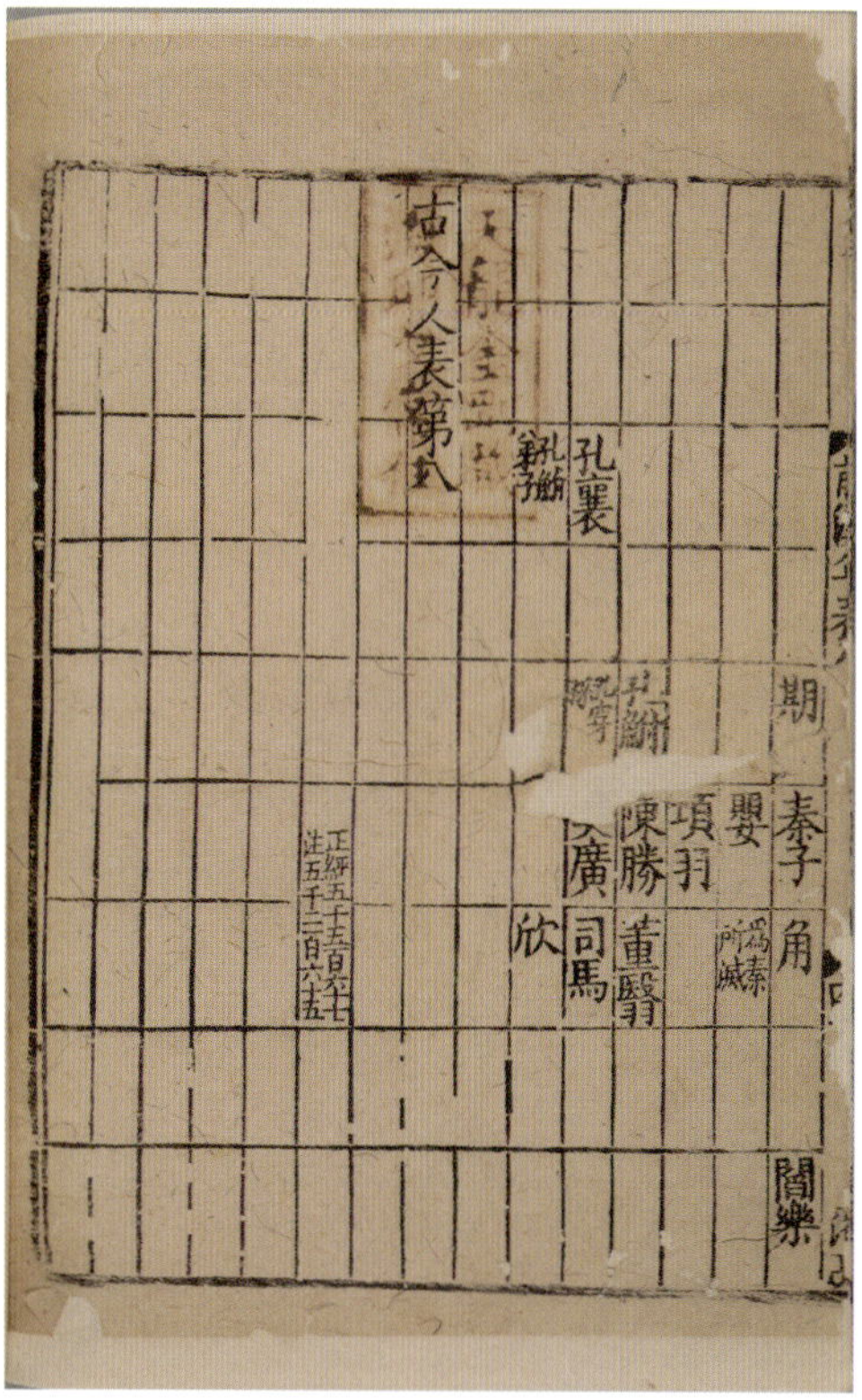

卷20第40張原刻

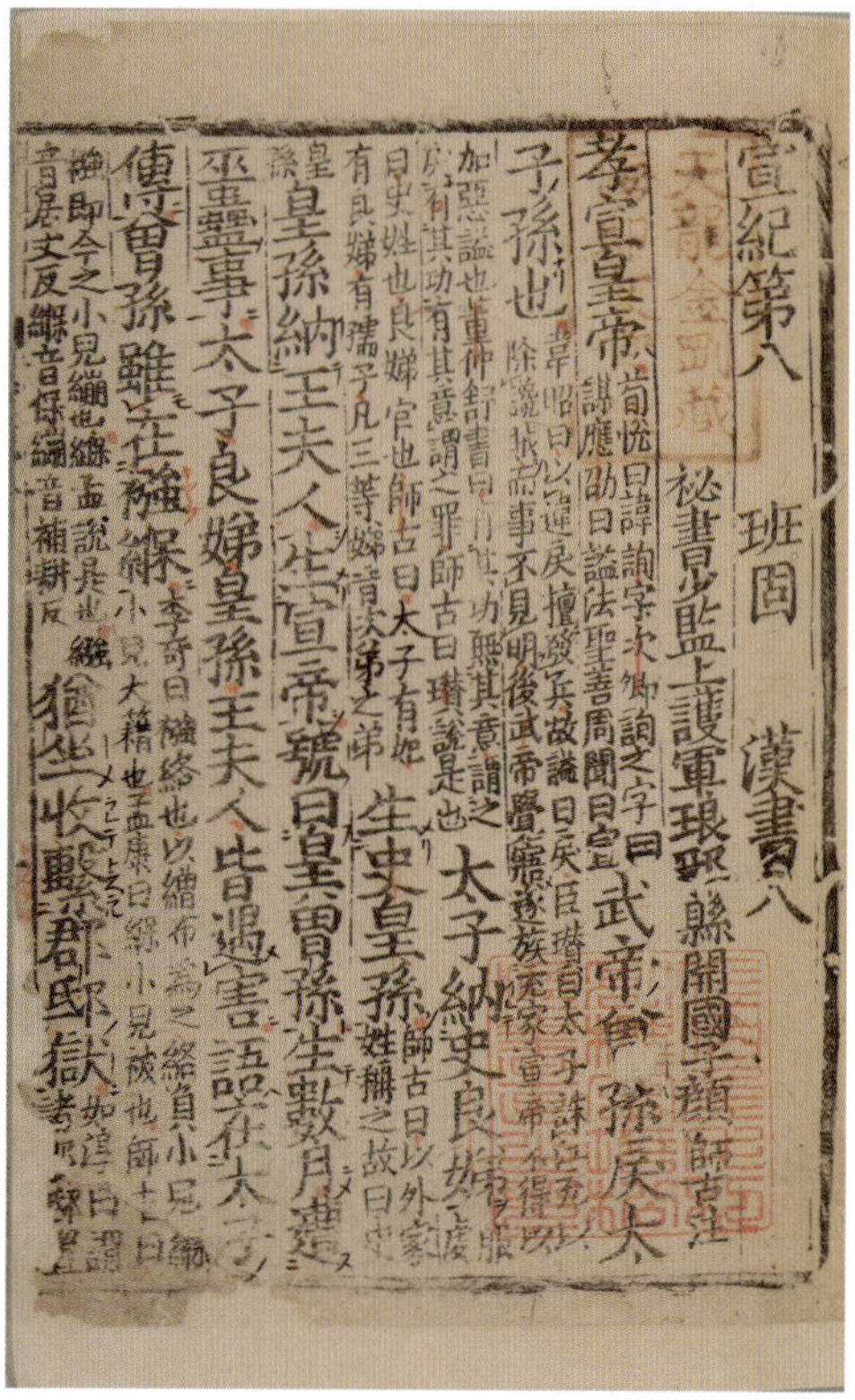

卷8首，天龍寺金剛院印記

後補淡茶色艶出表紙（26.1×17.6㎝）。左肩に双辺刷枠題簽を貼布し，「前漢書［　］幾」（第1冊のみ題下に「〈共四十三冊〉」）と書す。第1冊前表紙右下附箋に「〈写本〉／｛来歴志前編〈ニ〉／佐伯献本〈ト〉｝載〈ス〉」と朱書す。

巻頭は「文紀第四　　班固　　漢書四／（低5格）〈祕書監上護軍琅邪縣開國子顏　師古注」（鈔補），「宣紀第八　　班固　　漢書八／（低5格）〈祕書少監上護軍琅邪縣開國子顏《師古注》〉」（第2行末，巻9以下「〈顏《師古》注〉」）等。句下夾注（小字双行），間ゝ巻尾改行「贊曰」以下附論。

左右双辺（21.8×14.7㎝）有界，10行大19字，小27字内外。（闕筆，原刻）玄弦炫絃朗敬警驚弘殷匡竟境鏡恒貞徵懲署樹頊讓桓完萑搆購敦，（補刻）玄弦泫眩絃朗敬警驚弘殷匡筐竟貞徵懲樹頊讓桓完構購。白口，双黒魚尾（対向），或いは単黒魚尾，上尾下題「前」（或いは陰刻），「前傳（某，某傳）幾（幾巻）（上下）」，或いは「前漢」，「前漢紀（記，傳，列傳，某，某傳，某列傳）幾（幾巻，幾某，

幾某列，某幾）（上下）」，「漢幾」，「某（某傳）幾（幾巻）」，下尾下張数あり，一部上辺字数，一部下辺工名。（補刻）刊記，大徳 8 年至延祐 2 年。補刻葉の版心「大徳八年刊」，「大徳九年刊」，「至大元年刊」，「延祐二年刊」等記。

巻 4 至 7，巻36第 1 至 2 張，巻82至85，巻86第10張，巻87上第 5 張〔室町〕筆（左右双辺或いは単辺）鈔補。巻52第 6，10張，巻53第 1 至 5 張（無辺無界）別筆鈔補。巻64上第23張，巻71第10張，巻99（単辺有界或いは無辺無界）又別筆鈔補。〔室町〕朱合竪句点（表なし）同墨返点，連合符，音訓送り仮名，欄外補注，標注，巻33尾題下字数書入。〔江戸初〕朱句点，連合符，傍圏，音訓送仮名，校改，鈔補，欄上校注，標柱書入。伝に別手〔室町〕朱ヲコト点（博士家点），返点，音訓送仮名，声圏，校改，欄上校注書入あり。巻53尾題下に書入同手朱筆「一校了」識語あり。巻12尾，巻13首，巻15尾などに単辺陽刻長方「天龍金剛蔵／海印文常住（楷書）」暗朱印記。首に単辺方形陽刻「佐伯侯毛利／高標字培松／臧書画之印」朱印記。毎冊首に単辺方形陽刻「祕閣／圖書／之章」朱印記。同「御府／圖書」朱印記を存す。

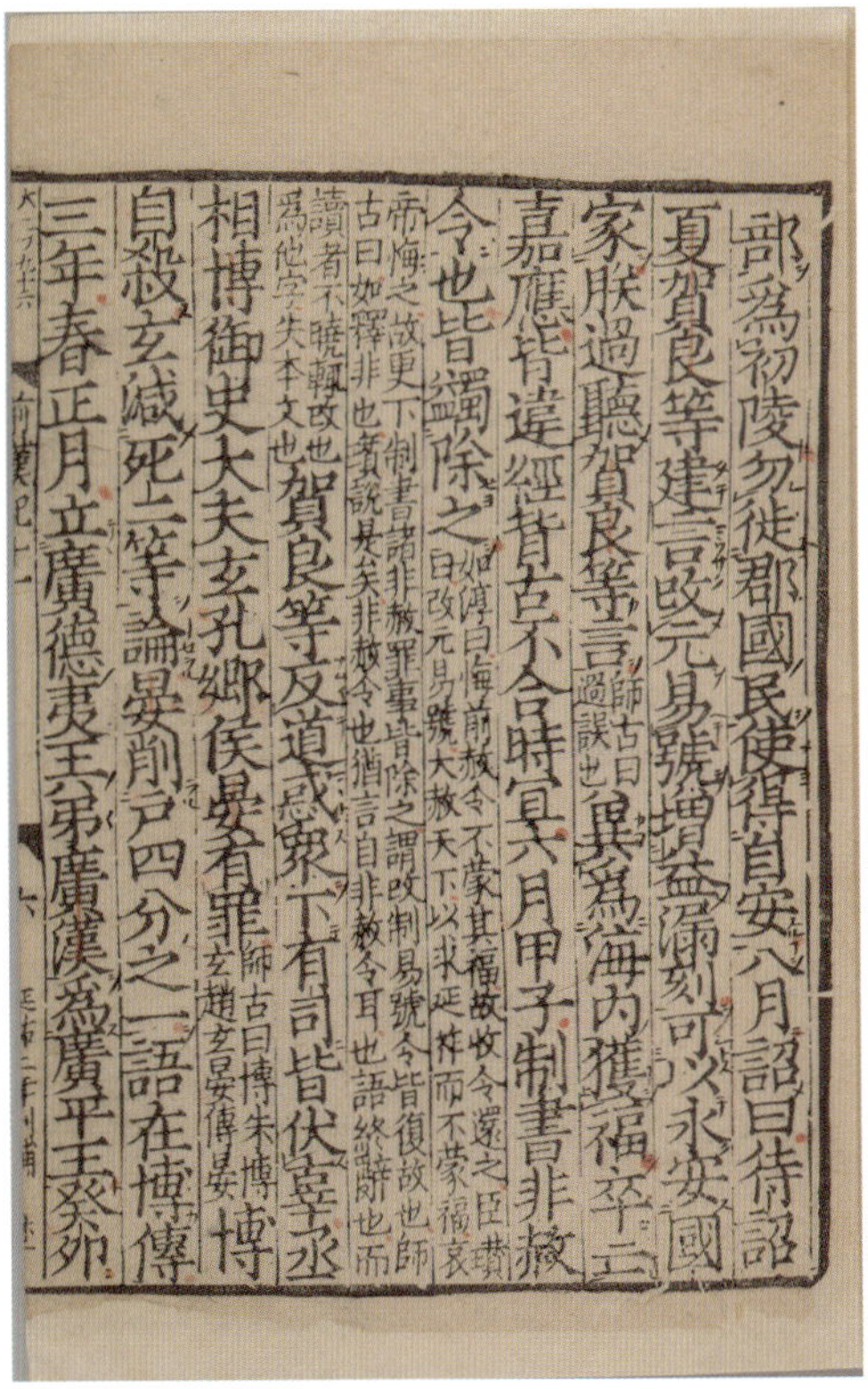
部為初陵勿徙郡國民使得自安八月詔曰待詔夏賀良等建言改元易號增益漏刻可以永安國家朕過聽賀良等言師古曰過誤也冀為海內獲福卒亡嘉應皆違經背古不合時宜六月甲子制書非赦令也皆蠲除之如淳曰悔前赦令不蒙其福故收令還之臣瓚曰改元易號大赦天下以求延祚而不蒙福哀帝悔之故更下制書諸非赦罪事皆除之謂改制易號令皆復故也師古曰如釋非也瓚說是矣非赦令也猶言自非赦令耳也語終辭也而讀者不曉輒改也為他字失本文也賀良等反道惑眾下有司皆伏辜丞相博御史大夫玄孔鄉侯晏有罪師古曰博朱博玄趙玄晏傅晏博自殺玄減死二等論晏削戶四分之一語在博傳三年春正月立廣德夷王弟廣漢為廣平王癸卯

巻11第 6 張，元延祐 2 年補刻

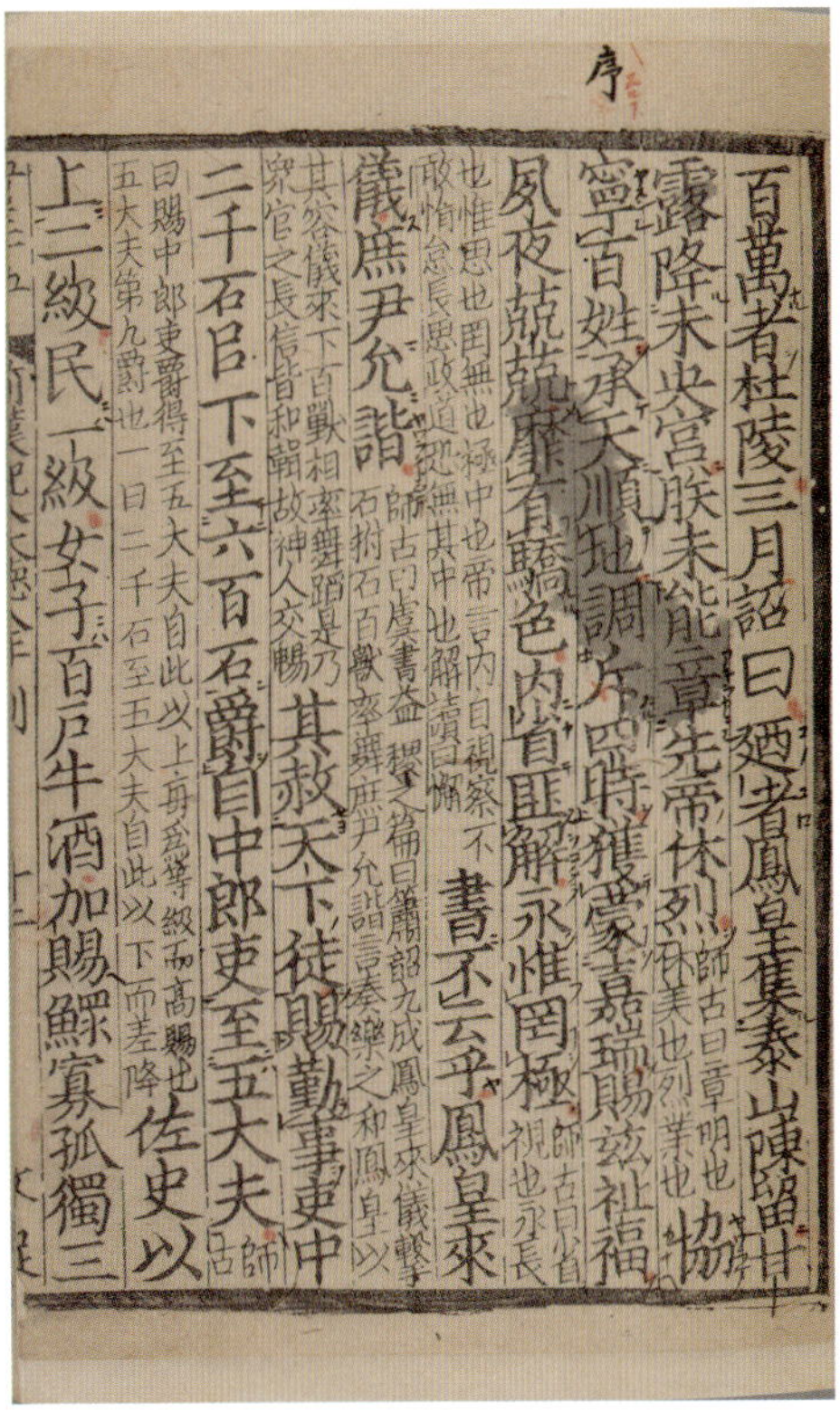
百萬者杜陵三月詔曰迺者鳳皇集泰山陳留甘露降未央宮朕未能章先帝休烈師古曰章明也休美也烈業也協寧百姓承天順地調序四時獲蒙嘉瑞賜茲祉福夙夜兢兢靡有驕色內省匪解永惟罔極師古曰省視也永長也惟思也罔無也極中也帝言內自視察不敢怠惰長思政道無其中也解讀曰懈書不云乎鳳皇來儀庶尹允諧師古曰虞書益稷之篇曰簫韶九成鳳皇來儀擊石拊石百獸率舞庶尹允諧言奏樂之和鳳皇以其容儀來下百獸相率舞蹈是乃眾官之長信皆和諧故神人交暢其赦天下徒賜勤事吏中二千石以下至六百石爵自中郎吏至五大夫師古曰賜中郎吏爵得至五大夫自此以上毋為等級而高賜也五大夫第九爵也一曰二千石至五大夫自此以下而差降佐史以上二級民一級女子百戶牛酒加賜鰥寡孤獨三

巻 8 第12張，元大徳 8 年補刻

『漢書』の現存最古の刊本は北宋末南宋初刊本である。同本は巻末に余靖の上言と景祐の校定年時を記す。これによって同本は従来景祐刊本とされてきた。しかし尾崎康氏が刻工を具に調べた結果、同本が北宋末南宋初の刊本で、上記の余靖の上言等は原刊時のものをそのまま再雕したものであることが判明した。

本冊は、この北宋末南宋初刊本の覆刻である。夥しく元代の修刻葉によって補われているが、原刻の刻工を見ると、間〻北宋末南宋初刊本の修刻の刻工と一致する。また、原刻の闕筆は南宋の光宗の諱である「惇」を避けた、「敦」を下限とする。これらによって本冊の刊行年時は南宋と察せられる。この南宋刊元遞修本は各所に何本か伝存する。その中でも本冊は南宋の原刻葉を最も多く残し、唯一元統 2 年（1334）の修刻葉がない伝本である。他本には本冊の修刻葉の更なる修刻葉まで見られる。

本冊には闕張して有しないが、南宋刊元遞修本には「五行志七中之下」巻末に「対勘官左通直郎知福州長楽県主管勧農公事劉希亮」という銜名があって、同本が福州に於いて刊行されたことを推察させる（次項参照）。

蔵書印に目を向ければ、天龍寺金剛院印記は補写葉には見えず、巻頭に捺す慣例がある毛利高標印記は、補写葉の第 1 冊巻頭、さらには印刷葉の初めに当たる第 2 冊巻 8 巻頭にも捺してあって、この鈔補が毛利家に於いて行われた可能性を窺わせる。

天龍寺金剛院は京都市右京区所在の塔頭で、貞治 3 年（1364）に春屋妙葩（1311-88）が光厳天皇（1313-64）の塔所として建立し、後に後光厳天皇（1338-74）の塔所をも兼ねた。春屋は臨済宗夢窓派の夢窓疎石の法嗣である。

毛利高標は江戸中期の大名で、豊後国佐伯藩主毛利高丘の男。幼名は彦三郎。字は裏松。宝暦10年（1760）に父の跡を襲い、佐伯藩2万石の藩主となった。漢籍善本を蒐集して、紅粟斎文庫を設けた。高標の蔵書 2 万冊は文政11年（1828）に孫の高翰によって幕府に献納され、紅葉山文庫に収められた（Ⅲ-5 参照）。

『漢書』については、次項（Ⅲ-12）を参照されたい。　（山崎　明）

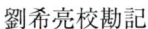

12. 漢書100巻(分120巻)　　　　唐　大　35冊　402-3

漢班固撰　唐顔師古注

〔南宋〕刊(〔福州〕)　元大徳８至至大元年(1304-08)　延祐２年(1315)　元統２年(1334)逓修　覆〔北宋末南宋初〕刊本　訓點補注書入　紅葉山文庫舊藏

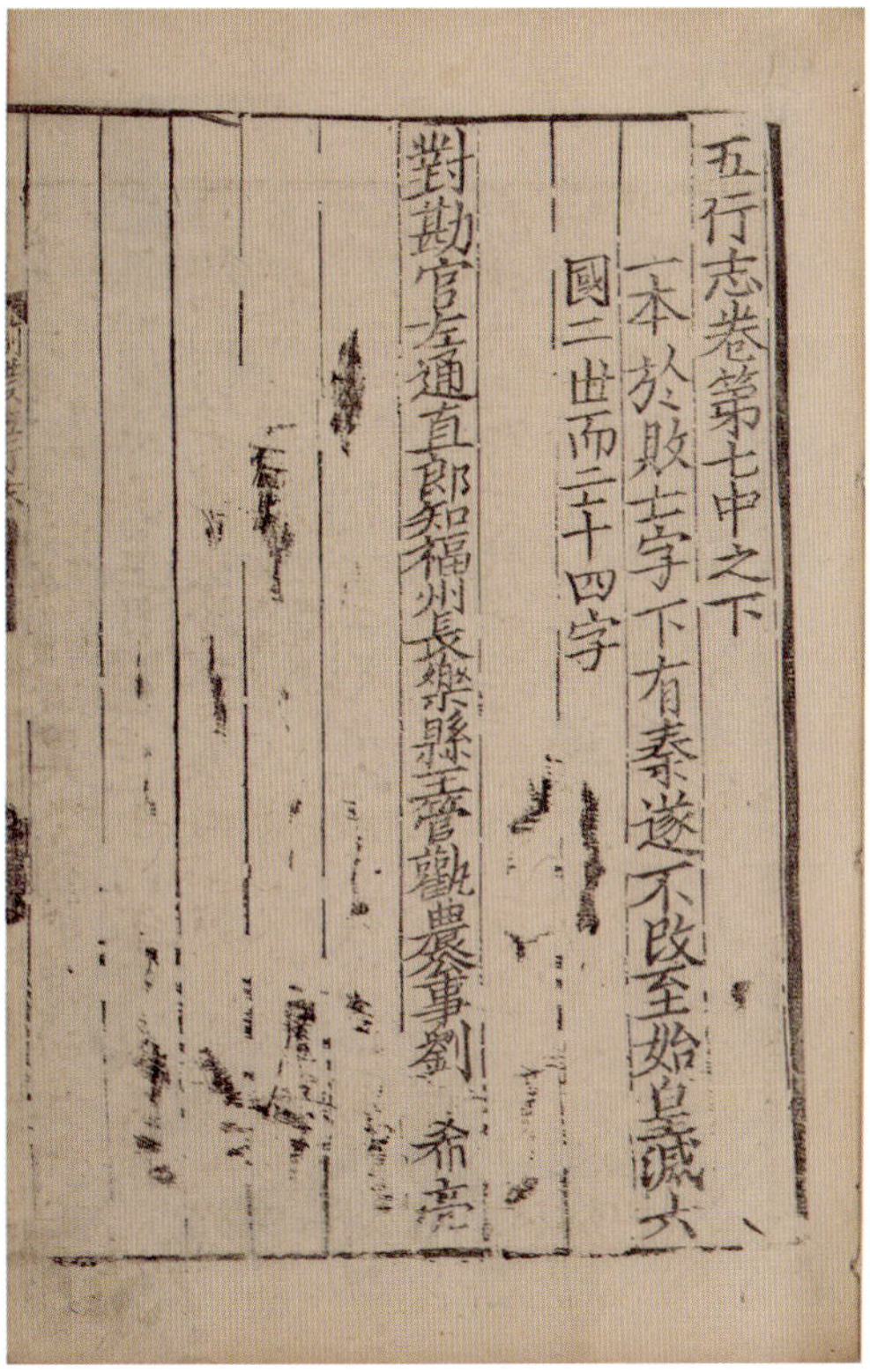
五行志巻第七中之下
一本於敗字下有秦遂不改至始皇滅六國二世而亡二十四字
對勘官左通直郎知福州長樂縣主管勸農公事劉　希亮

劉希亮校勘記

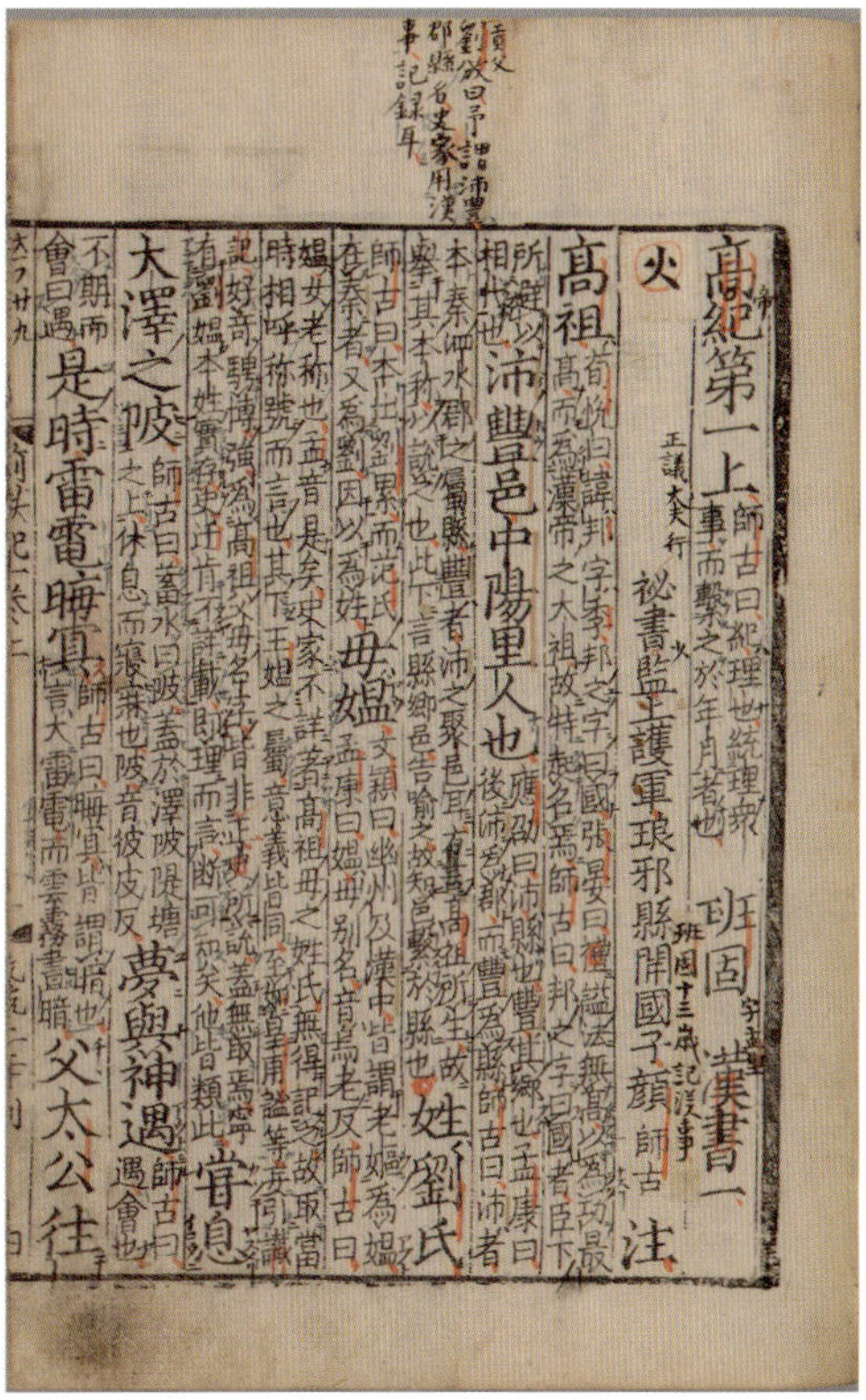
高紀第一上
班固　漢書一
秘書監上護軍琅邪縣開國子顔師古注
高祖沛豐邑中陽里人也
姓劉氏
母媪
嘗息大澤之陂
夢與神遇
是時雷電晦冥
父太公往

巻　1　首

後補茶色艶出表紙（27.2×19.0㎝）。一部裏打修補，改装。前に「　前漢書目録」を附す。左右双辺（20.7×14.5㎝），10行19字，小27字内外。闕筆（原刻）弘殷徵，（補刻）玄弦泫眩絃朗敬警驚弘殷匡筐竟恒貞徵懲樹頊讓桓完構購敦。白口，双黒魚尾（対向），或いは単黒魚尾，上尾下題「前」（或いは陰刻），「前傳（某，某傳）幾（幾巻）（上下）」，或いは「前漢」，「前漢紀（記，傳，列傳，某，某傳，某列傳）幾（幾巻，幾某，幾某列，某幾）（上下）」，「漢幾」，「某（某傳）幾（幾巻）」，下尾下張数あり。一部上辺字数，一部下辺工名，間ゝ経注字数，校勘記を附す。巻27中之下尾題後校勘記より１行を隔て「對勘官左通直郎知福州長樂縣主管勸農公事劉 希亮」記あり。（補刻）刊記，大徳８年至元統２年。補刻葉の版心「大徳八年刊」，「大徳九年刊」，「至大元年刊」，「元統二年刋」等記。巻１第９張，巻６第21至22張，巻12第６張，巻16第19至20張，巻20第11至12張，５巻21上第22張（版心下辺「正統十年刋戴日免寫」と記す），巻22第13至14張，巻30第７張，巻47第４張，巻60第17張，巻62第４張，巻63第１至２，８，12至13，16至22張，巻66第17至18張，巻70第９張，巻75第

16張，巻80第９，12張，巻81第18張，巻82第６張，巻84第７張，巻88第19張，巻89第８張，巻90第14張，巻96第10張，巻97上第３，８張，巻99上第31張，巻100上第19至20張，巻100下第11，13張〔室町末近世初〕鈔補（数筆，また罫紙を用いる者あり）。

〔室町〕墨筆見返し，貼紙補注書入（表志には稀，巻６第７張「竺雲云」)，〔室町末近世初〕別筆朱墨欄上校注（用「宋景文公」校劉元起本)，補注，同朱合竪句点，版心上標柱，墨釘鈔補，同墨返点，連合符，音訓送仮名書入，又別朱欄上標注，首のみ又別手黄藍欄上補注，同黄合竪点，同藍返点，連合符，音訓送仮名書入あり。毎冊首に単辺方形陽刻不明朱印記，同「祕閣／圖書／之章」朱印記，同「帝室／圖書／之章」朱印記を存す。


後漢の班固（32-92）の撰、唐の顔師古（581-645）の注。班固、字は孟堅、扶風安陵（現在の陝西省）の人。彪の子、超・昭の兄。父彪の志を継ぎ、20餘年を費やして該書を撰したが、後漢永元４年（92）に大将軍竇憲の叛逆に連坐して、官位を剝奪され、獄死した。このため、妹の昭が八表と天文志を補い該書を続成させた。班固は該書の他、『白虎通義』を撰集した。顔師古、字は籀、京兆万年（現在の陝西省）の人。思魯の子、之推（『顔氏家訓』の撰者）の孫。唐の太宗の詔により、孔穎達等と秘書省に於いて五経の文字を考定し、『五経正義』を編定した。この他、『匡謬正俗』『大業拾遺記』『隋遺録』を撰し、『急就章』に注した。唐貞観19年（645）に卒す。

該本は、原刻・補刻の闕筆、原刻・補刻・元統２年補刻の工名、補刻葉の版心から、〔南宋〕刊（〔福州〕)、元大徳８至至大元年・延祐２年・元統２年逓修、覆〔北宋末南宋初〕刊本と推定される。林復斎等による『重訂御書籍来歴志』（天保７年 1836成立）に「駿府御文庫本」と著録されるのは該本（来歴志本）で、森枳園等による『経籍訪古志』（安政３年 1856成立）に於いても該本が言及される。

また該本は、上記の如く、〔室町末近世初〕補鈔に係る多くの補鈔葉が認められ、更に〔室町〕の貼紙補注書入、〔室町末近世初〕別筆朱墨欄上校注などが周密に施されている。特に、貼紙補注書入、〔室町末近世初〕別筆朱墨欄上校注などは該本の伝来検討の手がかりとなる可能性がある。本版について、前項（Ⅲ-11）参照。

（髙田宗平）

13. 三國志65巻　　唐　大　25冊　401-87

晉陳壽撰　劉宋裴松之注

〔南宋〕刊　巻１至３市野迷庵鈔配呉氏西爽堂刻本　〔室町〕校合書入　文政３年（1820）５年 市野迷庵 明治18年（1885）重野〔成齋〕（安繹）識語　真浄院 福井崇蘭館 市野迷庵 新見正路 紅葉山文庫舊藏

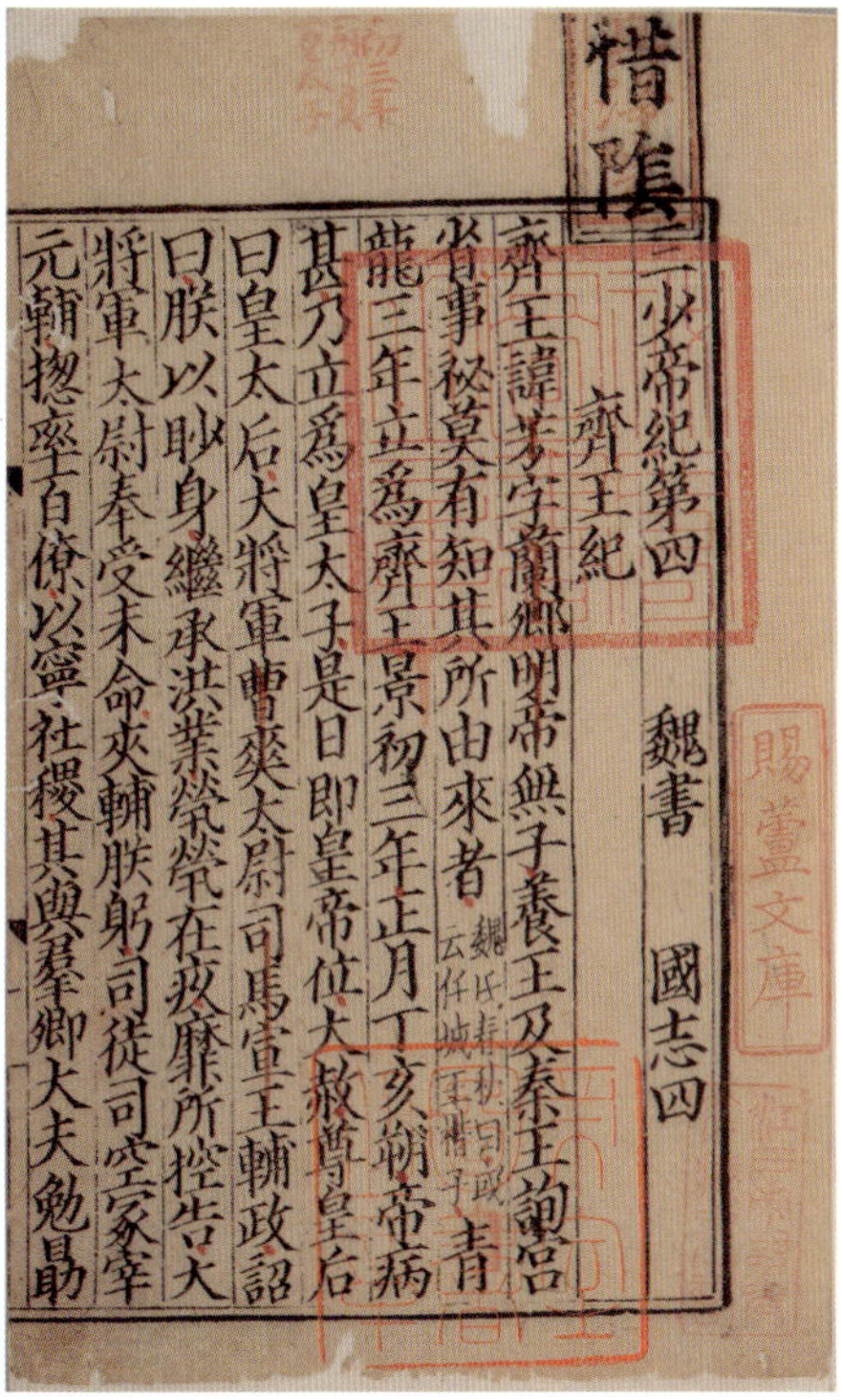
三少帝紀第四　魏書　國志四
齊王紀
齊王諱芳字蘭卿明帝無子養王及秦王詢宮
省事秘莫有知其所由來者魏氏春秋曰或云任城王楷子青
龍三年立為齊王景初三年正月丁亥朔帝病
甚乃立為皇太子是日即皇帝位大赦尊皇后
曰皇太后大將軍曹爽太尉司馬宣王輔政詔
曰朕以眇身繼承洪業煢煢在疚靡所控告大
將軍太尉奉受末命夾輔朕躬司徒司空冢宰
元輔揔率百僚以寧社稷其與羣卿大夫勉勗

巻 4 首

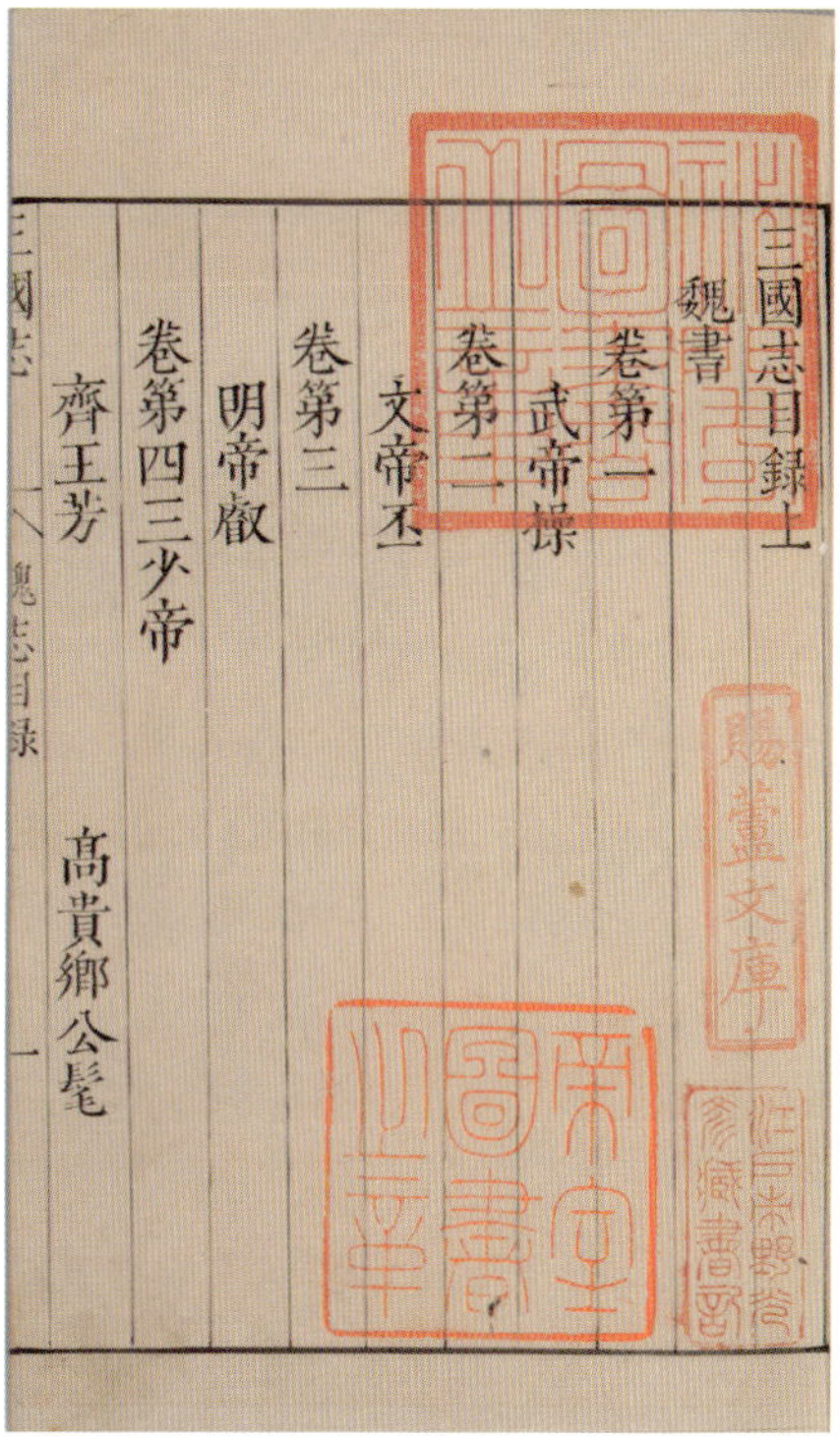
三國志目録上
魏書
巻第一　武帝操
巻第二　文帝丕
巻第三　明帝叡
巻第四三少帝
齊王芳
高貴郷公髦
三國志　魏志目録　一

目 首

後補淡茶色艶出表紙（25.4×16.1cm）左肩に無辺白紙題簽を貼布し「三國志［　］幾」と書す。首冊表紙の右下に同工の小簽に「來歴［　］〈前記〉」と朱書す。竹紙。綫装。襯紙改装（原紙高約25.0cm），天地裁断し，金鑲玉の裏打ち補修あり。

呉氏西爽堂刻本による鈔配の第１，２冊四周単辺（20.6×13.9cm），有界，10行20字（小字同），方匠体。第３冊から四周双辺（19.7×12.5cm），有界，10行18字（小字23字），柳公権体，框廓外左上伝主名あり。（闕筆）玄鉉朗敬警弘殷匡恇竟胤炅恒貞楨禎徴懲樹朂讓桓構溝耩講購遘慎称敦惇燉郭廓（不厳）。第１，２冊白口，単白魚尾，上象鼻「三國志」，魚尾下「魏志幾」，下辺張数と間ゝ字数。第３冊から線黒口，双黒魚尾（不対向），上魚尾下「魏（蜀・呉）志幾」，下魚尾下張数，間ゝ上魚尾上字数。巻４，７，８，61尾に「昰」校勘識語，巻65尾に文政３，５年市野迷庵識語。第１冊首に朱印格紙と白紙を貼布し，明治18年（1885）２月６日重野安繹による解題あり。朱筆，藍筆にて合傍点，傍線，堅句点などあり。縹色不審紙あり。稀に天に墨と朱の別筆にて呉氏西爽堂刻本と毛氏汲古閣本との校注，

補注等あり。巻 4 首等に双辺方形陽刻「真浄院（楷書）」朱印記，重鈐して双辺長方陽刻「惜陰（楷書）」墨印記，第15冊首に不明朱印記，重鈐して単辺方形陽刻「崇蘭／館臧」朱印記，巻首等に単辺方形陽刻「江戸市野光／彦臧書記」，巻 3，6，11尾に同「迷／菴」，「光／彦」，方形陰刻「林下／一人」朱印記，巻首等に双辺長方陽刻「賜蘆文庫」朱印記，毎冊首に単辺方形陽刻「祕閣／圖書／之章」朱印記，毎冊首に同「帝室／圖書／之章」を存す。

本書は魏・蜀・呉の三国の歴史を記した中国の正史で、晋の陳寿が著し、南朝宋の裴松之が注したものである。百衲本『二十四史』の『三国志』は本書を底本に用いたが、本冊闕の首 3 巻を涵芬楼所蔵の南宋紹興本によって補配するほか、清代武英殿本を主として、晋抄本、大字宋本（傅増湘蔵影写宋刻大字本か）、宋補本（張鈞衡蔵呉志残本か）、另宋本（不明）、元大徳十年池州路本、明南北両監本、明毛氏汲古閣本、清汪氏校本、清孔継涵校本などを参考に、本文の校正・修訂を行っている。中国国家図書館に本冊の同版本と思われる、一部補写の楊氏海源閣旧蔵32冊本が蔵される。本冊は首 2 冊（三国志目録上、上三国志注表、晋書本伝附節録宋書裴松之伝、巻 1 ～ 3）が市野迷庵（1765-1826）による補写である。

本版の闕筆は必ずしも厳格ではないが、南宋寧宗朝（1194-1224）に及ぶ。中国国家図書館本と同じ紹熙本と称されるが、闕筆の年代を見ると、紹熙本（光宗年号、1190-94）というのは誤りであろう。尾崎康氏によると、慶元中（1195-1200）福州建安の各書肆刊の十史を構成するものではないかと推定される。

真浄院に伝来するもので、昰という人物による識語（巻 4 、 7 、 8 、61の巻末）が見られるが、この人物の詳細は不明。第15冊首に京都の医家福井氏崇蘭館の朱印記あり。後に市野迷庵の旧蔵を経て、新見正路が幕府に献上し、幕府紅葉山文庫に入ったものである（Ⅲ-59参照）。　　　（黄　昱）

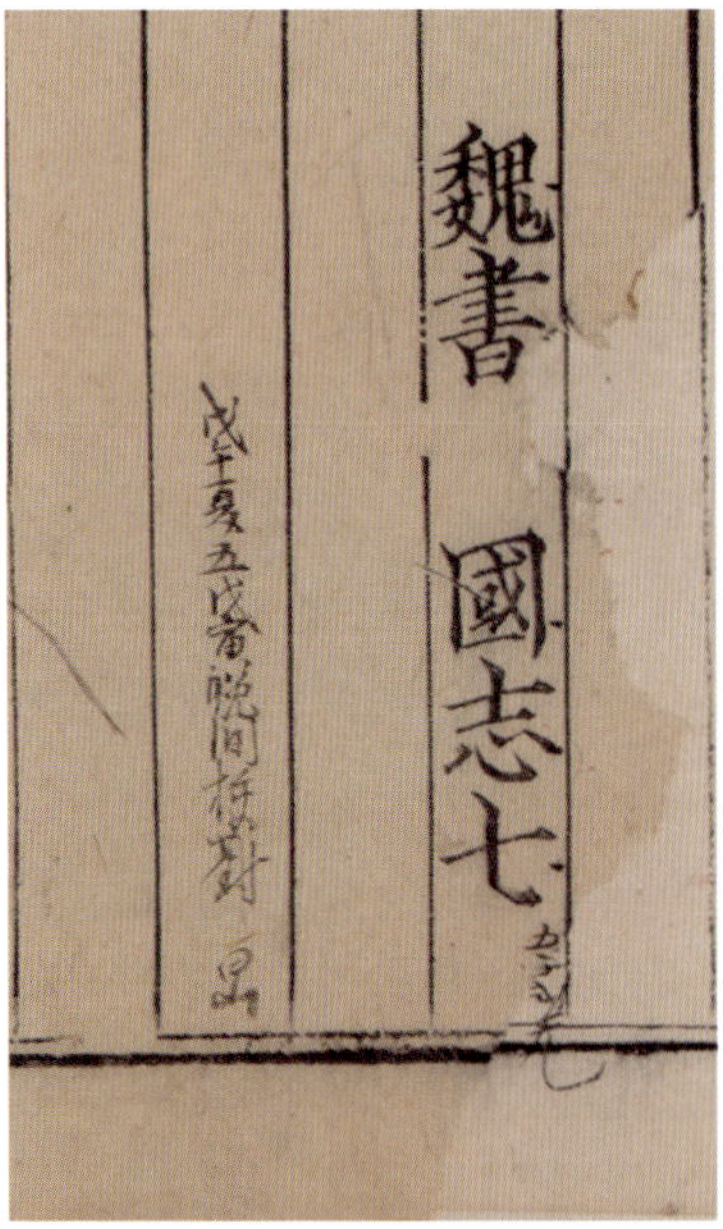
魏書　國志七

巻 7 尾識語（部分）

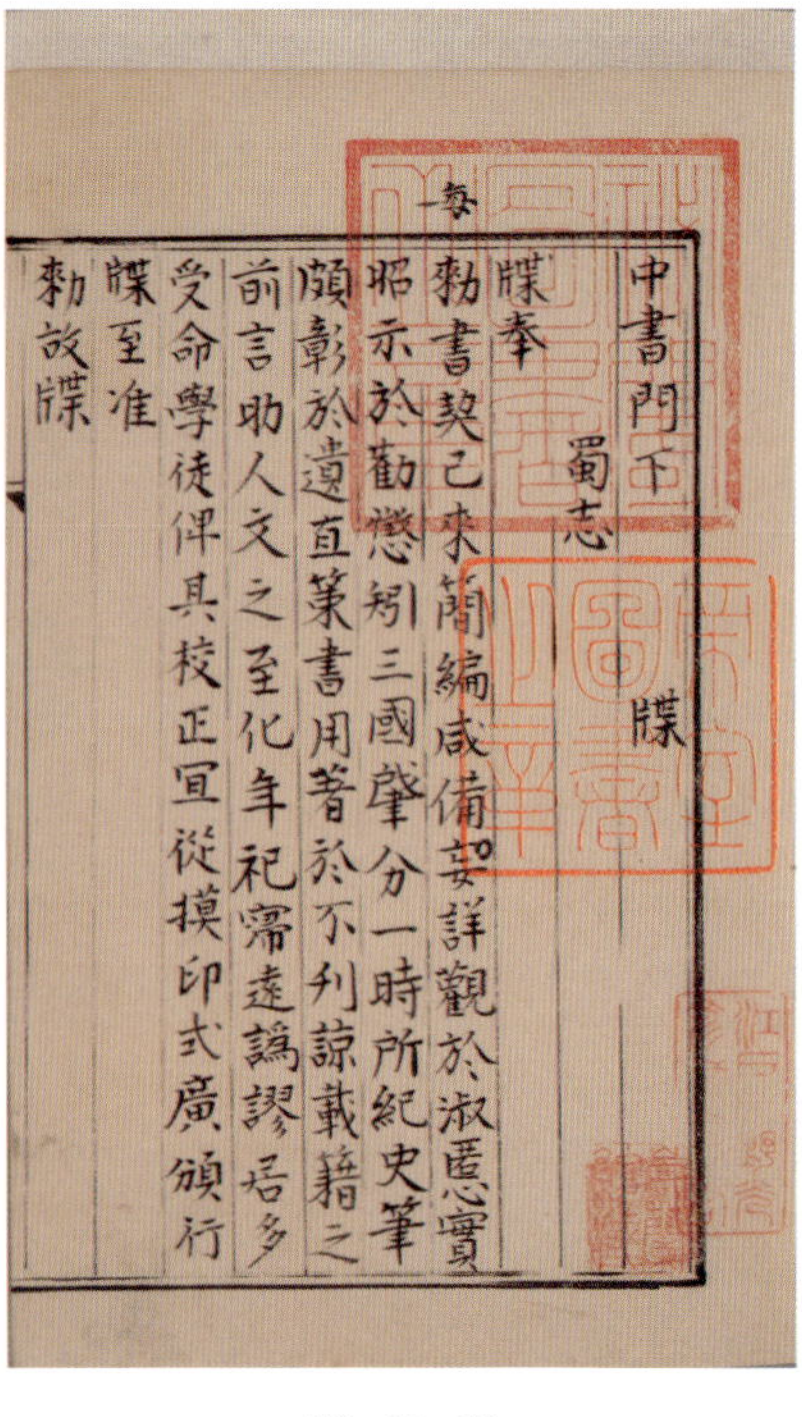
中書門下　牒
蜀志
牒奉
勅書契已來簡編咸備要詳觀於
昭示於勸懲矧三國肇分一時所紀史筆
頗彰於遺直策書用著於不刊諒載籍之
前言助人文之至化年祀寖遠譌謬居多
受命學徒俾具校正宜從模印式廣頒行
牒至准
勅故牒

諸 印 記

14. 東都事略130巻

唐　大　14冊　402-10

宋王稱撰

〔南宋〕刊　後修　覆〔宋〕眉山程舍人宅刊本　巻1至2　4至10 12 14至20 62至66 71至72 81至82 94至99 119 123 129鈔配　〔狩谷棭齋〕識語　〔新見正路〕紅葉山文庫舊藏

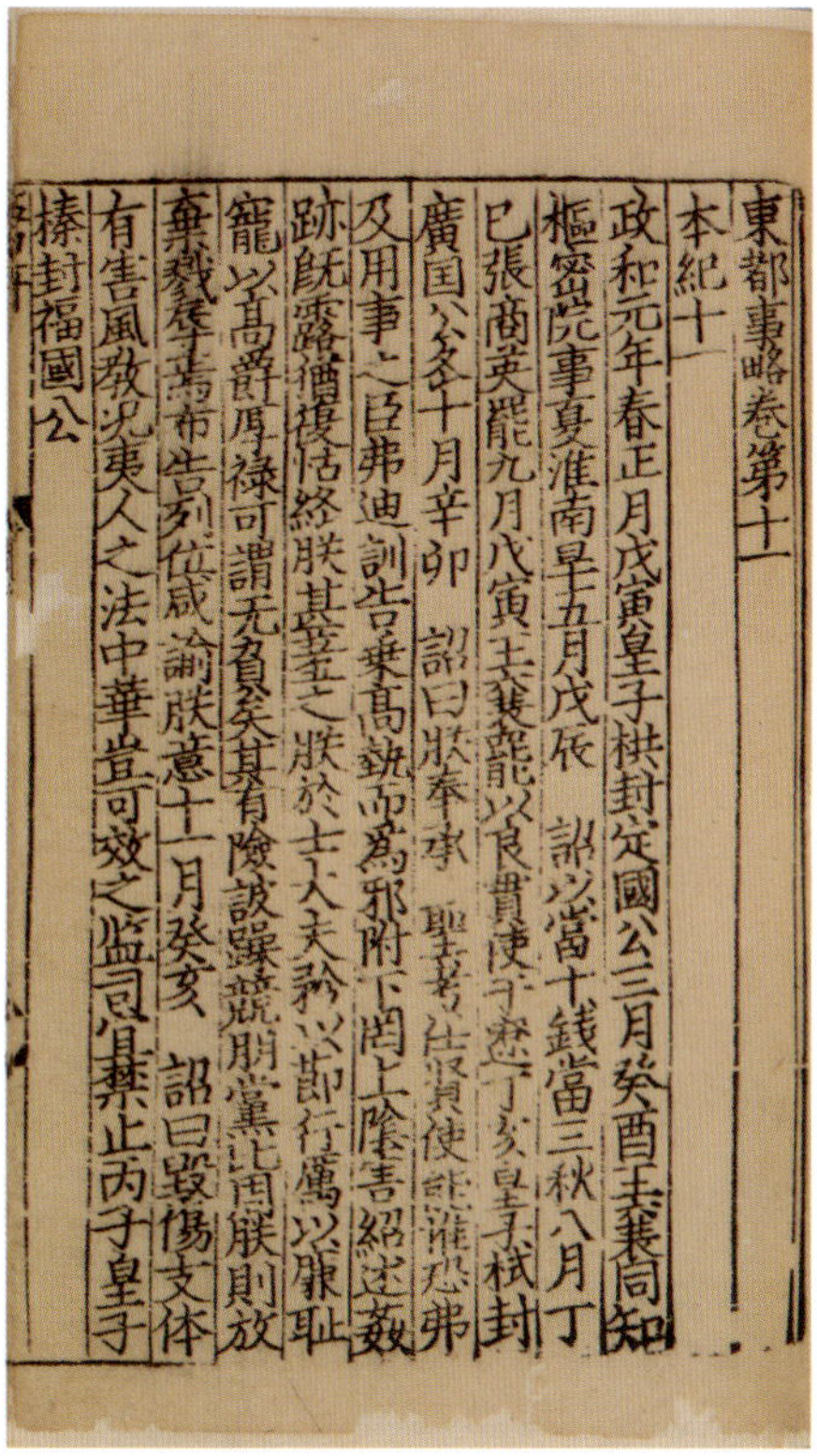
東都事略卷第十一
本紀十一
政和元年春正月戊寅皇子棋封定國公三月癸酉王襄同知
樞密院事夏淮南旱五月戊辰　詔以當十錢當三秋八月丁
巳張商英罷九月戊寅王襄罷以良貴使于遼丁亥皇子栻封
廣国公冬十月辛卯　詔曰朕奉承　聖考任賢使能惟恐弗
及用事之臣弗迪訓告乗高勢而為邪附下罔上陰害紹述蹤
跡既露猶復怙終朕甚悼之朕於士大夫務以節行厲以廉耻
寵以高爵厚禄可謂无負矣其有險詖躁競朋黨比周朕則放
棄黜奪焉布告列位咸諭朕意十一月癸亥　詔曰毀傷支体
有害風教况夷人之法中華豈可效之監司州縣禁止丙子皇子
榛封福國公

卷　11　首

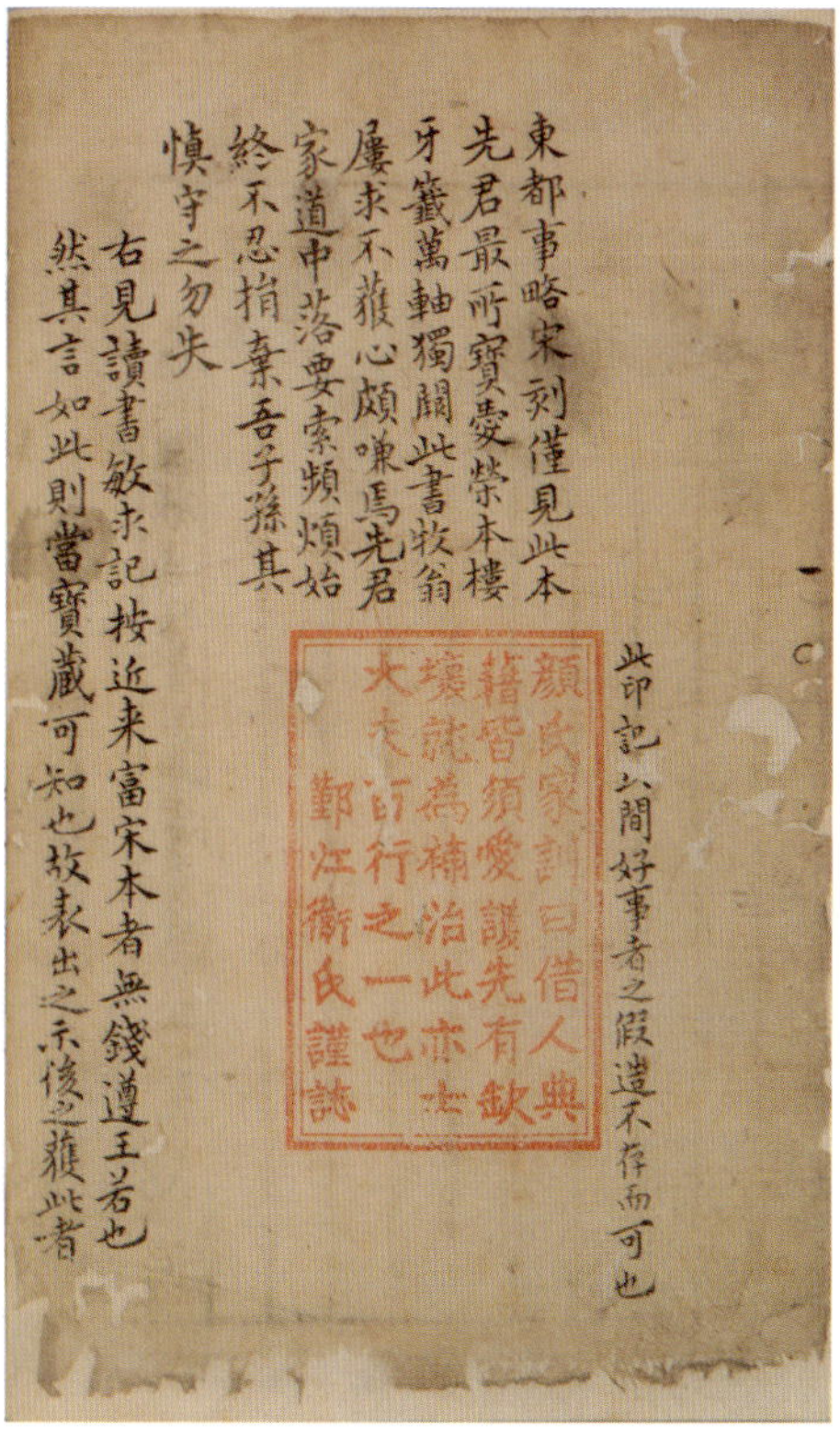
東都事略宋刻僅見此本
先君最所寶愛紫本樓
牙籤萬軸獨闕此書牧翁
屢求不獲心頗慊焉先君
家道中落要索頻煩始
終不忍捐棄吾子孫其
慎守之勿失
右見讀書敏求記按近来富宋本者無錢遵王若也
然其言如此則當寶藏可知也故表出之示後之獲此者
顔氏家訓曰借人典／籍皆須愛護先有缺／壞就為補治此亦士／大夫百行之一也／鄞江衞氏謹誌
此印記□間好事者之假造不存而可也

狩谷棭斎識語

後補淡茶色艶出表紙（23.6×15.3cm），左肩に題簽を貼布し「東都事略［　］幾」と書す。原紙より縦の長い裏打修補を施す（原紙高約23.0cm）。旧見返し中央下方に双辺方形陽刻「顔氏家訓曰借人典／籍皆須愛護先有缺／壞就為補治此亦士／大夫百行之一也／　　鄞江衞氏謹誌（楷書）」朱印記を捺すが，その右傍に〔狩谷棭斎〕筆にて「此印記□間好事者之假造不存而可也」と書す。また，印記上に同筆の識語あり。目録末に「眉山程舍人宅刋行／巳申上司不許覆板」の刊記あり。目録の後に王稱箚子，洪邁箚子，王稱表を附す。左右双辺（巻11首19.2×12.6cm），有界，12行24字内外。「玄弦鉉朗驚弘貞徵勗完煦構溝覯遘講偁稱瑋惇敦廓」を闕筆する箇所がある。版心は白口，或いは線黒口，或いは上白下線黒口，双黒魚尾（対向或いは不対向），或いは三黒魚尾，上尾下題「東幾」或いは「幾」等，張数，上象鼻字数（白口，稀に下辺，陰刻もあり）。毎冊首に単辺陽刻方形「祕閣／圖書／之章」と「帝室／圖書／之章」の各朱印記を捺す。

本書は北宋九帝の治世を対象とする紀伝体の史書で、宋孝宗朝の成立と見られている。撰者の王称は字季平、眉州の人、生没年不詳。後世の資料では名を「偁」に作ることもあるが、宋版に見える「稱」が正しいと思われる。高宗朝前期に実録院修撰を務めた王賞の子で、父の業を継いで本書を成した。

本冊はかなりの鈔補を含むが、国家図書館（台湾）蔵本と同版で、それに対して 2 割弱が補版に置き換わった後修本である。稀に〔室町末近世初〕や〔江戸初〕の書き入れが見られる。

従来本版の闕筆は光宗で止まり寧宗には及ばないとされていたが、寧宗の「廓」も一部で闕筆する。眉山程舍人宅の刊記を持つものの、字様は蜀刻本らしくはない。静嘉堂文庫に宋版とされる同版式の異版（湊配本）が所蔵されるが、それも蜀刻本には似つかわしくない字様であり、どちらかに程舍人宅刊の版木が部分的にでも使われているのかどうかは定かではない。宋版の版式を引き継ぐ後代の翻刻本が和刻本を含めて数種あり、それらの伝本は多い。旧蔵について、Ⅲ-59参照。　（上原究一）

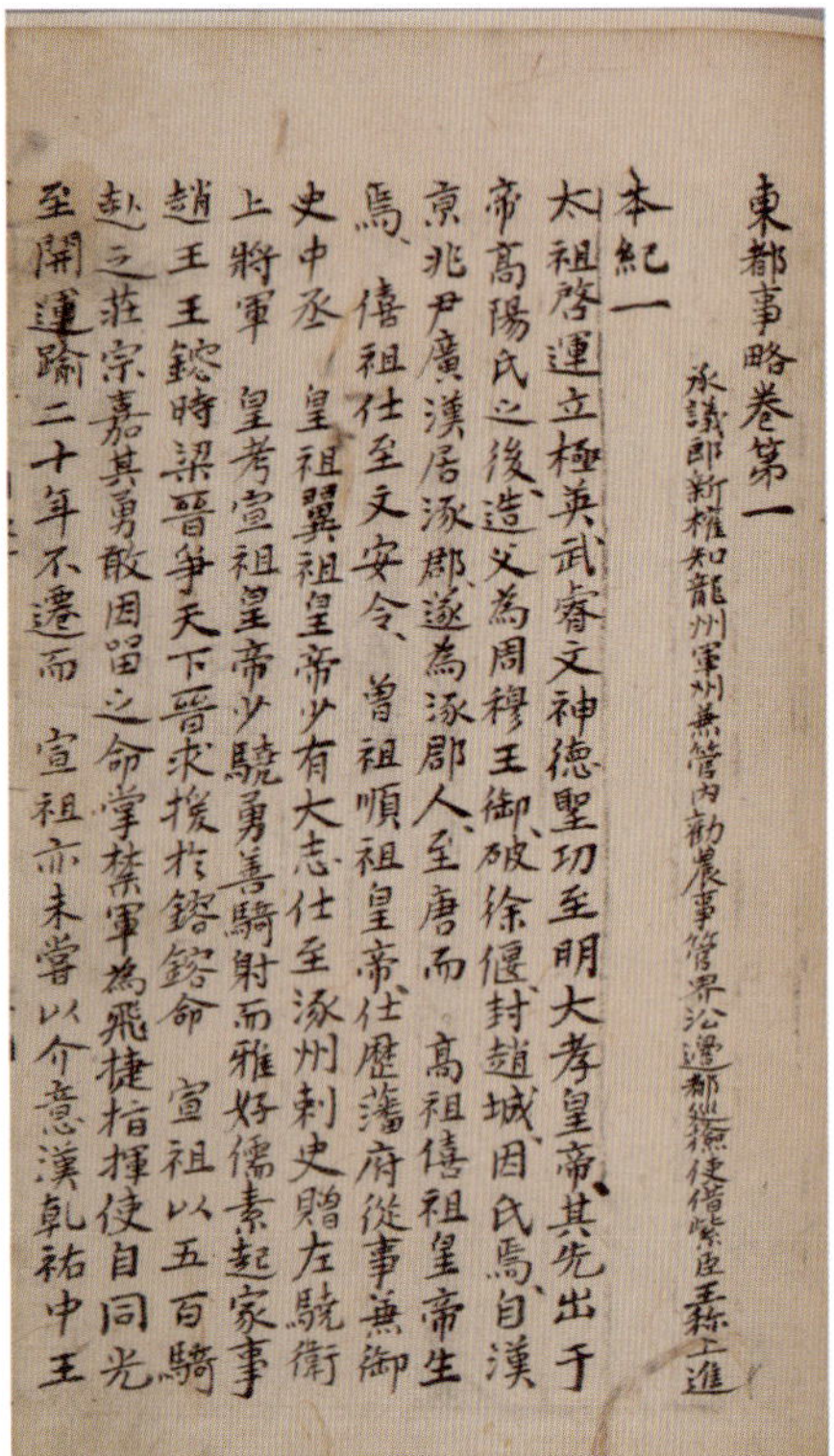
東都事略巻第一
承議郎新權知龍州軍州兼管内勸農事管界沿邊都巡檢使借紫臣王稱上進
本紀一
太祖啓運立極英武睿文神德聖功至明大孝皇帝其先出于
帝高陽氏之後造父為周穆王御破徐偃封趙城因氏焉自漢
京兆尹廣漢居涿郡遂為涿郡人至唐而　高祖僖祖皇帝生
焉僖祖仕至文安令曽祖順祖皇帝仕歴藩府從事兼御
史中丞　皇祖翼祖皇帝少有大志仕至涿州刺史贈左驍衛
上將軍　皇考宣祖皇帝少驍勇善騎射而雅好儒素起家事
趙王王鎔時梁晉爭天下晉求援於鎔鎔命　宣祖以五百騎
赴之莊宗嘉其勇敢因留之命掌禁軍為飛捷指揮使自同光
至開運踰二十年不遷而　宣祖亦未嘗以介意漢乾祐中王

巻 1 首

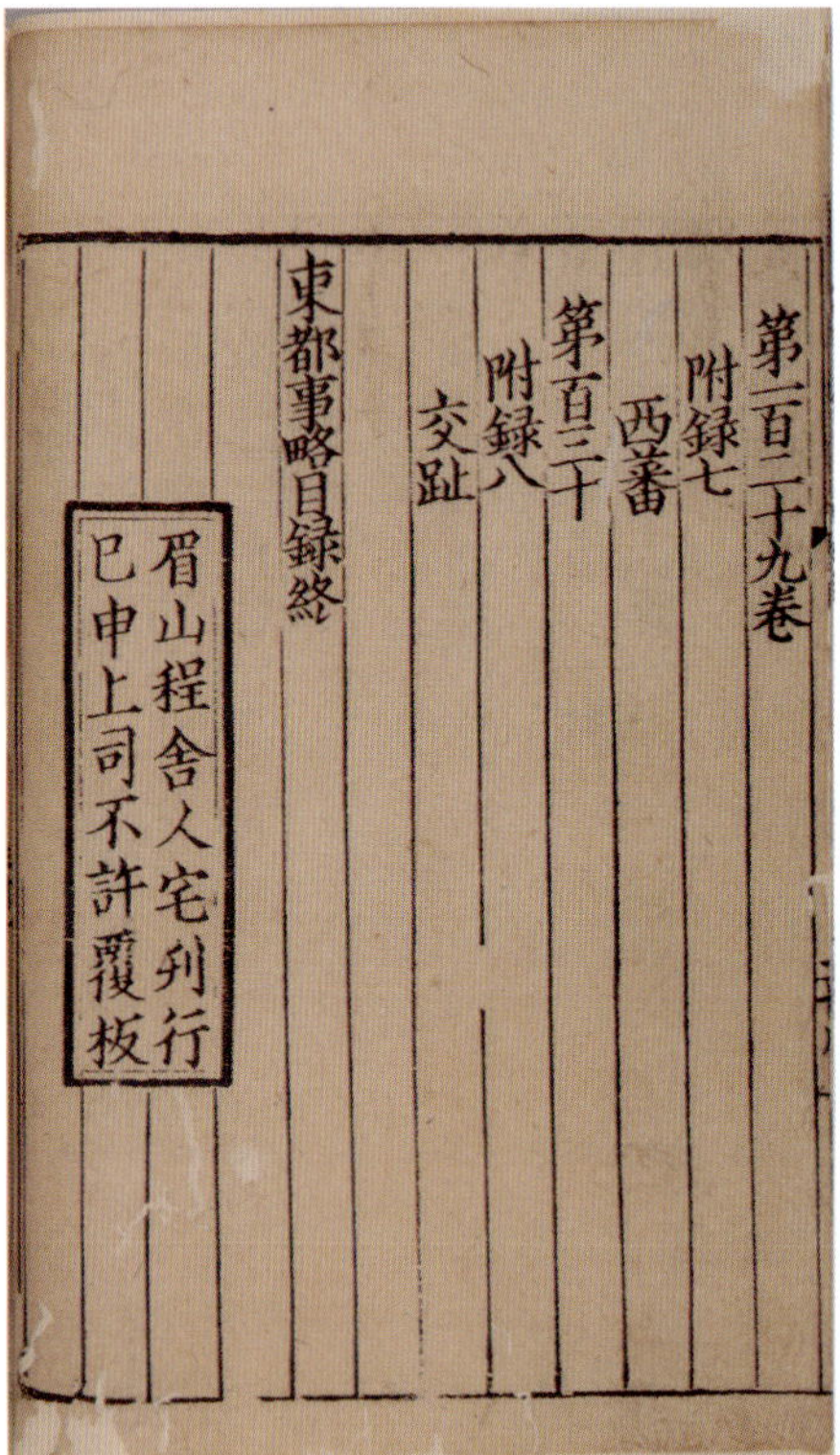
第一百二十九巻
附録七
西蕃
第百三十
附録八
交趾
東都事略目録終
眉山程舍人宅刊行
已申上司不許覆板

刊 記

15. 東萊先生増入正義音註史記詳節20巻 首1巻　　唐　中　8冊　500-66

宋〔呂祖謙〕撰

〔宋末元初〕刊(〔建〕)　句批補注書入本　河本立軒舊藏　内閣記録局蒐集

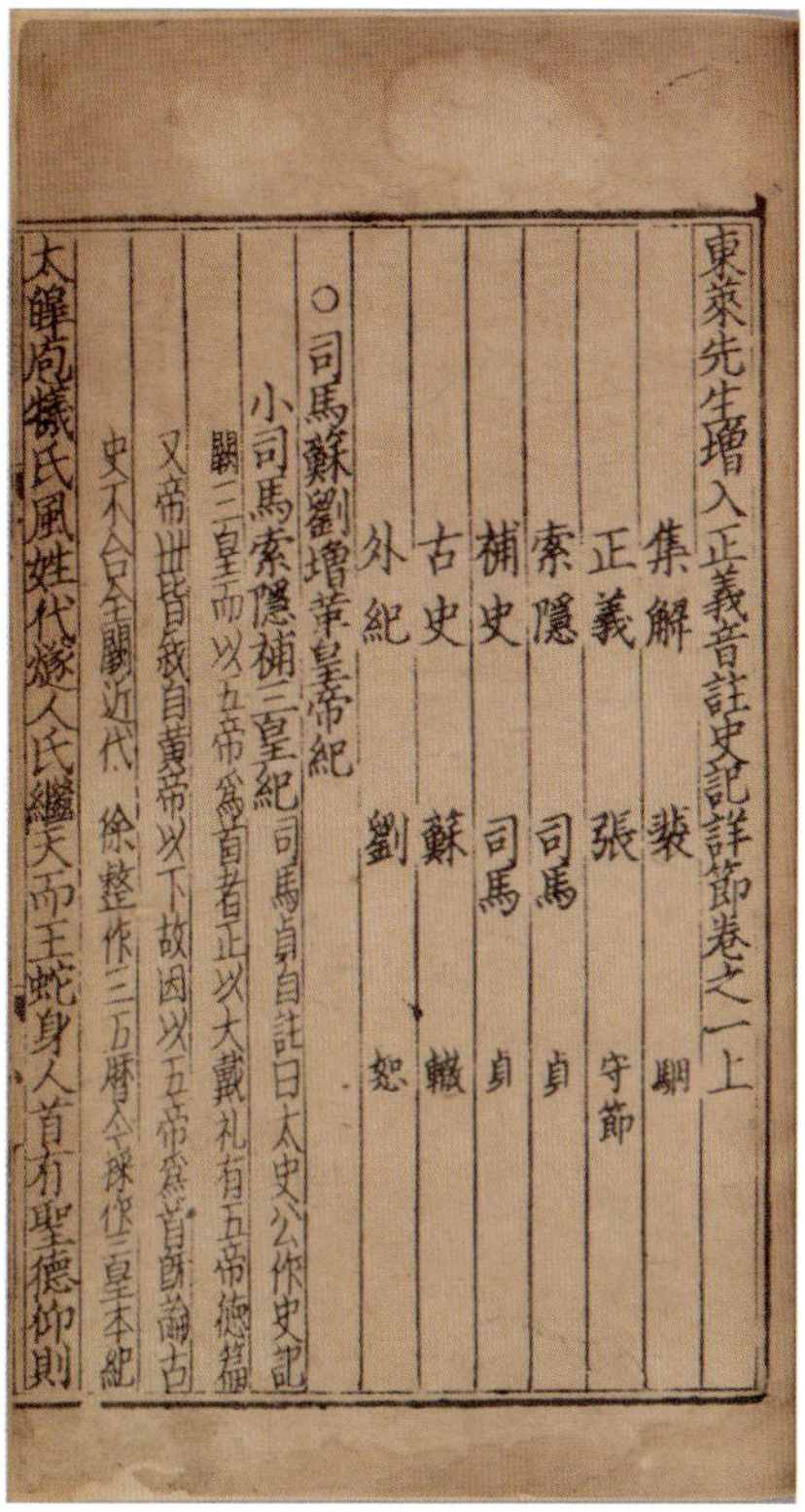

東萊先生増入正義音註史記詳節巻之一上
集解　裴　駰
正義　張　守節
索隠　司馬　貞
補史　司馬　貞
古史　蘇　轍
外紀　劉　恕
○司馬蘇劉増華皇帝紀
小司馬索隠補三皇紀司馬貞自註曰太史公作史記
闕三皇而以五帝爲首者正以大戴礼有五帝徳篇又帝世皆叙自黄帝以下故因以五帝爲首然論古
史不合全闕近代徐整作三五暦今採作三皇本紀
太皥庖犠氏風姓代燧人氏繼天而王蛇身人首有聖徳仰則

巻１上首

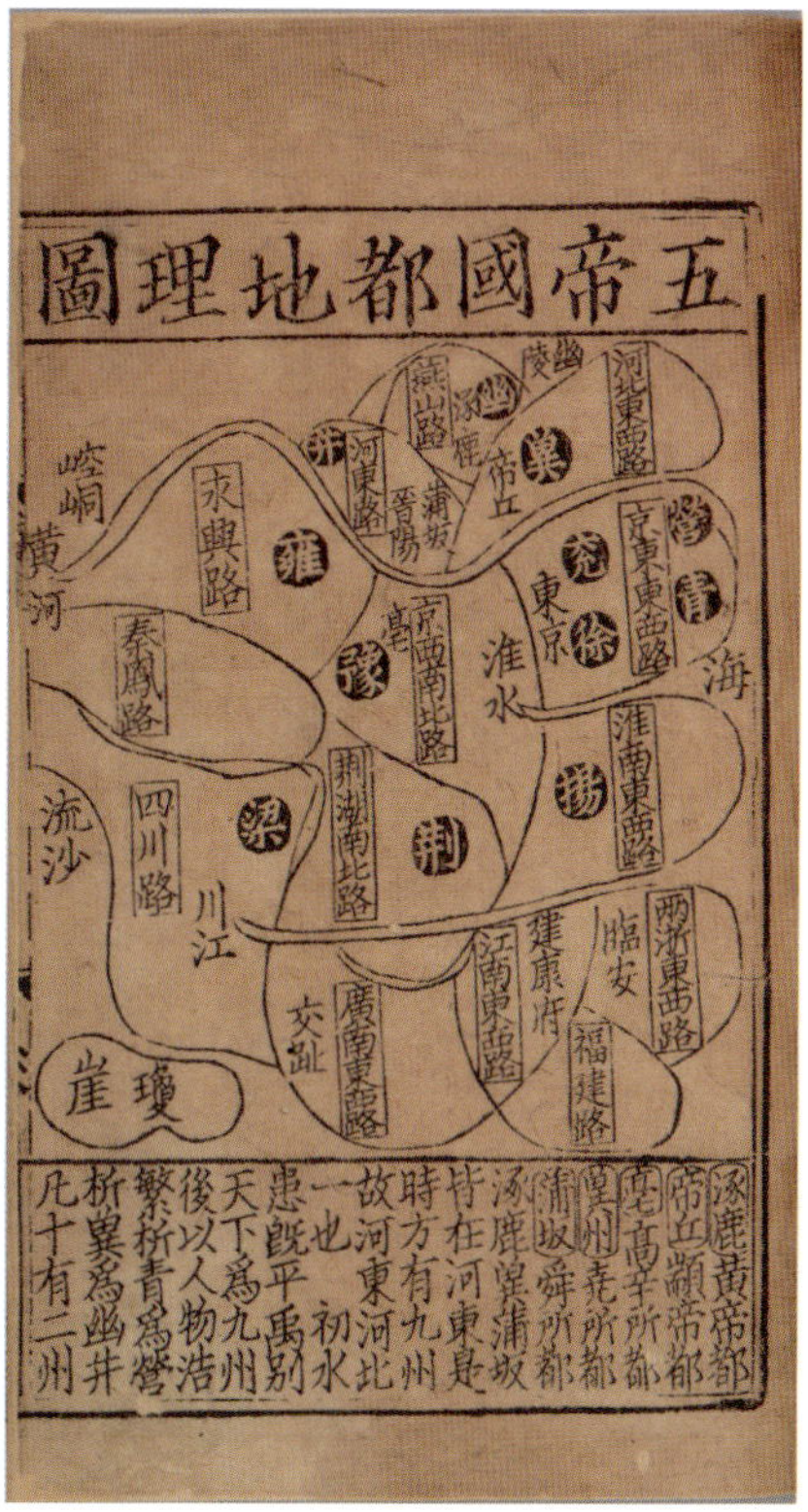

地理図首

後補雷文繋唐草文空押丹表紙（19.7×12.2㎝），康熙綴じ六針眼訂，裏打修補，天地截断あり。首に〔司馬貞「補史記序」〕（首欠），接行にて裴駰「集解叙」，蘇轍「古史序」，元豊元年八月日劉恕序あり（存3張）。次いで歴代の譜系図及び地理図あり（計4張），後者は上図下文。更に「東萊先生増入正義音註史記詳節目録」4張を経て本文に入る。首題次巻の巻１以降，第１行は巻１上に準ずるが，第２至７行の原撰者名は巻１上首のみ。巻１上（三皇本紀）に続いて巻１（五帝本紀）あり。毎節夾注（小字双行，注者引書名陰刻，圏発を隔し「正義」），毎章改行，低１格にて「劉氏外紀曰（墨囲陰刻）」，毎編尾改行，「太史公曰（墨囲陰刻）」，「索隠述賛曰（同）」，「蘇子古史曰（同）」，稀に低4格にて按語を附す。

巻１上と巻１は全張が四周双辺（15.3×9.6㎝），以降は左右双辺（但し巻６第３，４張と巻11第９張は四周単辺）。有界，12行24字，柳公権体。左肩に無郭にて「編目　幾巳（巻）幾」と耳題を記し，眉上に無郭標注（行小２字）あり。版心は線黒口，双黒魚尾（不対向或いは対向，稀に三魚尾），上魚尾下題「史幾」，或いは「史记一」，張数。「匡貞徴桓慎敦」の各字に闕筆例あり。巻尾題「東萊

先生増入正義音註史記詳節巻之幾」，或いは「十巻終」，「巻終」（巻12）等。

稀に朱竪傍句点，傍線，傍圏あり。ごく稀に墨で返り点と音訓送り仮名あり。間ゝ欄上，欄下，行間，夾紙に〔室町〕期朱墨にて補注書入。首冊前見返し左肩に「{宋版證／闕畫　}　記シ札付」と記した附箋あり，巻 1 第 1 張「徵」と巻 5 第 1 張「慎」の欠筆に附箋注記あり。奇数冊首に単辺陽刻長方「備前河本／氏藏書記」朱印記（河本立軒），毎冊首に単辺陽刻正方「備後藤／江岡本／藏書印」朱印記，同「宮内省／圖書印」朱印記を捺す。

撰者の姓名を明記する箇所は無いが、角書の「東萊先生」は著作郎、国史院編修、実録院検討を兼ねた南宋の呂祖謙（字を伯恭、婺州金華の人、1137-81）の尊称であり、その手になると謳っていることは疑いない。他に『漢書』『後漢書』『三国志』『晋書』『南史』『北史』『隋書』『新唐書』『新五代史』にも東萊先生の名を掲げて「詳節」と題した節略本があり、元明の間にはそれらをまとめた『十七史詳節』と題する叢刻の形で幾度か刊行されている。これらを呂祖謙の名声を利用しようとした書坊による偽託とする説も清代からあるが、『四庫提要』は呂祖謙の真作と看做しており、今日では呂祖謙が実際に関わっていたとの見方が一般的である。

字様は宋元の建本に典型的な柳公権体で、南宋の風を帯びてはいるものの、後半の巻を中心に字様が見劣りする箇所も少なくない。眉上に見出しを掲げたり、墨囲陰刻を多用したりといった元代の建本に頻出する要素を備えていることや、宋諱の闕筆があまり多くは見られないことも踏まえて、〔宋末元初〕刊とした。本版の伝本は他に知られていない。

なお、本書の宋版とされるものとして、他に中国国家図書館が所蔵する同名の残本 1 冊がある（請求記号17830、存目録第 3 張裏至巻 2 第 7 張表、胡蝶装）。しかし、これは阿部隆一『増訂中国訪書志』245頁が本版と覆刻の関係にある後出の元版だとする故宮博物院（台湾）蔵『十七史詳節』（故善003338-003435）の『史記』部分、尾崎康「日本国現在宋元版解題　史部（下）」23頁が本版による元末ごろのかなり忠実な覆刻本だとする書陵部蔵『十七史詳節』（402-81、劉氏静得堂の封面を持つ）の『史記』部分、それらより版木の損傷が進んでいて中国国家図書館が元版として所蔵する『十七史詳節』（07420）の『史記』部分等と同版なので、単行の宋版ではなく元版の叢刻の零本である可能性が高いだろう。

（上原究一）

16. 通典200卷 序目1卷 闕卷42 119至120　　　唐　大　44冊　400-1

唐杜佑撰

〔北宋〕刊 〔宋修〕 序 卷109至110重鈔 目 卷111至118 171至175 196至200鈔配

高麗國〔朝鮮朝〕經筵 紅葉山文庫舊藏

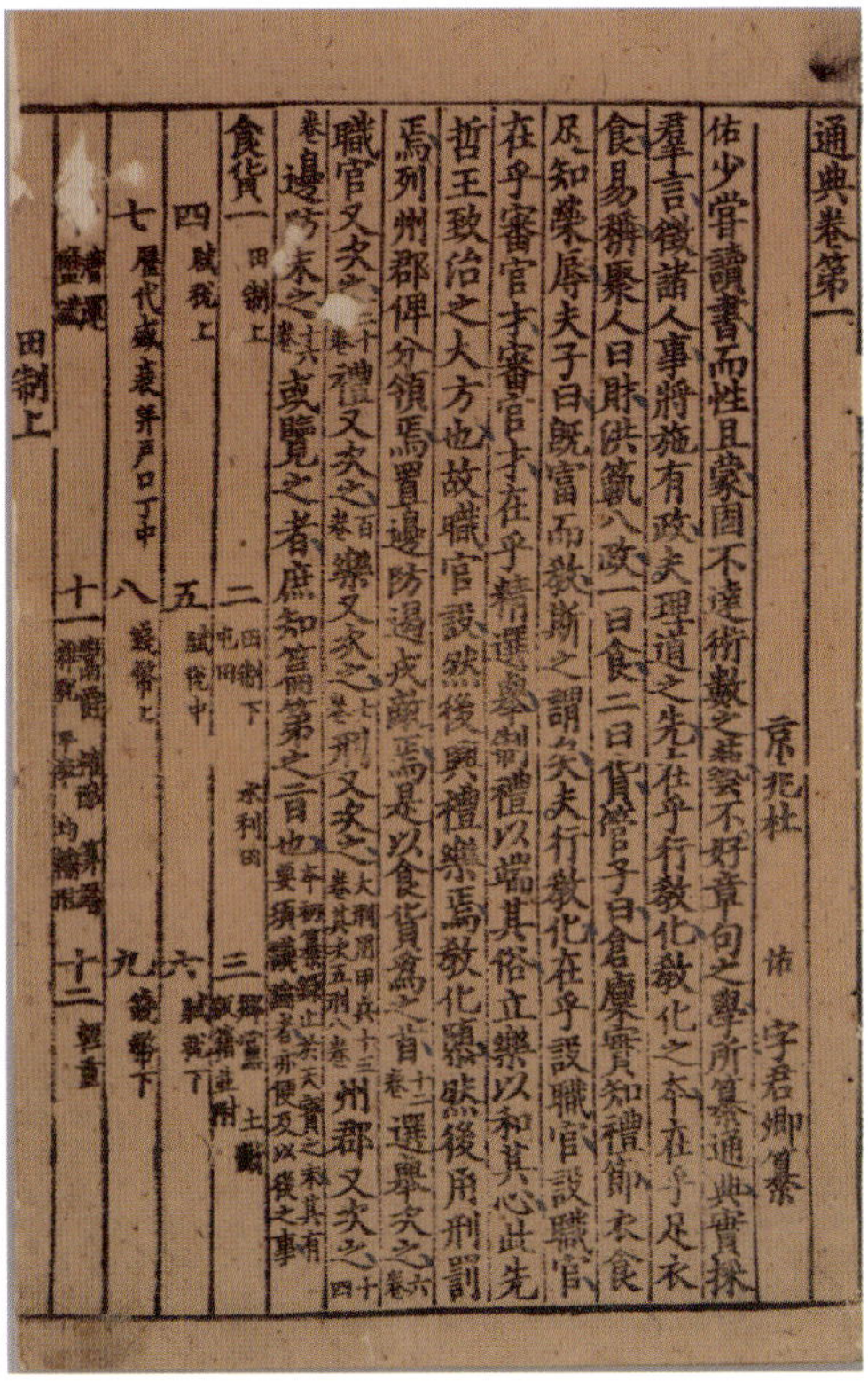

卷 1 首

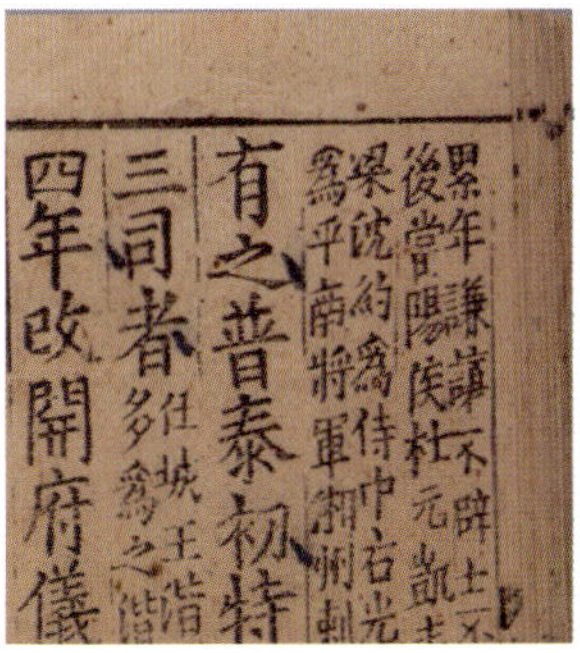

原第 7 冊第30張裏第 1 行「讓」の闕筆周辺（補版か）（部分）

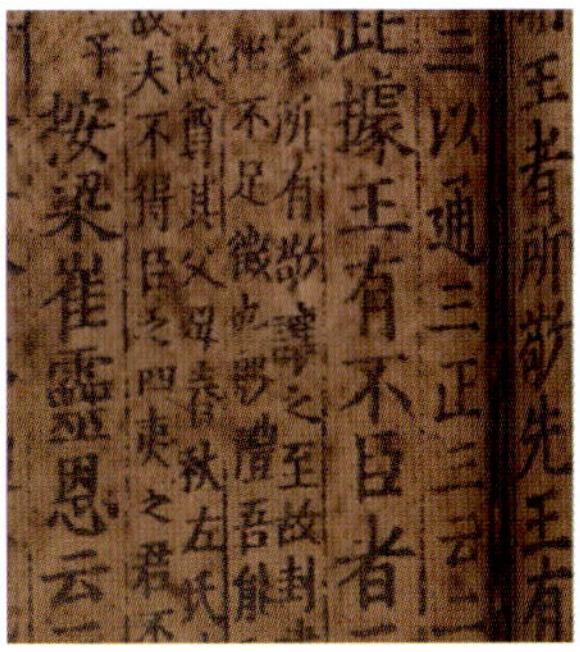

原第15冊第32張表第 3 行「讓」の闕筆周辺（原刻か）（部分）

後補丁子染唐草文空押艶出表紙（26.7×17.5㎝）。左下打付に冊次を朱書するが，その際に巻61至65の冊と巻161至165の冊を取り違えている。鈔補の冊を除き，毎冊同版の双辺題簽「通典［　］」を左肩に直刷りし，その題下に「〈巻幾之幾〉」，枠内左下に「此様四十」と墨書する。同じく中央上辺打付に千字文冊号をやや薄く墨書し，右肩より〔朝鮮〕筆にて編目を列挙する。茶褐色染，天地截断，裏打修補あり。鈔補の第 1 冊に李翰「通典序」と「通典目録」を収め，本来の第 1 冊（現第 2 冊）は首に〔杜〕佑「進通典表」と李翰「通典序」（鈔補と重複）があり，以下本文に入る。巻 1 首「通典巻第一／（低14格）京兆杜（隔 3 格）〈佑〉　字君卿纂」，第 2 行は巻 1 のみ。巻151首「通典兵家必用巻四　　兵四」，巻156首「通典巻第（隔 7 格）兵九」等，稀に首行の書式が異なる巻がある。左右双辺（23.6×約15.7㎝），有界，15行（巻 1 第 1 張表のみ16行）27字内外，小字双行37字内外。版心は白口，無魚尾（稀に単黒魚尾），中段題「苐幾冊（冊次は 5 巻ごとに改む。闕巻や鈔補の影響で現在の冊次とは対応しない）　巻数（数字のみ）（隔約 9 格）張数（冊ごとに通し）」，下辺に間と

工名あり。2字以上の工名は，鄭希，鄭遂，胡祐，徐嗣，胡遂，張丶，小汪（汪小），嚴粛，鄭□，周亮，周□，小七，小嚴三，趙政，胡九。「玄弦炫絃鮌朗敬警驚弘泓殷匡洭筐竟境鏡胤炅恒貞徴懲譲」に闕筆の例があり，「朓」を「眺」（人名「謝朓」），「弘」を「弜」（人名「趙弘」「徐弘」「郭弘」等），「頴」を「類」「穎」「頻」「潁」（人名「高頴」「段頴」），「貞」を「眞」（人名「劉道貞」「裴守貞」等），「徴」を「微」（人名「呼屠徴」）に，それぞれ改める箇所がある。稀に墨釘あり。鈔補は四周単辺（21.7×14.6cm，巻116至118四周双辺），有界，9行17字，2筆。

鈔補とは別筆の〔江戸〕朱藍墨書入あり。間ゝ縹色や代赭色の不審紙を貼り，目首に〔江戸〕墨書紙箋を夾む。現第1冊後見返しに「四四　第一号／（低格）史七」朱書紅格紙を貼附。鈔補の冊及び現第15，16冊を除く毎冊尾に単辺方形陽刻「高麗國十四葉辛巳歳／蔵書大宋建中靖國／元年大遼乾統元年（楷書）」，鈔配部を除く毎冊首に単辺方形陽刻「經／筵」，毎冊首に同「祕閣／圖書／之章」，同「宮内省／圖書印」，第5冊第2張表に方形陽刻印文不明，の各朱印記を捺す。

高麗国十四葉辛巳（1101）の印が見えること、闕筆の下限、及び字様などから北宋版だと認められ、鈔補の冊は朝鮮乙亥字本によるとされる（尾崎康①「通典の諸版本について」、同②「通典北宋版および諸版本について」、同③「日本国現在宋元版解題　史部（下）」）。なお、高麗国印は間ゝ同じ張の反対側に鏡像がうつっているので、押捺の際には胡蝶装であったと推定される。

字様や魚尾の有無が一様ではなく、補刻を含むと考えられるが、原刻と補刻の相違が比較的明瞭なのは版心の第15冊辺りまでで、後半は字様の不安定さが増し、補刻が一度なのか数次に及ぶのかは不明である。今回補刻と認めた張（版心に記す冊次と張数による）は、第1冊第6、13至14、24至25張、第2冊第1至2、5至8、10至15、19至20、35至42張、第3冊第9至10、18、31張、第4冊第39至40張、第5冊32至33張、第6冊第7、9、23至24、40、43至44張、第7冊第3至5、19至20、26、28、30至31、39至40張、第8冊第1、28至30、37至39、43至44、48張、第9冊第5至8、29至30、35至36、49張、第10冊第1至4、9至14、17至18、20至23、27至31、34至35、44、46、49張、第11冊第1至4、20至23、25、34至36、40至41、48至49張、第12冊第1至4、7至8、10至11、23、31至32、37張、第13冊第22至23張、第15冊第20張、第22冊第9、30至31、34至35張、第25冊第46至47張、第26冊第7張、第31冊第15至16、19至20張、第32冊第29、35張、第33冊第22至23張、第34冊第27、34至36張、第38冊第14、17、35張、第39冊第6張。

北宋3代の真宗までは闕筆の比率が高いが、4代仁宗では闕筆しない例の方が圧倒的に多くなり、5代英宗以降の諸帝への闕筆は見当たらない。但し、英宗の父の諱「允譲」の「譲」を用例のごく一部で闕筆している。前掲尾崎①と③はそれを補刻の第2冊第1張表第10行（巻6）だとするが、その行に「譲」は見えない。実際に「譲」の末画を闕くのは、今回補刻と認めた第7冊第30張の裏第1行小字双行注（巻34）と、そうは認めなかった第15冊第32張の表第3行小字双行注（巻74）の2箇所である。こうした闕筆と補刻の分布からは、或いは刊刻作業の途中で皇帝の代替わりがあったというような可能性を想定すべきかもしれない。　　（上原究一）

17. 太平寰宇記200巻 目2巻　存巻1至3 5至10 12 16 37 44 47至48 50 72 77至78 88至91 96 99至118 124至125 133至138 141至143 147至149 155 161 187至189 194至200 有闕

唐　特大　25帖　510-3

宋樂史撰

〔南宋〕刊(〔蜀〕)　金澤文庫 紅葉山文庫舊藏

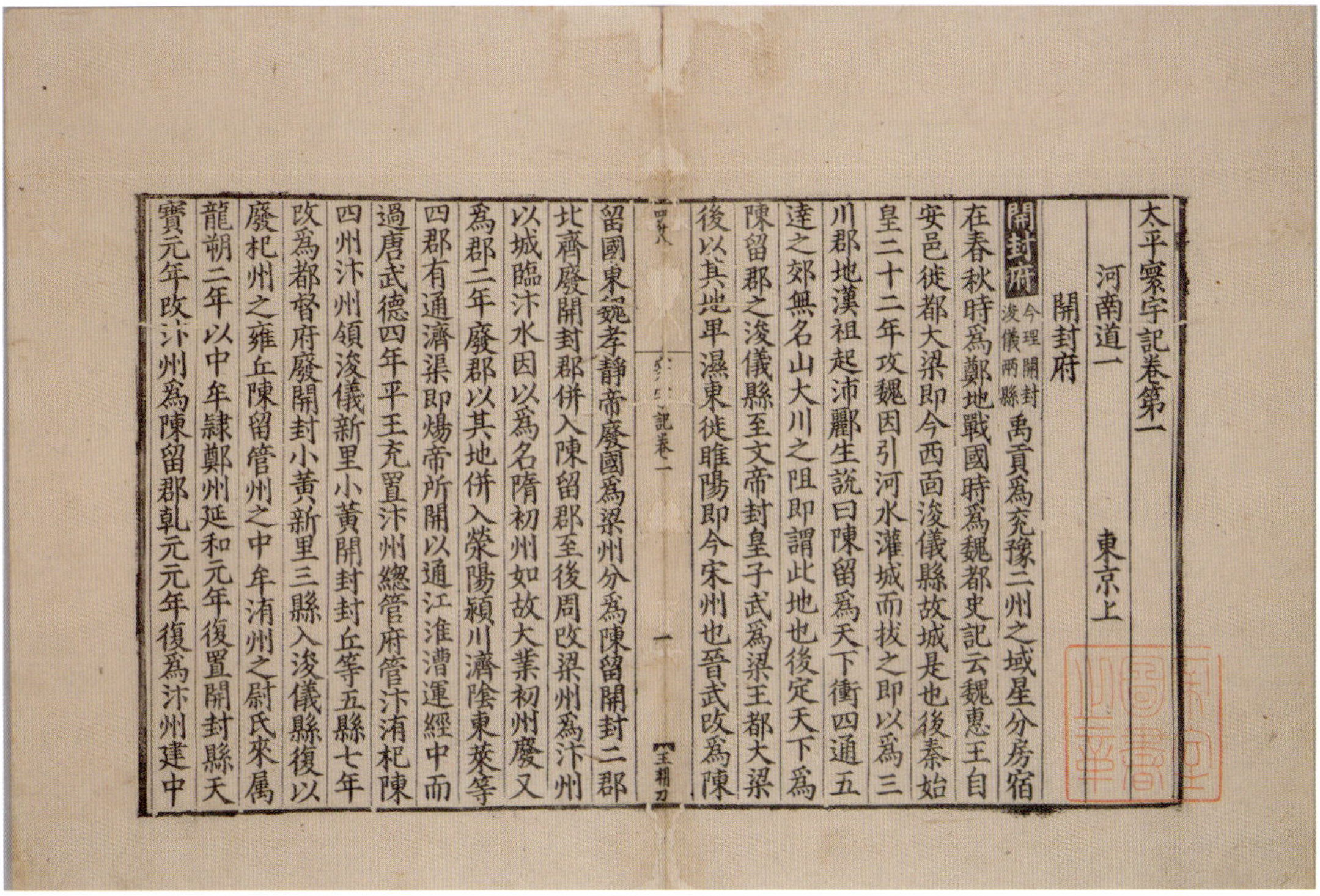

太平寰宇記巻第一
河南道一　東京上
開封府
開封府 今理開封浚儀兩縣 禹貢爲兗豫二州之域星分房宿
在春秋時爲鄭地戰國時爲魏都史記云魏惠王自
安邑徙都大梁即今西面浚儀縣故城是也後秦始
皇二十二年攻魏因引河水灌城而拔之即以爲三
川郡地漢祖起沛酈生説曰陳留爲天下衝四通五
達之郊無名山大川之阻即謂此地也後定天下爲
陳留郡之浚儀縣至文帝封皇子武爲梁王都大梁
後以其地卑濕東徙睢陽即今宋州也晉武改爲陳
記巻一　一　王朝刀
留國東魏孝静帝廢國爲梁州分爲陳留開封二郡
北齊廢開封郡併入陳留郡至後周改梁州爲汴州
以城臨汴水因以爲名隋初州如故大業初州廢又
爲郡二年廢郡以其地併入滎陽潁川濟陰東萊等
四郡有通濟渠即煬帝所開以通江淮漕運經中而
過唐武德四年平王充置汴州總管府管汴洧杞陳
四州汴州領浚儀新里小黄開封封丘等五縣七年
改爲都督府廢開封小黄新里三縣入浚儀縣復以
廢杞州之雍丘陳留管州之中牟洧州之尉氏來屬
龍朔二年以中牟隷鄭州延和元年復置開封縣天
寶元年改汴州爲陳留郡乾元元年復爲汴州建中

巻 1 首

淡茶色包背表紙（33.7×24.8㎝）左肩題簽を貼布し「太平寰宇記［　］幾」（首冊のみ題下に「〈大缺巻〉」）と書す。胡蝶装，裏打修補，隣接する背面を糊付す。本文皮紙。前に「太平寰宇記序」，「太平寰宇記目録巻上（下）」を附す。

左右双辺（22.7×18.4㎝）有界，11行20字。（闕筆）玄弦泫眩絃弘泓殷慇匡胤恒徴樹譲頊桓完構遘慎敦暾。白口，上辺字数，直下に工名，中段題「寰宇（記）巻幾」，下方張数，稀に下辺工名あり。（工名）（眉陽）王朝（刀），德先，徳又，田友，田祖，王定，王良。

首，巻 5 尾，巻12首，巻37首，巻44首，巻50尾，巻91尾，巻99尾，巻111尾，巻112首，巻118首，巻125尾，巻133首，巻141首，巻187首に双辺方形陽刻「金澤文庫（楷書）」墨印記，毎冊首，副葉或いは裏打ち紙に単辺方形陽刻「祕閣／圖書／之章」朱印記，同じく原紙に「帝室／圖書／之章」朱印記を存す。

撰者の楽史は、宋初太宗朝の学士で著作に富む。本書は唐の賈耽『十道記』や李吉甫『元和郡県志』に拠りつつ、太宗朝の版図を総述したもの、遼に割譲されていた燕雲十六州は名目に止まる。地理沿革の他に列朝人物や題詠古蹟を収録した編集は、後世の地志に踏襲された。

本書自体は元明に振るわず、清代半にはすでに 7、8 巻を失い、四庫採進の浙江汪啓叔家蔵本は巻113至119を闕く193巻、崇仁楽之篪、南昌万廷蘭刊本ではさらに巻4を闕き192巻となっていた上、長く伝鈔本のみに拠ったため本文の転訛を免れず、清光緒 8 年（1882）金陵書局が仁和朱彝尊影鈔本を校勘に加えても、その短所を補うことが出来なかった。

一方、日本の金沢文庫に収め、近世に江戸幕府の有に帰したこの宋刊本は、間〻前後を闕く49巻のみの残本ではあるが、巻113至118の 6 巻を補い得る他、その本文を宋代の旧に復することが出来る。本帖の伝来を知った来日中の楊守敬は、明治16年（清光緒 9、1883）巖谷一六を通じてその所在を確かめ、清国公使黎庶昌を通じ太政大臣三条実美に働きかけて官庫より借り出し、影刻して『古逸叢書』に収め、中土に流布せしめた。

本版は闕筆から見て光宗朝以降の刊刻であり、版式字様と工名から、南宋中期頃の蜀刻本と推定される。匡郭外に高大の餘白を有ち胡蝶装の旧形を伝えるが、金沢文庫印記と分帖の合致しない点を見ると、改装を経ているのであろう。　（住吉朋彦）

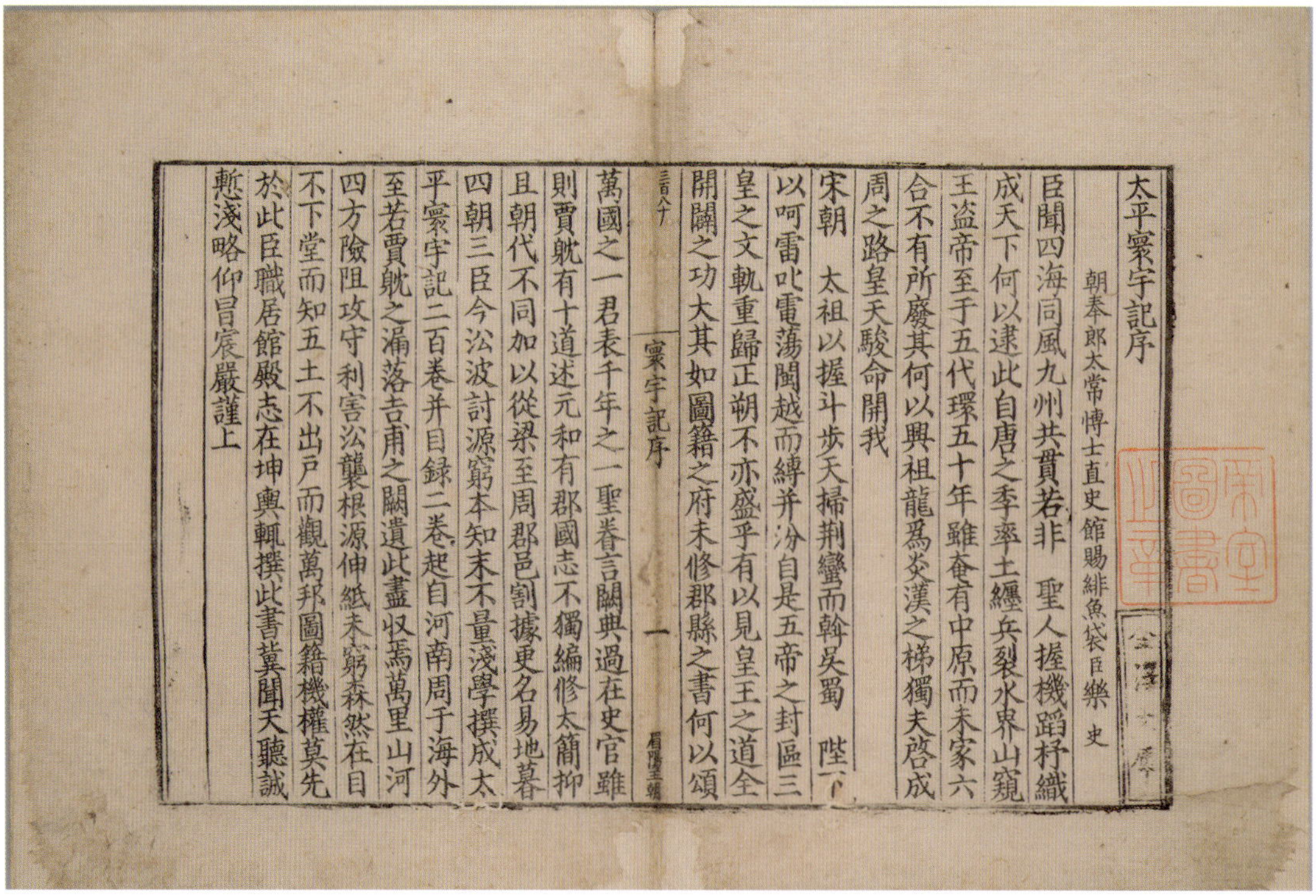
太平寰宇記序
朝奉郎太常博士直史館賜緋魚袋臣樂史
臣聞四海同風九州共貫若非　聖人握機蹈杼織
成天下何以逮此自唐之季率土纒兵裂水界山窺
王盜帝至于五代環五十年雖奄有中原而未家六
合不有所廢其何以興祖龍爲炎漢之梯獨夫啓成
周之路皇天駿命開我
宋朝　太祖以握斗步天掃荊蠻而斡吳蜀　陛下
以呵雷叱電蕩閩越而縛并汾自是五帝之封區三
皇之文軌重歸正朔不亦盛乎有以見皇王之道全
開闢之功大其如圖籍之府未修郡縣之書何以頌
三百八十
寰宇記序　一
萬國之一君表千年之一聖眷言闕典過在史官雖
則賈耽有十道述元和有郡國志不獨編修太簡抑
且朝代不同加以從梁至周郡邑割據更名易地暮
四朝三臣今沿波討源窮本知末不量淺學撰成太
平寰宇記二百卷并目録二卷起自河南周于海外
至若賈耽之漏落吉甫之闕遺此盡收焉萬里山河
四方險阻攻守利害沿襲根源伸紙未窮森然在目
不下堂而知五土不出戸而觀萬邦圖籍機權莫先
於此臣職居館殿志在坤輿輒撰此書冀聞天聽誠
慙淺略仰冒宸嚴謹上

巻　首

18. 新編四六必用方輿勝覧43巻 後集7巻 續集20巻 目1巻 拾遺附録不分巻　闕續集巻7至15

唐　半　30冊　402-84

宋祝穆撰

宋嘉熙3年序刊(〔建〕)〔室町〕標補注書入　文化5年(1808)市橋長昭獻納識語

東福寺竜眠庵 昌平坂學問所 御府舊藏

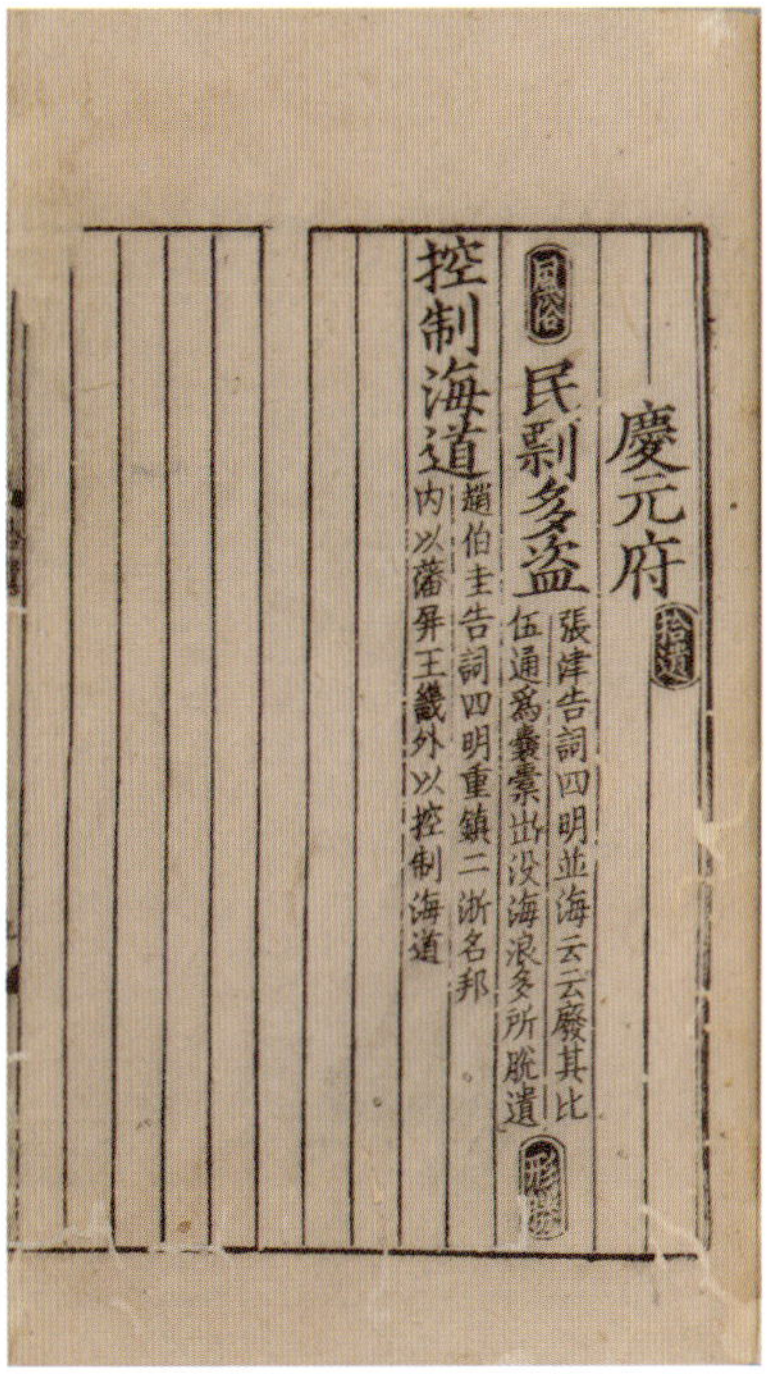

慶元府　拾遺

風俗　民剗多盜　張津告詞四明並海云云廢其比伍通爲囊橐出沒海浪多所脱遺

形勝　控制海道　趙伯圭告詞四明重鎮二浙名邦内以藩屏王畿外以控制海道

拾遺餘白

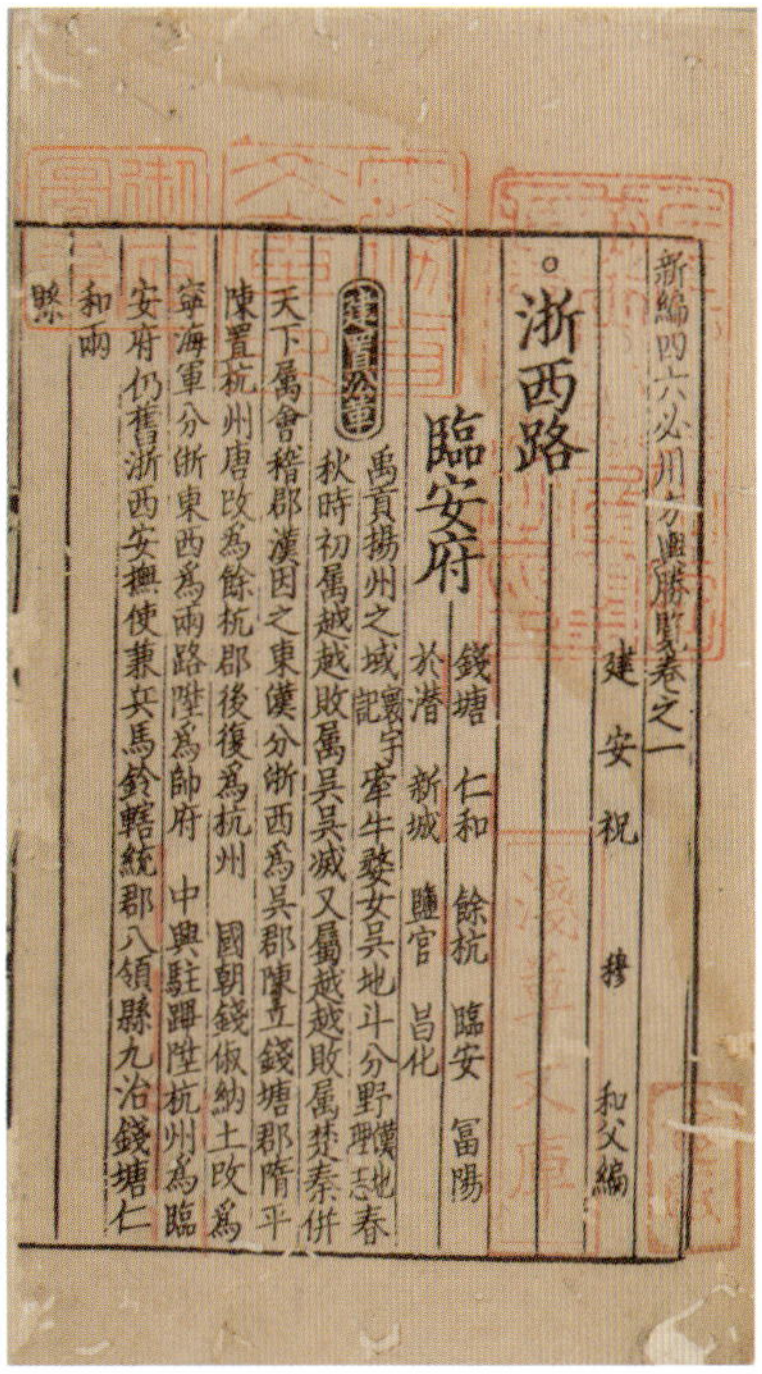

新編四六必用方輿勝覽卷之一

建安祝　穆　和父編

浙西路

臨安府　錢塘　仁和　餘杭　臨安　富陽　於潛　新城　鹽官　昌化

建置沿革　禹貢揚州之域寰宇記牽牛婺女吴地斗分野漢地志春秋時初屬越越敗屬吴吴滅又屬越越敗屬楚秦併天下屬會稽郡漢因之東漢分浙西爲吴郡陳立錢塘郡隋平陳置杭州唐改爲餘杭郡後復爲杭州　國朝錢俶納土改爲寧海軍分浙東西爲兩路陞爲帥府　中興駐蹕陞杭州爲臨安府仍舊浙西安撫使兼兵馬鈐轄統郡八領縣九治錢塘仁和兩縣

巻 1 首

後補茶色艶出表紙(23.3×14.2㎝)，左肩打付に「方輿勝覧　〈(後，續)幾(之)幾」(首冊は「總目」)，首冊のみ右下に双辺刷枠題簽を貼布し「地理　二ノ一」と朱書，中央に淡茶色双辺花欄「(毎字改行)［博］内務省圖書／第［　］号／　書部［　］類／［　］函／［共三十］冊」鉛印蔵書票（［　］内墨書)，花欄有界「漢書門／［　］類／［一七〇三］號／［　］函／［　］架／［三〇］冊」鉛印蔵書票（同）を貼附す。第13，25冊前後，第10冊前，第6，17，18，21，22，23，27冊後は後補淡茶色表紙で，左肩打付に「方輿勝覧　幾之幾」，右肩より府州軍県名を書し，第25冊左辺には「七巻至十五巻缺」と墨書す。天地裁断，裏打修補あり。第1冊に「兩浙轉運司（隔4格）録白」1張，嘉熙己亥（3年，1239）良月望日新安呂午伯可父「方輿勝覽序」9張（毎張下象鼻に工名「游後（刋)」)，「新編四六必用方輿勝覧總目」22張，嘉熙己亥仲冬既望建安祝〈穆〉和父序3張を収め，第2冊より本文。

左右双辺(17.4×11.6㎝)，有界，14行小25字，柳公権体。「玄弦朗匡筐貞湞桓完構溝講慎稱偁敦墩筠」に闕筆例あり。版心線黒口，双（稀に単，或いは三）黒魚尾（間ゝ線黒魚尾，対向を主とするも稀に不対向)，上尾下題「覧幾（行書)」，下方丁付，稀に下尾下に工名「信」あり。各巻尾題「新編四六

必用方輿勝覧巻之幾」。

巻43末に双辺無界長方木記「淮蜀見作／後集刊行」あり。次いで後集本文に入り，版心題「覧後（后）幾」，ほか行款，版式，巻首題，巻尾題とも前集に準ずるが，首尾題巻数の下に 4 格或 4 格半を隔てて墨囲陰刻にて「後集」とあり。後集巻 7 に続いて「新編四六必用方輿勝覧目録（隔 6 格）續集（墨囲陰刻）」12張，以下續集本文となり，版心題「（覧）續幾（行書）」或いは「覧幾（同）」，ほか行款，版式，首尾題後集に準ず。

續集本文の後に引用文目31張あり，首標「今具引用文集于后」，次行より低 5 格，双辺無界「是編蒐獵名賢記序詩文及史傳稗官雜説／殆數千篇若非表而出之亦幾明珠之暗投／今取全篇分類以便檢閲其一聯片語不成／章者更不贅録盖演而伸之則爲一部郡志／總而會之則爲一部文集庶幾旁通曲暢云」牌記あり，次行より文目本文。版心題「文目」或いは「覧目（行書）」，尾題「引用文目終」。末に単辺有界長方木記「淮蜀詩文／□□（2 字破損）後集」あり。

次いで「新編四六必用方輿勝覧拾遺附録」あり，首題次行より低 3 格にて双辺有界「是編亦既鋟梓流布矣重惟天下竒聞壯觀／見於文人才士之所紀述者浩不可窮耳目／所及幸而得之則亦泰山一毫芒耳因閲羣／書復抄小集附刋于後名以拾遺毎州各空／其紙以俟　博雅君子續自筆入或因鬻書／者録以見寄使足成此一竒書蓋所深望云」牌記あり。次行より目録 6 張，その後に本文56張。版心題「拾遺」，毎府州軍改張するも，書入のためとして常に後半張末行まで界線あり。

朱合竪傍句点，傍圏，傍線，〔室町〕墨筆欄上標補注，稀に校改等の書入あり。大尾に黄檗染楮紙を副え市橋長昭寄蔵識語（Ⅲ－3 同文）を存す。毎冊首並に序首に単辺方形陽刻「竜眠（隷楷）」朱印記（東福寺竜眠庵），首並に巻首に同「仁正侯長昭／黄雪書屋鑒／臧圖書之印」朱印記（市橋長昭），第20冊を除く毎冊前表紙右肩並びに毎冊首尾に同「昌平坂／學問所」朱印記，毎冊首に双辺同「淺草文庫（楷書）」朱印記，単辺同「内務省／文庫印」朱印記，同「御府／圖書」朱印記を捺す。巻42，43では末張裏の左上部が巻尾題の一部も含めて切り取られており，巻43の昌平坂印はそれより後に捺している。

祝穆は字を和父、曽祖父が朱熹の外祖父に当たる。祖籍は徽州歙県だが、父の代に朱熹の住む建寧崇安に移った。朱熹の門に学び、長じてからは建安に居して、本書及び『事文類聚』の編者として名を知られた。12世紀後半の生まれで、1250年前後の数年の間に没したと推定される。

本版は上記闕筆のほかに、「玄」を「元」（「玄武湖」など）、「朓」を「眺」（全て人名「謝朓」で例外なく改字する）、「匡」を「康」、「恒」を「常」（巻31第11張の韓愈「送崔復州序」で「賦有常而民産無恒」の「恒」を「常」に作る）にそれぞれ改める例があり、更に章惇や葉惇禮など「惇」を含む人名を全て姓字で記すことで「惇」を避けている。

『方輿勝覧』は本版の他に宋版と元版が 1 種ずつ知られるが（それぞれに後修本や逓修本あり）、本版が初刻本である。本版は前集、後集、続集、拾遺が随時作られて行った様相を伝えているが、以降の版では全体を再編して70巻本にまとめている。本版の伝本は他に別版への補配として僅かに数巻が残るものが 2 点知られるのみであり、この本は続集の一部を闕く点が惜しまれるものの、最もまとまった形で残る初刻本として極めて貴重である。旧蔵について、Ⅲ－61参照。　　　（上原究一）

19. 中說(序題文中子中說)10巻　　唐　半　2冊　556-119

隋王通撰　宋阮逸注

〔北宋〕刊　〔朝鮮朝〕經筵 狩谷棭齋 樋口光義舊藏　内閣記錄局蒐集

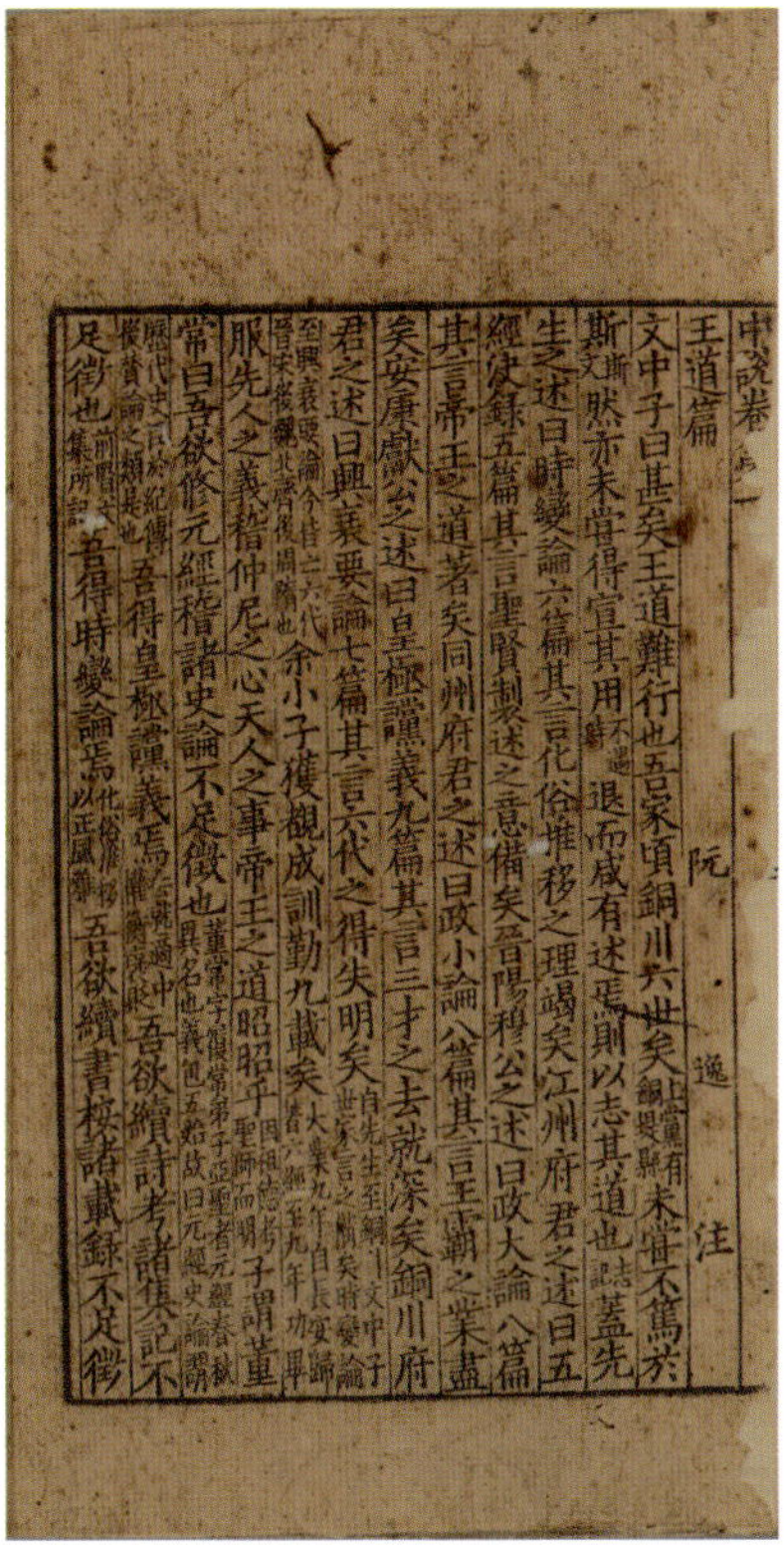

巻 1 首

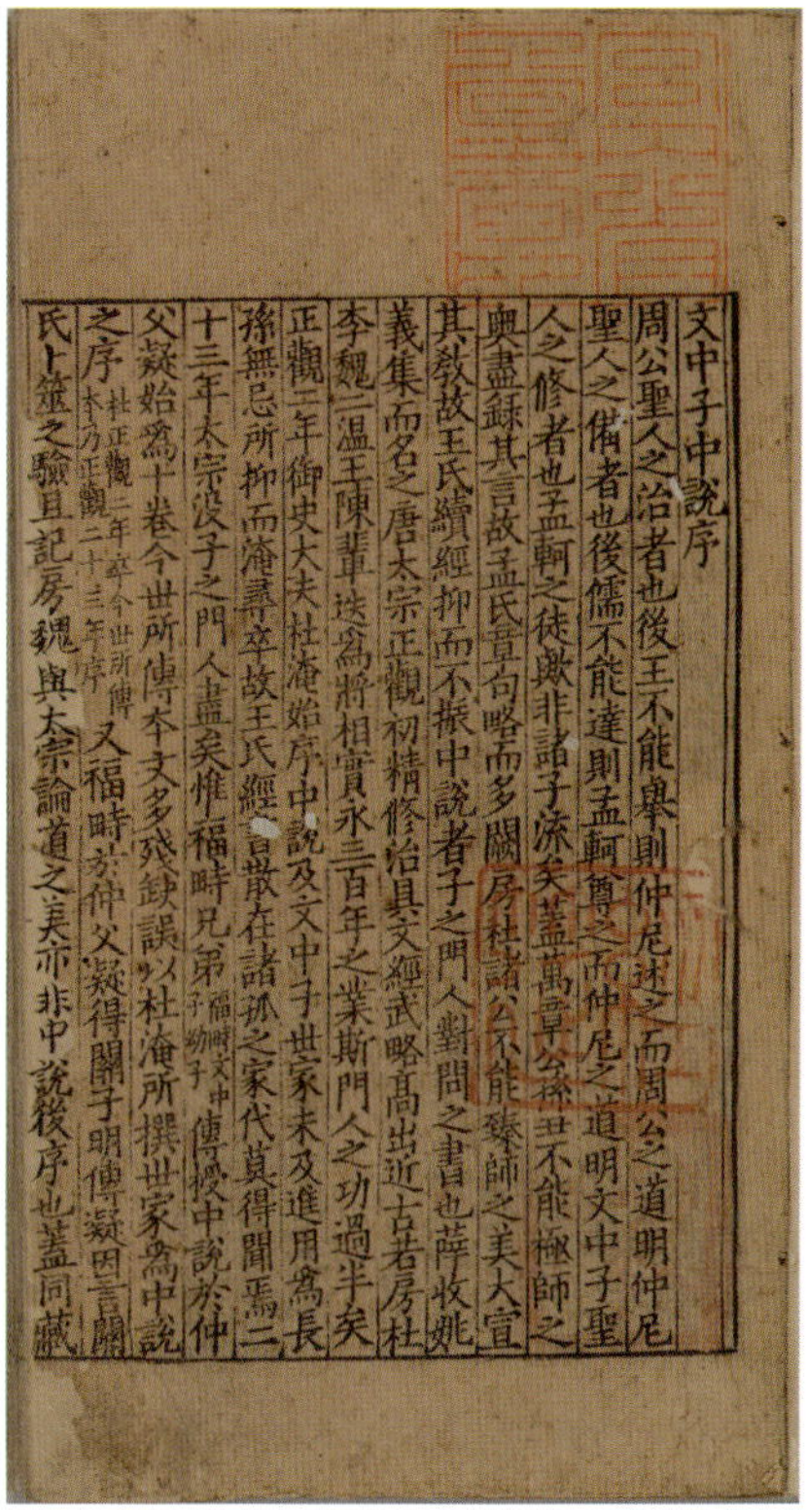

文中子中說序

後補砥粉色（後方卍繫文空押艷出）表紙（23.5×13.2㎝），表紙左肩に双辺刷題簽「文中子中說」を貼布し，題下に「巻幾之幾」と書す。題簽上左下方「此様二」と書す。首冊右肩打付けに「凰」と書す。毎冊右上方線外に「玄」と書す。右下方図書寮蔵書票上に擦刪痕あり。改糸，修補新旧二種。見返し和紙あり。

本文の前に「文中子中說序」あり，本文に連接する。句下夾注（小字双行），毎篇改行。

左右双辺（16.6×11.0㎝）有界，14行27字内外，小31字内外。「玄泫炫朗敬驚弘殷匡竟徵」を闕筆する。

白口，単黒魚尾，魚尾下「文幾」と題し張数，下辺に工名あり（「姜」「冨」「奉」「正」「郎」「保」「趙」）。本文後接行「（低 4 格）敘篇」「文中子世家（隔10格）杜（隔 5 格）淹（隔 3 格）撰／文中子王氏諱通（下略）」「論唐太宗與房魏論禮樂事」「東皐子答陳尚書書（隔 4 格）福時　　録」「録關子明事（隔 6 格）王　　福時」「王氏家書雜録（隔4格）王　　福時　　記／（中略）爾時正觀二十三年正月序」。序版心近く鈔補あり。間ゝ朱傍点，極稀に墨傍圏書入。巻八第五葉背面に「中說」と墨書。毎冊首に

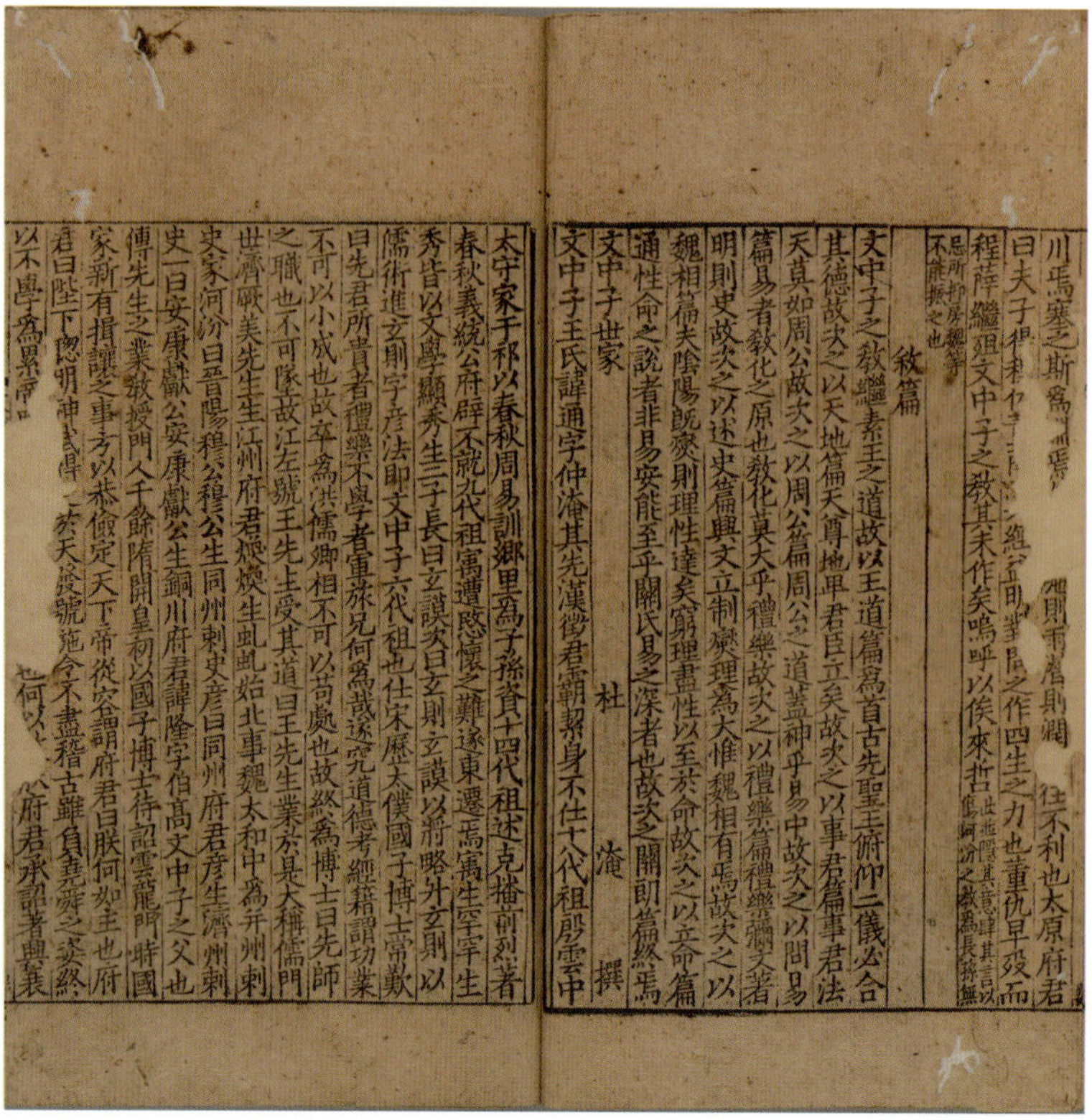

川焉塞之斯爲[illegible]則[illegible]則潤往不利也太原府君
曰夫子[illegible]之作四生之力也董仇早殁而
程薛繼祖文中子之教其未作矣嗚呼以俟來哲此非隱其意肆其言以冀河汾之教爲長孫無
忌所抑房魏等不能振之也

敘篇

文中子之教繼素王之道故以王道篇爲首古先聖王俯仰二儀必合
其德故次之以天地篇天尊地卑君臣立矣故次之以事君篇事君法
天莫如周公故次之以周公篇周公之道蓋神乎易中故次之以問易
篇易者教化之原也教化莫大乎禮樂故次之以禮樂篇禮樂彌文著
明則史故次之以述史篇興文立制變理爲大惟魏相有焉故次之以
魏相篇夫陰陽既變則理性達矣窮理盡性以至於命故次之以立命篇
通性命之說者非易安能至乎關氏易之深者也故次之關朗篇終焉

文中子世家　杜　淹　撰

文中子王氏諱通字仲淹其先漢徵君霸潔身不仕十八代祖殷雲中
太守家于祁以春秋周易訓鄉里爲子孫資十四代祖述克播前烈著
春秋義統公府辟不就九代祖寓遭愍懷之難遂東遷焉寓生罕罕生
秀皆以文學顯秀生二子長曰玄謨次曰玄則玄謨以將略升玄則以
儒術進玄則字彥法即文中子六代祖也仕宋歷太僕國子博士常歎
曰先君所貴者禮樂不學者軍旅兄何爲哉遂究道德考經籍謂功業
不可以小成也故卒爲洪儒卿相不可以苟處也故終爲博士曰先師
之職也不可墜故江左號王先生受其道曰王先生業於是大稱儒門
世濟厥美先生生江州府君煥煥生虬虬始北事魏太和中爲并州刺
史家河汾曰晉陽穆公穆公生同州刺史彥曰同州府君彥生濟州刺
史一曰安康獻公安康獻公生銅川府君諱隆字伯高文中子之父也
傳先生之業教授門人千餘隋開皇初以國子博士待詔雲龍門時國
家新有揖讓之事方以恭儉定天下帝從容謂府君曰朕何如主也府
君曰陛下聰明神武得[illegible]於天發號施令不盡稽古雖負堯舜之姿終
以不學爲累帝[illegible]何以[illegible]府君承詔著興衰

叙篇・文中子世家

単辺方形陽刻「經／筵」朱印記（上冊修補紙上），上冊前見返しに同「棭齋」，方形陰刻「狩谷／望之」，下冊後見返しに単辺方形陽刻「狩谷望之／審定宋本」，同「湯島狩／谷氏求古樓／圖書記」朱印記（以上 4 顆，狩谷棭齋），毎冊後見返しに方形陰刻「樋口／光義」，単辺方形陽刻「趨古齋／鑒賞之一」朱印記（以上 2 顆，樋口光義），毎冊首に「宮内省／圖書印」朱印記あり。樋口光義，号趨古，明治期の歌人。

『中説』は、隋の王通（諡が文中子）が、孔子の『論語』に擬して作った問答体の書。作者については異説もあり、仮託とされる。現存最古の版本。（大木　康）

20. 諸病源候論50巻 目1巻　　　　　　唐　半　14冊　506-43

隋巣元方撰

〔宋末元初〕刊(〔建〕)〔修〕 巻40至43鈔配　金澤文庫 曲直瀬正琳 森枳園 山田業廣舊藏

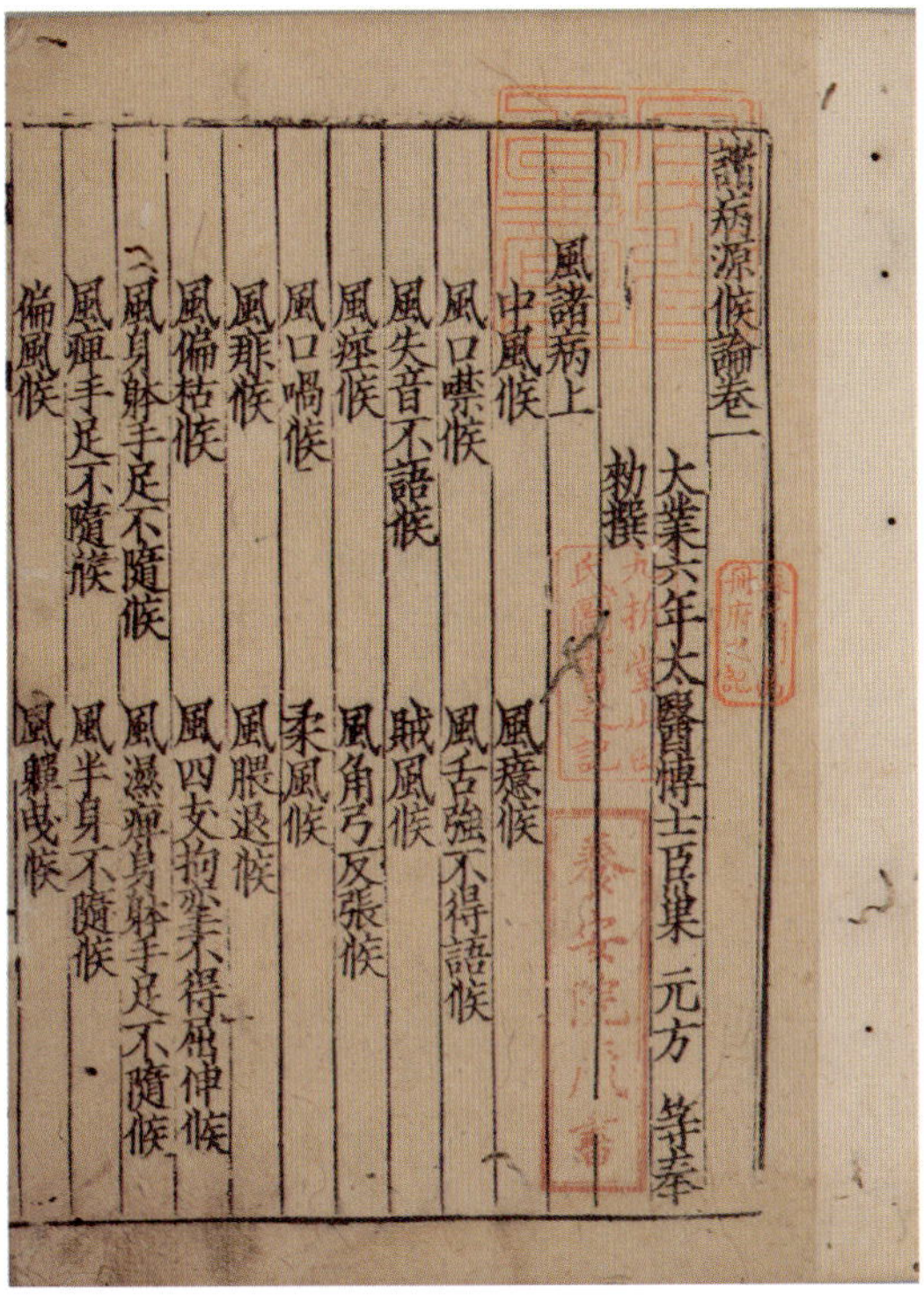
諸病源候論卷一
大業六年太醫博士臣巣元方等奉
勅撰
風諸病上
中風候
風口噤候
風失音不語候
風痙候
風口喎候
風痱候
風偏枯候
風身躰手足不隨候
風痺手足不隨候
偏風候
風癔候
風舌強不得語候
賊風候
風角弓反張候
柔風候
風腲退候
風四支拘攣不得屈伸候
風濕痺身躰手足不隨候
風半身不隨候
風嚲曳候

巻 1 首

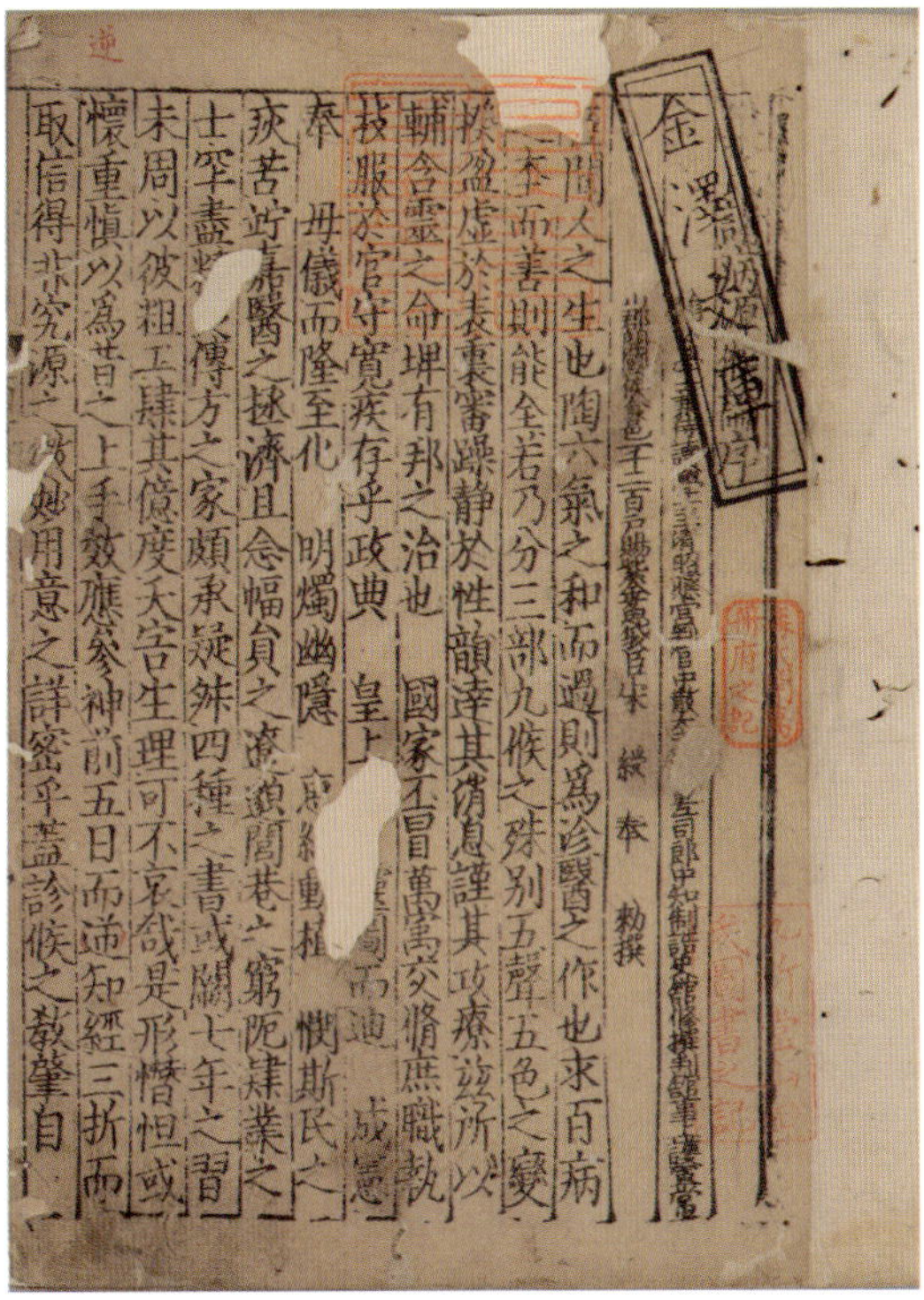
[illegible]聞人之生也陶六氣之和而過則爲診醫之作也求百病
之本而善則能全若乃分三部九候之殊別五聲五色之變
揆盈虚於表裏審躁靜於性韻達其消息謹其攻療茲所以
輔含靈之命埋有邦之治也　國家丕冒萬宇交修庶職執
技服於官守寛疾存乎政典　皇上[illegible]成憲
奉　毋儀而隆至化　明燭幽隱　[illegible]動植　憫斯民之
疢苦[illegible]醫之拯濟且念幅員之遼邈閭巷之窮陋肄業之
士罕盡[illegible]傳方之家頗承疑舛四種之書或闕七年之習
未周以彼粗工肆其億度夭害生理可不哀哉是形惜恒惑
懷重慎以爲昔之上手效應參神前五日而逆知經三折而
取信得非究源之[illegible]妙用意之詳密乎蓋診候之教肇自

巣氏諸病源候論序

後補香色漉目表紙(21.5×17.0㎝), 表紙左肩に後補香色題簽を貼布し「病源論　自四之六」等と書す。綫装, 胡蝶装を改む。原紙全幅約27.5㎝。書脳補紙。

本文毎章改行, 巻23第5張, 巻24第2張等闕文あり。

左右双辺(18.5×12.5㎝)有界, 14行23字, 柳公権体。「弦眩絃匡恒慎」を闕筆する。(〔補刻〕) 巻24第7至8張, 巻30第3至7張, 巻32第5至8張, 巻34第3至4張, 巻44第3至4張, 巻45第9張, 巻46第1至2張, 巻47第3至4張, 巻49第3至4張。

白口, 単或いは双黒魚尾(対向或いは不対向), 上尾下題「方一」「巣幾」, 張数, 稀に下辺或いは上辺(黒牌中陰刻)字数。

巻40至43(第12冊)〔江戸後期〕鈔配(左右双辺白口単魚尾14行稿紙, 毎行23字, 2筆)。間ゝ欄外に朱墨校注(用「古寫本」「明本」「汪本」「和本」「汪濟川校本」「呉勉學校本」「外臺」「医心方」「脉經」)(数筆), 朱傍圏, 磨滅鈔補書入。

首, 巻2尾, 巻3首, 巻8尾, 巻9首, 巻14尾, 巻15首, 巻21尾, 巻22首, 巻32首, 巻37尾,

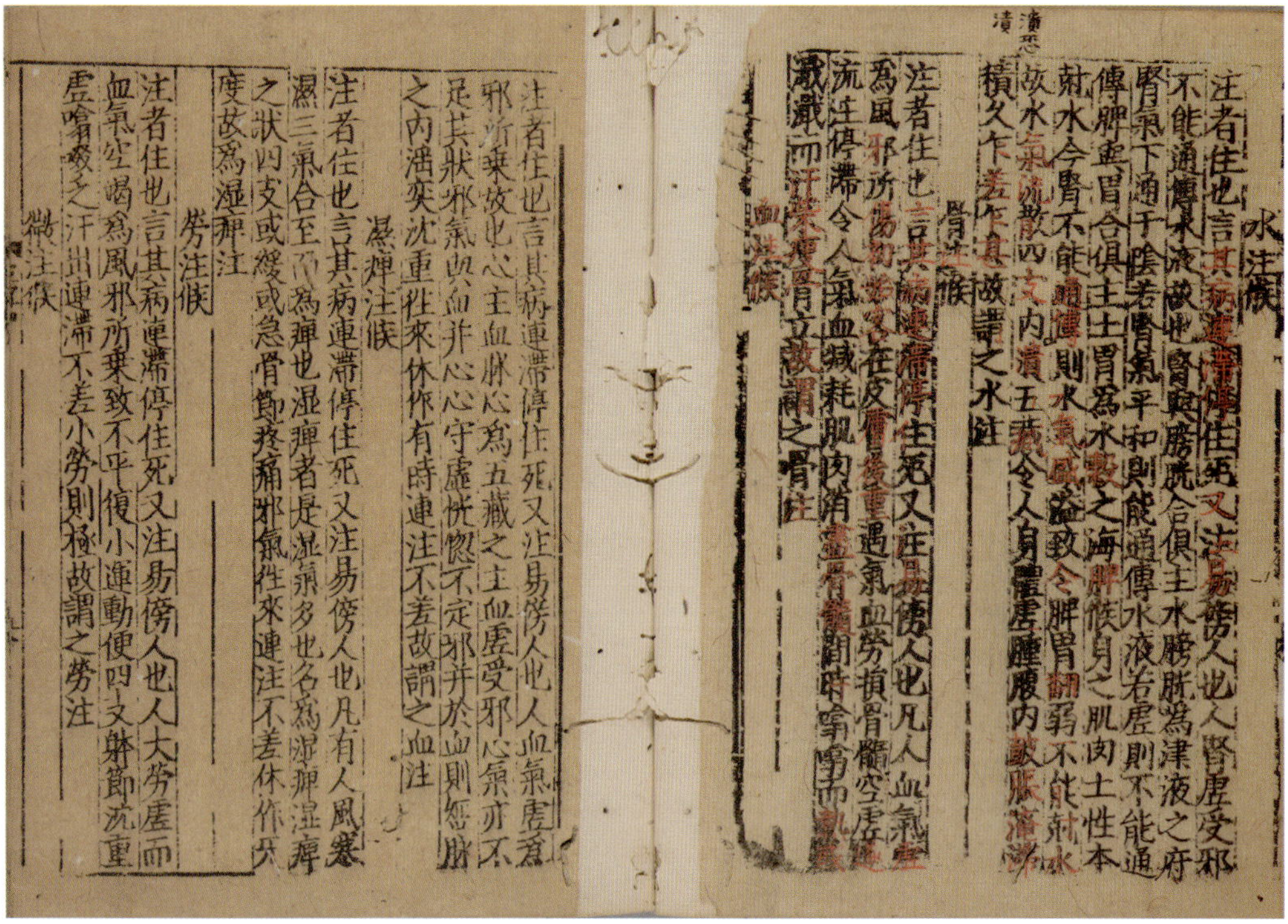

水注候
注者住也言其病連滞停住死又注易傍人也人腎虚受邪
不能通傳水液故也腎與膀胱合俱主水膀胱為津液之府
腎氣下通于陰若腎氣平和則能通傳水液若虚則不能通
傳脾與胃合俱主土胃為水穀之海脾候身之肌肉土性本
尅水今腎不能通傳則水氣盛溢致令脾胃翻弱不能尅水
故水氣流散四支内潰五藏令人身體虚腫腹内鼓脹淹滞
積久乃差不息故謂之水注
骨注候
注者住也言其病連滞停住死又注易傍人也凡人血氣虚
為風邪所傷初始客在皮膚後重遇氣血勞損骨髓空虚遂
流注停滞令人氣血減耗肌肉消盡骨髄間時噏噏而熱或
濈濈而汗柴瘦骨立故謂之骨注
血注候
注者住也言其病連滞停住死又注易傍人也人血氣虚爲
邪所乘故也心主血脉心為五藏之主血虚受邪心氣亦不
足其狀邪氣與血并心心守虚恍惚不定邪并於血則經脉
之内淵突沈重往來休作有時連注不差故謂之血注
濕痺注候
注者住也言其病連滞停住死又注易傍人也凡有人風寒
濕三氣合至而為痺也濕痺者是濕氣多也名為濕痺濕痺
之狀四支或緩或急骨節疼痛邪氣往來連注不差休作無
度故為濕痺注
勞注候
注者住也言其病連滞停住死又注易傍人也人大勞虚而
血氣空竭為風邪所乘致不平復小運動便四支躰節沈重
虚噏噏之汗出連滞不差小勞則極故謂之勞注
微注候

補刻葉

巻38首，巻44尾，巻45首，大尾に双辺方形陽刻「金澤文庫（楷書）」墨印記，目首，毎巻首尾（巻40至41尾，巻42至43首尾闕）に同「養安院蔵書（楷書）」朱印記（曲直瀬正琳），毎冊首に単辺同「森氏開萬／冊府之記（楷書）」朱印記（森枳園），同「九折堂山田／氏圖書之記」朱印記（山田業廣），同「宮内省／圖書印」朱印記を存す。「九折堂山田氏圖書之記」は江戸後期の医者山田業広。

隋の太医博士巣元方らが、大業 6 年（610）勅を奉じて編纂した医書。病因、病理と証候を論じた最初の書物。

（大木　康）

21. 醫說〔10〕巻 存巻〔9至10〕　　唐　大　2冊　403-84

宋張〔杲〕撰

〔宋紹定元年(1228)〕跋刊(〔浙〕)　多紀家舊藏

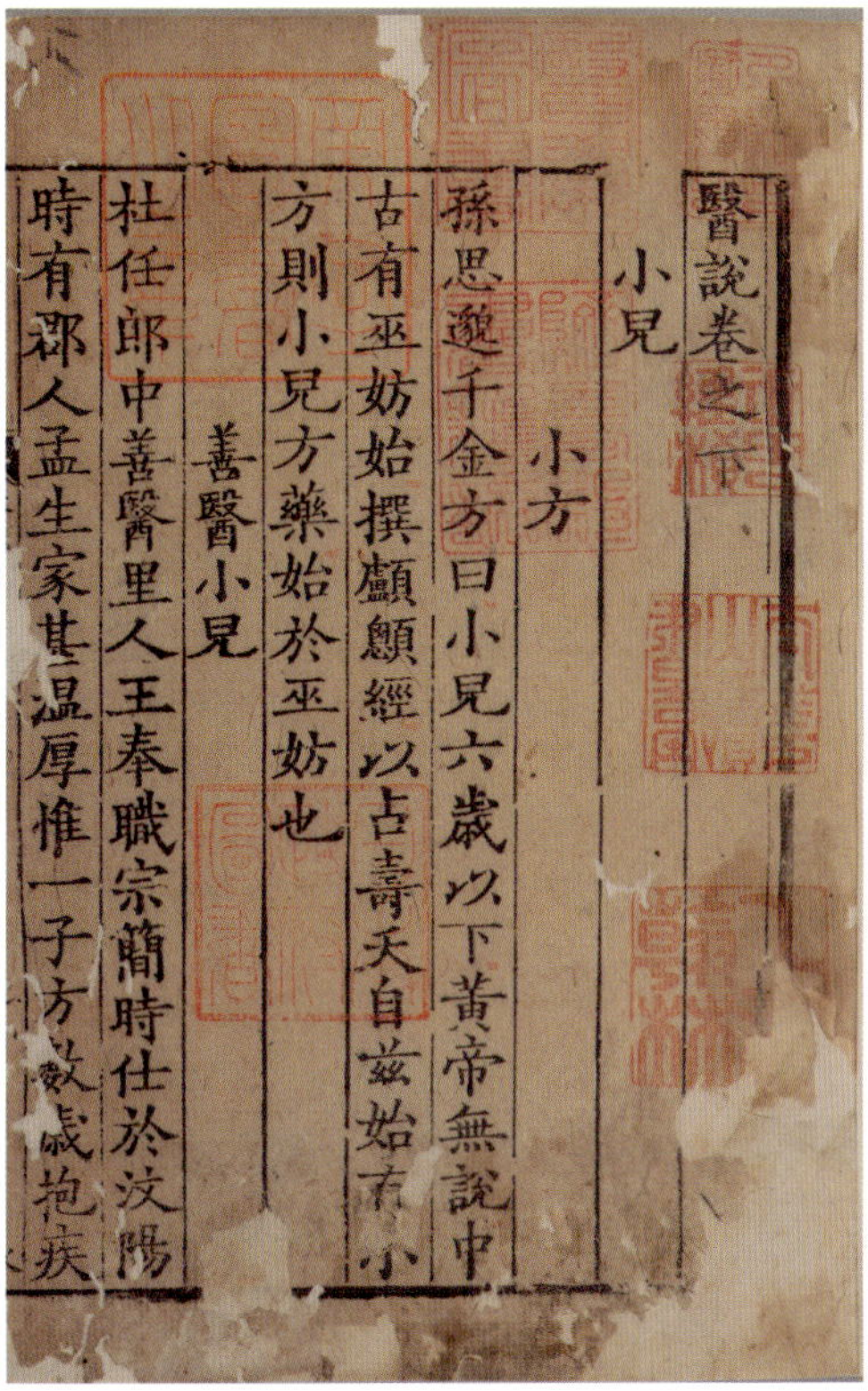

醫說卷之下
小兒
小方
孫思邈千金方曰小兒六歲以下黃帝無說中
古有巫妨始撰顱顖經以占壽夭自玆始有小
方則小兒方藥始於巫妨也
善醫小兒
杜任郎中善醫里人王奉職宗簡時仕於汝陽
時有郡人孟生家甚温厚惟一子方數歲抱疾

巻〔10〕首

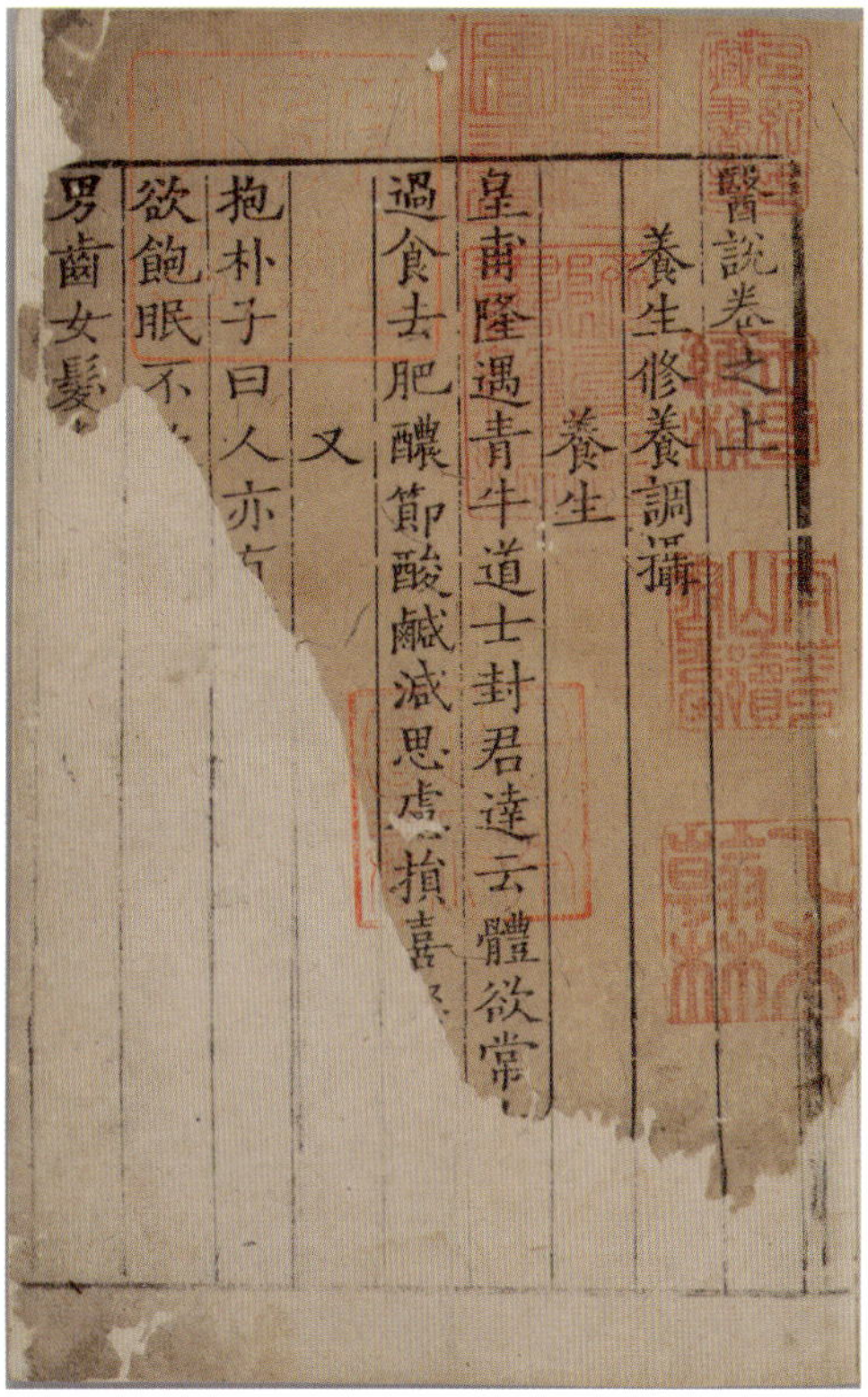

醫說卷之上
養生修養調攝
養生
皇甫隆遇青牛道士封君達云體欲常
過食去肥醲節酸鹹減思慮損喜
又
抱朴子曰人亦
欲飽眠不
男齒女髮

巻〔9〕首

後補淡茶色布目艶出表紙（26.3×17.9㎝）左肩に双辺刷枠題簽を貼布し「醫說〈宋槧〉［　］上（下）」と書す。綫装。本文竹紙，裏打修補，天地截断。

巻首題「醫說巻［之上］」（2字刪去印字改修），「醫說巻［之下］」（同）。

左右双辺（21.7×14.9㎝）有界，9行18字，欧陽詢体。白口，単（線）黒魚尾，魚尾下題「醫說巻［　］（刪去）」，張数，下辺工名あり。（闕筆）玄慎廓。巻尾題「醫說巻［之上］」（巻首に同じ），「醫說巻（以下破損）」。

本文後改張，2格を低し嘉定17年（1224）彭方跋「伏讀張君季明醫說（中略）嘉定甲申春三月中／滸星江彭〈方〉書于古歙歳寒堂」，1行を隔し同年李以制跋「（上略）嘉［（闕5格）］／末滸四明李〈以制〉書」，1行を隔し開禧3年（1207）江疇跋「右張季明醫說季明儒生也集是說以傳／于世（中略）開禧丁卯七夕建安江〈疇〉跋」，1行を隔し宝慶3年（1227）徐杲跋「（上略）寶慶丁亥十二月望日東陽／徐〈杲〉書」を存す。

稀に墨筆にて小題標圏，本文傍点，欄上補注書入，間ゝ朱合句点，傍点，破損部鈔補書入，藍色不審

紙あり。毎冊首尾に単辺方形陽刻「王氏／維楨」（巻次上），毎冊首に同「太華／山讀／書畫」，同「乙未／翰林」朱印記，同「多紀氏／藏書印」，同「躋壽殿／書籍記」（以上 2 顆多紀家），「醫學／圖書」朱印記，同「日本／政府／圖書」朱印記，同「帝室／圖書／之章」朱印記，巻〔10〕第31張に単辺円形陽刻「士 {柬／折} （転倒）」朱印記を存す。

宋代流布の医事説話を集め、分類収録した書で、累代の医家出身である張杲、字は季明の編著。全10巻で、本冊はその巻 9 、10に当たるが、巻尾題目の序数に貼紙墨書して「上」「下」と改め、完帙を装っている。

本版には同版本が南京図書館、中華民国（台湾）国立中央研究院傅斯年図書館にあり、後者に紹定元年（1228）の諸葛興の刊跋を存する。同跋中に「越帥待制汪公、鎭越累年、未嘗不以濟人救物爲心、興利除害爲事。一日以張氏醫説巨編示興、俾是正其訛謬、將鋟梓、以廣其傳」と、本版刊行の経緯を記し、諸本の版式字様、闕筆等の情況と矛盾しないことから、紹定初年頃の刊行と推定される。

首尾に明嘉靖14年（1535）乙未進士で南監の祭酒に上った王維楨の印記を存するが、尾題下の巻序数妄改の箇所に鈐印する点は頗る不審である。江戸幕府の医学を牽引した多紀家及び医学館の旧蔵で、多紀元胤の『聿修堂書目』雑説部著録。 （住吉朋彦）

22. 太平聖惠方〔100〕巻　存巻73至74 79至80　　唐　大　2冊　558-6

〔宋王懷隱等奉勅〕撰

〔南宋前期〕刊　金澤文庫〔福井崇蘭館〕多紀家 醫學館舊藏

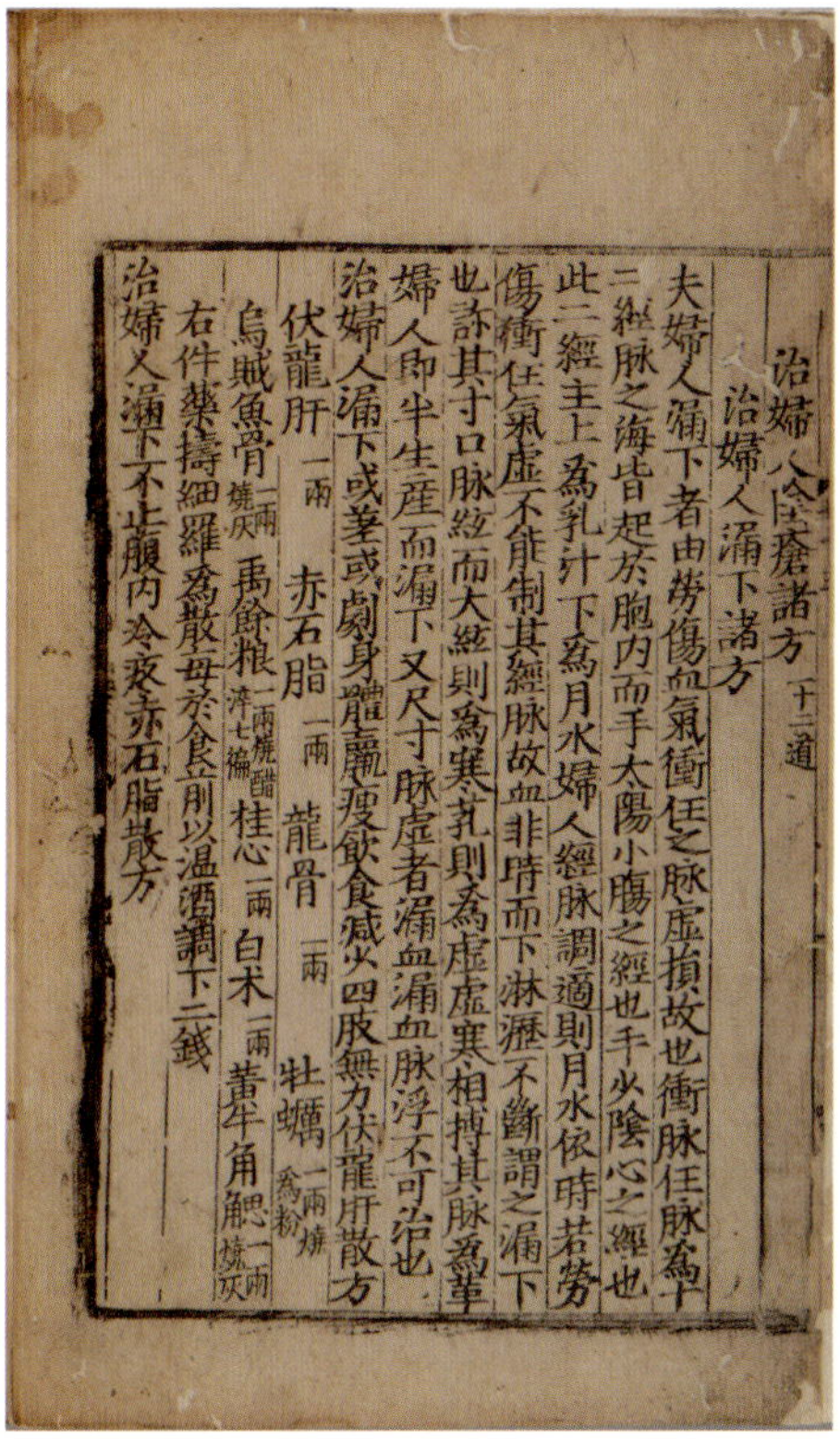
治婦人[illegible]諸方 十二道
治婦人漏下諸方
夫婦人漏下者由勞傷血氣衝任之脉虛損故也衝脉任脉爲十
二經脉之海皆起於胞內而手太陽小腸之經也手少陰心之經也
此二經主上爲乳汁下爲月水婦人經脉調適則月水依時若勞
傷衝任氣虛不能制其經脉故血非時而下淋瀝不斷謂之漏下
也診其寸口脉絃而大絃則爲寒芤則爲虛虛寒相搏其脉爲革
婦人即半生産而漏下又尺寸脉虛者漏血漏血脉浮不可治也
治婦人漏下或瘥或劇身體羸瘦飲食減少四肢無力伏龍肝散方
伏龍肝一兩　赤石脂一兩　龍骨一兩　牡蠣一兩燒爲粉
烏賊魚骨一兩燒灰　禹餘粮一兩燒醋淬七徧　桂心一兩　白朮一兩　黄牛角䚡一兩燒灰
右件藥擣細羅爲散毎於食前以溫酒調下二錢
治婦人漏下不止腹內冷疼赤石脂散方

本 文 首

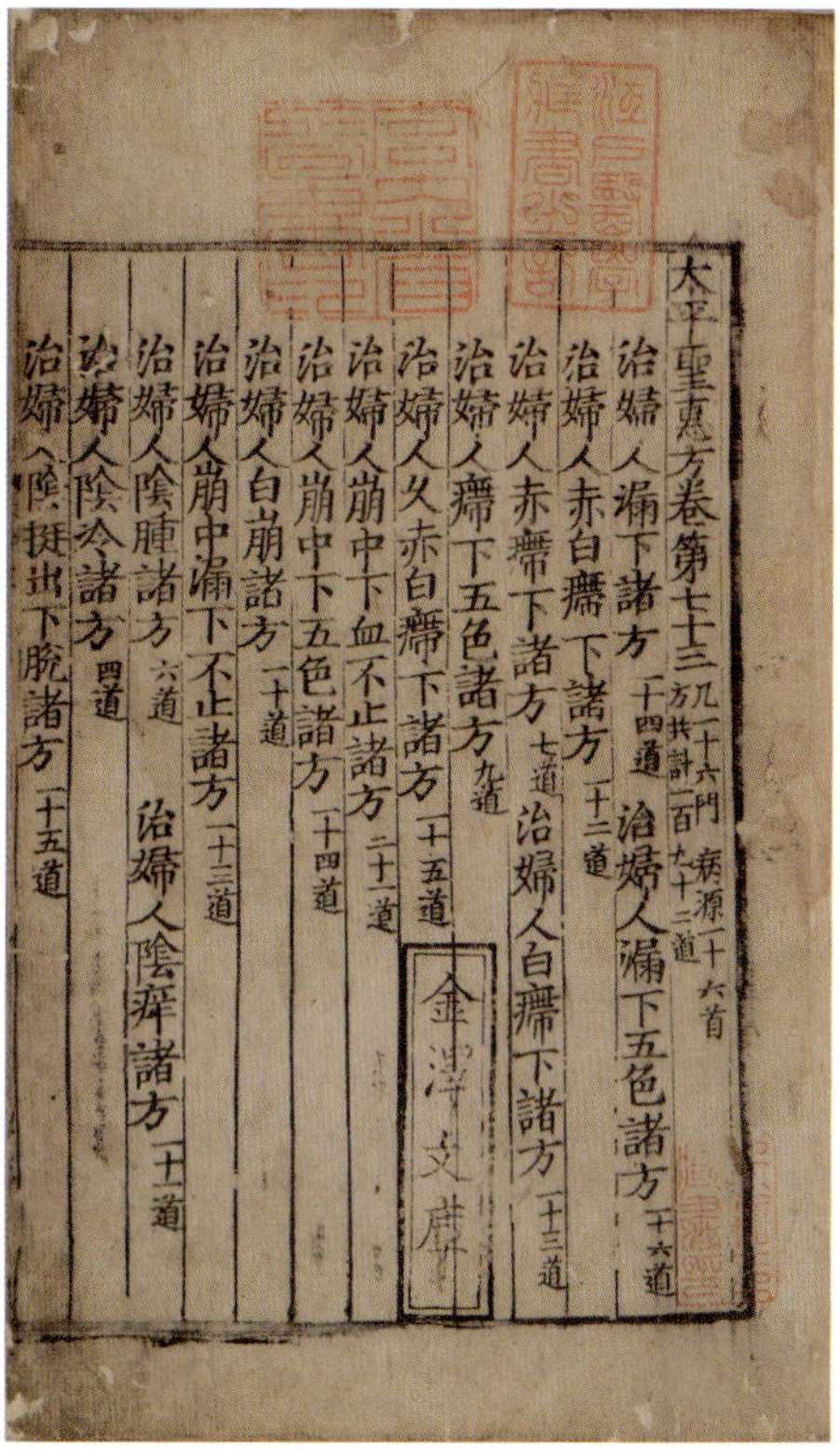
太平聖惠方卷第七十三　凡一十六門　病源一十六首　方共計一百九十三道
治婦人漏下諸方 十四道　治婦人漏下五色諸方 十六道
治婦人赤白帶下諸方 十二道　治婦人白帶下諸方 十三道
治婦人赤帶下諸方 七道
治婦人帶下五色諸方 九道
治婦人久赤白帶下諸方 十五道
治婦人崩中下血不止諸方 二十一道
治婦人崩中下五色諸方 十四道
治婦人白崩諸方 一十道
治婦人崩中漏下不止諸方 十三道
治婦人陰腫諸方 六道　治婦人陰癢諸方 十一道
治婦人陰冷諸方 四道
治婦人陰挺出下脫諸方 十五道
金澤文庫

巻73首，金沢文庫・多紀家・医学館印記

後補白色包背表紙（29.0×18.6㎝）左肩打付に「宋槧聖惠方〈幾／幾〉」と書す。綫装，原紙全幅約33.0㎝。本文楮紙，裏打修補。

左右双辺（21.6×14.7㎝）有界，13行25字内外。（闕筆）玄絃眩恒癥。白口，双或いは単黒魚尾（不対向），上尾下「（第）七十三」等巻数，下尾下張数，下方に字数，下辺に工名（或いは上下に黒魚尾あり）を存す。（工名）廖琦，黎昇，張佑，上官某，范南，沈明，張義，蔣仲，廖珍，趙世昌（刀），廖瑜，欧陽正，陳文。

一部左辺外に張数を墨書す。毎冊首尾に双辺方形陽刻「金澤文庫（楷書）」墨印記，毎冊首に単辺同「多紀氏／臧書印」朱印記，同「江戸醫學／藏書之記」朱印記，同「宮内省／圖書印」朱印記あり。

宋の太宗が、太平興国 3 年（978、或いは同 7 年）医官等に命じ、隋の巣元方の『病源候論』以下、宋初までの経験方を集成分類し、淳化 3 年（992）刊行流布せしめた書物。主編者の王懐隠は、もと在京の道士であったが、病診を能くし、太平興国初年に還俗を命じられて尚薬官となり、詔勅を奉じ

て本書の編集に当たった。本書はその後、禹域に伝を絶った佚存書の一。

日本には金沢文庫本２種と、その重鈔本が伝わり、中世以来の伝本が備わる。金沢文庫本の一は100巻目１巻を存する（但しおよそ半数は鈔補）51冊本で、宋紹興17年（1147）福建転運使公庫刊行の翻監本、名古屋藩に伝来し、現在は名古屋市立蓬左文庫に存する。もう一本は福井崇蘭館、多紀医学館の伝来本で、多紀元胤の『聿修堂書目』に「太平聖恵方零本五巻〈三冊、宋板、係第七十三、七十四、七十九、八十、八十一巻〉」と、また『経籍訪古志』に録する。現在は、このうち前方の４巻２冊を図書寮文庫に、巻81の１冊を東京国立博物館に蔵するが、近代の分置であろう。

この多紀家伝来本は、福建転運使刊本とは別版であり、版本の様式と闕筆、刻工から、南宋前期、浙江方面の刊行と推定される。（住吉朋彦）

23. 楊氏家藏方20巻 目1巻

唐　大　21冊　403-37

宋楊倓撰

宋淳熙12年(1185)跋刊　金澤文庫〔紅葉山文庫〕舊藏

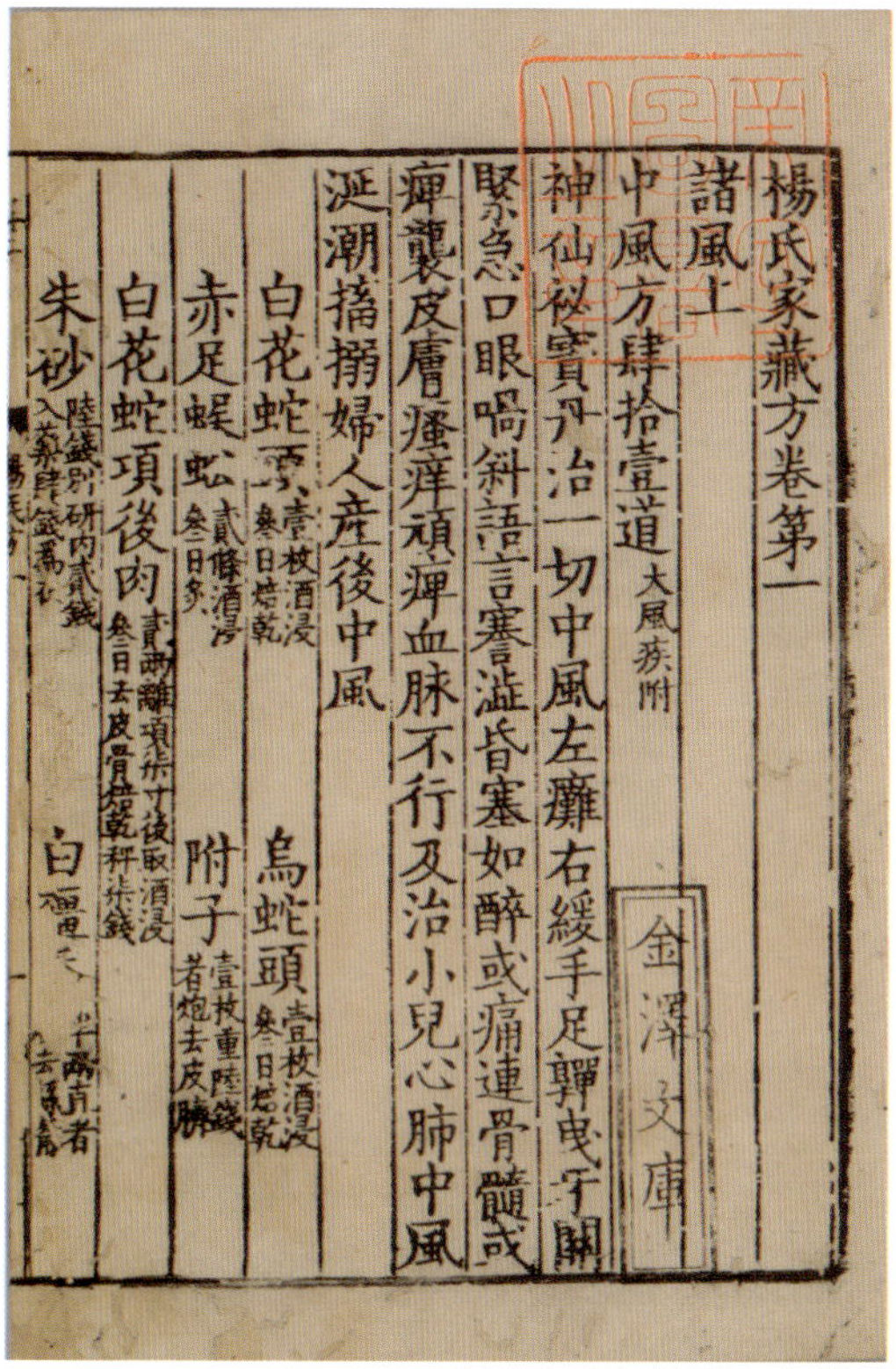

楊氏家藏方卷第一
諸風上
中風方肆拾壹道 大風疾附
神仙秘寶丹治一切中風左癱右緩手足嚲曳牙關
緊急口眼喎斜語言蹇澁昏塞如醉或痛連骨髓或
痺襲皮膚瘙痒頑痺血脉不行及治小兒心肺中風
涎潮搐搦婦人産後中風
白花蛇頭壹枚酒浸叁日焙乾　烏蛇頭壹枚酒浸叁日焙乾
赤足蜈蚣貳條酒浸叁日炙　附子壹枚重陸錢者炮去皮臍
白花蛇項後肉
朱砂陸錢別研内貳錢入藥肆錢爲衣　白殭蚕
金澤文庫

巻１首，金沢文庫印記

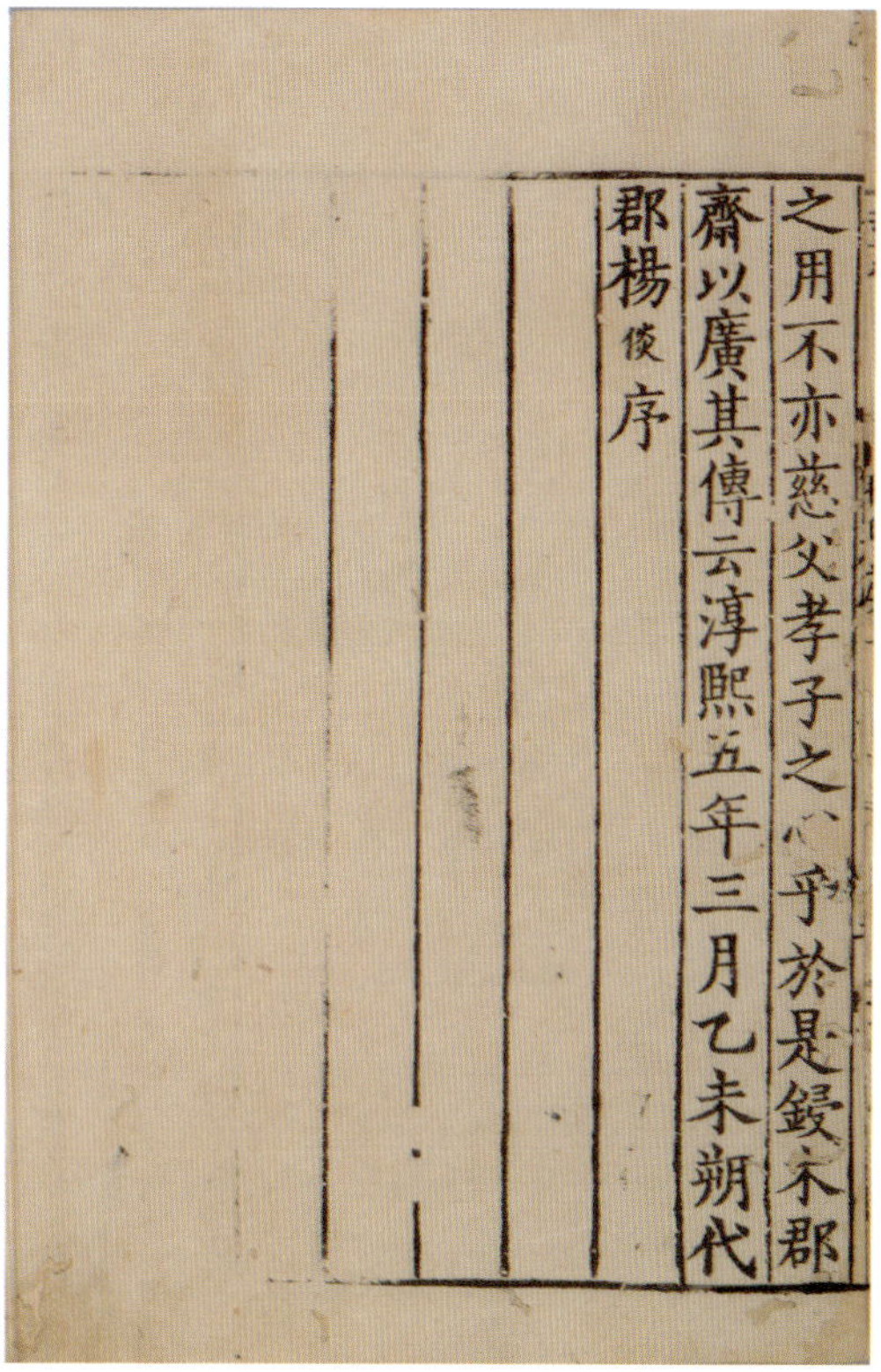

之用不亦慈父孝子之心乎於是鋟木郡
齋以廣其傳云淳熙五年三月乙未朔代
郡楊倓序

序　末

後補淡茶亀甲文空押艶出表紙（26.2×18.3㎝）。左肩に題簽を貼布し「楊氏家藏方〈幾〉」と書す。綫外打付に別筆にて冊数を，首冊のみ左下に「共二十一冊」と書す。胡蝶装を改む。本文竹紙，裏打修補。首に淳熙５年（1178）楊倓「楊氏家藏方（中略）余家藏方⫽甚多皆／先和武恭王及余經用與耳目所聞嘗驗／者也埸來當塗郡事多暇日發篋出之以／類編次（中略）於是鋟木郡／齋以廣其傳云淳熙五年三月乙未朔代／郡楊〈倓〉序」,「楊氏家藏方目録」あり。

左右双辺（21.6×15.5㎝）有界，11行20字，欧陽詢体。（闕筆）弦眩驚。白口，単黒魚尾下題「楊氏方幾」，下方張数，上辺字数，下辺工名。（工名）王友，王艮（良歟），周□，張彦，朱俊，（〔補刻〕）王仁，王太。大尾別張に「樞密洪楊二公給事胡公前後／守當塗各有方書鋟木于郡中／亦遺愛之一端也其名曰洪氏／集驗楊氏家藏胡氏經効今江／淮浙間士大夫與夫醫家多用⫽此三書對證以治疾無不取効／閩中相去差遠猶未之有今刋／諸憲司将以惠衆抑亦副三公／欲廣其傳之意云淳熙乙巳夏／四月望日東密延璽書」あり。

縹色不審紙あり。第１，２，６，14，18冊首，第１，５，９，13，17，21冊尾に双辺方形陽刻「金澤文庫（楷書）」墨印記，毎冊首に単辺方形陽刻「帝室／圖書／之章」朱印記を存す。

南宋の楊倓（1120-85、字子靖）による医方書で、1,111種の処方を収載する。毎章改行し、各薬名下に対象とする症状、次行に薬種、さらに次行に処方を記す。楊倓は代州崞県（山西省原平市）の人。簽書枢密院事、昭慶軍節度使などを歴任した。

淳熙５年（1178）の楊倓自序によれば、楊家には倓と父存中（1102-66、諡武恭、忠翊郎、検校少保、殿前都指揮史を歴任し、和王に追封された）が見聞、自験し著録した処方が多くあり、倓は当塗在任中には餘暇があったため、それら処方を分類し編集し、郡斎にて版に付したという。

また淳熙12年（1185）の延璽跋に記される出版経緯によれば『楊氏家蔵方』は医家に多用され、その効果も優れているが、延璽の在地（福州憲司）は当塗からやや離れているため流布しておらず、そこでそれを広く伝えるため、憲司で刊行したという。これら序跋によれば、本版はまず淳熙５年に初版が刊行され、その７年後の12年に重刊されたものとされる。なお現在中国では佚した天下の孤本である。

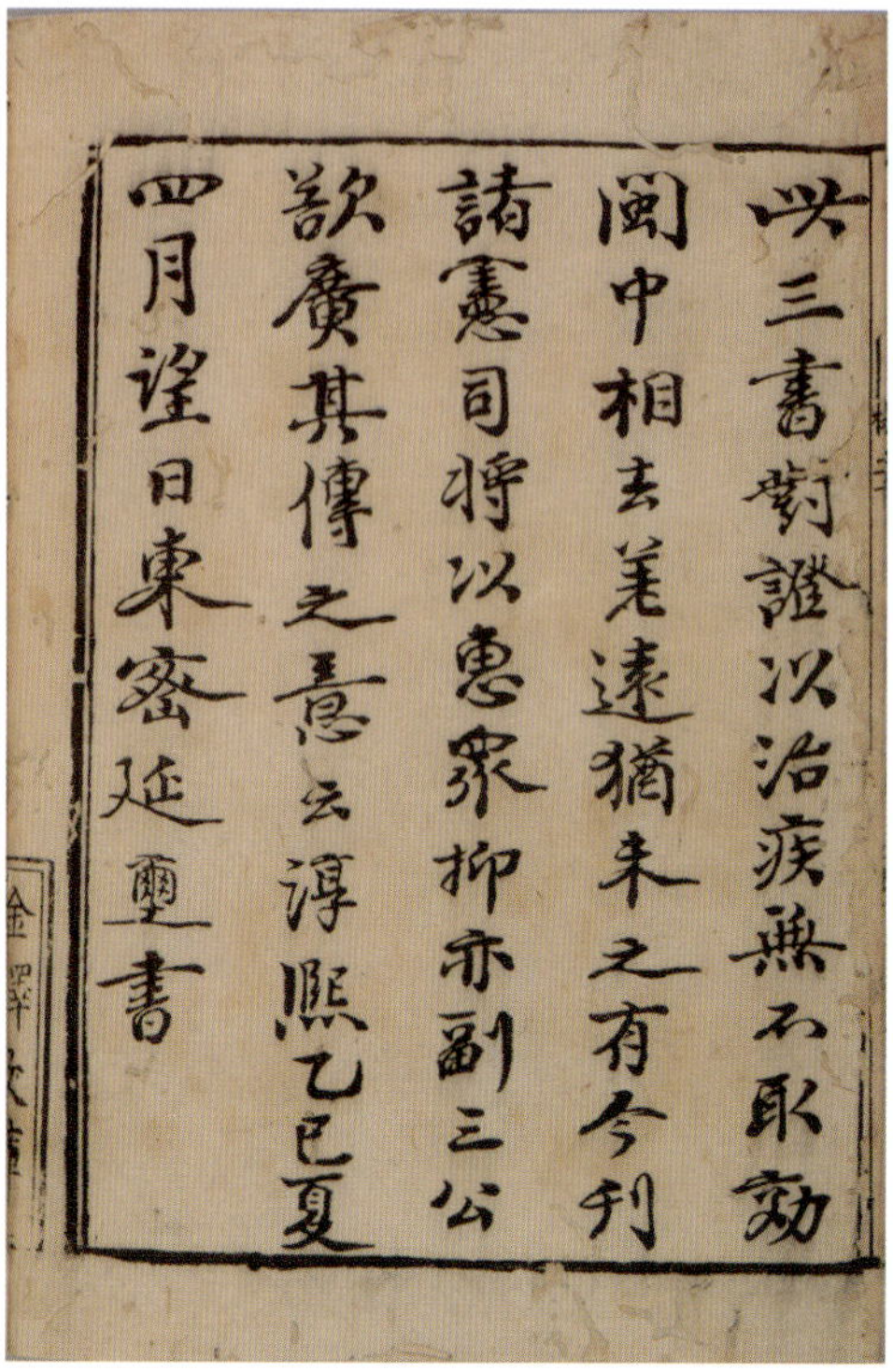
此三書對證以治疾無不取効
閩中相去差遠猶未之有今刊
諸憲司將以惠衆抑亦副三公
欲廣其傳之意云淳熙乙巳夏
四月望日東窓延璽書

跋　末

本冊は金沢文庫旧蔵で、『経籍訪古志』には「楊氏家蔵方二十巻〈宋槧本楓山秘府蔵〉」と著録されるが、紅葉山文庫旧蔵を示す証跡は見えず、それについては国立公文書館内閣文庫蔵多紀藍渓（元徳）旧蔵安永６年（1777）木活字印本により傍証される。藍渓旧蔵本は朱筆により校異が書き入れられているが、それら校異は毎冊末に記された藍渓長子元簡の識語に、たとえば「寛政七年乙卯冬十一月廿九日據／官庫宋本與弟安道訂正元簡記」（第１冊）とあるように、元簡弟安道が「官庫宋本」すなわち紅葉山文庫蔵宋本と対校したものである。その対校した「官庫宋本」については、藍渓旧蔵本は首に楊倓序を鈔補し、その巻頭には「金澤文庫」印を模写していることから、同じく楊倓序と「金澤文庫」印を有する本冊と同定される。それにより本冊が金沢文庫から紅葉山文庫を経て現在に至ることが知られる。　（清水信子）

24. 魏氏家藏方10巻 序目1巻　闕巻3

唐　大　11册　403-101

宋魏峴撰

宋寶慶 3 年(1227)序刊　東福寺普門院 多紀藍溪 醫學館舊藏

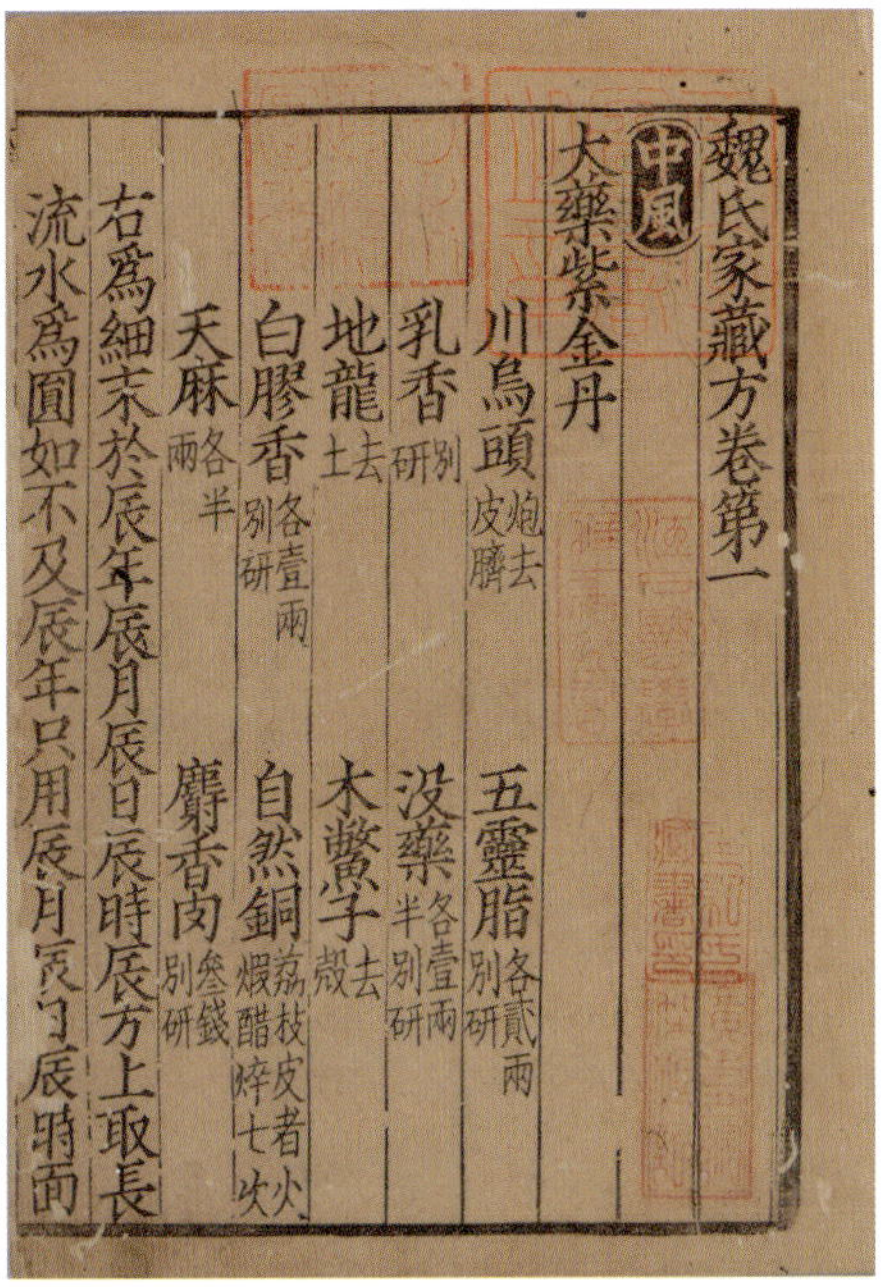

魏氏家藏方巻第一
（中風）大藥紫金丹
川烏頭 炮去皮臍　五靈脂 各貳兩別研
乳香 別研　没藥 各壹兩半別研
地龍 去土　木鼈子 去殼
白膠香 各壹兩別研　自然銅 荔枝皮者火煆醋淬七次
天麻 各半兩　麝香肉 叁錢別研
右為細末於辰年辰月辰日辰時辰方上取長
流水為圓如不及辰年只用辰月寅日辰時面

卷 1 首

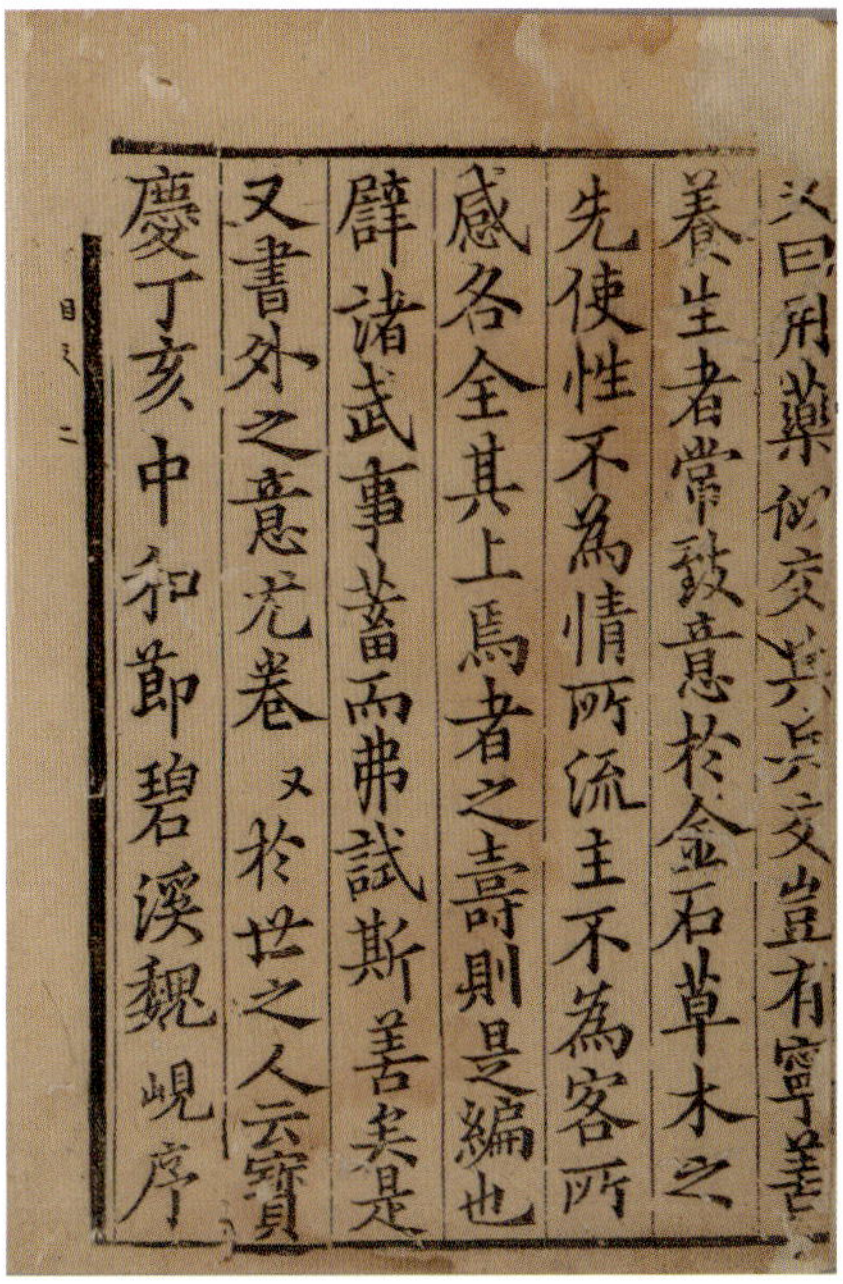

又曰用藥似交兵兵交豈有寧善
養生者常致意於金石草木之
先使性不為情所流主不為客所
感各全其上焉者之壽則是編也
辟諸武事蓄而弗試斯善矣是
又書外之意尤卷 又 於世之人云寶
慶丁亥中和節碧溪魏峴序

序　末

後補茶色艶出表紙（26.0×19.1㎝）。左肩に題簽を貼布し単辺中に「魏氏家藏方　〈幾〉」と書す。中央に「　漢書門　／［　］類／［　］號／［　］函／［　］架／［　］册」鉛印藏書票を貼附す。もと胡蝶装を綫装に改む。裏打修補及びその後の虫損あり。第1冊には「寶慶丁亥（3年，1227）中和節碧溪魏〈峴〉序」の「魏氏家藏方序」（写刻体）と，「魏氏家藏方目録」とを収める。

各巻首題，尾題とも「魏氏家藏方巻第幾」。書式はまず薬名及び効能を標し，改行して低3，11格に薬種を挙げ（附注小字双行），改行低1格「右」以下に用法を示す。章ごとに改行する。

左右双辺（22.7×15.6㎝），有界，10行19字（稀に20至23字）。闕筆は見当たらない。版心は白口，双黒（線）魚尾（対向，稀に不対向），魚尾間題「方幾」等及び張数，しばしば上象鼻に大小字数，下辺工名「劉庚，范文，万□，劉□，劉仲，張明，余才，秦安，余東」。

稀に墨筆にて返点，音訓送仮名書入あり。また稀に代赭色不審紙を貼る。毎張左辺外に「幾之幾」と巻張数書入あり。稀に眉上に乱丁を指摘する墨書附箋が残る。

蔵書印は単辺方形陽刻「普門院（楷書）」（東福寺普門院），双辺同「廣壽院／架臧記」（多紀藍渓），単辺同「多紀氏／臧書印」（多紀家），同「江戸醫學／藏書之記」（医学館），同「日本／政府／圖書」，同「帝室／圖書／之章」の各朱印記が見える。

撰者魏峴の事績は不詳だが、宝慶3年の自序によれば、本書は祖父の文節公〔魏杞（1121-84）〕、父の刑部（名不詳）、及び自身の三代で試して効果を認めた医方を集めたものだという。本冊が現存する唯一の刊本である。上記の通り東福寺普門院の蔵書印が見えるので、『普門院経論章疏語録儒書等目録』に「魏氏家藏方六册」と著録されたものと同一と思われ、東福寺開山の聖一国師円爾（1202-80）が仁治２年（1241）に宋から帰国した際に将来したものと認められる。従って、自序の宝慶３年からほどなくの刊であったに相違ない。第２冊尾に淡墨にて「（低９格）正三位知家／此秋はむそちあまりに露そをく／老や夕のあはれとはなる」（『続古今和歌集』356）、第９冊尾に同「一夜のほとに行かへるらん」（同２）と墨書するが、屋代弘賢（1758-1841）はこれらを円爾の筆と鑑定している（『経籍訪古志』巻８）。

綫装の現状では間々ノドに隠れている毎張左辺外に巻数張数を書入れている点からみて、書入れた際は胡蝶装であったかもしれない。だが、「普門院」印（Ⅲ－３参照）のうち３箇所（第５冊末、第７冊首、大尾）で隣接する張に鏡像が見えるので、押捺の際には綫装であったと認められる。第７冊首の鏡像が第６冊末にあるので、その時は現在とは分冊が異なっていたことが窺える。更に、巻２第22張、巻５第４張、巻８第10張、巻10第24張では、後半張の紙背からこの印を捺していて、印刷面から見ると印文が反転している。４箇所とも同じ張の反対側（前半張）に鏡像が見え、巻８第10張の印は第９張後半と第11葉前半にも僅かにうつっている。このようになった原因の一案としては、この印が胡蝶装から綫装に改装する作業の過程で捺されたために紙のどちらの面にも見られ、印刷面に捺された印は改装後に隣接する張に、紙背に捺された印は同じ張の反対側にそれぞれ鏡像がうつり、特に濃く捺された巻８第10葉紙背の印は、印刷面までにじみ出た上で、それが更に隣接する張までうつった、という可能性が考えられよう。（上原究一）

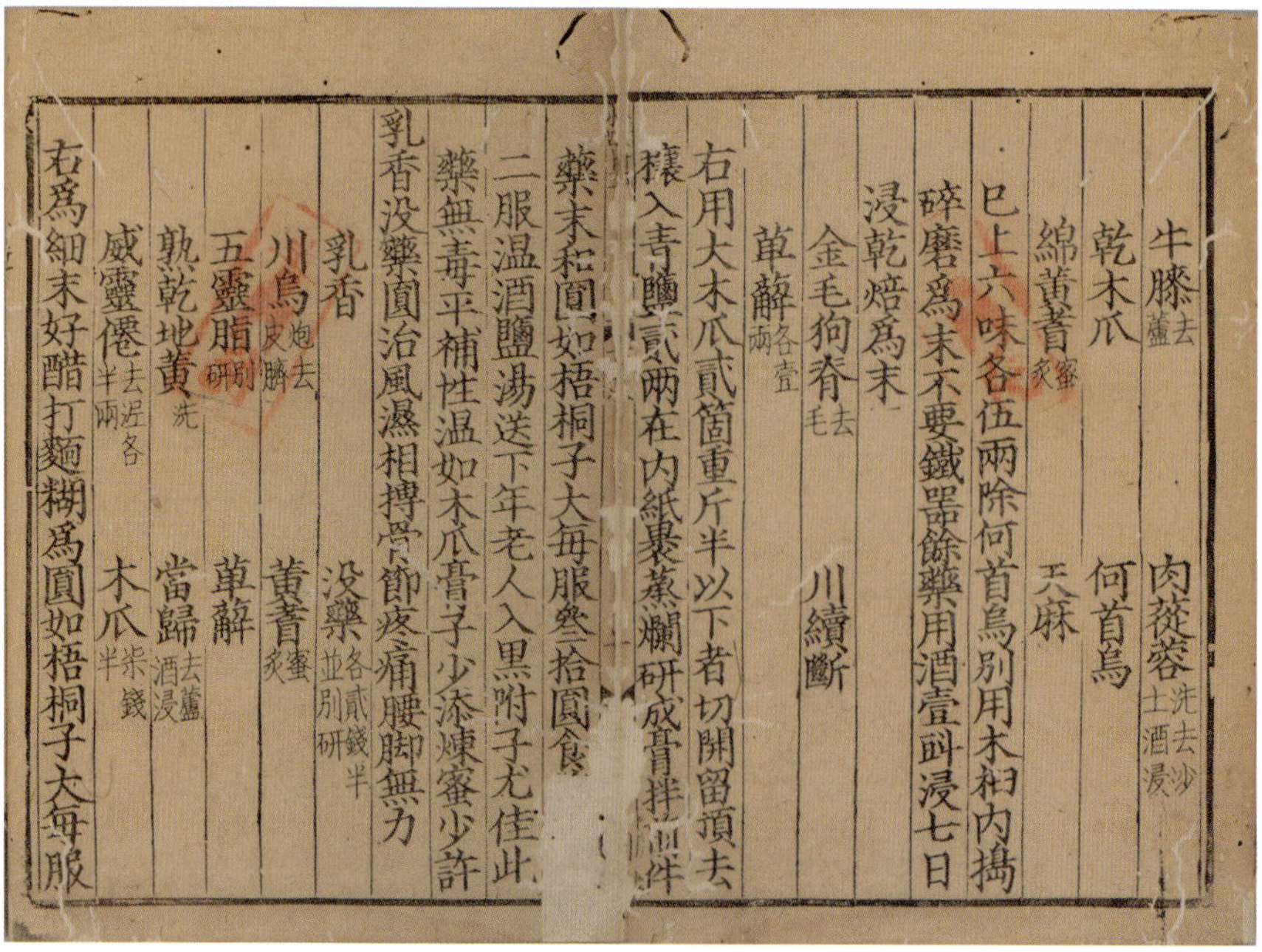
牛膝去蘆　肉蓯蓉洗去沙土酒浸
乾木瓜　何首烏
綿黄耆蜜炙　天麻
巳上六味各伍兩除何首烏别用木杵内搗
碎磨爲末不要鐵器餘藥用酒壹㪷浸七日
浸乾焙爲末
金毛狗脊去毛　川續斷
萆薢各壹兩
右用大木瓜貳箇重斤半以下者切開留頂去
穰入青鹽貳兩在内紙裹蒸爛研成膏拌前件
藥末和圓如梧桐子大毎服叁拾圓食
二服温酒鹽湯送下年老人入黒附子尤佳此
藥無毒平補性温如木瓜膏子少添煉蜜少許
乳香没藥圓治風濕相搏骨節疼痛腰脚無力
乳香　没藥各貳錢半並别研
川烏炮去皮臍　黄耆蜜炙
五靈脂别研　萆薢
熟乾地黄洗　當歸去蘆酒浸
威靈僊去蘆各半兩　木瓜柒錢半
右爲細末好醋打麪糊爲圓如梧桐子大毎服

巻８第10張（図版は合成）

25. 嚴氏濟生方10巻　　　　唐　半　11冊　403-44

宋嚴用和撰

〔宋末〕刊(〔建〕)　巻１　６　10(増修本)〔江戸後期〕巻８〔近世初〕鈔配　〔室町〕訓點書入　〔紅葉山文庫〕舊藏

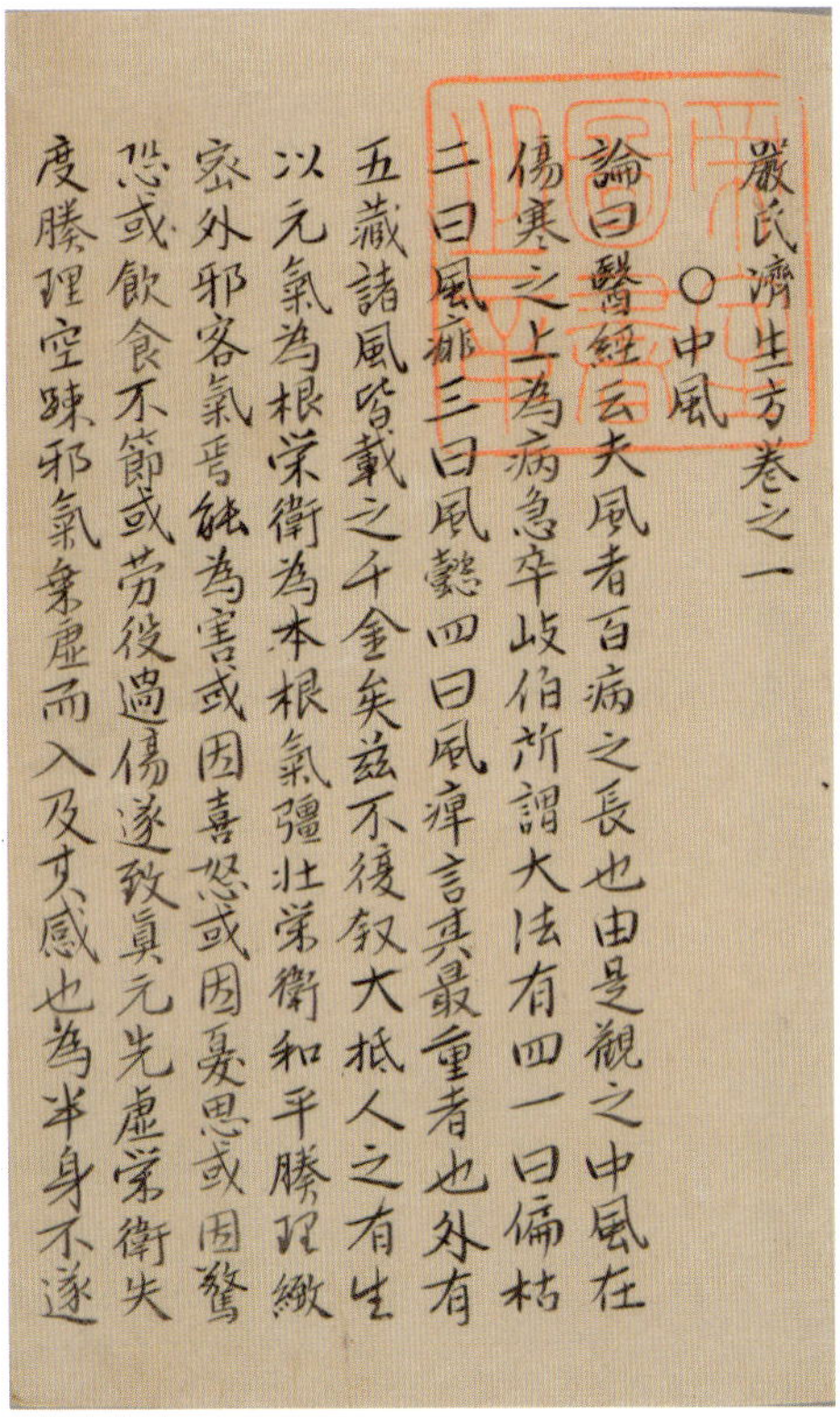
嚴氏濟生方巻之一
○中風
論曰醫經云夫風者百病之長也由是観之中風在
傷寒之上為病急卒岐伯所謂大法有四一曰偏枯
二曰風痱三曰風懿四曰風痹言其最重者也外有
五藏諸風皆載之千金矣兹不復叙大抵人之有生
以元氣為根栄衛為本根氣彊壮栄衛和平腠理緻
密外邪客氣焉能為害或因喜怒或因憂思或因驚
恐或飲食不節或労役過傷遂致眞元先虚栄衛失
度腠理空踈邪氣乗虚而入及其感也為半身不遂

巻１首

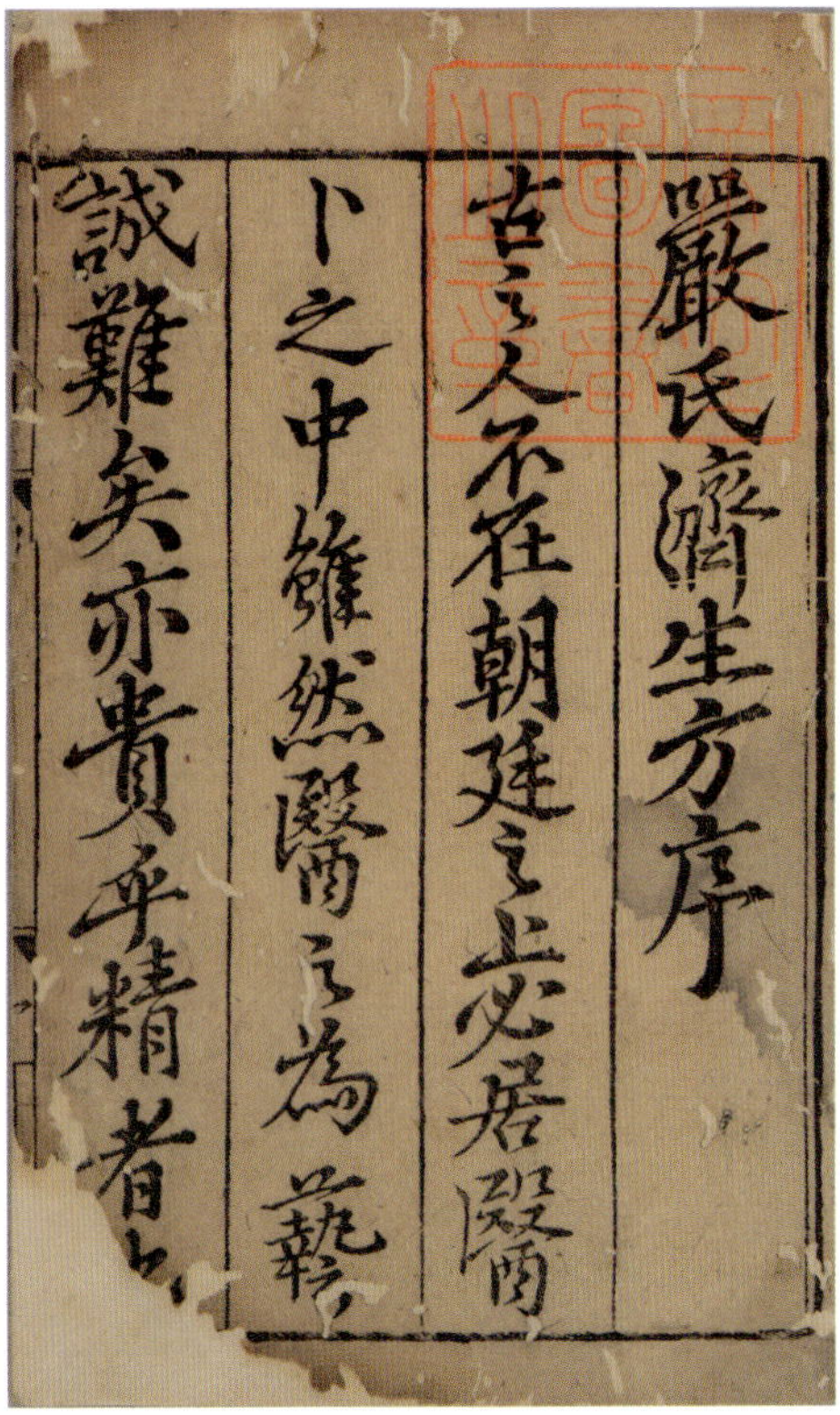
嚴氏濟生方序
古之人不在朝廷之上必居醫
卜之中雖然醫之為藝
誠難矣亦貴乎精者

巻首

後補淡茶色卍繋空押艶出表紙（21.9×14.0㎝）左肩に題簽を貼布し「濟生方［　］幾（序）」と書す。綫装，裏打修補（第７，11冊を除く），天地截断。本文竹紙，第２，９冊（鈔補）楮紙，第７，11冊（鈔補）は薄葉。前に「嚴氏濟生方序／（中略）〈用和〉幼自八歳喜讀／醫書年十二受學于／復眞劉先生之門先生名∥〈開〉立之其字也（中略）採古人可用之方裒所／學已試之效疏其論治∥犁為條類名曰濟生方集／既成不敢私秘竟鋟諸木／用廣其傳（中略）旹寶祐癸丑／上巳廬山嚴〈用和〉序（行書）」，〔江萬里〕「吾邦廬阜之產不特／多大儒名士以醫知／名正自傾動（中略）劉開字立之嚴用和∥字子禮嚴由劉教名／譽正等而心思挺出／頓悟捷得衆謂嚴／殆過其師也劉□（死）也∥數年問藥四來□（今）／而相屬於嚴之戸／於是以生平所處療／而沈思得要者論著∥為方欲傳之世曰濟／生方而請於予為之／辭（下略，尾闕）（行書）」序を附す。

四周（或いは左右）双辺（18.5×12.2㎝），有界（巻１，６，10無界），10行20字，柳公權体。（闕筆）玄弦紘眩驚微院慎。線黒口，双黒魚尾（対向，稀に三魚尾），上尾下題「方幾」，張数（稀に下辺）。

（第２冊）〔江戸後期〕鈔補（２筆），（第７，11冊）同別手鈔補，（第９冊）〔近世初〕鈔補，（第10冊）巻９第12張は四周双辺10行罫紙に〔室町〕鈔補。
朱標竪句点，稀に返点，送仮名，墨返点（雁金点は中央より左寄り），送仮名，間ゝ左右に音訓仮名書入あり。毎冊首に単辺方形陽刻「帝室／圖書／之章」朱印記を存す。

南宋末、江州（江西省九江市）の医師、厳用和（生没年不明）が、自らの処方の経験、いわゆる方論をまとめたもの。本冊と同版と思える養安院旧蔵本が故宮博物院（台湾）文献館に蔵される（阿部隆一『増訂中国訪書志』）ほか、室町初期写本（国立公文書館内閣文庫蔵）、室町後期写本（故宮博物院〈台湾〉文献館蔵、存６巻）、享保19年（1734）和刻本、『四庫全書』本（『永楽大典』輯本）などがある。また咸淳３年（1267）には続編である『厳氏済生続方』が刊行された。北里研究所付属東洋医学総合研究所医史文献研究室編『和刻漢籍医書集成』第４輯（エンタプライズ、1988）解題参照。なお本テキストの自序に次ぐ序は後半を欠くが、その全文を録する室町初期写本が江萬の作とするのは誤りで、実は南宋末期の宰相で、厳用和と同郷で交流のあった江萬里（1198-1275）の筆になる。詳しくは本書論説編所収の拙論参照。

（金　文京）

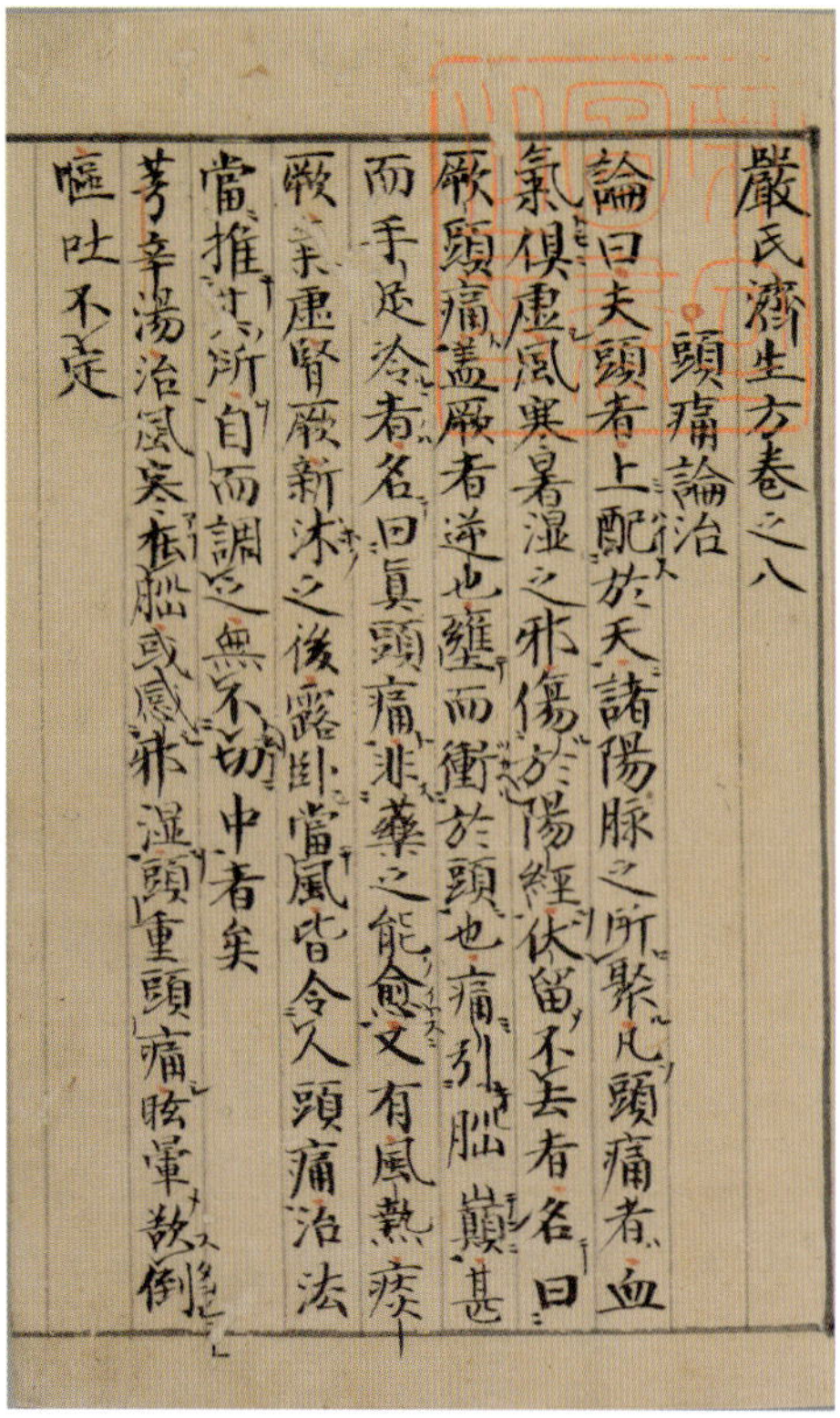
嚴氏濟生方卷之八
頭痛論治
論曰夫頭者上配於天諸陽脉之所聚凡頭痛者血
氣倶虚風寒暑湿之邪傷於陽經伏留不去者名曰
厥頭痛蓋厥者逆也壅而衝於頭也痛引腦巓甚
而手足冷者名曰眞頭痛非藥之能愈又有風熱痰
厥氣虚腎厥新沐之後露卧當風皆令人頭痛治法
當推其所自而調之無不切中者矣
芎辛湯治風寒在腦或感邪湿頭重頭痛眩暈欲倒
嘔吐不定

第９冊首

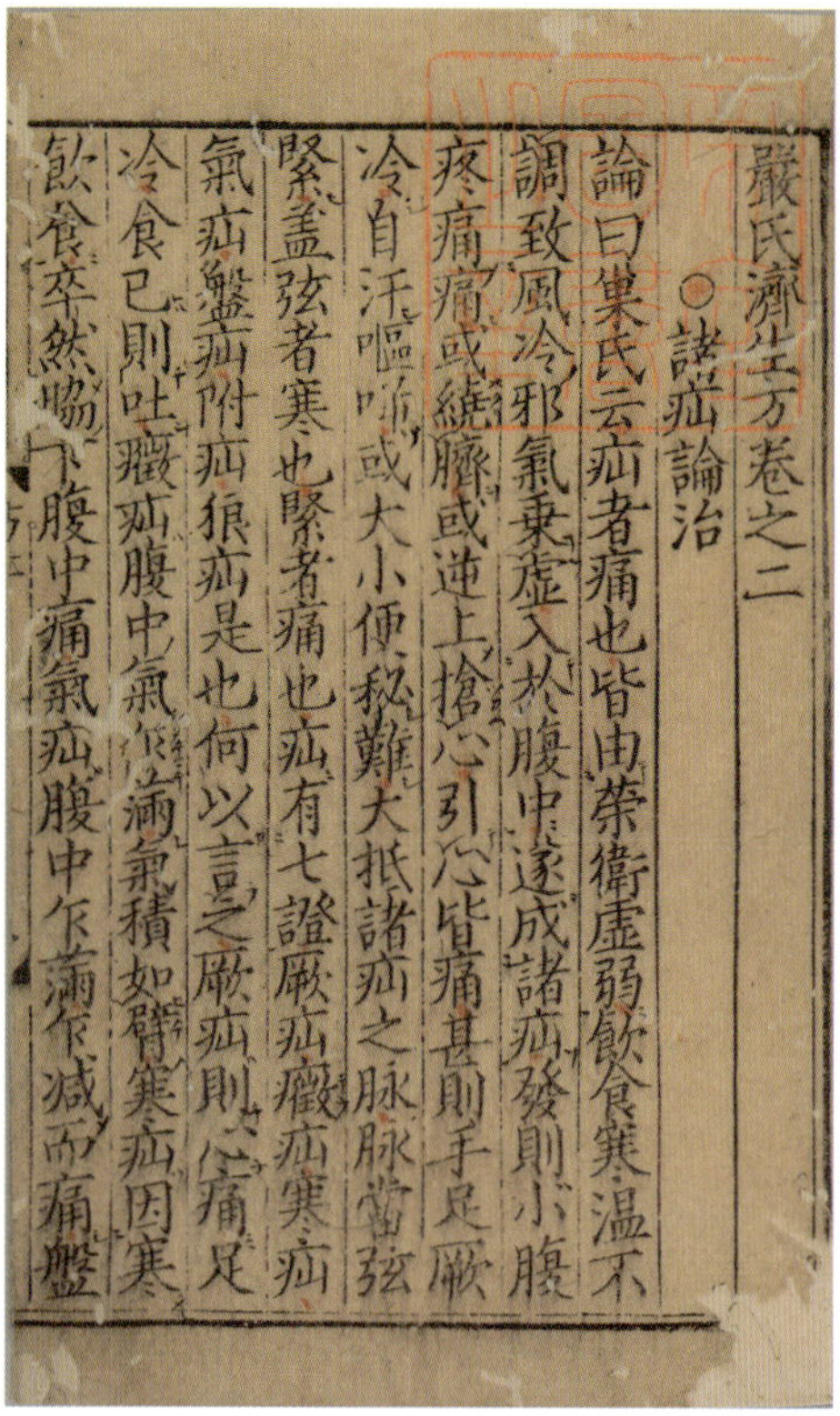
嚴氏濟生方卷之二
○諸疝論治
論曰巣氏云疝者痛也皆由榮衞虚弱飲食寒温不
調致風冷邪氣乘虚入於腹中遂成諸疝發則小腹
疼痛痛或繞臍或逆上搶心引心皆痛甚則手足厥
冷自汗嘔噦或大小便秘難大抵諸疝之脉脉當弦
緊蓋弦者寒也緊者痛也疝有七證厥疝癥疝寒疝
氣疝盤疝附疝狼疝是也何以言之厥疝則心痛足
冷食已則吐癥疝腹中氣乍滿氣積如臂寒疝因寒
飲食卒然脇下腹中痛氣疝腹中乍滿乍減而痛盤

巻２首

26. 增廣校正和劑局方□巻　存巻２至４　　　　唐　大　３冊　403-68

宋〔陳師文等奉勅〕撰　闕名增

〔南宋前期〕刊　多紀藍溪 醫學館舊藏

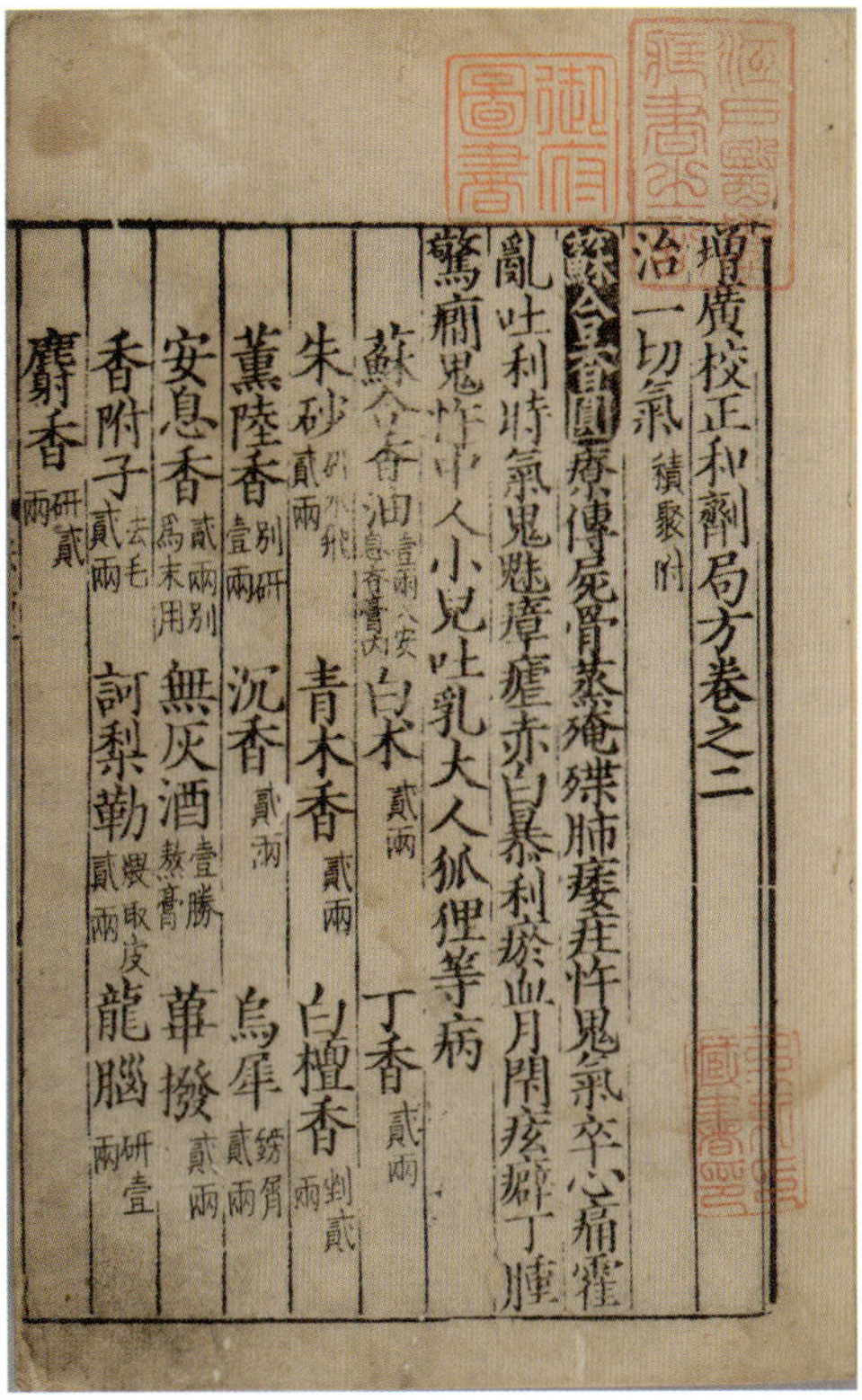

增廣校正和劑局方卷之二
治一切氣 積聚附
蘇合香圓 療傳尸骨蒸殗殜肺痿疰忤鬼氣卒心痛霍
亂吐利時氣鬼魅瘴瘧赤白暴利瘀血月閉痃癖丁腫
驚癇鬼忤中人小兒吐乳大人狐狸等病
蘇合香油 壹兩入安息香膏內 白朮 貳兩 丁香 貳兩
朱砂 研水飛貳兩 青木香 貳兩 白檀香 剉貳兩
薰陸香 別研壹兩 沉香 貳兩 烏犀 鎊屑貳兩
安息香 貳兩別爲末用 無灰酒 壹勝熬膏 蓽撥 貳兩
香附子 去毛貳兩 訶梨勒 煨取皮貳兩 龍腦 研壹兩
麝香 研貳兩

巻 2 首

後補香色表紙（25.5×16.7㎝），但し第２冊のみ後補淡茶色漉目表紙。左肩打付に「(〈增廣校正〉)／和劑局方（[　]〈二〉)」と書す。中央に方簽剝離痕あり，第１，２冊は中央に目録題簽を貼布して別筆にて編目巻数を書す。第２冊は左肩に題簽を貼布し又別筆にて「和劑局方（隔４格）三（墨滅)」と書す。虫損修補，一部裏打修補あり。

各巻首題，尾題とも「增廣校正和劑局方巻之幾」，但し巻４尾題のみ「之」を「第」とする。書式はまず薬名を黒牌陰刻（稀に墨囲陰刻）で記し，直下より効能，稀に小字双行の夾注あり。効能の後は改行して低２，８，14格に薬種を挙げ，分量等を小字双行で注す。次行低１格にて飲法を載せる。巻４第21張後半至同第24張前半に図あり。

左右双辺（20.1×13.5㎝），有界，11行21字。闕筆を要する文字の使用例は少ないが，「愼」は全て闕筆している。一方，「驚」「眩」「痃」「玄」「懸」は闕筆しない。版心は白口（或いは線黒口），双（単）黒魚尾（不対向，或いは対向），上辺に間々字数，下辺に間々工名あり。２字以上の工名は，葉木，白石，張可久，劉定，陳寅，葉才，余元，蔡□，呂文，（劉刀）が見える。

多紀元徳（藍溪）及び医学館の旧蔵で，毎冊首に単辺方形陽刻「多紀氏／藏書印」朱印記，同「江戸醫學／臧書之記」朱印記を存す。他に毎冊首に「御府／圖書」朱印記を捺す。第 2 冊前見返し中央下に「超易」と書すのを除き，書き入れは全く見られない。

『和剤局方』は北宋の大観年間（1107-10）に官営の薬局における製剤の規範を示すために陳師文らが勅命によって編纂した処方集で、今日でも漢方薬の製剤についての基本典籍のひとつとされている。宋代を通して幾度も増補新刻されており、特に紹興21年（1151）の増補版たる『太平恵民和剤局方』十巻の系統が広く流布しているが、それ以前は五巻本であったと見られ、この書陵部蔵本は首尾の巻1、5 を欠く残本ながら、現存する唯一の五巻本と考えられている。

多くの工名が見えるが、『古籍宋元刊工姓名索引』に拠れば、このうち張可久が大徳間（1297-1307）信州路刊本『北史』に、劉定が紹興間（1131-62）湖北茶塩司刊慶元 4 年（1198）逓修本『漢書注』の原刻部分に、葉才が紹興間淮南路転運司刊後修本『史記集解』の原刻部分や嘉定 6 年（1213）汀州刊本『周髀算経』等に、余元が淳熙間（1174-89）撫州公使庫刊本（紹熙 4 年 1193後修）『春秋公羊経伝解詁』に、呂文が宋末福建漕治刊『亀山先生語録』にも見える。張可久と呂文は年代が大きく外れるが、他は概ね12世紀後半に活動しているようなので、本版もその時期に近い〔南宋前期〕刊本であろうと判断した。

（上原究一）

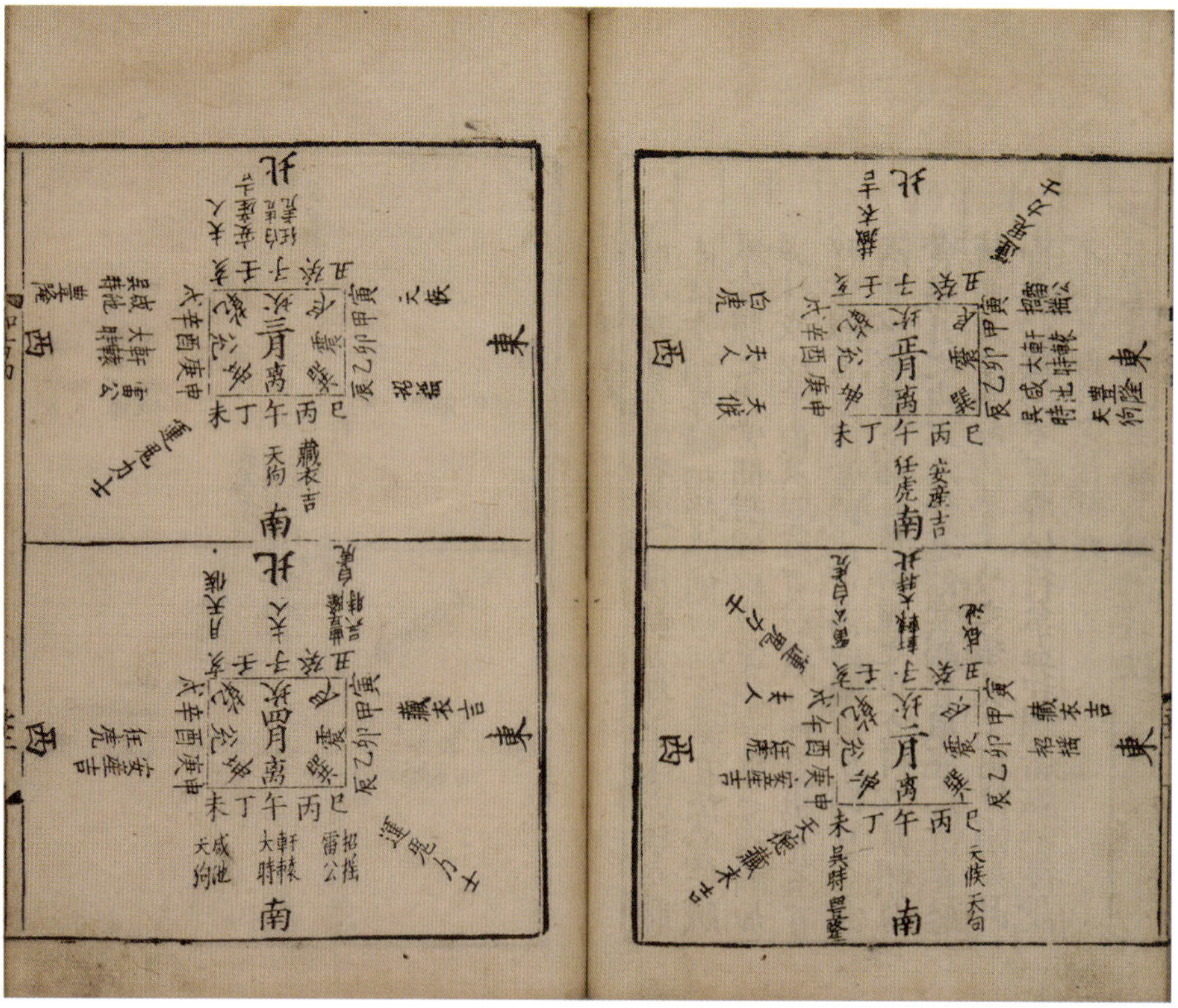

巻 4 第21至22張

27. 本草衍義20巻 目1巻

唐　特大　3冊　403-119

宋寇宗奭撰

〔宋孝宗頃〕刊　慶元元年（1195）修（江南西路轉運司）　證類本草合刻本　〔紅葉山文庫〕舊藏

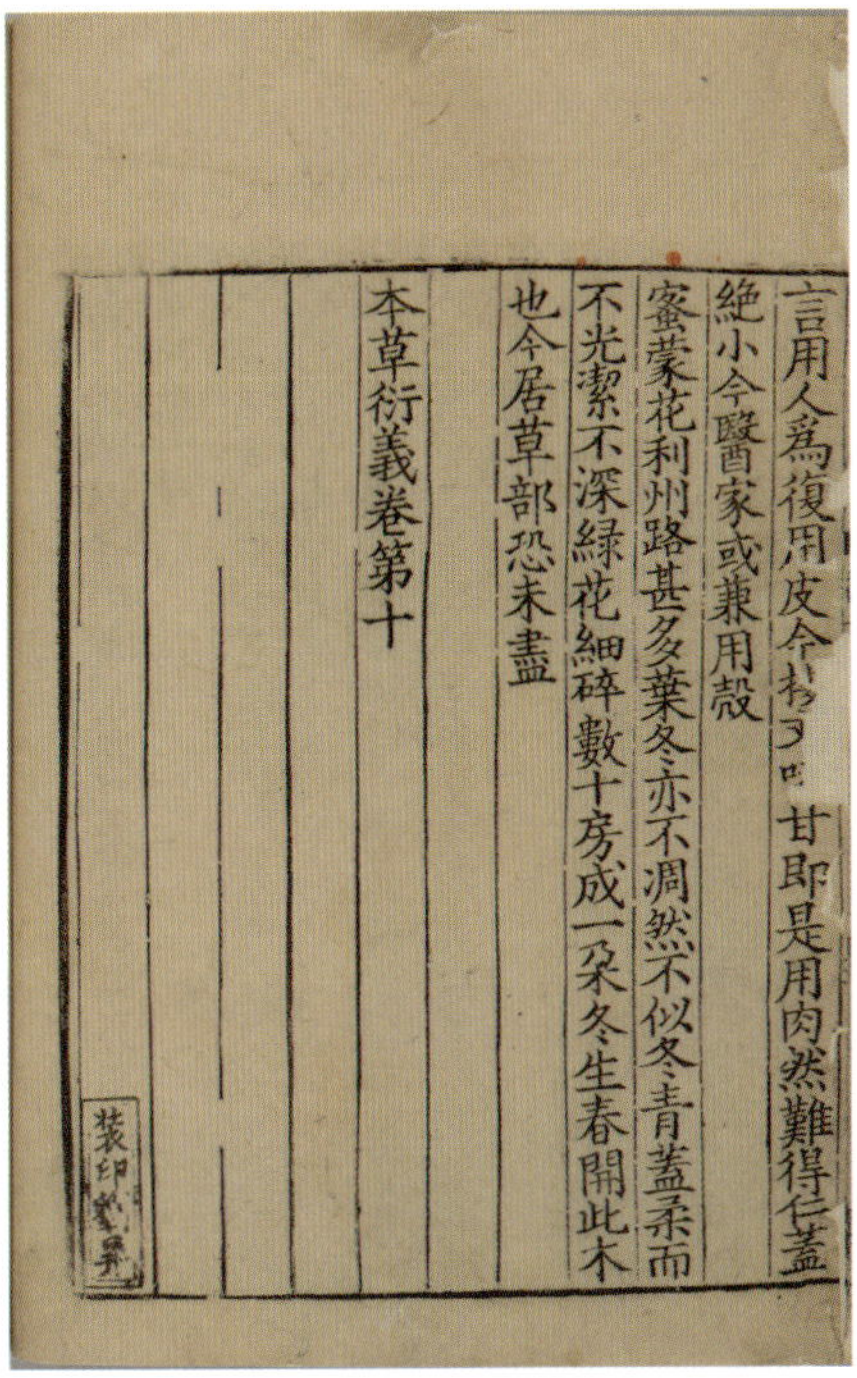

言用人爲復用皮今　甘即是用肉然難得仁蓋
絶小今醫家或兼用殼
蜜蒙花利州路甚多葉冬亦不凋然不似冬青蓋柔而
不光潔不深緑花細碎數十房成一朶冬生春開此木
也今居草部恐未盡

本草衍義卷第十

劉昇印記

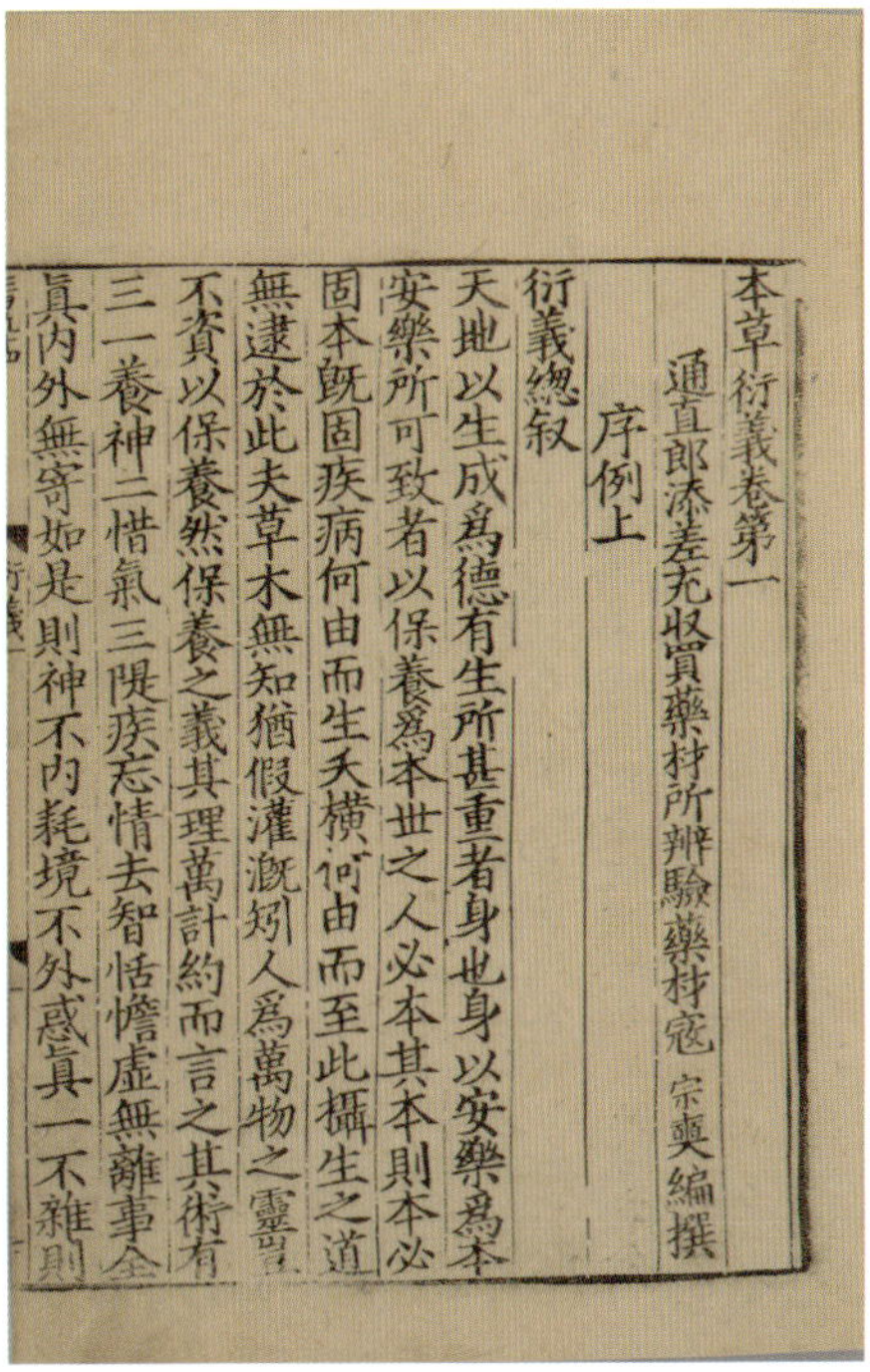

本草衍義卷第一
通直郎添差充收買藥材所辨驗藥材寇　宗奭編撰
序例上
衍義總叙
天地以生成爲德有生所甚重者身也身以安樂爲本
安樂所可致者以保養爲本世之人必本其本則本必
固本既固疾病何由而生夭横何由而至此攝生之道
無逮於此夫草木無知猶假灌漑矧人爲萬物之靈豈
不資以保養然保養之義其理萬計約而言之其術有
三一養神二惜氣三隄疾忘情去智恬憺虛無離事全
眞内外無寄如是則神不内耗境不外惑眞一不雜則

巻　1　首

後補淡茶色卍繫文空押艶出表紙（31.0×21.8㎝）左肩に題簽を貼布し「本草衍義［　］〈天（地人）〉」と書す。綫裝。本文竹紙，裏打修補。

首に宋政和 6 年（1116）劄子及び「宣和元年　月本宅鏤板印造／姪宣教郎知解州解縣丞寇〈約〉校勘」記，「本草衍義目録／　　通直郎添差充収買藥材所辨驗藥材寇〈　宗奭　〉編撰」あり。

左右双辺（23.2×17.6㎝）有界，11行21字。（宋諱，巻 1）「諱避而易名者原之存其名〈如山藥避／本朝諱及唐〉／〈避第宗諱〉」，（巻 7）「山藥按本草上壹字犯／英廟諱下一字曰蕷唐代宗名豫故改下一字爲藥今／人遂呼山藥如此則盡失當日本名慮歲久以山藥／爲別物故書之」（即ち薯蕷）とあり。

白口，双黒魚尾（不対向），上辺字数，上尾下題「衍義幾」，下尾下張数，下辺工名あり。（工名）呉元，王惠，周中，呉良，劉仁，劉一新，鄧安，劉明，余光，彭卞，王礼，呉定。

大尾別張に「右證類本草計版一千六百二十有二歳／月寖更版字漫漶者十之七八觀者難之／鳩工刋補今復成全書矣時慶元乙卯秋八／月癸丑識」記，4 行を隔て 3 格を低し「〈儒林郎江南西路轉運司主管帳司段　《杲》／奉議郎充江南西路轉運司幹辦公事賜緋魚袋徐　《宇》／承議郎充江南西路轉運司幹辦公事賜緋魚袋曾　《亨》／朝奉郎充江南西路轉運司主管文字賜緋魚袋江　《溥》〉」，また 4 行を隔て低格

せず「朝奉郎權江南西路轉運判官呉　〈獵〉」の列銜あり。
朱筆にて欄上に標点書入あり，巻10尾に双辺方形陽刻「裴印劉昇（楷書）」墨印記，毎冊首に単辺方形陽刻「帝室／圖書／之章」朱印記を存す。

中国の医術は、薬材の効能を検証した本草学により発展したが、歴代本草学の成果が折ゝに纏められ、宋代に至り唐愼微の『経史証類備急本草』（以下「証類本草」と簡称）が編まれて大成を見、大観 2 年（1108）以下、度ゝ校刊された。続いて政和 6 年（1116）には買薬官の寇宗奭が、唐代の『新修本草』に基づいて内容を敷衍した『本草衍義』が上表され、宣和元年（1119）に校刊に付された。

南宋時代には『証類本草』が重視され、淳熙12年（1185）にも江南西路転運司から刊行されたことが、その伝刻本たる、中国国家図書館（北京）収蔵の嘉定 4 年（1211）跋刊本により窺い知られる。さて、本冊の大尾に「証類本草」補刻の意を述べた修記と江南西路転運司官人の列銜を存するのは、実はこの淳熙の刊行を補う趣旨である。『本草衍義』の末に『証類本草』の修記を存するのは偶然ではなく、中国国家図書館に蔵する本書宋刻残本の末にも同文を求め得る。つまり修記の存在は、南宋前期に『証類本草』に『本草衍義』を合刻した事実を反映したのである。

さらに、本版が淳熙12年（1185）江西転運司刊『証類本草』に合刻された『本草衍義』そのものである可能性について、本版は同時期の、数種の江西刊本に工名が合致する。例えば国家図書館（台北）収蔵の宋紹熙元年（1190）序豫章刊本『坡門酬唱』と呉良、劉仁以下 6 名の刻工を共有する。また本版の版式字様とも、南宋前期の江西刊本と見て矛盾がない。しかし『本草衍義』についても『証類本草』と同時の刊行と見られるかどうか、両種完具の伝本を聞かない現在は、その判定が難しい。なお、中国国家図書館蔵「宋淳熙十二年刻慶元元年重修」本は、該本と別版のようである。（住吉朋彦）

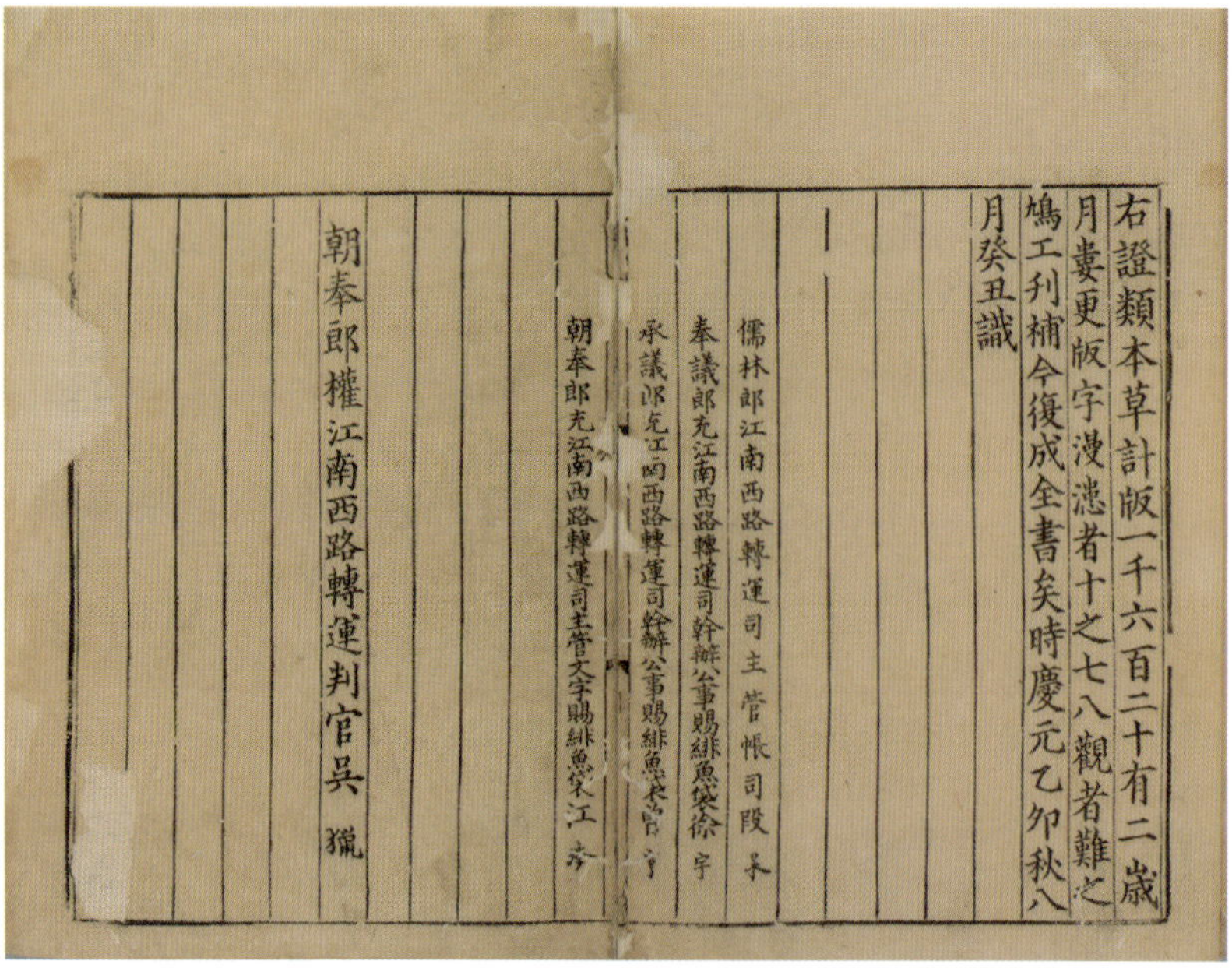
右證類本草計版一千六百二十有二歳
月婁更版字漫漶者十之七八觀者難之
鳩工刋補今復成全書矣時慶元乙卯秋八
月癸丑識

儒林郎江南西路轉運司主管帳司段
奉議郎充江南西路轉運司幹辦公事賜緋魚袋徐
承議郎充江南西路轉運司幹辦公事賜緋魚袋呂
朝奉郎充江南西路轉運司主管文字賜緋魚袋江

朝奉郎權江南西路轉運判官呉　獵

慶元元年記・列銜（図版は合成）

28. 新編類要圖註本草42巻 目1巻 上5巻　　唐　大　20冊　403-52

〔宋唐愼微〕寇宗奭等撰　劉信甫 許洪等校
〔宋末元初〕刊(建安余彦國勵賢堂)　巻27配新編圖經集註衍義本草〔元〕刊本　佐伯藩主毛利高標舊藏

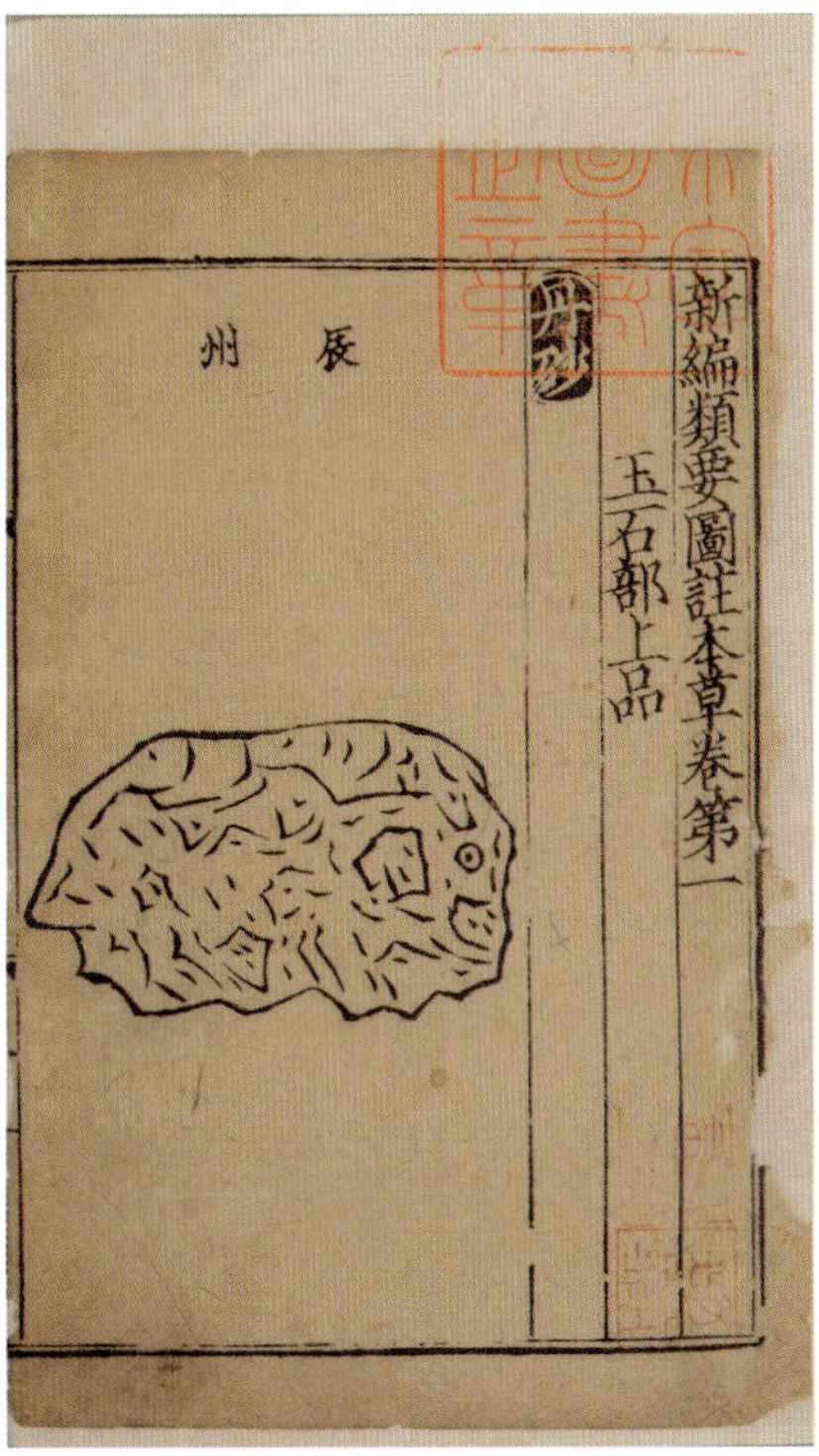

巻 1 首

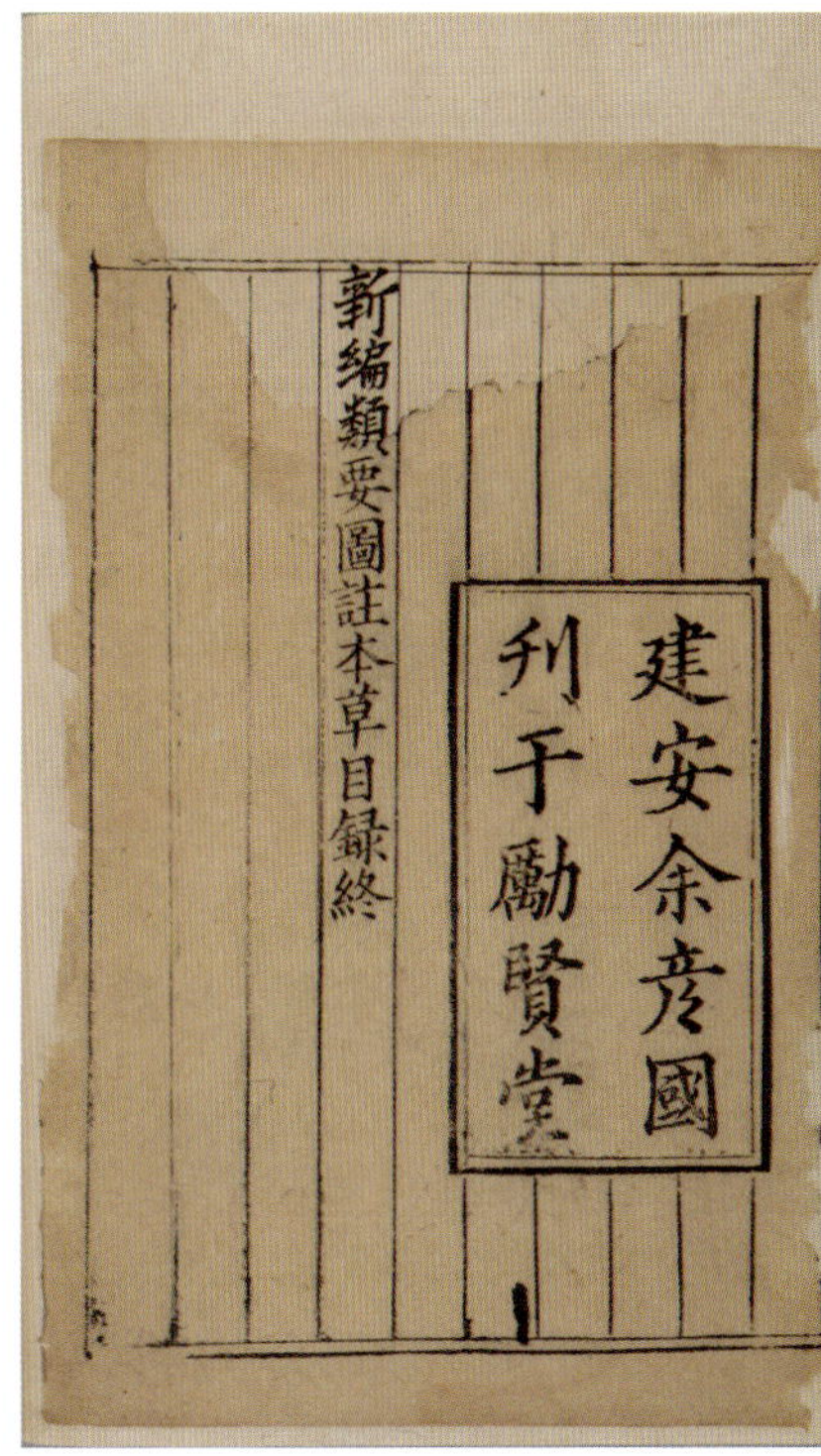

刊　記

後補淡茶色漉目表紙（25.7×16.3㎝）左肩に双辺刷枠題簽を貼布し「類要圖註本草［　］幾（首）」と書す。綫装。本文竹紙，裏打修補，原紙約23.1×28.9㎝，（巻28）原紙高約23.5㎝。前に「新編類要圖註本草總目」，「新編類要圖註本草目録」，「新編類要圖註本草上一（至五）巻」を附す。目録尾題前に5格を低し，双辺無界「建安余彦國／刋于勵賢堂」牌記あり。

四周双辺（19.3×13.1㎝），有界，10行19字，柳公権体。線黒口，双黒魚尾（不対向），上尾下題「本（草）幾」，下尾下に張数，稀に上象鼻に大小字数。（闕筆）玄股貞癥愼稱燉。

巻26第4至6張，巻27配〔元〕刊本。目録に僅かに墨筆鈔補書入，稀に朱傍圏，傍線，傍句点，訓送仮名書入あり。首，上巻1，3，巻1，4，7，11，14，17，20，23，26，29，32，35，37，40首に単辺陽刻方形「道／山」「吏／勢」朱印記，首に「佐伯侯毛利／高標字培松／臧書画之印」朱印記，第1至12冊首に「帝室／圖書／之章」朱印記を存す。

本書は主として宋の唐慎微の『証類本草』を節略して寇宗奭の『本草衍義』を合揉し、図相を加えた内容である。本版の刊刻は理宗朝後の宋末以降に下り、典型的な建安坊刻本の様式を示している。宋末の建安余氏刊本と言えば、余仁仲万巻堂が著名であるが、本版を刻した余彦国励賢堂は、やはり図書寮文庫に蔵する『許学士類証普済本事方』(558-1)を刊行した余唐卿と共に、医書の坊刻に携わっていた。

巻26第３、４張間に数行の重複があり、巻27首のみ「新編図経集註衍儀本草」と題し、字様が異なっているのは、後掲同版本（559-30、Ⅲ-29）との比較からも、後世別版の補配に拠る。

漢籍善本の蒐集で著名な、佐伯文庫の旧蔵書（Ⅲ-5、11参照)。旧装冊首印記の「吏勢」とは、佐伯藩主歴代のうち、高標の他、伊勢守を通称とする者の、いずれかの使用であろう。（住吉朋彦)

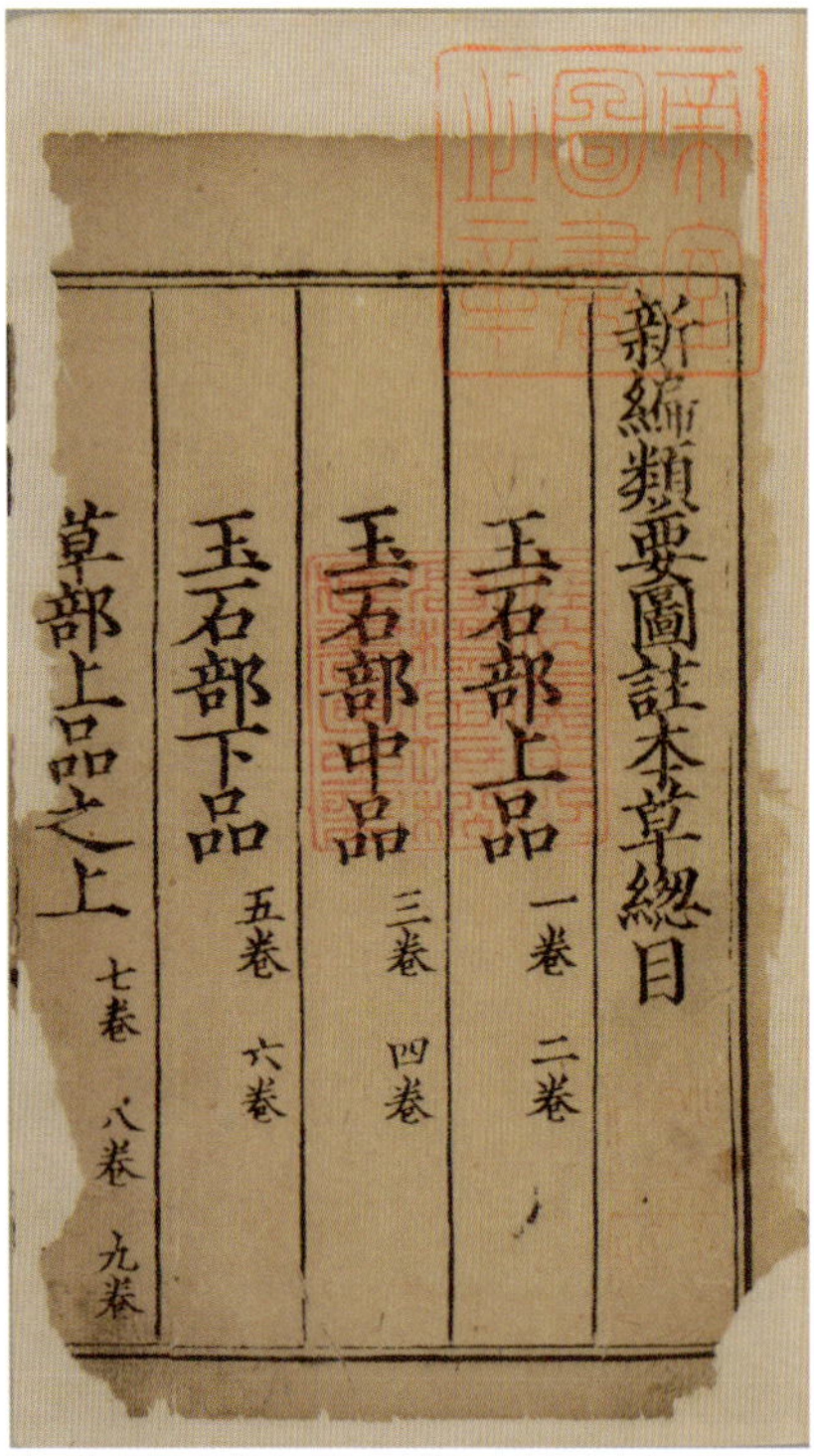

毛利高標印記

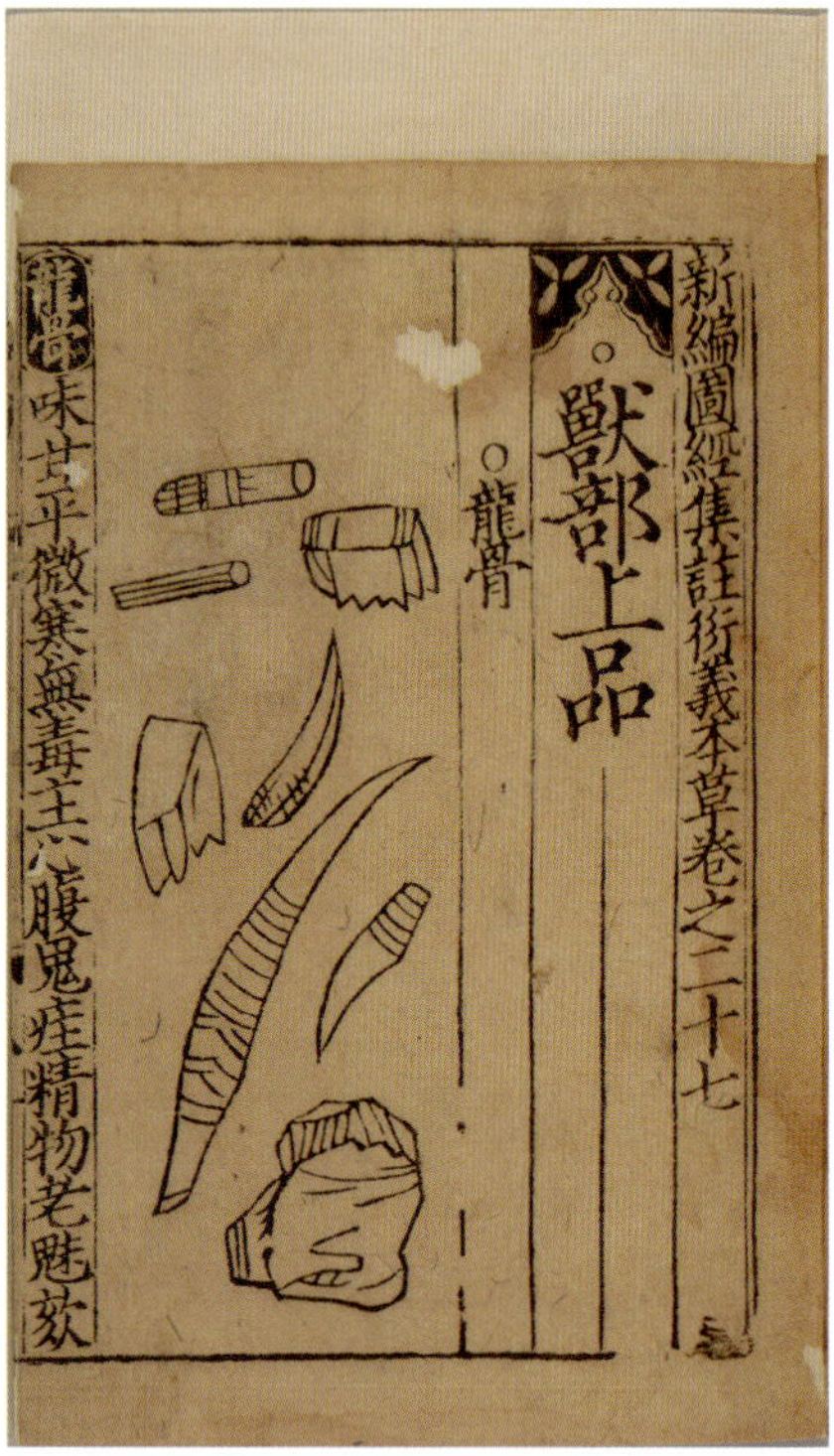

巻 27 首

29. 新編類要圖註本草42巻 目１巻 上５巻　　唐　半　22冊　559-30

〔宋唐愼微〕寇宗奭等撰　劉信甫 許洪等校

〔宋末元初〕刊（建安余彦國勵賢堂）　金澤文庫 多紀家 江戸醫學館 帝国博物館舊藏

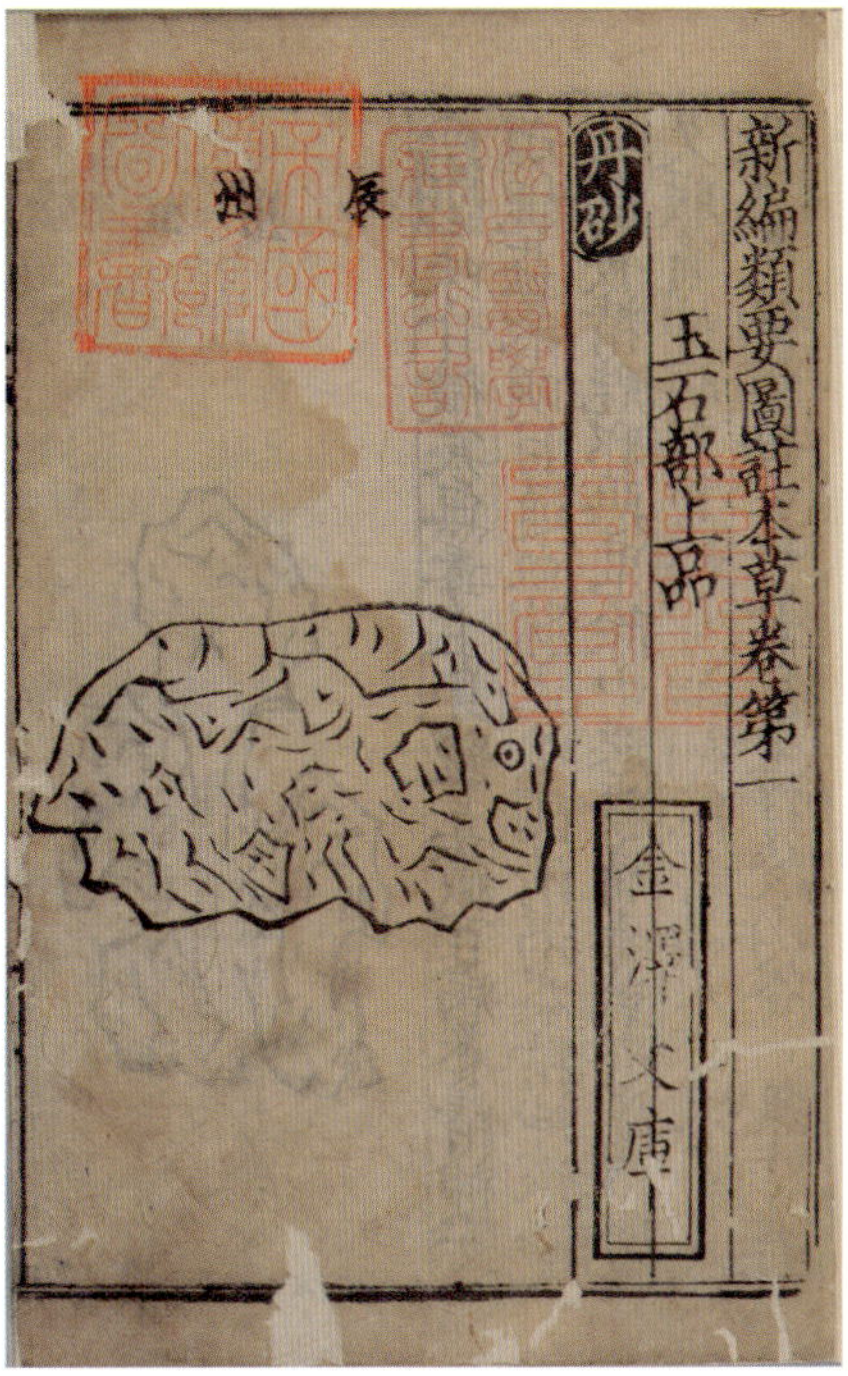

巻１首，金沢文庫印記

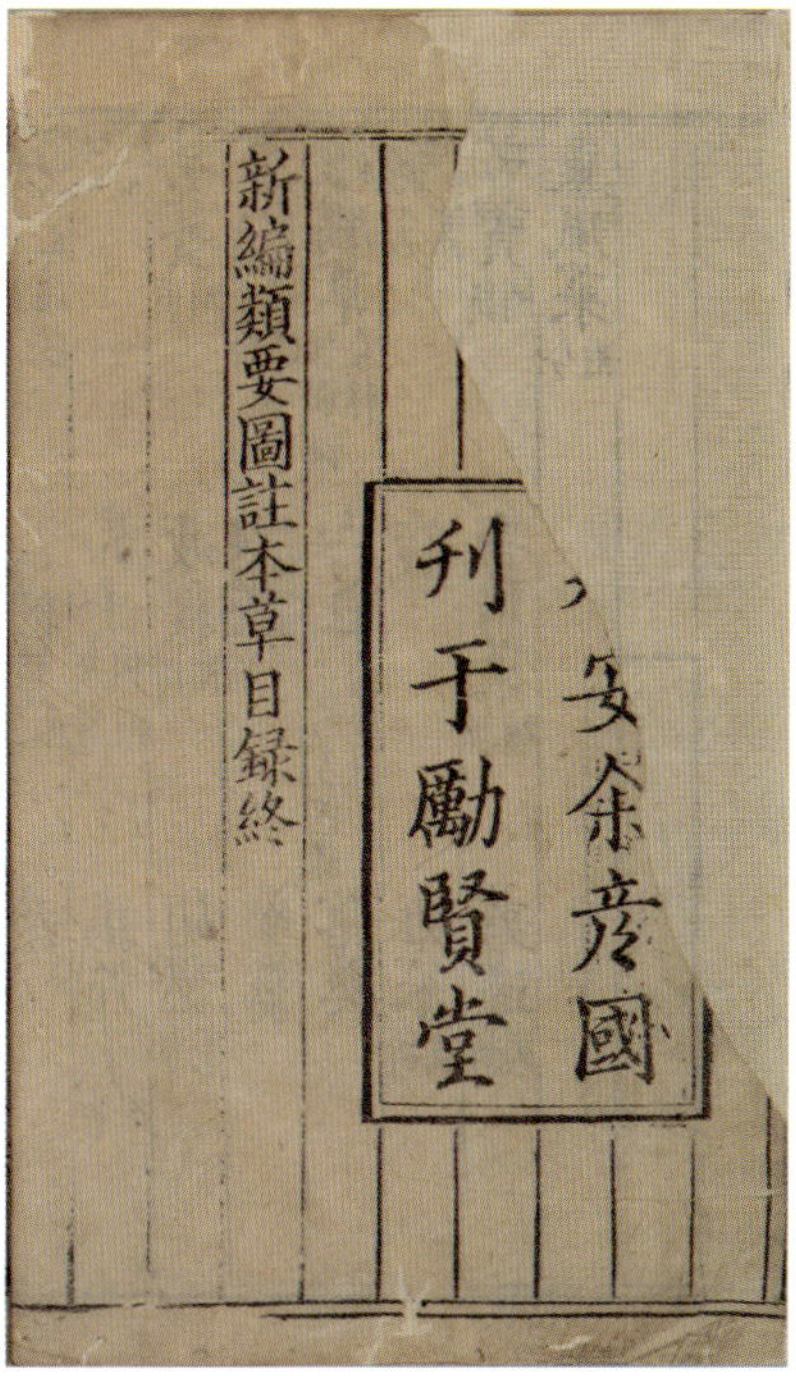

刊　記

後補白色漉目表紙（22.3×14.4㎝）左肩打付に「新編類要本草圖註上一之三巻」「圖注本草巻第幾之幾」等と書す，右肩に「東京帝室博物館」蔵書票あり。綫装，胡蝶装を改む。本文竹紙，虫損修補，天地截断。前に「新編類要圖註本草總目」，「新編類要圖註本草目録」，「新編類要圖註本草上一（至五）巻」を存す。目録尾題前に，５格を低し双辺無界「〔建〕安余彦國／刋于勵賢堂」牌記あり。

上巻１のみ〔室町〕墨筆返点，連合符，音訓送仮名，欄上校注書入あり，縹色不審紙。毎冊首尾，目尾，上首，巻15尾16首，巻21尾22首，巻36尾37首に双辺方形陽刻「金澤文庫（楷書）」墨印記（第10冊尾，11冊首，12冊尾，13冊首尾，14冊首，15冊尾，16冊首尾，17冊尾，18冊首尾，19尾，20至21冊首尾，22冊首は闕く），毎冊首に単辺同「多紀氏／藏書印」朱印記，同「江戸醫學／臧書之記」朱印記，同「帝國／博物館／圖書」朱印記，第２以下毎冊首に同「宮内省／圖書印」朱印記を存す。

前掲20冊本（403-52、Ⅲ-28）に同版で、少しく後印。

金沢文庫印記が鏡映しとなっており、改装前の体裁と冊次を止める。近世には多紀家、医学館の所有に帰した。多紀元胤の『聿修堂書目』にも「新編類要図註本草四十二巻〈二十二冊、建安余彦国勵賢堂彫行、南宋原本〉宋劉信甫」と録する、『経籍訪古志』著録本。　（住吉朋彦）

30. 外臺祕要方〔40〕巻　存巻3　6　9　11 21至23 25至28　　唐　半　11冊　403-42

〔唐王燾〕撰　宋林億校

〔南宋初〕刊（兩浙東路提舉茶塩司）　金澤文庫〔紅葉山文庫〕舊藏

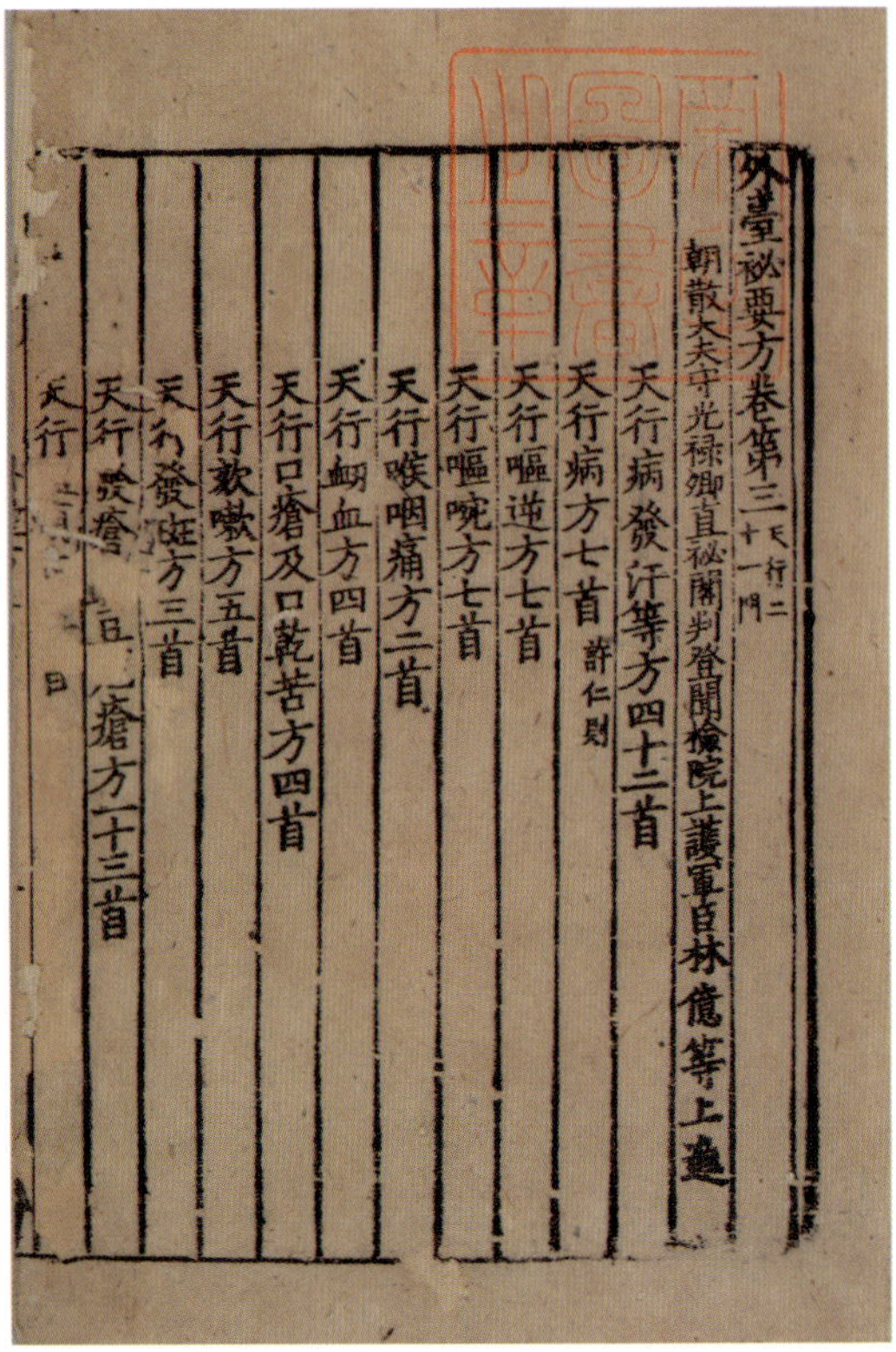

巻 3 首

後補栗皮布目表紙（24.2×17.3㎝）左肩に題簽を貼布し「外臺祕要〈幾〉」と書す。「要」字下別筆にて「方」と，左下に「〈一二闕《ル》〉」等と補記し，首冊のみ左下打付に「共十一冊」と書す。右下小簽剝落痕，押八双あり。綫装，胡蝶装を改む。本文竹紙，裏打修補。第一，二巻闕，第三冊巻首題「外臺祕要方巻第三〈天行二／十一門〉／（低二格）朝散大夫守光祿卿直祕閣判登聞檢院上護軍臣林億等上進／（以下低5格小目／（低四格）天行病發汗等方四十二首）」。

左右双辺（19.7×13.6㎝），有界，13行24字。版心白口，単黒魚尾，魚尾下題「外臺方幾」，張数，下辺に工名あり。（工名）葉邦，王成，阮于，徐杲，徐昇，楼（婁）謹，時明，徐高，丁珪（圭），趙宗，応権，朱明，余珵，余青，林俊，弓成，余全，徐侃，徐政，韋楷，董明，葉明，李忠，鄭英，徐顏，陳茂，呉江，黃季常，方彥成，徐彥，施蘊，周皓，王安，楊広，兪昌，陳文，張永，李昱，王介，呉邵，陳浩。（闕筆）玄弦眩懸驚完境癥。

巻尾「外臺祕要方巻第三〈右從事郎充兩浙東路提舉茶塩司幹辦公事趙子孟校勘〉」，「外臺祕要巻第六／（低3格）〈右迪功郎充兩浙東路提舉茶塩司幹辦公事張《寔》校勘」，「外臺祕要方巻第九／／（低4

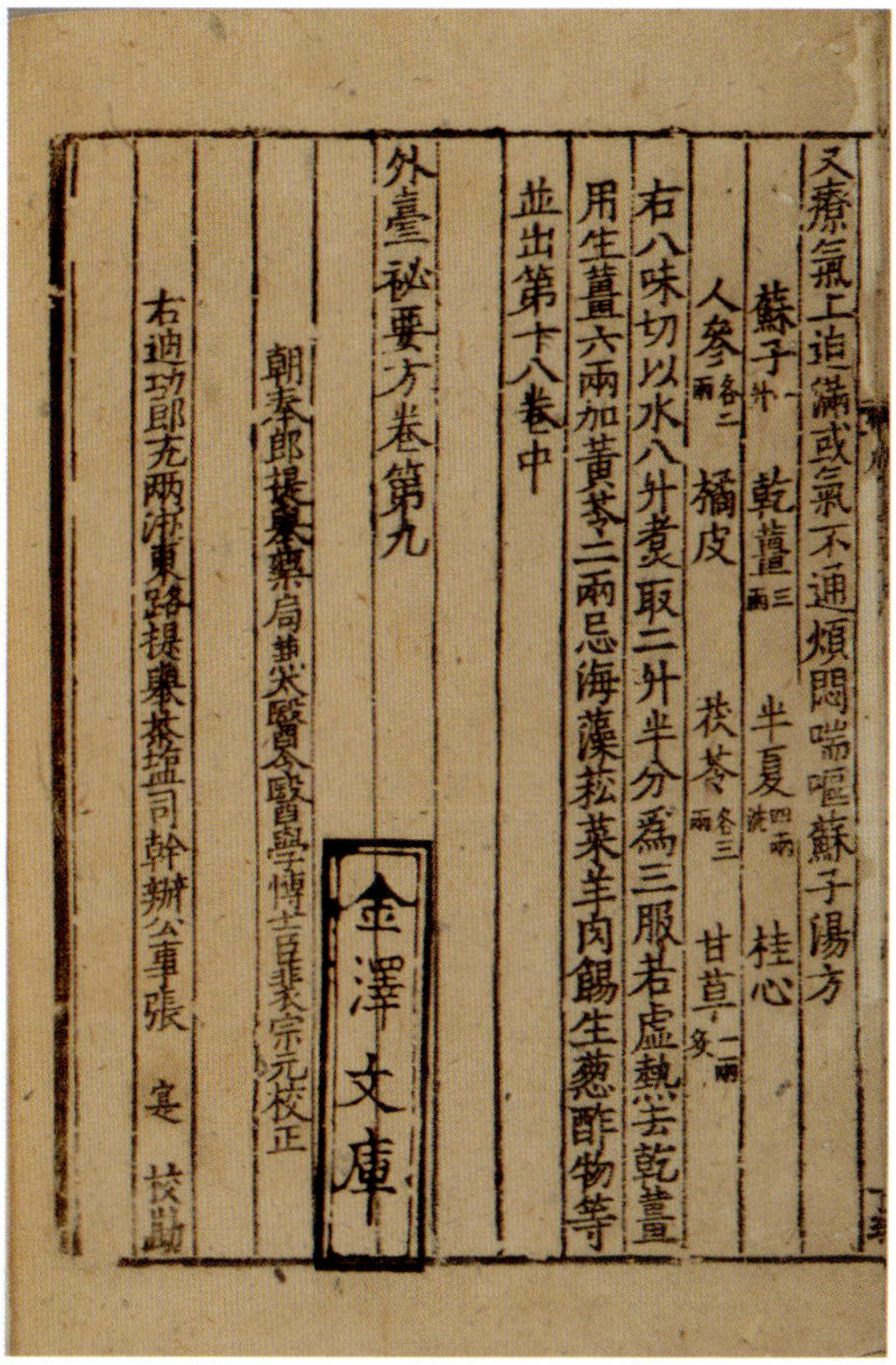
又療氣上迫滿或氣不通煩悶喘嘔蘇子湯方
蘇子一升　乾薑三兩　半夏四兩洗　桂心
人參各二兩　橘皮　茯苓各三兩　甘草二兩炙
右八味切以水八升煮取二升半分爲三服若虛熱去乾薑
用生薑六兩加黄芩二兩忌海藻菘菜羊肉餳生葱酢物等
並出第十八卷中
外臺秘要方卷第九
朝奉郎提擧藥局兼太醫令醫學博士臣裴宗元校正
右迪功郎充兩浙東路提擧茶鹽司幹辦公事張寔　校勘
金澤文庫

卷 9 尾，金沢文庫印記

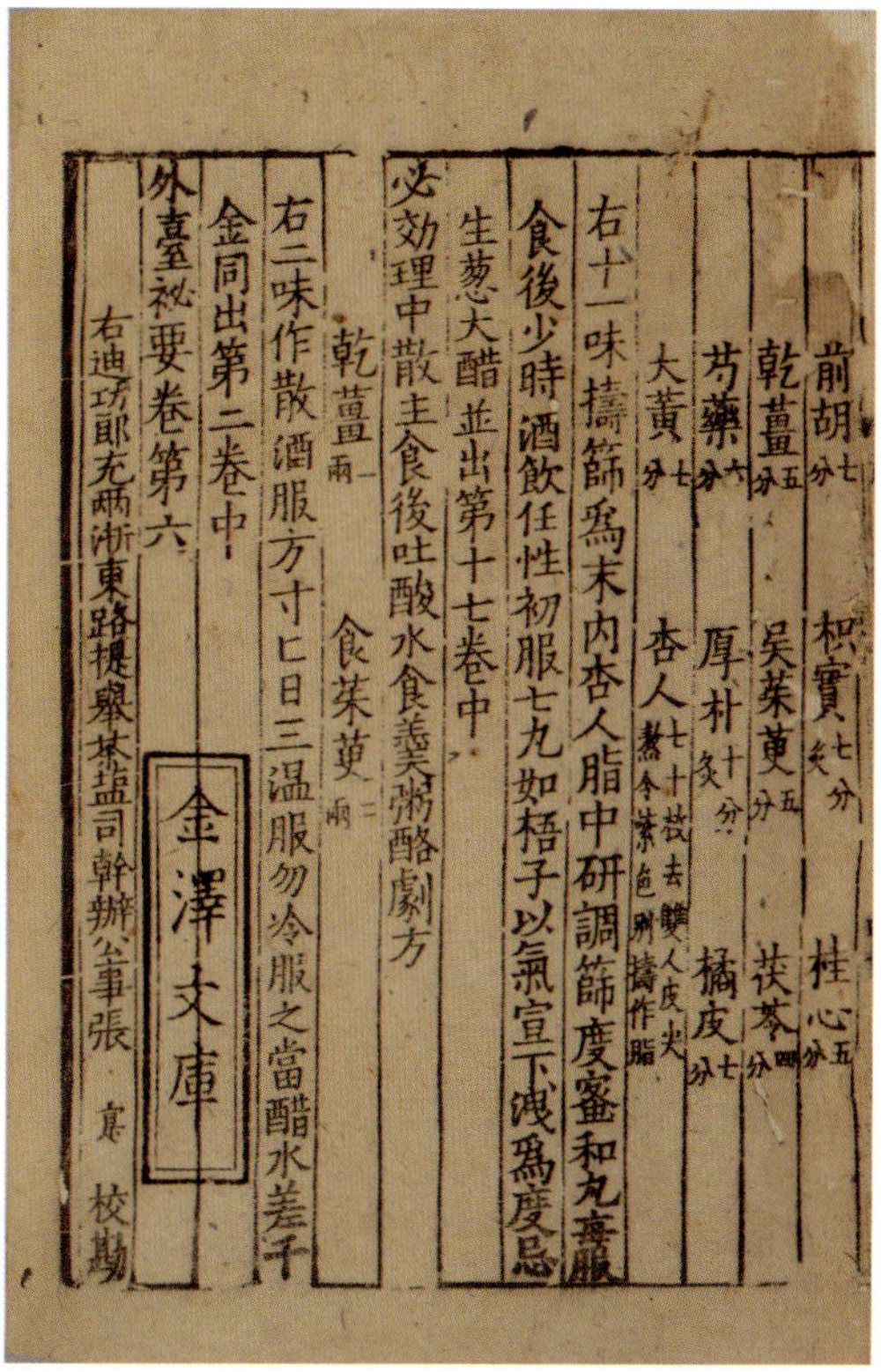
前胡七分　枳實七分炙　桂心五分
乾薑五分　呉茱萸五分　茯苓四分
芍藥六分　厚朴十分炙　橘皮七分
大黃七分　杏人七十枚去雙人皮尖熬令紫色別擣作脂
右十一味擣篩爲末内杏人脂中研調篩度蜜和丸每服
食後少時酒飲任性初服七丸如梧子以氣宣下洩爲度忌
生葱大醋並出第十七卷中
必効理中散主食後吐酸水食羹粥酪劇方
乾薑一兩　食茱萸二兩
右二味作散酒服方寸匕日三温服勿冷服之當醋水差
金同出第二卷中
外臺秘要卷第六
右迪功郎充兩浙東路提擧茶盐司幹辦公事張寔　校勘
金澤文庫

卷 6 尾，金沢文庫印記

格）〈朝奉郎提舉藥局兼太醫令醫學博士臣裴宗元校正〉／／（低 3 格）右迪功郎兩浙東路提舉茶鹽司幹辦公事張《寔》校勘」等（巻11，21，25至26，28張寔，巻22，27趙子孟，巻23裴宗元，趙子孟）。巻 3 尾，巻 6 首尾，巻 9 首尾，巻21至23首尾，巻25至28首尾に双辺方形陽刻「金澤文庫（楷書）」と墨印記があり，毎冊首に単辺「帝室／圖書／之章」朱印記を存す。

唐の王燾が編纂した唐代の代表的な医方全書の一つである。『諸病源候論』により病因・病態を論じながら、さまざまな方書に記された治療法を引用し、その豊富な内容や編集方法はその後の医学全書に大きな影響を与えている。引用文献の書名と引用部分の巻次数が明記されているため、後世に失われてしまった文献の復元にも役に立つものである。北宋時代に勅命により国子監において医書官により詳しく校勘の上、熙寧 2 年（1069）に刊行され、本冊も長らく北宋版とされていたが（『経籍訪古志』、『日本訪書志』など）、校勘者である趙子孟・張寔の銜名「幹辦公事」は高宗の諱を避けて元来の「勾當公事」から変えたものであることおよび避諱闕筆、刻工名、字様などから総合的に判断して、北宋版ではなく、南宋初期両浙東路提挙茶塩司により復刻されたものである。　　　　（陳　捷）

31. 論衡30巻　闕巻26至30

唐　大　12冊　500-8

〔漢〕王充撰

〔宋孝宗朝〕刊（〔浙〕）　明治26年（1893）細川十洲識語　〔狩谷棭齋〕木村〔正辭〕舊藏

内閣記録局蒐集

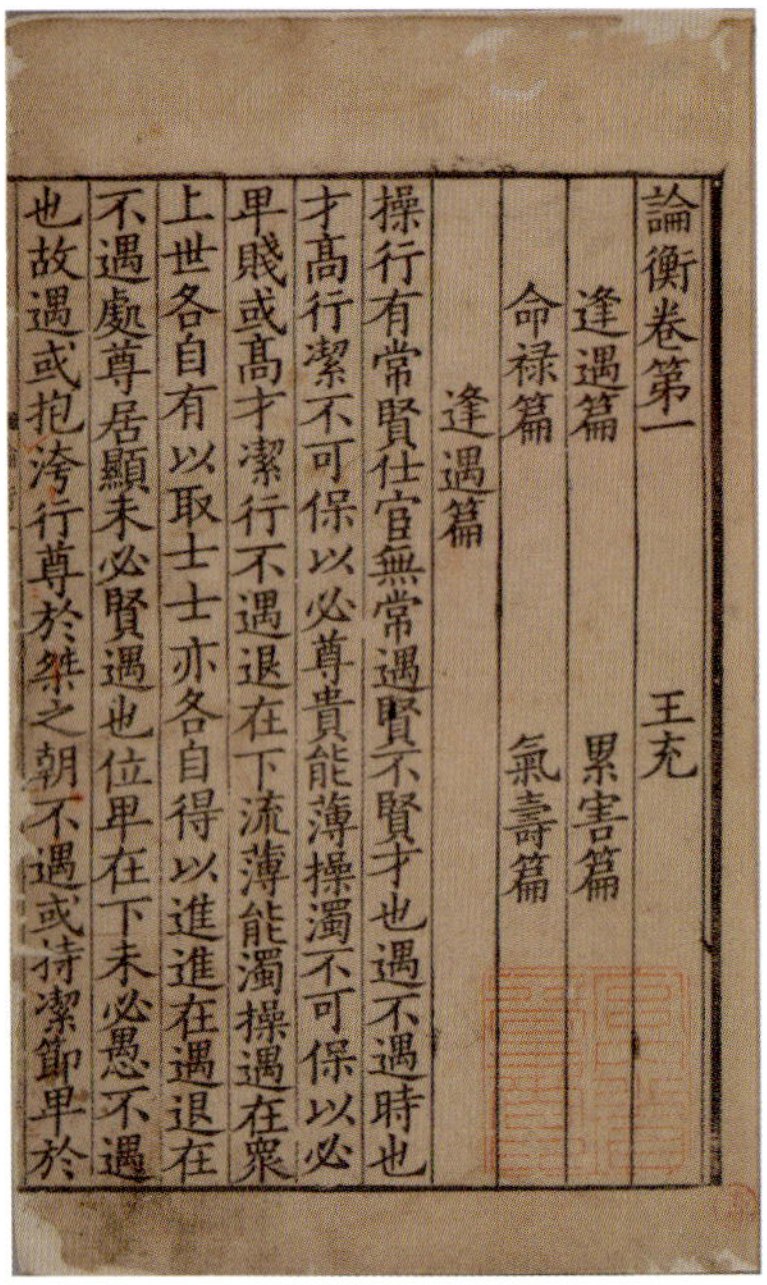

論衡巻第一　　王充

逢遇篇　累害篇

命禄篇　氣壽篇

逢遇篇

操行有常賢仕宦無常遇賢不賢才也遇不遇時也
才高行潔不可保以必尊貴能薄操濁不可保以必
卑賤或高才潔行不遇退在下流薄能濁操遇在衆
上世各自有以取士士亦各自得以進進在遇退在
不遇處尊居顯未必賢遇也位卑在下未必愚不遇
也故遇或抱洿行尊於桀之朝不遇或持潔節卑於

巻 1 首

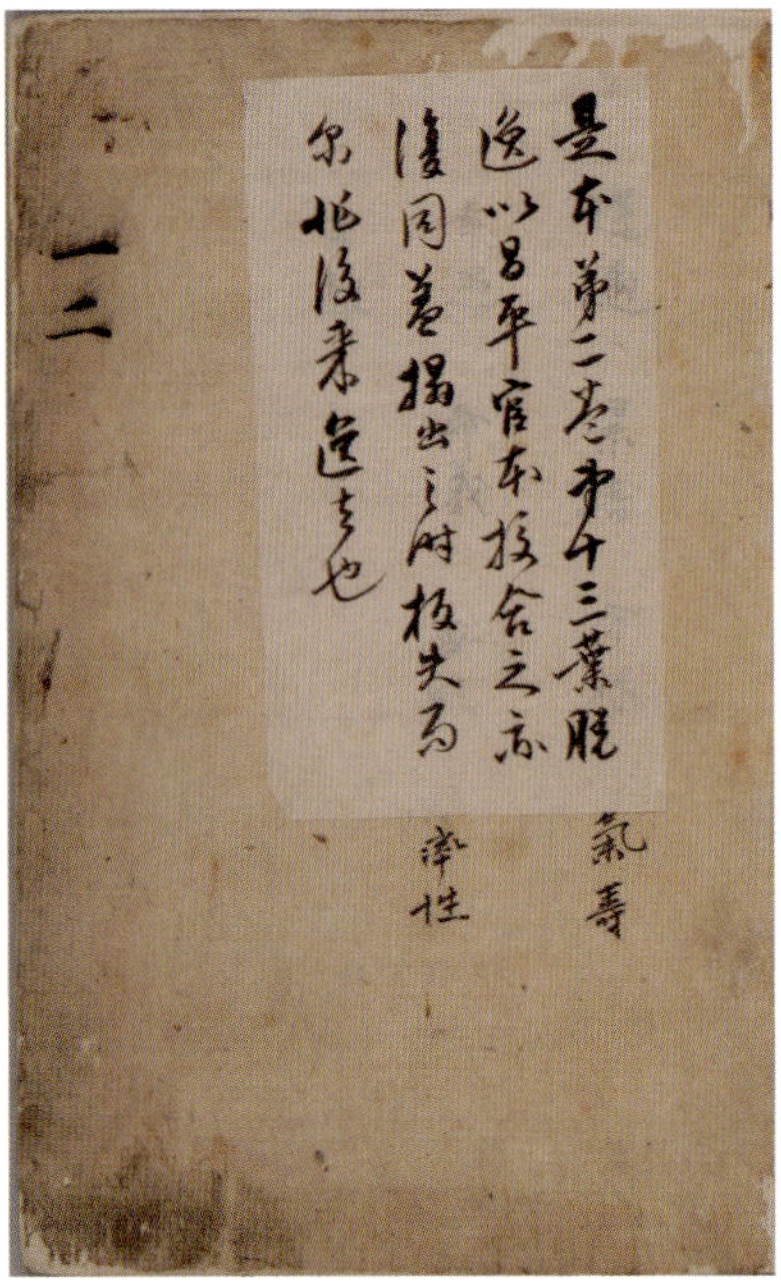

前副葉紙箋

後補渋引表紙（27.0×18.1cm）。裏打修補。左右双辺（21.4×14.6cm）有界，10行20至22字，欧陽詢体。白口，単黒魚尾，魚尾下題「論衡幾」，張数，下辺工名。（闕筆）玄弦絃鮌敬驚竟弘殷慇匡筐胤恒貞徵懲樹竪讓煦桓完購慎。

〔室町〕淡朱竪句点，声圏，返点，連合符，音訓送仮名，稀に同朱墨欄上補注，磨滅鈔補書入，別朱傍線，曲截，竪返点書入，間ゝ欄上行間に〔江戸初〕墨筆にて音義，標校補注，稀に返点，音訓送仮名書入あり。首冊前副葉の篇目上に紙箋を附し「是本第二巻第十三葉脱／逸以昌平官本挍合之亦／復同盖搨出之時板失而／尔非後来逸者也」識語あり。附属の切紙に「宋版論衡十二巻ハ本狩谷棭／齋ノ求古楼藏書ノ一ニシテ其後／木村正辞ノ所有セルヲ宮内省ガ（「ヨリ」を改む）／購入セル者ナリ此書ノ事委シク棭齋／ノ著ハセル經籍訪古志（「録」を改む）ニ見エタリ本書ハ／二十五巻ニ止マリテ二十六巻以下ハ全ク／闕ケタリ第一巻ノ累害篇ニ一枚ノ／錯簡アリテ誤テ命禄篇ニ入ル此ノ錯／簡ノ文字ハ重刻ノ本ニ見エス蓋重／刻ノ原本ニハ一枚ノ缺紙アリシヲ一ノ／毫ノ字ヲ加ヘテ完篇ノ如クナセル者ナラン／（低 3 格）明治二十六年十月／（更低 7 格）細川潤次郎識」，その末尾に紙箋を貼附し「坊本脱此一簡幸有此書可據以訂正但當／在累害篇中耳明治癸巳　十洲　識」と書す。首尾に単辺楕円形陽刻小「木村」朱印記、毎冊首に単辺方形陽刻「宮内省／圖書印」朱印記を存す。

『論衡』30巻は後漢・王充の撰。85篇のうち、第44招致篇は篇名のみ伝わる。『後漢書』王充列伝によれば、王充は太学で学ぶも、貧困のために洛陽の市の書肆で売り物の書物を読んで記憶したという。その後、郷里である会稽に帰り地方官となるが、そりが合わず、下野して著作活動に専念した。徹底した合理的精神から、当時流行していた俗信や神秘思想だけてなく、儒家や墨家、法家などの諸子を批判した書である。

本冊は巻26から巻30を闕く。刊行年代および地域は、闕筆が孝宗の「慎」に至ること、南宋前期の浙江の刻工名が多く見られることから、南宋孝宗期に浙江において刊行されたものと推定される。これと同版と見られる本は、上海図書館に元修元印本（存巻26至巻30）があり、また、中国国家図書館には30巻が揃った元明逓修本が伝存している。しかし、残念ながら上海図書館蔵本は本冊と重なる部分がなく、国家図書館蔵本は原刻と思しき張も摩耗が甚だしく、正確に比較しえない。とはいえ、本冊は原刻の美しい印面を存していることから、上海図書館本より早印本と見られる。そのため、本冊は南宋期の刊行当時に近い時期に印行されたものである可能性が考えられよう。

また、上掲の細川十洲識語でも指摘しているように、本冊は巻1の第7下張と第8張を錯綴している。明刊本では第7下張の内容が闕落しており、和刻本も明刊本のテキストを受け継ぐ。民国期以降、元明逓修本によって第7下張の内容が補われるが、元明逓修本のこの張は元以降の補刻であり、書陵部本とは異同がある。本冊は、この闕落部分の原刻を伝える非常に貴重な本といえる。

旧蔵者について、十洲の識語によれば、狩谷棭斎から木村正辞に渡り、宮内庁へ収められたもの。それ以前は、山梨稲川が所蔵していたようで、静嘉堂文庫所蔵の狩谷棭斎手校和刻本『論衡』巻25尾識語には、稲川所蔵の宋本によって校勘したことが記されている。（矢島明希子）

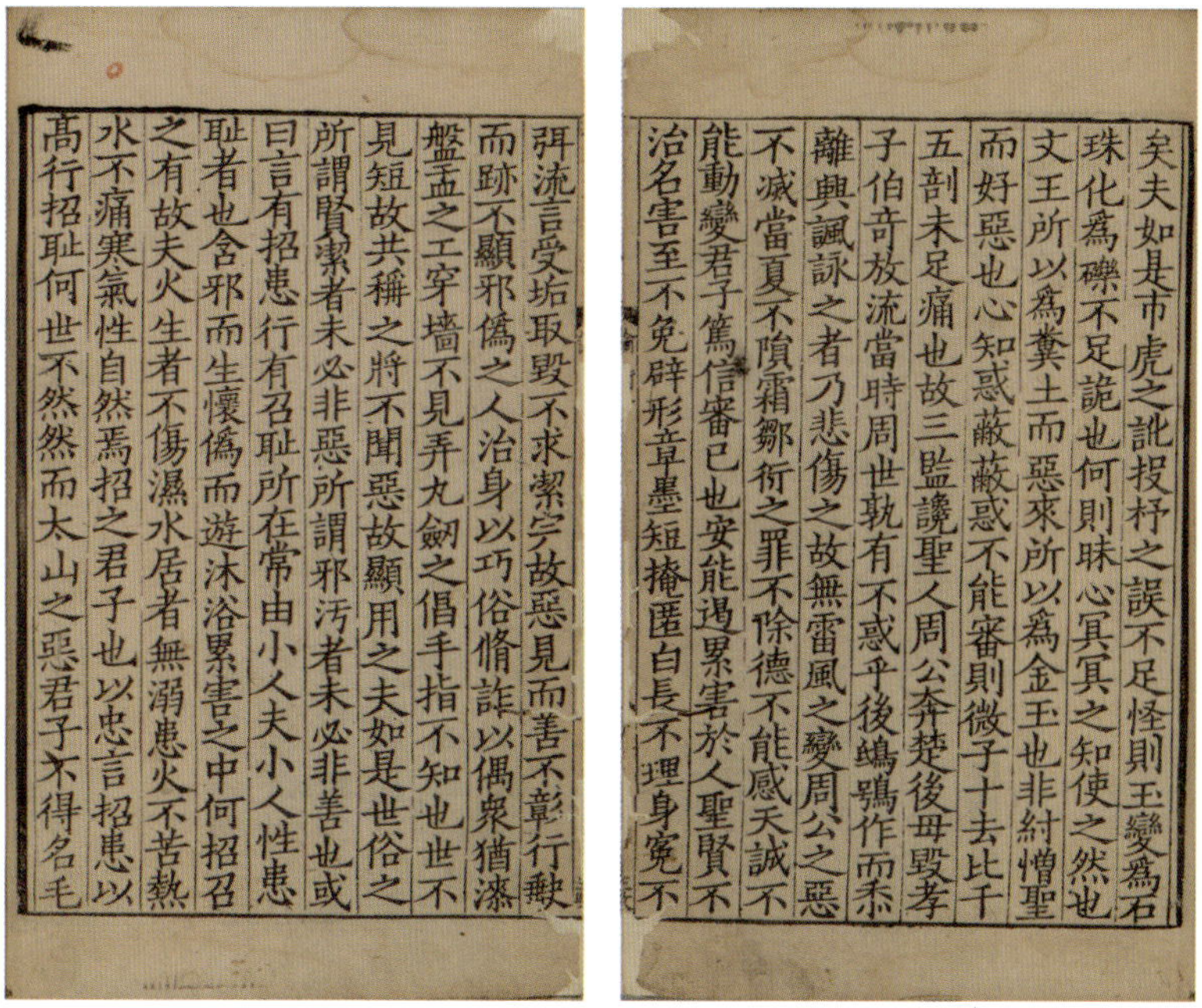
矣夫如是市虎之訛投杼之誤不足怪則玉變爲石
珠化爲礫不足詭也何則昧心冥冥之知使之然也
文王所以爲糞土而惡來所以爲金玉也非紂憎聖
而好惡也心知惑蔽蔽惑不能審則微子十去比干
五剖未足痛也故三監讒聖人周公奔楚後母毀孝
子伯奇放流當時周世孰有不惑乎後鴟鴞作而黍
離興諷詠之者乃悲傷之故無雷風之變周公之惡
不滅當夏不隕霜鄒衍之罪不除德不能感天誠不
能動變君子篤信審己也安能遏累害於人聖賢不
治名害至不免辟形章墨短掩匿白長不理身冤不
弭流言受垢取毀不求絜寧故惡見而善不彰行缺
而跡不顯邪僞之人治身以巧俗脩詐以偶衆猶漆
盤盂之工穿墻不見弄丸劒之倡手指不知也世不
見短故共稱之將不聞惡故顯用之夫如是世俗之
所謂賢絜者未必非惡所謂邪汚者未必非善也或
曰言有招患行有召耻所在常由小人夫小人性患
耻者也含邪而生懷僞而遊沐浴累害之中何招召
之有故夫火生者不傷濕水居者無溺患火不苦熱
水不痛寒氣性自然焉招之君子也以忠言招患以
高行招耻何世不然然而太山之惡君子不得名毛

巻 1 第 7 下張

32. 世説新語3巻　　　　　　　　　　　　　唐　大　3冊　500-5

宋〔劉〕義慶撰　梁劉孝標注

〔宋孝宗朝〕刊(〔浙〕)　〔宋〕修　金澤文庫 紅葉山文庫舊藏

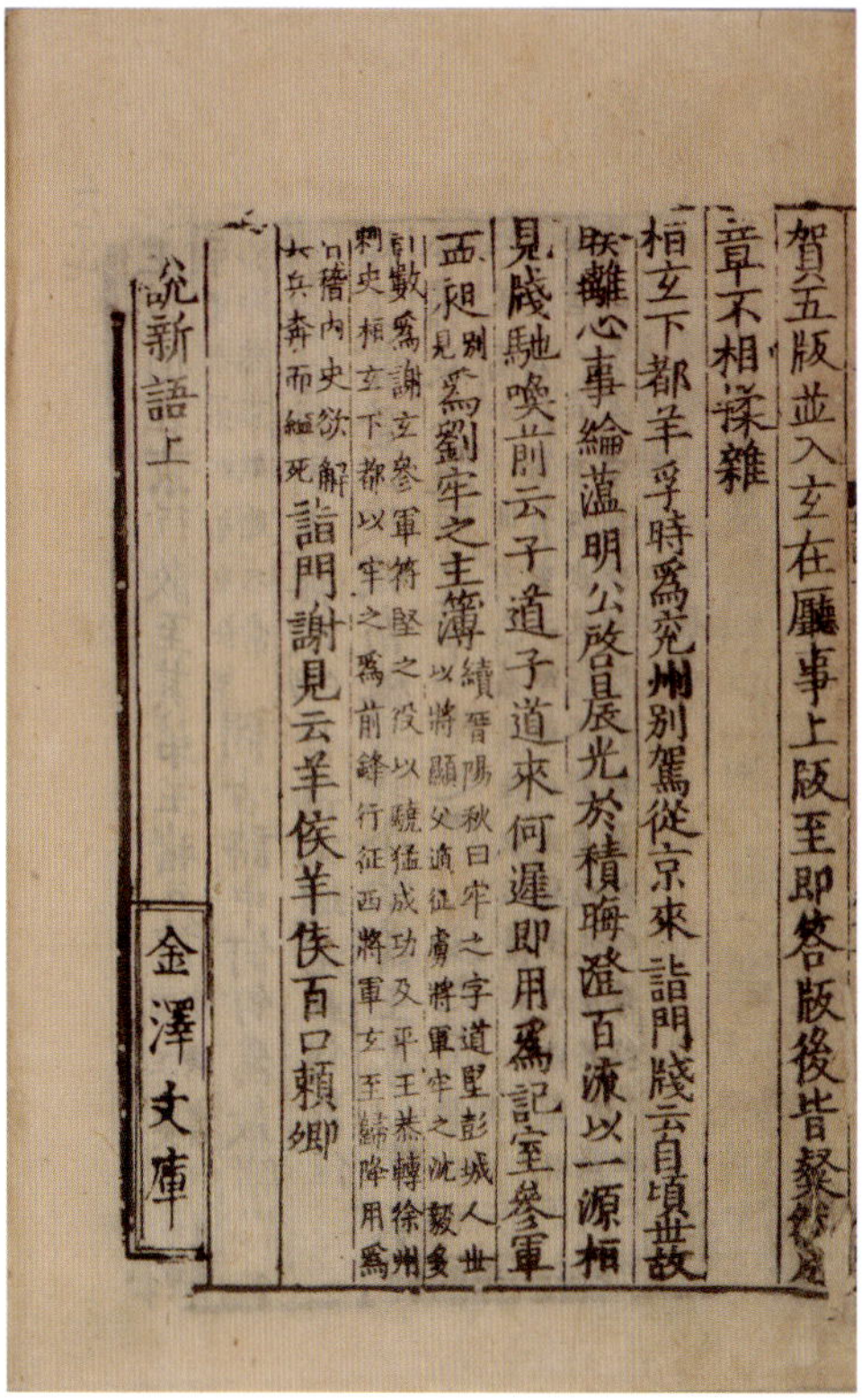

巻上尾

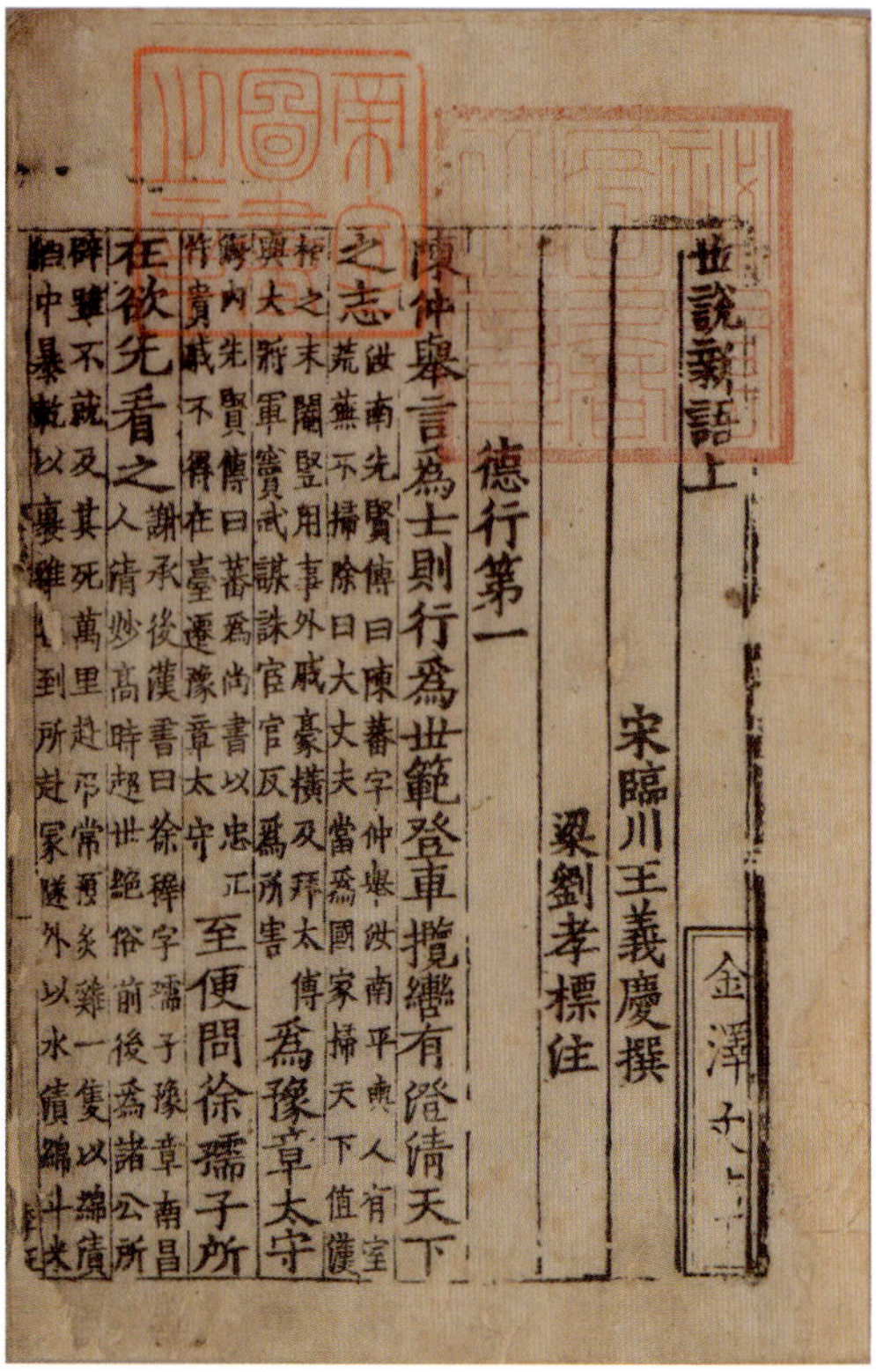

巻　首

後補卍繋文空押丹表紙（28.0×19.5㎝）。胡蝶装を改む。楮紙，虫損修補，一部襯紙。左右双辺（21.7×14.7㎝）有界，10行20至22字，欧陽詢体。白口，単黒魚尾（間ゝ双魚尾，不対向）下題「世說幾」等，下方に張数，工名あり。稀に墨筆にて磨滅鈔補，極稀に朱線書入あり。毎冊首尾に双辺方形陽刻「金澤文庫（楷書）」墨印記，毎冊首に単辺方形陽刻「祕閣／圖書／之章」朱印記，同「帝室／圖書／之章」朱印記，巻中第36張前，第44張後，第103張前，巻下第10張前に方形不明朱印記を存す。

『世説新語』は後漢から東晋までの人物の言行や逸話を集めた志人小説である。六朝宋の劉義慶（403-44）の撰で、梁の劉峻（462-521）の注が付されている。撰者の義慶は宋の武帝の甥で、劉道憐の第二子。臨川王劉道規の養子となって後を継ぎ、累官して南兗州刺史に至った。義慶は性簡素で嗜欲が少なく、文義を愛好して鮑照などの文学の士を招いて優遇したという。宋の文帝の元嘉21年（444）に42歳で没した（『宋書』巻51）。一方、劉峻は本名が法武で、孝標は字である。早くから苦学して

読書に励み、貪欲に異書を求めたことから書淫と称された。梁の天監初めに秘書を典校し、後に安成王秀の戸曹参軍となったが、生涯不遇で後に東陽紫巌山に隠棲した。梁普通２年（521）に60歳で没した（『梁書』巻50、『南史』巻49）。

この書陵部本は金沢文庫旧蔵であり、全冊に亘って一部補刻と思われるところがある。闕筆は南宋の孝宗まで確認でき、工名は杭州の名工である方通など、南宋初葉から中葉にかけて杭州で出版された版本の工名と一致することが多い。一方、補刻と思われる張でも闕筆は南宋の孝宗まで認められる。また、工名も杭州の名工である王政や石昌など、南宋初葉から中葉の版本と多く重なる。そのため、比較的早い時期に補刻がなされたと考えられ、南宋の孝宗朝の刊、宋修と推定される。

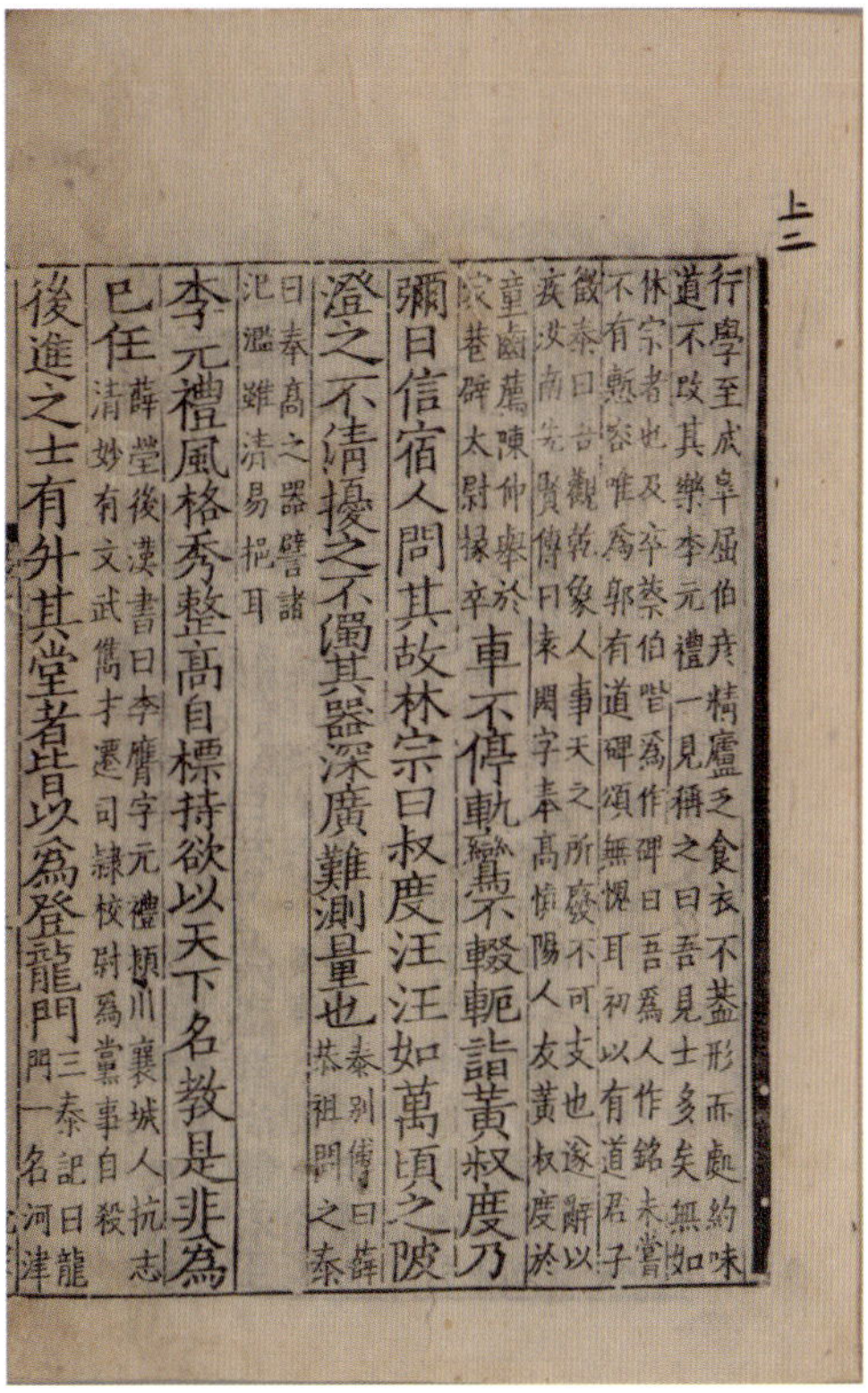
上二

行學至成皐屈伯彥精廬乏食衣不蓋形而處約味道不改其樂李元禮一見稱之曰吾見士多矣無如休宗者也及卒蔡伯喈爲作碑曰吾爲人作銘未嘗不有慙容唯爲郭有道碑頌無愧耳初以有道君子徵泰曰吾觀乾象人事天之所廢不可支也遂辭以疾汝南先賢傳曰袁閎字奉高愼陽人友黃叔度於童齒薦陳仲舉於家巷辟太尉掾卒車不停軌鸞不輟軛詣黃叔度乃彌日信宿人問其故林宗曰叔度汪汪如萬頃之陂澄之不清擾之不濁其器深廣難測量也泰別傳曰薛恭祖問之泰曰奉高之器譬諸氾濫雖清易挹耳

李元禮風格秀整高自標持欲以天下名教是非爲巳任薛瑩後漢書曰李膺字元禮潁川襄城人抗志清妙有文武儁才遷司隸校尉爲黨事自殺後進之士有升其堂者皆以爲登龍門三秦記曰龍門一名河津

巻上第２張補刻

前田育徳会尊経閣文庫には本冊と同じ金沢文庫旧蔵で同版の『世説新語』がある。但し、尊経閣文庫本は「叙録」と「人名譜」の各１巻と合わせて全５冊である。『金沢文庫本之研究』によれば、本冊は尊経閣文庫本の後印であるという。

（柳川　響）

33.　游宦紀聞10巻　　唐　半　2冊　403-57

宋張世南撰

〔南宋〕刊(〔浙〕)　昌平坂學問所舊藏

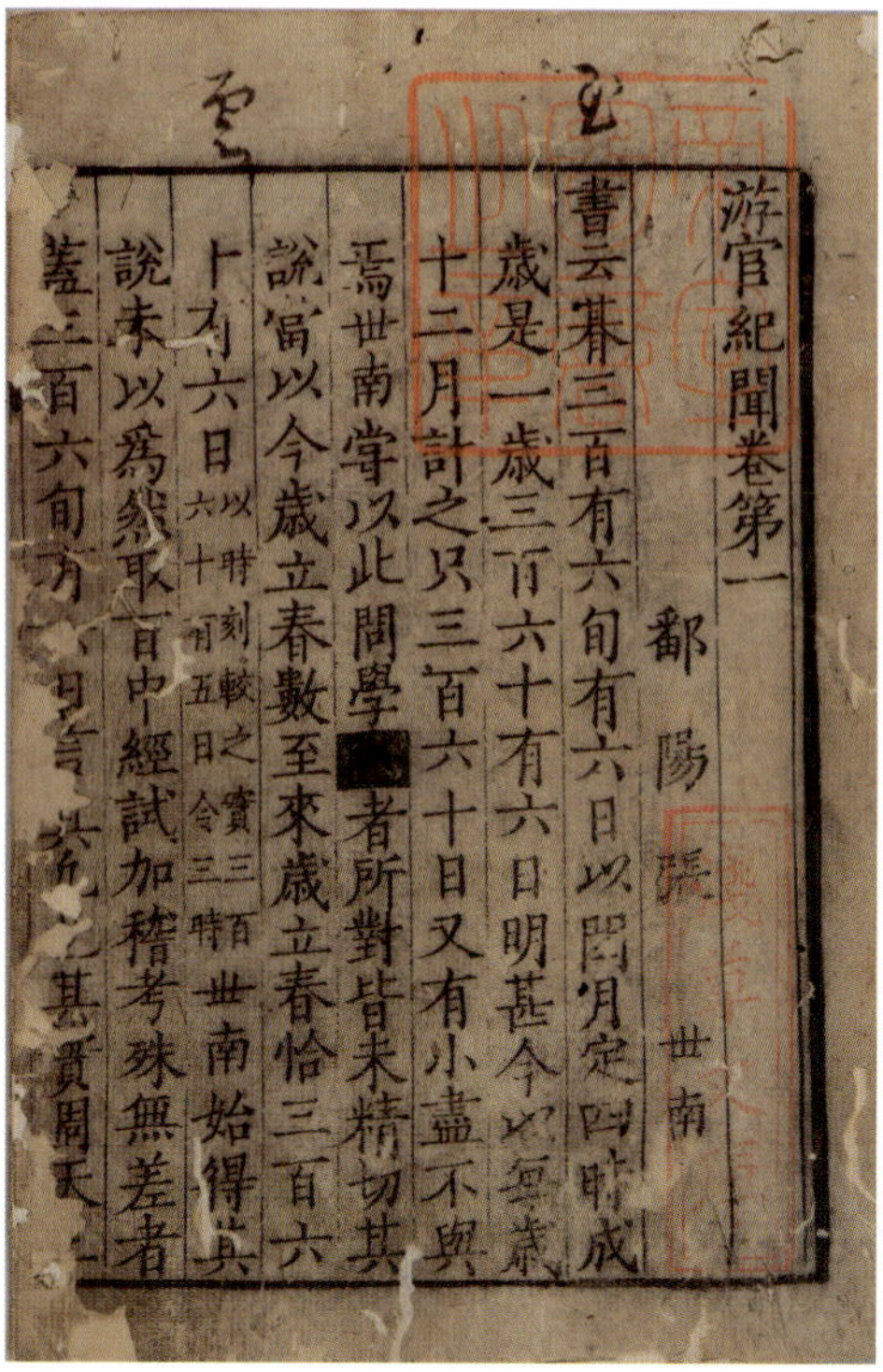
游宦紀聞卷第一
鄱 陽 張 世南
書云朞三百有六旬有六日以閏月定四時成
歲是一歲三百六十有六日明甚今以每歲
十二月計之只三百六十日又有小盡不與
焉世南嘗以此問學■者所對皆未精切其
說當以今歲立春數至來歲立春恰三百六
十有六日以時刻較之實三百六十有五日令三時世南始得其
說未以爲然取百中經試加稽考殊無差者
蓋三百六旬方

巻 1 首

(前) 後補墨染表紙 (21.0×14.9㎝), (後) 後補香色艶出表紙。竹紙, 印面擦れ, 虫損修補, 天地截断。巻首に「游宦紀聞巻第一／(低 7 格) 鄱　陽　張　〈世南〉」。

左右双辺 (17.2×12.0㎝), 有界, 10行18字, 欧陽詢体。(闕筆) 玄泓貞徴樹完搆購敦。白口, 単黒魚尾, 魚尾下「紀聞幾」と題し張数, 上辺字数, 下辺工名。

本文後に宋紹定 2 年李発先跋 1 張, 第 2 行より低 1 格「鄱陽張光叔文獻故／家也講學家庭藏書目冨蚕從□雲臺史君／游宦入蜀見聞已不凡矣及涉江湖達浙閩／視昔所獲夥甚懼遺忘而隨筆之 (中略) 紹定壬辰中冬前一日／忠定後人李〈發先〉書」。

稀に欄上に〔室町末近世書〕墨補注書入。別手淡墨傍句点, 圏点, 傍線, 稀に連合符書入。別朱竪句点, 連合符, 鈔補, 第 2 冊欄上に標点書入。香色, 縹色不審紙あり。数張毎に欄上に「(毎字隔行) 玉雲〃(庵) 常住 (公用)」と, 同筆にて巻 3, 5 尾題前, 跋前に「玉雲庵常住」と書す。巻 6 第 9 張背面の書脳に「欠 (以下虫損)」, 巻 9 第 3 張背面の書脳に「次欠一丁」と書す。毎冊前表紙右肩と末尾に単辺長方陽刻「昌平坂／學問所」墨印記。毎冊尾に陽刻「文化辛未」朱印記あり。毎首辺欄内右下に双辺長方陽刻「淺草文庫」朱印記あり。同右上に単辺方形陽刻「帝室／圖書／之章」朱印記あり。

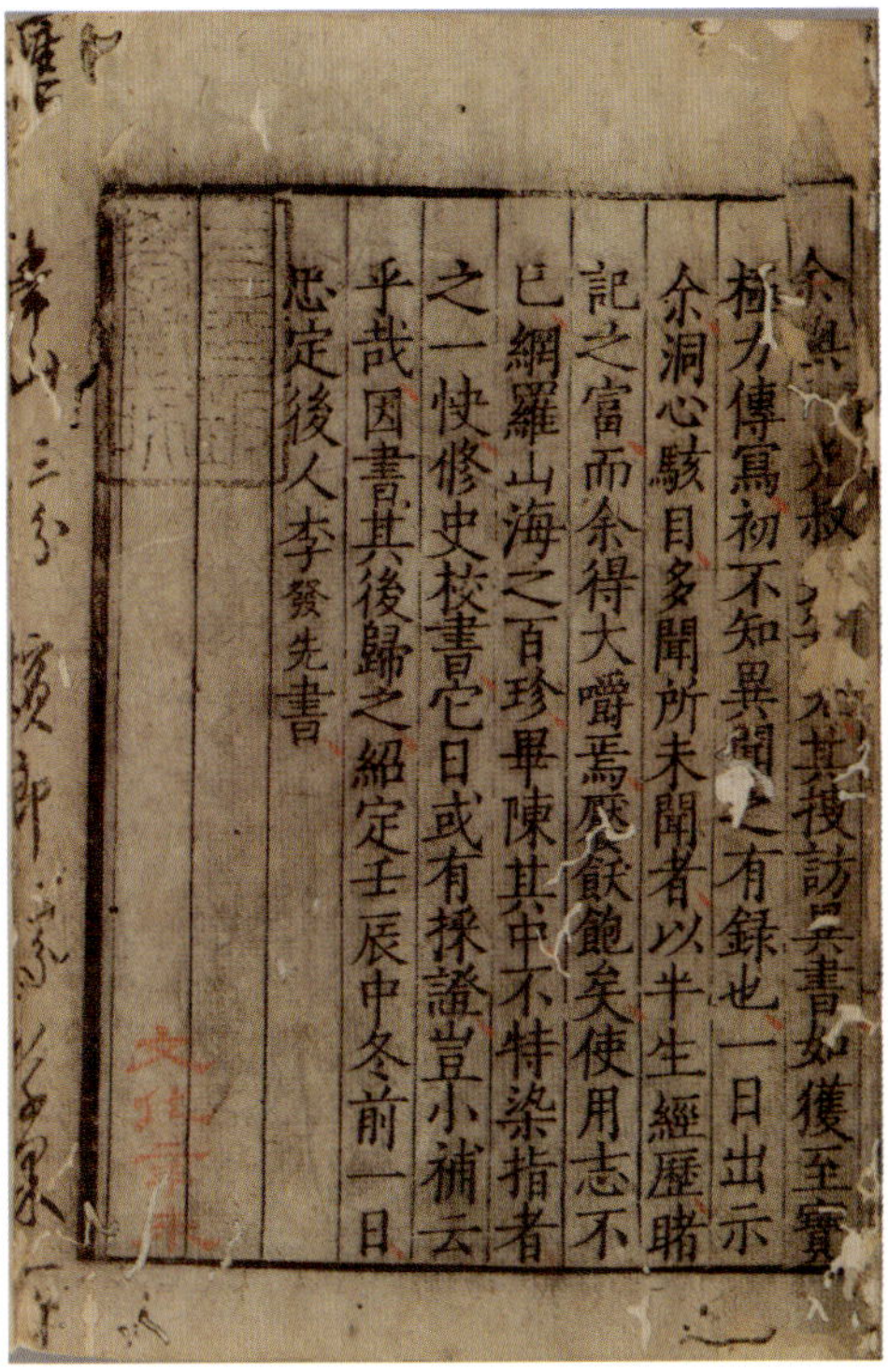

余與光叔[illegible]其搜訪異書如獲至寶
極力傳寫初不知異聞之有録也一日出示
余洞心駭目多聞所未聞者以半生經歷睹
記之富而余得大嚼焉饜飫飽矣使用志不
已網羅山海之百珍畢陳其中不特染指者
之一快修史校書它日或有採諸豈小補云
乎哉因書其後歸之紹定壬辰中冬前一日
忠定後人李發先書

李発先跋年紀

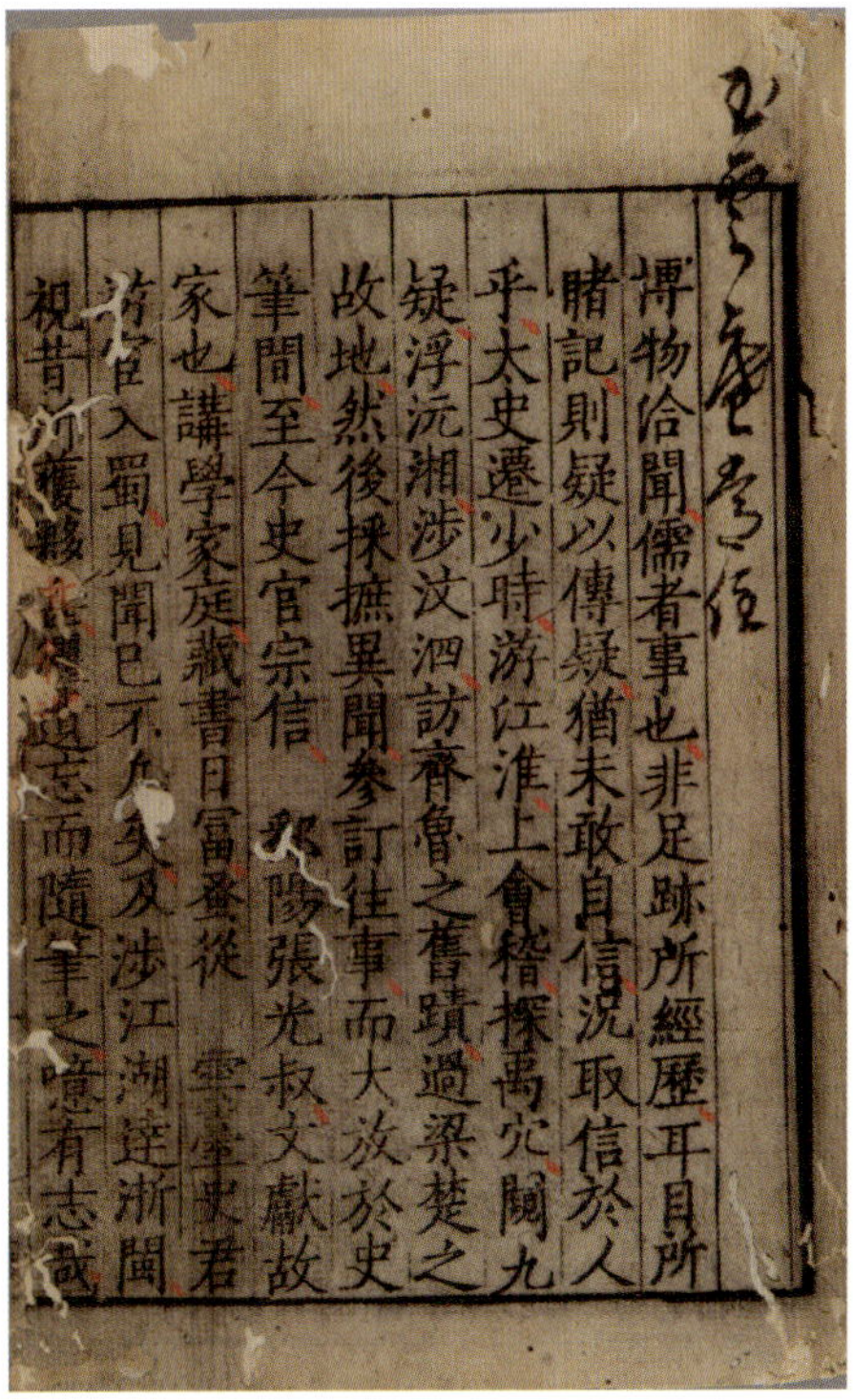

博物洽聞儒者事也非足跡所經歷耳目所
睹記則疑以傳疑猶未敢自信況取信於人
乎太史遷少時游江淮上會稽探禹穴闚九
疑浮沅湘涉汶泗訪齊魯之舊蹟過梁楚之
故地然後採摭異聞參訂往事而大放於史
筆間至今史官宗信　鄱陽張光叔文獻故
家也講學家庭藏書日富蚤從　雲峯史君
游宦入蜀見聞已不凡又及涉江湖逕浙閩
視昔所獲[illegible]追忘而隨筆之噫有志哉

玉雲庵識語

張世南は、字は光叔。南宋の寧宗・理宗朝間の人で、鄱陽（江西省上饒市）の出身である。その事績は詳らかではない。但し本書の序跋によって、官吏として蜀・浙・閩の地を歴遊したことなどが知られる。本書はその官途遊歴に際して見聞した雑事を考証して記録したものであり、書中、時政については触れられていない。陳振孫の『直斎書録解題』は、本書が閩の永福県（福建省永泰県）について特に詳細であることから、その任地であったと推測する。なお、『福建通志』巻71・藝文には、張世南の書として『高蓋山記』『方広巖記』の2著が著録されており、同説を補強する。

南宋の宰相李綱の後裔である李発先の紹定5年（1232）跋によれば、張世南は学識で聞こえる名家の出で、家中で学問を考究し、逐日に蔵書を蓄えた。若年時より父に付き従って故郷を離れ、蜀の地に到って官途に就いた。更に各地を巡って、浙江・福建に到り、自らの見聞の甚だ広きことを悟って、その忘失を恐れて本書を執筆したという。同跋と重複する所も多い、本冊が欠く張世南の自序には、紹定改元の年に兄弟が亡くなり、閉門して面会を絶っていた間に、本書を起筆したとある。

本冊は孤本であり、同書中、唯一の宋刊本である。字様と行格は南宋の所謂臨安書棚本と酷似するが、刊記がなく定かではない。顧永新氏によれば、本書の歴代の選本・鈔本・刊本の何れもが、この南宋刊本を祖本にするという。

（山崎　明）

34. 初學記30巻　　唐　半　10册　403-51

唐徐堅等奉勅編

宋紹興17年(1147)刊(東陽崇川余四十三郎宅)　金澤文庫 佐伯藩主毛利高標〔紅葉山文庫〕等舊藏

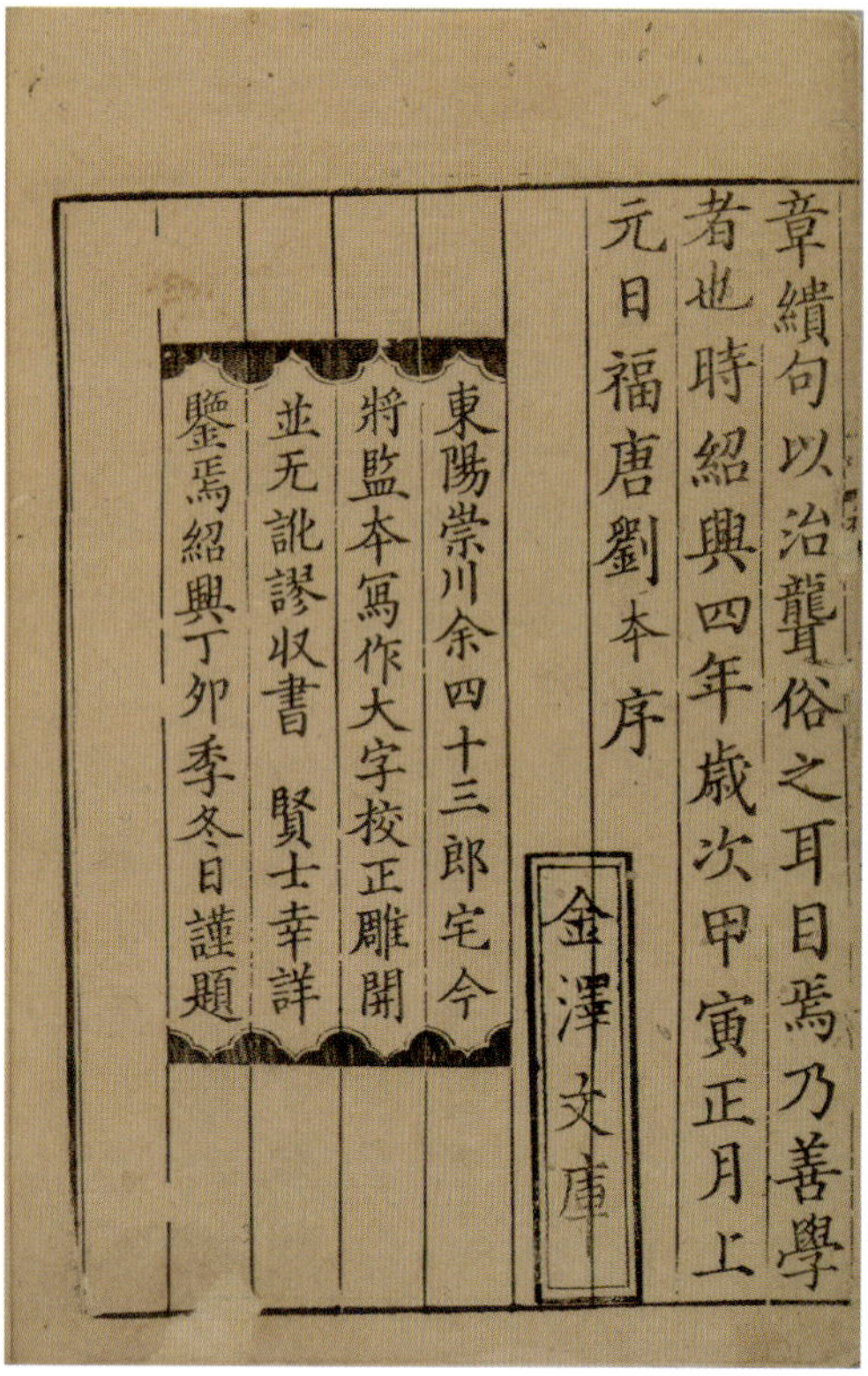
章續句以治聾俗之耳目焉乃善學
者也時紹興四年歲次甲寅正月上
元日福唐劉本序
金澤文庫
東陽崇川余四十三郎宅今
將監本寫作大字校正雕開
並无訛謬收書　賢士幸詳
鑒焉紹興丁夘季冬日謹題

牌記・金沢文庫印記

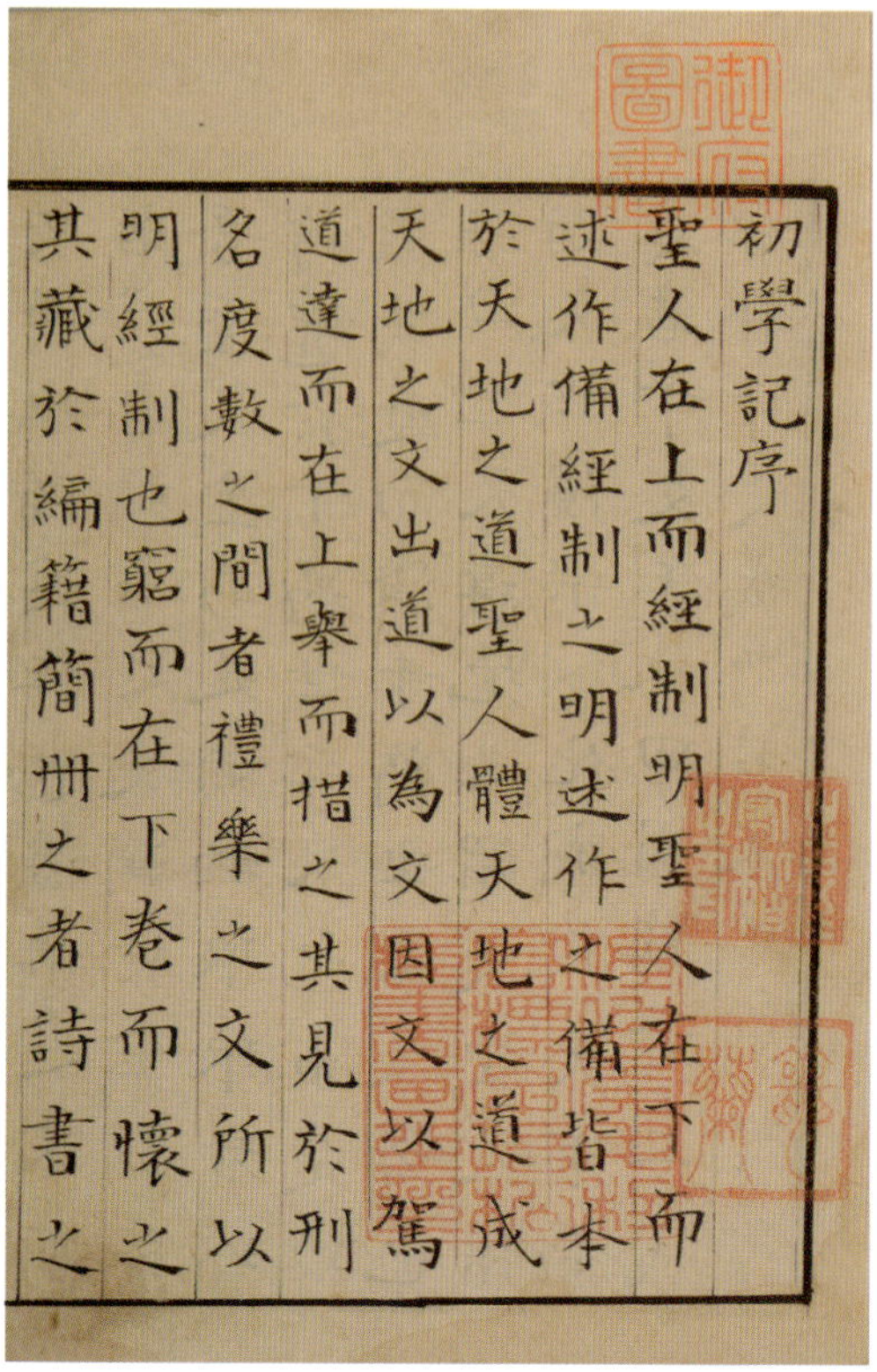
初學記序
聖人在上而經制明聖人在下而
述作備經制之明述作之備皆本
於天地之道聖人體天地之道成
天地之文出道以為文因文以駕
道達而在上舉而措之其見於刑
名度數之間者禮樂之文所以
明經制也窮而在下卷而懷之
其藏於編籍簡冊之者詩書之

序　首

後補淡浅葱色卍繋草花文空押艶出表紙（23.5×16.1㎝），淡茶色包角。綫装，胡蝶装を改む。竹紙。裏打修補。首に紹興 4 年正月上元日劉本序，その末尾に「東陽崇川余四十三郎宅今／將監本寫作大字校正雕開／並无訛謬收書 賢士幸詳／鑒焉紹興丁夘季冬日謹題」牌記あり，目録。

左右双辺（18.6×13.5㎝）有界，12至13行，大22至26字，小29至32字。（闕筆）玄伭弦柭泫炫袨絃舷朗敬擎警驚弘泓殷匡洭筐竟鏡恒貞偵楨禎赬徵搆溝講遘，白口，双黒魚尾（不対向）上尾下題「巳（記，李，李巳，刀）幾」，下尾下張数（稀に陰刻），下辺稀に字数。（工名）何（巻21尾未刻部）。（序）第 1 張，（巻 3 ）第 4 至 7 張分 5 張，（巻 4 ）第 2 至 3 張分 3 張，（巻 5 ）第 5 以下12張，（巻 6 ）第 6 至13張分 9 張（後 7 張別手），（巻 8 ）第14張，（巻 9 ）第 1 至 4 張，（巻13）第 2 張分 2 張，（巻21）第 5 至 6 張，（巻28）第 5 ， 7 ， 9 張，（巻29）第 5 至 6 張分 3 張鈔補，毎半葉13行24字，墨傍線，破損鈔補書入。序末，巻 5 尾，巻 6 首，巻10尾，巻11首，巻14尾，巻15首，巻20尾，巻21首，巻25尾，巻26首，巻30尾に双辺方形陽刻「金澤文庫」墨印記，毎册首に単辺方

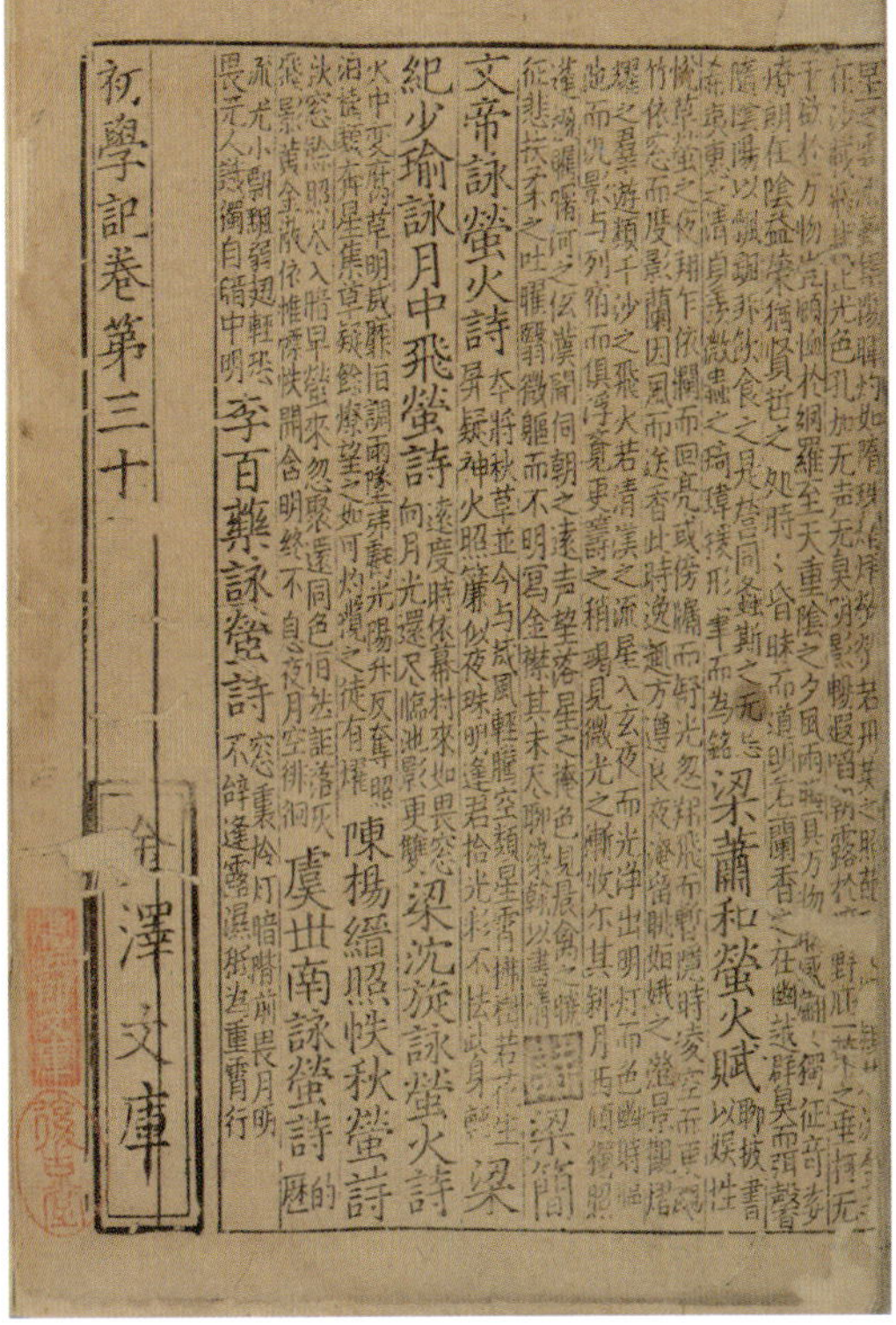
初學記卷第三十

梁蕭和螢火賦

梁簡文帝詠螢火詩

梁紀少瑜詠月中飛螢詩

梁沈旋詠螢火詩

陳揚縉照帙秋螢詩

虞世南詠螢詩

李百藥詠螢詩

金澤文庫

巻 30 末

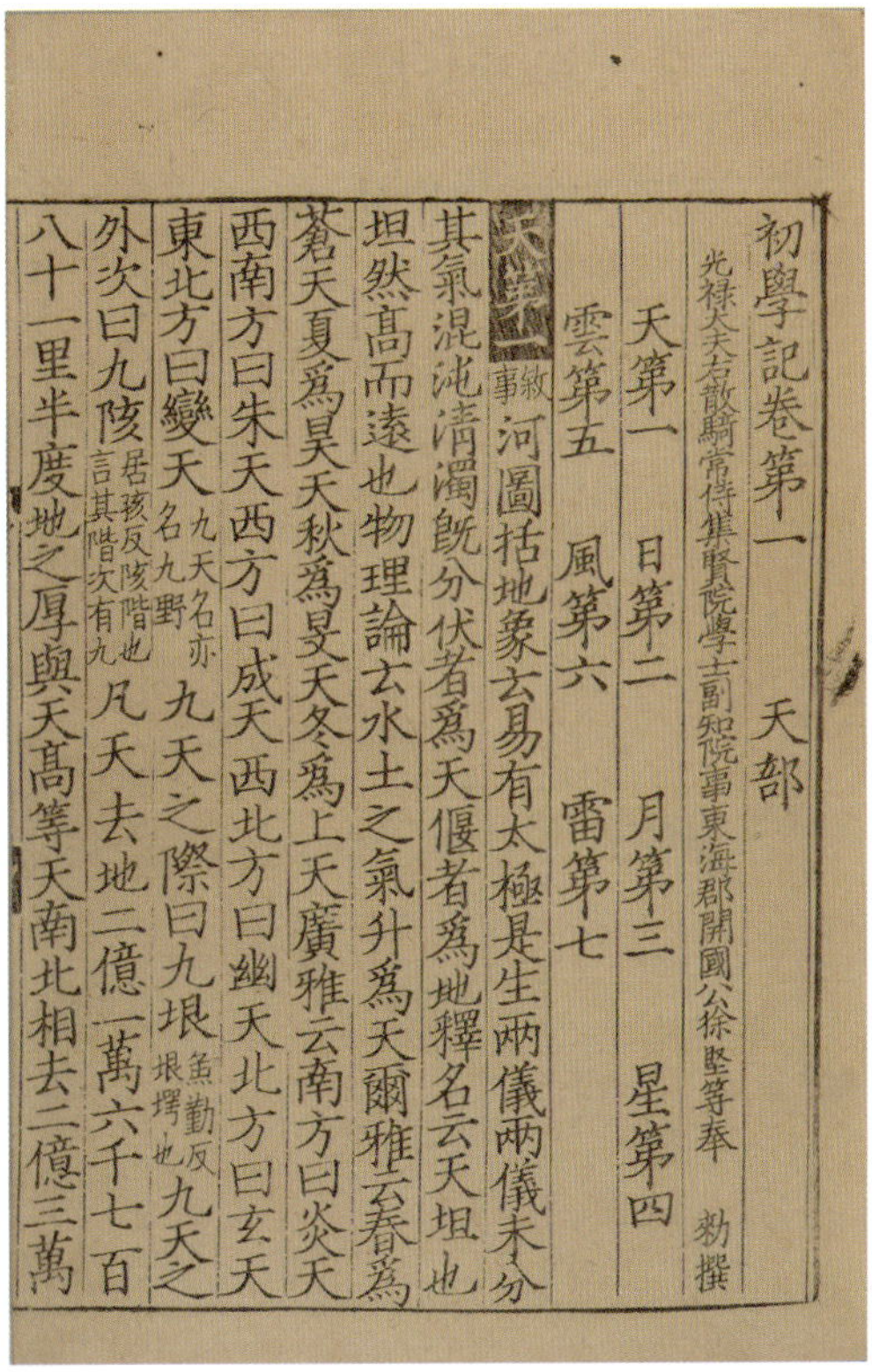
初學記卷第一　天部
光祿大夫右散騎常侍集賢院學士副知院事東海郡開國公徐堅等奉　勅撰
天第一　日第二　月第三　星第四
雲第五　風第六　雷第七
天第一
敘事　河圖括地象云易有太極是生兩儀兩儀未分
其氣混沌淸濁既分伏者爲天偃者爲地釋名云天坦也
坦然高而遠也物理論云水土之氣升爲天爾雅云春爲
蒼天夏爲昊天秋爲旻天冬爲上天廣雅云南方曰炎天
西南方曰朱天西方曰成天西北方曰幽天北方曰玄天
東北方曰變天九天名亦名九野　九天之際曰九垠魚勤反垠堮也　九天之
外次曰九陔居孩反陔階也言其階次有九　凡天去地二億一萬六千七百
八十一里半度地之厚與天高等天南北相去二億三萬

巻 1 首

形陰刻「土屋／守楷／之印」朱印記，同陽刻「竜／蘭」朱印記，首に同「佐伯矦毛利／高標字培松／臧書画之印」朱印記，同「御府／圖書」朱印記，毎冊尾に単辺楕円形陽刻「復古堂」朱印記（寺井肇ヵ），方形陰刻「虎五郎文庫」朱印記あり。

唐玄宗が諸皇子のための参考書として編纂せしめた類書。宋代の坊刻本で、元刊本を祖本とする通行本の改刪を多く正すことができる。崇川余氏は葉徳輝の『書林清話』巻 3 に、建陽坊刻の書肆として数えられている。金沢文庫旧蔵本で、毛利高標が江戸幕府に献納し（Ⅲ－5 参照）、内閣記録局を経て図書寮所蔵となった。

（小倉慈司）

35. 太平御覽1000巻 附首１巻 目録15巻　　唐　特大　114册　550-5

宋李昉等奉勅編

宋慶元５年(1199)跋刊(〔蜀〕)　首目 巻１至197 321至328 460至469 545至566 828至834鈔配　金澤文庫〔紅葉山文庫〕舊藏

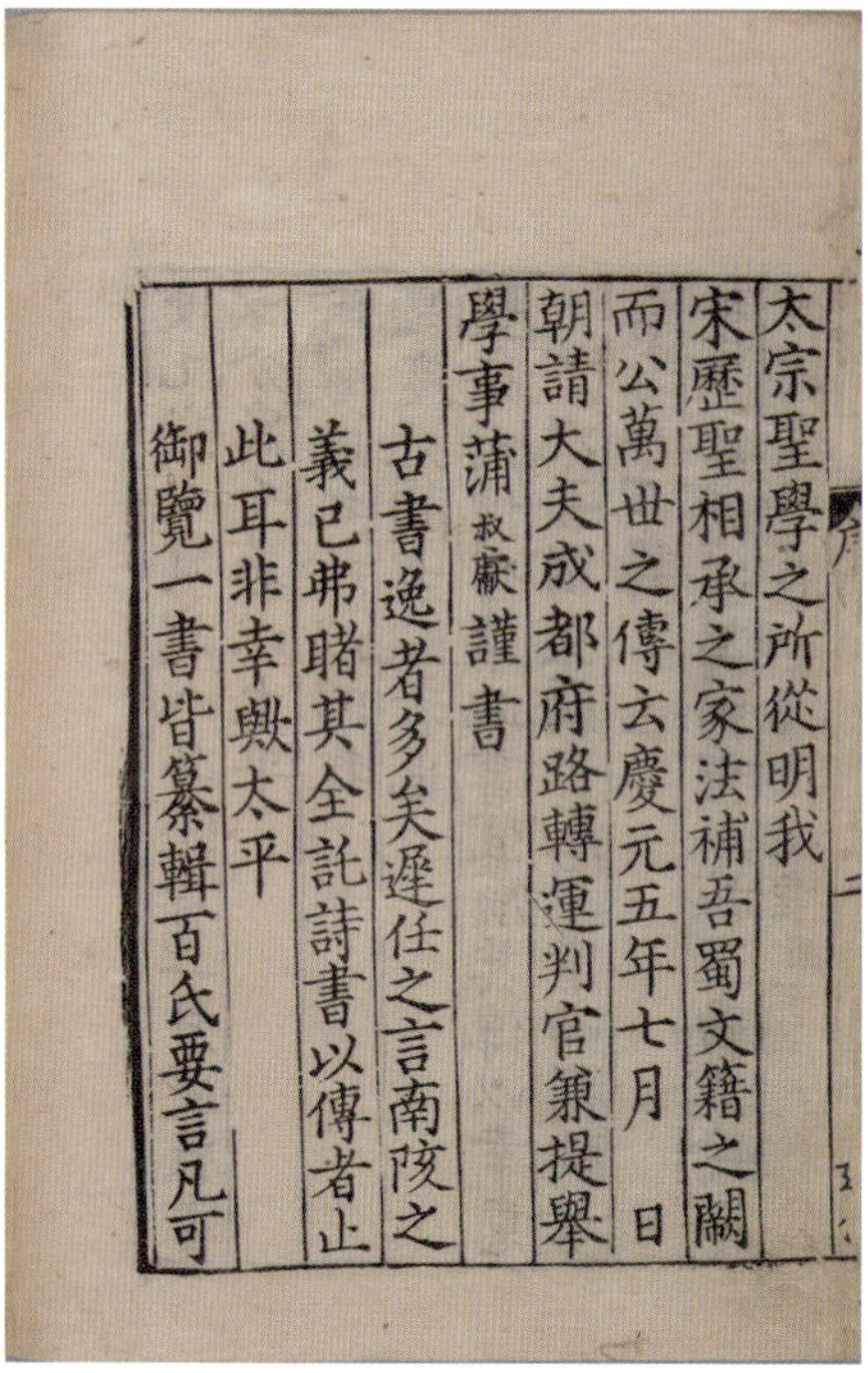
太宗聖學之所從明我
宋歷聖相承之家法補吾蜀文籍之闕
而公萬世之傳云慶元五年七月　日
朝請大夫成都府路轉運判官兼提舉
學事蒲叔獻謹書
古書逸者多矣遷任之言南陔之
義已弗睹其全託詩書以傳者止
此耳非幸歟太平
御覽一書皆纂輯百氏要言凡可

慶元５年後序

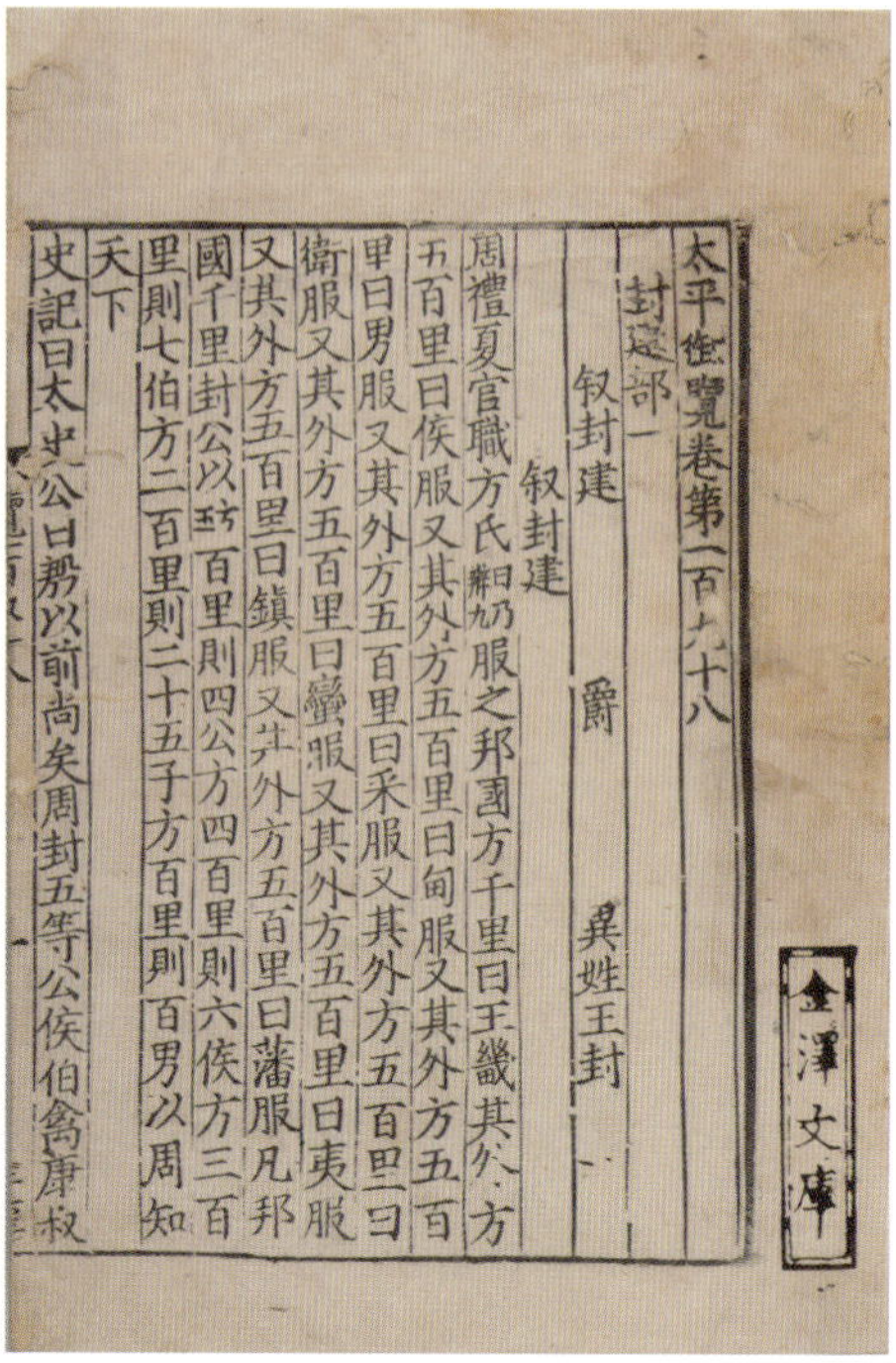
太平御覽卷第一百九十八
封建部一
敘封建　爵　異姓王封
敘封建
周禮夏官職方氏辨九服之邦國方千里曰王畿其外方
五百里曰侯服又其外方五百里曰甸服又其外方五百
里曰男服又其外方五百里曰采服又其外方五百里曰
衛服又其外方五百里曰蠻服又其外方五百里曰夷服
又其外方五百里曰鎮服又其外方五百里曰藩服凡邦
國千里封公以方五百里則四公方四百里則六侯方三百
里則七伯方二百里則二十五子方百里則百男以周知
天下
史記曰太史公曰殷以前尚矣周封五等公侯伯禽康叔

巻198首，印記

後補縹色艶出表紙（31.5×22.3㎝）。綫装，胡蝶装を改む。楮紙，虫損修補，一部裏打，(〔江戸初〕鈔補）礬砂引楮紙。前に引書目「大平御覽經史圖書綱目」，総目「太平御覽總類」，目録「太平御覽目録」（いずれも鈔補）を附す。

左右双辺（23.5×15.9㎝）有界，13行22至23字，（闕筆）玄弦炫眩絃縣朗敬驚弘泓殷匡貞楨禎稱恒屬桓構搆溝講購遘慎敦惇，鈔補部分に玄弘殷匡恇筐貞楨恒構あり。白口，単黒魚尾下題「覽（太，御，平，御覽）幾」，張数，下辺工名あり。宋慶元５年蒲叔献後序「(上略）惟建寧所刋多磨／滅舛誤漫不可考〈叔獻〉毎爲三嘆焉（中略）太平興國二年三／月戊寅／詔李昉扈蒙等十有四人編集是書以∥便乙夜之覽越八年十有二月庚辰書／成分爲千巻以太平／御覽目之（中略）〈叔獻〉叨遇／聖恩將漕西蜀因重加校正勒工鏤板／以與斯世君子共之以推見∥太宗聖學之所從明我／宋歷聖相承之家法補吾蜀文籍之闕／而公萬世之傳云慶元五年七月　日　／朝請大夫成都府路轉運判官兼提舉／學事蒲〈叔獻〉謹書」，後に「(上略）部使者錦屏蒲公被／命將輸兼提蜀學簡冊之外澹／無他營（中略）一日大斥之募工鍥／木以廣斯文之傳〈廷允〉獲與校讎／亖金根亥豕皆釐正之字三萬八／千有奇其義有弗可猝通而無所／援据以爲質者則亦傳疑弗敢臆／也書一千巻盖月琯六易而竣事∥蜀大夫士詫曰蓄眼未有猗歟／盛哉迪功郎

前閬州閬中縣尉／雙流李〈廷允〉　謹跋」あり。旧筆（用13行罫紙）にて巻460至469，545至566鈔補，〔江戸初〕筆にて首目，巻 1 至197，828至834鈔補，〔江戸前期〕筆にて巻321至328，鈔補あり。又，稀に本文に朱竪傍句点，眉上不審紙に朱校注，稀に墨筆にて錯綴注記書入を存す。版本の毎冊並に鈔補された第55，64，65冊の首尾に双辺方形陽刻「金澤文庫（楷書）」8 種墨印記を存す。

太平御覧は、太平興国 2 年（977）に宋の太宗の勅命を受け、翰林学士であった李昉（925-96）等十餘名が編纂し、同 8 年（983）に完成した1,000巻に及ぶ類書である。当初は太平総類と呼ばれたが、太宗が毎日執務の合間に 3 巻ずつ読むと称したことから、太平御覧に名を改められた。天より百卉に至る全55部門に分類し、その部門の下に小目を立て、それに関連する記事が列挙されている。用いた引用書は1,690餘種に及ぶという。編纂者の一人である李昉は、字を明遠といい、後漢の乾祐年間（948-50）の進士であった。宋の太宗の時に宰相となり、本書以外にも勅により、『太平広記』『文苑英華』等の編纂に携わっていた。

本書は、蒲叔献の後序と李廷允の跋を有する。後序には、先に刊行された本に誤りが多かった為、蜀において校正をし、慶元 5 年（1199）頃、宋光宗の代に完成したことが記されている。続く跋には、誤りを訂正し、入れ替えた文字が38,000餘字に及んだ事等を述べている。また闕筆は、光宗の代に避諱された敦、惇に及ぶ。序の時期と闕筆の時期がいずれも光宗の在位期間を示し、一致する。そこで、本書の刊年を跋文の記された慶元 5 年（1199）と考える。

鈔補された第55、64、65冊は、版本同様に金沢文庫印を有し、本朝で珍しい罫線の印刷された料紙が用いられている。他の鈔補された冊は金沢文庫印を有さず、先の 3 冊とは字様や料紙を異にする。また、第55冊巻467第 3 張後半第 1 行「事」の右の書入れ「ト」は、本朝での使用例が殆どなく、中国で校正の際に削除すべき文字を示す記号に類似する。なお四部叢刊影印本には、この「事」はない。指摘した点は、これらの 3 冊が本朝に請来される前に書写されていた可能性を示唆する。

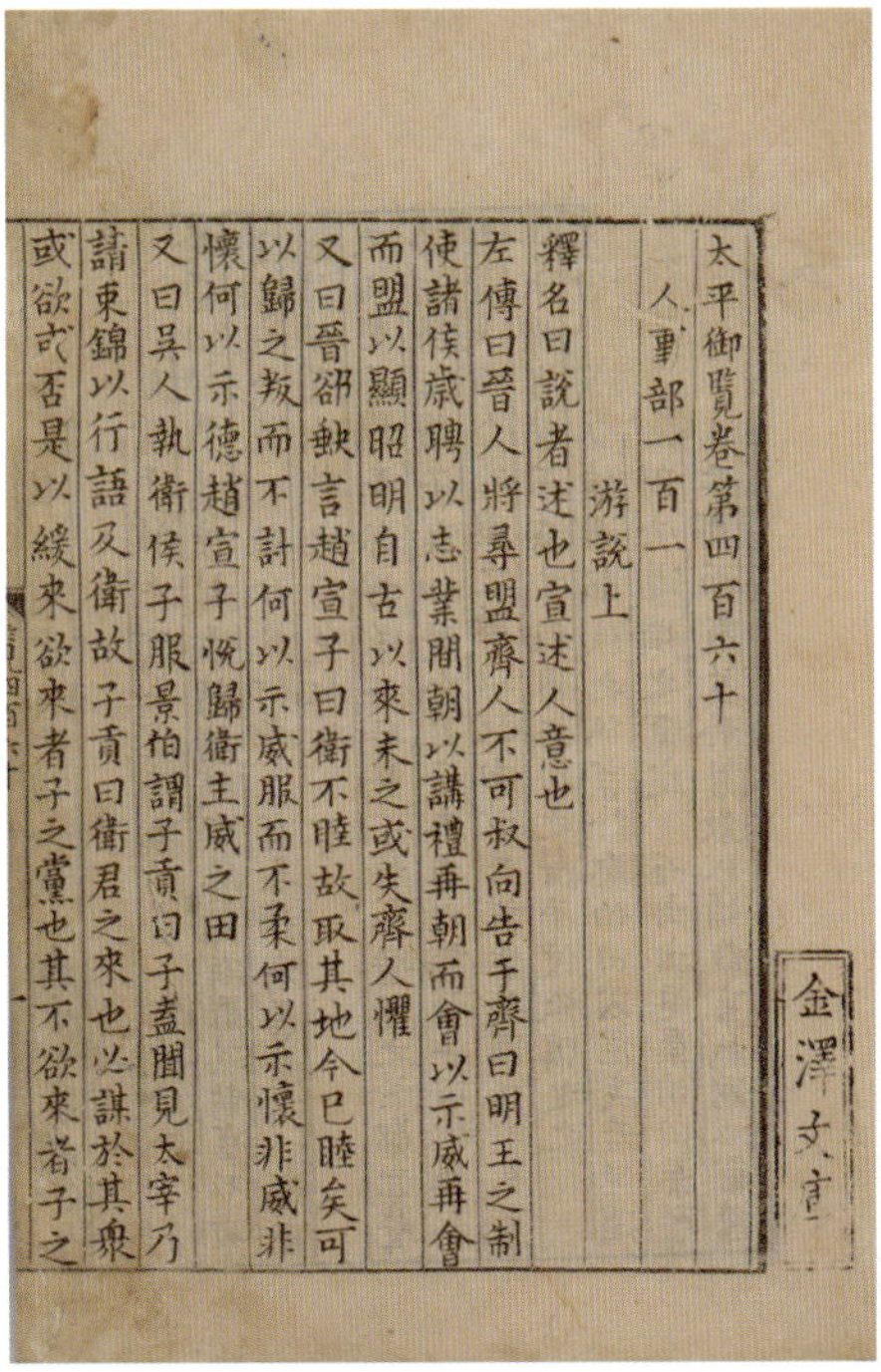
太平御覧巻第四百六十
人事部一百一　游説上
釋名曰説者述也宣述人意也
左傳曰晉人將尋盟齊人不可叔向告于齊曰明王之制
使諸侯歳聘以志業間朝以講禮再朝而會以示威再會
而盟以顯昭明自古以來未之或失齊人懼
又曰晉郤缺言趙宣子曰衛不睦故取其地今已睦矣可
以歸之叛而不討何以示威服而不柔何以示懐非威非
懐何以示德趙宣子悦歸衛主威之田
又曰呉人執衛侯子服景伯謂子貢曰子盍間見太宰乃
請束錦以行語及衛故子貢曰衛君之來也必謀於其衆
或欲或否是以緩來欲來者子之黨也其不欲來者子之

第55冊首，印記

上流引事軍半渡
韓信怯也追信渡

巻467第 3 張後半第 1 行，書入れ（部分）

本書の同版本には東福寺所蔵本がある。静嘉堂文庫所蔵の陸心源旧蔵本は、本冊とは異なる版式を有する別版である。中国では、宋版が失われており、明版が現存する最古の版本である。

本冊は、金沢文庫所蔵であったが、流出後に相国寺に移り、慶長末年に相国寺の西笑承兌から家康に献上された。以後、紅葉山文庫に収蔵され、図書寮に移管された。（大木美乃）

36. 錦繡萬花谷〔40〕巻　存巻39至40　　　唐　大　1冊　403-58

〔宋〕闕名編

〔南宋〕刊(〔建〕)　文化５年(1808)市橋長昭識語　芳春常住 仁正寺藩主市橋長昭

昌平坂學問所舊藏

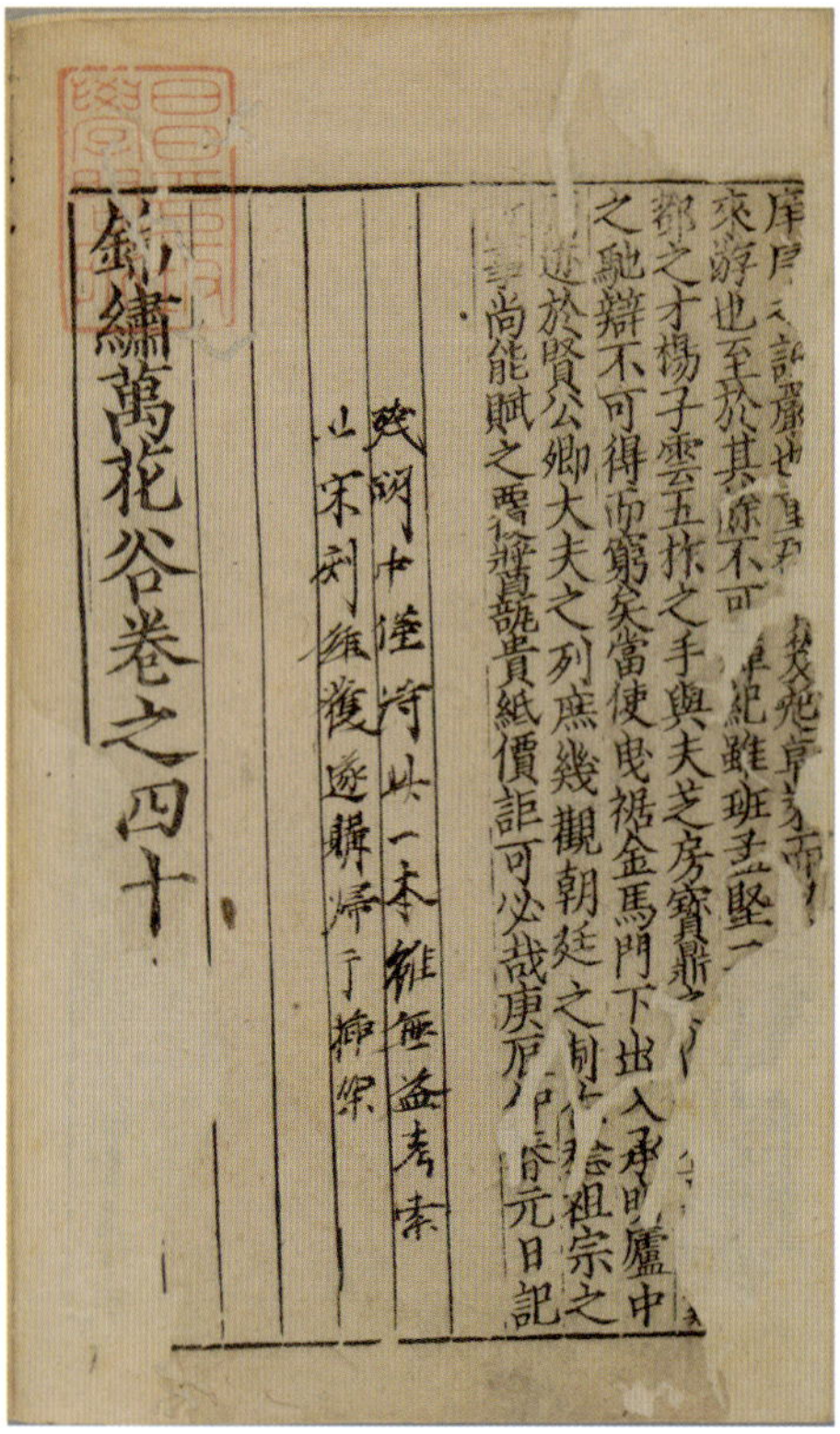

巻　尾

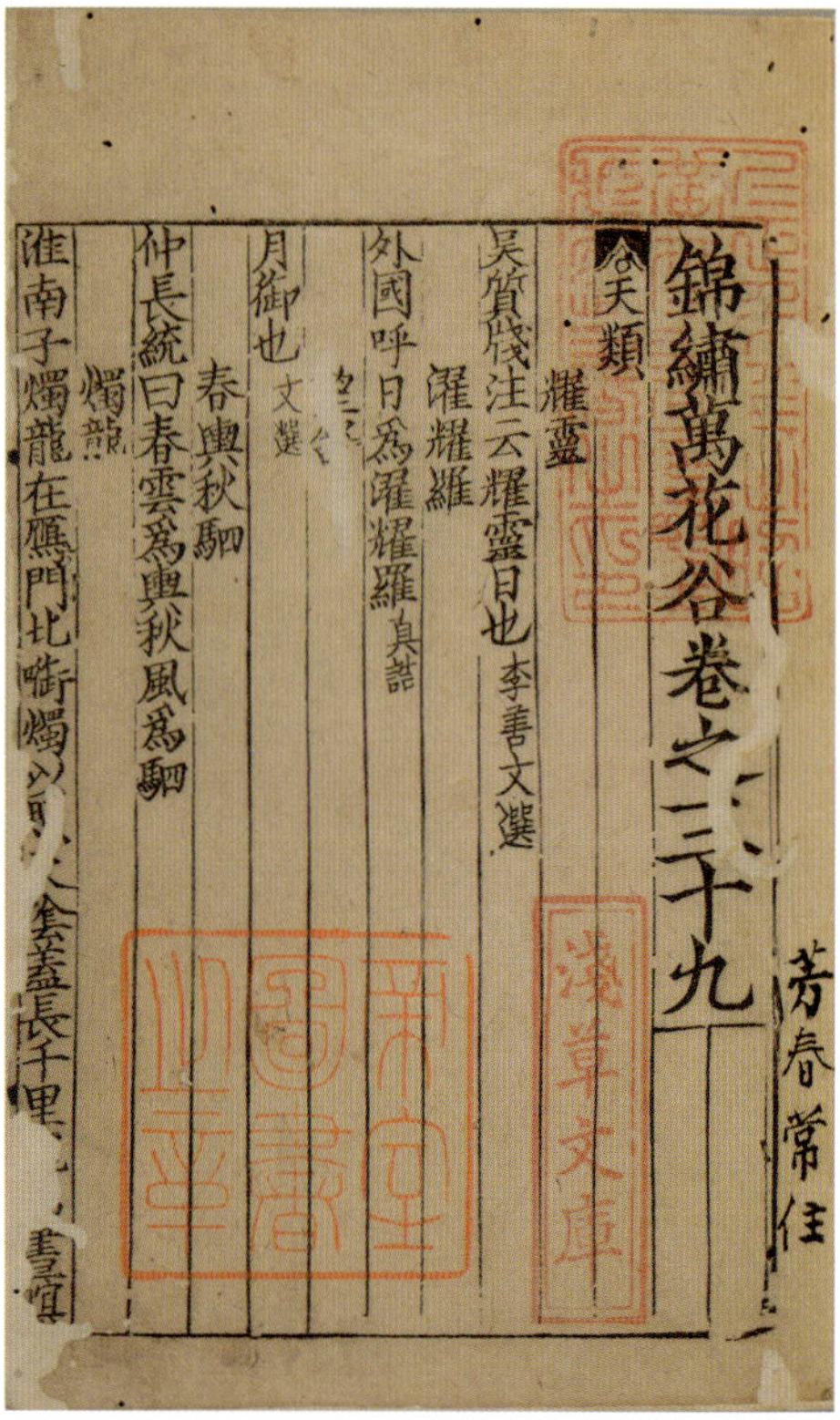

巻39首，芳春常住識語

後補褪色古丹表紙（23.9×15.5㎝）右肩より打付に〔室町〕筆にて類目，左肩題簽剝落痕に打付に，旧字を擦消し〔近世〕筆にて「{宋本／萬花谷}［　］{〈殘闕現存一本〉／［　］全}」と書す。中央下方に双辺刷枠小簽を貼布し「類書　三号」と朱書す。綫裝。本文竹紙，裏打修補。

左右双辺（19.0×12.8㎝）有界，13行23或いは24字，柳公権体。（闕筆）恒貞愼稱，（改字）玄（元）。線黒口，双黒魚尾（対向）間題「谷」，張数。

朱傍句点，「此一篇文誤字尤多［(不明)］改」等校改，稀に墨校改書入あり。首右辺外下方に「芳春常住」と書す。大尾題前に外題同筆にて「殘闕中僅得此一本雖無益考索／以宋刻難獲遂購帰于插架」と書す。大尾に黄檗染楮紙を副え「　　寄藏／文廟宋元刻書跋／〈長昭〉夙従事斯文經十餘年圖籍漸多意方今／藏書家不乏於世而其所儲大抵屬輓近刻書／至宋元槧盖或罕有焉〈長昭〉獨積年募求乃今／至累數十種此非獨在我之為艱而即在西土／亦或不易則〈長昭〉之苦心可知矣然而物聚必／散是理數也其能保無散委於百年之後乎孰／若舉而獻之於（隔３格）廟學獲籍⫽聖徳以永其傳則〈長昭〉之素願

也虔目宋元槧／三十種為献是其一也文化五季二月／（低 8 格）下總守市橋〈長昭〉謹誌／（隔 4 行）河〈三亥〉書」識語を存す。首に単辺方形陽刻「仁正矦長昭／黄雪書屋鑒／臧圖書之印」朱印記（仁正寺藩主市橋長昭），前表紙右肩，大尾に同「昌平坂／學問所」朱印記，首に双辺同「淺草文庫（楷書）」朱印記，単辺同「帝室／圖書／之章」朱印記を存す。

南宋時代に多数刊行された大型の類書の中で刊行年代のもっとも古いもので、孝宗の淳熙15年（1188）の自序（署名なし）がある。ただし本冊の巻40「帝后誕節名」に「寧宗・今上」とあり、理宗時期（1234-64）の増補本である。巻40「潛藩之郡升而為府」は「孝宗」までで光宗はないので、初版のままであろう。すなわち本冊は、孝宗の淳熙15年に編纂、光宗の紹熙年間に刊行され、理宗の時に増補重刊されたと考えられる。前集、後集、続集各40巻、計120巻。『図書寮典籍解題・漢籍篇』（165頁）によれば、本書の宋版は、北京図書館（残69巻）、東洋文庫（目録、前集巻32・33・38，後集巻10・15，続集巻 5 ・10）、静嘉堂文庫（巻11・12，金沢文庫伝来本）、大東急記念文庫（後集巻26，続集巻23-26）、成簣堂文庫（続集巻14-16）に所蔵されており、また上海辞書出版社影嘉靖14年（1535）刊本『錦繡万花谷』（1992）の潘景鄭序によれば，顧氏過雲楼（蘇州顧文彬）に前集40巻（12行19字）が蔵される。このほか、明弘治5年（1492）、華燧会通館銅活字本、四庫全書本などがある。嘉靖刊本を参照すると、本冊は前集の巻39、40に相当し、かつ嘉靖刊本には省略があることがわかる。なお巻40最後の「西征記」15張表と16張表が誤配されている。旧蔵について、Ⅲ-61参照。（金　文京）

37. 〔類編羣書畫一元龜(或題類編祕府圖書畫一元龜)甲部□□□卷〕類編祕府圖書畫一元龜乙部□□卷 存卷16至20 76至80 太學新編畫一元龜丙部□□卷 存卷3至6 11至20 31至40 46至50 61至65 81至85 類編羣書畫一元龜丁部□□卷 存卷7至10 21至35 41至45 51至66

唐　大　18冊　403-60

宋闕名編　余仁仲校

〔南宋〕刊(〔建安余仁仲萬卷堂〕)　文化5年市橋長昭識語　金澤文庫 仁正寺藩主 市橋長昭 昌平坂學問所 御府舊藏

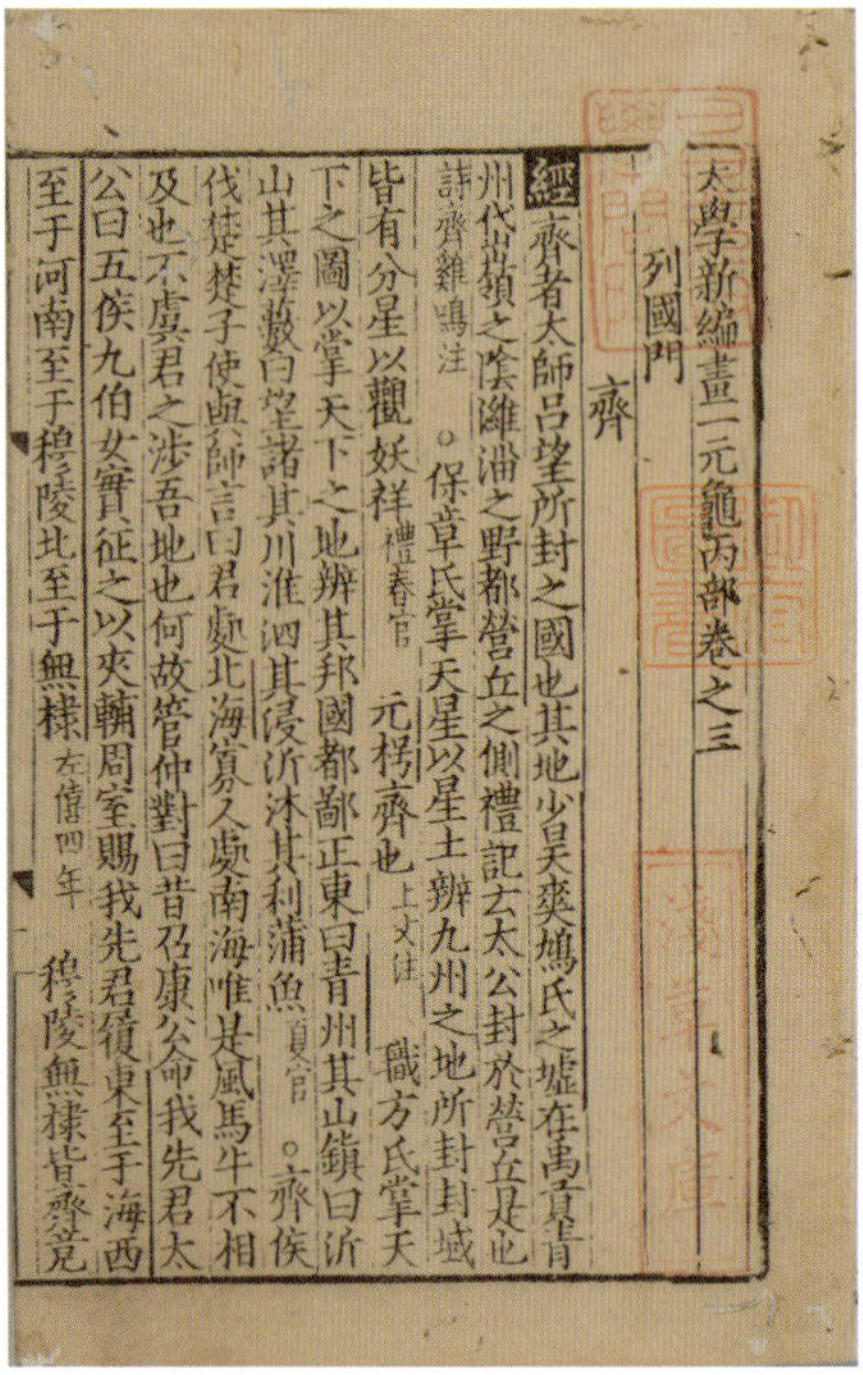
太學新編畫一元龜丙部卷之三
列國門
齊
經 齊者太師呂望所封之國也其地少昊爽鳩氏之墟在禹貢青
州岱嶺之陰濰淄之野都營丘之側禮記云太公封於營丘是也
詩齊雞鳴注 ○保章氏掌天星以星土辨九州之地所封封域
皆有分星以觀妖祥 禮春官 元枵齊也 上文注 職方氏掌天
下之圖以掌天下之地辨其邦國都鄙正東曰青州其山鎮曰沂
山其澤藪曰望諸其川淮泗其浸沂沭其利蒲魚 夏官 ○齊侯
伐楚楚子使與師言曰君處北海寡人處南海唯是風馬牛不相
及也不虞君之涉吾地也何故管仲對曰昔召康公命我先君太
公曰五侯九伯女實征之以夾輔周室賜我先君履東至于海西
至于河南至于穆陵北至于無棣 左僖四年 穆陵無棣皆齊竟

丙部巻 3 首

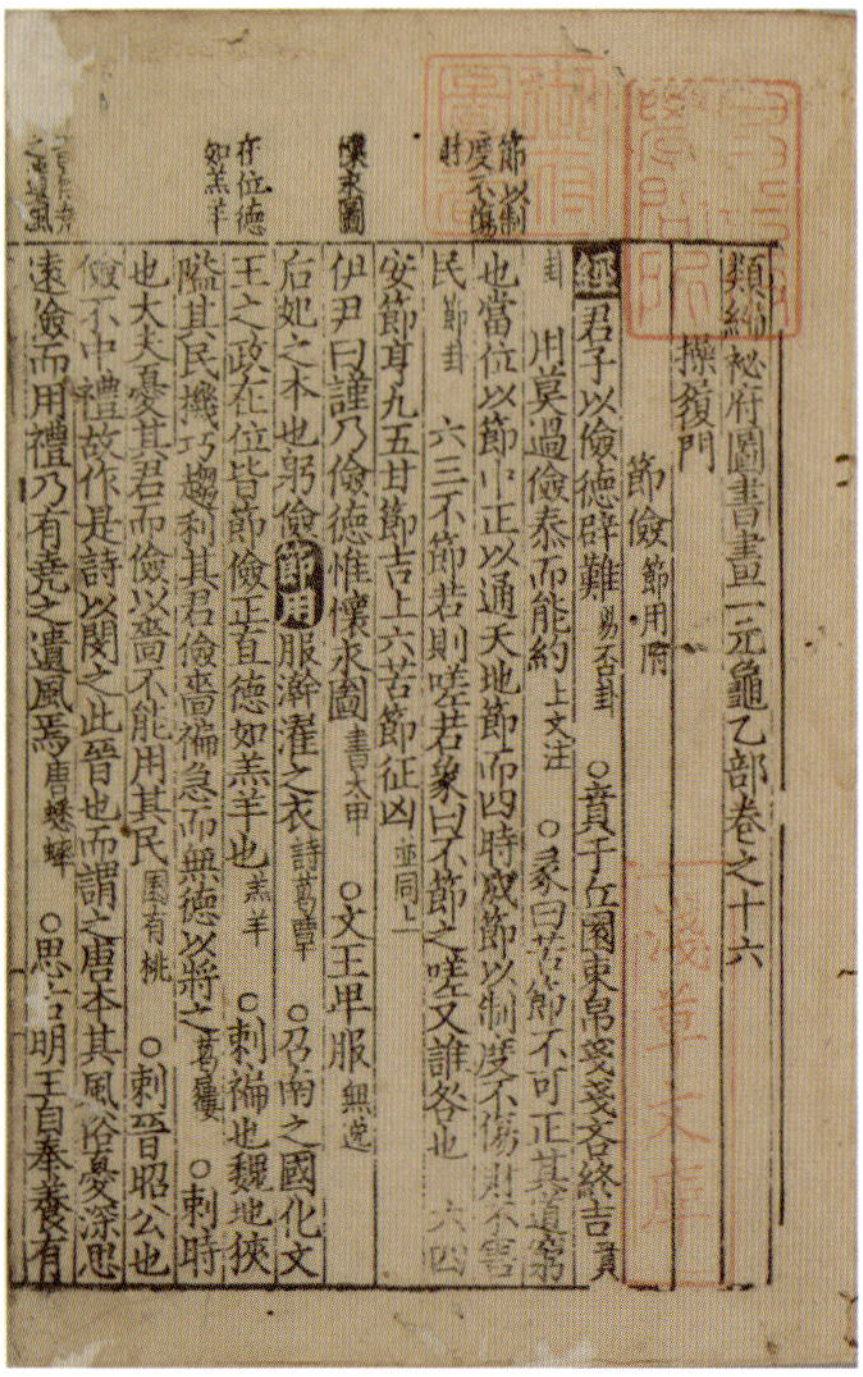
類編祕府圖書畫一元龜乙部卷之十六
撙節門
節儉 節用附
經 君子以儉德辟難 易否卦 ○賁于丘園束帛戔戔吝終吉賁
卦 用莫過儉泰而能約 上文注 ○彖曰苦節不可貞其道窮
也當位以節中正以通天地節而四時成節以制度不傷財不害
民 節卦 六三不節若則嗟若象曰不節之嗟又誰咎也 六四
安節亨九五甘節吉上六苦節征凶 並同上
伊尹曰謹乃儉德惟懷永圖 書太甲 ○文王卑服 無逸
后妃之本也躬儉 節用 服澣濯之衣 詩葛覃 ○召南之國化文
王之政在位皆節儉正直德如羔羊也 羔羊 ○刺褊也魏地狹
隘其民機巧趨利其君儉嗇褊急而無德以將之 葛屨 ○刺時
也大夫憂其君而儉以嗇不能用其民 園有桃 ○刺晉昭公也
儉不中禮故作是詩以閔之此晉也而謂之唐本其風俗憂深思
遠儉而用禮乃有堯之遺風焉 唐蟋蟀 ○思古明王自奉養有

乙部巻16首

後補縹色表紙（23.3×15.7㎝）左肩打付に「畫一元亀〈乙部十六之二十／巻一至巻十五巻二十一至巻七十五缺〉」等と書す。首のみ別筆にて右肩に「見〈乙部二冊／丙部八冊／丁部八冊〉十八」と，右下方綫外に「共十八本」と，首のみ右下方に双辺刷枠小簽に「類書廿五ノ一」と朱書。中央上辺に「 漢書門／［ ］類／［一七〇二］號［ ］函／［ ］架／［ 一八］冊」鉛印蔵書票（［　］内墨書）を貼附す。第2冊中央打付に〔室町末近世初〕筆にて門類を墨書し，題目右傍に又別筆にて「宋刻〈金澤文庫本〉殘闕現存／（低格）十八冊」と朱書す。綫装，胡蝶装を改む。本文竹紙，襯紙（楮紙）改装。左右双辺（17.8×12.8㎝）有界，15行24至25字。線黒口，間ゝ上象鼻に字数を刻す，単或いは双黒魚尾（不対向），上尾下題「元乙集幾」，下魚尾下張数。丙部尾題後或いは尾題下に「國學進士余〈仁仲〉校正」等記あり。丁部，左右双辺（19.5×12.3㎝）有界，13行25字。線黒口，単或いは双黒魚尾（対向）間題「龜丁幾」，工名，張数あり。（闕筆）弦炫弘殷敦。丙部極稀に朱句点，丁部稀に朱傍竪点あり。

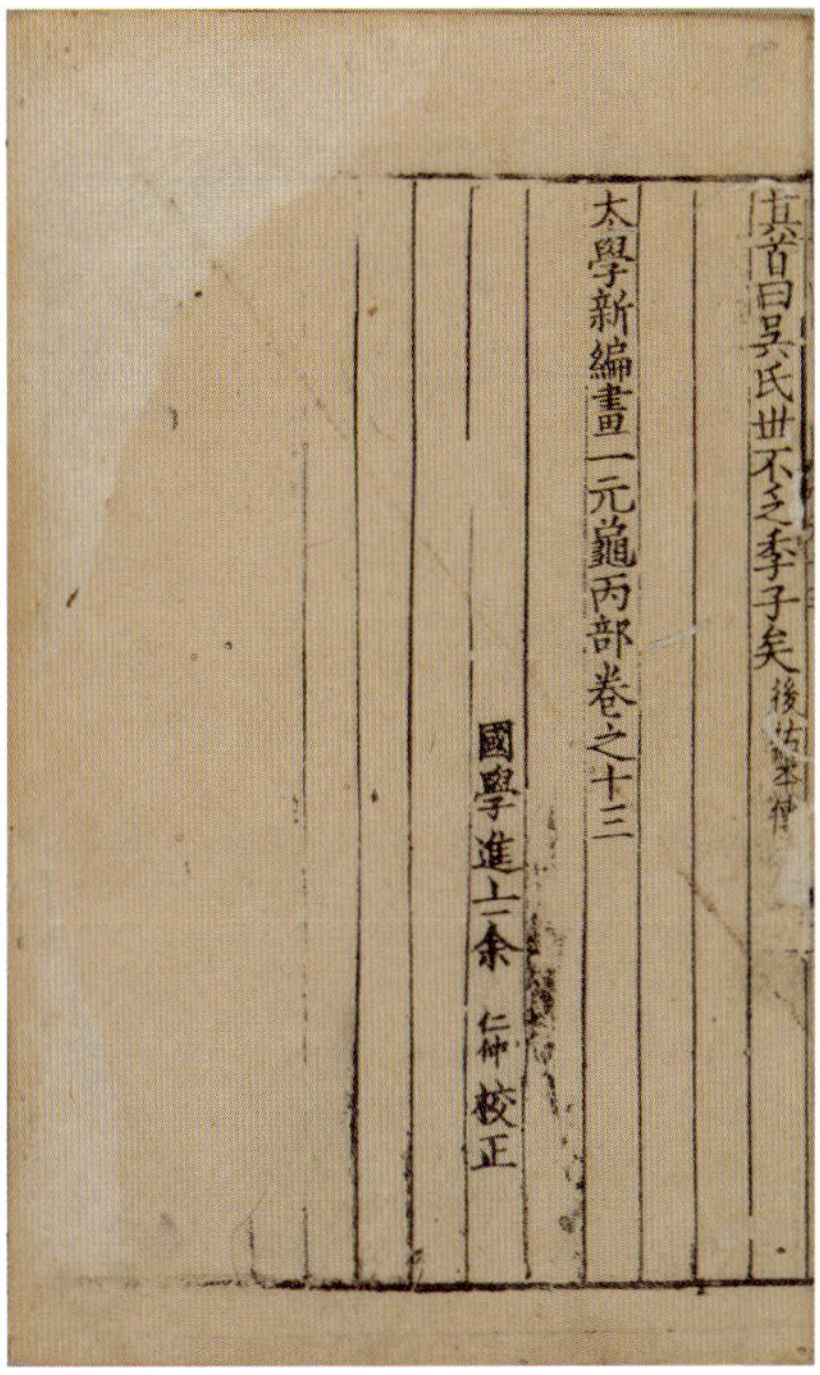

丙部巻 6 尾，余仁仲校記

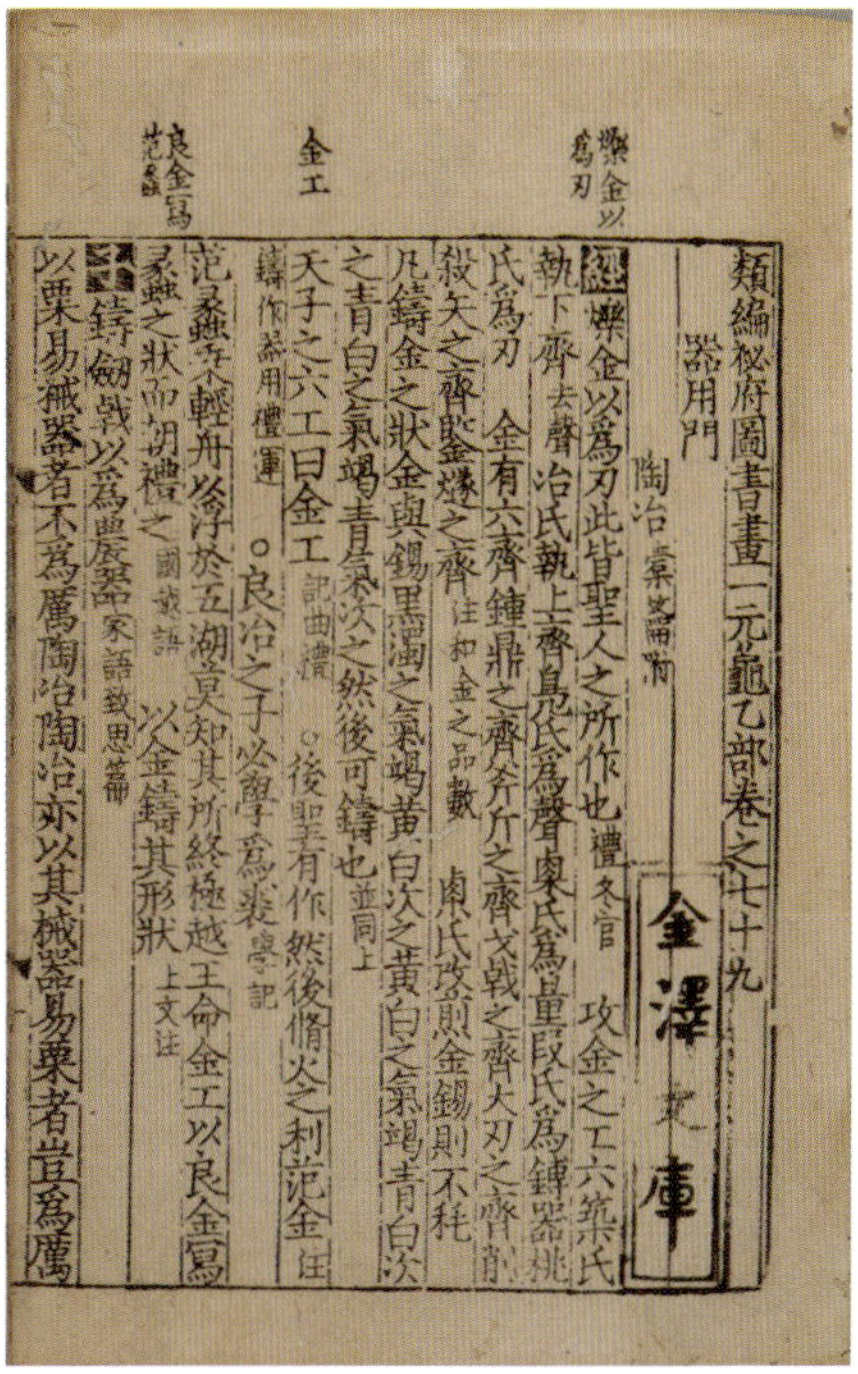

金沢文庫印記

大尾に黄檗染楮紙を副え「　　寄藏／文廟宋元刻書跋／〈長昭〉夙從事斯文経十餘年圖藉漸多意方今／蔵書家不乏於世而其所儲大抵屬輓近刻書／至宋元槧蓋或罕有焉〈長昭〉獨積年募求乃今／至累數十種此非獨在我之為艱而即在西土／亦或不易則〈長昭〉之苦心可知矣然而物聚必／散是理數也其能保無散委於百季之後乎孰／若擧而献之於（隔 3 格）廟學獲藉⫽聖徳以永其傳則〈長昭〉之素願也庻以宋元槧／三十種為獻是其一也文化五年二月／（低 8 格）下総守市橋〈長昭〉謹誌／（隔 4 行）／河〈三亥〉書」識語を存す。乙部巻78尾，巻79首，丙部巻14尾，巻15首，巻31尾，巻32首，巻61尾，巻62首，巻85尾，丁部巻 9 尾，巻10首，巻21首，巻26尾，巻27首，巻35首，巻41尾，巻42首，巻57尾，巻58首，巻66尾に双辺方形陽刻「金澤文庫（楷書）」墨印記，第 2 冊首に単辺同「仁正矦長昭／黄雪書屋鑒／臧圖書之印」朱印記（仁正寺藩主市橋長昭），毎冊前表紙右肩並に首尾に同「昌平坂／學問所」朱印記（第 2 冊首には鈐せず），毎冊首に双辺同「淺草文庫」朱印記，単辺同「御府／圖書」朱印記あり。

撰者未詳の類書。中国ではすでに失われ、日本にのみ現存する佚存書である。部によって書名の冠称を異にし、残存巻は乙部10巻、丙部39巻、丁部40巻の合計89巻である。丙部にのみ各巻末に「〈仁仲〉校正訖」「〈仁仲〉比校訖」「国学進士余〈仁仲〉校正」などの校語が刻され、建安の余氏万巻堂の刊行と知られる。本書は金沢文庫旧蔵、文化 5 年（1808）市橋長昭が湯島聖堂に献じた宋元版30種の一であり、巻末に市橋の「寄蔵文廟宋元刻書跋」1 紙（市河米庵書、Ⅲ－3、61参照）を添える。尚、東福寺霊雲院から流出した同版本が東洋文庫（甲部巻 7 至13、乙部巻21至31）、大東急記念文庫（甲部巻21至62、巻74至100、乙部巻 1 至 8 、丙部巻60至99）、台湾故宮博物院楊氏観海堂（乙部巻86至90）に、また陽明文庫に本書の写本40冊（甲部83巻、乙部95巻）が存する。　　　　（佐藤道生）

38. 〔大藏經〕(或称一切經)1454種5733巻 附字函釋音532巻

唐　特大　6264帖　406-53

〔北宋末〕刊(福州東禪等覺院 開元禪寺) 〔南宋後期〕修　京都西山法華山寺 石清水八幡宮舊藏

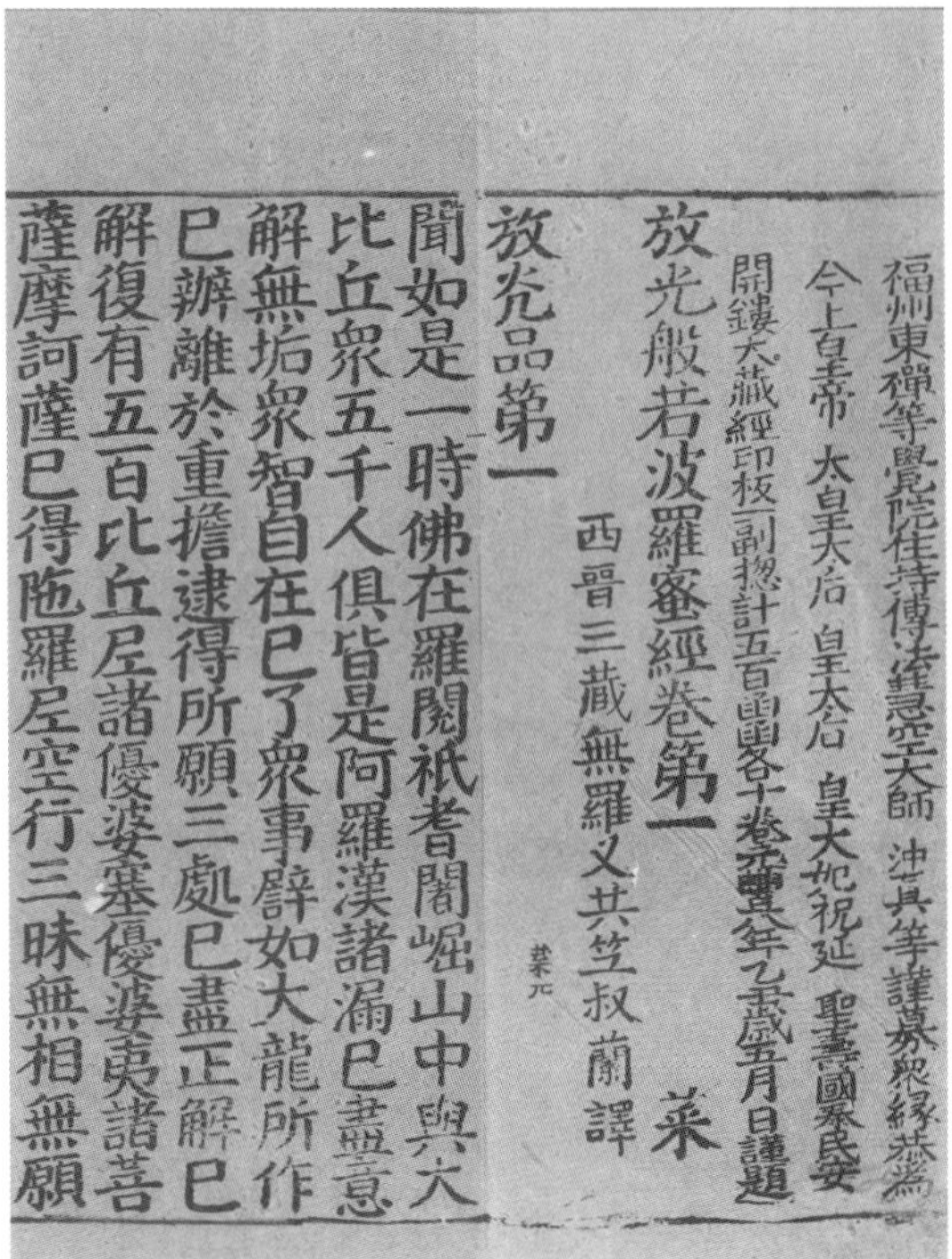

福州東禪等覺院住持傳法慧空大師 沖真等謹募衆縁恭爲
今上皇帝 太皇太后 皇太后 皇大妃祝延 聖壽國泰民安
開鏤大藏經印板一副揔計五百函函各十卷元豐八年乙丑歳五月日謹題
放光般若波羅蜜經卷第一 菜
西晉三藏無羅叉共竺叔蘭譯
放光品第一
聞如是一時佛在羅閲祇耆闍崛山中與大
比丘衆五千人倶皆是阿羅漢諸漏已盡意
解無垢衆智自在已了衆事辟如大龍所作
已辦離於重擔逮得所願三處已盡正解已
解復有五百比丘尼諸優婆塞優婆夷諸菩
薩摩訶薩已得陁羅尼空行三昧無相無願

東禅寺版刊記

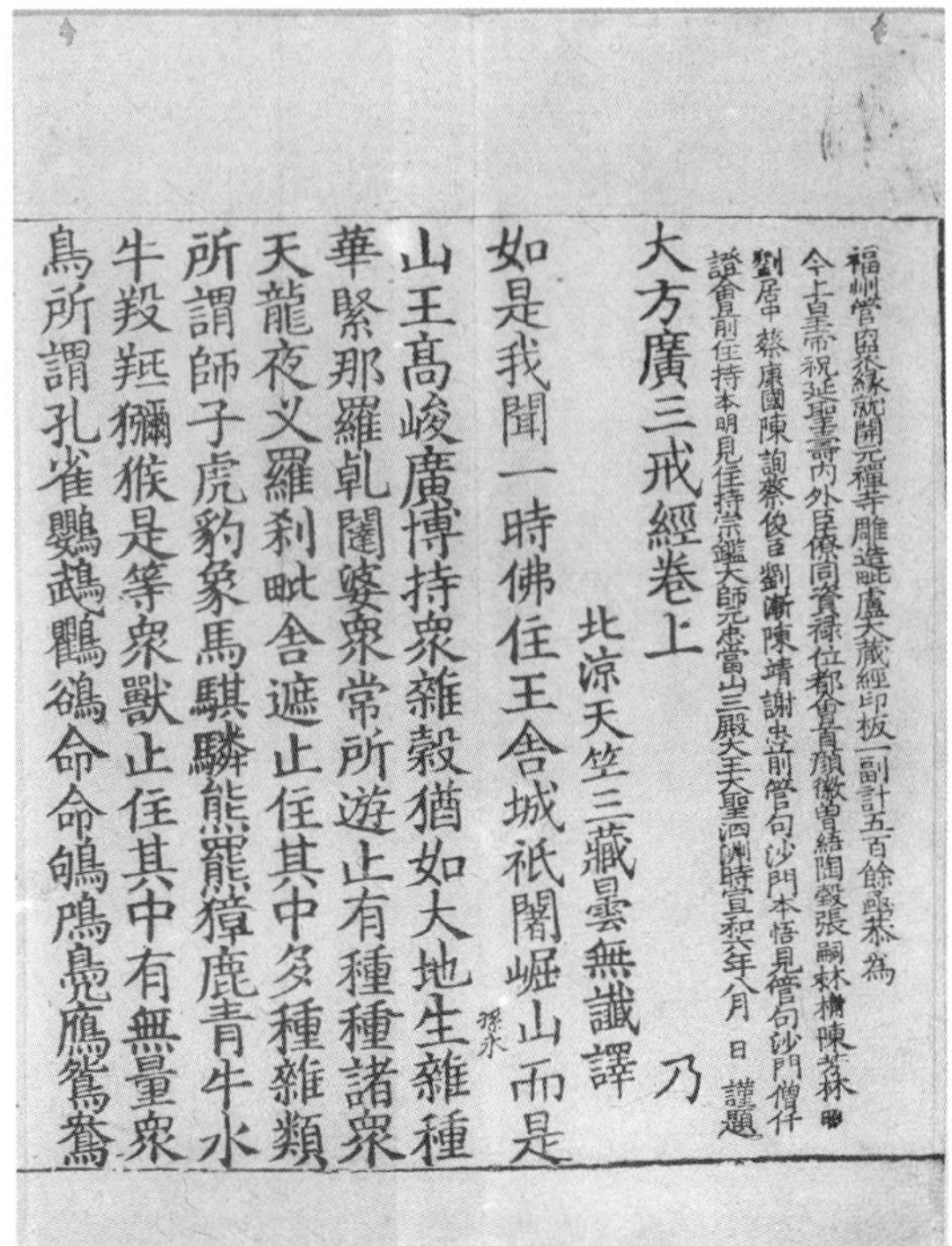

福州管内衆縁就開元禪寺雕造毗盧大藏經印板一副計五百餘函恭爲
今上皇帝祝延聖壽内外臣僚同資禄位都會首顔徽曽紹陶穀張嗣林
劉居中 蔡康國陳詢蔡俊臣 劉漸陳靖謝忠 前管句沙門本悟 見管句沙門僧仟
證會首前住持本明 見住持宗鑑大師元忠 當山三殿大王大聖泗洲 時宣和六年八月 日 謹題
大方廣三戒經卷上 乃
北涼天竺三藏曇無讖譯
如是我聞一時佛住王舍城祇闍崛山而是
山王高峻廣博持衆雜穀猶如大地生雜種
華緊那羅乾闥婆衆常所遊止有種種諸衆
天龍夜叉羅刹毗舍遮止住其中多種雜類
所謂師子虎豹象馬騏驎熊羆獐鹿青牛水
牛羖羝獮猴是等衆獸止住其中有無量衆
鳥所謂孔雀鸚鵡鸜鵒命命鴝鳩鳧鴈鴛鴦

開元寺版刊記

藍色表紙（30.2×11.2㎝)。折本。黄染厚手竹紙。第 1 帖巻首に「勅賜福州東禪等覺禪寺天寧萬壽大藏」と題して，崇寧 2 年陳暘劄子，同年蔡京，蔡卞，許將，趙挺之，呉居厚，安惇，徐鐸牒を附す。天地単辺（24.9×67.2㎝）無界，1 張 6 面，毎面 6 行，毎行17字。各張の折り目に工名（2 字以上の者800名餘)・施財記・換板記等を刻す。(避諱）薯作茱，樹作木，又作林，讓作遜（傳法正宗記のみ)，(闕筆）匡恇玄弦絃畜朗敬擎警驚竟鏡弘殷慇恒貞徴樹竪豎讓桓洹構遘愼（不厳)。東禅寺版の副葉紙背等に単辺方形陽刻「東禪／大藏」朱印造記，開元寺版の副葉紙背等に単辺長方形陽刻「開元經局染黄紙」朱印造記，羊字函第 4 帖二経同巻の副葉紙背他 2 箇所に単辺長方形陽刻「葉福印造」印造記を存す。

『放光般若波羅蜜経』巻 1 巻首に低格して「〈福州東禪等覺院住持傳法慧空大師沖真等謹募衆縁恭爲／今上皇帝　太皇太后　皇太后　皇大妃祝延　聖壽國泰民安／開鏤大藏經印板一副揔計五百函函各十巻元豐八年乙丑歳五月日謹題〉」記，『大方広三戒経』巻上首に低格して「〈福州管内衆縁就開元禪寺雕造毗盧大藏經印板一副計五百餘函恭爲／今上皇帝祝延聖壽内外臣僚同資禄位都會首顔徽曽紹陶穀張

「東禪／大藏」印造記（部分）

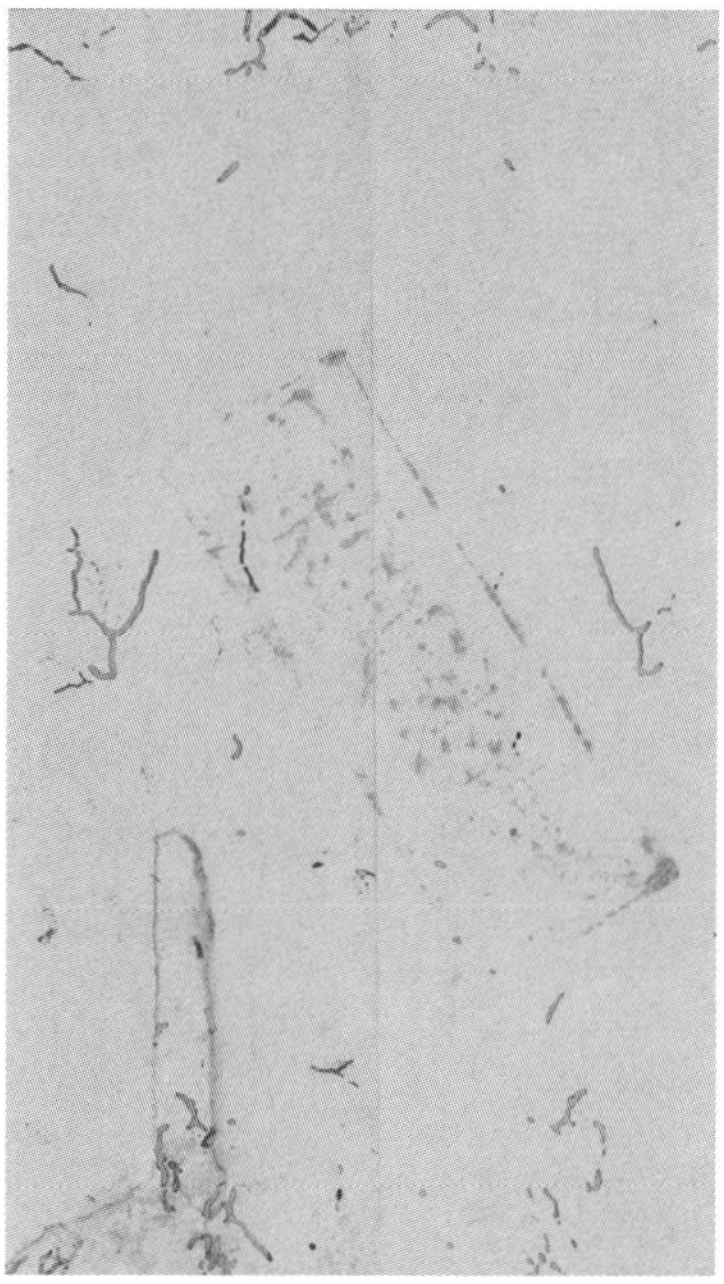

「開元經局染黄紙」印造記（部分）

嗣林桷陳芳林昭／劉居中蔡康國陳詢蔡俊臣劉漸陳靖謝忠前管句沙門本悟見管句沙門僧仟／證會前住持本明見住持宗鑑大師元忠當山三殿大王大聖泗洲時宣和六年八月　日　謹題〉」記を存するなど，文面や記年を異にする題記が，大きく分けて，東禅寺版の巻首に19種579件，開元寺版の巻首に55種2,480件見られる。開元寺版の工名が見られる帖には，題記のあるべき巻首 3 行または6行が空白となっているものも1,000件餘存する。

『仏説大乗善見変化文殊師利問法経』巻末に「石清水八幡宮常住　六波羅武蔵守長時施入」とあるなど石清水八幡宮の識語を存す。『仏説如来興顕経』巻一表紙裏等に単辺方形陽刻「法華／山寺」朱印記を存す。

唐末以来仏教が盛行した福建では、北宋神宗の時代に慧空大士冲真らの発願によって福州の東禅等覚院で開版され、30餘年後の徽宗の時代に完成した「東禅寺版」と、その完成と入れ替わるように本明禅師の発願によって福州の開元禅寺で開版され、約40年後の南宋高宗の時代に完成した「開元寺版」の二種の大蔵経が刊行された。日宋・日元貿易により日本に伝来した多数の福州版のうち、現存すべてが両蔵の混合蔵である。書陵部蔵本は両蔵の補刻・続刻部分を含む南宋後期印の混合蔵で、経典単位、巻単位、張単位の混合が数多く見られる。版式は毎面 6 行17字に画一化されているが、続刻の天台三大部等では経典によって版式が異なり、『大方広円覚略疏注経』は有界 5 行13字の有句点本を 4 巻から 8 巻に改修した痕跡が見られる。最末尾に収録される『大宋高僧伝』30巻は福州版ではなく、湖州思渓版大蔵経本である。

書陵部蔵本は、1262–63年頃、京都西山の法華山寺開基の慶政上人（1189–1268）が同寺に将来したもの。慶政上人は1217–18年に渡宋し、後年、東禅等覚院に一切経補刻のための施財を行ったため、本蔵の

42箇所に「日本国僧慶政捨」等の施財記が見られる。中世に入ると、京都の石清水八幡宮に帰し、経典の補写、紐の取り替え、経蔵の改修、『大般若波羅蜜多経』60函中51函の流出と回収、経箱の寄進（600餘箱中570箱現存。1箱10帖前後を納める）等を経歴した。明治時代になると、神仏分離政策の影響により売却され、その大部分を近江の小島某が購入し、『大般若波羅蜜多経』他10数部を大坂の事業家森本佐兵衛が購入した。小島某購入分は明治19年に内務省が買い上げた後、同24年に宮内省に移管され、森本佐兵衛購入分は大正15年に宮内省に献納され、ともに図書寮に架蔵されるに至った。

（會谷佳光）

装訂と「法華山寺」印記

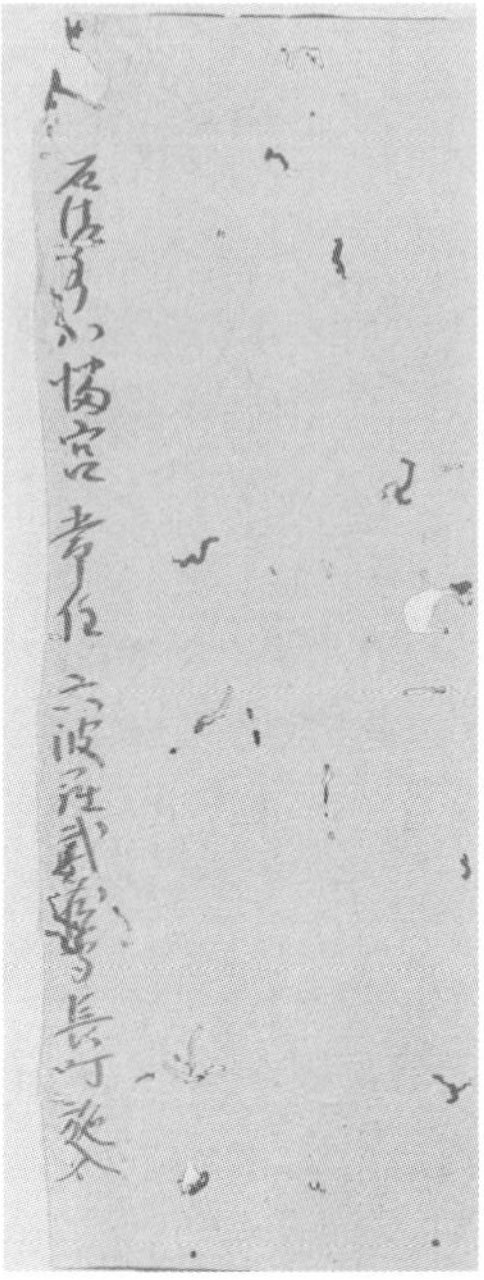

石清水八幡宮識語

39. 大般若波羅蜜多經〔600〕卷　存卷366

唐　特大　1帖　412-6

唐釋玄奘奉詔譯

〔北宋末〕刊(〔福州東禪等覺院〕)〔修〕〔崇寧藏〕本　傳〔石清水〕八幡宮宝青菴舊藏

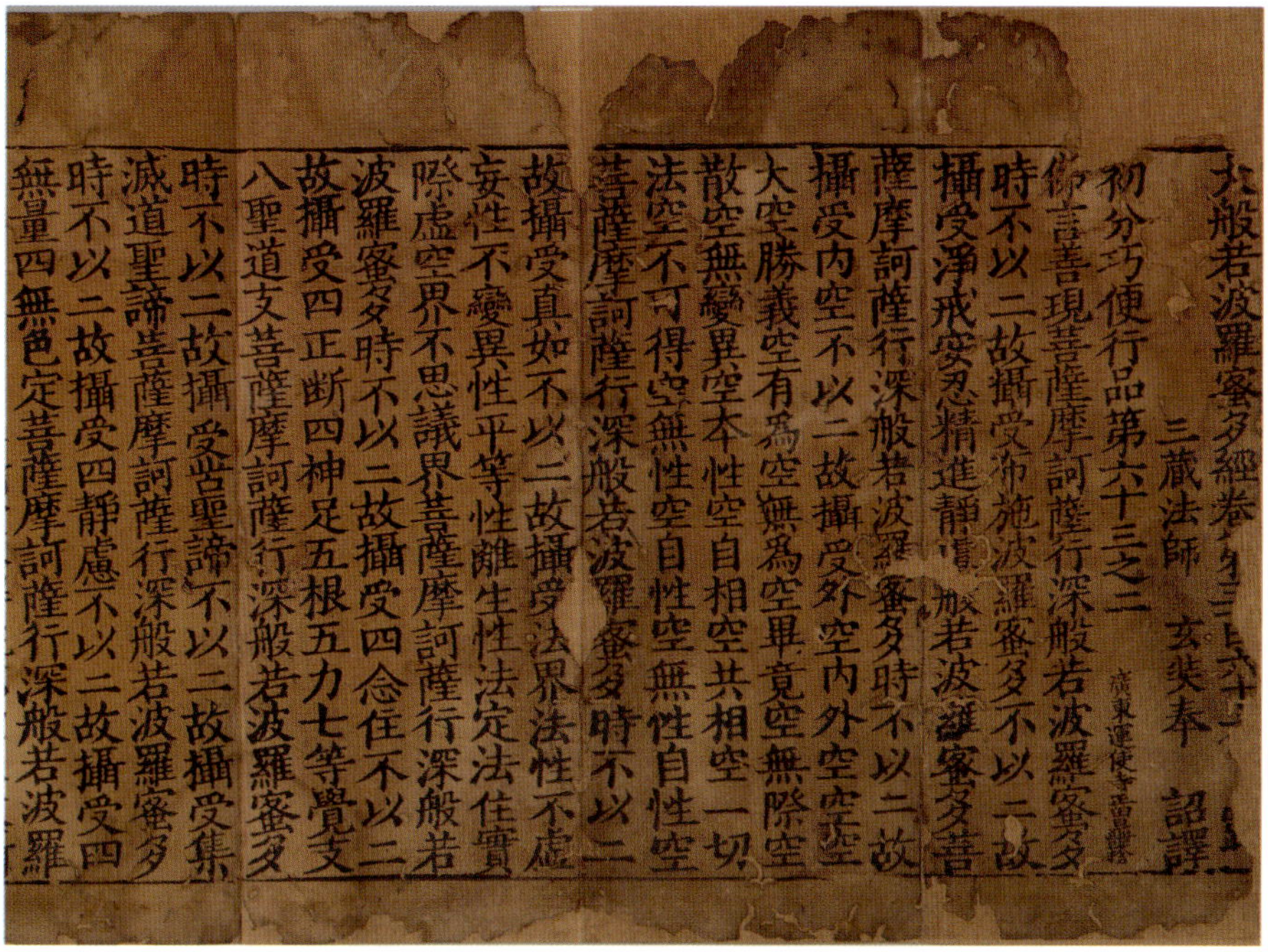

大般若波羅蜜多經卷第三百六十六
三藏法師　玄奘奉　詔譯
初分巧便行品第六十三之二
爾時善現菩薩摩訶薩行深般若波羅蜜多
時不以二故攝受布施波羅蜜多不以二故
攝受淨戒安忍精進靜慮般若波羅蜜多菩
薩摩訶薩行深般若波羅蜜多時不以二故
攝受內空不以二故攝受外空內外空空空
大空勝義空有為空無為空畢竟空無際空
散空無變異空本性空自相空共相空一切
法空不可得空無性空自性空無性自性空
菩薩摩訶薩行深般若波羅蜜多時不以二
故攝受真如不以二故攝受法界法性不虛
妄性不變異性平等性離生性法定法住實
際虛空界不思議界菩薩摩訶薩行深般若
波羅蜜多時不以二故攝受四念住不以二
故攝受四正斷四神足五根五力七等覺支
八聖道支菩薩摩訶薩行深般若波羅蜜多
時不以二故攝受苦聖諦不以二故攝受集
滅道聖諦菩薩摩訶薩行深般若波羅蜜多
時不以二故攝受四靜慮不以二故攝受四
無量四無色定菩薩摩訶薩行深般若波羅

卷 366 首

新補藍色包背表紙（30.4 × 32.1㎝），後表紙（30.1 × 11.1㎝）。表紙上面左肩より打付に金泥にて「大般若波羅蜜多經卷第三百六十六　露」と書す。折本，毎紙幅約67.0㎝（第12紙45.8㎝），12紙。本文竹紙。天地有界（界高約23.7㎝，字面幅約67.2㎝），毎張 6 面，毎面 6 行，毎行17字（第 2 張，界高24.5㎝，字面幅66.6㎝）。毎張第 6 ，7 行間に「露　六卷　張数　（工名）」記あり。（工名）陳可，葉大。尾題前「明治元巳九月八幡宮之一切圣余本也／八幡宝青菴説禪護持本也」識語あり。昭和 2 年 6 月中村松之助寄贈印記を存す。

『大般若経』については本書解題Ⅰ－5 参照。同じく図書寮文庫に蔵する宋版『大蔵経』（406-53）の『大般若経』と全張同版である。つまり本帖は、北宋末、11世紀に福州（福建省）の東禅等覚院で開版された「崇寧蔵」、わが国では「東禅寺版」と呼ばれる蔵経の一部に当たっている。同蔵については、本書解題Ⅲ－38参照。広東転運使司の官員、曾噩の施財記が首題下に見える。明治元年（1868）に八幡宮の一切経の餘本とし、宝青庵の旧蔵と称する識語が附されており、やはり石清水八幡宮の旧蔵である『大蔵経』（Ⅲ－38）との関係を想起させる。しかし、書型は合致するものの、本帖は改装を経ており、同蔵と伝来を同じくすることは確証されない。

（住吉朋彦）

40. 大般若波羅蜜多經600巻 附釋音 闕巻1 280至282 301至302 330 383至384 386 511至513 581至587 600

唐　特大　579帖　510-1

唐釋玄奘奉詔譯

(巻1至12)宋嘉定〔9〕至紹定2年(1216-29)刊(釋了懃等) (巻13以下)同3至〔淳祐2年〕(1230-42)刊(趙安國等施 平江府磧〔砂〕延聖院) 〔後印〕 磧〔砂〕藏本 〔南北朝〕聲點音假名書入 〔西大寺〕舊藏

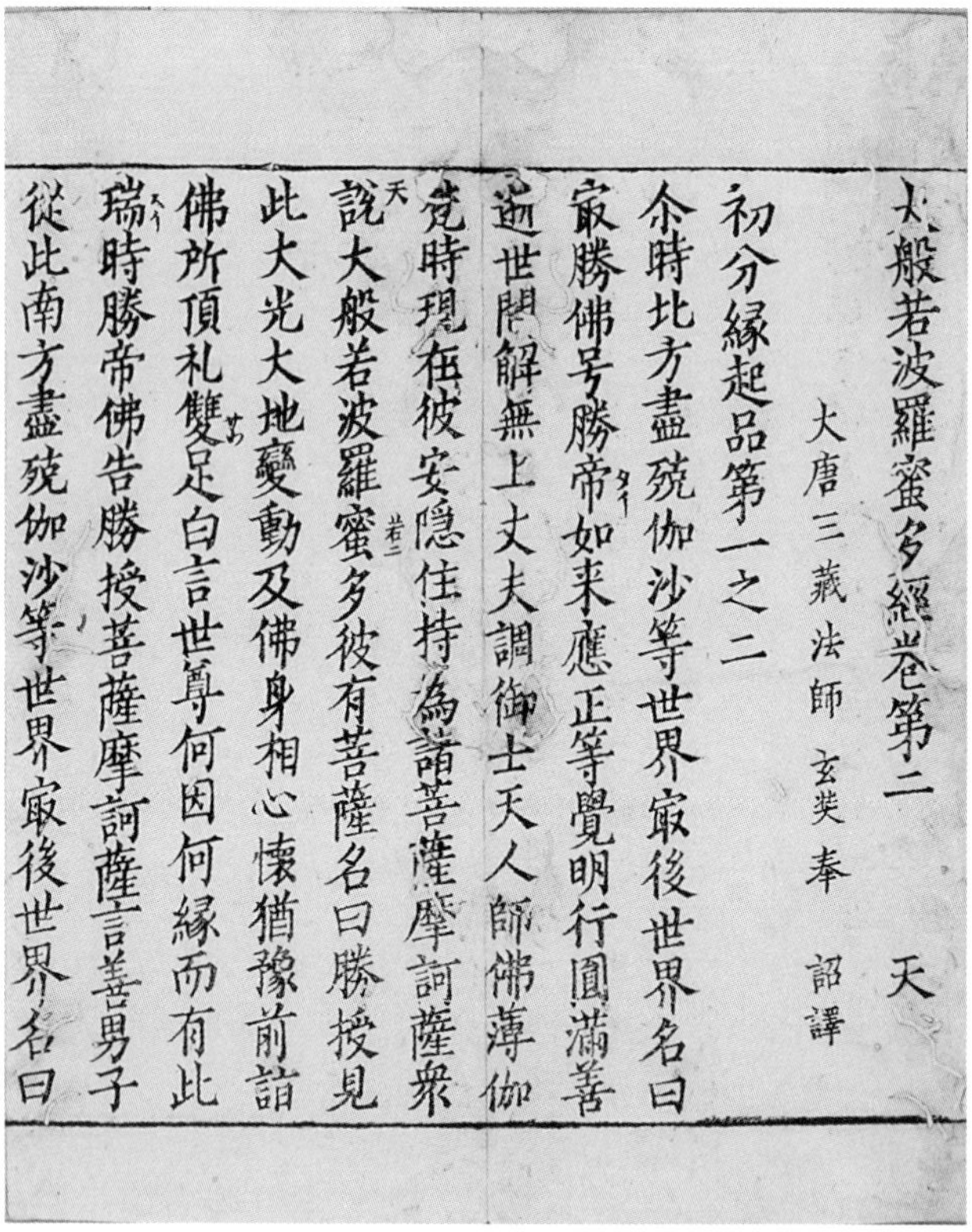
大般若波羅蜜多經卷第二　天
大唐三藏法師玄奘奉　詔譯
初分緣起品第一之二
尒時北方盡殑伽沙等世界㝡後世界名曰
㝡勝佛号勝帝如来應正等覺明行圓滿善
逝世間解無上丈夫調御士天人師佛薄伽
梵時現在彼安隠住持爲諸菩薩摩訶薩衆
説大般若波羅蜜多彼有菩薩名曰勝授見
此大光大地變動及佛身相心懐猶豫前詣
佛所頂礼雙足白言世尊何因何緣而有此
瑞時勝帝佛告勝授菩薩摩訶薩言善男子
從此南方盡殑伽沙等世界㝡後世界名曰

巻 2 首

淡黄檗染包背表紙（30.5×12.5㎝）上面左袖に右袖を重ね，右袖左辺打付に「大般若波羅蜜多経第二」等と書す。発装あり。折本，帖首を下面に附着するも間ゝ剝離。本文竹紙，裏打修補，毎紙約61.8㎝，毎紙5面折。

天地有界（界高約23.7㎝，毎張字面幅約58.5㎝），毎張30行17字，半写刻体。巻2第1張第7，8行間に「天［　］若二［　］」と，其他毎張首に「［　］〈大般若經幾　　張数　　号〉」。尾題次行「第二　致問〈陟利反敬也〉」等音義，（巻11）「内典隨函音疏二／（低4格）〈雪川沙門釋《行瑫》製〉／大般若經帙之二／（音義略）／大般若音疏第二」を附録す。巻尾に（巻2尾題前，低4格）「〈幹造比丘了懃捨梨板三十片刋般若經第一二三卷并看藏入式及序／祈求　佛天護祐令大藏經律論板速得圓滿（隔5格）《方信刋》〉」，（巻2尾音釈後，低3格）「〈嘉定十五年十二月　　日刋第二卷八千八百九十

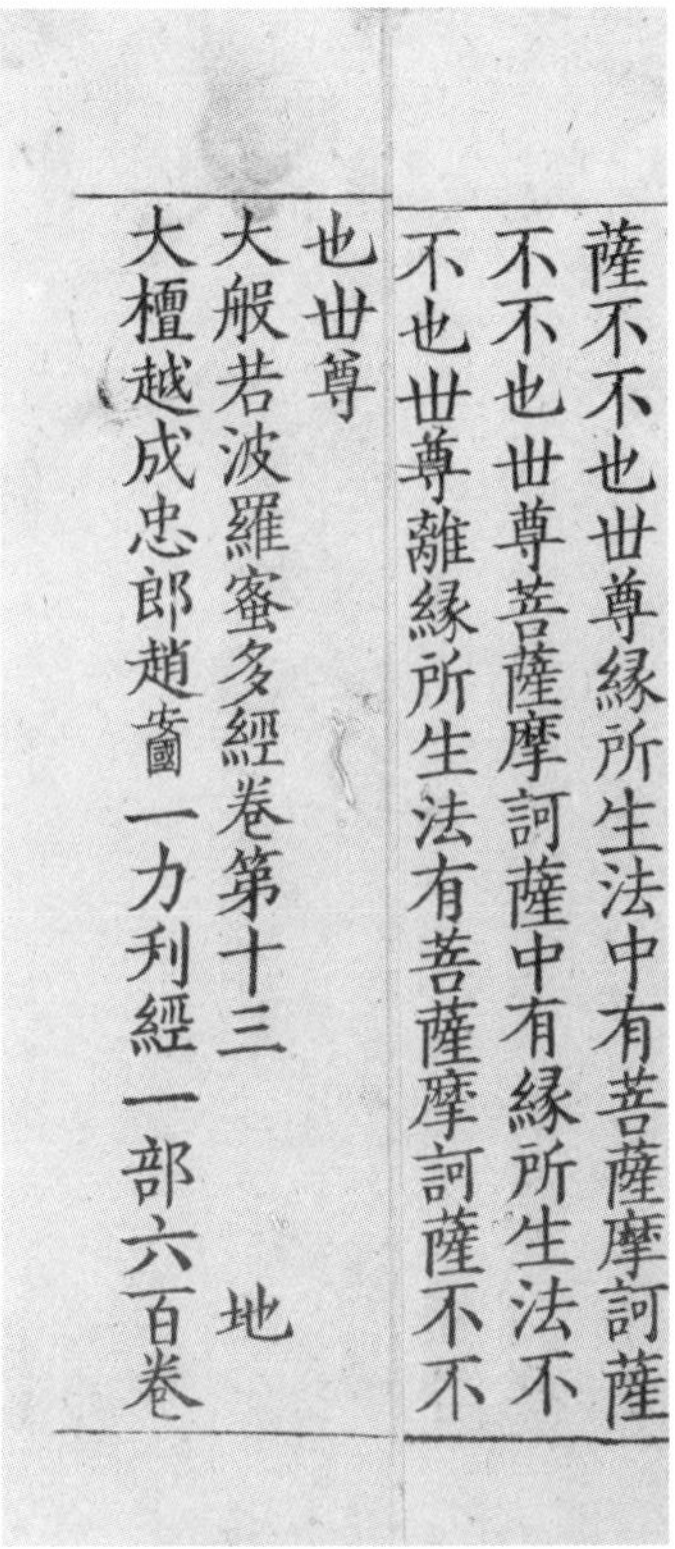
薩不不也世尊縁所生法中有菩薩摩訶薩
不不也世尊菩薩摩訶薩中有縁所生法不
不也世尊離縁所生法有菩薩摩訶薩不不
也世尊
大般若波羅蜜多經卷第十三　地
大檀越成忠郎趙安國一力刊經一部六百巻

趙安国施財記

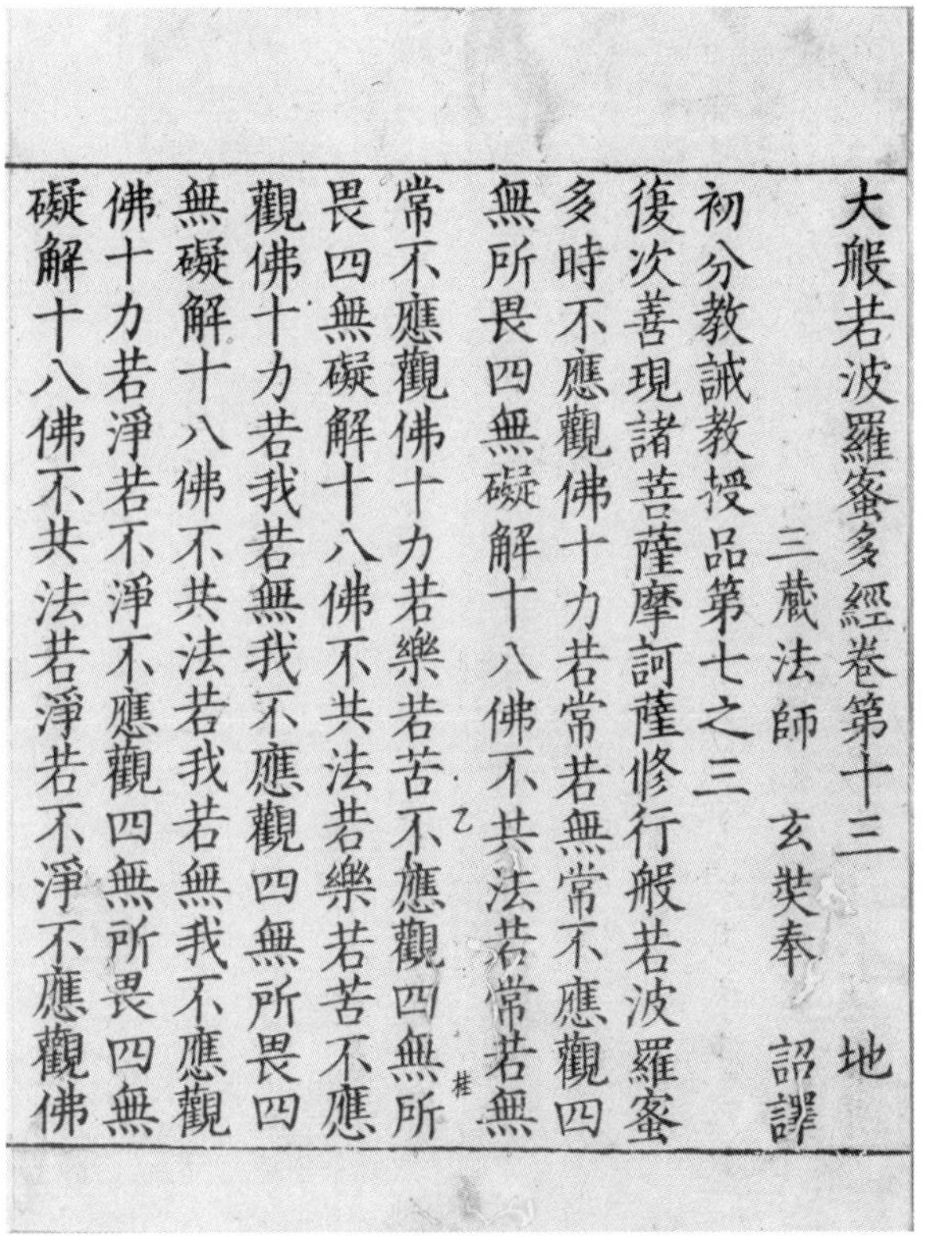
大般若波羅蜜多經卷第十三　地
三藏法師　玄奘奉　詔譯
初分教誡教授品第七之三
復次善現諸菩薩摩訶薩修行般若波羅蜜
多時不應觀佛十力若常若無常不應觀四
無所畏四無礙解十八佛不共法若常若無
常不應觀佛十力若樂若苦不應觀四無所
畏四無礙解十八佛不共法若樂若苦不應
觀佛十力若我若無我不應觀四無所畏四
無礙解十八佛不共法若我若無我不應觀
佛十力若淨若不淨不應觀四無所畏四無
礙解十八佛不共法若淨若不淨不應觀佛

巻 13 首

五字十八紙〉」等と施財記を存す。また巻5以下，巻中章後（巻 5）「〈張芦氏刊肆伯字保腿脚輕健口舌不生善利官門／胡氏刊參百字報荅生身父母恩／俞氏刊參百字報荅生身父母〉」，（巻11）「〈査宅花女觀觀無諸障難聖力冥扶利柒拾字／紹定二年正月二十日衆縁刋壹伯字二十一日弐伯字〉」等の施財記あり。また黄檗染包背表紙（30.5×11.4㎝）上面右袖の左肩打付に「大般若波羅蜜多経第十三」等と書す。発装あり。本文竹紙，裏打修補，毎紙約57.0㎝，毎紙 5 面折。

天地有界（界高約24.3㎝，字面幅約10.5㎝），毎張 5 面，毎面 6 行17字。（闕筆）玄敬。「（帙号）［　］張数［　］（工名）」，稀に字面外字数（陰刻）。（工名）金忠，蔣興祖，徐珙，沈宗，王瑞，（平江聾）蔣栄祖，賈裕，朱梓，徐珣，傅必上，朱杞，朱祐，（餘杭）朱坦，（建安）傅方（玉）（玉方），高才，（銭塘）陳彬，李昌，（建安）陳文，（建安）陳生，建安黄雲（云），詹世栄，建寧府熊賡（庚），婁（楼）拱（珙），（樵川，樵陽，武陽，霊源）高桂（圭），陳和（禾），（行在）詹栄，建安陳仕（士），蔣嗣宗，翁遂，（建人）游明，阮仁，建安劉世興，（建安）傅岩，郭安，（建安）葉元，凌宗，（建安）魏信，呉祐，凌祖，馬忠，余仁仲，（建安）余元，建安蔡甫，陳秀，余済，行在呉才，富沙（建人）劉元，建安劉和（甫），（建安）蔡成，李千（迁），朱信，（建安）劉寧，俞大昌，（玉清）蔡友，翁囨，劉宗顕，游仁，富沙余才，樵陽（樵川）高正，詹昌，天台劉得中，李建，翁川，朱明，朱佑，海門王盛，（王）璿，（建人）朱生，陳明，蔡進父（甫），建安李奇，傅必方，王古，（福建）翁森，游忠，周松，傅邡，龐汝霖。尾題後間ゝ改行し「　　釋音（音釋）」等を附録す。

尾題後（巻13等）「大檀越成忠郎趙〈安國〉一力刋經一部六百巻」等記あり。また尾題前後に低格し（巻

14)「〈　浙右庾臺奉　佛弟子陸《居仁》敬書　　平江府金　忠刋〉」，(巻15)「〈延聖院童行呉　　《惟政》〉敬書／〈中呉蔣（隔 5 格）《興祖》〉刋」，(巻24)「〈磧階破屋道人陸《淨德》書〉」，(巻97)「{紹定庚寅歳陽復日／嘉國林〈　仲卿　〉書}（隔 3 格）〈陳文刀〉」，(巻561等)「佛弟子迪功郎新温州永嘉縣主簿顔／〈汝勲〉發心親書／此經誓不求福報専用資薦亡妻寂室／方氏七娘懿祖徑脱輪廻超登／佛土（隔 5 格）〈汝勲〉合掌謹書」等記あり。巻352尾背面「[　] 身子闆（陰刻，左右反転）」記を存す。稀に〔南北朝〕朱清濁声点，間ゝ墨音仮名，稀に欄外墨校改，間ゝ欄外行間朱校注（用「イ本」）書入。帖尾背面巻数墨書，第 2 帖尾背面「〈明治四十三年〉〈御用經師〉杉岡秀一作」，第 4 帖尾背面「明治四十三年三月廿有五日／御用經師杉岡秀□作」識語あり。

玄奘三蔵の翻訳した、600巻の般若経典で、『大蔵経』中最大の規模を有つ（Ⅰ－5 参照）。本版は『大蔵経』の一種、磧砂蔵の一部として刊行された版本である。

本蔵は南宋後期に、首の『大般若波羅蜜多経』より刊刻が始められた。本帖では首尾を欠くが、梶浦晋氏の研究に従い、同版である西大寺現蔵の早印本を参考にすると、まず嘉定 9 年（1216）までに、僧了懃の勧進施財により刊行が開始された。本帖の巻中章後には一部に夥しい施財刊記が附刻され、当初は広く喜捨を仰ぐ形で事業の興されたことが分かる。これらの記文には、例えば「男官四十歳、正月十四日生、刊壱伯貳拾字、保扶身宮康泰、禄筭増崇。駱駝嶺」（巻 5 ）等と、刻字数や施財者の生日、住所などを細かく注記して善報を期待し、「秦国太夫人曹氏刊貳伯字。年七十七歳、十一月初六日寅時建生。保扶眼目光明、無諸災障、吉祥如意」（同）と、具体的な利益を指定するなど、当時の市民の願望を反映しており興味深い。これらの施財記中、陋巷や街区を指す細かな地名は、大抵杭州のうちであり、隣接する餘杭県を含むけれども、了懃勧進の範囲が概ね推し量られる。なお同版本に存する巻 6 末尾の施財記と宝慶元年（1225）了懃題記は、本帖には印刷されない。これらの施財に伴う年記を見ると、巻11で紹定 2 年（1229）に至っており、ほぼその刊年を示すと考えられる。

さて、本版の巻12までを巻13以下に比べると、版本の様式は愚か、折り幅など造本も異なっている。例えば巻12以前の版は、折り方に対応した行間の餘裕を設けず、30行が均等に連続する構成であるのに対し、巻13以後は、 6 行 1 面毎に行間を寛くとる折本仕様の版式であり、また何より、巻12以前は半写刻体の素朴な字様を備えるのに対し、巻13以後は様式化された版刻用の書体に依り、一見して同じ版本とは見られないほどの違いがある。

両者の相違は刊記や工名等にも顕れる。まず施財刊記について、巻13以後、文字に少異はあるが、趙安国が独力で600巻を刊刻させる旨の施財記が、極めて多くの巻に見られる他、毎巻の末尾等に、書字を行った僧俗の名と、刻工の名を附する場合が多く見られる。巻97末には紹定 3 年（1230）の書字記があり、その頃までに趙氏施財による版刻が始まったと推定される。また巻561以降の多くの巻には、顔汝勲の書字記があり趙氏の刊記はない。また本帖には欠くが、同版本の巻600末、顔氏書字記の後に、淳祐 2 年（1242）の顧坦の施財題記を存する。趙氏の施財は、必ずしも末尾に徹しなかったのであろう。趙氏は宋室の出身者と見られるが、詳伝不明。

巻13以降の書字者の肩書を見ると、中心となるのは、平江府（江蘇省蘇州市）延聖院の修僧であり、平江府周辺の俗人も多い。また刻工名を見ると、「(平江聾）蔣栄祖」の他、蘇州、杭州の工人が検出

されるが、これらを凌ぐのは建安の工人である。本版の刊地は、巻600末の題記に「磧砂延聖院大蔵経坊」と明示され、淳祐 2 年までには延聖院に坊を設け『大蔵経』の刊場に発展したと知られる。延聖院は、平江府東南の陳湖の砂州に設けられた寺院。本版の巻12までは杭州中心であったのに、平江府に根拠地が移され、版式も変更されたのである。ただその刊刻は、遠く建安の工人を動員し、地域を越えて制作が続けられた。

その後、延聖院の彫版は、宋末から元に入って一時中止、元大徳元年（1297）に再開され、元末に至るまで追彫が行われた。明に入って、永楽 7 年（1409）に大規模な補刻を受け、宣徳年間（1426-35）にも版木が伝存していて、当時の後印本が知られている。

本帖は明治18年（1885）に、もう一部の同版早印本を備える大和西大寺から頒たれ、宮内省に献納されたものである。また本品の僚帖 1 点（巻511）が、慶應義塾図書館に収蔵される。（住吉朋彦）

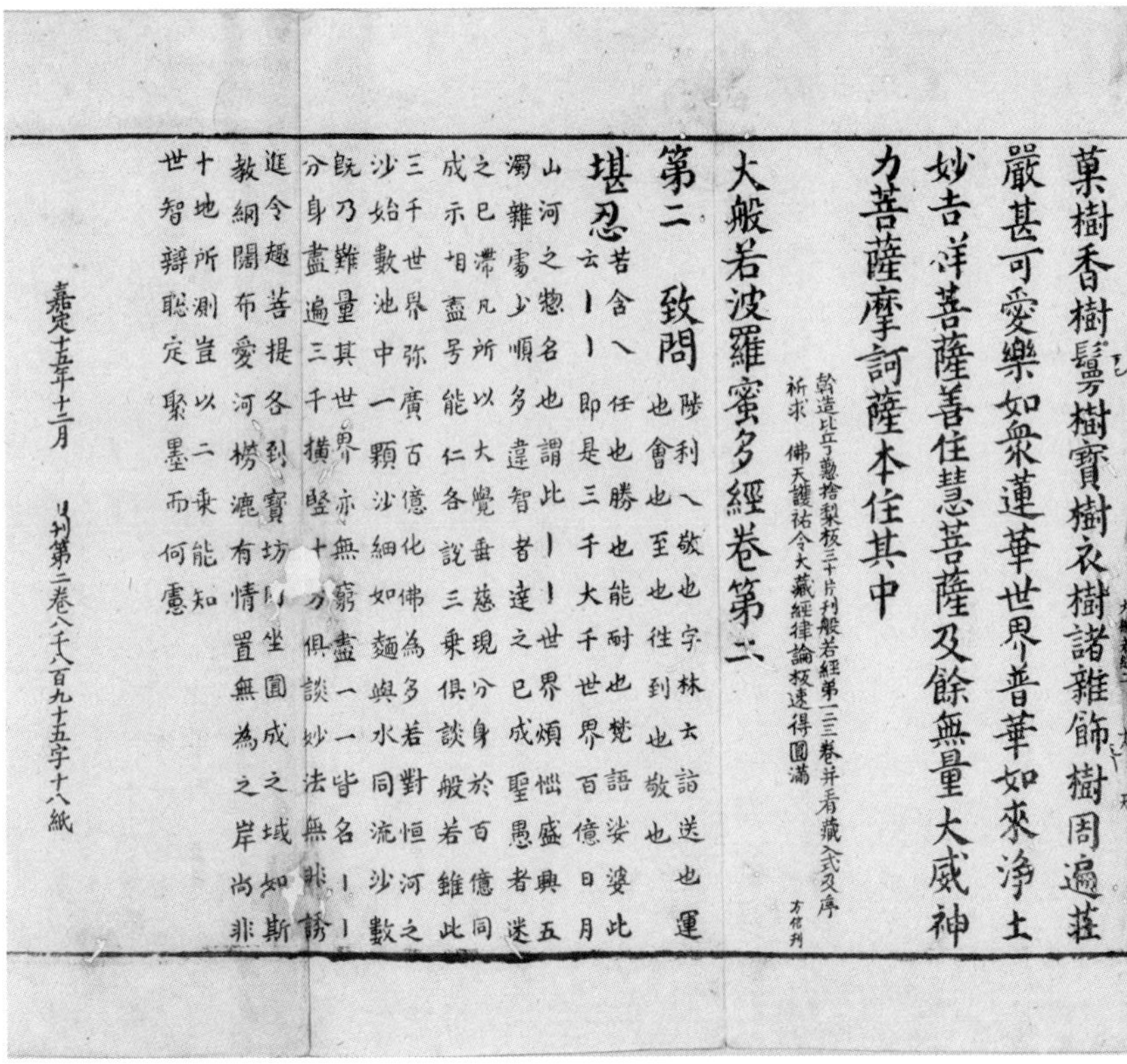

嘉定15年施財記

41. 大般若波羅蜜多經〔600〕巻 存巻493 496至497 540 578　唐　大　5帖　512-115

唐釋玄奘奉詔譯

〔宋紹定３至淳祐２年(1230-42)〕刊(趙安國施〔平江府磧砂延聖院〕)〔磧砂藏〕本

巻540 578配〔宋〕刊〔圓覺〕藏本　〔西大寺〕舊藏

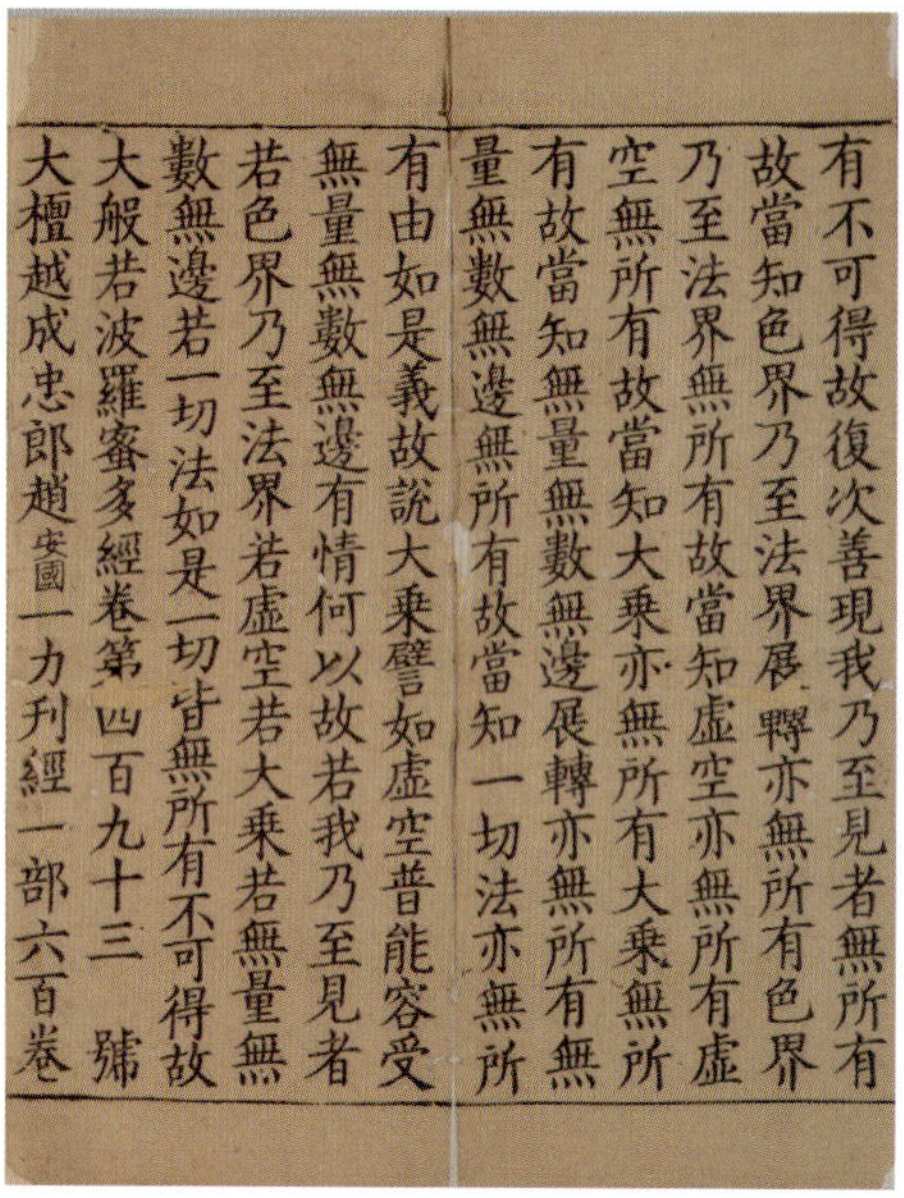
有不可得故復次善現我乃至見者無所有
故當知色界乃至法界展轉亦無所有色界
乃至法界無所有故當知虛空亦無所有虛
空無所有故當知大乘亦無所有大乘無所
有故當知無量無數無邊展轉亦無所有無
量無數無邊無所有故當知一切法亦無所
有由如是義故說大乘譬如虛空普能容受
無量無數無邊有情何以故若我乃至見者
若色界乃至法界若虛空若大乘若無量無
數無邊若一切法如是一切皆無所有不可得故
大般若波羅蜜多經卷第四百九十三　豨
大檀越成忠郎趙安國一力刋經一部六百卷

巻 493 尾

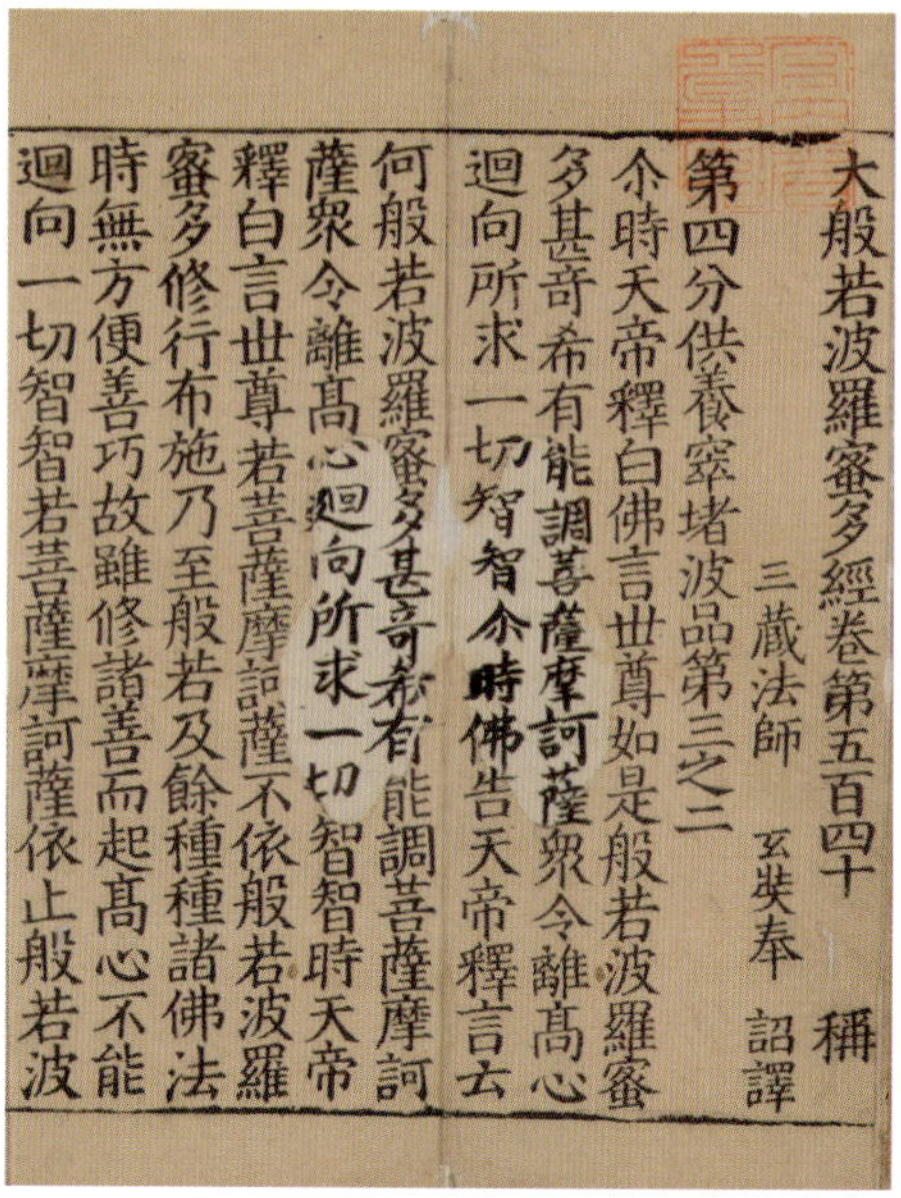
大般若波羅蜜多經卷第五百四十　稱
三藏法師玄奘奉　詔譯
第四分供養窣堵波品第三之二
尒時天帝釋白佛言世尊如是般若波羅蜜
多甚奇希有能調菩薩摩訶薩衆令離高心
迴向所求一切智智尒時佛告天帝釋言云
何般若波羅蜜多甚奇希有能調菩薩摩訶
薩衆令離高心迴向所求一切智智時天帝
釋白言世尊若菩薩摩訶薩不依般若波羅
蜜多修行布施乃至般若及餘種種諸佛法
時無方便善巧故雖修諸善而起高心不能
迴向一切智智若菩薩摩訶薩依止般若波

巻 540 首

新補淡茶色絹表紙（28.7×11.3㎝，第２至３帖29.6×11.3㎝）中央に素絹題簽を貼布し「大般若波羅蜜多経〈巻苐幾（／首缺）〉」と書す，折本，毎張１紙（以下同），裏打修補，第１至３帖首，第２帖尾１面闕。天地有界（界高約24.0㎝，幅約10.0㎝），毎張５面30行17字（以下同），欧陽詢体。奇数張第１至２面間，偶数張第２至３面間に「号［　］若四、九三」等と標し，下方張数，下辺工名。尾題後接行「大壇越成忠郎趙〈安國〉一力刋（刊）經一部六百巻」。首欄上に「四百九十三」と書す。稀に行間墨校改書入。第４帖同前表紙（30.3×11.6㎝）外題同前，但し「首缺」字なし。天地有界（界高約25.0㎝，幅約10.7㎝），顔真卿体。尾題１行を隔て音釈を附す，破損鈔補。第５帖後補黄檗染包背表紙（30.8×11.7㎝）上面右葉左肩に題簽を貼布し「大般若経巻第五百七十八」と書す。八双あり。下小口に「珍八」と書す。巻尾を包背部に貼附（剝離），虫損修補。天地有界（界高約24.9㎝，幅約11.0㎝），顔真卿体。毎張首に「珎　般若　　五百七十八巻」と題し，下方紙張数，下辺工名「黄垟」。尾題１行を隔て音釈を附す。神呪に墨筆音仮名書入，別手破損鈔補。毎帖首に単辺方形陽刻「宮内省／圖書印」朱印記あり。

『大般若波羅蜜多経』・磧砂蔵についてはⅢ-40参照。もとⅢ-40に一括されていたが、重複につき分離して整理された。

（小倉慈司）

42. 大般若波羅蜜多經關法（題簽大般若經關法）6巻　唐　大　3帖 附1帖　556-120

宋釋永隆 釋大隱撰

宋淳熙7年（1180）刊（四明鄞縣太原沃承璋等）　高山寺舊藏　日本正徳3年（1713）修補識語　明治9年（1876）高畠〔式部〕（しきふ）識語　（附）中川作兵衛宛て高畠〔式部〕（しきふ）池田光重書簡　向山黄村舊藏　内閣記錄局蒐集

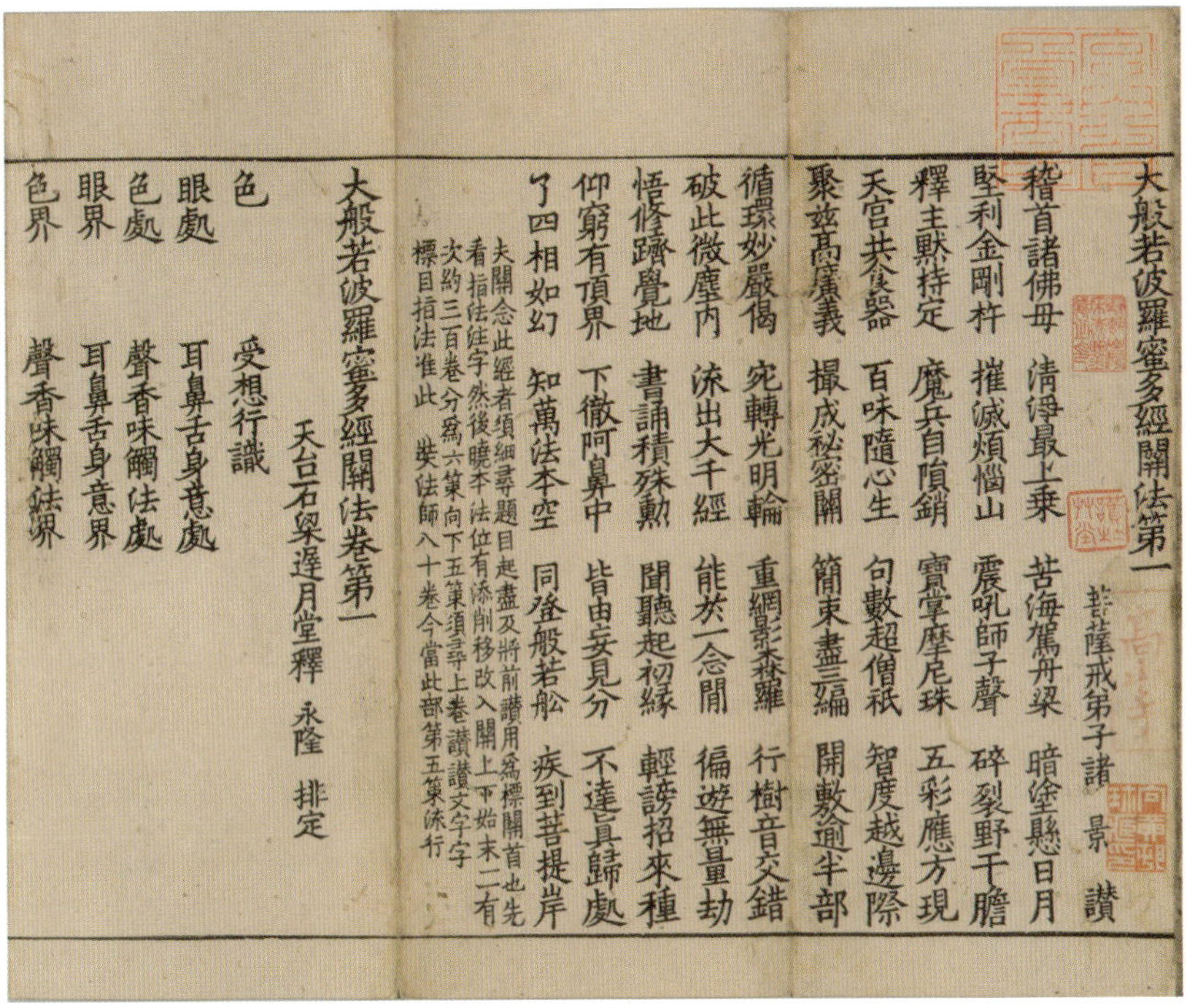
大般若波羅蜜多經關法第一
菩薩戒弟子諸　景　讃
稽首諸佛母　清淨最上乘　苦海駕舟梁　暗塗懸日月
堅利金剛杵　摧滅煩惱山　震吼師子聲　碎裂野干膽
釋主默持定　魔兵自隕銷　寶掌摩尼珠　五彩應方現
天宮共食器　百味隨心生　句數超僧祇　智度越邊際
聚茲高廣義　撮成秘密關　簡束盡三編　開數逾半部
循環妙嚴偈　宛轉光明輪　重網影森羅　行樹音交錯
破此微塵內　流出大千經　能於一念間　徧遊無量劫
悟修躋覺地　書誦積殊勲　聞聽起初緣　輕謗招來種
仰窮有頂界　下徹阿鼻中　皆由妄見分　不違真歸處
了四相如幻　知萬法本空　同登般若船　疾到菩提岸
夫關念此經者須細尋題目起盡及將前讃用為標關首也先看指法注字然後曉本法位有添削移改入關上下始末二有次約三百卷分為六策向下五策須尋上卷讃讃文字字標目指法准此　奘法師八十卷今當此部第五策流行
大般若波羅蜜多經關法卷第一
天台石梁遅月堂釋　永隆　排定
色　受想行識
眼處　耳鼻舌身意處
色處　聲香味觸法處
眼界　耳鼻舌身意界
色界　聲香味觸法界

巻1首，高山寺印記

後補香色雷文繋蟠龍文空押艶出表紙（27.2×10.8㎝）中央に黄色地双辺刷題簽「大般若經關法幾至幾」を貼附す（第1，2帖は摸写）。折本。毎張1紙，毎紙幅約56.1㎝。厚薄あり。

前に諸景の「讃」40句，次行より2格を低し例言（小字双行）を附す。

讃後接行「大般若波羅密多經關法巻第一／（低7格）〈天台石梁遅月堂釋　永隆　排定〉」，「大般若波羅密多經關法巻第四／（低11格）鳳城雪月大師　〈大隱〉　排定」，「大般若波羅密多經關法巻第五／（低7格）大唐三藏法師　〈玄奘〉　譯」等の署名あり。

天地有界（界高約21.3㎝，字面幅約10.3㎝），毎紙5面，毎面7行23字，欧陽詢体。毎張首行前に柱刻，題「若幾」，張数，巻6第2張下辺に工名あり（不可読），巻6尾題下に単辺無界「〈慈水印摺經人葉荀／方伯祐洪澄方迪刋〉」牌記あり。（工名）葉荀，方伯祐，洪澄，方迪。

巻3尾題後に「〈別本對讀添此一法〉」と注する附録，巻5尾題下に行を接し「（低7格）螺　溪　勘　證　比　丘　〈仲南〉／錢塘府郭施水同詳勘比丘〈省悟〉／（以下低半格）〈勅補天台山門僧正監壇選練知壽昌寺事長堂供主講經論賜紫明智大師《體卿》校勘／重勘證修排嘉禾胡《照》雲間張《守宗》

呉《誠》盛《旦》呉《知禮》沈《宣》沈《先》紀《言》〉」の校記あり。

後に嘉祐 8 年（1063）諸珣の「後序」あり。後序後接行にて政和 5 年（1115）守一の「重開大般若經關要序」あり。

守一序後接行に 2 格を低し「〈四明鄞縣太原沃《　承璋》男《　景珉》新婦唐《　廿二娘》孫《會汝賢　汝弼／汝涇》合家等開版印施流通／太歳淳熙有七庚子仲夏望日　謹題〉」の刊記あり。

稀に料紙継目に墨筆鈔補あり。稀に墨筆にて校改書入あり。紙帙入り，外側上面中央に「大般若經關法　三帖〈全六巻〉」と書し，内側右より下面に掛け別筆にて「　　般若与關法會移口授〃（以下 5 行讃跋移写）〃　正德三癸巳年□安居日加修補畢」識語あり。桐箱入り，蓋上面中央打付に「大般若經關法〈宋版〉三帖」と書す。同内側に金箔押し紙を貼布し別筆にて「（上略）《明治九年四月／　洛東錦織郷住／九十二嫗しきふ》」墨識あり。毎帖首に単辺方形陽刻「髙山寺（楷書）」朱印記，書帙表裏に同朱印記，書帙表並に毎帖首に方形陰刻「向黄邨／珎臧印」，書帙裏並に毎帖尾に単辺方形陽刻「寶宋／閣／珎賞」集印記（以上 2 顆，向山黄村），書帙表並に毎帖首に同「讀杜／艸堂」，「静節山房／宋本鑒／臧之印」朱印記（以上 2 顆，寺田望南），同「宮内省／圖書印」朱印記を存す。

附帖縹色表紙（21.0×11.7㎝）。折本，臺紙に書簡 2 通（16.3×78.6，46.3㎝）を貼附す。

首に 4 行の追而書あり本文，「一筆申上候（中略）／　　四月廿七日／（低格）〈高畠〉しきふ／中川作兵衛様」，「（低 3 格）口代／一翰呈上仕候（中略）／　　五月十一日　〈芝山家内〉池内光重／中川作兵衛様」，次いで低格し 6 行の追而書あり。第 1 通首に単辺方形陽刻「宮内省／圖書印」朱印記を存す。

本書は唐玄奘訳『大般若波羅蜜多経』600巻の初分部分を対象として、その綱要を説くものである。その体例は、基本的には先ず要語、対語を列し、次に要所の題目を挙げ、続いて讃の一字を墨囲陰刻にて順次標識とし（或いは無辺、毎章中に墨囲千字文号標識）、経の分章を示し、次行より分段、附注、改行して経中要文を引く。

本帖巻 1 首には「永隆排定」とあり、後序にも「永隆闍梨」の名がみえるが、巻 4 首は「大隠排定」とする。なお『仏祖統記』巻48には、大般若経の暗誦を容易にする大隠の通関の法を知った沃承璋が、これを印行したことを伝える。沃承璋の居地である四明鄞県と、本帖刊行牌記にみえる慈水（慈渓）はともに慶元府に属し、また、刻工方迪の名は宋淳熙10年（1183）象山県学刊『漢雋』に、方伯祐は宋紹熙 3 年（1192）両浙東路茶塩司刊『礼記正義』にもみえる。

本帖の伝来に関しては、『高山寺聖教目録』に「大般若経関法三巻」と著録されることから、鎌倉期からすでに高山寺の所蔵であったことが知られる。高畠式部は天明 5 年（1785）生、明治14年（1881）没の歌人。堂上歌人であった芝山持豊から歌の事を伝授されたとされる。本冊を納める桐函蓋裏の墨識および書簡にみえる「芝山との（芝山様）」は持豊の曾孫弘豊か。池田光重は芝山弘豊に就いて学んだという。墨識によると、本書の書写を東京増上寺の泰成大徳が懇望していることを告げられた式部は、「芝山との」や池田光重の仲介を得て高山寺を訪ね、本書を借り出したという。その後本書は、高山寺を離れ、向山黄邨、寺田望南の所蔵を経て、図書寮に入った。田中青山『古芸餘香』巻 6 著録、明治期の内閣購入本。

（河野貴美子）

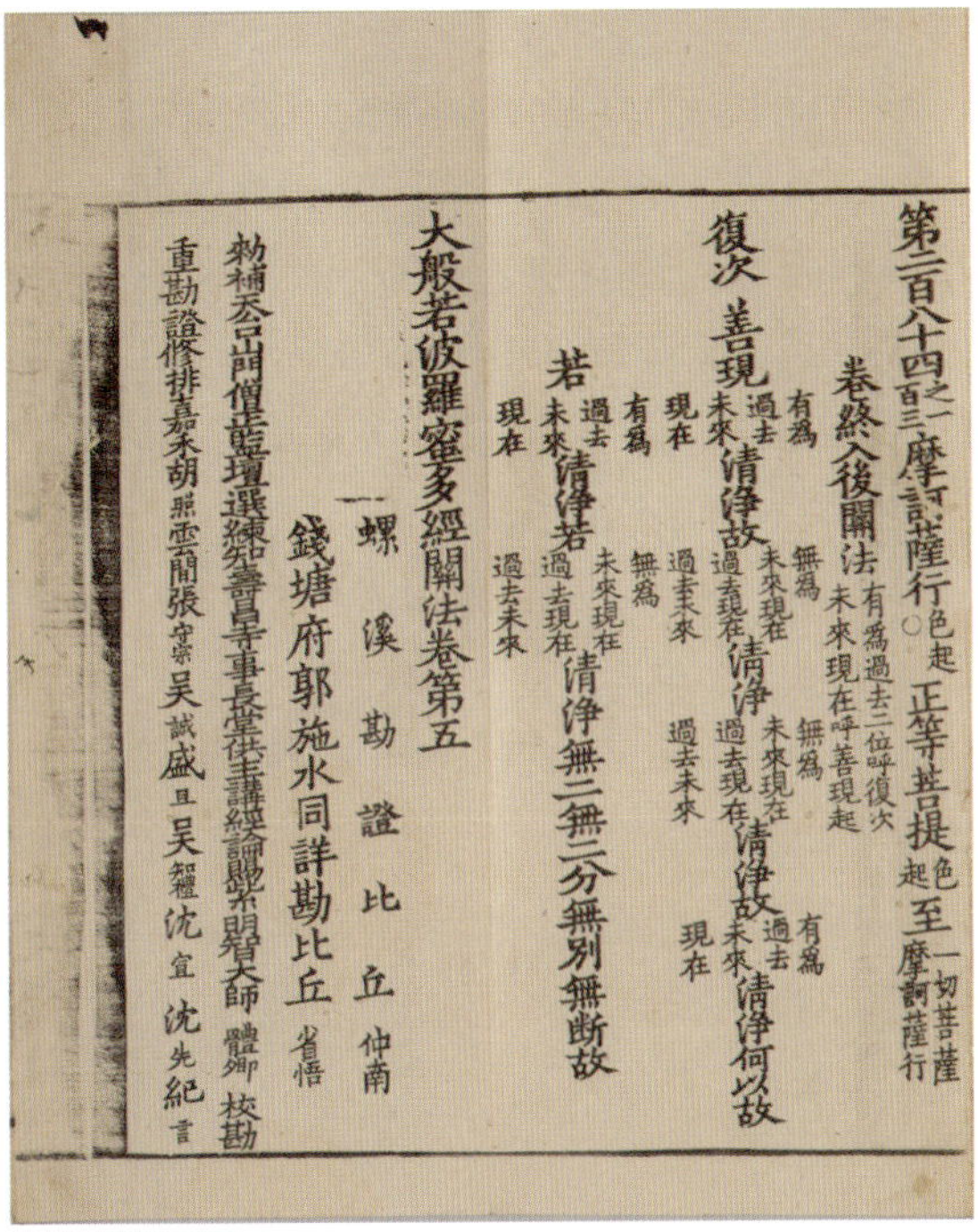

第二百八十四之一二百三摩訶薩行色起○正等菩提色起至一切菩薩摩訶薩行
卷終入後闢法有爲過去二位呼復次未來現在呼善現起
有爲　無爲　無爲　有爲
復次善現過去未來清淨故未來現在過去現在清淨未來現在過去現在清淨故過去未來清淨何以故
現在　過去未來　過去未來　現在
有爲　無爲
若過去未來清淨若未來現在過去現在清淨無二無二分無別無斷故
現在　過去未來
大般若波羅蜜多經闢法卷第五
一螺溪勘證比丘仲南
錢塘府郭施水同詳勘比丘省悟
勅補天台山門僧藍壇選練知壽昌寺事長堂供奉講經論賜紫明智大師體卿校勘
重勘證修排嘉禾胡照雲間張守宗吴誠盛旦吴智禮沈宜沈先紀言

校　記

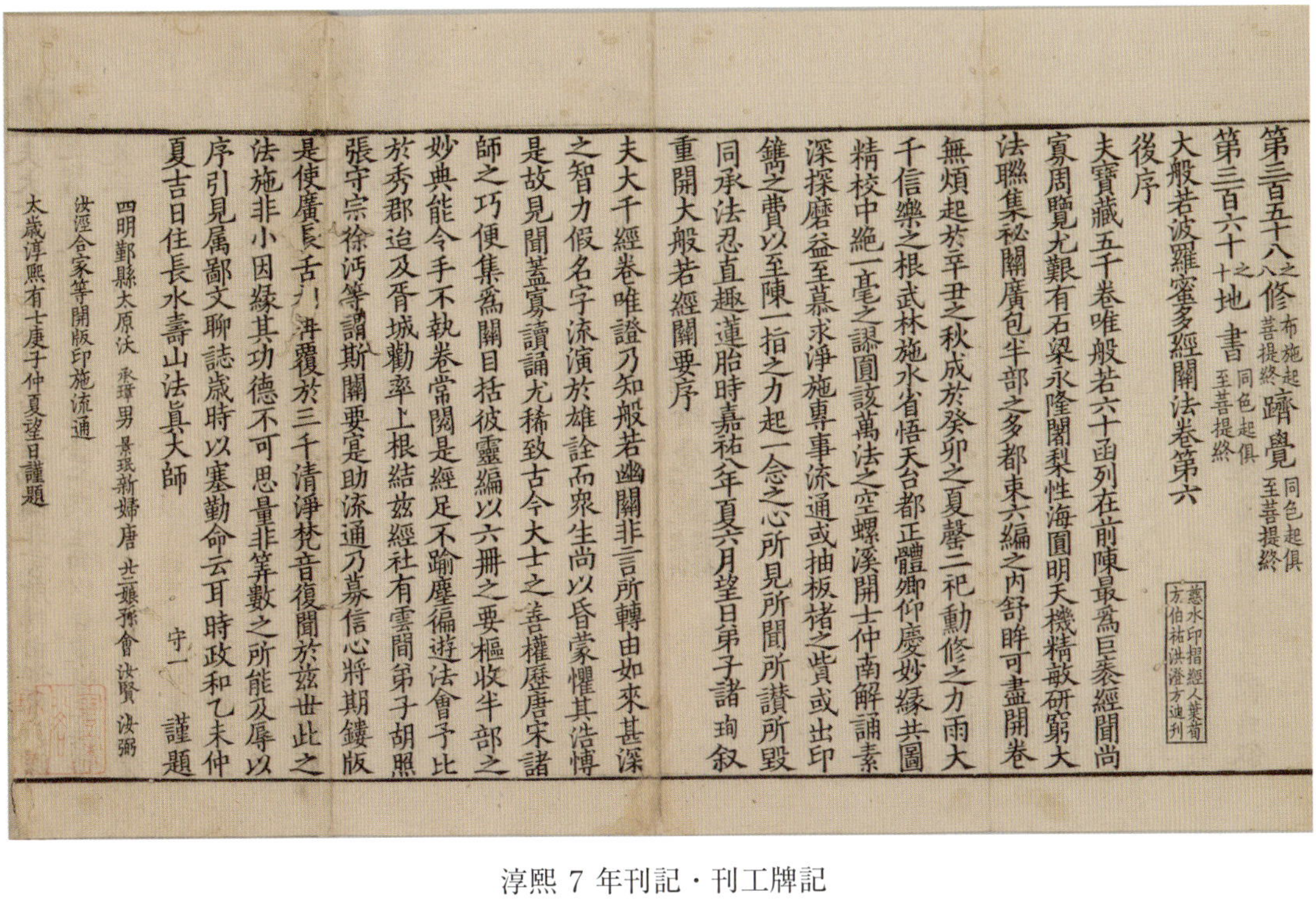

第三百五十八之八修布施起菩提終躋覺同色起俱至菩提終
第三百六十之十地書同色起俱至菩提終
大般若波羅蜜多經闢法卷第六
慈水印揩經人葉荀
方伯祐洪澄方廸刊
後序
夫寶藏五千卷唯般若六十函列在前陳最爲巨袠經聞尚
寡周覽尤艱有石梁永隆闍梨性海圓明天機精敏研窮大
法聯集秘關廣包半部之多都束六編之内舒眸可盡開卷
無煩起於辛丑之秋成於癸卯之夏罄二祀勳修之力雨大
千信樂之根武林施水省悟天台都正體卿仰慶妙緣共圖
精校中絶一毫之謬圓該萬法之空螺溪開士仲南解誦素
深探磨益至慕求淨施專事流通或抽板緒之貲或出印
鐫之費以至陳一指之力起一念之心所見所聞所讃所毀
同承法忍直趣蓮胎時嘉祐八年夏六月望日弟子諸珣叙
重開大般若經闢要序
夫大千經卷唯證乃知般若幽關非言所轉由如來甚深
之智力假名字流演於雄詮而衆生尚以昏蒙懼其浩博
是故見聞蓋寡讀誦尤稀致古今大士之善權歷唐宋諸
師之巧便集爲闢目括彼靈編以六冊之要樞收半部之
妙典能令手不執卷常闕是經足不踰塵徧遊法會予比
於秀郡追及胥城勸率上根結茲經社有雲間弟子胡照
張守宗徐沔等請斯闢要寔助流通乃募信心將期鏤版
是使廣長舌相再覆於三千清淨梵音復聞於茲世此之
法施非小因縁其功德不可思量非筭數之所能及辱以
序引見屬鄙文聊誌歲時以塞勤命云耳時政和乙未仲
夏吉日住長水壽山法眞大師守一謹題
四明鄞縣太原沃承璋男景瑛新婦唐廿二娘孫會汝賢汝弼
汝涇合家等開版印施流通
太歲淳熙有七庚子仲夏望日謹題

淳熙 7 年刊記・刊工牌記

43. 大方廣佛華嚴經80巻 附入不思議解脱境界普賢行願品 1 巻

唐　中　20帖　450-1

〔唐〕釋實叉難陀譯　(附)釋般若譯

宋紹興12年(1142)跋刊(紹興府華嚴會)　高山寺舊藏　內閣記錄局蒐集

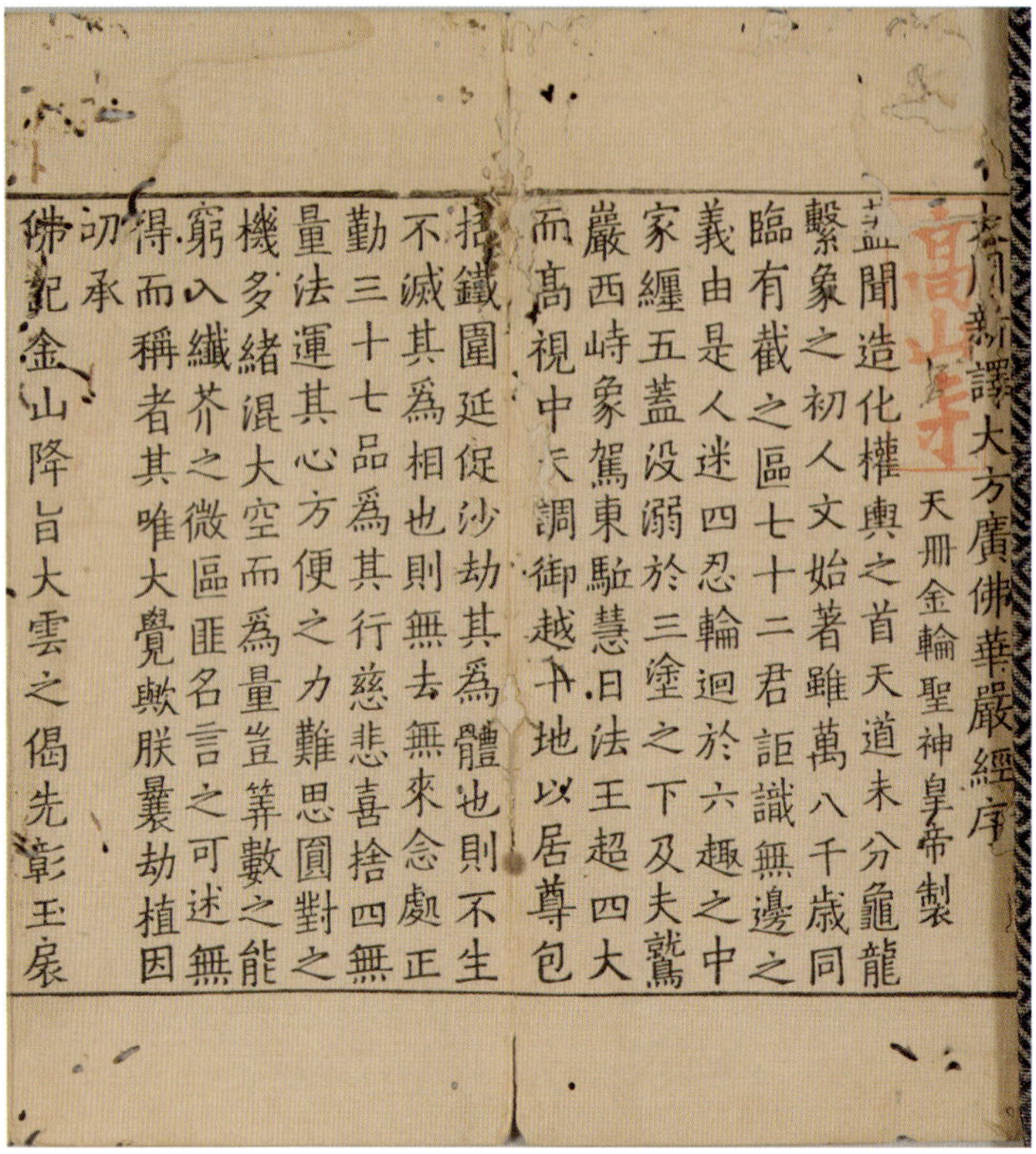

大周新譯大方廣佛華嚴經序
天冊金輪聖神皇帝製
蓋聞造化權輿之首天道未分龜龍
繫象之初人文始著雖萬八千歲同
臨有截之區七十二君詎識無邊之
義由是人迷四忍輪迴於六趣之中
家纏五蓋沒溺於三塗之下及夫鷲
巖西峙象駕東駈慧日法王超四大
而高視中天調御越十地以居尊包
括鐵圍延促沙劫其爲體也則不生
不滅其爲相也則無去無來念處正
勤三十七品爲其行慈悲喜捨四無
量法運其心方便之力難思圓對之
機多緒混大空而爲量豈筭數之能
窮入纖芥之微區匪名言之可述無
得而稱者其唯大覺歟朕曩劫植因
叨承
佛記金山降旨大雲之偈先彰玉扆

序・高山寺印記

新補紺地白色卍繋文絹表紙（19.8×8.8㎝），第 2 帖前表紙内に漆塗板を挿入し，中央に「大方廣佛華嚴經第五至八」と刻して開口す。折本，蜀江錦四方帙入り，毎紙幅約63.4㎝（糊代約2.0㎝），本文竹紙，虫損修補，一部裏打修補。

天地有界（界高約14.0㎝，字面幅約8.3㎝），毎張 7 面63行，毎行15字，欧陽詢体 毎張首（糊代内），上方巻数，下方張数（巻首尾間ゝ二重），間ゝ下辺工名（工名）季常，先□。巻尾に音義を附す。巻 1 の前に序，巻80の後に入不思議解脱境界普賢行願品・上表文・紹興壬戌（12年）2 月 7 日〔真歇〕清了後序・発願文あり。毎巻尾音義後，数格を低し「〈右朝奉大夫新差權知處州軍州事王　然／左朝請大夫主管台州崇道觀褚　《唐舉》／右朝請大夫直祕閣新知嚴州軍州事陸　宰〉共開此一巻」(巻 1）等の記あり。後序後 1 行を隔て 1 格を低し「紹興府華嚴會謹書寫是經徧募公卿貴人士／大夫道俗善友結縁開板以廣流通（中略）壽聖院／住持傳賢首祖敎主華嚴會普證大師〈擇交〉謹願」記を存す。毎帖首に単辺方形陽刻「高山寺（楷書）」朱印記あり。

『大方広仏華厳経』についてはＩ－８参照。本帖もまた新訳80巻本である。宋紹興９年より12年にかけて紹興府華厳会を中心に開板されたもので、本経としては最初の開雕と推測されている。高山寺旧蔵で、内閣記録局による購入を経て宮内省図書寮に収蔵された。　（小倉慈司）

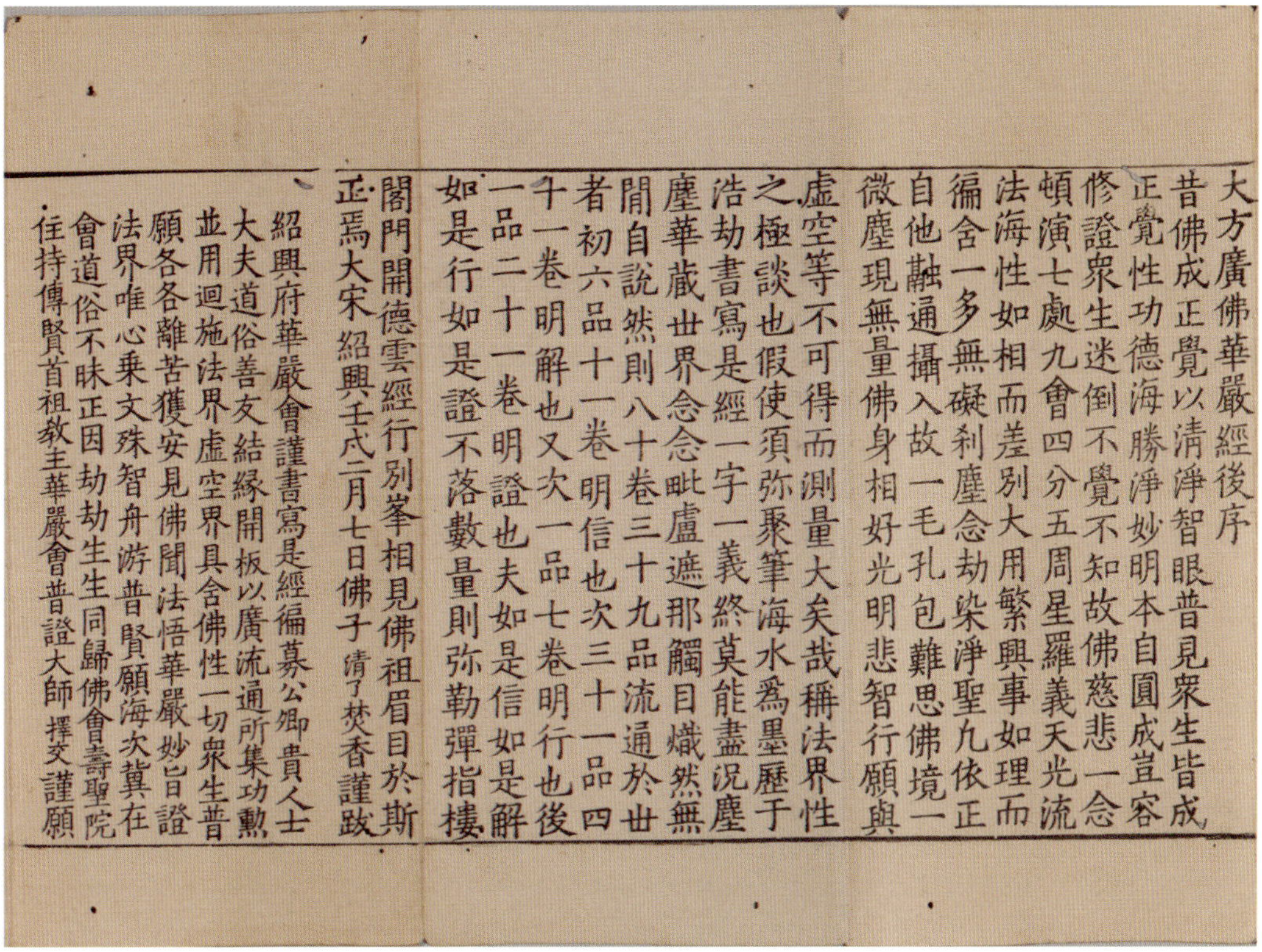
大方廣佛華嚴經後序
昔佛成正覺以清淨智眼普見衆生皆成
正覺性功德海勝淨妙明本自圓成豈容
修證衆生迷倒不覺不知故佛慈悲一念
頓演七處九會四分五周星羅義天光流
法海性如相而差別大用繁興事如理而
徧含一多無礙刹塵念劫染淨聖凡依正
自他融通攝入故一毛孔包難思佛境一
微塵現無量佛身相好光明悲智行願與
虚空等不可得而測量大矣哉稱法界性
之極談也假使須弥聚筆海水爲墨歷于
浩劫書寫是經一字一義終莫能盡況塵
塵華蔵世界念念毗盧遮那觸目熾然無
間自說然則八十卷三十九品流通於世
者初六品十一卷明信也次三十一品四
十一卷明解也又次一品七卷明行也後
一品二十一卷明證也夫如是信如是解
如是行如是證不落數量則弥勒彈指樓
閣門開德雲經行別峯相見佛祖眉目於斯
正焉大宋紹興壬戌二月七日佛子清了焚香謹跋
紹興府華嚴會謹書寫是經徧募公卿貴人士
大夫道俗善友結縁開板以廣流通所集功勳
並用迴施法界虚空界具含佛性一切衆生普
願各各離苦獲安見佛聞法悟華嚴妙旨證
法界唯心乗文殊智舟游普賢願海次冀在
會道俗不昧正因劫劫生生同歸佛會壽聖院
住持傳賢首祖教主華嚴會普證大師擇交謹願

紹興12年跋・紹興府華厳会刊記

44. 五燈會元20巻 闕巻８至９　　唐　大　18冊　556-136

宋釋〔大川普濟〕撰

〔宋寶祐元年(1253)序〕刊(〔浙〕)　〔室町〕訓注書入　水野忠央舊藏　內閣記錄局蒐集

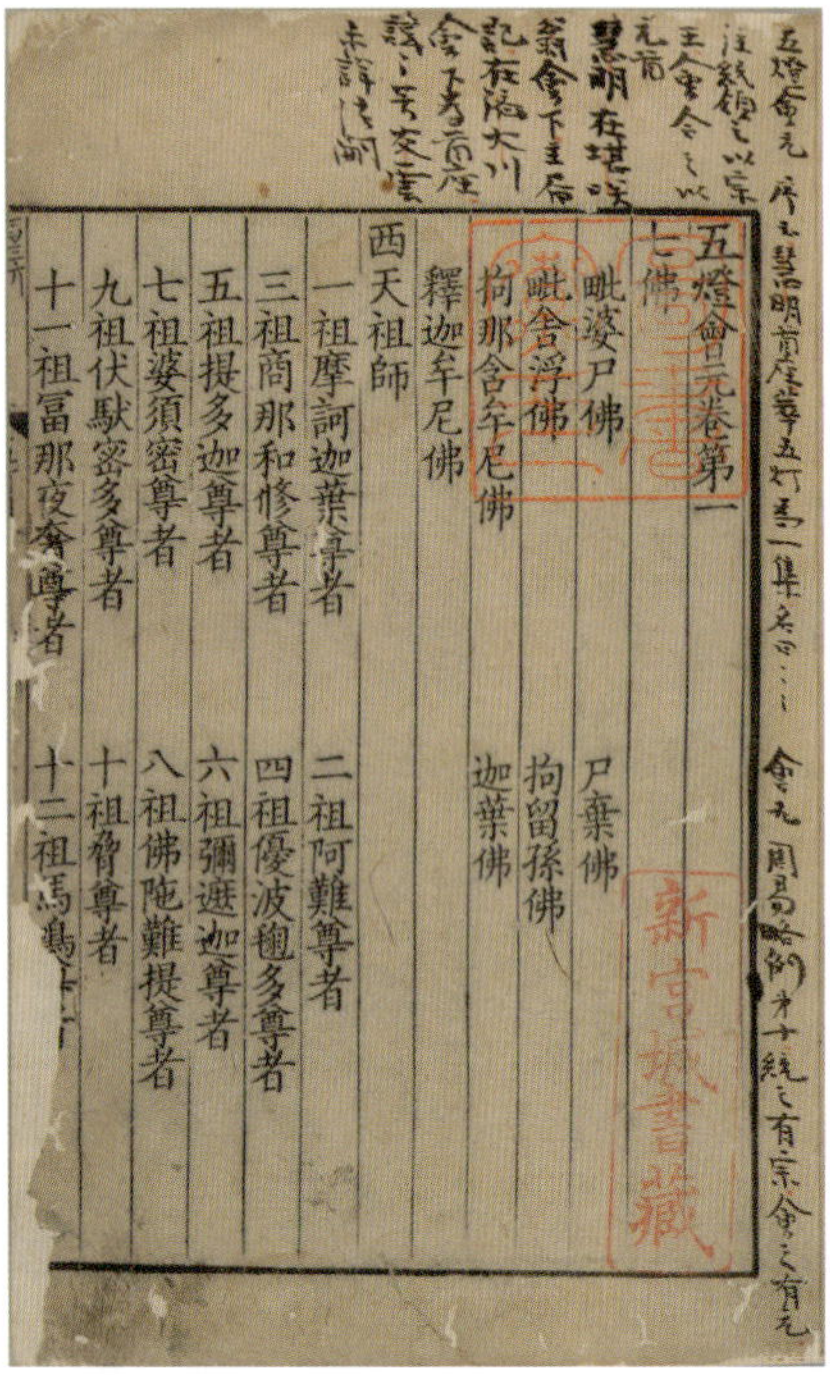

五燈會元卷第一

七佛

毗婆尸佛　尸棄佛

毗舍浮佛　拘留孫佛

拘那含牟尼佛　迦葉佛

釋迦牟尼佛

西天祖師

一祖摩訶迦葉尊者　二祖阿難尊者

三祖商那和修尊者　四祖優波毱多尊者

五祖提多迦尊者　六祖彌遮迦尊者

七祖婆須密尊者　八祖佛陁難提尊者

九祖伏䭾密多尊者　十祖脅尊者

十一祖富那夜奢尊者　十二祖馬鳴

巻 1 首

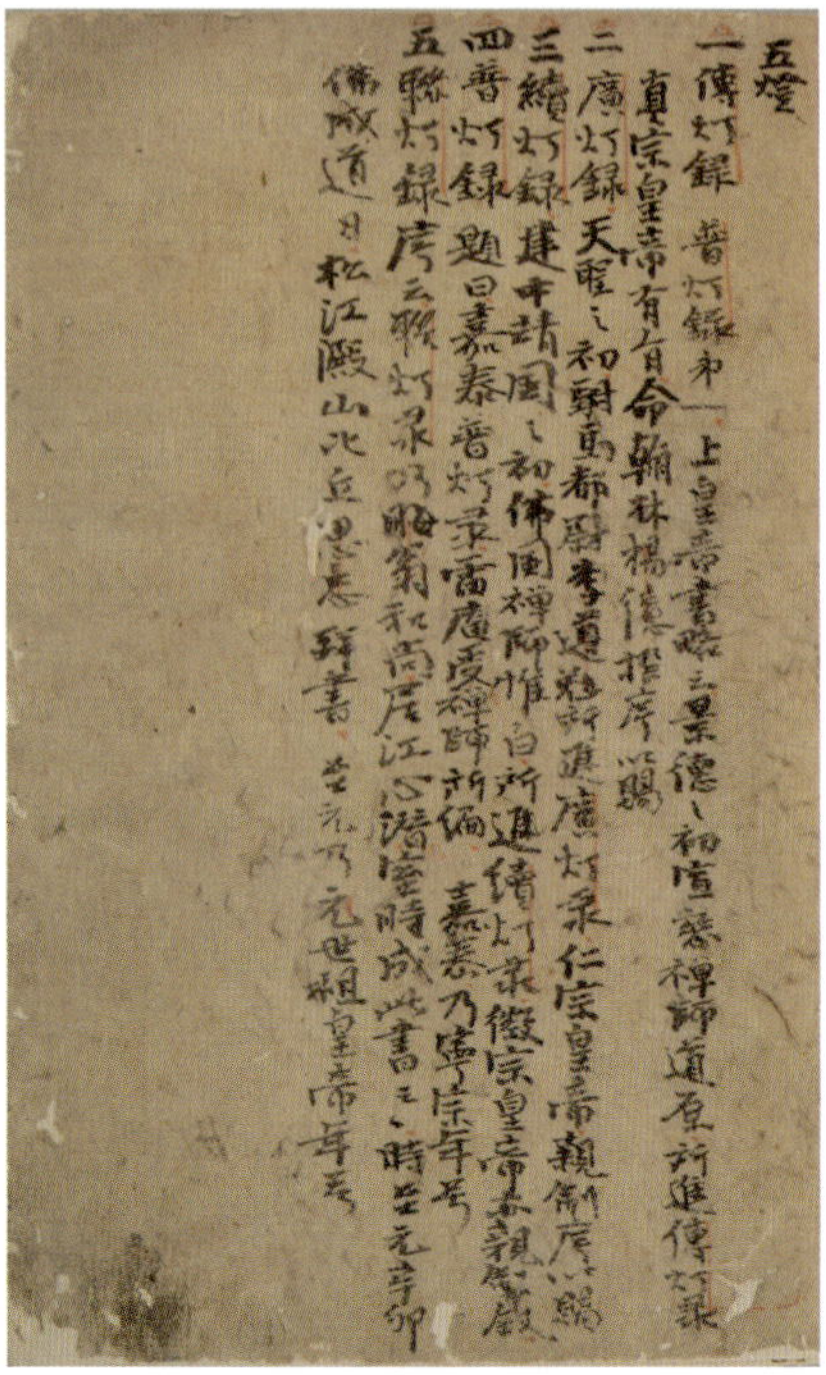

前副葉子書入れ

後補淡茶色艶出表紙（28.0 × 18.5㎝），背面〔近世〕文書。表紙左肩に題簽を貼布し「五燈會元 幾」と書す。首冊のみ右下方打付に「共二十本〈二本闕〉」と書す。改糸，裏打修補，見返し新補。前副２葉（第１，２，11，14冊第２葉旧紙，〔室町〕朱墨補注書入），後副１葉（第10冊，第11冊，第18冊は更に旧紙１葉を附す。同前）。

左右双辺（21.7 × 15.0㎝）有界，13行24字，欧陽詢体。「玄朗弘恒匡貞幀徵樹煦桓搆構溝講慎廓」を闕筆する。白口，或いは線黒口，上象鼻字数，単黒魚尾，或いは双黒魚尾（不対向），上尾下題「五灯幾［　］編目」，張数，下象鼻工名。（工名）鄭刘，鄭恭，呉文昊，積齋葉椿年，銭良，王錫，芦陔。巻尾「五燈會元巻幾」，巻２第44張に尾題，行を接し「西天東土應化聖賢附／（小目）」本文後，又尾題。全巻に〔室町〕朱合竪句点，標傍圏，墨返点，音訓送り仮名，朱墨欄外補注校改書入詳密，稀に〔室町末近世初〕欄上補注書入，縹色或いは淡縹色不審紙。毎冊首単辺方形陽刻「新宮城書藏（楷書）」朱印記（水野忠央）。

南宋時代に編纂された禅宗の灯史。『景徳伝灯録』『天聖広灯録』ほか五種の灯史を総合したもの。図書寮文庫にまた宋版の一本を蔵する。　　（大木　康）

45. 五燈會元20卷　闕卷1　5　8至9　　唐　大　15册　404-77

宋釋〔大川普濟〕撰

〔宋寶祐元年(1253)序〕刊(〔浙〕)　卷13配〔日本南北朝〕刊本　永祿10年(1567)大州安充識語 江戸吉祥寺舊藏　内閣記錄局蒐集

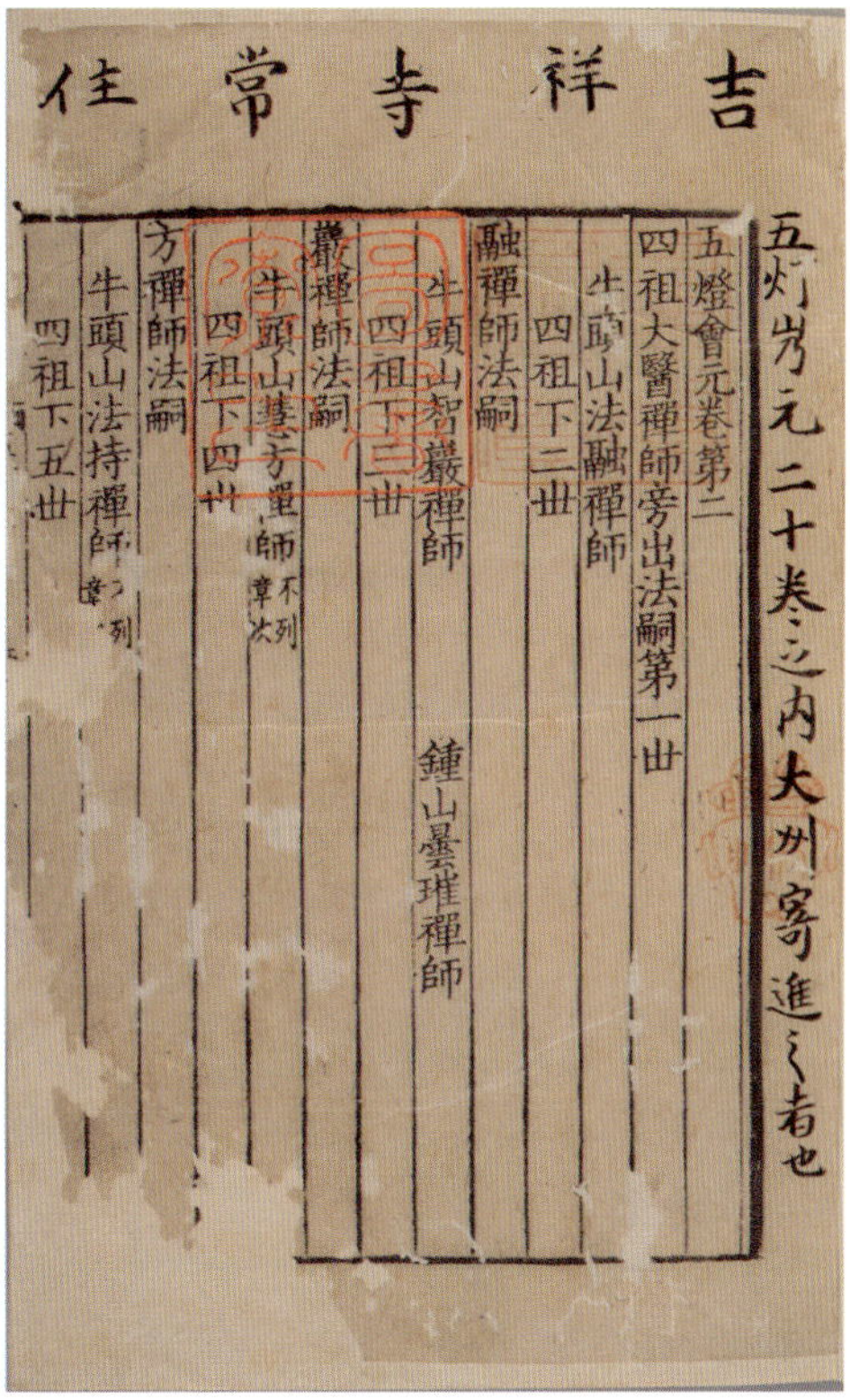
吉祥寺常住

五灯會元二十巻之内大州寄進之者也

五燈會元卷第二

四祖大醫禪師旁出法嗣第一世

牛頭山法融禪師

四祖下二世

融禪師法嗣

牛頭山智巖禪師　鍾山曇璀禪師

四祖下三世

巖禪師法嗣

牛頭山慧方禪師 不列章次

四祖下四世

方禪師法嗣

牛頭山法持禪師 不列章次

四祖下五世

巻 2 首

後補縹色雷文繋文空押漉目艶出表紙（28.8×18.7cm），表紙左肩に題簽を貼布し「五燈會元幾」と書す。五針眼（第1，3冊の他），改糸，裏打修補，原紙高約28.0cm（第8冊約27.7cm），首冊のみ後副1葉。（配本）巻13首匡郭21.5×14.6cm。

（巻4）第49張配〔元〕刊本，（巻12）第1至3張，（巻20）第48張〔室町〕鈔補，（巻13）配〔日本南北朝〕刊本，（巻14）第38張〔近世〕鈔補。

間ゝ〔室町〕朱ヲコト点（博士家点），連合符，返点，送り仮名，欄上校注書入，巻2至3に〔室町末近世初〕朱竪句点，巻2に同墨返点，音訓送り仮名，破損鈔補書入，極稀に別手淡墨「金秀按」等行間補注書入，淡縹色不審紙，（巻13）又別手〔室町末近世初〕朱標圏，句点，墨返点，連合符，音訓送り仮名，欄外補注書入，縹色不審紙。

第2，8冊を除く毎冊尾に「于時永禄拾〈丁／卯〉霜月吉日」墨識，花押並に双辺円形陽刻「安／充」朱印記，毎冊首右辺外に「五灯（燈）會元二十巻之内大州寄進之者也」墨識並に鼎形陽刻「大

／州」朱印記，欄上に「(毎字改行）吉祥寺常住〃公用」識語あり。第７，８冊を除く毎冊首に単辺方形陽刻「滿／翁」墨或いは暗朱印記，毎冊首に単辺方形陽刻「佛法／僧寶」朱印記あり。

Ⅲ-44と同版本。この本には、〔元〕刊本、〔室町〕鈔補、〔日本南北朝〕刊本、〔近世〕鈔補など、さまざまな補配がある。大州安充の識語が見えるが、大州安充は、太田道灌が江戸城内に創建した吉祥寺（後に駒込に移転）の二世住持。図書寮文庫にまた宋版の一本を蔵する。　　　　（大木　康）

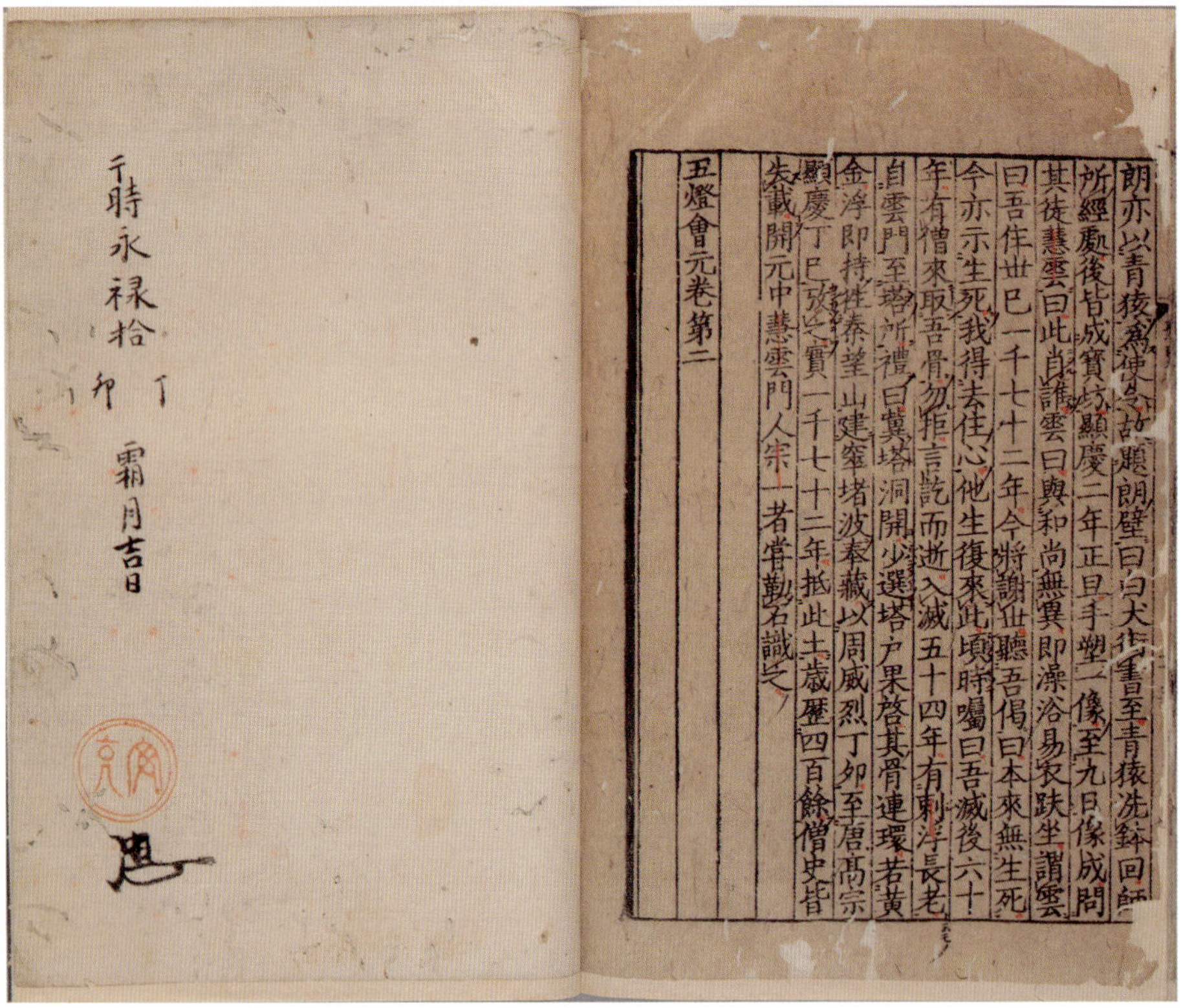
朗亦以青猿為使令故題朗壁曰白犬銜書至青猿洗鉢回
所經處後皆成寶坊顯慶二年正旦手塑二像至九日像成問
其徒慧雲曰此肖誰雲曰與和尚無異即澡浴易衣趺坐謂雲
曰吾住世已一千七十二年今將謝世聽吾偈曰本來無生死
今亦示生死我得去住心他生復來此頃時囑曰吾滅後六十
年有僧來取吾骨勿拒言訖而逝入滅五十四年有剌浮長老
自雲門至塔所禮曰冀塔洞開少選塔戶果啓其骨連環若黃
金浮即持往泰華山建窣堵波奉藏以周威烈丁卯至唐高宗
顯慶丁巳攷之實一千七十二年抵此土歲歷四百餘僧史皆
失載開元中慧雲門人宗一者嘗勒石識之
五燈會元卷第二

于時永禄拾丁卯霜月吉日

巻２尾

46.　金園集３巻

唐　大　１冊　403-49

宋釋遵式撰　釋慧観編

宋紹興11年(1141)刊(〔浙〕)　芳春常住 佐伯藩主毛利高標〔紅葉山文庫〕舊藏

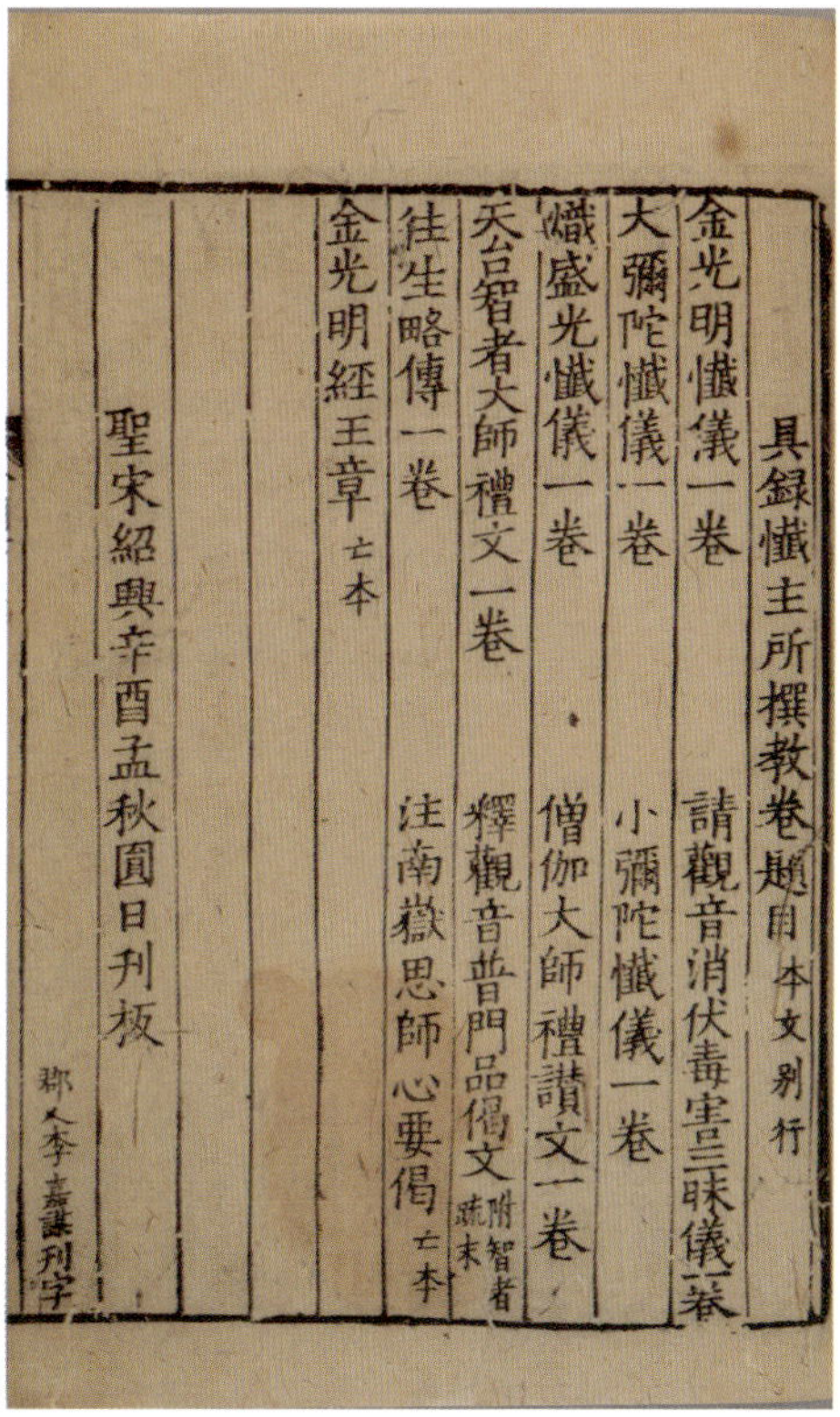
具録懺主所撰教巻題目 本文別行
金光明懺儀一巻　請觀音消伏毒害三昧儀一巻
大彌陀懺儀一巻　小彌陀懺儀一巻
熾盛光懺儀一巻　僧伽大師禮讃文一巻
天台智者大師禮文一巻　釋觀音普門品偈文 附智者疏末
往生略傳一巻　注南嶽思師心要偈 亡本
金光明經王章 亡本
聖宋紹興辛酉孟秋圓日刊板
郡人李嘉謀刊字

刊　記

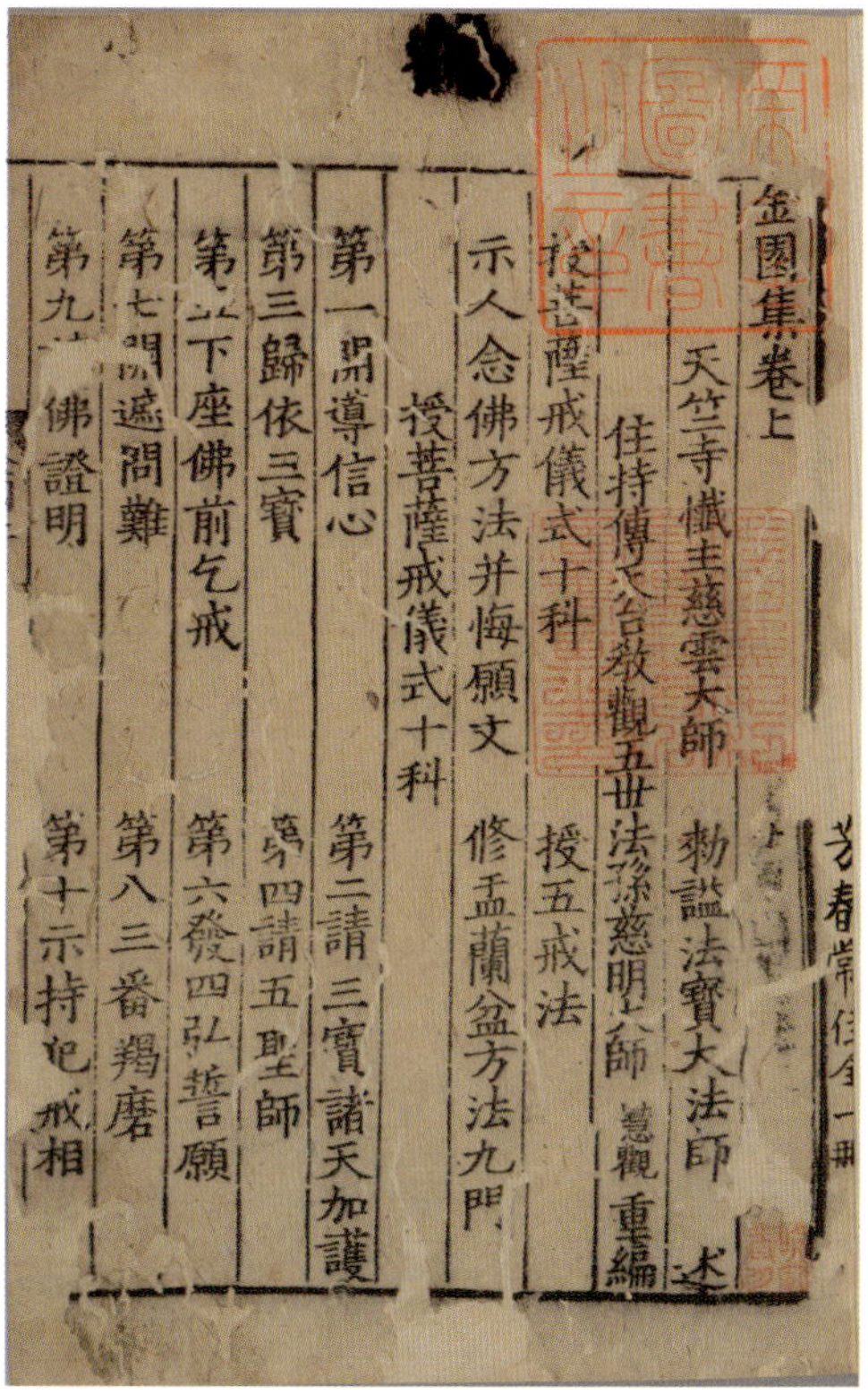
金園集巻上
天竺寺懺主慈雲大師　勅謚法寶大法師　述
住持傳天台教觀五世法孫慈明大師 慧觀 重編
授菩薩戒儀式十科　授五戒法
示人念佛方法并悔願文　修盂蘭盆方法九門
授菩薩戒儀式十科
第一開導信心　第二請三寶諸天加護
第三歸依三寶　第四請五聖師
第五下座佛前乞戒　第六發四弘誓願
第七問遮問難　第八三番羯磨
第九　佛證明　第十示持犯戒相
芳春常住全一冊

巻上首，識語

新補淡茶色表紙（27.3×19.1㎝)。裏打修補。

左右双辺（22.3×15.7㎝）有界，11行21字，欧陽詢体。白口，単線黒魚尾下題「金園上」等，下方張数あり。(闕筆）縣懸朗敬驚擎弘愍竟恒樹院殼屬囑講。尾題後改張し，「(以下低４格）具録懺主所撰教巻題目〈本文別行〉」と標し書目，次いで「(隔２行）聖宋紹興辛酉孟秋圓日刊板／（低16格）〈郡人李嘉謀刊字〉〃（以下低６格）弟子沈〈玠〉助縁／法孫　〈子宣〉助縁／法孫〈師普〉敬書」を附す。次いで「(低６格）請神照法師住東掖山疏／杭州靈山傳教沙門〈遵式〉／　謹裁簡染疏（中略，以下低４格）天　禧　元　年　正　月　日　疏　／杭州靈山住持傳天台教觀沙門遵式」を附す。稀に本文に墨筆にて語注書入れあり。巻上第１至５張前半眉上に「(毎字改張）□□（墨滅）院公用」，首匡郭外に別筆にて「芳春常住全一冊」識語あり。首尾に単辺方形陽刻「吟風／弄月」朱印記，首に同「佐伯侯毛利／髙標字培松／臧書画之印」朱印記，同「帝室／圖書／之章」朱印記を存す。

金園集は、北宋、天台宗山家派の釈遵式（964-1032）の遺文集である。遵式は慈雲と号し、後に天竺懺主と称される。台州東掖山にて出家後、四明の宝雲寺にて義通の弟子となる。後に杭州の天竺霊山寺に住し、明道元年（1032）示寂。生涯、両浙地方を中心に活動した。山家派に属したが、天台教学の論争には介入せず、観音信仰や浄土信仰に基づき、懺法などの宗教的実践に関する著作を多く残し、民衆の教化に力を尽した。

本書は、遵式没後、その五代法孫釈慧観等が編纂した。3 巻から成り、遵式の17篇の著述を収める。授戒や放生、施食、念仏方法、改祭等の具体的な実践に関して、比較的短い文章で述べている。

刊年は、刊記に「聖宋紹興辛酉孟秋圓日刋板」、南宋の高宗紹興11年（1141）と記されている。闕筆は不安定だが、高宗の代に避諱された講に及ぶ。但し、刊記後の巻下第24張に䟽と尾題が再度付されており、刊年に疑問が残る。しかし、それ以前の張の本文と第24張の本文の書体の類似や、巻下の小目に第24張に記された䟽の題が既に記されていることから、それ以前の張と第24張は同一時期に製作されたといえる。そこで、本書の刊年を紹興11年（1141）と考える。また刊行書目が付されていることから、その教化の様を窺える。

本冊は毛利高標旧蔵、文政年間に孫の高翰が幕府に献上し紅葉山文庫に収蔵され（Ⅲ-5 参照）、後に図書寮に移管された。（大木美乃）

47. 東京慧林禪寺慈受深和尚陞堂頌古□巻　存上２巻　　　　唐　大　１冊　556-78

宋釋慈受〔懷〕深撰　釋〔垂慈〕普紹編

〔南宋〕刊（〔浙〕）　建仁寺興雲庵 南禪寺金地院舊藏　內閣記錄局蒐集

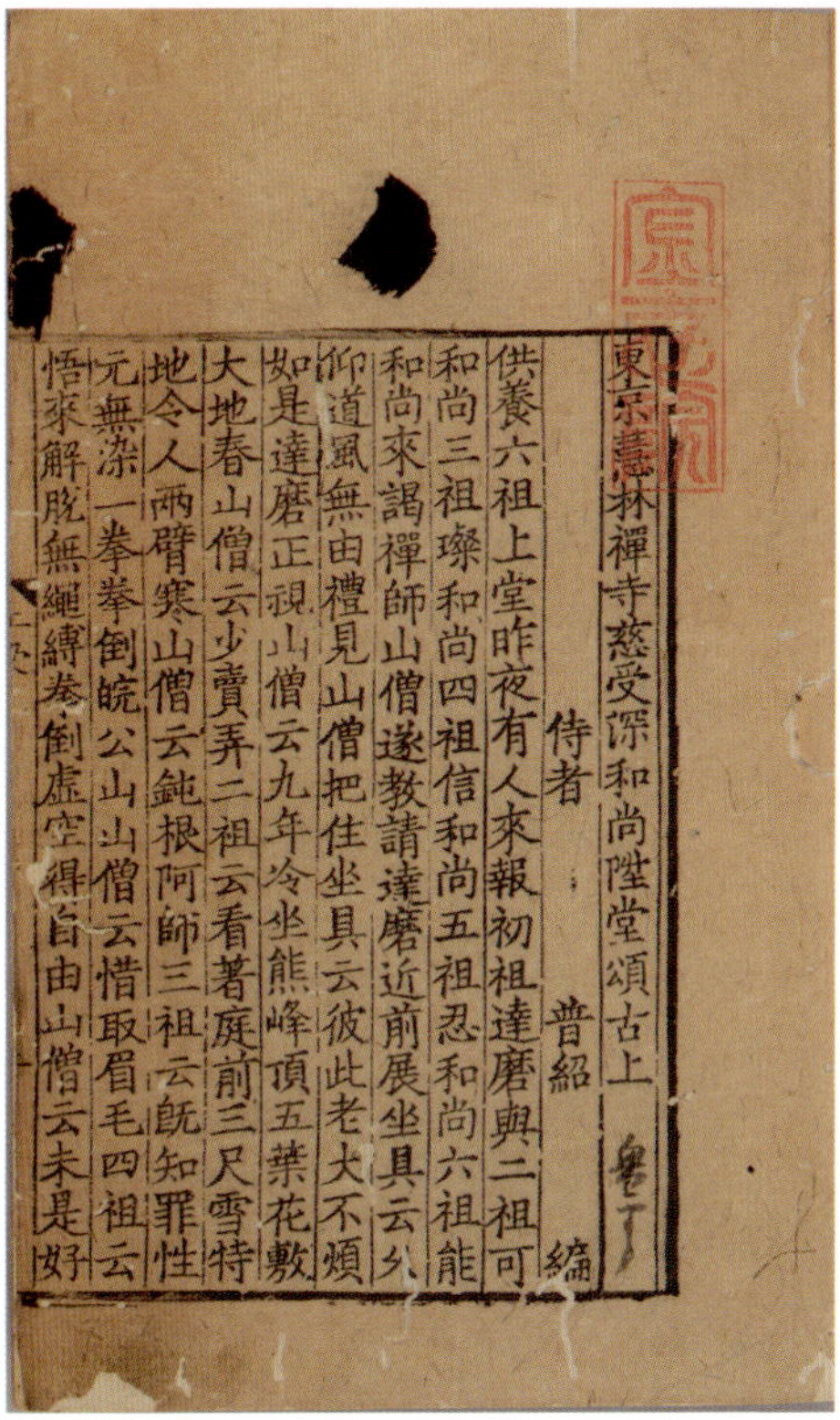

東京慧林禪寺慈受深和尚陞堂頌古上
侍者　普紹　編
供養六祖上堂昨夜有人來報初祖達磨與二祖可
和尚三祖璨和尚四祖信和尚五祖忍和尚六祖能
和尚來謁禪師山僧遂教請達磨近前展坐具云久
仰道風無由禮見山僧把住坐具云彼此老大不煩
如是達磨正視山僧云九年冷坐熊峰頂五葉花敷
大地春山僧云少賣弄二祖云看著庭前三尺雪特
地令人兩臂寒山僧云鈍根阿師三祖云既知罪性
元無染一拳拳倒皖公山山僧云惜取眉毛四祖云
悟來解脫無繩縛拳倒虚空得自由山僧云未是好

卷上首，興雲庵識語・金地院印記

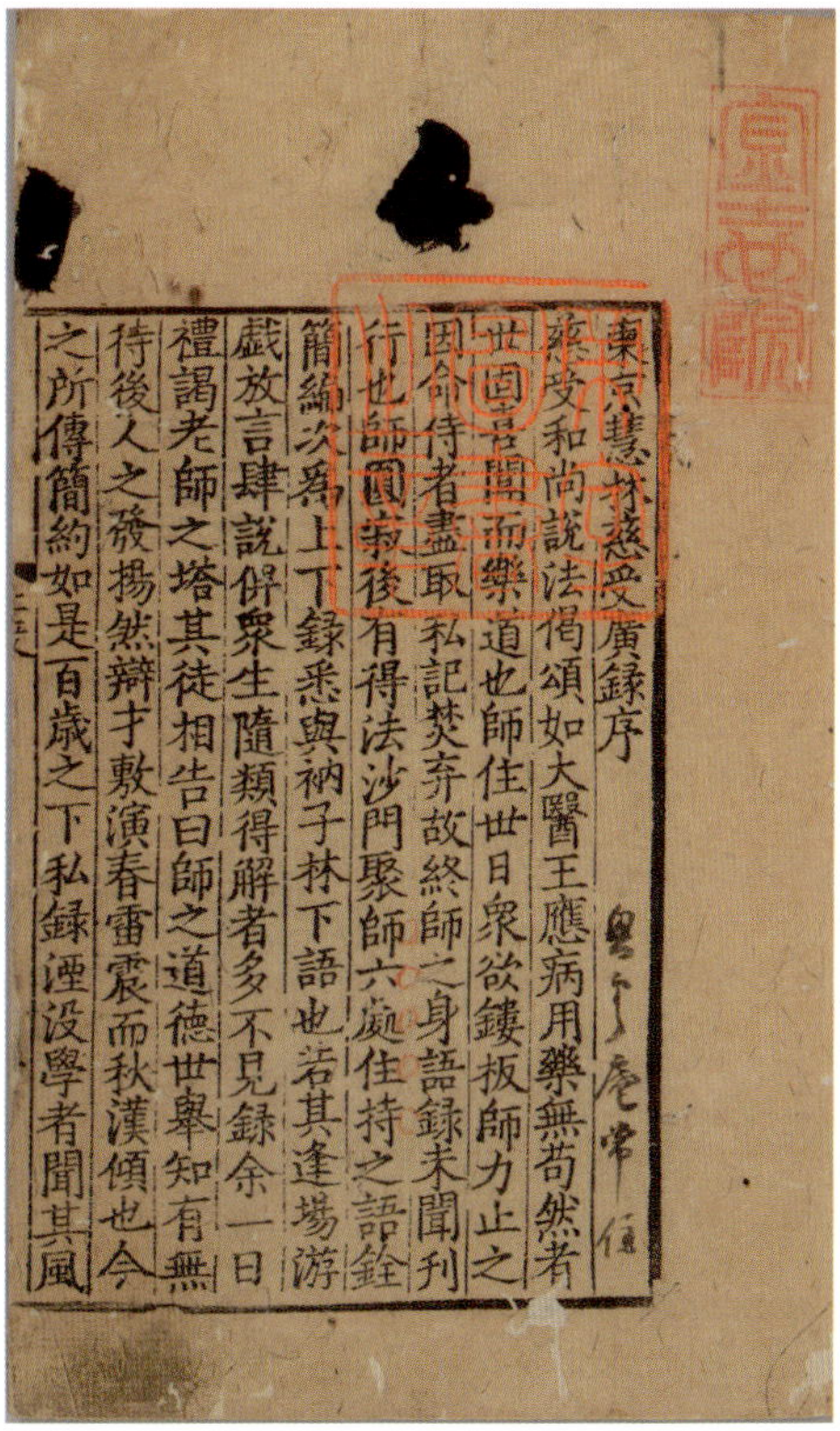

東京慧林慈受廣録序
慈受和尚説法偈頌如大醫王應病用藥無苟然者
世固吾聞而樂道也師住世日衆欲鏤板師力止之
因命侍者盡取私記焚弃故終師之身語録未聞刊
行也師圓寂後有得法沙門聚師六處住持之語銓
簡編次爲上下録悉與衲子林下語也若其逢場游
戯放言肆説俾衆生隨類得解者多不見録余一日
禮謁老師之塔其徒相告曰師之道德世擧知有無
待後人之發揚然辯才敷演春雷震而秋漢傾也今
之所傳簡約如是百歳之下私録湮没學者聞其風

序首，興雲庵識語

後補香色艶出表紙（24.6×15.8㎝）左肩題簽剥落痕に打付に「慈受録［　］全」（楷書）と書す，右肩打付に「六会録／惠林」と朱書す。五針眼，裏打修補。前に紹興５年盛霖「（中略）師住世日衆欲鏤板師力止之／因命侍者盡取私記焚弃故終師之身語録未聞刊／行也（中略）今欲集參徒所記廣爲之録命工／揮斤以示後學（中略）紹興乙卯上元日盛（隔３格）霖　述」（10行20字）を附す。左右双辺（16.7×10.9㎝）有界，11行20字，欧陽詢体，「玄」「樹」「擎」を闕筆す。版心白口，単黒魚尾下題「上受（受上）」，下方張数あり。

稀に〔室町〕朱竪句点，標傍圏，曲截，欄上行間補注書入，別手墨筆磨滅鈔補あり。首２張等欄上に毎字改行「■■庵」識語墨滅。尾題後識語１行墨滅。序題下，毎巻首，巻１尾，稀に版心に墨筆にて「興雲庵常住」，「興雲常住」，「興雲」（建仁寺塔頭興雲庵）識語を存す。後見返しに「明治三十八年一月重加修繕」識語，直下に単辺楕円形陽刻小「忠淳」朱印記あり。首，巻首に単辺方形陽刻「金地院」（南禅寺金地院）朱印記，首に単辺方形陽刻「帝室／圖書／之章」朱印記を存す。

撰者の慈受懐深（1077-1132）は、雲門宗の禅僧。該本は全体を 2 巻に分け、それぞれの巻首に題目を「東京慧林禪寺慈受深和尚陞堂頌古上」「慈受深和尚頌古上」とし、先の巻は陞堂（上堂）の記録を、後の巻は頌古を、それぞれその内容とする。『大日本続蔵経』（第 2 編第31套）に収める「慈受深禅師廣録」は 4 巻から成り、この「廣録」の後半 2 巻が該本に当たる。但し、該本と『続蔵経』本の本文とは完全には一致せず、両者の間にはしばしば異同が見える。

金地院は南禅寺塔頭の一院。以心崇伝（1569-1633）が慶長10年（1605）に南禅寺住持に就任する直前に現在の京都市左京区に再建した。興雲庵は建仁寺の北西に位置する塔頭。開山は一山派の中国僧、石梁仁恭（1266-1334）。

（山田尚子）

48. 佛海禪師語録(尾題)□巻 附靈隠佛海禪師入内陞座録１巻　存下

唐　大　2 册　556-63

宋釋瞎堂〔慧遠〕撰　釋祖淳等編　釋〔連雲〕道能校

宋淳熙４年(1177)序刊(〔浙〕)　伊勢国多氣郡上野御薗安養寺舊藏　内閣記録局蒐集

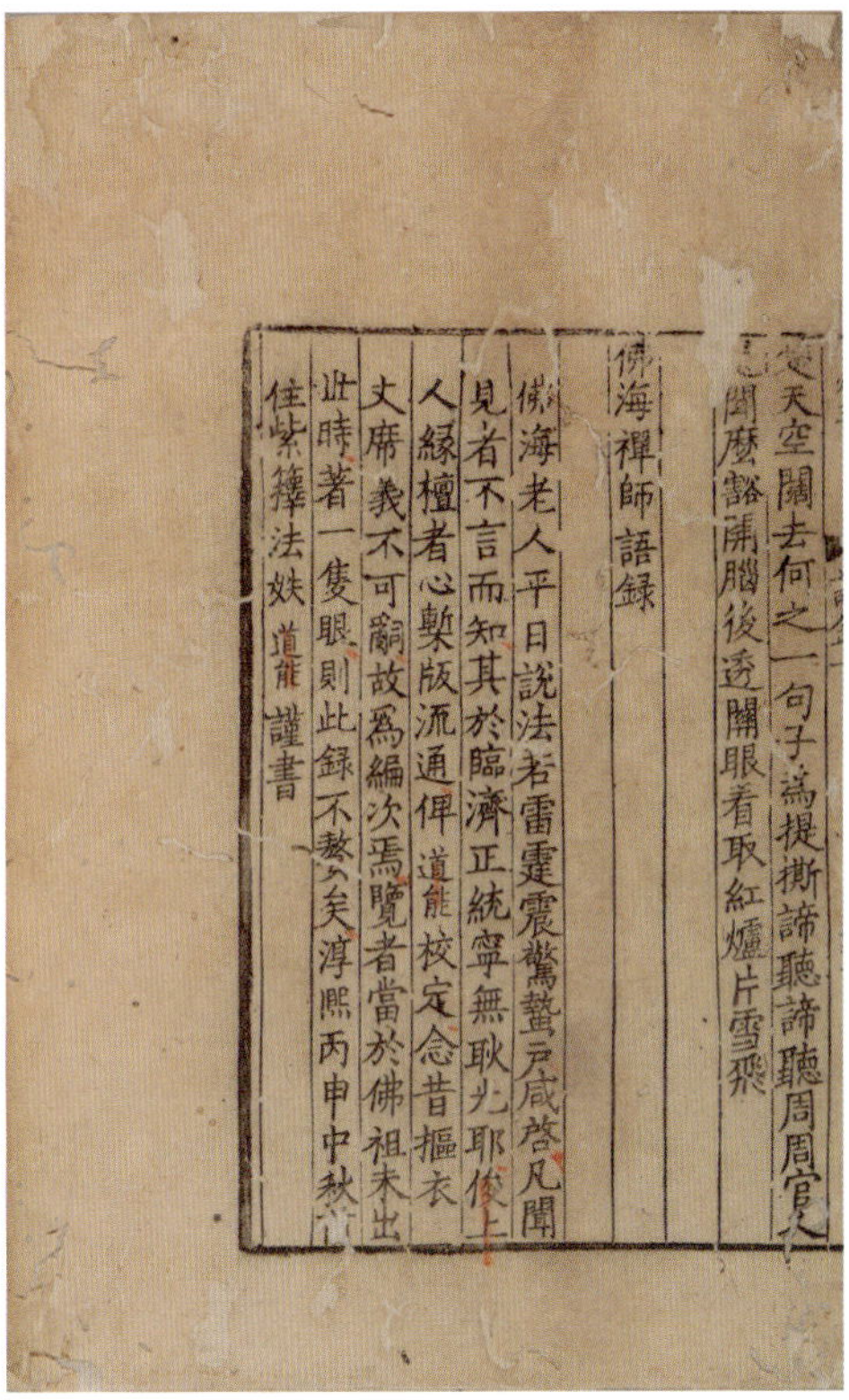
天空闊去何之一句子爲提撕諦聽諦聽周周官
闊麼豁開腦後透關眼看取紅爐片雪飛
佛海禪師語録
佛海老人平日説法若雷霆震驚聾戸咸啓凡聞
見者不言而知其於臨濟正統寧無耿光耶僕上
人緣檀者心槧版流通俾道能校定念昔摳衣
丈席義不可辭故爲編次焉覽者當於佛祖未出
世時著一隻眼則此録不贅矣淳熙丙申中秋
住紫籜法姪道能謹書

尾　題

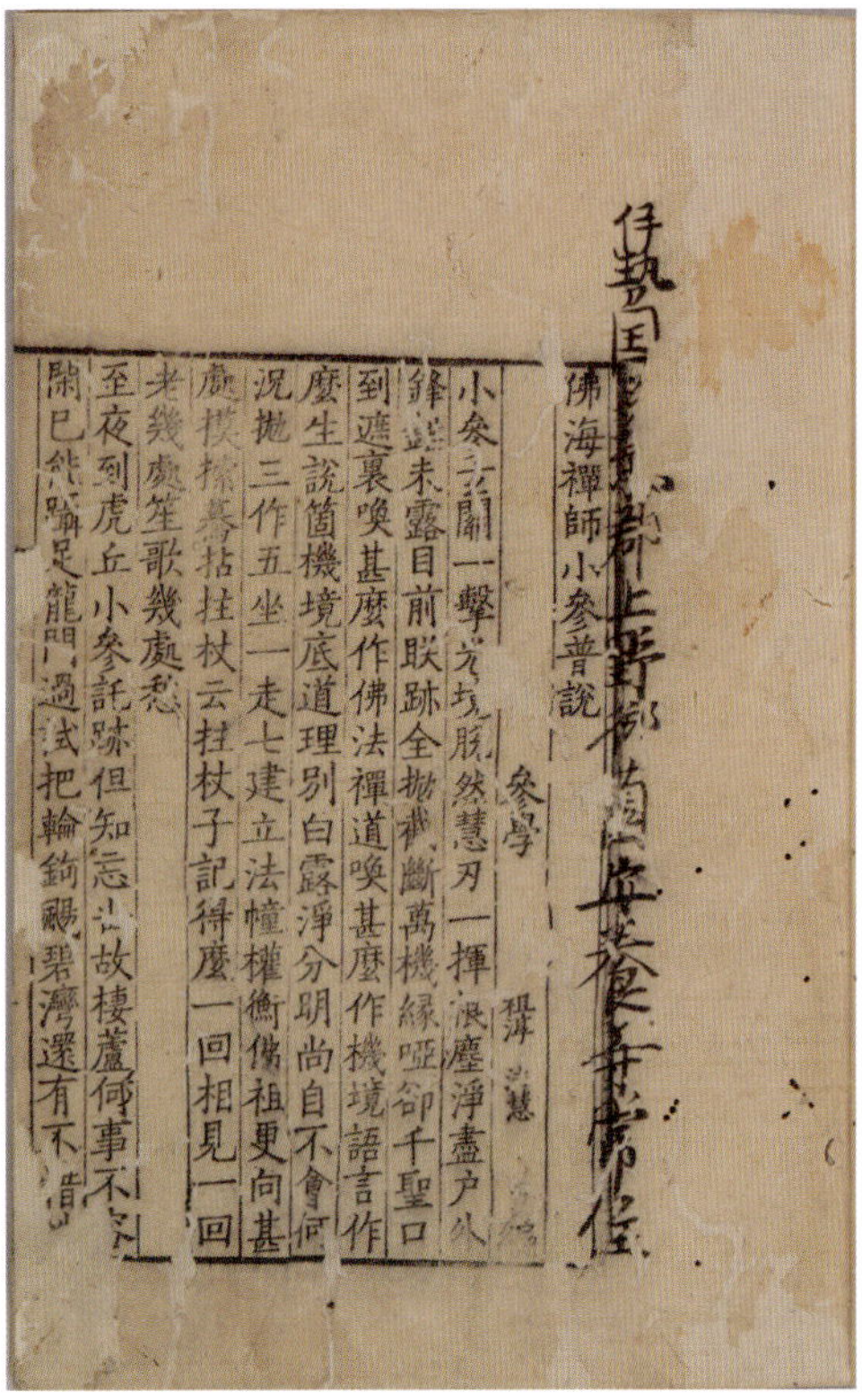
伊勢国多氣郡上野御薗安養寺常住
佛海禪師小參普説
參學
鋒鋩未露目前朕跡全拋截斷萬機緣啞卻千聖口
到遮裏喚甚麼作佛法禪道喚甚麼作機境語言作
麼生説箇機境底道理別白露淨分明尚自不會何
況拋三作五坐一走七建立法幢權衡佛祖更向甚
拈拄杖云拄杖子記得麼一回相見一回
老幾處笙歌幾處愁
至夜到虎丘小參

巻首，安養寺識語

後補茶色漉目艶出表紙（26.6×17.9㎝）。裏打修補。前に「靈隠佛海禪師入　内陞座録／（低４格）侍者臣僧[redacted]謹録　上進」を附す。

左右双辺（17.3×10.9㎝）有界，11行20字，欧陽詢体。版心白口，単黒魚尾下題「語録下」，下方張数，下辺工名あり。後に宋淳熙4年（1177）顔度「（中略）其徒道能録／其語来屬予爲序（中略）淳熙四年上元後／一日姑蘓顔度書（楷書）」序，拙庵徳光「（上略）俊／禪人刋此録貴使後／昆如觀大海而難爲／水也請予書其巻末／住靈隠拙庵　〈徳光〉」跋を附す。また巻〔上或いは中〕尾題より１行を隔し（低１格）「小師比丘　〈師瑃　〉回施□（破損）伍拾貫文／守福州助教吉　〈珎　〉施□（破損）壹拾貫文」記あり。序跋のみ朱竪句点書入あり。また首，巻首右辺外に「伊勢国多氣郡上野御薗安養寺常住」識語あり。毎册首に単辺方形陽刻「帝室／圖書／之章」朱印記を存す。

南宋の瞎堂慧遠（1103-76）の語録。瞎堂は俗姓彭氏。臨済宗楊岐派の圜悟克勤の法嗣で、後に杭

州の霊隠寺に住した。『嘉泰普灯録』巻15によれば、宋乾道9年（1173）に孝宗により仏海禅師の号を贈られ、淳熙3年（1176）に74歳で示寂したという。また、『本朝高僧伝』巻19には、叡山僧覚阿が承安元年（乾道7年、1171）に入宋し、瞎堂に就いて禅宗を修めたことが見える。

『仏海禅師語録』は瞎堂が諸山を歴住した12年間の語録を瞎堂の法嗣である法寿が刊行することを志し、同じく法嗣の全庵斉己や祖淳、法慧などが4巻に編纂し、本冊には闕くが、淳熙5年（1178）12月の跋を葛郯が附して上梓したものである。

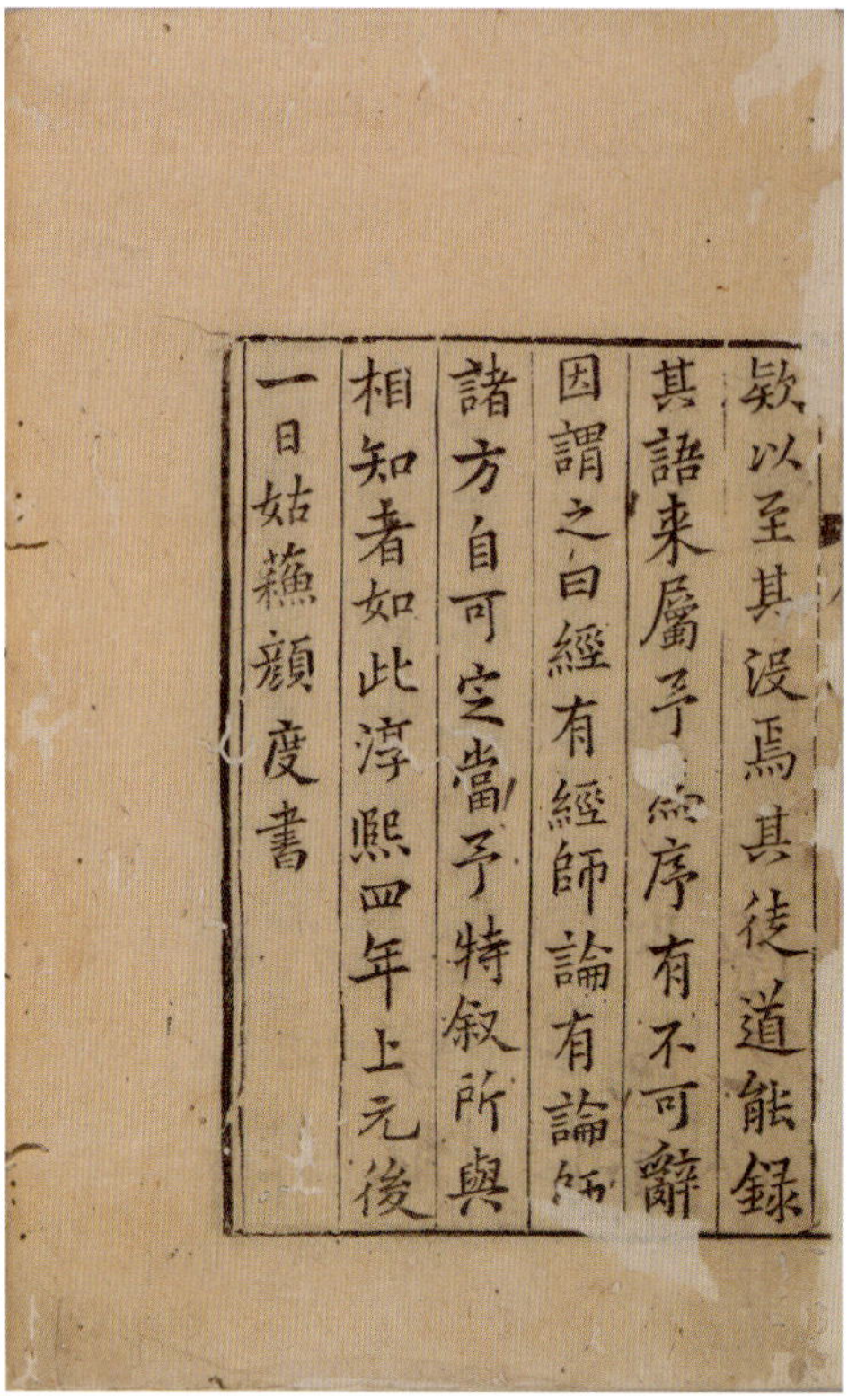
歟以至其没焉其徒道能録
其語来屬予[illegible]序有不可辭
因謂之曰經有經師論有論師
諸方自可定當予特敘所與
相知者如此淳熙四年上元後
一日姑蘇顔度書

淳熙4年序

この『語録』は『大日本続蔵経』にも『仏海瞎堂禅師広録』4巻として収められているが、『広録』と比較すると、本冊は本文にかなりの乱れがあることが分かる。まず、『語録』第1冊には『広録』巻2の一部（冒頭の「霊隠仏海禅師入　内陞座録」）と巻3の全文（小参普説、示衆の法語、書、機縁の語要）、巻4の一部（頌古）が入れられている。また、『語録』第2冊には『広録』巻4の残りの本文と巻末の連運道能の跋、巻2末の顔度の序と拙庵徳光の跋、相前後して巻2の本文の最終張が入れられている。道能跋は宋淳熙3年（1176）、顔度序は淳熙4年のものである。それゆえ、本書は巻1と巻2の一部が闕けており、有闕本と見做すことができる。こうした本文の乱れは、改装の時など伝来の過程で生じた落張や錯簡によるものと思われる。

本冊は臨済宗東福寺派の安養寺旧蔵。闕筆はほとんど見出せないが、工名に見える洪新は南宋初期の杭州の名工である。また、版式字様から浙江刻本と推定することができる。　　（柳川　響）

49. 滁州琅琊山覚和尚語録 琅邪和尚中後録各 1 巻 舒州白雲山海會演和尚語録(尾題) 2 巻 黄梅東山語録 1 巻

和 唐　中　1冊　556-74

(琅語)宋釋琅琊慧覺撰　釋元聚編　(琅中後)宋釋用孫等編　(白)宋釋五祖法演撰　釋〔雲頂〕才良等編　(黄)同撰　釋惟慶等編

(琅白)〔江戸初〕寫　傳寫〔古尊宿語録宋咸淳 3 年(1267)序〕刊本　(黄)〔宋末元初〕刊　〔同増修〕本　南禪寺金地院舊藏　內閣記錄局蒐集

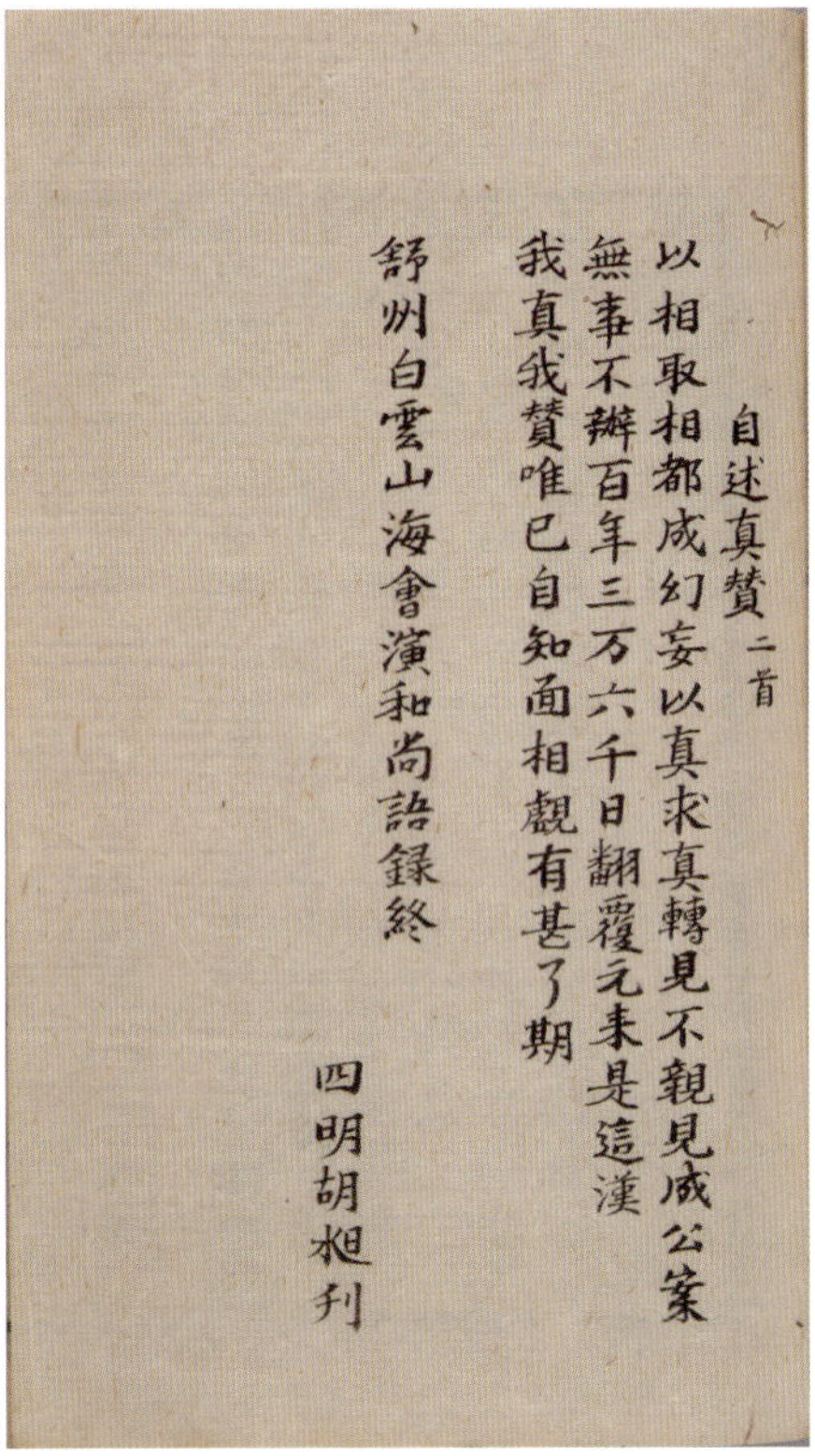
自述真賛 二首
以相取相都成幻妄以真求真轉見不親見成公案
無事不辧百年三万六千日翻覆元来是這漢
我真我賛唯已自知面相覰有甚了期
舒州白雲山海會演和尚語録終
四明胡柦刊

舒州白雲山海会演和尚語録巻尾，原工名

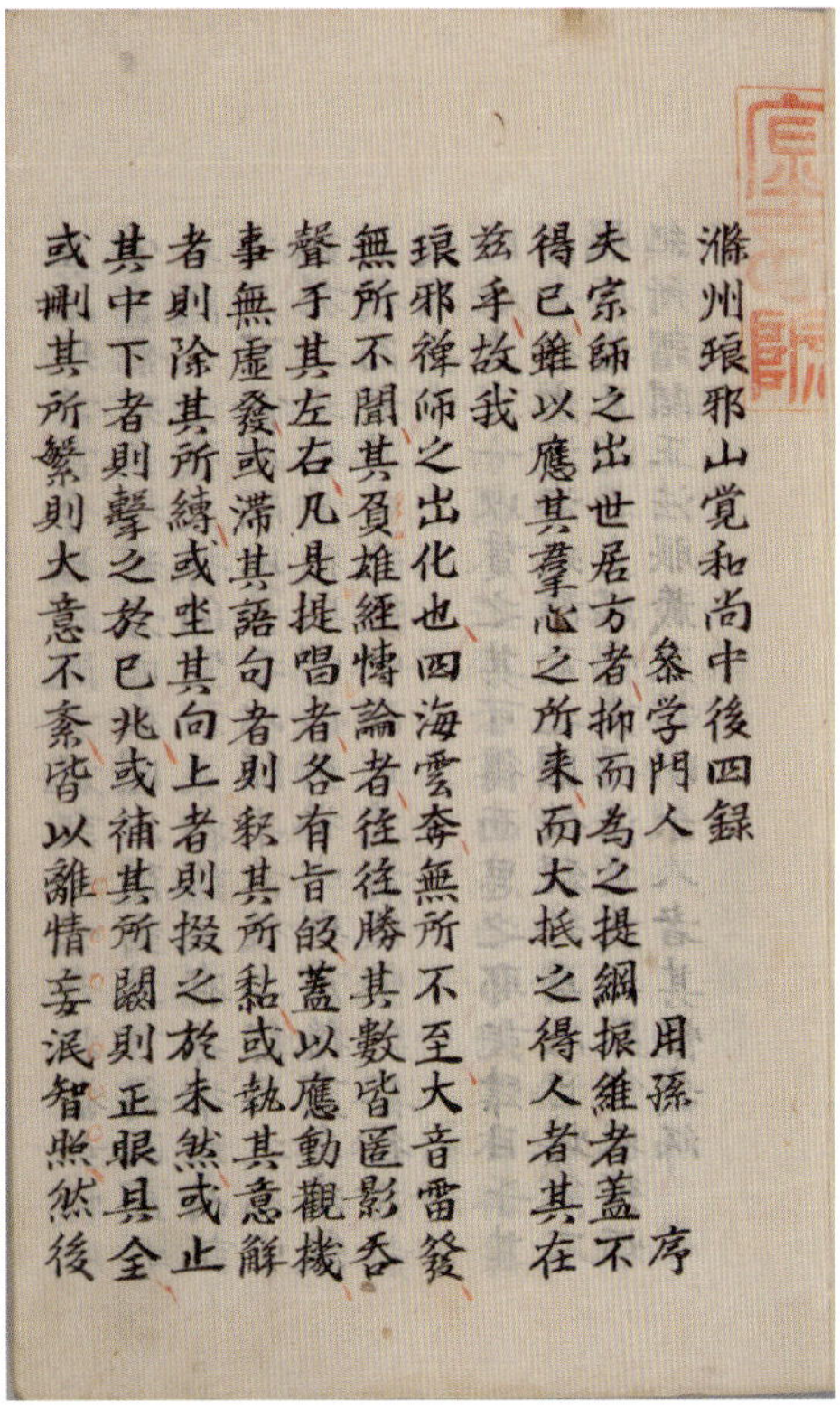
滁州瑯邪山覚和尚中後四録
叅学門人　用孫　序
夫宗師之出世居方者抑而為之提綱振維者蓋不
得已雖以應其羣心之所来而大抵之得人者其在
玆乎故我
瑯邪禅師之出化也四海雲奔無所不至大音雷發
無所不聞其負雄經情論者往往勝其數皆匿影呑
聲于其左右凡是提唱者各有旨歸蓋以應動觀機
事無虚發或滞其語句者則釈其所黏或執其意解
者則除其所縛或坐其向上者則撥之於未然或止
其中下者則擊之於已兆或補其所闕則正眼具全
或刪其所繁則大意不紊皆以離情妄泯智照然後

滁州琅瑯山覚和尚語録巻首，南禅寺金地院印記

後補香色艶出表紙（23.8 × 15.4㎝）左肩打付に「琅瑯録〈全〉」と書す。別手にてその上に「一」，その右方へ「二海會演和尚録／三黄梅東山録」と，書根 3 種に掛け「(毎字改行) 琅瑯録全」と書す。綫装。本文竹紙，黄梅東山録のみ裏打修補。琅瑯録前に某題「琅邪和尚名慧覚西洛人姓氏不載／藥山院受業得法於汾陽昭和尚臨／濟第七世　本朝真宗仁宗時人／白雲和尚名法演即五祖演是也綿／州人姓鄧氏受業不載得法於白雲／端和尚年八十餘臨濟第十世〃徽宗崇寧中示寂」，「滁州琅邪山覚和尚中後四録／（低 8 格）參学門人（隔 3 格）用孫　　序／（中略）門人元聚久探師室親承指誨日有升挙即而記之凡百餘則嗣以纂之以閒于（「千」を改む）前後二録目之為中録（下略）」を附す。

字面高約18.0㎝，毎半張12行，行20字，2 筆。

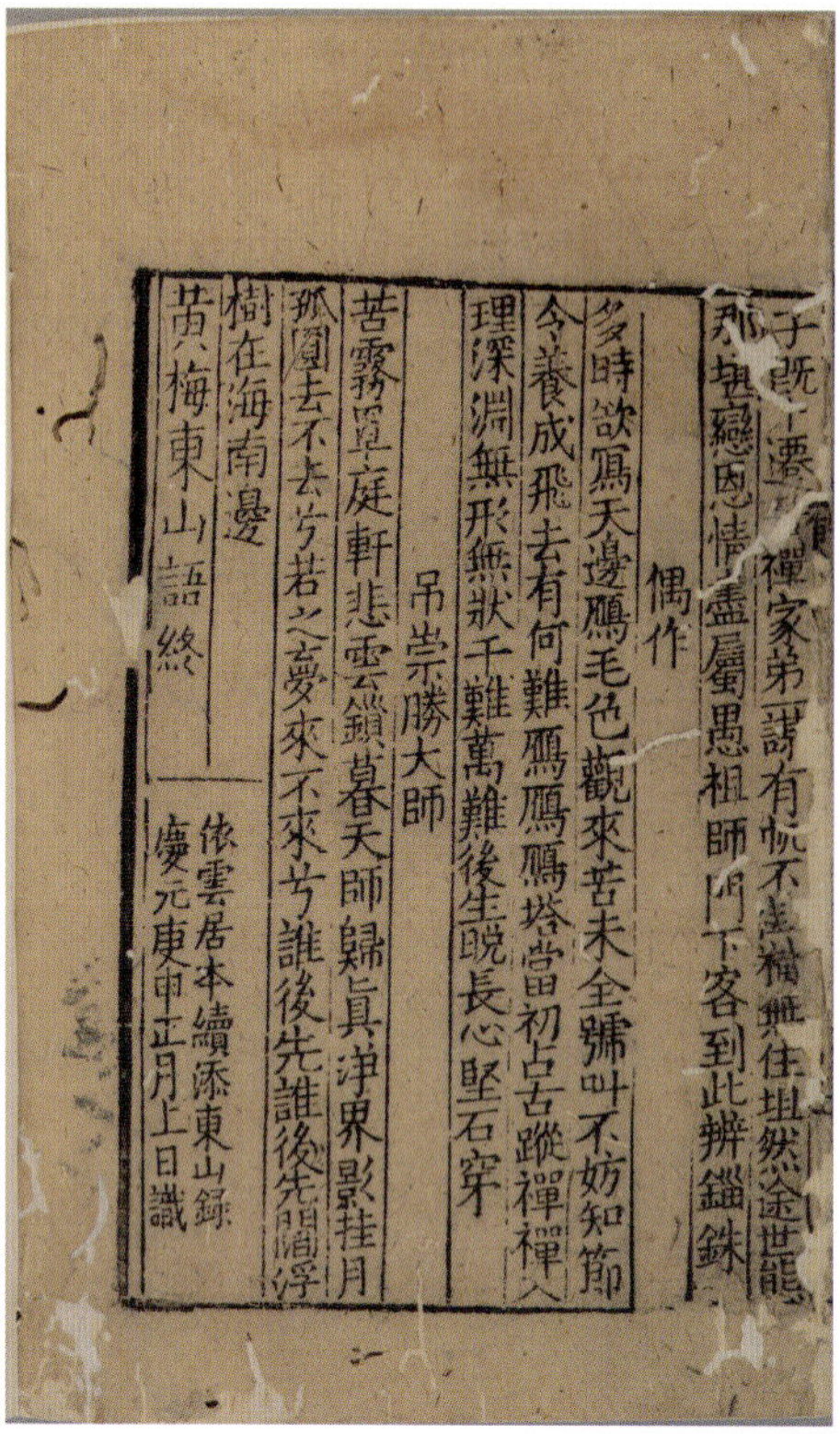

子既遷[illegible]禪家弟[illegible]請有[illegible]不[illegible]無住[illegible]然途世能
那堪戀恩情盡屬愚祖師門下客到此辨錙銖
偶作
多時欲寫天邊鴈毛色觀來若未全號叫不妨知節
今養成飛去有何難鴈鴈鴈塔當初古蹤禪禪人
理深淵無形無狀千難萬難後生晩長心堅石穿
弔崇勝大師
苦霧罩庭軒悲雲鎖暮天師歸眞淨界影挂月
孤圓去不去兮若之夢來不來兮誰後先誰後先[illegible]浮
樹在海南邊
黄梅東山語終
依雲居本續添東山録
慶元庚申正月上日識

黄梅東山語録巻尾

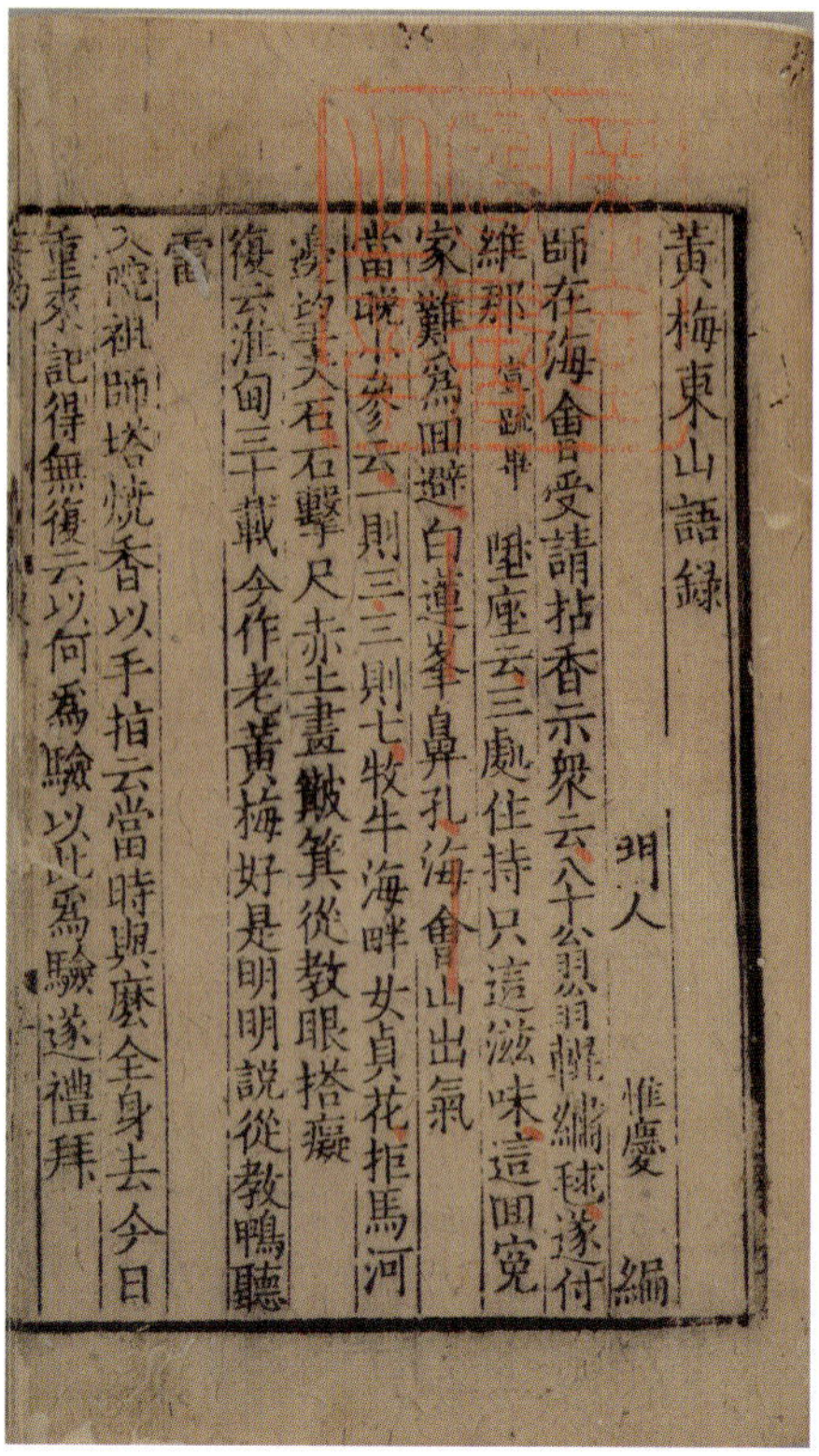

黄梅東山語録
門人　惟慶　編
師在海會受請拈香示衆云八十翁翁輥繍毬遂付
維那宣疏畢　陞座云三處住持只這滋味這回究
家難爲迴避白蓮峯鼻孔海會山出氣
當晩小參云一則三三則七牧牛海畔女貞花拒馬河
邊[illegible]丈石石擊尺赤土畫簸箕從教眼搭癡
復云淮甸三千載今作老黄梅好是明明說從教鴨聽
雷
入院祖師塔燒香以手指云當時與麼全身去今日
重來記得無復云以何爲驗以此爲驗遂禮拜

黄梅東山語録巻首

海会録前に「舒州白雲山海會演和尚語録序／（低 5 格）〈左宣德郎知台州黄巌縣事張《景脩》撰〉／（中略）／　巨宋紹聖三年三月　日序」，「舒州海會演和尚語録序／（中略）紹聖二年十一月二十四日宣／德郎新差知蘄州蘄水縣事兼兵馬監押武騎尉河⫽間劉　　跂　　謹序」「（低 3 格）再序／（中略）紹聖二年十一月初十日述／（低 6 格）楊州録事参軍呉郡朱　　〈元衬〉 序」を附す。尾題「舒州白雲山海會演和尚語録終」。尾題次行下辺に「四明胡昶刊」と書す。間ゝ朱句批点圏，行間欄上校改書入，縹色不審紙。

東山録，左右双辺（18.1×11.5㎝）有界，11行20字内外，欧陽詢体。白口，双黒魚尾（不対向），上辺字数，上尾下題「東山」，下尾下張数。本文末行並に尾題 2 行下に「〈依雲居本續添東山録／慶元庚申正月上日識〉」記あり。間ゝ朱竪句点。琅邪録序首に単辺方形陽刻「金地院」朱印記，首並に黄梅東山録首に同「帝室／圖書／之章」朱印記を存す。

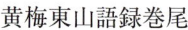

北宋の真宗、仁宗時期の禅僧で、臨済宗の祖、臨済義玄の第七世、瑯琊慧覚（洛陽の人、俗姓は不明、汾陽善昭に嗣法）と、慧覚と同門の石霜楚円の弟子の楊岐方会の第三世、五祖法演（1024？-1104、蜀の綿州の人、俗姓は鄧氏。白雲守端に嗣法、『碧巖録』の著者、圜悟克勤はその弟子）の二人の語録を合綴したもの。最後の「黄梅東山語録」のみが宋末元初の刊本で、あとはすべて江戸初期の書写。ともに南宋期の禅語録叢書『古尊宿語録』の一部と考えられる。

『古尊宿語録』は、もと賾蔵主（五祖法演の弟子、龍門仏眼の法嗣、竹庵士珪の弟子にあたる僧挺

守蹟）が二十家の語録を編纂して、南宋の紹興 9 年（1139)、福州鼓山で刊行されたが、この二十家には慧覚と法演は入っていない。この二人の語録の増補について、椎名宏雄「宋版『慈明四家録』とその周辺」（「駒澤大學佛教學部論集」第13号）は、淳熙 5 年（1178)、鼓山の小菴徳最が『古尊宿語録』を再刊した時とするが、徳最の序文（書陵部蔵宋版『古尊宿語録』巻首）には、「賾蔵主刊行古尊宿語録二十二家」とあるものの（「目録」は二十家)、所収各家の略伝を各冊首に附すと言うのみで、二家の増補のことは見えない。二家の増補が確実なのは、咸淳 3 年（1267）序（阿育王山住持物祖大観「重刊古尊宿語録序」）刊の『古尊宿語録』（国立国家図書館〈台湾〉蔵、適園張氏旧蔵。阿部隆一『増訂中国訪書志』534頁以下、本書Ⅲ-57参照）で、元来の二十家以外に、龍門仏眼、宝峯真浄、雲門文偃および慧覚、法演の五家を増補してある。本冊の写本部分の内容は、その慧覚、法演の部分と同じく、かつ『舒州白雲山海会演和尚語録』末尾の「四明胡昶刊」の文字も一致するので、江戸初期に咸淳 3 年序刊『古尊宿語録』から書写したものと考えられる。ただしこの咸淳 3 年序刊本には法演の『黄梅東山語録』は含まれていない。『黄梅東山語録』は、咸淳 3 年序刊本を宋末元初にさらに増補した『古尊宿語録』二十七家本（石川武美記念図書館成簣堂文庫蔵）に見え、これには巻末に「依雲居本續添東山録／慶元庚申正月上日識」の文字が見えるので、慶元庚申（6 年 1200）に雲居（江西省永修県の雲居山真如禅寺か）本に依って増補された『黄梅東山語録』を再録したものと思える。本冊の『黄梅東山語録』は、この二十七家本『古尊宿語録』の一部と考えられる（宮内庁書陵部『和漢図書分類目録』、椎名宏雄『宋元版禅籍の研究』などは慶元 6 年刊とする）。

後の明蔵（続蔵）本『古尊宿語録』の法演の部分は、咸淳 3 年序刊本と宋末元初増補本の『黄梅東山語録』を共に収めるが、ただ両者の偈頌を合体して『黄梅東山語録』の後に置き、また序跋を最後に「附録序文三点」としてまとめる（張景脩序の「巨宋紹聖三年三月日」を欠く）。また咸淳 3 年序刊本では、慧覚と法演の語録は連続していたが、明蔵（続蔵）本『古尊宿語録』では、法演の語録は巻20～22、慧覚の語録は巻46と分離している。本冊が両者を合綴したのは、咸淳 3 年序刊本の旧にならったものであろう。

なお明蔵（続蔵）本『古尊宿語録』と本冊の内容、排列、字句には、上記の法演語録の偈頌、序跋以外、大きな相違はないが、明蔵（続蔵）本『古尊宿語録』巻46「滁州琅琊山慧覚和尚」の冒頭の三条は、本冊の「滁州琅瑘山覚和尚語録」に見えない（宋晦翁悟明『聯灯会要』巻12「滁州琅瑘慧覚禅師」などにある）など、若干の違いがある。また「滁州琅瑘山覚和尚語録」冒頭の某題「琅邪和尚名慧覚西洛人姓氏不載」云々は、他書に見えないが、内容から考えて淳熙 5 年に小菴徳最が補った略伝に相当するであろう。さらに慧覚の語録について、「滁州琅瑘山覚和尚語録」は釈元聚編、「琅邪和尚中後録」は釈用孫編、うち「滁州琅邪和山覚和尚拈古」は法宗集となっているが、冒頭の用孫の「滁州琅邪山覚和尚中後四録序」に「門人元聚久しく師の室を探ね、親しく指誨を承け、日に升挙有り、即きて之を記すこと凡そ百餘則。嗣いて以て之を纂し、以て前後二録に間し、之を目して中録と為す」とあるのによれば、まず元聚が前後二録を編み、ついで用孫が中録を編んで、前後録の間に置いたと解すべきであろう。また「四録」と言うのは、前中後録に拈古を合わせての呼称と思え、編集の乱れが疑われる。

（金　文京）

50. 石田和尚語録(尾題石田薫和尚語録)〔2〕巻　存上　　　唐　大　1冊　556-54

宋釋石田〔法〕薫撰　釋師坦等編

〔宋淳祐7年(1247)〕(丁未)刊　劉建寄進識語　南禪寺瑞松庵(聽松院) 慈照寺舊藏　惟高妙安手澤　内閣記錄局蒐集

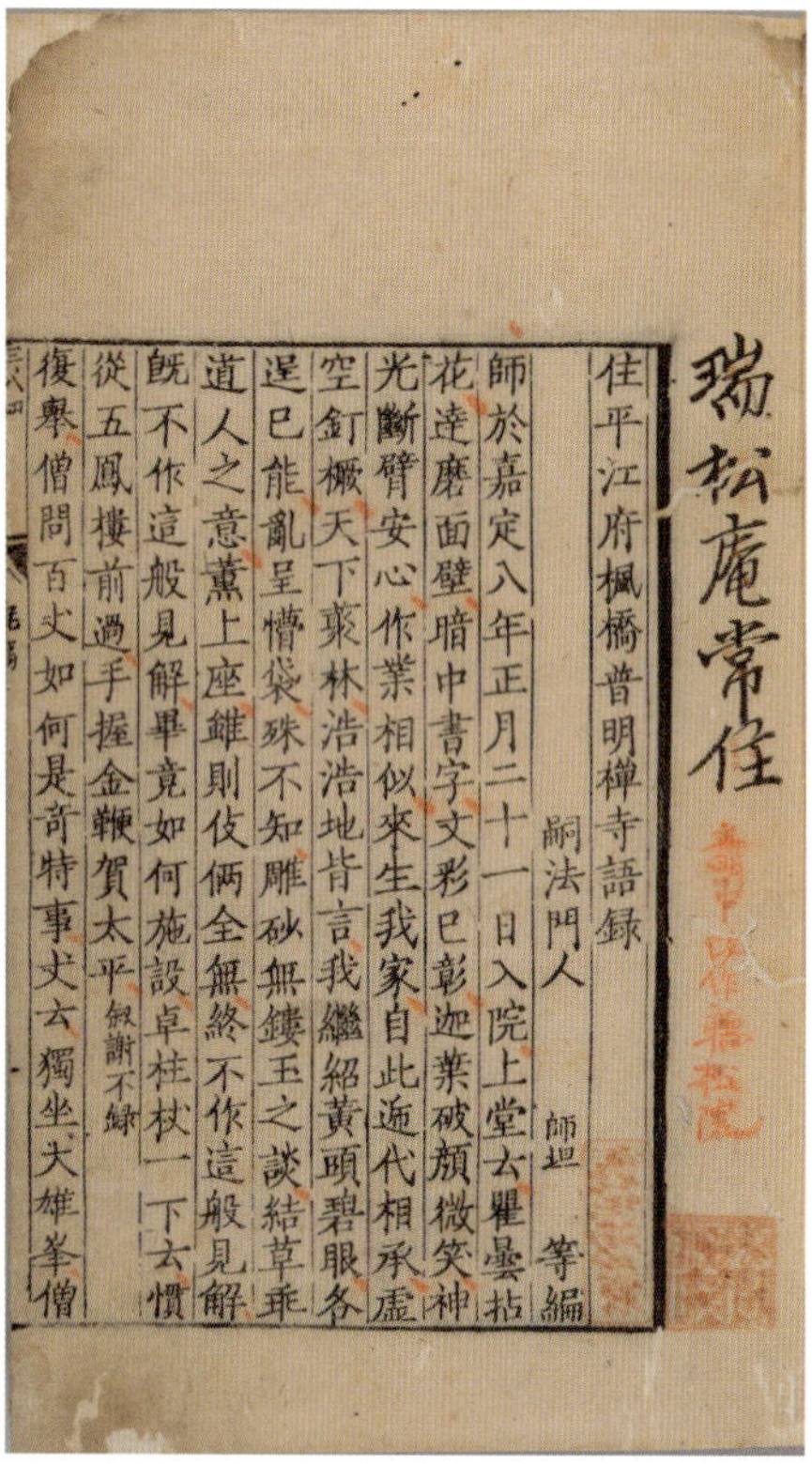

瑞松庵常住

文明中改作聽松院

住平江府楓橋普明禅寺語録

嗣法門人　師坦　等編

師於嘉定八年正月二十一日入院上堂云瞿曇拈

花達磨面壁暗中書字文彩巳彰迦葉破顔微笑神

光斷臂安心作業相似來生我家自此逓代相承虚

空釘橛天下衆林浩浩地皆言我繼紹黄頭碧眼各

逞巳能亂呈懵袋殊不知雕砂無鏤玉之談結草乖

道人之意薫上座雖則伎倆全無終不作這般見解

既不作這般見解畢竟如何施設卓拄杖一下云慣

從五鳳樓前過手握金鞭賀太平（叙謝不録）

復舉僧問百丈如何是奇特事丈云獨坐大雄峯僧

普明録首，瑞松庵識語・慈照寺印記

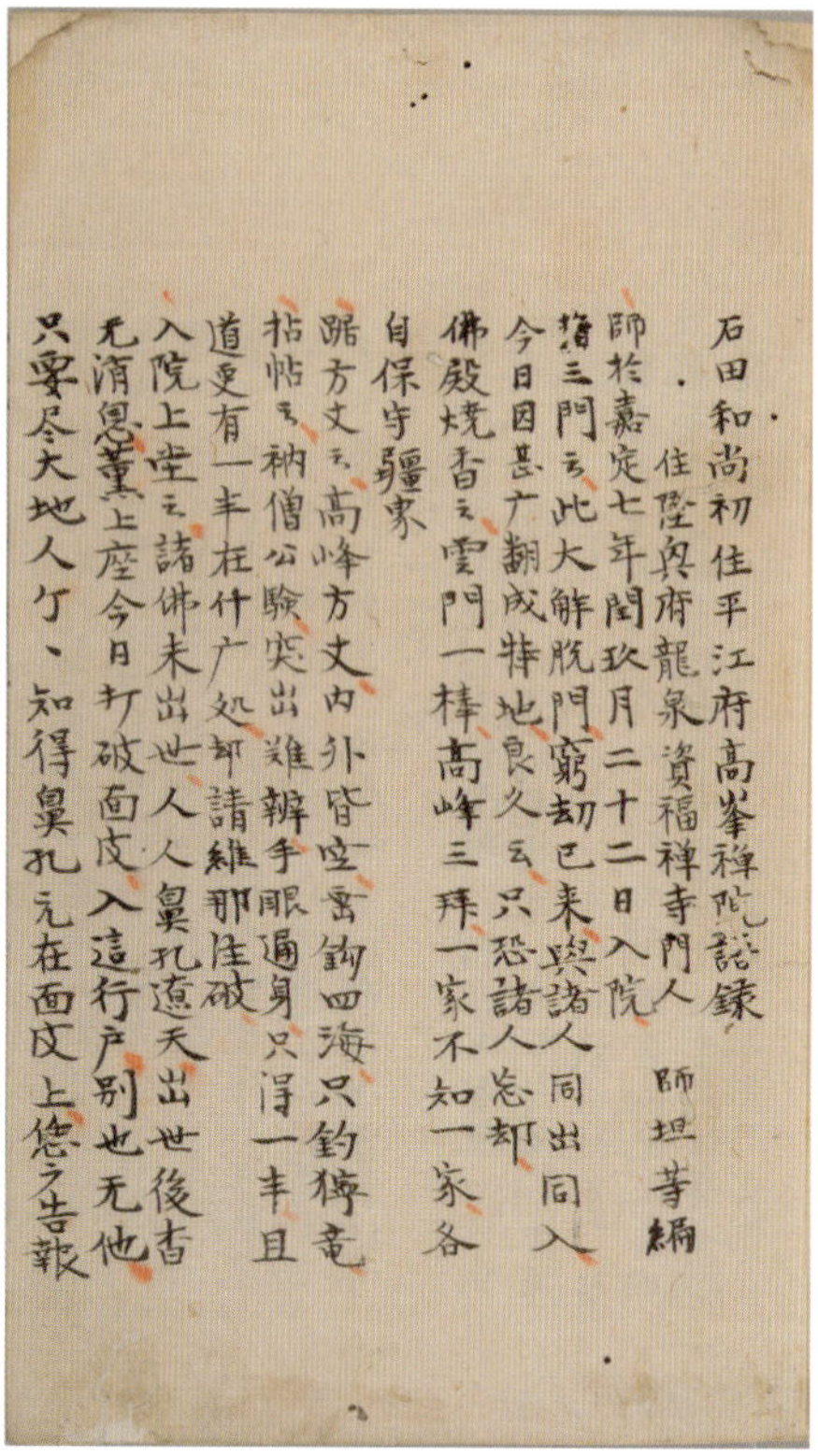

石田和尚初住平江府高峯禅院語録

住隆興府龍泉資福禅寺門人　師坦　等編

師於嘉定七年閏玖月二十二日入院

指三門云此大觧脱門窮刧已来與諸人同出同入

今日因甚广翻成特地良久云只恐諸人忘却

佛殿燒香云雲門一棒高峯三拜一家不知一家各

自保守疆界

踞方丈云高峯方丈内外皆空盡鈎四海只釣獰竜

拈帖云衲僧公験突出難辨手眼遍身只得一半且

道更有一半在什广処却請維那注破

入院上堂云諸佛未出世人人鼻孔遼天出世後杳

无消息薫上座今日打破面皮入這行戸別也无他

只要尽大地人个个知得鼻孔元在面皮上悠之吉報

巻　首

後補淡縹色艶出表紙（27.0×16.5㎝）左肩打付に「高峰石田録　全一冊」と書す。綫装。本文竹紙，裏打修補。前に程公許序「(上略) 淳祐六年九月廿日滄洲子程／公許敬書于玉堂直廬」，〔石渓〕心月序「(上略) 淳祐丁未結制日　心月敬書」を附す。

左右双辺（18.2×11.6㎝）有界，11行20字，鈔補部無界，13行20字。白口，単線黒魚尾下題「楓橋（蔣山・淨慈・靈隱・普説・拈古)」，下方張数，上辺字数。(闕筆) 玄。尾題下 3 格を隔て「丁未」記あり。程序，心月序，高峰院語鈔補。朱句点，標圏，欄上に朱合標点，稀に〔室町〕朱墨校改書入。巻首右辺外に「瑞松庵常住」識語，その下に別筆にて「〈文明中改作聴松院〉」と朱書す。巻尾左辺外に又別筆にて「劉建寄進」墨識あり。普明寺語首に方形陰刻「春／渓」朱印記朱滅，単辺方形陽刻「慈照寺（楷書)」朱印記朱滅，大尾に単辺方形陰刻「妙／安」墨印記（惟高妙安)，首，第10張に同「帝室／圖書／之章」朱印記を存す。

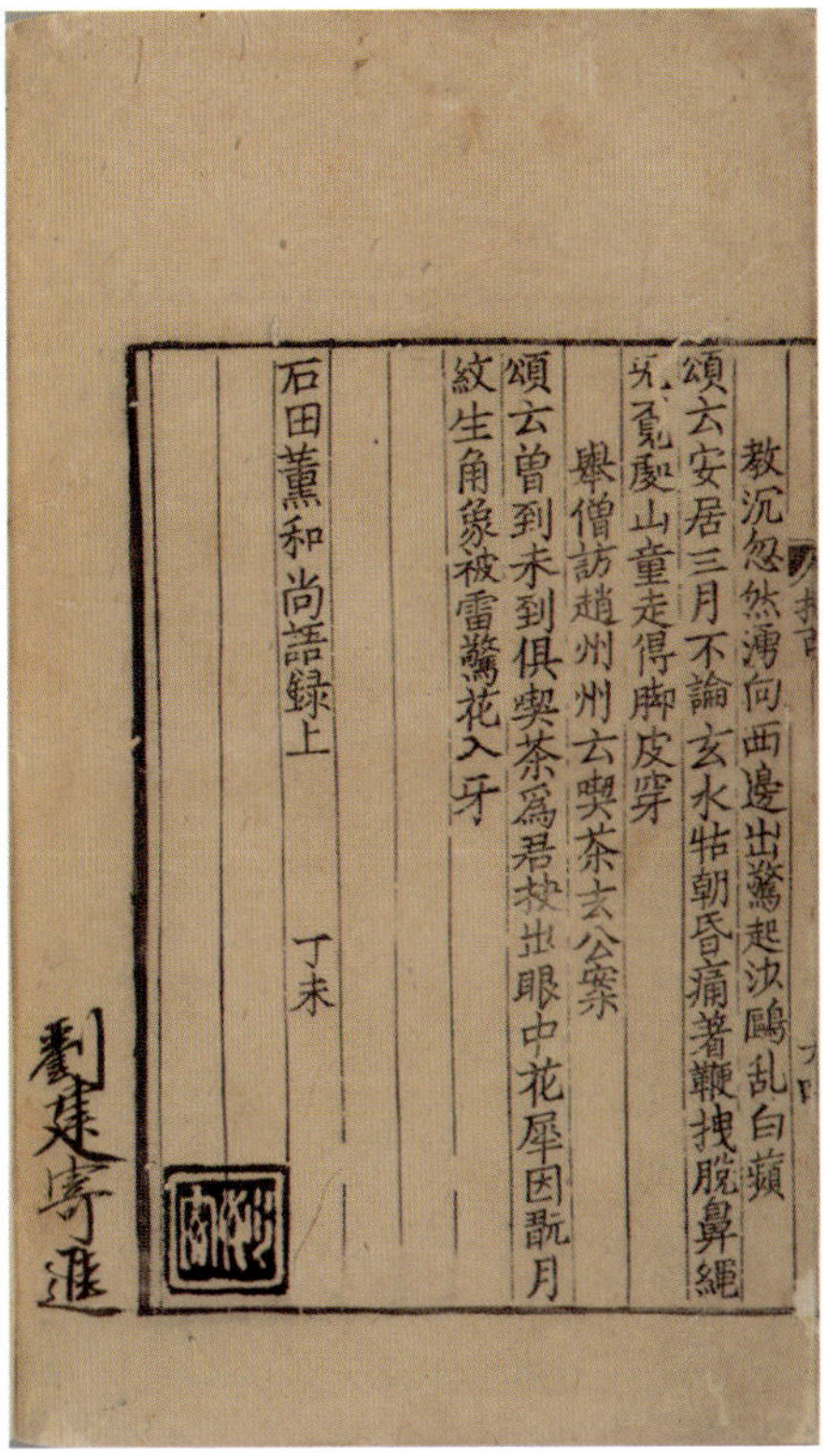

教沉忽然湧向西邊出鷺起沙鷗乱白蘋
頌云安居三月不論玄水牯朝昏痛著鞭拽脫鼻繩
[illegible]亂廋山童走得脚皮穿
舉僧訪趙州州云喫茶去公案
頌云曾到未到俱喫茶爲君拔出眼中花犀因翫月
紋生角象被雷驚花入牙

石田薰和尚語録上　丁未

劉建寄進

巻尾，刊記・劉建識語・妙安印記

南宋の臨済宗楊岐派の僧、石田法薫（1171-1245）の法語を弟子の師坦等が編集したもの。程公許は嘉定2年（1209）の進士、官は権刑部尚書に至る（『宋史』巻415に伝あり）、序文を書いたのは石田と同郷（四川眉山）の縁によるか。本冊は『大日本続蔵経』第一輯第二編第二十七套第一冊（第70冊 No. 1386）所収『石田法薫禅師語録』4巻の巻1、2に相当。また建仁寺両足院蔵に、南禅寺聴松院旧蔵宋刊本の江戸初期写本『石田和尚語録』2巻付録1巻があるが（『建仁寺両足院蔵書マイクロフィルム目録初編』）、本テキストを書写したものであろう。聴松院は、希世霊彦が享徳2年（1453）に善住庵を再興、改名し、応仁の乱後、文明15年（1483）に再建されたが、その旧名が瑞松庵であったことは知られていないようである（『南禅寺史』1940）。惟高妙安（1480-1567）は、相国寺、南禅寺の双方に住したので、相国寺に属する慈照寺（銀閣寺）から南禅寺の聴松院に移されたか。

「劉建寄進」は中国人の筆跡で、その寄進本が渡来僧または留学僧によって将来されたのであろう。刊本部分「住平江府楓橋普明禪寺語録」の版心張数は「一」から始まり、第1張裏、第2張、第3張表は、白紙（框槨、界線、版心を墨書）で補配されているが、第1張表最後の「丈云獨坐大雄僧」と第3張裏冒頭の「禮拜丈使打」は文意が連続しており、本来欠丁はなく、白紙を補配する必要はなかった。第1、2、3張の版心張数はすべて後に墨書したもので、本来のものではない。『大日本続蔵経』所収本と対照すると、本来は補抄の「石田和尚初住平江府高峯禅院語録」が第1、2張で、「住平江府楓橋普明禪寺語録」は第3張からであったのを、後に欠丁があると誤認して、白紙を補配したものである。

（金　文京）

51. 佛鑑禪師語録(尾題) 2 巻　附徑山無準和尚入内引對陞座語録　徑山無準禪師行狀各 1 巻

唐　半　3 册　556-57

宋釋無準師範撰　釋〔元叟〕宗會等編　(入)釋了南等撰　(行)釋無文〔道〕璨撰

宋淳祐11年(1251)刊(田興隆等施)　巻上〔室町〕抜萃鈔配　明暦 3 年(1657)湘雪〔守沅〕用應安 3 年(1370)刊本鈔補移點識語　建仁寺常光院舊藏　環中玄諦 月潭紹衍手澤　内閣記録局蒐集

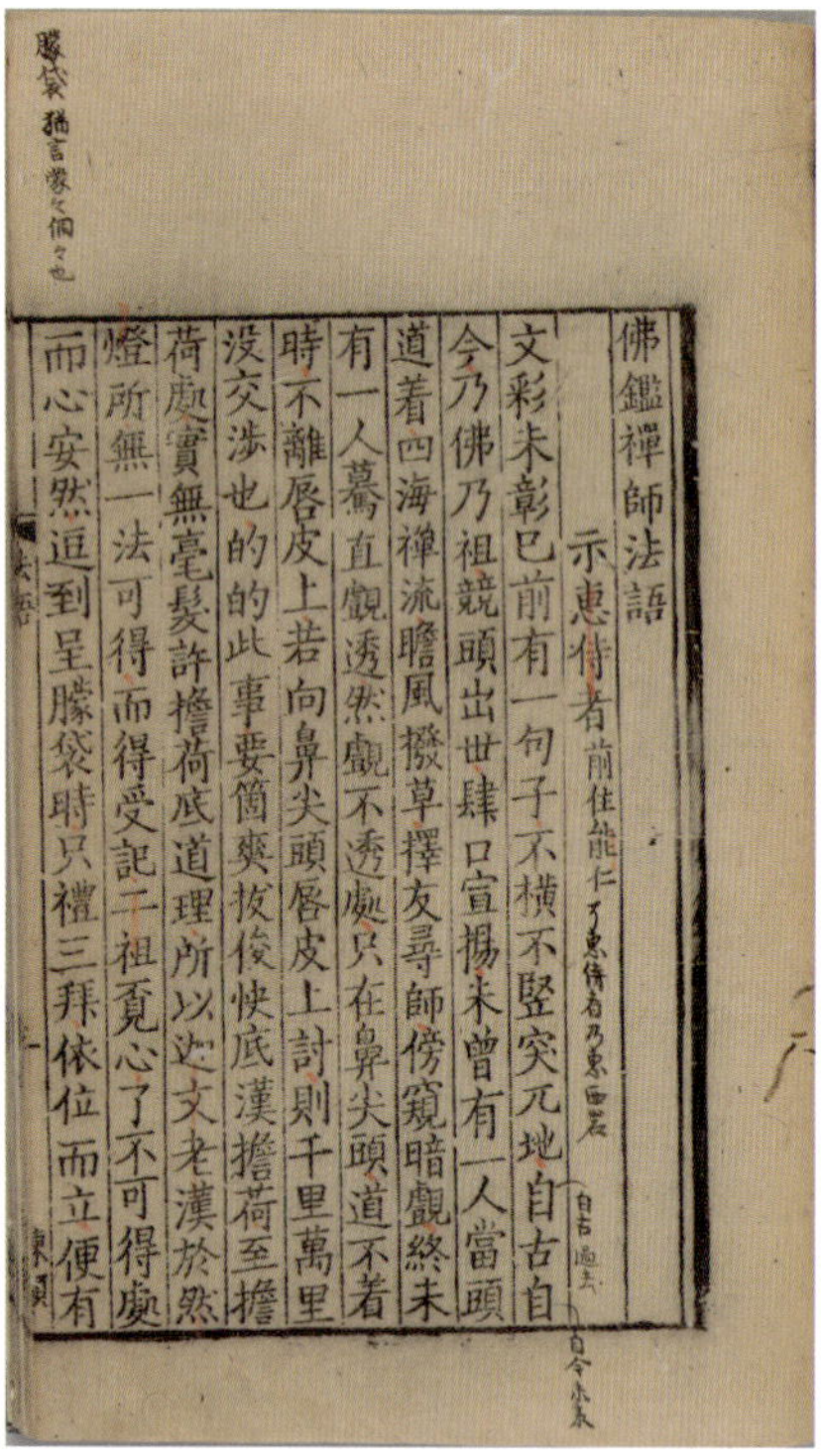
佛鑑禪師法語
示惠侍者　前住能仁了惠侍者乃惠西岩
文彩未彰已前有一句子不横不竪突兀地自古自
今乃佛乃祖競頭出世肆口宣揚未曾有一人當頭
道着四海禪流瞻風撥草擇友尋師傍窺暗覻終未
有一人驀直覷透然覻不透處只在鼻尖頭道不着
時不離唇皮上若向鼻尖頭唇皮上討則千里萬里
没交渉也的的此事要箇爽抜俊快底漢擔荷至擔
荷處實無毫髪許擔荷底道理所以迦文老漢於然
燈所無一法可得而得受記二祖覓心了不可得處
而心安然逗到呈臊袋時只禮三拜依位而立便有

法 語 首

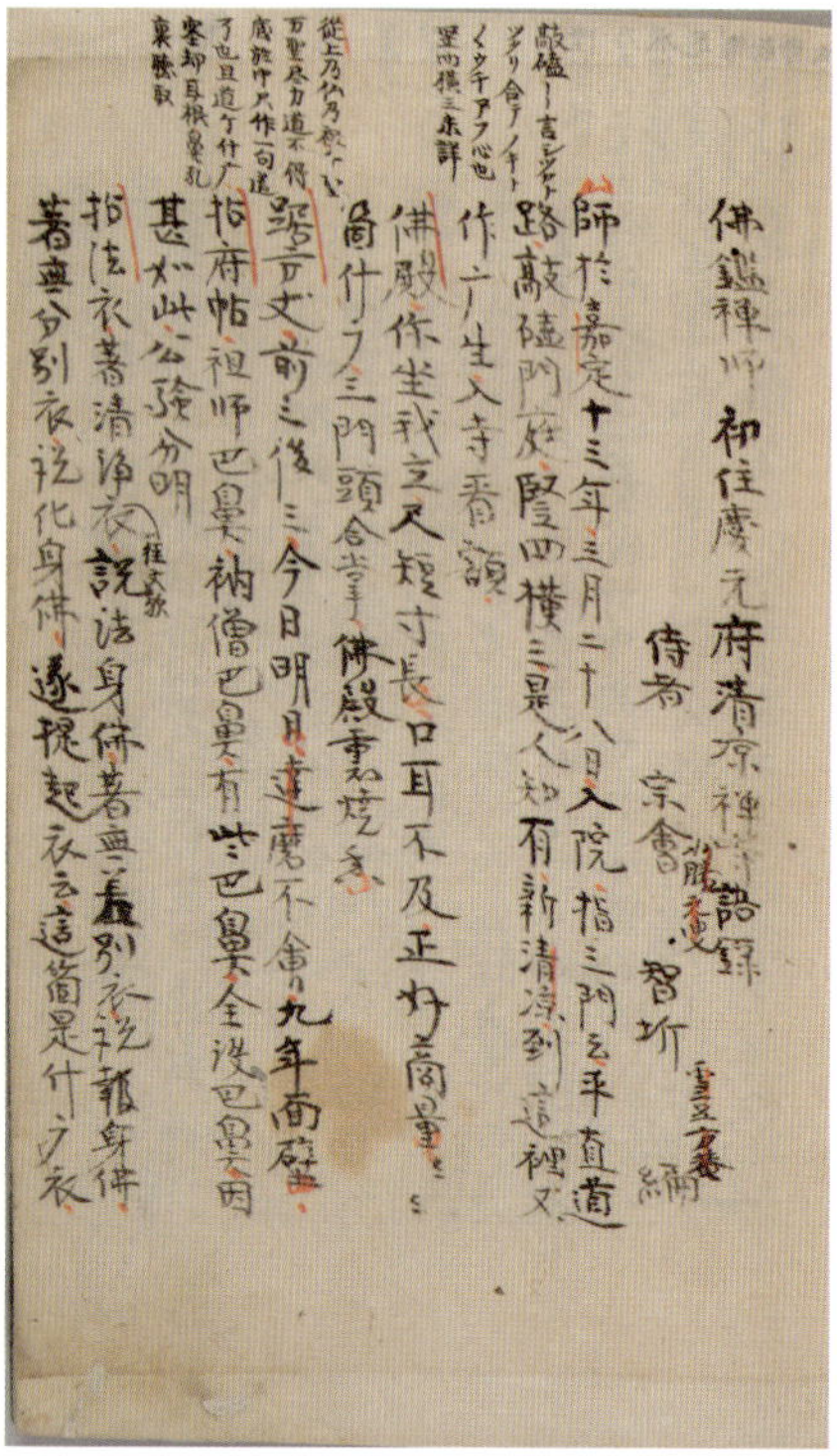
佛鑑禪師初住慶元府清涼禪寺語録
侍者　宗會　智圻　編
師於嘉定十三年三月二十八日入院指三門云平直道
路敲磕門庭竪四横三是人知有新清涼到這裡又
作麼生入寺看顔
佛殿係坐我立尺短寸長口耳不及正好商量
商什麼三門頭合掌佛殿裏燒香
據室丈前三後三今日明日達磨不會九年面壁
指府帖祖師巴鼻衲僧巴鼻有些巴鼻全没巴鼻因
甚如此公驗分明
拈法衣着清淨衣説法身佛着無垢衣説報身佛
着無分別衣説化身佛遂提起衣云這箇是什麼衣

巻 首

後補縹色艶出表紙（25.4×15.8㎝）左肩打付に「佛鑑録」と書す，右肩打付に「宙」と朱書す。綫装。本文竹紙（〔室町〕鈔補楮紙，明暦 3 年〈1657〉鈔補楮打紙），裏打修補（〔室町〕鈔補原紙高約23.4㎝）。前に淳祐11年（1251）程公許序「（上略）淳祐歳辛亥月建丑／日壬子滄州道人／程公許希穎雪溪／寓隠西瞻堂書」を附す（鈔補）。

左右双辺（17.8×11.8㎝）有界，11行20字（〔室町〕鈔補12至14行20至25字不定），欧陽詢体。(闕筆）恒。白口，単線魚尾下に小題，下方張数，下辺工名あり。（工名）王倓，呉祐，何澄，陳顯。後に淳祐 9 年（1249）游侶「大丞相游公祭文」，了南等「徑山無準和尚入内引對陞座語録」（鈔補），無文〔道〕璨「徑山無準禪師行狀」を附す（同）。尾題後隔 3 行，低 1 格「〈右武大夫閤門宣贊舍人沿邊谿洞都巡檢使節制忠勝軍馬田　興隆／武翼郎亘差知思州軍州事管内勸農事兼四川制置司參議田　應寅〉／（低 3 格）各施俸資　　刊行祈　禄筭增崇者／(以下低 4 格)小師比丘〈德潜〉助版／淳祐辛亥六月初五日謹記」あり。

序，清涼寺語，普済寺語，資聖寺語首，広利寺語首，興聖万寿寺語首〔室町〕鈔補，資聖寺語尾，広利寺語尾，興聖万寿寺語尾，小参首，普説，入内引対陞座語録，行状明暦３年（1657）鈔補。同じく行状後別葉に「此録舊板已漫滅茲者命工重刋／置于龜山金剛禅院（中略）／〈應安庚戌季夏天龍東堂比丘妙葩題〉」原刊記を鈔補す。朱竪句点，標鈎，韻圏，稀に返点，連合符，送仮名書入，明暦３年鈔補同墨筆にて欄外，行間補注書入あり。応安刊記後，鈔補同筆にて「〈永正第八辛未四月十一蓂以雲岫西堂之本寫朱句畢　仙廿二載／雲岫本云右朱句以宝渚大和尚本写之文卯仲秋廿九挑灯功畢／（以下低２格）右彭叔和尚真筆之奥書也此本价灵雲湘雪明暦三丁酉臘月朱句并脱落等／写了〉」識語，第１，３冊後見返しに「常光院」識語あり。第１，３冊後見返しに単辺方形陽刻「環／中」朱印記，方形陰刻「紹衍／之印」「月／潭」聯珠朱印記，毎冊首尾に単辺方形陽刻「常光／文庫」朱印記（建仁寺常光院），毎冊首に同「宮内省／圖書印」朱印記を存す。

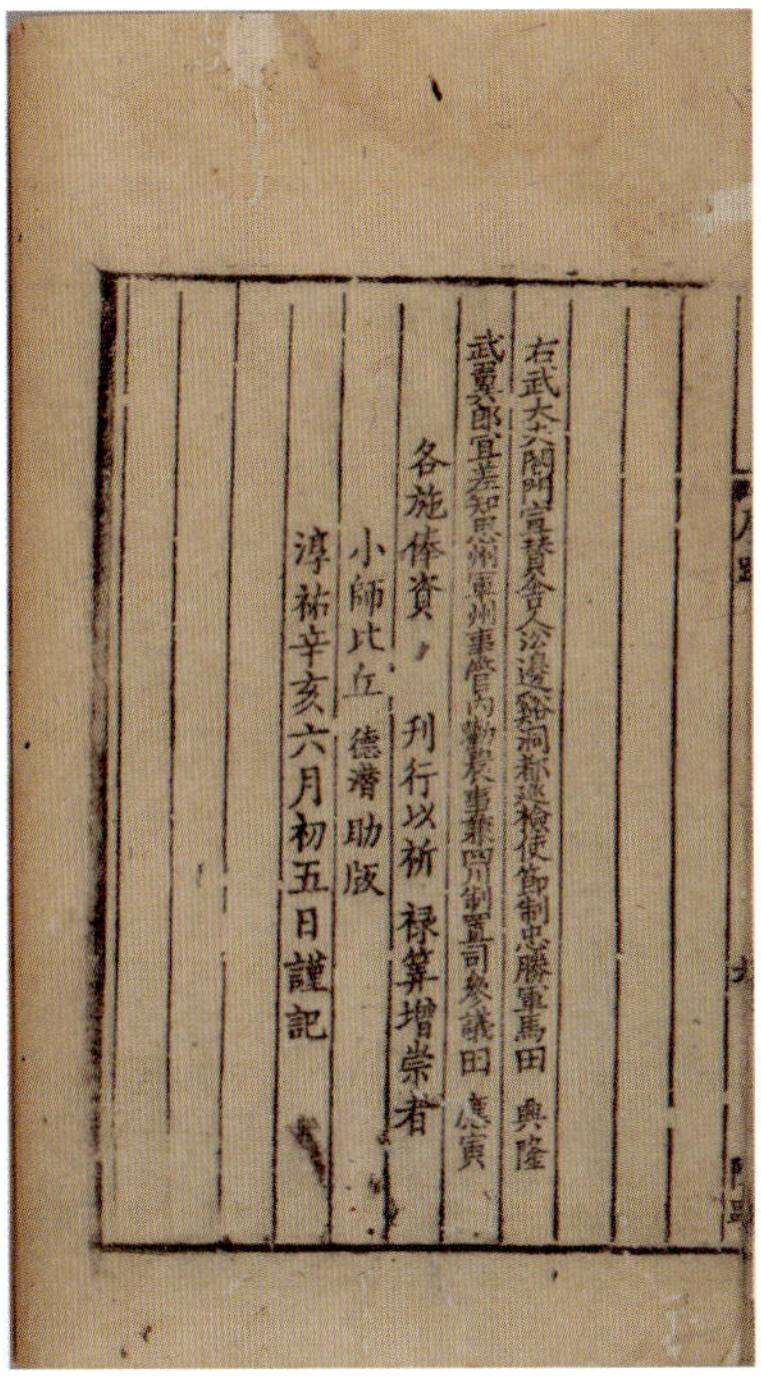
右武大夫閤門宣賛舎人沿邊溪洞都巡検使節制忠勝軍馬田　與隆
武翼郎宣差知思州軍州事管内勧農事兼四川制置司参議田　應寅
各施俸資，刊行以祈　禄算增崇者
小師比丘　徳潛助版
淳祐辛亥六月初五日謹記

淳祐11年刊記

宋末の杭州、径山万寿寺にあって臨済宗破庵派の禅を鼓吹し、多くの弟子を育成した無準師範の語録。元叟宗会等直弟子の編集に係る。無準は四川梓潼の人、仏鑑禅師と号す。無準の門下には日本への伝法に携わった者が多く、まず仁治２年（宋淳祐元年、1241）に帰朝した入宋僧の円爾が無準に嗣法し、後に東福寺を根拠とする聖一派を開いた。また弘安２年（元至元16年、1279）に来朝した無学祖元は、建長寺、続いて円覚寺に入り、仏光派を開いて鎌倉の五山僧を導いた。後に仏光派から夢窓疎石が出て、さらに五山派を領導する。

本書の開版について無準自身が強く望み、淳祐９年（1249）の末期に際し、身辺の侍僧に対して、円爾の協力を求め必ず実現するように委嘱したとの伝えが、常盤山文庫に蔵する円爾あて妙深尺牘に見えている。実際には徳潜が勧進し、西南方面の官人の施財を得て、淳祐11年辛亥までに刊行された。

本書宋版の伝本として、他に東福寺蔵本が知られる。同本は東福寺開山塔を護る普門院の印記を有ち、円爾入手の版本であった可能性がある。対査を経ないが、巻首書影の版式字様と工名、淳祐11年の刊記を有する点は図書寮文庫本に同じである。

さらに、本版を伝刻した五山版２種が知られ、一は鎌倉末に円爾下の東福寺で刊行した覆宋版、一は応安３年（1370）に天龍寺金剛院で、夢窓疎石門下の春屋妙葩が旧版を重刻させた覆覆宋版である。無準下より流れ込んだ法系を映し、始めに聖一派が、後には夢窓派が、その継承を図ったことと知られる。

さて、当該宋版の末尾には、その応安３年の五山版の刊記が移写されている。これは、明暦３年（1657）東福寺霊雲院の湘雪守沅が、永正８年（1511）彭叔守仙移点の応安版を底本として鈔補を加えた際に、附記されたのである。江戸中期までに建仁寺常光院に転じ、同院の環中玄諦、月潭紹衍の手に帰した。田中青山『古芸餘香』巻６著録、明治期の内閣購入本。

（住吉朋彦）

52. 舒州龍門佛眼和尚語録2巻　　唐　半　2冊　556-66

宋釋佛眼清遠撰　釋〔高庵〕善悟編　釋〔竹庵〕士珪校

〔宋咸淳3年(1267)序〕刊　〔修〕　南禪寺金地院舊藏　內閣記錄局蒐集

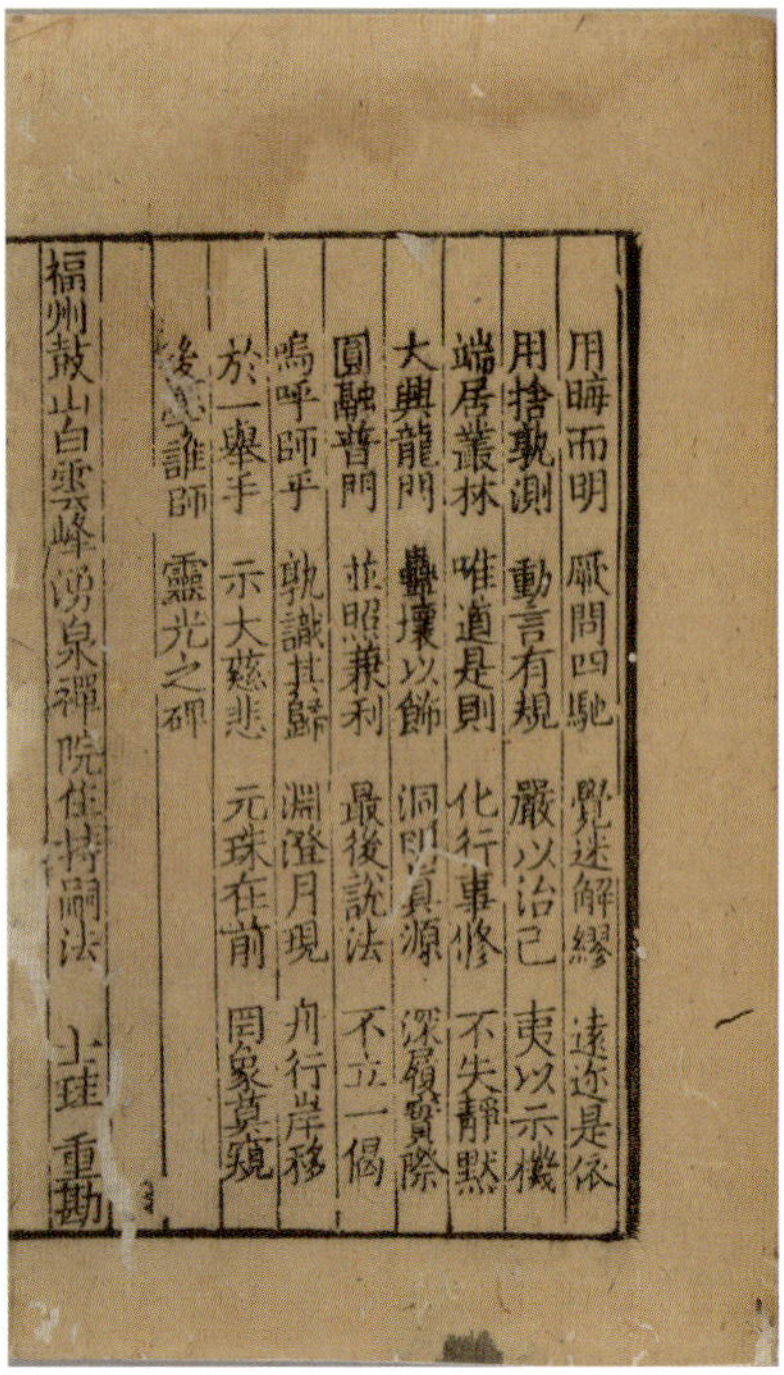
用晦而明　厯問四馳　覺迷解繆　遠迩是依
用捨孰測　動言有規　嚴以治己　寛以示機
端居叢林　唯道是則　化行事修　不失靜默
大興龍門　轟壞以飾　洞明眞源　深領實際
圓融普門　並照兼利　最後說法　不立一偈
嗚呼師乎　孰識其跡　淵澄月現　舟行岸移
於一舉手　示大慈悲　元珠在前　罔象莫窺
後之誰師　靈光之碑
福州鼓山白雲峰湧泉禪院住持嗣法　士珪　重勘

巻下第83張表

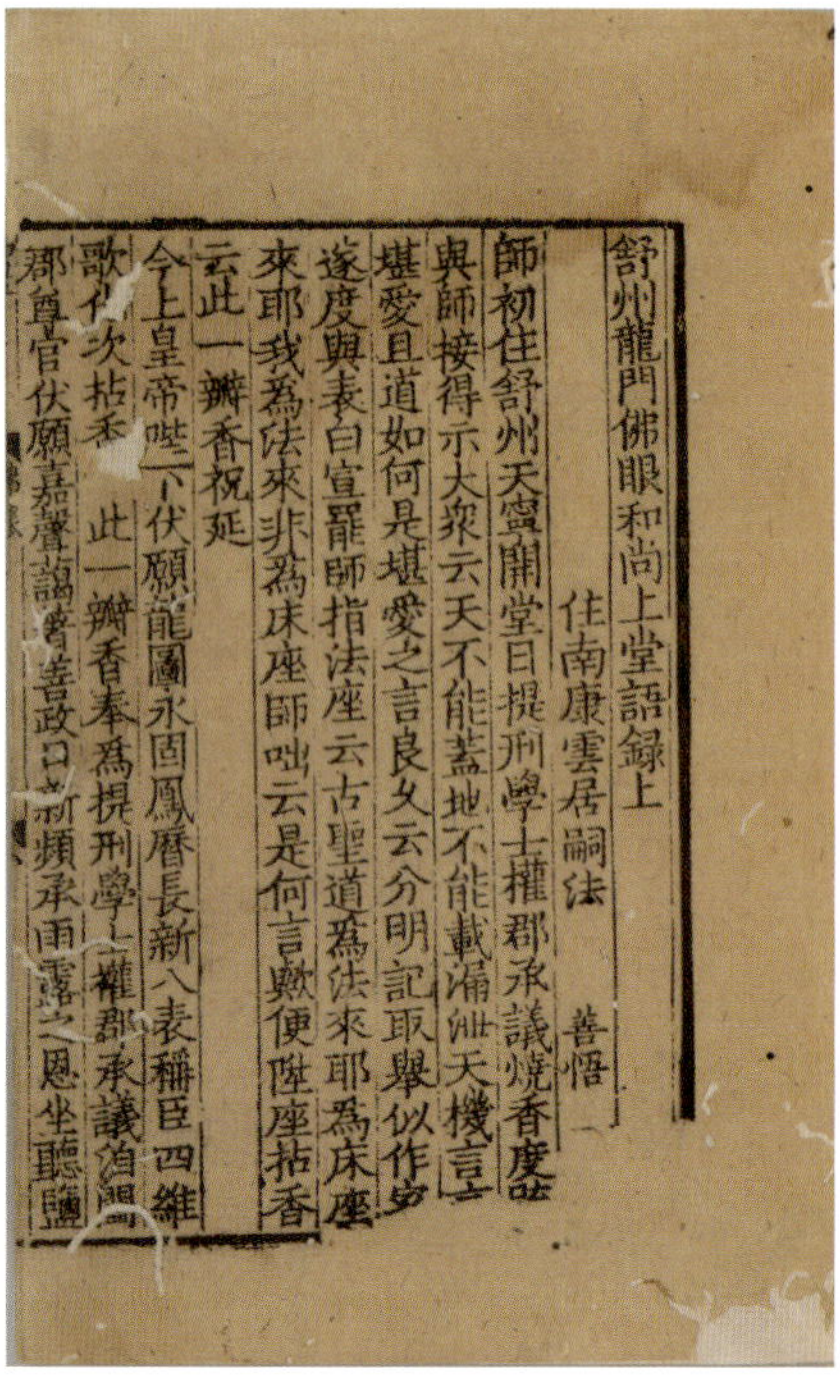
舒州龍門佛眼和尚上堂語録上
住南康雲居嗣法　善悟
師初住舒州天寧開堂日提刑學士權郡承議燒香度法
與師接得示大衆云天不能蓋地不能載漏泄天機言亡
堪愛且道如何是堪愛之言良久云分明記取舉似作家
遂度與表白宣罷師指法座云古聖道爲法來耶爲床座
來耶我爲法來非爲床座師咄云是何言歟便陞座拈香
云此一瓣香祝延
今上皇帝陛下伏願龍圖永固鳳曆長新八表稱臣四維
歌化次拈香　此一瓣香奉爲提刑學士權郡承議消闡
郡尊官伏願嘉聲藹著善政日新頻承雨露之恩坐聽鹽

巻上首

後補香色艶出表紙（23.4×15.2㎝）。各冊左肩打付に「佛眼録　〈乾〉［　］全二冊」と書す。綫装五針眼訂。裏打修補，天地裁断あり。首に徐俯「佛眼禪師語録序」を附す。巻上首に「舒州龍門佛眼和尚上堂語録上／（低8格）住南康雲居嗣法　　〈善悟〉（以下闕）」，巻下首に「舒州龍門佛眼和尚小衆語録下／（低8格）住南康雲居嗣法　　〈善悟〉　編」とあり。巻下本文末に続けて接行で「佛眼禪師語録叙」を配し，その末に「宣和七年（1126）八月／上休日遂寧馮檝謹叙于後」とあり。続いて改張して宣和3年（1123）の「宋故和州褒山佛眼禪師塔銘／（低4格）宣教郎前管句西京嵩山崇福宮李〈彌遜〉述」あり。その末行より1行空けて，末張表面の後ろから2行目に「福州鼓山白雲峰湧泉禪院住持嗣法　士珪 重勘」と記し，同裏面首行に全体の尾題「舒州龍門佛眼和尚語録下」を置く。上堂毎節改行，偈頌以下3格を低して篇目，序を標し本文，句後に小字双行の自注を附す。毎編改張或いは改行する。左右双辺（17.5×11.2㎝）有界，11行22字。「玄舷朗敬擎驚警弘」を闕筆する箇所あり。版心は白口（稀に線黒口），双黒魚尾（不対向）或いは単黒魚尾，上尾下題「佛（眼）上（下）」，上辺字数，下尾下張数。下辺稀に工名あるも，2字以上のものは「章湘」のみ。

巻上に淡墨鈔補，欄上墨音注，評注書入，巻下に〔江戸前期〕朱竪句点，傍圏，曲截，仮名注，稀に返点，送仮名，欄上標圏，標注書入あり。巻上第60張左辺外に「丙申春二月看過了」，第2冊尾に「丙

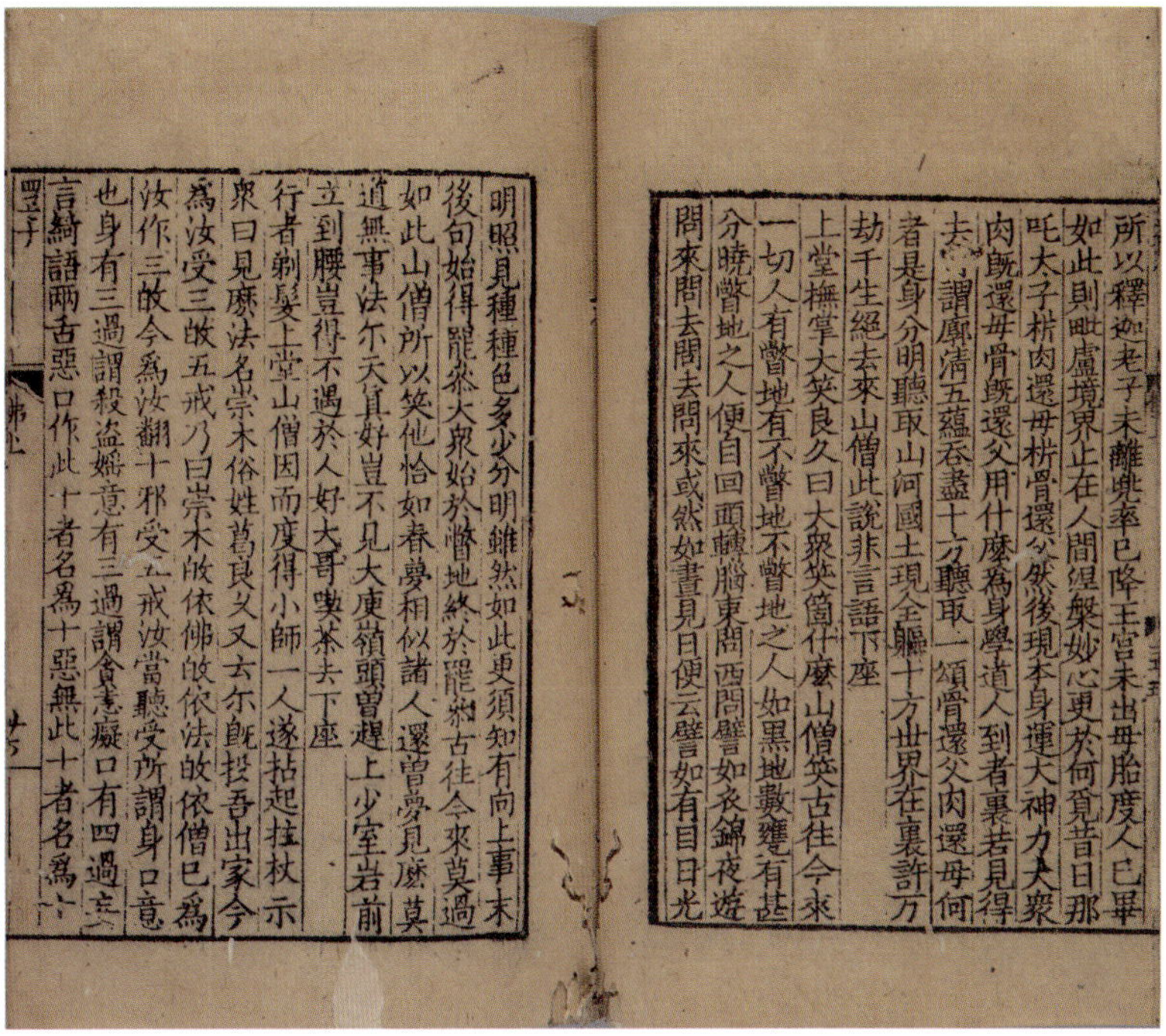

所以釋迦老子未離兜率已降王宮未出母胎度人已畢如此則毗盧境界止在人間涅槃妙心更於何覓昔日那吒太子析肉還母析骨還父然後現本身運大神力大衆肉既還母骨既還父用什麼爲身學道人到者裏若見得去、謂廓清五蘊吞盡十方聽取一頌骨還父肉還母何者是身分明聽取山河國土現全軀十方世界在裏許万劫千生絕去來山僧此說非言語下座
上堂撫掌大笑良久曰大衆笑箇什麼山僧笑古往今來一切人有瞥地有不瞥地不瞥地之人如黑地斆蹇有甚分曉瞥地之人便自回頭轉腦東問西問譬如衣錦夜遊問來問去問去問來或然如畫見日便云譬如有目日光

明照見種種色多少分明雖然如此更須知有向上事末後句始得罷叅大衆始於瞥地終於罷叅古往今來莫過如此山僧所以笑他恰如春夢相似諸人還曾夢見麼莫道無事法尔天真好豈不見大庾嶺頭曾趕上少室岩前立到腰豈得不遇於人好大哥喫茶去下座
行者剃髪上堂山僧因而度得小師一人遂拈起拄杖示衆曰見麽法名崇木俗姓葛良乂又云尔既投吾出家今爲汝受三皈五戒乃曰崇木皈依佛皈依法皈依僧已爲汝作三皈今爲汝翻十邪受五戒汝當聽受所謂身口意也身有三過謂殺盗婬意有三過謂貪恚癡口有四過妄言綺語兩舌惡口作此十者名爲十惡無此十者名爲十

巻上第35，36張

申七月廿三日看過了再要看」識語。毎冊首に単辺方形陽刻「金地院」朱印記（南禅寺金地院），同「宮内省／圖書印」朱印記を捺す。

巻首題は巻上巻下とも篇名を含むため、両者で一致しない。そのため、『和漢図書分類目録』と『図書寮典籍解題』は、いずれも書名を巻首題からは採らず、前者は「佛眼語錄」、後者は「佛眼（禪師）語錄」としている。しかし、本書では上下巻に共通の巻尾題であり、巻首題の最大公約数でもある「舒州龍門佛眼和尚語錄」を採った。

仏眼清遠（1067-1120）は北宋末の禅僧で、臨済宗楊岐派四世に当たる。編者の高庵善悟（1074-1132）と校者の竹庵士珪（1083-1146）はいずれも清遠の直弟子である。

このうち士珪の作業に関して、柳田聖山「禅籍解題」に「李弥遜の撰で、福州鼓山白雲峰湧泉禅院住持嗣法士珪重勘の「宋故和州褒山仏眼禅師塔銘」を付す」とある。しかし、士珪の署名は確かに塔銘の末に見えるものではあるが、同時に巻下尾題（即ち全体の尾題）の直前に置かれているものでもある。そこで本書では、これは士珪が語録全体を校訂したことを表すものであると判断した。

本冊は単行本として刊行されたものではなく、図書寮文庫蔵『古尊宿語録』（556-62、Ⅲ-57）の僚冊である。詳細はⅢ-49、57参照。なお、〔後修〕としたのは、版心の幅が他の３～４倍ほどもあり、版心の体式や字様も他の張と異なる巻上第36至38張を補版と認めたためである。本冊は国家図書館（台湾）蔵『古尊宿語録』（08939）の該当部分と基本的に同版だが、そちらは上記の補版に加えて、序や巻上第１張なども別の補版に変わっている。

（上原究一）

53. 北磵和尚語録 1 巻

唐　大　1 冊　556-111

宋釋〔敬叟居簡〕撰　釋〔物初〕大觀編

〔宋淳祐 12 年(1252)序〕刊　內閣記錄局蒐集　〔北磵和尚外集僚册〕

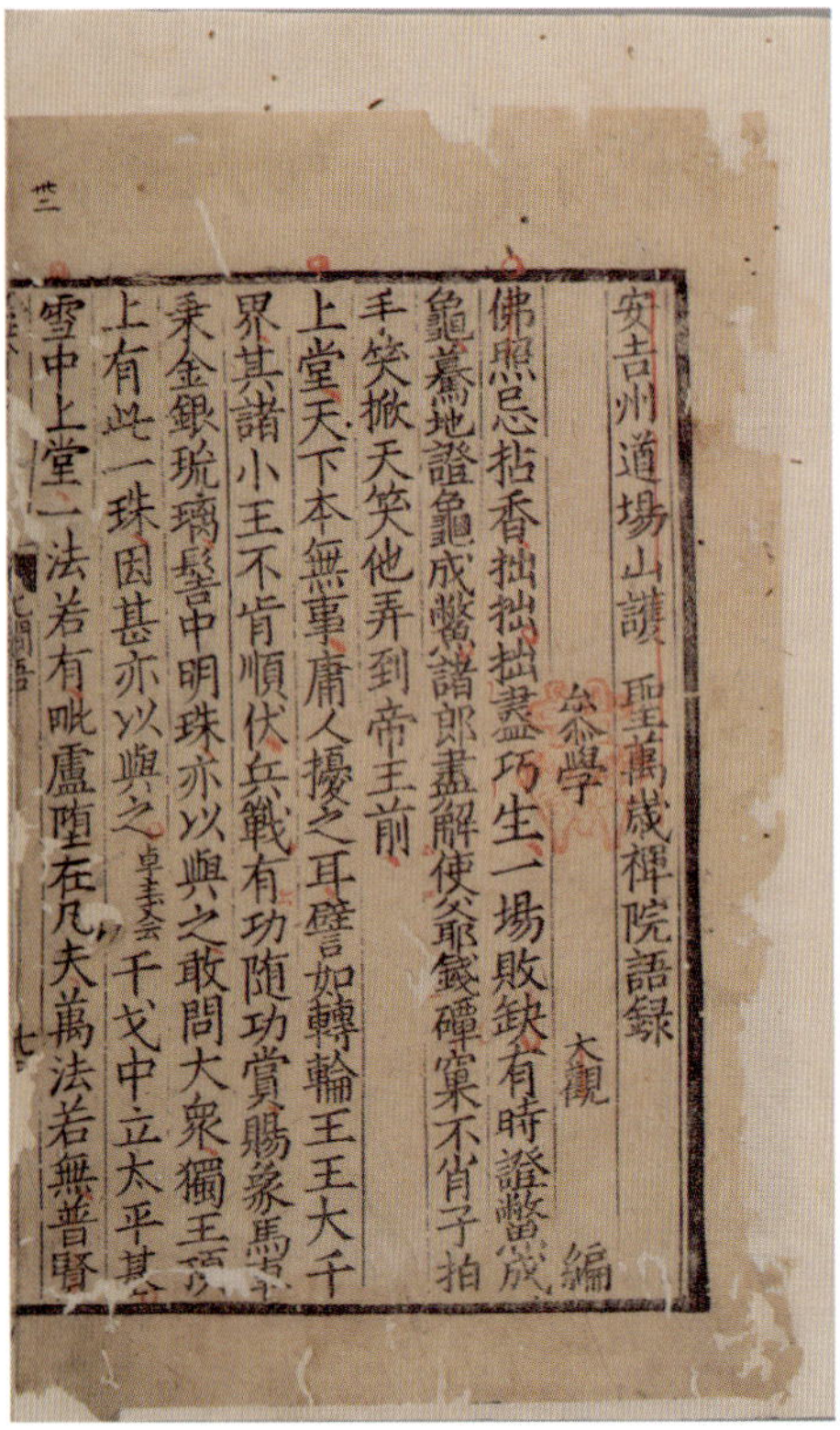

安吉州道場山護聖萬歲禪院語録
叅學　大觀　編
佛照忌拈香拙拙拙盡巧生一場敗缺有時證鼈成
龜驀地證龜成鼈諸郎盡解使爺錢碑窠不肖子拍
手笑掀天笑他弄到帝王前
上堂天下本無事庸人擾之耳譬如轉輪王王大千
界其諸小王不肯順伏兵戰有功隨功賞賜象馬車
乘金銀琉璃髻中明珠亦以與之敢問大衆獨王頂
上有此一珠因甚亦以與之卓主丈干戈中立太平基
雪中上堂一法若有毗盧堕在凡夫萬法若無普賢

護聖万歲院語首

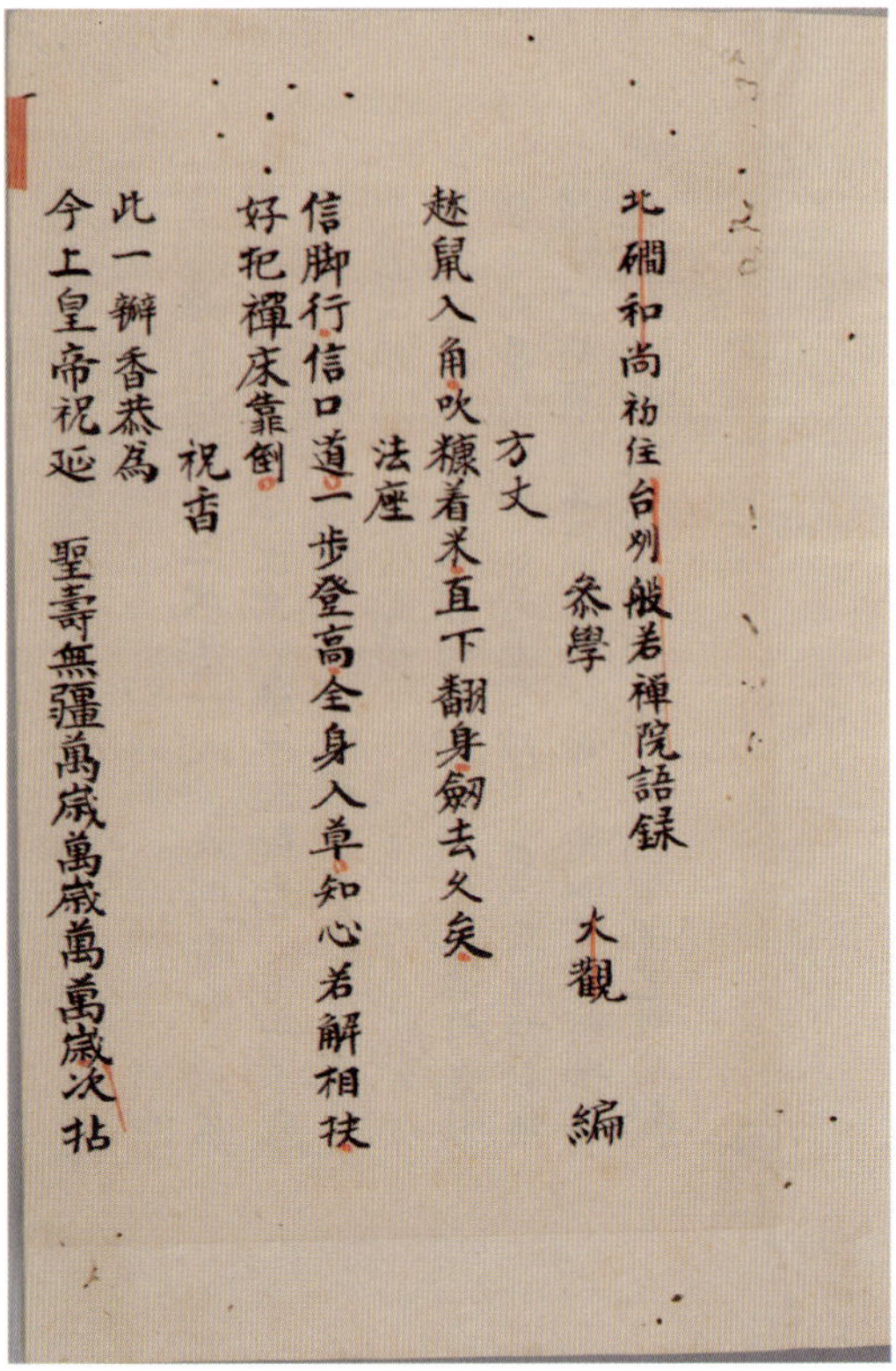

北磵和尚初住台州般若禪院語録
叅學　大觀　編
方丈
趂鼠入角吹糠着米直下翻身劒去久矣
法座
信脚行信口道一步登高全身入草知心若解相扶
好把禪床靠倒
祝香
此一瓣香恭為
今上皇帝祝延　聖壽無疆萬歲萬歲萬萬歲次拈

巻　首

後補淡茶色布目艶出表紙（27.1 × 19.1cm）。五針眼，裏打修補，原紙約 25.0 × 14.9cm。前に宋淳祐 12 年（1252）劉震孫「(上略) 淳祐十二年春二月既／望東北人劉震孫題」を附す。劉序より 3 行を隔し楼治「(上略)　　㶿房楼　治」跋，楼跋に行を接し淳祐 8 年（1248）〔石渓〕心月「(上略) 淳祐戊申三月既法／姪孫霊隠心月敬書」を附す。また淳祐 11 年（1251）大川普済「(上略)（以下低 1 格）淳祐辛亥解制前三日住冷／泉大川普濟」を附す。

左右双辺（19.5 × 12.3cm）有界，10 行 20 字，欧陽詢体。版心白口，単線黒魚尾下題「北磵語」，下方張数，上辺字数あり。劉序至恵日語鈔補。朱標圏，句圏点，竪点，稀に行間補注，毎編首版心上標柱，朱墨返点，音訓送仮名，欄上墨張数書入，縹色不審紙あり。

護聖万歲院語首に鼎形不明朱印記，序首に単辺方形陽刻「巣杢」朱印記，首に同「御府／圖書」朱印記を存す。

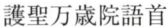

南宋の敬叟居簡（1164-1246）の語録。物初大観（1201-68）の編。敬叟は大慧宗杲（1089-1163）の法系に属する臨済宗の僧で、北礀和尚と号した。淳祐6年（1246）に83歳で示寂した。敬叟は拙庵徳光の法嗣、物初は敬叟の法嗣であった。敬叟や『北礀和尚語録』の刊年などについては後掲の宋版『北礀和尚外集』（556-113、Ⅲ-54）参照。

この『語録』は台州般若院以下の十一会の語録のほか、小参や秉払、法語、偈頌などを収める。また、淳祐12年（1252）の劉震孫の序のほか、秋房楼治の跋、淳祐8年の石渓心月の序、淳祐11年の大川普済の序が付されている。

『北礀和尚語録』は『大日本続蔵経』にも収められているが、ここでは巻末に応安3年（1370）の跋文が付されている。これは書陵部蔵本の宋版『北礀和尚外集』（556-113、Ⅲ-54）の末尾に鈔補された中巖円月の跋と同じものであり、古岩西堂が募縁して『北礀和尚語録』と『北礀和尚外集』を出版したことが述べられている。椎名宏雄氏によると、そもそも『語録』と『外集』は編者の物初による合刻であったという。

（柳川　響）

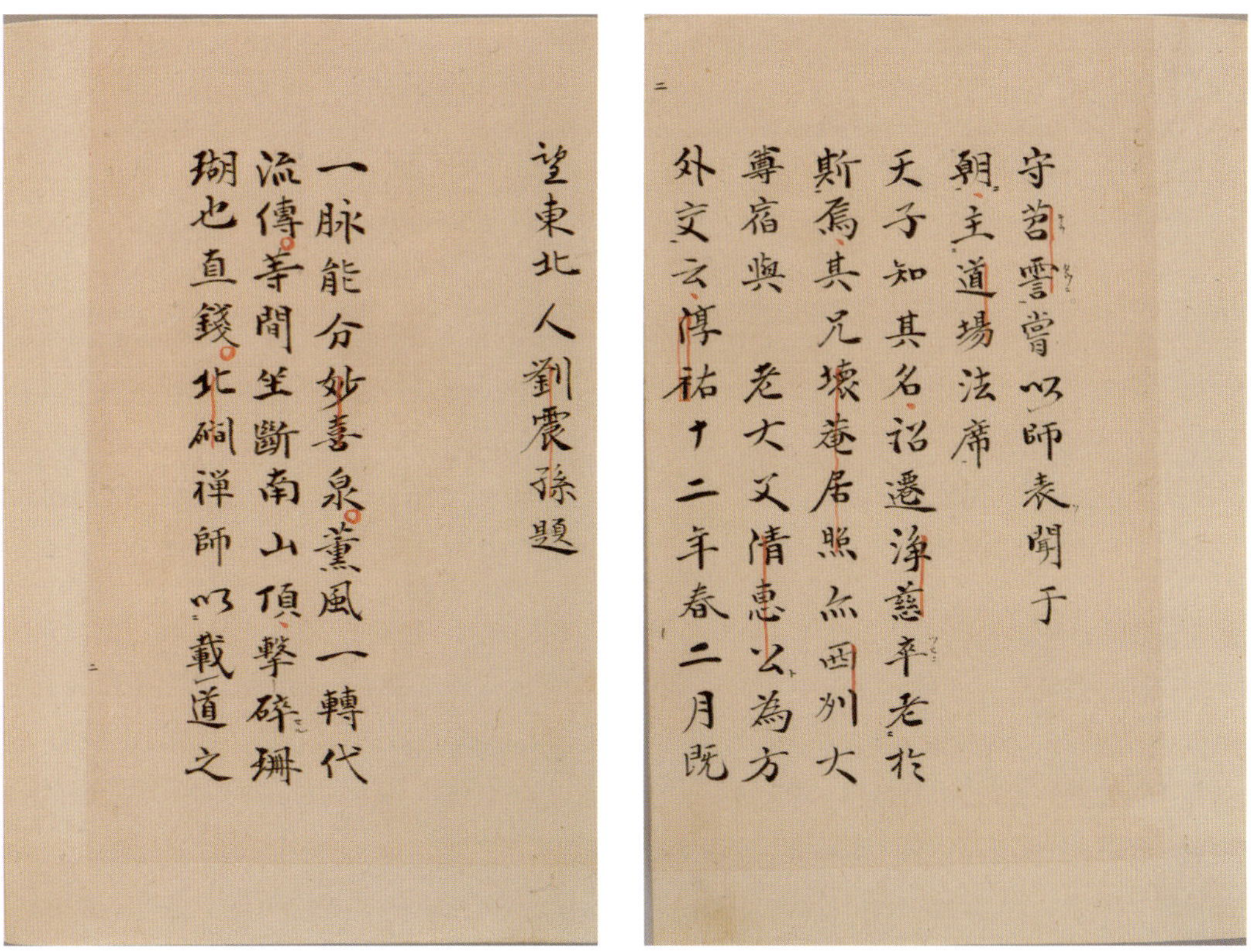
守晉雲嘗以師表聞于
朝主道場法席
天子知其名詔遷淨慈卒老於
斯爲其兄壞菴居照亦西州大
尊宿與　老大父清恵公為方
外交云淳祐十二年春二月既
望　東北人劉震孫題
一脉能分妙喜泉薰風一轉代
流傳華聞坐斷南山頂擊碎珊
瑚也直錢北磵禅師以載道之

淳祐12年序末

54. 北磵和尚外集１巻 附行状１巻

唐　大　１冊　556-113

宋釋敬叟居簡撰　釋〔物初〕大觀編　(附)編者撰

〔宋淳祐12年(1252)序〕刊　內閣記錄局蒐集　〔北磵和尚語錄僚册〕

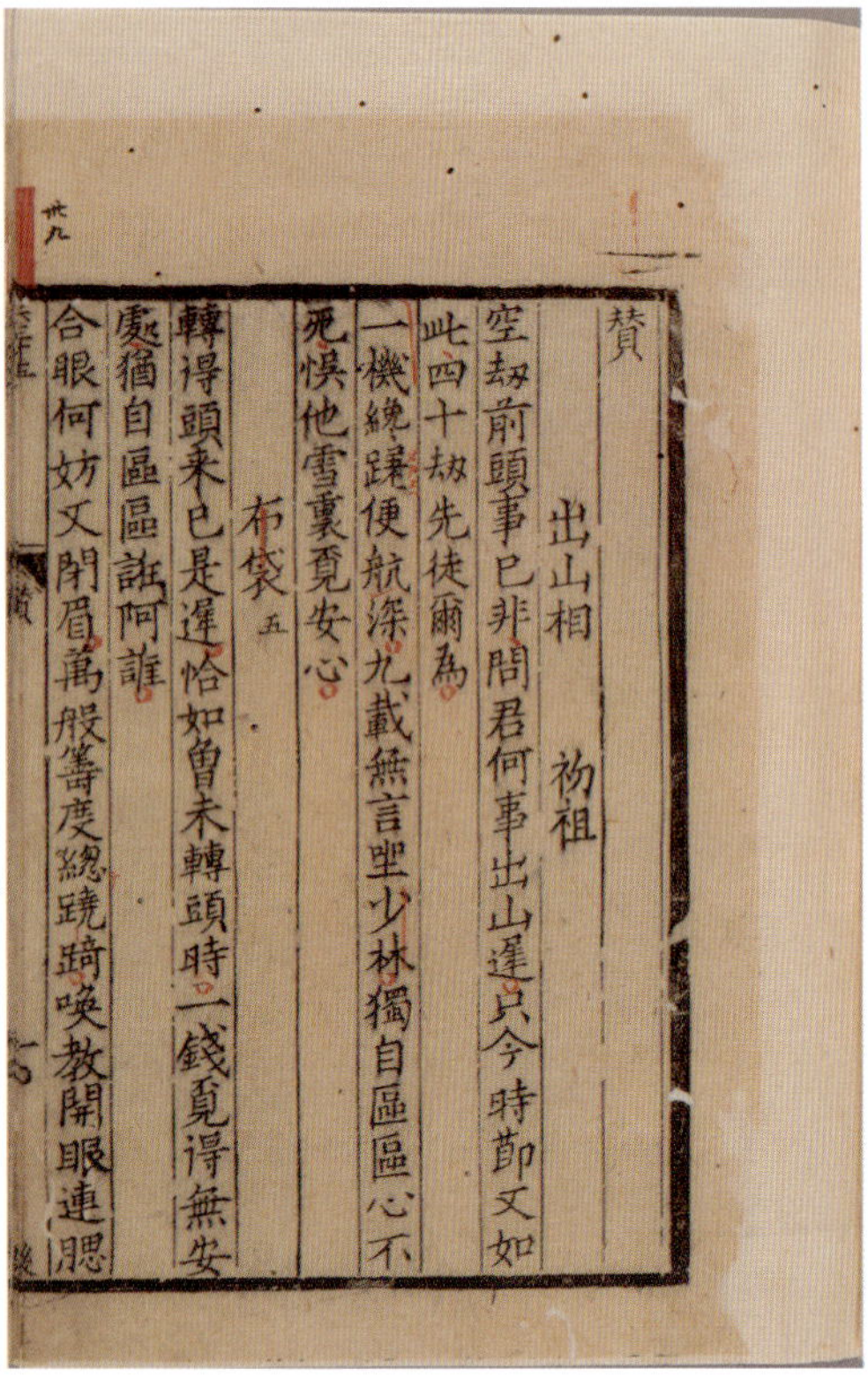
贊
出山相　初祖
空劫前頭事已非問君何事出山遲只今時節又如
此四十劫先徒爾為
一機繞躍便航深九載無言坐少林獨自區區心不
死惧他雪裏覓安心
布袋　五
轉得頭來已是遲恰如曾未轉頭時一錢覓得無安
處猶自區區話阿誰
合眼何妨又開眉萬般籌度總蹺蹊喚教開眼連腮

贊　首

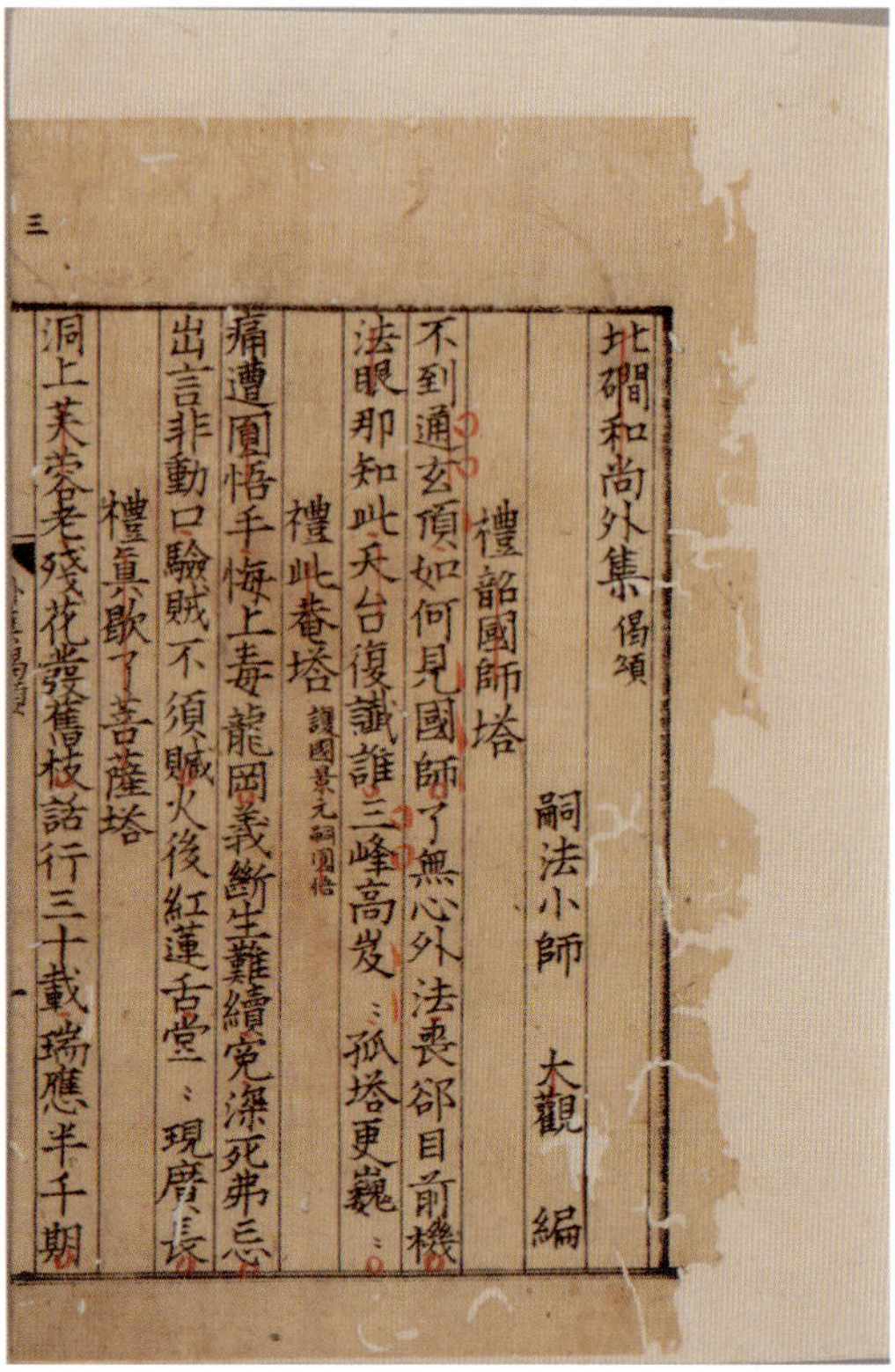
北磵和尚外集　偈頌
嗣法小師　大觀　編
禮韶國師塔
不到通玄頂如何見國師了無心外法喪卻目前機
法眼那知此天台復議誰三峰高岌〻孤塔更巍〻
禮此菴塔　護國景元嗣圓悟
痛遭圓悟手悔上毒龍岡義斷生難續冤深死弗忘
出言非動口驗賊不須贓火後紅蓮舌堂〻現廣長
禮眞歇了菩薩塔
洞上芙蓉老殘花發舊枝話行三十載瑞應半千期

巻　首

後補淡茶色布目艶出表紙（27.0×19.1㎝）。綫装。本文竹紙。五針眼，裏打修補，原紙約24.7×15.0㎝。前に淳祐10年〔物初〕大観「（上略）淳祐／庚戌清明後十日客冷泉／嗣法小師　〈大觀〉書（楷行）」を附す。左右双辺（19.5×12.3㎝）有界，10行20字，欧陽詢体。白口，単線黒魚尾下題「偈頌」等，下方張数，上辺字数あり。後に淳祐11年〔物初〕大観「行状／師名居簡字敬叟（中略）有語録外録各一巻判府右司劉公／朔齋為序已鋟梓行外詩文四十巻已前行續集／一巻（中略）／歳淳祐辛亥季春客北山靈隱（2字鈔補）／嗣法小師　〈大觀〉謹状」を附す。また応安3年〔中巖〕円月跋「（上略）應安庚戌夏不肖遠孫圓月拜手」を附す（鈔補）。

朱標圏，句圏点，竪点，稀に行間補注，校注，校改，毎編首版心上標柱，朱墨返点，音訓送仮名，欄上墨張数書入，縹色不審紙あり。偈頌第2張に鼎形不明朱印記，首に単辺方形陽刻「巣枩」朱印記，同「御府／圖書」朱印記を存す。

南宋時代の僧、敬叟居簡の語録（Ⅲ-53参照）。敬叟は北磵和尚と号す。出家して寧波の阿育王寺に至り、

臨済宗楊岐派下の大慧宗杲の資である拙庵徳光に法を受け、台州般若禅院に出世。後に杭州霊隠寺飛来峰の北礀に庵居した。淳祐 6 年（1246）示寂。敬叟の著作にはこの『北礀和尚外集』の他、『同語録』と、『北礀文集』、『同詩集』がある。『語録』と『外集』は敬叟の資、物初大観の編集であり、『外集』に附した敬叟の「行状」も物初の撰に係る。『外集』は、『語録』未収の偈頌と賛とを収録する。

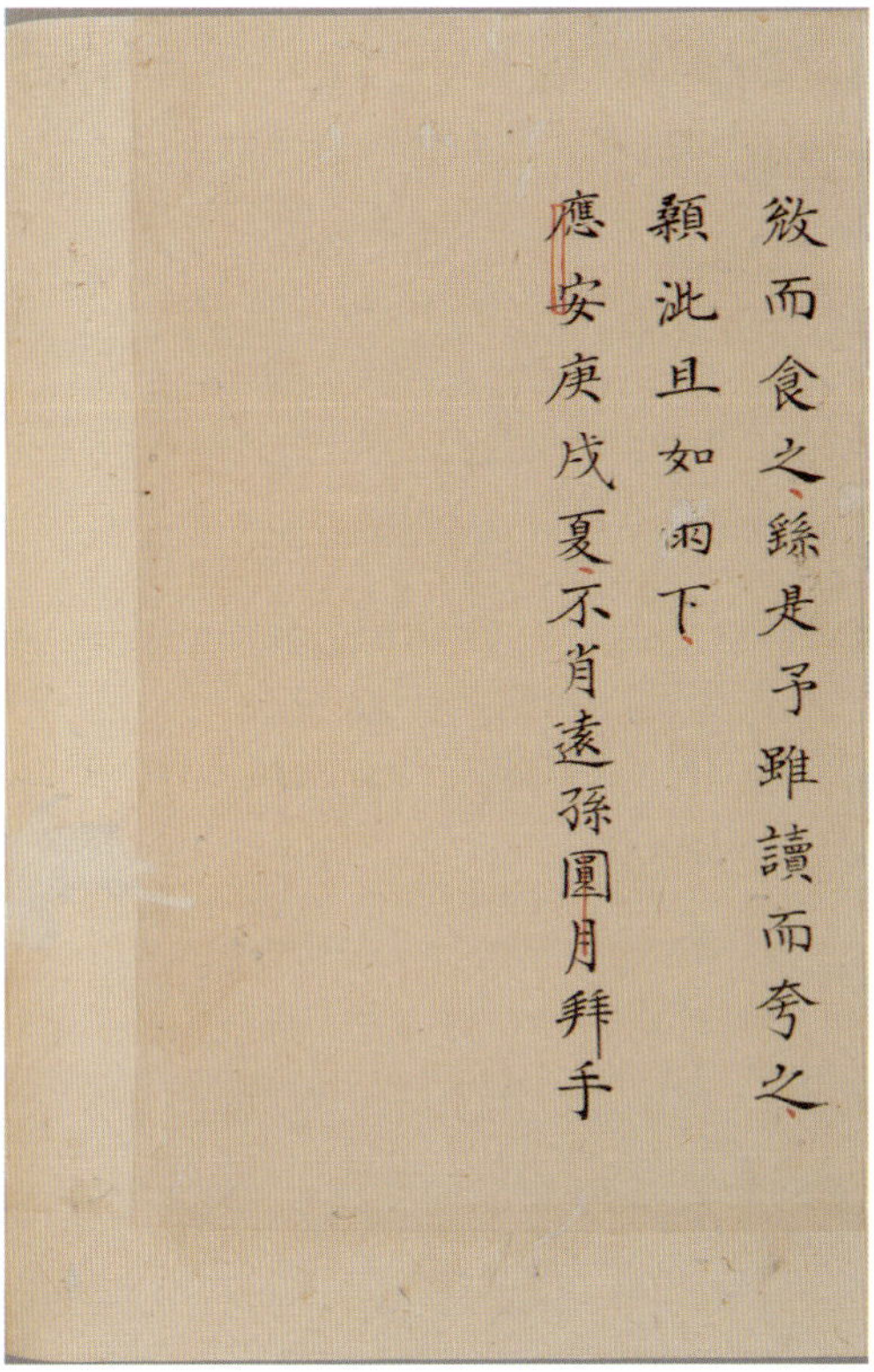

敍而食之餘是予雖讀而夸之
頴泚且如雨下
應安庚戌夏不肖遠孫圓月拜手

応安 3 年跋尾

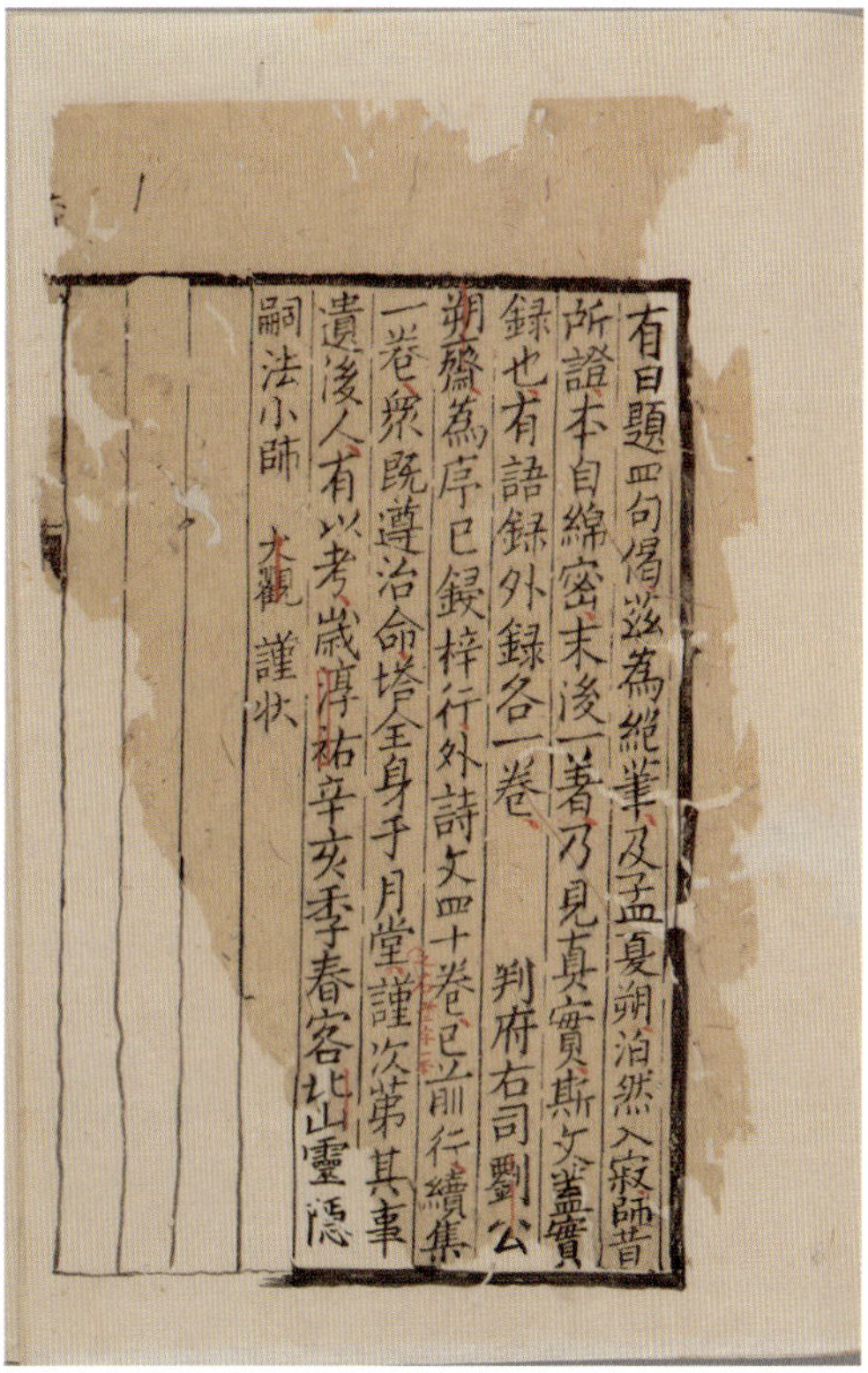

有日題四句偈茲爲絶筆及孟夏朔泊然入寂師普
所證本自綿密末後一著乃見真實斯文蓋寳
録也有語録外録各一卷　判府右司劉公
朔齋爲序已鋟梓行外詩文四十卷已前行續集
一卷衆既遵治命塔全身于月堂謹次第其事
遺後人有以考歲淳祐辛亥季春住北山靈隠
嗣法小師　大觀　謹状

行 状 尾

本冊の刊年について、淳祐11年（1251）の行状中には「語録外録各一巻」に劉朔斎の序を附し刊行したとある。今、同蔵の宋版『北礀和尚語録』（556-111、Ⅲ-53参照）を見ると、首に鈔補して淳祐12年の劉震孫の序を冠する。劉震孫、字は長卿、朔斎と号す。この序は応安7年（1374）刊行の五山版『語録』の首にも翻刻され、「朔齋」印記の摸刻と共に原貌を伝える。つまり行状中の言及は、劉序に約 1 年先行するが、同じ淳祐末年の刊行を指している。そして同蔵の宋版『語録』は、装訂や印記から見て伝来を同じくするばかりか、版式字様や印面から、宋末の同時の版刻、印刷と認められる。即ち行状中の「外録」とはこの『外集』に当たり、『語録』と『外集』は、劉序の書かれた淳祐12年頃に、同時に刊行されたと推定する。

本冊の末尾には応安 3 年（1370）の中巌円月の跋を鈔補する。中巌は正中 2 年（1325）に入元し、帰国後、臨済宗大慧派の東陽徳輝に嗣法し大慧派の人となった僧であり、『北礀和尚語録』『外集』の跋者に相応しい。但しこの跋は、上述した現存の五山版に見えない。

近代に田中青山の斡旋で図書寮に収蔵された。（住吉朋彦）

55. 正法眼蔵３巻

唐　半　３冊　556-70

宋〔釋大慧宗杲〕（妙喜）撰

〔南宋前期〕刊　延徳３年（1491）鈔補識語 天龍寺鹿王院 同金剛院 南禪寺金地院舊藏　巻上第70張 巻中第10至83張鈔補　内閣記錄局蒐集

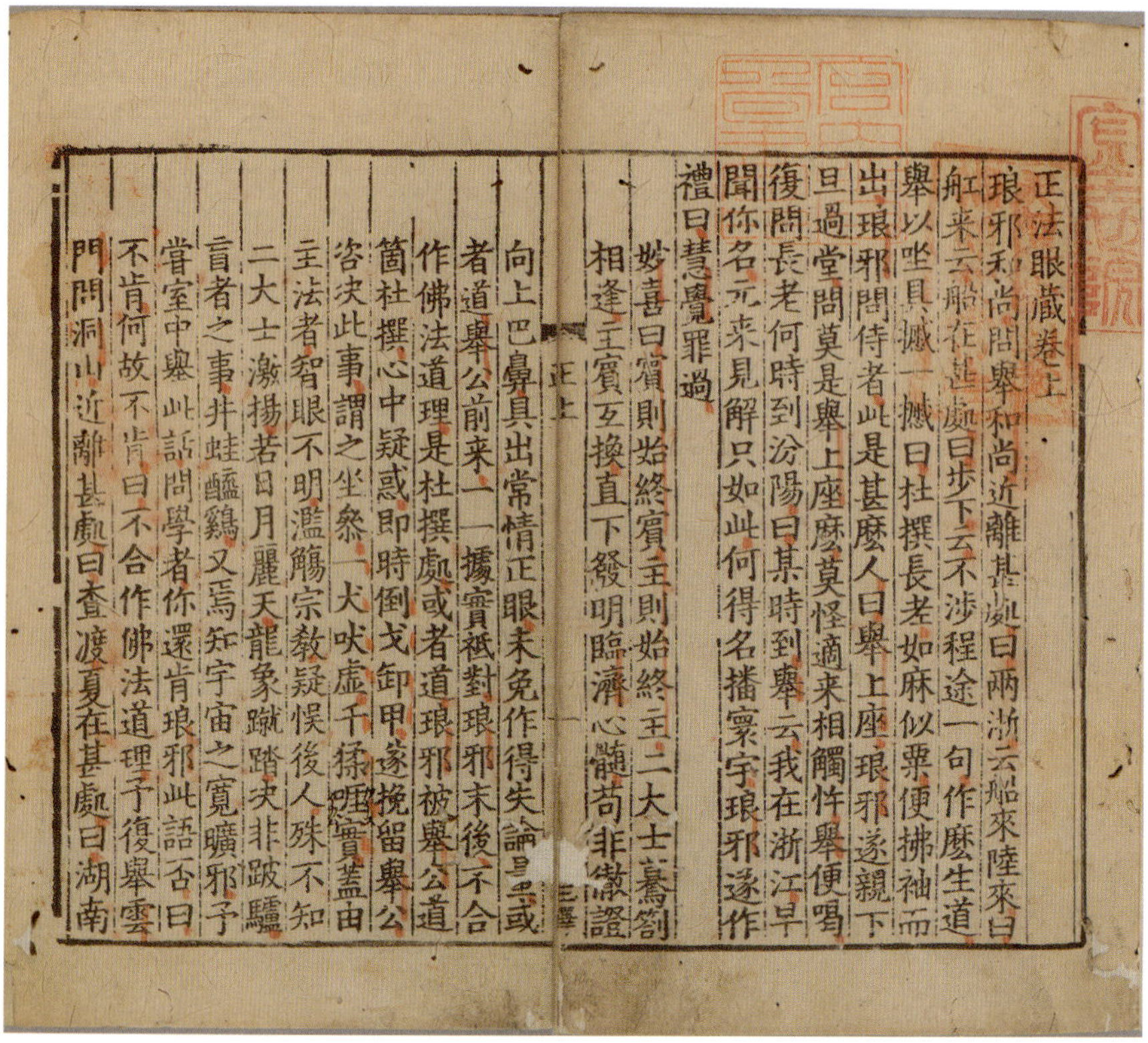
正法眼蔵巻上
琅邪和尚問舉和尚近離甚處曰兩浙云船來陸來曰
舡来云船在甚處曰歩下云不渉程途一句作麼生道
舉以坐具摵一摵曰杜撰長老如麻似粟便拂袖而
出琅邪問侍者此是甚麼人曰舉上座琅邪遂親下
旦過堂問莫是舉上座麼莫怪適来相觸忤舉便喝
復問長老何時到汾陽曰某時到舉云我在浙江早
聞你名元来見解只如此何得名播寰宇琅邪遂作
禮曰慧覺罪過
妙喜曰賓則始終賓主則始終主二大士驀劄
相逢主賓互换直下發明臨濟心髓苟非徹證
向上巴鼻具出常情正眼未免作得失論是或
者道舉公前来一一據實秖對琅邪末後不合
作佛法道理是杜撰處或者道琅邪被舉公道
箇杜撰心中疑惑即時倒戈卸甲遂挽留舉公
咨决此事謂之坐叅一犬吠虚千猱啀實蓋由
主法者智眼不明濫觴宗教疑悞後人殊不知
二大士激揚若日月麗天龍象蹴踏决非跛驢
盲者之事井蛙醯鷄又焉知宇宙之寛曠邪予
甞室中舉此話問學者你還肯琅邪此語否曰
不肯何故不肯曰不合作佛法道理予復舉雲
門問洞山近離甚處曰查渡夏在甚處曰湖南

巻　上　首　（図版は合成、次頁も同じ）

後補古丹表紙（23.7×14.6㎝）。左肩に題簽を貼布し「正法眼藏　　幾」と書し，その下，打付に「共三」と書す。もと胡蝶装を綫装に改む。裏打修補，一部虫損修補あり。本文首則後の妙喜（大慧宗杲）評語内に「妙喜曰（中略）禪者／〈冲密慧然〉随手抄録日月浸久成一巨軸〈冲密〉／等持来乞名其題（中略）予因目之曰正法眼蔵（下略）」という序に相当する文言あり。各巻とも首題，尾題いずれも「正法眼藏巻幾」だが，巻下には尾題がなく，巻上首題は「藏」を「蔵」に作る。問答ごとに改行，同一問答内で新たな質問があるときは空１格，評語低２格。

左右双辺（18.3×11.3㎝）有界，11行20字。「玄驚恒講」に闕筆例あり。版心は白口，単黒魚尾或いは双黒魚尾（不対向），上魚尾下題「正幾」，下方張数，下辺には常に工名を刻す。二字以上の工名は王沢，程保，邵保，丁四，陳从，鄭俊，郭康，上官，李秀，李植，李芳が見える。

巻上第70張と巻中第10至83張が鈔補で，巻中第83張末に「延徳三（1491）辛亥六月初八日　　懌書之」との書写識語あり。朱竪句点，標韻圏，朱墨返点，連合符，送仮名，間ゝ欄外行間に朱墨標校注

（用「或本」）等の書入あり。蔵書印は「鹿王院（楷書）」（天龍寺鹿王院，多くは刪去さる），「天龍金剛蔵／海印文常住（楷書）」（天龍寺金剛院），「金地院」（南禅寺金地院）及び「宮内省／圖書印」の各朱印記が見える。このうち鹿王院印と金剛院印はともに同じ張の対面に鏡像が確認出来るため，胡蝶装の状態で捺されたと思しい。

大慧宗杲（1089-1163）は臨済宗楊岐派の高僧で、公案禅を確立した。本書はその公案集で、本邦の道元（1200-53）の『正法眼蔵』（真名、仮名の二種あり）とは同名異書である。

本冊に見える刻工名のうち、王沢と李秀が紹興間（1131-62）淮南路転運司刊後修本『史記集解』の、陳从（陳従）と李秀が紹興刊宋元逓修本『後漢書』の、それぞれ原刻部分に揃って現れる（『古籍宋元刊工姓名索引』）。また、南宋初刊南宋前期後修本『呉書』の原刻部分に郭康、補刻部分に陳従の名が見える（『静嘉堂文庫宋元版図録解題篇』）。従って本冊もこれらと近い時期の刊行と推定され、闕筆が確認出来たのも高宗までであることから、〔南宋前期〕刊とした。　（上原究一）

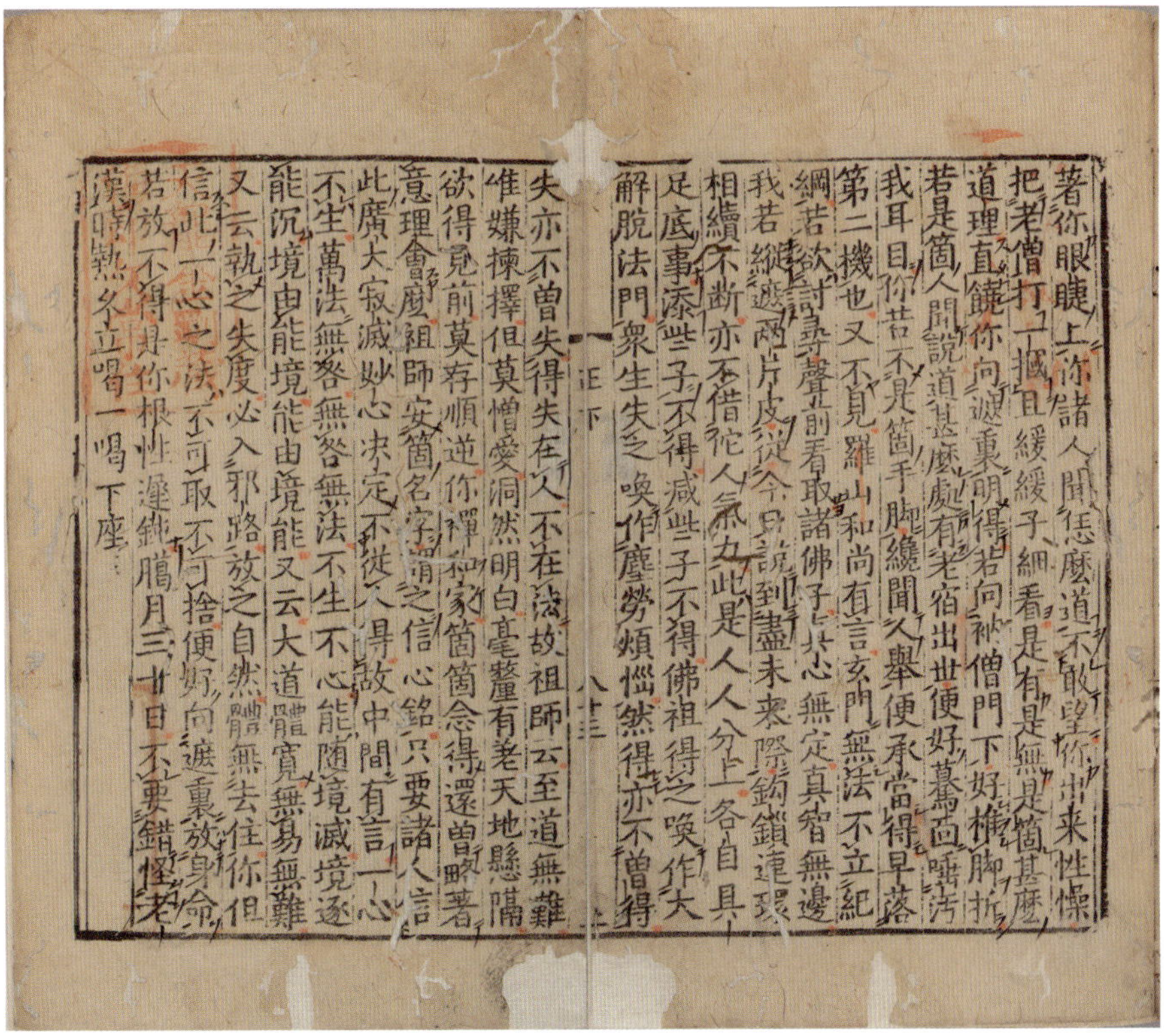

著你眼睫上諸人聞恁麼道不敢望你出来性燥
把老僧打一摑且緩緩子細看是有是無是箇甚麼
道理直饒你向遮裏明得若向衲僧門下好檐脚折
若是箇人聞説道甚麼處有老宿出世便好驀面唾汚
我耳目你若不是箇手脚纔聞人舉便承當得早落
第二機也又不見羅山和尚有言玄門無法不立紀
綱若欲討尋聲前看取諸佛子共心無定真智無邊
我若縱遮兩片皮從今日説到盡未来際鈎鎖連環
相續不斷亦不借他人氣力此是人人分上各自具
足底事添些子不得減些子不得佛祖得之喚作大
解脱法門衆生失之喚作塵勞煩惱然得亦不曾得

正下　八十三

失亦不曾失得失在人不在法故祖師云至道無難
唯嫌揀擇但莫憎愛洞然明白毫釐有差天地懸隔
欲得現前莫存順逆你禪和家箇箇念得還曾思著
意理會麼祖師安箇名字謂之信心銘只要諸人信
此廣大寂滅妙心決定不從人得故中間有言一心
不生萬法無咎無咎無法不生不心能隨境滅境逐
能沈境由能境能由境能又云大道體寛無易無難
又云執之失度必入邪路放之自然體無去住你但
信此一心之法不可取不可捨便好向遮裏放身命
若放不得且你根性遲鈍臘月三十日不要錯怪老
漢時熱久立喝一喝下座

第 3 冊尾鹿王院印刪去痕（左下）及び金剛院印記（左上）　その鏡像

56. 福州鼓山寺古尊宿語要(目題)〔正集〕4 策 闕第 2 策 續開古尊宿語要 6 集存第 1 3 集

唐　半　5 冊　556-107

宋釋賾藏主編　(續)釋晦室師明編

〔宋紹興 9 年(1139)〕刊(福州鼓山寺藏司) 至嘉熙 2 年(1238)逓修　妙覺寺日典舊藏

內閣記錄局蒐集

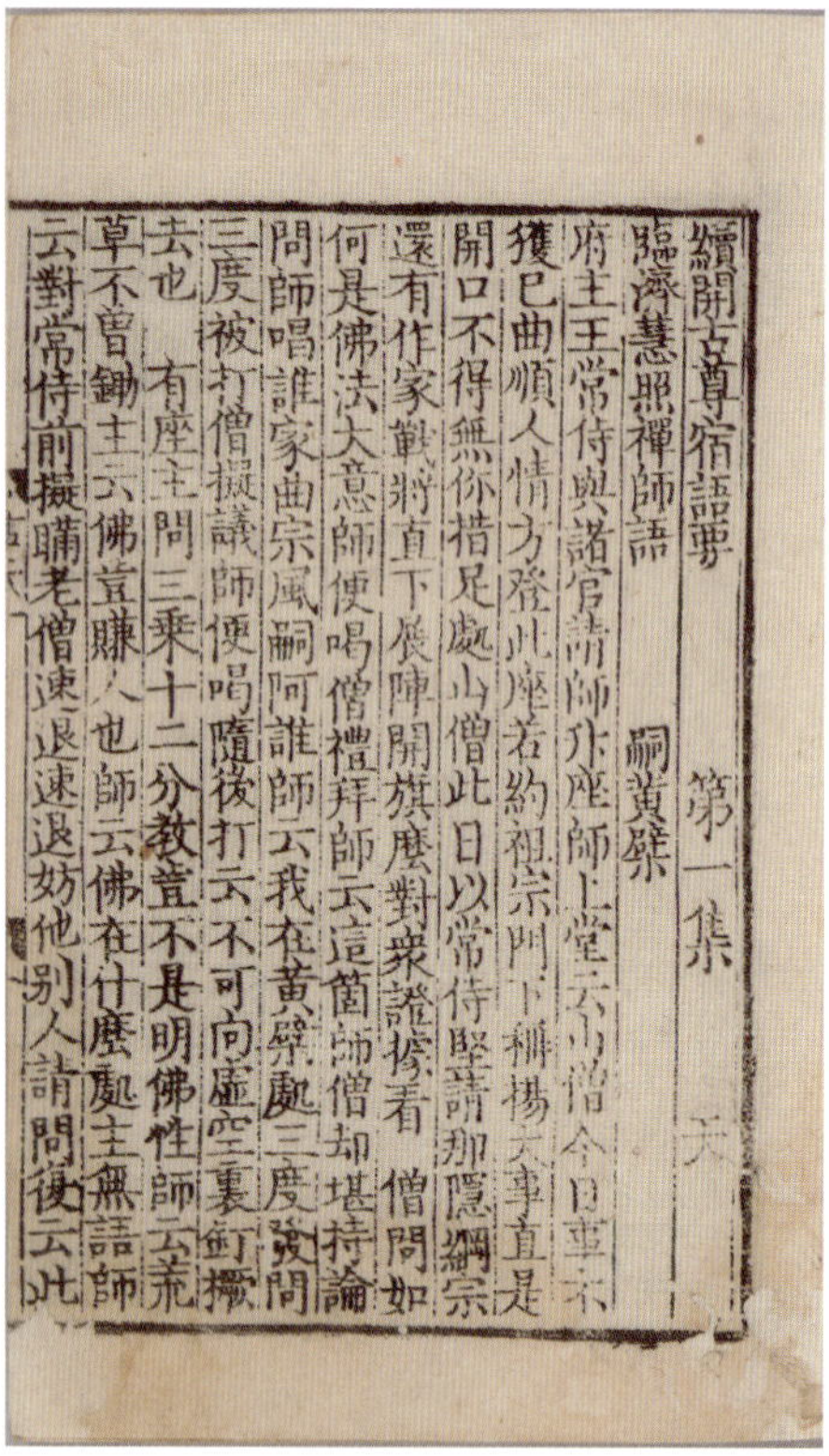

續開古尊宿語要　第一集　天
臨濟慧照禪師語　嗣黄檗
府主王常侍與諸官請師升座師上堂云山僧今日事不
獲已曲順人情方登此座若約祖宗門下稱揚大事直是
開口不得無你措足處山僧此日以常侍堅請那隱綱宗
還有作家戰將直下展陣開旗麼對衆證據看　僧問如
何是佛法大意師便喝僧禮拜師云這箇師僧却堪持論
問師唱誰家曲宗風嗣阿誰師云我在黄檗處三度發問
三度被打僧擬議師便喝隨後打云不可向虚空裏釘橛
去也　有座主問三乘十二分教豈不是明佛性師云荒
草不曾鋤主云佛豈賺人也師云佛在什麼處主無語師
云對常侍前擬瞞老僧速退速退妨他別人請問復云此

續集首「續開古尊宿語要　第一集　天」

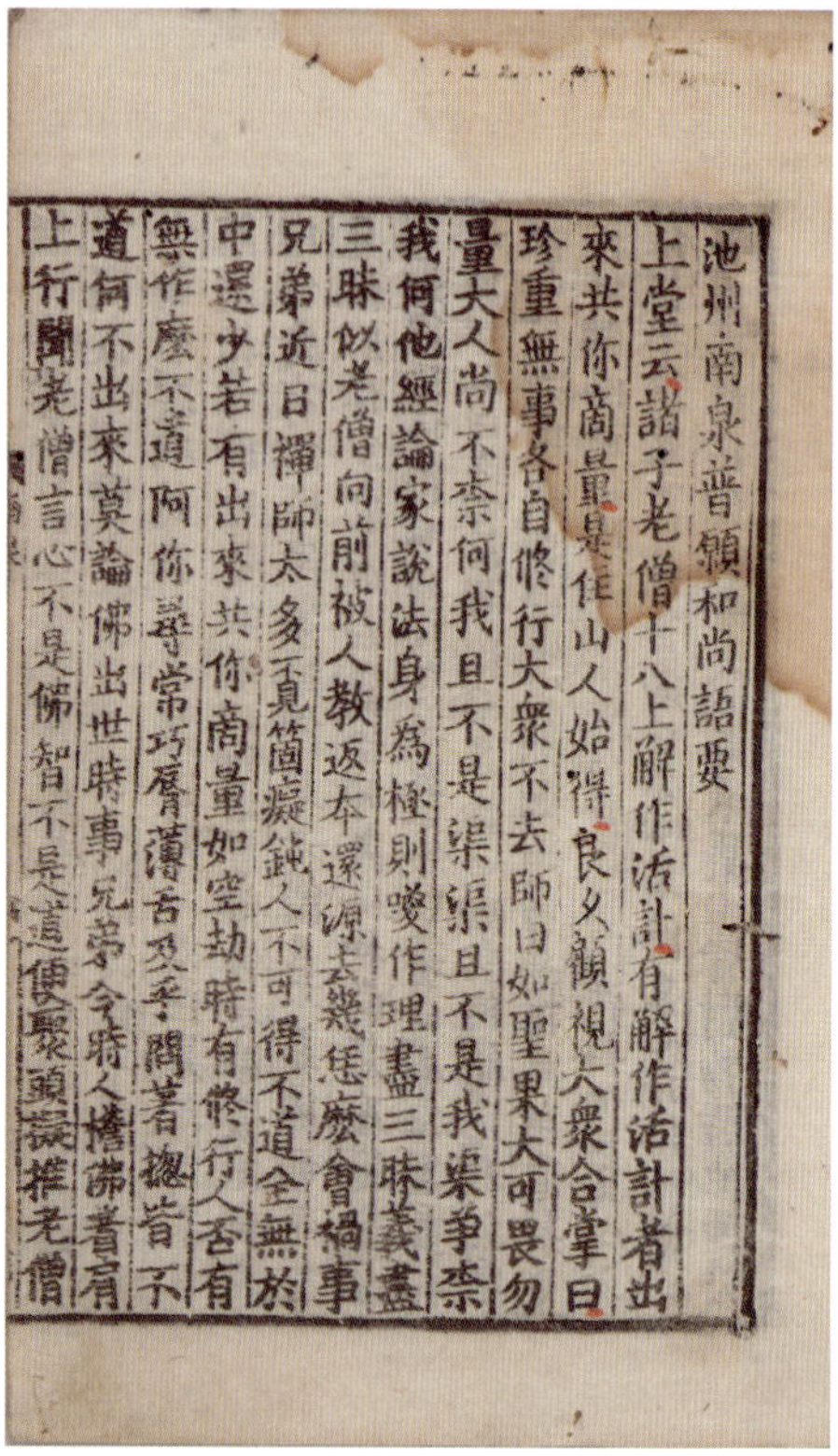

池州南泉普願和尚語要
上堂云諸子老僧十八上解作活計有解作活計者出
來共你商量是住山人始得良久顧視大衆合掌曰
珍重無事各自修行大衆不去師曰如聖果大可畏勿
量大人尚不柰何我且不是渠渠且不是我渠爭柰
我何他經論家說法身爲極則喚作理盡三昧義盡
三昧似老僧向前被人教返本還源去幾恁麼會禍事
兄弟近日禪師太多覓箇癡鈍人不可得不道全無於
中還少若有出來共你商量如空劫時有修行人否有
無作麼不道阿你尋常巧脣薄舌及乎問著總皆不
道何不出來莫論佛出世時事兄弟今時人擔佛著肩
上行聞老僧言心不是佛智不是道便聚頭擬推老僧

第 1 策首「池州南泉普願和尚語要」

後補茶色漉目艶出表紙 (27 × 16㎝) 右肩打付に「黄」と朱書す，左肩打付に別筆にて「古尊宿語要［　］〈五冊之内〉」と，右肩より小目を，又朱書を滅して「收」と墨書す。本文楮紙。首に嘉熙 2 年晦室師明序「(上略) 戊戌佛成道／日鼓山晦室　〈師明〉　序 (行書)」,「福州鼓山寺古尊宿語要全部目録」あり。左右双辺 (17. 6 × 14㎝) 有界，12 行 20 至 23 字。〔補刻〕あり。白口，双黒魚尾 (不対向)，上尾下題「南録」等，下尾下張数，下辺間ゝ工名あり。工名，付任 (刊)，付祐，傅詔 (刊)。「南泉和尚語録終」の正集尾題後，2 格を低し題記を存す。目録正集，続集後，各 1 格を低し「已上四策共二十家係賾藏主刋在藏司印行」,「已上六策總八十家係嘉熙戊戌歳續刋在／蒙堂印行逐策各有目録具載／尊宿名字伏幸／衆悉」記あり。序，続集楊岐録のみ朱竪句点，欄上標圏，毎編首版心上標柱書入。毎冊首に陽刻「(毎字改行) 妙覺寺常住日典 (楷書)」朱印記，毎冊首尾に単辺方形陽刻「吟風／弄月」朱印記，毎冊首に同「帝室／圖書／之章」朱印記を存す。

本書は唐五代宋初の禅匠の語録を集めた叢書であり、南宋の初めに福州（福建省）鼓山湧泉寺の僧、僧挺守賾が編成し、広く施財を集めて刊行した禅籍である。初め20家の総集であったが、淳熙５年（1178）に鼓山の小菴徳最が２家を増修した。次で嘉熙２年（1238）に鼓山の晦室師明が、原編の20家に対して80家を増修し100家本として続刊した。その際、もとの正集にも補刻が加えられている（Ⅲ-49）。

本冊は従来、本邦南北朝期刊行の五山版と考えられていたが、宋版と見なされた天理大学附属天理図書館、大東急記念文庫、国立国会図書館等に蔵する版本と同版の関係にあり、いずれも五山版ではなく宋版で、初刻の鼓山寺刊本と見る説が提起、承認されている。この判断に従えば、五山版は存在せず、次掲Ⅲ-57の本書咸淳版に補配された続第６集も、鼓山寺版の嘉熙２年（1238）続修本そのものということになる。

室町末近世初期の蔵書家で、具足山妙覚寺の日蓮宗僧、釈日典の旧蔵。日典の旧蔵書には善本が多く、図書寮文庫には他に〔南宋初〕明州刊・紹興28年（1158）〔宋〕逓修本『文選』（本書Ⅲ-70）や〔元〕刊本『新編方輿勝覧』20冊本（511-36、但し印記は別種竪形）などの宋元版に鈐印がある。田中青山の『古芸餘香』第６（新収本朝古版）に「五山版／古尊宿語要」として著録、明治期内閣の蒐集。

（住吉朋彦）

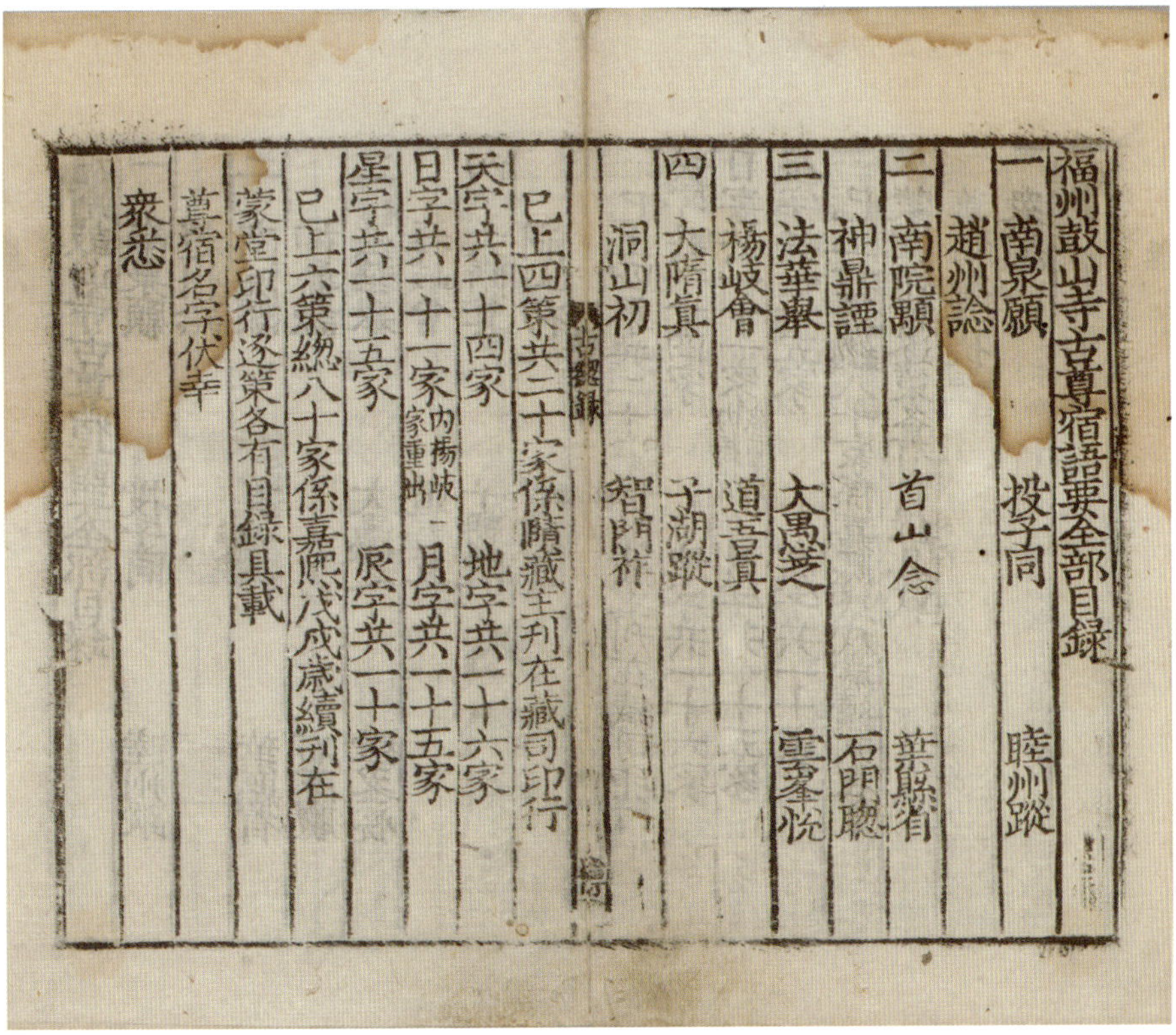
福州鼓山寺古尊宿語要全部目録
一 南泉願 投子同 睦州蹤
趙州諗
二 南院顒 首山念 葉縣省
神鼎諲 石門聰
三 法華舉 大愚芝 雲峯悅
楊岐會 道吾真
四 大隋真 子湖蹤
洞山初 智門祚
已上四策共二十二家係賾藏主刊在藏司印行
天字共一十四家 地字共一十六家
日字共一十一家 内楊岐一家重出 月字共一十五家
星字共一十五家 辰字共一十家
已上六策總八十家係嘉熙戊戌歳續刊在
蒙堂印行逐策各有目録具載
尊宿名字伏幸
衆悉

目　録（図版は合成）

57. 古尊宿語録(序題)4策 闕第3策 續開古尊宿語要6集　唐　半　9冊　556-62

宋釋賾藏主編　(續)釋晦室師明編

宋咸淳3年(1267)序刊　第4策 續第1至5集鈔配 續第6集配〔宋嘉熙2年(1238)〕修本　南禪寺金地院舊藏　内閣記錄局蒐集

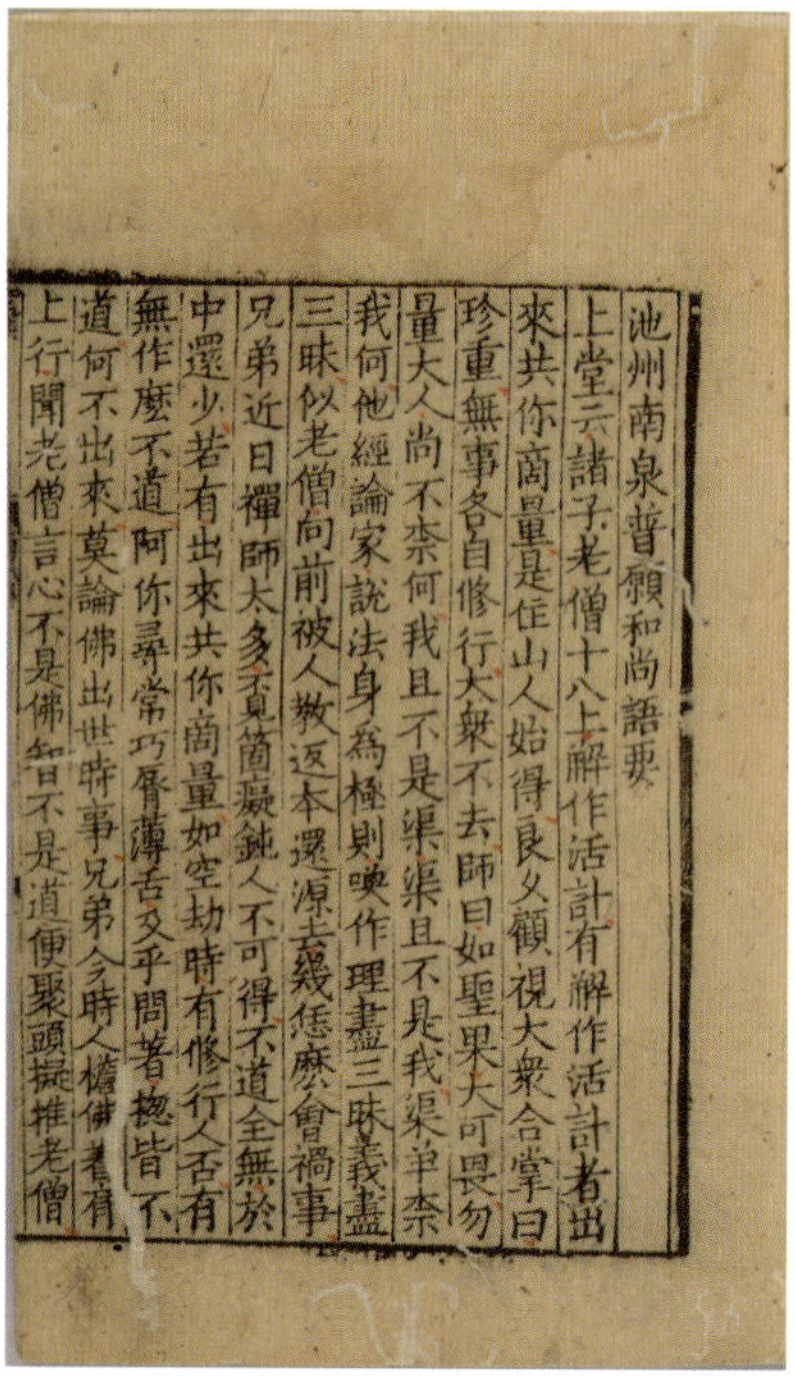
池州南泉普願和尚語要
上堂云諸子老僧十八上解作活計有解作活計者出
來共你商量是住山人始得良久顧視大衆合掌曰
珍重無事各自修行大衆不去師曰如聖果大可畏勿
量大人尚不柰何我且不是渠渠且不是我渠争柰
我何他經論家説法身爲極則喚作理盡三昧義盡
三昧似老僧向前被人教返本還源去幾恁麼會禍事
兄弟近日禪師太多覓箇癡鈍人不可得不道全無於
中還少若有出來共你商量如空劫時有修行人否有
無作麼不道阿你尋常巧脣薄舌及乎問著摠皆不
道何不出來莫論佛出世時事兄弟今時人擔佛著肩
上行聞老僧言心不是佛智不是道便聚頭擬推老僧

第1策首

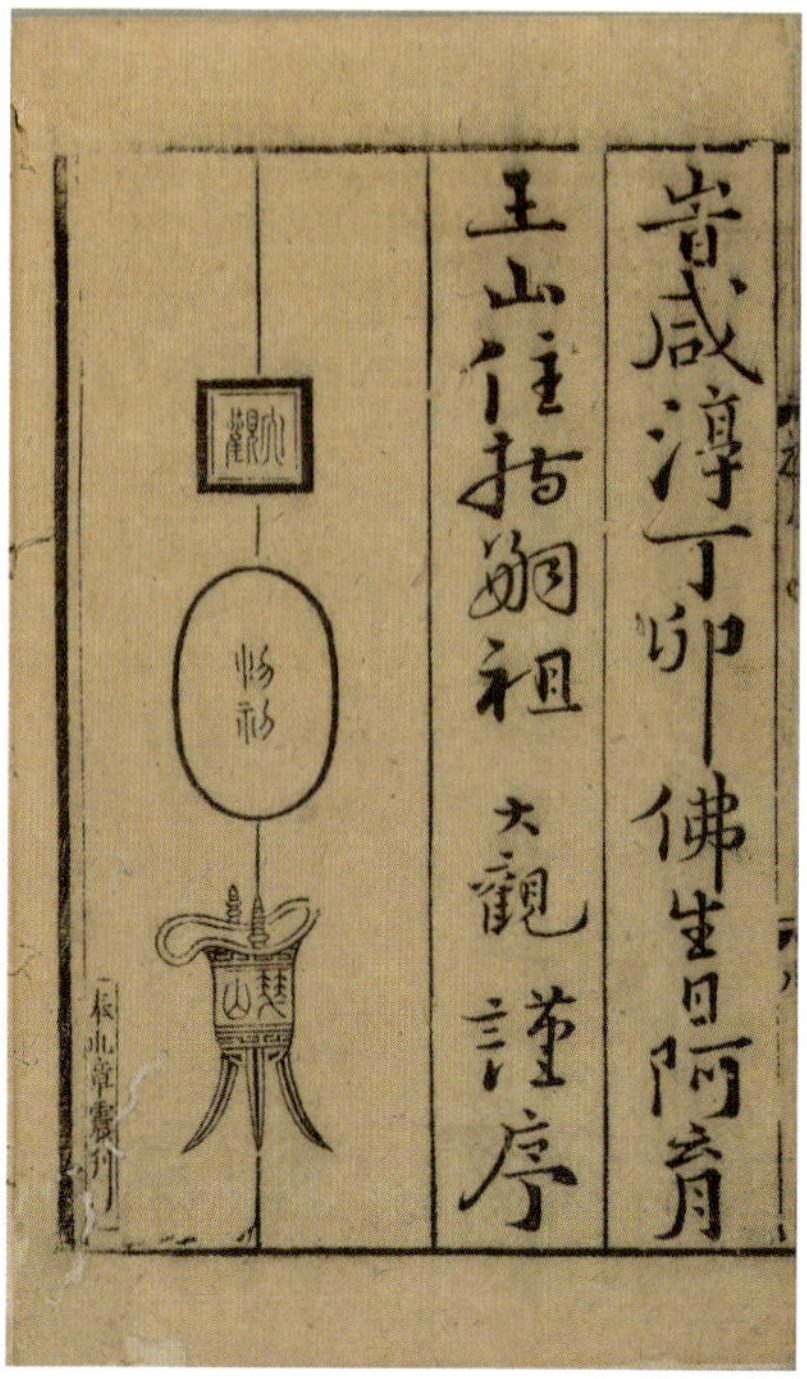
峕咸淳丁卯佛生日阿育
王山住持嗣祖　大觀　謹序
奉水章震刊

宋咸淳3年序末

後補香色艷出表紙（23.3×15.2㎝）左肩打付に「古尊宿録〈一前集〉」等と書し，第2冊以下右肩に所収の僧名を列す。綫裝。本文竹紙，裏打修補，第9冊原紙背面〔中世〕文書，匡郭外刪去。前に咸淳3年（1267）釈物初大観の「重刋古尊宿語録序」，淳熙5年（1178）釈徳最序，「福州鼓山寺古尊宿語要全部目録」を附す。目録後2格を低し「已上四策共二十家係賾藏主刋在藏司印行」「已上六策總八十家係嘉熙戊戌歳續刋在／蒙堂印行逐策各有目録具載／尊宿名字伏幸／衆悉」嘉熙2年（1238）記あり。左右双辺（16. 5×11. 4㎝），有界，12行21字内外，欧陽詢体。白口，双黒魚尾（不対向），上尾下題「南泉」等，下尾下張数，上辺字数。（闕筆）玄驚。釈大観序末下辺に単辺「〈奉水章震刋〉」記あり，第1冊末「廬山棲賢覚禅院住持傳法賜紫沙門　澄諟　重詳定／（低10格）福州鼓山重刋印行」等の原刊記あり（鈔補）。また前に〔嘉熙〕2年（1238）釈晦室師明序，毎集首「續刋古尊宿語要第一集目録（隔3格）天」等を附す。左右双辺（17.8×11.4㎝）有界，12行22字，耳郭あり，「雪堂行」等小目。（闕筆）恒。白口，双黒魚尾（不対向），上尾下題「古辰幾幾」等，下尾下張数，下辺工名あり。（工名）付（傅）任。後に嘉熙2年（1238）釈宗源跋（補配）あり。毎集目後「施主尊街／　　住東山民雲寺比丘〈祖昂〉壹拾貫足（中略）／已上共施財刋此乙集流通報資　恩有者」記，釈宗源跋末に2格を低し花口魚尾下に「三山傳詔刋」記あり。

第 1 策趙州上，中，下，第 2 策神鼎，承天，慈照，第 4 策，續第 1 至 5 集鈔補（2 筆），朱竪句点，標圈，極稀に欄上校注，本文同墨行間校改書入あり。〔室町〕墨筆にて第 1 冊南泉語末に「丙申夏／看過了」，睦州語末に「丙申仲夏初七日看過了」識語を存す。毎冊首（第 4 冊は目首）に単辺方形陽刻「金地院」朱印記（南禅寺金地院），単辺方形陽刻「帝室／圖書／之章」朱印記あり。

本書は初め20家の総集であったが（Ⅲ-49、56参照）、淳熙 5 年（1178）に鼓山の小菴徳最が 2 家の増修を試みた。福州ではその後、さらに増修100家本が作られたが、杭州では阿育王山広利寺の住持、物初大観に帰依する覚心居士が施財し、咸淳 3 年（1267）頃に徳最の増補本を刊行したのである。

さて、本冊は識語、印記、装訂を同じくし、この『古尊宿語録』の増補部分とされる単独の語録を図書寮文庫に収蔵する。現行の整理では、『舒州龍門仏眼和尚語録』（556-66、Ⅲ-52）2 冊と『滁州琅琊山覚和尚語録 琅邪和尚中後録 舒州白雲山海会演和尚語録 黄梅東山語録』（556-74、Ⅲ-49）1 冊の、2 部 4 家の語録は単行とされるが、この『古尊宿語録』の僚冊である。『黄梅東山語録』等は、賾蔵主原編にはない増補部分に当たるため、単行と判断されたのであろう。これら一連の語録には、「奉水章震刊」（『古尊宿語録』）、「四明胡昶刊」（『白雲和尚語録』）と、宋末浙江の刊刻を証する工名の附刻がある。同版本に石川武美記念図書館成簣堂文庫蔵本、国家図書館（台湾）蔵本等が知られる。

本冊の正集第 4 策と、続集の殆どは鈔補に当たる。続集の底本は当然ながら、嘉熙 2 年（1238）の晦室増修系統の本であるが、実は正集の鈔補も、この増修100家本でなされ、首の目録もそれに基づいている。さらに、続第 6 集は別版の補配であるが、これは福州鼓山寺刊本そのものと同版である。

室町期に溯る識語の干支は年次不明、文明 8 年（1476）の丙申か、その前後であろうか。江戸初に五山を統括する僧録司の置かれた、南禅寺金地院の旧蔵である。田中青山『古芸餘香』巻 6 著録、明治期の内閣購入本。

（住吉朋彦）

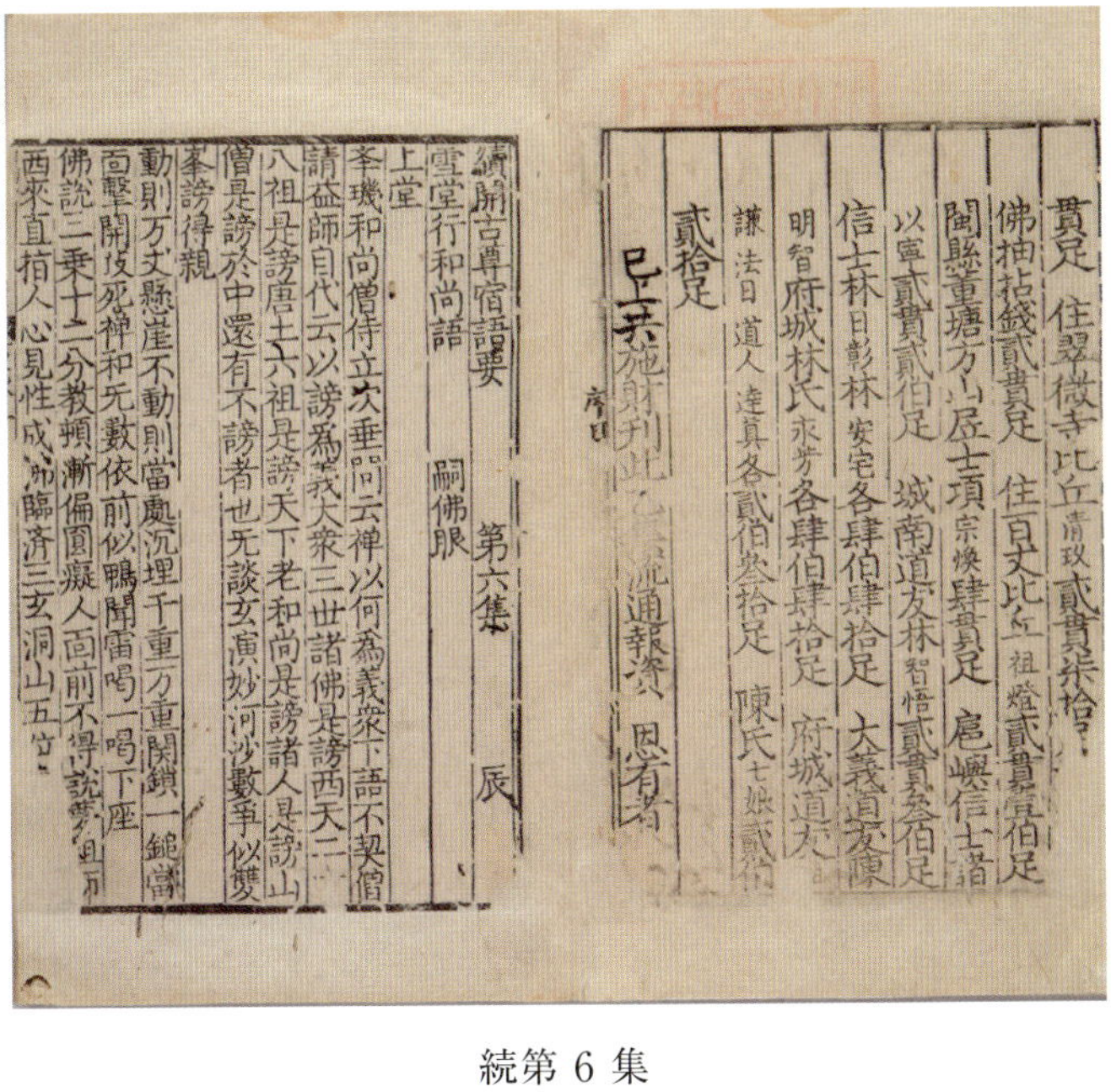

続第 6 集

58. 寒山詩集 豐干拾得詩附 1巻　　　唐　大　1帖　500-9

唐釋寒山撰

〔南宋〕刊　安政４年〔貫名海屋〕（苞）識語　〔下田〕桂屋 河合元昇 渡辺霞亭舊藏

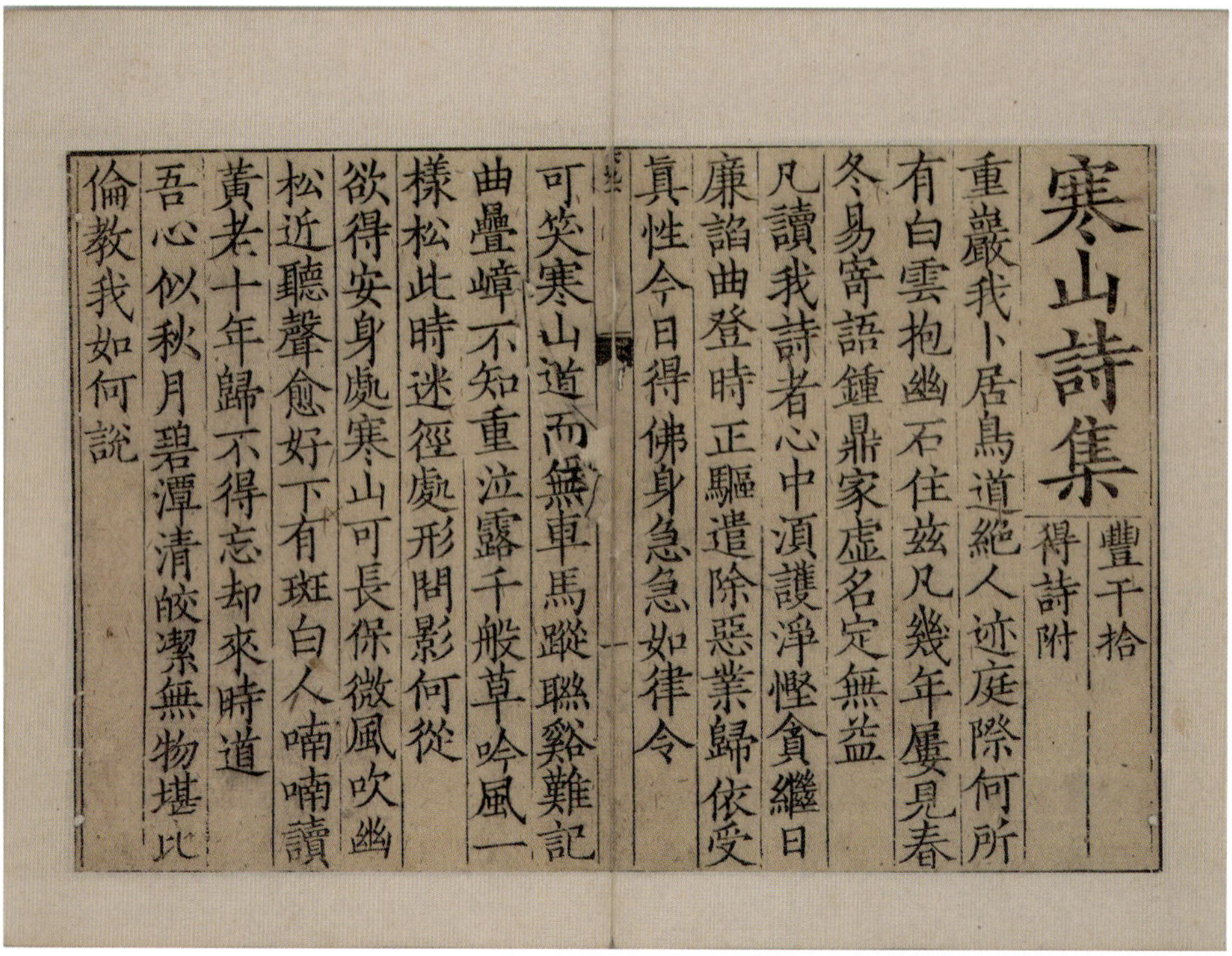
寒山詩集 豐干拾 得詩附
重巖我卜居鳥道絶人迹庭際何所
有白雲抱幽石住茲凡幾年屢見春
冬易寄語鍾鼎家虚名定無益
凡讀我詩者心中須護淨慳貪繼日
廉諂曲登時正驅遣除惡業歸依受
眞性今日得佛身急急如律令
可笑寒山道而無車馬蹤聯谿難記
曲疊嶂不知重泣露千般草吟風一
樣松此時迷徑處形問影何從
欲得安身處寒山可長保微風吹幽
松近聽聲愈好下有斑白人喃喃讀
黄老十年歸不得忘却來時道
吾心似秋月碧潭清皎潔無物堪比
倫教我如何説

巻　首

新補鶯色雲形文様絹表紙（26. 2 × 17. 5㎝）。折帖，胡蝶装を改む。印面を匡郭に沿って切断し，折帖臺紙に貼り付け，外周に和紙を補う。本文竹紙，臺紙楮紙。

前に「若人何郷何姓氏隋季□□□／傑士屠龍技癢無所施（中略）此其所／以得為寒山子／　〈嚢閲東皐寺寒山集缺此一篇適獲　聖制古文／命工刋梓以全其璧觀音比丘無我慧身敬書〉」，「寒山子詩集序／〔朝議〕大夫使持節台州諸軍事守刺史上柱國賜緋魚袋閭丘　胤　撰／（中略）乃令僧⫽道翹尋其往日行狀唯於竹木石壁書／詩并村墅人家廳壁上所書文句三百／餘首及拾得於土地堂壁上書言偈並／纂集成巻〈胤〉捿心佛理幸逢道人乃爲／讃曰（下略）」，「朱晦庵與南老帖／（中略）／寒山子詩彼□有好本否如未／有為讎挍刊刻令字畫稍大⫽便於觀覧亦佳也（中略）　熹悚息啓上／國清南公禅師方丈／熹再啓／（中略）寒山／詩刻成幸／早見寄（下略）」，「　陸放翁與明老帖／（中略）／（以下低１格）此寒山子所非楚／辭也今亦在集⫽中妄人竄改附／益至不可讀放翁書寄　天封明公／或以刻之山中也」を附す。

左右双辺（20.3 × 14.5㎝）有界，８行14字。（闕筆）玄紘朗殷胤恒貞。白口，単黒魚尾，上辺字数，下方張数。本文後接行，３格を低し「按三隠詩山中舊本如此不復／校正博古君子兩眼如月政要／觀

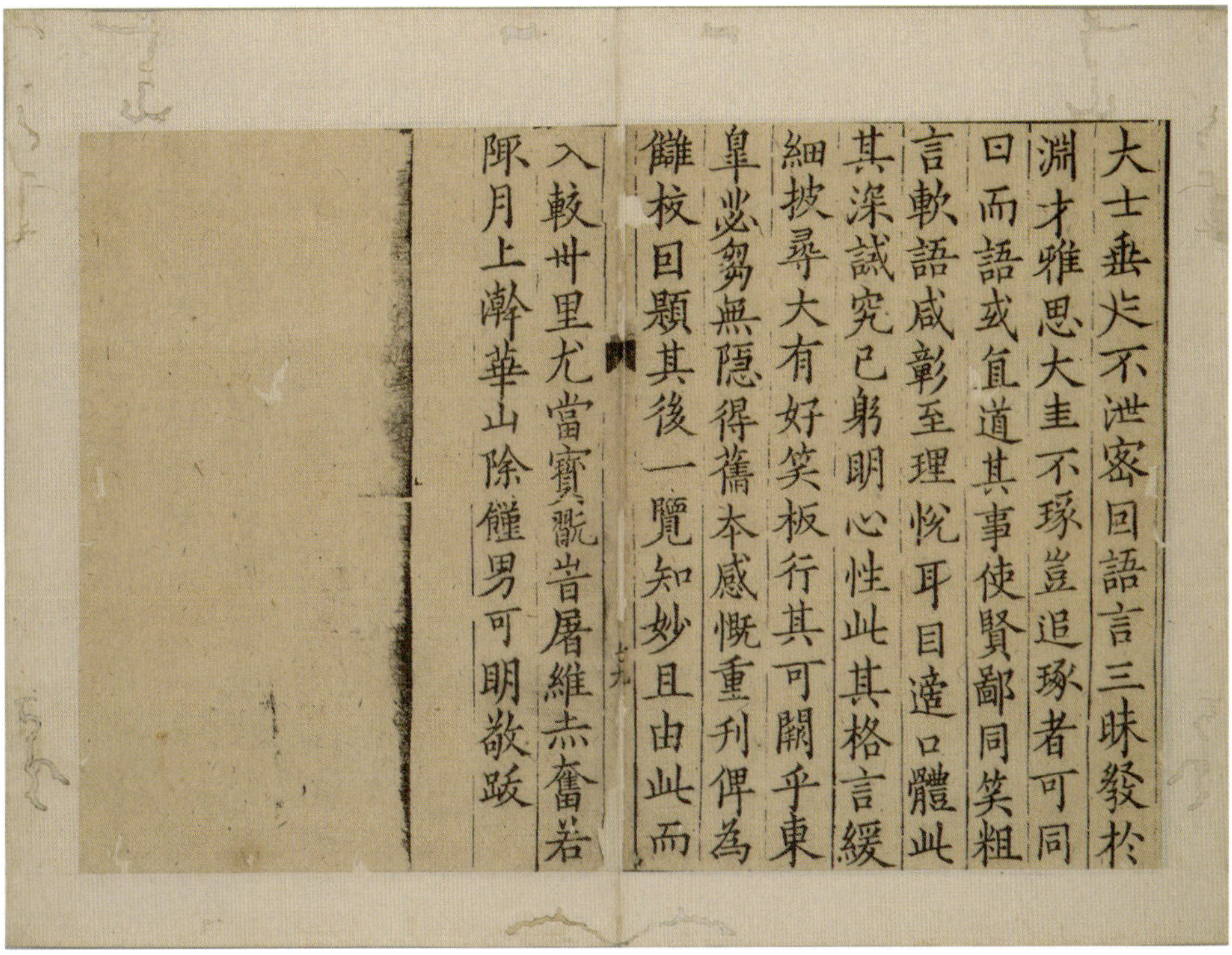
大士垂光不泄密因語言三昧發於淵才雅思大圭不琢豈追琢者可同日而語或宜道其事使賢鄙同笑粗言軟語咸彰至理悦耳目適口體此其深識究已躬明心性此其格言緩細披尋大有好笑板行其可闕乎東皐必努無隱得舊本感慨重刊俾為讎校因題其後一覽知妙且由此而入較卅里尤當寶翫旹屠維赤奮若陬月上澣華山除饉男可明敬跋

紹定 2 年可明跋

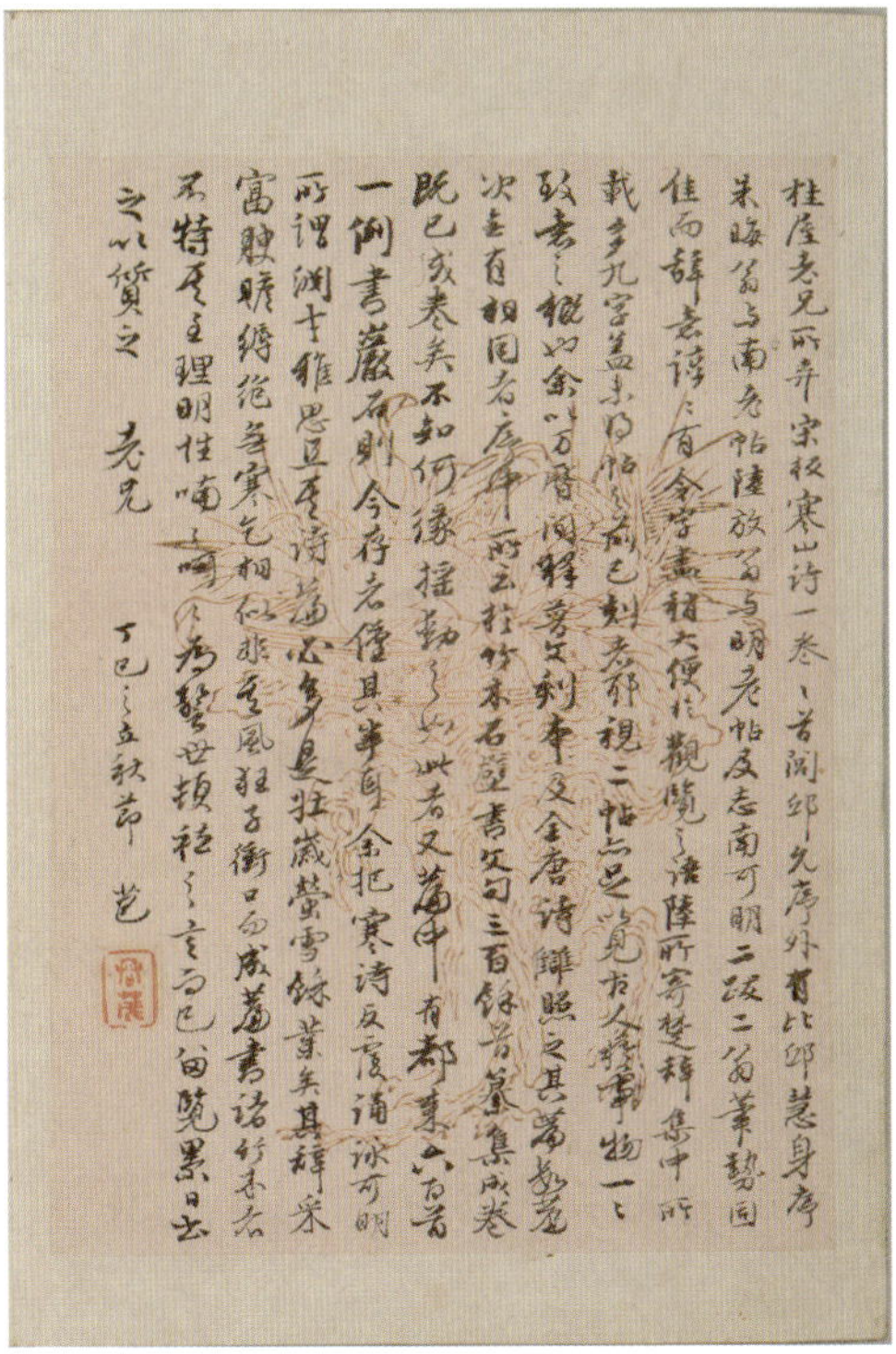

安政 4 年貫名海屋識語

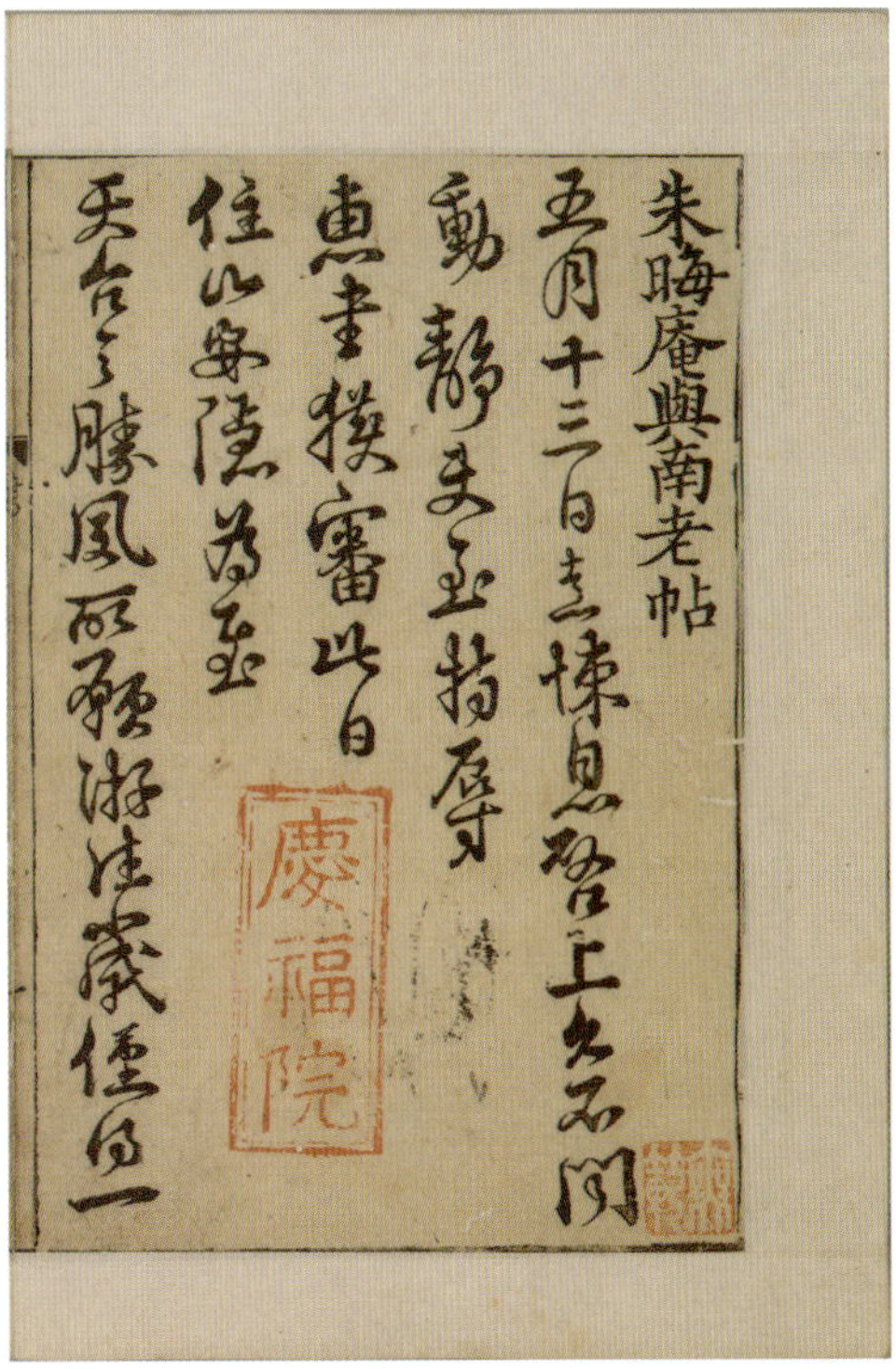
朱晦庵與南老帖

慶福院印記

雪中芭蕉盡耳」記あり。後に「天台山國清禪寺三隱集記／（中略）淳熙十六年歳次己酉孟／春十有九日住山禹穴沙門〈志南〉謹記」，可明跋「（上略）板行其可闕乎東／皐苾芻無隱得舊本感慨重刋俾為／讎校因題其後一覽知妙且由此而〃入較世里尤當寶翫豈屠維赤奮若／陬月上澣華山除饉男可明敬跋」を附す。
稀に墨筆にて音訓仮名書入。後副葉に淡紅雲母刷り岩上盤果図印刷詩箋を貼布し「桂屋老兄所弆宋板寒山詩一巻〻首閭邱允序外有比邱慧身序／朱晦翁与南老帖陸放翁与明老帖及志南可明二跋二翁筆勢固／佳而辞意諄〻有令字畫稍大便於觀覧之語陸所寄楚辞集中所／載多九字盖未得帖之前已刻者邪視二帖亦足覧古人於事物一〻／致意之概也余以万暦間釋普文刻本及全唐詩讎照之其篇数篇／次無有相同者序中所云於竹木石壁書文句三百餘首纂集成巻／既已成巻矣不知何縁揺動之如此者又篇中有都来六百首／一例書巖石則今存者僅其半耳余把寒詩反覆誦詠可明／所謂淵才雅思亘其詩篇必多是壮歳螢雪餘業矣其辞采／富腴贍縟絶無寒乞相似非其風狂子衝口而成篇書諸竹木者／不特其至理明性喃〻呵〻為警世頓祛之言而已留覧累日書／之以質之　　老兄　　丁巳之立秋薛莭　苞」識語（安政 4 年立秋，貫名海屋），直下に単辺方形陽刻「君茂」朱印記を存す。朱熹書首，第37張前半に双辺方形陽刻「慶福院（楷書）」朱印記，慧身序尾，朱熹書首に方形陰刻「無／範」朱印記，前副葉に「植邨／書屋」朱印記，「暘春堂／圖書翰」（河合元昇），「霞亭／珍賞」（渡辺霞亭）朱印記，首に単辺方形陽刻「帝室／圖書／之章」朱印記あり。

『寒山詩集』の宋刊本。寒山・豊干・拾得の詩を収める。「若人何鄉何姓氏」に始まる寒山の長篇詩 1 首、閭丘胤の「寒山子詩集序」、「朱晦庵與南老帖」、「陸放翁與明老帖」、寒山詩305首（三字詩 8 首を含む）、豊干詩 2 首、拾得詩48首、釈志南の淳熙16年（1189）「天台山国清禅寺三隠集記」、釈可明の紹定 2 年（1229）跋から成る。序跋などから、この本が 3 段階を経て成ったことが知られる。はじめ淳熙16年国清寺の釈志南が寒山・豊干・拾得の詩を集めて「三隠集」を撰し、「三隠集記」と「朱晦庵與南老帖」（朱熹の志南宛て）とを附して刊行した。次に紹定 2 年東皐寺の釈無隠が旧本を得て校訂し、釈可明の跋と「陸放翁與明老帖」（陸游の可明宛て）とを附して刊行した。その後、釈無我慧身が「聖制古文」の中に寒山の長篇詩 1 首を見出し、これを巻頭に据えて刊行したのがこの本である。

本書には別種の宋刊本として中国国家図書館蔵本が知られる。これは『四部叢刊』の底本で、明末の蔵書家毛晋の旧蔵書である。『四部叢刊』本は、書陵部本に存する寒山の長篇詩 1 首、「朱晦庵與南老帖」、「陸放翁與明老帖」、「天台山国清禅寺三隠集記」、釈可明の跋を持たず、書陵部本に無い「豊干禅師録」「拾得録」を存する。所収詩数は寒山詩313首（三字詩 8 首を含む）、豊干詩 2 首（豊干禅師録中に見える）、拾得詩53首。

（佐藤道生）

59.　王文公文集〔100〕巻　存巻１至70

唐　大　14冊　404-41

宋王〔安石〕撰

〔南宋初〕刊　金澤文庫 心華元棣 新見正路〔紅葉山文庫〕舊藏

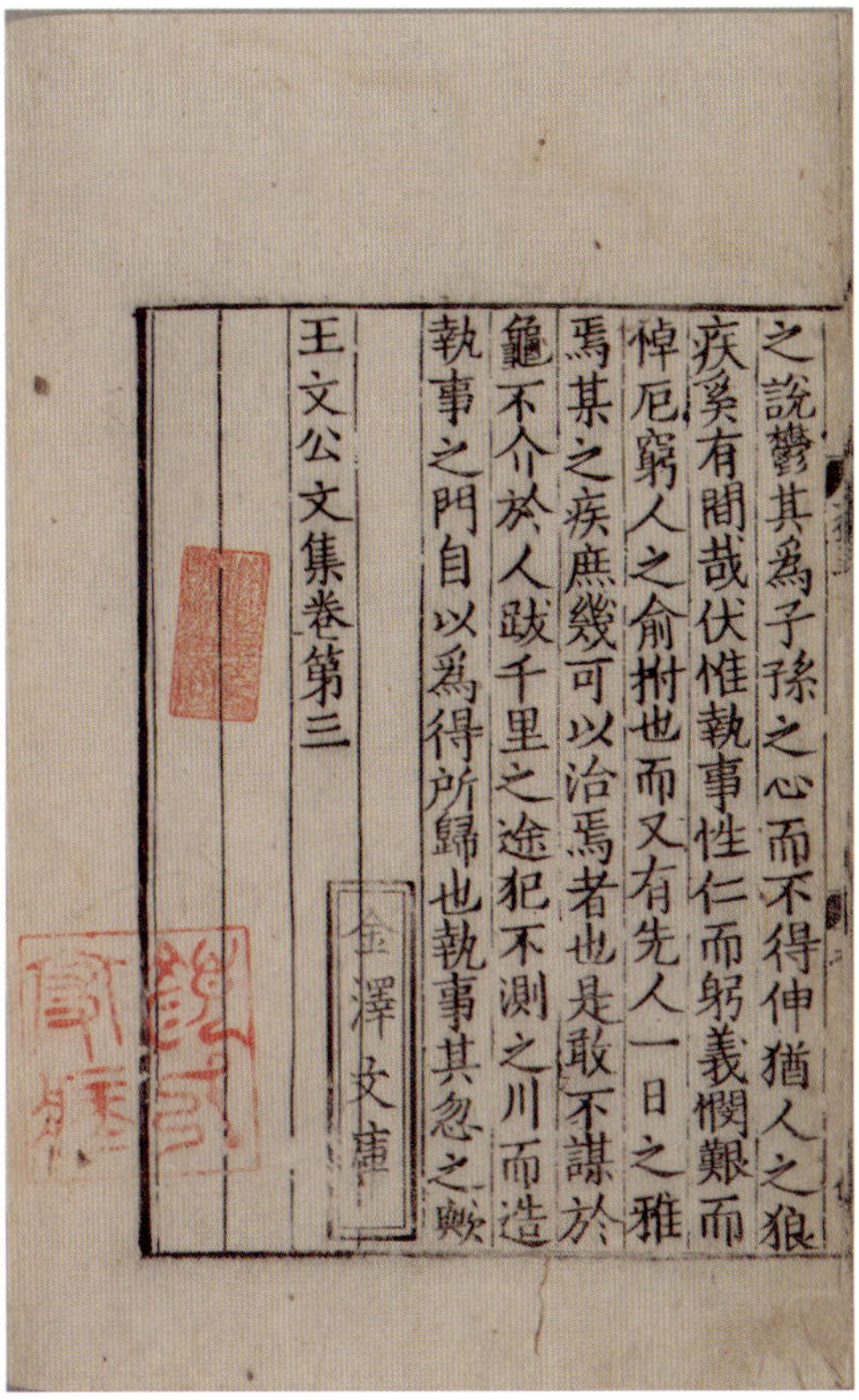

之說鬱其爲子孫之心而不得伸猶人之狼
疾奚有間哉伏惟執事性仁而躬義憫艱而
悼厄窮人之俞拊也而又有先人一日之雅
焉某之疾庶幾可以治焉者也是敢不諱於
龜不介於人跋千里之途犯不測之川而造
執事之門自以爲得所歸也執事其忽之歟

王文公文集卷第三

諸　印　記

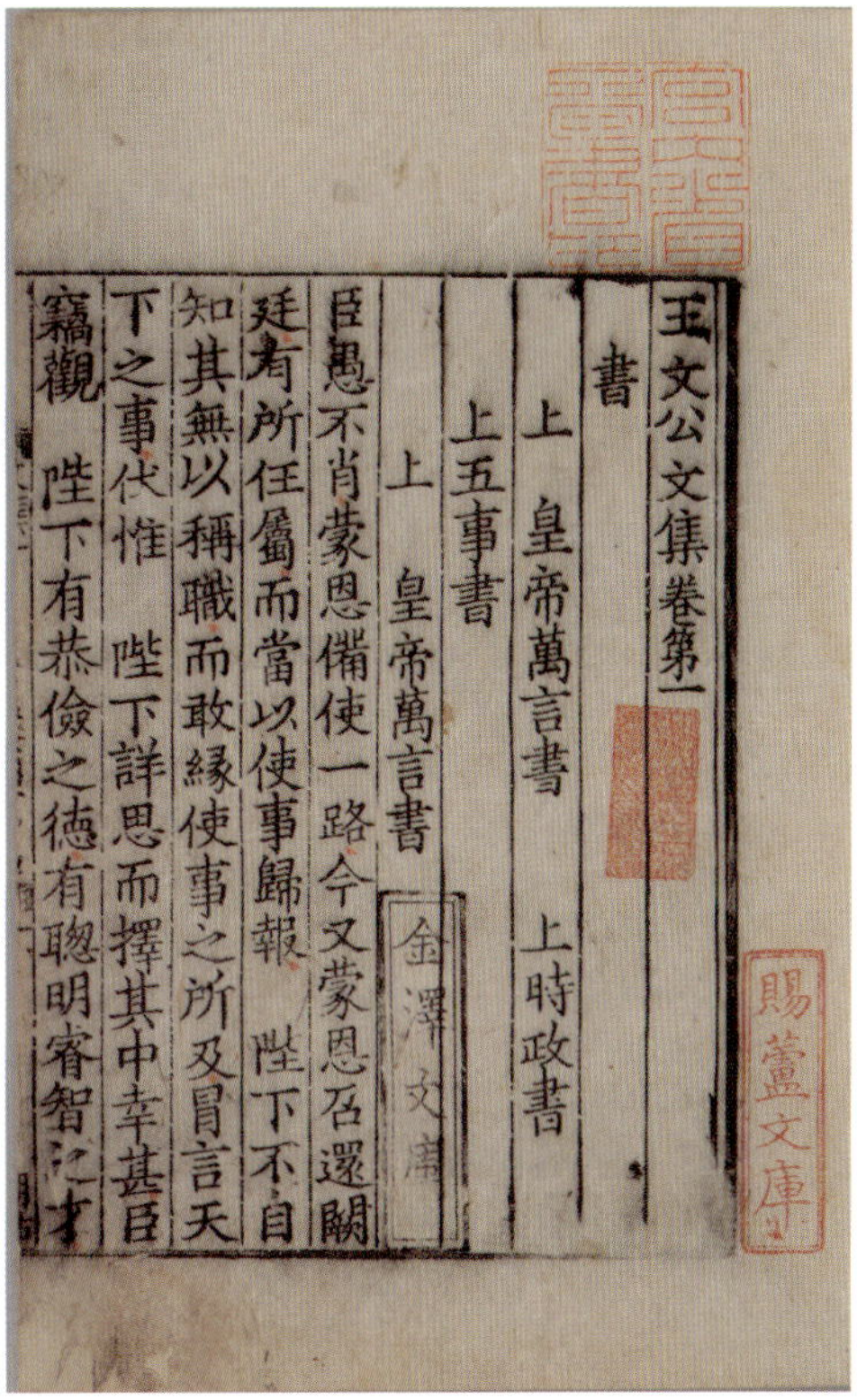

王文公文集卷第一
書
上皇帝萬言書　上時政書
上五事書
上皇帝萬言書
臣愚不肖蒙恩備使一路今又蒙恩召還闕
廷有所任屬而當以使事歸報陛下不自
知其無以稱職而敢緣使事之所及冒言天
下之事伏惟陛下詳思而擇其中幸甚臣
竊觀陛下有恭儉之德有聰明睿智之才

巻　1　首

後補淡茶色艶出表紙（29.1×19.4㎝）左肩に題簽を貼布し「王荊公集［　］幾」と書す。首冊「荊」を改め右傍に「文」と朱書す。首冊右下方に貼紙，朱書あるも大半脱落。綫装，胡蝶装を改む。本文楮紙，裏打修補。

左右双辺（20.6×14.5㎝）有界，10行17字，欧体。（諱字）搆構講を「〈御／名〉」に作る。（闕筆）玄眩絃舷擎驚殷慇恒桓徵樹讓（不厳）。白口，双黒魚尾（不対向），上尾下題「文集幾」，下尾下に張数（間ゝ闕く），下辺に工名あり。（工名）胡祐，何卞，呉輝（暉），潘明，余表，孫右，林選，李彪，江清，裴道，徐作礪（利），魏二，陳通，魏可，陳伸，徐文，章旼，徐忠，余亮，辰孜，魏達，張孜，兪忠，余忠，文立，施光，余才，何荊，葉明，余全，阮宗。稀に朱句点書入れ（２筆），縹色或いは淡紅不審紙。第１冊尾および巻13，20，29，36，47，60尾に単辺方形陽刻「顔氏／家臧」朱印記（間ゝ前半葉に鏡像附着），毎冊首尾（第６冊巻24中，巻25首）に双辺方形陽刻「金澤文庫（楷書）」墨印記，毎冊首尾に双辺方形陽刻「心華／藏書」（心華元棣，朱滅，第２冊刪去）朱印記，毎冊首に双辺方形陽刻「賜蘆文庫（楷書）」朱印記，毎冊首に単辺方形陽刻「宮内省／圖書印」朱印記あり。

宋神宗朝の新法改革を主導した宰相王安石の文集。政治的手腕を措いても、宋代から文名が高く、南宋時代に文集の刊行が相次いだ。本版はその一種で、図書寮文庫本は首の70巻のみであるが、目録を有する同版本により100巻本と知られ、首の36巻には文、巻37以降には詩を収める。

本版の刊行時期は、高宗の諱「構」字を「御名」と変える点から見て南宋初の高宗朝以降であるが、闕筆は北宋時代の英宗の父允譲に止まって厳格ではない。刻工名に注目すると、陳通、余才、(張) 文立、余全の 4 名が天理大学附属天理図書館蔵、金沢文庫旧蔵の〔南宋前期〕刊本『白氏六帖事類集』存巻22至27と、林選、陳通、章旼、施光の4名が〔南宋前期〕淮南路転運司刊本『史記〔集解〕』と、そして余表、孫右、林選、江清、陳通、文立、施光、余才、余全の 9 名が、国立公文書館内閣文庫に蔵する〔南宋初〕刊本『増広司馬温公全集』と一致し、相互に共通の工名も認められる。最も近い関係にある『増広司馬温公全集』が紹興年間の編刊と見られることから、本版も紹興末年前後の刊刻と考えられ、紹興後半以降と見られる『史記〔集解〕』の刊行時期や、次の孝宗朝前後と見られる『白氏六帖事類集』のそれとも矛盾しない。

さて、本冊に同版と思われる伝本に、上海博物館現蔵の存72巻有闕本がある。闕巻の様子から見て、王文進『文禄堂訪書記』巻 4 に著録する「宋浙刻大字本」と同一であろう。今原本の対査を経ないが、『第一批国家珍貴古籍名録図録』01101に収める書影に拠る限り、巻首同版のようである。同図録に「宋紹興龍舒郡斎刻公文紙印本」とするが、王記に刊語等の著録はない。

安慶府に属する龍舒郡斎の刊行とする根拠は、当該の図書寮文庫本には得られないが、上博本は何等かの証跡を含むのであろう。ただ刻工の共通する『増広司馬温公全集』は、末尾に蘄州官人両名の監印と標記し、同地の開版と見られる。安慶府と蘄州は、共に淮南西路の西南に当たって隣接する。また淮南路転運司刊行の『史記〔集解〕』も、列銜の官職から、特に廬州淮南西路転運司の開版と推定されており、本版も同様に淮南西路刊行の可能性がある。旧法党の巻き返しを始めた司馬光の文集と、刊行の基盤を同じくするのであろうか。もっとも、本版と〔南宋初〕明州刊本『文選』(556-144) に兪忠、葉明、阮宗の工名が共通することから考えても、刻工のみから刊地を推定することは難しい。

金沢文庫から建仁寺定恵院の心華元棣の手に渡った、五山伝来の金沢文庫本で、冊の首尾に当該の墨印記を存するが、第 1 冊尾以下、異なる分冊の末尾に「顔氏家蔵」の朱印記も見える。偶ゝ両者の一致する第 1 冊尾を見ると、金沢文庫記は通常の位置を逸れ、顔氏記の先行する如くである。印文から見て華人の鈐印であろうから、本冊を鎌倉時代の将来と考えれば、宋元時代の鈐記ということになる。

降って江戸後期の幕臣新見正路の、賜蘆文庫旧蔵。正路の『賜蘆文庫蔵書目』巻下に「王文公集〈北宋版　金沢文庫本　十五番〉十四」とあるもので、嘉永 2 年 (1849) に息男正興の手により、宋淳熙 3 年刊本『春秋経伝集解』(401-26、Ⅲ-4)、〔南宋〕刊本『三国志』(401-87、Ⅲ-13)、〔南宋〕刊本『東都事略』(402-10、Ⅲ-14)、〔宋寧宗朝〕刊本『崔舎人玉堂類藁』(500-6、Ⅲ-66) の 4 種と共に、幕府紅葉山文庫に献上された。これらの宋版 5 部は、共通の淡茶色艶出表紙を有する。献上以前に『経籍訪古志』巻 6 著録。

(住吉朋彦)

60. 歐陽文忠公集〔153〕卷　存24至29　35至45　76至89　93至110　115至125　132至133 147至153

唐　大　18冊　557-10

宋歐陽脩撰　歐陽發等編　孫謙益等校

〔南宋〕刊　覆〔宋慶元 2 年(1196)吉州周必大〕刊本　卷151至152鈔配　尾闕　澤田一齋舊藏　內閣記錄局蒐集

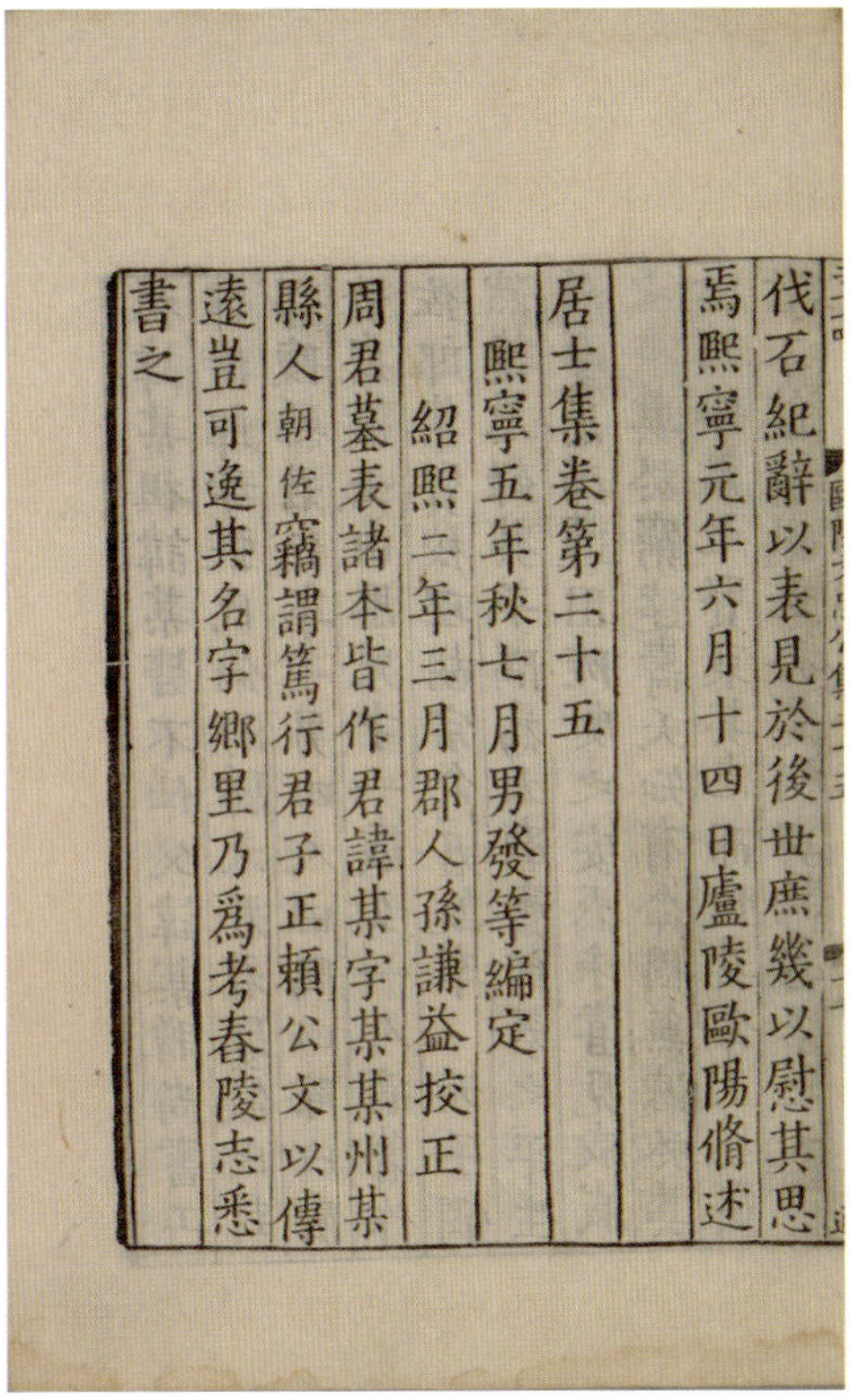

伐石紀辭以表見於後世庶幾以慰其思
焉熙寧元年六月十四日廬陵歐陽脩述

居士集卷第二十五
熙寧五年秋七月男發等編定
紹熙二年三月郡人孫謙益挍正
周君墓表諸本皆作君諱某字某某州某
縣人朝佐竊謂篤行君子正賴公文以傳
遠豈可逸其名字鄉里乃爲考春陵志悉
書之

卷 25 尾

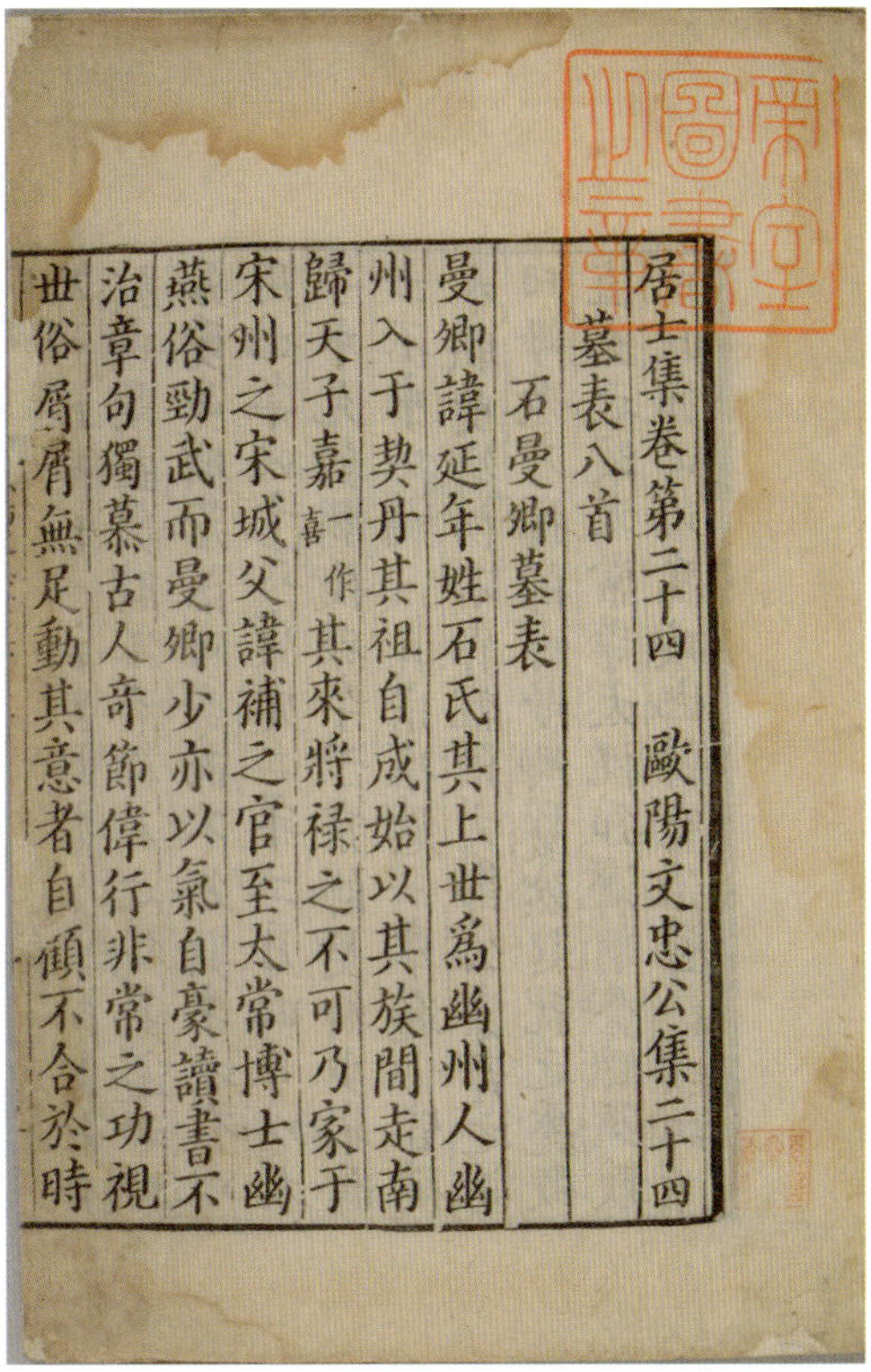

居士集卷第二十四　歐陽文忠公集二十四
墓表八首
石曼卿墓表
曼卿諱延年姓石氏其上世爲幽州人幽
州入于契丹其祖自成始以其族間走南
歸天子嘉一作喜其來將祿之不可乃家于
宋州之宋城父諱補之官至太常博士幽
燕俗勁武而曼卿少亦以氣自豪讀書不
治章句獨慕古人奇節偉行非常之功視
世俗屑屑無足動其意者自顧不合於時

卷24首，沢田一斎印記

後補香色漉目表紙（28.7×19.9㎝）。本文楮紙，虫損修補，一部水染み。

左右双辺（20.6×14.4㎝）有界，10行16字。（闕筆）玄弦絃弘殷貞樹竪署朂煦讓桓完構溝購遘勾彀慎瑗瑋㑥敦。白口，双黒魚尾（不対向），上尾下題「歐陽文忠公集幾」，或いは「易童子問幾」等小題。下尾下張数，上辺字数，下辺工名。

卷尾「居士集卷第幾」，「易童子問卷第幾」等小題。尾題後（24至27，29，35至45）「熙寧五年秋七月男發等編定／紹熙二年三月郡人孫謙益校正」，(28)「熙寧五年秋七月男發等編定／紹熙二年二月郡人孫謙益校正」，(93)「紹熙三年十月承直郎丁朝佐編次／（低 8 格）郡人孫謙益校正」，(115)「紹熙五年十月郡人王伯芻校正」，(117)「（低 3 格）紹熙五年十月郡人王伯芻校正」，(118)「（低 3 格）紹熙五年十月日郡人王伯芻校正」，(123)「（低 3 格）紹熙五年十月郡人孫謙益王伯芻校正」，(133)「（低 7 格）郡人羅 泌 校正」，さらに間ゝ「續添」以下の補記あり。

巻78第９張，巻79第1至10張，巻80第５至17張，巻81第１至15張，〔巻148〕第26至32張，巻149第27張，巻150第17至22張，巻151至152，巻153第1至12張，18至20張鈔配（用罫紙，左右双辺〈20.3×14.3cm〉10行，白口双線黒魚尾〈不対向〉，後印）。間〻上層に淡縹色附箋，稀に朱合竪傍句点，傍圏，罰符書入あり。第１冊首に単辺方形陽刻「奚疑／齋／蔵書」朱印記（沢田一斎所用）。毎冊首に単辺方形陽刻「帝室／圖書／之章」朱印記。

北宋の政治家であり学者でもある欧陽脩（1007-72）の別集。欧陽脩は、字は永叔。号は酔翁、六一居士。諡は文忠。吉州廬陵の人。仁宗、英宗、神宗に仕え、神宗の時、王安石の新法に反対して退官、翌年に没した。特に文に優れ、唐宋八大家の一に数えられる。著作に『新唐書』『新五代史』『毛詩本義』『集古録』『帰田録』『六一詩話』などがある。

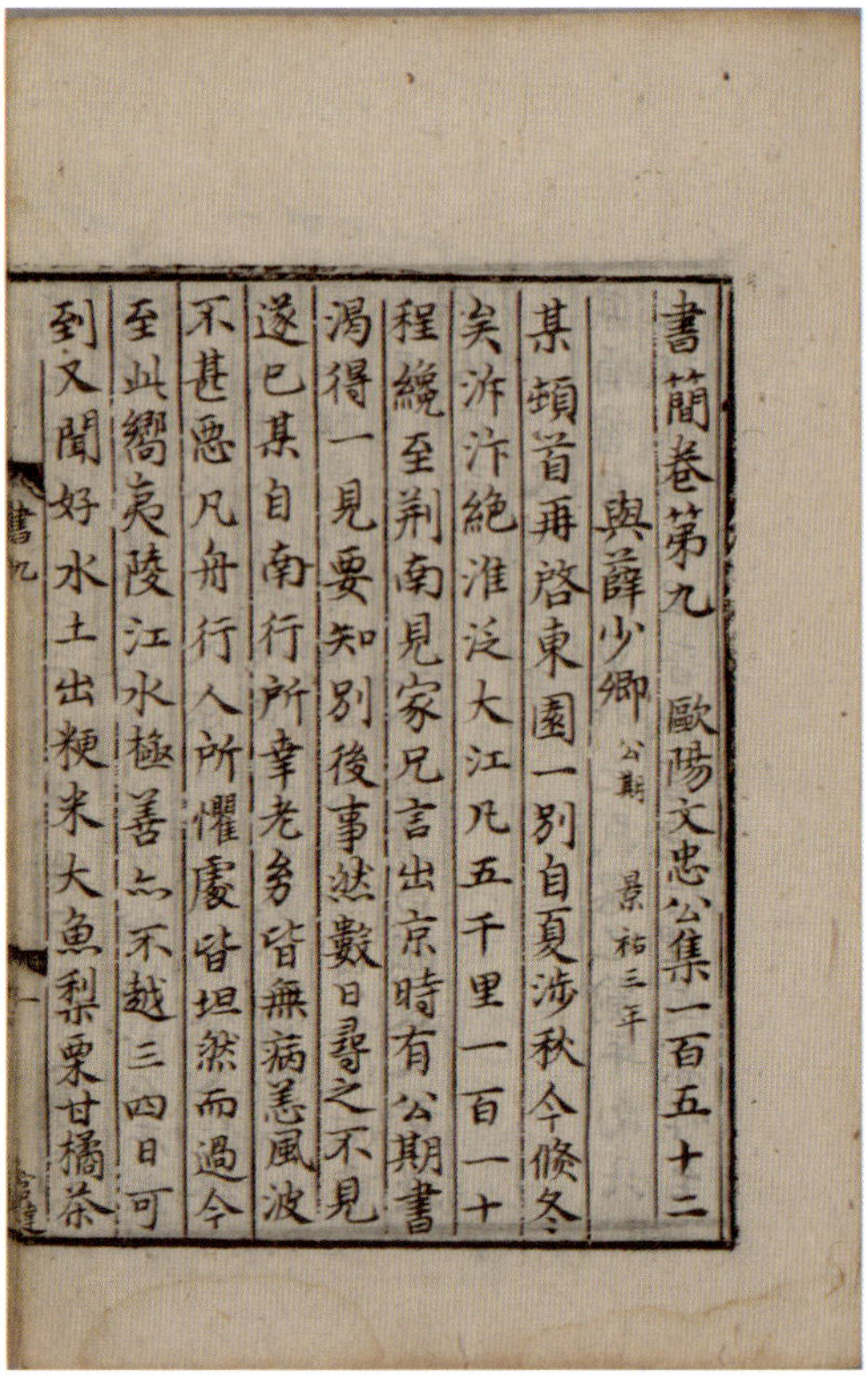
書簡巻第九　歐陽文忠公集一百五十二
與薛少卿 公期　景祐三年
某頓首再啓東園一別自夏涉秋今倏冬
矣泝汴絶淮泛大江凡五千里一百一十
程纔至荊南見家兄言出京時有公期書
渇得一見要知別後事然數日尋之不見
遂已某自南行所幸老母皆無病恙風波
不甚惡凡舟行人所懼處皆坦然而過今
至此獨夷陵江水極善亦不越三四日可
到又聞好水土出粳米大魚梨栗甘橘茶

巻152首鈔補

尾題後の記述によって、本書は初め北宋の熙寧年間に欧陽脩の男、発等によって編定され、後に南宋の紹熙年間に孫謙益、王伯芻、丁朝佐等によって校正されたことが知られる。この南宋期の編校については、本冊が闕く周必大の「歐陽文忠公集後序」に詳しい。同序によれば、同郷の詩人として欧陽脩を敬慕していた周必大が、当時廬陵で刊行されていた『欧陽文忠公集』の出来が悪いことを気に病み、その訂正を期して紹熙２年（1191）から慶元２年（1196）の間に孫謙益等を動員して編纂したという。なお、闕筆は南宋の光宗（1189-94）の諱である「惇」を避けた、「敦」を下限とし、同序の記述に適う。

本冊は尾題後に「続添」、或いは「又続添」として、本文を附加する。これらは本冊が周必大原刻本ではなく、その後に覆刻増補したものであることを窺わせる。また本冊は中国国家図書館蔵本と刻工を同じくする同版本である。

東英寿氏は一連の『欧陽文忠公集』の研究の中で、天理大学附属天理図書館蔵金沢文庫旧蔵『欧陽文忠公集』に、他本には見られない未翻刻の96篇の書簡が増補されていることを指摘された。これらの書簡は実は本冊にも鈔補されている。この鈔補に関しては、その書風や罫紙の紙質などから総合的に判断すると、宋人によるものではないかとの見方ができる。未だ確証を得ないが、尚検討すべき事柄である。

「奚疑齋蔵書」の印記は、江戸期に風月庄左衛門を称し、書肆を営んだ沢田重淵（一斎）の所用である。「帝室／圖書／之章」は、明治36年以降に使用された図書寮の蔵書印である。　（山崎　明）

61. 東坡集40巻 闕巻34至36 東坡後集〔20〕巻 存巻1至8　　唐　大　17冊　404-59

宋蘇軾撰

〔南宋前期〕刊　文化5年(1808)市橋長昭献納識語　金澤文庫 清田儋叟 仁正寺藩主市橋長昭 昌平坂學問所舊藏

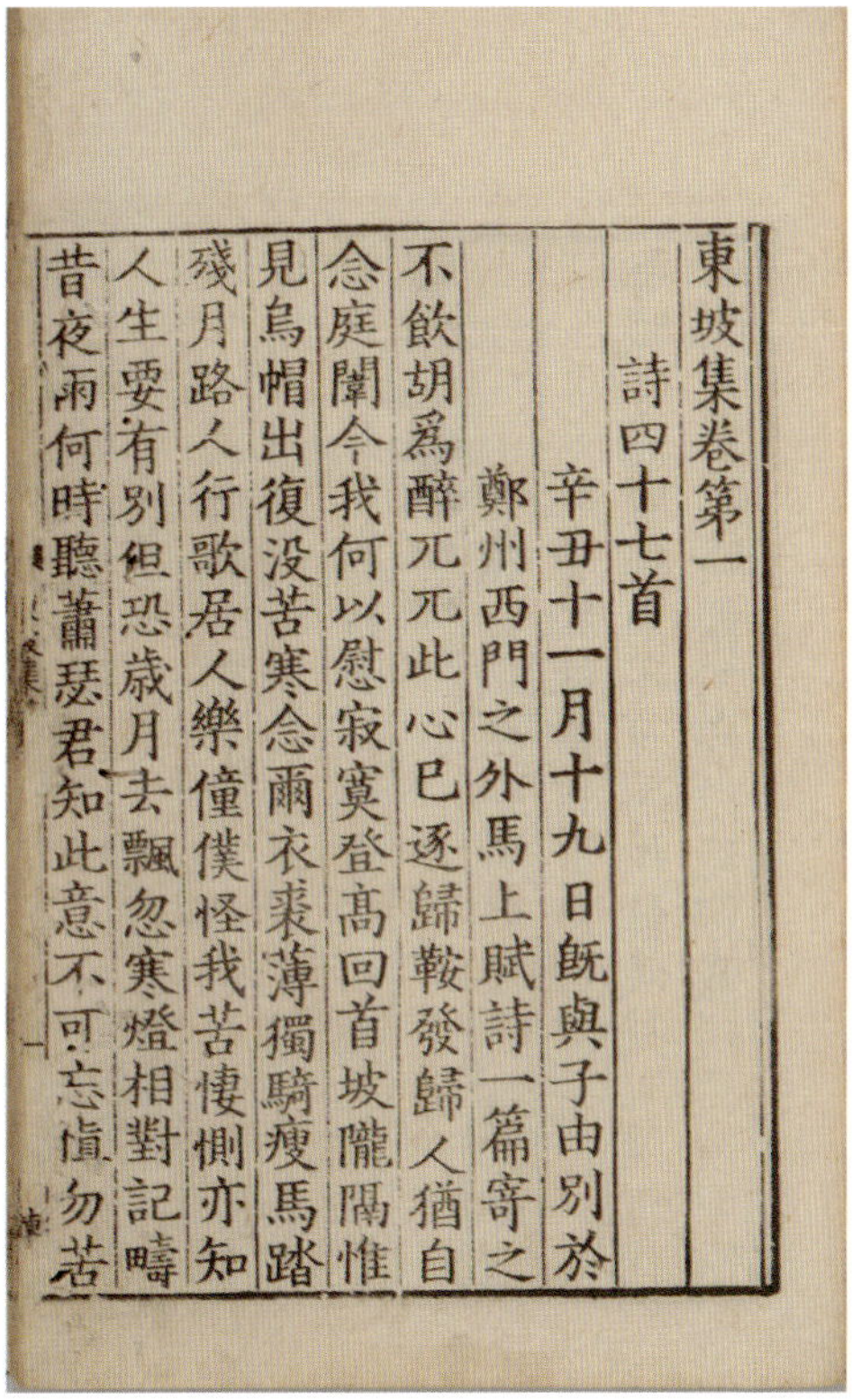

東坡集巻第一
詩四十七首
辛丑十一月十九日既與子由別於
鄭州西門之外馬上賦詩一篇寄之
不飲胡爲醉兀兀此心已逐歸鞍發歸人猶自
念庭闈今我何以慰寂寞登高回首坡隴隔惟
見烏帽出復没苦寒念爾衣裘薄獨騎痩馬踏
殘月路人行歌居人樂僮僕怪我苦悽惻亦知
人生要有別但恐歳月去飄忽寒燈相對記疇
昔夜雨何時聽蕭瑟君知此意不可忘愼勿苦

巻 1 首

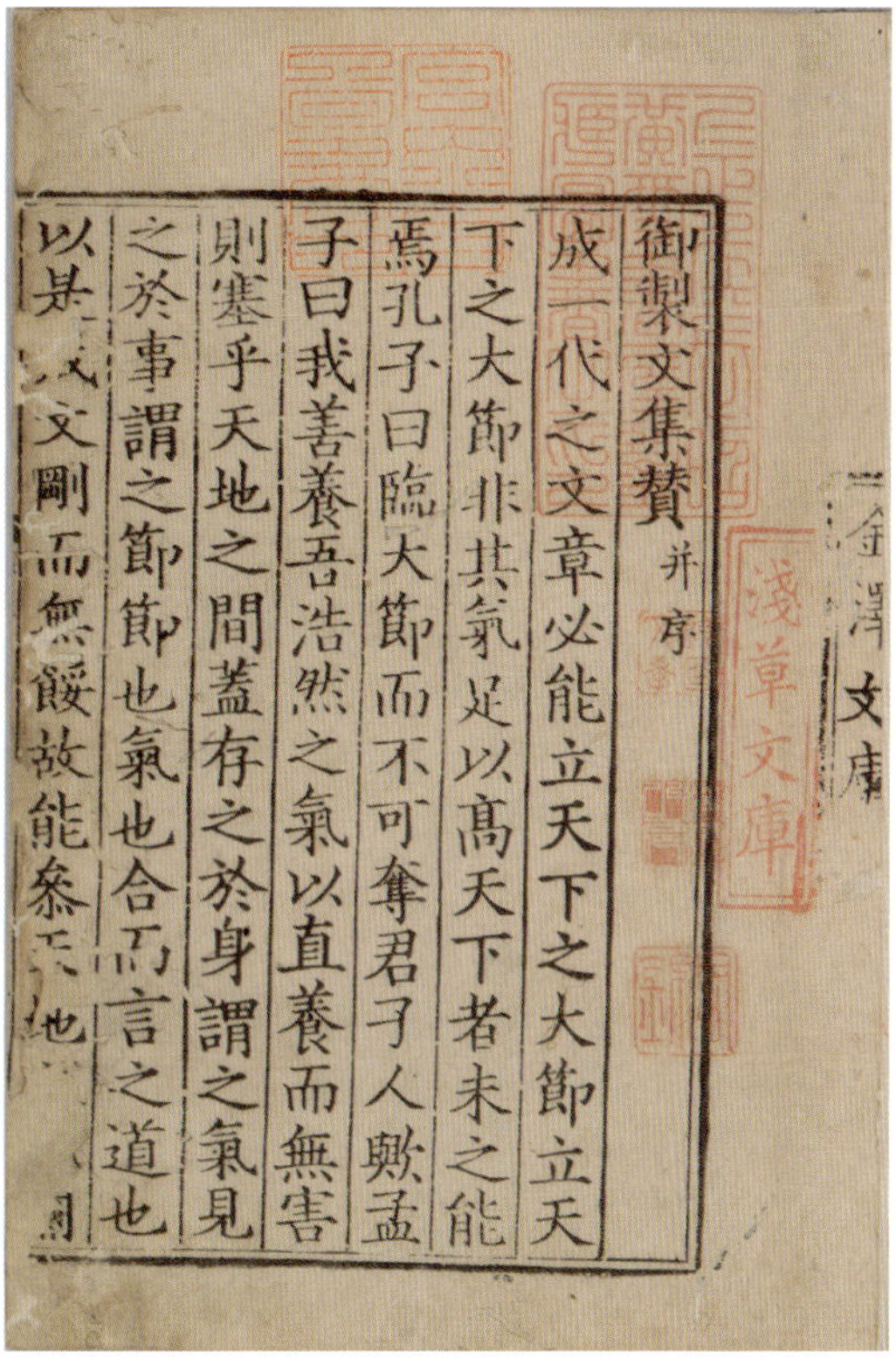

御製文集贊 并序
成一代之文章必能立天下之大節立天
下之大節非其氣足以高天下者未之能
焉孔子曰臨大節而不可奪君子人歟孟
子曰我善養吾浩然之氣以直養而無害
則塞乎天地之間蓋存之於身謂之氣見
之於事謂之節節也氣也合而言之道也

巻首，諸印記

後補縹色布目卍繫文空押艶出表紙（25.7×17.0㎝）。左肩打付に「東坡集〈幾幾〉」と墨書す。首冊のみ墨書を闕き，打付に「宋刊 金澤文庫本／東坡集　残闕／現存十七冊」と朱書す。右下に双辺刷枠小簽を貼布し，「別集 十二ノ二」との朱書あり，中央に鉛印「漢書門／[　　]類／[一七〇四]號／[　]函／[一七]冊」（[　] 内墨書）蔵書票を附す。竹紙，裏打修補。第1冊から第14冊までは『東坡集』であり，巻前に「御製文集贊〈并序〉」（2張）があり，文末には4格を下げて「乾道九年閏正月望／選徳殿書賜蘇嶠」と署す。その次に「東坡集目録」（9張）があるが，第一巻から第五巻の「次韻述古過周長官夜飲」までのみ存し，そのうち第三巻末から第四巻の最初までの1張が闕けている。本文巻首「東坡集巻第一／（低2格）詩四十七首／（以下低4格）辛丑十一月十九日既與子由別於／鄭州西門之外馬上賦詩一篇寄之」と題す。毎篇改行，篇題低4格，句下夾自注（小字双行）。「御製文集贊〈并序〉」は四周双辺，有界，8行16字。

左右双辺（19.6×13.3㎝），有界，10行18字。白口，単黒魚尾下に「東坡集苐幾」と題し，版心下

に張数，刻工名。各巻尾に「東坡集巻第幾」と題す。第15冊からは『東坡後集』であり，巻首に「東坡後集巻第一／（低 2 格）詩六十四首／（低 4 格）次韻劉景文西湖席上一首」と題し，版心題「東坡後集第幾」，巻尾「東坡後集巻第幾」と題す。（工名）呉従，周文，葉永，陳琮，劉章，余欽，余祐（刀），阮才，呉中（刀），呉志，裴栄，余復，丘才，余堅，阮石，范従，劉允，裴中，游先，魏全，江左，蔡清，余恵，高顕，張太，呉政（刀），范仲，劉辛，呉智，丘成，呉山，鄧仁，黄文，張宗，黄帰，范謙，蔡万，阮正（刀），劉清，丘文，羅本，陳明，陳遷，蔡元清，陳石，余牛。（闕筆）玄弦泫眩絃泓殷慇匡筐徴樹桓完構搆溝講購韝瑴轂慎。
縹色不審紙あり。大尾に黄檗染楮紙（1 張）を副え「寄蔵／文廟宋元刻書跋／〈長昭〉夙従事斯文経十餘季圖籍漸多意方今／藏書家不乏於古而其所儲大抵属輓近刻書／至宋元槧盖或罕有焉〈長昭〉獨積年募求乃今／至累數十種此非獨在我之為艱而即在西土／亦或不易則〈長昭〉之苦心可知矣然而物聚必／散是理數也其能保無散委於百年之後乎孰／若舉而獻之於（隔 3 格）廟學獲籍〃聖徳以永其傳則〈長昭〉之素願也虔以宋元槧／三十種為獻是其一也文化五年二月／（低 8 格）下總守市橋〈長昭〉謹誌／（隔数行）／（下辺）河〈三亥〉書」との識語を存す。首冊前見返し後に首葉書脳部を折返して綴じ双辺方形陽刻「金澤文庫（楷書）」（三類二号），末冊後見返し前に末葉書脳部を折返して綴じ同（同一号）墨印記，首，巻 4，7，10，13，16，19，22，25，28，31，37，後集巻 1，4，第17冊，巻 7 首に単辺方形陽刻「越圀／文學」，方形陰刻「清絢／之印」，単辺方形陽刻「君／錦」朱印記（以上 3 顆，清田儋叟），首に同「仁正矦長昭／黄雪書屋鑒／臧圖書之印」朱印記（仁正寺藩主市橋長昭），毎冊前表紙右肩並に毎冊尾に同「昌平坂／學問所」朱印記，毎冊首に双辺同「淺草文庫（楷書）」朱印記，毎冊首に単辺方形陽刻「宮内省／圖書印」朱印記を存す。

北宋時代の文豪蘇軾の詩文集である。蘇軾の詩文集は分集合刊、分類合編本、『別集』『外集』といった補遺・輯佚の別系統があるが、本冊は巻前の「乾道九年閏正月望／選徳殿書賜蘇嶠」と署す「御製文集賛〈并序〉」があること、避諱闕筆は宋孝宗の「慎」字までで、その次の皇帝光宗の諱「惇」は闕筆されていないことなどから、蘇軾の曾孫である蘇嶠が孝宗朝に建安で刊行した分集合刊系統のものと思われる。蘇軾自身により編集された『東坡集』『東坡後集』の家集旧本によったようであるから、蘇軾の詩文の原型にもっとも近いといわれているものである。また、闕巻があるものの、宋版『東坡集』のうち、もっとも多く現存している。

旧蔵者の清田儋叟（1719-85）の名は絢、号は孔雀楼主人、字は君錦、また清絢と称し、江戸時代中期の越前出身の儒者である。市橋長昭（1773-1814）は近江仁正寺藩の第 7 代藩主であり、号は格斎、比君軒、黄雪園などを用いた。文化 5 年（1808）に蔵書から宋元版30部を選び湯島聖堂に献納したが、本書もそのうちの一つである。これらの献納本のすべてには「仁正侯長昭／黄雪書屋鑒／蔵図書之印」の蔵書印が押され、また、巻末にいずれも「寄蔵文廟宋元刻書跋」が附され、その文章は市橋長昭と親交のあった佐藤一斎が執筆したもので、書は能書家の市河米庵（河三亥）によるものである（Ⅲ-3、18、36、37参照）。

（陳　捷）

62. 王狀元集百家注分類東坡先生詩25巻

唐　大　13冊　404-62

宋蘇軾撰　王十朋〔編并〕注

〔南宋〕刊(〔浙〕)〔室町〕訓點補注書入 劉辰翁批點移寫本　堀杏庵 小嶋寶素 小嶋抱冲 昌平坂學問所舊藏

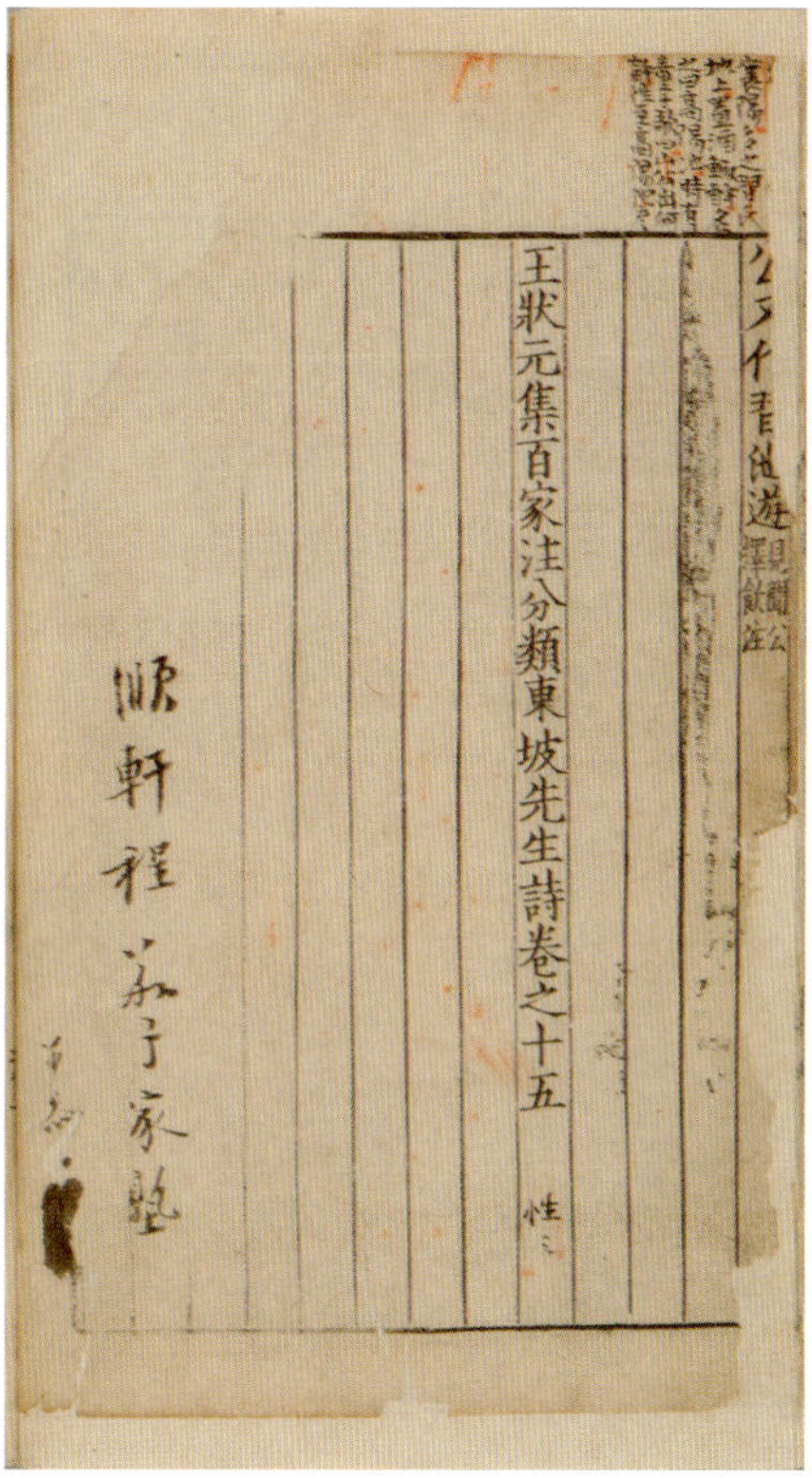
王狀元集百家注分類東坡先生詩巻之十五

頤軒程氏識語

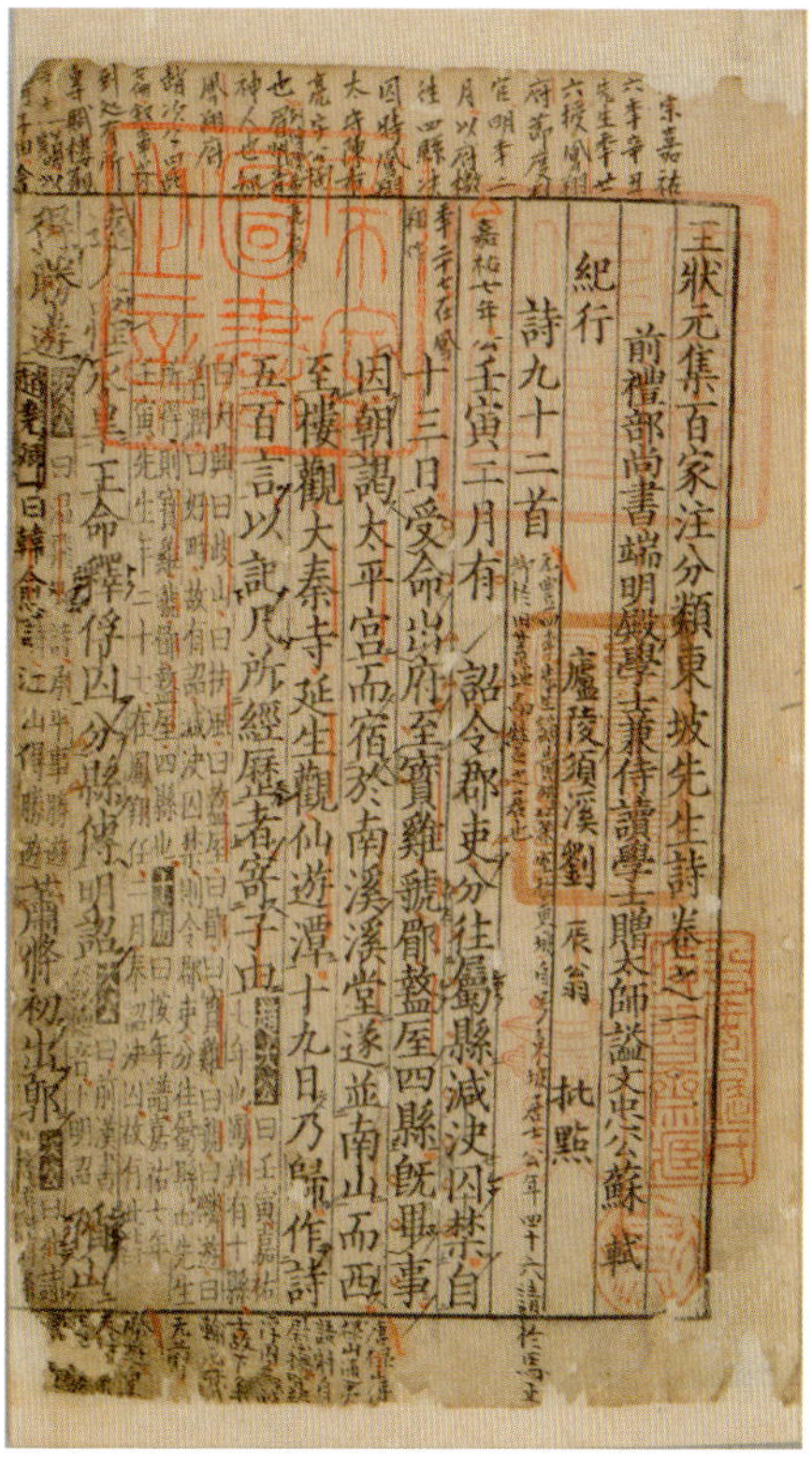
王狀元集百家注分類東坡先生詩巻之一

前禮部尚書端明殿學士兼侍讀學士贈太師謚文忠公蘇軾

廬陵須溪劉 辰翁 批點

紀行

詩九十二首

嘉祐七年壬寅二月有詔令郡吏分往屬縣減決囚禁自十三日受命出府至寶雞虢郿盩厔四縣既畢事因朝謁太平宮而宿於南溪溪堂遂並南山而西至樓觀大秦寺延生觀仙遊潭十九日乃歸作詩五百言以記凡所經歷者寄子由

巻　首

新補淡茶色表紙（26.6×16.4㎝）左肩に茶色旧表紙に貼附と思しき「東坡先生詩　幾之幾（終）」と書せる題簽（破損，裏打ち修補）を貼附す。綫裝。本文白紙，裏打改装，原紙高約24.7㎝。第13冊後見返し右下に「右百家註分類東坡詩宋版十三本／明治四十年十二月修褙改褾／（低 8 格）圖書寮」と墨書す。

左右双辺（20.5×12.8㎝），有界，13行22字，小27字，欧陽詢体。（闕筆）玄絃泫弦舷眩弘泓殷愍匡筺桓徴構慎（不厳）。双（或いは単）黒魚尾（対向，或いは向せず），上尾下に「寺幾」と題し張数，上辺字数。

〔室町〕の朱筆にて竪句読点，返り点，音訓送り仮名墨筆にて，返り点，音訓送り仮名，行間，欄外，稀に紙箋を貼附し補注（周密，筆跡 4 種）書入れ，別手墨筆にて劉辰翁批點を移写（巻首第 3 行「廬陵須溪劉〈辰翁〉批點」と，巻中には「批」と標す），褾色不審紙。巻 3，6，9，12，15，18，20，23，25尾題下に「性之」と墨書（巻 6，12，25は方形陰刻「壽本」朱印記を伴う），巻15尾題

の後「頤軒程承子（于ヵ）家塾／（低４格）■■（墨滅)」墨識あり。毎冊尾に方形陰刻「壽本」(尾題下，巻６・12・25は「性之」墨書に掛く)，毎冊首に単辺円形陰刻不明朱印記，単辺方形陽刻「平安堀氏／時習齋臧」朱印記（堀杏庵)，毎冊首に単辺方形陽刻「小島氏／圖書記」(大尾他にも），首尾冊首に爵形陽刻「侫／宋」，巻２首に方形陰刻「尚質／私印」(大尾にも)，単辺方形陽刻「豈待開巻□／撫弄亦欣然」，第１冊尾に方形陽陰刻「臣／尚質」，巻４首に単辺方形陽刻「葆素堂／臧驚／人祕笧」，大尾に同「學古氏」朱印記（以上７顆，小島宝素)，第１冊尾に同「父子鐙／前共／讀書」朱印記（小島宝素，抱冲)，巻４尾に方形陰刻「尚真／私印」朱印記（小島抱冲)，毎冊尾に同「昌平坂／學問所」墨，無辺陽刻「嘉永壬子」朱印記（昌平坂学問所)，毎冊首に双辺方形陽刻「淺草文庫（楷書)」朱印記，単辺方形陽刻「大學校／圖書／之印」朱印記，単辺方形陽刻「帝室／圖書／之章」朱印記あり。

宋の蘇軾の詩集。本冊は中国国家図書館蔵の黄善夫刊本と同版。巻24に第14・17・16・15・18張の錯簡がある。中国国家図書館蔵本は25巻の本文の前に、趙夔・王十朋の「百家註東坡先生詩序」（３張)、「百家註分類東坡先生詩姓氏」（４張。末尾に「建安黄善夫刊／于家塾之敬室」の木記)、「東坡紀年録」(27張)、「百家註東坡先生詩門類」（１張)、「王状元集百家注分類東坡先生詩目録」(47張)から成る１冊を存しており、本冊はそれを闕く。「百家註東坡先生詩序」は趙夔が詩を分類し、王十朋が諸家註を集めたとするが、四庫館臣は同文の趙序・王序を有する『東坡集註』32巻の提要の中で、趙夔序の文中に史実に合わない（趙夔が紹興元年頃に蘇過と交際していたとする）記述があること、王十朋序がその別集『梅溪集』に見えないことを根拠として、趙序・王序をともに仮託の産物と断じている。

我が国では、蘇軾の詩はこの王註本によって読まれ、舶載された宋元明版の中には、書名に「増刊校正」を冠した改訂本もあった。増刊校正本は、『四部叢刊』に収める建安虞氏平斎務本書堂刊本に拠れば、詩の排列に次のような変更を加えている。①巻２詠史「虎児」を増刊校正本では巻22慶賀の末尾に移す。②巻２古跡「八陣磧」を増刊校正本では「八陣図」と改題して巻２詠史に移す。③巻13酒の冒頭「薄薄酒二首」を増刊校正本では巻13酒「恵守詹君見和復次韻」の後に移す。④巻22送別下「送仲素寺丞帰潜山」「送蘇伯固効韋蘇州」「送柳宜帰」「送都監北帰」「跋姜公弼課冊」の５首を増刊校正本では巻21送別中の末尾に移し、「跋姜公弼課冊」「送仲素寺丞帰潜山」「送都監北帰」「送柳宜帰」「送蘇伯固効韋蘇州」の順に排列する。⑤巻22慶賀の第２首～第４首「賀陳述古弟章生子」「楽全先生生日以鐵柱杖為寿二首」を増刊校正本では慶賀の末尾「虎児」（巻２から移した）の前に移し、「楽全先生」「賀陳述」の順に排列する。⑥巻25雑賦の末尾「問淵明」「帰去来集字十首幷叙」「夜坐與邁聯句」の３首を増刊校正本では「夜坐與邁聯句」「帰去来集字十首幷叙」「問淵明」の順に排列する。

我が国の五山版『王状元集百家注分類東坡先生詩』はこの書陵部本と同系統の別版を覆刻したものだが、古活字版は増刊校正本を底本とし、直後の整版もこれを継承（覆刻附訓）したため、江戸時代を通じて増刊校正本が流布した。但し、古活字版（『四部叢刊』と同じく「建安虞氏平斎務本書堂刊」の木記がある）では上記④⑥の措置は取られていない。

（佐藤道生）

63. 王狀元集百家註分類東坡先生詩25巻 目1巻　　唐　大　14冊　404-68

宋蘇軾撰　王十朋編并注

〔宋末〕刊(建安魏忠卿)　巻11至12配〔元初〕〔務本書堂〕刊後修本　訓點校補書入

佐伯藩主毛利高標 紅葉山文庫舊藏

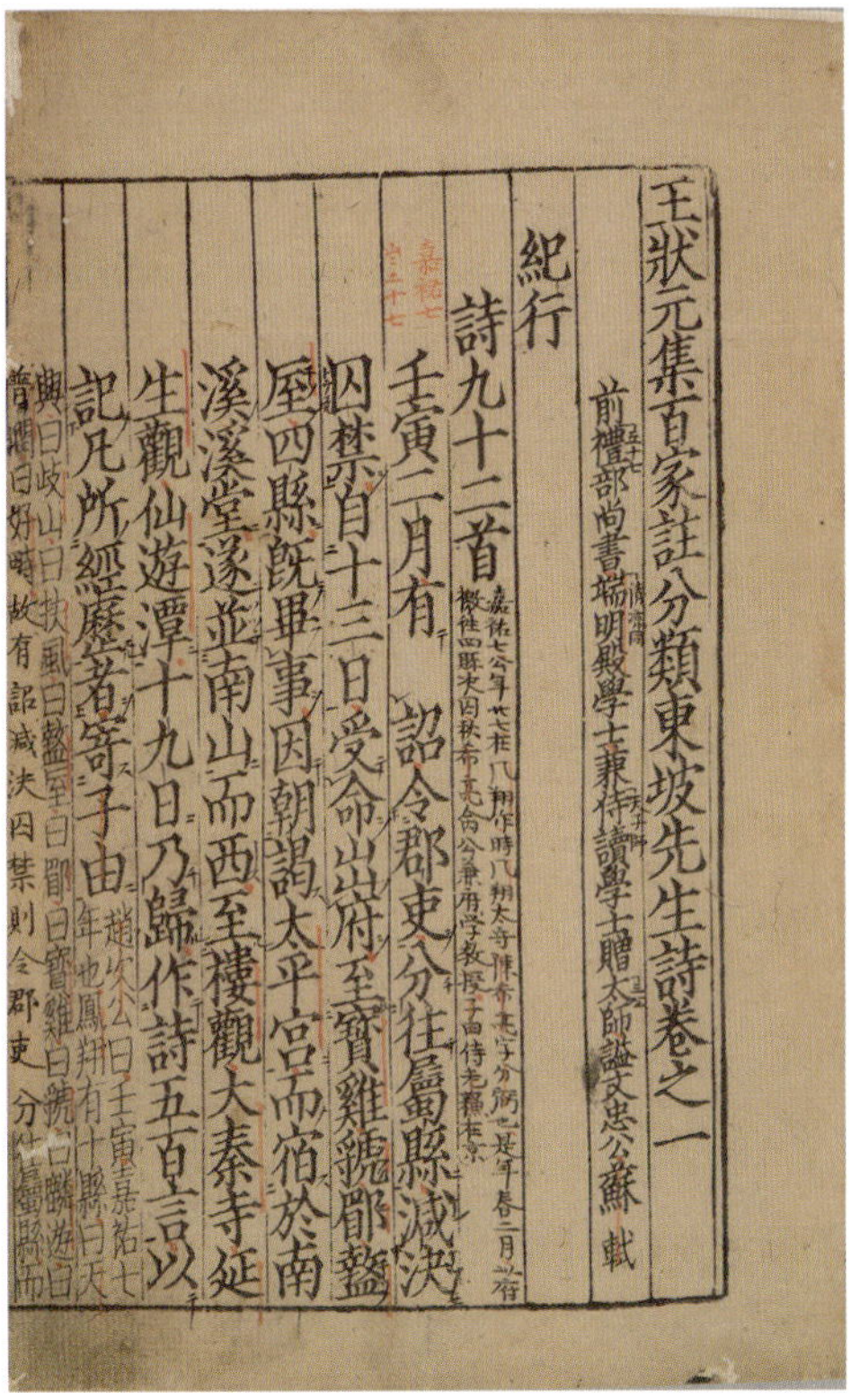
王狀元集百家註分類東坡先生詩卷之一
前禮部尚書端明殿學士兼侍讀學士贈太師謚文忠公蘇　軾
紀行
詩九十二首
壬寅二月有　詔令郡吏分往屬縣減決囚禁自十三日受命出府至寶雞虢郿盩厔四縣既畢事因朝謁太平宮而宿於南溪溪堂遂並南山而西至樓觀大秦寺延生觀仙遊潭十九日乃歸作詩五百言以記凡所經歷者寄子由

巻 1 首

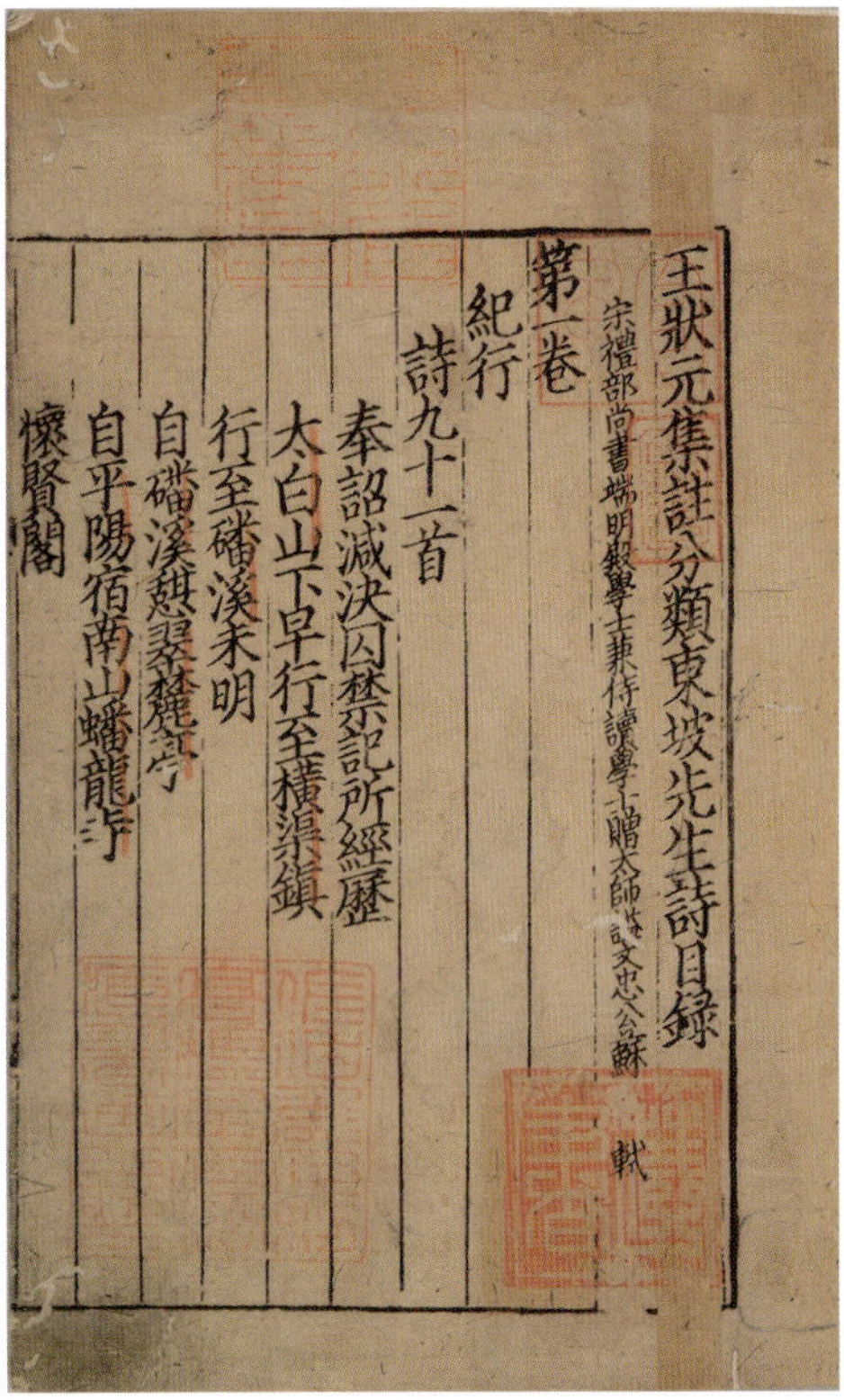
王狀元集註分類東坡先生詩目錄
宋禮部尚書端明殿學士兼侍讀學士贈太師謚文忠公蘇　軾
第一卷
紀行
詩九十一首
奉詔減決囚禁記所經歷
太白山下早行至橫渠鎮
行至磻溪未明
自磻溪憩翠麓亭
自平陽宿南山蟠龍寺
懷賢閣

巻首，佐伯藩主毛利高標印記

後補濃香色桐花文染抜艶出表紙（24.7×17.5㎝）左肩打付に「雪堂［　］(〈目録〉)」と書す，其の上に双辺刷枠題簽を貼布し「百家註分類東坡詩［　］幾（〈終〉)」と書す，押し八双あり。綫装。本文竹紙，裏打修補。首冊前見返し右肩に小簽を貼布し「宋板」と書す。前に「王狀元集註分類東坡先生詩目録／《宋禮部尚書端明殿學士兼侍讀學士贈太師謚文忠公》〈蘇　軾〉」，「百家註東坡先生詩序／（低7格）西蜀趙公　夔　尭卿譔／（中略）三十年中殫精竭慮僕之力盡於此書今／乃編寫刋行願與學者共之（下略）」，接行「(低 8 格) 狀元王公〈十朋〉龜齡譔／（中略）近於暇日搜索諸家之釋裒／而一之劃繁剔冗所存者幾百人庶幾於公之詩／有光」序，「百家註分類東坡先生詩姓氏／（低 6 格）狀元王公　〈十朋〉　龜齡　纂集」を附す。姓氏末に双辺無界「建安魏忠卿／刻梓于家塾（楷行)」牌記あり。

左右双辺（20.2×12.5㎝）有界，11行，大19字，小25字，柳公權体。(闕筆) 匡筐。綫黒口，双黒魚尾（対向）間題「寺幾」，張数，左肩耳格「幾巳幾」。(補配) 左右双辺（巻11首19.8×12.7㎝）有界，同款式。

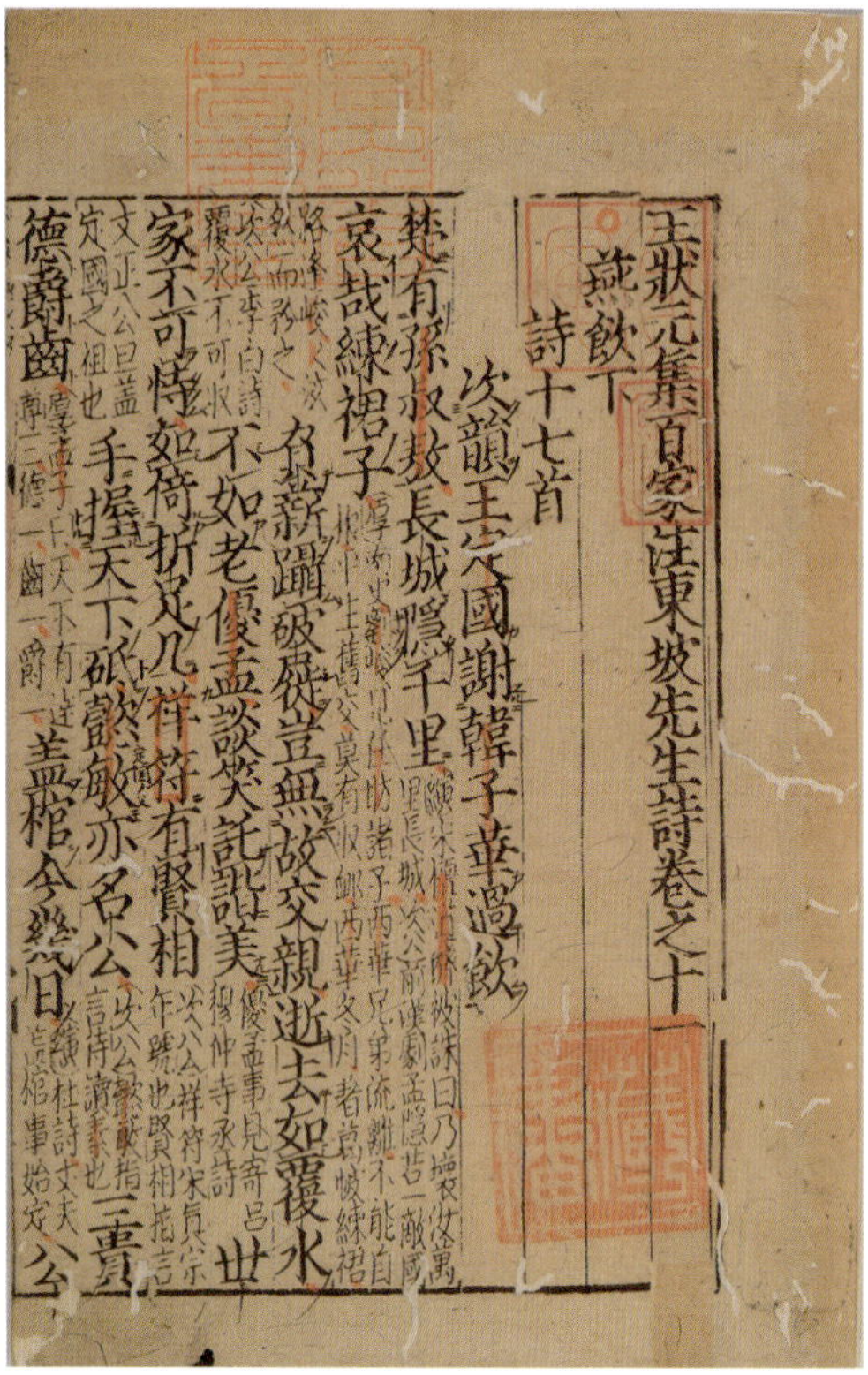

巻11首補配

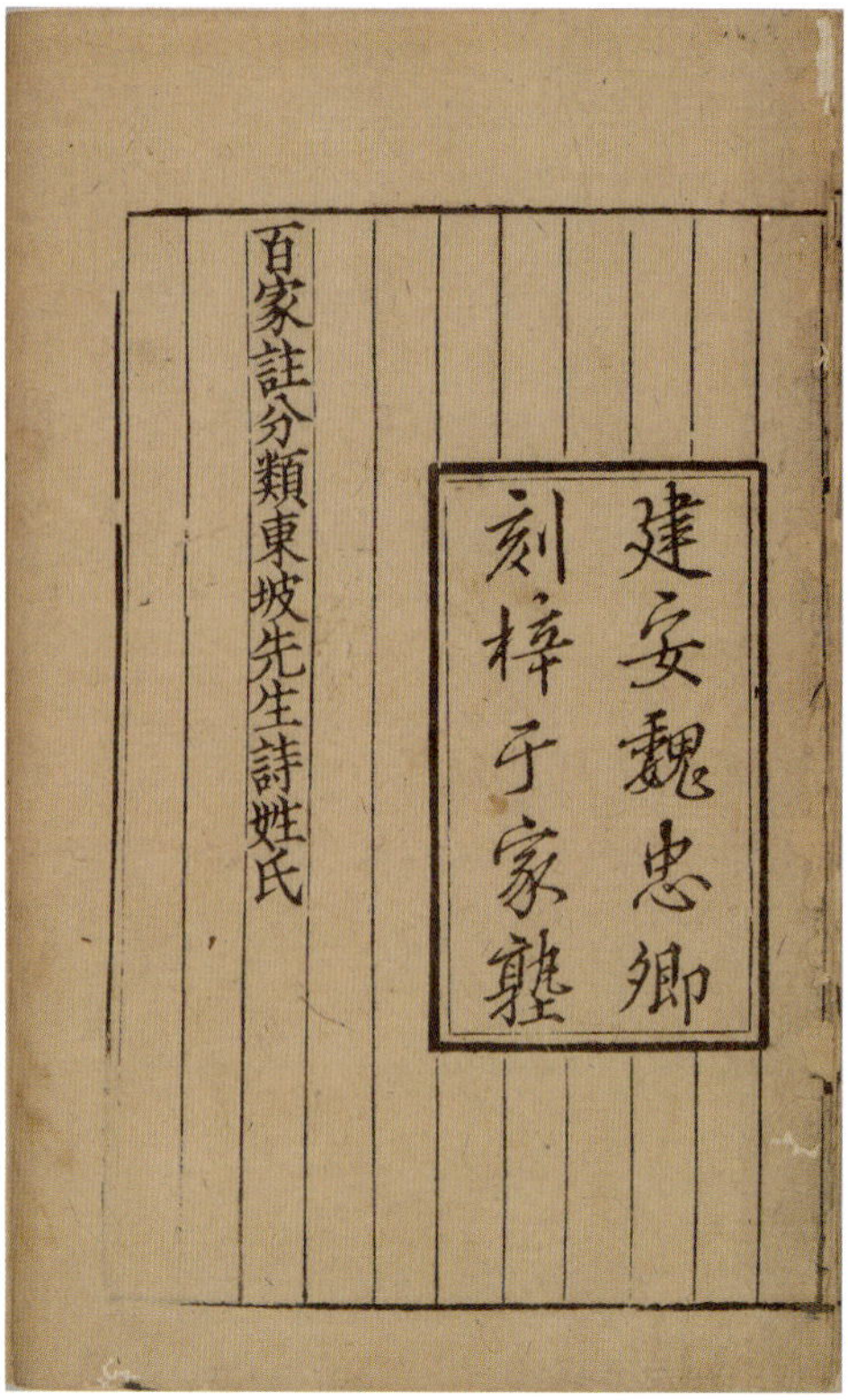

姓氏末刊記

線黒口或いは小黒口，上辺字数。

巻18第26張，巻21第15，29張後に版本脱文を鈔補，目首 2 張，第11冊配〔元初〕〔務本書堂〕刊本「王狀元集百家注（分類）東坡先生詩巻之十一（十二）」。〔室町〕朱標圏，竪句点，題上年記，稀に返点，送仮名，欄上校改書入，同別手墨筆にて行間「批」，題上「雇幾」並に年所注記書入，同又別手朱墨にて欄上「ソ」「ナリ」混合仮名注（用「江西」説）書入，〔室町末近世初〕墨筆にて返点，連合符，音訓仮名，同朱墨欄外補注書入あり。（補配）〔室町〕朱合竪傍句点，墨返点，連合符，音訓送仮名書入あり。

毎冊首に単辺方形陽刻「賢／□」藍印記（擦消），第 5 冊尾に同不明朱印記（同），毎冊首に単辺方形陰刻「藏／書」朱印記，同陽刻「官／庫」，双辺亜形陽刻「龜」朱印記，首に単辺方形陽刻「佐伯矦毛利／高標字培松／臧書画之印」朱印記，同「宮内省／圖書印」朱印記を存す。（補配）毎巻首尾に方形不明朱印記刪去痕を存す。

前掲の王註13冊本と同系統の別版で、詩の配列も同じである（Ⅲ-62参照）。刊行者の魏忠卿は、同じく建安で『新刊五百家註音辨昌黎先生文集』、『新刊五百家註音辨唐柳先生文集』を刊行した魏仲挙、『新唐書』を刊行した魏仲立らと同族の者であろう。旧蔵について、Ⅲ-5 参照。　（佐藤道生）

64. 重廣分門三蘇先生文粹100巻 目2巻　　唐　半　28册　502-412

宋闕名編　宋蘇洵 蘇軾 蘇轍撰

〔南宋〕刊　明正統11年(1446)金谿義塾改装識語　清揆叙 清室舊藏

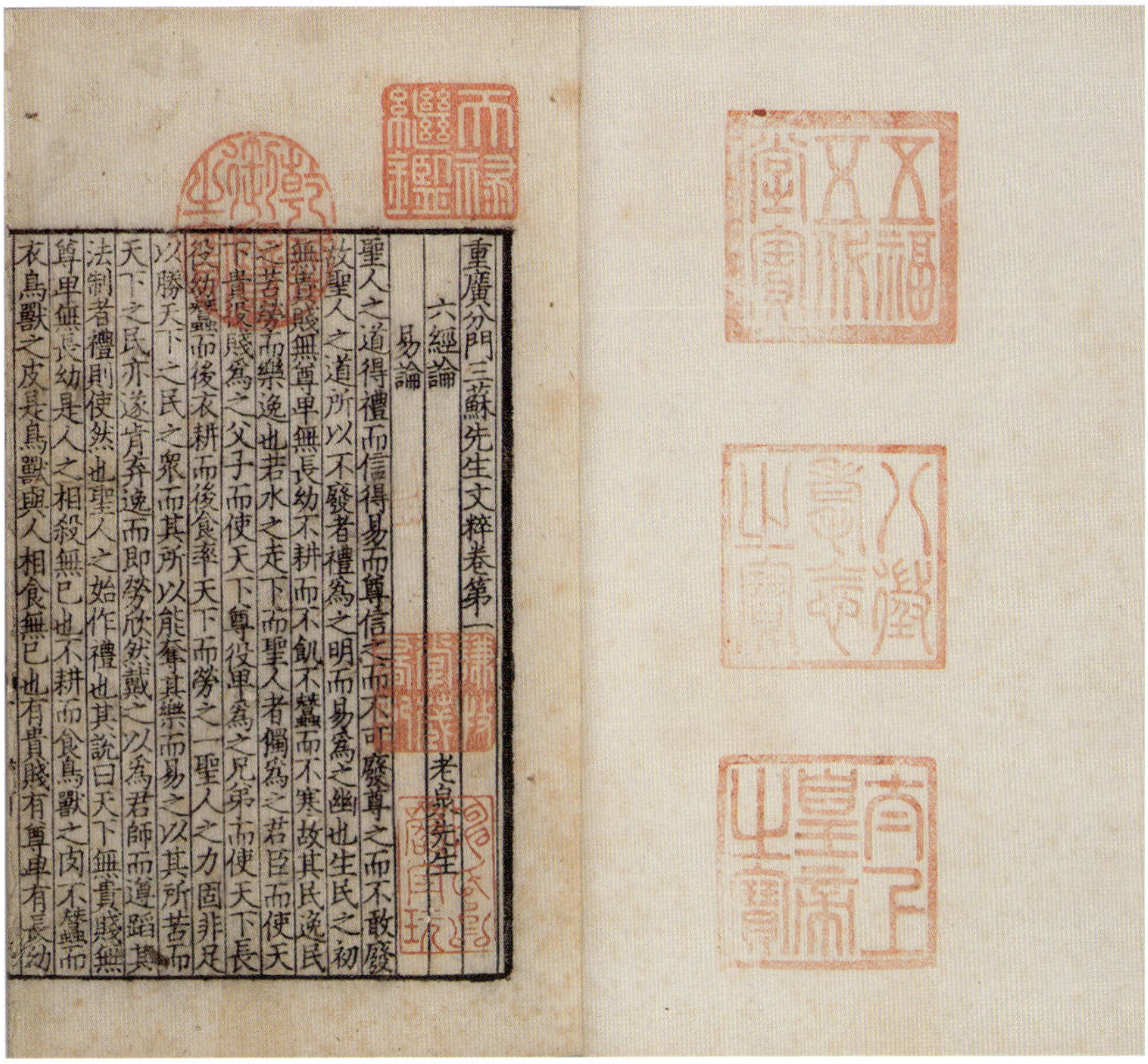
重廣分門三蘇先生文粹卷第一　老泉先生
六經論
易論
聖人之道得禮而信得易而尊信之而不可廢尊之而不敢廢
故聖人之道所以不廢者禮爲之明而易爲之幽也生民之初
無貴賤無尊卑無長幼不耕而不飢不蠶而不寒故其民逸民
之苦勞而樂逸也若水之走下而聖人者獨爲之君臣而使天
下貴役賤爲之父子而使天下尊役卑爲之兄弟而使天下長
役幼蠶而後衣耕而後食率天下而勞之一聖人之力固非足
以勝天下之民之衆而其所以能奪其樂而易之以其所苦而
天下之民亦遂肯弃逸而即勞欣然戴之以爲君師而遵蹈其
法制者禮則使然也聖人之始作禮也其說曰天下無貴賤無
尊卑無長幼是人之相殺無已也不耕而食鳥獸之肉不蠶而
衣鳥獸之皮是鳥獸與人相食無已也有貴賤有尊卑有長幼

巻 1 首

新補蜀江錦表紙（22.8×14.8㎝），表紙左肩に旧黄絹巻雲文題簽を貼布し双辺中に「宋板三蘇文粋」と書す。黄絹包角，楮紙，襯紙改装。見返し新補，前後副葉あり。

左右双辺（15.9×10.3㎝）有界，14行24字。線或いは小黒口，双黒魚尾（不対向，巻13，巻15，巻21，巻27に三魚尾の張あり），上尾下題「文幾」，字数，下象鼻張数，間ゝ字数，下辺工名（不分明）。「玄弦絃敬儆驚竟弘泓匡殷恒貞徵懲讓桓完構購」を闕筆する。

稀に墨作者補注書入，稀に朱句点，校改書入。大尾左辺外に「正統丙寅孟秋重装于金谿義塾」識語。巻1，8，19，32，35，45，56，65，73，94首に単辺方形陽刻「人徐良／夫臧書」朱印記，巻 1，15，35，56，69，87首に同「陳氏齋／嚴宝玩」朱印記，首に同「琅邪」朱印記，巻中間ゝ方形陰刻不明朱印記，毎冊首に同「謙牧／堂藏／書記」，毎冊尾に単辺方形陽刻「兼牧堂／書畫印」朱印記，毎冊前副葉後半，後副葉前半（首冊後副葉を除く）同「五福／五代／堂寶」「八徵／耄念／之寶」「太上／皇帝／之寶」，毎冊首に方形陰刻「天禄／繼鑑」，毎冊首尾に単辺楕円形陽刻「乾隆／御覽／之寶」，毎冊尾に単辺方形陽刻「天禄／琳琅」朱印記，毎冊前副葉前半に単辺方形陽刻「宮内省／圖書印」朱

印記あり。

宋の蘇洵、蘇軾、蘇轍父子の散文集。「六経論」「五経論」など内容によって分類し、三蘇の作を収めている。他に伝本を見ない。静嘉堂文庫に『三蘇先生文粋』70巻を蔵するが、こちらは作者別の編集である。

謙牧堂は清の揆叙の斎号。揆叙は康熙朝の大学士であり、蔵書家としても知られたが、雍正帝の時代に官位を剝奪され、財産を没収された。天禄琳琅は乾隆帝の善本蔵書。おそらく雍正帝の時代に宮中に入ったものであろう。台北の故宮博物院に蔵される『文献通考』などが、表紙、題簽など、本冊と同じ装幀である。

（大木　康）

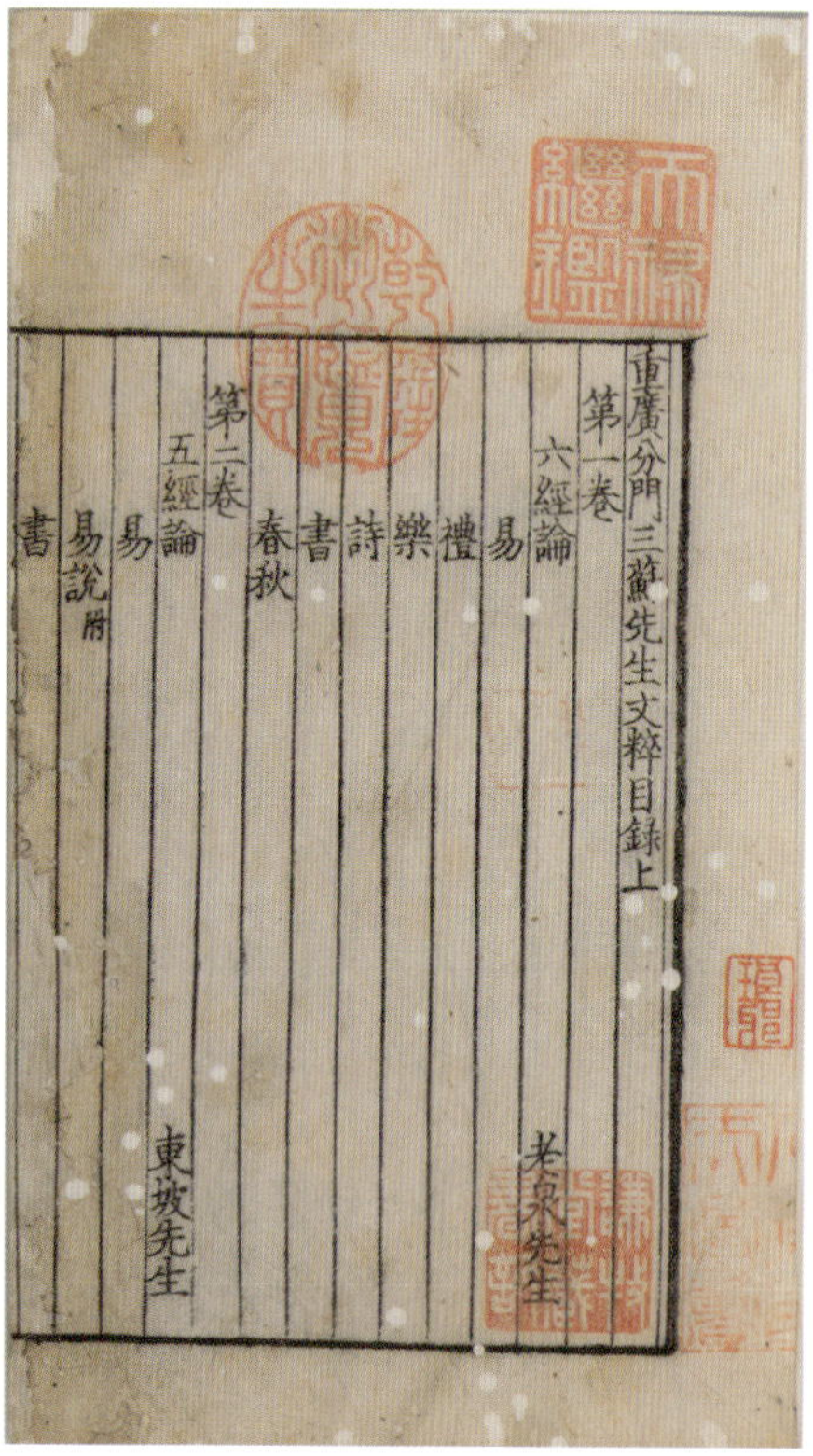

目録首

前表紙

65. 景文宋公文集(或題景文宋公集)□□□巻　存巻26至32 81至85 120至125

唐　大　6帖　500-7

宋宋〔祁〕撰

〔宋寧宗朝〕刊　金澤文庫 佐伯藩主毛利高標 紅葉山文庫舊藏

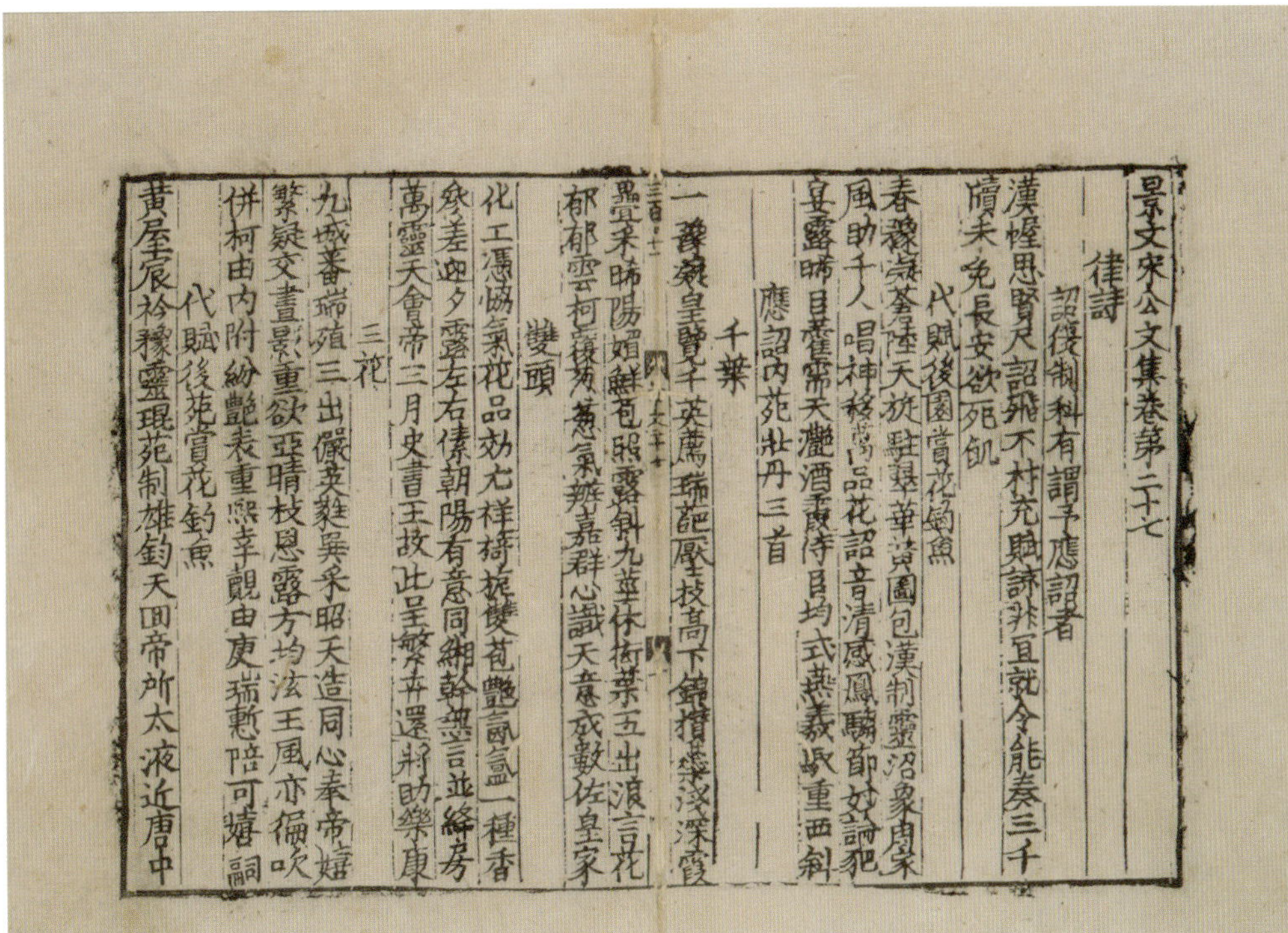
景文宋公文集卷第二十七
律詩
詔儗制科有謂予應詔者
漢皇思賢下詔飛不材充賦詎非宜就令能奏三千
牘未免長安欲死飢
代賦後園賞花釣魚
春豫凝鑾陸天旋駐翠華黃圖包漢制靈沼象周家
風助千人唱神移萬品花詔音清感鳳騶節[illegible][illegible]葩
宴露晞[illegible][illegible]舊常天灑酒[illegible]侍臣均式燕義賦重西斜
應詔內苑牡丹三首
千葉
一發煩皇覽千英薦瑞葩壓枝高下錦攢蕚淺深霞
[illegible]景來晞陽媚鮮苞照露斜九華休衒葉五出浪言花
郁郁雲柯[illegible]葱葱氣辨嘉群心識天意[illegible]數佐皇家
雙頭
化工憑協氣花品効尤祥綺萼雙苞艷[illegible]一種香
參差迎夕露左右傃朝陽有意同[illegible]幹無言並絳房
萬靈天會帝三月史書王故此呈繁卉還將助樂康
三花
九盛蕃瑞殖三出儼英蕤異采昭天造同心奉帝嬉
繁疑文畫影重欲亞晴枝恩露方均浹王風亦偏吹
併柯由內附紛艷表重熙幸覩由庚瑞慙陪可[illegible]詞
代賦後苑賞花釣魚
黃屋宸衿豫靈瓊苑制雄鈞天回帝所太液近唐中

巻 27 首

後補香色包背表紙 (29.1×20.3㎝) 左肩に双辺刷枠題簽を貼布し「宋景文集［　］幾」と書す。胡蝶裝（版心背面の糊は既に外れ，紙葉両端附近の背面を貼附す）。本文楮紙，裏打修補。

左右双辺（21.6×15.5㎝）有界，12行20字。（闕筆）弦驚儆曙署樹譲桓完構遘慎惇敦廓。白口，双黒魚尾（不対向），上尾下題「景文幾」，下尾下張数，上辺字数，下辺工名あり。（工名）黄□，張守中，元仲，周正，呉政，九才，呉中。

巻31尾，巻121首に双辺方形陽刻「金澤文庫（楷書）」墨印記，巻32中に単辺同「佐伯矦毛利／高標字培松／臧書画之印」朱印記，毎帖首に単辺同「祕閣／圖書／之章」朱印記，同「宮内省／圖書印」朱印記を存す。

宋の宋祁（998-1061）の別集の南宋末、建安麻沙書坊刊本。本書はもと150巻（『宋書』藝文志、『文献通考』）或いは100巻（『宋史』宋祁伝、陳振孫『書録解題』）あったと言われるが、中国では佚して、『四庫全書』には『永楽大典』から輯佚して62巻としたものが収められた。旧蔵について、Ⅲ－5 参照。

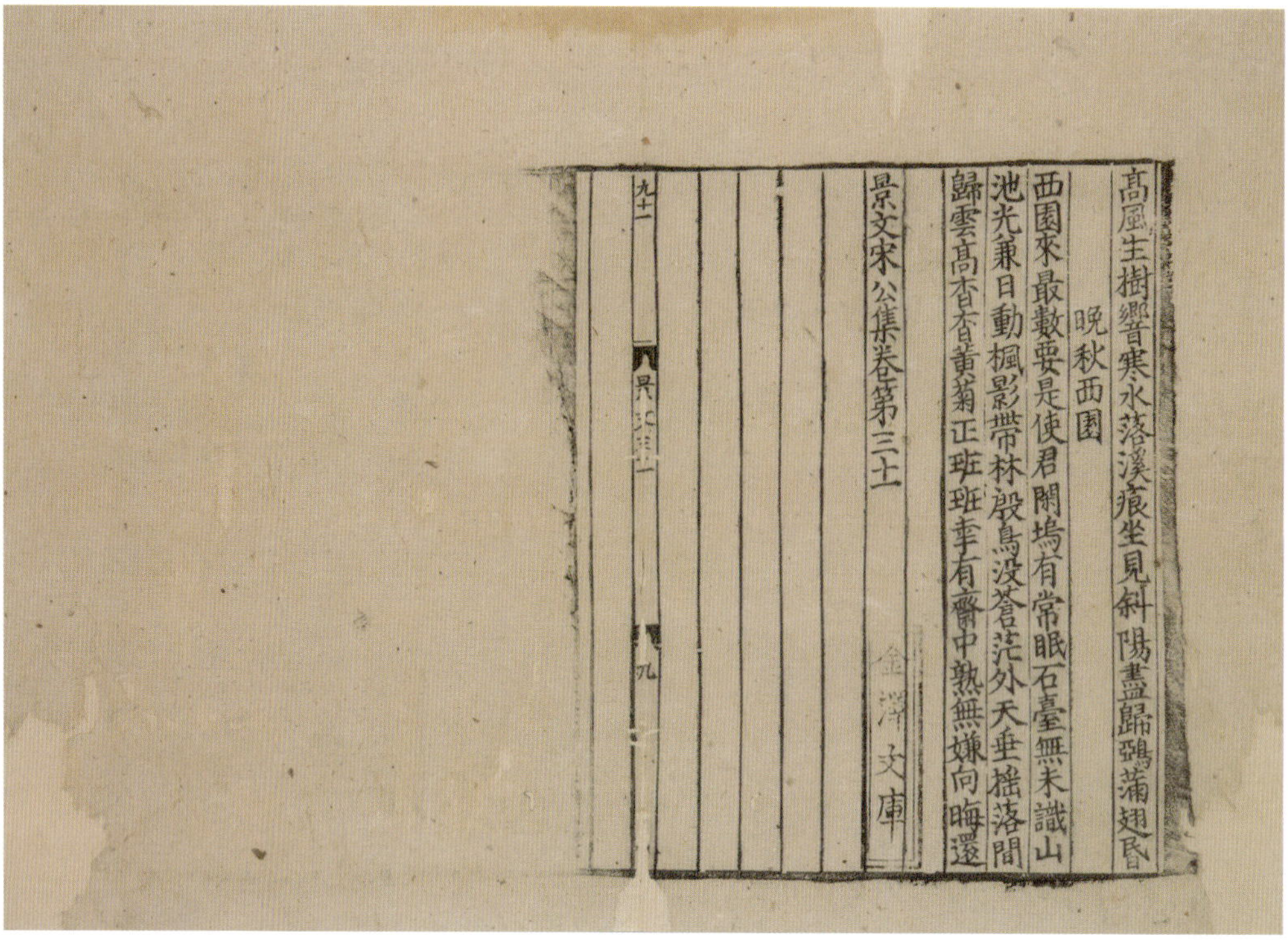

高屋生樹響寒水落溪痕坐見斜陽盡歸鵶蒲翅昏
晩秋西園
西園來最數要是使君閑塢有常眠石臺無未識山
池光兼日動楓影帶林殷鳥没蒼茫外天垂揺落間
歸雲高杳杳黄菊正班班幸有齋中熟無嫌向晦還
景文宋公集巻第三十一
金澤文庫

金沢文庫印記

宋祁は、字は子京、安州安陸の人。兄の庠と同時に進士に挙げられ、二宋と呼ばれた。龍図学士・史館修撰となり、欧陽脩とともに『新唐書』の編纂に携わり、列伝150巻を為した。書名に冠せられた「景文」はその諡である。　　　　（佐藤道生）

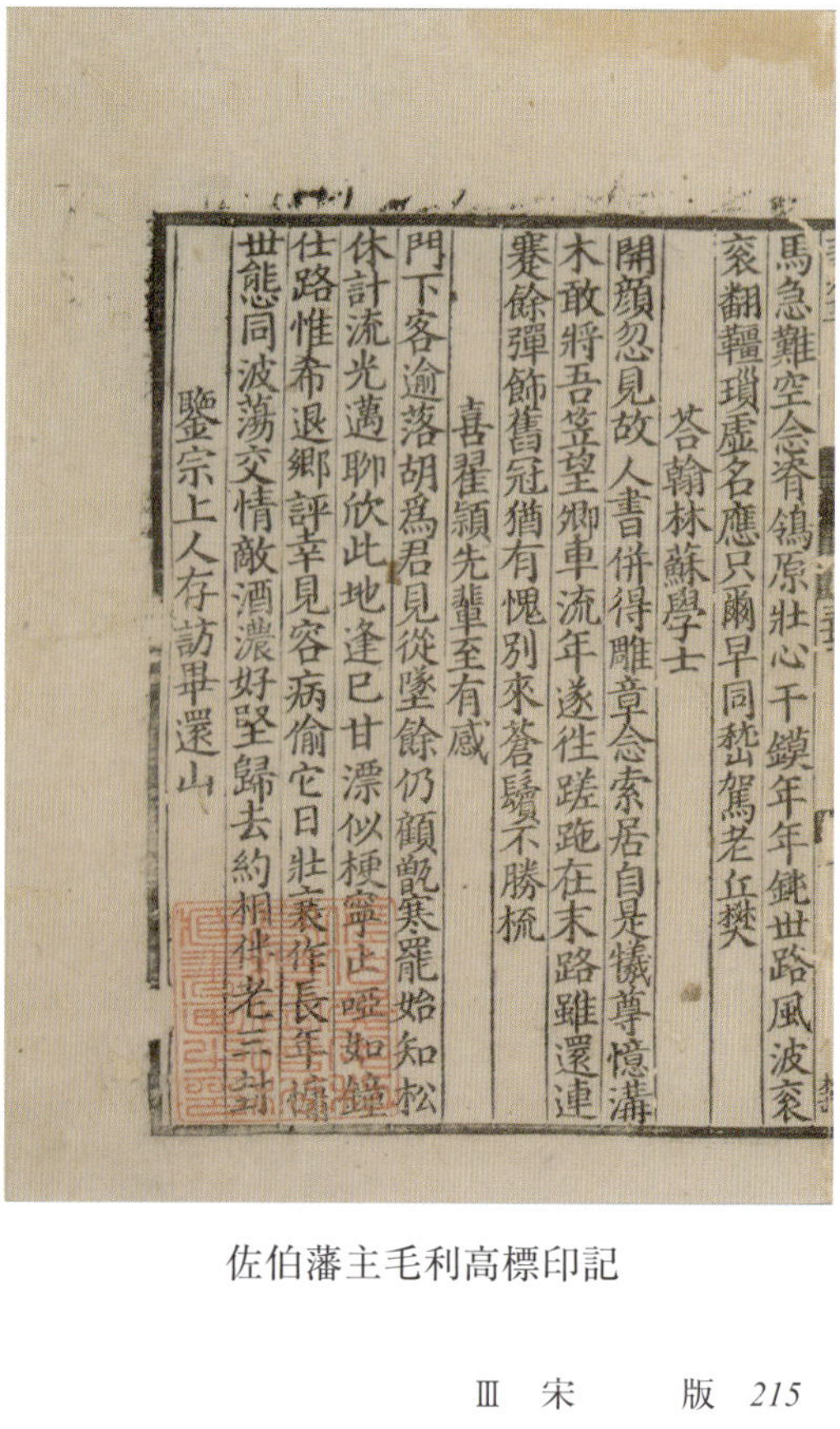

馬急難空念脊鴒原壯心千鏌年年鈍世路風波衮
衮翻轀瓃虛名應只爾早同[illegible]駕老丘樊
答翰林蘇學士
開顔忽見故人書併得雕章念索居自是犧尊憶溝
木敢將吾笠望卿車流年遂往蹉跎在末路雖還連
蹇餘彈飾舊冠猶有愧別來蒼鬢不勝梳
喜翟潁先輩至有感
門下客逾落胡爲君見從墜餘仍顧㲉寒罷始知松
休討流光邁聊欣此地逢已甘漂似梗寧止啞如鐘
仕路惟希退鄉評幸見容病偷它日壯衰作長年傭
世態同波蕩交情敵酒濃好堅歸去約相伴老三[illegible]
鑒宗上人存訪畢還山

佐伯藩主毛利高標印記

66. 崔舍人玉堂類藁20巻 西垣類藁２巻 目１巻 附録１巻

唐　大　７冊附１帖　500-6

宋崔敦詩撰　（附）闕名編

〔宋寧宗朝〕刊（〔浙〕）　附柴栗山鑑定宋槧玉堂類藁記（外題）（享和３年〈1803〉柴野栗山筆）　金澤文庫〔狩谷棭齋〕〔新見正路〕紅葉山文庫舊藏

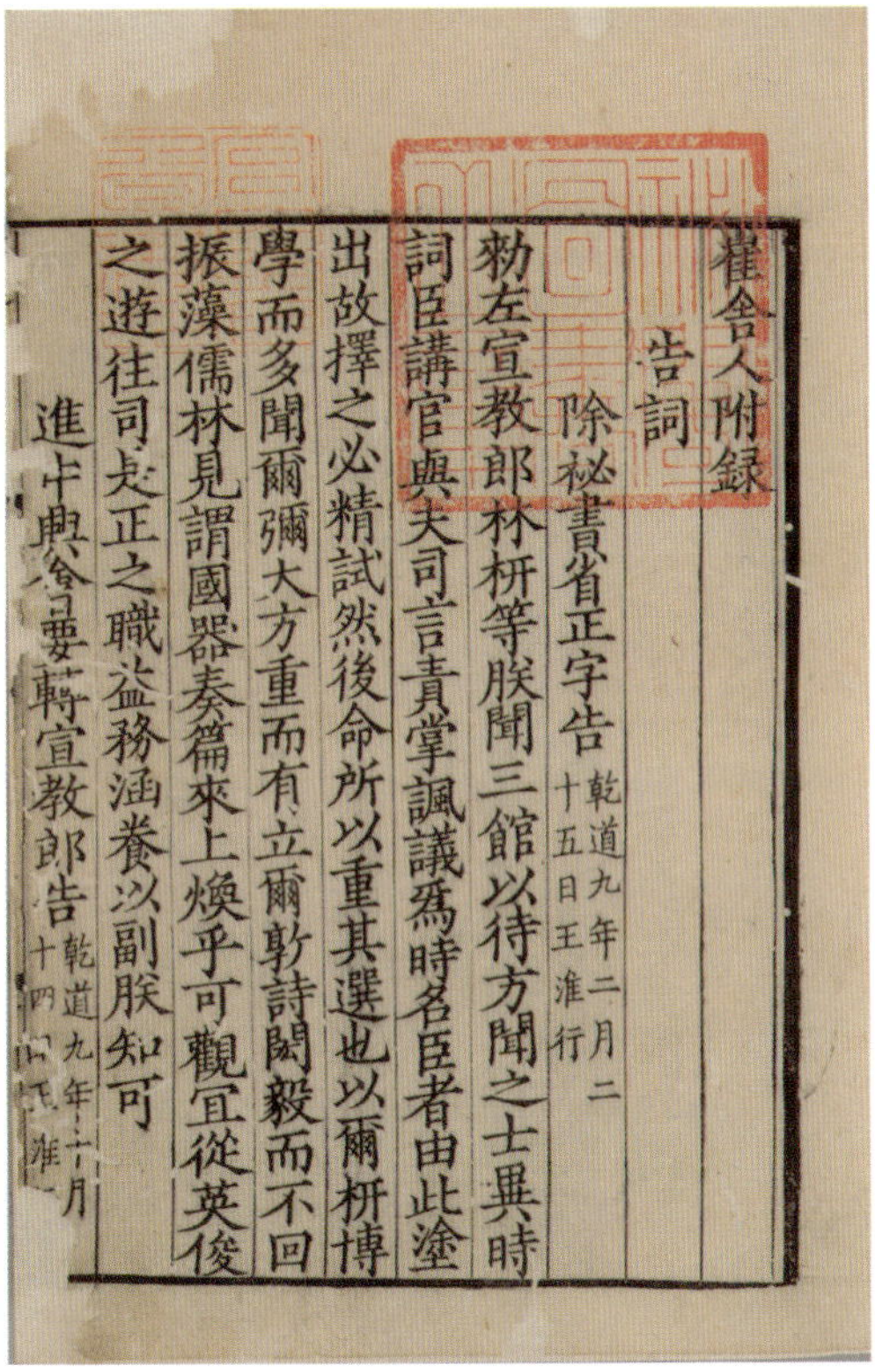
崔舍人附録
告詞
除祕書省正字告 乾道九年二月二十五日王淮行
勑左宣教郎林枅等朕聞三館以待方聞之士異時
詞臣講官與夫司言責掌諷議焉時名臣者由此塗
出故擇之必精試然後命所以重其選也以爾枅博
學而多聞爾彌大方重而有立爾敦詩閱毅而不回
振藻儒林見謂國器奏篇來上煥乎可觀宜從英俊
之遊往司是正之職益務涵養以副朕知可
進中興會要轉宣教郎告 乾道九年十月

附録首

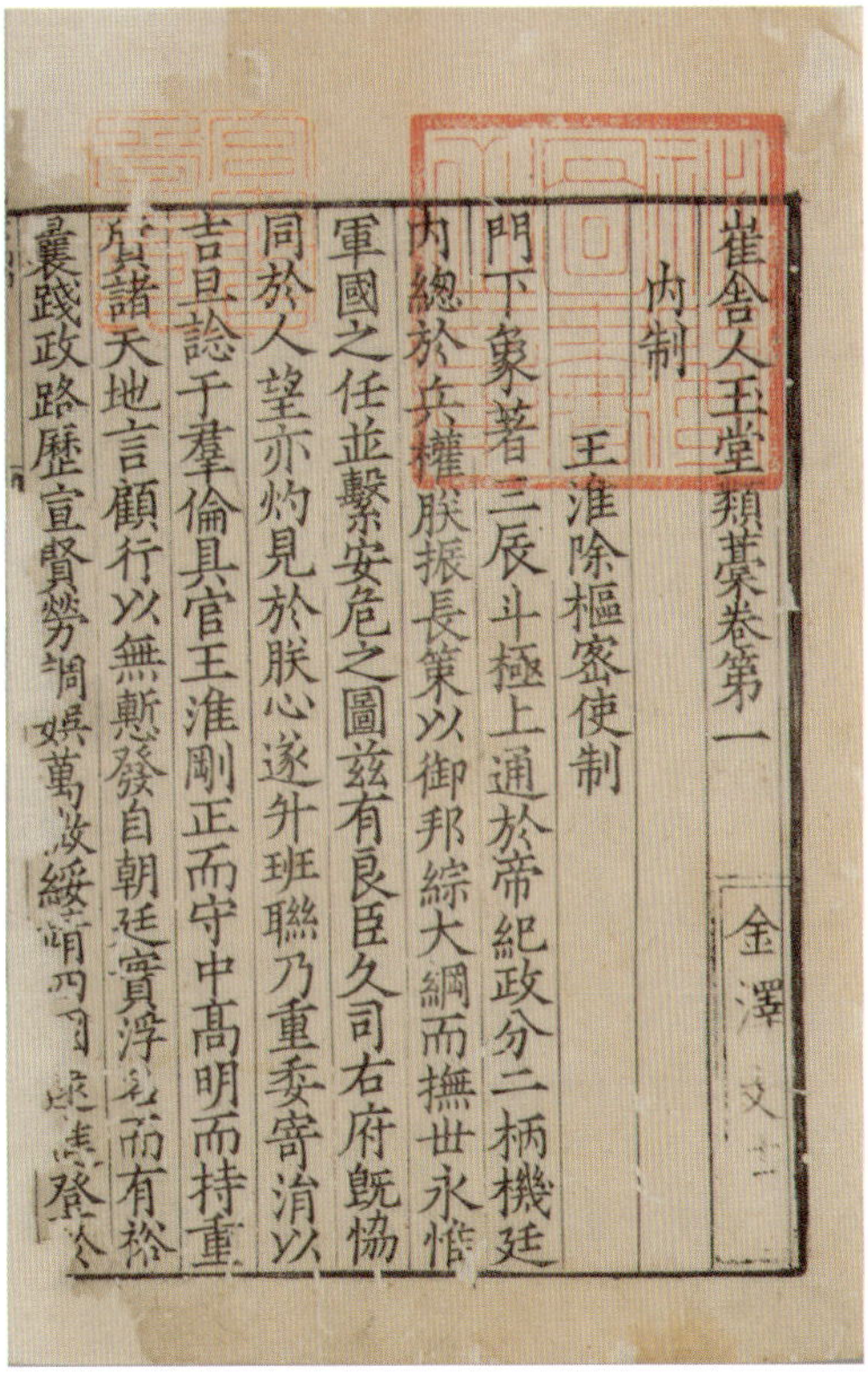
崔舍人玉堂類藁巻第一
内制
王淮除樞密使制
門下象著三辰斗極上通於帝紀政分二柄機廷
内總於兵權朕振長策以御邦綜大綱而撫世永惟
軍國之任並繫安危之圖茲有良臣久司右府既協
同於人望亦灼見於朕心遂升班聯乃重委寄涓以
吉旦誕于羣倫具官王淮剛正而守中高明而持重
質諸天地言顧行以無慙發自朝廷實浮名而有裕
曩踐政路歷宣賢勞

巻１首

後補淡茶色艶出表紙（26.8×18.7㎝）。左肩に題簽を貼布し「崔舍人玉堂類藁［　］幾」と書す。綫装，胡蝶装を改む。竹紙，裏打修補。前に「崔舍人玉堂類藁目録」を附す。左右双辺（21.0×15.0㎝）有界，10行19至20字。闕筆，惇敦廓。白口，双黒魚尾（不対向），上尾下題「玉堂類藁巻幾」，上象鼻に字数，下尾下張数，下象鼻下辺に工名（陳梓，李忠，陳杷，李珍，呉珙）。後に「崔舍人附録」及び「崔舍人西垣類藁巻第一／（低３格）王希呂知紹興府」を附す。

梨色絹貼り板表紙（27.0×18.2㎝），左肩に素絹題簽を貼布し本文別筆にて「柴栗山鑑定宋槧玉堂類藁記」と書す。折り帖，本文厚手楮紙（５折，６枚），見返しに本紙を貼附す。第２折後半（第３紙）より第３折（第４紙前半）に墨付き，首より本文「右宋槧玉堂類藁二十巻西垣類藁二巻南／宋崔敦詩所著附録一巻乃其歴官制誥及祭／文挽詞也（中略）首／有金澤文庫印記上杉氏舊蔵也流轉〃近帰于甑月堂小倉氏焉凢宋刻傳者唐人／猶為罕遘況於萬里之外其可不寶愛／予借觀數十日詳其編纂僅止所職

之文／制誥口宣批荅及青詞致語等之外無一文／及別題蓋所謂制藁二十二巻者矣其他奏／議文集知大體而剴切皆不可見為可惜已／小倉名祐利以鬻書為業／皇享和三年癸亥九月東讃柴邦彦記」，直下に方形陰刻「柴／邦彦」朱印記（柴野栗山所用）を存す。

第 1 至 6 冊首尾，〔墓銘〕末，巻15首に双辺長方陽刻「金澤文庫（楷書）」墨印記，毎冊首に単辺方形陽刻「祕閣／圖書／之章」朱印記，単辺方形陽刻「宮内省／圖書印」朱印記を存す。

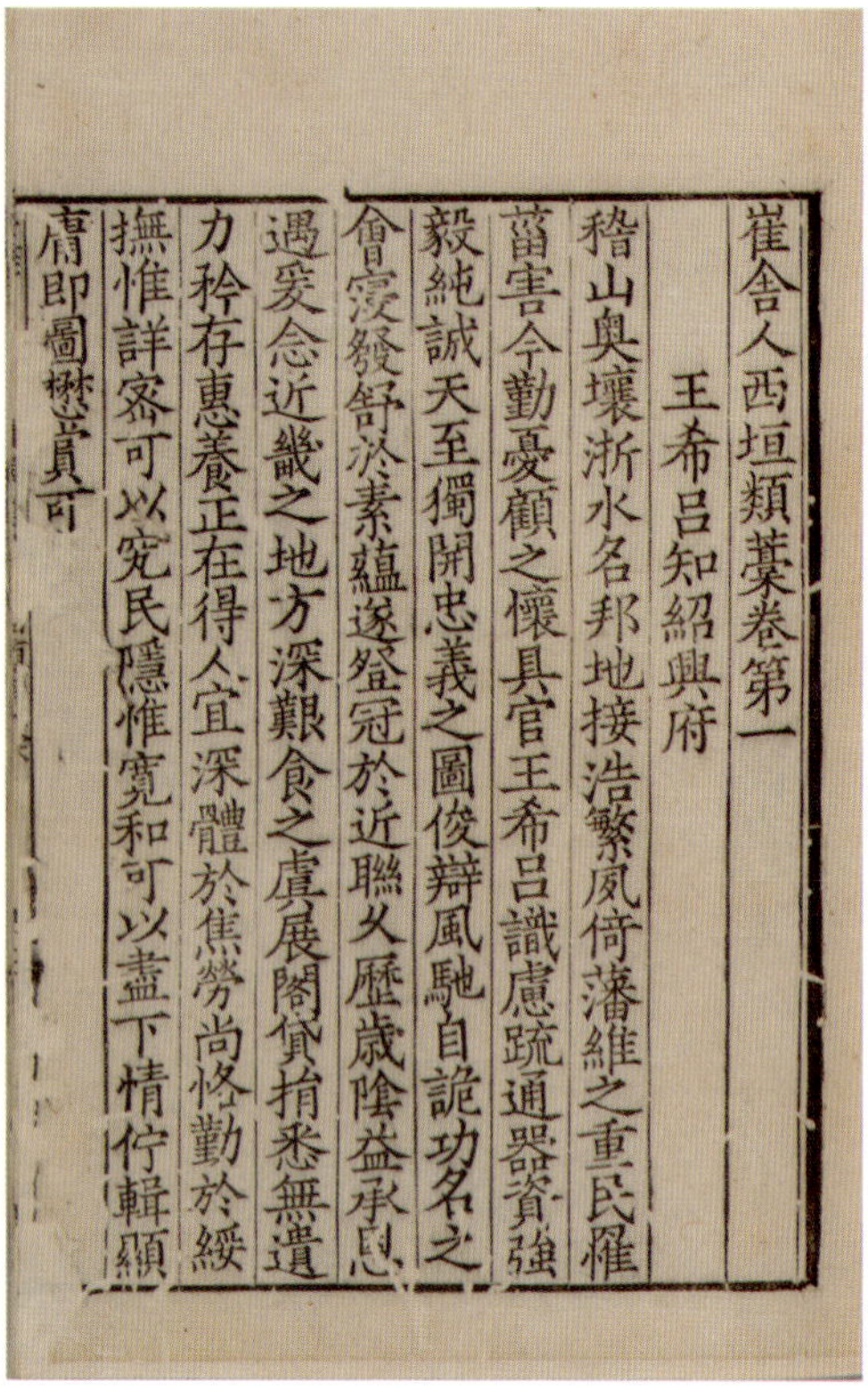
崔舍人西垣類藁巻第一
王希吕知紹興府
稽山奥壤浙水名邦地接浩繁夙倚藩維之重民罹
菑害今勤憂顧之懷具官王希吕識慮疏通器資強
毅純誠天至獨開忠義之圖俊辯風馳自詭功名之
會寖發舒於素藴遂登冠於近聯久歷歳陰益承恩
遇爰念近畿之地方深艱食之虞展閤貸捐悉無遺
力矜存恵養正在得人宜深體於焦勞尚恪勤於綏
撫惟詳察可以究民隱惟寛和可以盡下情佇輯顯
庸即圖懋賞可

西垣類藁巻首

南宋の崔敦詩（1139-82）撰。崔敦詩、字は大雅。敦礼の弟。紹興の進士。官は中書舎人。宋淳熙 9 年（1182）に卒す。該書の他、『文集』『奏議』『制海』『監韻』『通鑑要覧』等を撰した。

該本は、字様、料紙、闕筆、工名から、〔宋寧宗朝〕刊（〔浙〕）と推定される。刊印精善で精刻本と言えようが、版心部及び下部に闕損が多く認められるのが惜しまれる。前掲の如く、別に江戸時代享和 3 年（1803）に朱子学者柴野栗山（1736-1807）により記された跋文「柴栗山鑑定宋槧玉堂類藁記」一帖が添えられる。栗山は同跋文中に於いて、該本は、南宋の陳振孫の『直斎書録解題』以下の諸書目には著録されないが、明の葉盛（1420-74）の『菉竹堂書目』にのみ著録され、『四庫全書』、銭曾（1629-1701）の『読書敏求記』には著録されていないことから、明代中葉は存していたものの、『四庫全書』や『読書敏求記』の頃には或いは既に散佚していたかと述べる。神田喜一郎・長澤規矩也執筆『佚存書目』にも「菉竹堂書目に見ゆるも、今は佚書ならん。未収書目著錄」と記載される。清の阮元の『四庫未収書提要』の「玉堂類藁二十巻西垣類藁二巻」には、『宋史』藝文志七（集類・別集類）に於いて該書が周必大撰『玉堂類藁』二十巻と誤って著録されたことが指摘される。該本は、林復斎等の『重訂御書籍来歴志』に著録される。森枳園等の『経籍訪古志』に著録され、「求古樓藏」、「此本宋槧本中絶佳者」と記されることから、江戸時代後期の考証学者狩谷棭斎（1775-1835）の旧蔵書であったことがわかる。また該本は、『王文公文集』（404-41、Ⅲ-59）の解題に記されているように、江戸時代後期の幕臣で蔵書家と知られる新見正路（1791-1848）の賜蘆文庫旧蔵書で、嘉永 2 年（1849）に男の正興の手により、書陵部図書寮文庫所蔵の、宋淳熙 3 年刊本『春秋経伝集解』（401-26、Ⅲ-4）、〔南宋〕刊本『三国志』（401-87、Ⅲ-13）、〔南宋〕刊本『東都事略』（402-10、Ⅲ-14）とともに、幕府紅葉山文庫に献上された。なお、林述斎による『佚存叢書』所収。

（髙田宗平）

67. 誠齋先生南海集 8 巻　　唐　中　2 冊　404-69

宋楊萬里撰

宋淳熙13年(1186)跋刊　清光院 佐伯藩主毛利高標 紅葉山文庫舊藏

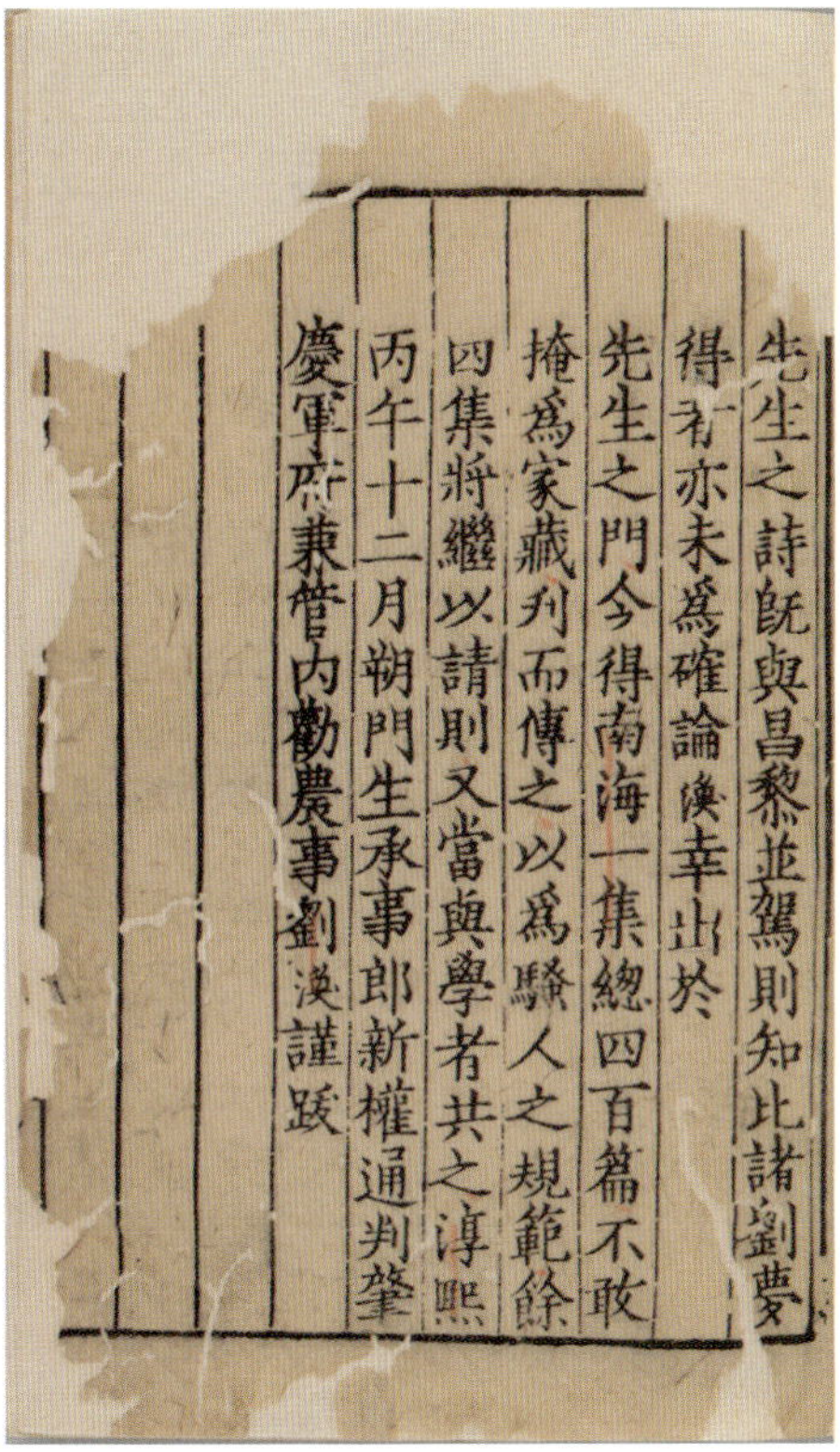
先生之詩既與昌黎並駕則知比諸劉夢
得者亦未爲確論渙幸出於
先生之門今得南海一集總四百篇不敢
掩爲家藏刋而傳之以爲騷人之規範餘
四集將繼以請則又當與學者共之淳熙
丙午十二月朔門生承事郎新權通判肇
慶軍府兼管内勸農事劉渙謹跋

淳熙13年跋

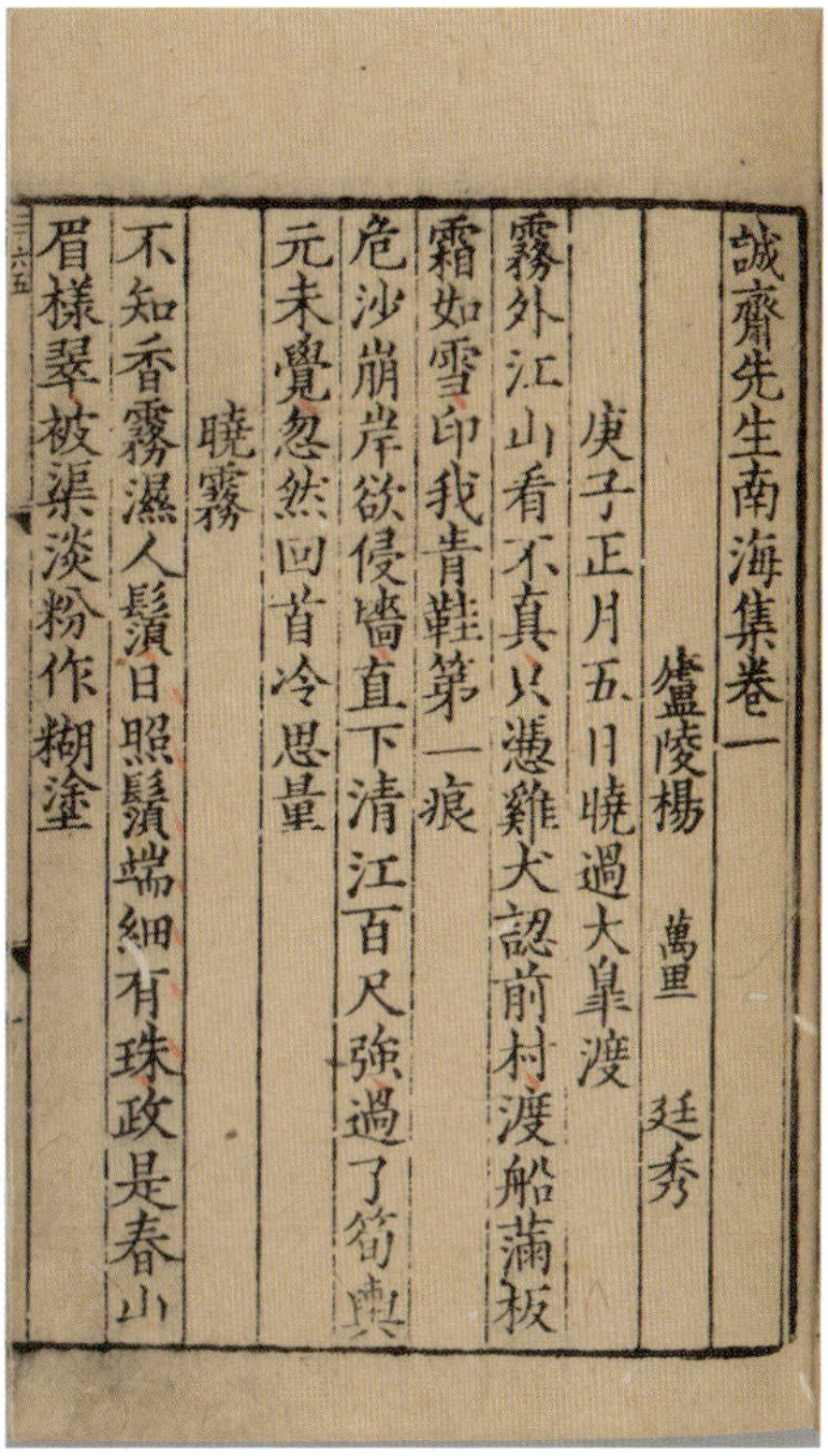
誠齋先生南海集卷一
盧陵楊　萬里　廷秀
庚子正月五日曉過大皐渡
霧外江山看不真只憑雞犬認前村渡船滿板
霜如雪印我青鞋第一痕
危沙崩岸欲侵檣直下清江百尺強過了筍輿
元未覺忽然回首冷思量
曉霧
不知香霧濕人鬚須日照鬚端細有珠政是春山
眉様翠被渠淡粉作糊塗

巻 1 首

後補淡茶色艶出表紙（22.3×14.3㎝）左肩に双辺刷枠題簽を貼布し「南海集［　］乾（坤)」と書す。綫装。本文竹紙，裏打修補。前に目録「誠齋先生南海集／（低 7 格）盧《(マヽ)》陵楊〈萬里〉廷秀」を附す。左右双辺（17.7×11.8㎝）有界，10行18字。白口，双黒魚尾（不対向)，上尾下「(南）幾」，下尾下張数，上辺字数。後に「誠齋先生南海集跋／（中略）／侍讀誠齋先生乃今日之昌黎公也爲□〃之多至于一千八百餘首分爲五集（中略）〈渙〉幸出於／先生之門今得南海一集總四百篇不敢／掩爲家藏刋而傳之以爲騷人之規範餘／四集將繼以請則又當與學者共之淳熙／丙午十二月朔門生承事郎新權通判肇／慶軍府兼管内勸農事劉〈渙〉謹跋」を附す。

〔江戸中期〕筆にて目録第 1 張鈔補，同 7，8 張にも同筆にて部分の補写あり。稀に朱筆にて合竪傍句点書入あり。首並に巻 3，6 首に単辺長方形陽刻「紹見蔵書」朱印記あり，重鈐して単辺方形陰刻「通元／之印」朱印記 2 顆を存す。巻 3，6 首には同陽刻「清光院（楷書)」朱印記をも重鈐す。首に単辺方形陽刻「佐伯侯毛利／髙標字培松／臧書画之印」朱印記，毎冊首に単辺方形陽刻「宮内省／圖書印」朱印記を存す。

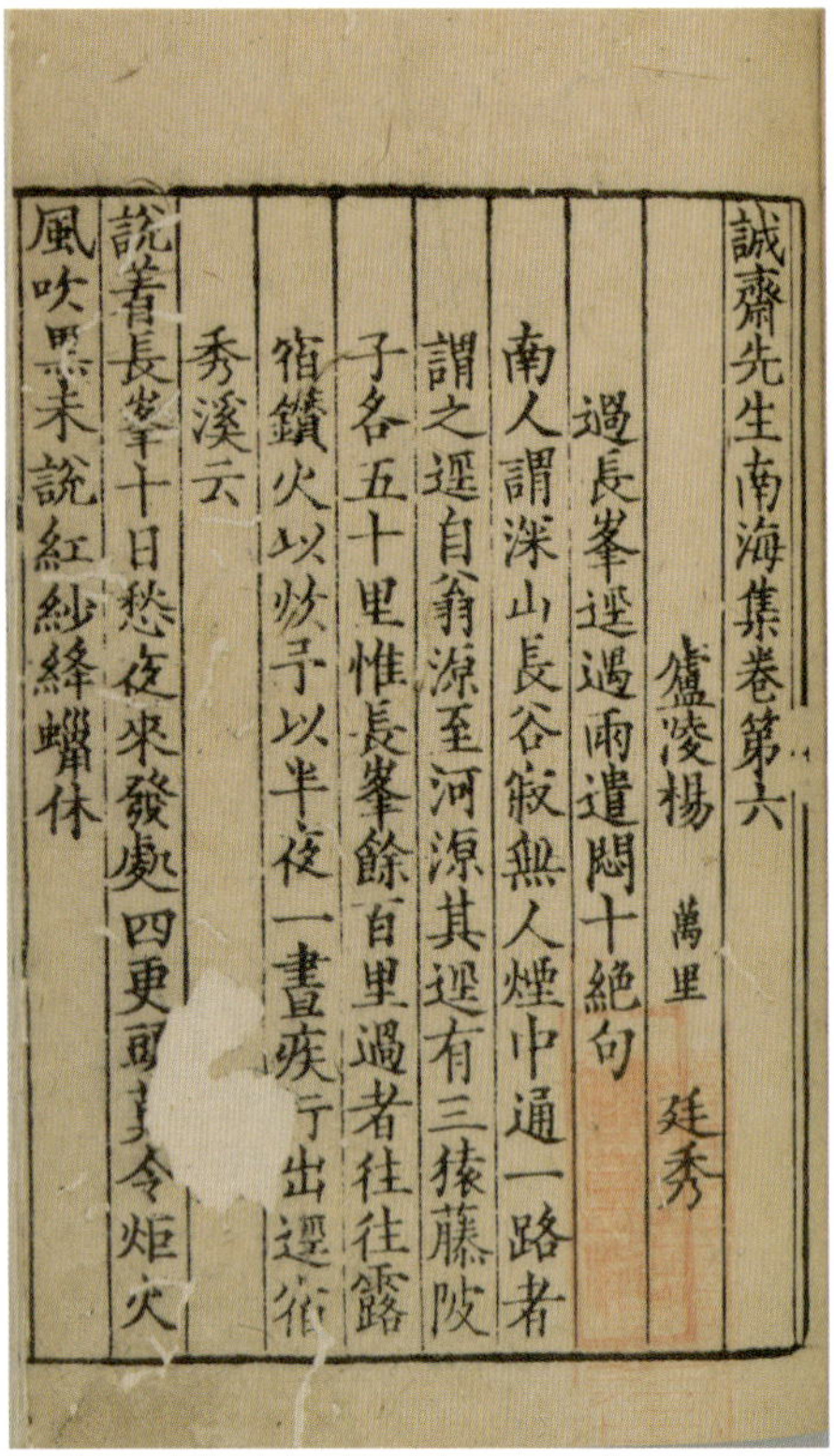
誠齋先生南海集卷第六
盧陵楊　萬里　廷秀
過長峯逕遇雨遣悶十絶句
南人謂深山長谷寂無人煙中通一路者
謂之逕自翁源至河源其逕有三猿藤陂
子各五十里惟長峯餘百里過者往往露
宿鑽火以炊予以半夜一晝疾行出逕宿
秀溪云
説着長峯十日愁夜來發處四更頭莫令炬火
風吹熄未説紅紗絳蠟休

清光院印記

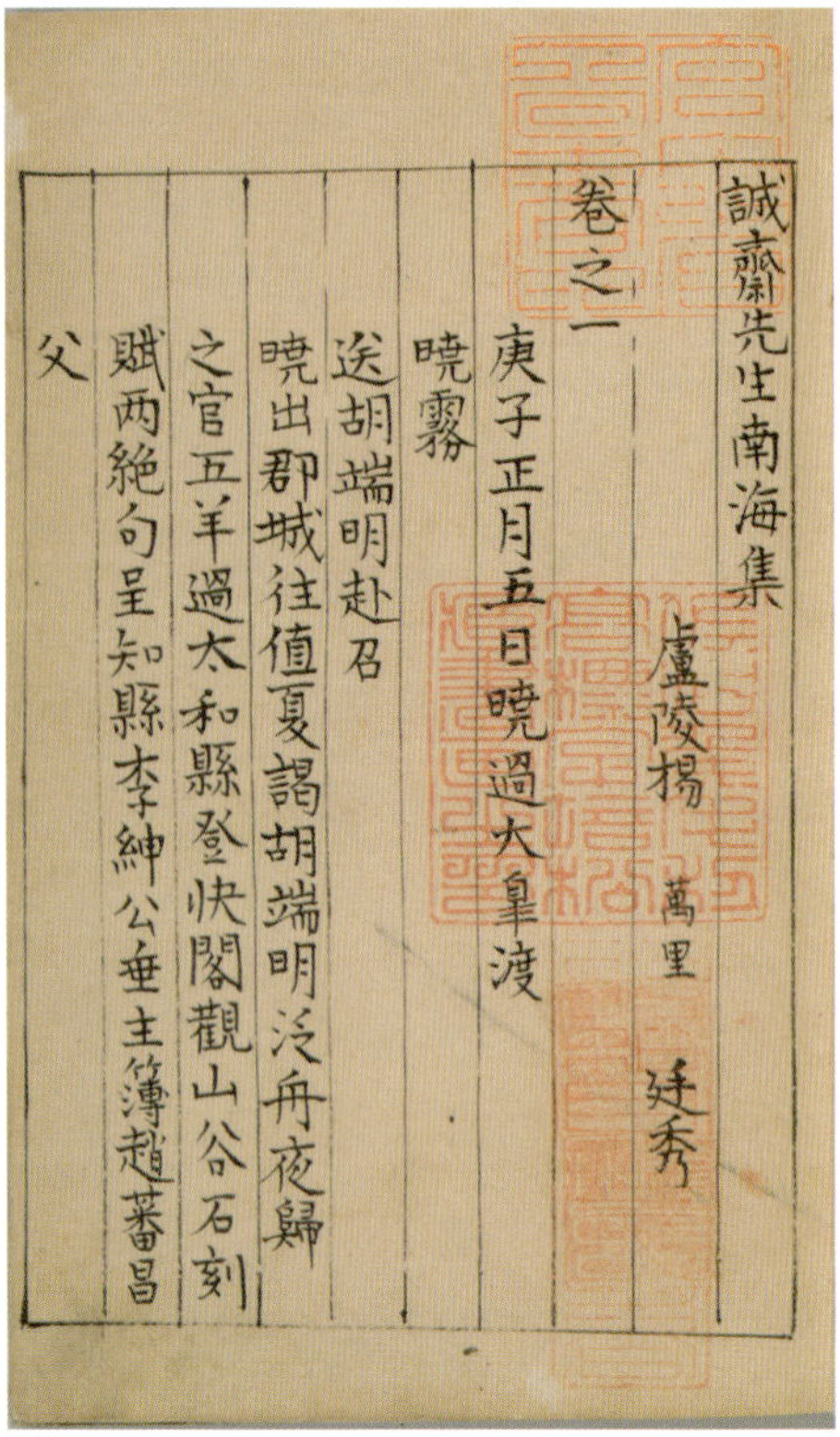
誠齋先生南海集
卷之一
盧陵楊　萬里　廷秀
庚子正月五日曉過大皐渡
曉霧
送胡端明赴召
曉出郡城往値夏謁胡端明泛舟夜歸
之官五羊過太和縣登快閣觀山谷石刻
賦兩絶句呈知縣李紳公垂主簿趙蕃昌
父

佐伯藩主毛利高標印記

南宋四大詩人の一人、楊万里（1127-1206）が、淳熙 7 年（1180）正月に故郷の吉水（江西省吉水県）から提挙広東茶塩公事（後に広東提点刑獄に改任）としての任地、広州に赴き、淳熙 9 年（1182）7 月、継母の喪に服するため広州を離れるまでの間に作った詩、約400首を、淳熙13年（1186）、門人の劉渙が刊行したもの。「南海」は広東のこと。劉渙の跋によれば、他の四集（『江湖集』『荊溪集』『西帰集』『朝天集』）も、その後、刊行されたと思えるが、現存しない。『南海集』は順番としては『西帰集』の後、『朝天集』の前の時期の詩集である。楊万里の詩文は、その没後、子の楊長孺が『誠斎集』133巻として端平 2 年（1235）に刊行した。書陵部にその原刊本が所蔵されるほか、宋抄本（『四部叢刊』）、『四庫全書』本などがあり、『南海集』はその巻15～18に相当する。また『誠斎集』巻80の「誠齋南海詩集序」は「丙午六月十八日」、すなわち劉渙の跋の半年前に書かれており、かつ劉渙の求めに応じて詩稿を送った経緯を述べる。この点から考えて、本冊の冒頭には、本来おそらく楊万里のこの自序が冠されていたであろう。旧蔵者の紹見、清光院は、ともに不明であるが、鈐印の状況から推測すると、元来は清光院所蔵で、当時は 3 冊（目録・巻 1－2、巻 3－5、巻 6－8・跋）であったものが、紹見蔵書となった段階で、目録の首葉を脱したため補写し（目録首葉補写部分には「清光院」の印がない）、その後、現在の 2 冊に改装されたと考えられる。またⅢ－5、11参照。　（金　文京）

68. 誠齋集133巻 目4巻

唐　大　43冊　550-4

宋楊万里撰　楊長孺編　羅茂良校

宋端平2年(1235)跋刊　巻53至59 66至68鈔配　內閣記録局蒐集

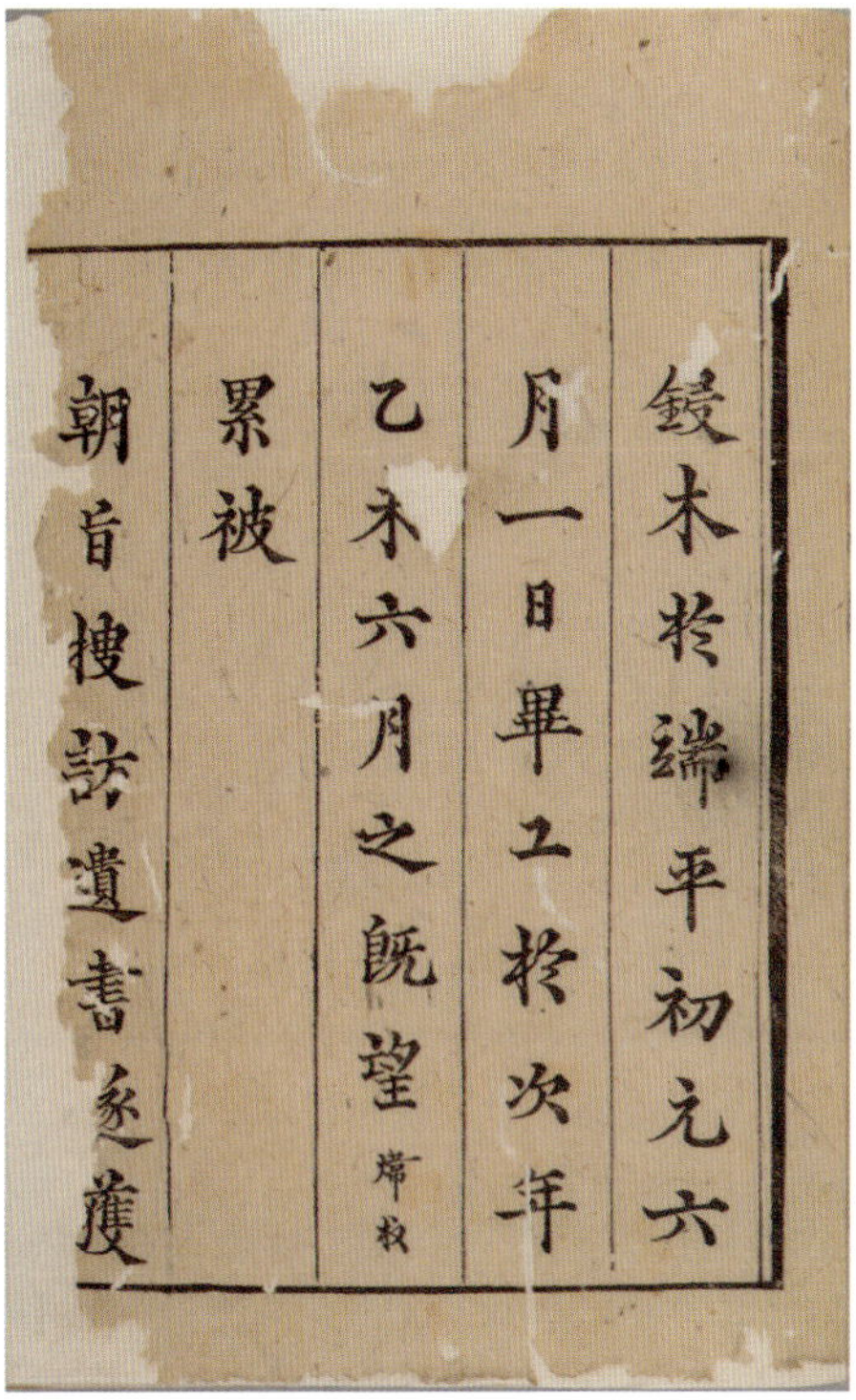

端平2年跋末

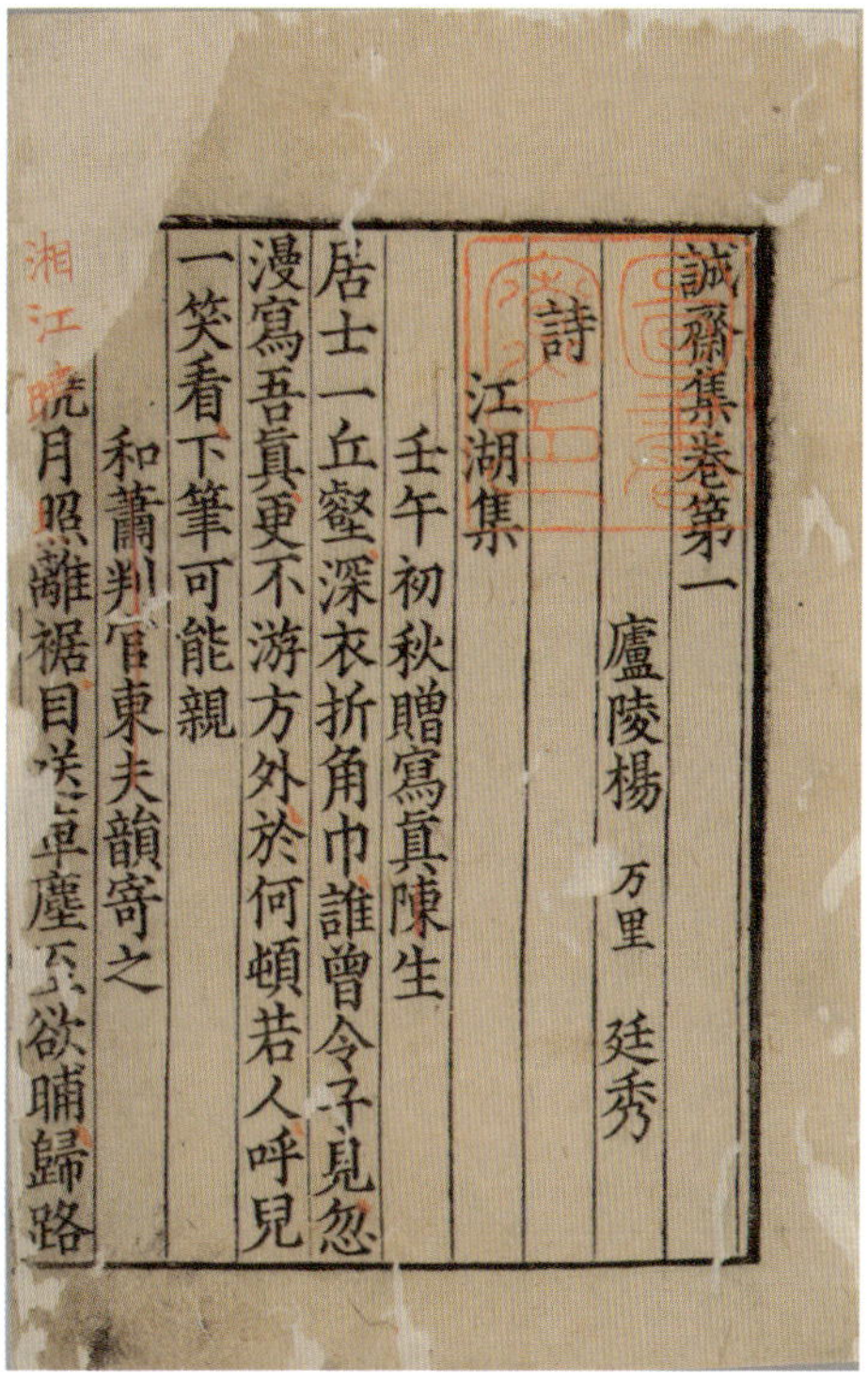

巻1首

後補香色艶出表紙（26.9×18.4㎝），次で素表紙，左肩打付に「誠齋集［　］幾」と，右肩に巻数編目を書す。綫装，一部裏打修補，四周截断。毎冊扉左肩に「楊誠斎　幾之幾」等と書す。前に「誠齋集目録」を附す。

左右双辺（20.5×14.4㎝），有界，10行16字。（闕筆）玄弦炫絃朗貞偵恒桓徵敦焞暾廓。白口，双黒魚尾（不対向），上尾下題「誠齋集巻一」（巻100草書），下尾下に張数，上辺に字数，下辺に工名あり。（工名）李子允，劉元，胡明，蔡正，蔡章，蔡義，劉淵，蔡敬，蔡誠，鄧炳，李文，胡祥，蔡立，鄧拱，蔡旺，周発，劉子明，劉子春，胡仕明，陳公弼，彭元慶，蔡永，劉玉，蔡平，陳英，蔡欽，蔡俊，鄧授，中万，曾沂，蕭儀，蔡評，喩岩，陳伯寛，余坤，劉源，葉梓，曹生，劉峰，鄧煜，彭徳彰，彭元徳，彭元寿，劉顕。本文末行より隔行低格にて「嘉定元年春三月男〈長孺〉編定／端平元年夏五月門人羅〈茂良〉校正」記あり。後に端平2年（1235）劉焯叔跋（尾半張闕）「（上略）先此／東山首従所請且獲／手為是正以巻計一／百三十有三㠯字計／八十萬七千一百有八〃鋟木於端平初元六／月一日畢工於次年／乙未六月之既望〈焯叔〉／累被／朝旨捜訪遺書遂獲〃（以下闕）」あり。

巻53至59，66至68鈔配。朱堅句点，圏発，鈔補書入（鈔補にもあり），別朱堅傍点書入，極稀に欄

上校改，曲截，間ゝ〔室町〕墨返点，連合符，音訓送り仮名，稀に欄外補注，巻95校注書入，代赭色，縹色不審紙。毎冊首に単辺方形陽刻「圖書／寮印」朱印記を存す。

本書は『楊誠斎南海集』（Ⅲ-67）の解説にある楊万里の別集で、楊氏生前から逓刻されたが、没後の嘉定元年（1208）に男長孺によって、前詩後文に分けた133巻の全集が編まれ、理宗の端平元年（1234）から翌年に掛けて、門人羅茂良等により校刊された。

この全集の版本は中国に伝を絶ち、禹域には鈔本のみを以て知られていたが、本版は鈔補を含む残本ながら、端平の原刻と目される。なお現在『四部叢刊』に収録する影宋鈔本は、繆荃孫の入手した本品の転写本に当たり、巻132等に旧時の錯綴を踏む箇所がある。

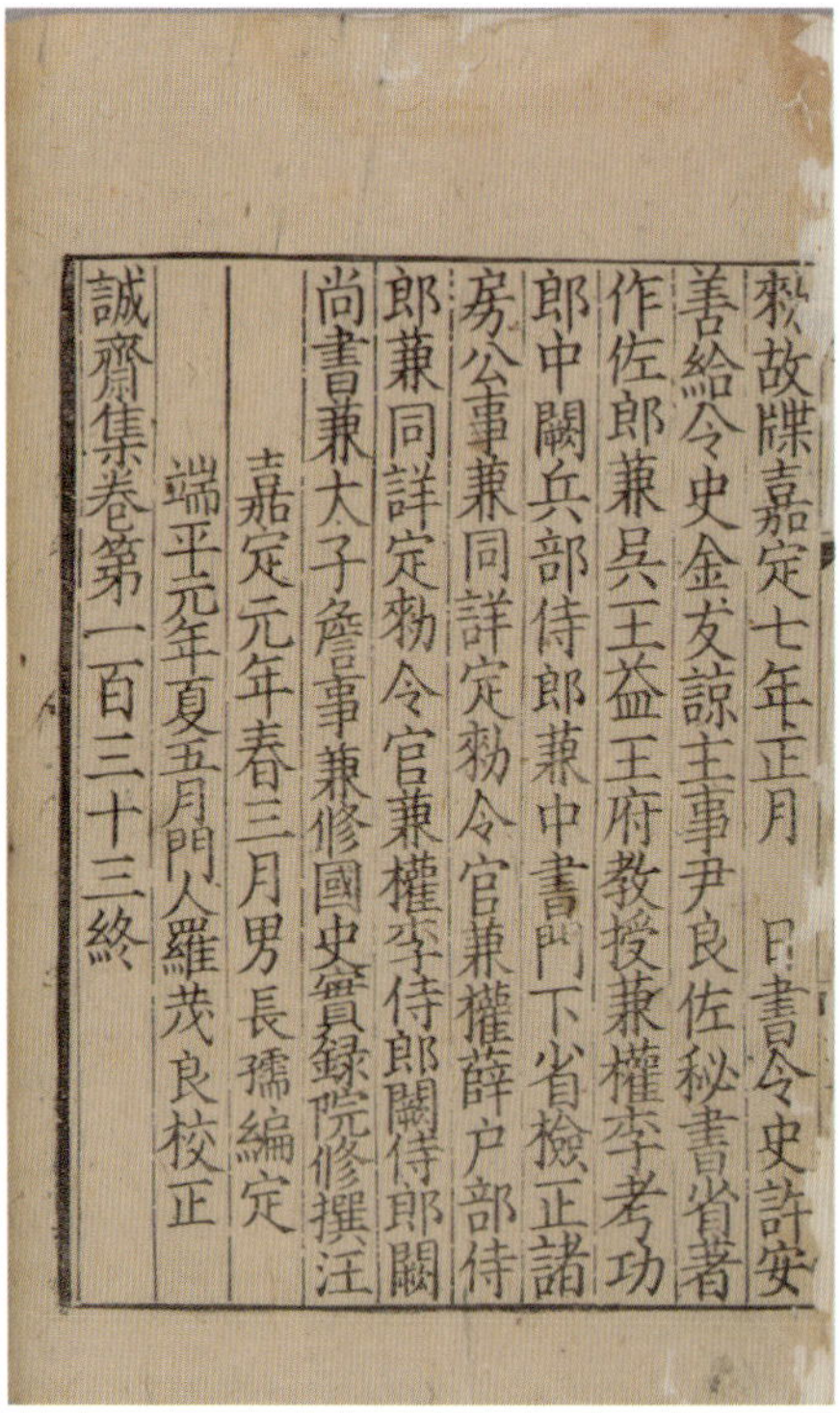
敕故牒嘉定七年正月　日書令史許安
善給令史金友諒主事尹良佐秘書省著
作佐郎兼呉王益王府教授兼權李考功
郎中闕兵部侍郎兼中書門下省檢正諸
房公事兼同詳定勑令官兼權薛戸部侍
郎兼同詳定勑令官兼權李侍郎闕侍郎闕
尚書兼太子詹事兼修國史實録院修撰汪
嘉定元年春三月男長孺編定
端平元年夏五月門人羅茂良校正
誠齋集巻第一百三十三終

巻尾校記

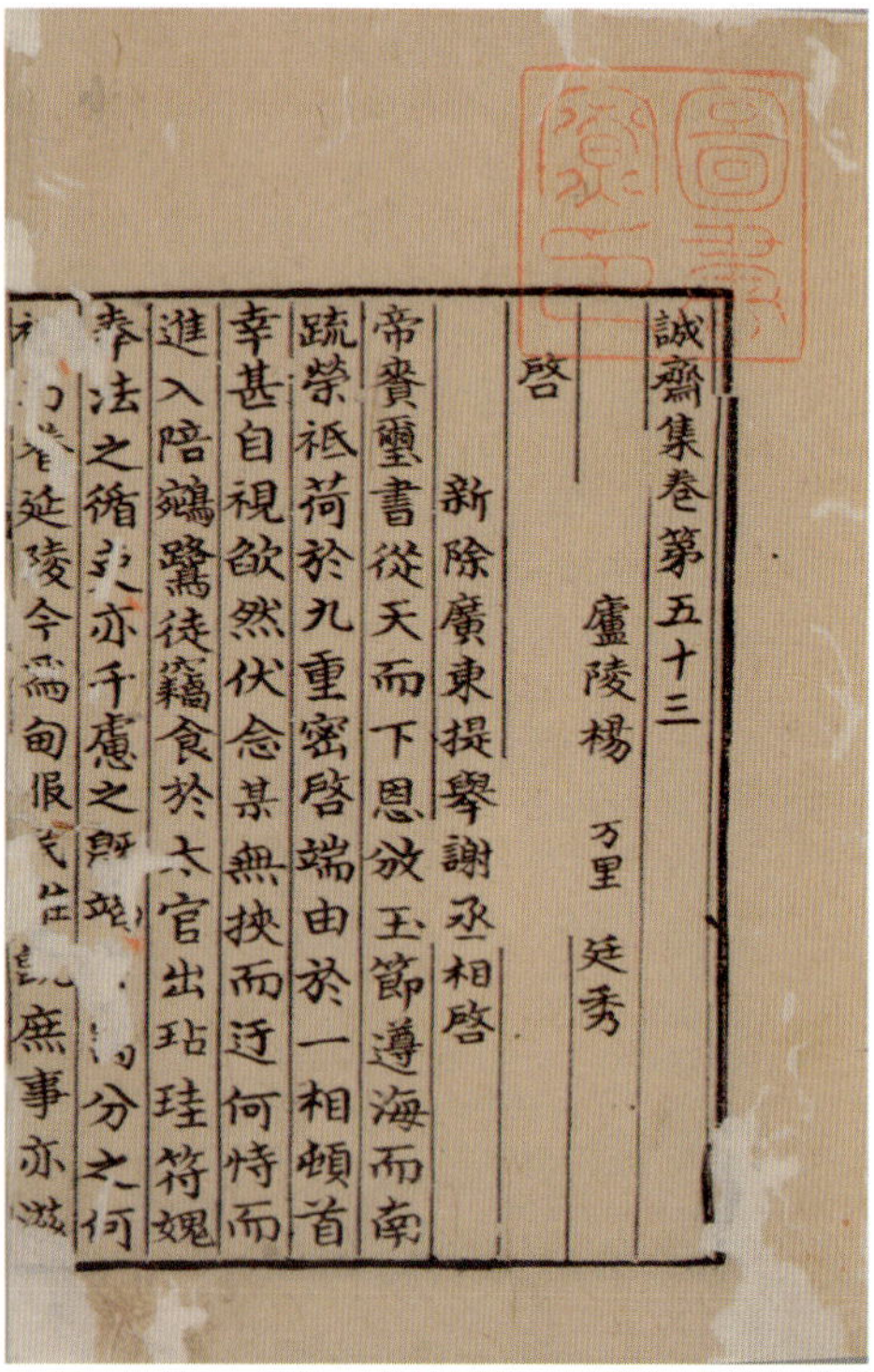
誠齋集巻第五十三
盧陵楊　万里　廷秀
啓
新除廣東提舉謝丞相啓
帝賚璽書從天而下恩放玉節遵海而南
疏榮祇荷於九重密啓端由於一相頓首
幸甚自視欿然伏念某無挾而迂何恃而
進入陪鵷鷺徒竊食於大官出玷珪符媿
[illegible]法之循良亦千慮之所[illegible]分之何
[illegible]延陵今爲甸[illegible]庶事亦滋

巻 53 首

伝来不詳、昌平黌や楊守敬観海堂中に本品の江戸時代伝写本を存するため、近世以前の将来と見なされる。幕末には建仁寺にあり、建仁寺出身の勤王僧天章慈英が、安政 5 年（1858）にその巻87至89、113を用いて「千慮策」「淳熙薦志録」を、慶応 4 年（1868）に巻112の「東宮勧読録」を表章翻刊した。西村兼文の『好古漫録』によると、明治20年（1887）までは建仁寺福聚院の橘梧庵の所有に係り、同年に外務書記官古沢滋に譲与されたという。その後、明治24年までに官有とされた。

福聚院は、もと春夫宗宿が開いた庵室で、春夫の法嗣温仲宗純によって建仁寺に移された。春夫、温仲以下、臨済宗大応派の法系を引く。田中青山『古芸餘香』巻 5 著録、同人が内閣書記官長に在職した明治18年（1885）以降の買上げ本。内閣文庫を経て図書寮に帰した。（住吉朋彦）

69. 文選60巻 目1巻

唐　特大　61冊　400-2

梁〔蕭統〕(昭明太子)編　唐李善并五臣(呂延濟 劉良 張銑 呂向 李周翰)注　宋張之綱等校

〔南宋〕刊(贛州州學)〔宋元遞修〕應永29至永享4年(1422-32)〔九〕鼎〔竺〕重加點(轉寫安元3年〈1177〉中原師直點〈據〔藤原〕敦周家本移寫〉)　題簽〔南化〕玄興筆

紅葉山文庫舊藏

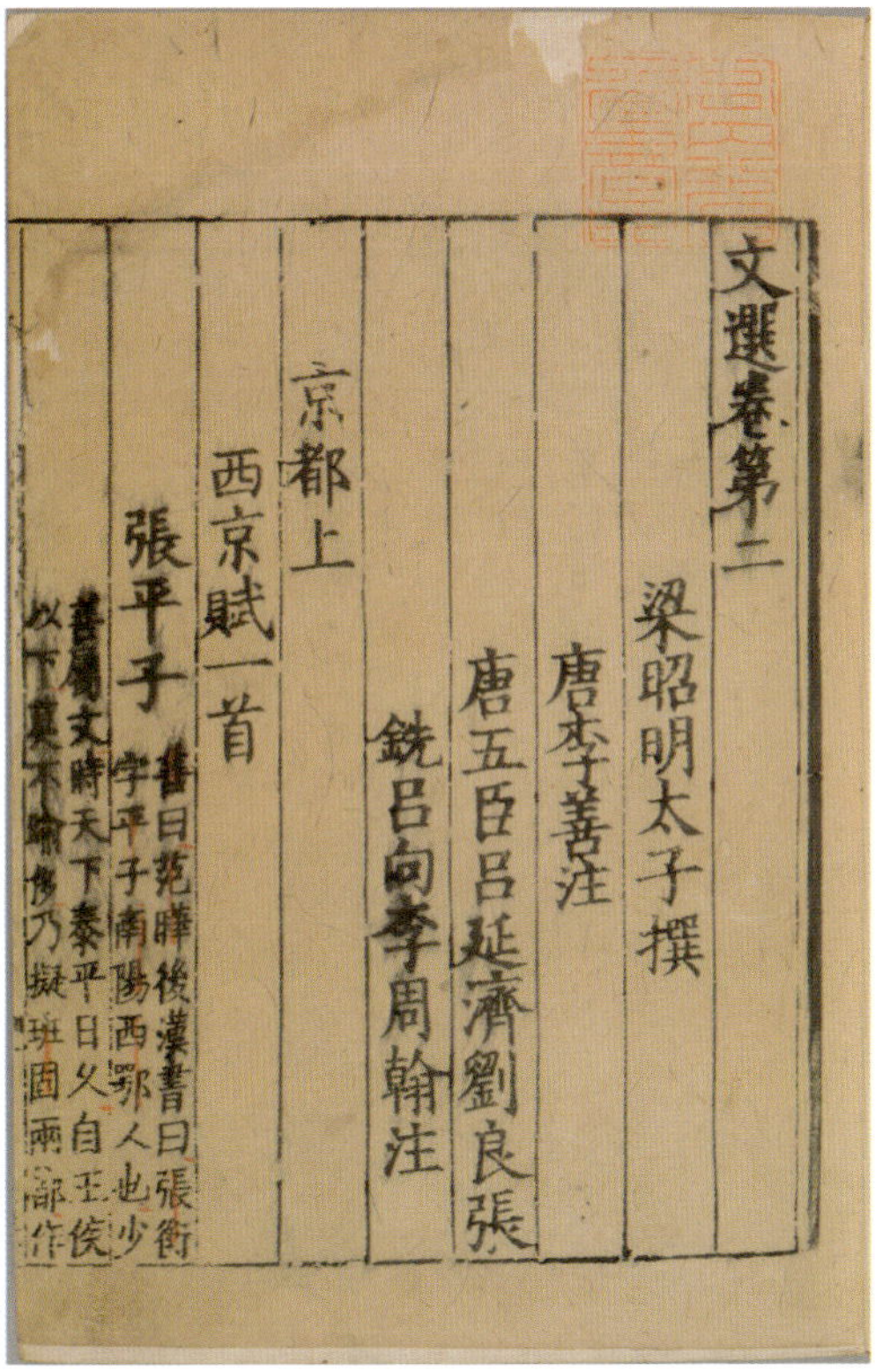

卷 2 首（原刻）

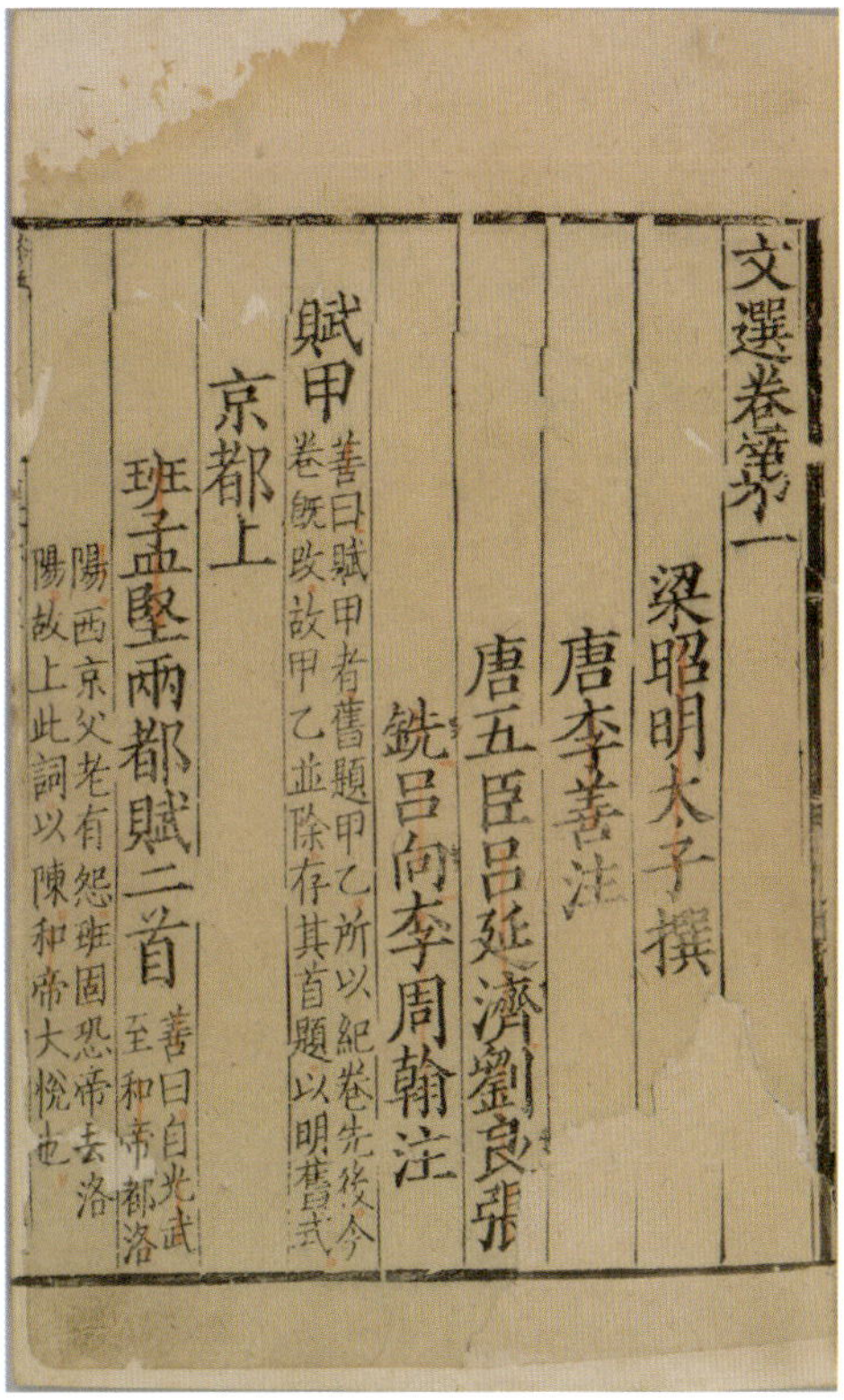

卷 1 首（〔宋〕修）

後補香色無地表紙 (30.4 × 20.5㎝)。裏打修補。第1冊は「文選目録／(低4格) 梁昭明太子撰／(以下低5格) 唐李善注／唐五臣呂延濟劉良張／(低6格) 銑呂向李周翰注」，第2冊は前に顯慶3年9月17日「李善上文選注表」，開元6年9月10日「呂延祚進五臣集注文選表」，〔蕭統〕「文選序」を附す。左右双辺 (23.1 × 17.5㎝) 有界，9行大15至18字，小20字，小字双行，字下校注 (「五臣本作何字」「善本作何」等)，毎節夾注 (小字双行，李善注凡例陰刻)。闕筆，玄弦泫炫眩紘袨鉉縣懸畜蓄滀稸朗眺閬軒轅豲敬擎檠璥警驚竟境鏡弘泓紭霐殷匡眶胤頚恒禎貞偵楨赬徵懲署竪属燭矚躅钃樹澍讓壤頊朂桓垣洹完院源巘紈演構媾搆溝篝覯講遘彀瀫傩慎，(〔補刻〕玄弦朗弘匡恒貞徵構慎)。白口，双黒魚尾 (不対向)，上尾下題「文選巻第幾」，下尾下張数，下辺工名 。〔補刻〕張或いは単魚尾，稀に三魚尾，上辺字数，下辺工名。 尾題後隔行，低格し小字にて「州學司書蕭〈鵬〉(州學齋長呉〈拯〉，州學齋諭呉〈撝〉，

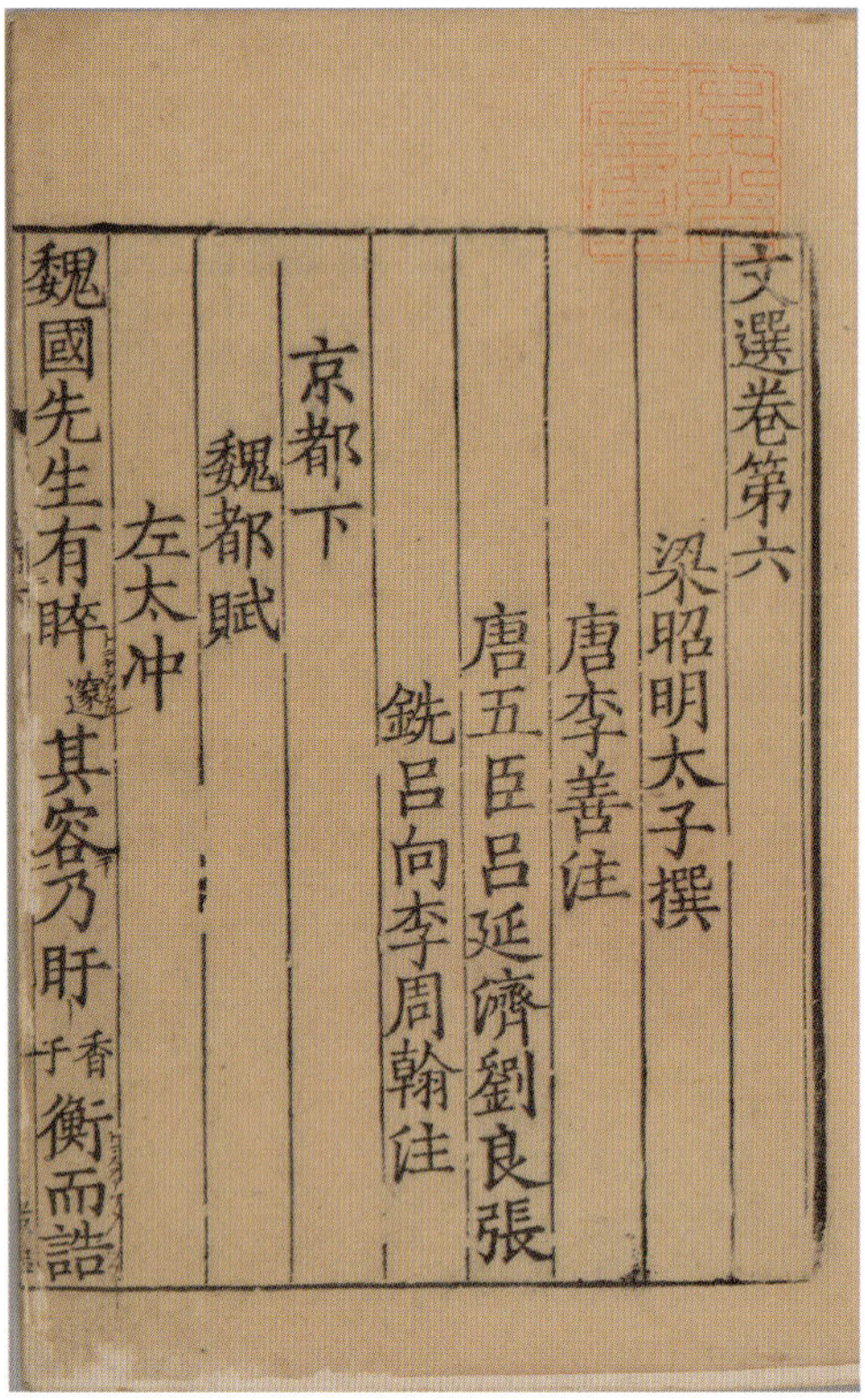

文選巻第六
梁昭明太子撰
唐李善注
唐五臣呂延濟劉良張
銑呂向李周翰注
京都下
魏都賦
左太冲
魏國先生有睟其容乃盱衡而語

巻 6 首（〔元〕修）

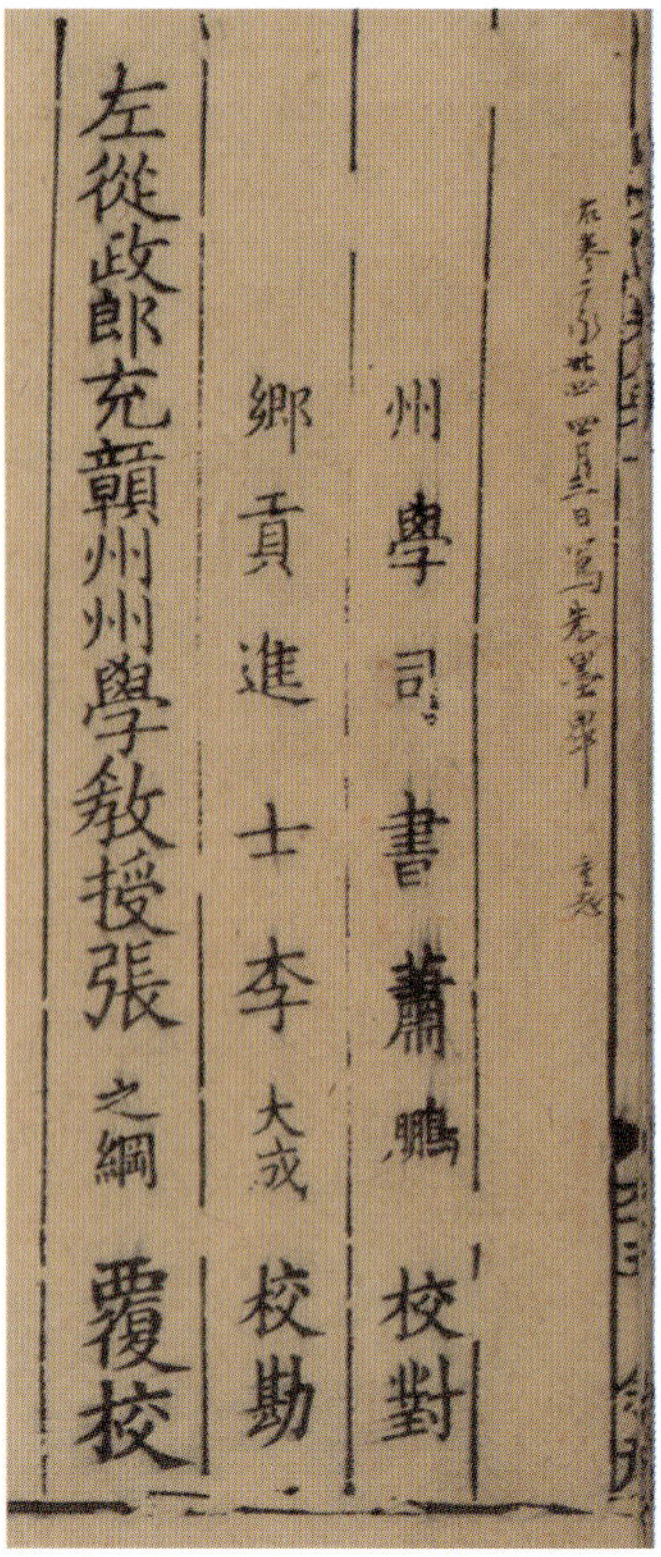

州學司書蕭鵬校對
鄉貢進士李大成校勘
左從政郎充贛州州學教授張之綱覆校

巻 1 尾（列衡および応永34年〔九鼎竺〕重加点識語）（部分）

州學齋諭李〈孝開〉，州學齋諭蕭〈人傑〉）校對（勘）／鄉貢進士李〈大成〉（左迪功郎新昭州平樂縣尉兼主簿嚴〈興乂〉，鄉貢進士劉〈格非〉，鄉貢進士劉〈才邵〉，州學直學陳〈烈〉，州學學諭管〈獻民〉，鄉貢進士揚〈揖〉）校勘／左從政郎充贛州州學教授張〈之綱〉（左從事郎贛州觀察推官鄒〈敦禮〉，左迪功郎贛州司戸參軍李〈盛〉，左迪功郎贛州石城縣尉主管學事權左司理蕭〈倬〉，左迪功郎新永州零陵縣主簿李〈汝明〉）覆校」と署す（各巻末異同あるため総合的に記した）。

〔室町〕筆（書入同手）にて巻11第 5，50至51張，巻48第 3 至 4 張，〔江戸初〕筆にて巻32第 4 張鈔補。全体に〔室町〕朱竪句点，標韻圏，校改，墨返点，連合符，送仮名，声圏，音注，鈔補書入，巻40第 9 張後半「以下三行家本無点不審」，同第10張前半「以下三張家本無点」，同第14張後半「以下五行家本不点有所謂乎」朱書，巻46第39張前半「自然字以下至／工字十七字家／本点無／此十七畧之」，巻57第38張後半「書本脩作／循恐誤歟」墨書，巻45第45張前半「春秋左氏傳序」首 8 行のみヲコト点（博士家点）あり。巻 1 尾「右巻广（應）永卅四四月三日寫朱墨畢　重志」，巻 2 尾「右巻广（應）永卅四年〈丁／未〉四月十二日三更三点於雲巣／西窓寫点畢矣　〈重志〉」，巻26尾「〈旧本云〉安元三年三月五日以文章博士敦周朝臣家本移点校合畢／（低10格）正五位下行助教中原朝臣師直〃（低 8 格）應永廿九菊月十一日寫点畢　昪子誌之」，巻28尾「潜齋点之」，巻48尾「广（應）永三十二〈乙／巳〉壬六月念四午後寫点畢　鼎志」，巻55尾「右巻永三十二解制前二日寫点畢」，巻58尾「永享四　二月廿五日寫点畢」加点識語並に原加点識語あり。毎冊首に単辺方形陽刻「宮内省／圖書印」朱印

記。なお巻20を除く毎冊の題簽下部に双辺方形陽刻「玄／興」朱印記（南化玄興）あり（巻23剝落），題簽筆者としての落款印で，蔵書印ではない。

本冊は『右文故事』巻 2、『経籍訪古志』巻 6、『日本訪書志』巻12、『古文旧書考』巻 2、『書舶庸譚』巻 3 に著録される。近藤正斎は覆宋明刊とするも森枳園は疑問を呈し、楊氏以下宋刊本とする。楊氏は注文中の陰刻につき「凡善注之発凡起例者皆作陰文白字」とする。なお厳紹盪氏は当該本を日興（典の誤植）および毛利高標旧蔵とするが、これは566-144本の記述が竄入したものであろう（この誤りは劉明氏に継承されている)。加点者「重」「昪（鼎)」は建仁寺の僧九鼎竺重と思われる。生没年不明だが嘉吉文安年間の活動が知られ（玉村竹二『五山禅僧伝記集成』)、年代は整合する。「潜齋」はその斎号か（ただし失われた作品集に『蘋斎集』あり、これが斎号とすると食い違う)。巻 2 識語に見える「雲巣」は相国寺勝定院内の寮舎雲巣軒か。絶海中津の法嗣で相国寺23世の西胤俊承（応永29年寂）が開いたもので、ここにあった本からの移点か。紀伝道博士家伝統の文選学が五山へと移植されたことを具体的に示す貴重な資料である。 （堀川貴司）

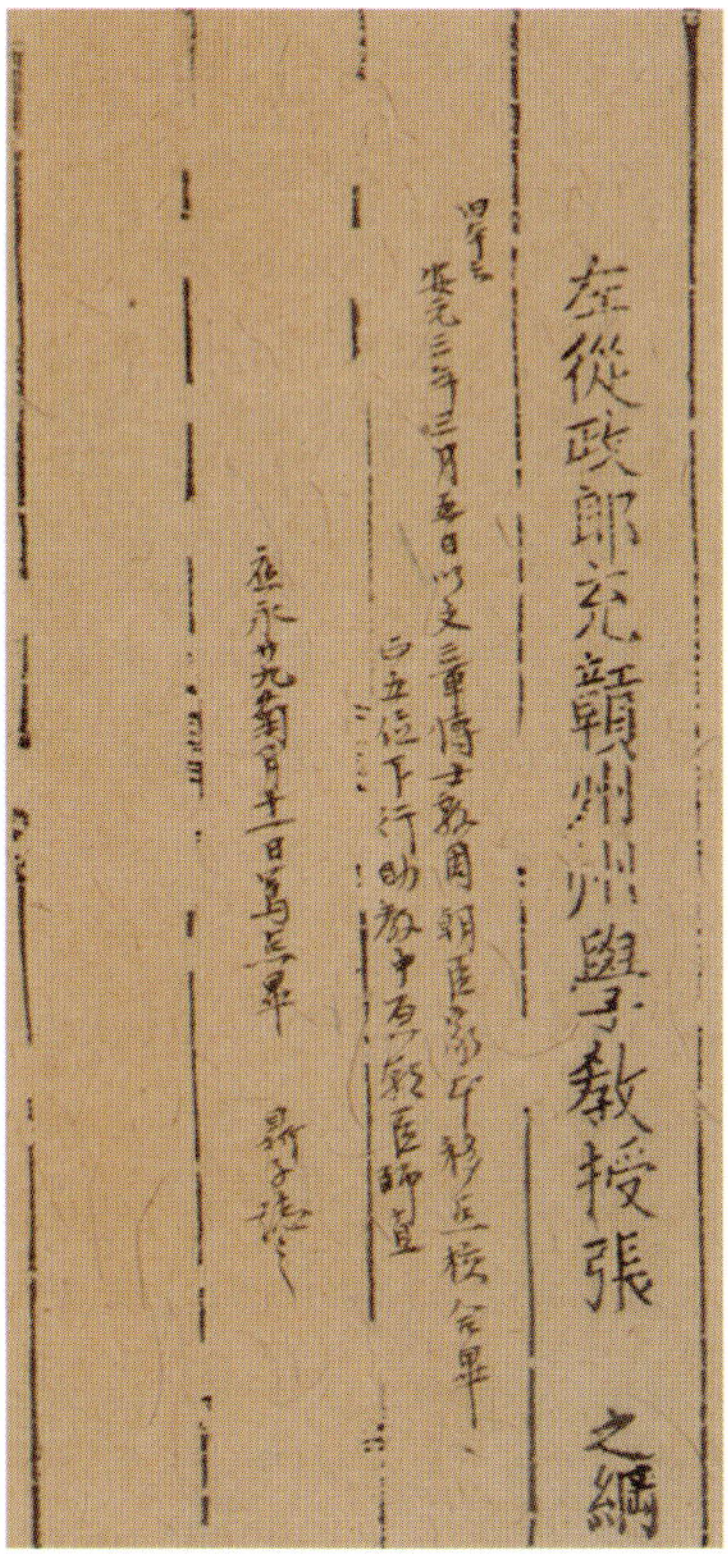

中原師直移点原識語（部分）

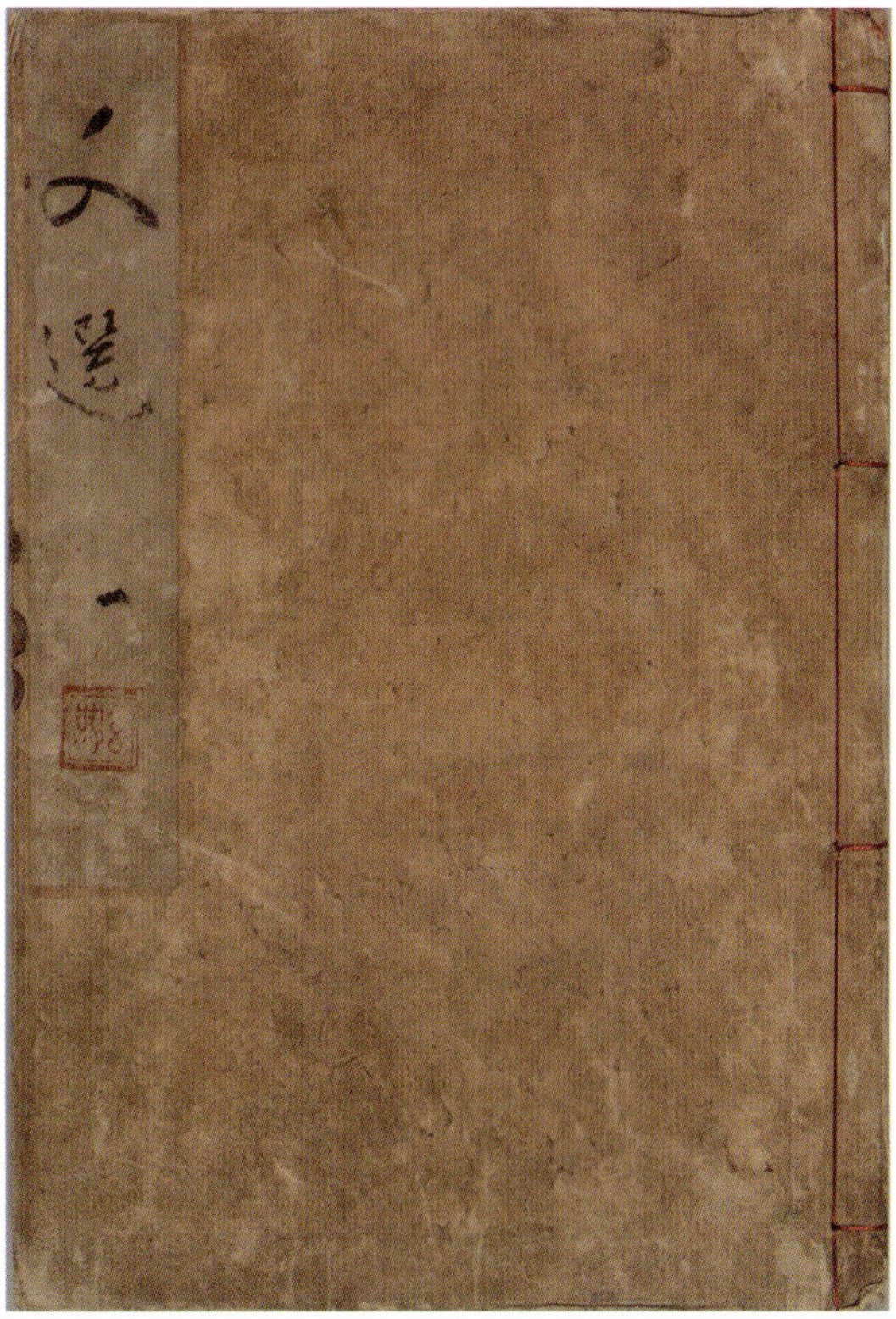
〔南化〕玄興筆題簽

70. 文選60巻　目１巻 重存巻１至２

唐　大　32冊　556-144

梁〔蕭統〕(昭明太子)編　唐五臣(〔呂延濟 劉良 張銑 呂向 李周翰〕)并李善注
〔南宋初〕刊(明州)　紹興28年(1158)〔南宋〕遞修　巻１至２〔室町〕鈔配 目 巻１至２大正11年(1922)鈔配　〔室町〕訓點補注書入　永禄９年(1566)〔林〕宗二移點(據〔三條西公條〕〈称名院殿〉藏菅家點本)原識語　妙覺寺日典舊藏　内閣記録局蒐集

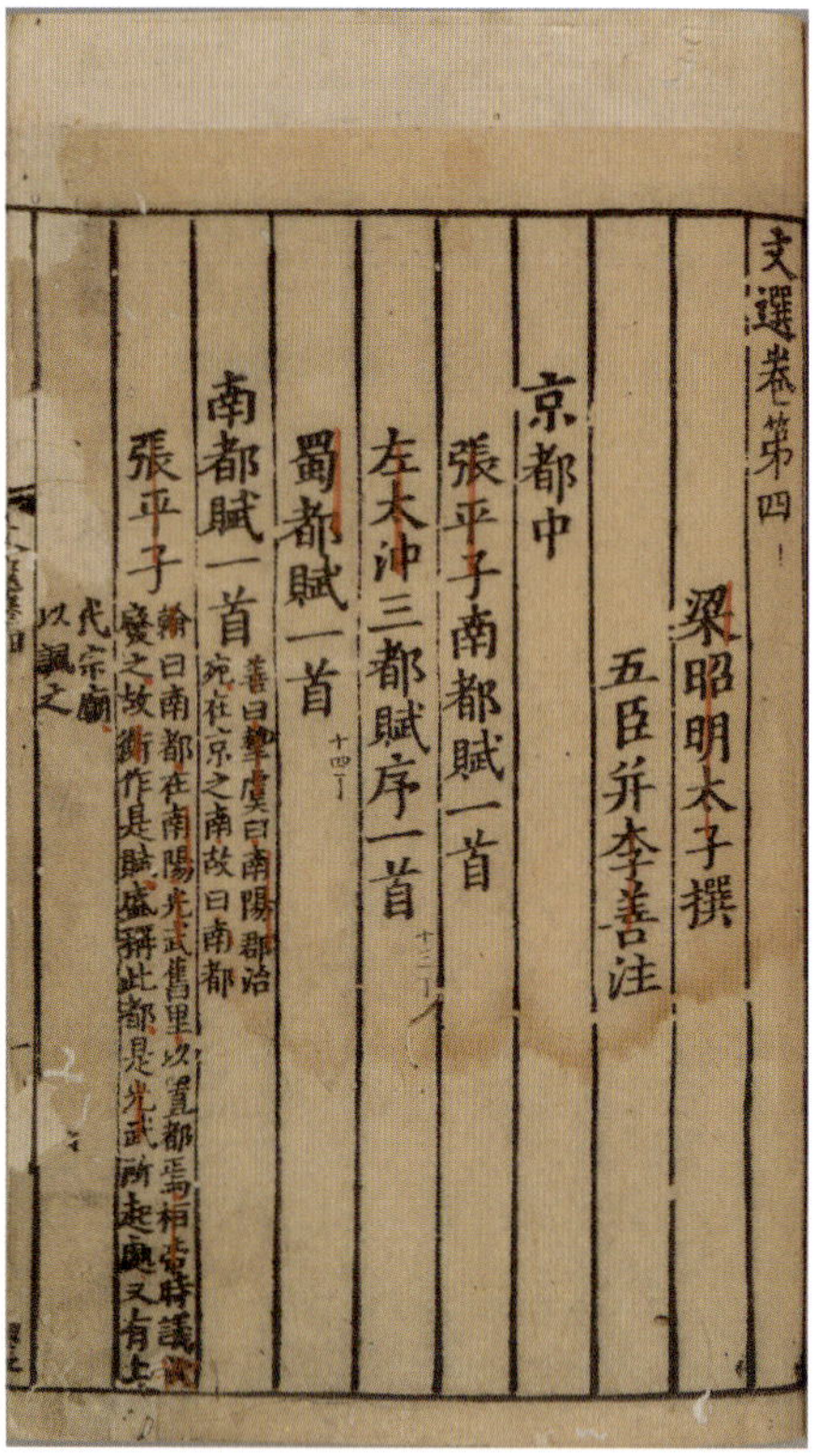
文選巻第四
梁昭明太子撰
五臣并李善注
京都中
張平子南都賦一首
左太沖三都賦序一首
蜀都賦一首
南都賦一首 善曰摯虞曰南陽郡治宛在京之南故曰南都
張平子 翰曰南都在南陽光武舊里以置都焉桓帝時議欲廢之故衡作是賦盛稱此都是光武所起處又有上代宗廟以諷之

巻 4 首

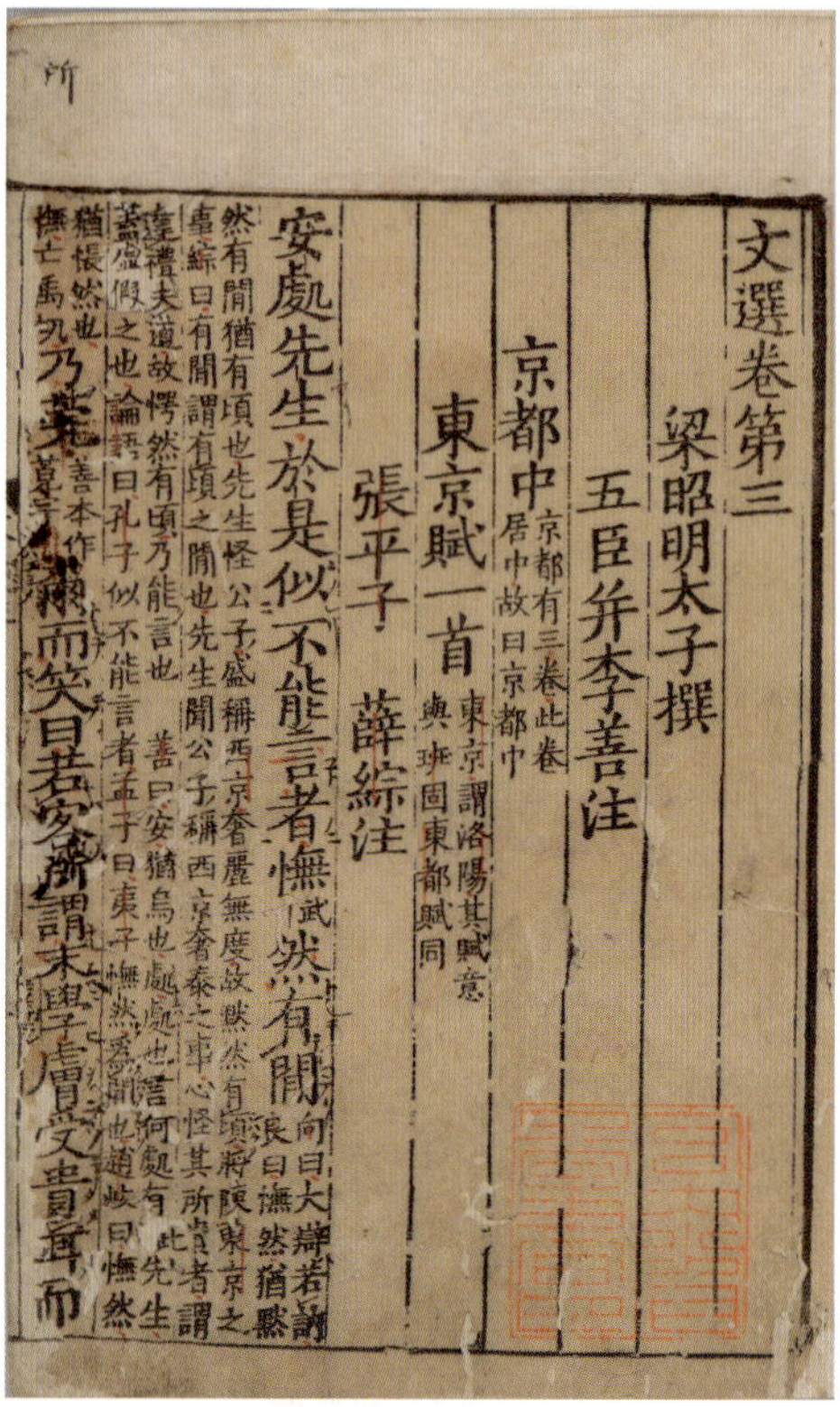
文選巻第三
梁昭明太子撰
五臣并李善注
京都中 京都有三巻此巻居中故曰京都中
東京賦一首 東京謂洛陽其賦意與班固東都賦同
張平子　薛綜注
安處先生於是似不能言者憮然有閒

巻 3 首補刻

後補茶色漉目表紙（26.1×17.1㎝），第１・２冊のみ新補淡茶色艶出表紙。虫損修補，天地截断，配本裏打修補。第１・２冊（大正11年鈔）と第３・４冊（〔室町〕鈔）は内容重複，ともに前冊に「文選總目録／（低７格）梁昭明太子撰／（低８格）五臣〈并〉」，後冊に顯慶三年九月十七日「李善上文選注表」，開元六年九月十日呂延祚「進集注文選表」および巻１・２を収める。ただし第４冊末尾に他巻〔室町〕鈔補張を集め附す（巻20第15張，巻22第22至26張，巻25第１張，巻31第29張，巻32第26張，巻34第３，14張，巻42第30張（末尾存原本４行），巻45第８，９，24張，巻51第４至６張，巻57第29張の以上計19張）。本文中は大正11年鈔を補配。

第１・２冊は左右双辺（22.2×14.7㎝）毎半張10行罫紙，毎行23字，小30字書写，白口，単黒魚尾下題「文選（幾）」，下方張数。第３・４冊は左右双辺（22.4×14.9㎝）10行罫紙，毎行20字前後，小30字書写，白口，単黒魚尾下題「文選幾」，下方張数。

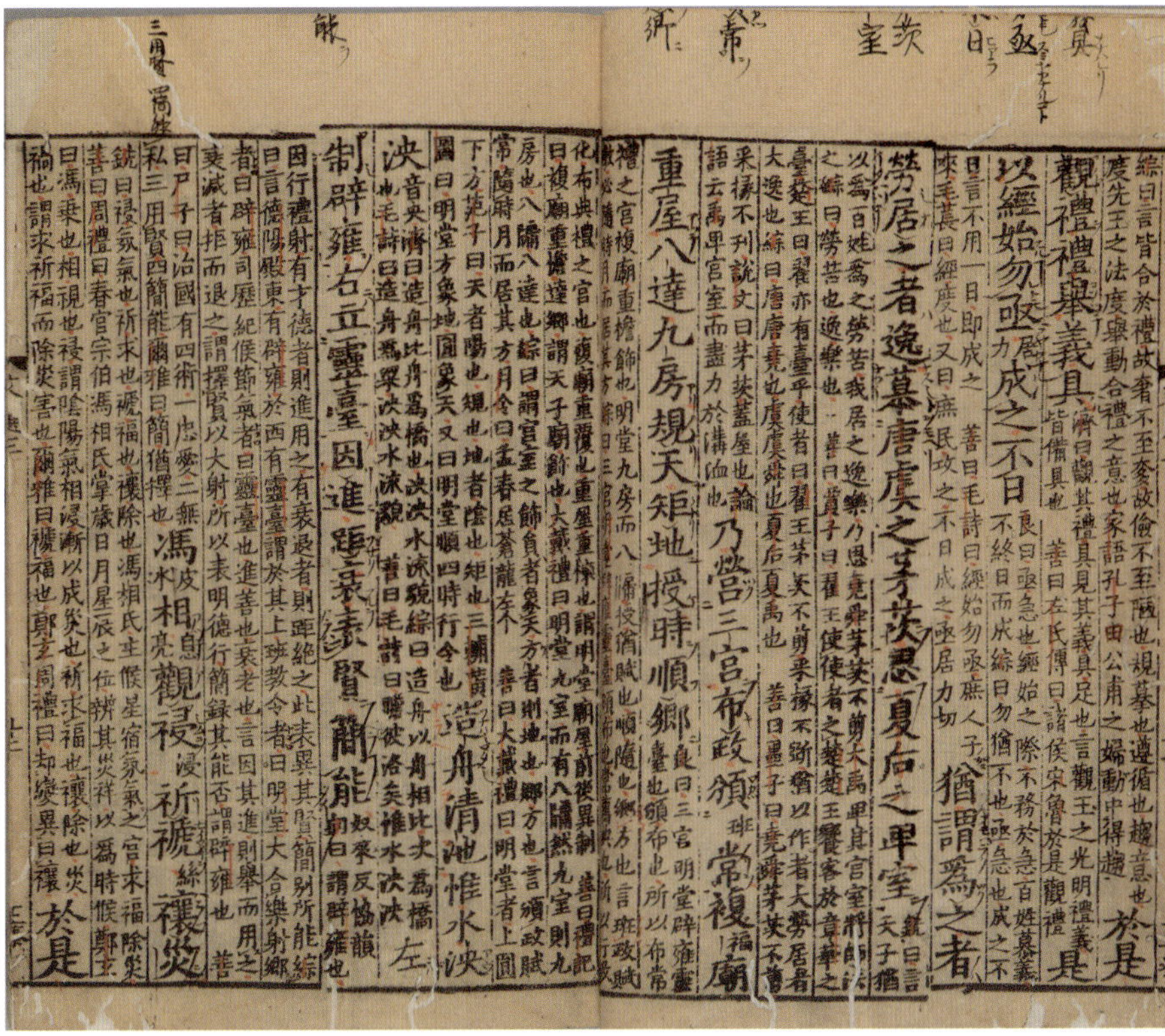

巻 3 第11至12張，版心前後補刻

第 5 冊以下，左右双辺（21.5×14.6cm）有界，10行，大20至22字，小30字，欧陽詢体。毎篇改行，毎節夾注（小字双行）。補刻多し。闕筆，玄弦泫炫眩舷絃袨鉉朗敬槃警驚竟境鏡弘泓殷磤胤恒禎貞偵楨徴属燭矚樹譲勗桓構媾搆覯遘穀，（補刻闕筆，玄弦眩絃敬警驚弘泓殷恒貞樹穀慎）。白口，単黒魚尾下題「文選幾」，下方張数，下辺工名。巻60尾題後接行低 3 格にて「右文選板歳久漫滅殆甚紹興／二十八年冬十月／直閣趙公來鎮是邦下車（以下鈔補）之初〃以儒雅飭吏事首加修正字畫／為之一新俾學者開巻免魯魚／三豕之訛且欲垂斯文於無窮／（以下後筆）云右迪功郎明州司法參軍兼／監盧欽謹書」記あり。

第 1 至4冊以外では，巻45第 1 張，巻52第20張後半，巻60第31張後半〔室町〕鈔補，前述19張および巻57第31張（重複）大正11年鈔補。〔室町〕朱標圏，合傍竪点，一部にヲコト点（紀伝点），返点，鈔補，墨返点，音訓送仮名，声圏，連合符，鈔補，欄上，行間補注書入，〔室町〕別筆朱墨貼紙補注書入，〔江戸初〕朱墨もあり，〔江戸初〕朱墨欄外校注書入あり。第12冊尾（巻20末）「先年称名院殿一之巻講演之次申出御本加点了是菅家御点写也本／依不所持泉南光明院仲長老本假借而点之至廿巻其後宗知《（ママ）》老以六／臣注本従関東上洛賜予仍至六十巻加点了其後懈怠而送年仲公既／没發心以彼本自一至廿加点三好三人衆發向大安寺著陣奈良中騒／動毎日合戦未知可否仍逃籠一条院於長講中畢功者也老後雖無益／為後昆而已　于時永禄九年丙寅四月十六日　宗二六十九歳」，第19冊尾（巻34末）「正和二年十一月十五日專以我家秘說／（低 4 格）授申武州太守而已／（低 5 格）従二位行式部大輔菅原在輔」識語，大尾後見返しに貼紙，三度紹興跋を転写した後，別筆にて「右以慶長二年丁未直江兼續活板本

補之／（低格）明治二十一年一月二十六日」識語，首冊後副葉前半に鈔補別手にて「斯書本僧日典（〈京都妙覺寺第／十八世文禄元年寂〉）饅頭屋宗二手澤本也書中／識語可以證其訓點盖二子之所加乎而目録第一巻第二巻及／巻中脱簡以異本補寫之誠欠典也余依図書寮囑以岩崎／家藏紹興版本更寫以為完本舊補寫一括附後永久保存／所以愛重先人苦學之蹟也　大正十一歳在壬戌仲冬芝野六助識」鈔補識語。第11至12，15，19冊首欄上に陽刻「（毎字改行）妙覺寺常住日典（楷書）」朱印記（第 4 至 8，13，14，16至18，20至24，26至29，31，32冊首刪去痕，第 9，10冊残存，第30冊擦消），毎冊首単辺方形陽刻「宮内省／圖書印」朱印記を存す。

『古文旧書考』巻 2（「係於新収」とする）、『書舶庸譚』巻 3（巻 8 下には東洋文庫蔵本を著録）、『蔵園訂補郘亭知見伝本書目』巻16上に著録。傅増湘は「宋明州刊紹興二十八年補修本」とする。日本に完本があることについて「或以為明州宋時為通倭口岸，故彼國所存獨多也」と推測。自身の蔵本は内閣大庫旧蔵で「原蝶装」とのことである。補刻張の工名にはしばしば「重刊」「重刀」とある。

当該本も400-2 本と同様、中世に将来され、博士家の訓点が付されているが、こちらは菅原家から三条西家を経由して林宗二が写した点（その加点本は建仁寺両足院現蔵）を、さらに誰かが本書に移点したもので、近世初期の日蓮宗学僧で蔵書家の日典所蔵であった、という、中世の学問の伝播をよく示す資料となっている。

（堀川貴司）

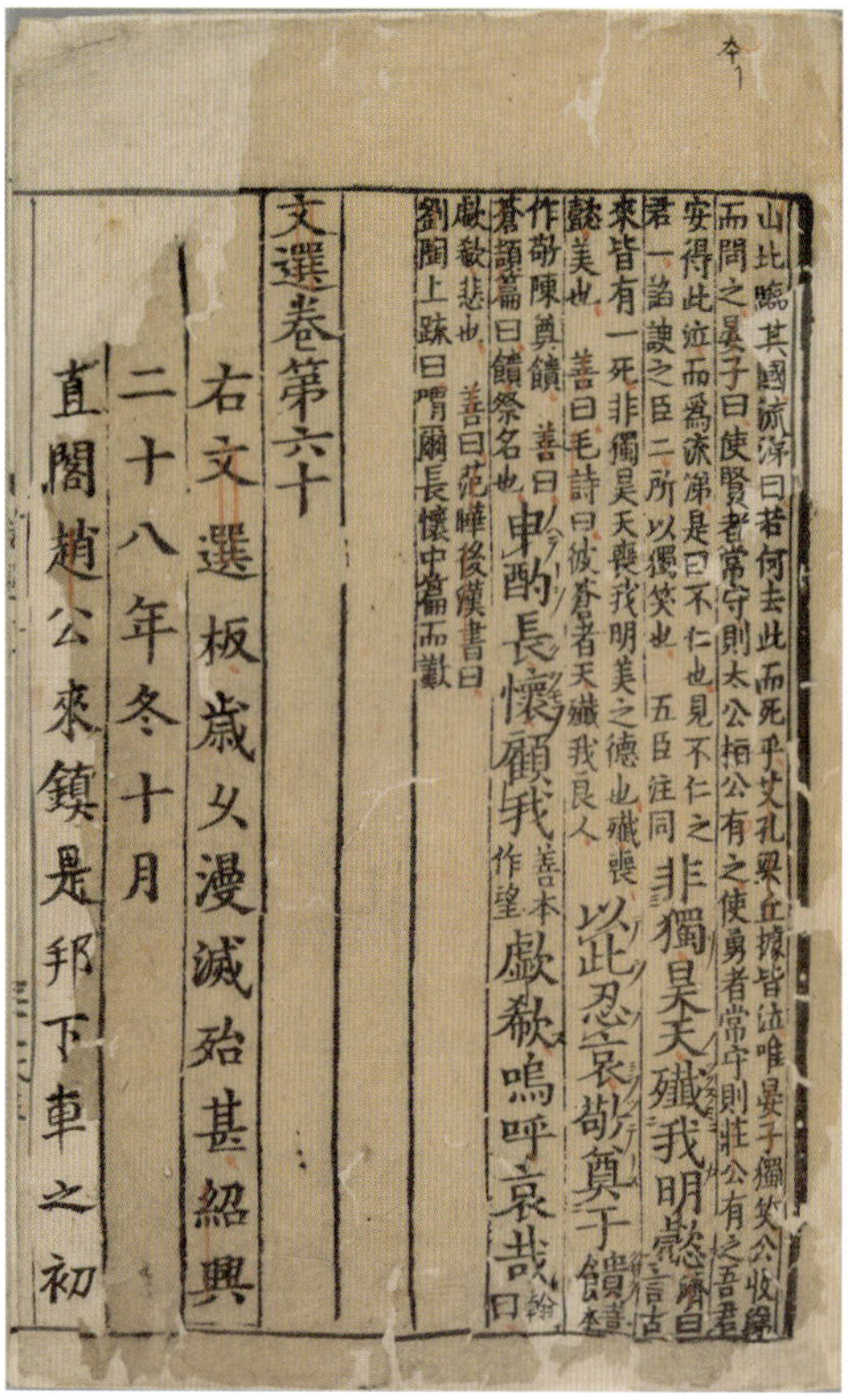

巻尾修刻識語

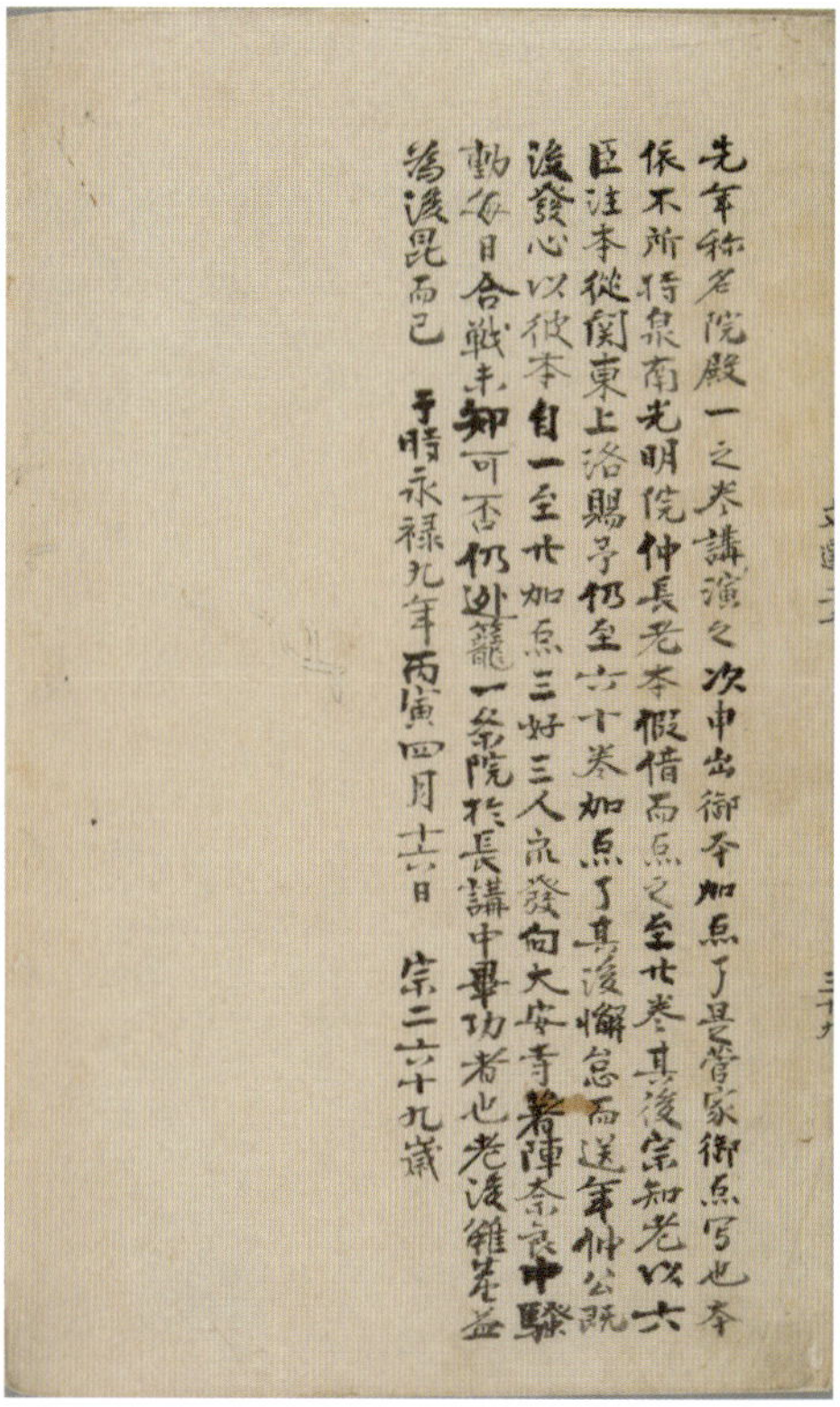

永禄 9 年林宗二原識語

図録編　参考文献一覧（著者名五十音順、敬称略）

宮内省図書寮編『図書寮漢籍善本書目』（1930、宮内省図書寮）

宮内庁書陵部編『和漢図書分類目録』（1952-55、宮内庁書陵部）

同　　　　　　『図書寮典籍解題　漢籍篇』（1960、宮内庁書陵部）

同　　　　　　『図書寮叢刊　書陵部蔵書印譜　上・下』（1996・1997、宮内庁書陵部）

平井芳男・長澤孝三「明治二十四年宮内省に移管した内閣文庫本について」（「北の丸」第13・25・26号、1980・1993・1994）

Ⅰ　奈良朝写経

飯田剛彦「聖語蔵経巻「神護景雲二年御願経」について」（「正倉院紀要」第34号、2012）→Ⅰ-3、8、13、15、22

石山寺文化財総合調査団編『石山寺の研究　一切経篇』（1978、石山寺文化財総合調査団）→Ⅰ-6

井上　薫『奈良朝仏教史の研究』（1966、吉川弘文館）→Ⅰ-2

石清水八幡宮編『石清水八幡宮史』史料4（1934、石清水八幡宮社務所）→Ⅰ-16

植木雅俊『〈梵漢和対照・現代語訳〉法華経　上・下』（2008、岩波書店）→Ⅰ-7

延聖院大蔵経局編『宋版磧砂大蔵経』（1987、新文豊出版公司）→Ⅰ-7

大谷大学博物館編『法隆寺一切経と聖徳太子信仰　大谷大学博物館2007年度特別展』図録（2007、大谷大学博物館）→Ⅰ-1

大平　聡「五月一日経の勘経と内裏・法華寺」（「宮城学院女子大学キリスト教文化研究所研究年報」第26号、1993）→Ⅰ-14

同　　「天平勝宝六年の遣唐使と五月一日経」（笹山晴生先生還暦記念会編『日本律令制論集』上、1993、吉川弘文館）→Ⅰ-14

小倉慈司「宮内庁書陵部所蔵奈良朝写経の来歴」（『正倉院文書論集』2005、青史出版）→Ⅰ-2、3、7、8、9、13、15、19、20、22

勝浦令子「光覚知識経の研究」（『日本古代の僧尼と社会』2000、吉川弘文館、初出1985）→Ⅰ-1、21

勝崎裕彦「支謙訳経典の一考察」（「印度学仏教学研究」第33巻第2号、1985）→Ⅰ-13

勝山幸人「ヲコト点と学派交流上の一問題―喜多院点・忍辱山点・明詮僧都之点」（「國學院雑誌」第85巻第12号、1984）→Ⅰ-19

川瀬一馬「正平本論語攷」（『日本書誌学之研究』1943、大日本雄辨会講談社、初出1931）→Ⅰ-4

同　　『大東急記念文庫貴重書解題　仏書之部』（1956、大東急記念文庫）→Ⅰ-1

京都国立博物館編『〈守屋孝蔵蒐集〉古経図録』（1964、京都国立博物館）→Ⅰ-5

同　　　　　　　　『古写経—聖なる文字の世界—　特別展覧会守屋コレクション寄贈50周年記念』（2004、京都国立博物館）→Ⅰ－5、20
宮内庁書陵部編『皇室制度史料　后妃編一』（1987、宮内庁書陵部）→Ⅰ－1
小林芳規『〈平安時代の仏書に基づく〉漢文訓読史の研究Ⅰ　叙述の方法』（2011、汲古書院）→Ⅰ－7
五来　重「紀州花園村大般若経の書写と流伝」（『五来重著作集』第9巻、2009、法蔵館、初出1957）→Ⅰ－6
齊藤隆信『漢語仏典における偈の研究』（2013、法蔵館）→Ⅰ－13
栄原永遠男『正倉院文書入門』（2011、角川学芸出版）→Ⅰ－10、11、17
坂本幸男・岩本裕 訳注『法華経　上中下』（1976、岩波書店）→Ⅰ－7
佐藤長門「称徳・道鏡政権下の写経体制—奉写御執経所を中心として—」（「正倉院文書研究」1、1993）→Ⅰ－13
静谷正雄『初期大乗仏教の成立過程』（1987、百華苑）→Ⅰ－13
上代文献を読む会編『上代写経識語注釈』（2016、勉誠出版）→Ⅰ－6、21
築島　裕『平安時代訓点本論考　〈ヲコト点図仮名字体表〉』（1986、汲古書院）→Ⅰ－7、19
同　　　「宝幢院点」（『平安時代訓点本論考　研究篇』、1996、汲古書院、初出1992）→Ⅰ－16
同　　　『平安時代訓点本論考　研究篇』（1996、汲古書院）→Ⅰ－7、19
鶴岡静夫『古代仏教史研究』（1985、文雅堂銀行研究社）→Ⅰ－20
中田祝夫『〈改訂版〉古点本の国語学的研究　総論篇』（1979、勉誠社）→Ⅰ－7、19
奈良国立博物館編『奈良朝写経』（1983、奈良国立博物館）→Ⅰ－1、6、19、21
同　　　　　　　　『特別展　天平』図録（1998、奈良国立博物館）→Ⅰ－2
野本覚成「天平写経『妙法蓮華経』八巻本の校異」（「叡山学院研究紀要」第35号、2013）→Ⅰ－7
服部匡延「内家私印について」（「古文書研究」第6号、1973）→Ⅰ－18
福山敏男『寺院建築の研究　中』（『福山敏男著作集　2』1982、中央公論美術出版、初出1932）→Ⅰ－2
同　　　『奈良朝寺院の研究』（1978増訂、綜芸舎、初版1948、高桐書院）→Ⅰ－3
藤井教公「『妙法蓮華経』の古形」（「印度學佛教學研究」第64巻第2号、2016）→Ⅰ－7
法隆寺昭和資材帳編纂委員会編『法隆寺の至宝　写経　版経　板木』（1997、小学館）→Ⅰ－3
松本包夫「聖語蔵五月一日経の筆者と書写年代その他」（「書陵部紀要」第15号、1963）→Ⅰ－4
皆川完一「光明皇后願経五月一日経の書写について」（『正倉院文書と古代中世史料の研究』2012、吉川弘文館、初出1962）→Ⅰ－10、11、17
同　　　「正倉院文書に見る人と書」（『正倉院文書と古代中世史料の研究』2012、吉川弘文館、初出1975）→Ⅰ－4
三保忠夫「乙点図から円堂点へ」（「国文学攷」第69号、1975）→Ⅰ－7
宮﨑健司「光明皇后発願五月一日経の勘経」（『日本古代の写経と社会』2006、塙書房、初出1992）→Ⅰ－14

同　　　「大谷大学博物館蔵『判比量論』断簡の性格」（『日本古代の写経と社会』2006、塙書房、初出1997）→Ⅰ-18

同　　　『日本古代の写経と社会』（2006、塙書房）→Ⅰ-1、20

山下有美『正倉院文書と写経所の研究』（1999、吉川弘文館）→Ⅰ-10、11、13、17

同　　　「嶋院における勘経と写経」（「正倉院文書研究」7、2001）→Ⅰ-14

山本信吉「法隆寺の経典」（『法隆寺の至宝 昭和資財帳　第7巻　写経　版経　板木』1997、小学館）→Ⅰ-20

山本道男「正平版論語の跋文」（「日本歴史」第56号、1953）→Ⅰ-4

山本幸男『写経所文書の基礎的研究』（2002、吉川弘文館）→Ⅰ-2

同　　　「玄昉将来経典と「五月一日経」の書写」（『奈良朝仏教史攷』2015、法蔵館、初出2006・2007）→Ⅰ-10、11、17

Ⅱ　漢籍旧鈔本

阿部隆一「本邦中世に於ける大学中庸の講誦伝流について―学庸の古鈔本並に邦人撰述注釈書より見たる―」（「斯道文庫論集」第1輯、1962）→Ⅱ-7

同　　　「古文孝経旧鈔本の研究（資料篇）」（「斯道文庫論集」第6輯、1967）→Ⅱ-3、4、5

同　　　「帝範臣軌源流考附校勘記」（「斯道文庫論集」第7輯、1968）→Ⅱ-11

同　　　「文館詞林考」（『影弘仁本　文館詞林』1969、古典研究会）→Ⅱ-15

同　　　「東山御文庫尊蔵（九条家旧蔵）旧鈔本文選について」（『阿部隆一遺稿集　第1巻　宋元版篇』1993、汲古書院）→Ⅱ-14

井上順理『本邦中世までにおける孟子受容史の研究』（1972、風間書房）→Ⅱ-7

宇都宮睦男『白氏文集訓点の研究』（1984、溪水社）→Ⅱ-13

太田晶二郎「日本漢籍史札記」（『太田晶二郎著作集』第1集、1991、吉川弘文館、初出1955）→Ⅱ-14

太田次男・小林芳規『神田本白氏文集の研究』（1982、勉誠社）→Ⅱ-13

太田次男『旧鈔本を中心とする白氏文集本文の研究　上巻』（1997、勉誠社）→Ⅱ-13

尾崎　康「群書治要解題」（『群書治要（七）古典研究会叢書』1991、汲古書院）→Ⅱ-12

小林芳規「訓点資料における師説について」（『平安鎌倉時代に於ける漢籍訓読の国語史的研究』1967、東京大学出版会）→Ⅱ-8

同　　　『平安鎌倉時代に於ける漢籍訓読の国語史的研究』（1967、東京大学出版会）→Ⅱ-3、4、5、13、14

同　　　「金沢文庫本群書治要の訓点」（『群書治要（七）古典研究会叢書』1991、汲古書院）→Ⅱ-12

小松茂美監修『国宝手鑑　翰墨城』（1979、中央公論社）→Ⅱ-3

佐藤健治『中世権門の成立と家政』（2000、吉川弘文館）→Ⅱ-10

佐藤道生「「佐保切」追跡」(「臨済宗妙心寺派教学研究紀要」第 7 号、2009) →Ⅱ－3

同　　　「清原家の官・学・遊」(「書物学」第 6 巻、2015) →Ⅱ－3

同　　　「伝授と筆耕―呉三郎入道の事績―」(「中世文学」第61号、2016) →Ⅱ－3

髙橋　智「(正和四年本) 書誌解題」(『論語集解 (一) 古典研究会叢書』2017、汲古書院) →Ⅱ－6

武内義雄「本邦旧鈔本論語の二系統」(『論語之研究』1939、岩波書店) →Ⅱ－6

田中　登「世尊寺行房　下野切 (拾遺集)」(同編『平成新修古筆資料集』第 3 集、2006、思文閣出版) →Ⅱ－5

原田種成『貞観政要の研究』(1965、吉川弘文館) →Ⅱ－10

福山敏男『寺院建築の研究　中』(『福山敏男著作集　2』1982、中央公論美術出版、初出1932) →Ⅱ－7

冷泉家時雨亭文庫編『冷泉家時雨亭叢書』34、中世百首歌・七夕御会和歌懐紙 (1996、朝日新聞社) →Ⅱ－5

Ⅲ　宋　　版

阿部隆一『〈増訂〉中国訪書志』(1983、汲古書院、初版1976) →Ⅲ－12、14、21、22、25、27、37、49、57

同　　　「日本国見在宋元版本志経部」(『阿部隆一遺稿集　第 1 巻　宋元版篇』1993、汲古書院、初出1982) →Ⅲ－1、6、8

同　　　『阿部隆一遺稿集　第 2 巻　解題篇一』(1985、汲古書院) →Ⅲ－35

同　　　「宋元版所在目録」(『阿部隆一遺稿集　第 1 巻　宋元版篇』1993、汲古書院) →Ⅲ－12、66

同　　　『阿部隆一遺稿集　第 1 巻　宋元版篇』(1993、汲古書院) →Ⅲ－2、3

池田証寿「高山寺蔵新訳華厳経音義と宮内庁書陵部蔵宋版華厳経」(石塚晴通教授退職記念会編『日本学・敦煌学・漢文訓読の新展開』2005、汲古書院) →Ⅲ－43

同　　　「宮内庁書陵部蔵高山寺旧蔵本宋版華厳経調査報告」(平成16年度・17年度『高山寺典籍文書綜合調査団研究報告論集』2005・2006、高山寺典籍文書綜合調査団) →Ⅲ－43

王　肇文編『古籍宋元刊工姓名索引』(1990、上海古籍出版社) →Ⅲ－26、55

大久保堅瑞「瞎堂慧遠禅師広録」(小野玄妙編纂『仏書解説大辞典』第2巻、1980、大東出版社) →Ⅲ－48

大阪市立美術館・財団法人五島美術館編『書の国宝　墨蹟』(2006、読売新聞大阪本社) →Ⅲ－51

岡井慎吾「玉篇の研究」(「東洋文庫論叢」第19、1933) →Ⅲ－8

尾崎　康「通典の諸版本について」(「斯道文庫論集」第14輯、1977) →Ⅲ－16

同　　　「宋元刊三国志および晋書について」(「斯道文庫論集」第16輯、1979) →Ⅲ－13

同　　　「通典北宋版および諸版本について」(『宮内庁書陵部蔵北宋版通典　別巻』1981、汲古書院) →Ⅲ－16

同　『正史宋元版の研究』（1989、汲古書院）→Ⅲ-11、12、13、59

同　「日本現在宋元版解題　史部（上・下）」（「斯道文庫論集」第27・28輯、1993）→Ⅲ-14、15、16、18

同　「『太平御覧』 統一王朝による集大成」（「月刊しにか」第 9 巻第 3 号、1998）→Ⅲ-35

同　「宋代における刊刻の展開」（「帝京史学」第 9 号、2004）→Ⅲ-34

梶浦　晋『奈良県大般若経調査報告書一』調査報告・該当章（1992、奈良県教育委員会）→Ⅲ-40

川上新一郎「清輔本古今集を披見した人々―江戸後期伝来覚書―」（「三田国文」第10号、1988）→Ⅲ-19

川瀬一馬「〈西大寺蔵〉趙一力刊行の南宋版大般若波羅蜜多経」（「椎園」第 4 輯、1938）→Ⅲ-40

北里研究所附属東洋医学総合研究所医史文献研究室編『和刻漢籍医書集成』第 4 輯（1988、エンタプライズ）→Ⅲ-25

慶應義塾大学附属研究所斯道文庫編『建仁寺両足院蔵書マイクロフィルム目録初編』（2010、慶應義塾大学附属研究所斯道文庫）→Ⅲ-50

厳　紹盪『日蔵漢籍善本書録』（2007、中華書局）→Ⅲ-69

顧　永新（會谷佳光訳）「日本宮内庁書陵部蔵宋本『游宦紀聞』書後」（「橄欖」第15号、2008）→Ⅲ-33

顧　歆藝「『集韻』影印説明」（『日本宮内庁書陵部蔵宋元版漢籍影印叢書』第 1 輯、2001、綫装書局）→Ⅲ-10

黄　霊庚「点校説明」（『十七史詳節』2008、上海古籍出版社）→Ⅲ-15

小曾戸洋「宋版『外台秘要方』の書誌について」（『東洋医学善本叢書 8　解題・研究・索引』1982、東洋医学研究会）→Ⅲ-30

同　「『諸病源候論』の書誌について」（『東洋医学善本叢書 8　解題・研究・索引』1982、東洋医学研究会）→Ⅲ-20

同　「宮内庁書陵部所蔵 5 巻本『和剤局方』について」（「漢方研究」第166号、1985）→Ⅲ-26

同　『中国医学古典と日本』（1996、塙書房）→Ⅲ-30

同　「巻子写本から宋元版へ―中世日本における中国医書受容の様相」（「日本医史学雑誌」第44巻第 4 号、1998）→Ⅲ-24

同　「南宋版「和剤局方」―現存する唯一の五巻本」（「漢方の臨床」第52巻第 1 号、2005）→Ⅲ-26

同　「目で見る漢方史料館（296）『楊氏家蔵方』―金沢文庫旧蔵の宋版」（「漢方の臨床」第60巻第 4 号、2013）→Ⅲ-23

小林順彦「慈雲遵式の浄土教」（「天台学法」第36号、1993）→Ⅲ-46

坂本道生「遵式の「改祭」について」（「印度学仏教学研究」第56巻第 1 号、2007）→Ⅲ-46

同　「『金園集』における遵式の施食思想」（「印度哲学仏教学」第23号、2008）→Ⅲ-46

桜井景雄『南禅寺史』（1940、大本山南禅寺）→Ⅲ-50

佐藤匡玄『論衡の研究』（1981、創文社）→Ⅲ-31
椎名宏雄「『古尊宿語録』正続諸本の研究」（「曹洞宗研究員研究生研究紀要」第13号、1981）
→Ⅲ-56、57
同　　　「宋版『慈明四家録』とその周辺」（「駒澤大學仏教学部論集」第13号、1982）→Ⅲ-49
同　　　「北磵と物初の著作に関する書誌的考察」（「駒澤大學仏教学部研究紀要」第46号、1988）
→Ⅲ-53、54
同　　　『宋元版禅籍の研究』（1993、大東出版社）→Ⅲ-44、45
同　　　『五山版　中国禅籍叢刊　第７巻　語録２』解題（2013、臨川書店）→Ⅲ-53
同　　　『五山版　中国禅籍叢刊　第10巻　詩文・尺牘』解題（2013、臨川書店）→Ⅲ-54
鈴木達彦「南宋五巻本『和剤局方』の再検討」（「日本医史学雑誌」第54巻第２号、2008）→Ⅲ-26
住吉朋彦「本邦中世菅家文選学事捃拾」（「日本歴史」第652号、2002）→Ⅲ-70
同　　　「『方輿勝覧』版本考」（「斯道文庫論集」第49輯、2014）→Ⅲ-18
同　　　「国立歴史民俗博物館蔵五山版目録解題」（「国立歴史民俗博物館研究報告」第186集、2014）
→Ⅲ-51
静嘉堂文庫編『静嘉堂文庫宋元版図録　解題篇』（1992、汲古書院）→Ⅲ-14、35、55
関　　靖・熊原政男『金沢文庫本之研究　日本書誌学大系19』（1981、青裳堂書店）→Ⅲ-32
髙橋　智『室町時代古鈔本『論語集解』の研究』（2008、汲古書院）→Ⅲ-7
同　　　「種徳堂本『春秋経伝集解』について」（『高田時雄教授退職記念　東方学研究論集』2014、
臨川書店）→Ⅲ-4
高橋秀栄「宋版一切経に加点を施した学僧円種の足跡」（『神奈川県立金沢文庫保管宋版一切経目録』
1998、神奈川県立金沢文庫）→Ⅲ-1
玉村竹二『五山禅僧伝記集成』（1983、講談社）→Ⅲ-69
竺沙雅章『宋元仏教文化史研究』（2000、汲古書院）→Ⅲ-40
中華再造善本工程編纂出版委員会編『中華再造善本総目提要　唐宋編』（2013、国家図書館出版社）
→Ⅲ-21、27
中国国家図書館中国国家古籍保護中心編『第一批国家珍貴古籍名録図録』（2008、国家図書館出版社）
→Ⅲ-59
張　元済『百衲本二十四史校勘記・三国志校勘記』（1999、商務印書館）→Ⅲ-13
趙　鉄寒「東都事略題端」（『宋史資料萃編第一輯　東都事略』1979、文海出版社）→Ⅲ-14
陳　暁蘭「試論宋元時期閩中坊刻医書的編刻特点―以『新編類要図註本草』及其伝刻本為中心」（「古
典文献研究」第15輯、2012）→Ⅲ-28、29
陳　　捷『明治前期日中学術交流の研究』（2003、汲古書院）→Ⅲ-17
陳　先行『打開金匱石室之門：古籍善本』（2003、上海文藝出版社）→Ⅲ-4
程　遠芬「論南宋建本『三国志』及其涵芬楼影印本」（「山東教育学院学報」第53期、1996）
→Ⅲ-13
長澤規矩也「宮内庁図書寮尊蔵　北宋刊本御注孝経解説」（『影宋刊本御注孝経』日本書誌学会編刊、

1932）→Ⅲ-6

同　「宋刊本展覧会陳列書解説」（『長澤規矩也著作集　第 3 巻　宋元版の研究』1983、汲古書院、初出1933）→Ⅲ-34、66

同　「関東現存宋元版書目　第二稿」（『長澤規矩也著作集　第 3 巻　宋元版の研究』1983、汲古書院）→Ⅲ-12、66

中村一紀「書陵部所蔵宋版一切経の来歴について、その印造から現代まで―時々の保全活動を交えて―」（『禁裏・公家文庫研究』第 2 輯、2006、思文閣出版）→Ⅲ-38、39

西野貞治「東坡詩王状元集注本について」（「人文研究」第15巻第 6 号、1964、大阪市立大学文学会）→Ⅲ-62、63

日本書誌学会編『内閣文庫宋本書影』（1984、汲古書院）→Ⅲ-59

納富常天「東国仏教における外典の研究と受容」（『金沢文庫資料の研究』1982、法蔵館）→Ⅲ-1

野沢佳美『印刷漢文大蔵経の歴史―中国・高麗篇―』（『シリーズ・アタラクシア』 3 、2015、立正大学情報メディアセンター）→Ⅲ-38

秦　恒平・伊藤東慎『古寺巡礼　京都 6 　建仁寺』（1976、淡交社）→Ⅲ-47

服部宇之吉編・神田喜一郎・長澤規矩也『佚存書目』（1933、服部宇之吉、『長澤規矩也著作集　第 9 巻　漢籍解題一』〈1985〉、汲古書院再録）→Ⅲ-66

東　英寿『欧陽脩新発見書簡九十六篇―欧陽脩全集の研究―』（2013、研文出版）→Ⅲ-60

樋口秀雄「〈多紀旧蔵〉宋槧本「太平聖恵方巻第八十一」について」（「MUSEUM」第179号、1966）→Ⅲ-22

平岡武夫『経書の伝統』（1951、岩波書店）→Ⅲ-19

福井　保『紅葉山文庫』（1980、郷学舎）→Ⅲ-35、59

藤塚　鄰『論語総説』（1949、弘文堂）→Ⅲ-7

文化庁監修『国宝・重要文化財大全 7 　書跡　上巻』（1998、毎日新聞社）→Ⅲ-51

真柳　誠「目で見る漢方史料館（107）―宮内庁書陵部所蔵の宋版本草書『本草衍義』『新編類要図註本草』」（「漢方の臨床」第44巻第 4 号、1997）→Ⅲ-27

森　銑三「松本奎堂」（『森銑三著作集　第 6 巻』1971、中央公論社）→Ⅲ-68

柳田聖山「古尊宿語録考」（「花園大学研究紀要」第 2 号、1971）→Ⅲ-56、57

同　「宋版古尊宿語録調査報告」（「禅研究所研究紀要」第 4 号、1972）→Ⅲ-56、57

同　「禅籍解題」（西谷啓治・柳田聖山編『禅家語録』1984、筑摩書房）→Ⅲ-52

同　「中国禅宗史系図」（西谷啓治・柳田聖山編『禅家語録』1984、筑摩書房）→Ⅲ-52

簗瀬一雄編著『高畠式部全歌集』（1958）→Ⅲ-42

同　編著『碧冲洞叢書』第 2 巻（1995、臨川書店）→Ⅲ-42

楊　守敬『日本訪書志』16巻（清光緒23年刊）巻 3 「大広益会玉篇30巻　北宋槧本」→Ⅲ-8

楊　忠「蘇軾全集版本源流考弁」（『中国典籍与文化論叢』第 1 輯、1993）→Ⅲ-61

吉田虎之助編『鳰のうみ』（1928）→Ⅲ-42

李　偉『呂祖謙《呂家塾読詩記》初探―従朱熹序談起』（四川師範大学碩士論文、2012）→Ⅲ-2

李　裕民・佐竹靖彦『増広司馬温公全集』（1993、汲古書院）→Ⅲ-59

劉　玉才「『四六必用方輿勝覧』影印説明」（『日本宮内庁書陵部蔵宋元版漢籍影印叢書』第1輯、2001、綫装書局）→Ⅲ-18

劉　明『六臣注文選宋贛州州学刊本考』（「国学研究」第24巻、2009）→Ⅲ-69

呂　淑玲「慈雲遵式の研究序説—特に遵式の社会的な教化活動—」（「印度学仏教学研究」第52巻第1号、2003）→Ⅲ-46

同　「慈雲遵式の生涯について—特に実践行儀面からみた遵式の生涯—」（『高橋弘次先生古稀記念論集　第2巻』2004、山喜房佛書林）→Ⅲ-46

講　演　録

「漢籍研究とデジタルアーカイブ」

日本所在漢籍に見える東アジア典籍流伝の歴史的研究
——宮内庁書陵部蔵漢籍の伝来調査を中心として——

髙橋　智

1．蔵書文化の開拓

日本所在漢籍に見える東アジア典籍流伝の歴史的研究——宮内庁書陵部蔵漢籍の伝来調査を中心として——、このテーマで共同研究を始めたのは、宮内庁書陵部所蔵漢籍の伝来調査によって、日本の伝統的蔵書文化の特徴を明瞭に把握することができると考えたからである。伝来単位の蔵書構成を解明することは、漢籍文化がどのように我が国に浸透し発展してきたかを理解する有力な研究方法の一つであることを本共同研究者が共通して認識していることが前提である。

さて、こうした研究の発信元はといえば、それは中国の伝統的な文献学にある。民国25年（1936）に商務印書館から出版された陳登原著『古今典籍聚散考』は、古籍流伝の研究に貢献するものとして注目をあびた。著者は自ら「中国典籍史」と本書を位置付けているが、書物の蒐集と存亡の歴史を概括分析した画期的な研究であった。「政治」「兵燹」「蔵弆」「人事」の四つの項目にわけて典籍の歴史を体系化したのである。それは、秦の焚書から『四庫全書』の纂集、董卓の乱から太平天国の乱などの戦乱による亡逸、蔵書家の歴史やその特徴、人災や保管など人と書物とのありかたを系統的に総括した。そして、その後、書物聚散の場所を基礎とする蔵書史研究が、宮中を中心とするものと民間を中心とするものとの二つの区分をもって行われるようになったのである。

古来、中国の典籍集散の中心は宮中にあった。『漢書藝文志』の基となった『七略』の編纂が宮中で行われて以来、歴代の王朝は戦乱のたびに蔵書の再生を企て、宮中は鈔写や出版機構としての役割も担っていた。明代中期以降は、宋・元時代の書物も稀少価値を持つようになり、民間の蔵書家が活躍するようになった。その蔵書は質量ともに宮中を凌ぐものであった。その民間蔵書家研究の嚆矢ともいうべき『蔵書紀事詩』7巻は蘇州の葉昌熾（1848～1917）が著わしたものである。その後、東莞の倫明（1875～1944）は民国24年（1935年）『辛亥以来蔵書紀事詩』を著し、続いて、蘇州の王謇（1888～1969）は、『続補蔵書紀事詩』を、周退密・宋路霞は『上海近代蔵書紀事詩』を、徐信符は『広東蔵書紀事詩』を著わした。葉氏以来、延べで一千数百人にも上る蔵書家の事績が伝えられた。そ

れ以後は『江浙蔵書家史略』（呉晗）『中国蔵書家考略』（楊立誠・金歩瀛編）など枚挙にいとまがない。最近では、『中国蔵書通史』（傅璇琮等主編）が決定版と言える。1999年には、斉魯書社が『蔵書家』という専門雑誌を発刊、現在に至っている。この様な蔵書文化研究はまた、図書館史研究とも密接に関わる。『中国古代蔵書与近代図書館史料』（李希泌等、1982、中華書局）はこの研究の嚆矢で、『中国蔵書楼』（任継愈編、2001、遼寧人民出版）は、この研究をたすける内容となっている。

蔵書文化の開拓は、おおよそこのように中国でなされてきたが、漢籍受容を基盤とする日本の伝統的典籍文化も、この中国のように整理されることによって、一層理解が深まると言えよう。

その蔵書文化を整理する基礎作業こそが、一つ一つの原本を丁寧に書誌調査することにある。書誌調査は原本のいろいろな面での価値を明らかにする地道な作業であるが、書物の成立には様々な地方性、様々な収蔵機関や来歴の理解が原点となる。例えば中国国家図書館蔵の孤本、宋・蜀刊本『王摩詰文集』は北宋末から南宋初年にかけて四川で開板され、明・項元汴の蔵になり、清・汪士鐘・楊紹和の蔵書となり、北京図書館に入蔵した経緯がある。こうした一書の蔵書史はこれを体系化した研究はまだ見られない。古典籍のテキスト的価値はしばしばそれが収蔵された経緯によって大いに評価が変わるのであり、中国の書物文化ではその経緯こそが、非常に大きな価値と意義を有している。

そこで、この研究を遂行するのに必要不可欠な知識とは一体何であろうか。蔵書史の把握、それと、蔵書研究のもっとも有力な拠り所である蔵書印の研究である。中国では完全な蔵書印譜はないが、林申清編『明清蔵書家印鑑』『明清著名蔵書家・蔵書印』『中国蔵書家印鑑』の三書が便利なものである。『中国国家図書館古籍蔵書印選編』（孫学雷等、2004、線装書局）や『中国古籍稿鈔校本図録』（陳先行等、2000、上海書店）も有効である。

さて、以上のような中国の蔵書文化を鑑みると、日本の蔵書文化を整理把握し、日本における漢籍蔵書文化というテーマも極めて意味があると思われるのである。

2．日本における漢籍流伝

おおまかに言って、日本の漢籍受容には 5 段階の改変があった。漢字文献の流入、仏教文献の流入、印刷術の伝播、宋刻本の流入、朱子学の伝来である。これは蔵書文化と深く関わってくる要素である。

3 世紀に朝鮮を通じて『論語』『千字文』が伝えられたことは周知のことがらである。6 世紀には仏教が伝わり、書写文献が増えてくる。770年に完成した『百万塔陀羅尼』は、

中国から伝来した印刷術がもたらした成果の一つである。その後、印刷と書写による文献が、仏典を中心として更に増加してくる。蔵書も含めその主体は寺院であった。奈良では興福寺を中心として春日版を刊刻、学僧は大陸から写本を多数伝来して寺院に蓄えた。そして奝然が北宋から大蔵経を将来したと言われるように、大陸の宋刊本が流入し、出版事業も蔵書事業も次第に宋版を中心となしてゆくようになる。寺院だけでなく貴族にも宋版が珍重されるようになる。博士家清原家、京都の寺院、有力な武士が宋版の流入とともに日本の蔵書の中心となっていく。五山の蔵書はその最も盛んな側面である。そして武士の台頭とともに北条実時の金澤文庫は珠玉の蔵書を誇った。室町時代はまだ大陸から将来される宋・元版に刺激されてこの三層の人々が蔵書文化を担っていた。すでにこの頃から宋学のテキストも流入すると、古注学を標榜していた博士家にも変化が現れ、近世の初期には宋学による受容と朝鮮の活字印刷があいまって、古活字版があらわれる。こうして蔵書の主流は武家へと移っていく。その代表が徳川家である。江戸時代になると宋・元版は輸入されないが、明・清版はおびただしく流入しその翻刻本である和刻本が一世を風靡する。蔵書は大名家と藩校において活発となり、江戸幕府の昌平坂学問所は、新渡来の明・清刊本を中心に、中世までに渡来した宋・元版を再収集して一大蔵書機構となった。江戸後期には再び中世の古鈔本や宋・元版の発掘を行う考証学が勃興し、西洋化の波が押し寄せる明治時代につながっていく。江戸時代までの蔵書は一旦精算されて新たな機構の所蔵になるものもあるが、多くは散逸し、大正時代以降の新興の財閥による新たな蔵書家の誕生とともに再収集が繰り返され現在に至っている。

3．宮内庁書陵部の蔵書源流

以上の歴史を踏まえて、現存の漢籍の蔵書から、古来の漢籍蔵書文化を復元してみようと考えたわけである。そこで、日本で最も歴史と内実ある宮内庁書陵部の蔵書を綿密に調査することでこの復元の最も大きな入り口を入ろうというわけである。書陵部の蔵書は中世博士家、三条西家等の公家、東福寺を始めとする古刹、日典や大通等の釈家、更に金澤文庫・足利学校を中心とする学堂、徳川家康以来の駿河御譲本・昌平坂学問所、毛利高標・市橋長昭等の大名武家の蔵書史を、有機的な流動史として捉えることができるのである。そこでアプローチの要となるのは蔵書印などによって、各家の旧蔵書にどんなものがあるのかを知ることができることである。その蔵書の傾向から様々な文化を想像・再構築することができるのである。私たちは、宮内庁書陵部本の書誌調査をもとに、漢籍蔵書文化の概略を把握する調査を、それぞれ協力者を得て進めてきた。そして、いくつかの代表的な

蔵書単位について、その簡略な紹介と漢籍の旧蔵書リストを作製し、これをデータベース化する試みを行ってきた。例えば、以下に中世・近世を通じて大きな意味を持つ機関や人物が如何なる蔵書を形成していたかのリストを簡潔にしるして見よう。

〈主要な機関や人物の書陵部蔵本による旧蔵書リスト〉

＊清原家

尚書　室町写　4 冊　556-21

礼記　室町・清原宣賢写　19 冊　556-18

礼記　慶長刊　10 冊　556-2

春秋経伝集解　文永 4 年（1267）写　30 軸　550-1　金澤文庫本　清原教隆点

春秋経伝集解　清原宣賢写　1 冊　556-20

御注孝経　清家本　2 軸　500-49

古文孝経　元徳 2 年（1330）清原良賢写　1 軸　556-22

古文孝経　伝世尊寺行房写　1 軸　556-24　清原良枝点

古文孝経　文亀 2 年（1502）小槻宿禰時元　1 軸　556-23

大学章句　室町写　1 冊　556-19　清原宣賢奥書

論語　正平無跋本　5 冊　558-8　元亀 2 年（1571）清原康雄奥書

論語　嘉暦 2・3 年（1327・1328）写　10 冊　401-27　清原教隆証本

論語　室町写　2 冊　457-208

魯論鈔　室町写　5 冊　401-72　清原宣賢説

四書章図纂釈　元至元 3 年（1337）建安徳新堂刊　3 冊　401-17　清原業賢（良雄）国賢識語、「東」印

老子経　至徳 3 年（1386）写　2 冊　556-38　鈴鹿氏本

南華真経注疏　室町写　15 冊　506-42

貞観政要　文禄 4 年（1595）写　5 冊　556-29　和訳本　釈梵舜写

文献通考　元刊明修　102 冊　403-32　清原国賢旧蔵

＊三条西家

御注孝経　寛政12年（1800）屋代弘賢模刻三条西実隆書写開元御注本　1 冊　206-479

史記正義　永正 7 ～15年（1510～18）三条西実隆写　43 冊　401-86

後漢書　元大徳 9 年（1305）刊　402-4　三条西家旧蔵

＊東寺

出師表（文選断簡）　平安写　1 軸　512-44　東寺旧蔵

＊東福寺

史記正義　元至元25年（1288）彭演翁刊　40冊　401-85　三注合刻本、永享12年（1440）加点於東福寺

＊宝勝院

東萊先生十七史詳節　元刊　60冊　402-81

＊普門院

呂氏家塾読詩記　宋刊　6冊　401-19

魏氏家蔵方　宋刊　11冊　403-101

＊建仁寺

誠斎集　宋瑞平2年（1235）刊　43冊　550-4

史記正義　元至元25年（1288）彭演翁刊　56冊　452-8

＊金地院

（大寧院）

雲中奏議　明刊　4冊　402-35

（金地院）

大学中庸朱子或問　元刊　2冊　555-128

増注唐賢絶句三体詩法　明応3年（1494）刊　1冊　556-141　覆元

冷斎夜話　南北朝刊　1冊　556-46

金剛般若波羅蜜経注解　南北朝刊　臨川寺版　1冊　556-94

聯灯会要　元刊　10冊　506-41

僧宝正続伝　室町刊　1冊　556-73

慈受深和尚陞堂頌古上　宋刊　1冊　556-78

黄梅東山語録　宋刊　1冊　556-74

正法眼蔵　宋刊　3冊　556-70

禅宗頌古聯珠通集　宋刊　7冊　556-61

古尊宿語録　宋刊　9冊　556-62

入衆須知　元刊　1冊　556-95

蘭渓和尚語録　鎌倉刊　3冊　556-77

応庵和尚語録　鎌倉刊　2冊　556-76

密庵禅師語録　南北朝刊　1冊　556-72

雪峰空和尚外集　南北朝刊　臨川寺版　1冊　556-93

開福寧禅師語録　南北朝刊　1冊　556-75

破庵語録　南北朝刊　臨川寺版　1冊　556-87
大川語録　室町刊　覆宋　1冊　556-96
偃渓和尚語録　室町刊　覆宋　1冊　556-69
月江和尚語録　室町刊　2冊　556-64
＊妙覚寺常住日典（文禄1年入寂）
春秋経伝集解　室町時代刊覆宋興国軍学本　10冊　512-6
新編方輿勝覧　宋刊　511-36
文選（明州本）　宋刊　556-144
新刊補注釈文黄帝内径素問　元刊　403-94
古尊宿語要　室町時代刊　556-107
資治通鑑綱目集覧　明初刊　556-28
文選　宋紹興刊　32冊　556-144　明州州学本　永禄9年林宗二跋
資治通鑑綱目集覧　元版　26冊　556-28
新編方輿勝覧　宋版　20冊　511-36
古尊宿語録　室町刊　覆宋　5冊　556-107
新刊補注釈文黄帝内経素問　元刊　4冊　403-94
新刊黄帝内経霊枢集注　元刊　2冊　403-96
＊金澤文庫
尚書正義　宋刊単疏本　17冊　506-1　嘉元2年（1304）加点
春秋経伝集解　宋嘉定9年（1216）興国軍学刊　15冊　550-3
春秋経伝集解　文永4年（1267）写　30軸　550-1　清原教隆点
春秋正義　近藤正斎文化13年（1816）令写　12冊　555-145　正宗寺本
論語注疏　宋版　10冊　506-2
世説新語　宋版　3冊　500-5
王文公文集　宋版　14冊　404-41　金澤文庫本
東坡集　宋版　17冊　404-59　金澤文庫本
景文宋公集　宋版　6冊　500-7　金澤文庫本
崔舎人玉堂類稿　宋刊　500-6　金澤文庫本
王状元集百家註分類東坡先生詩　南北朝刊　兪良甫版　覆元版　14冊　512-10　金澤文庫印（偽印か）
白氏文集　元和4年（1618）刊　19冊　557-22　移写菅家・金澤文庫本奥書等
集韻　宋孝宗間金州軍学刊　9冊　510-2

群書治要　鎌倉写　47軸　特3

太平寰宇記　宋刊　25冊　510-3　(存疑)

初学記　宋刊　10冊　403-51

太平御覽　宋刊　114冊　550-5

画一元亀　宋版　18冊　403-60

諸病源候論　宋刊　14冊　506-43

太平聖恵方　宋刊　2冊　558-6

新編類要図注本草　宋刊　22冊　559-30

外台秘要方　宋刊　11冊　403-42

＊足利学校

礼記正義　寛政8年(1716)林述斎令影写足利宋版　35冊　401-84

＊養安院

諸病源候論　宋刊　14冊　506-43

三因極一病証方論　元刊　7冊　559-36

新編南北経験医方大成　元刊　8冊　559-44

許学士類証普済本事方後集　宋刊　1冊　558-1

＊駿河御譲本

大学衍義補　明宣徳9年(1434)刊　朝鮮銅活字　15冊　511-41

纂図互注周礼　明成化14年(1478)朝鮮刊　7冊　506-33

家礼　朝鮮刊　2冊　401-18

分類補注李太白詩　朝鮮刊銅活字　15冊　511-45

紫陽文集　朝鮮刊銅活字　10冊　506-37

文山文集　朝鮮刊銅活字　15冊　511-48

楚辞　朝鮮刊覆元　3冊　511-42

唐音　朝鮮刊銅活字　10冊　511-49

皇華集　朝鮮刊　5冊　512-5

文章弁体　10冊　555-138

史記正義　永正7～15年(1510～18)三条西実隆写　43冊　401-86　影写彭寅翁本

東萊先生十七史詳節　110冊　401-6

＊昌平坂学問所

周易伝義　元版　5冊　401-14

周易本義附録集注　元大徳7年(1303)張氏可軒書院刊　5冊　554-28

呂氏家塾読詩記 宋刊 6冊 401-19

詩童子問 元至正4年（1344）余氏勤有堂刊 10冊 554-27 文安4年（1447）識語

詩集伝音釈 元版 4冊 554-26

春秋胡氏伝纂疏 元刊 32冊 554-31

春秋諸伝会通 元至正11年（1351）崇川書府（虞氏明復斎）刊 15冊 554-29

附音傍訓晦庵論語句解 元刊 1冊 401-20

孟子集注 元刊 7冊 554-30 応永9年（1402）識語

東坡集 宋版 17冊 404-59

王状元集百家注分類東坡先生集 宋刊 13冊 404-62

集千家註分類杜工部詩 元至正7年（1347）圭山書院刊 10冊

游宦紀聞 宋臨安書棚刊 2冊 403-57

爾雅注疏 宋刊 5冊 401-31

新編四六必用方輿勝覧 宋刊 30冊 402-84

新編方輿勝覧 宋版 26冊 402-91

錦繡万花谷 宋版 1冊 403-58

画一元亀 宋版 18冊 403-60

黄帝内経素問注証発微 慶長13年（1608）刊 12冊 403-93

黄帝内経素問注証発微 慶長14年（1609）刊 6冊 403-87

難経本義 元和刊覆古活 2冊 403-108

素問入式運気論奥 慶長16年（1611）刊 1冊 403-86

新編名方類証医書大全 大永刊 阿佐井野版 9冊 403-75

格致余論 慶長刊 木活 1冊 403-91

＊江戸医学

新刊補注釈文黄帝内経素問 元刊 4冊 403-94

新刊黄帝内経霊枢集注 元刊 2冊 403-96

素問入式運気論奥 元刊 1冊 403-95

三因極一病証方論 元刊 7冊 559-36

医方考 慶長9年刊 木活 6冊 403-104

太平聖恵方 宋刊 2冊 558-6

許学士類証普済本事方後集 宋刊 1冊 558-1

魏氏家蔵方 宋刊 11冊 403-101

増広校正和剤局方 宋刊 3冊 403-68

増広太平恵民和剤局方　元刊　6冊　558-28

増広太平恵民和剤局方　元刊　6冊　515-111

太平恵民和剤局方　元刊　4冊　403-69

太平恵民和剤局方　元刊　7冊　403-67

新編類要図注本草　宋刊　22冊　559-30

経史類証大観本草　宋刊　12冊　558-30

重刊孫真人備急千金要方　元刊　16冊　403-70

千金翼方　元刊　12冊　558-27

済生抜粋方　元刊　8冊　403-77

済生抜粋方　写　15冊　558-61

＊市橋長昭（1773～1814）

呂氏家塾読詩記　宋刊　6冊　401-19

東坡集　宋版　17冊　404-59

文館詞林　平安写　1軸　特-32

新編四六必用方輿勝覧　宋刊　30冊　402-84

錦繍万花谷　宋刊　1冊　403-58

画一元亀　宋刊　18冊　403-60

＊佐伯毛利（毛利高標〈1755～1801〉・高翰）

詩緝　元余氏刊　15冊　401-15

論語　天文2年刊　2冊　401-77

音注孟子　室町刊　覆宋　3冊　401-41

四書章図纂釈　元至元3年（1337）建安徳新堂刊　3冊　401-17

道蔵経　明万暦26年（1598）官版　4115帖　460-1

王状元集百家註分類東坡先生集　宋建安魏忠卿刊　14冊　404-68

景文宋公集　宋刊　6冊　500-7

誠斎先生南海集　宋刊　2冊　404-69

増広音註許丁卯詩集　元刊　2冊　404-39

分類補注李太白詩　元至大3年（1310）勤有堂刊　13冊　404-36

欧陽文忠公集　元刊　12冊　404-61

王状元集百家註分類東坡先生詩　元刊　25冊　404-34

村西集　元小村書塾刊　4冊　404-45

西翁近稾　元刊　1冊　404-37

国朝文類（元文類） 元至正 2 年（1342）刊明修　32冊　404-57
楽府詩集　元刊　32冊　407-67
集韻　宋孝宗間金州軍学刊　9 冊　510-2
増修互註礼部韻略　元至正15年（1355）日新書堂刊　5 冊　401-32
押韻釈義　元刊　5 冊　401-33
古今韻会挙要　元刊　20冊　401-34
前漢書　宋刊元修　43冊　402-2
史学提要　元刊　1 冊　402-11
文献通考　元刊明修　102冊　403-32
故唐律疏義　元刊　4 冊　402-14
玉燭宝典　江戸写　6 冊　402-8
標題註王先生十七史蒙求　元刊　2 冊　403-17
新編方輿勝覧　宋刊　23冊　402-16
初学記　宋刊　10冊　403-51
誠斎四六発遣膏馥　宋刊　8 冊　404-71
新修科分六学僧伝　室町刊　15冊　403-7
金園集　宋刊　1 冊　403-49
太平恵民和剤局方　元刊　12冊　403-117
新編類要図注本草　宋刊　20冊　403-52
＊徳山毛利（毛利元功）
春秋胡氏伝纂疏　元刊　32冊　458-30
増修互註礼部韻略　室町刊覆元至正15年日新書堂刊本　5 冊　458-59
通志　元刊明修　120冊　450-12
群書治要　天明版　47冊　217-10
新編方輿勝覧　宋版　20冊　511-36
皇朝類苑　元和銅活字　15冊　405-142
＊新宮城書蔵
古文孝経　室町中期写　1 冊　555-130
論語　慶長下村刊　2 冊　555-135
論語　南北朝写　5 冊　555-131
王状元集百家註分類東坡先生詩　元万巻堂刊　25冊　404-64
山谷詩集注　室町刊　12冊　556-142　覆宋紹定年間刊本　永享 3 年識語

白氏文集　元和 4 年（1618）刊　19冊　557-22

五灯会元　宋刊　18冊　556-136

＊賜蘆文庫（新見正路1791～1848）

論語　慶長下村刊　2 冊　555-135

論語　南北朝写　5 冊　555-131

王文公文集　宋刊　14冊　404-41

五百家註音弁昌黎先生文集　室町時代刊　18冊　557-7

新刊五百家註音弁唐柳先生文集　室町刊　16冊　557-8

三国志　宋刊　25冊　401-87

＊林家

集千家註分類杜工部詩　元至正 7 年（1347）圭山書院刊　10冊

新編方輿勝覧　宋刊　26冊　402-91

黄帝内経素問注証発微　慶長13年（1608）刊　12冊　403-93

黄帝内経素問注証発微　慶長14年（1609）刊　6 冊　403-87

難経本義　元和刊覆古活　2 冊　403-108

素問入式運気論奥　慶長16年（1611）刊　1 冊　403-86

格致余論　慶長刊　木活　1 冊　403-91

＊林読耕斎

纂図互注荀子　元末明初刊　4 冊　556-42

＊林述斎

詩童子問　元至正 4 年（1344）余氏勤有堂刊　10冊　554-27　文安 4 年（1447）識語

礼記正義　寛政 8 年（1796）林述斎令影写足利宋版　35冊　401-84

標題句解孔子家語　慶長 4 年（1599）刊　3 冊　403-128　伏見版

＊向山黄邨（1862～97）

周易　慶長刊　3 冊　555-140

集千家註批点杜工部集　室町刊　11冊　554-16　覆元至大 1 年（1308）　占恒室蔵書・佐竹氏閑雅堂蔵印

立斎先生標題註音釈十八史略　元和木活　7 冊　556-36　向山黄村旧蔵

大般若波羅蜜多経闕法　宋刊　3帖　556-120　高山寺　寺田望南　静乾山房

無言童子経　奈良写　麻紙　光明願経（五月一日経）　512-83

＊屋代弘賢（1757～1841）不忍文庫

古文尚書　江戸写　1 冊　206-444

御注孝経　寛政12年（1800）屋代弘賢模刻三条西実隆書写開元御注本　1冊　206-479

文館詞林　平安写　1軸　特-32

＊狩谷棭斎（1774～1835）

御注孝経　宋天聖明道（1023～33）刊　1冊　特90

御注孝経　文政9年（1826）狩谷棭斎覆刻北宋版　1冊　557-55

文中子中説　宋刊　2冊　556-119

纂図互註揚子法言　元刊　2冊　556-41

論衡　宋刊　12冊　500-8

困学紀聞　元泰定2年（1325）刊　6冊　556-127

説文解字斠詮　清嘉慶3年刊　14冊　557-56

大宋重修広韻　宋刊（覆刻）　5冊　515-105

史記正義　元至元25年（1288）彭演翁刊　56冊　452-8

東都事略　宋刊　14冊　402-10

百川学海　弘治刊　31冊　556-129

拈八方珠玉集　南北朝刊　臨川寺版　3冊　556-92

＊小嶋宝素（1797～1848）

王状元集百家注分類東坡先生集　宋刊　13冊　404-62

集千家分類杜工部詩　室町刊　3冊　557-9

新板増広附音釈文胡曽詩註　室町刊　1冊　556-148

太平恵民和剤局方　元刊　3冊　403-71

＊多紀氏

新刊補注釈文黄帝内経素問　元刊　4冊　403-94

新刊黄帝内経霊枢集注　元刊　2冊　403-96

新編潔古老人注王叔和脉訣　元刊　2冊　515-107

素問入式運気論奥　元刊　1冊　403-95

医説　宋刊　2冊　403-84

新編医学正伝　慶長刊（整版か）　8冊　558-22

医方考　慶長9年（1604）刊　木活　6冊　403-104

新鍥雲林神彀　慶長刊　木活　1冊　403-88

傷寒百問経絡図　元刊　4冊　558-80

太平聖恵方　宋刊　2冊　558-6

許学士類証普済本事方後集　宋刊　1冊　558-1

魏氏家蔵方　宋刊　11冊　403-101

増広校正和剤局方　宋刊　3冊　403-68

増広太平恵民和剤局方　元刊　6冊　558-28

増広太平恵民和剤局方　元刊　6冊　515-111

太平恵民和剤局方　元刊　4冊　403-69

太平恵民和剤局方　元刊　7冊　403-67

大徳重校聖済総録　元刊　35冊　558-17

新編類要図注本草　宋刊　22冊　559-30

経史類証大観本草　宋刊　12冊　558-30

千金翼方　元刊　12冊　558-27

済生抜粋方　元刊　8冊　403-77

済生抜粋方　写　15冊　558-61

＊渋江抽斎（1804～58）

論語　正平単跋本　5冊　555-125　応安4・明応7年奥書

大宋重修広韻　宋刊（覆刻）　5冊　515-105

三因極一病証方論　元刊　7冊　559-36

＊森立之（1807～85）

論語　正平単跋本　5冊　555-125　応安4・明応7年奥書

集千家註批点杜工部集　室町刊　3冊　556-155　覆元至大1年（1308）　森立之文化5年識語

新刊鶴林玉露　古活字　3冊　556-45

大広益会玉篇　宋刊　3冊　515-106

大宋重修広韻　宋刊（覆刻）　5冊　515-105

前漢書　古活字　39冊　556-26

後漢書　古活字　34冊　404-74

諸病源候論　宋刊　14冊　506-43

以上のようなリストが得られる。こうした重要な意味を持つ蔵書単位がどのようなものであるかを簡略に説明する作業を続けてきたが、ここに金澤文庫と南禅寺と昌平坂学問所の例に挙げてみたい。文末に文責とあるのが解説を担当した分担者である。

【名称】　金澤文庫

【所在】　〒236-0015　神奈川県横浜市金沢区金沢町142

【簡略紹介】

北条実時（1224～76）が武蔵国久良郡六浦荘金澤村に存した別邸内に建てた書庫で、蒐書は実時・顕時・貞顕・貞将の四代に亙って行なわれた。元弘三年（1333）北条氏滅亡後は、同地に存した北条（金澤）氏の菩提寺である称名寺によって管理されることとなった。称名寺はそれ以前から審海、劔阿、湛睿といった真言律宗の高僧が住持となって多くの学僧を擁し、関東に於ける教学の拠点であったから、蔵書の蓄積も厖大であった。それ故、称名寺の蔵書を併せて金澤文庫本と称することがある。

【蔵書の来源】

金澤文庫の蔵書は実時、顕時、貞顕、貞将の金澤氏四代に亙って蒐集されたものである。蔵書は国書・漢籍・仏典に大別できるが、何と言ってもその中心をなすのは漢籍であった。金澤文庫が漢籍の一大宝庫であり、我が国随一の規模を誇ったことは動かしがたい事実である。金澤氏は北条義時の子実泰を祖とする一族で、実時が評定衆を、顕時が評定衆を、貞顕が執権を、貞将が評定衆を務めたように、常に鎌倉幕府の中枢にあった。彼ら歴代当主は孰れも漢学を重んじ、それを幕政の資としたことで定評がある。彼ら自身もまた京都から鎌倉に下った儒者を読書の指南役とし、漢学を熱心に学んだ。金澤文庫に選りすぐりの漢籍善本が蒐蔵された要因はこの点にある。尚、金澤氏の学問は、紀伝道（文学・史学）よりも明経道（経学）を重視した点にその特徴がある。実時が師としたのが大江・菅原の儒者ではなく、明経道出身の清原教隆であったことにそれは端的に表れている。

金澤氏による漢籍蒐集の手段には、三つのルートが存在した。第一は鎌倉に下向した儒者の所持本を書写するもの。第二は六波羅探題として京都に拠点を有していたことを利用して、京都の有力貴族の所蔵する漢籍写本を獲得或いは書写するというもの。第三は中国から海路を経て（六浦港を窓口として）鎌倉に陸続と将来される宋刊本を購入するというものである。第三の場合、不幸にして金澤氏が新渡の刊本を落掌できなかった場合には、それを入手した者から借り出して書写するという方法も取られた。日本では書籍の形態が当時依然として写本であったのに対して、中国では南宋に入ってますます刊本の普及が進行していた。こうして金澤文庫には漢籍の写本・刊本の双方が蒐蔵されるに至ったのである。ここで注意すべきは、金澤文庫では、同じ書名を持つ漢籍であっても、写本・刊本という形態の異なるもののどちらか一方の取得で事足れりとするのではなく、その両者を兼ね備えることを蒐書方針としていたことである。このことは漢学、特に校勘学の進展に大きく寄与することとなった。

周知の如く、当時の日本に流布していた漢籍写本の本文は、伝来の素姓（遣唐使、日唐間の貿易）からして、中国唐代の写本（いわゆる唐鈔本）の系統に属するものである。一方、中国で宋代以降流通し始める刊本は、宋代の文化的思潮を反映して、唐鈔本に対して大胆な校訂がなされた本文を有していると考えられている。唐鈔本と宋刊本とは漢籍の本文系統上、大きく対立するものである。上述の如く金澤文庫にその両系統の本文を比較検討できる環境が整えられていたことは学問上、極めて意義深いことであったと言えよう。

【蔵書の現状】

鎌倉幕府の滅亡後、蔵書は漸次庫外に流出したため、現在は金澤文庫のほか、諸処に分蔵されている。

【蔵印】「金澤文庫」（文責・佐藤道生）

【名称】 南禅寺（金地院、大寧院）

【所在】 所在地　京都市左京区南禅寺福地町

蔵書所在地　上記並に各所に散在

【簡略紹介】

全称を瑞龍山太平興国南禅禅寺という。亀山天皇がその離宮を改め、無関玄悟を開山として正応４年（1291）に建立した寺院で、はじめ禅林寺と称したが、間もなく示寂した無関に代わり、第２世の規庵祖円の下で伽藍を造営、永仁元年（1293）に完成し、寺名も南禅寺と改めた。禅宗に帰依した天皇が寺領を寄進し、広く禅林の人材を登庸する制度を定めたことから、官刹として高い寺格が与えられ、南北朝時代までに五山第一、さらには五山之上と位置付けられた。爾来、五山禅林の僧は南禅寺住持を最高位とする。

来朝僧の一山一寧や竺仙梵僊も止住し、大陸の学藝を移植する窓口となった。当山公用の南禅寺一切経は、天平時代の写経、北宋時代刊行の開宝蔵本や、初雕本高麗版蔵経本を含むことから、日本国の重要文化財に指定される。

（大寧院）

南禅寺第53世、伯英徳儁の塔所。伯英は臨済宗大覚派の南北朝時代の僧。武蔵の出身で鎌倉建長寺の了堂素安に学び、貞治年間（1362～67）に入元、元明交替期に寧波天童寺の了堂惟一に就き、永和２年（1376）に帰朝した。建長寺第60世を務めた後、京都に移って、応永２年（1395）南禅寺住持の位に昇った。その後、大寧院を開いて居住し同院に示寂した。

（金地院）

はじめ南禅寺第68世の大業徳基が鷹峯に開いたとされる寺院で、同270世の以心崇伝が

南禅寺内に再興した。以心は永禄12年（1569）の生まれ、室町幕府を支えた一色氏の出身で、同266世の玄圃霊三、262世の靖叔徳林の下で学び、臨済宗大覚派の流れを汲む靖叔に嗣法した。慶長10年（1605）南禅寺に昇住。同13年、徳川家康の招きで駿府に赴き、同15年には同地に金地院を開創、幕政のうち、外交や寺院制度を中心に、広く諮問に応じた。五山禅林を人事の面で統括する僧録司の任を得て、将軍の下問にも応じる必要から、元和5年（1619）には江戸城近くにも同院を開く。寛永4年（1627）に京都金地院の改装を遂げ、同10年に示寂した。本光国師と号す。

金地院と僧録司の職は最嶽元良に引き継がれ、この間、駿府の地所は返上、江戸の金地院は同15年に増上寺附近の現在地（東京都港区芝公園3丁目）に移された。以心が家康の求書活動に協力し、院や門跡寺院、公家衆、五山衆から稀覯書を集め、特に五山を統括する立場に就いたことから、禅籍の善本が同院に蓄積された。

【蔵書の来源】

経論の他、本寺に止住した帰朝僧の将来書や、五山版等の図書が集まり、特に金地院では、広く京都五山の蔵書が集約され、善本が伝えられた。

【蔵書の現状】

南禅寺一切経等の文化財は現在も南禅寺に在る。金地院蔵書中の禅籍の善本は、明治期に内閣記録局に収められ、明治23年（1890）に宮内省図書寮に移されたが、その他にも広く流失して各所に散在する。

【参考資料】

桜井景雄『南禅寺史』（1940・1954、大本山南禅寺）
玉村竹二『五山禅僧伝記集成』（1983、講談社）
上田純一『京都金地院公文帳』（2007、八木書店）

【蔵印】「大寧院」「金地院」　（文責・住吉朋彦）

【名称】 昌平坂学問所

【所在】 旧所在地　東京都文京区湯島1-4-25（史跡　湯島聖堂）
蔵書所在地　東京都千代田区北の丸公園3-2（国立公文書館）

【簡略紹介】

寛永7年（1630）林羅山が上野忍岡に開いた幕府儒官林家の私塾が、元禄3年（1609）、五代将軍徳川綱吉の文教振興政策により湯島に移転拡充し、寛政9年（1797）、幕府の官学となって「学問所」と称された。同11年（1799）からは稀覯漢籍の和刻（官版）が始まり、慶応3年（1867）まで約200種を刊行、その板木を保管し、必要に応じて民間の版元にも

貸し出した。文化年間（1804～17）以降は御実紀調所・地誌調所・沿革調所の三史局を開設し、歴史地理に関する調査および編纂に必要な資料を収集、さらに天保の改革以降は本屋仲間解散に伴い、出版物の事前審査を行ったため、その対象となった書物も集められた。明治維新後は、教育組織としては後の東京帝国大学に、蔵書は書籍館・浅草文庫等を経て太政官文庫（のち内閣文庫）に継承された。

【蔵書の来源】

林家歴代の収集に係る漢籍のほか、上記三史局収集の国書、出版事前審査用の漢籍・国書がある。漢籍については、学問所時代に木村蒹葭堂旧蔵書、市橋長昭蔵書が献納されて一層の充実を見た。

【蔵書の現状】

幕末当時約 9 万 5 千冊あったとされる蔵書のうち、約 8 万 8 千冊が国立公文書館内閣文庫に現存する。図書寮文庫蔵書は、紅葉山文庫・医学所等、幕府関係機関から内閣文庫に集積された蔵書のうち貴重書を明治20年代に移管した際に来たものである。三史局関係の蔵書は民間にも流失しており、西尾市岩瀬文庫などに多数見られる。

【参考資料】

『改訂増補内閣文庫蔵書印譜』（1969初版、1981改訂版、国立公文書館）
福井保『内閣文庫書誌の研究』（日本書誌学大系12、1980、青裳堂書店）
福井保『江戸幕府編纂物』（1983、雄松堂書店）
福井保『江戸幕府刊行物』（1985、雄松堂書店）
内閣文庫編『内閣文庫百年史　増補版』（1986、汲古書院）
長澤孝三『幕府のふみくら　内閣文庫のはなし』（2012、吉川弘文館）

【蔵印】

「昌平坂／学問所」「番外書册」「学問所改」ほか、年号干支の四文字（受入の年を示すもの）の印が多数ある。

（文責・堀川貴司）

4．日本全国漢籍蔵書の源流

こうした調査の取り組みが、全国の漢籍所蔵機関について行われるようになると、おそらく、日本にも中国のような蔵書通志、また源流と流伝の研究成果が次々と現れてくるのではないかと思われる。この書陵部を中心とした調査がそのきっかけとなればと願うものである。例えば、東洋文化研究所附属東洋学情報センター主催「漢籍整理長期研修会」に参加される全国の漢籍整理担当者が、それぞれの担当館所蔵漢籍の蔵書源流を認識してい

ただくための蔵書史データ（蔵書印や蔵書単位の解説等）となれば、と考えているのである。

線装本と東アジア漢籍保護史

陳　正宏

1.

「線装本」とは中国古典文献学の用語で、次のような書籍の装訂を指す――料紙を文字が外側に出るようにして二つ折りにしたものを幾枚も重ね、右端を二、三本の紙捻（こより）で下綴じして一冊の本の形とし、次にこの下綴じした本の前後に、それぞれ一枚ずつ表紙を付けた上で、右端に更に四つか五つ綴じ穴を開け、一本または二本の糸で綴じる。このような装訂は、日本の書誌学界においては「袋綴」と呼ばれている。

中国では、専門用語としての線装本という語は、清代初期になって比較的多くの文献の中に見られるようになった(1)。他方、漢籍の装訂の一つとしての線装は、最初に出現した具体的な時期や地域こそ明らかではないが、16世紀中葉には中国及び朝鮮半島において普及していたと見られている。

線装に関する従前の研究では、漢籍の装訂変遷史という視点から、線装がどのようにして生まれたか、即ち巻軸装が如何にして経折装（あるいは旋風装）に変わり、経折装が如何にして蝴蝶装に変わり、蝴蝶装が如何にして包背装に変わり、包背装が如何にして線装に変わったのかに着目して論じたものが多かった。こうした研究は当然必要だが、現時点ではまだまだ不十分である。

もし今後、東アジア漢籍保護史という視点から、線装はなぜ後れて登場し、西洋式の装訂が主流となるまで、東アジアにおいて最も長くかつ最も広く用いられる装訂となったのかについて、実際の書物によって例証した上で考察してみたならば、あるいは東アジア漢籍の研究に新たな一石を投ずることになるかもしれない。

宮内庁書陵部所蔵の漢籍について、今現在公開されている画像を見ると、装訂については二種類が極めて突出している。一つは巻子本で、もう一つは線装本である。これらの漢籍の製作時期は15世紀以前に集中しているが、15世紀以降の殆どの時期において東アジア漢籍の装訂は線装の天下であったことに鑑みれば、こうした状況は東アジア漢籍の状況と基本的には一致するといえよう。

東アジア漢籍装訂史を長期的な視点で捉えると、巻子本は、漢籍の出現以来、一つ一つ

のテキスト（竹木簡あるいは一葉の紙）を横方向に繋ぎ合わせた形の最終形態であり、線装本は、長い紙を一葉ずつに切ったものを何枚も重ねて綴じた冊子体の最終形態であるといえる。そんな中、極めて興味深いのは、紙の発明以来東アジアにおける伝統的な手漉きの紙の製作方法はほぼ同じであるにもかかわらず、書籍に用いられる紙の大きさは、早期には小さく、後期には大きくなるということだ。そこから漢籍の用紙法としては、早期には、少なくとも横方向については長さを求めて繋ぎ合わせ、後期には、縦横どちらも極力適切な大きさにすべく分割していたことがわかる。これは、閲覧時の目や体にとっての快適さを考慮し、長年にわたる経験の積み重ねを経て到達した合理的な結論であり、線装が出現し長く存在し続けることができた理屈であるともいえよう。

2.

いわゆる「漢籍保護」とは、中国の図書館と古典文献学界において近年提唱されている「古籍保護」から派生してきた概念で、主に全世界に現存する、近代以前に漢字で書写または印刷された書籍に関する科学的調査（いわゆる「普査」）、鑑定、分類、編目及び破損した書籍の修復という一連の作業を指す。

東アジア特有の文化的文脈の中で見ると、このような概念の漢籍保護は実は決して今に始まったことではなく、漢籍の誕生以来、書物の存亡が繰り返される中で長きにわたり存在していた考え方であることがわかる。ここで、東アジアにおける漢籍保護史を振り返る際に最も注意すべき点を三つ、以下に挙げる。

第一に、東アジアの漢籍保護においては、「原生性保護」と「再生性保護」という二種類の形が終始並存していたということである。いわゆる「原生性保護」とは、書籍の原本を保護することであり、理念としては文化財学界や博物館学界が提唱する「文化財保護」に最も近い。いわゆる再生性保護とは、書籍の内容や形態をより広範囲に普及するという考えの下、特定の書籍について進められた、より広い意味での保護のことを指す。従って歴史的には文化財保護のように厳格な保護も行われていたことになるが、より特徴的なのは、厳密な意味での原本保護とは大きく異なる、いわゆる再生性保護の方である。

第二に、原生性保護と再生性保護の二者においては、再生性保護が長い間主流を占め、尚且つ再生性保護は内容の保護を旨とし、転写と翻刻をその主な手段としていたということである。私は嘗て「琉球本と福建本」という論文の中で、東アジア漢籍の版本について次のような三種の段階に分類したことがある。第一種は中国本、第二種は概ね中国本を踏襲しつつそれぞれに創意を凝らした日本本と朝鮮本、第三種は主に中国あるいは中日両国

の特定の地域の版本の影響を受けた越南本と琉球本である(2)。この区分は一定の範囲内においては今なお有効である。翻刻と転写は、一貫して中国における古典籍の保護及び継承の主な手段であったのみならず、東アジアにおいて漢籍が普及していく際の二大方式でもあった。

第三に、東アジアでは改装が広く受け入れられ、「仿古」あるいは「仿華」が改装の補完的役割を果たしていたということである。これは原生性保護においては抄本や翻刻本には及び難い重要な価値を有するものとして原書（原装）に着目しているとはいえ、基本的に東アジアでは、書籍の外観を元のまま保護することについては、さほど意識されてこなかったためである。

上述の三点のうち、最後の一点については線装本との関係が深いので、ここでいくつか例を挙げて説明したい。改装に関する例としては、例えば、宮内庁書陵部図書寮文庫蔵宋刊本『寒山詩集』では、冊子を切って一葉一葉にしたものを長い巻子の上に貼り付けた後、一冊の経折装に仕立てている（本書図録編Ⅲ-58参照）。同じく元刊修本『新編方輿勝覧』では、原書の書葉の匡郭より外側の天地左右を裁ち、文字部分だけを残したものを別紙に貼り付け、更に線装に装訂している。上海図書館蔵宋刻本『邵子観物』では、原書の紙葉は全て匡郭より内側の部分を残すのみ、外観に至っては表装した画帖のように変えられている(3)。また、いわゆる「仿古」及び「仿華」とは、前者は、中国清代の黄丕烈が仿宋本蝴蝶装と称しつつ幾らか変更を加えた「黄装」のような、清代中葉以来の復古調の装訂を指し、後者は、17世紀以降に中国の周辺諸国において漢籍を製作する中で時折流行した、中国本を模倣する動きを指す。朝鮮の金属活字本『生生字譜』のように、高麗紙と中国紙にそれぞれ印刷し、紙に応じて装訂もそれぞれ朝鮮風と中国風にしたものや、日本の江戸時代の書画関連の漢籍刻本の一部のように、和紙と和唐紙（日本で中国紙を模して作られた紙）に印刷し、書形にも大小の別があるといったものが、その例として挙げられる。

まさにこうした再生性保護を重視し、改装を頻繁に行うという東アジア漢籍保護史を背景として、線装は生まれてきたのである。

3．

線装とそれ以前のあらゆる漢籍の装訂との最も大きな違いは、線装は糊を用いないということである。

漢籍装訂史を遡ってみると、紙の書物の誕生以来、糊はなくてはならない存在であった。巻軸装、経折装において紙を繋ぎ合わせるためには糊が必要であり、蝴蝶装では内側の料

紙も外側の表紙も全て糊で接着されている。包背装では初めこそ紙捻を用いるが、前後の表紙を繋げて一枚とし、それを本文部分と合わせる最後の段階では糊に頼るほかなかった。

線装の考え方は、上述のあらゆる装訂とは全く異なり、まず糊の使用を一切放棄し、糸を以てそれに替えるというものである。糊を用いないために、線装の最大の利点である、装訂しやすく、解体しやすく、改装しやすいということが実現できたのだ。換言すれば、線装とは、一冊の書物を最初に装訂する時から糸の切断や表紙の脱落、紙の破損などを想定した上で、改装を見据えて考え出された装訂であるともいえる。このような装訂がそれまでのあらゆる装訂と最も大きく異なるのは、ただ単に頑丈で長持ちすることだけを追求するものではないため、長期間繰り返し使用することによって必然的に発生する破損という状況に際しても柔軟に対応できるということである。延いては次のようにいうこともできようか。線装という様式の特徴は、原装の文字を重んじながら、原装の外観を「破」即ち「壊す」ことを許容する点にこそある、と。ただこの「破」の中には若干の「立」、即ち「守る」という要素も認められる。というのも、線装以後は改装の度に表紙を交換する必要がなくなり、元の表紙を残したまま、綴じ直したり綴じ糸を替えたりすればよくなったからだ。このように線装は「破」と「立」の要素を兼ね備え、かつ循環させる装訂であるがゆえに、東アジア漢籍保護史特有の背景に乗じて、一躍東アジア漢籍の装訂の主流に躍り出たのである。

ここで補足しておきたいのは、日本の宮内庁書陵部に限らず、中国の多くの図書館においても、原装の宋元本は既に殆ど見当たらず、現存する宋元本の装訂は大部分が線装だということである。

4.

ところが、東アジアにおいて漢籍が普及した中国、朝鮮、日本、ベトナムといった国々に現存する線装本を見ると、綴じ穴の数や間隔から表紙の厚さ、綴じ糸の本数に至るまで、違いは多岐にわたり、それぞれに特長があることがわかる。そうなった背景には、技術以外にも、東アジアの伝統的な政治や歴史、文化が醸成した独特の要因が絡んでいる。

これまで学界では、中国本は綴じ穴が四つ、綴じ糸は白く細い糸が二本、表紙は薄手、朝鮮本は綴じ穴が五つで、綴じ糸は様々な色の太い糸が一本、表紙はかなり厚手であり、日本本は綴じ穴は四または五、綴じ糸は白く細い糸が一本、表紙は厚手のものが多いが薄手のものも少しあり、越南本は綴じ穴は四つで、紙捻のようなものを二つ用いて綴じ、表紙は厚くなく色付けされたもの、といった知識が、東アジア漢籍の研究においては概ね常

識とされてきた。

だが、ごく簡単なこうした説明の中にも、数多くの歴史的事実が隠れている。

例えば、線装本の綴じ穴の間隔については、現存する中国本の綴じ穴で真ん中二つの間隔が近いのは、恐らく清代以降の形式であり、明刻本は日本本と同じく等間隔である。また本の形については、現存する朝鮮本や日本本でも比較的古いものの中には、それ以降のものより縦長型のものがある。それらはまだ完全に中国本に追随していた時代の産物であり、その後それぞれに独自の特色を呈するようになっていくのである。

表紙の厚さに至ってはますます、時代の移り変わり及び各地域の政治や文化との関わりが密接である。現存する資料を見ると、線装の誕生以前、中国本の表紙には、厚手のものもあれば薄手のものもあったことがわかる。宋版の原装の蝴蝶装の表紙などは、多くの紙を重ね貼りした厚手のものだ。一方、薄手の表紙については、線装以前の包背装の書籍のうちにも認められるとはいえ、装訂の中で圧倒的多数を占める線装と、何らかの関連を有することは確かだろう。薄手の表紙を用いるようになった理由として、表面的には薄手の紙は柔らかく容易に丸めることができ、明代以降の読書人のゆったりとした袖の中に入れておくのに重宝したためであると考えられるが、更に深く掘り下げれば、近世中国の文人士大夫にとって、書物はもはや日常的な消費財であり、廉価で数も多く、その稀少性と、それゆえもたらされる神秘性や崇高さが次第に薄れたことにより、比較的気軽に取り扱われるようになったことに起因するとも考えられよう。朝鮮本と日本本について見直すと、前者は19世紀以前には商品化が許されておらず、君臣を問わず書物に対しては尊崇の念を抱いていた。後者は、江戸時代中後期には、ちょうど明治期に江戸嵩山堂が刊行した、伝統的な中国本の様式をまねて唐紙に印刷した美術関係の書籍のように、中国明清時代に江南で刊行された漢籍の外観をまねて、薄手で柔らかい茶色の紙を表紙にして出版されたものもあるにはあった。しかし、漢籍については形式の上では長く朝鮮本に追随してきたという経緯があり、線装の経史書籍においては一貫して花などの模様を空押しした分厚い色付きの紙を表紙に用いていることから、概ね朝鮮本と同様の傾向が見て取れる。

5.

東アジア漢籍保護史という視点から、線装本について改めて吟味するにあたり、今後展開が期待される課題として、個人的には以下に挙げる三点を想定している。

一点目は、できるだけ早期の、確実に原装といえる線装本を全力で探し出すということである。明代の書籍を収蔵することで有名な中国の寧波天一閣博物館の研究員は、最近、

当該館が所蔵する明刻本の中に、装訂された形跡のない漢籍があることを発見した。このことが示すのは、少なくとも中国の書籍史においては、如何なる装訂も経ずに販売された書籍が確かに存在したという事実である。そこから、なぜ明代以降の、同版でかつ同時期に印刷された漢籍の外観が必ずしも同じではないのか、ということについても説明がつく。天一閣ではまた、嘉靖本の中に、原装が包背装の書物で、背の部分が擦れて前後の表紙が取れかけている例が多数見つかっており、我々に線装誕生前夜の状況をありありと伝えてくれる(4)。ただ、天一閣蔵嘉靖本の中に原装の線装本だと断定できるものは発見されていないため、中国における線装の登場時期は、嘉靖年間よりも後であるとはいえそうだが、未だ推測の域を出ない。

二点目は、線装が画期的な装訂として最初に出現したのはいったい中国においてなのか、あるいは朝鮮、もしくは日本においてなのかということについて、原本調査と文献調査を結びつけて検討するということである。最終的には現在の通説である中国明代という結論に至るかもしれないが、精確な原本調査及び文献に基づいた結論と、単なる印象に頼った結論との間には、やはり雲泥の差がある。このような研究においては国境を超えた科学的な研究姿勢で臨み、実在した文明の解明を目的とし、学術の本質を追求することを目標として、決して予め設定した「愛国主義」的な結論に陥らないこと、そのことを肝に銘じて論拠を探し、紙上において論争を交わすべきである。

三点目は、現在古典籍の修復においては線装が主流を占めるが、依然として精密さを欠き粗略であるがゆえ、修復過程で無意識のうちに書物の原装あるいは直前の装訂に関する貴重な情報が失われてしまうことがよくある。そうした事態を防ぐためにも、古典籍保護にあたっては、文化財保護と同様の意識を持つよう強く呼びかけ、文明と科学の双方を重んじ、文化財学と文献学の双方を重んじ、知識と技能を兼ね備えた修復師を養成すべきということである。この点については日本や韓国の方が中国よりも上手くやっているようだ。宮内庁書陵部図書課修補係が、修復を要する古典籍に適した紙を求めて古紙の複製を試みたことは強く印象に残っており、また2017年初めに京都大学総合博物館が開催した特別展「日本の表装——紙と絹の文化を支える」に際して行われた、書籍修復の理念についての議論には深く考えさせられるものがあった。韓国の韓国学中央研究院蔵書閣が善本について行っている、厳密かつ適切な保管には全く感心させられたし、韓国国立中央博物館における詳細な研究に基づいた金属活字の保護には敬服した。こうした例に比して、現在の中国における、大躍進的な古籍修復師養成事業の中で、一部の修復師は短時間の研修を経ただけで古典籍修復の任に就き、科学的研究に従事しているというような状況を見るにつけ、私は憂慮の念に堪えない。なぜなら、そのような修復では修復する書籍を保護するど

ころか、寧ろ損なってしまう可能性が高く、そうして得られた研究結果にしても、果たしてどれだけ歴史的事実に適い、今日用いるに足るものになるかという点において、大いに疑問を抱かざるを得ないからである。

翻訳：鳥海奈都子（慶應義塾高等学校教諭）

〔注〕

（1） 現時点では、清初の呂留良の詩文の中に「線装書」という語が割合多く見られることがわかっている。これについては上海大学文学院の鄭幸副教授にご教示いただいた。よってここに特に記し、謹んで謝意を表します。

（2） 拙著『東亜漢籍版本学初探』（2014版、中西書局、p.174-176）参照。

（3） この書物に関する更に詳しい情報については、陳先行『打開金匱石室之門——古籍善本』（2003版、上海文芸出版社、p.78-79）を参照されたい。

（4） ここまでの具体例は、いずれも天一閣博物館の李開升博士が発見されたものである。

北米における漢籍研究とデジタルアーカイブ

マーティン　ヘイドラ

0．前書き

本日はこの国際研究集会にお招きいただき、また発表の機会をいただきまして、大変光栄に思っております。このような機会を実現させてくださった各機関、また個々の皆様に御礼申し上げます。私には身に余る光栄ですが、他の発表者の方々、参加者の皆さんからいろいろと教えていただけたらと思い、また斯道文庫に大変興味があり、お引き受けいたしました。不適切な表現や誤りもあるかもしれませんが、お許しください。

本日私にいただきましたタイトルは「アメリカ合衆国における漢籍研究とデジタルアーカイブ」ですが、少し変えて「北米における漢籍研究とデジタルアーカイブ」とさせていただきました。ただ、これは非常に大きなトピックで、一人の人間が全てに互って均等に話せるものではありません。そこで、次に示すとおり五つの項目を設けて、その点について簡単にお話ししようと思います。

1．北米における漢籍コレクション：統計、現在の問題点
2．北米では今までにどのような漢籍がデジタル化されてきたか、漢籍を確認する方法
3．デジタル・ヒューマニティーズは最近の流行語で、デジタル・アーカイブズと同じというわけではありません。いくつかのプロジェクトを説明します。
4．最近の開発の中でも研究者にとって最もエキサイティングなのはIIIFコンソーシウムで、多くの北米やヨーロッパの団体が参加しています。もともとは中世の写本のために開発されたもので、私はこれが漢籍や和書の研究にも役立つと考えています。
5．最後に、どのようにIIIFが私たちの研究に役立つと考えるか、という例を 2 件、お話しします。宮内庁のアーカイブズのデータが与える新しい可能性をいくつかお見せできることを嬉しく思っています。

1. 北米における漢籍コレクション：統計、現在の問題点

私たちが北米における漢籍コレクションについて議論する際は、まず第一に国際中文善本書連合目録プロジェクトについて述べるのが通常です。

北米では、1980年代にResearch Library Group（RLG）によって行われた開発に従い、図書館のシステムにおける漢字の処理が安定化しました。これにより、伝統的な漢籍研究と図書館のコンピュータ技術の領域を結ぶことで、古典漢籍を含むオンラインカタログを発展させる方法が模索されるようになりました。顧廷龍（1904–1998)、周一良（1913–2011)、銭存訓（1910–2015)、昌彼得（1921–2011）といった、この分野で高い評価を得ている専門家からなる国際的諮問委員会が、ガイドラインと基準を発展させるために設けられ、その予備会議が1989年にワシントンDCの米国議会図書館で開かれました。従来の目録製作者とシステムの専門家双方の懸念は、大きくかけ離れているように見えたものの、そうした懸念は払拭され、崔健英（1931–2006）を含む5人の中国の専門家のグループが、プリンストン大学とコロンビア大学においてプロジェクト最初の試用レコードを製作するために、北米に招待されました。この経験に基づいて、国際中文善本書連合目録プロジェクト（International Union Catalog of Chinese Rare Books Project、CHRB）が、プリンストン大学に中央編集事務局をおいて1991年9月に正式に発足しました。

事務局は、発足当初から2011年12月の解散まで、西洋における傑出した（唯一のという人もいるかもしれません）漢籍の専門家であるSören Edgren艾思仁氏が率いていました。1993年までに、目録作業と、漢籍を対象とする機械可読レコード製作のためのガイドラインが確立されましたが、アメリカ図書館協会による長期に亙る詳細な調査を経て、2000年に正式な基準として出版されました。これらのガイドラインは版の識別、更には書名の決定についても新しい基準を紹介しましたが、一般に異版における識別法を強化することで、認識された異なる版の数が増加しました。また、「善本」は1795年（清乾隆60）までに中国語で書かれ、中国で出版されたものという定義が与えられました。

この国際プロジェクトは、北米における殆どのアジア図書館における漢籍だけでなく、欧米の図書館、更に著しい数の中国の図書館の蔵書も取り扱いました。

「1796年までに出版されたものを古典籍とする」という定義に基づき、2003年12月までに24館の北米図書館が9,305件を登録して、ヨーロッパと中国の図書館が12,175件以上をCHRBに登録しました。その結果、詳細で専門的な検索機能が実現され、各レコードは1件ごとの所蔵、表紙の題名、印、闕頁、書き入れの有無等の記載が可能でした。

しかし残念ながら、2006年にRLGがOCLC Worldcatと合併した後、いろいろな問題が見られるようになりました。Worldcatの原則はRLGのものと大きく異なり、一点毎の詳細な記入ができない等、古典籍にとっては不都合でした。その上、機関によっては全てのCHRBレコードを移行しませんでした。

CHRBの記載のないレコードが徐々に出現しています。レコードが存在する可能性はありますが、書名を知った上で検索することが必要です。2011年12月、CHRBは会長のSören Edgren氏の退職に伴い公式に終了したため、その問題が非常に大きくなりました。全てのCHRBのレコードを集積することは難しく、私の2016年6月の調査では、2004年以前の9,652件のうち現在6,560件のみを認識できるに止まっています。

この偏りに対応するため、また、OCLCがいわゆる機関レコード（機関固有の詳細を記載したレコード）を廃止したために、このプロジェクトにおける全てのレコードを再登載させること、またこれらのレコードを別のものとして扱うことが決定されました。この対策は、それにより、将来、消去されたり誤った改ざんをされたりする傾きを防ぐために考案されました。

その結果、1795年以前の時代と厳密に制限されている「Chinese Rare Books project」の、中国の団体著者名フィールドに入れられたオリジナルのレコードは、全てのレコードを検索することができるはずです。しかしながら、2016年の12月までに北米におけるレコードの数は5,250件までに減少し、ほんの数校の大学（プリンストン大学、コロンビア大学、シカゴ大学、トロント大学など）が、再登録が正しく行われたかどうかの確認をしたに過ぎないようです。

もし、2004年に示された最大の数をとり、2016年6月と2016年12月の数値を実際の数とするなら、北米における善本の数は約10,000件となります。ただし、全ての図書館がこれらの数に完全に表れているわけではありません。（いかに北米の図書館が中国の書籍を集めてきたかの詳細についてはCollecting Asia〈2010, AAS〉という本をご覧ください。）

現在のOCLCで行われたこのプロジェクトの、現在把握されているすべての問題点を踏まえ、新しい専用のデータベースと、収録の保障されたインターフェースが必要なことは明らかです。中国国家図書館が再度興味を示していると報告されており、初期の努力を無に帰せしめないためにも、今回のコミットメントの持続されることが望まれます。

現在、殆どの図書館が各機関の目録データベースに、所蔵している漢籍のレコードを収めていますが、そういった目録データベースは「Xというタイトルがあるか」という質問に答えるのみで、通常「どういうタイトルの漢籍を所蔵しているか」という質問に答えることはできません。プリンストン大学は例外の一つで（http://gest.princeton.edu/rarebook.

CHRB プロジェクトによる漢籍善本レコード数の推移

	OCLC symbol	RLIN 2004	OCLC June 2016	largest nr	OCLC December 2016
American Museum of Natural History	YAM	64	46	64	46
Bayerische Staatsbilbiothek	GEBAY	3	42	42	0
Columbia University	ZCU	1171	1037	1171	1013
Cornell University	COO	93	14	93	0
Freer/Sackler Gallery of Art	SM7	63	0	63	0
Harvard-Yenching University	HMY	2126	377	2126	318
Indiana University	IUL	31	34	34	28
Indianapolis Museum of Art	IMO	19	18	19	19
Library of Congress	DLC	365	10	365	0
London University (SOAS)	LOA	342	384	384	15
National Library of Medicine	NLM	1	3	3	0
New York Public Library	NYP	124	43	124	0
Oxford University	EQO	2	0	2	0
Princeton University	PUL	2216	2138	2216	2181
Stanford University	STF	70	55	70	0
University of Alberta	UAB	27	7	27	0
University of British Columbia	UBC	1118	248	1118	0
University of California/ Berkeley	CUY	223	191	223	0
University of California/ Los Angeles	CLU	248	81	248	0
University of Chicago	CGU	596	960	1057	1057
University of Hawaii	HUH	9	10	10	7
University of Minnesota	MNU	35	46	46	30
University of Pennsylvania	PAU	34	23	34	0
University of Pittsburgh	PIT	14	19	19	12
University of Southern California	CSL	53	40	53	36
University of Toronto	CNEAL	544	546	546	488
Yale University	YUL	61	188	188	0
		9652	6560	10345	5250

htm参照)、また、いくつかの新しい目録のインターフェースは、予備調査を行うことなしに、1795年以前に出版された中国語の本に限定して検索することができます。しかし、各図書館のそれぞれの目録に従って行わなければなりません。

このプロジェクトは1795年以前に出版された本に限っています。しかし、1796年から1911年の間には大きな空白があります。この期間の書籍は特別なプロジェクトの対象になるほどには重要視されていませんが、非専門家が目録を取るには非常に複雑です。そのため、新しく重要な試みとして、北米の図書館で所蔵されている、乾隆帝から中華人民共和国建国以前に出版された書籍のデータを集めるという、初めての努力がなされようとしています。これらのプロジェクトは中華書局と中国政府リーダーシップのもとに行われており、いずれはスタンダードになるでしょう。最初の目録は2016年後半に出版予定で、ユニオン・カタログのオンライン版が続いて出る予定です。

現に『海外中文古籍総目』シリーズの最初の数冊が、米国のオハイオ州立大学、デューク大学、ノースカロライナ大学チャペルヒル校、イーリングアイドセンターの貴重書コレクションを収め、ニュージーランドのオークランド大学分と共に、中華書局から刊行されました（李国慶主編『美国俄亥俄州立大学図書館中文古籍目録』2017、北京：中華書局、周珞・黄熹珠・朱潤暁編『美国杜克大学図書館中文古籍目録・美国北卡羅来納大学教堂山分校東亜図書館中文古籍目録・美国艾龍図書館中文古籍目録』2017、北京：中華書局、孔健・林海青編『新西蘭奥克蘭大学中文古籍目録』2017、北京：中華書局)。

他の図書館も各々、善本の蔵書目録を、国家図書館出版社から刊行予定で、この『海外中華古籍書志書目叢刊』としては最初に、2261の書目を収録したプリンストン大学所蔵の善本目録２冊が公にされました（美国普林斯頓大学東亜図書館編『普林斯頓大学図書館蔵中文善本書目』2017、北京：国家図書館出版社)。これに基づき、今後続けて、オンライン連合目録の行われることが期待されます。

２．漢籍のデジタル化

ごく少数の図書館が、しばしば中国や台湾の図書館の参加のもとに、漢籍の特別なデジタル化のプロジェクトを行ってきました。しかし、実際には書名を知らない限り、デジタル化された漢籍を見付けることは難しいのが現状です。例を挙げると、米国議会図書館によってデジタル化された2,000点以上の漢籍は、議会図書館のサイトのみでなく、国家図書館（台北）の特別目録から、同図書館や他の図書館の所蔵目録とともに見ることができます。http://rbook2.ncl.edu.tw/Search/Index/1。

漢籍コレクションの例

Berkeley (access limited to Berkeley and NCL)	http://rbook2.ncl.edu.tw/Search/Index/1
Harvard	http://guides.library.harvard.edu/c.php?g=310134&p=2071022;
Library of Congress	http://rbook2.ncl.edu.tw/Search/Index/1
Princeton (see later)	
Toronto (not yet loaded)	http//rbook2.ncl.edu.tw/Search/SearchDetail?item=8798f381cc33493e905cd13cd260ca35fDcyOTQ5Nw2&page=2&whereString=IEBUaXRsZV9NYWluICLlha3lo6wiIA2&sourceWhereString=ICYgQHNvdXJjZV9zb3VyY2UgICLlj6TnsY3lvbHlg4_mqqLntKLos4fmlpnluqsi0&SourceID=1&HasImage=E12
UBC	https://open.library.ubc.ca/collections/asian
-sample pages	http://guides.library.ubc.ca/samplepage/home
Yale	http://guides.library.yale.edu/China/SpecialCollections

プリンストン大学では、国立中央研究院と共同で170以上のテキストをデジタル化しましたが、オンライン化は遅れていました。しかし、現在独自に開発を始めました。デジタルライブラリ全体のページは http://pudl.princeton.edu/ ですが、リクエストに基づいて作成された低解像度のpdfによるコレクションも含まれています。https://library.princeton.edu/eastasian/diglib/。中国の出版社によっては、許可なしにこれらのテクストから復刻版を作成する事案も起こってしまいました。

また慶應義塾図書館を含め、多くの図書館が Google プロジェクトに参加しました。中国語の図書も同プロジェクトに含まれていますが、稀少な線装本や壊れやすい状態の本は除外されています。 従って、漢籍はあまり多くみられません（希少な例としては以下の本があります。https://archive.org/details/ldpd_10820867_000）。

図書館によってはデジタル化された本が、HathiTrust や archive.orgに含まれていますが、これらのサイトでの検索方法は非常に複雑です。また著作権法により、最近の出版物は大学内でのみ、アクセスが可能になっています。その実例として、トロント大学を紹介します。 https://archive.org/details/chengyutung。

漢籍のデジタル化は、中国関係資料のデジタル化の一部でしかありません。他にも、例えば写真などもデジタル化されています。ここにいくつかの例を挙げます。繰り返しになりますが、このようなデータベースも全て別々のデータベースであり、当該資料の存在を知らない限り、他の同類の資料と一緒に見付けることは難しいのです。

特化されたコレクションの例

Berkeley	Chinese rubbings	http://www.lib.berkeley.edu/EAL/stone/
	Cultural Revolution Posters	http://www.docspopuli.org/ChinaPosters.html
Columbia	*Ling long* magazine; *Guba hua gong diao cha lu*; Chinese paper gods	http://library.columbia.edu/locations/eastasian/chinese/rarespecial.html
Cornell	China Pamphlet Collection, commercial	http://www.chinacultureandsociety.amdigital.co.uk/
Harvard	Bao juan; Maritime Customs; Local gazetteers; Chinese rubbings; Ming-Qing Women's Writings; Manchu, Mongolian, Naxi Rare Books and manuscripts)	http://guides.library.harvard.edu/c.php?g=310134&p=2071022
	Hedda Morrison photographs; Pickens Collection on Muslims in China	http://projects.iq.harvard.edu/yenchinglib/galleries
LC	Naxi Collection	https://memory.loc.gov/intldl/naxihtml/naxihome.html
Princeton	Revolutionary woodblock prints	http://pudl.princeton.edu/
	Shadow figures	https://library.princeton.edu/eastasian/shadowfigures/
Stanford	Anderson Photograph Collection of YMCA in China; Chinese Comic Books	https://library.stanford.edu/collections
	Francis Stafford photographs	https://searchworks.stanford.edu/view/9615156
UBC	Chinese Language Materials in British Columbia; Faces of Irregular Migrants; Ming Pao Daily Newspaper; Chinese clan association records	http://asian.library.ubc.ca/special-projects/
	Pang Jingtang Collection	http://guides.library.ubc.ca/rarechinese/pang
UCLA	Palace examination papers	http://digital2.library.ucla.edu/Search.do?selectedProjects=all&viewType=1&keyWord=Han+Yu-Shan+Collection

プリンストン大学は、蔣経国基金会の資金に基づき、ハーバード燕京図書館、米国議会図書館、中央研究院歴史語言研究所傅斯年図書館と協働し、精選された所蔵漢籍善本の一部をデジタル化しました。各館およそ171乃至245の書目につき、それぞれ10万齣の画像を供出しています。これらは最近、古籍善本数位化資料庫と銘打った中央研究院のデータベースから、無償で閲覧ができるようになりました（http://rarebookdl.ihp.sinica.edu.tw/rarebook/Search/index.jsp）。

それ以外の漢籍善本も、プリンストン大学のように、各館の総合デジタルライブラリーにおいて、閲覧できる場合もあります（http://pudl.princeton.edu）。

3．デジタル・ヒューマニティーズ

デジタル・ヒューマニティーズは最近の流行語で、デジタル・アーカイブズと同じというわけではありません。いくつかのプロジェクトを説明します。

しかし、この単語は新しく発生する疑問と、それに対する解決をも含む、広い意味でのデータの取り扱いについて用いられるべきで、以前可能ではなかった活動にも当てはめるべき表現です。

a．プリンストン大学では、プリンストンの漢籍語義辞典プロジェクト（以前はハイデルベルグ大学　http://tls.uni-hd.de/home_en.lasso)、京都大学漢籍リポジトリ（https://www.kanripo.org/)、香港 CText プロジェクト（http://ctext.org/)、商業データベースの香港CHANTデータベース（http://www.chant.org/）を統合してリンクさせるプロジェクトがあります。

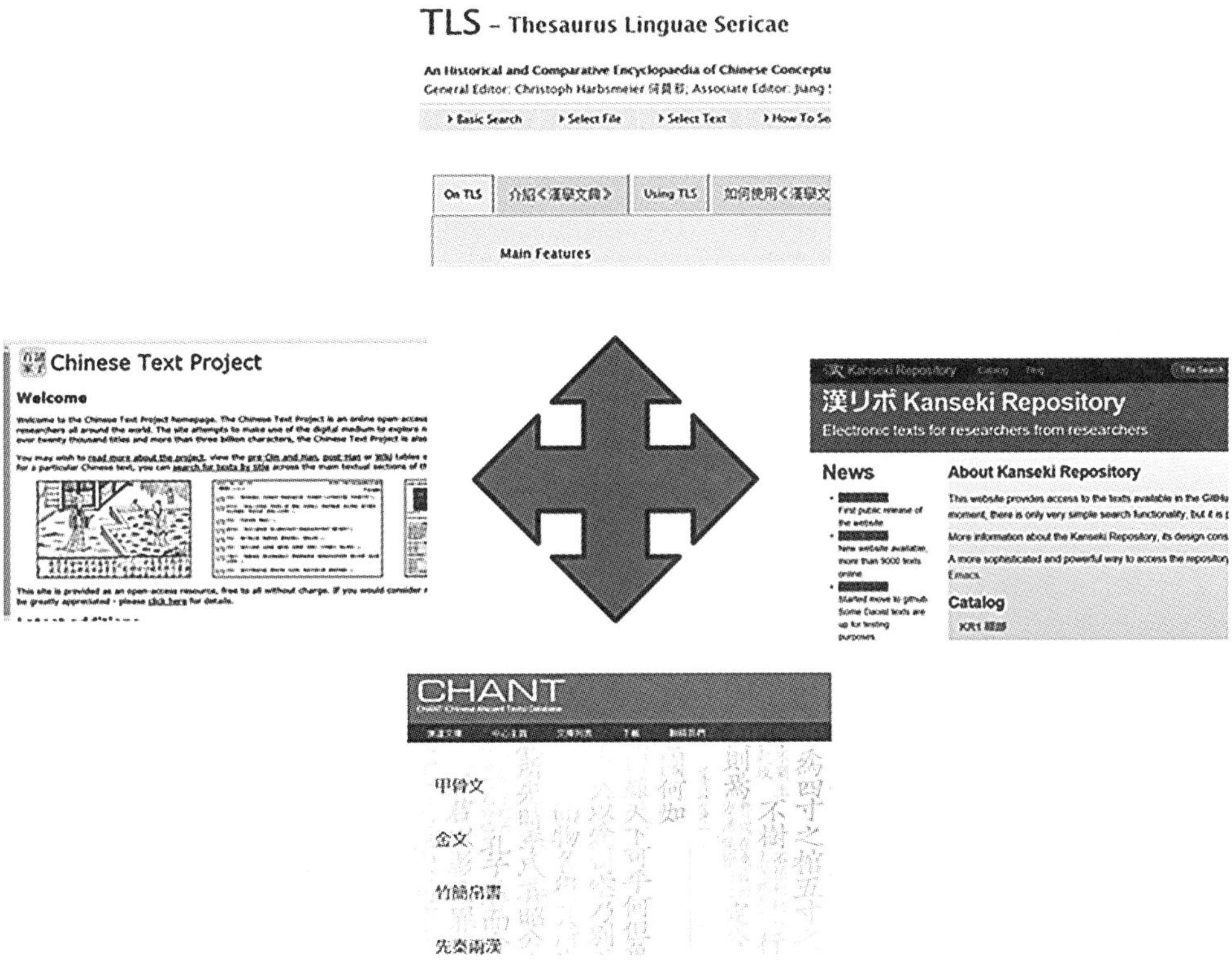

b．イェール大学*The Ten Thousand Rooms*のプロジェクトのプラットフォーム（http://tenthousandrooms.yale.edu/）は、以前、西洋の書物の原典を対象とするプロジェクトのために造られたソフトウェア（Mirador Viewer）を一部改訂して応用しており、中国研究のユーザーにとっても画像をアップロードしたり、転写、翻訳、解題を付け加えたりする機能が利用できます。

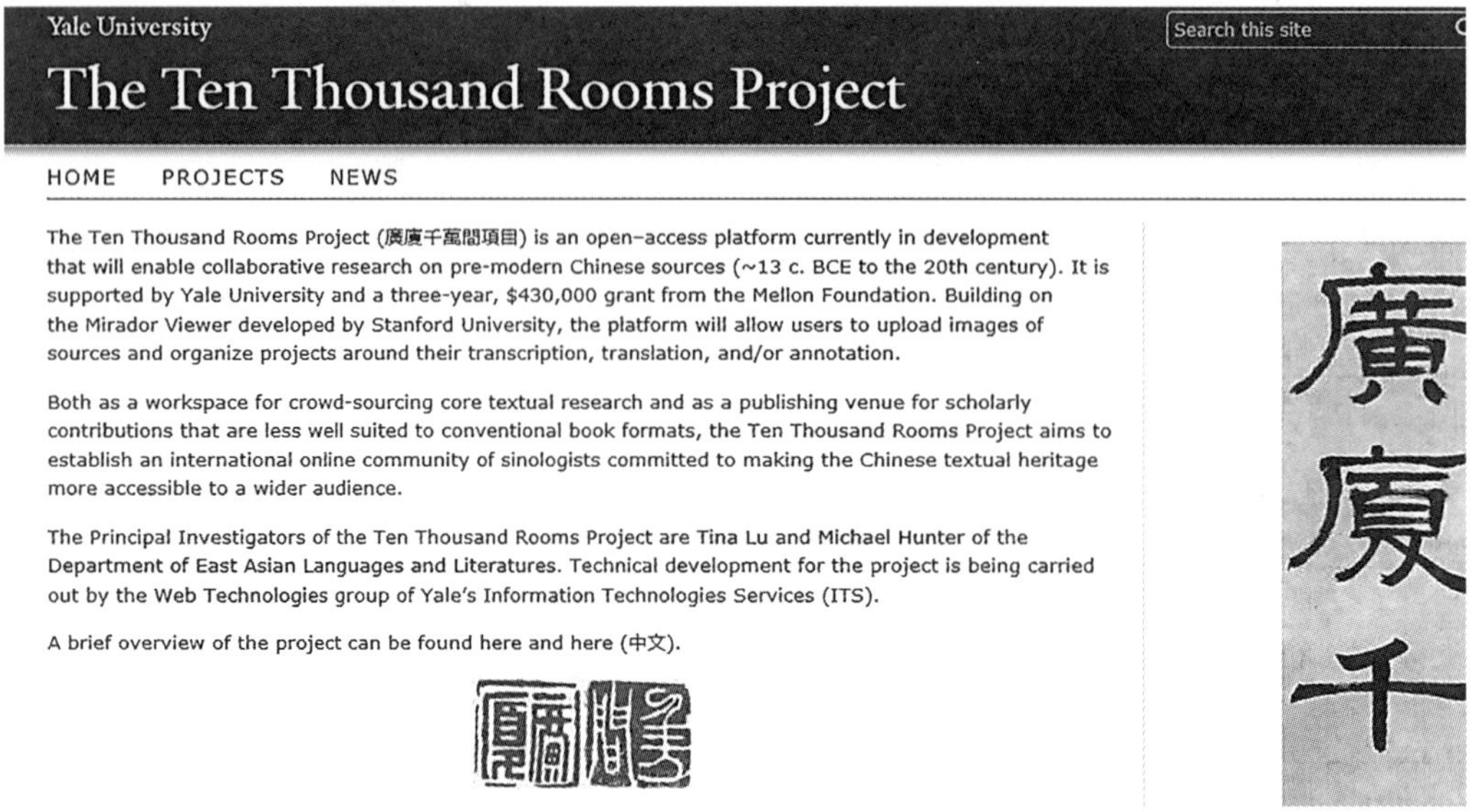

c．ヨーロッパの、ライデン大学の *Communications and Empire* プロジェクト（http://chinese-empires.eu/）。Markus ソフトを使用して、中国の古典からファイルをアップロードしたり、個人名、地名、年表、職名、または個人の検索言語の自動的なタグ付が可能です。ユーザーは、参考文献を調べながら文献を読むことが可能です。

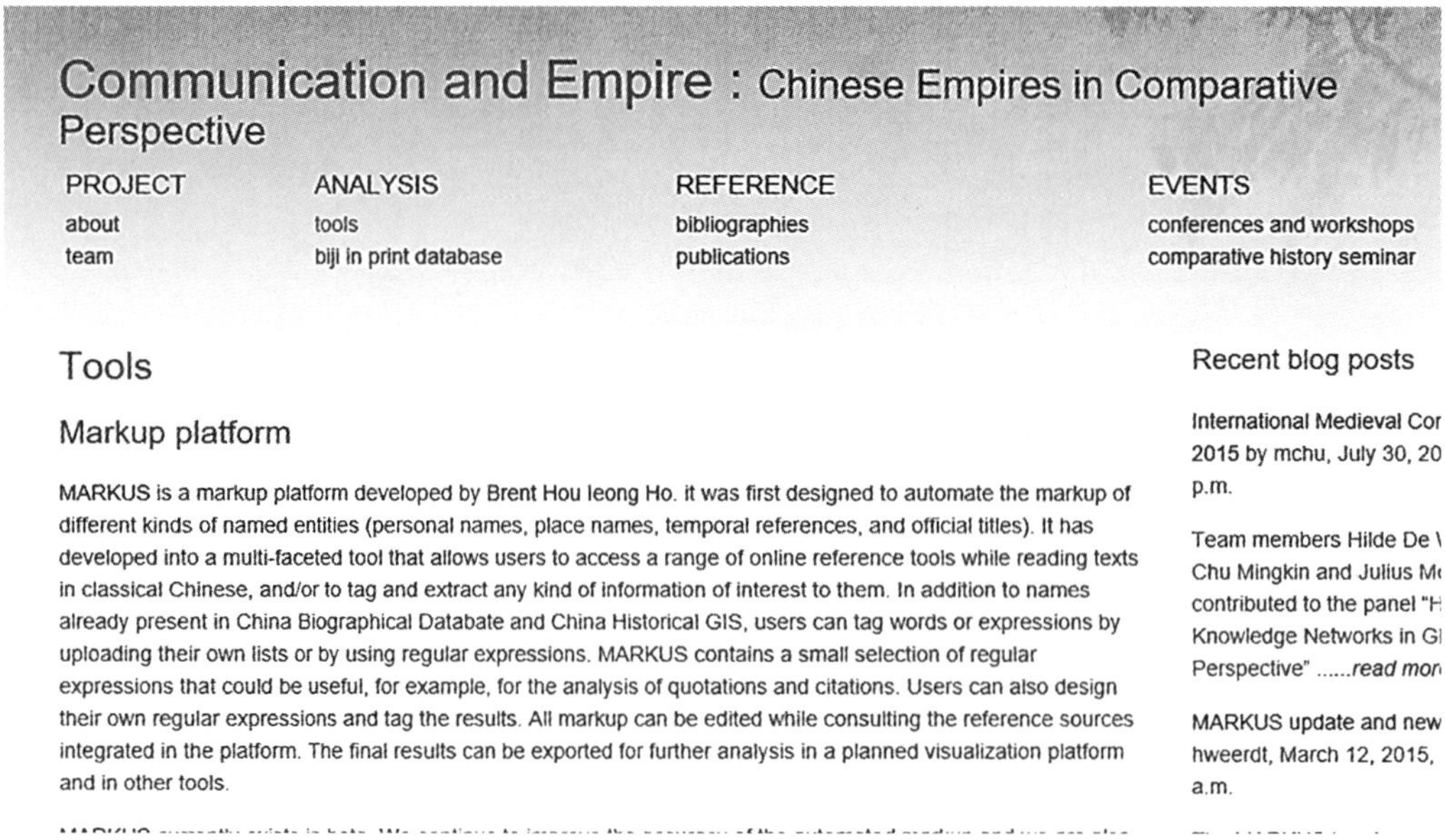

d．最後はハーバード大学の *China Biographical Database Project*（http://projects.iq.harvard.edu/cbdb/home）です。現在36万の中国人名の情報が検索可能です。明

時代のデータ発掘のために、現在各図書館の司書が、明代を枠組とする作業の準備中ですが、発表者はSociety for Ming Studiesとの橋渡し役を務めております。

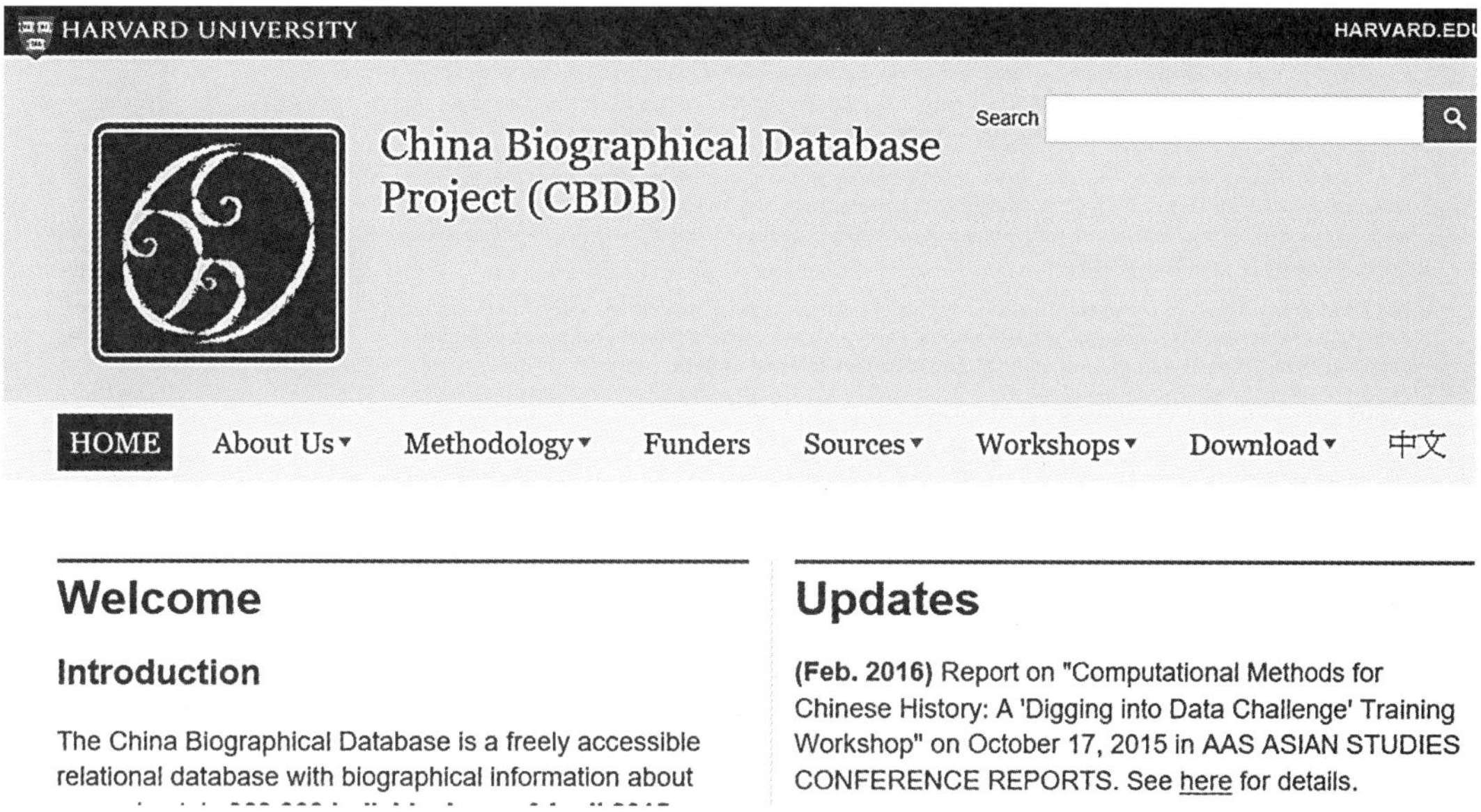

他の開発中のプロジェクトには、例えば、スタンフォード大学のDHAsia projectやプリンストン大学における唐時代の詩人の地理学的研究データベースがあります。

4．IIIFコンソーシウム

古典籍研究者にとって最近のもっとも画期的な開発の一つはIIIFプロジェクトです。もともとは西洋の中世写本の研究のために開発されたものです。個人的には漢籍や和書の研究に役立つと考えています。

IIIFの理念は、異なる機関間で、画像のデータをソフトウェアへ取り込むことのできるプロトコルを開発することです。これにより、画像のデータはもとの機関が所有しますが、ユーザーは異なるデータを、同じプログラム上の一箇所に集めて作業することができます。

多くの機関にとって画像の配信は非常に難しく、時間がかかり、多くの経費を要する作業です。IIIF の考えは、画像が基本となるリソースを、いかなる機関やサーバーを通しても同様に、またアプリケーションやユーザーに関係なく表示、操作、注釈の付加が可能となる、グローバル・フレームワークを創ることです。データそのものはもとの所蔵機関に遺ります。

IIIFはInternational Image Interoperability Frameworkの略語です。URLはhttp://iiif.io/。

このプロジェクトは世界のトップレベルの博物館、図書館や研究機関のコンソーシウムに後援されており、よく工夫され、かつ成長し続けるソフトウェアのツールセットが提供されています。

以下は現在の公式加盟機関の一覧です。

National Leaders

National Libraries

- Austria
- British Library
- France
- Denmark
- Egypt
- Israel
- New Zealand
- Norway
- Poland
- Serbia
- Vatican
- Wales

Research Institutions

- C2RMF (France)
- Cornell University
- Johns Hopkins Univ.
- Harvard University
- Oxford University
- Princeton University
- Stanford University
- Wellcome Library
- Yale University
- plus several more

Museums

- YCBA
- British Museum

Aggregators

- Artstor
- DPLA
- Europeana

Projects

- Biblissima
- e-codices
- TPEN
- TextGrid

当初は一部の博物館と図書館により発足しまたが、2015年6月に公式なコンソーシウムが結成されました。アジアでは香港のみがメンバーです。国文学研究資料館、立命館大学、国立情報学研究所やアジア研究図書館上廣倫理財団寄付研究部門といった機関、または個人も関心を示しています。NTT Dataによるバチカン教皇庁図書館のデジタルアーカイビングにもIIIFが導入されました（これらは全て同僚の情報提供に基づくご紹介です）。

この構想が打立てられてから、アジアのいくつかの機関も、香港中文大学、京都大学図書館機構、香港大学、東京大学などが、公式の参加メンバーとなりました。また慶應義塾大学のように、多くの機関が、公式メンバーとはなっていなくとも、それぞれの蔵書をIIIF対応のデータとして提供しつつあります。

新しい開発例が毎日のように発表されています。私がこの発表スライドを準備した数週間前から、既に国立情報学研究所（NII）の高野明彦教授から、NIIが近い将来IIIFの公式メンバーになる予定と伺いましたし、きょうこの会場にお見えかと思いますが、東京大学人文情報学研究所の永崎研宣教授によって、SAT大正蔵図像編（beta: http://dzkimgs.l.u-tokyo.ac.jp/SATi/images.php?alan=en）のデータベースのベータ版が提供されたと伺っています（編

者補注、2017年にはさらに、嘉興蔵の画像データベースも附加された)。

現在、画像発信とプレゼンテーションのためのAPIが開発済みで、検索と認証のAPIは準備中です(後者は肖像権の管理を規定します)。プリンストン大学では、新しいコレクション管理のソフトウェアPlumが画像を取扱いやすくすると期待されていて、以前のソフトウェアの問題は簡単に解決できると望んでいます。

これは画像発信のAPIによる拡大の実例です。

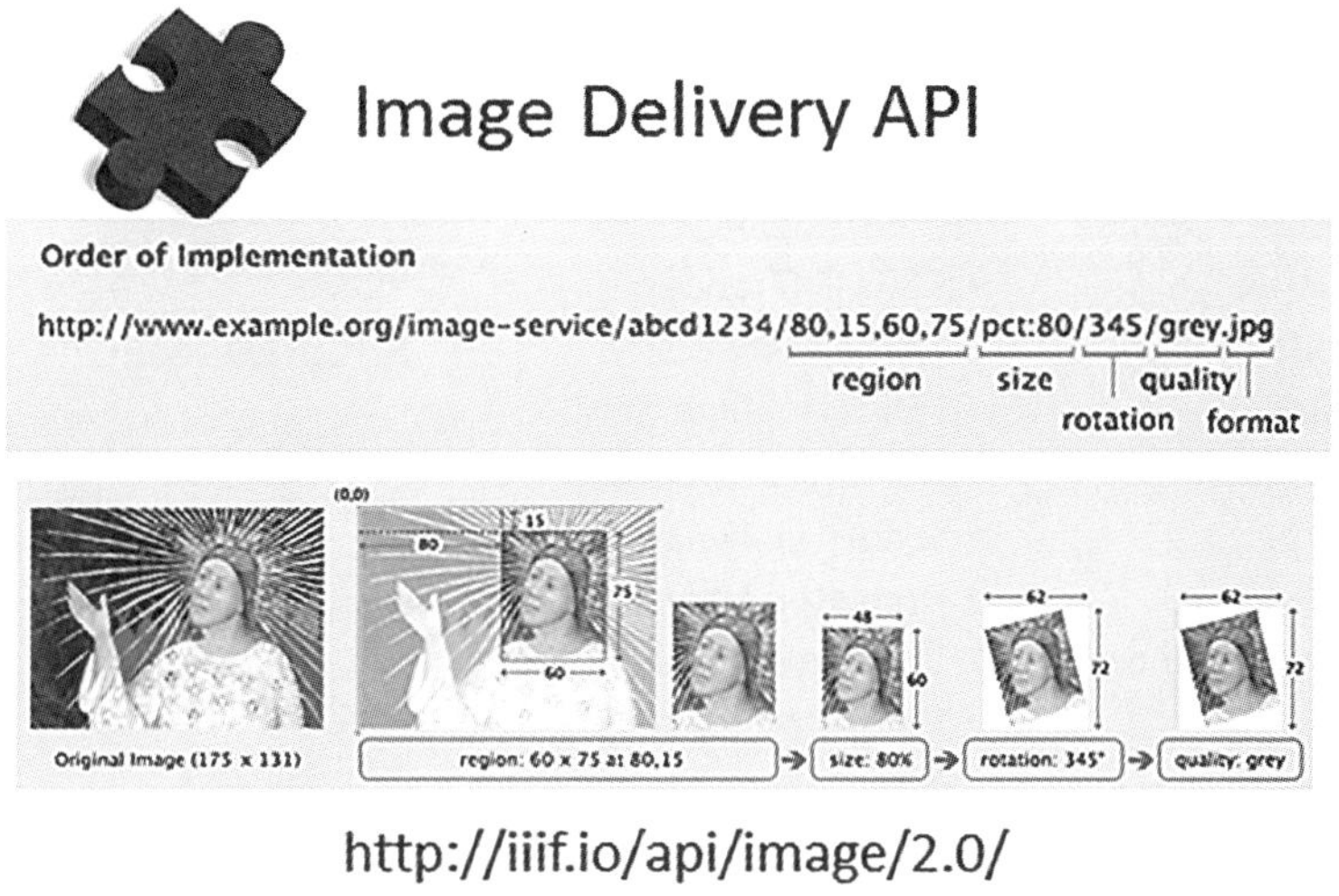

Mirador Viewer(共有キャンバスという考えに基づいている)は先ほど例にあげたイエール大学のTen Thousand Roomsプロジェクトなどに用いられているIIIFのアプリケーションです。この図はMirador Viewerの基礎となる、キャンバスという考えを示したものです。

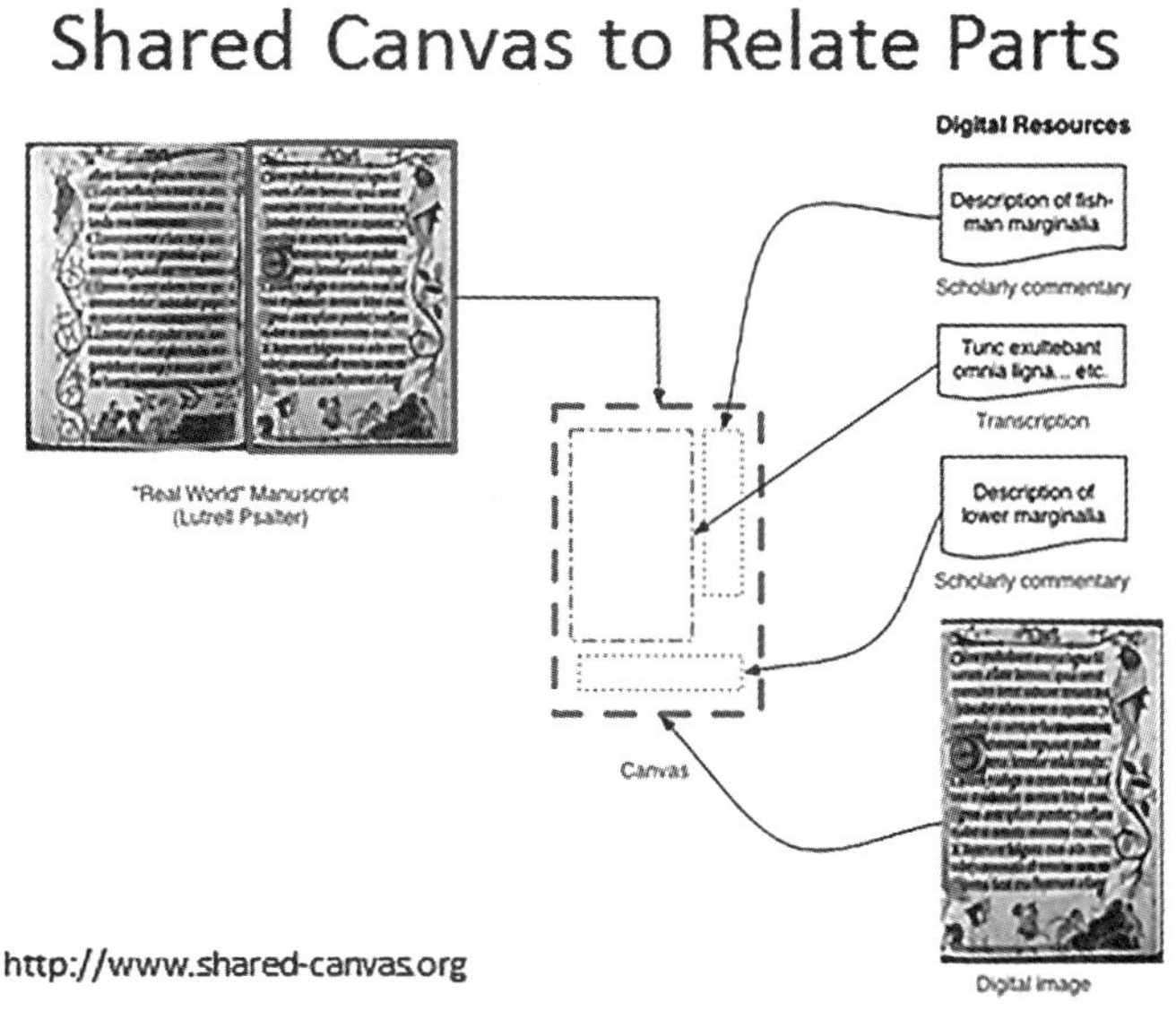

このMiradorにより、ユーザーは異なる機関の異なる写本から集めた画像を容易に比較することができます。

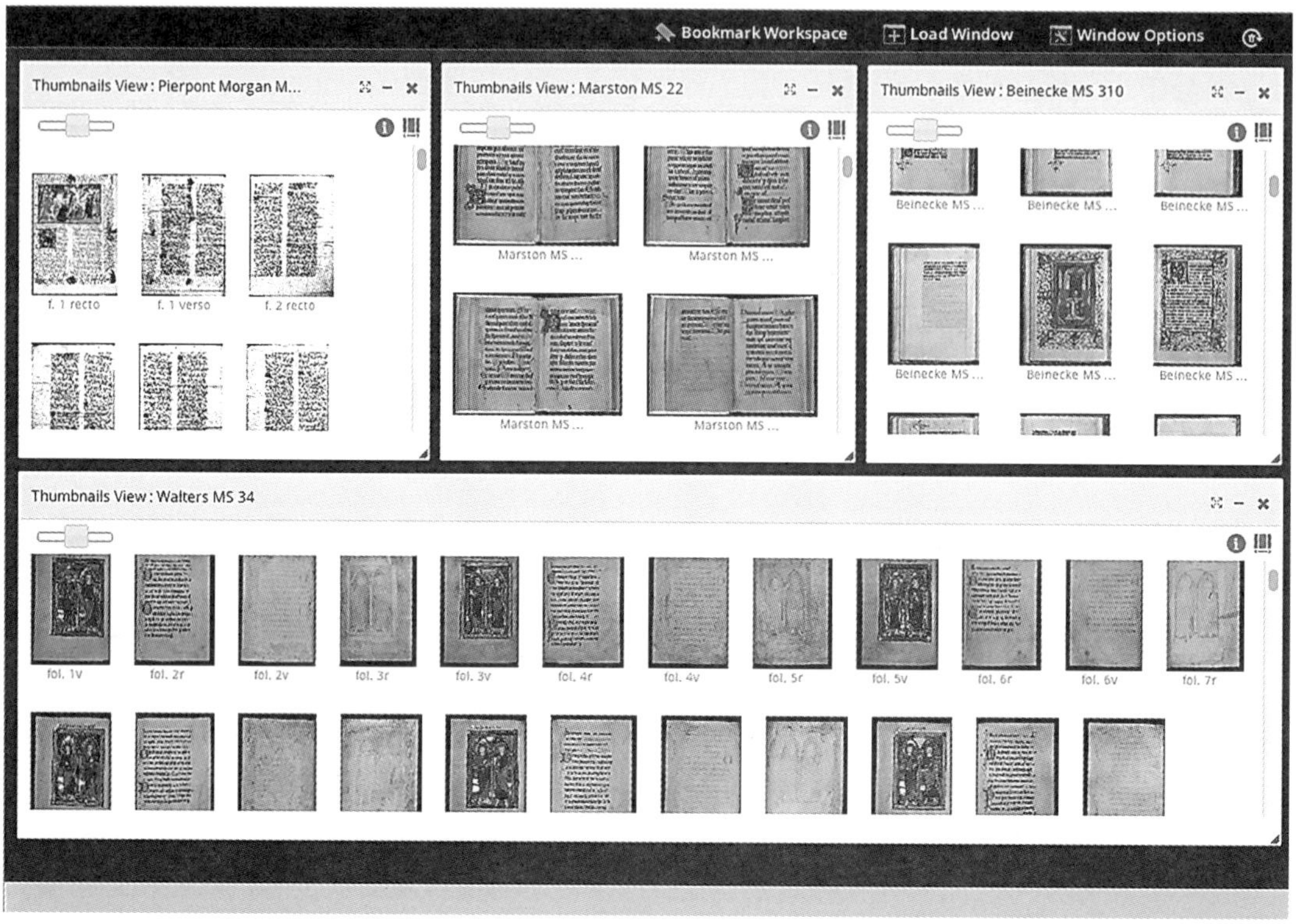

画像を並べて比較することも、拡大も簡単です。

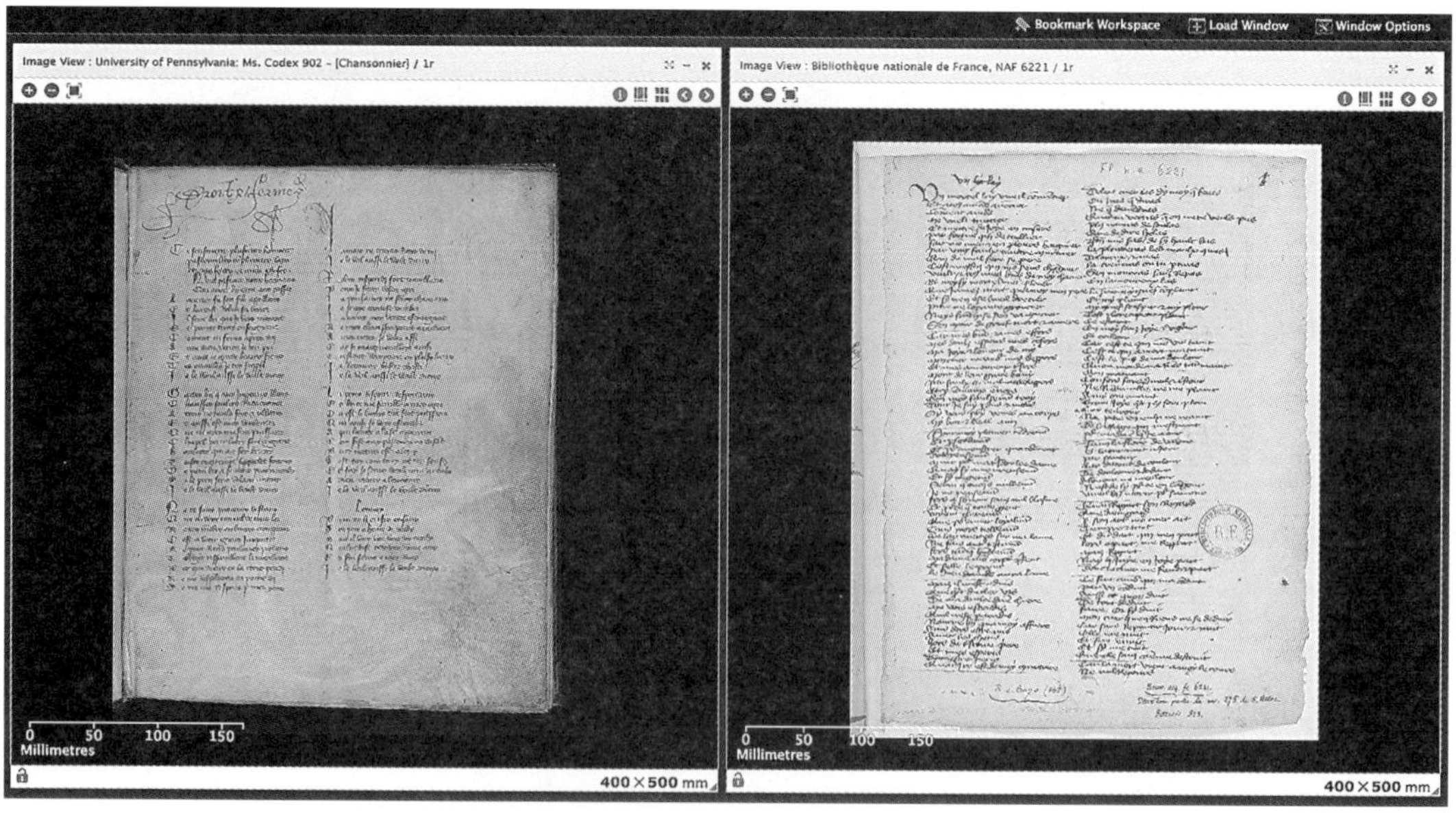

本来IIIFプロジェクトは西洋の中世の写本を取り扱うために出発しました。多くの異な

る機関で所蔵されている写本だけでなく、異なる機関で所蔵されている同じ写本の１葉、または同じ１葉のある部分が比較できます。

５．IIIFと中国研究

当然、異なる版のテキストの共同比較研究は即、中国研究にも適用可能です。Ten Thousand Roomsプロジェクトや漢籍リポジトリは既にその考えを認識・採用したものです。

ここで、IIIFが中国研究にいかに応用できるかという個人的なアイディアを２点紹介したいのですが、一つは「宮内庁書陵部収蔵漢籍集覧」の活用にも関係があります。皆さんもアイディアをお持ちでしょう。

A．拓本の画像の比較

北米の図書館や博物館では、多数の拓本がカタログされないまま存在します。その理由の一つは、記述が非常に難しいことにあります。銘刻の日付は比較的簡単ですが、摺られた日付は判明させることが難しいのです。

一つの大まかな判読法としては同じ碑の画像を多数連続して並べる方法があります。

当然のことながら、堂々巡りの問題点に行きあたる可能性もあります。ほとんどの機関ではカタログをとった後にスキャンをしますが、ここではスキャンの後にカタログをする必要があります。

それではこういうことは可能でしょうか…？

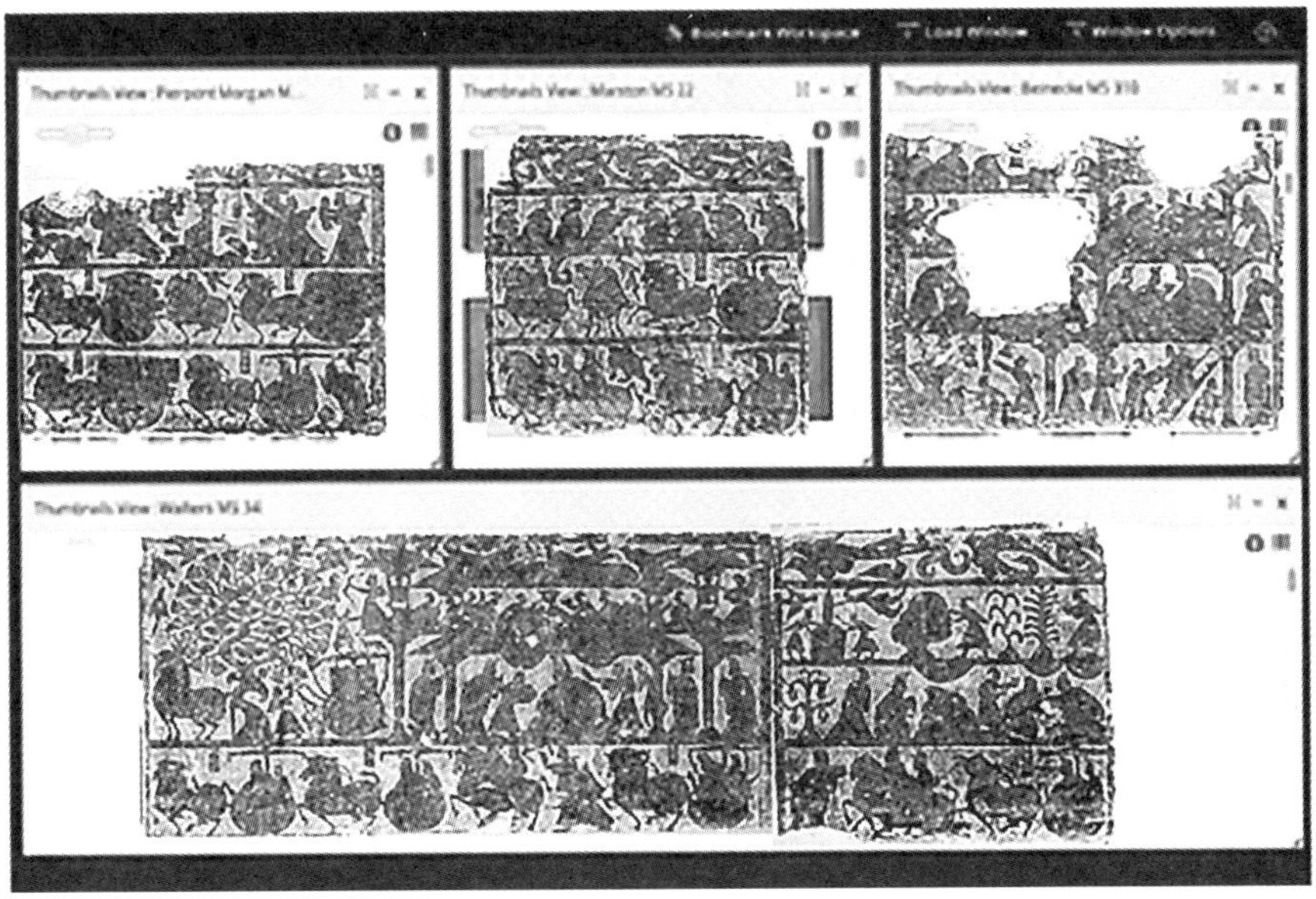

この比較例は、存在している拓本すべてを順番に並べたことから、歴史に対する既存の知識を根本から変えることになった、武梁祠の画像石の研究を基にしています（https://etcweb.princeton.edu/asianart/selectionsdetail.jsp?ctry&pd&id=1124952）。こういった研究が更に広域に渡って為されれば素晴らしいと思いませんか？

B．宋時代のタイポグラフィ

次の例は個人的な関心に拠りますが、私は以前、漢籍に見る、印刷技術に裏打ちされた書法の美学的な受容について研究をしたことがあります。多くの書家はタイポグラフィを理解していないのですが、中国の刻工は書と印刷の需要が大きく異なることをよく理解していたと考えます[1]。最初の優れた刻工は南宋の杭州にいたと考えられます。

宋元時代の漢籍を収録した宮内庁の漢籍データベースにアクセスした際、まず南宋から杭州の刻工を検索してみました。2つの単語を同時に検索することはできませんでしたが、「浙」という字による検索では十分な結果を得ることができました。

これは明らかに画像を必要とする研究の例であります。テキスト自体は相互に無関係であるため、『四庫全書』のようなフルテキストのデータベースを使って行われるような調査ではありません。

このような結果から、特定の文字を比較することにより、多くの刻工の仕事を調べることができます。例えば、個別の、あるいは年代順、地域別といった、以前は困難であった文字の調査ができます。

もし、こういうことができたら…？

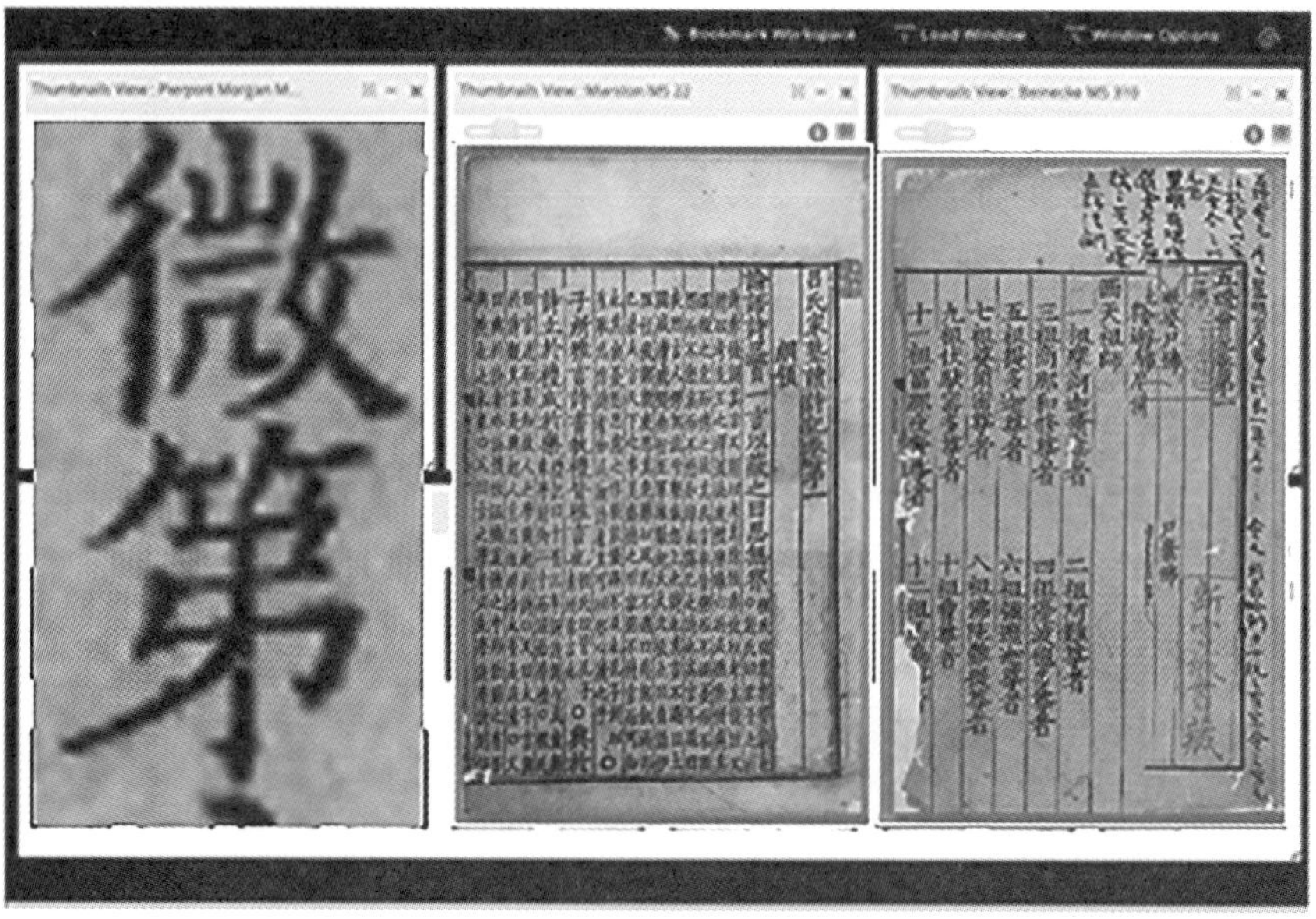

しかし、こういった機能は将来のためのものです。この広い世の中で、北米の漢籍の画像が、デジタル化されるべき古典籍リストの最優先に挙げられることは、殆どないでしょう。しかし私は漢籍が存在するだけでも幸せですし、これからも仲間のライブラリアン達にデジタル化を納得させるよう働きかけるつもりです。そして実際に、30タイトルのデジタル化の申請を提出したばかりです。

ご清聴ありがとうございました。

〔注〕

（1） “The Development of Modern Typography in East Asia, 1850–2000,” *East Asian Library Journal* XI:2 (2004), pp. 100–168; “A Tale of Two Aesthetics: Typography versus Calligraphy in the Pre-modern Chinese Book,” in: Ming Wilson and Stacey Pierson ed., *The Art of the Book in China* (Colloquies on Art & Archaeology in Asia No. 23), London: University of London, Percival David Foundation Of Chinese Art, School of Oriental and African Studies, 2006, pp. 15–27; “Typography and the East Asian Book: the Evolution of the Grid,” in: Perry Link, ed., *The Scholar's Mind: Essays in Honor of Frederick W. Mote* (Hong Kong: The Chinese University Press, 2009), pp. 115–145.

韓国における近世以前の出版文化と中国書籍の刊行方法

沈　慶昊

1．はじめに

韓国は早くから漢字漢文文化を受け入れ、それを規範に自国の文物・制度を整備してきた。また、中国の書籍を取捨選択して受容し、その理念と文章形式の摂取を試みた。

375年に百済の高興が『書記』を編纂し、545年には新羅の居柒夫が国史を編纂、600年には高句麗の李文真が『留記』を基礎に『新集』5巻を編むなど、朝鮮三国はいずれも早くから漢文で自国の歴史を編纂していた。

韓国の、いわゆる楽浪〔郡〕遺跡からは封泥や簡牘が出土し、また、慶州の雁鴨池からも木牘が発見された。そうして、巻子本の写本の製作と木版印刷が始まる。仏国寺の釈迦塔から出てきた『無垢浄光大陀羅尼経』は木版印刷された巻子本の典籍である。

『無垢浄光大陀羅尼経』は、1966年の釈迦塔補修の際に発見された。仏国寺は751年（新羅景徳王10年）に再建されたため、それ以前に安置されたものと推定される。2007年 3 月にはこの『無垢浄光大陀羅尼経』（国宝第126号）と同じ形態の遺物が存在するという事実がようやく知られるようになった。ともに発見された1024年の釈迦塔重修記にも、塔を建てる際に二点の陀羅尼経を安置した事実が言及されている[1]。『無垢浄光大陀羅尼経』以後の250年間に韓国で木版本が刊行された事例はまだ報告されていない。ただ、高麗穆宗10年（1007）に至り『高麗宝篋印陀羅尼経』の刊行された事実が確認されている。

高麗は中国から書籍を輸入して校勘を行い、独自の本文を多く編纂した。北宋の蘇軾は高麗に本を売らないよう主張するほど高麗を警戒している。高麗時代の印本は板木（あるいは冊板）で刷った木版本と活字で印刷した活字本がいずれも流通した。その他、金石に彫る金石文が発達し、それを搨拓した榻本（拓本）も発達する。金字や銀字で書かれた写経、海印寺の経板で刷った大蔵経は高麗の書籍文化を代表するものである。

金属活字・木活字・膠泥活字・陶磁活字などの使用は朝鮮時代の出版文化へとつながっていく。特に、朝鮮時代には活字印刷が盛んで、約350種に至る活字が作られた。活字の材料としては、木・金属・陶磁・膠泥、および瓢箪바가지《パガジ》［匏］などがある。活字印刷はソウルだけでなく地方官衙でも、郷校・書院・寺刹・門中や個人によって作られたりもし

た。特別なこととして、書籍を少部数で印刷し、限定された範囲で享受することもあった。また、朝鮮後期には営利を目的に活字を作って貸し出すこともあった。そして、中央や地方の重点都市で活字本を作ると、それを他の地方や周囲の地域に送って整板に付する方法を活用した。

朝鮮では、活字印刷が発達する一方、木版印刷もかなり発達した。中央では大部の書籍や諺解・懸吐・図解など複雑な加工を加えたテキストを出版するために木版を活用した。私機関や地方では、費用を削減して版木を長らく保存する目的から、木版が好まれた。17世紀以後、文集の出版が盛んになると、木版印刷文化はいっそう発達した。朝鮮中期に校書館で書籍の刊行を主導していた柳希春は、1575年（宣祖８）６月に『朱子大全』と『朱子語類』を校正し、それを上箋文(2)とともに奏上し、校勘の専門性を強調している。また、朝鮮朝廷は、官版本を出す際、誤字の看過に対する処罰を苛烈に行った。その処罰規定は、1493年（成宗24）の『大典続録』［巻３「礼典」、奨勵］と1543年（中宗38）の『大典後続』［巻３「礼典」、雑令］に見られる。ただ、原文の誤字によって出来した誤りは問題視されず、処罰も監印官・監校官以下の実務者を対象とした。

朝鮮は、その前期には必要な書籍の購買を中国の礼部に要請し、これを入手してきた。朝鮮後期になると、個人が自由に求めることのできる例が多くなった。また、明や清から書籍を下賜されることもあった。たとえば、1712年11月に金昌集が謝恩兼冬至使として燕京へ行ったとき、その翌年の２月６日に康熙帝が勅旨を送り、『淵鑑類函』二十套・『全唐詩』二十套・『佩文韻府』十二套・『古文淵鑑』四套等、全370巻を贈った。

朝鮮時代には、書籍出版の企画・実行・流布、版木の保存等のため、各種目録を整理した。しかし、高麗時代に『三国史記』や『高麗史』などの正史を編纂する際には藝文志と経籍志を作らず、朝鮮初期に現れた史書や政書類、方志などにも藝文志と経籍志を設けなかった。

韓国の出版文化を時代別に区分すると、歴史的な段階ごとにそれぞれ特性の違いが現れる。

朝鮮前期には詳細な註が付されている古典のテキストが好まれた。それにより、朝廷の計画に沿って『文選』の五臣註本と六臣註本を翻刻し、『纂註分類杜詩』等の纂註（会註）本が刊行された。また、小学や文献学といった漢学基礎学の水準を土台とする断句が行われ、批点・声点が刊刻され、註釈が重視された。ところで、韓国では一般に註解本を復刊する際、中国の書籍をそのまま覆刻するよりも、校正を加えることはもちろん、底本である中国本の編次を修正したり、一部註釈を削って整理したりすることで、底本以上に読みやすいよう加工された。黄庭堅の『山谷詩註』（内集20巻、外集17巻、別集１巻）を復刊す

る過程で註釈を再整理したのは、その代表的な例である(3)。

朝鮮時代後期になると、原文の脈絡を直に把握しやすい白文本が好まれた。また、朝鮮時代前期には必要次第で文献に断句をして圏発を付して刊行したりもしたが、朝鮮時代後期になってからはほとんど断句がされなかった。これに加え、朝鮮後期の出版物には次のような新たな傾向が見られるようになる。

(a) 朱子学者の文集や文献を刊行する際、考異と按説を付すことが増えた。
(b) 朝鮮の学者の学説を纂輯し、刊行した。
(c) 中国の子部の書籍の註釈本あるいは纂註本を復刊した。

朝鮮の文化は、朝廷中心の規範性と慣習性が強く、自由な出版がそれほど活発ではなかった。経学の例を挙げると、15世紀初め、世宗が大全本四書五経を公式テキストとして採択し、16世紀後半には宣祖が『朱子大全』と『朱子語類』の校勘と経書の諺解〔ハングル訳〕を行うと、儒学は朱子の学説を基準とすることが確定した。18世紀末に清の考証学的著述が流入した際、正祖はこれらへの批判的検討を主導した。一方、朝鮮の知識人は、経学・史学の理論を、時代的問題の解決に応用することに重点を置いた反面、漢字漢文を通じた遊戯を行うことはほとんど無かった。朝鮮後期に袁宏道の斬新な思惟方式と詩文が関心を惹いたけれども、袁宏道が深く依拠していた禅の思想については、特に注目をしなかった(4)。

朝鮮時代の知識人は、朱子学を尊崇し、諸子百家の書籍についてはおおむね大きな関心を示さなかった。たとえば、南人の学者として星湖学派の重要な学脈を受け継いだ黄徳吉(1750-1827)(5)は「読書次第図(並説)」において、先読・次読・兼読の目録を図表化したが、諸子百家の書籍は一切含めなかった(6)。

先讀：所以正其本
小學　以定基址
大學　以定規模 ----- 兼或問
論語　以立根本 ----- 兼或問
孟子　以觀發越 ----- 兼或問
中庸　以求古人之精妙 ----- 兼或問
近思錄　以窮義理 ----- 兼李子粹語
心經　以觀心術精微

家禮　以識禮學規範

次讀：所以盡其用
書傳　以究古聖相傳之心法
詩傳　以辨性情之邪正 善悪之感懲
周易　兼啓蒙 以求聖人時中之道
禮記　兼周禮·儀禮 及通解 以該天理之節文
春秋　兼三傳 以通聖人之用
二程全書　以通聖賢全體大用
朱子大全　兼語類 以通聖賢全體大用
伊洛淵源錄　兼理学通錄 以識實踐
性理大全　以見義理辨論

兼看：所以通其變
綱目·續綱目　以正治亂邪正之義
資治通鑒等諸編年史　以會其要
歴代正史　以博其識
東國諸史　以博其識
文章正宗·楚辭等諸家書　以詳作文之體

2．韓国における典籍文化の概観

(1) 三国時代から高麗時代までにおける書籍の輸入

漢字文化圏が成立する過程で、中国の各種書籍は東アジアの各地域へ流入し、地域と民族の文化に一定の影響を及ぼした。ただ、韓国には、9 世紀末の藤原佐世『日本国見在書目録』のような伝来書目集は伝わらない。高麗時代には北宋から多くの書籍が輸入された。蘇軾が、書籍の流出を防ぐべしと主張した事実は広く知られている(7)。これに関連して、朴趾源『熱河日記』の記事「銅蘭渉筆」によれば、蘇軾が杭州通判であったころ［神宗の熙寧 4 年（1071）、36歳］、高麗の朝貢使臣が州郡を蔑ろにし、押班使臣らはこの軨轄官に無礼であったためとする(8)。それでも、宋の四大書（『太平御覧』『太平広記』『冊府元亀』『文苑英華』）を含む多くの宋本が高麗に流入している。『高麗史』と『宋史』によると、高麗の宣宗 2 年に当たる1084年の 8 月10日に宋の皇帝が『文苑英華』を贈ったとされる(9)。

以後も、朝鮮王朝の宣祖代に当たる1592年に奏請使が明から『文苑英華』を入手してきている[10]。

朝鮮王朝の太宗12年、つまり1412年8月7日（己未）、史官の金尚直に命じて忠州史庫の書籍を奏上させた[11]。その大部分は中国の書籍であった。

『小児巣氏病源候論』、『大広益会玉篇』、『鬼谷子』、『五臓六腑図』、『新彫保童秘要』、『広済方』、陳郎中（陳亜）『薬名詩』、『神農本草図』、『本草要括』、『五音指掌図』、『広韻』、『経典釈文』、『国語』、『爾雅』、『白虎通』、劉向『説苑』、『山海経』、王叔和『脈訣口義弁誤』、『前定録』、『黄帝素問』、『武成王廟讃』、『兵要』、『前後漢著明論』、『桂苑筆耕』、『前漢書』、『後漢書』、『文粋』、『文選』、『高麗歴代事迹』、『新唐書』、『神秘集』、『冊府元亀』等。

『高麗史』「鄭国倹列伝」には、高麗の仁宗の時代［1187年以前］、崔銑（?-1209）が鄭国倹（?-1203）とともに、『増続資治通鑑』の讎校と『太平御覧』の校勘に従事していたことが記録されている[12]。ただ、『増続資治通鑑』は高麗で増続した本なのかどうか、明確ではない。『高麗史節要』では『資治通鑑』を校正させたとのみある[13]。当時、『資治通鑑』等の書籍を州県で分担して板刻させ、その印刷物を侍従の臣に内賜していたという。

書籍刊行の事実を示す序跋類資料としては、序・叙・緒・引・跋・序録・序略・序後・題後・題跋・題辞・跋尾・後序などがある。通行本の『東国李相国集』に収録された序跋類資料は7種あるが、当時刊行された資料の伝存本は、その所蔵先が明らかでなく、大部分は散佚した可能性が高い。李奎報が残した序跋文のうち次の5篇を見ると、中国本やその抄略本・復刊本の流行を推測できる。

(a)「新印詳定礼文跋尾」

文献上、金属活字で刊行された最初の書物として明らかなものには、高麗の『南明泉和尚頌証道歌』がある。その整版本の跋文によると、モンゴルとの戦禍で国都を江華島に移した1232年（高麗高宗19）以前の鋳字本を1239年に江華島で整版に付したとされる。また、李奎報の「新印詳定礼文跋尾」を見ると、1234年頃に江華島で『古今詳定礼文』28部を刷った事実が確認できる。跋文によれば、毅宗のころ、門下侍郎平章事の崔允儀（1102-1162）らが編んだ『古今詳定礼文』の冊張が脱落し字が欠けていたため、崔怡の亡父、崔忠献が2部を作り、1部は礼官に、もう1部は自身の家に置いておいた。江華島遷都後、官署に送って読ませよとの王命が下ると、当時唯一残っていた崔忠献の所蔵本を底本に鋳字で28部を刷り、多くの官司に分けて保管させた。その後、1297-98

年頃、元の別不花が資金を出して刊行した『清凉荅順宗心要法門』が活字で刊行されたと推定される。高麗大学校図書館所蔵本を見ると、一つの面が金属活字で印刷されているようである。なお、現存する高麗時代の金属活字本のうち、最も古いものはパリの国立図書館所蔵『白雲和尚抄録仏祖直指心体要節』である。その跋文によれば、1377年（高麗禑王 3 年）に忠清道の清州の郊外にある興徳寺で鋳字した金属活字を用いて印刷したらしい。

(b)「新集御医撮要方序」

李奎報は1226年（高麗高宗13年丙戌）4 月に「新集御医撮要方序」を著した。この文章は『東文選』第83巻にも載せられ伝わっている。これに先立ち、茶房で薬方文 1 帙を蒐集して活用したが、刊行されはしなかった。そののち、枢密相公の崔宗峻が印刷して広めるよう請願して高宗の許しを得て、薬方文を 2 巻に分け、また全ての方文のなかから緊要なことだけを添附して繕写させるようにしたものを、名づけて「御医撮要」としたという。そして、やはり王命を受けてそれを西京の留守官に送り、そこで復刻して伝播するようにしたらしい[14]。

(c)「十二国史重彫後序」

李奎報は若い頃に全州牧の掌書記であった。そのときに「十二国史重彫後序」を著している[15]。按廉使の盧軾が『十二国史』を印刷・配布しようとした際に書いたものである。『十二国史』は、孫昱が戦国時代の12国に関する内容を編纂した書物で、12国とはすなわち魯・衛・斉・楚・宋・鄭・魏・燕・趙・中山・秦・韓を指す。伝本が存するかどうかは分からない。

(d)「書白楽天集後」

李奎報は「書白楽天集後」を著して白居易を礼賛した。この文に『白楽天集』の編纂や刊行の事実は取り上げられていない[16]。

(e)「全州牧新彫東坡文集跋尾」

李奎報は1236年（高麗高宗23年丙申）11月に「全州牧新彫東坡文集跋尾」を記した。当時、既に慶尚道尚州に『東坡集』の木版があったものの、モンゴルの侵略で冊版が燃えてしまう。その後、李奎報の門人の完山太守・礼部郎中の崔址が『東坡集』を重刻したという事実が分かった[17]。『全州牧新彫東坡文集』が無註本であったのか施顧注本であっ

たのか、『王状元集注分類東坡先生詩』であったのかは分からない。朝鮮王朝初期には『王状元集注分類東坡詩』が甲寅字で活字印刷され、地方でも同書が木板本で出刊された。中央の詩文学の指導策には王状元集注本をテクストに定めたため、施顧注本は流布しなかったらしい[18]。朝鮮時代に入り、1482年（成宗13）4月甲辰には任元濬・許琮・成任・李坡・李克基・李瓊仝・朴楗・柳洵・李則・韓堰・安琛・河荊山・金学起・丁寿崐・朴衡文・朴文孝らが王命により『蘇文忠公集』の難解な部分に註解を附すことが始められた。

韓国は早くから中国書籍を輸入してきたが、唐代の鈔本を転写した旧鈔本の存在はまだ報告されていない。高麗・朝鮮時代に輸入された書籍と編刊された書籍の年表は、尹炳泰『韓国書誌年表』（韓国図書館協会、1972年 8 月初刊）を通じて概括できる。この『年表』は国内外の公私立図書館の所蔵目録を調査する一方、各種文献に著録された事項を検討した結果である。未刊行の改稿本に依拠して高麗高宗代の仏教書籍に関連する事実を調べた結果、以下のとおりであった。

・1214（甲戌）高麗高宗 1 年

10月、群生寺持が施財して周通富が書いた『金剛般若波羅密経』を刊行したが、これは孝如等による板刻である。（同書跋、年表、〇奎章閣、今西）

・1215（乙亥）高麗高宗 2 年

5 月、是月、洪州居士の李克材が施財して『看話決疑論』を重彫刊板・印施す。（同書跋、年表、〇国立）

・1219（己卯）高麗高宗 6 年

7 月、金山寺で仁赫の板刻した『梵書摠持集』を印施。（同書跋、年表、 2 回展）

・1226（丙戌）高麗高宗13年

4 月、西京で勅送された『新集御医撮要方』を彫印。（同書序、年表、朝鮮医書誌）

・1235（乙未）高麗高宗22年

7 月、是月、晋陽侯（崔瑀）が喜捨して彫板した『楞厳経戒環疏』（『大仏頂如来密因修証了義諸普薩万行首楞厳経』）を印施。（同書跋、年表）

・1236（丙申）高麗高宗23年

12月15日、晋陽侯の願で『妙法蓮華経』を明覚が鋟板・印施。（同書跋、年表）

＊是歳、都監を置いて大蔵経板の再彫を始める。（『高麗史』巻二四、世家二四、高宗三十八年九月壬午、『李相国集』巻二五、雑書、「大蔵刻板君臣祈告文」）

・1237（丁酉）高麗高宗24年

12月、是月、晋陽侯崔瑀の発願で大字『金剛般若波羅密経』が彫板される。（同書跋、年表）

・1239（己亥）高麗高宗26年

9月、是月の上旬に中書令・晋陽公の崔怡の募工で『南明泉和尚頌証道歌』が重彫される。（同書跋、年表、書誌）

・1240（庚子）高麗高宗27年

＊晋陽公崔怡が『妙法蓮華経』を彫板するよう命じ、完成。（同書跋、年表）

・1245（乙巳）高麗高宗32年

1月15日、『大方広仏華厳経』「入不思議解脱境界普賢行願品」が彫板される。（同書跋、年表）

3月、『金剛般若波羅密経』の鏤木が印施される。（同書跋、年表、○国立）

・1246（丙午）高麗高宗33年

3月、『仏説預修十王生七経』の鏤板。（同書跋、年表）

・1251（辛亥）高麗高宗38年

9月25日、西門外の大蔵経板堂に行幸・行香したことに対する彫板が功畢される。（顕宗時の板本は壬辰（二十年）のモンゴル侵攻の戦禍で毀損）（『高麗史』巻二四、世家二四、高宗三十八年九月壬午）

＊分司大蔵都監で海蔵の雕刻が告畢した折に『東国李相国全集』を奉勅鏤板するも嗣孫の河東郡守、李益培が校勘する。（同書跋、年表）

韓国の書誌文献学研究者は各種の文献資料を利用して高麗時代の失伝文献目録を作成してきた。朴文烈の『高麗時代 書籍 政策에 관한 研究』（中央大学校文献情報学科博士学位論文、1992年8月）は、その附録として「高麗書籍伝佚表」を作成しており、この表により引用された参考文献は次のとおりである。

1 高麗名臣伝　2 高麗史　3 高麗史節要　4 古鮮冊譜　5 国立中央図書館古書目録　6 国朝宝鑑　7 国朝人物考（志）　8 奎章閣目録　9 均如伝　10 金石総覧　11 紀年児覧　12 大覚国師文集　13 大東韻府群玉　14 東国［増補］文献備考　15 新増東国輿地勝覧　16 東国藝文志　17 東国李相国集　18 東国通鑑　19 東文選　20 東史綱目　21 羅麗文籍志　22 羅麗藝文志　23 鏤板考　24 名臣録　25 保晩斎集　26 普照国師碑文　27 保閑集　28 仏祖通紀　29 三国史記　30 三国史節要　31 三国遺事

32 三峰集　33 三忠実録　34 旬五志　35 雅亭遺稿　36 冶隠集　37 陽村集　38 燃藜室記述　39 嶺南人物考（志）　40 慵斎叢話　41 耳渓全書　42 益斎乱藁　43 日本書紀　44 蔵書閣蔵書目録　45 朝鮮古書目録　46 朝鮮図書解題　47 朝鮮王朝実録　48 太平通載　49 破閑集　50 圃隠集　51 筆苑雑記　52 韓国古書総合目録　53 韓国仏教撰述文献目録　54 韓国書誌（倶蘭、Maurice Courant）　55 海東名臣録　56 海東文献総録　57 海東雑録　58 郷薬集成方

(2) 高麗中葉—朝鮮初における書籍の編纂と書籍の輸入

高麗末には、明から書籍を輸入し始めた[19] 忠粛王元年つまり1314年には権溥・李瑱・権漢功・趙簡・安于器らが成均館に集まり、新たに購入した書籍を検討した。これらの書物は成均提挙司が柳衍・兪迪を中国の江南へ送って書籍を購入させたが、船が損壊すると柳衍らは単身で上陸し、当時の太子府参軍として南京にいた洪瀹が柳衍に宝鈔150錠を与えて「經籍一萬八百巻」を買って来させたという[20]。この年の 7 月には元の仁宗が宋の秘閣に旧蔵されていた書籍4,371冊17,000巻を送ってきた。洪瀹の奏陳に依るものであった[21]。1348年（忠穆王 4）11月には呉王が完者帖木児を遣わした際に仏経を持参させた。1364年（恭愍王13）6 月には、中国の明州司徒の方国珍が照磨と胡若海を田禄生に同行させ、『玉海』と『通志』を送った[22]。1370年（恭愍王19）5 月には明から洪武三年大統暦をもたらし、その際に六経・四書・『通鑑』・『漢書』を輸入した[23]。1372年（恭愍王21）8 月にも明から経籍と史書が輸入された[24]。

朝鮮は、1395年（太祖 4）11月に国王の告命を受けて以降、毎年、大統暦を拝受するようになり、朝貢貿易の形態をとって、必要な書籍を購入している。

表 1　高麗末における外国書籍の輸入

年　月	書　名
高宗12　(1225)　6 月	東真から女真小字がもたらされる
元宗 5　(1264)　2 月丙寅	モンゴルから中統暦 1 部が下賜される
元宗 9　(1268)　2 月丙寅	モンゴルから暦書 1 部が下賜される
忠烈王 4　(1278)	宋から聖廟図が抄来される
忠烈王 5　(1279)　9 月	元から海青図牌がもたらされる
忠烈王14　(1290)	朱子の肖像画を摹写してくる
忠烈王16　(1290)	宋から朱子書をもたらす
忠烈王22　(1296)　3 月己卯	元から暦日が下賜される
忠粛王 1　(1314)　6 月庚寅	新購書籍10,800巻を購入
忠烈王 1　(1314)　7 月甲寅	元から書籍17,000巻4,371冊が下賜

忠穆王 4　(1348) 11月癸巳	呉が仏経を献呈
恭愍王13　(1364) 6 月乙卯	明が玉海・通志を献呈
恭愍王19　(1370) 5 月甲午	洪武三年大統暦を下賜
恭愍王19　(1370)	六経・四書・通鑑・漢書を下賜
恭愍王21　(1372) 8 月甲午	経籍・史書を下賜
禑王12　(1368) 3 月	暦日を下賜
禑王12　(1368)	船馬符験、8 道を下賜
朝鮮太祖 7　(1397) 12月甲子	明から建文元年大統暦 1 本が下賜

高麗末・朝鮮初には、独自の歴史書と法令集、政法書が多く編纂されるが、ここでは詳細を省く。朝鮮王朝に政権が変わった1392年（太祖元年）の10月には、右侍中の趙浚、門下侍郎賛成事の鄭道伝、藝文館学士の鄭摠と朴宣中、兵曹典書の尹紹宗などが『高麗史』の編修を始めた。1395年（朝鮮太祖 4）正月、判三司事の鄭道伝、政堂文学の鄭摠が『高麗史』37巻を撰進する。その頃、権近・李詹・河崙らにより『東国史略』3 巻が完成した。この史書の編纂体制は、『資治通鑑』の書法を重視した。朝鮮初の鄭道伝（1342-1398）は、『周礼』の六典体制を考慮し、多くの類書を利用して『朝鮮経国典』を編纂、太祖に奉じた。太祖は鄭摠（1358-1397）に序文を書かせている(25)。鄭道伝は1395年に宰相・台官・諫官・衛兵・監司・州牧・郡太守・県令の職分の由来と役割、責任などについて記述した『経済文鑑』を、その 2 年後には統治の根源たる君主の道理について『経済文鑑別集』を編纂した(26)。『経済文鑑』は1487年（成宗18）に原州で木版印刷にて刊行された。鄭摠が同年に書いた「経済文鑑序」が付されている。

高麗末、権溥は初めて朱熹の『四書集註』の出版を建議したが、それにより高麗の忠穆王代に同書が刊行されたらしい。また、1346年（高麗忠穆王 2）には、その子、権準とともに歴代の孝子64人の行跡を蒐輯し、娘婿の李斉賢に賛を書かせて『孝行録』を編纂した(27)。1390年（高麗恭譲王 2）10月、権近は『入学図説』を完成し、翌年10月には『五経浅見録』を著述した。

1395年 9 月、礼曹議郎の鄭渾と校書少監の張志道らが、王命により『貞観政要』の校正を始めた(28)。1398年（太祖 7）3 月には、前教授官の閔安仁が家門内に保有していた『通鑑綱目』を世子府に献上する(29)。同年 9 月には吏曹典書の李詹、右諫議の趙庸、前知善州事の鄭以吾らが王命により詳節本を進納した。

高麗末—朝鮮初には高麗高宗の時から朝鮮初まで活動した人物たちの文集や別集（選集）を編纂する風土が造成された。韓国に残っている最古の文集は崔致遠の『桂苑筆耕集』である。その後、高麗時代の李仁老が、林椿の死後、彼の文集『西河先生集』を編んだ。こ

の直後、本格的な文集の体制を備えた李奎報の『東国李相国集』が出現した。『東国李相国集』は綱目形式の年譜まで附した。高麗と朝鮮時代における文人——知識人の文集は作家の詩文を網羅して関連文献を完備することを期した。その傾向は朝鮮時代に入って一層強化された。また、国家から恩典を賜り、文集を完備して刊行するよう命じたこともある。文集の編纂にあたっては、(a)道統においての位相、(b)衆体の具備、(c)経国文章、(d)華国文章などの基準を重視した。

高麗中葉以後から朝鮮初までにおいては、大蔵経以外にも様々な仏教書籍が刊行された。高麗末—朝鮮初には、仏家書籍の編纂と刊行も盛んに行われた。すでに1215年（高麗高宗2）に覚訓は『海東高僧伝』を編纂し、1227年（高宗14）10月には慧諶真訓が『禅門拈頌』30巻と『禅門綱要』1巻を撰述した。1293年（忠烈王19）には、真静国師が『室簿録』1巻1冊を編み、1389年（昌王元年）9月には己和が『綸貫』を編纂している。

この時期の仏教書籍として序文が現存するものとして、次の例が挙げられる。

・『達空首座問答法語』［釈］達空編：権近「達空首座問答法語序」、『陽村集』巻17［別に李穡の跋文があったというが、『牧隠藁』には收録されていない。］
・『大古語録』古樗公編：李崇仁「大古語録序」(30)（1382-1390年頃作成）、『陶隠集』巻4。
・『妙法蓮華経』戒環解、太祖命撰：権近「妙法蓮華経跋」、『陽村集』巻22(31)。
・『妙法蓮華経』戒環解、太祖命撰：権近「別願法華経跋語」、『陽村集』巻22(32)。
・『景徳伝灯録』（宋）道原：李穡「伝灯録序」（1373年、恭愍王22作成）、『牧隠稿』巻7(33)。
・『黄蘗語録』（黄檗山断際禅師伝心法要）：李穡「跋黄蘗語録」、『牧隠稿』巻13。
・『懶翁和尚語録』［釈］慧勤（1320-1376）：白文宝（1303-1374）「懶翁語録序」（1363年、恭愍王12年作成）、『淡庵逸集』巻2。

『景徳伝灯録』は、1372年（恭愍王21）に覚雲がその重刊を恭愍王に建議し、恭愍王が広明寺の住職の竟猊、開天寺の住職の克文、崛山寺の住職の恵湜、伏巖寺の住職の坦宜に刊行を任せ、1373年（恭愍王22）に刊行した(34)。

高麗末には子部農家類の書物も重視された。『農桑輯要』の元刊本である『元朝正本農桑輯要』は、著者が元の孟祺（1339-1400）であるが、1372年（恭愍王21）陜州で木版で刊行された。李穡の『牧隠稿』巻9に「農桑輯要後序」があるが(35)、それは杏村李嵒（1297-1364）が元から齎した『農桑輯要』について李穡が作成した跋文である。李嵒は『農

桑輯要』を外甥の禹確に伝授し、禹確はさらにそれを姜蓍に伝授した。姜蓍は楷書でそれを筆写し、按察使の金湊（？-1404）の資金をもって刊行を図った。そのとき李穡に跋文を願ったのである。『農桑輯要』は元の司農司の暢師文（1246-1317）などが1273年に集成し、1286年に刊行した書物である。1372年（恭愍王21）刊行の『元朝正本農桑輯要』巻5－7が市道有形文化財第183号（鍾路区）に登録され、現在はソウル歴史博物館に保存されている。

(3) 朝鮮前期における書籍の輸入と出版文化

朝鮮は明の礼部に咨文を送り、代金を支払って書籍を欽賜する方式をとった。

1403年（癸未）つまり明の成祖永楽元年・朝鮮太宗3年、10月に明の太監黄儼がもたらした礼部咨文に『元史』『十八史略』『山堂考索』『諸臣奏議』『大学衍義』『春秋会通』『真西山読書記』『朱子成書』各1部の欽賜書目がある。

1404年（甲申）永楽2年、内官劉璟と国子監丞王峻用が勅書を持ってきて『古今列女伝』を与えた。

1406年（丙戌）永楽4年、礼部で皇帝が賜った『通鑑綱目』『四書衍義』『大学衍義』などを送った。

1407年（丁亥）永楽5年、朝鮮で世子を派遣して京師に朝会し、皇帝が書籍を賜った。

1408年（戊子）永楽6年、具宗之が戻るとき、孝慈皇后が残した書物50本を持ってきた。同年、礼部で皇帝が下した『勧善書』300部を送った。

1419年（己亥）永楽17年、世宗荘献英文睿武仁聖明孝大王元年、李之崇が北京から帰り、皇帝欽賜の『為善陰騭書』600部を礼部から贈与された。

1425年（乙巳）洪熙元年・世宗7年12月23日（戊子）、許衡の『集成小学』を「易換」するとの王命があった。

1426年（丙午）宣徳元年・世宗8年、明の礼部に四書五経、『性理大全』と『宋史』を請し、11月癸丑に帰還した進献使金時遇が五経四書、『性理大全』120冊、『通鑑綱目』14冊を持ってきた。

1435年（乙卯）宣徳19年・世宗17年、『胡三省音註資治通鑑』を含む『通鑑』関連参考書を要請した。

当時、赴燕使行の従事官や訳官による私貿が横行したが、世宗は私貿を禁止するのみならず、礼部を通じた逆換も自律的に規制した。1423年（世宗5年）、世宗は礼曹判書申商

の啓に対する答えとして明から書籍を輸入すること自体を懐疑視した。

以後、朝鮮前期においては、国内で流通の必要な書物は中央や監営が主導して書籍を出版した。そのため朝鮮前期の出版文化は、選択的・集中的・収斂的な形態を現した。特に朝鮮時代には、活字を鋳造して書籍を中央で刊行し、それを朝廷大臣や功臣、あるいは地方官衙や書院に下賜した。活字文化を起こしたのは太宗代であり、内賜文化を定着させたのは世宗である。

太宗は文治の基盤を固める目的で、金属活字で書物を印刷することに関心を払った。太宗が1403年（太宗 3）に鋳造した癸未字をもって印刷した書籍の最後には権近の「鋳字跋」を附けている。太宗の後を継いだ世宗は、即位の翌年である1420年、癸未字を溶かして新しい小活字の庚子字を鋳造し、1421年（世宗 3） 3 月24日に完成した。成俔は『慵斎叢話』で、活字を鋳造するとき、刻字・鋳匠・守蔵（公奴）・唱準・均字匠・印出匠・監印官（校書館官員）・監校官（別途の文臣）が分業して製作する過程を、詳細に描写したことがある。

朝鮮前期に鋳造した活字と刊行書籍を見ると、次の通りである。

・癸未字：1403年（太宗 3） 2 月、鋳字所を設置して鋳造した最初の活字。『十七史纂古今通要』『宋朝表牋総類』など刊行。
・庚子字：1420年（世宗 2）11月に着手し、その翌年の 5 月に鋳造を完成した活字。『資治通鑑綱目』『文選』『新箋决科古今源流至論』などを刊行。
・甲寅字：1434年（世宗16）に鋳造した活字。衛夫人字体に基づいて20万字を作った。『真西山読書記乙集上大学衍義』『七政算』などを刊行。
・丙辰字：1436年（世宗18）11月世宗が鋳造した大型活字。綱目大字とも呼ばれる。この活字を甲寅字と混用して『資治通鑑綱目』を刊行した。
・庚午字：文宗代の安平大君の字体に基づいて作った活字。『詳説古文真宝大全』の庚午字本が現存。
・乙亥字：世祖が姜希顔の字体を用いて作った。世宗から睿宗に至るまでの五代の『実録』を刊行した。
・正文大字：1457年（世祖 3） 9 月に『金剛般若波羅密経』を 刊行。
・御製詩大字：1457年（世祖 3）12月に『御製詩』を刊行。
・交食字：1458年（世祖 4） 1 月に『交食推歩法仮令』を刊行。
・訓辞大字：1416年（世祖11）10月に鋳造した大型活字で、多くの仏経を刊行した。
・乙酉字：1465年（世祖11）、鄭蘭宗の字体を字本として作った。同年 4 月『大方広

円覚修多羅了義経』を刊行。大字と小字があり、ハングル活字もある。『兵将説』と『論将篇』を刊行した。

・甲辰字：1484年（成宗15）８月に鋳造した活字。

・癸丑字：1493年（成宗24）９月に鋳造した活字。中国の新版『綱目』の字体を字本として鋳造した。甲辰字とともに『新編古今事文類聚』を刊行し、続いて『東国輿地勝覧』を刊行した。1530年（中宗25）には『新増東国輿地勝覧』も癸丑字で刊行した。

・木活字：1496年（燕山君２）３月に仁粋大妃が内帑金を出して作った活字。『真言勧供』など仏経を印刷した。

・成宗実録字：1499年（燕山君５）２月に『成宗実録』を刊行。

・交食字と訓辞大字：1518年（中宗13）頃『白鹿洞規解』を刊行。

・宣祖実録字木活字：倭乱の後還都した宣祖が平安道の黄楊木で作らせた活字。1606年（宣祖39）４月に「実録」を再度刷った。

・木活字と金属活字：壬辰倭乱（文禄慶長の役）以後、『功臣会盟録』や『功臣録券』は、木活字と金属活字を混ぜて使用した。

・訓錬都監字：1593年（宣祖26）２月、訓錬都監の設置後に作った活字。

・秋香堂活字：1609年（光海君元年）２月、平壌監営の秋香堂で『自警編』を刷るときに使用した活字。この活字と大型活字をもって『宋朝名臣言行録』を印刷した。

・戊午字（光海君銅字）：1618年（光海君10）７月に作った活字。『詩伝大全』と『書伝大全』を印刷。

・中宗—明宗代の民間木活字：1533年（中宗28）６月に印刷した『儷語編類』や1547年（明宗２）８月に慶州の京邸吏で印刷した『殿策精粋』は民間木活字で刊行した書物である。

・羅州木活字：奎章閣所蔵『性理大全書節要』は、1577年（明宗12）夏、羅州で木活字で印刷したもの。

・宣祖代の木活字：奎章閣には、1573年（宣祖６）木活字で印刷したと推定される『湖陰雑稿』がある。1576年（宣祖９）７月頃には、『新増類合』をその木活字で印刷した。

・文継朴木活字：1621年（光海君13）２月、慶尚監営では文継朴の字体を字本として木活字を作り、『虚庵遺藁』を刊行した。

世宗は経筵用の書物には、経筵印を押し（本書図録編Ⅲ-16、19参照）、下賜本には「宣賜之記」の印を押した。1440年（世宗22）８月10日（己卯）の実録記録によると、鋳字所で印刷した書物を下賜される官員は、三ヶ月の内に自分で製本をして承政院で宣賜記を受け

るという法式を定めた。それから国王の下賜本には、内賜記を書くことが定例化された。例えば、『明宗実録』を見ると、書籍刊行に関する記事は20件程度あるが、内賜記を持つ書籍を国内外の図書館で確認することができる[36]。

表 2　明宗代の内賜本

内賜時期	書　　名	撰　　者	版　　種	所蔵処
明宗元年（1546）	皇華集	明宗 命編	甲寅字混入補字版	玉山書院
	御製文集	太祖（明）御撰	甲寅字混入補字版	日本 蓬左文庫
明宗 4 年（1549）	桂洲奏議	夏言（明）撰	甲辰字多混補字版	
	読杜詩愚得	単復（明）撰	乙亥字多混補字版	
明宗 6 年（1551）	異端弁正	詹陵（明）撰	乙亥字混入補字版	
明宗 7 年（1552）	大明会典	李東陽（明）著	丙子字乙亥字並印版	
	国朝五礼儀	申叔舟 等奉命撰	乙亥字混入補字版	
明宗 8 年（1553）	天原発揮	鮑雲竜（宋）撰	乙亥字版	
	選詩	蕭統（梁）選	甲寅字混入補字版	
	春秋胡氏伝集解	胡安国（宋）伝	乙亥字版	国立中央図書館
明宗10年（1555）	文章弁体	呉訥（明）編	甲辰字版	蓬左文庫
明宗11年（1556）	唐音	楊士弘（元）編	乙亥字版	宮内庁書陵部
	西山先生真文忠公文章正宗	真徳秀（宋）撰	甲辰字乙亥字並印版	蓬左文庫
明宗13年（1558）	十一家註孫子	孫武（周）撰	丙子字版	宮内庁書陵部
	文献通考	馬端臨（元）撰	甲辰字版	誠庵古書博物館、陶山書院、内閣文庫
明宗15年（1560）	通典	杜佑（唐）撰	乙亥字混入補字版日	蓬左文庫
明宗19年（1564）	大明一統志	李賢（明）等受命編	乙亥字版	陶山書院
明宗年間	聖訓演	許纘（明）撰	甲辰字多混補字版	蓬左文庫

김윤식（キム＝ユンシク）の論文による。

(4) 朝鮮後期の書籍購入、正祖年間の活字鋳造と書籍刊行

朝鮮後期には、使行を媒介として清から書籍を自由に購入した。例えば李宜顕（1669-1754）が記録した「庚子燕行雜識」と「壬子燕行雜識」は、1720年と1732年に燕行で入手した書冊の目録を載せている。その目録によると、1720年には53種1,416巻を購入したらしい。

所購册子：册府元龜三百一巻、續文獻通考一百巻、圖書編七十八巻、荊川稗編六十巻、三才圖會八十巻、通鑒直解二十四巻、名山藏四十巻、楚辭八巻、漢魏六朝百名家集六十巻、全唐詩一百二十巻、唐詩正聲六巻、唐詩直解十巻、唐詩選六巻、說唐詩十

卷、錢註杜詩六卷、瀛奎律髓十卷、宋詩鈔三十二卷、元詩選三十六卷、明詩綜三十二卷、古文覺斯八卷、司馬溫公集二十四卷、周濂溪集六卷、歐陽公集十五卷、東坡詩集十卷、秦淮海集六卷、楊龜山集九卷、朱韋齋集六卷、張南軒集二十卷、陸放翁集六十卷、楊鐵厓集四卷、何大復集八卷、王弇州集三十卷、續集三十六卷、徐文長集八卷、抱經齋集六卷、西湖志十二卷、盛京志六卷、通州志八卷、黃山志七卷、山海經四卷、四書人物考十五卷、黃眉故事十卷、白眉故事六卷、列朝詩集小傳十卷、萬寶全書八卷、福壽全書十卷、發微通書十卷、壯元策十卷、彙草辨疑一卷、製錦編二卷、艶異編十二卷、國色天香十卷［此中雜書數種、係序班輩私獻］。

書畫：米元章書一帖、顏魯公書家廟碑一件、徐浩書三藏和尙碑一件、趙孟頫書張眞人碑一件、董其昌書一件、神宗御畫一簇、西洋國畫一簇、織文畫一張、菘菜畫一張、北極寺庭碑六件［此則搨取］。

1732年に李宜顕が購買した冊子は、次のとおりである。「應求」の冊子もある。

所購冊子：宋史一百卷、紀事本末六十四卷、鳳洲綱鑒四十八卷、元史五十卷、太平廣記四十卷、元文類三國志竝二十四卷、草廬集二十卷、西陂集十六卷、古今人物論十四卷、陸宣公集宗忠簡集許文穆集竝六卷、高皇帝集五卷、朱批詩經蠶尾集竝四卷、岳武穆集三卷、羅昭諫集萬年曆竝二卷。

應求者：調元志林。仲蘊字彙。會一奎壁書經左傳萬年曆。洪致元近思錄。黃郞奎壁禮記、四六初徵。金郞四書大全。宋監役景孝袖珍四書六經。金叔昌說外科啓玄。金致謙唐詩品彙萬年曆。金用謙奎壁小學。族弟宜炳奎壁四書。許綜張果星宗。金台德裕朱子語類。安允中奎壁詩經易經。李景瑗奎壁禮記。

朝鮮後期、正祖の即位翌年の1777年、進賀兼謝恩使として清に赴いた李溵と徐浩修は状啓を奏して、『四庫全書』の編纂が終わっていないので、その代わりに銀子2,150両を支払って『古今図書集成』を求めたことを告げた(37)。

正祖は朱子学を正学と規定し、稗官小品書と私学書籍が流行することを憂えた(38)。正祖は朱子学に反する書籍や実用性のない小品類の書籍を俗学と規定した。1791年（在位15年、辛亥）、抄啓文臣の親試及び泮儒の応製で「俗学」という題目の策問を掲げ、陽明左右派と毛奇齢を含む偽経害経に関係した豊坊孫鉱之派、考証に偏った楊慎季本之派、虫刻鶏距の操觚家である七子五子之派の三流派を批判し、諸生の意見を求めた(39)。正祖は俗学の書名を次のように列挙した。

(a)豊坊孫鉱之派：王畿『龍渓語録』、王艮『心斎語録』、羅洪先『東遊記』、朱得之『宵練匣』、胡直『胡子衡斉』、羅汝芳『会語録』、周汝登『王門宗旨』、毛元淳『尋楽篇』、詹在泮『微言』、毛奇齢『経説』

(b)楊慎季本之派：張燧『千百年眼』、徐伯齢『蟫精雋支』、允堅『梅花異林』、郭子章『六語』、曹臣『舌華録』、鈕琇『觚賸』、周亮工『因樹屋書影』、張潮『檀几叢書』、陸烜『奇晋斎叢書』

(c)七子五子之派：李贄『大雅堂集』、虞淳煕『徳園集』、徐渭『文長集』、三袁『蘇斎集』『中郎集』『珂雪集』、鍾惺『伯敬集』、譚元春『友夏集』、文翔鳳『太青集』、李紱『穆堂稿』、毛先舒『四古堂集』、沈徳潜『帰愚集』

正祖が「俗学」の策問で提示した書目は流通禁止書目に当たるが、実はこれら書物はすでに清で入手され、広く流通していた。

一方、正祖は世孫だった時期の1772年、英祖に建議して壬辰字15万字を製作した。即位後の1776年には更に壬辰字と同形の丁酉字15万字を製作し、内閣で保管した。続いて正祖は1782年、韓構字8万餘字を作った。そして1792年には木活字である生生字32万字、1796年には生生字に基づいて整理字の大字16万字、小字14万字を作った。整理字は正祖が『園幸乙卯整理儀軌』を刊行するため、1795年に鋳造を開始して翌年の1796年に完了した活字である。これらの活字を合わせると100万字を超える。

また1434年には、朝鮮の主軸活字である甲寅字が製作されたが、王羲之と趙孟頫の書体を模した甲寅字は世宗以後庚辰字（1580）、戊午字（1618）、戊申字（1668）、壬辰字（1772）、丁酉字（1777）など5回も改作を繰り返し、朝鮮末期にいたるまで凡そ450年間使用された。

ⓐ壬辰字

世孫の頃の正祖は英祖に請い、英祖48年（1772、壬辰）3月に壬辰字を鋳造した。壬辰字は「五鋳甲寅字」とも呼ばれる。『新訂字藪』に個々の活字の鋳造数まで明記した記録があり、実物も現存する。字本は『心経』と『万病回春』である。『易学啓蒙要解』と『易学啓蒙集箋』を印刷した。序文は壬辰序文大字をもって刷った。序文大字は翌年（1773）に『資治通鑑綱目続編』を印刷するのに用いた。

ⓑ丁酉字

正祖は即位の翌年（1777）8月、平壌監司の徐命膺に命じて、箕営（関西監営）で壬辰

字に15万字を補い、甲寅字を字本として銅活字を鋳成した。これを丁酉字、または六鋳甲寅字という。丁酉字は哲宗 8 年（1857）、鋳字所が火災でほとんど燃えてしまうまで使い続けた。その鋳造記録として『奎章字藪』が残っている。火災で残った活字は、壬辰字と混用して使われた。『奎章閣志』と『弘文館志』が丁酉字で刊行された。

ⓒ再鋳韓構字（壬寅字）

正祖は、肅宗即位の初期に制作した銅活字の韓構字を、再鋳造して活用した。正祖 6 年（1782）に箕営で「韓構銅字」を再鋳し、ソウルの内閣で保管し、書物を印刷した。これを壬寅字ともいう[40]。『綱目』の印刷に使用したので「小字綱目」とも呼ばれる[41]。肅宗 5 年（1679）の『行軍須知』の刊行から正祖 4 年（1780）の再鋳造にいたるまで使用された。『韓構字藪』が現存する。

ⓓ生生字（木活字）

生生字は『康熙字典』の字体を字本とし、黄楊木をもって作った木活字である。正祖16年（1792）に印刷した『生生字譜』と正祖18年（1794）に印刷した『人瑞録』がある。大小字32万餘字を作った。整理字の鋳成の後にも生生字は使用され、哲宗 8 年（1857）10月まで使用された可能性が高い。

ⓔ整理字

1795年（乙卯）には恵慶宮洪氏の誕生60週年を迎え、正祖は顕隆園への行次に先立って1794年12月、戸曹に命じて行宮の修理を整理所に任せた。行事の後、『園幸乙卯整理儀軌』を刊行するため製作した活字を整理字と呼ぶ[42]。『四庫全書』の聚珍板式を模倣して作られ、印書体活字ともいう。鋳字所で保管していたが、1857年（哲宗 8 ）その大部が火災で焼け、1859年12万 8 千字を更に製作した。これを再鋳整理字という。現在、国立中央博物館に二種類の整理字21万餘字が蔵されている。

ⓕ輸入木活字

正祖 8 年（1784） 6 月に完成した『奎章閣志』には、壬辰字と丁酉字を使用する時それを区分するとの王命が記載されている。同年10月には、事大文字を活字で印刷すると定めたが、 4 年後の正祖12年（1788） 9 月になってようやく芸閣印書体字で『同文彙考』を印刷し、それ以後続けて追録を印刷した。正祖14年（1790） 3 月には、奎章閣での不足分の鋳字を補鋳する一方、同年と翌年（1791）には清から木活字まで輸入した。即ち庚戌

燕貿木字と辛亥燕貿木字である[43]。

1777年、丁酉字製作の責任を負った徐命膺は、活字制作の経緯を「奎章字瑞記」で述べ、「世宗大王が製作した金属活字こそ歴代の君主が代々伝え続けた符瑞というべきである。」とした[44]。即ち、甲寅字を中国の九鼎のように帝王の大統を伝える象徴物として表現し、甲寅字を継承した丁酉字について「文字象徴物」という意味で「字瑞」と呼んだ。正祖も活字の鋳造を命じ、「書籍印刷の道具があって、初めて四方の百姓に恵沢を与えることができ、人の智恵を啓発することができる。(當有摹印之具、然後可以嘉惠四方、啓發人知也)」と考えた。

正祖は奎章閣を中心に統治の資料と学術的に重要な書籍を編纂・刊行した。その主要な例を挙げると、御定の書には、『奎章閣志』『皇極編』『資治通鑑綱目講義』『奎章全韻』『朱書百選』『整理儀軌通編』『日省録』『日得録』『綸綍』などがあり、命撰の書には『朱子会選』『奎章総目』『国朝宝鑑』『弘文館志』『大典通編』『太学志』『春官通考』『度支志』『秋官志』『李忠武公全書』『増訂文献通考』『鏤板考』『五倫行実図』『海東輿地通載』『東文彙考』『公車文叢』などがある。

正祖は1778年(正祖 2)に全国に諭示を下し、公私間に蔵している刊行本と板本を収集し、奎章閣をしてその存佚を考察して「中外蔵板簿」を作成させた。その後閣臣などに命じ、1796年(正祖20)には閣臣徐有榘などが『鏤板考』を編纂した。つまり『鏤板考』は、正祖の命によって編纂した全国冊版目録である[45]。また、正祖は御定本88種(2,489巻)と命撰本63種(1,474巻)について、書誌事項を作成してその編纂と刊行の経緯を明らかにし、学術流派と文学論に関して考証した書籍の提要を集めて『群書標記』を成した。正祖の文集である『弘斎全書』に収録されているが、『弘斎全書』は正祖の春邸の時から在位23年までの御製を 4 集30目191篇(実際には100篇)の形に構成した全集である。

3. 朝鮮時代における各部類別刊行本および再編本の概観

医学書・天文暦法書・地理書・仏書は省略し、韓国で中国本を輸入して復刊したり再編集して刊行した書籍について概観を試みたい。朝鮮前期には、仏教書籍を非常に多く刊行したが、ただ詳註を含むものは少ない[46]。宮中の女性知識人や僧侶及び知識人たちが宮中の仏事でいくつかの書籍に註解を加えたという記録は散見する。しかし、尚州本の仏教書籍は『月印釈譜』と『摩訶般若波羅蜜多心経』注(つまり『大顛和尚注心経』)など三、四種しかない。後者は大顛和尚了通が『般若心経』に註釈したもので、1411年(太宗11)全

羅道高敞の文殊寺で開刊された。

(1) 初学用学習書

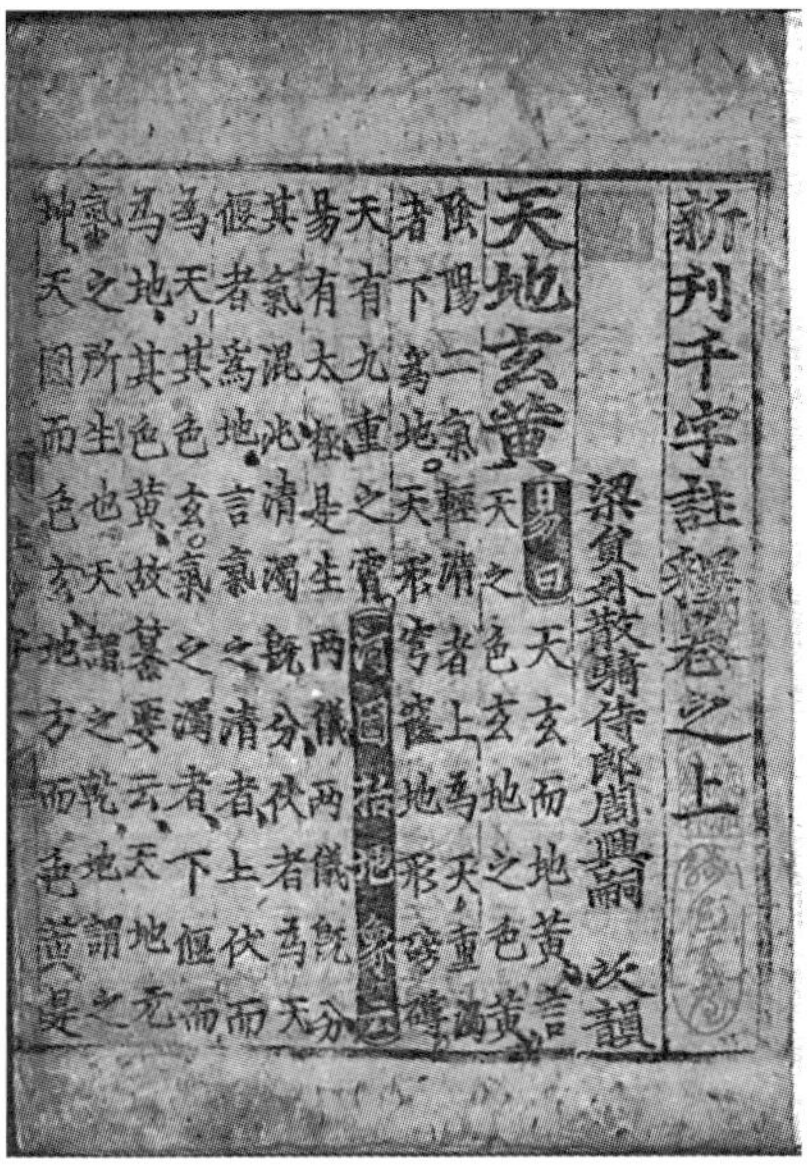

図1　『新刊千字註釈』(Courtesy of the Harvard-Yenching Library, Haravard University)

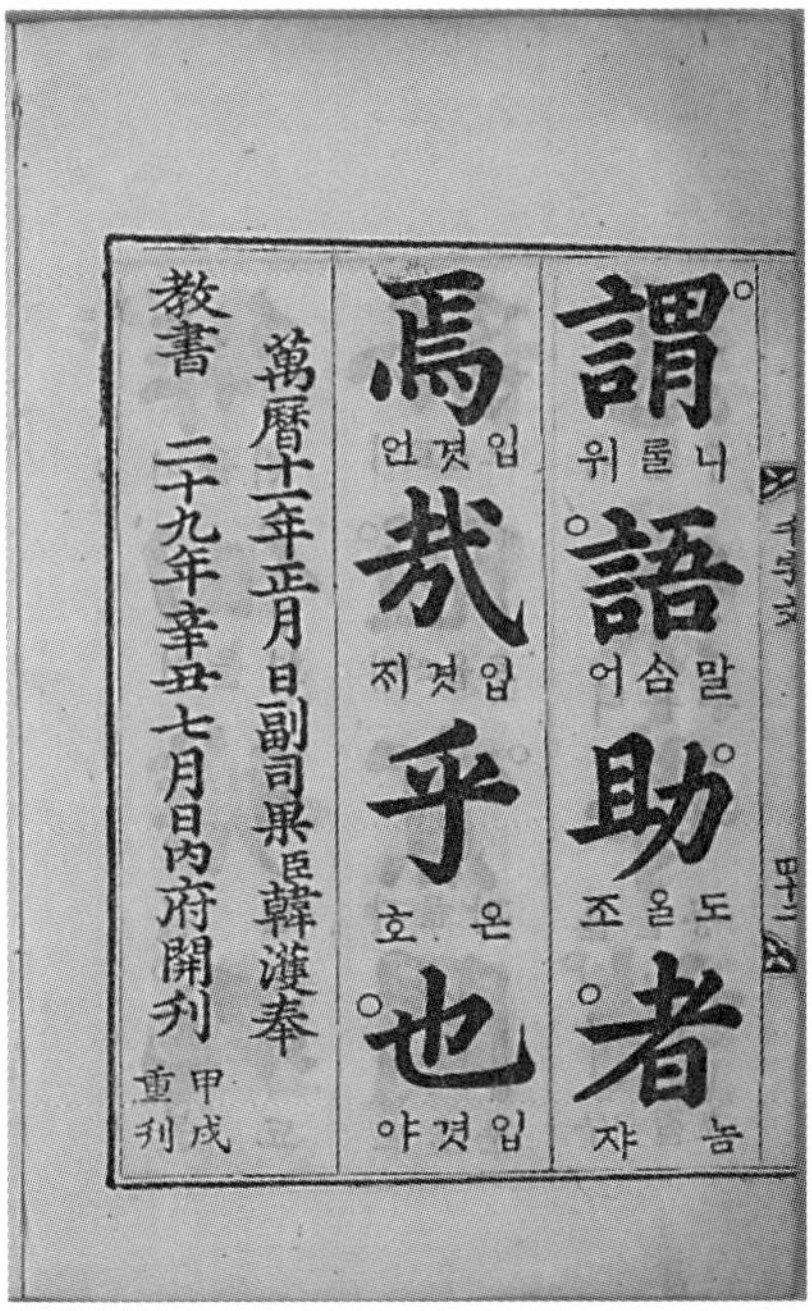

図2　東京大学文学部小倉文庫蔵 粛宗甲戌年 (1694) 重刊『御製千字文』

①『三註』

『新刊大字附音釈文三註』がソウル大学校奎章閣(古貴495.181-Si64)、慶應義塾大学附属研究所斯道文庫に蔵されている。初鋳甲寅字本で、刊記未詳。『千字文』『詠史詩』『蒙求』の3部で構成され、すべて有注本である。周興嗣『千字文』の注家は未詳。『詠史詩』は(唐)胡曽撰、(宋)胡元質の注で、『蒙求』は(唐)李瀚の撰である[47]。

韓国で現存する最古の『千字文』は高麗末の板本で、智永の字体を元代に拓本としたものを底本に用いた。高麗と朝鮮初には、この智永『千字文』と趙孟頫(松雪)の『千字文』が広く流通する。世宗7年(1425)には、慶尚道観察使の河演が板刻し印刷した『篆書千字文』と『大千字文』を成均館、校書館などに頒賜している。

韓国で刊行された現存最古の板本はハーバード-イェンチン図書館(Harvard-Yenching Library)に蔵されている『千字文』木版本で、1566年(明宗21)淳昌の無量寺で崔峻が作成した旨の跋文をもつ『新刊千字註釈』である。巻数に「新刊千字註釈巻之上」とあるが、不分巻単立である。声点はなく、註釈で引用書名を墨蓋字をもって区別した。実は、これは『三註』の『千字文』部分のみを単行したものである。その後1575年(宣祖8)全羅道の光州でハングルの彫刻と字音を持つ『千字文』が刊行された[48]。

1583年(宣祖16)正月、中央で韓濩(1543-1605)の楷書体を底本として『石峰千字文』を刊行したが、一字ごとに一つのハングル釈音を示し、上声と去声の声調を表示した[49]。1691年(粛宗17)には『石峰千字文』に粛宗の序文を附した楷書体の『御製序文千字文』が

出現した[50]。『石峰千字文』の官版本系統は声調を示す白円を板刻した。つまり、1583年（宣祖16）正月の『石峰千字文』原刊本（日本国立公文書館所蔵）、1601年（辛丑、宣祖34）の改刊本、1691年（粛宗17）の『御製序文千字文』、1710年（粛宗36）の『御製序文千字文』は、すべて上声と去声に圏発を表示した。早稲田大学所蔵の日本覆刻『石峰千字文』は1710年の板本を底本としつつも、粛宗御製序文と圏発を除去した。

一方、『蒙求』は中国だけでなく、韓国と日本でも重ねて続撰された。元代には胡炳文の『純正蒙求』が朝鮮に大きな影響を及ぼした[51]。16世紀末、柳希春（1513-1577）は『続蒙求分註』を編纂して刊行する。1568年の初刊以後、複数の板本が現存し、一般的に『続蒙求』と簡称する[52]。1659年（日本万治２）日本で薪浦寓舎題後本が復刊された。巻末に「万治弍年己亥五月吉日大和田九左衛門」の刊記がある。享保年間には官版本も出現した。

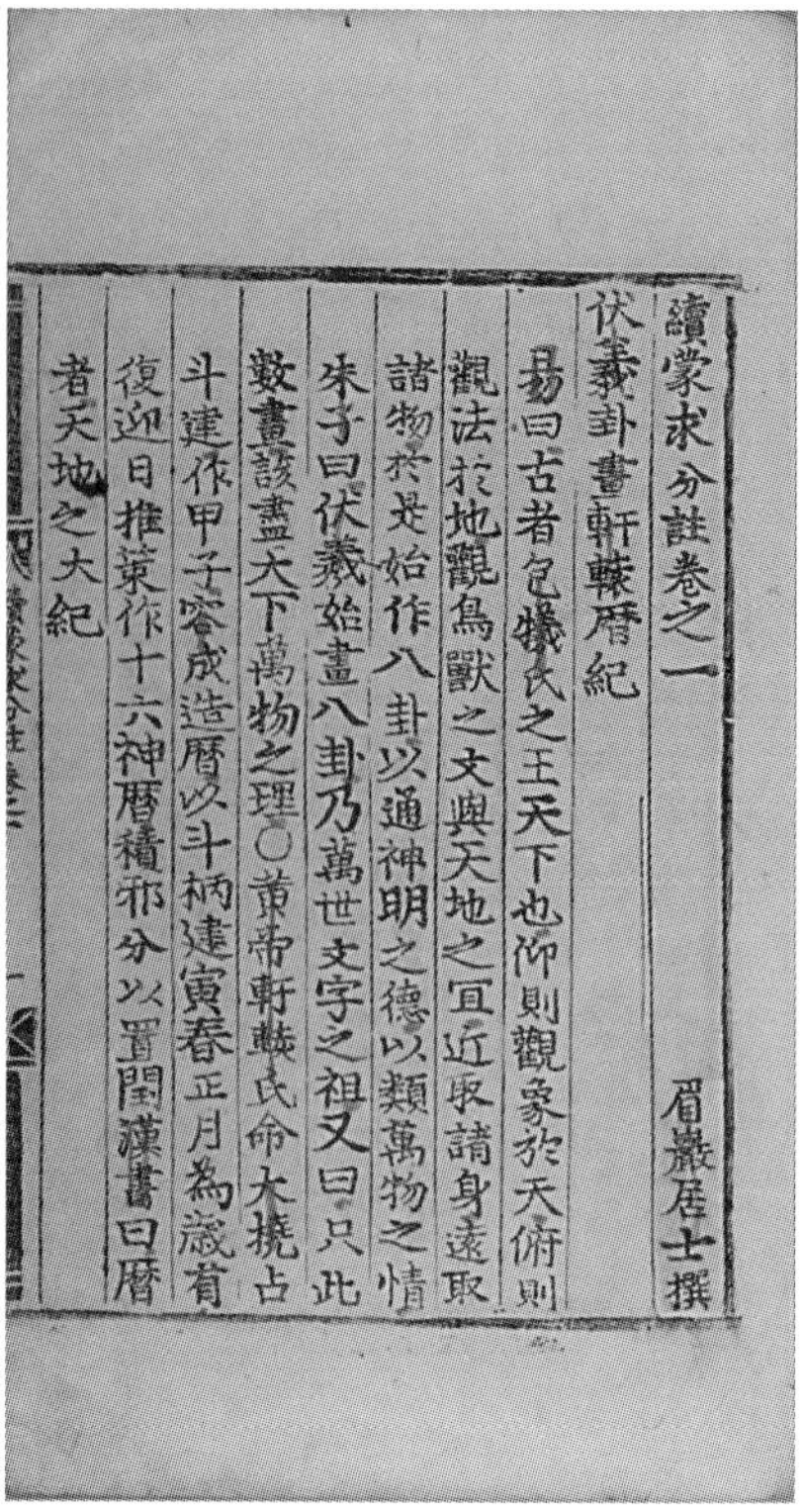
續蒙求分註卷之一　眉巖居士撰
伏羲卦畫軒轅曆紀
易曰古者包犧氏之王天下也仰則觀象於天俯則
觀法於地觀鳥獸之文與天地之宜近取諸身遠取
諸物於是始作八卦以通神明之德以類萬物之情
朱子曰伏羲始畫八卦乃萬世文字之祖又曰只此
數畫該盡天下萬物之理○黃帝軒轅氏命大撓占
斗建作甲子容成造曆以斗柄建寅春正月為歲首
復迎日推策作十六神曆積邪分以置閏漢書曰曆
者天地之大紀

図３　（公財）東洋文庫蔵『続蒙求分註』

胡曽の『詠史詩』は高麗末から流行した。李斉賢は1342年（忠恵王復位３）56歳に官途から隠退して作った『櫟翁稗説』の後集で「李銀台［李仁老］と李文順［李奎報］にも詠史詩数十篇があるが、胡曽と“伯仲之間”」と論評した。

16世紀後半には、（明）程敏政編の『詠史絶句』が流行した。（明）程敏政編（明）楊一清の後識に、程敏政の1482年序文を持つ木版本が朝鮮に輸入され、尹安仁後書の板本が1554年（朝鮮中宗29）黄海道海州で刊行された。本来の木版本はまだ確認されていない。高麗大学校中央図書館の薪菴文庫に伝写本が蔵されている[53]。

②『小学』

『小学』は、朱熹の弟子の劉子澄が、師匠の指示に従って編纂したもので、南宋淳熙14年（1187）に完成した。韓国には高麗末に輸入されたと推定され、権近等の上疏によって朝鮮初期には科挙試験の教材となった[54]。朝鮮初期には司訳院の教材として『直解小学』が編纂される。朝鮮では特に明の何士信の『小学集成』、程愈の『小学集説』、呉訥の『小学集解』、陳選の『小学集注』などを受容した。

世宗は在位７年（1425）12月23日（戊子）、四部学堂で使うため『集成小学』100巻を中

国から購入するように命じた。世宗10年（1428）9月8日（丁巳）、判府事の許稠は当時の板刻は文字が多く欠けていることを指摘し、自分が奉じた『集成小学』を鋳字所で印刷するよう請うた[55]。世宗は翌年（在位11年、1429）許誠に命じて『集成小学』（諸儒標題註疏小学集成）を刊行し、「宣徳四年己酉（=1429）」に鄭麟趾が跋文を書いた。その後在位18年（1436）、金汶に命じて『小学集成』を校讐し、初鋳甲寅字で刊行した[56]。中宗は在位13年（1518）、金詮・崔淑生らに命じて士信の『小学集成』を底本として『翻訳小学』10巻を編み[57]、7月2日（己亥）に『小学』を勧める教書を下して『翻訳小学』1,300部を配布した。

一方、『小学輯説』は、明成化22年（1486）、程愈が李晦之・李継宗とともに『小学』を討論し、朱熹の本注（実は劉子澄の注）に基づきつつ諸家の学説を参考して註解を加えた。

宣祖代には校正庁から『小学諺解』を刊行するに至った。庚辰字本6巻4冊の完帙が陶山書院にある。また李珥は諸家の註を集めて『小学諸家集註』を編んだ。孝宗代に全州で木版で刊行され、1666年（顕宗7）に訓錬都監字本で刊行された。顕宗は弘文館に『小学諺解』の改正を命じた[58]。粛宗20年（1694）には李珥の『集註』に御製序文をつけて刊行された[59]。英祖は在位20年（1744）正月、粛宗御製序文を付して刊行した『小学集註』の改正を弘文館に指示した。なお、世宗の『資治通鑑思政殿訓義』の例にならって自ら文臣と一緒に章ごとに註を加えて編輯し、それを「宣政殿訓義」と命名しようとした[60]。同年2月、『小学訓義』6巻4冊が刊行された。英祖に続いで正祖は『小学訓義』の義例の校正を命じ[61]、朱子の本註を『小学訓義』に添加した[62]。ところで、正祖は「小学」の詞に修身書として『小学』を指す概念と、字学の概念とがあることを認識していた。そして、朱子が「文字をもって小学を為す［以文字爲小學］」という観念について講究していなかったことは、決してないと考え、「文字策」を掲示した[63]。

18世紀に至って李遂浩（1743-1797）は、李珥の『小学諸家集註』を疏釈する意図で『小学増註集解』を完成させる。宋煥箕（1728-1807）が1800年に書いた序文をもつ木版本が形成された。

③『通鑑節要』と『史略』

1381年春、鶏林府尹の朴公（名は未詳）は、江州兵馬使として晋陽牧使を兼ねたが、典理判書の河崙に請うて木工を募集し、司馬光撰・江贄節要の『少微家塾点校附音通鑑節要』50巻・続編30巻、全40冊の重刊を始めた。途中で朴公は交替して中央に戻り、江陵通判の崔云嗣が晋陽牧使の林子安とともに重刊を果たした。李詹（1345-1405）は、その事実を跋文で明らかにしている[64]。

朝鮮時代における文章学習には史略類の書物も影響を及ぼした。朝鮮前期には、元の胡一桂が三皇五帝から五代までの十七史の史実を集めて史評を加えた『十七史纂古今通要』17巻、元の曾先之の『古今歴代十八史略』、明の余進が補完した『古今歴代標題註釈十九史略通攷』 8 巻が広く読まれた。『十七史纂古今通要』は、1412年（太宗12） 6 月に癸未字で刊行された。『十八史略』は、1452年（壬申、端宗即位年）8月戊辰に頒賜された。日本足利学校蔵の庚午字本10巻10冊がこの板本であると推定される[65]。『古今歴代標題註釈十九史略通攷』は乙亥字本と再鋳甲寅字（庚辰字）本がある。1585年（宣祖18）頃の庚辰字翻印本もある[66]。1744年（英祖20）には、英祖の「題史略巻首詩」を巻頭に附したテキストを戊申字で刊行し、1785年（正祖 9 ）には、鄭昌順が『明史』を合わせて『十九史略通考』を丁酉字で刊行した。

（宋）江贄撰（宋）劉恕編、史炤音釈（明）王逢輯義、劉剡増校の『少微通鑑輯釈』は、版種が多様である。蓬左文庫に再鋳甲寅字本（庚辰字本）上下 2 冊、ソウル大学校奎章閣に再鋳甲寅字本零本 1 冊が蔵されている。

④『欧蘇手簡』

ハングルを創製した朝鮮の世宗大王は潜邸時に『欧蘇手簡』を30回以上も読んで暗記したという。この書は、杜仁傑が宋の欧陽脩（1007-1072）と蘇軾（1036-1101）の尺牘を集めたものである。杜仁傑は済南長清［今の山東省に属する］の人で、金国末、麻革、張澄とともに元好問に従って内江山に隠居した。杜仁傑の序文に「壬辰年、北に川を渡ってきた」という事実に言及しているので、『欧蘇手簡』は金末に現れたことが推測できる[67]。世宗は潜邸時に『欧蘇手簡』を耽読し、その事実は『世宗実録』世宗 5 年（1423、癸卯）12月23日（庚午）の記録や『端宗実録』端宗元年（1453、癸酉） 6 月13日（戊戌）の藝文大提学尹炯の卒記で確認できる。

『欧蘇手簡』は朝鮮建国の翌年の1393年（朝鮮太祖 2 ）、慶尚道甫州［醴泉郡］で木版 4 巻で刊行された。ソウル大奎章閣の一蓑文庫蔵の木版本（一蓑895.16G93g）をみると、欧陽脩尺牘119篇、蘇軾尺牘136篇が収録されている。巻末の「洪武貳什陸年癸酉六月日甫州官改板」とする刊記を見ると、慶尚道按廉副使沈孝生（1349-1398）と同知甫州事鄭道尊の刊刻を主導したことが分かる。

『欧蘇手簡』は1450年、清州で増補本である 6 巻本が刊行された。蘇軾の尺牘・書・記からなる 1 巻（第 5 巻）と韓愈の書 2 篇と各種書式からなる 1 巻（第 6 巻）が附されており、奉訓郎清州牧判官の田稠生の主宰で完成した。清州教授官の楊洵が景泰庚午閏正月に作成した跋文によると、寺刹の刻手を動員して板刻したことが分かる。『攷事撮要』冊

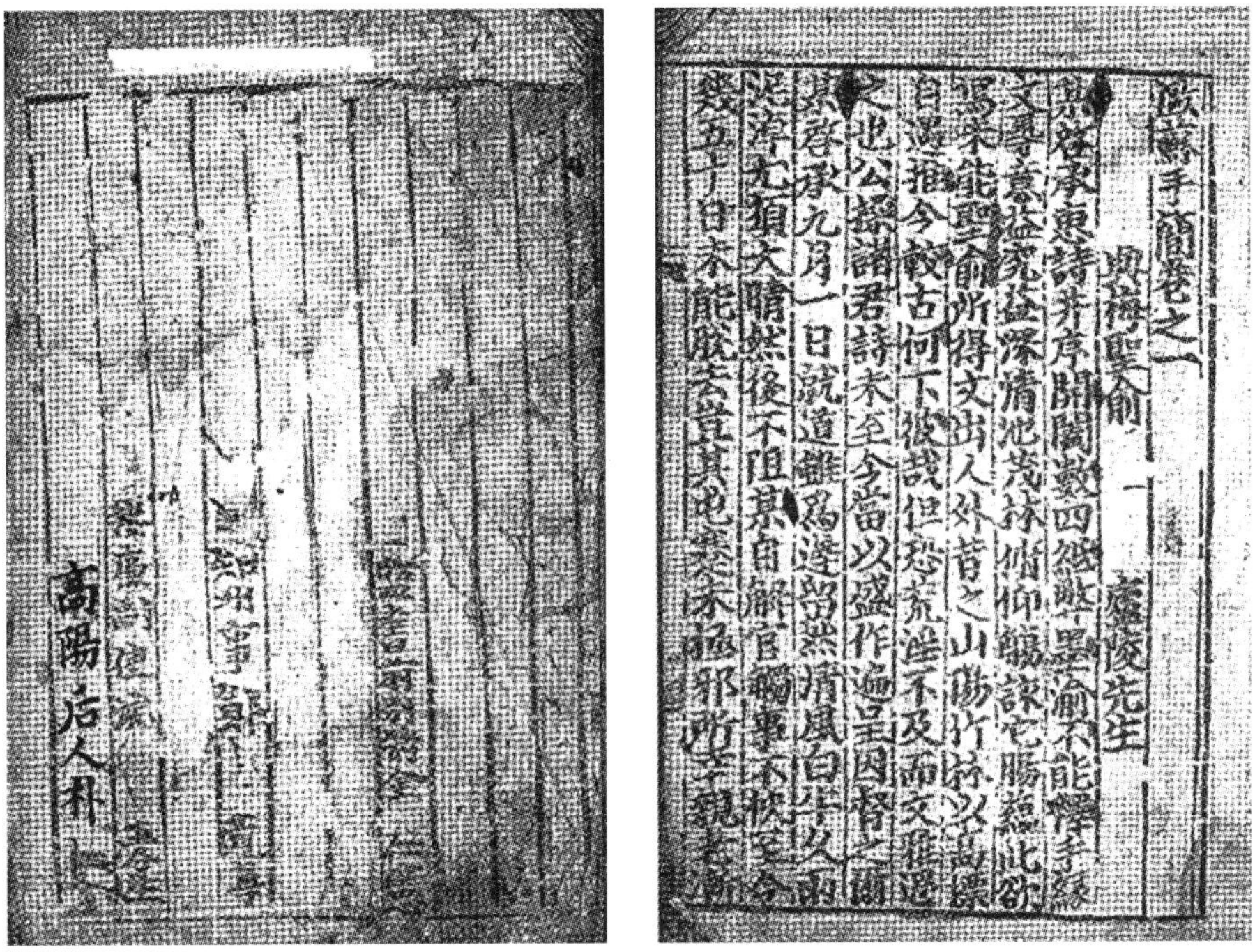

図４　ソウル大学校 奎章閣蔵『欧蘇手簡』

版目録によると、壬辰倭乱以前に清州・洪州・谷山・醴泉等の地に木版があったが、清州で保管していたものはこの６巻本であったと推測される。1674年には『欧蘇手簡抄選』が晋州牧使の南夢賚（1620-1681）によって刊刻された。不分巻50張であり、欧陽脩の書簡47篇（49篇）、蘇軾の書簡95篇、合わせて142篇（144篇）の書簡を収録する[68]。

⑤『詳説古文真宝大全』及び古文関係の註解本の復刊

『古文真宝』のテキストの一つ、『詳説古文真宝大全』は、朝鮮の漢文文体に大きな影響を与えた。

そもそも元初に陳櫟が古文101篇を選して批点と註釈を加え、『批点古文』[批点百篇古文]を編纂したが、元末に林楨が、それとは別に詩文を選し註釈を附けて『善本大字諸儒箋解古文真宝』を編んだ。更に明初の1437年頃、劉剡が『批点古文』101篇と『善本大字諸儒箋解古文真宝』後集29篇を合編して『詳説古文真宝大全』を編纂した[69]。通用のテキストは、黄堅が編纂したものに宋伯貞が音釈を附け、劉剡が校正をしたものを詹氏が刊行したと知られている。前集（詩）12巻、後集（文）10巻である。高麗末の田禄生は『善本大字諸儒箋解古文真宝』を刪増したが、それを底本とする無註本を合浦で木版により刊行した。この書は、1420年（世宗２）に姜淮伯が原形どおりに沃川で覆刻した[70]。その後、1450年（世宗元年）明使の倪謙が『詳説古文真宝大全』を齎し、1452年（端宗即位年）８

月 8 日（戊辰）『詳説古文真宝』を庚午字で刊行、頒賜した[71]。1472年にはこの『詳説古文真宝』を慶尚道晋州で刊行し、金宗直が跋文を書いている[72]。

真徳秀の『文章正宗』や謝枋得の『古文軌範』も朝鮮前期に広く流通し、菁華傍点と字眼円点による『文章正宗』の評点方式は、朝鮮後期まで相当に大きな影響を及ぼした[73]。『古文軌範』の最も早い板本は1549年（明宗 4 ）に杆城で板刻した木版本である。『続古文軌範』は、王守仁（陽明）の弟子の鄒守益が秦漢から明代までの文章を選したもので、評林本と五百家註本の二つの系列がある。朝鮮後期には、『古文真宝』と『古文軌範』を合刻した木版本が盛んに行われた。『鏤板考』に著録された玉果県蔵板の『古文真宝大全』前集12巻後集10巻（末附文章軌範 1 巻）は、その一例である[74]。

一方、1555年（明宗10）には、明の呉訥の『文章弁体』22冊を甲辰字で刊行、頒賜した[75]。この本は、文体を分類して文章を選別する一方、文体ごとに序説を冠して文章の源流を論じている。

⑥『剪灯新話句解』

『剪灯新話句解』は、明宗年間に庶孼出身の吏文学官である林芑が主に句解をし、尹春年（1514–1567）の諮問を受けて完成した。吏文学官である林芑が『剪灯新話』を句解し尹春年が彼を支援したのは、『剪灯新話』が初学者の漢文学習と、衙前や下級官吏の文書練習に役立つからであった。垂胡子林芑の「剪灯新話句解跋」と滄洲尹春年の「題註解剪灯新話後」によると、林芑と尹春年が一緒に『剪灯新話』に註釈を開始したが、尹春年が喪に服し、宣城（現在の交河）へ去ったため、林芑が単独で註解を完成させ、1547年に礼部令史の宋糞に刊行を請うた。そこで宋糞は木活字を利用し、1549年に初刊本を刊行した。しかし、誤字脱字が多かったため歓迎はされず、後に尹春年が校書館提調になると、館員の尹継延により、木板で再度刊行する稟議が出された。林芑が初刊本の註解を整理し、尹春年がこれを訂正、1559年に尹継延が校書館で木板を用いて再刊している。1564年に尹春年が「題註解剪灯新話後」を書きつつ、更にもう一度刊行した可能性がある。奎章閣に所蔵される『剪灯新話句解』（古貴895.1308-G93j-v.1-2）は再刊本で、上巻の最初の面の下段に「伊達伯觀瀾閣圖書印」の方印がある。伊達政宗は壬辰倭乱の際に侵略し、多くの書籍を持ち去ったが、奎章閣本『剪灯新話句解』もその一つである。同書は末松保和が、日韓会談以降にソウル大学校奎章閣に寄贈したものである[76]。

内閣文庫蔵朝鮮刊本『剪灯新話句解』には、巻頭と巻末に林羅山の筆蹟で序跋文が記録されている。奎章閣本と同一の規格と内容で、林芑の跋文の後に尹春年の「題註解剪燈新話後」が再度収録されており、最終行に「壬寅之冬十月初五於旅軒燈下而終朱墨之點書生

林信勝識之」とある。内閣文庫蔵本は1564年に尹春年の跋を載せて刊行した三刊本の系統らしい[77]。奎章閣本および内閣文庫本など文禄慶長の役以前の板本と、その他の朝鮮時代後期の板本との違いは、上巻第５「聯芳樓記」における、断句表示である句点の有無にある。林芑は断句はしたものの、明板本の断句とは異なり、文禄慶長の役以前の板本は明板本の断句もそのままにして刊刻した。それがすなわち次の部分である。

(a)［推定される明板本の断句方式］

呉郡富室有姓薛者至正初居於閶闔門外以糶米爲業有二女長曰蘭英次曰惠英皆聰明秀麗能爲詩賦遂於宅後建一樓以處之名曰蘭惠聯芳之樓適承天寺僧雪窗善以水墨寫［句］蘭惠乃以粉塗四壁邀其繪畫於上登之者藹然如入春風之室矣二女日夕於間吟詠不輟有詩數百首號聯芳集

(b)［林芑句解の断句方式］

呉郡富室有姓薛者．至正初．居於閶闔門外．以糶米爲業．有二女．長曰蘭英．次曰惠英．皆聰明秀麗．能爲詩賦．遂於宅後建一樓．以處之．名曰蘭惠聯芳之樓．適承天寺僧雪窗．善以水墨．寫［句］蘭惠．乃以粉塗四壁．邀其繪畫於上．登之者．藹然如入春風之室矣．二女．日夕於間．吟詠不輟．有詩數百首．號聯芳集．

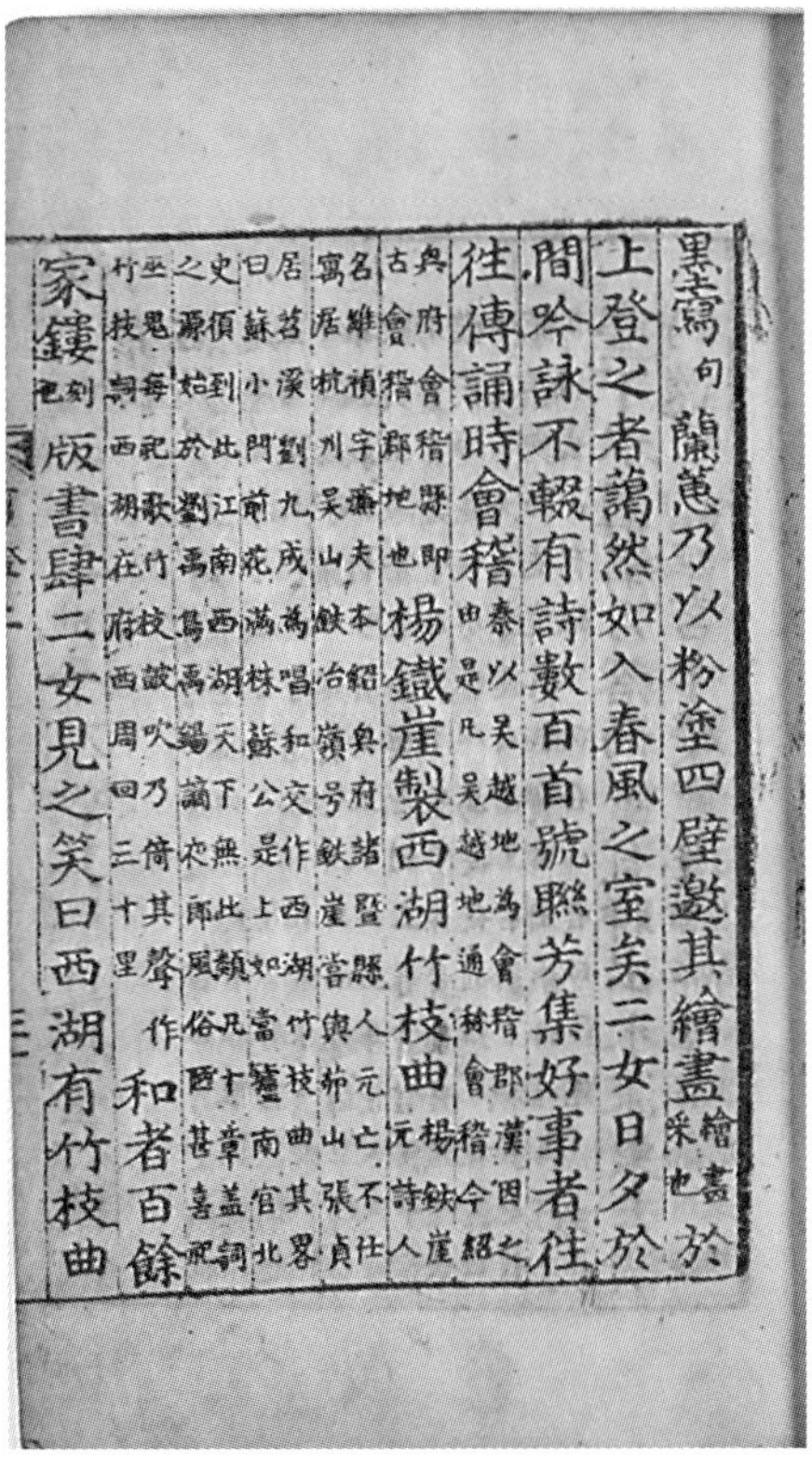
墨寫 句 蘭蕙乃以粉塗四壁邀其繪畫 繪畫采也 於
上登之者藹然如入春風之室矣二女日夕於
間吟詠不輟有詩數百首號聯芳集好事者往
往傳誦時會稽楊鐵崖製西湖竹枝曲
和者百餘
家鏤版書肆二女見之笑曰西湖有竹枝曲

図５　大阪府立中之島図書館蔵『剪灯新話句解』

(a)明板本の断句方式による解釈と、(b)林芑句解の断句方式による解釈とは、互いに異なる。意味上、また句文構造から見るときは(a)が正しい。しかし、林芑は(b)のような意味で見たために明板本とは異なる断句を施しつつ、明板本の断句表示はそのまま残している。

また、『剪灯新話』上巻第２、「三山福地誌」の最初の文章に「元自実、山東人也」とあるのに対し、『句解』に「本朝合兗青之地、爲山東道」とあるのを見ると、林芑が底本とした明板本には地名などの固有名詞への若干の割注があったのではないかと思われる。

(2) 韻書と類書

①韻書

高麗後期に当たる11世紀、遼の行均が997年に漢字の部首と四声を基準に作った『龍龕手鏡』を覆刻した。高麗大学校図書館六堂文庫に11世紀頃、羅州牧で刊行された木版本1冊の零本（巻3、4）があり、金剛山楡岾寺で発見された『龍龕手鏡』巻1の影印本が伝わる。元本『龍龕手鏡』は、南宋代に『龍龕手鑑』と名が変わって刊行された。朝鮮本『龍龕手鑑』は高麗本『龍龕手鏡』と異なり、異体字の処理、部首の修正、誤謬の修正と基準となる字形の提示、字音の補完と修正などを試みている(78)。つまり、朝鮮本『龍龕手鑑』は高麗重刊本『龍龕手鏡』を継承しつつも、体系と内容の面で大々的な増補を加えている。

○高麗本『龍龕手鏡』:「鏡」字がそのまま書かれていることから、原本に最も近い板本と推定。金剛山楡岾寺所蔵、巻1の部分の1冊と、崔南善所蔵の巻3・巻4を合綴した1冊（現在は高麗大が所蔵）が現存する。巻1には行均の「統和十五年丁酉七月一日癸亥序」があり、巻3-4には「羅州牧借官雕刻四巻入九十三丈、司録掌書記借良醞令權得齡」の記録がある(79)。

○朝鮮前期刊行本『龍龕手鑑』

(a)1472年（朝鮮成宗3）、仁粋大妃（文定王后）刊行と推定される活字本。内閣文庫旧蔵本である。1973年、東京で影印（1995年第2版印刷）。

(b)1563年（朝鮮明宗18）、黄海道瑞興郡帰真寺で刊行された木版本8巻8冊。奎章閣に2種があり、日本では京都大学・龍谷大学・陽明文庫にも所蔵されている。「嘉靖四十二年 高徳山帰真寺開板」との刊記がある。また、「大功徳主 判禪宗事都大禪師兼奉恩寺住持普雨 判敎宗事都大敎師兼奉先寺住持天則」とあり、僧侶の普雨と天則が刊行に参与したことが分かる。内容と体裁を見るに、仁粋大妃刊行本の翻刻本である。

高麗時代中・後葉において、韓国の音韻学と漢文学に最も大きな影響を及ぼしたのは『礼部韻略』と『古今韻会挙要』である。明の太祖8年に当たる1375年には『洪武正韻』が刊行されたが、この韻書は朝鮮初期の韻学や訓民正音学に大きな影響を与えた(80)。

高麗の徳宗年間（1031-1034）に『礼部韻略』が輸入され、いくらも経たず復刊されてい

る。『礼部韻略』の韻目「礼部韻」は、いわば「詩韻」として活用された。高麗・朝鮮時代には『礼部韻略』の多種の板本の中でも王文郁の『排字礼部韻略』が活用された。ソウル大学校奎章閣には『排字礼部韻略』の異本が多く収蔵される。巻末に「大徳庚子（1300）良月（10月）梅谿書院刊行」の刊記を備える板本は、1300年に中国で出現した板本を覆刻した際に元の板本の刊記までも覆刻したものと見られる。奎章閣所蔵の『排字礼部韻略』のうち、刊行時期が最も早いものは16世紀初めの乙亥字本である。また、紙背に1567-1573年（宣祖 1－6）に忠清道の地方守令らが清州の観察使に送る牒呈を使用した木版本がある。1573年に嶺東で刊行されたもの（李謙魯所蔵）と同じ板本らしい。17世紀の木版本として 4 種があり、1678年（粛宗 4）刊の戊申字本 1 種がある。17世紀の木版本としては、孫起陽の序文と丁敏道の跋文を備える1615年（光海君 7）刊行本、1658年（孝宗 9）の平壌重刊本、1679年（粛宗 5）重刊本、同時期に刊行された別途の木版本がある。18世紀の板本としては、「甲寅春月 鏡城府刊」の刊記を持つ1734年（英祖10）刊木版本がある。また、姜世晃（1712-1791）が1780年頃に作成した『古冊板有処攷』には、鏡城府に『排字礼部韻略』の冊版があるという記録がある。その他にも、正確な刊記は分からないものの、朝鮮後期に刊行された木版本が多数存在する(81)。

奎章閣所蔵の『排字礼部韻略』は、4 巻本と 5 巻本の二種類に分けられる。4 巻本は 5 巻本の上声と去声を同じ巻に収録する。4 巻本は巻首題に「上去聲同音類集」という表現を用いた後、上声と去声の部分全てを一つの巻で扱い、上声の初めの韻の後ろに去声の初めの韻を配列する体裁となっている。元以後、中国漢字音において上声と去声の統合現象が発生したのを反映するものと見られる。

また、朝鮮時代初めの朝廷と学界では、韻書として『古今韻会挙要』を重視する一方、明の『洪武正韻』を受け入れ漢字音をハングルで注音した『洪武正韻訳訓』が刊行された。そして、この『洪武正韻』を基礎に漢字音を添えた『東国正韻』を編纂する。その頃、編者未詳の『三韻通攷』が完成した。これを土臺に1702年には朴斗世の『三韻補遺』、粛宗代には金済謙・成孝基の『増補三韻通考』が出現。1747年（英祖23）には朴性源が『華東正音通釈韻考』を編み、『三韻通考』にハングル音が示され、正祖代に洪啓禧が字を増補して『三韻声彙』を編んでいる。ところで、正祖は『三韻通考』以来、朝鮮の韻書が平上去の 3 声を一つの字面に配し、入声を別途配置してきたことを批判し、4 声を一つの面に配列して『奎章全韻』を編纂させた。

②類書

近代以前の韓国では、中国の類書を参照しつつ、独自の類書と漢字語彙集（物名類）の

編纂が始まっていた。高麗恭愍王13年の1364年には、当時元末江南に割拠していた明州司徒の方国珍が、高麗朝廷に『玉海』を献上したという記録がある[82]。以降、朝鮮王朝三代王の太宗は太祖の御容を長生殿に奉安しようとし、在位 11年（1411） 5 月18日（戊寅）、歴代御容を奉安する制度を詳考するように議政府に命じたが、議政府は『玉海』を根拠にして、宋に御容奉安の制度があると報告した。その後、『玉海』は朝廷だけではなく、朝鮮士大夫の知識構築に大いに活用された。

『玉海』の例で見えるように、朝鮮王朝の朝廷は特に中国の制度や文物を研究するために中国の類書を多く活用した。朝鮮王朝の建国の理念を掲げ、また建国の後の新制度の整備に励んだ鄭道伝（1337-1398）は、1395年に『経済文鑑』を編纂する際、『周礼訂義』・『西山読書記』・『文献通考』・『山堂考索』を参考にした[83]。『周礼訂義』と『山堂考索』は王安石の新法を含む事功学系列の書物である。

馬端臨の『文献通考』は1402年（朝鮮太宗 2 ）の明の建文帝欽賜本を使節の趙温が賫来したという記録があるものの、その朝鮮への伝来は高麗末にすでに行われたはずである。1558年（朝鮮明宗13、中国嘉靖37）内賜の甲辰字本があり、すくなくともその頃には、朝鮮で同書の活字印刷が行われていたことがわかる。韓国陶山書院に司憲府執義の李仲樑へ下賜された本があり、日本国立公文書館内閣文庫に、同じ時期に弘文館直提学の尹毅中へ下賜された本（140巻）がある。内閣文庫本は日本の『幕府書物方日記』に著録された朝鮮本『文献通考』である可能性が高い[84]。

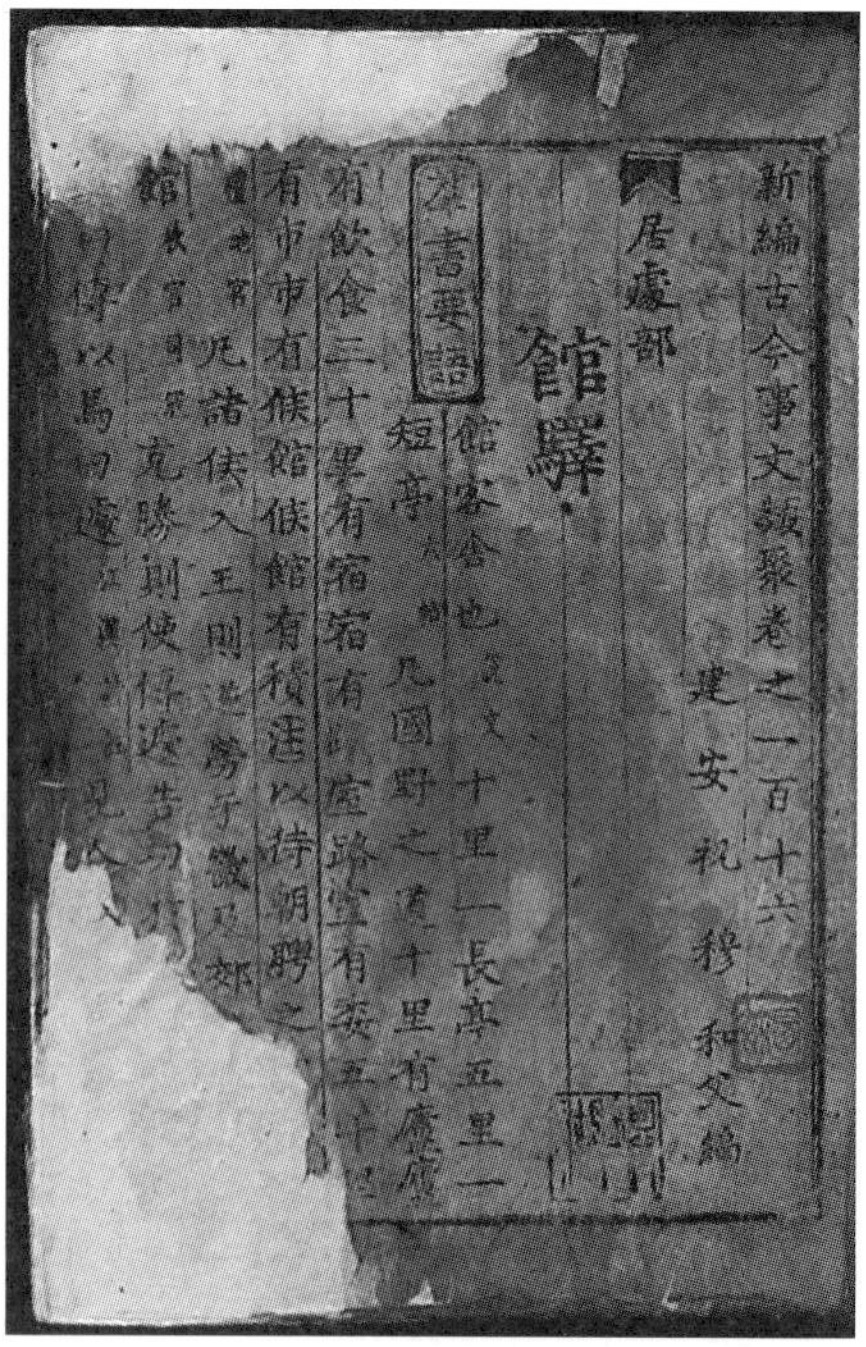

図 6　Harvard-Yenching Library蔵『新編古今事文類聚』

既にみたように、明宗15年の1560年には杜佑の『通典』についても、朝鮮乙亥字本が内賜された。この時期になって朱子学者の士大夫階層が以前より膨らみ、彼らの主導する政局において中国制度の体系的な研究が行われ、士大夫階層の間に知識の拡張が求められ、中国類書の閲覧の需要が急増したためであると推測できる。

中国の類書で朝鮮の知識人に大きな影響を与えたものを簡略に紹介すると次のとおり。

(a)　南宋末―元初、陳元靚の『新編纂図増類群書類要事林広記』（『事林広記』）は挿図を利用した類書である。元・明を経て刪改・増補され、名称も「新編纂図増類群書類要事林広記」「纂

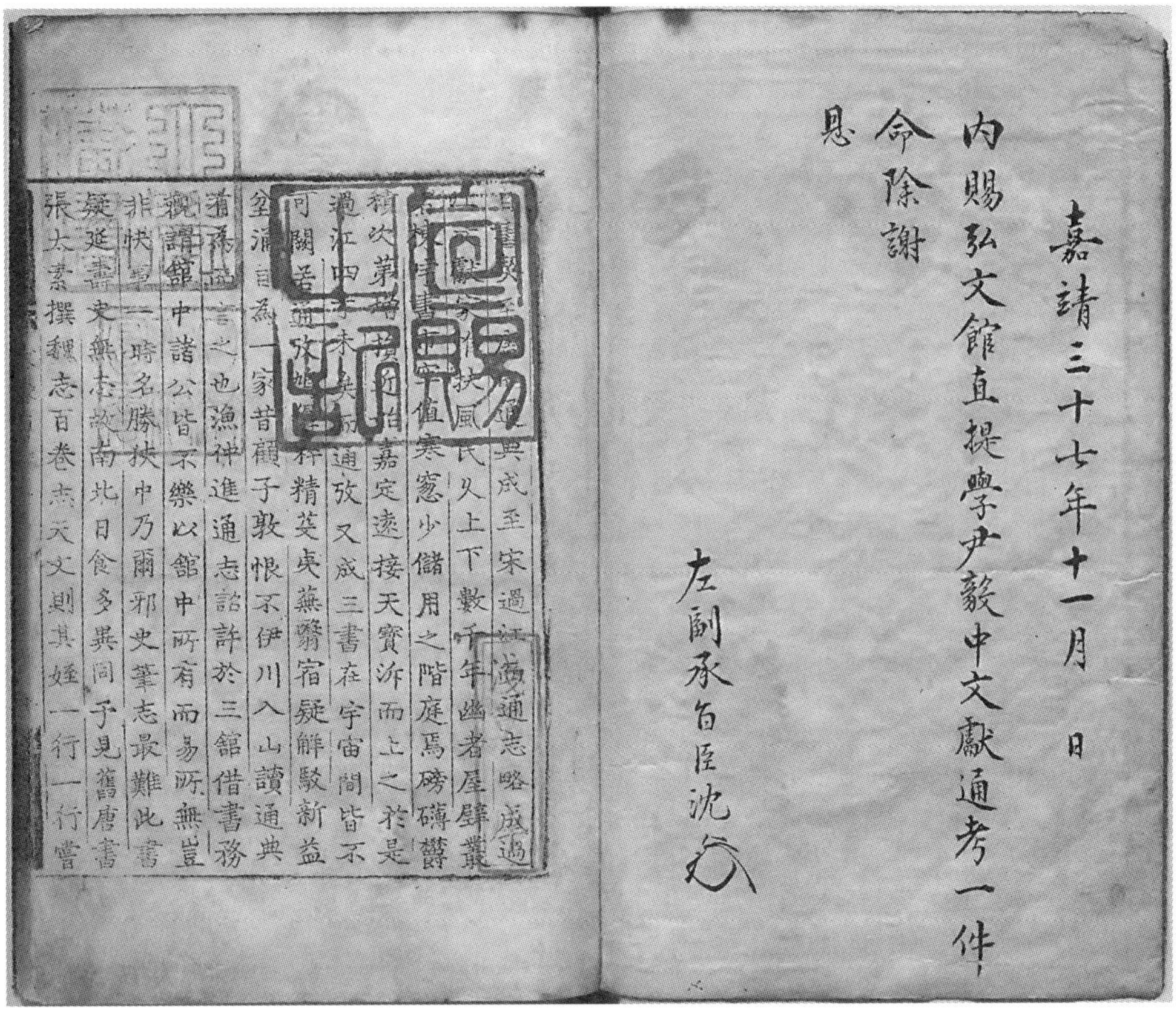

図7　国立公文書館内閣文庫蔵 内賜本『文献通考』

図増新群書類要事林広記」「重編群書類要事林広記」等に変えられている[85]。

(b)　宋の祝穆の『(新編古今) 事文類聚』諸集は、朝鮮でいずれも覆刻される[86]。劉応李の『新編事文類聚翰墨全書』(『翰墨全書』) は 覆刻されなかったが、宣祖代に李滉は故実の検討に『翰墨全書』を使用した。『東医宝鑑』も情報源として同書を利用している。

(c)　明の彭大翼が1595年 (万暦23) に編纂した『山堂肆考』は張維らが『谿谷漫筆』で引用する等、朝鮮後期の学界に影響を及ぼした。『山堂肆考』は周顕の金陵書林で240巻 (補遺12巻含む) 80冊、10冊1套 (金・石・糸・竹・匏・土・革・木) の形態で刊行される。その後、同書が散逸すると、1619年 (万暦47) に彭大翼の孫の婿の張幼学が梅墅石渠閣で60冊の増補本を刊行した。

(d)　万暦年間に王圻・王思義の編纂した『三才図会』106巻は、絵図形式の類書である。江戸時代、大阪の漢方医、寺島良安 (名は尚順) は『三才図会』を模範に挿画を添付して1712年 (日本正徳 2) に『和漢三才図会』105巻81冊を出版する。1748年に通信使として日本を訪れた曺命采編集の『奉使日本時見聞録』にその名が現れる。

1764年の癸未使行の際に元重挙と成大中の一行がもたらした『和漢三才図会』は周辺の人物に広められた[87]。

(e) 清代では、1701年に『淵鑑類函』150巻、1711年に『佩文韻府』444巻、1726年に『駢字類編』240巻が現れる。1726年から1728年の間には『古今図書集成』正文1万巻・目録40巻が、5,020冊で印刷された。

朝鮮後期、漢字語彙集と類書が発達する中、論理的に思考した結果としての知識情報と、経験的に検討した事物と事項の名を、一定の基準に沿って分類する方式を樹立する必要性が擡頭した。このとき、初めは中国の類書等の分類を参照したものの、次第に新たな分類基準が樹立され、事案に符合する分類項目を作成するようになった。また、類書のなかには「載文」の体裁にとどまらず、標題項目についての文献考証と按説を添附した「雑考」の体裁を取るものも現れ始めた[88]。

(3) 科挙受験用書籍の受容と新撰

高麗時代から科挙を実施して以降、科挙受験用書籍を中国から輸入したり、国内で編纂したりすることが多かったようであるが、高麗時代の事情はよく分かっていない。『世宗実録』巻55、世宗14年(1432)3月11日(庚午)条には、科挙で本を隠し持って剽窃する生徒に応試をやめさせせよとの教書が作られている。当時、世宗は『源流至論』『策学提綱』『丹墀独対』『宋元播芳』等を科挙受験の参考書として尊重していた。これ以降、『端宗実録』巻2、端宗即位年(1452)8月23日(癸未)、中国の使臣が明倫堂で秀才と講論した記事を見ると、当時は『三場文選』と『文範』といった科挙受験用の図式が、広く利用されていたことが分かる[89]。朝鮮前期には中央と地方で、元・明の科挙受験用図書と進士・壮元の製述集を印刷し流布させていたが、漸次、朝鮮の文科・壮元の製述集を印刷するようになる。

①『源流至論』(『新箋決科古今源流至論』)

『源流至論』は、元来の書名を『新箋決科古今源流至論』といい、南宋の林絅と黄履翁によって編まれた書である。『古今源流至論』とも呼ばれる。前集10巻・後集10巻・続集10巻・別集10巻。前・後・続集は林駉が、別集は黄履翁の編。二人は朱熹の理学思想を正統思想と見た人物である。序は嘉熙丁酉(1237)に黄吉父が作成した[90]。朝鮮板本としては庚子字活字本を整版に改めた復刊本の残本が現存する。国立中央図書館所蔵本は「宣徳丁未(1427)仲夏日新書堂刊行」の元板を覆刻したもの。

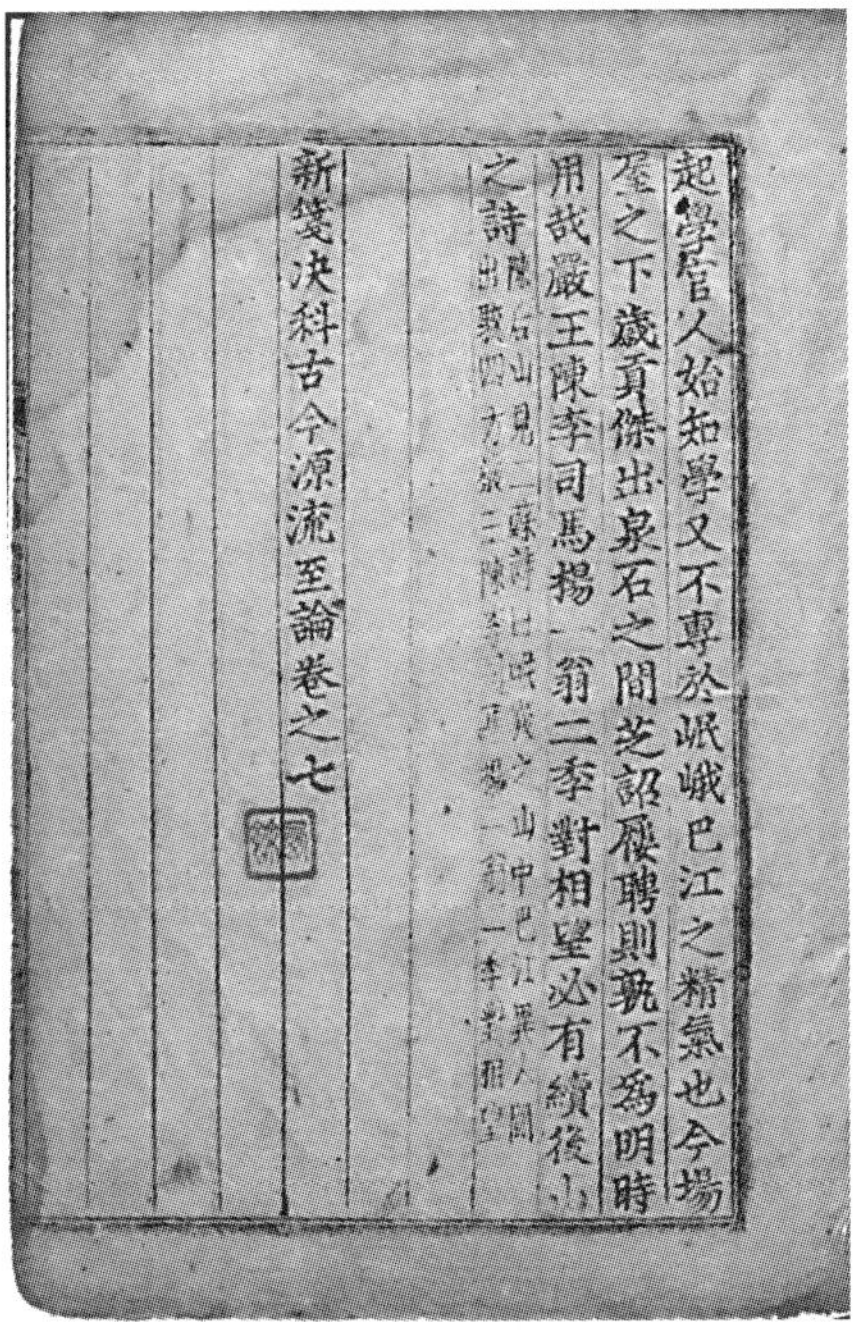

図８　Harvard-Yenching Library蔵 庚子字本『新箋决科古今源流至論』

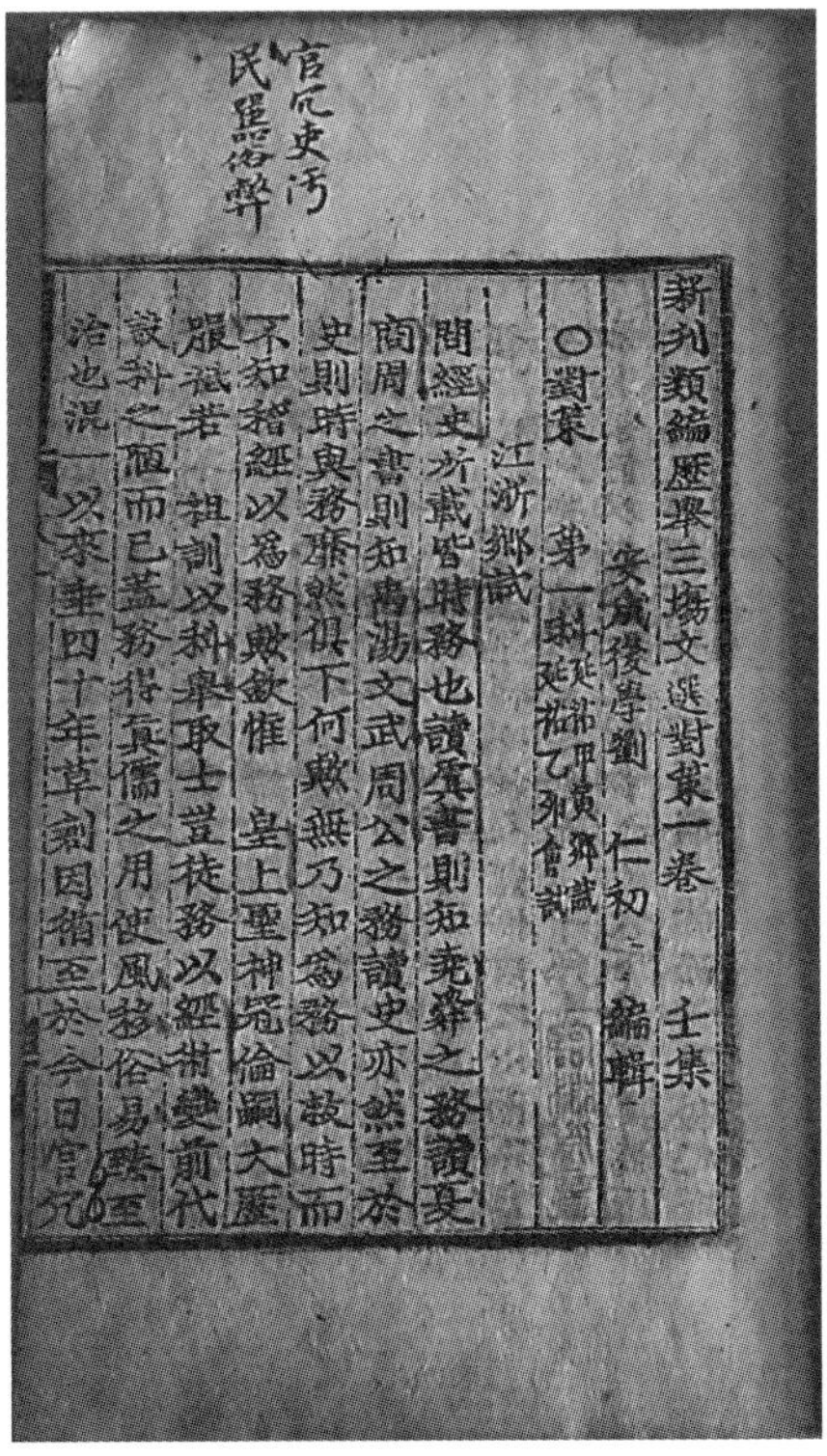

図９　高麗大 晩松文庫蔵 庚子字覆刻本『新刊類編歴挙三場文選対策』

②『文範』と『続文範』

『端宗実録』巻２、端宗即位年（1452）８月23日（癸未）の記事に、科挙受験用図書として「文範」という名が現れる。この名称と類似の科挙対策受験参考書には『文章軌範』と『続文章軌範』がある。しかし、後述するように、中和郡守の安瑺は『続文範』を編纂しつつ「樗林」編の「文範」をも参照したという。あるいは元の欧陽起鳴の『欧陽論範』を指すのかも知れない。『欧陽論範』は明の成化７年の賈奭の刻本が報告されている。1585年の木版本『攷事撮要』（南文閣影印本）とその日本写本の、平安道中和の条に、『続文範』とは別途、『文範』の冊版の名が登載されている。その冊版は「樗林」編次『文範』の冊版であった可能性が高い。安瑺が中和で『続文範』を編纂し、その板刻を主宰したのは、既に中和に『文範』の板木があり、その本が同地域で流通し、刺激を受けていたためらしい。

③『三場文選』（『新刊類編歴挙三場文選対策』）と『御試策』

『新刊類編歴挙三場文選』は略して『三場文選』とも言うが、元代に施行された科挙の答案を安成後学の劉仁初が編輯し、1341年６月に中国の江西省で刊行した書である。韓国でははじめ、その一部のみ『御試策』として刊行されたが、朝鮮の世宗―端宗年間に『新刊類編歴挙三場文選』全体を、木版本と金属活字本によって刊行した。国内に全34種が確認される。表題は『新刊類編歴挙三場文選古賦』巻１－８、『新刊類編歴挙三場文選対策』巻１－８、『新刊類編歴挙三場文選経疑』巻１－３である。『新刊類編歴挙三場文選古賦』巻１に、1341年に劉仁初の作成した「三場文選序」がある。『三場文選』につ

いての記録としては、『世宗実録』巻44、世宗11年（1429）5月28日（癸酉）条に印刷・頒布の記事がある[91]。梁誠之（1418-1482）も科文の弊害を是正するための方案として『三場文選』を印刷・頒布し、模範とするよう述べている。『御試策』は『新刊類編歴挙三場文選』10部72巻の第10部に収録された一部を朝鮮で抜萃し、印刷したものである。朝鮮前期には乙亥小字体木活字本[92]と甲辰字本が出た。

④『策学提綱』『丹墀独対』

『策学提綱』と『丹墀独対』は世宗が受験用図書として言及したものの、朝鮮において復刊された記録はまだ見つからない。両書は元の仁宗（1312-1320）が科挙制度を回復し国子監等全国の廟学と書院で儒学教育を振興させると、大元兀魯思（ウルス ulus、領地）の科挙では対策の科目を中心としたことから、これと関連して受験用図書として編纂されたらしい。元の池州路建徳県学・教諭の程端礼は、科挙考試学習法のために『程氏家塾読書分年日程』を編纂し、延祐2年（1315）に序文を作成した。朝鮮後期に安鼎福が『徳谷書斎月朔講会約』でこの読書分年日程を引用している。『策学提綱』は祝堯が編纂したらしい。祝堯は元の延祐5年（1318）に進士及第したが、歴代辞賦総集である『古賦弁体』を編纂する。また『丹墀独対』20巻は元の呉黼が編纂した。元刊本は現存せず、明の洪武19年の建安書林葉景逵広勤堂刊本がある[93]。

⑤『宋播芳』（聖宋名賢五百家播芳大全文粋）

『宋播芳』は、元の書名が『聖宋名賢五百家播芳大全文粋』であり、魏斉賢と葉棻が『宋文鑑』につづいて共編したものである。「宋播芳文粋」「宋播芳」と呼ばれた。南宋初版は百巻であったけれども、刊行後に広く販行され、葉棻が150巻に増補した。『四庫全書』には江蘇巡撫采進本『五百家播芳大全文粋』「一百十巻」が挙がっている。『世宗実録』を見ると、世宗6年（1424）1月11日（戊子）の条項に、大小文臣に鋳字所印刷の『宋播芳』を1部ずつ下賜したとある。世宗13年（1431）2月8日（癸卯）、世宗は礼曹をして中国で購買してくるよう命じた。また、文宗元年（1451）7月24日（庚申）、王命を受けた集賢殿が赴京使臣の購買する書籍の目録を奏上したが、これがすなわち『東巌周礼儀礼』『経伝通解』『続儀礼集伝』『集註通志』『中庸輯略』『資治通鑑総類』『通鑑本末』『宋史』『朱文公集』『宋朝名臣五百家播芳大全文粋』『続文章正宗』『備挙文言』『宋朝明臣奏議』などである。世宗代に刊行されたのは庚子字本だったらしい。現在、大韓民国国立中央図書館に『宋朝名賢五百家播芳大全文粋』巻4、33張が所蔵される。その後、乙亥字本が少なくとも1542年以前に刊行された。『聖宋名賢五百家播芳大全文粋』は東京の内閣文庫に所

蔵されている。同書は「嘉靖二十一年五月　日　内賜司諫院司諫金瑞星 宋播芳一件 命除謝恩」の内賜記を備える。一方、乙亥字本は国立中央図書館に巻 2（中下）、巻 3（上中下）のみ伝わる。北京図書館にも「宣賜之印」のある朝鮮古活字本が所蔵されているという(94)。

ところで、元代には『聖元名賢播芳続集』が出現する。『聖宋名賢五百家播芳大全文粋』の元集の後に『聖元名賢播芳続集』が続くものを『宋元播芳』と呼ぶ。高麗で1373年（高麗恭愍王22）に『聖元名賢播芳文粋』が印出される。藤本幸夫先生の『日本現存朝鮮本研究―集部』（京都大学出版会、2006）によると、宮内庁書陵部の旧養安院蔵書として、元刊本の覆刻本を後に印刷した板本がある(95)。また、内閣文庫には木板本 7 冊が蔵されている。巻第一上‑下『聖宋名賢百家播芳大全文粋』、続集巻一‑巻六『聖元名賢播芳続集』となる。乙亥字と甲辰字の活字本もある。

⑥『儷語編類』『殿策精粋』『東人策選』『東国壮元策』『策文』『東国論選』『続文範』

16世紀には科挙受験用参考書のうち儷語を選びだした木版本が現れる。李仁栄の『清芬室書目』によると、中宗年間に『儷語編類』が刊行されている。この清芬室所蔵本は、木活字本の残本 2 巻 2 冊である。国立中央図書館には古活字本（後期木活字）20巻の完帙がある。朝鮮の趙仁奎が編纂し1533年（中宗28）に序文を記した。また、対策文の教本として、李仁栄の『清芬室書目』に目をやると、中宗・宣祖年間に木活字で『殿策精粋』（2 巻 1 冊）、『東人策選』（1 巻 1 冊）、『東国壮元策』（甲集 1 巻 1 冊）、『策文』（1 巻 1 冊）などの刊行されたことが分かる(96)。『東国壮元策』だけは同一の種類の板本が現在、国立中央図書館、ソウル大学校図書館、一蓑文庫、山気文庫（故李謙魯氏文庫）などに蔵されており、その編纂者は金驥孫となっている（国立中央図書館から1979年に影印本を出版）(97)。稿者所蔵の木活字本『東国論選』は、16世紀の科挙受験用図書と同じ性格を持つ。同書は科試への対策として論類の佳篇を抜粋して編纂したものである(98)。

（4）法律礼制関聯の書籍

高麗末―朝鮮初までは元と明の礼制・法律を参考とし、現実を考慮して国内の礼制と法律を整備した。したがって、その頃には礼書と法律書を元と明から輸入し、場合によってはこれを復刊した。

①『至正条格』

『至正条格』は元の順宗（1333‑1367）が、在位 6 年（1346）当時の法律施行規則および細則を印刷したものである。清代に逸失したが、2002年に慶州の月城孫氏の宗家で元刊本の残本が発見され、2007年 8 月に韓国学中央研究院によって整理・出版された(99)。孫

氏所蔵残本『至正条格』2冊は、条格と断例がそれぞれ1冊ずつである。条格12巻374条、断例13巻426条で、断例全30巻の目録がある。慶州孫氏一族の孫士晟（1396-1477）は、世宗代の初めに承文院博士として『至正条格』50巻を刊行・配布する任を担った。

②『洪武礼制』

『洪武礼制』は、高麗末―朝鮮初に覆刻されたものと推定される木版本1冊が国立中央博物館にある(100)。世宗代に許稠らは『洪武礼制』を参酌し、『通典』『東国古今詳定礼』などから関連事項を採集して、『国朝五礼儀』を制定し始め、1474年（成宗5）に至って完成した。『洪武礼制』は、総目を見ると、一 進賀礼儀、二 出使礼儀、三 祭祀礼儀、四 服色、五 文武階勲、六 給授文職散官定式、七 吏員資格、八 奏啓本格式、九 行移体式、十 署押体式、十一 官吏俸給の11項目に分類されている。

③『大明集礼』

『大明集礼』は徐一夔・梁寅らが1369年（洪武2）8月に、詔勅により礼典の集大成を始め、翌年の1370年（洪武3）9月に53巻として刊行した書である。世宗は、その在位22年に当たる1440年に、金辛の進言を聞き、この書を購得させた(101)。以後、朝鮮朝廷では宮中の様々な儀式の節次と礼楽制度を定める際に、同書を屢々参考とした。また粛宗代の1692年（粛宗18）には、『大明集礼』を復刊している。当時、粛宗が序文を自ら作成し、承政院に下し、全体を繡梓せよと命じた。その際の序文が『粛宗実録』巻24、粛宗18年1月21日（己巳）条に記されている。当時刊行された木版本の序文の末尾は「歳在玄黙涒灘（壬申）孟春之月辛未序」となっている。

(5) 進講用書籍の輸入と新編

①『大学衍義』と『大学衍義補』

高麗末には史部の政法類も重視され、多くの本が刊行された。唐の太宗が編纂したとされる『帝範』はその一例である。李詹が作成した序文を有つ。

高麗末には南宋代に真徳秀の『大学衍義』が帝王学の教材として認められた。高麗恭愍王代に当たる1361年（恭愍王10）、尹沢が王の仏教信奉を諫めるための論拠とされたことがある(102)。恭譲王の即位後（1389年）に尹沢の孫、尹紹宗も「帝王之治」を行うなら『大学衍義』を進講すべしと要請した。朝鮮建国以後に太祖は、元年（1392）7月から劉敬・柳観を交代で入直させ、『大学衍義』を進講させた。さらに1403年（太宗3）10月、明の使節、黄儼・朴信は『大学衍義』を元子用書籍として献呈した。また1408年（太宗8）4月には、

世子の李禔が明に至り『大学衍義』を授与されている。以後は、『大学衍義』の朝鮮刊本として、世宗16年10月印出の甲寅字本、中宗22年6月朔旦の御製序文を付した甲寅字本、英祖年間（18世紀中葉）の三鋳甲寅字本、高宗7年（1870）の全州府河慶龍蔵版などが現れている。

朝鮮時代には『大学衍義』の節略本も3、4種が出現した。太宗は1409年に『大学衍義類編』を編ませたことがある(103)。成宗3年に当たる1472年（壬辰）の4月16日（壬午）には、李石亨らが『大学衍義』の煩文を削り、『高麗史』中の鑑戒とすべき記事を加えた『大学衍義輯略』21巻10帙を奏上すると、成宗は典校署をして開刊させた(104)。粛宗34年つまり1708年の5月5日（庚辰）、李正臣は8代祖の李石亨の『大学衍義輯略』を献上している。高麗大学校には高宗7年（1870）11月付の内賜記のある板本がある。

明の中葉の丘濬は、1477年から10年にわたって『大学衍義補』を著述し、帝王学において体用の完全な合一を成さねばならないという全体大用論を主張した(105)。同書は1487年（明成化23）に献呈され、1488年には御製序文を加えて刊行される。1494年（成宗25）正月7日（丁酉）、燕京から帰還した安琛が、同書を奏上すると、成宗はすぐさまこれを印刷するよう命令した(106)。なお1740年10月4日（辛丑）には、英祖が『大学衍義補』の中の朝鮮を夷貉と指称した文言を洗草させたという記録もある。正祖は春邸にいた際、『大学衍義』と『大学衍義補』を非常に好み、それらを節略して手批・評点を加えて来た上、即位後に『大学類義』20巻を編纂するよう命じている。

②『資治通鑑』と『資治通鑑綱目』

世宗は即位初から『資治通鑑』と『資治通鑑綱目』を思政殿で行われた経筵において進講させ、朝鮮の通鑑学を樹立した。世宗は在位3年に当たる1421年3月に、まず『資治通鑑綱目』を鋳字所で刊行するよう命じ、翌年冬に集賢殿の校正が終わると、1423年8月にこれを下賜した。さらに1434年（世宗16）6月には『資治通鑑訓義』を編纂するよう指示、大提学の尹淮らを御殿に毎晩来させて自ら校正し、9月丙申からは経筵を中断して同書の編纂に没頭する。1436年（世宗18）2月に『資治通鑑思政殿訓義』を頒布した。その成果物を鋳字所で印刷しようとしたとき、安止（1377-1464）が王命を受けて「資治通鑑訓義序」を作成した。『資治通鑑』に思政殿訓義を加えた『資治通鑑』（資治通鑑思政殿訓義）は、当時の甲寅字の活字で刊行されている。1436年（世宗18）2月、『資治通鑑思政殿訓義』を完成させ、『資治通鑑』（思政殿訓義本）を甲寅字で刊行した直後の同年7月に、世宗は再び集賢殿副校理の李季甸と金汶に、『通鑑綱目』に訓義を併入するよう指示した。李思哲と崔恒の校正を経て、晋陽大君（後の世祖）が大字を書いて鋳造した丙辰字で綱文を、

甲寅字で中小字である目子を印刷して『資治通鑑綱目』139巻を刊行した。これを「資治通鑑綱目思政殿訓義」と呼ぶこともある。1438年（世宗20）11月、集賢殿直提学の柳義孫（1398-1450）が「資治通鑑綱目訓義序」を書いた[107]。活字本『資治通鑑綱目』（資治通鑑綱目思政殿訓義）は木版本でも翻刻された。

安止の「資治通鑑訓義序」によると、通鑑訓義纂輯官は『源委』・胡註・『集覧』・『釈文』などを利用した。各書籍の具名は以下のとおり。

『源委』：趙完璧、『通鑑源委』（『資治通鑑源委』）。

胡註：胡三省、『資治通鑑音注』295巻[108]、至順年間刊行、西園精舎本（日本国立公文書館蔵）など元と明初の板本が多数現存。

『集覧』：（元）王幼学、『資治通鑑綱目集覧』59巻、明景泰元年（1450）魏氏仁実書堂刊。

『釈文』：（宋）史炤［撰］、『資治通鑑釈文』30巻、日本静嘉堂文庫所蔵本。『十万巻楼叢書』/［（清）陸心源輯］、第7-10冊。

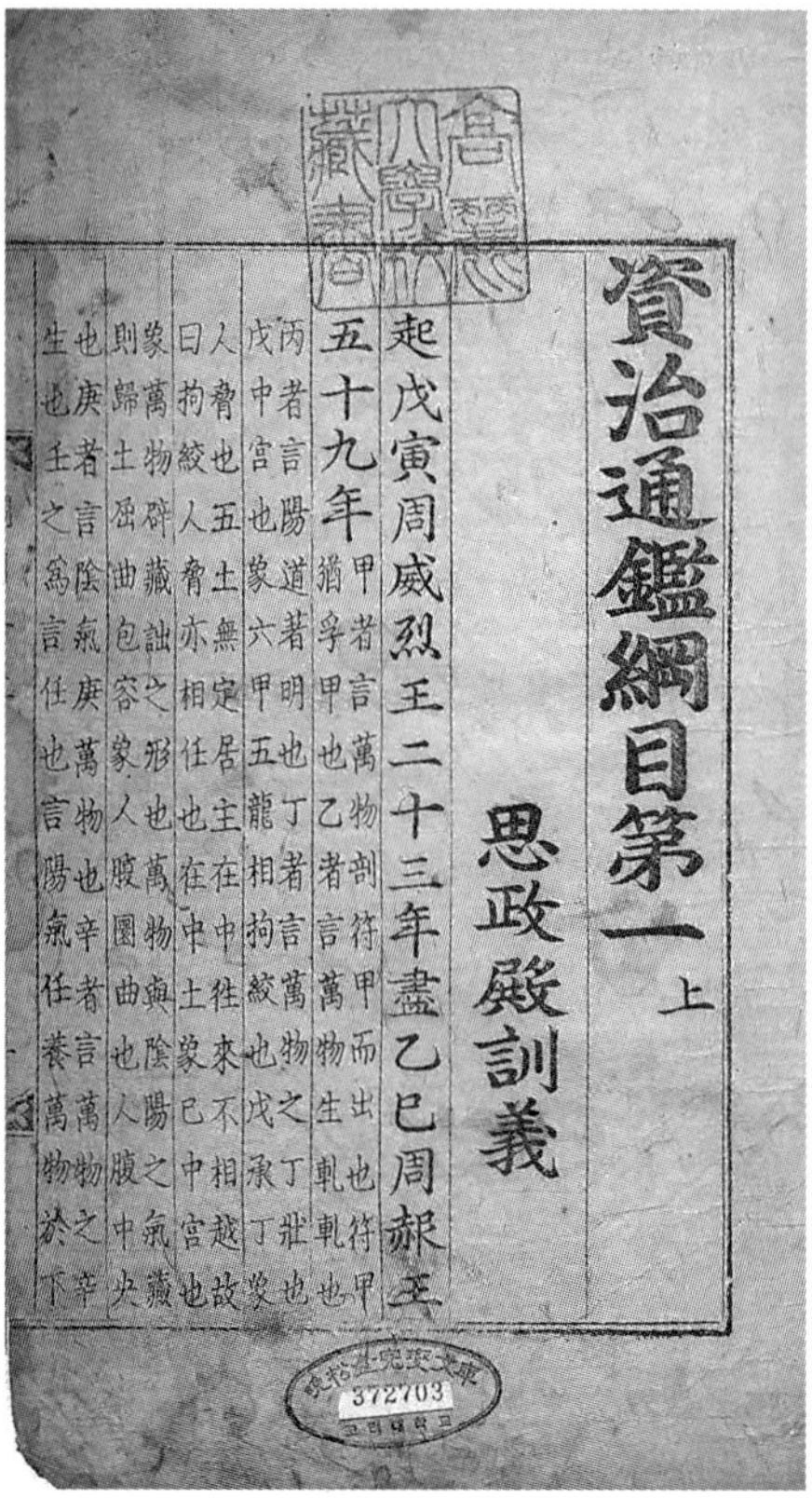

図10　高麗大学校図書館蔵『資治通鑑綱目思政殿訓義』

『通鑑訓義』纂輯官は音注と簡単な訓釈を施す際に史炤の『資治通鑑釈文』や王幼学の『資治通鑑綱目集覧』を参考としたらしい。また、『古今韻会挙要』などの辞典類、正史の註釈、その他類書も相当多く傍引したようである。全体の註釈では胡三省（1230-1287）が至元23年（1286）に完成させた『資治通鑑音注』を参考にしたと考えられる。南宋の史炤は10年間の努力の末に『通鑑釈文』30巻を完成させたけれども、胡三省の音注と『通鑑釈文弁誤』12巻が出された後だったので、纂輯官は『通鑑釈文』をさほど高く評価しなかったようだ。

中宗・明宗年間には（明）瞿佑撰『資治通鑑綱目集覧鐫誤』3巻（附：綱目考異弁疑1巻）が乙亥字で刊行された。国立公文書館内閣文庫にその乙亥字刊本2冊がある。

③『陸宣公奏議』

陸贄の『陸宣公奏議』は奏議体散文と政治的立論の参考とされた。『陸宣公奏議』は無注本・有注本・追刻本の3系統に分けられるが、朝鮮板本は無注本系列である[109]。

（a） 唐陸宣公集 22巻 朝鮮李益之・鄭敷文校、朝鮮成宗 5 （明成化10） 跋刊 （慶尚道金永濡・李世佐）：宮内庁書陵部所蔵 4 冊 駿河譲本、楓山文庫旧蔵。巻首に「重刊陸宣公奏議序」（大明宣徳三年龍集戊申九月望／衛府左長史奉議大夫三衢金寔書）、「唐陸宣公翰苑集序」（唐権徳輿）、「本朝名臣進奏議劄子」（宋蘇軾）、「淳熙講筵劄子」（宋蕭燧）および「序」（版心題）［「大明永楽十四年龍集丙申夏四／月朔旦浙江嘉興府知府淮陽／齊政謹書」］、「序」（版心題）［「成化甲午十月既望中直大夫行咸陽郡守金宗直謹跋」］、そして金永濡等46名の校正・分刊の各官等の列銜がある[110]。『図書寮漢籍善本書目』に「舊蔵楓山文庫、慶長十九年徳川家康在駿府所貽其子秀忠云」とある。

（b） 唐陸宣公集 22巻：宮内庁書陵部所蔵、6 冊［「高靈／世家」（白方）「朴春／榮」（白方）印記］、東京大学総合図書館所蔵、缺巻、14至16、特大 5 冊（A00.5552）、阿川文庫・東洋文庫所蔵、特大 6 冊（Ⅶ・ 2 ・169）。

（c） 唐陸宣公集 12巻 朝鮮 （英祖） 刊 銅活字本：静嘉堂文庫所蔵 特大 4 冊 （91・26）、東洋文庫所蔵 特大 4 冊 （Ⅶ・ 2 ・169）、前間恭作旧蔵本である。［「在山／樓蒐／書之一」（朱円） の印記のほか「月城／後人」（白方）、「崔／昺／鎭」（朱方）、「公瑞／之印」（白方）、「兩代謁／聖玉署／天官中書」（朱方） 印記］、巻首に「重刊陸宣公奏議序」（明宣徳三年金寔序）、「宋朝名臣進奏議劄子」（宋蘇軾）、「淳熙講筵劄子」（宋蕭燧）、「唐陸宣公集目録」がある[111]。

（d） 唐陸宣公奏議 12巻 朝鮮 （正祖） 刊 丁酉字 銅活字本：大阪府立中之島図書館所蔵 4 冊、首序、巻頭すべて前掲資料に同じ。

④『史記』『漢書』等歴史書の輸入と刊行

朝鮮朝廷は中国の歴史書を刊行し、文臣が中国の歴史に慣れるよう学習を勧めた。（漢）劉向 集解、（宋） 鮑彪 校注、呉師道 重校『戦国策』10巻と『史記』130巻が、世宗年間に庚子字で刊行され、陳寿 撰、裵松之 註、『三国志』65巻が中宗―宣祖年間に甲寅字で刊行されたのは、その主要な例である。『戦国策』の庚子字本は、日本の内閣文庫に10巻（ 7 、 8 巻 缺） 4 冊が、『史記』の庚子字本は、日本の慶應義塾図書館に130巻34冊があり、『三国志』の甲寅字本は内閣文庫に65巻30冊の伝本がある。

明代には前後七子が「文章というものは、秦・漢の散文を模範とせねばならない」と主張したことに見られるように、『史記』を重要視した。特に凌稚隆は楊慎の『史記題評』、唐順之の『史記批選』［精選批点史記］、毛坤の『史記抄』などのいわゆる評注本を継承し、1576年（明万暦 4 ）に『史記評林』130巻と『史記纂』24巻（或いは12巻）を編纂する。ま

た、『漢書評林』100巻・『漢書纂』67巻等を遺した。このうち『史記纂』は凌稚隆が『史記評林』を刊行した後に再度作品を選び、17巻に集めたものであるが、王世貞の序文（万暦7年=1579年）を付した凌氏朱墨印本がある(112)。『史記評林』は万暦4年（1576）の凌稚隆輯校本や、万暦5年（1577）の李光縉増補宏遠堂刊本のような書籍が広く普及した。朝鮮では1600年（宣祖33）7月に奏聞使が明から『史記評林』30本と『漢書評林』50本を購入してきた(113)。凌稚隆輯校本『史記評林』130巻は16世紀中葉・末葉に甲寅字体訓錬都監字で刊行されている。

1610年（光海君2）には趙緯韓・李徳馨・尹根寿・李恒福の努力で明刊本『史記纂』を再刪定した『史纂』が、訓錬都監字で印出された。訓錬都監字本は明刊本『史記纂』のうち、73篇だけを選録（全選53篇、抄選20篇）して「古今註疏」を附けている。万暦己卯（1615）宗文堂刊明版木版本『史記纂』7冊缺本（韓国学中央研究院所蔵安春根旧蔵本）、訓錬都監字本『史纂抄選』2巻1冊（高麗大晩松文庫など）、朝鮮後期木版本『史纂全選』12巻12冊及び『史纂抄選』2巻1冊（国立中央図書館所蔵）は有注本であるが、訓錬都監字本『史纂』（『史纂全選』）缺本（国立中央図書館、ソウル大奎章閣、韓国学中央研究院などが所蔵）と粛宗朝戊申字本『増定史記纂』10巻10冊（国立中央図書館所蔵）は無注本である。

一方、崔岦は別途『漢史列伝抄』を選録して懸吐した。この本は、1596年以降、光海君代に蜀体字体（甲寅字体）訓錬都監字で刊行され、後に木版本で覆刻された。崔岦は『史記列伝』だけでなく『漢書列伝』を対照し、一定の基準に則って名文を選別した。『漢書』100冊自体も世宗朝に庚子字で刊行され（『清芬室書目』庚子字）、また顕宗実録字でも刊行されたが、壬辰倭乱以前の中宗36年（1541＝明嘉靖20年）には、ソウルの明礼坊で木活字を用いて『漢書伝抄』が刊行され、明宗21年（1566＝明嘉靖45年）には、安璋の編纂した『漢書伝抄』が木版印刷されている。『攷事撮要』の冊版目録によると、黄海道海州に『漢書列伝』の木版があったようである。

金錫冑（1634-1684）は、『史記』の文章のうち60篇だけを選して『史記抜萃』を編綴し、司馬遷の「自敍」を模倣してその60篇の賛語を著した。彼の文集『息庵遺稿』（巻21）にその「題史記抜萃」が載っている。正祖は東宮時代に明の陳明卿編『史記評林箋註』40巻（金陵聚奎楼刊行）に南有容が評点したことを報告し、自ら圏批を付けた。即位後に再び膩青と丹鉛で区別した後、『史圏』を編纂させ、『全史銓評』80巻（写本）を自ら撰述した。一方、正祖20年（1796）12月25日（丙申）には、『御定史記英選』（『史記英選』）6巻を丁酉字で出版し、1797年嶺南・湖南・関西の監営で版行した。

正祖は在位20年（1796）に『史記英選』を丁酉字で活字印刷した後、再度『漢書列伝』の中で蘇武伝・李陵伝・霍光伝・魏相丙吉伝・夏侯勝伝・蕭望之伝・趙充国伝・梅福伝な

ど7篇を選別し、時に校勘内容を頭註に入れた『漢草』（漢艸）という選集を丁酉字で刊行している[114]。ソウル大学校奎章閣所蔵本には『漢書列伝選』という表題が附く。また、正祖年間には、凌稚隆編の『漢書纂』8巻が戊申字（補木字）で刊行され、宮内庁書陵部に蔵されている。

⑤『宋史筌』150巻写本

『宋史』は、本紀47巻・志162巻・表32巻・列伝255巻、全496巻で構成された紀伝体の史書にして、二十四史の中で最も尨大である。1345年（至正5）脱脱の主管で編纂を完了した。以後、王昂『宋史補』、王洙『宋元史質』100巻（紀伝体）[115]、王惟倹『宋史記』（本紀15巻・表5巻・志30巻・列伝200巻、全250巻）、柯維騏『宋史新編』（本紀14巻・志40巻・表4巻・列伝142巻、全200巻）が世に出た。正祖は、春宮にいた1770年（英祖46）正月に新たな『宋史』編纂のための初稿編輯に着手した。この抄本は、1772年（英祖48）『宋史撮要』として筆写された。そして、正祖は1776年の即位後、賓僚だった徐命膺に、『宋史筌』の義例を決め、複数の史料を補充して校勘することを命じた。その結果、1780年（正祖4、庚子）10月に全100巻40冊[116]の『御定宋史筌』が完成された。以後、正祖は全く新たな宋代史の書を作る計画を立て、庚子本『宋史筌』を大幅に修正し、人物の配列を元に戻し、1791年（辛亥）に150巻61冊が完成する[117]。ソウル大学校奎章閣韓国学研究院に筆写本原本148巻・巻首・目録、全61冊が蔵されている。

朝鮮朝廷は清国の中原支配を永遠のものとは見ておらず、明の正統性を朝鮮が継承したものと認識していた。これにより、朝鮮朝廷は『明史』を独自に編纂しようとし、知識人たちも『明史』を個人的に編纂した。李玄錫は『明史綱目』30巻を編み、その息子の李漢謙が英祖4年3月4日（甲寅）に献呈した[118]。正祖も英祖の大一統主義と朝鮮中華主義を継承し、南明を包む歴代明朝の歴史を全てまとめて『明紀提挈』20巻10冊を作った。ソウル大奎章閣所蔵本（奎4667）が唯一の伝本である[119]。1829年（己丑）には、中人階級の李錫汝が『明列朝実録』461巻を購入し[120]、朝廷に捧げて大報壇に奉安することになる。『明実録』を大報壇に貯蔵した事実は趙秀三の「明実録歌」（『秋斎集』）に示されている。

(6) 人物録の体裁の参照

17世紀末から朝鮮では、人物録と記聞録を集成する作業が多角度で行われた。この時、『宋名臣言行録』と『歴代臣鑑』が参考となった。

『宋名臣言行録』は、朱熹の『五朝名臣言行録』（10巻）と『三朝名臣言行録』（14巻）、宋の理宗代の外孫、李幼武が追補した『皇朝名臣言行録』（8巻）、『四朝名臣言行録』（26

巻)、『皇朝道学名臣言行録』(17巻) を併せ、明代に合刻したものである。

『歴代臣鑑』は、明国宣徳年間の勅撰本で、春秋から元までの歴代臣僚の行蹟を37巻に整理しつつ、王朝別に臣下を「善可爲法」と「悪可爲戒」の二つの基準に分類した後、各臣下の行蹟を簡略に整理した。朝鮮でも覆刻本が出ている。

朝鮮では、光海君代の人物として仁祖反正後に流刑された趙挺 (1551-?) が、『東史補遺』4巻4冊を編纂しつつ、その巻4に「附高麗名臣録」として、高麗の開国功臣の洪儒・裵玄慶・申崇謙・卜智謙をはじめ、麗末忠臣にして三隠の徐甄・李養中・金澍に至るまで28人の名臣伝を収録した。その後、朱熹の『宋名臣言行録』[121] に影響を受け、金堉の『海東名臣録』、鄭道応の『昭代名臣行蹟』、宋徵殷・宋成明父子の『国朝名臣言行録』、李存中の『国朝名臣録』など国朝名臣を対象とした言行録が現れる。正祖は世孫であった1772年 (壬辰)、世子翊衛司 (桂坊) に勤務していた李商逸との対校を経て『海東臣鑑』を編纂した。また、即位後、在位5年に当たる1781年初めに、沈晋賢・金祖淳・李翼晋など17名に、朝鮮の太祖から粛宗までの人物を対象とする『人物考』を編纂するよう命じた。そして、1798年 (正祖22) に領議政の蔡済恭に命じて、慶尚道の輩出した学者・政治家・文筆家などを紹介する書を編纂させた。一方、蔡済恭は子の蔡弘遠とともに『嶺南人物考』を綴った。奎章閣にその筆写本10巻10冊がある。正祖は末年の1800年に改めて新たな『人物考』130巻を企画しており、大阪府立図書館に『人物考凡例』が蔵されている[122]。

(7) 詩文集の覆刊と纂註

朝鮮時代には、中央府署と個人が中国の文学書籍の註解本を刊行することが多く、朝鮮で註解を再審して整理したテキストの刊行も多かった。その伝統は高麗末の『十抄詩』註解から形成されたらしい。

『十抄詩』は中唐・晩唐の詩人 (五代まで生存していた李雄を包む) 26家、新羅の詩人4家、全30家について、詩人ごとに10首の七言律詩、全300首を選録した詩集である[123]。この『十抄詩』の注釈書が『夾注名賢十抄詩』である。『夾注名賢十抄詩』には、密教の神印宗の僧侶、子山の自序がある。ところで、高麗末の詩選集訳註本の中では『樊川文集夾注』が『名賢十抄詩』よりも先に作られた可能性がある。つまり、権擥の跋文で言及された、後至元3年 (1337) の刊本がすなわち初刊本という可能性があるからである[124]。夾注は仏家書の疏註を本行の中に入れる板刻方法として宋元時代と高麗時代に広く通用した。また、元の劉克荘が編綴したと伝えられる『分門纂類唐宋時賢千家詩選』など、分門纂類の註解詩選集も註解書編纂に一定の影響を及ぼしたのである。

朝鮮朝廷と士大夫は、文学の振興のために中国古典文学の註解本を複数種、復刊した。

朝鮮前期の世宗・世祖・成宗・燕山君・中宗はいずれも詞章を振興させようとし、多くの場合、詩文集に註釈を加えるよう命じた。世宗が『纂註分類杜詩』の編纂を命じたのは、その最も顕著な例である。世祖も即位 2 年の1456年に、集賢殿に対し『明皇戒鑑』に註釈を加えることを命じた。ところが、朝鮮で刊行された詩文集の註解本は、中国の本をそのまま覆刻したものではない。底本である中国本の編次の修正をしたり、一部註釈を删削して整理することにより、底本よりもはるかに読みやすいよう工夫もした[125]。黄庭堅の『山谷詩註』（内集20巻・外集17巻・別集 1 巻）は、その代表的な例である。

また、地方板刻は地方独自の企画により刊刻を行った場合が一般であるけれども、中央の企画で刊刻を決行した例も多い。

1420年（世宗 2 ）：姜淮伯が主宰し、沃川で林楨『善本大字諸儒箋解古文真宝』を木版で刊行。

1431年（世宗13）：慶尚道密陽で『杜工部草堂詩箋』40巻と『黄氏集千家註杜工部詩史補遺』11巻を木版で刊行。尹祥（1373-1455）の「刻杜律跋」［『別洞集』巻 1 ］を参考とする。

1431年（世宗13）：黄海道海州で『杜詩范徳機批選』 6 巻を木版で刊行［不伝］。

1431年（世宗13）： 5 月、王命により錦山で『音註全文春秋括例始末左伝句読直解』（陸徳明釈、林堯叟句解）70巻の癸未字本を整版で再刊。金致明跋文。1453年（端宗元年）夏、集賢殿が王命により校正。1454年（端宗 2 ） 6 月、全羅道観察使の金連枝が王命により錦山で重刊。李塏の跋[126]。澗松博物館に癸未字本所蔵。内閣文庫に癸未字本の再刊本10冊。内閣文庫と蓬左文庫に重刊木版本23冊。

1431年（世宗13）：慶尚道観察黜陟使曺致と都事安質の手配に従い、清道知郡事朱邵の主宰により慶尚道清道で『春秋経左氏伝句解』を木版にて刊行。

1436年（世宗18）：忠清道清州で『増註唐賢絶句三体詩法』（周弼選、釈円至註、裴庾増註）を木版刊行。鄭麟趾の跋文がある。国会図書館（日本）に後刷本を所蔵。

1439年（世宗21）：忠清道清州で『詩人玉屑』を木版にて刊行。

『詩人玉屑』は、経筵に所蔵されていた、正中元年の奥書を附する日本の釈玄恵加点識語本（実際は無点）を底本としたものであって、明刊本の輸入が活発ではなく、元刊本が主な底本となっていたこの時期に、日本の書籍も参考にされたことを語ってくれる[127]。

詩学の振興のために世宗は、複数の本を刊行している。

1422年（世宗４）：10月、庚子字で印刷した『選詩演義』を頒布。

1429年（世宗11）：庚午字刊行朱熹註本『楚辞集註』８巻、『弁証』２巻、『後語』６巻［元の至治元年（1321）、建安虞信亨宅重刊本の重版］。1454年（端宗２）、密陽翻刻本を出版。

1434年（世宗16）：８月、庚子字で印刷した『選詩演義』を再頒布。

1435年（世宗17）：甲寅字で『分類補註李太白詩』を刊行。

1440年（世宗22）：甲寅字で『唐柳先生集』を刊行。

文宗・世祖年間には、王十朋の集註・劉辰翁の批点による『増刊校訂王状元集注分類東坡先生詩』を甲寅字で刊行し、世祖代に慶尚道安東でこれを整版重刻した。甲寅字本25巻16冊が内閣文庫にあり、成宗年間に後刷の木版本25巻が日本の尊経閣文庫にある。

過眼書と李仁栄『清芬室書目』（宝蓮閣、1968年影印）、尹炳泰『韓国書誌年表』（韓国図書館協会、1972年８月。初刊。未刊行改稿本）、沈隅俊『日本訪書志』（韓国精神文化研究院〔現、韓国学中央研究院〕、1988年2月）、千恵鳳『日本蓬左文庫韓国典籍』（知識産業社、2003年６月）を中心に、朝鮮前期に覆刊された註解本のみ列挙すると、以下のとおりである。註解の方式は、夾註・尾註・別段註など、様々である。夾註は本来、仏経の註解に広く通用したもので、文学書にも活用された。なお、有註本であっても校勘事項のみを附したものは除外している[128]。

①『白氏文集』

南宋以後の目録類によると、北宋版『白氏文集』は、唐鈔本の昔の編成を踏襲する一方、南宋以後の中国刊本の前詩・後文編成とは違い、前集と後集で構成されていた。以後、南宋では前集・後集の蜀本系と前詩・後文の蘇本系が共存していたが、徐々に蜀本系が消滅した。朝鮮では蜀本系宋板本に依り、銅活字と木版で覆刻をした。そして那波道円は1618年（元和４）に、朝鮮板本を底本として那波本『白氏文集』、つまり日本古活字本『白氏文集』を刊行する[129]。那波本は中華民国初期に上海商務印書館編『四部叢刊』の影印に採択されている。『白氏文集』70巻の編成を備えたテキストとして那波本『白氏文集』が残っているが、その底本は実は朝鮮板本『白氏文集』である。

②『分類補註李太白集』

朝鮮時代には、李白の詩集として、南宋の楊斉賢註、元の蕭士贇補註の『分類補註李太白集』が広く流行した。1435年（乙卯、世宗17）９月に『分類補註李太白詩』が印出され（同

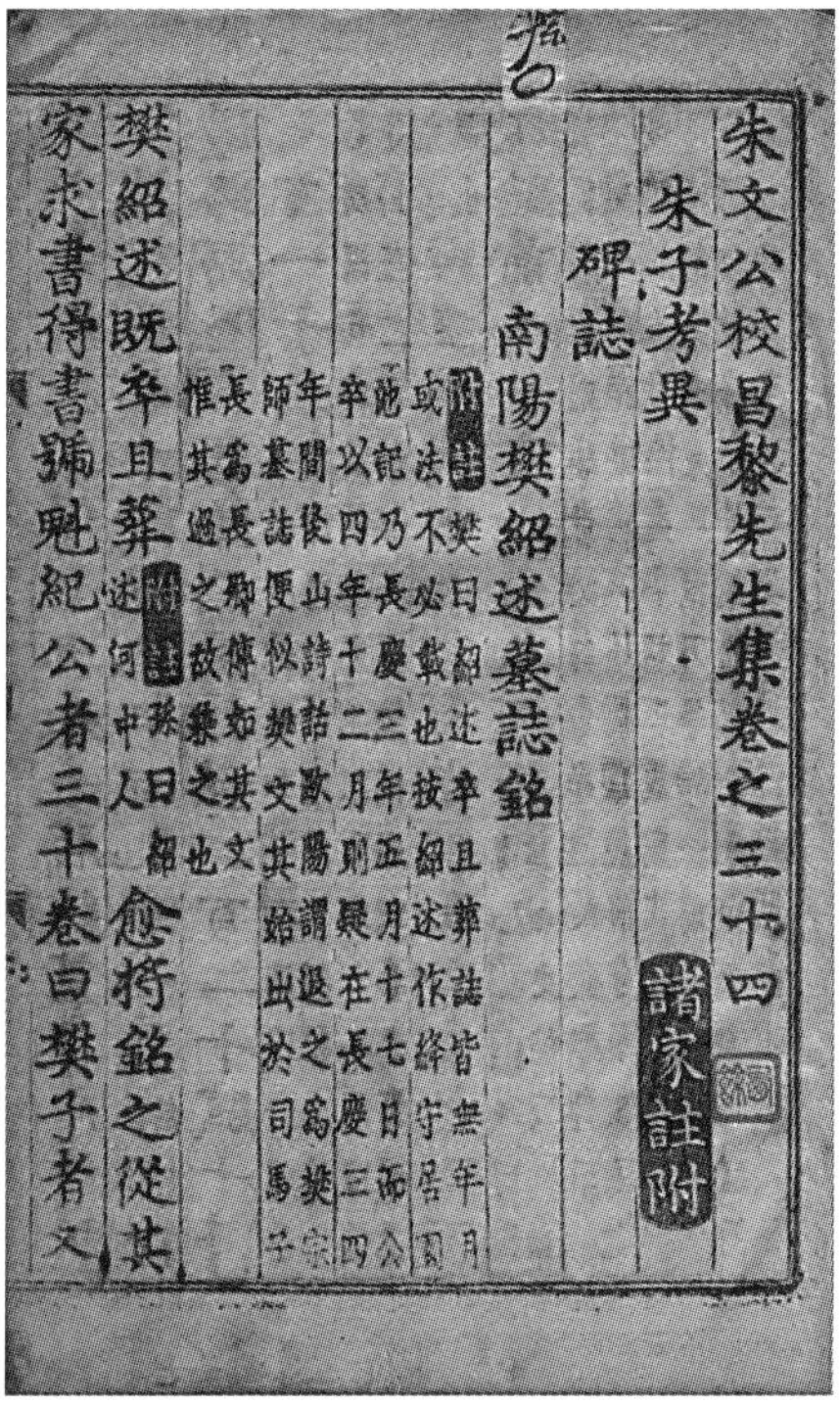
朱文公校昌黎先生集巻之三十四
諸家註附
朱子考異
碑誌
南陽樊紹述墓誌銘
樊紹述既卒且葬　愈將銘之從其
家求書得書號魁紀公者三十卷曰樊子者

図11　Harvard-Yenching Library蔵『朱文公校昌黎先生集』

書印出記、一山文庫本)、1436年（丙辰、世宗18）1月29日（乙未）に鋳字所で印出した『李白詩集』を頒賜した（『世宗実録』巻71、世宗18年正月乙未)。世宗年間の印本とはすなわち甲寅字本のこと。一山文庫と日本の尊経閣文庫に1435年内賜本があり、名古屋市の蓬左文庫に27巻13冊の初鋳甲寅字混補字本がある。文藝趣味の強かった成宗[130]は、1482年（在位13年）7月に『李白詩集』の刊行を命じたが、この時の『李白詩集』は『分類補註李太白集』だったらしい。中宗は1523年（在位18年）7月19日（丁亥）に韓愈・柳宗元の文、李白・杜甫・蘇軾・黄庭堅の詩を印刷した。この時の李白の詩も註解本だった可能性がある。

③『朱文公校昌黎先生集』

1419年（世宗元年)、晋州では、魏仲挙の『五百家註音弁昌黎先生文集』外集が刊行されたが、世宗は1438年（世宗20）に崔万理・金鑌・李永瑞・趙須らにより編まれた『朱文公校昌黎先生集』を活字で刊行した。この新編『朱文公校昌黎先生集』は、朱熹の「韓文考異」、魏仲挙の『五百家註音弁昌黎先生文集』、韓醇の『新刊訓詁唐昌黎先生文集』などを参照して既往の註釈を選別した本である[131]。「韓文考異」と『五百家註音弁昌黎先生集』の註はほぼそのまま収録した[132]。明宗・宣祖年間に甲寅字混補字で刊行、後に整版し、再び庚辰字（改鋳甲寅字）で刊行された。光海君代には訓錬都監字（庚午字）で復刊している。

④『纂註分類杜詩』

朝鮮前期には、杜詩選集の註解本がいくつか復刊された。

1431年（世宗13）に密陽官衙で、杜詩全集の註解本『杜工部草堂詩箋』が刊行された。この本は、宋の魯訔が編纂し蔡夢弼が会箋した杜詩全集である。密陽木版本は本集40巻・詩話2巻・年譜1巻・補遺10巻・外集1巻、全18冊の完全な体裁である[133]。尹祥(1373-1455）の跋文があり、『別洞集』（巻1）にその跋文が「刻杜律跋」という題目で載せられている。天理図書館所蔵本にはこの跋文がついているが、内閣文庫所蔵本には無い。

1471年（成宗2）には、忠清道清州で『虞註杜律』2巻が復刊された。『虞註杜律』は、

元の虞集が杜詩七言律詩100篇を選び、朱熹の『詩集伝』を模倣して註釈したと伝えられる写本を、明の朱熊が1434年（明、宣徳 9 ）に木版で刊行したものである。1443年（正統 8 ）には、林靖が校正して石璞が製作した重刻本が世に出た(134)。清州覆刻本は、この石璞重刻本を底本とする(135)。1471年（成宗 2 ） 9 月に金紐が跋文を作成した。『虞註杜律』は、朝鮮中期まで杜詩理解に深い影響を与えたが、銭謙益の考証的理解方式が受容された後には批判を受けた。

中宗以降は、趙汸が杜詩の五言律詩を選別し註釈を附けたものに劉辰翁の批点を板刻した『須渓先生批点杜工部五言律詩』 2 巻 1 冊と、杜啓集註『須渓先生批点杜工部七言律詩』 1 巻（正徳甲戌、董玘の引と正徳癸酉、鮑松の跋を持つ明刊本を底本とする）を乙亥字で刊行した。1549年（明宗 4 ）には、乙亥字本『読杜詩愚得』を内賜した(136)。この本に註釈を附けた単復は、明初に通用していた劉辰翁の『評点杜詩』を批判し、『杜工部詩范徳機批選』(137) の分段と批抹を参照して、新たに註釈を附けた(138)。『読杜詩愚得』は1573年（宣祖 6 ）にも校書館で刊行されている。

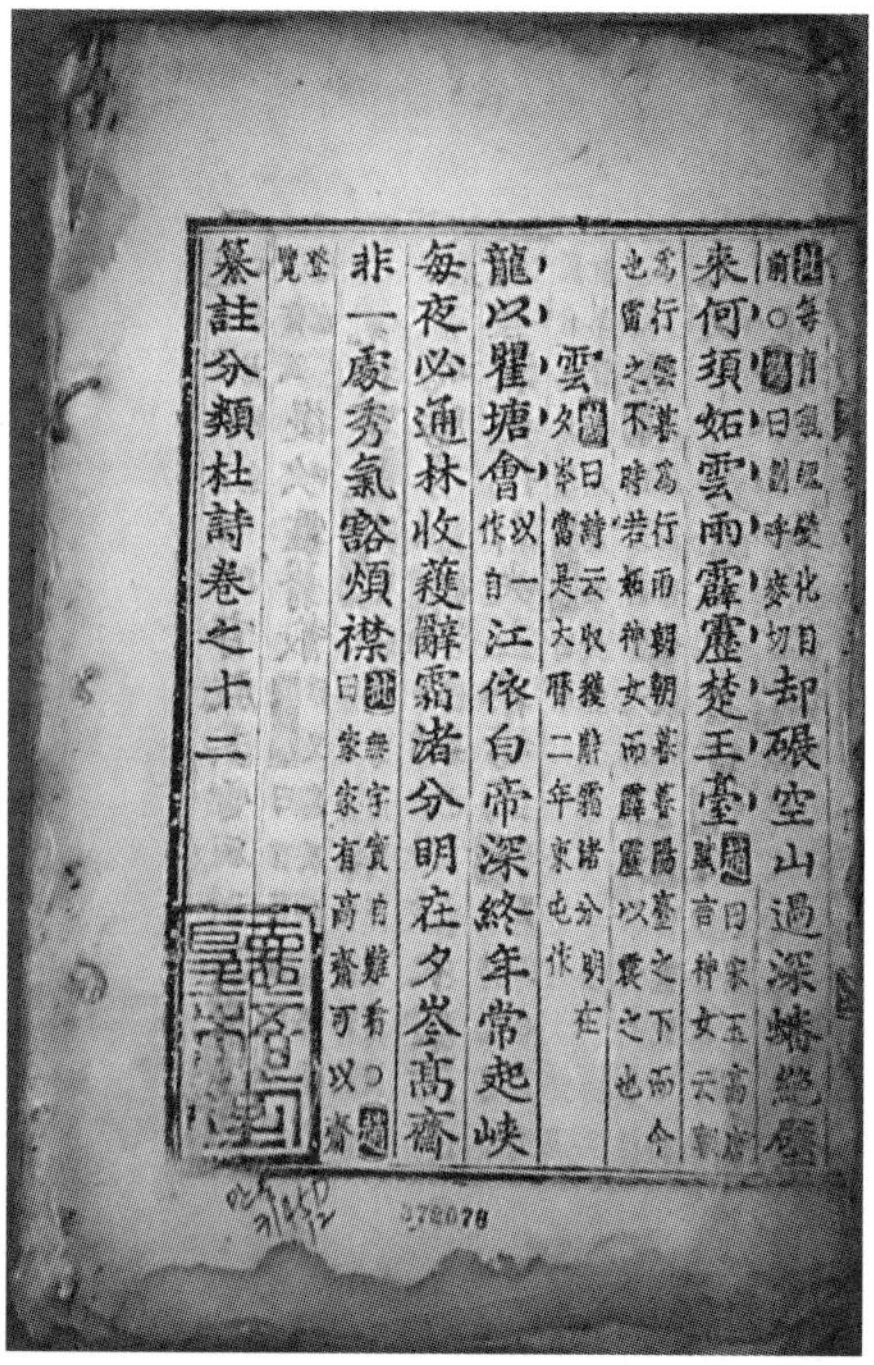
来何須妬雲雨霹靂楚王臺
龍以瞿塘會江依白帝深終年常起峽
每夜必通林收穫辭霜渚分明在夕岑高齋
非一處秀氣豁煩襟
纂註分類杜詩卷之十二

図12　高麗大学校図書館蔵『纂註分類杜詩』

世宗は、1443年（世宗25） 4 月に杜詩の註釈書を総合するよう命令を下した。安平大君が総括し、辛碩祖ら 6 人が実際の業務を引き受けた。この事業は世宗代末の『纂註分類杜詩』本文25巻（目録 1 冊）として完結したらしい。これをもとに成宗は、在位12年（1481）に諺解令を下すこととなる。『纂註分類杜詩』は宋の徐宅（字は居仁）編次・黄鶴補註『集千家註分類杜工部詩』25巻（宋板本は1231年刊、元板本の初期刻本は1312年刊）と元の高崇蘭（字は楚芳）編次『集千家註批点分類杜工部詩集』20巻（元来の板刻は1303年）を主要な底本として使用した。徐宅編次本は分類式であり、高崇蘭編次本は編年式である。また、高崇蘭編次本は宋の劉辰翁（号須渓）の批と点を重ねて刻んでいる。

高麗大晩松文庫に初鋳甲寅字の字体で板刻して、三葉花紋魚尾と大黒口の版心を有った木版本残巻の『纂註分類杜詩』がある。初鋳甲寅字本を基に整版としたものらしい。

⑤『文選』と『選詩演義』『選詩補註』

朝鮮では『文選』の多くの板本の中でも六家注本の系統を継ぐ板本が復刊された。奎章

閣所蔵の庚子字本60巻60冊がそれで、題後に「五臣註幷李善註」とあり、1094年（元祐9）の跋文を有する。唐代の『文選』の注釈には李善注と五臣注（呂延済・劉良・張銑・呂向・李周翰の集注）が代表的存在であるが、宋代に、五臣注を前に載せ李善注を後ろに加えるか、或いは李善注・五臣注の順に配列する六臣注本が成立した。この合注本は北宋元祐9年（1094）刊行の秀州（浙江省嘉興市）州学本が祖本に当たるが、秀州刊本は中国では無くなった。ところが、庚子字本六家注本『文選』は秀州刊本を底本とする[139]。庚子字本『文選』は、天聖4年（1026）沈厳の「五臣本後序」を掲載しており、底本の秀州刊本が本来は平昌（山東省安丘市南）孟氏刊本の五臣注本『文選』に基づくことを示している[140]。

1434年（世宗16）7月、『文選』の抄録註解書である曾原一『選詩演義』が庚子字で印出された。『選詩演義』は『文選』の詩を抜き出し、陶淵明の詩など一部を加えて300首の詩を選し、諸子の事実を参究して疏註をつけた本である[141]。1442年（世宗24）6月には、明初の劉履が『選詩演義』の後に続いて編纂した『選詩補註』を、甲寅字で刊行した。この『選詩補註』は『風雅翼』15巻の一部に当たる。この叢書は、『選詩補註』『選詩補遺』『選詩続編』の三つの部分から成っている。『選詩補註』8巻は、『文選』の時に箋釈を施したものであり、『選詩補遺』2巻は、文献に散見される古歌謡詞42首を選別して『文選』の缺落を補充したものである。『選詩続編』4巻は、唐宋以来の諸家の作品の中で昔の詩に近い159首を選録する。

『選詩補註』の甲寅字本には、1553年10月に安方慶へ内賜した15巻10冊が蓬左文庫に残っている。この甲寅字本は、劉履が補註を加えて明の金徳玹（金仁本）が校訂した本を底本とする。本集補註8巻・補遺2巻・続編5巻、全15巻の構成である。甲寅字本『選詩補註』は後に整版に付された。高麗大晩松文庫に木版本完帙が現存する。

⑥『詩学大成』『唐詩鼓吹』など

燕山君は在位2年にあたる1496年11月庚午に『詩学大成』30巻を刊行、在位11年の1505年5月癸卯には校書館に命じて『唐詩鼓吹』『続鼓吹』『三体詩』『唐音』『詩林広記』『唐賢詩』『宋賢詩』『瀛奎律髓』『元詩体要』などを刊行した。『唐賢詩』『宋賢詩』は、元の劉克荘が編纂したと伝えられる『分門纂類唐宋時賢千家詩選』（別名後村千家詩）を指すようである[142]。

『唐詩鼓吹』は元好問が編纂し郝天挺が註釈を付けた本である。既に成宗代に甲寅字で刊行され、以降、宣祖代には木版本が現れた。『清芬室書目』に甲寅字残本3巻1冊、宣祖朝木版本零本1冊が著録されている。そして、乙亥字本『攷事撮要』の寧越条冊版も同書を著録している[143]。中国でも1579年（万暦己卯）に廖文炳の『唐詩鼓吹註解大全』が

現れ、清初に再び『唐詩鼓吹箋註』が出るほど重視された唐詩選集である。

『唐音』は、『唐詩始音輯註』『唐詩正音輯註』『唐詩遺響輯註』に分かれている。元の楊士弘が編輯して張震が輯註した。1556年（明宗11）安瑋に内賜された乙亥字本『唐詩始音輯註』6巻・『唐詩遺響輯註』7巻が宮内庁書陵部にある。1439年（正統己未）の李建の跋を有する明板本を底本とする(144)。明宗・宣祖代に明の高棅編・張恂重訂の『唐詩品彙』90巻18冊を甲辰字で刊行した。その残本6巻［首1巻3冊］が『清芬室書目』に著録されている。奎章閣には刊行時期未詳の木版本90巻18冊完帙がある。

元の方回が唐宋の詩を49類に分類した『瀛奎律髄』49巻と、明の宋緒が元の詩だけを収録した『元詩体要』15巻も註解本である。『瀛奎律髄』は各詩に評語を附けて評点を打ち、遺聞逸事を註として附した。唐宋の律詩だけを選んで集めたので「律髄」という。江西詩派の詩論に応じ、杜甫を一祖として黄庭堅・陳師道・陳与義を三宗とする、一祖三宗の説を提唱した。1473年（成宗4）、全州府尹の尹孝孫、前監司の李克均、後任監司の芮承錫が協力して木版で印出。中宗年間には、丙子字（本文は丙子字、跋文は甲寅字）で印出した。他に訓錬都監字本もある(145)。

⑦安平大君の選註した中国古典詩文集

安平大君こと李瑢は1445年（世宗27）に白居易の五言四韻・七言四韻、七言絶句を選び校勘した後、時に註を施した(146)。1445年に初鋳甲寅字で刊行、1565年（明宗20）に金徳龍が平安道で木版にて刊行した。蓬左文庫に「西関」刊行の木版本1冊がある。また、『攷事撮要』によると、別途、全羅道雲峰にも「匪懈堂書」の『香山三体法』と称する冊版があったらしい。

また安平大君は、1446年（世宗28）春に梅堯臣と王安石の詩を選して註をつけ、それぞれ単行させた。つまり、この年に『宛陵梅先生詩選』2巻1冊を完成し申叔舟に序文を書かせた。これは甲寅字により刊行されたようである。1447年（世宗29）7月、全羅道観察黜陟使の李思任が錦山で甲寅字本を翻刻した。そして、安平大君は1446年に王安石の詩を「天地人三才に基づいて分類・編輯して」刊行させた。安平大君と申叔舟が序文を書いている。宣祖年間の刻本と推定されている『匪懈堂精選半山精華』6巻1冊が、日本の成簣堂文庫にある(147)。

⑧『三体詩』と『聯珠詩格』

朝鮮前期に漢詩作法書として広く活用されたのが『三体詩』と『聯珠詩格』である。

成宗は1481年秋に杜詩を諺解するよう命令を下した後、詞章に関係した冊を註解する

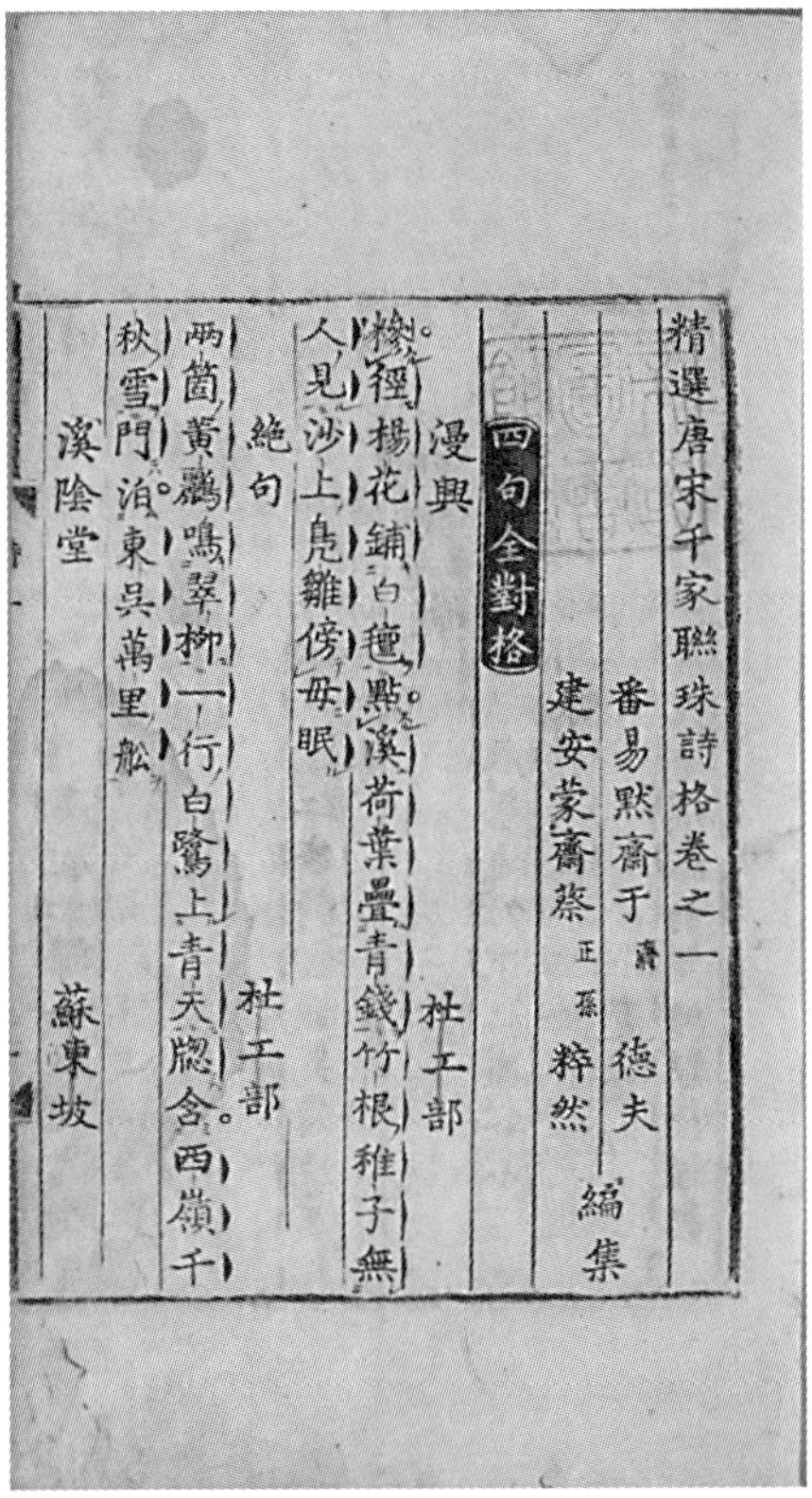
精選唐宋千家聯珠詩格卷之一
番易默斎于濟　德夫
建安蒙齋蔡正孫　粹然　編集
四句全對格
漫興　杜工部
糝徑楊花鋪白氈點溪荷葉疊青錢竹根稚子無
人見沙上鳬雛傍母眠
絶句　杜工部
兩箇黄鸝鳴翠柳一行白鷺上青天牕含西嶺千
秋雪門泊東呉萬里船
溪陰堂　蘇東坡

図13　日本 国立国会図書館蔵『精選唐宋千家聯珠詩格』

よう命じ、刊行させた。蘇軾詩集の註解、李白詩集の刊行、黄庭堅詩集の諺解、『聯珠詩格』の諺解、『文翰類選』の頒布、王安石詩集の刊行、『唐詩話』『宋詩話』『破閑集』『補閑集』の歴代年号と人物出処の略注がどれも王命で行われ、着手された。

于済撰・蔡正孫補足の元刊本『聯珠詩格』は、朝鮮前期の詩文学に大きな影響を及ぼした。1483年（成宗14）には、徐居正・盧思慎・許琮・魚世謙・柳洵・柳允謙に命じて諺文で『黄山谷詩集』と『聯珠詩格』を翻訳した[148]。その諺解本は現存を確認できないが、徐居正が註釈を附けたテキストは、後日補削されて刊行された。1502年（燕山君 8、壬戌）に安琛の書いた跋文を有つ木版本が忠南大学校図書館に所蔵されている[149]。安琛の跋文を介して1492年（成宗23）に徐居正註解・安琛補削の『聯珠詩格』が活字で刊行された事実を知ることができるだけでなく、元刊本『聯珠詩格』もそれ以前に復刊されていたであろうと斟酌することができる。1502年の慶州開刊木版本は元刊本の覆刻本だった可能性が高い[150]。

⑨明代文学の選択的参照

1419年に永楽帝が『四書五経大全』を欽賜すると、朝鮮の世宗は1427年（在位 9 年）に忠清道・全羅道・慶尚道・江原道にそれぞれ板刻を分担させ、1435年に印出請願者の冊紙を随時納送するよう各道監司に命じた。1488年の明使、董越の『朝鮮賦』は、1493年に癸丑字で刊行された後、16世紀初めに甲辰字で刊行され、16世紀後半（明宗・宣祖年間）には全羅道南原で整版に付された[151]。1556年の甲寅字本『唐音』は、張震輯注本を底本とし、1515–1570年頃の丙子字本『元詩体要』は、宋緒輯注本を底本とする。1560年には、夏宏仲編『聯錦詩集』が木版印刷され、1561年には賀欽の『医閭先生集』が、やはり木版印刷された。以後、1572年（宣祖 5 ）明が改修本『永楽大全』に宗系弁誣の記事を併記したことに対し、謝恩に行った朝鮮使臣一行が帰還の際に『崆峒集』を換得してきた。1549年には李東陽の『懐麓堂集』が乙亥字で刊行され[152]、李東陽の『擬古楽府』もその頃に甲寅字で刊行されていたようだが、その後、17世紀末に整版に付された[153]。

しかし、朝鮮の知識人が明代文学について深く論議するようになったのは16世紀以後である。

朝鮮朝廷は明の思想に三教一致の傾向があると批判し、明の学者のうち、方正学と薛瑄だけを高く評価した。17世紀には『方正学文抄』が韓構字で刊行された。前後七子の文集や、三袁、帰有光、銭謙益の文集は朝鮮で復刊していなかったけれども、中国本が広く流行し、複数の写本が残っている。このうち王世貞は抄録が刊行された。1653年（孝宗 4）に申最が王世貞の散文と茅坤の散文を選し、それが17世紀末・18世紀初（肅宗年間）に初鋳韓構字で刊行されている。王世貞の文集は19世紀以後まで複数回筆写された[154]。1772年と1773年の経筵では『弇州集』を講読した[155]。しかし、『弇山堂別集』巻 7「史乘考誤」には、朝鮮太祖を「李仁任」の息子と見るのは間違っているものの、実は李成桂は李仁任の一党に違いないとしていたけれども、これは朝鮮朝廷にとって宗系誣陷の事案であった。また、王世貞は晩年に優婆夷（upasika）曇陽大師燾貞に師事し、「曇陽大師伝」（『弇州山人続稿』巻78）を作り、『曇陽大師蹟』を編纂した。

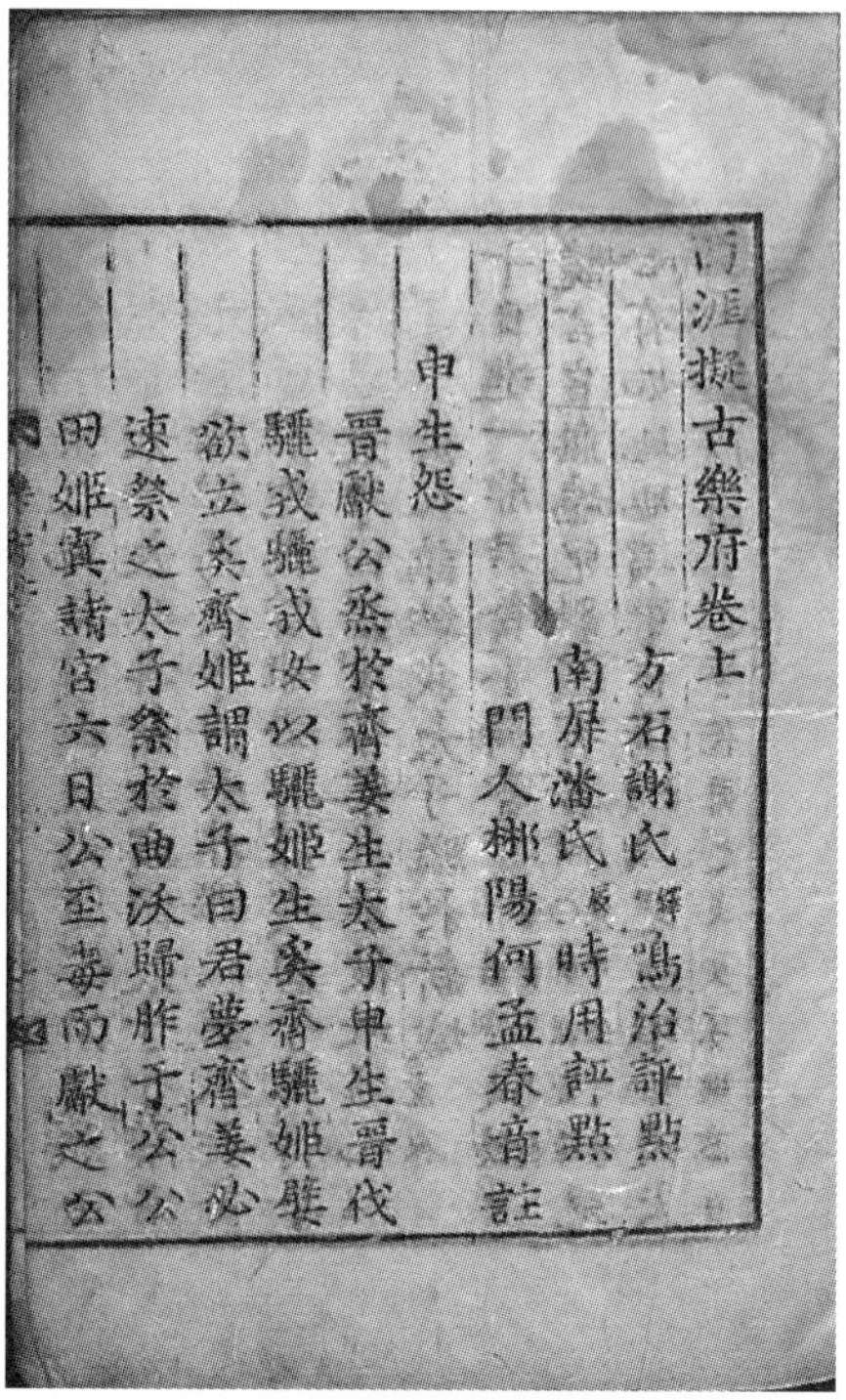
西涯擬古樂府卷上
方石謝氏 鳴治評點
南屏潘氏 時用評點
門人郴陽何孟春音註
申生怨
晉獻公烝於齊姜生太子申生晉伐
驪戎驪戎女以驪姬生奚齊驪姬嬖
欲立奚齊姬謂太子曰君夢齊姜必
速祭之太子祭於曲沃歸胙于公公
田姬寘諸宮六日公至毒而獻之公

図14 Harvard-Yenching Library 蔵『西涯擬古楽府』

一方、李東陽は『擬古楽府』102首（西涯擬古楽府、1504年序文）を書き、連作詠史楽府の様式を切り開いた[156]。朝鮮では、1617年に慶尚道固城に流配されていた沈光世（1577–1624）が、李東陽の『擬古楽府』をモデルにして『海東楽府』（1617年序文）44篇を著して以来、連作詠史楽府の形式・体制が私撰史書の様式として拡張・転用され、旧史を通時的に歌った『海東楽府』『東国楽府』『大東続楽府』などや、地方史を歌った『江南楽府』『汾陽楽府』などが相次いで出現した。

(8) 経書註解本の輸入と復刊

高麗末、権溥は初めて朱熹『四書集註』の出版を建議したが、その要請に応じて高麗忠穆王代に同書が刊行されたようである。1398年（太祖 7）12月には、左政丞の趙浚、兼大司憲の趙璞、政堂文学の河崙、中枢院学士の李詹、左諫議大夫の趙庸、奉常少卿の鄭以吾等が『四書切要』を撰進した[157]。

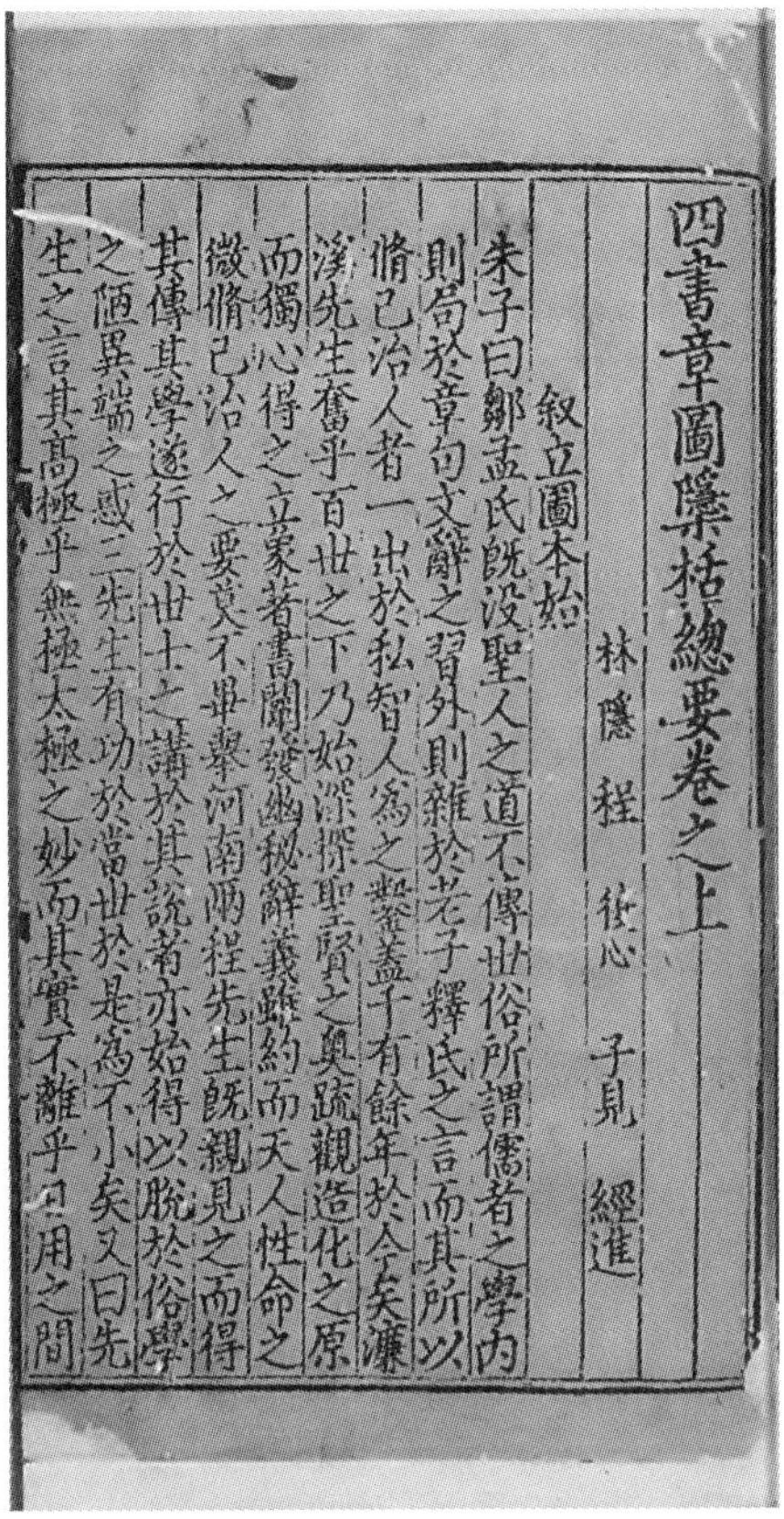
四書章圖檃括總要卷之上
林隱 程 復心 子見 經進
敘立圖本始
朱子曰鄒孟氏既沒聖人之道不傳世俗所謂儒者之學内
則局於章句文辭之習外則雜於老子釋氏之言而其所以
脩己治人者一出於私智人爲之鑿蓋千有餘年於今矣濂
溪先生奮乎百世之下乃始深探聖賢之奧疏觀造化之原
而獨心得之立象著書闡發幽秘辭義雖約而天人性命之
微脩己治人之要莫不畢舉河南兩程先生既親見之而得
其傳其學遂行於世士之講於其說者亦始得以脫於俗學
之陋異端之惑二先生有功於當世於是爲不小矣又曰先
生之言其高極乎無極太極之妙而其實不離乎日用之間

図15　国立公文書館 内閣文庫蔵『四書章図檃栝総要』

①『四書章図』

高麗末、新興士大夫は元を介して朱子学を受け容れた。元末に広く利用された四書註解書には程復心の『四書章図』がある。元の時代には『四書輯釈』が、また『四書通義』すなわち『四書重訂章図輯釈通義大全』が作られた。『四書章図』の元刊本としては内閣文庫所蔵『四書章図檃栝総要』3巻、『四書章図纂釈』21巻計12冊、後至元3年（1337）富沙碧湾呉氏徳新書堂刻本が現在残っている。どの書籍の末葉にも日本の昌平坂学問所印が押されている(158)。朝鮮宣祖2年1569年6月20日（壬辰）の夕講では、『三国志衍義』『五代史記』（『宣祖実録』には「史記」）、『楚漢衍（演）義』と『剪灯新話』『太平広記』の価値を論じ、薛瑄『読書録』の刊行の是非を討議した。このとき尹根寿が、当時印出された程復心の『四書章図』について論じている(159)。またこのとき、奇大升は、李滉が程復心の「心統性情図」を根拠に図説を作成し、程復心の「西銘心学図」はそのまま使ったと言及した(160)。宣祖が当時刊行した『四書通義』は『重訂四書輯釈通義大成』だったようである。蓬左文庫には1570年（宣祖3）内賜本が伝わっている(161)。この本は、明の金徳玹が、1434年（明宣徳9）の『重訂四書輯釈』に金履祥の『疏義』『指義』、朱公遷の『通旨』『約説』、程復心の『四書章図』、史伯璿の『管窺』、王元善の『通攷』などを合わせて構成した本である。春邸の頃の正祖は、1772年（英祖48）にこの本を重刊し、即位後の1799年（正祖23）冬に徐命膺の家に保管されていた原稿を見つけ出し再校正させている(162)。

②『四書大全』『五経大全』『性理大全』

『四書大全』と『五経大全』は、明の成祖（永楽帝）の時代に、胡広らが勅命を受けて編纂した経書註釈書である。『四書大全』は、『大学章句大全』『中庸章句大全』『論語集註大全』『孟子集註大全』、『五経大全』は『周易伝義大全』『詩伝大全』『書伝大全』『礼記集説大全』『春秋集伝大全』である。

『四書大全』と『五経大全』は、『性理大全』とともに世宗元年に当たる1418年に229冊

の完帙が輸入された。世宗は1424年に庚子字で『四書大全』50セットを刷り、文臣たちに頒賜した。翌年、冊紙を忠清・全羅・慶尚の観察使に捧げ、翻刻用の本を明から受け取ると、1426年（世宗８）から慶尚・全羅・江原の３道で翻刻[163]、1427年（世宗９）７月には慶尚監司の崔府が『性理大全』を上梓し、1429年（世宗11）に江原監司の趙従生は『四書大全』と『周易伝義大全』『書伝大全』、慶尚監司の崔溥は『春秋集伝大全』の一部、全羅監司の沈道源は『詩伝大全』『春秋集伝大全』の一部、『礼記集説大全』を刊刻して上呈した。世祖代に乙亥字で『四書大全』を再刊し、以後、乙亥字印本を底本に整版した木版本も出された。

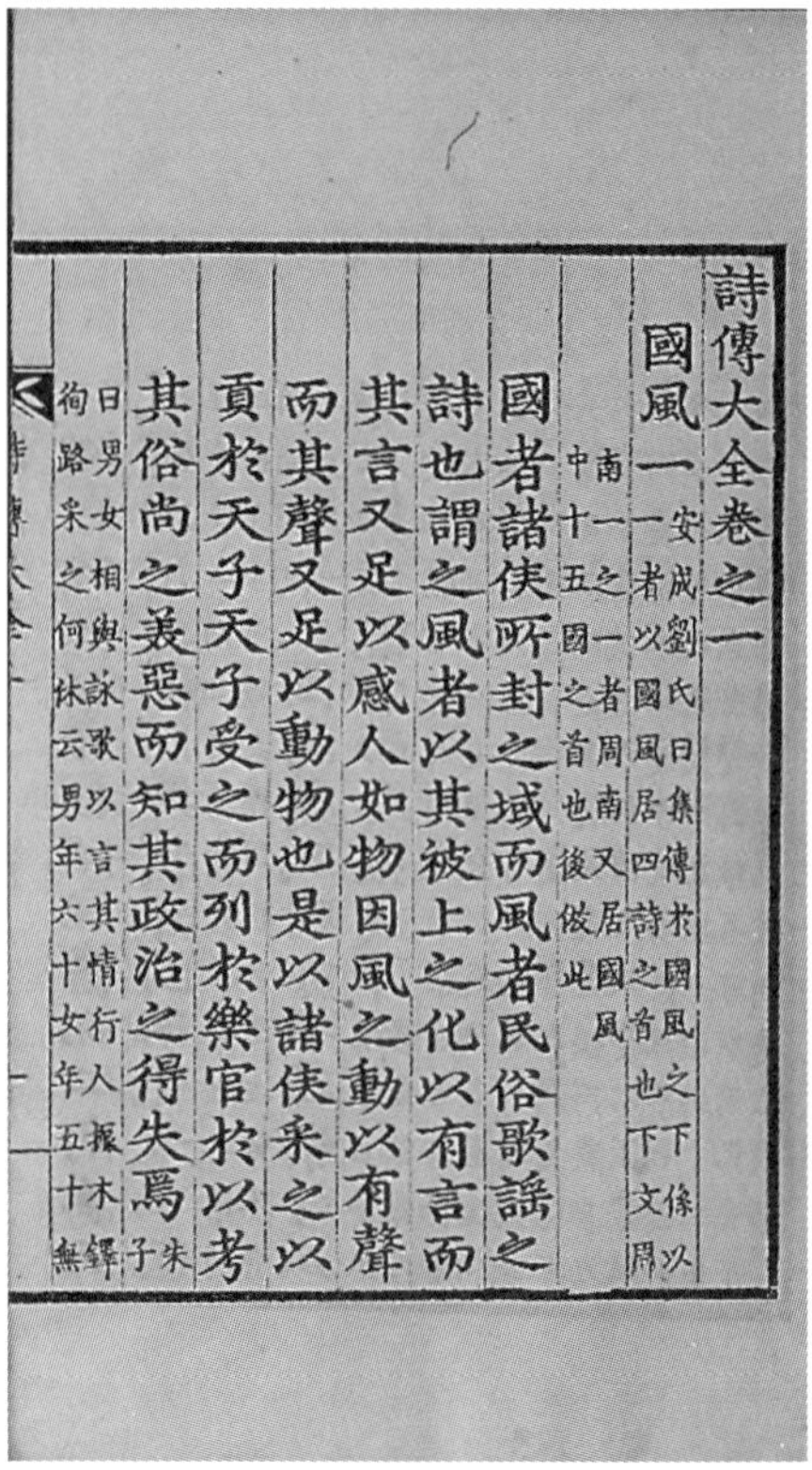
詩傳大全卷之一
國風一 安成劉氏曰集傳於國風之下係以一者以國風居四詩之首也下文周南一之一者周南又居國風中十五國之首也後倣此
國者諸侯所封之域而風者民俗歌謠之
詩也謂之風者以其被上之化以有言而
其言又足以感人如物因風之動以有聲
而其聲又足以動物也是以諸侯采之以
貢於天子天子受之而列於樂官於以考
其俗尚之美惡而知其政治之得失焉朱子曰男女相與詠歌以言其情行人振木鐸徇路采之何休云男年六十女年五十無

図16　UC Berkeley East Asian Library蔵　丁酉字覆刻本『三経四書大全』（高麗大海外韓国学資料センター提供）

明初の薛瑄は大全本が支離・繁多だと批判し、清初の顧炎武は大全本を、既存の書籍を剽窃・踏襲したものに過ぎないと非難した[164]。中国や韓国では大全本が頒布された後に、朝廷の取士や塾師の教えが皆これを中心とするようになり、『四書輯釈』系列のテキストは姿を消す[165]。朝鮮後期に正祖は「群書標記」の「重訂四書輯釈」条で、『四書輯釈』と『四書大全』の編纂の沿革と、両書の愚劣を論じた。この「群書標記」は、完了前に正祖が昇遐したので刊行されなかった[166]。

一方、『性理大全』は朝鮮知識人の間で珍蔵された。金正国（1485-1541）は、中宗38年（1538）秋に『性理大全書節要』５巻４冊を完成した。以後、同書は、木版本と木活字本の形で流布した[167]。

③『春秋左氏伝』

韓国では、新羅時代から『春秋』が広く読まれ、各種歴史書にはいわゆる春秋の筆法が採択された。朝鮮時代に入ってからは『春秋左氏伝』と『春秋胡氏伝』が広く読まれた。

太宗代、（唐）陸徳明釈・（宋）林堯叟句解『註全文春秋括例始末左伝句読直解』70巻が癸未字で初刊され、1431年（世宗13）５月には王命により錦山で覆刻された。1453年（端宗元年）夏、集賢殿が王命により校正、1454年（端宗２）６月に全羅道観察使の金連枝が王命により錦山で重刊した。澗松美術館に癸未字本がある。（宋）朱申註釈・劉端仁校正『音

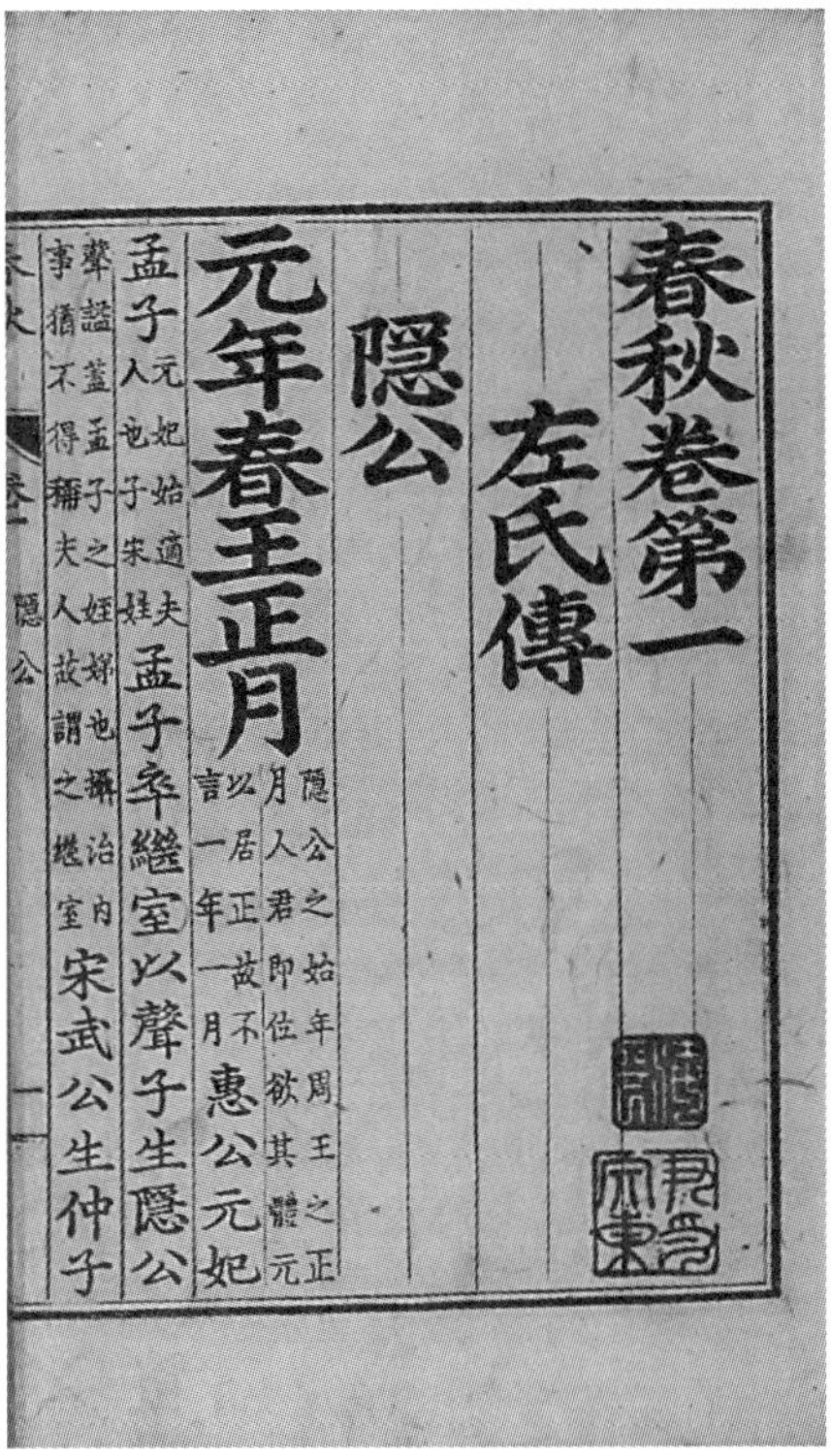

図17　UC Berkeley East Asian Library蔵『春秋左氏伝』（高麗大海外韓国学資料センター提供）

点春秋左伝詳節句解』35巻が1524年（中宗28）内賜され、内閣文庫に内賜本の残巻13冊（缺巻：巻２、３、７、８、11-14）がある。また、（宋）胡安国伝・（明）陳喆編講『春秋胡氏伝集解』（附：林堯叟音註括例始末）30巻16冊が1553年（明宗８）に乙亥字で刊行され、国立中央図書館一山文庫に同年の内賜本がある。

正祖は、在位29年（1796年丙辰）冬に抄啓文臣の李書九等に命じて『春秋左氏伝』28巻を編纂した。この『春秋左氏伝』は、『左伝』の諸説を参照して註釈を彙集・刪削したもので、完全に独自の構成を持つ。すなわち、朱熹の『通鑑綱目』凡例を参考にし、経を綱に、伝を目にしようとして作られたものである。宣祖が副提学の申欽などに経と伝を綱と目に編輯・繕写させたことと、世宗18年（1436年丙辰）に集賢殿副校理の李季甸らが『通鑑綱目』を註解して『思政殿訓義』としていたこととを継承し見本とするという意味をも持っていた[168]。正祖は同書を次の年の秋に丁酉字で刊行させ、それ以後は嶺南と湖南の監営で整版に付するようにした。丁酉字本において経文の文字は、前参判の曹允亨が繕写した書体を字本とする、春秋綱字を使用したものと推定される。

(9) 諸子書の輸入と復刊

朝鮮朝は儒学のみを尊んだけれども、儒学者、知識人たちは、諸子百家中の『老子』と『荘子』などを熟読していた。特に、南宋の林希逸が禅宗の観点から平易な文章解釈をした『老子』『荘子』『列子』の『三子鬳斎口義』が好まれた。林希逸は南宋の端平年間（1234-1236）の進士であるが、口義の形式で道家の書籍を解説した。口義は、唐代の明経科の試士の口試において口頭で経義を答述したものを基源とし、口訣や口伝と同義語として使用された。『三子鬳斎口義』は日本でも広く流布した。室町時代には五山版の『荘子鬳斎口義』と『列子口義』が刊行されている。元和年間（1615-1624）には活字印本も出た[169]。『荘子』の郭象註・陸徳明音義・林希逸口義からなる『荘子鬳斎口義』10巻は、朝鮮前期に何度も刊行された。1425年（世宗７）には既に『荘子口義』を『老子口義』とともに庚子字で刊行したことがある。また、1492年（成宗５）に徐居正の著した「新刊老列二書跋」

によると、その頃に江原監司の李封が原州で『老子口義』と『列子口義』を木版で刊行したらしい。同年、慶尚監司の金永濡が『荘子口義』を各邑に分けて板刻させた後、その版木を慶州に集めた。咸陽郡守の金宗直が跋文を書いている。

一方、明宗・宣祖年間には、『荘子口義』を改編した乙亥字本『南華真経』と木活字本が刊行された。現在、乙亥字本 6 冊（巻 3、6－7、9）は高麗大学校晩松文庫にあり、木活字本 8 冊（巻 3－5 缺）が宮内庁書陵部にある。他に『句解南華真経』や『荘子』という書名の本も相当多く印出された。

百家類纂卷之一
明浙東慈谿後學沈津彙輯
儒家類　家語
相魯
孔子初仕爲中都宰制爲養生送死之節長幼異食彊弱異任男女別塗路無拾遺器不彫僞爲四寸之棺五寸之槨因丘陵爲墳不封不樹行之一年而四方之諸侯則焉定公謂孔子曰學子此法以治魯國何如孔子對曰雖天下可乎何但魯國而已哉於是二年定公以爲司空乃別五土之性而物各得其所生之宜咸得厥所由司空爲魯

図18　韓国 国立中央図書館蔵『百家類纂』

『荘子口義』では乾道・淳熙時代の朱熹学派、陸九淵学派、呂祖謙学派、陳亮・葉適学派の学術風潮を反映し、文学的解義が重視された(170)。林希逸によると、『荘子』は、行文で起語・結語（段末結語・篇末結語）・転換（換筆法）を重視し、瀾翻（波瀾）の筆勢と伸縮の文脈を生かし、用字・用詞・句法・段章・結構・譬喩など多方面で「奇」を実現し、同義語の替換・対挙・移換・排比句式・反復説明・形象描写・寓言故事を通じて「鼓舞」を行った。

一方、（明）劉績補註・王溥較刊『淮南鴻烈解』28巻 7 冊が壬辰倭乱〔文禄慶長の役〕以前に木活字で刊行されたことが知られている。同本は内閣文庫所蔵。ただし、刊行時期については再考する必要がある。

（明）劉寅直解『七書直解』（『六韜直解』『唐太宗李衛公問対直解』『三略直解』『司馬法集解』『呉子直解』『尉繚子直解』『十一家注孫子』の 7 種）は、1573年（宣祖 6 ）の補鋳乙亥字に従来の活字を混用した銅活字で、まとめて印刷された。宮内庁書陵部に1577年（宣祖10）内賜の乙亥字本がある。日本の内閣文庫と尊経閣文庫に1577年内賜乙亥字本『六韜直解』6 巻が、尊経閣文庫に1577年内賜の乙亥字本『唐太宗李衛公問対直解』（唐の李靖撰、劉寅直解） 2 巻 2 冊がある。

朝鮮中期から、諸子百家に関心を有った知識人が現れた。1692年には（明）沈津編『百家類纂』40巻が慶尚道で覆刊される。『百家類纂』は、朝鮮では皇明万暦七年（1579）明州張時徹の讃を有する明板本が崇禎紀元後四十九年壬申（1692）すなわち粛宗18年に、閔昌道（1654-1725）の序文を有つ本として慶尚道で覆刊された(171)。他に陳深の『諸子品節』も朝鮮後期に広く読まれたが、この本は朝鮮で復刊されていないようである。

(10) 正祖の朱子一統書刊行計画

朝鮮には、宋学を尊崇して関連書籍を輸入し、新たに編纂して刊行された本が多い。金仁山（金履祥）の『濂洛風雅批註』と清州開刊本『文公朱先生感興詩』は、その代表的な例である。（宋）黄瑞節附録（編）の『朱子成書』2 巻 2 冊も中宗・明宗年間に乙亥字で刊行、内閣文庫に乙亥字本が所蔵されている。

朝鮮後期の畿湖学派の学者、任聖周（1711-1788）は、1750年（英祖26）に『斎居感興詩』に関する国内外の多くの註解を収集して集覧本を編纂した。任聖周の『鹿門集』に、庚午年（1750）に書いた跋文「感興詩集覧跋」が含まれている[172]。本来、任聖周は親友である洪季修（名は未詳、季修は字）の勧めでこの本を編輯した。洪季修は英祖29年（1753）にその集覧本を芸閣印書体活字で刊行している。この活字本の巻頭題は「朱文公先生齋居感興詩諸家註解集覧」である。任聖周が1750年季夏に跋文を作成し、閔遇洙（1694-1756）が癸酉復月（11月）初吉に跋文を書いた。任聖周の『感興詩集覧』は庚子字本『文公先生感興詩』や清州開刊本『文公朱先生感興詩』の蔡模註を参考とせず、新たに編輯したものである。『斎居詩集覧』の凡例を見てみると、その第 1 条では集録の方式を論じている。任聖周は、劉剡が胡炳文の『感興詩通』と劉履の『選詩続編補註』を合編したものを、相当部分刪定し、金履祥の『濂洛風雅批註』と宋時烈の『朱子大全箚疑』を取り、経文の順序に応じて段別に添入したと明らかにしている[173]。

ところが朝鮮では、特に『朱子大全』と『朱子語類』を校勘して定本を作成し、朱子の著述を一部抜萃して刊行することが多かった。これに対し18世紀には、正祖が朱子の著述を網羅して朱子全書を編纂しようと企画した。

周知のとおり、朱子の文集『朱子大全』は、その子の朱在が朱子の遺言に基づいて遺文を収集した後、1239年に王埜により、福建の建安で正集100巻が刊行された。以後、1245年には王遂によって続集が、1265年には余師魯によって別集が刊行され、正集100巻・続集11巻・別集10巻の『晦菴先生朱文公文集』が完成する。いずれも福建の建安書院で刊行された。以後、朱子の文集は建安書院板本を継承した閩本と浙本系統に分かれ、逓修本の形態で通行する。

『朱子大全』は、朝鮮で合計 4 度刊行された。最初の刊行本は、中宗年間に当たる1543年に金安国（1478-1543）が、正集100巻・続集11巻・別集10巻の中国本朱子文集を底本に、三校書館で乙亥字を用いて刊行したものである。第二には、宣祖年間の1575年に柳希春（1513-1577）が、校書館で乙亥字により再刊したものである。その後、壬辰倭乱〔文禄・慶長の役〕を経てこの板本が遺失すると、全羅監司の元斗杓（1593-1664）が、この二つの

板本の残帙を収拾して一帙とし、1635年にこれを木版で覆刻した。英祖年間にこの版木が火災で焼失すると、奉朝賀の洪啓禧（1703-1771）の主導で、北京から購入してきた10余種の朱子文集と国内で刊行された板本を互いに比較・校勘し、国王の裁可を得て、1771年に全羅道において木版で刊行した。この板本では既存の『朱子大全』から抜け落ちた文を収集して遺集2巻を作成し、『朱子実紀』『朱子年譜』と、朱子の16代孫の朱玉が編纂した『朱子文集大全類編』から資料を集めて附録12巻を編次し、別集の後ろに追録、巻末に収録されていた考異も増補した。版形も従来の10行18字から10行22字に調整変更している。

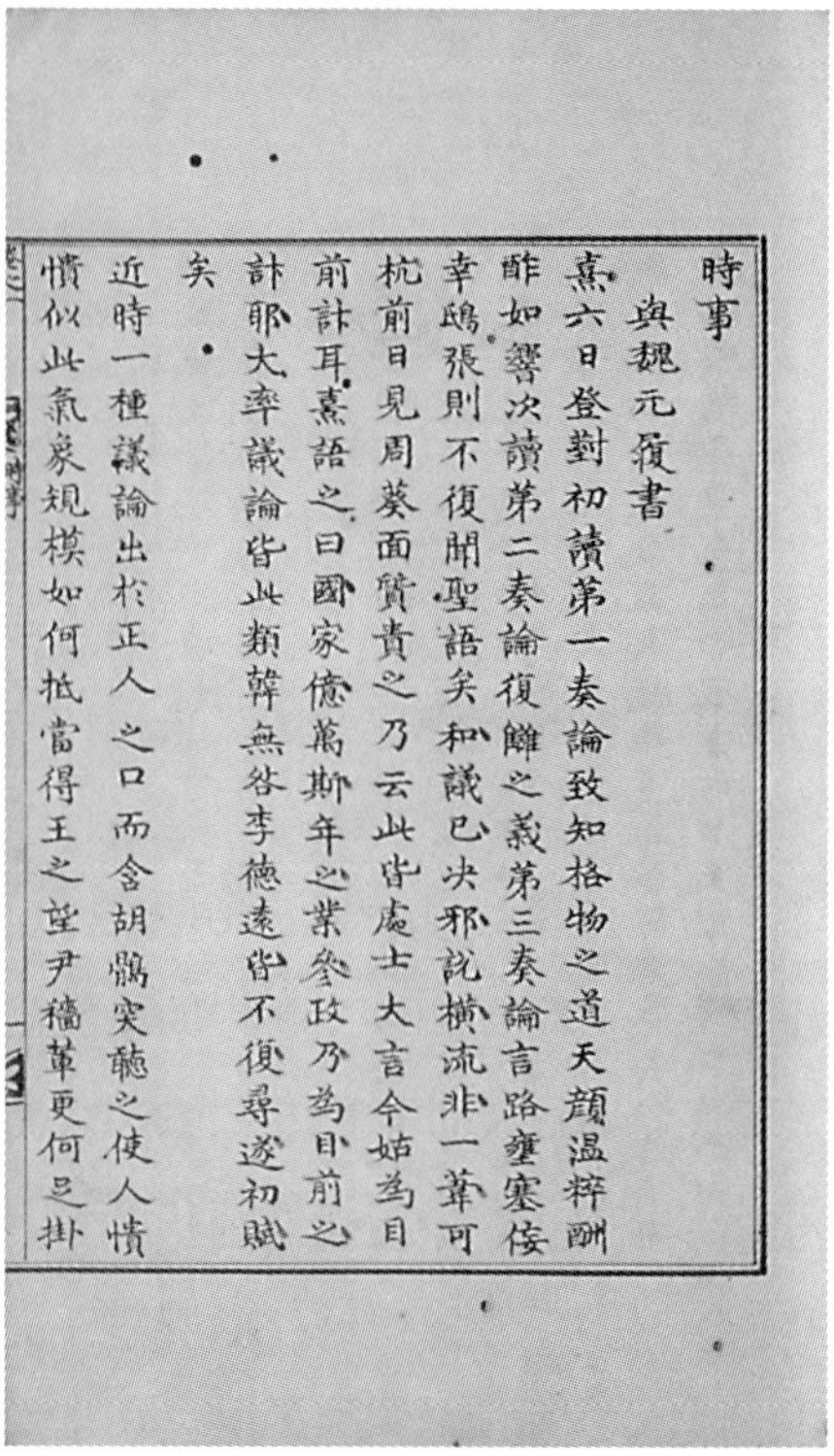
時事
與魏元履書
熹六日登對初讀第一奏論致知格物之道天顔温粹酬
酢如響次讀第二奏論復讎之義第三奏論言路壅塞佞
幸鴟張則不復聞聖語矣和議已决邪説横流非一葦可
杭前日見周葵面質責之乃云此皆處士大言今姑爲目
前計耳熹語之曰國家億萬斯年之業參政乃爲目前之
計耶大率議論皆此類韓無咎李德遠皆不復尋遂初賦
矣
近時一種議論出於正人之口而含胡鶻突聽之使人憒
憒似此氣象規模如何抵當得王之望尹穡輩更何足掛

図19　（公財）東洋文庫蔵『紫陽子会英』

『朱子大全』が流行する中、中国で鈔選・輯録した書が出現した。南宋の王柏の『紫陽書詩類』と明の高攀龍の『朱子節要』がその代表的な例である。1500年代半ば以降、朝鮮の学者たちも朱子書の選本を作成し註釈を始めた。1558年（明宗13）に李滉が『朱子書節要』を編纂、1623年には鄭経世が『朱文酌海』を、1785年には李栽・李象靖らが『朱書講録刊補』を完成させている。宋時烈は『朱子書節要』と『朱文酌海』を基礎に朱熹の文を更に選定した後に註解を施して『節酌通編』を編纂した。この本は、1686年に校書館の校正を経て、全羅道と慶尚道の監営から刊行された。また、宋時烈は『朱子大全』に註釈をつけて『朱子大全劄疑』を編纂し、『節酌通編補遺』を完成させた。

正祖も長い時間をかけて多くの朱子書選本を編纂し、朱子書の完結編を編纂しようと企画した。ところが、正祖が体裁を定めて編んだ『朱子選統』の類目は、姜熙斉の『御纂朱子全書』の類目とほぼ一致する。『御纂朱子全書』は康熙45年（1706）[174]に熊賜履・李光地など理学の学者らが勅命を受けて1706年-1713年の8年にわたって作った66巻の朱子選本である。正祖は『朱子選統』を編纂する際、康熙帝編纂『御纂朱子全書』の類目をそのまま借用した。『御纂朱子全書』は、正祖が朱子の一統書を編纂する際に一定の刺戟となったのである。

4．終わりに

以上の論説は、今日整備されつつある各種データベース（DB）により、大きく補われた。以下に関連の深いDBを紹介したい。

韓国の国内所蔵韓国本（朝鮮本）については、総合目録DBが構築されており、国立中央図書館ウェブサイトから自由に活用できる。また、韓国人（新羅・高麗・朝鮮人）の文集は韓国古典翻訳院の韓国文集叢刊DBを介して１字検索が可能で、原文イメージ画像・韓国語訳註とも確認できる。

一方、韓国の文化財は16万件以上が海外にあるという。日本国内の朝鮮本の調査は、藤本幸夫先生によって網羅的に実施された。

現在、韓国では、国立中央図書館・高麗大学校海外韓国学資料センター・国外所在文化財基金会等の機構が海外文化財を調査・整理する作業を行っている。特に高麗大学校海外韓国学資料センターは、高画質の画像を無償で研究者に提供している。本プロジェクトでデジタル化した主要な文献は、次の３人の旧蔵書である。

浅見倫太郎（1869-1943）

日韓併合期に京城で判書として滞在しながら、法律・政治・文化関連古書を大量に収集した。拓本も多数収集している。帰国後、所蔵品を三井財団に売却したが、1950年に米国カリフォルニア大学バークレー校が三井財団の文庫を購求した際、これらもともに同大学へ移管された。現在、バークレー校東アジア図書館浅見文庫に収蔵されている。

前間恭作（1868-1942）

1891年に慶應義塾大学を卒業。韓国に渡り、1910年まで滞在し、日本領事館・公使館・朝鮮統監部で勤務しながら韓国の古書を多く輸入した。旧蔵書の大部分が現在は公益財団法人東洋文庫に所蔵されている。

河合弘民（1873-1918）

東京帝国大学卒業後、1907年に東洋協会専門学校京城分校教師として勤めていた。朝鮮史と経済史を研究しながら、関連古文献を大量に収集した。特に土地文書と商業関連の古文書を数多く集めた。旧蔵書は現在、京都大学に所蔵されている。

ここで、韓国国内の各機関が提供する韓国古文献DBを紹介する。

文化体育観光部国立中央図書館：韓国古典籍綜合目録システム「KORCIS」（http://www.nl.go.kr/korcis/）
韓国古典翻訳院：韓国古典綜合DB（http://db.itkc.or.kr）
国史編纂委員会：韓国歴史情報システム（http://www.koreanhistory.or.kr/）
韓国学中央研究院：王室図書館蔵書閣デジタルアーカイブ（http://yoksa.aks.ac.kr/）
韓国学中央研究院韓国資料センター：韓国古文書資料館（http://archive.kostma.net/）
国史編纂委員会：韓国歴史情報システム（http://www.koreanhistory.or.kr/）
ソウル大学校：奎章閣韓国学研究院（http://kyujanggak.snu.ac.kr/）
成均館大学校東亜細亜学術院：韓国経学資料システム（http://koco.skku.edu/）
文化財庁国立文化財研究所：韓国金石文綜合映像情報システム（http://gsm.nricp.go.kr）
高麗大学校民族文化研究院：海外韓国学資料センター（https://riks.korea.ac.kr/kostma/）
高麗大学校図書館（http://library.korea.ac.kr/）
韓国国学振興院：儒教ネット「Yugo Net」（http://www.ugyo.net/）

今後の韓国古典籍の研究としては、次の方面の集中的な研究が必要である。

(1) 韓国典籍と日本典籍の関係

韓国から日本に渡った資料も多いけれども、日本の文献も少数とはいえ韓国の出版文化に影響を与えている。この方面の研究が不足している。

例えば「跋黄蘗語録」は、李穡が、日本の僧侶の允中菴によって板刻された裴休の『黄蘗伝心要訣』と『宛陵録』に附した跋文である。跋文によると、日本の僧侶、允中菴が裴休の編纂した『黄蘗伝心要訣』と『宛陵録』を広く伝布しようと自らの手で板刻し、李穡に跋文を頼んだという(175)。

(2) 韓国内旧蔵の中国本所蔵現況調査

従来、韓国学では、韓国本（朝鮮本）の研究に重点を置き、韓国人の旧蔵していた中国本の板本については総合的な調査が行われなかった。

例えば18世紀末、正祖は奎章閣を設置し、抄啓文臣たちとともに経史講義を進行した。『尚書講義』の場合、正祖は明の永楽年間に胡広などが編輯した『書伝大全』を基本テキストとして使用しつつも、元・明・清の多くの解釈を参考にした。特に清の閻若璩（1636-1704）の『尚書古文疏証』を検討しており、清の康熙帝（1654-1722、在位1661-1722）の勅命で王頊齢（1642-1725）らの編んだ『欽定書経伝説彙纂』を参照していた。この本は、雍正 8 年（1730）に刊行され、現在は延世大学校国学資料室に『欽定書経伝説彙纂』全14冊が収蔵されているが、「萬機之暇」と「弘齋」といった印記があることから、正祖の手沢本と推定される[176]。

発表者の関連論著

『朝鮮時代漢文学과詩経論』、一志社、1999年

『国文学研究와文献学』、太学社、2002年

『韓国漢文基礎学史』 1 - 3 、太学社、2012年

「李氏朝鮮における杜甫詩集の刊行について」（「中国文学報」37冊、京都大学中国文学会、1986年10月、pp.51-93）

「木活字本『東国論選』에관하여」（「季刊書誌学報」第11号、韓国書誌学会、1993年12月、pp.130-153）

「朱子「齋居感興詩」와「武夷櫂歌」의朝鮮板本」（「季刊書誌学報」第14号、韓国書誌学会、1994年12月、pp.3-36）

「『詠史絶句』의朝鮮板本에대하여」（「韓国漢詩研究」第 2 輯、韓国漢詩学会、1994年12月、pp.249-262）

「宣祖. 光海君朝의韓愈文과史記研鑽에관하여:韓愈文과『史纂』의懸吐와註解를중심으로」（「季刊書誌学報」第17号、韓国書誌学会、1996年 1 月、pp.3-39）

「正祖의経学類書籍御定. 御命撰과経学思想」（「季刊書誌学報」第21号、1998年 3 月、pp.75-136）

「朝鮮後期学問研究方法論의分化와毛奇齢批判」（「東洋学」第29輯、檀国大学校東洋学研究所、1999年 6 月、pp.37-69）

「朝鮮本の『齋居感興詩』と『武夷櫂歌』について」（興膳教授退官記念中国文学論集編

集委員会『(興膳教授退官記念) 中国文学論集』、汲古書院、2000年、pp.851-864)

「朝鮮前期의註解本刊行과文献加工에 대하여」(「大東漢文学」第20輯、大東漢文学会、2004年 6 月、pp.167-248)

「朝鮮後期知性史와諸子百家――특히『管子』와『老子』의読法과関聯하여――」(「韓国実学研究」第13号、韓国実学学会、2007年 6 月、pp.365-405)

「韓国類書의種類와発達」(「民族文化研究」第47号、高麗大学校民族文化研究院、2007年12月、pp.85-136)

「東아시아에의‘千字文’류및‘蒙求’類의流行과漢字漢文基礎教育」(「漢字漢文教育」第36輯、韓国漢字漢文教育学会、2014年 1 月、pp.7-45)

「詩釈義와퇴계詩・解釈의特徴」(「国学研究」第25輯、韓国国学振興院、2014年12月、pp.55-98)

「朝鮮時代文集編纂의歴史的特徴과文集体制」(「韓国文化」第72輯、서울大学校奎章閣韓国学研究院、2015年12月、pp.101-130)

〔注〕

(1) 仏国寺釈迦塔遺物報告書刊行委員会『仏国寺釈迦塔遺物 2 :重修文書』(2009、国立中央博物館・大韓仏教曹渓宗)。

(2) 柳希春「朱子文集語類校正凡例」(『眉巖集』巻 3 、1866年木版刊行、1897年追補本、『韓国文集叢刊』34、民族文化推進会〈現、韓国古典翻訳院〉、1989)。「臣伏覩『朱子大全』・『語類』二書、浩瀚若海涵地負、密微若蠶絲牛毛、人雖欲校正、莫不以掛一漏萬爲難。臣以謏聞薄識、忝在提調校勘之列、謬當是任、如蚊負山、常懷兢悚、適得李滉所校、以爲據依、又得僚屬趙憲之助、旁稽文語所從出之書、參以愚臣千慮一得之見、歷三載而粗成訂。庶幾仰補聖學乙覽之萬一。然校書掃塵之喩、古人所不免。以臣昧陋、誠不勝慚惶之至。謹再拜稽首以聞。」

(3) 金学主〔キム=ハクジュ〕「朝鮮刊『黄山谷集』略考」(『朝鮮時代刊行中国文学関係書研究』Ⅶ、2000、ソウル大学校出版部)。

(4) 沈慶昊〔シム=キョンホ〕「朝鮮의漢文学과袁宏道」(『訳註袁仲郎集』第10冊巻末、2004、소명출판〔ソミョン出版〕)。

(5) 沈慶昊「星湖学派의系譜」(「星湖学報」 2 、2006、星湖学会)。

(6) 『下廬集』第 8 巻「読書次第図(並説)」。以下、朝鮮知識人の文集は特に注記が無い限り、民族文化推進会〔現、韓国古典翻訳院〕編、(影印標点)『韓国文集総刊』のものを用いている。

(7) 蘇轍「東坡墓誌銘」(『東坡集』巻 1)。「高麗遣使請書於朝、朝廷以故事、盡許之。公曰漢東平王請諸子及太史公書、猶不肯予、今高麗所請、有甚於此、其可予乎? 不聽。」蘇軾の劄子は『東坡奏議』13、「論高麗買書利害劄子」。「高麗所得賜予、若不分遣契丹、則契丹

安肯聽其來貢顯？　是借寇兵而資盜糧、此三害也。高麗名爲慕義來朝、其實爲利、度其本心、終必爲北虜用、何也？　虜足以制其死命、而我不能故也。今使者所至、圖畫山川形勝、窺測虛實、豈復有善意哉？　此四害也。」

（８）　朴趾源「銅蘭涉筆」（『燕巖集』巻15）○別集熱河日記。「吾東最不得志於東坡。高麗求書史於宋、則東坡引漢東平王故事、上劄峻斥之。其通判杭州時、高麗入貢使者、凌蔑州郡、押班使臣、皆本路管庫、乘勢馳橫、至與幹轄抗禮。公使人謂之曰:『遠夷慕華而來、理必恭順、今乃爾暴恣、非汝導之、不至是也。不悛當奏之。』、押班者懼爲少戢。使者發幣於官吏、書稱甲子、公却之曰:『高麗、於本朝稱臣、而不禀正朔、吾安敢受之?』、使者亟易書、稱熙寧然後受之、時以爲得體。此見東坡墓誌。」

（９）　以下を参照。『高麗史』巻１・世家１、宣宗２年３月戊戌、同８月辛未。『宋史』巻487・列伝246・外国３・高麗。尹炳泰『韓国書誌年表』（1972、韓国図書館協会）。

（10）　柳希春『眉巖集』巻９（『韓国文集叢刊』34）、p314。当時、『文苑英華』等13種の書物を購入してきたとされる。

（11）　『太宗実録』巻24、12年（1412）８月７日（己未）。

（12）　『高麗史』巻99、列伝12「崔惟清列伝附崔詵」。

（13）　『高麗史節要』第13巻、明宗、明宗光孝大王２、壬子22年（1192）［宋紹熙３年、金明昌３年］条項。「夏四月、命吏部尙書鄭國儉、判秘書省事崔詵等、讎校『資治通鑑』、令州縣、雕印以進、分賜侍從儒臣。」

（14）　李奎報「新集御医撮要方序」（『東国李相国全集』巻21、序）。「夫有生之所重者、身與命而已矣。雖死生壽夭皆關乎天、若因節宣失適、爲疾恙所寇、而無良方妙藥以理之、則其閒豈無橫失其命者耶？　是古聖賢所以著本草・千金・斗門・聖惠諸方、以營救萬生之命者也。然部秩繁浩、難於省閱、其若寢疾彌留、勢可淹延時日、則謁醫可也、搜諸書求其方、亦可也。至如暴得重病、蒼皇危急、則又何暇謁醫搜書之是爲也？　不若採菁撮要、以爲備急之具也。國朝有茶房所集藥方一部、文略效神、可濟萬命、以歲久脫漏、幾於廢失矣。今樞密相公崔諱宗峻、見而惜之、思欲摹印以廣其傳、以此聞于上、上遂欣然頷可。公於是分爲二卷、又添附諸方之最要者、使人繕寫、名之曰御醫撮要、承制勑送西京留守官彫印、使流播於人間、是亦聖朝視民如赤子之仁政也、抑又士君子所以汎濟含生之意也。噫！　有善不可蓋者、予守也。公又命之爲序、則其可避乎？　敢再拜略書梗槩耳、時丙戌四月日、序。」

（15）　李奎報「十二国史重彫後序」（『東国李相国全集』巻21、序）。「『十二國史』、諸史之樞要也。漁獵不煩、而足以鑒諸國之興亡善惡。故今按部盧公軾、雖居衞霍之班、雅好孔姬之術、於書傳中偏嗜是書。弭節完山、募工彫印、以施學者、是亦好善君子利人之一端也。某月日、全州牧掌書記某序。」

（16）　李奎報「書白楽天集後」（『東国李相国後集』巻11雜議４）。「予嘗以爲殘年老境消日之樂、莫若讀白樂天詩、時或彈加耶琴耳。加耶琴、蓋古秦箏之類、但闕一絃耳。絃不傷指、其聲切切、令哀情易蕩也。白公詩、讀不滯口、其辭平澹和易、意若對面諄諄詳告者、雖不見當時事、

想親覩之也、是亦一家體也。古之人或以白公詩、頗涉淺近、有以囁嚅翁目之者、此必詩人相輕之說耳、何必爾也？　其若琵琶行長恨歌、當時已盛傳華夷、至於樂工倡妓、以不學此歌行爲恥、若涉近之辭、能至是耶？　嗚呼！　凡譏議樂天者、皆不知樂天者也。吾不取已、但加耶琴、予於老境好彈耳、不可令人人皆同吾嗜也。彈亦不工、可笑。」

(17)　李奎報「全州牧新雕東坡文集跋尾」(『東国李相国全集』巻21、序)。「夫文集之行乎世、亦各一時所尙而已。然今古已來、未若東坡之盛行、尤爲人所嗜者也、豈以屬辭富贍、用事恢博、滋液之及人也、周而不匱故歟？　自士大夫至于新進後學、未嘗斯須離其手、咀嚼餘芳者皆是。其摹本舊在尙州、不幸爲虜兵所焚滅、了無孑遺矣。完山守禮部郎中崔君址、好學樂善君子人也。聞之慨然、方有重刻之志。時胡騎倏來忽往、間不容毫、州郡騷然、略無寧歲、則似若未遑於文事、而太守以爲古之人、尙有臨戎雅歌、投戈講藝者、文之不可廢如此。以是邑之大也、此一段幺麼事、咄嗟可辦、而若以彼區區戎醜之故、將姑息以俟太平、庸詎知後之來者又因循姑息、便不成吾志耶？　遂直斷聞于上、上亦好文、欣然允可。於是當虜之未來、間農之未作、使之雕鏤、不日迺畢、費不煩而力有餘矣。非夫幹事貞固、綽有餘裕者、孰於此時成大事如此其敏耶？　其爲政之大體、亦可知已。君於予爲門人、故託以標識、予亦嘉君之以他邑之亡書、以爲私憂、移之其邑、汲汲於補益學子、是以粗書本末、以跋其尾云。時龍集柔兆涒灘辜月日、金紫光祿大夫參知政事修文殿大學士監修國史判戶部事大子大保臣李奎報序。」

(18)　日本の場合、僧侶によって学蘇の伝統が受け継がれ、五山僧の大岳周崇（1345-1423）が蘇詩を学びながら記した『翰苑遺芳』（笑雲『四河入海』に収録）は施顧注を引用しているために、北京大学図書館や国家図書館（台北）所蔵本が一部焼失して内容の知り得ない部分を復旧するのに利用された。また、東坡の年譜には、傅藻の紀年録、王宗稷の年譜、施宿の東坡先生年譜の三種があるが、最も信憑性のあるものが施宿の年譜である。これも現存本が伝わっていないものの、江戸時代に抄録し富岡鉄斎の伝えたものが見つかり、蘇詩研究に大きく貢献している。

(19)　朴文烈「麗末鮮初의書籍의蒐集과編纂에관한研究」(恒心尹炳泰博士停年紀念論文集刊行委員会編『韓国書誌学論集』、1999、民昌文化社)。

(20)　『高麗史』忠肅王元年 6 月・庚寅条「贊成事權溥・商議會議都監使李瑱・參司使權漢功・評理趙簡・知密直安于器等、會成均館、考閱新購書籍、且試經學。初、成均提擧司、遣博士柳衍。學諭兪迪、于江南、購書籍、未達而船敗。衍等、赤身登岸、判典校寺洪淪、以太子府參軍、在南京、遣衍寶鈔一百五十錠、使購得經籍一萬八百卷而還。」

(21)　『高麗史』忠肅王元年 7 月甲寅「元帝、賜王書籍四千三百七十一册、共計一萬七千卷、皆宋祕閣所藏、因洪鑰之奏也。」

(22)　『高麗史』恭愍王13年 6 月乙卯「明州司徒方國珍、遣照磨、胡若海、田祿生、來獻〔……〕弓失、及『玉海』・『通志』等書」。『高麗史節要』恭愍王13年 6 月乙卯「明州方國珍、遣使來獻〔……〕弓矢及『玉海』等書」。

(23)　『高麗史』恭愍王19年 5 月甲寅「又賜王六經・四書・『通鑒』・『漢書』」。『高麗史節要』

恭愍王19年 5 月甲寅「又賜王書籍及王妃冠服」。

(24)　『高麗史』恭愍王21年 8 月甲午条「遣贊成事姜仁遺、如京師、謝賜〔……〕經籍史書」。

(25)　鄭摠「朝鮮経国典序」(『復齋集』下、序)。同書は鄭道伝の文集『三峰集』巻 7 と巻 8 に収録されており、『経国六典』という表題の筆写本がソウル大学校奎章閣に収蔵されている。

(26)　権近「経済文鑑別集序」(鄭道伝『三峰集』巻11、序)。

(27)　『高麗史』巻107・列伝20「權呾(溥・準・廉・鏞・適・和・近)」。「嘗以朱子『四書集註』建白、刊行、東方性理之學、自溥倡。註『銀台集』二十卷。又與子準、裒集歴代孝子六十四人、使壻李齊賢著贊、名曰『孝行録』、行于世。」

(28)　『太祖実録』巻 8 ・太祖 4 年(1395) 9 月 4 日(乙未)「命禮曹議郎鄭渾及校書少監張志道、校正『貞觀政要』、以進。」

(29)　『太祖実録』巻13・太祖 7 年(1398) 3 月 7 日(甲寅)「諫官劾〔……〕前教授官閔安仁〔……〕安仁嘗以家藏『綱目通鑑』、獻前朝世子傅、在今世子府、安仁托奄人姜仁富、欲以他册換出、世子以二册、示正字右拾遺黃喜、喜復於世子曰、新册不如舊册、世子遂不許、思修喜言於同舍郎、皆劾之」。

(30)　李崇仁が王師の粲英(1328-1390)の要請を受けて作ったもので、粲英が講席で大古(1301-1382)から聞いた内容を集めて整理・構成した『大古語録』に附する序文である。

(31)　権近が、仲兄の権二巳の刊行した『妙法蓮華経』に附けた跋文。『妙法蓮華経』は、権近の次兄の権二巳が伯兄の権和の冥福を祈るため、1405年(太宗 5)に刊行したものである。

(32)　権近が太祖の命によって刊行した『妙法蓮華経』に附した跋文。太祖は都承旨の韓尚敬(1360-1423)を通じて権近に跋文を書かせた。『妙法蓮華経』は、太祖が高麗時代に官職にあった人々を法のとおりに処刑した後、彼らの冥福を祈るために命じて 3 部刊行された。

(33)　李穡が恭愍王の命を奉じ、宋の道原の『景徳伝灯録』を重刊した『伝灯録』に附けた序文。

(34)　李穡「伝灯錄序」(『牧隠文藁』巻 7 、序)。

(35)　李穡「農桑輯要後序」(『牧隠文藁』巻 9 、序)。

(36)　김윤식(キム＝ユンシク)「朝鮮朝明宗의学術活動과書籍文化에관한考察」(「書誌学研究」51、2012、書誌学会)。

(37)　『正祖実録』正祖元年(1777) 2 月24日「『四庫全書』求購事、詳探於序班輩、則所言不一、故更從他歧、屢次往復於編校翰林。〔……〕臣等且見昨年十月初七日所下皇旨、則以沈初・錢如誠等、差出四庫全書副總裁、尤信其工役之未畢。伏念『四庫全書』、實就『圖書集成』廣其規模、則『集成』乃『全書』之原本也。既未得『四庫全書』、則先購『圖書集成』、更待訖役、繼購『全書』未爲不可、故問于序班等、覓出『古今圖書集成』、共五千二十卷、五百二匣。給價銀子二千一百五十兩、今方載運。」

(38)　1791年に全羅道珍山郡に住んでいた尹持忠と権尚然が西学を信じて先祖の祠版を燃やしてしまう事件が発生した際、正祖は正学をすぐに確立すれば西学は自然に消えるだろうと考えた。正祖「日得録」5 ・文学 5 (『弘斎全書』巻165)「原任直閣南公轍丁巳録」(1797年)。

「利瑪竇倡所謂耶蘇之敎、爲吾道之蟊賊、而獨我國以禮義之邦、士大夫尊信孔孟而不爲異端所惑。近有一種邪學、傳會其說、傷敎而敗倫、殘民而害生、其禍之憯也。而其所謂廢祭之說、尤有不忍言者。〔……〕闢異端之道、莫如正學之扶植、此今日士大夫所當怵畏而勉焉者也。」

(39)　正祖「俗学」(『弘斎全書』巻50、策問 3)。

(40)　尹定鉉記『鋳字事実』、金炳国書(哲宗 9 〈1858〉刻、木板陰刻懸板)。「…於壬寅命平安道観察使徐造修以本朝人韓構書爲字本鑄八萬餘字亦儲之內閣…。」。奎章閣編『板堂考』(純祖32〈1832〉頃。写本)、「韓構銅字、八萬三千六百六十字。(壬寅、自箕営鑄成。)」。

(41)　弘文館編輯校正『増補文献備考』下(ソウル:東国文化社、1970年影印本)「初清城府院君金錫冑倩韓構書小字鑄銅印綱目今所謂小字綱目也。」

(42)　『郷礼合編総叙』の巻末に鋳字跋が載せてある。郷礼合編、「鄕礼合編總敍」。

(43)　奎章閣編『板堂考』(純祖32〈1832〉頃。写本)「燕貿木字、大字一萬一千五百字、小字一萬一千四百五十字、庚戌貿來。燕貿木字、大字九千六百字、小字九千六百字、辛亥貿來。」

(44)　徐命膺「奎章字瑞記」『保晩齋集』巻 8 「天將以大統付畀帝王、必假器物以爲之符瑞。故天球・大貝・赤刀之屬、是固無與於實用、而古先帝王藏之甚謹、守之甚嚴、朝會大禮必列于陛庭。至於九鼎之不能饘粥者、石鼓之不能響節者、亦必安于廟學、以爲傳國之寶。是與儒家衣履之傳、其事則一、而其義較大也。若我國家世宗朝所鑄活字、其殆傳國之符瑞乎!」

(45)　김윤식(キム=ユンシク)「鏤板考의書誌的研究」(成均館大学校碩士学位論文、1978)。

(46)　慶尚道地域で刊行された仏教書籍の調査研究は、南権熙『(恒心尹炳泰博士停年紀念論文集)韓国書誌学論集』(1999、恒心尹炳泰博士停年紀念論文集刊行委員会)を参照。

(47)　住吉朋彦「五山版『三註』考」(佐藤道生・高田信敬・中川博夫編『これからの国文学研究のために』2014、笠間書院)。

(48)　刊記に「萬暦三年月日光州刊上」とある。宣祖8年(1575)刊行本である。小倉進平の所蔵であったが、現在は国会図書館(日本、東京)に収蔵されている。1973年に檀国大学校東洋学研究所『東洋学叢書』第 3 輯に『千字文』という題名で出版された。

(49)　京畿道城南市に石峰・韓濩の書写した筆蹟を板下にして刊行された木版本が伝わる(京畿道城南市宝物、1659)。現存する唯一の初刊本である。

(50)　『石峰千字文』は、字・音・釈を訂正した部分がある。特に『新刊千字註釈』は「女慕貞絜」だが、『石峰千字文』は「女慕貞烈」とする。智永筆『草千字文』、趙孟頫筆『真草千字文』、朴彭年筆『千字文』では、「女慕貞絜」となっている。なお、河西子筆草書体(巻末「嘉靖丁酉夏四月河西子爲仲獻書于蓮臺庵」)でも「女慕貞烈」である。

(51)　早川光三郎「蒙求解説- 4 ・続撰書」(『蒙求』、新釈漢文大系58・59、1973、明治書院)。

(52)　高麗大学校中央図書館所蔵木版本の書誌事項は次のとおりである。『續蒙求』 4 巻 4 冊。隆慶二年(1568)李大伸謹跋、「嘉靖戊午(1558)善山柳希春書于鐘山土廬、萬暦乙亥(1575)柳希春書于漢都寓舍」。

(53)　沈慶昊〔シム=キョンホ〕「朝鮮板本『詠史絶句』」(『国文学研究와文献学』2000、太学社)。

(54) 정호훈〔ジョン＝ホフン〕「朝鮮後期『小学』刊行의推移와그性格」(「韓国史学報」31、2008、高麗史学会)。

(55) 『世宗実録』巻41・10年（1428） 9 月 8 日（丁巳)「判府事許稠啓:「『小學』乃格致誠正之本、学者之先務也。今板刓字闕、未得印看、學者病焉、請下臣所曾進『集成小學』于鑄字所印之。」從之。」

(56) 宣祖 2 年にあたる1569年には、改鋳甲寅字で校書館にて印行された（補字を包含している板本が日本の国会図書館に所蔵されている)。高宗元年つまり1864年には完営で再び木版によって刊行された。題字に小学書題（1187年、朱熹書)、小学書目録、小学書図目と図説（何士信纂)、小学之書綱領、小学之書（朱熹題辞、饒魯註解）がある。図説は「弟子受業図」をはじめとする42種の画像を立教・明倫・敬身篇に合わせて配列した。本文には、本註・古註・標題・纂疏・附録などを添附する。一方、日本の万治元年（1658）には『標題注疏小学集成』の覆朝鮮刻本が出現している（鄭麟趾跋文をそのまま板刻する)。

(57) 『翻訳小学』は、国立中央図書館と高麗大学校中央図書館、ソウル大学校伽藍文庫に保管されているが、全帙が伝わらず零本で伝わる。巻 6 、 7 、 8 は高麗大学校図書館に、巻 9 はソウル大学校図書館伽藍文庫に、巻10は国立中央図書館に、それぞれ収蔵されている。 3 箇所いずれのものも1518年初刊本ではないと推定され、最も初期のものがソウル大学校で保管している、16世紀後半に刊行された版本である。

(58) 『顕宗実録』巻12・ 7 年（1666）10月11日（戊午)「左相洪命夏上劄言:「元子畢方講之書、則當講『小學』、而諺解頗有差誤處、宜卽釐正也。故相臣李恒福、嘗以文成公李珥所爲『小學集註』上之、付訓局印出、以頒中外。蓋其規例凡正文之出於『論孟』等書者、專用朱子本註、其餘參以諸家之言、去短取長、權度甚精。第其諺解、尙用舊本、舊本一主程愈註而爲之、解與「集註」多有庭者。請令禮曹問于儒臣、依「集註」纂定諺解、俾無註與解相左之處。」大司憲宋浚吉獻議、如命夏言、上令弘文館釐正。」

(59) 『肅宗実録』巻26、20年（1694）1 月17日（乙卯)「上親製朱文公小學序文、使之辯于篇首。」

(60) 『英祖実録』巻59、20年（1744） 1 月25日（癸卯)「上召見玉堂官、敎曰:「予於『小學』一書、熟玩而篤好之、非敢曰無愧於『小學』之道、而顧其志則如是耳。第其大文出處、或有未詳者、故欲遵世宗朝『思政殿訓義』故事、與文學之士、逐章懸註、命以『宣政殿訓義』、玉堂諸臣專管纂輯、令參贊官金尙魯。李天輔、弘文提學吳光運、同爲參考焉。」親製序文而下之。」

(61) 『正祖実録』巻45・20年（1796）12月12日（癸未)。

(62) 『正祖実録』巻45・20年（1796）12月13日（甲申)。

(63) 正祖「文字」(『弘斎全書』巻51)。

(64) 李詹「少微通鑑跋」(『双梅堂篋蔵集』巻25、跋類)「辛酉春、今雞林府尹朴公某、以江州兵馬使兼牧晉陽、戎務旣克修擧。因在心史典、遂求『通鑒』于典理判書河公崙、得少微一本、募工重刋。時以軍國事殷、或有沮公意者、公不聽。適安君景公。呂君充禋相繼爲按部、率能

有以左右。事既半、公見代而歸。今通判江陵崔公云嗣與牧伯林公子安、克纘厥功、能事既畢。嗚呼！　數君子之用心、東方人士、咸受其賜、豈不休哉、豈不幸哉！　謹跋。」

(65)　천혜봉（チョン＝ヒェボン）「足利学校의韓国古典에대하여」（「書誌学」２、1969、書誌学会）。

(66)　庚辰字翻刻本８巻７冊は、蓬左文庫、高麗大学校晩松文庫（1585年裵三益への内賜記）にある。천혜봉（チョン＝ヒェボン）『日本蓬左文庫韓国典籍』（2003、韓国図書館協会、知識産業社）。1554年纂『攷事撮要』の「書冊市准」項目に著録されており（「容紙三十三貼十九張、市價綿布一匹半、米一斗五升」）、1558年（明宗13）には潭陽で刊行された。

(67)　1232年正月、掩雷が指揮する蒙古軍が三峰山で金の主力軍を掃滅して洛陽を陥落させた。蒙古軍は汴京を包囲したが、辺境に伝染病が流行り、死亡者が90万名餘りに達したという。金の哀宗は、12月に辺境を残して黄河を渡り、後に帰徳［今の河南商丘］に逃げ、蔡州［今の河南汝南］へ向かった。しかし、モンゴルの大将、史天沢の追撃により、蒲城で完顔白撒の８万の精鋭兵が殲滅される。

(68)　沈慶昊「『欧蘇手簡』:青年世宗의愛読書」（『世宗의書斎』2016、서해문집）。

(69)　『鏤板考』には、玉果県蔵板の「古文眞寶大全前集12巻後集10巻（巻末附文章軌範１巻）」が著録されており、「元陳櫟編、進士宋伯貞音釋」とある。金侖寿「詳説古文真宝大全과批点古文」（「中国語文学」第15輯、1988、嶺南中国語文学会）。

(70)　姜淮仲「善本大字諸儒箋解古文真宝誌」（『埜隠逸稿』巻４）。

(71)　『端宗実録』巻２・端宗即位年壬申８月８日（戊辰）。李仁栄は文宗朝の刊本と推定する庚午字刊本の残巻（32葉１冊）を『清芬室書目』に著録した。

(72)　『古文真宝』の伝存本としては、1524年（中宗19）以後の刊本［蘇世賢の嘉靖甲申「刻読書録跋」添附。日本内閣文庫蔵］、1567年（明宗22）後刷本［内閣文庫隆慶元年内賜李光軫本］、1569年（宣祖２）興陽県開刊本［内閣文庫蔵］、1612年（光海君４）全州府尹李馨郁主宰板刻本［万暦壬子梁夢説跋。日本尊経閣文庫蔵後刷本］などがある。

(73)　巻末に前江原監司宋麟寿などの銜名が附記されている。柳希春『眉巖日記』（1936年朝鮮総督府印本、拠文化柳氏家蔵『眉巖日記草』）を見ると、1568年（宣祖元年）３月13日条に「以二折狀紙四巻十二張、送于尹參判、使傳送江原監司、印出杆城『古文軌範』」とあり、同年６月３日には、「『古文軌範』來自尹參判、乃印出於關東者也」とある。1568年改修『攷事撮要』には、忠清道洪州、全羅道の全州と羅州、慶尚道の永川と密陽にも冊版があったという。

(74)　大阪府立図書館所蔵『詳説古文真宝大全』（木版本３冊）をみると、『古文真宝』の後に『畳山先生批点文章軌範大全』が附刻されている。その序に「眞寶・軌範、世間竝行之書也。軌範凡七編、以「侯王將相有種乎」七子爲號、其文共六十九篇、而四十二則眞寶中已錄、故其餘二十七篇今附刊於眞寶之末。因書軌範目錄於下、以便參考云。」とある。

(75)　『清芬室書目』に明宗10年内賜本が著録されており、宮内庁書陵部には任輔臣に与えた内

賜本が、国立中央図書館一山文庫にはその零本がある。

(76)　최용철〔チェ＝ヨンチョル〕「金鰲新話朝鮮刊本의発掘과版本에관한考察」（「民族文化研究」第32号、1999、高麗大学校民族文化研究院）。최용철「奎章閣本『剪灯新話句解』의伊達伯蔵書印에대하여」（「中国小説研究会報」53、2003、韓国中国小説学会）。정용수〔チョン＝ヨンス〕『剪灯新話句解訳註』（2003、푸른사상〔プルンササン〕）。

(77)　鄭亨愚〔チョン＝ヒョンウ〕・尹炳泰〔ユン＝ビョンテ〕の『韓国冊版目録総覧』によると、同書の木版は北漢山城・保寧・密陽・陜川・居昌・全州・順天・龍仁・済州・原州・永川・武橋等の各地にあり、松広寺でも刊行された。

(78)　신상현〔シン＝サンヒョン〕「朝鮮本『龍龕手鑑』의板本과特徴에대한考察」（「漢文学報」14집、2006、우리〔ウリ〕漢文学会）。藤本幸夫『龍龕手鏡（鑑）研究』（2015、麗澤大学出版会）。

(79)　高麗大所蔵本は巻３－４の１冊で、もともとは全羅南道順天の松広寺に収蔵されていたもの。楡岾寺本とは板式と紙質が同一である。稲葉岩吉「龍龕手鑑初板の年代に就て」（「朝鮮」164、1929、朝鮮総督府）。藤塚鄰『高麗版龍龕手鏡解説』（新鉛活字本、1929、京城帝国大学法文学部）。藤塚鄰「高麗版龍龕手鏡解説」（『文教の朝鮮』、1930、朝鮮総督府）。藤本幸夫『龍龕手鏡（鑑）研究』（2015、麗澤大学出版会）。

(80)　『洪武正韻』は、初め、76韻体系であったが、後に80韻体系に変わったテキストが現れる。76韻本『洪武正韻』には22個の上声韻部に韻ごとでみな全濁声字があるけれども、80韻本『洪武正韻』においては全濁上声の文字を全て去声韻に帰属させ、韻部の名称を完全に変えた。寧忌浮『洪武正韻研究』（2003、上海辞書出版社）。

(81)　최영애〔チェ＝ヨンエ〕「排字礼部韻略」（延世大学校国学研究院編『延世大学校中央図書館所蔵古書解題Ⅶ』2007、平民社）。

(82)　『高麗史節要』巻28恭愍王３、甲辰13年（1364）［元至正24年］６月。

(83)　道賢哲「『経済文鑑』の引用典拠でみる鄭道伝の政治思想」（「歴史学報」165、2003、韓国歴史学会）。

(84)　李裕利「東亜細亜における『文献通考』の伝播と流通：『幕府書物方日記』に現れた16世紀朝鮮本『文献通考』」（趙啓栄外『東亜細亜文献交流：16-18世紀韓中日書籍の伝播と受用』2014、召命出版）。

(85)　元刊本『事林広記』には、漢蒙対訳語彙集が「至元訳語」または「蒙古訳語」という名で収録されており、朝鮮時代の対訳語辞典に影響を与えている。

(86)　住吉朋彦「『翰墨全書』版本考」（「斯道文庫論集」第42輯、2008、慶應義塾大学附属研究所斯道文庫）。

(87)　柳得恭の筆記、丁若鏞の『与猶堂全書』、韓致奫の『海東繹史』、成海応の『研経斎叢書』、李圭景の『五洲衍文長箋散稿』、徐有榘の『林園経済志』から引用された。

(88)　朝鮮時代に現れた類書は、内容を細分し検証すると大略10の部類に分けられる。(a)逸話

集成の類書：『続蒙求』。(b)韓国の時事・常識を集成した類書：『攷事撮要』。(c)韓国の故事を集成した類書：『大東韻府群玉』『見捷録』。(d)中国類書の彙集類書：『類苑叢宝』『新補彙語』『古今説苑』『雑同散異』『文始』。(e)経書および朱子学関連典故類の類書：『経書類抄』。(f)歴史関連の類書：『歴代会霊』『史要聚選』。(g)天文および医学関連の類書：『東医宝鑑』『井観篇』。(h)家庭生活用の類書：『閨閤叢書』『清閨博物志』。(i)国故典章の類書：『攷事新書』『東国文献備考』『増補文献備考』。(j)雑考形態の類書：『芝峯類説』『星湖僿説』『五洲衍文長箋散稿』。

(89) 「陳鈍・李寛詣成均館、入文廟、再拝於庭下、入大成殿內、周覽還出、入東廡序立行揖、入西廡亦如之。〔……〕鈍曰、『將此生日課文章來。』以「觀魚台賦」「進三綱行實箋」「禮記義」及策問各一道示之、鈍見賦曰、『此体制、似有元朝士習。』邊曰、『我國儒生、看元朝『三場文選』『文範』製述、故相似也。』……鈍又問、『科擧文章印頒乎?』答曰、『無。』鈍曰、『中朝高第文章、皆印頒。』遂還館作詩、送于致峒等。」

(90) 中国本では、元の延祐 4 年（1317）の円沙書院刻本（中国国家図書館〈北京〉、北京中共中央党校図書館）が、明宣徳 2 年（1427）の建陽書林劉克常刻本、宣徳 2 年（1427）建陽書林詹氏刻本、宣徳 2 年（1427）建陽書林朱士全刻本、弘治 2 年（1489）梅隠書堂刻本、嘉靖16年（1537）白玶刻本、万暦18年（1590）書林鄭世魁宗文堂刻本などがある。このほか、明刻本 2 種があるという。明の尚忍斎の1480年木版本もあり、上海古籍出版社1992年 5 月出版影印『四庫類書叢刊』に挙げられる。沈津「『新箋決科古今源流至論』的版本鑑定」（大連図書館）。

(91) 上謂代言等曰、「儒生能治四書五經及『三場文選』『源流至論』之類、亦可能製述、而應擧矣。不此之急、專聚儕輩所述、以爲抄集、或遇疑似之題、剽竊書之、靡然成風、近日視學、令製箋文、皆竊用權孟孫都試居魁「進豳風圖箋」、故予不取之。雖平時製述、竊用抄集、固非識理儒生所爲也。況予親臨試士之時乎？ 予欲痛禁、然非所以令台諫、禁止之事也。爲之乃何？ 其議于卞判府事。予心以爲四書五經之外、抄錄中朝有名抄集及東國名儒所製若表箋策問之類、印出頒行、悉禁鄙拙之文、以杜詭遇之門。若其譎詐之徒、不悛前行、則置之度外、亦可也、幷此議之。」

(92) 천혜봉〔チョン＝ヒェボン〕「朝鮮朝의乙亥小字体木活字本『御試策』」（「書誌学研究」15、1998、書誌学会）。

(93) 杜信孚『明代版刻総録』第 5 ・第 6 巻に広勤堂［元の福建、建安、葉日増の書坊］刊行の書籍が著録されている。

(94) 岳振国「『宋名賢五百家播芳大全文粋』版本流伝考述」（『図書管理与実践』、2007）。

(95) 藤本幸夫『日本現存朝鮮本研究—集部』（2006、京都大学出版会）。

(96) 李仁栄『清芬室書目』巻 5 （1968、宝蓮閣影印）。

(97) 『東国壯元策』の書誌事項は『山気文庫目録』（『韓国典籍綜合目録』 1 集、1974）に依る。金驥孫等撰。乙亥字木活字版。中宗・明宗年間に刊行。 1 冊（106張）。四周双辺、半廓18.4cm×11cm。有界、毎半葉小字13行 7 字、注は双行。内向黒魚尾。23.5cm×14.3cm。線

装、楮紙。

(98)　심경호〔シム＝キョンホ〕「木活字本東国論選에관하여」(「季刊書誌学報」11、1993、韓国書誌学会)。심경호「木活字本東国論選」(『国文学研究와文献学』2002、太学社)。

(99)　韓国学中央研究院編『至正条格』(影印本・校註本、2007、휴머니스트〔ヒューマニスト〕)。

(100)　심영환〔シム＝ヨンファン〕「朝鮮初期官文書의『洪武礼制』呈状式受容事例」(「蔵書閣」21、2009、韓国学中央研究院)。

(101)　『世宗実録』巻88・世宗22年（1440年庚申）1月8日（辛亥)。

(102)　『高麗史』巻106・列伝19・尹沢条。尹沢の父、尹諧は県吏出身ながら科挙に通り官職を得て、国学大司成文翰司学として致仕した。尹沢自身は3歳の時に父に死なれ寒微な身分へ顚落、1317年（忠粛王4）の及第以降も45歳になるまでは9品の末職であった。忠粛王に燕京の潜邸で謁見し、後嗣の恭愍王を補佐するよう頼まれたことが契機となって顕達することとなる。また、『左伝』にとりわけ明るい新興士大夫であった。

(103)　『太宗実録』の9年9月4日（癸酉）附の記事を見れば、金科を呼び、その撰の『大学衍義類編』の誤謬を責望した記録がある。

(104)　『成宗実録』巻17・3年4月壬午。『国朝宝鑑』巻15。『東文選』巻44、「進大学衍義箋」。『東文選』巻95、「大学衍義輯略序」。『樗軒集』巻下、「進大学衍義輯略箋」、「大学衍義輯略序」。『月沙集』巻32、「進大学衍義輯略兼以四條陳戒箚」、ただし、1474年（成宗5）6月23日（丙子）の『成宗実録』の記録には『大学衍義輯略』を5件のみ印出させたとある。その流通を制限したらしい。その後、1708年（粛宗34）5月5日（庚辰）には、李正臣が8代祖の李石亨の『大学衍義輯略』を献呈した（『承政院日記』参照)。高麗大学校図書館には1870年（高宗7）11月の内賜記を備えた板本がある。

(105)　『大学衍義補』上巻・巻76「崇教化」。「本經術以爲教（中)」、「儒者、全體大用之學也。」

(106)　『成宗実録』巻286・25年正月丁酉。『国朝宝鑑』巻17。

(107)　内閣文庫に保管される丙辰字本［中小字甲寅字］59巻110冊は、早い時期の板本らしい。これとは別に瞿佑の『資治通鑑綱目集覧鐫誤』3巻（『綱目考異弁疑』1巻）の乙亥字刊本（中宗・明宗年間に刊行）2冊が、やはり内閣文庫にある。

(108)　元刊本『資治通鑑』系列の編年書については尾崎康「宋元刊資治通鑑について」(「斯道文庫論集」第23輯（松本隆信教授退職記念論集)、1989、慶應義塾大学附属研究所斯道文庫)を参照。

(109)　山城喜憲「陸宣公奏議諸本略解」(「斯道文庫論集」第17輯、1980、慶應義塾大学附属研究所斯道文庫)。

(110)　金宗直の跋に「今河東府院君鄭公麟趾、五朝之元老也。平日陳謨陳謙、動以公爲法、嘗相三宗、身致大平、晩年得公之制誥奏議若干卷、手之而不釋焉。今監司金公永濡之來也、付以斯集、將欲繡諸梓而廣其傳。公承稟惟謹、分刊諸邑、今旣訖工。」とある。各書物の冒頭に「祕閣/圖書/之章」の印がある。『御書籍来歴志』、『経籍訪古志』巻6、『図書寮漢籍善

本書目』巻 4 に著録されている。底本の明宣徳 3 年刊本は「浙江都御史胡槩刊本 3 冊」として『国立中央図書館善本書目』に見られる。

(111) 『古鮮冊譜』に「乾隆中印出、鑄字本、活字は実錄字である」とされる。また『奎章閣図書中国本総目録』史部に 3 帙が著録されており、古活字本(改鋳甲寅字)としてある。『国立中央図書館古書目録』 3 では「戊申字本(刊年未詳)」とする。

(112) 王重民(1983)によれば、明凌氏朱墨印本は全24巻、北京大学に20冊(9 行19字、20.0 × 14.0㎝)が収蔵されているという。凌稚隆は自序の最後に「凌森美重校幷序」と記し、本の最後に「報任少卿書」を附録にする。

(113) 『宣祖実録』巻127・宣祖37年 7 月辛酉(20日)、同巻128・宣祖33年 8 月甲申。

(114) 国立中央図書館所蔵本の巻末には、壬辰丁酉字の跋が附いている。「世宗朝甲寅、以『爲善陰隲』字爲本、命金墩等範銅爲字、俗稱衞夫人字是也。我殿下在春邸、命官僚校正鑄三十萬字、藏于芸閣、印『經書正文』。『啓蒙集箋』、是爲壬辰字。元年又命關西道臣、加鑄十五萬字、藏于內閣、是爲丁酉字。皆以甲寅字爲本。辛丑之『八字百選』、癸丑之三經四書大全、甲寅之『朱書百選』、丙辰之『史記英選』、竝用此字印行、而昔我太宗三年設鑄字所、世宗二年置集賢殿、藏書印書各得其所。今之內閣亦有鑄字所、盖由於述事之聖意。每印一書、以鑄字事實載于卷端。」

(115) 宋の益王の終わりから始め、明の太祖の高祖を徳祖元皇柰に追称して元大徳3年(1299)に宋の正統を継ぐものと見なし編成した。宋の正統を明が継承したものととらえる一方、遼と金は低劣な外国と見なして列伝に編入し、元の年号はすべて削除した。四庫館臣は「病狂喪心」した者と酷評した。『四庫全書総目提要』巻50・史部 6 ・別史類存目「宋史質」。柳詒徵「述宋史質」(『柳詒徵史学論文集』1991、上海古籍出版社)。

(116) 徐命膺の「御定宋史筌後敍」と黃景源の「宋史筌序」では、全て「(乃)釐爲七十有八卷、名(之)曰宋史筌」(括弧内の文字は「宋史筌序」の原文を補充)となっており、78巻という意味が明確ではない。ただし、「群書標記」の「凡易幾藁、而其不刊者纔二三」を根拠として見た際、正祖が即位まで校正して編輯した初本がそもそも100巻であるので、「庚子本」はこの中から78巻のみ対象に校正したものと推定する。

(117) 『純祖実録』純祖 2 年 5 月30日附記事に「内閣で先朝が定めた『大学類義』10冊、『周公書』 4 冊、『荘陵史補』 3 冊、『軍旅大成』 3 冊を書いたが、『宋史箋』61冊、『朱書分類』 6 冊、『左伝彙類』 4 冊も既にきれいに書き写したので同様の本で飾った。」とする。

(118) 『英祖実録』第16巻・英祖 4 年 3 月 4 日(甲寅)。

(119) 明史を綱目体に編成した編者未詳の本と記載されており、刊行地と刊行者も未詳。刊行年を18世紀後半(正祖年間:1776-1800)にのみ記録した。M/F資料としては、ソウル大学校図書館製作本の奎章閣マイクロフィルム(M/F79-103-112-B)と同一の複製本の国立中央図書館所蔵フィルム(M古1-2007-389)がある。

(120) 趙秀三は、李錫汝が購入した『明実録』が史館旧蔵本に係り、谷応泰の『明史紀事本末』

80巻の底本であったとする。『明実録』は現在、米国国会図書館に紅格抄本が収蔵されており、1962年に国立中央研究院歴史語言研究所では、マイクロフィルムを利用して校印本を出版したことがある。李錫汝求得本は巻数が異なり、冊数を巻数として記録したのかも知れない。黄彰健の「校印国立北平図書館蔵紅格本明実録序」(国立中央研究院歴史語言研究所校印本『明実録』)によると、米国の国会図書館の紅格本は民間伝抄本の一つとして誤字が多いという。李錫汝求得本の現在の所蔵先を知ることはできない。

(121) 辛承云「朱子의名臣言行録編纂과그資料」(「書誌学報」22、1998)。이근명（イ＝グンミョン）「宋名臣言行録의編纂과後世流伝」(「記録学研究」11、2005)。

(122) 辛承云「正祖命撰人物考의書誌的研究」(「書誌学研究」3、1988、韓国書誌学会)。

(123) 芳村弘道『十抄詩・夾注名賢十抄詩』(2011、汲古書院)。

(124) 芳村弘道「朝鮮本「夾注名賢十抄詩」の基礎的考察」(「学林」39、2004、中国藝文研究会)。

(125) 金学主「朝鮮刊『黄山谷集』略考」(『朝鮮時代刊行中国文学関係書研究』Ⅶ、2000、ソウル大学校出版部)参考。

(126) 『端宗実録』端宗元年(1454)6月庚寅の記録。『音註全文春秋左伝句読直解』巻末の李塏跋と刊記。

(127) 朝鮮板本は日本板本を底本とした。『詩人玉屑』(東洋文庫蔵木版本二十巻、半郭12.1×17.5㎝、左右双辺、11行21字、上下内向黒魚尾、黒口、巻16張1は補写。)巻末「本云、茲書一部、批點句讀畢、胸臆之決、錯謬多焉。後學之君子、望正之耳。正中改元臘月下澣、洗心子玄恵誌」。また「古之論詞者多矣。精鍊無如此編。…恭惟我主上殿下尊崇正學丕闡至治、又念詩學之委靡、思欲廣布此書、以振雅正之風。歳在丙辰出經筵所藏一本、命道觀察使臣鄭鱗趾繡之梓而壽其傳。始刊于淸州牧、歳適歉未卽訖功。越四年夏季、臣炯承乏以來、觀其舊本、頗有誤字。乃敢具辭聞、卽命集賢殿讐正以下。…正統己未冬十一月日嘉善大夫忠淸道觀察黜陟使…尹炯…跋。」この尹炯開刊本は、後に日本で覆刻される。詳しいことは、長澤規矩也、「解説『詩人玉屑』」、和刻版漢籍全集一(汲古書院、1976)を参考にされたい。また、住吉朋彦「『詩人玉屑』版本考」(「斯道文庫論集」第47輯、2012、慶應義塾大学附属研究所斯道文庫)を参考。

(128) 沈慶昊「朝鮮前期의註解本刊行과文献加工에 대하여」(「大東漢文学」第20輯、2004、大東漢文学会)。

(129) 藤本幸夫「朝鮮版「白氏文集」攷」(『白居易研究講座』第6巻、1995、勉誠社)。

(130) 成宗は1484年(在位15年)10月癸亥に『文翰類選』を進講しようとし、権健の反対で止めたものの、1486年(在位17年)12月己酉に『文翰類選』を印刷、頒布した。1485年(在位16年)正月己酉には『事文類聚』を印刷しようという承政院の建議を無視して無注本『王荆公詩集』を刊行し、1493年(在位24年)9月庚申の『事文類聚』90件を印刷・頒賜した。

(131) 沈慶昊『朝鮮時代漢文学과詩経論』(1999、一志社)第2章を参照。

(132) 金学主「朝鮮刊「朱文公校昌黎先生集」略考」(『朝鮮時代刊行中国文学関係書研究』、

2002、ソウル大学校出版部）。

（133） 日本内閣文庫と天理図書館に完本が、奎章閣に零本（巻 1－5）、成均館大学校に残本［目録 1 巻、詩話 2 巻、年譜 2 巻、黄氏集千家註杜工部詩史補遺巻 1－5］がある。

（134） 『虞註杜律』の明板本はかなり多い。宣徳間朱熊刻本、正統間石璞刻本、正徳 3 年（1508）刻本、嘉靖 3 年（1524）の石璞刻本、嘉靖 9 年（1530）の穆浮山刻本、嘉靖間刻本『杜工部七言律詩』、嘉靖26年（1547）の退省堂刻本、万暦 5 年（1577）の桐花館刻本、万暦間呉登藉刊本などが確認され、他の坊刻本も多い。

（135） この本は、杜詩の七言律詩だけを選んだことにより巻内題が「杜工部七言律詩」となっている。その他「杜工部七言律詩註」「虞邵菴分類杜詩註」「杜律邵菴註」「杜律訓解」とも呼ばれ、簡略に「虞註」ともいう。1471年（成宗 2） 9 月の金紐跋文には、覆刻は具致寛が主宰したとある。

（136） 山口大学と蓬左文庫に内賜記のついた本が所蔵されている。蓬左文庫の内賜記は「嘉靖二十八年十月日、内賜承政院都承旨鄭大年讀杜愚得一件命除謝。左承旨臣元□」となっている。『清芬室書目』に明宗 4 年の乙亥字内賜本があるとされている。同時期の内賜本である。

（137） 1407年（定宗 7）に柳殷之・許誠が板刻し、1501年（燕山君 7）に海州牧使尹晳と黄海道監司閔暉が再刻した。1528年（中宗23）に黄海道観察使閔寿千などが重刻した。重刻本は内閣文庫、延世大学校などに所蔵されている。

（138） 中華民国63年台北大通書局影印『杜詩叢刊』第 2 集『読杜詩愚得』、巻首「讀杜詩愚得自序」参考。朝鮮板本は天順元年（1457）重刊本を底本としたものである。

（139） 芳村弘道「文学研究法としての文献学—朝鮮版の集部佚存書を中心としつつ—」（高麗大学校特別講演、2007年 6 月28日）。

（140） 「『文選』之行、其來舊矣。〔……〕二川兩浙、先有印本。模字大而部帙重、較本粗而舛脱夥、舛脱夥則轉迷豕亥、誤後生之記誦、部帙重則難寘巾箱、勞游學之負挈。斯爲用也、得盡善乎？　今平昌孟氏好事者也。訪精當之本、命博洽之士、極加考覈、彌用刊正。（略校訂例注記）小字楷書、深鏤濃印、俾其帙輕可以致遠、字明可以經久。其爲利也、良可多矣。苟或書肆、悉如孟氏之用心、則五經子史皆可得而流布。時天聖四年九月二十七日、前進士沈嚴序」。

（141） 沈慶昊『韓国漢文基礎学史』第 3 冊（2012、太学社）。

（142） 李更・陳新校証『分門纂類唐宋時賢千家詩選校証』（2002、人民文学出版社）。

（143） 現在、奎章閣に覆刻年代が分からない 5 巻 4 冊の木版本がある。巻首題は「新刻蘇板古本句解唐詩鼓吹大全」となっている。

（144） 杜信孚の『明代版刻総録』は「弘治建陽書林魏氏仁實書堂刊本」と「崇禎三年呉鉞西爽堂刊本」の両方の刊本を登載するのみである。

（145） 丙子字本49巻10冊が蓬左文庫にあり、訓錬都監字 5 冊（零本）が奎章閣にある。奎章閣本は全49巻10冊のうち、前の5冊（巻 1－22）が無くなっており、後の 5 冊（巻22－49）のみ残っている。1467年（成化 3）に皆春居士の跋文の附く明刊本を覆刻した。

(146) 註は「杭州春望」、「酬哥舒大見贈」、「酬微之誇鏡湖」、「寄殷協律」、「戯荅夢得」に付されている。京都の陽明文庫に金徳龍開刊本が収蔵されており、2003年に閲覧して資料を入手した。심우준〔シム＝オジュン〕『香山三体法研究』（1997、一志社）にも김덕룡〔キム＝ドンニョン〕開刊本が影印・収録されている。

(147) 李仁栄『清芬室書目』（1968、宝蓮閣、影印）。

(148) 『成宗実録』巻156・14年 7 月29日（己未）。

(149) 安琛「聯珠詩格跋」に「以『聯珠詩格』行於世久而流布於東方、成化乙巳年間、達城徐公居正、増爲注解、頗詳密。後七年、我成宗大王命臣琛、及成俔・蔡壽・權健・申從濩、將徐注重加補削、既獻、用鑄字印頒而猶未廣布。今年余在合浦鎭、雞林尹愼公承福・判官奇俟褚、以劄報余曰：「近以『増注聯珠詩格』鋟于梓、思廣其傳」請爲我跋之、仍遺新印一本。余乃書其尾曰：〔……〕弘治壬戌夏、竹溪安琛子珍書于合浦樂閑堂之存以軒。」この跋文は金相日「『精選唐宋千家聯珠詩格』と朝鮮条刊行の意味」（「東岳語文論集」36輯、東岳語文学会、2000）で初めて詳しく言及された。

(150) 『聯珠詩格』の現存本としては、忠南大所蔵の1502年慶州開刊木版本以外に、国会図書館（日本）所蔵甲辰字本、誠庵文庫所蔵初鋳甲寅字板本（成宗19年＝1488年刊行と推定）、誠庵文庫所蔵初鋳甲寅字覆刻本（壬辰倭乱以前刊行）、忠南大学校所蔵甲寅字本（成宗年間1469-1494刊行と推定）、慶北義城金声秀氏所蔵木版本（中宗―明宗年間に刻、後刷、巻末墨書「嘉靖二十八年（1549年）崔（手決）」）、権栄基氏所蔵甲寅字覆刻本（壬辰倭乱以前、後刷）、延世大図書館所蔵木版本（年代未詳）などがある。徐居正註解・安琛補削の『聯珠詩格』を活字で印刷したテキストとその系統の板本がどれか、比定する必要がある。住吉朋彦「旧刊『聯珠詩格』版本考」（「斯道文庫論集」第43輯、2008、慶應義塾大学附属研究所斯道文庫）。

(151) 金斗鍾『韓国古印刷技術史』（1981、探求堂）。鄭亨愚・尹炳泰『韓国冊版目録総覧』（1979、韓国精神文化研究院）。鄭亨愚・尹炳泰『韓国의冊版目録』（1995、保景文化社）。

(152) 国立中央図書館一山文庫に『懐麓堂詩集』が、高麗大華山文庫には『懐麓堂詩後藁』零本 1 冊と『懐麓堂文後藁』零本 1 冊が、高麗大晩松文庫には『懐麓堂文続藁』零本 1 冊がある。これらは乙亥字本である。日本の大塚鐙は同人所蔵の鋳字本『懐麓堂詩話』零本 1 冊が康熙壬戌廖方達校刻本より旧版の姿を有するという理由で、これを「正嘉年間」の刊行と推定した。そして、表紙右側に「共四十六」という墨書があることを根拠に同書が『懐麓堂集』100巻46冊の一部と推定する。

(153) 奎章閣に木版本『西涯擬古楽府』上中下 3 巻 2 冊が収蔵されている。明刊本の場合、内閣文庫に陳以忠校梓本『擬古楽府』2 巻 1 冊がある。同じ内閣文庫に魏春刻本『擬古楽府』上下 2 冊がある。一方、内閣文庫に収蔵された日本安政 5 年戊午遊焉唫社蔵梓本の『李西涯擬古楽府』は「何孟春音注」と巻首題の下に刻入されているが、音注は実際には附印しなかった。版心下部に「聯腋書院罷刷」とある。

(154)　『弇文抄』（高麗大所蔵）。『弇州文抄』（許薫、不伝）、『皇明大家』（京畿大所蔵）、『明大家文抄』（李観洙、梨花女大所蔵）等を挙げることができる。

(155)　『承政院日記』英祖49年 8 月10日、「上曰収〔……〕皇朝文章、誰爲最奇？　仁孫曰、李攀龍之文最奇。方孝孺之文、源於義理、而若以文章大家論之、則劉宋之後、王世貞最優矣。」하지영（ハ＝ジヨン）「王世貞と朝鮮中・後期漢文散文」（「韓国漢文学研究」57、2015、韓国漢文学会）。

(156)　明魏椿刻本『西涯擬古楽府』、清康熙38年嶺南刻本『西涯先生擬古楽府注』、乾隆32年長沙刻本『擬古楽府注』等が主要な刻本である。明刊本には魏椿刻本以外に陳以忠校梓本があり、日本の内閣文庫に所蔵されている。

(157)　『太祖実録』巻13・太祖7年（1398）12月17日（己未）。

(158)　森立之『経籍訪古志』（光緒11年印本）巻 2 「四書章圖纂釋二十卷元槧本昌平學藏」。一方、宮内庁書陵部所蔵の板本が体裁上は正しいけれども完帙ではない。内閣文庫本は全帙である。国立公文書館（日本）内閣文庫には昌平坂学問所旧蔵の書尾に「文化新元夏四月野邨温謹校」となっている『四書章図檃栝総要』三巻の抄本がある。巻上末尾に「至元歳次丁丑菊節徳新書堂印」の刊記が無いこと以外は宮内庁本と同じである。

(159)　『宣祖実録』巻 3 、宣祖 2 年（1569、己巳）6 月20日（壬辰）。「尹根壽啓曰：「『讀書錄』、乃薛文淸所著。其人於天順年間入閣、出處甚正、眞從事學問之人也。其於議論間、不知何如、而其書則不爲偶然也。然程・朱之外、有何益明之論哉？　『四書章圖』、文淸以爲破碎、尤令學者生疑、而所論太極、亦以氣爲先、故文淸亦以爲老氏之說。『四書章図』、今雖印出、而此意當可知也。」

(160)　李滉と『四書章図』の関係については、이승환〔イ＝スンファン〕『横説과竪説：400年을이어온性理論争에대한言語分析的解明』（2012、휴머니스트〔ヒューマニスト〕）を参照。

(161)　蓬左文庫目録には『四書輯釈章図通義大成』（請求記号122- 1 ）とある。全23冊で、『新刊重訂輯釈通義源流本末』 1 巻、『四書章図総要発義』 2 巻、『大学章句』 1 巻、『朱子大学或問』 1 巻、『中庸朱子章句』 2 巻、『中庸或問』 1 巻、『論語集註』20巻、『孟子集註』14巻で構成されている。12行本。隆慶 4 年（宣祖 3 、1570）宣賜の内賜記があり、「尾陽文庫」の印記が押されている。明の正統 8 年（1443）建昌府儒学丘錫の序文が載っている。

(162)　校正完了前に正祖が昇遐したため刊行されなかった。正祖『弘斎全書』巻182、「群書標記」、御定「重訂四書輯釋四十八巻寫本」。

(163)　鄭亨愚『朝鮮朝書籍文化研究』（1995、九美貿易株式会社出版部）。「第 1 編朝鮮初期の書籍輸入と普及、第 1 章五経・四書大典の輸入及びその刊板広布」。

(164)　『春秋大全』は、汪克寛の『胡伝纂疏』を踏襲して元の李廉の 1 、 2 条項をも取り入れたのみであり、『詩経大全』は、元の劉瑾の『詩伝通釈』を踏襲したという。また、『四書大全』は、元の倪士毅が胡炳文の『四書通』と陳櫟の『四書発明』を総合して誤りを訂正して作った『四書輯釈』を土臺にしたもので、『大学或問』『中庸或問』よりは詳細でないとする。

顧炎武『日知録』巻18「四書五経大全」。

(165) 最初の題名は『重編四書発明』だったけれども、書坊で出版され『四書輯釈』とされた。また、倪士毅の「重訂四書輯釈凡例」に「大成」という二文字を挿入して『四書輯釈大成』とも呼ばれた。元刊本に至正壬午年(至正 2 年、1342)日新書堂刊行の牌記のある闕本が日本の尊経閣文庫に収蔵されている。もともとは『大学章句』『大学或問』『中庸章句』『中庸或問』『論語』『孟子』から成っている。日本で1812年(文化 9)に覆元版が現れたが、尊経閣所蔵の覆元版を見ると、『大学或問』『中庸或問』は刊行されなかった。元では1346年(至正 6)に汪克寛の序を附載した『重訂四書輯釈』が再刊行されている。佐野公治『四書学史の研究』(1988、創文社)。

(166) 正祖『弘斎全書』巻182「群書標記」御定「重訂四書輯釈」。

(167) 高麗大学校晩松文庫に木版本が所蔵されている。また、ソウル大学校図書館想白文庫に木活字本 1 冊(零本)の所蔵がある。

(168) 『弘斎全書』巻184「群書標記」の「春秋左氏伝」に「粤我宣廟朝、嘗以經傳爲綱目、命副提學申欽等掌其事、繕寫以進、未及梓行、亦粤我世宗丙辰、命集賢殿副校理李季甸等、註解通鑒綱目、名曰思政殿訓義。今玆編纂註釋之義例、與年甲寔符兩朝故事、是亦繼述之意也。」

(169) 荒木見悟「林希逸の立場」(「中国哲学論集」7 、1981)。周啓成『荘子鬳斎口義校注』(1997、中華書局)。周啓成「林希逸『三子鬳斎口義』的主要観点・方法及其対中国宋以後老荘注釈的影響」、「林希逸三子鬳斎口義と東アジア三国の近世文化」(日本東方学会シンポジウム資料集Ⅲ、2003年 5 月16日)。王廸「日本における林希逸『三子鬳斎口義』の流伝」(同上)。崔在穆「韓国における林希逸『三子鬳斎口義』の受容」(同上)。崔在穆「林希逸『三子鬳斎口義』の韓国版本調査」(同上)。

(170) 呂祖謙の『文章関鍵』、真徳秀の『文章正宗』がいずれも古文の字法・句法・命意・結構などについて詳細に批点を施し、呂祖謙は『論作文法』を作成して古文の技法を解説した。林希逸は、その伝統を継いで『荘子口義』で『荘子』の旨義を重視したばかりでなく、行文の法則を重視した。林希逸は「諸家經解、言文法者、理或未通、精於理者、於文或畧、所以讀得不精神、解得無滋味。獨艾軒先生道既高、而文尤精妙、所以六經之說、特出千古、所恨網山、樂軒之後、其學既不傳、今人無有知之者矣。」と明らかにする。楊文娟「林希逸「荘子口義」的散文評点特色」(「諸子学刊」第 3 輯)。

(171) 高麗大学校図書館等、国内外図書館所蔵。高麗大本40巻38冊は補刻補筆後刷本である。

(172) 任聖周「感興詩集覽跋」(『鹿門集』巻21、題跋)。

(173) 「一。此詩註家甚多。胡雲峯嘗輯十一家說、爲『感興詩通』、其後劉上虞又著『補註』、而皇明正統閒京兆劉剡、合『通』及『補註』爲一編、則其說益大備。然尙恨其編次雜乱、語多繁複、閒亦有當釋而不釋者。故今就其中、頗加删定、而又取金仁山『濂洛風雅批註』、及尤菴宋先生『朱子大全箚疑』、逐段添入、而不拘時代、一依經文次第、而編錄之、以便考閱焉。」

(174) 国立台湾大学中西暦対照査詢系統(明代以降)(http://140.112.30.230/datemap/index.

php）で検索した結果。「殿刊本御纂朱子全書」、清康熙53年武英殿刊本、66巻25冊、現蔵国立故宮博物院（台北）。「古香齋本朱子全書」、清乾隆11年武英殿刊古香斎袖珍本、66巻33冊、現蔵国立故宮博物院（台北）。

（175） 李穡「跋黄檗語録」（『牧隠文藁』巻13、跋）。

（176） 李泳俊「正祖尚書論研究：弘斎全書의尚書講義를中心으로」（高麗大学校大学院碩士論文、2014）。

後　記

書籍文化の真骨頂は、息長いその伝流にあるのではないか。時々に生み出される書籍を集め、遺し、受け継ぐ営みには、書籍を生み出した力にも劣らない活力が伴っており、蔵書の形成と流転は、人文学の対象として省みるべき精神活動の表徴である。この流動は、今なお続き止むことのない将来への導線であって、書籍の真価と収蔵の実態を明らかにし、その軌跡を後世につなぐ役割が、当事者に求められるのであろう。本書の刊行に至る研究事業は、そうした書誌学研究の視点から開始された。

日本には多くの漢字文献が伝来し、これを支えとして展開された日本文化は、いわゆる漢字文化圏の一翼を成すことになった。その漢字文献の多くは、漢語の使用を基軸とする社会に向けてものされた書籍、いわゆる漢籍や漢訳仏典であり、それ自体、日本に流れ込んで文化形成の核となり、日本で著された書籍への影響にも色濃いものがあった。そこで、日本の書籍文化を考える時、古代以来の漢字文献収蔵の潮流は、その中心に位していた、と考えられる。

本書では、そのような視点に立ち、日本文化研究の中心的課題として、漢籍の収蔵と伝来を考えることとした。これは、中世の金沢文庫や、近世の紅葉山文庫、続く明治の新政府から主要な典籍を引継いだ、旧宮内省図書寮、現宮内庁書陵部図書寮文庫収蔵の漢籍を研究する上から、必要にして闕くべからざる認識でもあった。

本書の制作は、デジタルアーカイブ「宮内庁書陵部収蔵漢籍集覧——書誌書影・全文影像データベース——」（http://db.sido.keio.ac.jp/kanseki/）の構築過程で得た研究成果を詳述し、書籍として広く大方の参考を仰ぐために構想された。このアーカイブは、宮内庁書陵部と、宮内庁書陵部蔵漢籍研究会（代表：慶應義塾大学附属研究所斯道文庫住吉朋彦、以下「研究会」）の協定に基づき、平成24至28年度日本学術振興会科学研究費補助金・基盤研究（A）「宮内庁書陵部収蔵漢籍の伝来に関する再検討——デジタルアーカイブの構築を目指して——」（課題番号：24242009、代表同前）および、東京大学東洋文化研究所付属東洋学研究情報センター共同研究（平成24至25年度）「日本漢籍集散の文化史的研究——「図書寮文庫」を対象とする通時的蔵書研究の試み——」（代表同前）、同（平成26至27年度）「日本所在漢籍に見える東アジア典籍流伝の歴史的研究——宮内庁書陵部蔵漢籍の伝来調査を中心として——」（代表：慶應義塾大学附属研究所斯道文庫〈当時〉・髙橋智）の成果として作成され、平成28年（2016）6月4日をもって、ウェブ上に公開されたものである。

同アーカイブの作成は、宮内庁書陵部の歴代部長、図書課長、図書寮文庫長ほか、該当部課係室員の方々のご理解、ご協力のもとに行われて来た。殊に調査撮影の全般に渉って直接のご協助を賜った、立花信彦文献専門官ほか図書課出納係の方々、小森正明図書調査官ほか図書調査室の方々には、一方ならぬお力添えを頂いた。ここに研究会を代表し、あらためて感謝を申し上げる。小森氏には、本書論説編にも図書寮文庫所蔵漢籍の伝来に関する寄稿を得ることができた。重ねて篤く御礼申し上げたい。

宮内庁書陵部では、戦前の宮内省図書寮時代から、多くの貴重な書籍を含む皇室用図書の蒐集管理に従事し、様々な方法で蔵書の公開を図ってこられたが、近年では国文学研究資料館による日本語の歴史的典籍デジタル化の事業、東京大学史料編纂所による天皇家・公家文庫収蔵史料の高度利用化事業に応ずる形で、皇室用図書のデジタル化にも意を用いておられる。今回、当研究会の事業により、漢訳仏典を含む漢籍のデジタル化にも着手されたことは、これらの諸事業を補完するものであり、書籍文化研究の意義を踏まえた関係各位の深い洞察に、あらためて敬意を表したい。

さて、当アーカイブの根幹をなす、典籍全文の影像については、長年に渉り典籍の撮影に従事してこられたカメラマンの猪股謙吾氏に実施して頂いた。本書の図版はほとんど、同氏撮影の写真画像に依っている。また撮影の手配、点検と供給について、株式会社インフォマージュのご協助を忝くした。アーカイブ構築の情報技術面では、慶應義塾大学メディアセンター本部の入江信氏、株式会社カロワークスの村松桂氏、株式会社アイキューム（当時）の井村邦博氏に様々な助言を得ることができた。これまた感謝に堪えない。

アーカイブの公開に当たっては、研究会の幹事機関である慶應義塾大学附属研究所斯道文庫、東京大学東洋文化研究所付属東洋学研究情報センターのほか、京都大学人文科学研究所東アジア人文情報学研究センター、国文学研究資料館、国立歴史民俗博物館のご協力を得て、平成26年度から試験公開を実施した。また国立ソウル大学校奎章閣韓国学研究院、上海図書館古籍部、中国国家図書館善本特蔵部、北京大学古文献研究所のご理解を得て、現地でのアーカイブの動作確認と意見聴取を行い、全面的な公開に漕ぎ着けることができた。関係機関の担当者各位に深謝を申し上げたい。

さらに、平成28年 6月4日のアーカイブ公開を記念し、書陵部漢籍研究成果報告会実行委員会の主催、慶應義塾大学附属研究所斯道文庫および東京大学東洋文化研究所の共催により、鹿島学術振興財団および国際文化交流事業財団の支援を得て、「宮内庁書陵部収蔵漢籍画像公開記念国際研究集会　日本における漢籍の伝流――デジタルアーカイブ「宮内庁書陵部収蔵漢籍集覧」の視角――」を挙行した。本書論説編の研究論文は、主にこの集会における各員の研究報告を基にしている。同集会に参集賜り、様々な角度から意見を

ご提示下さった諸氏に篤く御礼申し上げる。

また同会には、漢籍研究におけるデジタルアーカイブ構築利用の潮流を学ぶために、高麗大学校漢文学科教授沈慶昊氏、復旦大学古籍整理研究所教授陳正宏氏、プリンストン大学東アジア図書館長マーティンヘイドラ氏を招聘し、それぞれ貴重なご講演を賜った。その際の講演原稿をもとに重ねて寄稿を依頼し、日本側の事例報告と併せ、「講演録」として 4 名の新稿を本書論説編に併収させて頂いた。

沈氏は、大韓民国におけるデジタルアーカイブ構築の背景となる、韓国書籍文化史を扱った雄篇を恵投下さり、陳氏は、研究集会当日の講演で扱われた多くの論点の中から、漢籍装訂史の問題を鋭く取り上げられ、ヘイドラ氏は、書籍デジタル化の先進国であるアメリカ合衆国の事情を中心に、講演後の最近の進展まで補う形で、それぞれ意欲的に要請に応じて下さった。諸賢の深い学識とご尽力に敬謝の意を表したい。

本書に取り上げた図書寮文庫収蔵の漢籍は、これまでにも幾度となく著録と研究を経てきた、隠れもない名品であって、論説編の各章や、図録編末尾の参考文献一覧に掲げたように、近代以降も先学の著しい業績が重なっている。そこに、新しい知見を加えることは容易ではなかったが、本研究では原本の全容に基づくことで、その端緒をつかもうと試みてきた。本書の著者各員は、それぞれの学識を手がかりとし、そうした困難な課題に取り組んでおり、研究会の代表、また本書の編者として、各員の論述や著録が、学術研究進展の一階梯となることを確信している。

その際、新たな学術情報の参考は闕くことのできない要件となったが、日本国外に在る伝本の情報増加と、書籍のデジタル化によりもたらされつつある情報環境の変化にも、拠る所が大きかった。仮にわずかでも著録の進展を得たとすれば、この 2 項目はその主因であったと言える。ただ、こうした情況の変化は現在も進行中であり、本書の補訂についても、近い将来に期待されている。

また本書各項の著者だけではなく、研究会のメンバー全員が、折々の調査や検討会を通じ、調査研究の成果を共有し、相互の協力や指導を惜しまず、研究を進めてきた。本書の著者を、宮内庁書陵部蔵漢籍研究会とする所以である。

本書は、平成29年度日本学術振興会科学研究費補助金・研究成果公開促進費（学術図書）の助成を得て刊行するものである。

末筆ながら、本書編集の全般に渉り、同僚の矢島明希子君と、株式会社汲古書院編集部飯塚美和子氏の手を煩わせた。特に限られた条件の中、煩雑を極める編集作業の末に為し得た本書の完成は、ひとえに飯塚氏ご尽力の賜である。

平成30年 1 月20日　　　　住吉　朋彦